Geschichte einer Volkspartei

50 Jahre CSU
1945–1995

Sonderausgabe der POLITISCHEN STUDIEN

Geschichte einer Volkspartei
50 Jahre CSU – 1945–1995

Sonderausgabe der POLITISCHEN STUDIEN

IMPRESSUM:

Herausgeber	Hanns-Seidel-Stiftung e.V. © 1995 Verantwortlich: Manfred Baumgärtel, Hauptgeschäftsführer
Redaktion	Leitende Redakteure: Burkhard Haneke (verantw.) Dr. Renate Höpfinger
	Redaktionsmitglieder: Dr. Claus Brügmann, Dorothea Elschner, Dr. Franz Guber, Dr. Gerhard Hirscher, Dr. Fritz Hopfenmüller
	Anschrift von Herausgeber und Redaktion: Lazarettstraße 33, 80636 München Telefon (089) 125 82 53, Telefax (089) 125 83 56
	Alle Rechte, insbesondere das Recht der Vervielfältigung und Verbreitung sowie der Übersetzung vorbehalten. Kein Teil des Werkes darf in irgendeiner Form (durch Fotokopie, Mikrofilm oder ein anderes Verfahren) ohne schriftliche Genehmigung reproduziert oder unter Verwendung elektronischer Systeme verarbeitet, vervielfältigt oder verbreitet werden.
	Die Beiträge in diesem Buch geben nicht unbedingt die Meinung der Redaktion wieder; die Autoren tragen für ihre Texte die volle Verantwortung.
Gestaltung	Team '70 Werbung GmbH, GWA, München
Bildnachweis	dpa (3), Photo Dix, fpa, Friedrichs, Hanns-Seidel-Stiftung (23), Hübner, Kucharz (2), Rügemer, Schramm, Team '70, Werek
Satz & Litho	Marktsatz GmbH, München
Verlag	ATWERB-Verlag KG, Grünwald

Printed in Germany 1995

ISBN-3-88795-220-0

INHALT

Einführung der Herausgeber
Die Hanns-Seidel-Stiftung im Dienst der Demokratie
Alfred Bayer/Manfred Baumgärtel   7

Die geistigen Grundlagen der Christlich-Sozialen Union
Theo Waigel   15

Gründung und Wurzeln der Christlich-Sozialen Union
Winfried Becker   69

Die Christlich-Soziale Union in den ersten Nachkriegsjahren
Christoph Henzler   109

Franz Josef Strauß und die zweite Epoche in der Geschichte der CSU
Wolfgang Krieger   163

Bayern und die CSU – Regionale politische Traditionen und Aufstieg zur dominierenden Kraft
Alf Mintzel   195

Wirtschafts- und Sozialpolitik – Die Verwirklichung einer Sozialen Marktwirtschaft durch die Landespolitik der CSU
Gerhard Kleinhenz   253

Der Freistaat Bayern auf dem Weg ins 21. Jahrhundert
Edmund Stoiber   291

Konkurrierende Kooperation –
Die CSU in der Bundespolitik
Heinrich Oberreuter *319*

Die Christlich-Soziale Union und die deutsche Frage
Dieter Blumenwitz *333*

Die Christlich-Soziale Union und die Außenpolitik
Schwerpunkte – Konzeption – Akzente
Reinhard C. Meier-Walser *367*

CSU-Geschichte aus der Sicht eines Journalisten –
Fünfzig Jahre Lufthoheit über den Stammtischen
Georg Paul Hefty *399*

DIE GESCHICHTE DER CHRISTLICH-SOZIALEN UNION IM SPIEGEL HISTORISCHER QUELLEN

Ausgewählte Dokumente zur Parteigeschichte *421*

Rückblick auf 50 Jahre in Reden und Interviews
Josef Müller, „Wer eine Chronik schreibt,
muß die Gegenwart wichtig nehmen" *477*

Hanns Seidel, „Den Geist über den Alltag zu erheben…" *493*

Franz Josef Strauß, CSU 1945–1985.
40 Jahre Politik für Freiheit und Recht *499*

Zeitzeugen-Interviews mit
– Werner Dollinger *525*
– Franz Heubl *541*
– Richard Jaeger *563*
– Richard Stücklen *581*
– Hans Weiß *605*
– Friedrich Zimmermann *619*

1945–1995
EINE CHRONOLOGIE 633

DATEN – ZAHLEN – BIOGRAPHIEN 677

Kurzbiographien 679
a) Die Parteivorsitzenden der Christlich-Sozialen Union 681
b) Die Ministerpräsidenten des Freistaates Bayern 1945–1995 689
c) Die Vorsitzenden der CSU-Landesgruppe 695
d) Die Vorsitzenden der CSU-Fraktion im Bayerischen Landtag 703

Entwicklung der Mitgliederzahlen der Christlich-Sozialen Union 713

Wahlergebnisse der Christlich-Sozialen Union 1946–1994 714

Die Bayerischen Kabinette 1945–1994 717

Ausgewähltes Quellen- und Literaturverzeichnis
zur Geschichte der Christlich-Sozialen Union 742

Verzeichnis der Autoren 753

Abkürzungsverzeichnis 757

Personenregister 759

POLITISCHE WERBUNG IM WANDEL DER ZEIT –
DAS ERSCHEINUNGSBILD DER CSU 1945–1995 767

Einführung der Herausgeber
Die Hanns-Seidel-Stiftung im Dienst der Demokratie

Alfred Bayer / Manfred Baumgärtel

Herausforderung „Demokratie" –
Ein ständiger Lernprozeß

„Der freie, in seinem Gewissen gebundene, selbst- und mitverantwortliche Bürger, nicht der Untertan und nicht der verantwortungslose Individualist, sind Maßstab unserer Politik." So beschreibt das vor zwei Jahren verabschiedete, aktuelle Grundsatzprogramm der Christlich-Sozialen Union mit wenigen Worten das Ideal des Bürgers in der Demokratie. „Freiheit" und „Verantwortung" bilden hier zwei miteinander verbundene Pole, die nicht nur aufeinander verweisen, sondern einander geradezu bedingen.

Demokratie ist nichts Selbstverständliches, oder gar Gottgegebenes. Sie muß ständig von neuem errungen, bestätigt und bekräftigt werden, auch dort, wo „stabile" demokratische Verhältnisse vorliegen. „Demokratie" bedeutet – im heutigen Verständnis des Wortes – längst mehr als nur „Herrschaft des Volkes". Die moderne, rechts- und sozialstaatliche Demokratie ist ein Versuch, die Freiheit des einzelnen, den demokratischen Mehrheitswillen und die Rechte von Minderheiten miteinander zu verbinden. Das bedeutet, daß die Ansprüche und Interessen der Individuen auf das Gemeinwohl hin orientiert sein müssen und in ihm ihre Begrenzung finden.

Demokratie in diesem Sinne versteht den Bürger als soziales Wesen, als jemanden, der bereit ist, sich selbst und seine Kräfte und Fähigkeiten in den Dienst der Gemeinschaft zu stellen. Dazu gehört die Bereitschaft, gesellschaftliche Verantwortung zu übernehmen, und der Wille, aktiv mitzureden und mitzugestalten. Schließlich gehört auch die Absicht dazu, sich überhaupt für das soziale Umfeld jenseits der nur persönlichen Belange zu interessieren und an seiner Gestaltung teilzunehmen.

All diese Merkmale zeigen, daß Demokratie etwas höchst Anspruchsvolles ist, das der Erziehung, Bildung und Einübung bedarf. Den so gern und häufig beschworenen „mündigen Bürger" gibt es nicht gewissermaßen „von selbst". Demokratisches und staatsbürgerliches Bewußtsein sind keinem von uns in die Wiege gelegt worden, sondern müssen erlernt werden. Aktive Bürger und engagierte Demokraten können wir nur durch jenen – im Grunde nie abgeschlossenen – Lernprozeß werden, in dem wir begreifen, daß der einzelne und die Gemeinschaft, das individuelle Interesse und das Gemeinwohl, aufeinander angewiesen sind.

Die Bündelung der Einzelinteressen im Sinne des gesellschaftlichen Ganzen ist eine wesentliche Aufgabe der Politik. In der deutschen Nachkriegsgeschichte kam und kommt dabei den Volksparteien besondere Bedeutung zu. Sie sind dem Gemeinwohl verpflichtet und stehen allen Frauen und Männern offen, die zur Mitarbeit in Gesellschaft und Staat bereit sind. Parteien oder Gruppen, deren Handeln nur auf einen oder wenige Punkte beschränkt ist, sind zu einer gesellschaftlich übergreifenden Willensbildung nicht in der Lage, weil sie den Ausgleich nicht suchen müssen und deshalb zu gerechten und tragfähigen Entscheidungen nicht kommen können. Die Volksparteien betreiben Politik für alle Schichten der Bevölkerung und führen Einzelinteressen in einem Konzept des gerechten Ausgleichs zusammen.

Die Entwicklung der Volksparteien gehöre, schrieb unlängst der Staatsrechtler Rupert Scholz in einer Ausgabe der POLITISCHEN STUDIEN, zu den wichtigsten Voraussetzungen für die heute stabile Demokratie in Deutschland. Denn – so Scholz – „die Volkspartei ist es, der es im Vorfeld der politischen Meinungs- und Willensbildung gelingt und gelungen ist, jenes Maß an besonderer Integrationskraft zu entfalten, dessen jede stabile Demokratie gerade in einer pluralistischen Gesellschaft bedarf".

Politische Bildung als demokratischer Auftrag – Die Hanns-Seidel-Stiftung

Mehr als die Hälfte des Weges, den die Christlich-Soziale Union gegangen ist, hat die Hanns-Seidel-Stiftung – bis 1993 unter dem Vorsitz von Dr. Fritz Pirkl – die CSU begleitet. 28 der 50 CSU-Jahre sind gemeinsame Jahre. Die Hanns-Seidel-Stiftung ist kein Organ der CSU, keine Parteischule für Mitglieder und Kandidaten; ihr Angebot an politischer Bildung steht jedermann offen. Aber sie ist weder überparteilich noch weltanschaulich neutral. Ihre geistigen Grund- und Wertvorstellungen wie auch ihre politischen Positionen stimmen mit denen der Christlich-Sozialen Union überein. Das bedeutet keinen Widerspruch zur Offenheit. Die Richtung ist dieselbe, die Wege verlaufen nebeneinander. Manchmal ist auch die Gangart unterschiedlich. Die Hanns-Seidel-Stiftung bietet dem einzelnen Bürger politische Bildung an, damit er sich im schnellen Wandel von Wissenschaft, Technik und Gesellschaft orientieren kann. Sie handelt damit im Interesse der Demokratie.

„Alle Staatsgewalt geht vom Volke aus", heißt es in Artikel 20 des Grundgesetzes. Jeder einzelne soll an der tatsächlichen Ausübung der Staatsgewalt mitwirken können. Das ist aber nur möglich, wenn auch die Regeln bekannt und akzeptiert sind, nach denen der demokratische Staat organisiert ist. Jede über die turnusmäßige „Kontrolle der Staatsgewalt" durch Wahlen hinausgehende Mitwirkung in Staat und Gesellschaft setzt die Kenntnis des Regelwerks und natürlich auch den Willen mitzuwirken voraus. Wer gestalten will, muß zu allererst die Regeln kennen.

Unsere Demokratie, unser demokratischer und sozialer Rechtsstaat, hat ein ausgeklügeltes System von Regeln, das für einen möglichst reibungslosen Ablauf des Lebens in der Gemeinschaft sorgt, wobei die Rechte und Belange des einzelnen so weit wie möglich gewahrt und die Gemeinschaftsinteressen gleichwohl mit berücksichtigt werden. Politische Bildung hat zum Ziel, über dieses „Regelwerk der Demokratie" zu informieren, demokratisches Denken und das Engagement des einzelnen zugleich in der und für die Demokratie zu fördern. Hier eröffnet sich ein weites Aufgabenfeld für alle Politischen Stiftungen, auch für die Hanns-Seidel-Stiftung.

„Die Stiftungen sollen die Beschäftigung der Bürger mit politischen Sachverhalten anregen und den Rahmen bieten für eine – allen Bürgern zugängliche – offene Diskussion politischer Fragen. Dadurch wird das Interesse an einer aktiven Mitgestaltung des gesellschaftlichen und politischen Lebens geweckt und das notwendige Rüstzeug vermittelt." So beschrieb im Jahr 1986 das Bundesverfassungsgericht die zentrale Aufgabenstellung der Politischen Stiftungen. Und zugleich stellte es damit einen Maßstab auf, an dem die Arbeit der Stiftungen sich jederzeit messen lassen muß.
Anläßlich der 70-Jahrfeier der Friedrich-Ebert-Stiftung erläuterte unlängst auch Bundespräsident Roman Herzog den Auftrag der Stiftungen in ganz

Einführung der Herausgeber

ähnlicher Weise: „Entscheidend ist die permanente und eigentliche Aufgabe der Politischen Stiftungen: die Erziehung zur Demokratie. Sie stellt sich im Inland wie im Ausland. Eines ihrer wichtigsten Felder ist die Erwachsenenbildung. Sie trägt dazu bei, daß die Bürger der offenen Gesellschaft sich so kenntnisreich wie möglich am Entwicklungsprozeß der Demokratie beteiligen können."

Das „Bildungswerk" der Hanns-Seidel-Stiftung führt jährlich mehr als 1.000 Seminare, Informations- und Diskussionsveranstaltungen durch, an denen jeder Bürger und jede Bürgerin teilnehmen können. 1993/94 nahmen rund 70.000 Teilnehmer und Teilnehmerinnen das Seminarangebot der Hanns-Seidel-Stiftung wahr, dessen Themen kaum einen Bereich der aktuellen Politik aussparen. Die Themen reichen – um nur einige Beispiele zu nennen – von der Europa-, Außen- und Sicherheitspolitik über Energie-, Umwelt- und Agrarpolitik bis zu wirtschafts-, rechts- und sozialpolitischen Seminaren. Es gibt spezielle Seminarangebote für Politikerinnen, für Schüler und Jugendliche, für die ältere Generation, für Verantwortliche in Vereinen, den Öffentlichen Dienst und für Personalräte, und vieles mehr. Besonderes Gewicht wird bei der Hanns-Seidel-Stiftung auf das sogenannte „politische Handlungswissen" gelegt. Darunter werden Seminare zur Rhetorik, zur Versammlungs- und Diskussionsleitung, Seminare zum Umgang mit der Presse und Veranstaltungen zum politischen Management verstanden.

Die Hanns-Seidel-Stiftung bietet diese Themenpalette in Form von Abendveranstaltungen, Tagesveranstaltungen, Wochenend- und Wochenseminaren an. Die länger dauernden Seminare finden meist in den stiftungseigenen Bildungszentren statt: im oberbayerischen Wildbad Kreuth und in Kloster Banz in Oberfranken. Mit der Mehrzahl ihrer Seminare erreicht die Stiftung Teilnehmer regional – „vor Ort" – in ganz Bayern und in den neuen Bundesländern. Eine halbe Million interessierter Bürgerinnen und Bürger waren seit Bestehen der Hanns-Seidel-Stiftung Gäste in den beiden Bildungszentren oder in einem der fast tausend Vertragshotels in ganz Deutschland. Über 11.000 Seminare, Informationstage, Abendveranstaltungen und Kongresse wurden bisher durchgeführt.

Politische Bildung steht auch im Zentrum der internationalen Arbeit und der weltweiten Entwicklungshilfe der Hanns-Seidel-Stiftung, in die mehr als die Hälfte der jährlichen Haushaltmittel fließen. So wurden beispielsweise 1994 in den 72 Einzelprojekten der Stiftung insgesamt 9.923 Seminare mit rund 210.000 Teilnehmern durchgeführt. Dabei waren thematische Schwerpunkte: Gesellschaftspolitische Erwachsenenbildung, Duale berufliche Bildung, Verwaltungs- und Institutionenförderung sowie Managementausbildung – um auch hier nur die wichtigsten Bereiche zu nennen. Insbesondere bemüht sich die Hanns-Seidel-Stiftung seit dem Fall des „Eisernen Vorhangs" um die nachhaltige Förderung des Auf- und Ausbaus demokratischer Strukturen in den mittel-, ost- und südosteuropäischen Ländern (1994: 748 Seminare mit 42.110 Teilnehmern in Ungarn, Rumänien, Bulgarien, Albanien, in der Ukraine, der Slowakei und der Tschechischen Republik; außerdem gibt es Kontaktbüros in Washington, Moskau, Riga, Warschau und Brüssel).

Historische Orientierung für aktuelles Handeln – Zu diesem Buch

Häufig wird in der politischen Diskussion das Wort von Franz Josef Strauß, „konservativ sein heißt, an der Spitze des Fortschritts marschieren", zitiert. Diese Bemerkung enthält einen tiefen Wahrheitskern. Gemeint ist ein „aufgeklärter" Konservativismus, der Vergangenheit, Gegenwart und Zukunft eng aufeinander bezogen sieht. In dieser Bedeutung ist der Konservative keineswegs der bloß „Rückwärtsgewandte" oder an der Erhaltung des status quo Interessierte. Vielmehr verfügt er über jenes kritische Geschichtsbewußtsein, das die Kenntnis historischer Entwicklungen voraussetzt und selber Voraussetzung jeder realistischen Beurteilung der Gegenwart ist.

Wer die historischen Bedingtheiten unserer Gegenwart verstehen will, kommt nicht umhin, die politischen Grundentscheidungen und Weichenstellungen der Nachkriegszeit in ihrer bis heute wirksamen Bedeutung zu analysieren. Die geistigen Grund- und Werthaltungen der politischen Protagonisten der jüngsten Geschichte sind prägend für das weltanschauliche Fundament unserer heutigen Gesellschaft. Diesen Fragen widmet sich in vielfältiger Weise die „Akademie für Politik und Zeitgeschehen" der Hanns-Seidel-Stiftung.

Die kritische Darstellung und die Auseinandersetzung mit der Geschichte sind ein wesentlicher Bestandteil politischer Bildungsarbeit; sie haben daher in den Veranstaltungsangeboten und Publikationen der Hanns-Seidel-Stiftung von jeher ihren festen Platz. Die vorliegende Sonderausgabe der

POLITISCHEN STUDIEN zur 50jährigen Geschichte der Christlich-Sozialen Union reiht sich in die zahlreichen Veröffentlichungen der Hanns-Seidel-Stiftung zu Fragen der Zeitgeschichte ein, wobei immer wieder auch Themen der Entwicklung des Parteiensystems in der Bundesrepublik Deutschland behandelt wurden.

Die Hanns-Seidel-Stiftung hat renommierte Wissenschaftler eingeladen, aus ihrer Sicht wesentliche Perioden oder besondere Politikfelder aus der 50jährigen Geschichte der Christlich-Sozialen Union zu beschreiben. Dabei ist ein facettenreiches Bild der „Geschichte einer Volkspartei" entstanden, das natürlich auch zur Diskussion einlädt. Ganz bewußt wurden die individuelle Sichtweise der unterschiedlichen historischen Analysen und ihre Beurteilungen gewählt.

Die Herausgeber danken an dieser Stelle all denen, die zur Entstehung des vorliegenden Bandes beigetragen haben, vor allem den Autoren, die – jeweils aus der Perspektive ihrer Fachdisziplin wie auch ihrer persönlichen Bewertung – ein Stück CSU-Geschichte haben sichtbar und lebendig werden lassen. Ihre Beiträge fügen sich gleichsam wie ein Mosaik zu einem Ganzen zusammen und zeigen dabei die Komplexität eines entscheidenden Kapitels der Zeitgeschichte.

Unser ganz besonderer Dank gilt den Mitarbeitern der Redaktion, die in mühevoller und zeitaufwendiger Arbeit die Konzeption des Gesamtwerks entwickelt, Chronologie, Dokumentationsteil, Zeitzeugen-Interviews, Kurzbiographien und Bibliographie erarbeitet und zusammengestellt sowie alle Beiträge redigiert und korrigiert haben. An erster Stelle gilt dieser Dank Frau Dr. Renate Höpfinger und Herrn Burkhard Haneke, die die Arbeit der Redaktion koordiniert haben. In der Redaktion wirkten weiterhin tatkräftig mit: Herr Dr. Claus Brügmann, Frau Dorothea Elschner, Herr Dr. Franz Guber, Herr Dr. Gerhard Hirscher und Herr Dr. Fritz Hopfenmüller. Ihnen allen danken die Herausgeber besonders.

Die meisten der Materialien, Quellen und historischen Dokumente, die im vorliegenden Band Verwendung fanden, entstammen dem „Archiv für Christlich-Soziale Politik" (ACSP) der Hanns-Seidel-Stiftung, das über den größten Fundus an Unterlagen zur CSU-Geschichte verfügt. Allen Mitarbeitern des ACSP sei hiermit herzlich für ihre Unterstützung gedankt.

Mit der Herausgabe dieses Buches legt die Hanns-Seidel-Stiftung ein Dokument der Zeitgeschichte vor, das Auskunft geben will über die Gründung und Entwicklung sowie über die politische Motivation und Programmatik der Christlich-Sozialen Union.

Die „Geschichte einer Volkspartei – 50 Jahre CSU" soll in unserer politischen Bildungsarbeit Verwendung finden und wird darüberhinaus für viele Interessenten zu einem unentbehrlichen Nachschlagewerk werden.

Alfred Bayer
Vorsitzender der
Hanns-Seidel-Stiftung

Manfred Baumgärtel
Hauptgeschäftsführer der
Hanns-Seidel-Stiftung

Die geistigen Grundlagen der Christlich-Sozialen Union

Theo Waigel

1. CSU-Gründung als Antwort auf die NS-Diktatur

Vor 50 Jahren endete das „Tausendjährige Reich" Adolf Hitlers im größten Trümmerhaufen der deutschen Geschichte.

Blick zurück

Nach der totalen Niederlage im Zweiten Weltkrieg lag Deutschland in Schutt und Asche. Große Städte, wie z.B. Dresden oder Würzburg, waren restlos zerbombt. Hunger und Elend bestimmten das Leben der Menschen. Millionen von Flüchtlingen und Heimatvertriebenen strömten in den Westen. Was ihnen allen Lebenskraft gab, war die Hoffnung auf eine bessere Zukunft, das Bewußtsein, daß in alle irdische Trostlosigkeit eine Zukunftshoffnung hineinstrahlt, die aus der christlichen Botschaft kommt.

Der Rückblick auf das Jahr 1945 steht im Zeichen des Gedenkens an die Opfer des Nazi-Regimes und des Weltkriegs. Er steht im Zeichen der historischen Verantwortung Deutschlands.

50 Jahre danach dürfen wir jedoch unseren Blick zurück nicht auf die Aufarbeitung der nationalsozialistischen Vergangenheit einengen. Das Jahr 1995 bietet auch Anlaß zur Rückbesinnung auf 50 Jahre Demokratie und Rechtsstaat, materiellen Wohlstand und soziale Sicherheit, politische und soziale Stabilität im Westen Deutschlands.

Persönlichkeiten der ersten Stunde

Vor 50 Jahren fanden sich – in eine Vielzahl lokaler Bewegungen zerstreut – Persönlichkeiten unserer bayerischen Heimat, die sich in der sogenannten Stunde Null an einen politischen Neuanfang wagten. Die Gründung der CSU war letztlich die Antwort christlich-orientierter, sozial-engagierter und national-denkender Persönlichkeiten auf Diktatur und Totalitarismus der Gewalt- und Schreckensherrschaft der Nationalsozialisten. Ihr Engagement für einen politischen Neuaufbau resultierte aus jenem „Trümmerfeld, zu dem eine Staats- und Gesellschaftsordnung ohne Gott, ohne Gewissen und ohne Achtung vor der Würde des Menschen die Überlebenden des Zweiten Weltkriegs geführt hat", wie es in der Präambel der Verfassung des Freistaates Bayern heißt.

Was sie in der Stunde Null bewegte, hat Franz Josef Strauß einmal wie folgt umschrieben: „Ich habe nie beschlossen, Politiker zu werden, ich bin es unter dem Zwang der Stunde geworden und vielleicht in Erfüllung einer instinktiv verstandenen Pflicht, meinen Beitrag dafür zu leisten, daß die deutsche Politik nie wieder auf jene schrecklichen Irrwege kommt, wie wir sie erlebt haben und daß eine dritte Katastrophe dem deutschen Volke, den Völkern Europas und der Welt im gleichen Jahrhundert und später erspart bleiben möge."

Namhafte Persönlichkeiten unter den Mitbegründern der CSU zählten in den Jahren des Nationalsozialismus zum aktiven Widerstand, so z. B.
- Josef Ernst Fugger von Glött, der als Mitglied des Kreisauer Kreises nur knapp dem Todesurteil entging,
- Josef Müller, der im April 1945 von den Amerikanern aus dem Konzentrationslager in Flossenbürg befreit wurde,
- Otto Frommknecht und Franz Xaver Fackler, die vom Volksgerichtshof verurteilt wurden sowie
- Karl Scharnagl und Alois Hundhammer, die von der Gestapo eingesperrt wurden.

Zu den herausragenden Gründern der CSU zählt auch der Unterfranke und ehemalige Gewerkschaftsvorsitzende und Reichsminister Adam Stegerwald, auch er wurde 1944 von den Nazis inhaftiert. Er brachte vor allem das Gedankengut der Christlichen Gewerkschaftsbewegung in die Fundamente unserer Partei ein. Seine Vision bestand in einer einheitlichen, christlich-sozialen

Sammlungspartei in ganz Deutschland, verbunden mit einer echten Aussöhnung der nicht-marxistischen Arbeiterschaft mit Staat und Nation. Ein weiteres Gründungsmitglied, das der Christlichen Gewerkschaftsbewegung entstammte, war Heinrich Krehle, der spätere Bayerische Staatsminister für Arbeit und soziale Fürsorge.

Viele Persönlichkeiten der ersten Stunde waren vor dem Zweiten Weltkrieg eng mit der Bayerischen Volkspartei und mit dem Bayerischen Bauernbund verbunden, so z.B. Alois Hundhammer, Joseph Baumgartner, Alois Schlögl und Fridolin Rothermel, die alle führende Positionen im Christlichen Bauernverein bzw. Bayerischen Bauernbund innehatten.

Selbstverständlich haben sich auch in ganz Bayern engagierte Frauen um Gründung und Aufbau der CSU verdient gemacht. Dem ersten Bayerischen Landtag von Dezember 1946 gehörten vier CSU-Politikerinnen an – Maria Deku und Franziska Gröber aus der Katholischen Frauenbewegung, Zita Zehner aus den Reihen der Bäuerinnen und nicht zuletzt die unvergessene Dr. Maria Probst, die spätere Vizepräsidentin des Deutschen Bundestages. Von ihr stammt auch der zukunftsweisende Satz: „Politik ist eine viel zu ernste Sache, als daß man sie allein den Männern überlassen könnte".

Auf Initiative des damaligen, von der Besatzungsmacht eingesetzten, Oberbürgermeisters Karl Scharnagl konstituierte sich im August 1945 in München ein Vorbereitender Ausschuß der Christlich-Sozialen Union, dem u.a. Anton Pfeiffer, Josef Müller, Michael Horlacher und Alois Schlögl angehörten. Dieser Ausschuß wandte sich mit einem Rundschreiben an die vielen lokalen und regionalen Bewegungen mit dem Ziel der Gründung einer großen christlich-konservativen Volkspartei in Bayern.

Rückbesinnung auf das christliche Sittengesetz

Das Nazi-Regime war geprägt durch den „Abfall der deutschen Politik vom christlichen Sittengesetz" (F. J. Strauß). Die Gründung der CSU knüpfte demgegenüber an jene freiheitlichen Traditionen unserer Geschichte an, wie sie bis 1933 Bestand hatten. Die Bindung an das christliche Sittengesetz und an die dem Menschen als einem Geschöpf Gottes angeborenen Rechte, über die kein Staat verfügen darf, wurde von den Gründern der CSU zur Grundlage allen politischen Handelns gemacht.

Die Lehren, die die Gründergeneration aus dem Scheitern der Weimarer Republik und dem Niedergang der deutschen Geschichte im nationalsozialistischen Terror-Regime zogen, „erforderten eine neue, überkonfessionelle politische Organisation, wie sie der christliche Gewerkschafter Adam Stegerwald schon im Jahre 1920 gefordert hatte. ... Erst das gemeinsame Erlebnis der Verfolgungen im Dritten Reich und die Katastrophe des totalen Zusammenbruchs ließen die Zusammenarbeit der Christen beider Konfessionen zu einer geradezu unausweichlichen Notwendigkeit werden" (F. J. Strauß). Josef Müller bezeichnete diese überkonfessionelle Zusammenarbeit als „die Grundidee", die den politischen Neuanfang in Bayern bestimmte.

2. Das christliche Politikverständnis der CSU

Die CSU versteht sich seit ihrer Gründung als liberal-konservative Partei, die konfessionell nicht gebunden ist, sich in ihrer Programmatik jedoch einem christlichen Politikverständnis verpflichtet weiß.

Politik und Glaube

Im Mittelpunkt eines christlichen Politikverständnisses steht der Mensch mit seiner Freiheit, seiner unantastbaren Würde und seiner personalen Verantwortung vor Gott.
Verankerung der Politik im Christentum bedeutet Bindung des menschlichen Gewissens an das christliche Sittengesetz. Der Mensch ist in seinem Wesen ein selbstverantwortliches, seinem Gewissen verpflichtetes Geschöpf Gottes. Eine Politik, in deren Mittelpunkt der Mensch steht, muß Recht und Freiheit des Menschen in der staatlichen Gemeinschaft gewährleisten. Freiheit und Verantwortung werden so zu den zentralen geistigen und moralischen Begriffen der Politik.
Der christliche Glaube gibt keine Anweisungen für politische Einzelentscheidungen. Er fordert jedoch immer eine verantwortbare Entscheidung – eine Entscheidung, die nach bestem Wissen und Gewissen getroffen wird, und die der Achtung der Menschenwürde gerecht wird. Mit ihrem Bekenntnis

zum christlichen Menschenbild verbindet die CSU keinerlei Monopolanspruch auf das Christliche.

Christliches Politikverständnis hat auch nichts zu tun mit einer konfessionellen Bindung unserer Partei. Konfessionell gebundene Parteien, wie z.B. die frühere Zentrumspartei, haben sich geschichtlich überholt. Dennoch waren die Anfangsjahre der CSU von der innerparteilichen Auseinandersetzung über eine konfessionelle Bindung der Partei geprägt. Den Verfechtern der Konfessions-Idee um Alois Hundhammer standen die Gegner um Josef Müller gegenüber, die konsequent auf eine überkonfessionelle Ausrichtung der CSU setzten. Es ist das große Verdienst von Hanns Seidel gewesen, der die diesbezügliche Diskussion innerhalb der CSU in den 50er Jahren zum Abschluß gebracht hat. Die CSU steht heute den Bürgern aller Konfessionen offen. Sie fühlt sich den großen Volkskirchen und den kirchlich engagierten Bevölkerungsgruppen nahe, sie ist jedoch auch offen für andere Weltanschauungen, sofern sich diese mit christlichen Vorstellungen in Einklang bringen lassen.

Christliches Politikverständnis weiß um die Grenzen von Politik. Die Verpflichtung auf christliche Werte erkennt den Menschen als ein Wesen an, dessen Sinn und Glück jenseits aller Politik begründet liegt, das heißt: Die Politik kann – ungeachtet ihres Auftrags zur geistigen Führung – keine Antwort auf Fragen nach dem Sinn des Lebens geben. Das Wissen um die Grenzen der Politik schließt für uns den Verzicht auf utopische Heilslehren als Grundlage konkreter Politik mit ein. Verbunden ist damit auch eine Absage an jeglichen ideologischen Absolutheits- und Alleinvertretungsanspruch einer politischen Kraft.

Die Politik kann zwar die Arbeit der Kirchen unterstützen. Die jeweilige Verankerung christlicher Wertvorstellungen ist in einer pluralistischen Staats- und Gesellschaftsordnung jedoch primär eine Frage an die Kirchen und Gläubigen.

Zu den konkreten Aufgaben einer Partei mit einem „C" im Namensschild gehört es, den Dialog mit den Kirchen und den kirchlich engagierten Verbänden zu führen und sich speziell jener Sorgen und Anliegen anzunehmen, die den Verantwortungsbereich der Kirchen berühren. Die CSU hat hierzu eine Kommission „Kirche und Politik" eingerichtet, der u.a. von katholischer Seite der renommierte Theologe Eugen Biser und von evangelischer Seite Kirchenrat Paul Rieger, der zugleich Mitglied des Parteivorstandes ist, angehören. Ein intensiver Dialog zwischen Kirche und Politik führt mitunter zu Reibungspunkten, so z. B. in Fragen des Asylrechts, der Wirtschaftspolitik oder der Entwicklungshilfe. Differenzen dieser Art sollten mit christlicher Gelassenheit hingenommen werden, denn das Zweite Vatikanische Konzil hat zutreffend festgehalten, „daß Christen, bei gleicher Gewissenhaftigkeit, in Dingen, die nicht direkt den Glauben berühren, verschiedener Meinung sein können".

Den Dialog zwischen Partei und Kirche als Versuch einer Politisierung oder gar einer politischen Vereinnahmung der Kirche sehen zu wollen, wäre ein grobes Mißverständnis. Angesichts der Säkularisierung weiter Lebensbereiche – Max Weber hat in diesem Zusammenhang von einer „Entzauberung der Welt" gesprochen – hat die Bindungswirkung der Kirchen deutlich nachgelassen. Die großen Volkskirchen reagieren hierauf vornehmlich defensiv und erwecken den Eindruck, sich als gesellschaftliche Dienstleistungsbetriebe und als politische Anwälte von Minderheiten profilieren zu wollen, während das ureigenste Anliegen der Kirchen, nämlich überzeugende Antworten zu geben auf die unverändert bestehenden Sinn- und Identitätsfragen des Menschen in der modernen wissenschaftlich-technischen Welt, zu verkümmern droht.

Für unser Bekenntnis zu einem christlichen Politikverständnis gilt, was der frühere sozialdemokratische Reichstagsabgeordnete Carlo Mierendorff nach seiner Entlassung aus dem KZ einem Freund sagte: „Wissen Sie, als Atheist bin ich in das Konzentrationslager gekommen, und nach dem, was ich dort erlebt habe, verließ ich es als gläubiger Christ. Es ist mir klargeworden, daß ein Volk ohne metaphysische Bindung, ohne Bindung an Gott, weder regiert werden noch auf Dauer blühen kann". Daraus folgt, daß wir gerade in einer Zeit politisch-moralischer Orientierungslosigkeit offenbleiben müssen für die Zeichen der Transzendenz.

Staat und Kirche

In Fortentwicklung der Staatslehre Martin Luthers hat sich in den westlichen Demokratien die Trennung von Staat und Kirche durchgesetzt. Der moderne Staat westlicher Prägung versteht sich als eine weltanschaulich neutrale Instanz. Staat und Kirche sind verschiedenen Ursprungs und haben unterschiedliche Aufgaben zu erfüllen. Politiker haben gewöhnlich keine Theologie studiert und der politische Sachverstand des Theologen reicht im Regelfall über den des normalen Staatsbürgers nicht hinaus. Parteien und staatliche Gremien können keine Antworten auf die Fragen nach dem Jenseits geben. Und die Kirche ihrerseits wäre überfordert, wollte sie mit theologischen Argumenten den politischen Entscheidungsprozeß mitbestimmen. Aus der Bibel und aus kirchlichen Verlautbarungen lassen sich nur in sehr begrenzten Fällen wie z.B. den Fragen über den Schutz des Lebens konkrete Handlungsanweisungen für den verantwortlichen Politiker ableiten. Dies zu ignorieren, ist der Grundfehler der sogenannten „politischen Theologie".

Weltanschauliche Neutralität des Staates darf jedoch nicht mit einem sittlich ungebundenen Staat gleichgesetzt werden. Parlamentarische Demokratien mit politischem und gesellschaftlichem Pluralismus sind auf Dauer nur lebensfähig, wenn ihre Grundordnung durch einen gemeinsamen „Ordnungs-, Verfahrens- und Wertekonsens" (Hans Maier) zusammengehalten wird. Das heißt, wenn die politischen Kräfte sich auf dauerhafte Ordnungssysteme in Staat und Wirtschaft einigen, politische Institutionen und Spielregeln respektieren und an einem Katalog gemeinsamer Grundwerte festhalten. Weltanschauliche Neutralität kann auch nicht Indifferenz zwischen Staat und Kirche bedeuten. Die Staaten, die sich zur Würde des Menschen und zu den menschlichen Grundrechten bekennen, sind in die 2000jährige Tradition des Christentums eingebettet.

Christliche Werte

Unser Grundgesetz ist in entscheidender Weise von christlichen Wertvorstellungen geprägt. Der die bürgerlichen Freiheiten betreffende Teil des Grundrechtskatalogs ist gewiß eng mit der Aufklärung, also mit den philosophischen Gedanken von Montesquieu und Voltaire über John Locke und Adam Smith bis hin zu Kant und Herder verbunden. Aber die entscheidenden Grundrechte – von der Gewährleistung der Würde des Menschen über den Schutz von Ehe und Familie bis hin zur Garantie der Religions- und Gewissensfreiheit – stehen jedoch gleichermaßen in der Tradition christlicher Wertvorstellungen.

Wie Manfred Spieker, Professor für christliche Gesellschaftslehre, zu Recht hervorhob, setzen diese Grundrechte „nicht zwingend ein christliches

Menschenbild voraus", hängen also nicht unmittelbar mit dem Glauben an Gott zusammen. Aber es gilt doch, „daß dieser Glaube der Menschenwürde und den Menschenrechten die umfassendste Begründung bietet, insofern er aufgrund der Offenbarung die Gottebenbildlichkeit des Menschen erkennt".

Schutz des Lebens

Aus christlichem Politikverständnis heraus sind wir verpflichtet zur Bewahrung der Schöpfung und zum Schutz des Lebens. Dieser Schutzgedanke reicht selbstverständlich über Umwelt-, Tier- und Artenschutz hinaus und zielt vor allem auf den Schutz des menschlichen Lebens, also den Schutz der ungeborenen Kinder, der Alten, Kranken, Gebrechlichen und Behinderten. In dieser Verpflichtung stehen wir um so mehr, als ein Teil der politischen Opposition trotz der bekannten Rechtsprechung des Bundesverfassungsgerichts auf eine ersatzlose Streichung des strafrechtlichen Schutzes des ungeborenen Lebens hinarbeitet.

Die Menschenwürde und das Recht auf Leben stehen allen zu – dem geborenen Menschen ebenso wie dem ungeborenen Kind. Das Recht auf Leben ist unteilbar. Zum Schutze des Grundrechts auf Leben hält die CSU an strafrechtlichen Bestimmungen fest, die zur Bildung eines Wertebewußtseins zum Schutz des Lebens unerläßlich sind. Wer die personale Würde ungeborener Kinder in Frage stellt, verläßt den Boden unserer Rechtsordnung. „Wo menschliches Leben existiert, kommt ihm Würde zu; es ist nicht entscheidend, ob der Träger sich dieser Würde bewußt ist und sie selber zu wahren weiß" (BVerfG, ferner Kinsauer Manifest).

Bewahrung der Schöpfung

Als erste Partei hat die CSU Anfang der 70er Jahre den Umweltschutz als Zukunftsherausforderung aufgegriffen und ein eigenes Umweltministerium eingerichtet. Die Verantwortung für die Schöpfung erfordert eine konsequente Umweltpolitik, in deren Mittelpunkt ein schonender Umgang mit natürlichen Rohstoffen und die Vorsorge und Vermeidung von Umweltschäden stehen müssen. Wirksame Gebote und Verbote sowie der Einsatz ökonomischer Lenkungsinstrumente sind dabei gleichermaßen geeignet, um innerhalb des marktwirtschaftlichen Rahmens das Verursacherprinzip durchzusetzen.

Umweltpolitik erfordert letztlich eine Veränderung der Verhaltensweisen jedes einzelnen – der Verbraucher und Produzenten, der Wissenschaftler und Techniker. Unser Ziel kann es dabei nicht sein, zu Lebensbedingungen zurückzukehren, wie wir sie heute noch in den Ländern der Dritten und Vierten Welt vorfinden. Unser Ziel kann es dabei auch nicht sein, Naturwissenschaft und Technik zu dämonisieren und in Frage zu stellen. Im Gegenteil: Umweltfreundliche Produkte und Produktionsverfahren, Kreislaufwirtschaft und Energieeinsparung setzen für die Zukunft neue, intelligente Technologien voraus. Wenn wir einen Rückfall auf das vorindustrielle Lebensniveau verhindern wollen, dann bleibt uns nichts anderes übrig, als die erkennbaren Fehlentwicklungen durch neue und bessere Techniken zu korrigieren. Und in der wissenschaftlich-technischen Entwicklung gilt es, eine neue Verantwortungsethik zu erarbeiten, die dem Imperativ von Hans Jonas gerecht wird: „Handle so, daß die Wirkungen deiner Handlungen verträglich sind mit der Permanenz echten menschlichen Lebens auf Erden".

3. Das politische Selbstverständnis der CSU

Volkspartei

Seit ihrer Gründung versteht sich die CSU als eine Volkspartei, in der alle soziologischen Gruppierungen eine politische Heimat finden können. Volkspartei bedeutet dabei: Mit ihrer Programmatik wendet sich die CSU an alle Schichten der Bevölkerung – an Frauen und Männer, an Arbeitnehmer und Arbeitgeber, an Mittelstand und Selbständige genauso wie an Landwirte und Angestellte.

In einer Volkspartei gibt es kein Gegeneinander zwischen der jüngeren und der älteren Generation. Deshalb setzt die CSU bewußt auf Partnerschaft zwischen den Generationen. Unser diesbezügliches Leitbild orientiert sich an dem, was Robert Spaemann als „Freundschaft zwischen den Generationen" bezeichnet hat. Wir brauchen den Erfahrungsschatz der Älteren genauso wie den Vorwärtsdrang der Jungen. Unsere älteren Mitbürger haben einen Anspruch auf Würde und Anerkennung, auf eine möglichst selbständige und

eigenverantwortliche Lebensführung. Die Sicherung der Lebensgrundlagen der Alten ist eine generationenübergreifende Aufgabe.
Entsprechend sind auch in der Mitgliedschaft unserer Partei alle Bevölkerungsschichten vertreten. Die aktuellen statistischen Daten verdeutlichen dies. Danach sind von den berufstätigen CSU-Mitgliedern rund 18 Prozent Arbeiter, über 30 Prozent Angestellte, 16 Prozent Beamte, über 12 Prozent Landwirte, gut 19 Prozent Selbständige und knapp 3 Prozent Freiberufler. Hinzu kommen weitere Gruppen wie Rentner, Hausfrauen und Auszubildende.

Um dem Anspruch als Volkspartei gerecht zu werden, ist es entscheidend, durch konsequente Arbeit der Parteibasis, der einzelnen Orts- und Kreisverbände, im direkten Gespräch mit den Menschen vor Ort und mit den Institutionen im vorpolitischen Raum die politischen Ideen und Programme der CSU zu vermitteln und zu diskutieren. Hierzu leisten auch die Arbeitsgemeinschaften und Arbeitskreise der CSU einen wichtigen Beitrag, in dem sie sich spezifischer Fachthemen annehmen.
Dazu zählen auch verstärkte Kontakte zu Wissenschaft und Kunst. In den zurückliegenden Jahren ist es der CSU gelungen, im Rahmen von Fachveranstaltungen, Gespräche mit kompetenten Wissenschaftlern zu führen. Darüber hinaus habe ich die CSU für den Dialog mit so unterschiedlichen intellektuellen Betrachtern des politischen Zeitgeschehens, wie zum Beispiel Golo Mann, Reiner Kunze, Martin Walser, Ulrich Schacht, und anderen geöffnet.

Die Realisierung des Anspruchs, eine echte Volkspartei zu sein, wird in Zeiten einer um sich greifenden Atomisierung und Individualisierung der Gesellschaft und eines wachsenden Anspruchs- und Besitzstandsdenkens schwierig. Dennoch war, ist und bleibt das Konzept der großen Volkspartei die Voraussetzung für die beispiellosen Wahlerfolge der CSU, die seit den 70er Jahren Werte von jeweils über 50 Prozent aufweisen.

Um als Volkspartei über längere Zeit hinweg überzeugende Wahlerfolge erzielen zu können, ist es nötig, von der Mitte des politischen Koordinatensystems aus die Auseinandersetzung mit der politischen Konkurrenz zu suchen und vom Zentrum heraus liberale, konservative und soziale Gesichtspunkte und politische Inhalte zu entwickeln und mit ihnen den Bürger anzusprechen. Es wäre strategisch falsch, bewährte Inhalte und Sachpositionen einem vermeintlichen Zeitgeist zu opfern und Stimmen durch Annäherung an Positionen der SPD oder der Grünen gewinnen zu wollen. Bei diesen immer wiederkehrenden „Strategiediskussionen" gilt, was ich an anderer Stelle wie folgt formuliert habe: „Es wäre für die Unionsparteien verhängnisvoll, wenn sie ihre Stammkundschaft vernachlässigen und sich auf die Suche nach neuen Kundenschichten begeben würden. Verlorene Stammkunden sind nur schwer wieder zu gewinnen, während es demgegenüber keineswegs sicher ist, ob aus einer neuen Laufkundschaft einmal Stammkunden entstehen. Es wäre also verhängnisvoll, wenn die Unionsparteien im Zentrum selbst Wähler und überzeugungstreue Anhänger vor den Kopf stoßen würden".

Autonomie-Anspruch

Seit ihrer Gründung versteht sich die CSU als bayerische Partei mit bundespolitischem Anspruch und europäischer Verantwortung. Diese „bayerische Identität" hat sicherlich gewichtige historische Gründe. Alf Mintzel führt diese „institutionelle Doppelrolle der CSU als autonome bayerische Landespartei mit besonderem Bundescharakter" auf die jahrhundertealte „bayerische Eigenstaatlichkeit und soziokulturelle Eigenprägung im Wandel der Zeiten" zurück. Bayerische Eigenstaatlichkeit reicht tief in die deutsche und europäische Geschichte zurück. Schon bei der Gründung des Deutschen Reichs durch Bismarck hat Bayern eine Sonderrolle gespielt. Ein ausgeprägter Hang zur Selbständigkeit verdeutlicht sich in der Patriotenpartei des Bismarck-Reichs wie auch in der Bayerischen Volkspartei der Weimarer Republik. Und im Gegensatz zu den anderen Bundesländern konnte Bayern bei der staatlichen Neuordnung Deutschlands nach dem Zweiten Weltkrieg seine territoriale, kulturelle und staatliche Kontinuität weitgehend aufrechterhalten.

Schließlich mußte die Gründergeneration der CSU auch der Konkurrenz durch die Bayernpartei Rechnung tragen, die schon vor Gründung der Bundesrepublik auf eine Autonomie Bayerns gedrungen hatte.

Es entsprach mithin der Logik der Geschichte, der Entwicklung eigener Akzente und politischem Pragmatismus, wenn die Zusammenarbeit zwischen CDU und CSU über die Bildung einer gemeinsamen Fraktion und gemeinsamer Arbeitsgruppen nicht hinausging, und die CSU-Landesgruppe später ihre Sonderstellung innerhalb der gemeinsamen Fraktion vertraglich absicherte und im Laufe der Jahre ausbaute.

Die Autonomie der bayerischen CSU hat sich als ein Glücksfall der deutschen Parteiengeschichte erwiesen. So konnte die CSU immer die Rolle eines Korrektivs gegenüber der Schwesterpartei CDU übernehmen, eigene Akzente setzen und so zur Profilierung der Union insgesamt gegenüber der politischen Konkurrenz in besonderer Weise beitragen.

Politisches Selbstverständnis

Von ihrem Selbstverständnis her versteht sich die CSU als
- eine christlich-soziale Partei, die auf dem christlichen Sittengesetz aufbaut, ihre gesellschaftspolitischen Grundprinzipien am Gedankengut der katholischen Soziallehre und der protestantischen Ethik ausrichtet, die Grenzen der Politik anerkennt und auf säkularisierte Utopien verzichtet;
- eine liberale Partei, die sich zum politischen und gesellschaftlichen Pluralismus bekennt, die für die schon sprichwörtliche „liberalitas bavariae" steht, und die für die Freiheit als dem grundlegenden Wert eines jeden demokratischen Rechtsstaats einsteht und dabei kollektivistische Tendenzen genauso ablehnt wie einen schrankenlosen laissez-faire-Liberalismus;
- eine konservative Partei, die am Bewährten festhält und doch gleichzeitig dem gesellschaftlichen, wirtschaftlichen und wissenschaftlich-technologischen Wandel der Zeit offensteht, die das Neue am Alten mißt, bevor sie Bewährtes durch Neues ersetzt.

4. Staatspolitische Grundprinzipien der CSU

Zu den Grundprinzipien eines modernen Staatswesens gehören nach unserer Auffassung folgende Elemente:
- der freiheitliche Rechtsstaat,
- die repräsentative Demokratie,
- die Soziale Marktwirtschaft und
- der föderative Staatsaufbau.

Diese Grundprinzipien stehen für die CSU nicht zur Disposition. Heute, fünf Jahre nach dem Vollzug der staatlichen Wiedervereinigung Deutschlands in Frieden und Freiheit, scheinen diese Prinzipien von keiner Partei mehr in

Frage gestellt zu werden, sieht man einmal von extremen Gruppierungen am rechten und linken Rand des Parteienspektrums ab.

Freiheitlicher Rechtsstaat

Der freiheitliche Rechtsstaat ist die Basis einer funktionsfähigen Demokratie. Er bildet eine Art Geschäftsgrundlage für die Gemeinschaft der Demokraten und für die Abgrenzung gegenüber den Feinden der Demokratie, gegenüber Totalitarismus von rechts und links, gegen jedwede Form der Diktatur – sei es im Namen einer Rasse, einer Klasse, einer Religion oder einer Nation.

Freiheit, das in Artikel 2 des Grundgesetzes garantierte – nicht etwa nur gewährte – Recht auf die freie Entfaltung der Persönlichkeit, ist das zentrale Grundrecht unserer Verfassung. Dies gilt auch und gerade im Verhältnis zur Gleichheit. In den 70er Jahren, im Gefolge der Renaissance des marxistischen Gedankengutes und der politischen Träumereien über einen demokratischen Sozialismus, geriet das Konzept der freiheitlichen Ordnung bei uns in ernsthafte Gefahr. Die schrittweise sozialistische Unterwanderung der freiheitlichen Ordnung zeigte sich in der Infragestellung des Leistungsprinzips und der Leistungsgesellschaft, der Denunzierung der Sozialen Marktwirtschaft als System kapitalistischer Ausbeutung, der Durchdringung der politischen Sprache mit Klassenkampfparolen, der Entmündigung der Menschen durch immer mehr staatliche Daseinsvorsorge, im Streben nach kollektivistischer Gleichmacherei durch immer mehr Umverteilung, in der Bürokratisierung und Verrechtlichung immer weiterer Lebensbereiche, der schleichenden Beschneidung persönlicher Entscheidungs- und Verantwortungsspielräume und in den mehr oder weniger offenen Sympathiebekundungen gegenüber den Wirtschafts- und Gesellschaftsordnungen in den damaligen Staaten des „real existierenden Sozialismus". Die CSU hat sich mit Erfolg dem damaligen „Geist der Zeit" gestellt und die Debatte über „Freiheit oder Sozialismus" offensiv geführt.

Die Geschichte hat uns recht gegeben. Historisch hat der Sozialismus weltweit versagt. Sein Scheitern beruht letztlich auf der Unterdrückung der Freiheit, denn eine alles nivellierende Gleichheit, eine mit staatlicher Zwangsgewalt durchgesetzte „sozialistische Lebensqualität" macht die Freiheit des Menschen sinnlos.

Karl Carstens hatte sicher recht mit seiner Feststellung: „Kein Mensch auf der Welt ist freier als ein Bürger der Bundesrepublik Deutschland". Das Grundgesetz und der Aufbau der Bundesrepublik Deutschland haben den Deutschen ein in unserer bisherigen Geschichte nicht gekanntes Maß an Freiheit gebracht. Freiheit ist inzwischen für die übergroße Mehrheit unserer Bevölkerung zu einem selbstverständlichen Wert geworden. Daß Freiheit jedoch ein Gut ist, das nicht zu den Selbstverständlichkeiten gehört, mußten jene 16 Millionen Deutsche erfahren, die bis 1990 im Zeichen von Hammer und Sichel hinter einem Stacheldraht und überwacht von einem Heer von Stasi-Spitzeln leben mußten.

Es sollte auch nicht vergessen werden, daß noch bis zur Wiedervereinigung Stimmen aus den Reihen der westlichen Neomarxisten zu hören waren, die unseren freiheitlichen Rechtsstaat als „FDGO" denunzierten, und die die freiheitliche Grundordnung als angeblich repressive Toleranz verächtlich machten. Es waren dies jene politischen Kräfte, die mit den verurteilten Mördern der marxistischen RAF „Tarifgespräche" führen wollten, und die gegen „Berufsverbote" für Linksradikale protestierten, die aber heute lautstark die Gemeinschaft der Demokraten im Kampf gegen Rechtsradikale einschließlich deren Entfernung aus dem Öffentlichen Dienst fordern. Die CSU kann demgegenüber für sich in Anspruch nehmen, bei der Verteidigung der freiheitlichen Grundordnung nie auf einem Auge blind gewesen zu sein.

Freiheit ist und bleibt der zentrale Wert einer jeden demokratischen Ordnung. Aber Freiheit darf nicht isoliert von anderen Werten gesehen werden. Karl Carstens schrieb: „Die Vorstellung, daß Freiheit ihr Gegenstück in Pflichten und in Verantwortung hat, daß der Bürger sich gewisse Beschränkungen seiner Freiheit gefallen lassen muß, wenn sie zur Sicherung der freiheitlichen Ordnung insgesamt notwendig sind, kommt in der öffentlichen Diskussion bei uns zu kurz". Dies hat sich in der Auseinandersetzung um den fälschungssicheren Personalausweis und die Volkszählung ebenso gezeigt wie in den Auseinandersetzungen über Fragen wie Demonstrationsfreiheit und gewalttätige Ausschreitungen oder Sitzblockaden und Nötigung.

Eine freiheitliche Ordnung in Staat, Wirtschaft und Gesellschaft bildet ein Kernelement des politischen Liberalismus. Mit der Gründung der Bundesrepublik Deutschland und mit dem Grundgesetz wurden de facto alle Forderungen, die sich die Verfechter einer freiheitlichen Verfassung auf die Fahne geschrieben haben, in die politische Praxis umgesetzt. Der liberale Verfassungsstaat, eine freiheitliche Wirtschafts- und Gesellschaftsordnung, das Recht auf freie Entfaltung der Persönlichkeit, die Garantie der Menschenrechte, die Sicherheit des Eigentums und die Gewährleistung bürgerlicher Freiheiten, von der Pressefreiheit über die Versammlungsfreiheit bis zur Koalitionsfreiheit, sind heute feste Bestandteile unserer politischen Kultur.

Die politische Entwicklung der letzten Jahre hat jedoch deutlich erkennbare Defizite im konkreten Erscheinungsbild der freiheitlichen Ordnung zu Tage gefördert. Freiheit in Form des Strebens nach Selbstverwirklichung scheint nicht mehr an Schranken gebunden zu sein. Demgegenüber gilt es, den richtig verstandenen Freiheitsbegriff in Erinnerung zu rufen: „Freiheit ist nicht die Freiheit der Willkür des Tuns und Lassens, des Freiseins von allen Bindungen oder der rücksichtslosen Durchsetzung persönlicher Ziele gegen andere, recht verstandene Freiheit ist die Freiheit der selbständigen Wahl zwischen verantwortbaren Zielen und möglichen Wegen – eine Freiheit also, die sich ihrer Verantwortung vor Gott, vor dem Nächsten und vor sich selbst bewußt ist" (F. J. Strauß).

Theo Sommer hat jüngst eingeräumt, daß die gesellschaftliche Entwicklung bei uns zu einer „Selbstverwirklichung bis zum Exzeß" geführt hat, an deren Ende Werte und Maßstäbe eines geordneten und friedlichen Zusammenlebens zu zerbrechen scheinen.

Der politische Liberalismus in Deutschland steht heute vor der Aufgabe, dafür zu sorgen, daß die Selbstverwirklichung des Individuums tatsächlich nicht im Exzeß endet. Er steht vor der Zukunftsaufgabe, die Funktionsfähigkeit des freiheitlichen Rechtsstaats zu sichern. Ein verantwortlicher politischer Liberalismus muß dem Staat und seinen Institutionen die gesetzlichen und administrativen Mittel an die Hand geben, damit die Freiheit aller Bürger geschützt werden kann – nicht nur jener, die sich selbst zu schützen in der Lage sind. Nur ein starker Staat ist ein liberaler Staat, nur ein starker Staat kann die Freiheitsrechte seiner Bürger wirksam schützen.

Repräsentative Demokratie

Als Regierungsform befindet sich die Demokratie weltweit auf dem Vormarsch. Die ehemals totalitär regierten Staaten Mittel- und Osteuropas haben sich mit ihren demokratischen Revolutionen der politischen Kultur des

Westens angeschlossen. Sie sind nach Europa heimgekehrt. Auch in Mittelamerika und im südlichen Afrika hat sich ein demokratischer Wandel durchgesetzt.

Zur repräsentativen Demokratie bekennen sich heute alle maßgeblichen politischen Kräfte in unserem Land. Vergessen wird dabei jedoch, daß noch vor wenigen Jahren in Kreisen linker Politologen hitzige Diskussionen über das Räte-System und in den Reihen der Grünen, die sich heute als Partei des Grundgesetzes präsentieren, endlose Beratungen über das Rotationsprinzip und das imperative Mandat geführt wurden.

Rund 45 Jahre nach Gründung der Bundesrepublik Deutschland können wir feststellen: Deutschland hat die Lehren aus der Geschichte gezogen. Unser demokratisches System ist gefestigt. Wir zählen zu den politisch und sozial stabilsten Ländern des Westens und das geeinte Deutschland ist heute ein verläßlicher, berechenbarer und von der gesamten internationalen Staatengemeinschaft geschätzter und anerkannter Partner.

Dennoch sieht sich die Demokratie immer wieder latenten Angriffen ausgesetzt. Nicht zuletzt unsere Medien tragen dazu bei, daß Demokratie mit Streit um des Streites willen gleichgesetzt wird. Zur demokratischen Kultur gehört jedoch die Einsicht: Der Bürger muß zwischen klaren Alternativen wählen können. Aufbauend auf einem gemeinsamen Werte- und Verfahrenskonsens lebt Demokratie nicht von der Harmonie zwischen den demokratischen Akteuren, sondern von der Auseinandersetzung um alternative Programme und von der Rivalität konkurrierender Parteien und Politiker.

Demokratischer Streit ist Streit um den besseren Weg, ist Streit um das bessere Argument. Dem Wettbewerb der Parteien in der politischen Arena entspricht der Wettbewerb der Unternehmen in der marktwirtschaftlichen Arena. Und dem Parteienpluralismus in der politischen Landschaft entspricht der Pluralismus an Interessen, Werten und Lebensformen im gesellschaftlichen Bereich.

Dieser Pluralismus darf jedoch nicht in einen politischen Werte-Relativismus abgleiten. Wer die Grundwerte, Spielregeln und Institutionen unserer demokratischen Ordnung in Frage stellt und auf eine andere Republik hinarbeitet, der stellt sich außerhalb der Gemeinschaft der Demokraten. In den Worten von Eugen Biser: „Eine freiheitlich-demokratische Lebensordnung läßt sich auf die Dauer nur aufrechterhalten, wenn ihre tragenden Prinzipien von allen, die ihre Vergünstigungen in Anspruch nehmen, anerkannt und geachtet werden. Soweit in einer derartigen Lebensordnung der Horizont der Toleranz gespannt werden muß, stößt er doch dort unwiderruflich auf seine Grenze, wo sie überdehnt und demgemäß in Selbstzerstörung umschlagen würde".

Die Toleranz der Demokratie endet bei den Feinden der Demokratie und der Toleranz. Deshalb zählt die Bekämpfung des Extremismus von rechts wie von links zu den politischen Schwerpunkten der Programmatik der CSU.

Soziale Marktwirtschaft

Im Wettbewerb zwischen markt- und planwirtschaftlichen Systemen der Wirtschaftsführung hat sich das Konzept der Sozialen Marktwirtschaft durchgesetzt. Nicht nur die ehemaligen Planwirtschaften in Osteuropa, auch China und die erfolgreichen Schwellenländer setzen heute auf einen marktwirtschaftlichen Kurs. Franz Josef Strauß hat recht behalten: Die Systemkonkurrenz zwischen Ost und West wurde nicht auf den Schlachtfeldern, sondern durch die Überlegenheit der Marktwirtschaft gegenüber der Planwirtschaft, des freiheitlichen gegenüber dem kollektivistischen Zwangssystem, entschieden.

Nach dem weltweiten Scheitern der sozialistischen Planwirtschaft scheint heute das Konzept der Sozialen Marktwirtschaft in seinen Grundzügen akzeptiert zu werden, sieht man einmal von den sozialistischen Ordnungs- und Eigentums-Nostalgien der PDS ab. Das Konzept der Sozialen Marktwirtschaft war jedoch in der politischen Auseinandersetzung teilweise heftig umstritten. Der Streit über die angemessene Wirtschaftsordnung setzte schon vor Gründung der Bundesrepublik ein. Sozialistische Utopien hatten Konjunktur. Die Gewerkschaften und die SPD traten vehement für eine staatlich gelenkte Wirtschaft und für die Vergesellschaftung wichtiger Produktionsbereiche ein. Auch namhafte Vertreter der CDU schlossen sich mit dem Ahlener Programm diesem Gedankengut an. Wenn es dann im Frankfurter Wirtschaftsrat dennoch eine Mehrheit für die Konzeption der Sozialen Marktwirtschaft gab, die auf den ehemaligen bayerischen und späteren Bundeswirtschaftsminister Ludwig Erhard und dessen ordoliberale Mitstreiter aus der sogenannten Freiburger Schule zurückgeht, so war dies letztlich den Vertretern der CSU, allen voran Franz Josef Strauß, zu verdanken.

Mit dem sogenannten Godesberger Programm nahm die SPD einen ordnungspolitischen Kurswechsel mit dem Leitspruch „Wettbewerb so weit wie möglich – Planung so weit wie nötig!" vor. Entgegen parteiamtlichen Reden und Schriften haben jedoch maßgebliche Kräfte innerhalb der SPD bis heute keinen endgültigen Frieden mit der Marktwirtschaft geschlossen. Standen innerhalb der SPD in den 50er Jahren die Forderungen nach Vergesellschaftung der Schlüsselindustrien auf dem Programm, so waren es in den 70er und 80er Jahren die Konzepte der Demokratisierung der Wirtschaft durch gesamtstaatliche Rahmenplanung, Investitionskontrolle, Investitionslenkung und Einrichtung von Strukturräten. Noch im Jahr der marktwirtschaftlichen Revolutionen in Osteuropa bedauerte der langjährige Vordenker der SPD, Peter von Oertzen, die Abschaffung des staatlichen Eigentums an den Produktionsmitteln in den Reformstaaten Osteuropas. Und es klingt ein Stück Wehmut mit, wenn Friedhelm Farthmann nach dem Zusammenbruch des Sozialismus die Bilanz zieht: „Da nach der Wende 1989/1990 die Idee des Marxismus zu Grabe getragen worden ist, gibt es den Spannungsbogen zwischen Kapitalismus und Marxismus nicht mehr. Damit bleibt auch für einen Dritten Weg kein Raum mehr. Die Systemkonkurrenz ist zu Ende. Die Markt-Wirtschaft hat in fast beängstigender Weise den Sieg davongetragen".

Die Grünen als Erben der 68er-Bewegung waren bis zur Wiedervereinigung Anhänger einer sozialistischen Wirtschaftsordnung. Heute bekennen sich SPD und Grüne zwar vordergründig zu einer marktwirtschaftlichen Ordnung. Indem sie jedoch durch einen überzogenen Öko-Dirigismus die Belastbarkeit der Wirtschaft testen und durch eine rigorose Umverteilungspolitik die Leistungs- und Investitionsbereitschaft beeinträchtigen wollen, legen sie Hand an die Grundlagen des Systems der Sozialen Marktwirtschaft.

Das Konzept der Sozialen Marktwirtschaft, wie es in der Bundesrepublik Deutschland institutionalisiert und fortentwickelt wurde, hat eine Wirtschaftsordnung ermöglicht, die ein äußerst hohes Maß an Effizienz mit sozialem Ausgleich verbindet. Die Effizienz der privatwirtschaftlichen Wettbewerbsordnung kommt dabei in einer sehr hohen Arbeitsproduktivität und in einem in der bisherigen Menschheitsgeschichte zuvor nicht gekannten Maß an materiellem Wohlstand breiter Schichten der Bevölkerung zum Ausdruck. Der soziale Ausgleich zeigt sich darüber hinaus an einem vorher nicht gekannten Niveau an sozialer Absicherung der breiten Masse.

Motor einer auf Markt und Wettbewerb beruhenden Wirtschaftsordnung ist das Leistungsprinzip. Die Leistungsgesellschaft führt zwangsläufig zu einer Ungleichheit in der Einkommens- und Vermögensverteilung. Um jenen Wirtschaftssubjekten, die durch Alter, Krankheit, Arbeitslosigkeit und teilweise Leistungsunfähigkeit nicht in der Lage sind, auf dem Markt ein angemessenes Einkommen zu erzielen, hilft der Staat mit einer gezielten Politik des sozialen Ausgleichs, in deren Mittelpunkt einerseits direkte Zuwendungen, wie z.B. Sozialhilfe und Wohngeld, und andererseits ein nach dem Prinzip der Leistungsfähigkeit ausgerichtetes progressives Steuersystem stehen. Wer jedoch das marktwirtschaftliche System von heute als Ellenbogengesellschaft und Manchester-Kapitalismus diffamiert, der hat den Kontakt zur Wirklichkeit verloren. Der leider zu früh verstorbene Kardinal Joseph Höffner, ein gelernter Nationalökonom, hat die diesbezügliche Kritik an der Sozialen Marktwirtschaft zutreffend zurückgewiesen: Wenn ein Staat über 30 Prozent seines Sozialprodukts für Sozialleistungen zur Verfügung stellt, und wenn der Lebensstandard der arbeitenden Menschen deutlich über dem Niveau der inzwischen gescheiterten kommunistischen „Arbeiter- und Bauernparadiese" liegt, dann, so Höffner, „kann nur Böswilligkeit behaupten, die Soziale Marktwirtschaft der Bundesrepublik Deutschland sei kapitalistische Ausbeutung". In dieser Hinsicht müssen sich auch die Autoren des jüngst von der Katholischen und Evangelischen Kirche herausgegebenen Arbeitspapiers „Zur wirtschaftlichen und sozialen Lage in Deutschland" einer kritischen Diskussion stellen.

Die Überlegenheit des marktwirtschaftlichen Systems liegt in dessen realistischem Bild vom Menschen begründet. Marktwirtschaftliche Systeme setzen auf die schöpferische Kraft des Individuums, auf materielle Anreize für Leistung und Innovation, während der Sozialismus bzw. Kommunismus vom unbedingten Vorrang des Kollektivs vor dem Individuum ausging.

Auch einer Sozialen Marktwirtschaft wohnt ein „Hang zur Monopolbildung" (Walter Eucken) und damit die Tendenz zur Bildung wirtschaftlicher Macht inne. Im Gegensatz zur absoluten zentralen Konzentration wirtschaftlicher Macht im Sozialismus ist die Marktwirtschaft jedoch durch eine weitgehende Dezentralisierung wirtschaftlicher Entscheidungen auf einzelne Unternehmen und Haushalte geprägt. Deshalb wurde der Markt von Franz Böhm zutreffend als das „genialste Entmachtungsinstrument in der Geschichte" bezeichnet.

Eine funktionsfähige Marktwirtschaft bedarf eines stabilen und kalkulierbaren Systems rechtlicher Rahmenbedingungen, wozu neben den Grundrechten, wie dem Recht auf Privateigentum an den Produktionsmitteln, der Gewerbefreiheit, dem Recht auf freie Arbeitsplatzwahl und der Koalitionsfreiheit, auch die gesamten Bereiche des Handels- und Wirtschaftsrechts gehören. Darüber hinaus bedarf eine funktionsfähige Marktwirtschaft einer aktiven staatlichen Politik zur Gewährleistung eines fairen Leistungswettbewerbs, wozu vor allem das gesamte Wettbewerbsrecht und die gezielte Förderung der Gründung selbständiger Existenzen gehören. Ein „Nachtwächter-Staat" ist mit einer effizienten Marktwirtschaft nicht vereinbar. Im Gegenteil: „Soziale Marktwirtschaft verlangt einen starken Staat" (F. Stegmann).

Politische, gesellschaftliche und wirtschaftliche Ordnungssysteme sind geprägt durch ein hohes Maß an Interdependenz. Politische, gesellschaftliche, wirtschaftliche und persönliche Freiheit bedingen einander. Insofern ist die Soziale Marktwirtschaft eine der Demokratie mit Mehrparteienkonkurrenz und gesellschaftlichem Pluralismus adäquate Wirtschaftsordnung. „Die Wettbewerbsordnung ist die Wirtschaftsordnung, welche die wirtschaftliche Freiheit optimal gewährleistet, und sie ist damit gleichzeitig die Ordnung, welche eine freiheitliche Verfassung des Staates und des Rechts, die rechtsstaatliche Demokratie, möglich macht. Sie ist es deshalb, weil die menschliche Freiheit nach allen Seiten hin unteilbar ist, weil die politische, rechtliche und kulturelle Freiheit die wirtschaftliche Freiheit zur Voraussetzung hat, und ebenso eine freiheitliche Wirtschaftsordnung nur zu haben ist bei einer entsprechenden freiheitlichen Staats- und Rechtsordnung" (Otto Schlecht).

Föderalismus

Seit ihrer Gründung ist die CSU dem föderalistischen Gedankengut in besonderer Weise verpflichtet. Bayern und die CSU gelten als die Hüter des Föderalismus schlechthin. Föderalismus garantiert Bürgernähe, Dezentralisierung der Entscheidungsstrukturen und schafft die Voraussetzung zur Bewahrung historisch gewachsener, kultureller und landsmannschaftlicher Eigenentwicklungen.

Die Bundesrepublik Deutschland wurde bekanntlich nicht vom Bund, sondern von den Ländern geschaffen. Auf Einladung des damaligen Bayerischen

Ministerpräsidenten Hans Ehard wurde 1948 ein Verfassungskonvent nach Herrenchiemsee berufen, der das Fundament für die Arbeit des Parlamentarischen Rates und damit für das Grundgesetz legte.

Der besondere Einsatz der bayerischen CSU für eine föderalistische Staatsordnung rührte damals sicherlich aus historischen Erwägungen her. Kein Land der Bundesrepublik Deutschland kann auf eine so lange, ungebrochene und auch territorial einheitliche Staatstradition zurückblicken wie Bayern.

Wenn die CSU im Bayerischen Landtag 1949 die Zustimmung zum Grundgesetz verweigerte, so deshalb, weil es den föderalistischen Ansprüchen nicht im gewünschten Umfang entsprach. Damals sagte Ministerpräsident Ehard über den Bayerischen Rundfunk: „Nein zum Grundgesetz – Ja zu Deutschland!".

Vorreiter für den Föderalismus innerhalb der CSU war der unvergessene Hanns Seidel. In seinem 1960 erschienenen Buch „Zeitprobleme" bezeichnete er die Aufrechterhaltung des Föderalismus als „Bayerns deutsche Aufgabe". Für ihn war der Föderalismus nicht nur ein staatsrechtliches Konstruktionsmodell, sondern ein Teil des christlich verstandenen Subsidiaritätsprinzips. In seinem Buch „Weltanschauung und Politik" schrieb er: „Viele Menschen wissen nicht, daß Föderalismus mehr ist als eine Staatstheorie; sie verkennen angesichts der nach immer größeren Einheiten drängenden Probleme unserer Zeit, daß Föderalismus das freiheitliche Bauprinzip menschlicher Gemeinschaft ist, die von der einzelnen menschlichen Person über die engeren und weiteren Verbände schließlich zum Menschheitsverband aufsteigt".

Die Befürchtungen der CSU im Hinblick auf eine schleichende Aushöhlung des Föderalismus sollten sich im Laufe der Geschichte der Bundesrepublik Deutschland als sehr berechtigt erweisen. Vor allem die 70er Jahre, die im Zeichen einer euphorischen Reformpolitik standen, waren durch einen Hang zum Zentralismus geprägt.

Heute können wir demgegenüber nicht nur im eigenen Lande, sondern weltweit eine Renaissance föderalistischer Gedanken feststellen. Im Hinblick auf die Fortentwicklung der europäischen Einigung mit dem Ziel einer Europäischen Politischen Union mit einheitlichem Wirtschaftsraum, gemeinsamer Währung und einer echten Vergemeinschaftung wichtiger Politikbereiche kommt den föderalistischen Prinzipien eine große Bedeutung zu.

Es spricht vieles dafür, daß die politische Einigung des alten Kontinents nur dann gelingen wird, wenn sie auf dem von der CSU verfolgten Konzept eines „Europas der Regionen" aufbaut, also eines Europas, das sich an den Prinzipien der Subsidiarität orientiert und in dem der Grundsatz „Einheit in Vielfalt" gilt.

Schon 1960 sprach sich Hanns Seidel für den Föderalismus als Modell für ein politisches Zusammenwachsen der Länder Europas aus: „Es erweist sich immer mehr, daß die großräumigen Ordnungsaufgaben, die der Staatskunst heute und morgen bei der Neugestaltung unserer Welt gestellt sind, lebensnah und organisch nur mit föderalen Mitteln gelöst werden können. ... Auch das Zusammenwachsen Europas, das sich vor unseren Augen in kleinen, aber stetigen Schritten vollzieht, ist nur in der Form einer Föderation möglich. ... Bayern kann dabei für sich in Anspruch nehmen, dieses in der Vergangenheit oft verkannte organische Staatsdenken bewahrt und hinweggerettet zu haben über eine Zwischenzeit, die wenig Verständnis dafür hatte und alles Heil von einem schematischen Zentralismus erwartete".

Einen wichtigen Bestandteil des Föderalismus bildet das Prinzip der kommunalen Selbstverwaltung. Eigenständige, finanziell weitgehend gesunde und wirtschaftlich prosperierende Kommunen sind ein besonderes Kennzeichen des Freistaates Bayern und damit der Politik der CSU. Gerade die Verankerung der CSU in den Gemeinden, Städten und Landkreisen, die Bürgernähe, der örtliche Kontakt zu den Menschen, zu den Betrieben, zu den Vereinen und gesellschaftlichen Verbänden waren in der Vergangenheit mitentscheidend für die Wahlerfolge unserer Partei. An diesem Prinzip werden wir festhalten, wir werden es stärken.

5. *Westbindung und Nation*

Deutschland steht zur historischen Verantwortung. Und aus dieser Verantwortung heraus haben die Gründer der Bundesrepublik Deutschland die Lehren aus der Geschichte gezogen. Nach dem Zusammenbruch des unseligen Nazi-Regimes hat Deutschland an jene historisch-politischen Werte und Traditionen, an jene politische Kultur angeknüpft, wie sie von den klassischen Demokratien des Westens entwickelt und wie sie auch in Deutschland bis zur Machtergreifung Hitlers Bestand hatten.

Westbindung

Es ist ein historisches Verdienst von Konrad Adenauer, Franz Josef Strauß und ihren Mitstreitern, die Bundesrepublik Deutschland fest in der westlichen Wertegemeinschaft verankert zu haben.

Es war dies eine Entscheidung gegen den verhängnisvollen deutschen Sonderweg in der Weimarer Republik und gegen die Schaukelpolitik zwischen West und Ost, die in die deutsche Katastrophe führten.

Es war dies eine grundlegende Entscheidung für eine Politik des Friedens, der Völkerverständigung und der gutnachbarschaftlichen Beziehungen auf der Grundlage von Demokratie und Freiheit.

Für die CSU steht diese Westbindung nicht zur Disposition. Selbst Jürgen Habermas, einer der Vorreiter der linksintellektuellen Avantgarde, hält mittlerweile die Einbindung der Bundesrepublik in die politische Kultur des Westens für eine große Errungenschaft der Ära Adenauer, nachdem er noch vor wenigen Jahren abschätzig schrieb: „Die atlantische Wertegemeinschaft, die sich um die NATO herum kristallisiert, ist kaum mehr als eine Propagandaformel für Verteidigungsminister".

Einbindung in die westliche Wertegemeinschaft war für die junge Bundesrepublik Deutschland nicht nur Voraussetzung zur Gewährleistung der äußeren Sicherheit in den 45 Jahren des Ost-West-Gegensatzes und des „Kalten Kriegs" in Europa. Mitgliedschaft in der westlichen Wertegemeinschaft umfaßt viel mehr, nämlich die Garantie der Meinungsfreiheit, des friedlichen Wettbewerbs demokratischer Parteien um eine adäquate Lösung politischer Probleme, es bedeutet Garantie der Menschenrechte, des Minderheitenschutzes und der Sicherung des Individuums gegen Übergriffe der staatlichen Ebenen. Die Westbindung der Bundesrepublik Deutschland ist bis heute nicht unumstritten geblieben. Die Sozialdemokraten, die einen aktiven deutschen Verteidigungsbeitrag und die NATO-Zugehörigkeit der Bundesrepublik ablehnten, standen Konzepten eines deutschen Sonderweges zwischen Ost und West sehr oft nahe. Äquidistanz gegenüber Washington und Moskau war die Parole. Heute wenden sich die Grünen gegen die Westbindung, indem sie den Austritt der Bundesrepublik aus der NATO und deren Auflösung verlangen. Angesichts der Erfahrungen in der Weimarer Republik, stellt sich die CSU solchen deutschen Sonderwegen mit Nachdruck entgegen, denn sie waren mitentscheidend für das Scheitern der Weimarer Republik. Wer die westliche

Wertegemeinschaft bejaht und sich zu ihrer Zugehörigkeit bekennt, der kann im Rahmen der neuen sicherheitspolitischen Probleme auf der Welt nicht die Rolle des Trittbrettfahrers und des passiven Zuschauers spielen. Er kann sich nicht für den Notfall auf den atomaren Schutz der USA oder gar Frankreichs verlassen. Er muß vielmehr einen aktiven Beitrag zur Lastenverteilung im Bündnis leisten.

50 Jahre nach dem Ende des Zweiten Weltkriegs und 5 Jahre nach der Wiedervereinigung ist Deutschland die stärkste Wirtschaftsmacht in Europa und ein gleichberechtigtes Mitglied der freien Völkergemeinschaft des Westens. Ob wir wollen oder nicht: Ungeachtet unserer besonderen historischen Verantwortung müssen wir aus dem Schatten unserer Geschichte heraustreten und eine Position anstreben, die zwischen der Machtversessenheit einer überholten nationalen Machtstaatspolitik einerseits und einer selbstverordneten Machtvergessenheit in der Phase der Nachkriegsgeschichte andererseits liegt.

Europäische Einigung

1945 kam nicht nur das Ende des Zweiten Weltkriegs und der nationalsozialistischen Gewaltherrschaft, zu Ende ging auch die führende Rolle Europas in der Welt. Nach zwei entsetzlichen Kriegen mußte der alte Kontinent die weltpolitische Rolle an die USA und die Sowjetunion abtreten. Angesichts der Drohungen, die nach 1945 vom Sowjetkommunismus auf das westliche Europa ausgingen, rief Winston Churchill am 19. September 1946 in Zürich zur Bildung der „Vereinigten Staaten von Europa" auf.

Es waren christliche Demokraten wie Jean Monnet und Robert Schuman in Frankreich, Alcide de Gasperi in Italien, Konrad Adenauer in Deutschland und von seiten der CSU vor allem Josef Müller und Franz Josef Strauß, die sich zu einer Politik der gemeinsamen Verantwortung für das Schicksal des alten Kontinents bekannt haben. Ihr letztliches Ziel war ein geeintes Europa auf der Grundlage einer Wertegemeinschaft von Staaten, die sich in der Tradition des Christentums und der Aufklärung zu Frieden und Freiheit, zum Recht und zur Demokratie bekennen.

Schon bei den ersten Schritten zur Zusammenarbeit christlicher Demokraten in Europa, bei der Gründung der Nouvelles Equipes Internationales im Jahre 1947, war die CSU beteiligt. Das erste CSU-Grundsatzprogramm aus dem Jahre 1946 umreißt die europapolitische Verantwortung der CSU: „Im Rahmen der Völkerfamilie ist Europa eine übernationale Lebensgemeinschaft. Wir treten ein für die Schaffung einer europäischen Konföderation zur gemeinsamen Wahrung und Weiterführung der christlich-abendländischen Kultur. ... Kein Land Europas kann für sich allein bestehen: Wir treten ein für die Schaffung einer europäischen Wirtschafts- und Währungsunion. Wir fordern den Abbau der Zollschranken zwischen den einzelnen Staaten Europas. Wir wollen als Partei mit Parteien ähnlicher Zielsetzung anderer Länder Erfahrungen austauschen, um damit das Vertrauen der Völker zueinander zu fördern".

Zur europäischen Integration gab und gibt es – realistisch betrachtet – weder eine historische noch eine politische noch eine ökonomische Alternative. Die Zahl der Probleme, die mit den Instrumenten nationaler Politik nicht mehr bewältigt werden können, nimmt eindeutig zu, so die Umweltprobleme, der wachsende Migrationsdruck und die Internationalisierung der Kriminalität. Im Zeitalter der politischen Globalisierung hängt das weltweite politische Gewicht des alten Kontinents von seiner Einigung ab. „Wenn Europa auch künftig nicht mit einer Stimme spricht, wird unser Platz im 21. Jahrhundert nicht mehr in der Arena des Weltgeschehens, sondern im dritten Rang bei den Zuschauern sein" (F. J. Strauß). Darüber hinaus zwingt die wirtschaftliche und wissenschaftlich-technologische Konkurrenz auf den Weltmärkten zur Fortsetzung der europäischen Integration.

Mittlerweile sind wir diesem Ziel ein erhebliches Stück nähergekommen. Aufbauend auf dem deutsch-französischen Freundschaftsvertrag, dem von der SPD abgelehnten Vertrag zur Gründung der Europäischen Wirtschaftsgemeinschaft, der Zollunion, dem gemeinsamen Agrarmarkt, der Einheitlichen Europäischen Akte und dem Binnenmarktprogramm, wurde das Projekt der europäischen Einigung mit dem Vertrag von Maastricht auf eine qualitativ neue Stufe gestellt. Nunmehr gilt es, dieses Vertragswerk auszubauen mit dem Ziel, zu einer echten Politischen Union zu gelangen.

Es ist unbestritten: Die Nationalstaatsidee des vergangenen Jahrhunderts wird den Herausforderungen des nächsten Jahrhunderts nicht mehr gerecht. Andererseits streben wir keinen europäischen Bundesstaat an. Die CSU tritt vielmehr für einen europäischen Staatenbund ein, der die nationalen und regionalen Identitäten wahrt, auf den Prinzipien des Föderalismus und der

Subsidiarität aufbaut und so zum weltweiten Zukunftsmodell für das Zusammenleben friedlich gesinnter Völker im nächsten Jahrtausend werden kann. Nur das CSU-Modell eines „Europa der Regionen" bietet uns Deutschen letztlich die Möglichkeit, zu einer europäischen Identität zu finden, ohne dabei die nationale Identität in Frage zu stellen.

Nation

Seit ihrer Gründung verstand sich die CSU nicht nur als Partei unserer bayerischen Heimat, sondern auch als Partei mit gesamtdeutschem Auftrag. Dies schließt die Wahrnehmung zentraler Anliegen der deutschen Heimatvertriebenen, Flüchtlinge und Aussiedler mit ein. Wie im Grundsatzprogramm niedergelegt, tritt die CSU „für das Recht auf die angestammte Heimat als ein unabdingbares Menschenrecht ein und verurteilt jede Form der Vertreibung". Der besonderen Verpflichtung gegenüber den Heimatvertriebenen war sich die CSU immer bewußt. Dies kommt nicht nur in der Übernahme der Schirmherrschaft über die Sudetendeutschen und in der Übernahme der Patenschaft über die Landsmannschaft Ostpreußen durch den Freistaat Bayern zum Ausdruck, sondern auch darin, daß führende Politiker der CSU wichtige Ämter im Vertriebenenbereich wahrnehmen und umgekehrt.

Von der Verabschiedung des ersten Grundsatzprogramms an zählte das Ziel der Wiedervereinigung Deutschlands in Freiheit zu den Grundkonstanten christlich-sozialer Politik. Ohne Verwirklichung des Selbstbestimmungsrechts für alle Völker und damit auch für die Deutschen konnte und kann es keinen gerechten Frieden auf der Welt geben.

Die CSU hat an der Forderung nach Wiedervereinigung stets festgehalten – auch in jenen Jahren, in denen der vermeintliche Zeitgeist die Forderung nach staatlicher Einheit der deutschen Nation als Revanchismus und als Gefahr für den Frieden in Europa verächtlich machte, als maßgebliche Politiker der SPD das Bekenntnis zur Wiedervereinigung als „Lebenslüge" und als „semantische Umweltverschmutzung" denunzierten und die selbsternannte intellektuelle Avantgarde die Teilung Deutschlands als quasi geschichtliche Strafe für die Greuel des NS-Staates zementieren und rechtfertigen wollte. Es ist ein historisches Verdienst der CSU, mit dem Gang nach Karlsruhe die deutsche Frage nicht nur historisch und politisch, sondern auch verfassungsrechtlich offengehalten zu haben. Heute wissen wir: Die Geschichte hat uns recht gegeben. Die deutschlandpolitische Konzeption der Unionsparteien von Adenauer bis Strauß hat sich als richtig erwiesen. Adenauer und Strauß hatten immer wieder betont: Wir wollen die Wiedervereinigung, aber nicht um jeden Preis. Ihr Ziel war die Einheit in Freiheit, nicht aber die Einheit in Unfreiheit unter dem Schirm einer „pax sovietica".

Die Wiedergewinnung der nationalstaatlichen Einheit der Deutschen, die Helmut Plessner einmal zutreffend als die „verspätete Nation" bezeichnet hat, bedeutet keineswegs einen Rückfall in die Zeit des nationalen Machtstaats. Im Gegenteil: In den 50 Jahren ihres Bestehens hat sich die CSU stets mit Nachdruck gegen Chauvinismus und nationale Machtstaatspolitik gewandt. Deshalb müssen wir mit allem Nachdruck am europäischen Projekt mitwirken, das die europäischen Nationalstaaten in einem gemeinsamen Staatenbund zusammenhält.

Die Zukunft des Nationalstaats liegt in einer die regionalen Identitäten wahrenden und auf dem Föderalismus aufbauenden staatsübergreifenden Gemeinschaft, einer freien Gemeinschaft freier Völker, einer Gemeinschaft, wie sie Immanuel Kant vor rund 200 Jahren als einen „Föderalismus freier Staaten" skizziert hat.

Ebenso falsch wie eine Rückkehr zum nationalen Machtstaat wäre es jedoch, das Konzept der Nation als solches über Bord werfen zu wollen. Bis heute stellt die Nation „in Menschenmaß das mächtigste geschichtliche Vorkommen" (Martin Walser) dar. Zur Nation als Schicksalsgemeinschaft gibt es bis heute keine historische Alternative.

Damit verbunden ist die Ausbildung und das Bekenntnis zu einem geläuterten Nationalbewußtsein. Karl Carstens rechnete die „Schwäche der Bindungen an Nation und Vaterland" zu den Mängeln der deutschen Demokratie im ausgehenden 20. Jahrhundert.

Das Bekenntnis zur historischen Verantwortung ist richtig und wichtig. Aber die Identität des wiedervereinigten Deutschland auf die Aufarbeitung des „Tausendjährigen Reichs" zu verengen, hieße, den Deutschen auf ewig ein in allen anderen Nationen übliches und geläutertes Nationalbewußtsein vorenthalten zu wollen. Ein Volk, das geschichtlich nur von der Vergangenheitsbewältigung lebt, kann auf Dauer keine unseren befreundeten und benachbarten Staaten entsprechende nationale und historische Identität ausbilden.

Ein geläutertes Nationalbewußtsein ist dabei keineswegs gleichzusetzen mit einem fanatischen Nationalismus. Es meint vielmehr einen gesunden Patriotismus oder in den Worten von Lew Kopelew: „Patriotismus – die Liebe zu seiner Heimat, zu seiner Sprache, zu seiner Geschichte – bedeutet eine lebhafte ebenso emotionale wie bewußte Verbundenheit mit den Menschen, die die gleiche Sprache sprechen, das gleiche historische Schicksal teilen. Patriotismus ist menschlich, ist natürlich, bedeutet zugleich auch Verständnis für andere Patriotismen, Verständnis für Menschen anderer Nationen".

6. Grundprinzipien christlicher Gesellschaftspolitik

Gesellschaftspolitik auf der Grundlage eines christlichen Politikverständnisses orientiert sich an der katholischen Soziallehre und der protestantischen Ethik. Ausgangspunkt der Gesellschaftspolitik ist das Individuum, seine Freiheit, seine unantastbare Würde und seine personale Verantwortung vor Gott.

Solidarität und Subsidiarität

Freiheit und Selbstverantwortung müssen durch die Gemeinwohlverantwortung, also die Solidarität, ergänzt werden. Solidarität kann und darf jedoch nicht grenzenlos sein, da sonst die Gefahr einer kollektivistischen Gleichmacherei und einer Aushöhlung der Selbstverantwortung des Individuums droht. Personalität, Solidarität und Subsidiarität bilden die Grundlagen unserer Gesellschaftspolitik. Das Bestreben, diese Prinzipien in ein Gleichgewicht zu bringen und damit auch die Spannungen zwischen Freiheit und Gleichheit abzubauen, trennt die CSU von der Überbetonung des Solidaritätsgedankens bei der politischen Linken, der in Kollektivismus auszuarten droht, wie auch von der Überbetonung des Individualismus in den Reihen der Liberalen, der allzuleicht in einen schrankenlosen Manchester-Liberalismus mündet.

Leitbild unserer Gesellschaftspolitik muß, um eine Unterscheidung von Helmut Schelsky aufzugreifen, der selbständige und nicht der betreute Mensch sein. Der Staat kann nicht alle Lebensrisiken absichern. In den Worten von Eugen Biser: „Wer dem Versorgungsdenken verfällt, hat im Grunde schon aufgehört, sich als Subjekt seiner Verantwortlichkeit zu fühlen. Er hat wesentliche Elemente der Selbsterhaltung an den Staat abgetreten und lebt in einer fatalen Symbiose mit ihm. Das aber ist das letzte, was sich eine Politik wünschen kann, die es nicht auf die Entmündigung des Menschen abgesehen hat, sondern sich seiner Selbstwerdung und Freiheit verpflichtet weiß".

Der Weg zum absoluten Versorgungsstaat führt zwangsläufig zur Überforderung der Solidargemeinschaft. Lassen jedoch Selbstverantwortung und individuelle Leistungsbereitschaft jener nach, die den Solidarhaushalt finanzieren, dann sind die finanziellen Grundlagen des sozialen Netzes gefährdet.

Grenzen des Wohlfahrtsstaates

Angesichts der Grenzen der Belastbarkeit von Arbeitnehmern und Betrieben mit Sozialabgaben und angesichts eines Anteils der gesamten Sozialausgaben am Sozialprodukt von über 30 Prozent lautet deshalb das Gebot: Umbau statt Ausbau des Sozialstaates. Erste Schritte zu diesem Umbau wurden bereits in die Wege geleitet. Mit der Rentenreform wurde die Altersversorgung an die demographische Entwicklung angepaßt. Im Mittelpunkt der Strukturreformen im Gesundheitswesen steht die Stärkung der Eigenverantwortung aller Beteiligten, der Leistungsanbieter wie der Leistungsnehmer. Mit der Pflegeversicherung wurde die letzte Lücke im Sozialsystem geschlossen. Ziel einer Reform der Sozialhilfe muß es sein, die Anreize zur Arbeitsaufnahme für arbeitsfähige Sozialhilfeempfänger zu erhöhen und einen angemessenen Abstand zwischen Lohneinkommen, Lohnersatzleistungen und Sozialhilfe sicherzustellen.

Ein unverdächtiger Zeitzeuge, Dieter Schröder von der Süddeutschen Zeitung, hat den Zwang zum Umdenken in der Sozialpolitik mit aller Klarheit dargelegt: „Der Wohlfahrts- und Versorgungsstaat des späten 20. Jahrhunderts wird nirgends in der industrialisierten Welt überleben. ... Wenn den wirklich Bedürftigen geholfen und die Zukunft der Heranwachsenden nicht mit einer schweren Bürde belastet werden soll, muß die heutige Generation zu einem Verzicht auf Ansprüche und zu mehr Eigenverantwortung bereit sein".

Kein Staat, kein Unternehmen und keine Familie kann auf Dauer mehr ausgeben als einnehmen. Dies gilt auch für die Zukunft des Sozialstaats: Unser System der sozialen Sicherung muß dauerhaft mit dem gesamtwirtschaftlichen Leistungsvermögen in Übereinstimmung gebracht werden.

Das Sozialbudget als Summe aller sozialen Leistungen des Staates und der Privaten hat mittlerweile ein Volumen von über 1.000 Mrd. DM erreicht. Jede dritte D-Mark der erwirtschafteten gesamtwirtschaftlichen Leistung wird für Soziales ausgegeben. Angesichts der Grenzen der Belastbarkeit von Bürgern und Betrieben wäre es eine vorsätzliche Täuschung der Menschen, neue soziale Wohltaten zu versprechen und einen weiteren Ausbau des Sozialstaats betreiben zu wollen.

Der schrittweise Umbau des Sozialstaats hat nichts mit Sozialabbau oder mit einer Privatisierung von Lebensrisiken zu tun. Umbau des Sozialstaats meint vielmehr Setzung neuer sozialpolitischer Prioritäten, Konzentration der sozialen Leistungen auf die wirklich Bedürftigen und Berücksichtigung der in den vergangenen 50 Jahren deutlich gestiegenen individuellen wirtschaftlichen Leistungsfähigkeit eines großen Teils unserer Bevölkerung. Mehr Selbstverantwortung kann selbstverständlich nur übernehmen, wer dazu finanziell in der Lage ist. Nach der finanziellen Bewältigung der Jahrhundertinvestition der Deutschen Einheit muß die Finanzpolitik deshalb in mittelfristiger Hinsicht durch eine Reduzierung der Steuer- und Abgabenbelastung auch den durchschnittlichen Steuerzahler, vor allem Familien mit Kindern, in die Lage versetzen, verstärkt individuelle Verantwortung übernehmen zu können.

Verantwortung der Tarifpartner

Auch in der Wirtschaftspolitik muß Abschied genommen werden von der Vorstellung, der Staat könne alle Probleme in eigener Regie lösen. Die Bewältigung des strukturellen Wandels, Investitionen und Innovationen, die Aufrechterhaltung der Wettbewerbsfähigkeit auf den Weltmärkten sind in erster Linie Aufgaben der einzelnen Unternehmen. Die staatliche Wirtschafts- und Finanzpolitik kann in dieser Hinsicht nur flankierende Hilfen gewähren. Interventionen und Dirigismus setzen auf Dauer die marktwirtschaftlichen Mechanismen außer Kraft. Deshalb kann die Politik realistischerweise nur möglichst positive gesamtwirtschaftliche Rahmenbedingungen setzen, die die Fähigkeit der Wirtschaft zur Schaffung neuer Arbeitsplätze verbessern, die das Innovationspotential in Forschung und Entwicklung mobilisieren und generell der Leistungs- und Investitionsbereitschaft dienlich sind.

Infolge rapider technologischer Neuerungen und infolge des Aufkommens neuer Anbieter auf den Weltmärkten ist die Wirtschaft fortwährenden strukturellen Anpassungsprozessen ausgesetzt. Staatliche Wirtschaftspolitik wäre überfordert, wollte sie diesen Strukturwandel lenken oder gar verhindern. Die Wirtschaftspolitik kann deshalb nur mit gezielten, zeitlich befristeten Hilfen versuchen, abrupte Struktureinbrüche zu vermeiden und die sozialen Folgen des Strukturwandels abzufedern. Dies gilt auch für den gesamten Bereich der Landwirtschaft, in dem sich die CSU mit Erfolg für eine soziale Flankierung des Umbruchs eingesetzt und am agrarpolitischen Leitbild des bäuerlichen Familienbetriebs unbeirrt festgehalten hat.

Ebenso vermessen wäre es, wollte die Politik eine staatliche „Vollbeschäftigungs-Garantie" abgeben. Auf die für die Beschäftigungsentwicklung entscheidenden gesamtwirtschaftlichen Parameter, nämlich die Investitionen in die Erweiterung des Kapitalstocks einerseits und die Löhne als Preis des Faktors Arbeit andererseits, hat die staatliche Wirtschafts- und Finanzpolitik nur einen begrenzten Einfluß; sie gehören zum Verantwortungsbereich der Tarifpartner. Die staatliche Wirtschaftspolitik kann durch ein flexibles Arbeitszeitrecht und durch gezielte arbeitsmarktpolitische Hilfen die Rahmenbedingungen auf dem Arbeitsmarkt verbessern. Entscheidend für den Abbau der Arbeitslosigkeit ist jedoch die Bereitschaft der Tarifpartner, bei der Aushandlung des Preises für den Produktionsfaktor Arbeit nicht nur den Interessen der Arbeitsplatzbesitzer, sondern auch jener der Arbeitsplatzsuchenden Rechnung zu tragen.

Egoismus und Gemeinwohl

Die politischen, geistigen und sozialen Umbrüche, die wir in allen Industriestaaten westlichen Typs erleben, manifestieren sich in einer Verschiebung der Werteakzeptanz, in einer Individualisierung und Atomisierung der Gesellschaft und in einer spürbar nachlassenden Bereitschaft zur Anerkennung traditioneller Institutionen wie Familie und Kirche, aber auch Gewerkschaften und politische Parteien. Verbunden mit dieser Entwicklung sind ein zunehmender Egoismus und ein sich ausbreitendes Besitzstandsdenken. Beides erschwert die politische Konsensbildung und die Herausbildung einer Gemeinwohlorientierung.

Dies kann zu einer schweren Hypothek für die Zukunft unseres Landes werden. Auch hier ist Umdenken das Gebot der Stunde. Gemeinwohlorientierung, solidarisches Handeln und Denken lassen sich staatlicherseits nicht verordnen. Dennoch werden wir auf neue Verhaltensmuster, vor allem in der schulischen und familiären Erziehung, hinwirken müssen, um wieder zu einem ausgewogenen Verhältnis zwischen freiheitlicher Selbstverwirklichung und solidarischer Verantwortung für das Gemeinwesen zu kommen.

Das Spannungsfeld zwischen individueller Selbstverwirklichung und solidarischer Verantwortungsbereitschaft führt zwangsläufig zur Frage nach den Bindungskräften unserer Gesellschaft, danach also, was unsere Gesellschaft zusammenhält.

Nach wie vor ist es in erster Linie die nationale Identität, die den Gesellschaften aller Staaten eine Bindungswirkung gibt. Die gemeinsame Zugehörigkeit zur Nation, die gemeinsame Geschichte und Kultur, die Verankerung in Tradition und Heimat haben eine unverzichtbare identitätsstiftende Bedeutung für das Ganze. Diese nationale Identität ist immer noch entscheidend dafür, daß sich die Individuen solidarisch zur Verantwortung für die Gemeinschaft bekennen.

Im Vollzug der Wiedervereinigung haben die Deutschen in Ost und West ihre Solidarität unter Beweis gestellt. Gleichwohl haben aber die Auseinandersetzungen um die finanzielle Bewältigung und Verteilung der Belastungen der Wiedervereinigung die Grenzen der Solidarität aufgezeigt. Angesichts dieser Erfahrungen mit den Grenzen der nationalen Solidarität erscheinen mir alle Ansätze, die auf eine Überwindung des Nationalstaates durch eine multikulturelle Gesellschaft hinauslaufen, utopisch und wirklichkeitsfremd. Es spricht vieles dafür, daß eine multikulturelle Gesellschaft kaum in der Lage wäre, jene Identität zu stiften, die wir für die Ausbildung von Solidarität und Gemeinwohlverantwortung benötigen.

7. *Plädoyer für rationale Verantwortungspolitik*

In Demokratien des westlichen Typs bedürfen politische Entscheidungen eingehender Begründungen, die für die Parteimitglieder und Wähler rational nachvollziehbar sind. Die ethische Begründung politischer Entscheidungen wird jedoch zusehends schwieriger, da die Neigung zur Emotionalisierung der Politik zugenommen hat.

Stimmungsdemokratie

Ausländische Beobachter der deutschen Politik haben wiederholt vom Hang der Deutschen zur Hysterie in politischen Fragen gesprochen. Rainer Barzel hat den Begriff „Stimmungsdemokratie" geprägt.

Wie in der politischen Auseinandersetzung Emotionen und Stimmungen die Oberhand über Sachargumente gewinnen können, haben die Auseinandersetzungen über das Sterbegeld, die Besteuerung des Flugbenzins und die immer wiederkehrende Frage der Diäten der politischen Mandatsträger gezeigt.

Wie labil, wie schwankend diese politischen Stimmungslagen sind, läßt sich immer wieder beobachten. Wurde noch zu Beginn der 80er Jahre in der Verstromung fossiler Energieträger die Hauptquelle für die Luftverschmutzung und den Treibhauseffekt gesehen, so sind die Kritiker von damals – seit Tschernobyl – heute bedenkenlos bereit, weltweit die umweltfreundliche Kernenergie durch Stein- und Braunkohle zu ersetzen. Wurde 1983 beim Bundestagsbeschluß über den Vollzug des NATO-Doppelbeschlusses der Beginn des Dritten Weltkriegs an die Wand gemalt, so feierten die Kritiker von damals die Vereinbarungen zur Abrüstung und Rüstungskontrolle als den Beginn der historischen Epoche des „ewigen Friedens" im Sinne Kants, obwohl in der Zwischenzeit der Golfkrieg wie auch der mörderische Bürgerkrieg auf dem Balkan die sicherheitspolitischen Gefahren aufgezeigt haben. Wurde bei den politischen Beschlüssen zum Wiederaufbau in den neuen Bundesländern und zur Abtragung der finanziellen Erblast von 40 Jahren Sozialismus auf deutschem Boden die Gefahr eines Staatsbankrotts beschworen, so verlangen die gleichen Kreise nur kurze Zeit später die Ausschüttung immer neuer steuerpolitischer Wohltaten, als ob es die Jahrhundertinvestition der Wiedervereinigung Deutschlands nicht gegeben hätte.

Wider die Emotionalisierung der Politik

Stimmungsdemokratie ist gefährlich. Sie führt entweder zu Angst und Resignation oder aber zu Euphorie und grenzenlosem Optimismus. Beides, die Angst wie die Euphorie, sind falsche Ratgeber für die Politik.

Wenn Stimmungen und Emotionen die öffentliche – und mehr noch die veröffentlichte – Meinung bestimmen, dann erfolgt dies zwangsläufig zu Lasten einer rationalen Argumentation, also einer vernünftigen Auseinandersetzung um den möglichst besten Weg zur Lösung politischer Probleme. Verantwortungsbewußte Politik wäre dann kaum noch möglich, politische Entscheidungen würden sich nur noch am jeweiligen Stimmungsbarometer von Meinungsumfragen orientieren.

Es wäre deshalb für die Demokratie längerfristig geradezu fatal, wenn Politik auf Stimmungsmache, auf Schüren von Sozialneid und auf Erzeugung von Angst reduziert würde.

Für eine rationale Verantwortungspolitik

Im Gegensatz zur sich ausbreitenden politischen Emotionalisierung bekennt sich die CSU zu einer rationalen Verantwortungspolitik, die auf die Vernunft und auf die Schaffenskraft der Menschen setzt. Verantwortungspolitik in diesem Sinne geht von der prinzipiellen Fehlbarkeit und Unvollkommenheit des Menschen und damit auch des Politikers aus, anerkennt den Pluralismus von Interessen, Meinungen und Lösungsmöglichkeiten, stellt die Offenheit der geschichtlichen Entwicklung in Rechnung, geht pragmatisch an die jeweils gegebenen Probleme heran und verzichtet bewußt auf die Beschwörung politischer Utopien und säkularisierter Heilsversprechen.

Ein solches Politikverständnis wendet sich mit Nachdruck gegen all jene Vorstellungen, die zwischen Legalität und Legitimität politischer Entscheidungen differenzieren wollen, die also bei angeblich „elementaren Fragen", den „Überlebensfragen der Menschheit", einer demokratisch legal zustandegekommenen Entscheidung die politisch-moralische Legitimität abstreiten. Wer legal zustandegekommenen Entscheidungen die Legitimität absprechen will – wie wir das beispielsweise bei der selbsternannten linken Avantgarde im Zusammenhang mit dem NATO-Doppelbeschluß erlebt haben –, der reklamiert für sich einen „höheren moralischen Standpunkt", ein „besseres Bewußtsein", der muß sich letztlich auf einen „privilegierten Zugang zur politischen Wahrheit" berufen können. Mit dem subjektiven Rekurs auf eine „privilegierte politische Urteilskraft" läßt sich jedoch alles rechtfertigen – vom sogenannten demokratischen Ungehorsam über die Gewalt gegen Sachen und Personen bis hin zur Diktatur einer selbsternannten politischen Elite.

Ethische Begründung der Politik

Ohne eine moralische Gesinnung ist Politik schlechterdings nicht möglich. Die moralische Gesinnung darf jedoch nicht in rigorose Gesinnungspolitik, in eine vermeintliche Unangreifbarkeit des je eigenen Standpunktes umschlagen. Wer nur die jeweils eigene Gesinnung für die einzig moralische und damit legitime hält, der verwechselt Politik mit Religionsersatz, der begibt sich auf einen Weg, an dessen Ende auch die Gewalt als Mittel politischer Konfliktlösung stehen könnte.

Deshalb plädiere ich für eine politische Verantwortungsethik im Sinne Max Webers, nach der politische Entscheidungen aufgrund der gegebenen Rahmenbedingungen und des gegebenen Wissens unter Abwägung aller Lösungsmöglichkeiten und der Abschätzung aller voraussehbaren und wahrscheinlichen, positiven wie negativen Folgewirkungen getroffen werden. „Nicht Gewißheit, sondern Pluralität, Unvollkommenheit und Offenheit – kurz: Politik unter dem Risiko – bewahren uns Freiheit und Humanität" (Heinrich Oberreuter).

Mit rigider Gesinnungspolitik lassen sich die großen politischen Probleme unserer Zeit, angefangen von der Bewahrung des Friedens in Freiheit über die Bewältigung der Arbeitsmarktprobleme bis hin zur Versöhnung von Ökonomie und Ökologie, nicht lösen:
- Pazifistische Gesinnung ist als moralische Einstellung eines Individuums kaum angreifbar. Aber: Subjektiver Pazifismus ist kein Ersatz für die gesicherte Verteidigungsfähigkeit eines Staates und für verifizierbare Abkommen zur Rüstungsbegrenzung und Rüstungskontrolle. Wer als Politiker zu der Überzeugung gelangt, das eigene Land sei bedroht, der muß daraus die Konsequenzen ziehen und geeignete Maßnahmen zur Verteidigung ergreifen. Friedenssicherung und Kriegsverhinderung bilden auch künftig den Kernauftrag der Bundeswehr. Die Bundeswehr ist Risikovorsorge und Schutzfaktor in einer Welt, die zwar immer näher zusammenrückt, aber nicht frei von Gefahren und Risiken ist.

- Ebensowenig wäre es im Hinblick auf die Erwartungen der internationalen Völkergemeinschaft verantwortungsethisch zu rechtfertigen, wenn das vereinte Deutschland einen aktiven Beitrag zur Bewältigung internationaler Krisen, wie z.B. im ehemaligen Jugoslawien, verweigern würde.
- Eine Energiepolitik, die darauf hinausläuft, Kernenergie durch Kohle zu ersetzen, wird verantwortungsethischen Kriterien nicht gerecht. Angesichts der Begrenztheit der Energiereserven und angesichts begrenzter Spielräume zur Energieeinsparung müssen alle energiepolitischen Optionen offengehalten und die Sicherheits- und Umweltrisiken sämtlicher Energiequellen gegeneinander abgewogen werden.
- Umweltpolitische Sensibilität breiter Schichten unserer Bevölkerung ist richtig und wichtig, sie ist aber kein Ersatz für die Entwicklung umweltfreundlicher und rohstoffsparender Technologien. Unverantwortbar wäre eine Umweltpolitik um jeden Preis in Form eines „Öko-Dirigismus", der Autofahren zum Privileg einer gut verdienenden Minderheit machen und Arbeitsplätze in energieintensiven Branchen leichtfertig aufs Spiel setzen würde.
- Risiken in der technologischen Entwicklung müssen selbstverständlich ernst genommen werden, doch eine um sich greifende Technikfeindlichkeit hätte fatale Konsequenzen für Wohlstand, Arbeitsplätze und soziale Sicherheit, weil ein rohstoffarmes Land wie die Bundesrepublik auf den Weltmärkten nur wettbewerbsfähig bleibt, wenn es an der Spitze des technischen Fortschritts marschiert.
- Appelle an Solidarität und Askese mögen geeignet sein, dem wachsenden Materialismus zu begegnen, sie sind aber kein Mittel zur Steigerung der Verteilungsmasse in den Ländern der Dritten und Vierten Welt.

Die politischen Probleme von heute liegen weniger im Fehlen eines moralischen Bewußtseins der Politiker oder der wirtschaftlich-technischen Eliten. Den Problemen von heute liegen vielmehr, wie Hermann Lübbe festgestellt hat, „Wissensdefizite, nicht Moraldefizite" zugrunde. Nicht Resignation, Verweigerung und ein Pochen auf das vermeintliche moralische Versagen des Wirtschaftssystems, der Technik oder der westlichen Zivilisation, sondern nur das Vertrauen in die schöpferischen Fähigkeiten des Menschen in Verbindung mit einem offenen, rationalen und demokratischen Streit über den richtigen Weg führen in der heutigen Zeit des Umbruchs weiter.

Plädoyer für Pragmatismus

Die Geschichte ist ein offener Prozeß. Es ist zwar zutreffend, daß Menschen „Geschichte machen", aber Geschichte ist nicht „machbar" oder „konstruierbar" in dem Sinne, wie man z.B. ein Automobil konstruiert oder einen Hausbau plant. Entdeckungen und Neuerungen von morgen sind heute noch unbekannt und doch bestimmen sie in entscheidendem Ausmaß das Leben und damit auch die Politik von morgen.

Der prinzipiell offenen Zukunft muß die Politik in einer offenen Gesellschaft Rechnung tragen. Politik, die Utopien beschwört, wird zur Ideologie und erstarrt in Dogmatik. Der „real existierende Sozialismus" hat gezeigt: Wer politisch auf den neuen Menschen und die neue Gesellschaft setzt, endet in der Diktatur. Karl Popper hat zu Recht gewarnt: „Von allen politischen Ideen ist der Wunsch, die Menschen vollkommen und glücklich zu machen, vielleicht am gefährlichsten. Der Versuch, den Himmel auf Erden zu verwirklichen, produziert stets die Hölle".

Deshalb muß sich in einer offenen Gesellschaft die politische Praxis am Pragmatismus ausrichten. In den Worten von Franz Josef Strauß: „Pragmatismus geht von der Fehlbarkeit der menschlichen Vernunft aus; und denen, die regieren, ist im Prinzip nicht mehr Vernunft zuzuschreiben als denen, die wählen. Die politische Ordnung muß dieser Fehlbarkeit Rechnung tragen. Weil die Vernunft des Menschen begrenzt ist und er somit nur ein begrenztes Handlungsfeld übersehen kann, ist die beste institutionelle Ordnung immer noch eine pluralistische Ordnung, in der die unvermeidlicherweise verschiedenen Interessen – möglichst in einem rationalen und gewaltlosen Interessenvergleich – ausgetragen und gegeneinander abgewogen werden". Deshalb ist auch der Kompromiß ein Wesenselement jeder pluralistischen Demokratie und keineswegs Ausdruck einer Notlösung oder eines zweitbesten Ergebnisses. Und deshalb ist es auch ein zwingendes Gebot, den politischen Prozeß offenzuhalten und keine Handlungsoptionen auszuschließen.

Grenzen der Politik

Pragmatische Politik in diesem Sinne weiß auch um die Grenzen der Politik. Sie nimmt das, was sie nicht verändern kann, mit Gelassenheit hin. Gelassenheit ist dabei in den Worten von Robert Spaemann „die Haltung dessen, der das, was er nicht ändern kann, als sinnvolle Grenze seines Handelns in sein Wollen aufnimmt, der die Grenze akzeptiert".

So verstandene pragmatische Politik entspricht auch einem christlichen Politikverständnis, das von der Unvollkommenheit des Menschen ausgeht, einen evolutionären Wandel in Freiheit anstrebt und auf die Verständigungs- und Kompromißbereitschaft zwischen den gesellschaftlichen und politischen Gruppierungen setzt.

Die Überantwortung aller menschlichen Probleme und Risiken auf den Staat würde zu einer Überforderung der Politik in einem demokratischen Staatswesen führen. Die freiheitliche Demokratie ist auf die Hilfsbereitschaft, das Verantwortungsbewußtsein und den Gemeinsinn ihrer Bürger angewiesen.

Die CSU zwischen Pragmatismus und Programmpolitik

Eine Volkspartei, die längerfristig erfolgreich sein will, muß ihre praktische Politik auf Grundsätzen und Grundsatzprogrammen aufbauen. Grundsatzprogramme bilden die Grundlage für das Selbstverständnis einer Partei, für das Identitätsbewußtsein ihrer Mitglieder.

Die CSU hat sich der Grundsatzdiskussion immer gestellt. Im Herbst 1993 hat der Parteitag der CSU – nach 1946, 1957, 1968 und 1976 – das mittlerweile fünfte Grundsatzprogramm verabschiedet. Es wird mit Sicherheit nicht das letzte in der Parteigeschichte der CSU sein.

Grundsatzprogramme dürfen nicht zur Ideologie und zum dogmatischen Lehrbuch gemacht werden. Politik muß offen bleiben für Änderungen in Wirtschaft, Wissenschaft und Technik, und sie muß sich die Fähigkeit bewahren, dem Wertewandel in Staat und Gesellschaft Rechnung zu tragen.

In ihrer 50jährigen Geschichte hat sich die CSU erfolgreich auf einem Weg zwischen Pragmatismus und Programmpolitik bewegt. Es ist der CSU bislang immer wieder gelungen, einen Mittelweg zu finden, der einerseits populistische Prinzipienlosigkeit und andererseits ideologische Enge vermeidet.

In Zeiten des historischen Umbruchs, in einer Welt des Wandels und der Unsicherheit ist das Bedürfnis der Menschen nach Orientierung, nach Stabilität und Sicherheit groß. Hier immer wieder überzeugende Antworten zu finden, realistischen Optimismus zu vermitteln, Wege für das Machbare aufzuzeigen, ohne jedoch gleichzeitig zu utopischen Zukunftsentwürfen und unrealisierbaren Versprechungen Zuflucht zu nehmen, ist eine Herausforderung, der sich die Partei auch in Zukunft stellen muß.

Auf der Basis fester Grundsätze und mit der pragmatischen Offenheit für das jeweils Machbare hat die CSU in den vergangenen 50 Jahren mit Mut und Entschlossenheit an den richtungsweisenden Entscheidungen in der Geschichte der Bundesrepublik Deutschland mitgewirkt, bei der Einführung der Sozialen Marktwirtschaft im Frankfurter Wirtschaftsrat, bei der Entscheidung über die Westbindung und über den deutschen Verteidigungsbeitrag in den 50er Jahren, bei der Auseinandersetzung um die Offenhaltung der deutschen Frage und die falsch angelegte Ostpolitik in den 70er Jahren, bei der geistigen Auseinandersetzung um Freiheit oder Sozialismus, beim Vollzug des NATO-Doppelbeschlusses zu Beginn der 80er Jahre, und nicht zuletzt bei der entschlossenen Nutzung der historisch einmaligen Chance zur Wiedervereinigung unseres Vaterlandes.

Im 50. Jahr der Parteigründung können wir mit Stolz, aber ebenso auch mit Dankbarkeit zurückblicken. Im Gegensatz zu anderen Parteien mußten wir unser neues, nach der Wiedervereinigung verabschiedetes Grundsatzprogramm weder umschreiben noch von peinlichen Passagen säubern. Die wichtigsten ideenpolitischen Ziele der CSU-Gründer sind in Erfüllung gegangen. Die freiheitliche Staats- und Gesellschaftsordnung hat über den totalitären Sozialismus gesiegt, die Einheit Deutschlands in Freiheit und voller Souveränität ist erreicht, die Soziale Marktwirtschaft hat sich allen anderen Wirtschaftsordnungen überlegen erwiesen. Insofern sind die politischen Erben dem Auftrag und Vermächtnis der Parteigründer gerecht geworden.

8. Politik und Moral

Parteien und Politiker sind in einer Demokratie, in der sich die Medien als vierte Gewalt im Staat verstehen, naturgemäß Objekte eines besonderen öffentlichen Interesses und permanente Zielscheibe öffentlicher Kritik. In regelmäßigen Zeitabständen geistert dabei das Schlagwort von einer Parteien- bzw. Politikverdrossenheit durch das Land.

Politikverdrossenheit

Wo es politische Parteien gab und gibt, sind diese Gegenstand der Kritik. In der Presse werden Vorwürfe laut, die von der „Selbstbedienung" über „politischen Filz" bis hin zu „Machtmißbrauch" der etablierten Parteien reichen. Die Höhe der Abgeordnetendiäten, die Finanzierung der Parteien und hier insbesondere die Behandlung von Spenden an politische Parteien sind offenbar Themen, die für endlose Diskussionen und Auseinandersetzungen geradezu prädestiniert erscheinen.

Die Distanz der Bürger gegenüber den Parteien, so lautet die Diagnose, nimmt zu. Politologen konstatieren eine steigende Zahl von Nichtwählern und eine Zerfaserung der Parteienlandschaft an den Rändern des Koordinatensystems. In der jetzigen Zeit der Orientierungskrise wächst die Sehnsucht der Menschen nach Stabilität und Sicherheit, die Abneigung gegen das „widerliche Parteiengezänk" nimmt zu. Das Vertrauen der Menschen in die Problemlösungskompetenz der großen Volksparteien schwindet.

Hinzu kommt ein weitreichender Wertewandel in Staat und Gesellschaft. Die traditionelle Bindung der Wähler an eine Partei lockert sich. In der individualisierten Gesellschaft werden Wahlentscheidungen immer stärker am persönlich privaten Anspruchsdenken ausgerichtet. Betroffen von dieser Entwicklung sind in erster Linie die großen Volksparteien, die sich nicht auf politische Marktnischen beschränken können, sondern alle Schichten der Bevölkerung ansprechen müssen.

Ob dies alles zu einer dauerhaften Veränderung in der Parteienlandschaft führen wird, läßt sich heute noch nicht absehen. Bei der letzten Bundestagswahl lag die Wahlbeteiligung bei immerhin rund 80 Prozent. Knapp 78 Prozent der Stimmen entfielen dabei auf die Unionsparteien und die SPD. Die FDP befindet sich in einer Schwächephase. Die Grünen, die nach dem Aufschwung in den 80er Jahren 1990 an der 5-Prozent-Hürde scheiterten, befinden sich wieder im Aufwind. Die Gefahr des Erstarkens rechtsextremer Parteien scheint gebannt zu sein. Und die SED-Erben werden sich wohl zum Glück nur in den neuen Bundesländern als Protestpartei behaupten können.

Auch wenn im Hinblick auf längerfristige Trends Vorsicht geboten ist, müssen sich die großen Volksparteien offensiv mit den Symptomen einer Politik- bzw. Parteienverdrossenheit auseinandersetzen. Parteienverdrossenheit ist zum einen das Resultat überzogener Erwartungen; Parteien versprechen gelegentlich mehr, als sie später einlösen können, und der Wähler erwartet von den handelnden Politikern im Regelfall mehr, als diese zu leisten in der Lage sind. Zum anderen entsteht der den Parteien gegenüber geäußerte Ärger durch langwierige Entscheidungsprozesse und mangelnden Mut auch zu unpopulären Entscheidungen. Hinzu kommt: Die zunehmende Komplexität politischer Probleme macht den politischen Prozeß für viele schwer durchschaubar. Darüber hinaus verstehen sich große Teile der Bevölkerung offensichtlich weniger als Teil des demokratischen Gemeinwesens, sondern eher als Kunden eines Dienstleistungsunternehmens, die in Zeiten finanzieller Belastungen und geringer werdender Einkommensspielräume auf Distanz zu den Parteien gehen. Parteien und Politiker werden so leicht zu „Sündenböcken" für die jeweils eigenen Probleme gestempelt.

Ohne politische Parteien ist jedoch die Funktionsfähigkeit eines demokratischen Staatswesens nicht denkbar. Nach Artikel 21 unserer Verfassung sind demokratische Parteien konstitutive Bestandteile der parlamentarischen Demokratie. Sie sind die entscheidenden Instanzen bei der Politikvermittlung zwischen Regierung und Gesetzgeber einerseits und Wählerinnen und Wählern andererseits. Sie sind darüber hinaus grundlegende Institutionen der politischen Willensbildung, der politischen Meinungsintegration und ein wichtiger Träger der politischen Bildungs- und Nachwuchsarbeit.

Auch die Grünen, ursprünglich als „Bewegung" angetreten, haben sich mittlerweile zu einer Parteiorganisation entwickelt, deren Arbeit sich von der anderer Parteien – sieht man einmal vom äußeren Erscheinungsbild und den manchmal turbulenten Parteitagen ab – kaum noch unterscheidet.

Die CSU stellt sich offensiv dem Problem der Parteienverdrossenheit, indem sie den direkten Dialog mit dem Bürger gezielt sucht, die den Bürgern auf den Nägeln brennenden Probleme aufgreift, keine ungedeckten politischen Schecks ausstellt, klare Prioritäten setzt, an ihren liberal-konservativen Grundwerten festhält und sich für Seiteneinsteiger und auch für Nichtmitglieder öffnet. Es gilt dabei aber auch, dem offenkundigen Irrationalismus entgegenzutreten:
- Es ist rational nicht nachvollziehbar, wenn einerseits die Allmacht der Parteien beklagt und andererseits von den Parteien die Lösung nahezu aller Lebensprobleme verlangt wird.
- Es ist rational nicht nachvollziehbar, wenn auf der einen Seite die Parteienschelte zunimmt und auf der anderen Seite das aktive politische Engagement der Bürger immer geringer wird.

– Es ist rational nicht nachvollziehbar, wenn einerseits die Einkommen der Politiker pauschal kritisiert werden, während auf der anderen Seite wesentlich höhere Spitzeneinkommen in Wirtschaft, Medien, Kultur und Sport ganz offensichtlich gutgeheißen werden.

Politiker und Moral

Die Frage nach dem Verhältnis zwischen Politik und Moral ist uralt. Seit es Politik gibt, wird dieses Thema immer wieder diskutiert von Plato und Thukydides über Machiavelli und Thomas Hobbes bis hin zu Hans Jonas oder Hans Magnus Enzensberger.

Viele Menschen glauben dem geflügelten Dichterwort „politisch' Lied – ein garstig Lied" und dem damit verbundenen Vorwurf „Politik verdirbt den Charakter". Politiker müssen mit diesem latenten Vorwurf leben, sie können ihm nur durch ein überzeugendes persönliches Auftreten entgegentreten – auf der politischen wie auf der privaten Bühne.

Politiker sind unter moralischen Gesichtspunkten nicht besser und nicht schlechter als der Durchschnittsbürger. Wie für alle Menschen gilt auch für Politiker das Prinzip der Fehlbarkeit. Auch Politiker sind keine Heiligen. Auch sie haben ein Recht auf Irrtum. Oder wie es der frühere Vorsitzende des Rates der EKD, Bischof Dr. Martin Kruse, einmal ausgedrückt hat: „Die Chance der Menschlichkeit kommt erst da zum Zuge, wo wir unsere Unvollkommenheit haben dürfen".

In einem demokratischen Rechtsstaat unterstehen gerade die führenden Politiker einer permanenten Kontrolle. Wirksame Kontrollmechanismen bilden das Gegenüber von Regierung und Parlament sowie das von Parlamentsmehrheit und Opposition, die bundesstaatliche Machtverteilung und unabhängige Kontrollinstanzen wie das Verfassungsgericht und die Rechnungshöfe. Die Mandatsträger stehen im Rampenlicht der öffentlichen Medien, zu deren Aufgaben es gehört, politische Skandale und persönliche Fehltritte von Politikern offenzulegen. Hinzu kommt die nicht zu unterschätzende Kontrolle, der die Mandatsträger durch ihre Wähler und ihre Parteibasis im eigenen Wahlkreis ausgesetzt sind. Wo es diesbezügliche Fehlentwicklungen gegeben hat, kann die CSU von sich guten Gewissens behaupten, in allen Fällen die erforderlichen Konsequenzen gezogen zu haben.

Im Problemkreis „Politik und Moral" sieht sich der Mandatsträger heute und auch in Zukunft einer wesentlich strengeren Einstellung der Medien und der Bevölkerung gegenüber, als dies noch vor wenigen Jahren der Fall war.

Moralische Anforderungen an den Politiker

Theologen und Moralprediger, aber auch Journalisten und Wähler setzen heute an das Verhalten einschließlich der Einkommensverhältnisse des Politikers ungleich höhere Maßstäbe im Vergleich zu anderen im Rampenlicht der Öffentlichkeit stehenden Persönlichkeiten, sei es aus Wirtschaft und Gewerkschaften, sei es aus Wissenschaft, Sport oder Kultur. Was vor 10 Jahren noch als Selbstverständlichkeit akzeptiert wurde, wird heute als Ungeheuerlichkeit an den Pranger gestellt.

Der praktisch handelnde Politiker muß sich diesen neuen Anforderungen, der Erwartung einer Vorbildfunktion, stellen. Gefragt ist ein „vorbildhaftes Handeln, das Glaubwürdigkeit vermittelt, in die Gesellschaft ausstrahlt und prägend wirkt – und damit Verhaltensstandards formt, stützt oder hervorruft" (Kurt Biedenkopf).

Der verstorbene Kardinal Joseph Höffner hat im September 1986 einen „Politikerspiegel" aufgestellt, in dessen Mittelpunkt die Forderung nach Integrität des Politikers steht. Im einzelnen verlangt Höffner Charakterfestigkeit, Glaubwürdigkeit, das Bekenntnis zu sittlichen Grundwerten, die Unbestechlichkeit, Sachlichkeit und Gelassenheit, Verzicht auf Selbstgerechtigkeit, den Mut zu unpopulären Entscheidungen und die Bereitschaft zum Miteinander. Das Ethos des Politikers, der sich einem christlichen Politikverständnis verpflichtet weiß, muß sich am 13. Kapitel des Römerbriefes orientieren, wonach Politik und Politiker im Dienste der Gesellschaft und im Dienste des Gemeinwohls stehen. Politik bedeutet letztlich „Dienen".

Kritik und Verantwortung

Die Demokratie lebt von Kritik. Wenn diese Kritik jedoch zur Destruktion von politischen Inhalten und zur Hetzjagd auf Personen degeneriert, dann nimmt am Ende die Demokratie als Institution Schaden. Wenn die Entgegennahme einer Wahlkampfspende unter prinzipiellen Korruptionsverdacht gestellt und der Einsatz der Parlamentarier für Unternehmen und Arbeitsplätze im eigenen Wahlkreis als unzulässige Einmischung in die Angelegenheiten der Verwaltung denunziert werden, dann stimmt das politisch-moralische Koordinatensystem nicht mehr.

Friedrich Karl Fromme hat einmal davon gesprochen, daß sich unter dem Motto: „Jagt ihn – er ist Politiker" ein neuer Volkssport entwickele. Die Betreiber „jagdähnlicher Kampagnen" gegenüber einzelnen Politikern, bei denen in der Regel nicht in erster Linie die Persönlichkeit, sondern die Partei getroffen werden soll, müssen wissen, daß sie letztlich nur den radikalen politischen Kräften in die Arme spielen.

Pauschale Vorwürfe, wie der der Machtbesessenheit, sind in sich widersprüchlich und undifferenziert. Streben nach Macht gehört zu den ureigensten Aufgaben der Parteien und Politiker. Parteien kämpfen mit Programmen und Personen um die Zustimmung der Wähler, um auf dieser Grundlage den politischen Entscheidungsprozeß gestalten zu können. Wer mit pauschalen Vorwürfen Ressentiments gegen die etablierten Parteien weckt, handelt unverantwortlich. Wer bei aller notwendigen Kritik Maß und Besonnenheit verliert, hat es mitzuverantworten, wenn junge und fähige Leute von einem parteipolitischen Engagement abgehalten werden, und wenn dadurch das Engagement einer großen Zahl von Bürgern, die sich ehrenamtlich in den Parteien und in der Kommunalpolitik engagieren, in Frage gestellt wird.

Den Medien kommt in diesem Zusammenhang eine hohe Verantwortung zu, der sie bedauerlicherweise nicht immer gerecht werden. Ich selbst war mehrfach Kampagnen ausgesetzt, die sich allesamt am Ende als völlig haltlos herausgestellt haben. Die CSU wird auch in Zukunft dort Konsequenzen ziehen, wo es sachlich gerechtfertigt ist, sie wird sich aber immer dann mit allen politischen und rechtlichen Mitteln zur Wehr setzen, wenn durchsichtige Kampagnen gestartet werden nach dem Motto: „Irgendetwas wird schon hängenbleiben". Auch die Medien stehen nicht in einem rechtsfreien Raum, auch sie sind verpflichtet, sowohl die Gesetze des Rechts als auch die Gesetze des Anstands zu wahren.

Der Politiker und das Gewissen

In seinem politischen und persönlichen Verhalten ist der Politiker seinen Wählern und seinem Gewissen verantwortlich.

Jeder Politiker hat ein Recht auf eine geschützte Privatsphäre. Auch die Gestaltung der persönlich-privaten Lebensverhältnisse, zu denen unter anderem sein Verhältnis zur Religion zählt, muß der Politiker gegenüber seinem Gewissen verantworten.

Im konkreten politischen Entscheidungsprozeß sieht sich der handelnde Politiker öfter einem Dilemma gegenüber. Horst Bürkle hat es wie folgt umschrieben: „Etwas für richtig zu halten und es auch politisch durchsetzen zu können, ist nicht dasselbe. Ein verantwortlicher Politiker leidet darunter, daß er das von ihm Erkannte und Gewollte nur in Teilen erreicht. Der Kompromiß kann ihn kompromittieren". Und Bürkle fährt zu Recht fort: „Ihm daraus einen moralischen Vorwurf zu machen, verkennt das Kräftespiel, dem er ausgesetzt ist". Dieses Dilemma stellt sich vor allem dann, wenn der einzelne Entscheidungsträger in grundlegenden Fragen mit der Mehrheitsmeinung seiner Partei oder Fraktion nicht übereinstimmt.

Solche Grenzsituationen muß der Politiker vor seinem Gewissen verantworten. Paradigmatisch steht hierfür die Diskussion über den Schutz des ungeborenen Lebens. Mit einem Beharren auf Maximalpositionen, für die sicherlich gewichtige ethische und politische Gesichtspunkte sprechen, wäre dem Schutz des ungeborenen Lebens nicht gedient, wenn diese Maximalpositionen keinerlei Aussicht auf Mehrheitsfähigkeit besitzen. Dann muß der verantwortliche Politiker die voraussichtlichen Folgen seiner Entscheidung abwägen. Nach meiner persönlichen Überzeugung haben wir als CSU mit der zweimaligen Anrufung des Verfassungsgerichts, mit der Ansbacher Erklärung und dem zuletzt fraktionsübergreifenden Kompromiß, der sich weitestgehend an die Vorgaben des Verfassungsgerichts hält, das Maximum dessen erreicht, was wir aus Sicht der CSU und aus Sicht der beiden großen christlichen Glaubensgemeinschaften zum Schutz des ungeborenen Lebens bei den gegebenen und absehbaren Mehrheitsverhältnissen im Deutschen Bundestag durchzusetzen in der Lage waren.

9. Die CSU auf dem Weg ins nächste Jahrtausend

Der 50. Geburtstag der CSU bietet nicht nur Anlaß zum Rückblick auf das bisher Geleistete, sondern ist gleichzeitig eine Aufforderung, den Blick nach vorne zu richten.

Die Rolle der CSU im geeinten Deutschland

Mit der Wiedervereinigung ist Deutschland größer geworden. Bezogen auf Fläche und Bevölkerung hat Bayerns relatives Gewicht in der Bundesrepublik Deutschland abgenommen.
Dennoch blieb das politische Gewicht der CSU unverändert bestehen. Ja mehr noch: Die CSU ist heute stärker denn je. Mit der Bundestagswahl vom 16. Oktober 1994 hat die CSU ihre bundespolitische Stellung ausgebaut. Gegenwärtig sind wir die drittstärkste politische Kraft in Deutschland und der zweitstärkste politische Partner in der Koalition der Mitte.
Während sich andere Parteien mit dem Phänomen der Parteienverdrossenheit konfrontiert sehen und über sinkende Mitgliederzahlen klagen, kann die CSU auf einen erfreulichen Mitgliederzuwachs verweisen. Positiv hervorzuheben ist auch das spürbar gestiegene Engagement der Frauen in der CSU, die in der Vergangenheit auf kommunaler Ebene einige spektakuläre Erfolge erzielt haben. Die Junge Union bleibt nach wie vor die entscheidende Gruppe, aus der sich die führenden Mandatsträger der Partei rekrutieren. Die Bemühungen, junge Menschen und vor allem Frauen für die Partei zu gewinnen und die Partei für Seiteneinsteiger zu öffnen, müssen in den kommenden Jahren weiter intensiviert werden.
Die CSU marschiert mit einem gesunden Selbstbewußtsein ins nächste Jahrtausend. Gelegentliche Rückschläge, mit denen auch die CSU aus verschiedensten Gründen immer wieder rechnen muß, stimmen uns weder kleinmütig noch gar schwermütig. Andererseits sind wir nach glänzenden Wahlerfolgen auch nicht hochmütig oder gar übermütig. Wir wissen: Politische Erfolge werden uns nicht geschenkt. Sie müssen immer wieder neu erarbeitet werden.
Mit der Vollendung der Einheit Deutschlands verschiebt sich nicht nur das geographische und ökonomische, sondern auch das politische Schwergewicht

zwangsläufig in Richtung Nord-Osten. Die CSU wird dabei darauf achten, daß es nicht zur viel zitierten Verschiebung der Werte-Koordinaten kommt. Die CSU versteht sich auch im geeinten Deutschland als eine bayerische Partei mit gesamtdeutschem Anspruch und europäischer Verantwortung. Diese strategische Richtung hat sich in den vergangenen Jahrzehnten als äußerst erfolgreich für die CSU erwiesen. Sie darf auch in Zukunft nicht leichtfertig zur Disposition gestellt werden.

Obwohl die CSU jenseits des weiß-blauen Äquators über zahlreiche Freunde und Anhänger – die Zahl der Gastmitgliedschaften und die vielen nicht-bayerischen Besucher des „Politischen Aschermittwoch" in Passau beweisen dies – verfügt, so gilt doch: Die bayerische Identität ist ein unbezahlbarer Markenartikel der CSU. Auch in Zukunft hängt unsere politische Stärke vom Verhalten der Wähler zwischen Aschaffenburg und Passau, zwischen Hof und Lindau ab, nicht aber von endlosen Diskussionen über eine partielle oder bundesweite Ausdehnung unserer Partei.

Diskussion über bundesweite CSU

Spätestens seit 1972 wird über eine solche Ausweitung der CSU spekuliert. In den 70er Jahren, vor allem 1972 und 1976, stand diese Diskussion unter dem Zeichen der „Vierten Partei", als die Unionsparteien trotz sehr guter Wahlergebnisse auf der Ebene des Bundes das damalige Kartell von SPD und FDP nicht überwinden konnten.
Obwohl alle Argumente für und wider eine bundesweite Ausdehnung der CSU ausdiskutiert sein dürften, wird in regelmäßigen Zeitabständen, nicht zuletzt außerhalb Bayerns, der „Geist von Kreuth" beschworen.
Nach meiner festen Überzeugung war die damalige Entscheidung der zuständigen Gremien der CSU richtig, es beim gegenwärtigen Zustand zu belassen und die weiß-blaue Identität der CSU zu bewahren. Wo stünde die CSU heute, wäre der ursprüngliche Entschluß von Kreuth in die Tat umgesetzt worden? Ob und inwieweit die Position der CSU im Falle einer Kandidatur der CDU in Bayern tangiert worden wäre, bleibt eine offene Frage. Vermutlich wäre es der CSU gelungen, in allen Landtagen die 5-Prozent-Hürde zu überspringen. Ob damit allerdings auch eine Teilhabe an der Regierungsverantwortung verbunden gewesen wäre, ist doch mehr als fraglich.

Selbst wenn es zu Absprachen zwischen CDU und CSU gekommen wäre, bleibt doch festzuhalten: Im Endeffekt hätten die Reibungsverluste die Trennungsgewinne überwogen.

Im Jahre 1990 hat sich das Problem von „Kreuth" im Zuge des Aufbaus demokratischer Parteien in den neuen Bundesländern nochmals gestellt. Ich habe dabei bewußt die bayerische Identität der CSU nicht aufgegeben.

In den meisten Staaten, in denen das konservative politische Lager gespalten ist, ist auf Dauer die politische Linke der Nutznießer. Die Entwicklung beispielsweise in Schweden oder den Niederlanden verdeutlicht dies.

Wie Richard Stücklen einmal zutreffend festgestellt hat, ist der politische Einfluß Bayerns in der jetzigen Konstellation ungleich größer im Vergleich zum Einfluß Bayerns bzw. der Bayerischen Volkspartei in der Weimarer Republik. Und der frühere Ministerpräsident von Niedersachsen, Ernst Albrecht, hat einmal gesagt: Die amtierende Bonner Regierungskoalition bestehe aus zwei Parteien und einem Bundesland.

Nur in dieser Konstellation kann die CSU ganz gezielt Politik für unsere bayerische Heimat gestalten und durchsetzen. Die Wähler werden dies auch in Zukunft zu würdigen wissen.

Abgrenzung nach rechts und links

Auf dem Weg ins nächste Jahrtausend wird die CSU an ihrem Platz in der Mitte des politischen Koordinatensystems festhalten. Wir sind und bleiben eine große Volkspartei der Mitte, die sich mit allem Nachdruck von extremen und radikalen politischen Kräften am linken wie am rechten Rand des Parteienspektrums abgrenzt.

Wenn es 50 Jahre nach dem Zusammenbruch des Nazi-Regimes eine geschichtliche Lehre zu ziehen gilt, dann die, Freiheit und Demokratie gegen politischen Extremismus von rechts und links zu schützen. Und wir waren dabei im Gegensatz zu anderen nie auf einem Auge blind. Wir haben uns Ende der 60er Jahre in gleichem Maße gegen die NPD und in den zurückliegenden Jahren gegen die Republikaner und gegen die DVU gestellt, wie wir in den 70er Jahren die marxistischen Strömungen und den Linksterrorismus bekämpft haben.

Als liberal-konservative Partei stehen wir immer wieder vor der Gefahr, Protestwähler an rechte politische Gruppierungen zu verlieren, die – ohne über ein sachliches und überzeugendes Programm zu verfügen – von der Kritik an den „etablierten Parteien" und von einer populistischen Selbstdarstellung leben. Wir können derartigen Tendenzen nur entgegentreten, indem wir einerseits die rechtsextremen Parteien und deren Funktionäre bekämpfen, andererseits aber die berechtigten und nachvollziehbaren Anliegen der Protestwähler aufgreifen. Daß dies nicht immer einfach ist, hat die jahrzehntelange Debatte über das Asylrecht gezeigt. Wer den hunderttausendfachen Mißbrauch des Asylrechts tatenlos hinnimmt, wer Deutschlands Tore für Zuwanderer ohne Einschränkungen öffnen will, und wer in absehbarer Zukunft die deutsche Bevölkerung in einer multikulturellen Gesellschaft aufgehen sieht, der darf sich am Ende nicht wundern, wenn rechtsextreme Parteien in die deutschen Parlamente einziehen.

Politische Kräfte, die Demokratie und Antifaschismus auf ihre Fahne schreiben, müssen sich in gleicher Weise von der extremen und radikalen Linken abgrenzen. Die PDS definiert selbst ihre Rolle als politische Nachfolgepartei der SED. Von ihrer Programmatik wie auch von ihren Spitzenfunktionären her steht die PDS für eine andere Republik – eine Republik, die an den politischen und ökonomischen Grundstrukturen des SED-Regimes festhalten will, allenfalls garniert mit der Gewährleistung einiger weniger bürgerlicher Grundrechte. Die PDS steht außerhalb des demokratischen Verfassungsbogens. Sie steht für eine Partei und ein Regime, das für Mauer und Stacheldraht, für Willkür-Justiz und Stasi-Überwachung, für Bautzen und Hoheneck Verantwortung trägt. Wer mit den Erben von Ulbricht und Honecker gemeinsame Sache macht, der kündigt den Vertrag über die Gemeinsamkeit der Demokraten, der verspielt die politischen Grundlagen beim Kampf gegen den Rechtsextremismus, der verliert seine moralische Glaubwürdigkeit.

CSU als Partei der Mitte

Alle Versuche des politischen Gegners, die CSU in die „rechte Ecke" zu stellen, sind bislang kläglich gescheitert. Die CSU war, ist und bleibt *die* große bayerische Volkspartei, die ihren Platz in der politischen Mitte einnimmt.

Die bayerischen Wählerinnen und Wähler haben sich seit rund 20 Jahren mit absoluter Mehrheit für die CSU ausgesprochen – sowohl bei den Landtagswahlen, als auch bei den Bundestagswahlen.

In der Bundespolitik stellt die Koalition der Mitte die unter allen realistischen Varianten günstigste Voraussetzung zur Durchsetzung der politischen Programmatik der CSU dar.

Deutschlands Parteienlandschaft befindet sich in einer Phase des Umbruchs. Die Unionsparteien haben sich seit den letzten Bundestagswahlen stabilisiert. Die Liberalen befinden sich unverkennbar in einer hausgemachten Krise; aber angesichts einer über 100jährigen Tradition spricht auch mittelfristig alles für das Fortbestehen des politischen Liberalismus auf Bundesebene.

Nach dem Scheitern des Marxismus und nach dem Wegfall der „sozialistischen Alternative auf deutschem Boden" befindet sich die SPD in einer Identitätskrise. Wo die SPD Koalitionen mit den Grünen einging, hat sie erhebliche Wählerpotentiale verloren. Große Koalitionen sind aus Sicht der CSU nur vertretbar, wenn rechnerische Zwänge dazu bestehen.

CDU und CSU sind angesichts der sich abzeichnenden „neuen Unübersichtlichkeit" gut beraten, wenn sie auf eigene Mehrheiten setzen. Entscheidendes Ziel bleibt die Erlangung der strategischen Mehrheit, die eine Regierungsbildung gegen die Unionsparteien verhindert.

Eine schwarz-grüne Zusammenarbeit kann auf kommunaler Ebene und in einzelnen Sachbereichen sinnvoll sein, auf Landes- oder Bundesebene wären jedoch schwarz-grüne Koalitionen tödlich für die Unionsparteien. Eine Partei wie die Grünen, die die Abschaffung der Bundeswehr und der Nachrichtendienste verlangt, die für die Auflösung der NATO eintritt, die das alte Asylrecht wiederherstellen will, die mit ihrer technikfeindlichen Einstellung Arbeitsplätze gefährdet und die mit rigoroser Umverteilung und Öko-Dirigismus den Wirtschaftsstandort Deutschland in Frage stellt, kann – trotz punktueller Lernfähigkeit und mitunter opportunistischer Anpassungsfähigkeit – kein ernsthafter Partner für eine liberal-konservative Partei werden.

Die CSU ist deshalb auch in Zukunft gut beraten, wenn sie um eigene Mehrheiten kämpft.

Verantwortung in Bonn und München

Wie keine andere Partei hat die CSU die Geschichte des modernen Bayern geprägt und seine Richtung bestimmt. Die Entwicklung vom Agrarstaat zum modernen high-tech-Standort ist das Ergebnis unserer erfolgreichen Landespolitik. Politik für Bayern, wie sie von Hans Ehard bis Franz Josef Strauß konzipiert wurde, war nie konservativ im Sinne des bloßen Festhaltens am Bewährten, sondern – im Gegenteil – immer offen für die Zukunft, offen für Innovationen und technologischen Fortschritt, offen für neue wissenschaftliche Entwicklungen und Zukunftsindustrien, offen für den gesellschaftlichen Wandel und den strukturellen Anpassungsprozeß. In diesem Sinne setzt Ministerpräsident Edmund Stoiber die Arbeit seiner Vorgänger konsequent fort.

Auf der Ebene des Bundes hat sich die CSU in den vergangenen Jahren als die stabilisierende Kraft der Koalition erwiesen. Ohne die CSU wäre es nicht gelungen, ein vernünftiges Asylrecht durchzusetzen, Fortschritte bei der Verbrechensbekämpfung zu erzielen, eine insgesamt akzeptable Lösung bei der Frage des Schutzes des ungeborenen Lebens herbeizuführen und die Voraussetzungen zu einer verstärkten Übernahme internationaler Verantwortung des geeinten Deutschland zu schaffen.

Die CSU wurde in den vergangenen Jahren auch ihrer europäischen Verantwortung gerecht. Zum Projekt „Europa" gibt es keine realistische Alternative. Mit der Stärkung der Länderkompetenzen, mit dem Konzept des „Europa der Regionen" und mit der konkreten Mitgestaltung der Verträge von Maastricht haben wir entscheidend dazu beigetragen, daß die europapolitischen Signale richtig gestellt wurden und der „europäische Zug" weder in eine falsche Richtung fährt noch auf einem Abstellgleis endet.

Die neuen Herausforderungen

Die großartigen politischen Erfolge der vergangenen 50 Jahre wurden uns nicht geschenkt, sie mußten vielmehr hart erarbeitet werden. Dies gilt auch für die Zukunft. Auf dem Weg ins nächste Jahrtausend zeichnen sich folgende neuen Herausforderungen ab:
- Als eine christlich-konservative Partei sind wir in besonderem Maße für die Bewahrung der Schöpfung verantwortlich. Die Sensibilität der

Menschen für Fragen des Umweltschutzes hat im vergangenen Jahrzehnt spürbar zugenommen. Ob dies auch bei der finanziellen Opferbereitschaft für mehr Umweltschutz der Fall ist, wird sich erst noch erweisen müssen. Lösbar sind die ökologischen Herausforderungen weder durch romantische Hinweise auf „asketische Lebensweise" noch durch eine Dämonisierung von Wissenschaft und Technik, sondern nur durch Entwicklung und Einsatz intelligenter Technologien. Unsere Maxime muß lauten: Realistische und bezahlbare Umweltpolitik anstelle eines verantwortungslosen Öko-Dirigismus!

- Die ökonomische und soziale Einheit Deutschlands muß vollendet werden. Mit der größten Solidaraktion der Deutschen Geschichte werden wir die Jahrhundertinvestition der Deutschen Einheit bewältigen, die rund 16 Millionen Deutschen Demokratie und Freiheit brachte. Ohne daß auch nur ein Schuß gefallen wäre, haben inzwischen die letzten russischen Streitkräfte deutschen Boden 50 Jahre nach Kriegsende verlassen.
- Auch wenn sich die deutsche Wirtschaft wieder auf Wachstumskurs befindet, sehen wir uns großen wirtschaftlichen Problemen, insbesondere auf dem Arbeitsmarkt, gegenüber. Wir können diese Probleme bewältigen, wenn wir die Rahmenbedingungen des Wirtschaftsstandorts Deutschland verbessern. Wir kommen dabei um eine bittere Einsicht nicht herum: Die Zeiten kontinuierlich steigender Realeinkommen und sinkender Arbeitszeiten lassen sich so nicht fortsetzen. Gefragt sind Mut zu Innovation und Modernisierung, lohnpolitische Vernunft, eine Flexibilisierung des Arbeitsmarktes, eine konsequente Durchforstung der bürokratischen Verfahren und eine Verbesserung der steuerpolitischen Rahmenbedingungen für unsere Unternehmen. Die Verantwortung der Tarifpartner wird größer, die Verteilungsspielräume werden geringer. Die Politik steht vor der schwierigen Herausforderung, das sozialpolitische Besitzstandsdenken zu überwinden und den Mut für weitere Schritte in Richtung Umbau des Sozialstaats aufzubringen.
- Die Abtragung der finanziellen Erblast von 40 Jahren Sozialismus auf deutschem Boden war ohne zeitlich begrenzte Steuer- und Abgabenerhöhungen und eine vertretbare Ausweitung der staatlichen Kreditaufnahmen nicht machbar. Doch trotz der historisch einmaligen finanziellen Belastungen ist es gelungen, die Stabilität der Währung aufrechtzuerhalten. Eine stabile Währung setzt eine solide Finanzpolitik voraus. Durch einen strik-

ten Konsolidierungskurs, der noch für einige Jahre fortgesetzt werden muß, wird es uns gelingen, die jährliche Neuverschuldung zurückzuführen, die staatliche Ausgabenquote auf ein gesamtwirtschaftlich vernünftiges Niveau zu reduzieren und die Steuer- und Abgabenbelastung Schritt für Schritt, insbesondere für Familien mit Kindern, zu senken.
- Schwerpunkt der künftigen Innenpolitik muß, was die Bürger zu Recht von ihrem Staat verlangen, die Gewährleistung der inneren Sicherheit sein. Die Bekämpfung der international agierenden und organisierten Kriminalität erfordert neue Instrumente der Verbrechensbekämpfung und eine vollständige Überprüfung der gegebenen gesetzlichen Möglichkeiten. Wichtigster Punkt ist hierbei die grenzüberschreitende Zusammenarbeit der Sicherheitskräfte.
- Die weitreichenden Vereinbarungen zur Abrüstung und Rüstungskontrolle haben den Frieden in Europa erheblich sicherer gemacht. Es gilt aber nach wie vor: Wachsamkeit ist der Preis der Freiheit. Angesichts der Krisenherde an den Rändern der Europäischen Union benötigen wir auch in Zukunft Streitkräfte, die sowohl die Verteidigungsfähigkeit unseres Territoriums sicherstellen als auch in der Lage sind, unter dem Dach der Vereinten Nationen bzw. der NATO an der Beilegung internationaler Konflikte mitzuwirken. Es gilt eine doppelte Festlegung: Wir brauchen die Bundeswehr, und die Bundeswehr wird sich auf uns verlassen können.
- Wie kein anderer hat Franz Josef Strauß den politischen Blick der CSU vom „bayerischen Welttheater" hinaus auf die Bühne der internationalen Politik gerichtet. Auch in der Ära nach Strauß ist die CSU auf der Bühne der internationalen Politik vertreten – von den jährlichen Weltwirtschaftsgipfeln, den Tagungen von Weltbank und Weltwährungsfonds, den regelmäßigen Ecofin-Tagungen und der Entwicklungshilfe über die Mitarbeit der CSU in EDU, IDU und Europaparlament bis hin zu den internationalen Kontakten der Hanns-Seidel-Stiftung. Dieser Blick auf die Bühne der internationalen Politik ist heute um so mehr nötig, als das geeinte und souveräne Deutschland verstärkt internationale Verantwortung übernehmen muß – angefangen von der Weiterentwicklung der Europäischen Union über die Gestaltung der westlichen Sicherheitssysteme bis hin zur Bewältigung der globalen Herausforderungen, wie sie sich in den Nord-Süd-Beziehungen ausdrücken. 50 Jahre nach dem Ende des Zweiten Weltkriegs zählt Deutschland zu den Gewinnern der Geschichte. Erstmals in

diesem Jahrhundert leben wir mit all unseren Nachbarstaaten in friedlichen und freundschaftlichen Beziehungen. Das geeinte Deutschland ist die stärkste Wirtschaftsmacht in Europa und ein gleichberechtigtes Mitglied der freien Völkergemeinschaft des Westens. Ob wir wollen oder nicht: Ungeachtet unserer besonderen historischen Verantwortung müssen wir aus dem Schatten unserer Geschichte heraustreten und eine Position anstreben, die zwischen der Machtversessenheit einer überholten nationalen Machtstaatspolitik einerseits und einer selbstverordneten Machtvergessenheit in der Phase der Nachkriegsgeschichte andererseits liegt.

Aus- und Rückblick

50 Jahre CSU sind für uns Anlaß, mit Dankbarkeit zurückzublicken und mit Zuversicht vorauszublicken. Die CSU kann mit Stolz und Selbstbewußtsein ihren 50. Geburtstag feiern. Wir haben maßgeblich zum erfolgreichen Auf- und Ausbau der Bundesrepublik Deutschland beigetragen und Bayern als menschliche und moderne Heimat gestaltet. Wir werden uns auch in Zukunft der politischen Verantwortung stellen. Wenn wir
– unsere bewährten Grundsätze behutsam fortentwickeln,
– an der schon sprichwörtlichen Geschlossenheit der Partei festhalten,
– Mut und Kampfkraft unter Beweis stellen und
– den Menschen einen realistischen Zukunftsoptimismus vermitteln,
dann wird die CSU auch in den kommenden Jahren die großen Herausforderungen meistern und die Leistungen der Gründergeneration unserer Partei als Auftrag und Vermächtnis fortsetzen: Arbeiten für unsere bayerische Heimat, unser deutsches Vaterland und unsere europäische Zukunft!

Gründung und Wurzeln der Christlich-Sozialen Union

Winfried Becker

1. Der historische Zusammenhang

Josef Müller, vor 1933 Mitglied der Bayerischen Volkspartei, 1946 erster Landesvorsitzender der neu gegründeten Christlich-Sozialen Union, faßte nach eigenem Bekunden den Entschluß, für ein christliches Europa und Vaterland politisch zu wirken, in den bitteren Stunden der Haft und Todesnot im Konzentrationslager[1]. Die schon Anfang Juli 1945 einsetzenden Gespräche Müllers mit dem früheren christlichen Gewerkschaftsführer Adam Stegerwald erbrachten erste Konkretisierungen der neu geplanten politischen Zukunftsgestaltung. Da gegen Hitler „als Träger des geistigen Widerstandes vor allem die aktiven Christen beider Konfessionen aufgestanden" seien, und dem Diktator „die Gleichschaltung der Kirchen" nicht gelungen sei, schien die Überlegung zwingend zu sein, evangelische und katholische Christen zur politischen Arbeit zusammenzuführen[2]. Die innere Ablehnung Hitlers wurde mehr dem weltanschaulichen, dem engeren kirchlichen Bereich zugeschrieben als dem Sektor der Parteipolitik. Zu drückend wirkte die

---

[1] Dr. [Hermann] Leeb, *Der Weg in ein neues Zeitalter. Kundgebung der CSU,* in: Main-Echo, 2. Jg. Nr. 14 v. 20. 2. 1946.

[2] *Josef Müller, Festansprache,* in: 10 Jahre Christlich-Soziale Union in Bayern, hg. v. Generalsekretariat der CSU in Bayern am 23. Oktober 1955 in München, München 1955, S. 38f.; vgl. *Richard Jaeger, Auf dem Weg zur Demokratie (Herbst 1945),* bei Klaus-Dietmar Henke, Hans Woller (Hg.), *Lehrjahre der CSU. Eine Nachkriegspartei im Spiegel vertraulicher Berichte an die amerikanische Militärregierung,* Stuttgart 1984, S. 9, 147–150. Vgl. die sehr unterschiedliche Beurteilung der Behandlung und des Verhaltens der evangelischen und der katholischen Kirche durch *Georg May, Kirchenkampf oder Katholikenverfolgung. Ein Beitrag zu dem gegenseitigen Verhältnis von Nationalsozialismus und christlichen Bekenntnissen,* Stein/Schweiz 1991.

Erfahrung nach, daß die NS-Bewegung das starr gewordene Parteiensystem der Weimarer Zeit, auch das Zentrum und die BVP, glatt überrollt hatte. Aus dem unmittelbaren zeitgeschichtlichen Erleben ergriffen Müller und Stegerwald die Idee, nicht mehr eine Partei im hergebrachten Sinne des Kaiser-reichs und der Republik, sondern „eine dynamische Gruppierung ins Leben zu rufen"[3]. Diese sollte unter Berufung auf die in Jahrhunderten bewährte Kulturidee des Christentums daran arbeiten, im politischen Leben das Bild des seinem Gewissen verantwortlichen, freien Menschen wiederherzustellen; oder, negativ ausgedrückt, die erneute „Entmenschlichung des Menschen durch den Despotismus in jeder Erscheinungsform" sollte ebenso abgewendet werden wie die „drohende Gefahr der totalen Kollektivierung"[4].

Erst die einschneidende Umwälzung des Nationalsozialismus und dessen Beseitigung durch Kriegsgewalt ließen in Bayern wie im übrigen Deutschland eine Entwicklung zum Durchbruch gelangen, die im deutschen Parteiensystem seit langem angelegt war. In seiner bemerkenswerten Festansprache zum zehnjährigen Bestehen der CSU hat Müller trotz der Betonung des Neubeginns von 1945 auf die Vordenkerrolle Ludwig Windthorsts hingewiesen: Schon dieser habe das 1870 gegründete katholische Zentrum auf alle christlichen Bekenntnisse ausdehnen wollen[5]. Windthorst sah die Legitimität einer christlichen Volkspartei in dem Kampf um das Recht gegeben, der gegen nationalistische, kulturkämpferische und etatistisch-liberale Auswucherungen der Staatsgewalt damals geführt werden mußte[6]. Im November 1920 rief dann Stegerwald im „Essener Programm" zur Gründung einer großen, christlichen Volkspartei auf, die sich auf sozialem Gebiet gegen die Übertreibungen des Liberalismus und den „Zwangssozialismus" wenden

---

[3] *Müller, Festansprache (wie Anm. 2), S. 39*

[4] *Ebd.*

[5] *Ebd. Vgl. Rede Windthorsts v. 23. 4. 1874. Winfried Becker, CDU und CSU 1945–1950. Vorläufer, Gründung und regionale Entwicklung bis zum Entstehen der CDU-Bundespartei, Mainz 1987, S. 355–358. „Für eine Zusammenfassung aller positiv gläubigen Elemente in unserem deutschen Vaterlande" nach Beendigung des Kulturkampfs sprach sich auch der Passauer Publizist Josef Bucher schon 1886 aus. Josef Bucher an Dr. Max Huttler, Donau-Zeitung, Nr. 284 v. 3. 12. 1886, S. 2.*

[6] *Vgl. Hans-Georg Aschoff u. Heinz-Jörg Heinrich (Bearb.), Ludwig Windthorst. Briefe 1834–1880, Paderborn 1995; Margaret Lavinia Anderson, Windthorst. Zentrumspolitiker und Gegenspieler Bismarcks, Düsseldorf 1988.*

müsse[7]. Bei diesem Programm für eine „deutsch" und „christlich", „demokratisch" und „sozial" ausgerichtete Partei stand der Interkonfessionalismus der christlichen Gewerkschaften Pate.

Doch die hergebrachten innen- und konfessionspolitischen Gegensätze, die weltanschauliche Erstarrung des deutschen Parteiensystems verhinderten die interkonfessionelle Ausdehnung des Zentrums, bis die einzelnen Parteien selbst der völkisch-rassischen Einheitsbewegung des Nationalsozialismus zum Opfer fielen. Im Kaiserreich und in der Weimarer Republik war die Zeit für das große Experiment noch nicht reif. Aber die Erinnerung an das „Essener Programm" wurde unter den Freunden aus den früheren christlichen Gewerkschaften, als diese im Sommer und Herbst 1945 Kontakt miteinander aufnahmen, wieder lebendig: bei Stegerwald, den die Amerikaner zum Regierungspräsidenten von Würzburg einsetzten, bei dessen Freunden Karl Greib, Alfons Endres und Hugo Karpf aus Aschaffenburg, auch bei dem Mitinitiator des „Essener Programms", Heinrich Brüning, damals noch im amerikanischen Exil[8].

Die persönlichen Lebensschicksale von Unionsgründern unterschiedlicher Herkunft in Bayern zeigen die bewußtseinsbildende Bedeutung der Auseinandersetzung mit dem Nationalsozialismus. In ihren Reihen dominierten die Verhaltensformen des Widerstands und, weit häufiger, weil wirklicher Widerstand nur unter Lebensgefahr möglich war, der Verweigerung oder der Nicht-Anpassung.

Müller, ehemals BVP-Mitglied, im „Dritten Reich" eindeutiger Gegner des Hitler-Regimes, stellte seine guten Verbindungen zu kirchlichen Stellen und zum Vatikan der Militäropposition zur Verfügung. Er diente deren vergeblicher Friedensanbahnung als Vermittler. Durch „höhere Fügung"[9] entging

---

[7] *Winfried Becker, Historische Grundlagen der christlich-demokratischen Parteibildung nach 1945, in: Günter Buchstab u. Klaus Gotto (Hg.), Die Gründung der Union. Traditionen, Entstehung und Repräsentanten, München ²1990, S. 21; Helmut J. Schorr, Adam Stegerwald. Gewerkschaftler und Politiker der ersten deutschen Republik, Recklinghausen 1966, S. 70.*

[8] *Franziska Kimpfler, Erinnerungen an Adam Stegerwald, in: Politische Studien 39 (1988) S. 210, 214.*

[9] *Friedrich Hermann Hettler, Josef Müller („Ochsensepp"). Mann des Widerstandes und erster CSU-Vorsitzender, München 1991, S. 200; Josef Müller, Bis zur letzten Konsequenz. Ein Leben für Frieden und Freiheit, München 1975 (¹1967), S. 80–301; Harold C. Deutsch, Verschwörung gegen den Krieg, München 1969. Rechtsanwalt*

er dem Standgericht und wurde als Mitglied eines Gefangenentransports im Pustertal von US-Truppen befreit. Schon seine Beziehungen zur Familie Jakob Kaisers in Berlin aus der Zeit des Widerstands und der Gefangenschaft ließen ihm eine partikularistische Unionsgründung in München als unangebracht erscheinen.

Fritz Schäffer, von 1929 bis 1933 Vorsitzender der BVP, war schon wegen seiner föderalistischen Gesinnung mit den Nationalsozialisten in Konflikt geraten und lieferte diesen zusammen mit Georg Heim publizistische Kämpfe[10]. Von der Bayerischen Politischen Polizei als gefährlicher Gegner des Regimes eingestuft, wurde er unter ungünstigen Bedingungen in den Ruhestand versetzt. Er war im Zuge der Röhm-Morde gefährdet und wurde Ende 1944 ins Konzentrationslager Dachau eingewiesen. Trotz aller persönlichen Gefährdungen unterstützte er als Rechtsanwalt den Existenzkampf der katholischen Klöster[11].

Adam Stegerwald, von Beruf Schreiner, hatte sich als Vorsitzender des christlichen Deutschen Gewerkschaftsbundes (seit 1919) und Reichsarbeitsminister (1930–1932) den Haß der Nationalsozialisten zugezogen. 1933 wurde er bei einer Wahlversammlung in Krefeld von SA-Männern niedergeschlagen, 1944 in seinem Geburtsort Greußenheim in Unterfranken von der Gestapo verhaftet und zwei Monate gefangengesetzt. In seiner nationalen

---

Müller (1898–1979) war von 1946 bis 1949 Landesvorsitzender der CSU, 1946 bis 1962 MdL in Bayern, 1947 bis 1952 bayer. Justizminister. Vgl. den Anhang von Kurzbiographien in Barbara Fait u. Alf Mintzel unter Mitarbeit von Thomas Schlemmer (Hg.), Die CSU 1945-1948. Protokolle und Materialien zur Frühgeschichte der Christlich-Sozialen Union, Bd. 1, Protokolle 1945–1946, Bd. 2, Protokolle 1947–1948, Bd. 3, Materialien, Biographien, Register, München 1993, hier Bd. 3 S. 1835–1948, sowie Kurzbiographien der Teilnehmer der Arbeitsgemeinschaft bei Brigitte Kaff (Hg.), Die Unionsparteien 1946–1950. Protokolle der Arbeitsgemeinschaft der CDU/CSU Deutschlands und der Konferenzen der Landesvorsitzenden, Düsseldorf 1991, S. 765–788.

[10] *Winfried Becker, Fritz Schäffer und der Föderalismus, in: Wolfgang J. Mückl (Hg.), Föderalismus und Finanzpolitik. Gedenkschrift für Fritz Schäffer, Paderborn 1990, S. 9–36; Rudolf Vogel, Zum 100. Geburtstag Fritz Schäffer, Bundesminister der Finanzen 1949–1957, Bundesminister der Justiz 1957–1961, gewidmet, München 1988.*

[11] *Otto Altendorfer, Fritz Schäffer als Politiker der Bayerischen Volkspartei 1888–1945, Teilbd. 1–2, München 1993.*

und sozialen Orientierung unterschied er sich, obzwar kein „Herzensrepublikaner", grundlegend von der Ideologie der Nationalsozialisten[12].

Der Verlagsinhaber Anton Maier, Gründer der CSU in Dingolfing, war von 1919 bis 1921 Sekretär der BVP, zunächst in Weiden, dann in Passau (für Niederbayern) gewesen. Im „Dritten Reich" hielt er sich von der NSDAP und deren Gliederungen fern. Wegen seiner „politischen Überzeugung" war er ständigen Verfolgungen ausgesetzt[13]. Diese gipfelten in der von der Bayreuther Gauleitung erzwungenen Einstellung des seit 1871 erscheinenden, von Maier herausgegebenen BVP-Blattes „Isar-Zeitung" im Mai 1941. Maier stellte diesen Akt in den größeren Zusammenhang einer „neuen Welle" des „Kirche und Religion" in „allernächster" Zeit bedrohenden nationalsozialistischen „Weltanschauungskampfes", der die „Kollektivwirtschaft nach jeder Richtung" plane[14]. Angesichts des menschenverachtenden Gebarens des Nationalsozialismus und des erschreckenden Denunziantentums in der ersten Nachkriegszeit erwartete er die Wiederkehr einer politischen Kultur und eines anständigen Umgangs von der Wiederbesinnung auf christliche Grundsätze[15].

In Bayern hielten Gesprächskreise politischer Gesinnungsfreunde die Hoffnungen auf ein Ende der nationalsozialistischen Herrschaft aufrecht. Im oberpfälzischen Weiden traf sich ein „kleiner Kern" ehemaliger BVP-Mitglieder um den Studienrat Dr. Hans Schrott zum Gedankenaustausch. Hier war man wie im Kreise der großen Widerstandsgruppen um Zott und Harnier der Meinung, die Politik des Nationalsozialismus müsse „in das absolute Chaos führen"[16]. Aktiven Widerstand, auch gegen den Antisemitismus,

---

[12] *Kimpfler, Erinnerungen (wie Anm. 8), S. 208–221; Rudolf Morsey, Adam Stegerwald 1874–1945, in: ders. (Hg.), Zeitgeschichte in Lebensbildern. Aus dem deutschen Katholizismus des 20. Jahrhunderts, Bd. 1, Mainz 1973, S. 206 ff.; Peter Herde, Die Unionsparteien zwischen Tradition und Neubeginn. Adam Stegerwald, in: Winfried Becker (Hg.), Die Kapitulation von 1945 und der Neubeginn in Deutschland, Köln 1987, S. 245–295 (mit Quellenanhang: Programm und OMGUS-Berichte für Würzburg).*

[13] *Lebenslauf v. 4. 7. 1946. Archiv für Christlich-Soziale Politik München (im folgenden: ACSP), NL Maier, Nr. 67.*

[14] *Bericht v. A. Maier, Dingolfing 29. 5. 1941. Anton Maier (1892–1966) war befreundet mit Schäffer und Hundhammer: Kondolenzschreiben von Fritz Schäffer an Frau Maier, Ostermünchen 26. 8. 1966. ACSP, NL Maier, Nr. 68*

[15] *Redemanuskript [nach August 1946]. Ebd. Nr. 37*

[16] *Ingrid u. Hans Heinrich, Joachim Strehl, Die Gründerjahre der CSU in Weiden i. d. Opf., Weiden 1986.*

leistete in Weiden der katholische Rechtsanwalt Dr. Franz Josef Pfleger. Er trat bereits der Gründergruppe der CSU bei.

Am 23. März 1933 wurde in Erding der BVP-Bürgermeister Dr. Max Lehmer vom NS-Kreisleiter Emil Breitenstein abgesetzt. Die väterliche Eisenwaren- und Kohlenhandlung bot ihm während der nächsten zwölf Jahre einen unauffälligen Ort zum Informationsaustausch mit Gleichgesinnten. Lehmer war seit 1919 mit Georg Heim, Fritz Schäffer und Alois Hundhammer persönlich bekannt geworden. Nach dem Krieg wurde er als Bürgermeister wieder eingesetzt und führte seinen alten Bekanntenkreis in die Neugründung der CSU[17].

Weithin aus dem Umkreis der früheren BVP rekrutierte sich in München, Oberschwaben, Ober- und Niederbayern eine Widerstandsgruppe um Josef Zott und Adolf Freiherr von Harnier. Sie kritisierte frühzeitig und fundamental besonders die Wirtschafts- und Außenpolitik Hitlers, die maßlose Selbstüberschätzung, das Bonzentum und den mittelstandsfeindlichen Kollektivismus der NSDAP. Sie bereitete konspirative Aktionen mittels Flugblättern und Mundpropaganda vor. Die Gruppe flog auf, nachdem Spitzel in sie eingeschleust worden waren[18]. Den beiden Anführern wurde 1944 der Prozeß gemacht. Überlebende wie Franz Fackler fanden sich in der sog. Widerstandsgruppe der CSU wieder[19]. Zu dieser Vereinigung von politisch Verfolgten der CSU zählten auch Heinrich Pflüger, Dr. Josef Müller, Dr. Alois Hundhammer und der Fritz Schäffer in dessen Entnazifizierungsverfahren entlastende Dr. Josef Stürmann[20].

Wie Fritz Schäffer mußte Georg Metz, erster Vorsitzender des CSU-Kreisverbands von Bad Brückenau (Unterfranken), erfahren, daß Widerstandshaltung gegen das NS-Regime von der Besatzungsmacht oder von einer deutschen Spruchkammer nicht immer anerkannt wurde. Er konnte den

---

[17] *Hans Niedermayer, Elmar W. Eggerer, 50 Jahre CSU im Landkreis Erding, Erding 1995, S. 15–17.*

[18] *Winfried Becker, Politischer Katholizismus und Widerstand, in: Peter Steinbach u. Johannes Tuchel (Hg.), Widerstand gegen den Nationalsozialismus, Berlin 1994, S. 239f.; Heike Bretschneider, Der Widerstand gegen den Nationalsozialismus in München 1933–1945, München 1968, S. 137ff.*

[19] *ACSP, NL Müller, Nr. 48.*

[20] *Über ihn, 1945/46 Präsident des Bayerischen Roten Kreuzes, Henke u. Woller (wie Anm. 2) S. 102f.*

schriftlichen Nachweis führen, daß er sich 1933 der Beflaggung des Rathauses mit dem Hakenkreuz widersetzt und 1934 zum Mißvergnügen der örtlichen Nationalsozialisten als Gutachter die Zahlungsunfähigkeit eines jüdischen Bank- und Konfektionsgeschäfts festgestellt hatte[21].

An zwei Fällen des liberalen Spektrums der CSU läßt sich verdeutlichen, daß die Resistenz gegen den Nationalsozialismus die Angehörigen verschiedener früherer Parteien einte und eine wichtige Voraussetzung für ihre Zusammenarbeit in der neuen Gruppierung bot.

Max Weis, 1947 Vorsitzender des CSU-Kreisverbands Schwabmünchen, war vor 1933 als Bezirksvorsitzender des Bayerischen Bauern- und Mittelstandsbunds politisch tätig. Er stellte sich „dabei dauernd in Gegensatz zu den nationalsozialistischen Ideen" und brachte bei den letzten freien Gemeindewahlen „einen geeinten Bürgerblock (Volkspartei, Bauernbund und Sozialdemokratie)" gegen die nationalsozialistische Partei zusammen[22]. Von den Nationalsozialisten wurde er wegen des angeblichen Delikts, Millionen unterschlagen zu haben, verhaftet.

Einer der engen Mitstreiter Josef Müllers bei dessen ersten Werbefahrten und Wahlversammlungen für die CSU[23] war Dr. Friedrich Wilhelm von Prittwitz und Gaffron. Dieser Berufsdiplomat trat schon während der Kaiserzeit in den Auswärtigen Dienst des Reiches ein. Nach dem Ersten Weltkrieg wurde er aus republikanischer Überzeugung Mitglied der Deutschen Demokratischen Partei und beteiligte sich aus linksliberaler Sicht an der Weimarer Verfassungsdiskussion. Interessanten Jahren, die Prittwitz als Botschaftsrat in Rom (1921 bis 1927) verbrachte, folgte die Berufung auf den wichtigen Posten des deutschen Botschafters in Washington. Prittwitz ist der einzige hochrangige deutsche Diplomat geblieben, der aus politischer Überzeugung am 6. März 1933 Hitler den Dienst aufkündigte[24]. Enttäuscht vom konformistischen Ver-

---

[21] *Georg Metz an Josef Müller, Brückenau 1. 3. 1947 (mit Anlagen). ACSP, NL Müller, Nr. 186.*

[22] *Gesuch des kommissarischen Landrates Max Weis, Schwabmünchen, um Nachprüfung des Beschlusses vom Amt der Militär-Regierung v. Bay. Nr. AG 014. 311 MGBAA, Schwabmünchen, 1. 8. 1948. ACSP, NL Müller, Nr. 181.*

[23] *August Haußleiter, Der Sturz des „Ochsensepp", in: Michael Schröder, Bayern 1945. Demokratischer Neubeginn. Interviews mit Zeitzeugen, München 1985, S. 101; mehrere Zeugnisse von Josef Müller selbst.*

[24] *Günter Moltmann, Ein Botschafter tritt zurück. Friedrich von Prittwitz und Gaffron, Washington, 6. März 1933, in: Norbert Finzsch u. Hermann Wellenreuther unter*

halten mancher ihm gleichgesinnter Berufskollegen, zog er sich ins innere Exil zurück. Mit einer liberalen Widerstandsgruppe trat er nur vorübergehend in Kontakt. Nach dem Elend der Weimarer Parteienzersplitterung, das er erlebt hatte, trat er bewußt der sich auf die christliche Kulturidee berufenden Volkspartei der Mitte bei. Auf einer Kundgebung des Bezirksverbands Unterfranken zeigte er sich vom „Niederbruch der deutschen Demokratie" tief berührt, „weil er auf der einen Seite die besonders erfolgreiche Einfügung des deutschen Elements der amerikanischen Bevölkerung in die dortige Demokratie", auf der anderen Seite das „unfaßbare Versagen der Demokratie in der Heimat" erlebt hatte[25].

2. Vielgestaltige Gründung
a) Rothenburg – Würzburg – München

Die ersten Anstöße zur Gründung der Christlich-Sozialen Union vollzogen sich unter dem unmittelbaren Eindruck des katastrophalen Zusammenbruchs im Frühjahr 1945. Die Männer, die, wie der eingesetzte bayerische Ministerpräsident Schäffer in seiner Rundfunkansprache vom 14. Juni, die Größe der Katastrophe ihren Mitbürgern schonungslos vor Augen stellten, wollten aber durch die Parteigründung gerade einen Ausweg aus der Not zeigen, die Hoffnung auf einen erfolgreichen politischen und sozialen Neubeginn wecken. Schäffer scheint zunächst wegen der vermeintlich noch ablehnenden Haltung der Amerikaner mit Parteigründungen gezögert zu haben. Er ermunterte dann aber doch den Studienrat und Künstler Karl Köhler zur Gründung eines Bayerischen Volksbunds in Gauting bei München. Köhler führte den Auftrag am 17. Oktober 1945 aus[26], aber im Sinne einer überlegenen Initiative, die inzwischen Josef Müller entfaltet hat. Als Gefangener der SS war

---

Mitwirkung von Manfred F. Boemeke u. Marie-Luise Frings (Hg.), Liberalitas. Festschrift für Erich Angermann, Stuttgart 1992, S. 367–386; Hans von Herwarth, Von Adenauer zu Brandt. Erinnerungen, Berlin/Frankfurt a.M. 1990, S. 27f.; Anja Lechner, Friedrich Wilhelm von Prittwitz und Gaffron (1884–1955). Ausgewählte Schwerpunkte seiner politischen Aktivität, Histor. Diplomarbeit Passau 1995.

[25] Dr. [Hermann] Leeb (wie Anm. 1).

[26] Karl Köhler, Zur Parteigeschichte der CSU, S. 13, 36f. ACSP, NL Köhler, Bd. 1; Karl Köhler, Der Mittwochskreis beim „Ochsensepp", in: Schröder (wie Anm. 23), S. 67–86.

dieser unmittelbar nach seiner Befreiung aus Italien nach München zurückgekehrt. Noch im Juni reiste er nach Rothenburg o.d. Tauber weiter, um seine Familie zu treffen, die dort bei seinem Bruder, dem Stadtpfarrer Wolfgang Müller, Unterkunft gefunden hatte. Im Pfarrhaus von Rothenburg fand am 8. Juli eine schicksalhafte Begegnung Müllers mit Stegerwald und wahrscheinlich auch mit dessen Freund Dr. Anton Rick, der aus dem Rheinischen Zentrum stammte, statt. Stegerwald und Müller einigten sich unter Besinnung auf das „Essener Programm" auf die Gründung einer interkonfessionellen „überzeugenden Mehrheitspartei"[27]. Wolfgang Müller gründete zusammen mit dem evangelischen Dekan Jelden am 6. Januar 1946 den Ortsverband der CSU in Rothenburg.

Die beabsichtigte Ausdehnung der neuen Gruppierung auf das ganze Vierzonendeutschland war schon nahegelegt durch Müllers Beziehungen zu Kaiser in Berlin, durch Stegerwalds Gedankenaustausch mit Jakob Kaiser, Ernst Lemmer und Andreas Hermes in Berlin, mit Leo Schwering und Johannes Albers in Köln, mit Anton Gilsing in Bochum, mit Karl Scharnagl und Josef Müller in München, Eugen Rucker und Georg Zitzler in Regensburg, mit Wilhelm Arnold und Paul Nerreter in Nürnberg, Gerhard Kroll in Bamberg. Doch die Besatzungsmächte verhinderten überzonale Kontakte, so eine von Stegerwald für den 27./28. November 1945 nach Würzburg einberufene Konferenz[28]. Der Mainfranke, der schon am 3. Dezember 1945 unerwartet starb, stieß übrigens trotz seiner guten Absichten auf menschliches Mißtrauen. Die rheinischen Unionsgründer, die er besuchte, hielten ihn für einen Bayern, die Bayern wegen seines langen Aufenthalts in Berlin für einen Preußen. Dennoch setzte sich die Grundidee der Union trotz der mannigfachen Reise- und Verkehrsbeschränkungen und der aufgezwungenen Flüchtigkeit der Begegnungen in Bayern und in den übrigen Zonen durch, nachdem die Sowjets in ihrer Zone am 10. Juni 1945 zuerst Parteien zugelassen und die westlichen Besatzungsmächte, zunächst die Amerikaner, sich dem angeschlossen hatten.

---

[27] *Kimpfler, Erinnerungen* (wie Anm. 8), S. 218; Siegfried Schulz, zit. nach Leserbrief von Fritz Schaumann, Bayernkurier v. 24. 6. 1995; Besprechung zur Klärung der Vorgänge anläßlich der Parteigründung der CSU, München 17. 7. 1954, S. 1. ACSP, NL Müller.

[28] Hans Ferdinand Groß, *Hanns Seidel 1901–1961. Eine politische Biographie*, München 1992, S. 42f.

Der Unionsbegriff stand für einen gewissen Revisionismus: Statt eine „Restauration der alten christlichen Parteien" zu versuchen und die damit verbundene „Aufsplitterung" des deutschen Parteiensystems in der Zwischenkriegszeit in Kauf zu nehmen, galt es, „die einzigartige Kraft des Christentums" zur Überbrückung der „Partei- und Klassenunterschiede zu nutzen"[29]. Anstelle des zunächst erwogenen Parteinamens „Liga" wurde von den katholischen Gründern der Begriff „Union" auch darum gewählt, weil er 1608 zur Bezeichnung des Bundes der protestantischen Reichsstände gedient hatte. Die „fester gefügte katholische Gruppe" unter den Unionsgründern wollte dadurch den evangelischen Christen ihre „paritätische Gesinnung" beweisen[30]. Trotz interner Widerstände setzte sich der Unionsname durch: dem Münchener Oberbürgermeister Karl Scharnagl klang er zu norddeutsch, Regensburger Gründerkreisen zu sehr nach Aktien[31].

Der Begriff „sozial" reflektierte ein aus der gewerkschaftlichen Vergangenheit Stegerwalds und aus der aktuellen Notsituation erklärliches gesellschaftliches Engagement. Das Wort „demokratisch" im Parteinamen schien Stegerwald zu farblos, nicht aussagekräftig genug zu sein, „weil sich alle möglichen Gruppierungen, auch die radikalen, demokratisch nennen werden"[32]. In Rothenburg und Würzburg zunächst erörterte Pläne zur Gründung einer Labour Party, die aber selbstbewußt aus dem christlichen Lager heraus gebildet werden sollte, wurden ebenso fallengelassen wie der Begriff des „christlichen Sozialismus". Vitus Heller empfahl ihn eindringlich, weil er geradezu schwärmerisch im Sozialismus die Lebensform der Zukunft sah[33], der Walberberger Dominikaner Laurentius Siemer, um die Arbeiterschaft der Städte zu gewinnen. Müller sah aber die Gefahr, „mit dem Wort sozialistisch ... vor allem das Kleinbürgertum, den Mittelstand, die Kleinunternehmer" abzusto-

---

[29] *Hanns Seidel, Festansprache, in: 10 Jahre (wie Anm. 2) S. 41; vgl. Groß, Seidel (wie Anm. 28), S. 43 Anm. 151; Besprechung v. 17. 7. 1954 (wie Anm. 27) S. 2.*

[30] *Müller, Festansprache (wie Anm. 2), S. 40.*

[31] *„Von dem Namen ‚Union' will man hier nichts wissen, erstmals wurde er in Berlin gebraucht, ist ein wirtschaftlicher Begriff". Rechtsanwalt Dr. Dr. Josef Held an Josef Müller, Regensburg 4. 12. 1945. ACSP, NL Müller, Nr. 163.*

[32] *Stegerwald, zit. nach Kimpfler, Erinnerungen (wie Anm. 8), S. 219.*

[33] *Vitus Heller an Josef Müller, Würzburg 7. 3. 1946; Josef Müller an Vitus Heller, München 21. 3. 1946. ACSP, NL Müller, Nr. 198.*

ßen[34]. In der Folgezeit wurde die Bedeutung des „Sozialen" vor allem auf die Behebung der Nachkriegsnot, auf die Berücksichtigung aller sozialen Schichten in der Union und auf die Förderung der Belange der Arbeiterschaft bezogen[35].

Als wichtigste Gründungszentren in Bayern können Würzburg und München gelten. Am 21. August 1945 hielt Stegerwald im Würzburger Stadthaus am Sanderrasen seine Rede „Wo stehen wir", in der er den Gedanken der Unionsgründung mit einer tiefen Selbstbesinnung über den Weg des deutschen Volkes verknüpfte. Nach langem Ringen mit der Militärregierung konnte Stegerwald, nachdem er eine Liste von 50 unbescholtenen Mitgliedsanwärtern zusammengebracht hatte, am 13. Oktober 1945 die Gründung der Union in Würzburg-Stadt und -Land vornehmen. Deren erster Vorsitzender wurde Dr. Kaspar Dürr, als Repräsentant der Evangelischen galt Dr. Martin Bergsträßer, als Vertreterin der Frauen vollzog Stegerwalds 23jährige Sekretärin Franziska Kimpfler den Beitritt. Nachdem sich Müller mit Stegerwald auf den Namen Christlich-Soziale Union abgesprochen hatte, wollte er diesem den ersten Zusammentritt der neuen Partei in Würzburg zugestehen. „Das habe ich ihm als dem Bannerträger aus alter Zeit zuerkannt, daß die Proklamation sozusagen er vornehmen soll"[36]. Am 13. Oktober 1945 wurde auch in Aschaffenburg die Union gegründet.

Vom Juli 1945 bis ins Jahr 1947 tagte in Müllers Wohnung in der Gedonstraße 4/I allwöchentlich um 16 Uhr die sogenannte Mittwochsgesellschaft[37]. Müller eröffnete sie mit einer Rede über sein Schicksal in der NS-Zeit. Ein fester Kern, der aus persönlichen Bekannten Müllers bestand[38], und ein fluktuierender Kreis anderer Teilnehmer, auch aus dem Lande, diskutierte hier brennende Gegenwartsfragen. Unter anderen ließ Müller, trotz Kapitulation und Niederlage, Dr. Gerhard Kroll aus Bamberg über die eventuell notwen-

---

[34] *Nur Josef Baumgartner, der später zur Bayernpartei überging, hielt nach der Erinnerung Müllers Vorträge über das Thema „Christlicher Sozialismus", so in Augsburg und Rosenheim. Besprechung v. 17. 7. 1954 (wie Anm. 27) S. 8f.*

[35] *Hugo Karpf, Bernhard Boecker an Josef Müller, Pflaumheim/Ufr. 7. 5. 1946. ASCP, NL Müller, Nr. 195.*

[36] *Besprechung v. 17. 7. 1954 (wie Anm. 27) S. 4.*

[37] *Ebd. S. 16, vgl. Anm. 26.*

[38] *U. a. Dr. Josef Müller, Dr. Emil Muhler, Dr. Karl Scharnagl, Walther von Miller, Michael Horlacher, Franz Steber, Josef Baumgartner, Dr. Richard Schachtner, Heinrich Pflüger, Dr. Walter Steinberger, Dr. Friedrich Käss, Dr. Friedrich Wilhelm von Prittwitz und Gaffron, Karl Köhler, Franz Josef Strauß.*

dig werdende Wiederherstellung der deutschen „Wehrkraft" sprechen, die ein Souveränität gewinnendes Deutschland in einem freien Europa benötigen werde[39]. Partikularistische Stimmen, die Preußen die ganze Schuld an der Katastrophe von 1945 gaben, wurden laut. Andere wiesen mit mehr Berechtigung darauf hin, daß auch Bayern in Schuld und Verhängnis des nationalsozialistischen Staates tief verstrickt sei[40]. Die Besinnung auf die gemeinsame Last der jüngsten Vergangenheit dämpfte die Lust zu einem parteipolitischen Sonderweg. In die gleiche Richtung wirkte Müllers entschiedene Ablehnung aller Pläne, einen Südstaat oder eine Donauföderation zu bilden und somit Bayern vom übrigen Deutschland zu separieren. Solche Gedankenspiele wurden zeitweise von den Westalliierten und manchen ihrer deutschen Vertrauenspersonen, so von dem mit Anton Pfeiffer bekannten früheren Diplomaten Hans von Herwarth, erwogen[41].

Oberbürgermeister Scharnagl lud am 10. August 1945 50 Sympathisanten der neuen Parteigründung zu einer Versammlung ins Münchener Rathaus ein (siehe Dokument 1). Diese Tagung von Vertrauensleuten legte sich am 14. August 1945 mit Mehrheit auf den Parteinamen Bayerische CSU fest. Der frühere Generalsekretär der BVP, Anton Pfeiffer, hatte die Bezeichnung Bayerischer Volksbund oder Bayerische Volkspartei vorgeschlagen, sich aber nicht durchsetzen können. Die Militärregierung akzeptierte aber nur die Bezeichnung CSU in Bayern.

Das Wort „christlich" im Parteinamen soll nur mit einer Stimme Mehrheit angenommen worden sein. Einerseits hegten die „auf freiem Boden" stehenden Liberalen starke Vorbehalte gegen diesen Namensteil, andererseits wurden „religiöse Bedenken" gegen die Politisierung des Christentums geäußert[42]. Scharnagl und Müller erwiderten, daß die auf einem ganz anderen Boden stehenden Kräfte für die Union ohnehin nicht in Frage kämen. Den Kirchen sollte die Verkündigung des Glaubens unverkürzt belassen bleiben, während die christlichen Laien in der Union nur auf politischer Ebene dem Nihilismus entgegenwirken wollten.

---

[39] *Köhler, Mittwochskreis, bei Schröder (wie Anm. 23), S. 80f.*
[40] *Ebd. S. 78f.: K. Köhler gegen J. Baumgartner.*
[41] *Besprechung v. 17.7.1954 (wie Anm. 27) S. 3f. Müllers diesbezügliche Erinnerung war zutreffend: Herwarth, Adenauer (wie Anm. 24), S. 28.*
[42] *Besprechung v. 17.7.1954 (wie Anm. 27) S. 6. Druck des Schreibens Scharnagls v. 10.8.1945 bei Fait, Mintzel, Schlemmer (wie Anm. 9), Bd. 3, S. 1703f.*

Gerade im städtischen Umkreis Münchens indes warben die Anhänger Müllers entschieden um den möglichst geschlossenen Beitritt der liberalen Kräfte. Sie nahmen dafür die „böse Verstimmung" früherer Volksparteiler in Kauf. Scharnagl, Müller und Steber wollten „die wertvollsten Köpfe" der Münchner Bürgerschaft, die „nicht so sozialistisch war", „die führenden Kreise der Wirtschaft und die maßgebenden Münchner Familien" erfassen, die ja doch außerhalb der Bayerischen Volkspartei gestanden hätten[43]. Zu den bedeutenden Gewinnen aus diesen Kreisen zählten die Katholiken Walther von Miller[44], Syndikus, und Carl Hannsjörg Lacherbauer, Amtsgerichtsrat in München, die Protestanten Edgar Hanfstaengl und Richard Pflaum sowie der Exdiplomat Prittwitz. Hanfstaengl und Prittwitz hatten vor 1933 der DDP angehört.

Die ersten Kontakte zu evangelischen Kreisen wurden über den aus Hamburg gebürtigen Wirtschaftsprüfer Johannes Semler und den Stadtdekan Friedrich Langenfaß angebahnt. Die alsbald einsetzende Erörterung der „Frage der Parität" führte dazu, neben dem katholischen Geistlichen Rat Dr. Emil Muhler das evangelische Vorstandsmitglied der Bayerischen Landwirtschaftsbank, Wilhelm Eichhorn, für die Vorstandschaft des Vorläufigen Ausschusses vorzuschlagen; von evangelischen Geistlichen wollte sich niemand für ein solches Amt zur Verfügung stellen[45]. Auch die Verbindung mit jüdischen Kreisen wurde am 14. August ins Auge gefaßt.

Die an der Unionsgründung in München beteiligte junge Generation kam vor allem aus Kreisen ehemaliger katholischer Jugendführer. Franz Steber,

---

[43] *Besprechung vom 17. 7. 1954 (wie Anm. 27) S. 5f., 9.*

[44] *Ebd. S. 10 bezeichnete sich von Miller selbst als einer derjenigen, die Scharnagl „beziehen wollte aus dem Bürgerstand und aus den Münchner Familien". Das widerspricht der von Alf Mintzel (Die CSU. Anatomie einer konservativen Partei 1945– 1972, Opladen ²1978, S. 94) ohne Beleg vorgenommenen Zurechnung von Millers zur „bayerisch-katholisch-etatistischen" „Kerngruppe" um Schäffer; einfach übernommen von B. Fait in Fait, Mintzel, Schlemmer (wie Anm. 9), Bd. 1, S. XXXI Anm. 90. Laut Personenangabe ebd. Bd. 3, S. 1905, war dieser angebliche „Etatist", Sohn des berühmten Technikers Oskar von Miller, des Gründers des Deutschen Museums in München, wo 1945 auch erste CSU-Sitzungen stattfanden, vor 1933 weder Beamter noch Mitglied der BVP (wie Schäffer) gewesen. Die Wahl von Millers (kath.) wie Eichhorns (ev.) entsprang offenbar auch dem Konfessionsproporz, den Mintzels und Faits Fehleinschätzung unbeachtet läßt. Siehe unten Anm. 53.*

[45] *Besprechung v. 17. 7. 1954 (wie Anm. 27) S. 4, 18, 9.*

1922 bis 1926 Landessekretär der Katholischen Jungmännervereine in Bayern, 1933 Reichsführer der Sturmschar, 1937 vom Volksgerichtshof verurteilt, brachte die „aktiven jüngeren Kreise" an die CSU heran und leitete damit die Entwicklung zur Jungen Union ein[46]. Auf Einladung Müllers übernahm er im Oktober 1945 das Parteiorgan „Bayerische Rundschau". Zahlreicher scheint die den Quickborn und Neudeutschland, auch „die gehobenere Bürgerschicht" Münchens umfassende Gruppe des damaligen Landesarzts des Bayerischen Roten Kreuzes, Dr. Robert Steidle OSB, gewesen zu sein[47]. Steidle hatte aus politischen Gründen 1935 sein Amt bei der bayerischen Landespolizei niederlegen müssen und die Regimegegner Werner Bergengruen, Alfred Delp SJ und Professor Kurt Huber zu einer Gesprächsrunde in seinem Haus vereint. Auch der ehemalige christliche Gewerkschafter und Angehörige der Zott-Harnier-Widerstandsgruppe Franz Xaver Fackler[48] sowie der aus Münster gebürtige Dr. Josef Stürmann, vor 1933 Landesleiter der katholischen Studentenschaft der BVP, brachten eigene Gruppen ein. Innerhalb dieser bunten Mischung unterschieden sich die Kriegsheimkehrer von den zu Hause Gebliebenen. Die Heimkehrer zeigten sich zuerst renitent „gegen alles", vor allem gegen Organisationsversuche, aber „nicht gegen das Christliche an sich"[49]. Die Älteren scheinen mit ihren erprobten rhetorischen Fähigkeiten die ersten Zusammenkünfte dominiert zu haben.

Die Unionsgründung in München war ihrem Anspruch gemäß darauf angewiesen, verschiedene Kerngruppen und in Ansätzen ihr zugewandte Milieus zusammenzuführen. Maßgebliche Impulse gingen vom Bekanntenkreis Müllers aus. Dieser politische Freund Heinrich Helds hatte die Absetzung des Ministerpräsidenten der damaligen Mehrheitspartei in Bayern durch die Nationalsozialisten aus nächster Nähe erlebt[50]: Müller empfing nun Anregungen von Stegerwald und Jakob Kaiser, ehemals Mitglieder des Zentrums in Berlin. Eine stärker mit der BVP-Tradition sympathisierende Gruppe um

---

[46] *Ebd. S. 17, 19.*
[47] *Ebd. S. 17, Henke u. Woller (wie Anm. 2) S. 72f.*
[48] *Vgl. Sitzung des Ausschusses zur Vorbereitung der Gründung einer Christlich-Sozialen Union am 17. 9. 1945 in München. Fait, Mintzel, Schlemmer (wie Anm. 9), Bd. 1, S. 3.*
[49] *Besprechung v. 17. 7. 1954 (wie Anm. 27) S. 19.*
[50] *Winfried Becker, Die nationalsozialistische Machtergreifung in Bayern. Ein Dokumentarbericht Heinrich Helds aus dem Jahr 1933, in: Historisches Jahrbuch 112/II (1992) S. 412–435.*

Fritz Schäffer, Anton Pfeiffer und Alois Hundhammer wurde in München und bei den Gründungen draußen im Lande aktiv. In der Landeshauptstadt galt es, das seit der Reichsgründung und der Prinzregentenzeit liberal eingestellte, außerhalb des politischen Katholizismus stehende Bürgertum in die neue Union einzubeziehen. Die CSU sprach über die BVP hinaus die früheren Parteien, außer den Sozialdemokraten und Kommunisten, an. Sie hatte Glück bei Angehörigen des Bauernbunds und der linksliberalen Deutschen Demokratischen Partei. Anfängliche Erwägungen, die Sozialdemokraten mit einzubeziehen, wurden rasch aufgegeben. Die Deutschnationalen hatten sich ohnehin verflüchtigt[51]. Als existenznotwendig wurde das Zugehen auf die sofort paritätisch behandelten evangelischen Christen empfunden. Intensiv wandten sich die Unionsgründer auch der orientierungsbedürftigen Jugend zu. Deren erste Kontingente kamen aus der katholischen Jugend; diese hatte in München vor 1933 immerhin rund 60 verschiedene Vereine oder Vereinsgruppen umfaßt[52]. Kleinere, um einzelne Personen gebildete Gruppen sind vielleicht zu vernachlässigen. Nicht zu vergessen ist die Unterstützung, die Scharnagl, gelernter Bäcker, vor 1933 Zentrums- und BVP-Mitglied, als neu eingesetzter Oberbürgermeister der Parteigründung gewährte.

Auf der Gründungsversammlung der CSU Münchens am 11. Oktober 1945 wurde der „Personenstreit" Müllers und Schäffers um den Vorsitz dadurch vorläufig überwunden, daß in Walther von Miller eine „neutrale Persönlichkeit" für dieses erste größere Parteiamt gefunden wurde. Obwohl dadurch keine „sehr feste Einigung", „keine sehr harmonische Ehe" zustandekam, konnten die vorgesehenen Schiedsverhandlungen, für die schon der Name des Bamberger Unionsgründers Dr. Hans Ehard, des späteren Parteivorsitzenden und Ministerpräsidenten, genannt wurde, vermieden werden[53].

---

[51] Köhler, Parteigeschichte (wie Anm. 26), S. 12.
[52] Die Aufstellung „Katholische Organisationen in München vor 1933" vom Januar 1946 unterscheidet „A. Allgemeine kathol. Organisationen (sog. bürgerliche Vereine), B. Standesvereine, C. Religiöse Vereine, D. Caritative und ähnliche Vereine, E. verschiedene kathol. Vereine, u.a. Schulorganisation, Görres-Gesellschaft", enthält keine Parteivereine wie Christliche Gewerkschaften. ACSP, NL Schinagl.
[53] Besprechung v. 17.7.1954 (wie Anm. 27) S. 10–12 (W. v. Miller). Dessen Angabe bezüglich Ehards trifft zu. Vgl. Karl-Ulrich Gelberg, Hans Ehard. Die föderalistische Politik des bayerischen Ministerpräsidenten 1946–1954, Düsseldorf 1992, S. 34f. – siehe oben Anm. 44; Protokoll der Gründungsversammlung vom 11.10.1945 bei Fait, Mintzel, Schlemmer (wie Anm. 9), Bd. 1, S. 7–12.

Im Gegensatz zu einer die vielgestaltige bayerische Unionsgründung auf den Müller-Schäffer-Konflikt unzulässig verengenden Perspektive[54] steht die Aussage Emil Muhlers, daß die Besprechungen über eine Schäffer eventuell nachfolgende Regierung Müller oder Stegerwald, d.h. die Aussicht auf Regierungsbeteiligung, den Zusammenschluß der „einzelnen Zirkel" sogar gefördert hätten[55]. Bereits am 14. August sei man „allgemein der Meinung" gewesen, „daß die alte Bezeichnung, überhaupt die alte Partei als solche nicht mehr wünschenswert sei"[56]. Der von der Kompromißwahl überraschte erste Münchener CSU-Vorsitzende v. Miller zeichnete nach eigener Erinnerung die Eingaben bei den Amerikanern zur Gründung des Landesverbands mit seinem Namen[57], obwohl Müller seit dem 17. Dezember als „vorläufiger Landesvorsitzender der Union" innerhalb eines Vorläufigen Landesausschusses fungierte[58]. Das nimmt nicht wunder, weil dessen Generalsekretariat sich noch am 31. Dezember 1945 im Büro Dr. von Millers im Deutschen Museum befand, doch hätte ein permanent zur Machtbewahrung im Führungskrieg gezwungener potentieller Landesvorsitzender sich diese Lässigkeit kaum leisten können. Um Einigkeit zu demonstrieren, sollten bei öffentlichen Versammlungen statt eines zentralen Redners die Repräsentanten der Gruppen sprechen, um so „die Entstehung des Hauses der Union" zu dokumentieren[59]. Doch war die Rivalität zwischen Müller und Schäffer nicht behoben, als Müller nach der Zulassung der Landespartei dann am 31. März 1946 zum ersten Landesvorsitzenden aufstieg, während der verdiente Schäffer den ‚homo novus' von Miller am 21. März 1946[60] im Vorsitz des Kreisverbands München-Stadt ablöste.

---

[54] *Fait ebd. S. XXIXff.*

[55] *Besprechung v. 17. 7. 1954 (wie Anm. 27) S. 16; vgl. Fait, Mintzel, Schlemmer (wie Anm. 9), Bd. 1, S. 24.*

[56] *Besprechung v. 17. 7. 1954 (wie Anm. 27) S. 16 (Muhler). Das bedeutete: Einschluß des sog. Schäffer-Flügels.*

[57] *Ebd. S. 14.*

[58] *CSU, Vorläufiger Landesausschuß, an „lieben Parteifreund", München 31. 12. 1945, S. 1, Aufl. von 30.000. Druck bei Val. Höfling (Dr. Valentia Mayer), genehmigt von der Militärregierung am 4. 1. 1946. ACSP, NL Schinagl. Druck, leider ohne die Anlagen III–V, bei Fait, Mintzel, Schlemmer (wie Anm. 9), Bd. 3, S. 1753f.*

[59] *Besprechung v. 17. 7. 1954 (wie Anm. 27) S. 13 (v. Miller).*

[60] *Christoph Henzler, Fritz Schäffer 1945–1967. Eine biographische Studie zum ersten bayerischen Nachkriegs-Ministerpräsidenten und ersten Finanzminister der Bundesrepublik Deutschland, München 1994, S. 185.*

b) Gründungen bayernweit

Außer Würzburg und München erwiesen sich auch Regensburg, Nürnberg und Bamberg als in ihr Umland ausstrahlende Gründungszentren.

Bereits vor Beendigung des Krieges bildete sich offenbar noch im Verborgenen in Regensburg am 26. Januar 1945 ein Christlich-Demokratischer Volksbund Bayerns bzw. Christlicher Volksbund Bayerns. Sein Programm enthielt inhaltlich Leitsätze, die schon im Herbst 1944 verfaßt worden waren. Es erklärte den Dekalog zur Richtschnur des „öffentlichen und privaten Handelns". Eine christlich-demokratische Erneuerungsbewegung aus dem Geist der tausendjährigen Kultur des christlichen Abendlandes müsse den drohenden Untergang des Volkes und der Kultur abwenden[61]. Die „ideologischen Vorreiter"[62] der Unionsgründung in Regensburg tagten zunächst im Erhardihaus, bis dieses am 20. Oktober 1944 einem Luftangriff zum Opfer fiel. Sie waren Gegner des nationalsozialistischen Regimes aus verschiedenen Lagern: Dr. Eugen Rucker kam aus der Katholischen Aktion, Hans Herrmann aus der früheren BVP, Rektor Karl Staudinger von den früheren Liberalen. Eine Gründerversammlung im Gasthaus Niedermünsterschenke nahm im Juni 1945 den Namen Partei der Christlich-Sozialen Einigung in Bayern an. Erst am 15. November 1945 wurde die Partei von der amerikanischen Besatzungsmacht lizenziert. Deren bevorzugter Ansprechpartner wurde der vormals im Konzentrationslager Flossenbürg inhaftierte Josef Eder, „ehedem führend in der Organisation der katholischen Jugend in Wien tätig"[63]. Zu diesem Gründerkreis gehörten Georg Zitzler von den früheren christlichen Gewerkschaften, der Journalist Dr. Karl Debus aus dem Mitarbeiterkreis von Heinrich Held, der Wirtschaftstreuhänder Klement Ortloph vom früheren Bayerischen Bauern- und Mittelstandsbund. Die Regierungsreferentin Maria

---

[61] *Josef Kirchmann, Die Bedeutung christlicher Werte in Programm und Praxis der CSU, St. Ottilien 1985, S. 27 (unter Auswertung des NL Held).*

[62] *Michaela Riebel, CSU im Werden. Gründung und Entwicklung der Christlich-Sozialen Union in Regensburg von 1945 bis zu den Wahlen zum Ersten Deutschen Bundestag, hg. v. CSU-Kreisverband Regensburg-Stadt, Regensburg 1985 (Zulassungsarbeit Univ. Regensburg 1979), S. 30ff.*

[63] *Leonhard Deininger, 35 Jahre auf dem geraden Weg. Die Entwicklung des Kreisverbandes Regensburg-Land der Christlich-Sozialen Union, in: 35 Jahre CSU Regensburg-Land, hg. v. Kreisverband Regensburg-Land der CSU, Donaustauf o.J., S. 7–12, hier S. 8. Kopien von Programm und Statuten der Partei im ACSP, NL Müller, Nr. 161.*

Deku wurde zur Exponentin der Frauengruppe der CSU Regensburg[64]. In dem äußerst aktiven und idealistisch gesinnten Journalisten Dr. Otto Schedl stellte die Jugend einen bedeutenden Mitgestalter des Aufbaus der Union in Regensburg und in der Oberpfalz[65]. Die Partei befand sich zunächst in einem chaotischen Zustand, hervorgerufen durch innere Querelen, die Namensänderung, den Gegensatz von Stadt und Land. Zudem versuchte Müller, in den Stadtkreisverband hineinzuregieren.

Beträchtlichen Zulauf hatte die Unionsgründung in Bamberg vom 16. September 1945. Hier wurden unter vielen andern der katholische Eisengroßhändler Anton Hergenröder, der promovierte Volkswirt Dr. Gerhard Kroll und der Domkapitular Georg Meixner, der dem Nationalsozialismus widerstanden hatte, tätig. Kroll entwickelte damals bodenreformerische und ständisch-gouvernementale Ideen. Er stand in Verbindung mit der Deutschen Bischofskonferenz und einem evangelischen Gründungsvater der CDU in Westfalen, Dr. Friedrich Holzapfel, Oberbürgermeister von Herford[66]. Meixner hatte 1932/33 in führender Funktion für die BVP im bayerischen Landtag gesessen, übernahm dort in der ersten Legislaturperiode wiederum ein Mandat, blieb aber als geistlicher Parlamentarier eine Ausnahmeerscheinung[67].

---

[64] *Senta Rief, Maria Zwick u. a. an Josef Müller, Regensburg 5. 3. 1946. ACSP, NL Müller, Nr. 161.*

[65] *Dr. Georg Gamperl an Josef Müller, Regensburg 20. 7. 1946. ACSP, NL Müller, Nr. 150.*

[66] *Über ihn, dessen umfangreichen Nachlaß das Bundesarchiv Koblenz verwahrt, fehlt eine Biographie. Vgl. Winfried Becker, Zwischen Kontinuität und Neuordnung. Zur Frühgeschichte der CDU in Westfalen-Lippe, besonders in Ostwestfalen (Regierungsbezirk Minden–Detmold) 1945–1950, in: Westfälische Zeitschrift 140 (1990) S. 381–429. Vgl. Walter Berberich, Die historische Entwicklung der Christlich-Sozialen Union in Bayern bis zum Eintritt in die Bundespolitik, Würzburg 1965, S. 39f.*

[67] *Art. 32 des Reichskonkordats schloß die Kandidatur Geistlicher für parlamentarische Ämter aus. Wieso Mintzel, Anatomie (wie Anm. 44), S. 140 angesichts dieser den damaligen Politikern bekannten juristischen Lage zu der Auffassung gelangt, die „BVP-Traditionalisten" hätten ein u.a. von „kirchlichen Würdenträgern" geleitetes lockeres „Parteigebilde" herbeiführen wollen, ist schwer nachvollziehbar. Vgl. zum Ende des politischen Mandats katholischer Geistlicher Heinz Hürten, Aufbau, Reform und Krise 1945–1967, in: Walter Brandmüller (Hg.), Handbuch der Bayerischen Kirchengeschichte, Bd. 3, Vom Reichsdeputationshauptschluß bis zum Zweiten Vatikanischen Konzil, St. Ottilien 1991, S. 402 (zu Meixner ebd. S. 382); Rudolf Morsey, Prälaten auf der politischen Bühne, in: Winfried Becker, Werner Chrobak (Hg.),*

Die Gründung in Nürnberg erfolgte wie in Würzburg und Aschaffenburg am 13. Oktober 1945. Zum Gründerkreis gehörten die evangelischen Alfred Euerl, seit 1934 Mitglied der Landessynode der Evangelisch-Lutherischen Kirche in Bayern, der Rechtsanwalt Dr. Paul Nerreter, die Katholiken Emanuel Deggendorfer, 1925–1933 Stadtrat der BVP, und Dr. phil. Wilhelm Arnold. Arnold und Nerreter wandten sich an die Pfarrämter Mittelfrankens, um vor allem junge Leute für die Mitarbeit zu gewinnen.

Neben einer Funktions- und Mitgliederelite aus den Parteien der Zwischenkriegszeit, von der BVP bis zur Deutschen Christlich-Sozialen Volkspartei der vormaligen Tschechoslowakei, beteiligten sich an den Unionsgründungen in Stadt und Land Menschen, die bisher politisch nicht aktiv geworden waren. Häufig mußten sie erst ihre Abneigung gegen die vom Nationalsozialismus diskreditierte Politik, ihren Ärger über das diktatorische Auftreten der Besatzungsmacht und innere Hemmungen gegenüber öffentlichem Auftreten überwinden. Eine Fülle verschiedener Parteinamen deutete auf eine Spontaneität und Gleichzeitigkeit der einzelnen Unionsgründungen hin, die auch in West-, Nord- und Mitteldeutschland zu beobachten war.

Im näheren und weiteren altbayerischen Umkreis Münchens scheint wie in der Landeshauptstadt der Name CSU, vor allem bei den späteren Gründungen im Jahr 1946, die von oben erfolgten, verbreitet gewesen zu sein: Eine CSU wurde 1945/46 in Erding, Gauting, Starnberg, Schongau, Miesbach, Rosenheim (Bayerische CSU) und Dingolfing (Bayerischer Volksbund/CSU) gegründet. In Dachau hieß die Partei zunächst Bayerischer Volksbund, in Straubing Bayerische Volkspartei.

Gründerkreise der Regensburger Christlich-Sozialen Einigung in Bayern tendierten zur Einführung des Sammelnamens Christlich-Soziale Landespartei. In Weiden nannte sich die neue Partei zuerst Christlich-Demokratische Partei wie im Rheinland, in Rottenburg a.d. Laaber und in Roding bei Cham Christlich-Soziale Volkspartei.

In Franken machte Josef Müller frühzeitig seinen Einfluß geltend. Ohne Weisung aus München hatte indes am 17. Oktober 1945 Landrat Hans Wutzlhofer, 1924 bis 1933 Geschäftsführer der BVP im Regierungsbezirk Ober-

Staat, Kultur, Politik. Beiträge zur Geschichte Bayerns und des Katholizismus. Festschr. z. 65. Geburtstag von Dieter Albrecht, Kallmünz 1992, S. 313–323. Die Politiker erfuhren auch, daß die kirchlichen Stellen den Geistlichen die Übernahme politischer Mandate verweigerten. Kirchmann, Bedeutung, (wie Anm. 61), S. 223.

pfalz, Programm und Satzung seiner Christlich-Sozialen Unionspartei für Marktheidenfeld erstellt[68]. Dabei zog er den früheren Regensburger geistlichen Studienprofessor Wolfgang Prechtl und einen ehemaligen Reichstagsabgeordneten des Zentrums, August Winkler, vormals Organisationsleiter des Katholischen Gesellenvereins in Köln, zu Rate. Die zur Gründung und Lizenzierung erforderlichen 25 Personen brachte er leichter zusammen als die Vertreter der anderen Parteien dieses Landkreises. In Ebern (Haßberg-Kreis) bei Bamberg und von dort ausstrahlend nach Baunach, Maroldsweisach, Reckendorf und Rentweinsdorf, organisierte der evangelische Landrat Gaebert seit September 1945 mit „ungeheurer Tatkraft und Willensstärke" den Aufbau einer die Anhänger der beiden großen Konfessionen zusammenführenden Christlich-Demokratischen Union[69].

Auch im angehenden Bezirksverband Schwaben liefen bis Januar 1946 noch viele „christliche Parteien unter verschiedenen Namen"[70]. In Lauingen a.d. Donau rief Studienprofessor Georg Schneider eine Christlich-Demokratische Partei ins Leben. In Augsburg trat unter dem früheren BVP-Sekretär Albert Kaifer bei den ersten Gemeindewahlen am 27. Januar 1946 die Christliche Union (CU) an[71]. In Neuburg a.d. Donau bestand noch Anfang März 1947 ein Christlich-Demokratischer Block. In Günzburg genehmigte die Militärregierung am 11. Dezember 1945 die Christlich-Soziale Unionspartei. Der Wohlfahrtspfleger Siegfried Stolz sammelte einen „Kreis junger Leute" um sich und gründete in größeren Orten des Landkreises Mindelheim die Christliche Union[72]. Neben diese trat hier eine Christlich-Nationale Union in Pfaffenhausen und eine Christlich-Demokratische Union in Bad Wörishofen. Den Vorsitz eines Christlich-Demokratischen Volksbunds im Bezirksamt Kaufbeuren übernahm der Molkereibesitzer Hans Rehle. Im Bezirksamt

---

[68] *Hans Wutzlhofer an Josef Müller, Marktheidenfeld 17. 10. 1945. ACSP, NL Müller, Nr. 192.*

[69] *Schulrat Karl [Spock], Aufbau der CSU im Landkreis Ebern. Tatsachenbericht, Ebern 31. 8. 1946. ACSP, NL Müller, Nr. 188.*

[70] *Georg Schneider; zum Folgenden: August Wilhelm Schmidt, Landessekretariat der CSU in Bayern, an den Kreisverband Schwaben, z. Hd. Herrn Dr. [Eugen] Rindt, München (Herrnstr. 6) 25. 1. 1946. ACSP, NL Müller, Nr. 168.*

[71] *Albert Kaifer, Christliche Union, an Walter Jahn, Neusäss bei Augsburg 6. 2. 1946. ACSP, NL Müller, Nr. 169.*

[72] *Wie Anm. 70. Ein Wahlprogramm der sog. Christenunion von Mindelheim v. 27. 1. 1946 abgedruckt bei Kirchmann, Bedeutung (wie Anm. 61), S. 32.*

Kempten wurde, wie in Augsburg und Mindelheim, zunächst der Name Christliche Union, im Bezirksamt Illertissen Bayerische Christliche Union gewählt. Seit November 1945 betrieb der Fabrikbesitzer Dr. Walter Jahn in zwölf Gemeinden des Landkreises Sonthofen und in „22 weiteren Gemeinden südlich der Linie Isny – Kempten – Füssen" die Bildung der CSU mit dem Beinamen Allgäuer Heimatbund[73].

Wohl mehr katholische als evangelische Geistliche und Pfarrer gaben Hinweise auf Vertrauensleute oder waren in die Sondierungsgespräche der Unionsgründungen einbezogen, offenbar weil sie einem unbelasteten Berufsstand angehörten, so in München, Aschaffenburg, Schongau, Neuburg a.d. Donau, Weiden, Obergünzburg, in Orten des Bezirksamts Nördlingen, Mittelfrankens und des Allgäus. Sie zogen sich indes bald nach der Gründung wieder zurück, so daß die CSU anders als die BVP von vornherein keine „klerikale" Partei mehr geworden ist.

Die örtlichen Initiativen waren schon wegen der erforderlichen Namens- und Programmangleichung[74] auf Unterstützung seitens einer Zentrale angewiesen. Fritz Schäffer, Anton Pfeiffer, Josef Müller und Sepp Baumgartner wurden mehrfach als begehrte Redner aus München angefordert. Solcher Einsatz trieb die örtlichen Zusammenschlüsse voran. Dabei mögen die Redner ihre programmatischen Orientierungen mit eingebracht haben[75]. Karl Köhlers krasse Unterscheidung zwischen den der Müller-CSU zuzurechnenden und den BVP-„adäquaten" Stadt- und Landkreisgründungen in Oberbayern[76] dürfte die unterschiedlichen Eigeninitiativen vor Ort ungebührlich vereinfachen[77]. Auch fügte sich z.B. der Münchner Stadtverband keineswegs der schematischen Aufteilung ein, die 1946 zwischen Franken, wo sich der interkonfessionelle Sammlungsgedanke schon bewährt hatte, und den in dieser

---

[73] *Walter Jahn an Fritz Schäffer u. Josef Müller, Oberstdorf 23. 12. 1945; ders. an Josef Müller, Oberstdorf 20. 12. 1945. ACSP, NL Müller, Nr. 182.*

[74] *Josef Müller an Hans Wutzlhofer, 24. 10. 1945. ACSP, NL Müller, Nr. 192.*

[75] *Wohl nicht nur BVP-Akzente, siehe oben Anm. 34.*

[76] *Außer Starnberg (von Köhler gegründet) und Schongau habe es nur BVP-ähnliche Gründungen in Oberbayern gegeben: Köhler, Parteigeschichte (wie Anm. 26), S. 37. Köhler hatte eine persönliche Abneigung gegen Alois Hundhammer gefaßt (ebd. S. 32 u.ö.).*

[77] *Handgeschriebene Gründungserklärung (25. 9. 1945) von Wolfgang Pedall. 40 Jahre CSU Rosenheim, hg. v. Kreisverband Rosenheim-Stadt und -Land, Rosenheim [1985] S. 8.*

Hinsicht noch rückständigen „südbayerischen Bezirken" vorgenommen wurde[78].

Schon im Oktober 1945 begann Müller mit der Errichtung der „Kreisorganisationen" bzw. „Bezirksverbände"[79]. Am 31. Dezember 1945 konnten Anschriften für Oberbayern (Otto Schefbeck, München), Niederbayern (Sebastian Holzner, Landshut), Oberpfalz (Otto Schedl, Regensburg), Schwaben (Albert Kaifer, Augsburg-Neusäss), Mittelfranken (Nürnberg), Unterfranken (Kaspar Dürr, Würzburg), Oberfranken (Anton Hergenröder, Bamberg) angegeben werden[80]. Am 8. Januar 1946 beantragten im Vorläufigen Landesausschuß die angeblich ein „fließendes Parteigebilde" bevorzugenden „BVP-Traditionalisten"[81] Schäffer und Hundhammer die rasche Konsolidierung der an die früheren Regierungsbezirke angelehnten Kreisverbände und die einer demokratisch aufgebauten Partei wohl anstehende Konstituierung einer Landesvorstandschaft aus deren Mitte[82]. Nach Gegenreden zeigten sich Schäffer und Hundhammer sogleich wieder kompromißbereit.

3. Programmatische Grundaussagen

Die Programmarbeit der Unionsgründer harrt immer noch einer tieferen ideengeschichtlichen Würdigung[83]. Die ersten Programmgestalter waren Rechtsanwälte, Journalisten, Studienräte, Kaufleute, Landwirte und andere

---

[78] *Verpflichtung und Aufgabe. Die Bamberger Tagung der Christlich-Sozialen Union, in: Bayerische Rundschau. Mitteilungsblatt der CSU in Bayern, Nr. 7 v. 6. 4. 1946.*

[79] *Nach dem Sprachgebrauch Köhlers, Parteigeschichte (wie Anm. 26), S. 28, angelehnt an die Regierungsbezirke.*

[80] *Siehe oben Anm. 58, vgl. Dokument 5.*

[81] *So Mintzel, Anatomie (wie Anm. 44), S. 140.*

[82] *Fait, Mintzel, Schlemmer (wie Anm. 9), Bd. 1, S. 25f.*

[83] *Bisher: Horstwalter Heitzer, Die CDU in der britischen Zone 1945–1949. Gründung, Organisation, Programm und Politik, Düsseldorf 1988, S. 741 f.; Becker, CDU und CSU (wie Anm. 5), S. 11ff.; Konrad Repgen, Über die Anfänge des CSU-Programms von 1945, in: Andreas Kraus (Hg.), Land und Reich, Stamm und Nation. Probleme und Perspektiven bayerischer Geschichte. Festg. f. Max Spindler z. 90. Geburtstag, Bd. 3, München 1984, S. 459–471; Rudolf Uertz, Christentum und Sozialismus in der frühen CDU. Grundlagen und Wirkungen der christlich-sozialen Ideen in der Union 1945–1949, Stuttgart 1981.*

kleine Selbständige, stellungslose Akademiker. Viele waren verfolgt oder inhaftiert worden, hatten ihre beruflichen Karrieren umorientieren müssen oder abseits der vom Regime kontrollierten Staatsstellen Überlebensnischen gefunden.

Die noch nicht ausführlich ausgearbeiteten Programme der Gründungszeit spiegeln gleichwohl die Grundlinien des neuen parteipolitischen Selbstverständnisses wider. Josef Müller vermied absichtlich „vorschnelle programmatische Festlegungen" in einer doktrinären Form[84]. Demgemäß wurde das Programm der „dreißig Punkte der Union" nach langen Vorarbeiten erst am 31. Oktober 1946 vom Landesausschuß gebilligt[85]. Müller erschien es zunächst als wichtiger, den „Einschmelzungsprozeß" vor allem der jungen Generation in die neue Union durch allzu detaillierte und vorschnell vorgenommene programmatische Festlegungen nicht zu gefährden.

Er wollte der CSU das Profil einer Partei des Aufbruchs verleihen, die in der Entscheidungsstunde des Neubeginns wie keine andere zum Handeln berufen war. Er verwarf deswegen „bewußt den Rückgriff auf alte Formen und Formeln", den andere Parteien praktizieren würden[86]. Ihn schreckte das Versagen der Parteien der Zwischenkriegszeit, die die „Kriegsgeneration" wegen ihres „starren Doktrinarismus" nicht hätten absorbieren können und so mitzuverantworten hätten, daß die Gestrandeten und „Enterbten" Hitler zugelaufen seien[87]. Erneut beschwöre eine unüberschaubare Gegenwartssituation die Gefahr des Abgleitens der Massen in den Radikalismus herauf. Die Union müsse mit einem Konzept der Evolution die Revolution und das dieser zugrundeliegende „kollektive Denken" bekämpfen; dafür biete sich das „christliche Persönlichkeitsideal" an. Demgemäß seien Programm und Strategie vital und flexibel zu gestalten, nicht eingezwängt in eine „mechanische Organisation". Die Entwicklungschance der Union liege in der Offenheit für die Interessen aller Schichten der Bevölkerung. Indem die Union die Struktur

---

[84] *Verpflichtung und Aufgabe (wie Anm. 78).*
[85] *Druck bei Berberich, Entwicklung (wie Anm. 66), S. 182–190; Fait, Mintzel, Schlemmer (wie Anm. 9), Bd. 3, S. 1734–1741, siehe Dokument 16.*
[86] *Verpflichtung und Aufgabe (wie Anm. 78). Vgl. für die Fortdauer dieses Selbstverständnisses Peter Gauweiler, In der Kraft zum Neuen liegt das Schicksal der Union, in: Die Welt, Nr. 188-33 v. 14. 8. 1995, S. 5.*
[87] *Verpflichtung und Aufgabe (wie Anm. 78). Vgl. auch das Flugblatt Josef Müllers, Die geistige Erneuerung (80.000, Druck bei Val. Höfling, München).*

einer „Sammelpartei" oder „Sammelbewegung" erstrebte, die alle Klassen und Berufe sowie die beiden großen Konfessionen zur gemeinsamen Anstrengung zusammenführte, verklammerte sie nach dem Willen des Münchener Gründerkreises ihr Schicksal mit dem der Allgemeinheit und steckte ihren Wirkungsraum in Gegenwart und Zukunft ab.

Vor diesem Hintergrund sind die wenigen Einzelfestlegungen einzuordnen, die das Programm der Zehn Punkte vom 31. Dezember 1945 sowie ein in München und (etwas abgewandelt) in Dingolfing verteilter Programmaufruf (siehe Dokumente 8 u. 9) gemeinsam hatten. Für den Aufruf aus Dingolfing zeichnete Dr. Georg Pix verantwortlich, ehemals Redakteur des „Bayerischen Kurier", des Zentralorgans der BVP. Zum Vergleich ist das Regensburger Programm der Partei der christlich-sozialen Einigung in Bayern herangezogen[88] (siehe Dokument 4).

Alle drei Programme bekennen sich zum „christlichen Sittengesetz" oder zu „christlichen Grundsätzen" als Grundlagen der Kultur und des öffentlichen Lebens. Die Legitimität dieser Grundforderung ergab sich aus der Erfahrung mit der soeben untergegangenen Gewaltherrschaft, die dem Christentum feindlich gegenübergestanden hatte. Daraus resultierten die Forderungen nach dem staatlichen Schutz der „Kirchen", der „christlichen Bekenntnisse" oder der „anerkannten Religionsgemeinschaften", nach der Gewährleistung der christlichen Erziehung und des konfessionellen Religionsunterrichts an den Schulen.

Die drei Programme betonen innerhalb der sozialen Komponente besonders die Behebung der Nachkriegsnot und die Priorität des Wiederaufbaus in dem Bewußtsein, eine Zeit grundlegender „Umwälzung der Staats- und Wirtschaftsformen" (Pix) zu erleben. Gefordert werden außerdem eine sozial gerechte Wirtschaftsordnung, die opfervolle Anstrengung aller sowie die Anerkennung des Privateigentums und der „privaten wirtschaftlichen Initiative" (Zehn Punkte).

Die Programme bekennen sich durchweg zur Wiederherstellung des Rechtsstaats mit Gewaltenteilung und Selbstverantwortung, zur Schaffung eines demokratischen Staatswesens. Der Weimarer Republik wird nicht gedacht.

---

[88] *Nur die Zehn Punkte vom 31. 12. 1945 gedruckt bei Fait, Mintzel, Schlemmer (wie Anm. 9), Bd. 3, S. 1715 f. Vgl. [Emil] Muhler, Die ideologischen Grundlagen der CSU, in: Politisches Jahrbuch der CSU, 1. Jg., Augsburg 1954, S. 13–32.*

Die Zehn Punkte und das Regensburger Programm fordern Wiedergutmachung und „Reinigung" vom Nationalsozialismus. Sie wollen aber zwischen den „wirklich Schuldigen" und den „Nominal-Nazis" eine Unterscheidung getroffen wissen. In diesem Sinne widersprechen sie einer schematischen Entnazifizierung.

Alle drei Programme legen ein gefühlvolles Bekenntnis zur bayerischen Heimat ab. Das Regensburger Programm stellt die Wiederherstellung des „Bayerischen Staats" sogar an die Spitze seiner Forderungen. Es möchte den „einzelnen Gliedstaaten" eines zukünftigen „deutschen Bundesstaates" dieselbe Freiheit eingeräumt wissen wie den Bundesstaaten der USA. Die allgemeine Intention der Gründer hat Josef Müller maßvoller mit der Formel „Reichseinheit" statt „Einheitsreich" umschrieben[89].

Die Regensburger Ausarbeitung steht offensichtlich noch stark im Bann der BVP-Programmatik. So fehlt hier der Aufruf, eine Sammelpartei zu bilden. Während in den anderen Unionsprogrammen die Notgemeinschaft des Volkes betont wird, appelliert sie in statischer Weise an die Verantwortung der dominanten Berufsgruppen, des Bauern- und des Mittelstands, des Arbeiter- und des Beamtenstands. Die zu erstrebende demokratische Staatsverfassung wird mit dem Hinweis auf die Freiheit der Religionsausübung erläutert. Die Rolle der Familie, die „durch eine christlichen Grundsätzen entsprechende Ehegesetzgebung zu sichern" sei, wird unterstrichen.

Trotz dieser Varianten dokumentieren diese Programme der Gründerzeit den Übergang zur Union, zur neuen Sammelpartei. Dafür ist der Appell an eine gemeinsame, christlich fundierte Wertordnung charakteristisch, auf deren Grundlage alle Schichten der Gesellschaft tätig werden sollen, um nach der Zeit der Diktatur einen demokratischen und sozialen Neubeginn herbeizuführen.

4. Die soziale Breite der Union

Die Funktionsträger der CSU waren bemüht, bei ihren Wählern und Mitgliedern, Amtsinhabern und Mandatsträgern eine alle Schichten und Berufe einbeziehende soziale Zusammensetzung zu erreichen. Man wollte damit auch

---

[89] *Verpflichtung und Aufgabe (wie Anm. 78).*

der „Strukturveränderung" Rechnung tragen, die „innerhalb des deutschen Volkes" 1933 begonnen und in den Flüchtlingsströmen der Nachkriegszeit sich fortgesetzt habe: „Manche Leute glauben, das Bayern von 1947 sei das von 1932. Das ist ein Traum, der längst dahin ist"[90].

In Aschaffenburg widerriet der alte christliche Gewerkschafter Hugo Karpf, in Neustadt a. d. Waldnaab der Kreisvorsitzende Otto Thomas der Akademisierung der Führungsschicht. Die Union dürfe sich nicht als „eine reine Doktorenpartei" darstellen[91]. Im ländlichen Raum der Oberpfalz galt es, die bäuerliche Bevölkerung, in Unterfranken die „Arbeitnehmerschaft (Arbeiter und Angestellte)" zu gewinnen, um diese nicht der klassenkämpferischen Arbeiterpartei zu überlassen[92]. Die Bezirksgruppe Obersendling in München wollte „die guten Kräfte des Bürgertums" mit ihren Bildungsvorzügen und „materiellen Möglichkeiten" ebenso gewinnen wie die Arbeiter[93]. Diese soziale Ausrichtung erlegte etwa im Landkreis Miesbach der CSU die Verpflichtung auf, um die bisher traditionell zu den „Roten" tendierenden Arbeiter und Bergleute zu werben, während die bäuerliche Bevölkerung sich hier früher meist bei der BVP gehalten hatte[94]. Bei den Gemeindewahlen am 27. Januar 1946 errang die CSU in den Randgemeinden um Augsburg bei der dort ansässigen Arbeitnehmerbevölkerung von 70 % „einen eklatanten Sieg"[95]. Allerdings war hier die „Ehe mit den Evangelischen noch nicht ganz in Ordnung", weil die „vorwiegend oder stark evangelischen Landkreise" ähnlich wie in Hessen ein wesentlich schlechteres Ergebnis für die CU (Christliche Union) erbrachten[96].

Die Münchener Vorsitzenden von Miller und Eichhorn sowie Oberbürgermeister Scharnagl legten den Vorsitzenden der städtischen Bezirksvereine

---

[90] *Referat Dr. Müllers bei der Flüchtlingsvertrauensmänner-Tagung am 10. Mai 1947 in Weiden. CSU Weiden. ACSP, NL Müller, Nr. 167.*
[91] *Hugo Karpf, Bernhard Boecker an Josef Müller, Pflaumheim/Ufr. 7. 5. 1946. ACSP, NL Müller, Nr. 195, vgl. Kreisverband Neustadt, ebd. Nr. 159.*
[92] *Hugo Karpf, Bernhard Boecker (wie Anm. 91).*
[93] *Gründungsprotokoll vom 18. 1. 1946. ACSP, NL Schinagl.*
[94] *Siehe die Erinnerungen von Mitgliedern der Gründungszeit, in: Gerhard Maier (Hg.), 40 Jahre CSU im Landkreis Miesbach. Festschrift zur 40-Jahrfeier im Jahre 1985, Miesbach [1985], S. 31, 47ff.*
[95] *In den Gemeinden Göggingen, Haunstetten, Gersthofen, Neusäss, Westheim, Ottmarshausen, Steppach, Stadtbergen und Leitershofen. Albert Kaifer an Walter Jahn, Neusäss 6. 2. 1946. ACSP, NL Müller, Nr. 169.*
[96] *Nördlingen, Neu-Ulm, Memmingen, Günzburg. Ebd.*

nahe, daß die Listenvorschläge für die Stadtratswahl 1946 „abgestimmt sind auf den Union-Gedanken, daß all die Kreise, die wir in der Union zusammenfassen, auch wirklich unter den Kandidaten vertreten sind"[97]. Schon die Ersten und Zweiten Vorsitzenden der Bezirksvereine in der Stadt sollten verschiedene Gruppen repräsentieren, besonders seien Vertreter aus evangelischen Kreisen, aus der früheren Demokratischen Partei, aus dem früheren Bauernbund, der Frauen und der Jugend zu berücksichtigen[98]. Aber Scharnagl und die Münchener CSU legten auch Wert darauf, Vertreter des Kultur- und Geisteslebens und der Wirtschaft als Kandidaten zu gewinnen[99].

Den Absichten einer breiten Repräsentation aus allen Bevölkerungsteilen entsprach eine vorläufige Liste von 47 Stadtratskandidaten des Jahres 1946 jedenfalls nicht. Auf ihr war ganz überwiegend der Mittelstand vertreten, dazu kamen einige Beamte und Angestellte, ein Sozialsekretär, ein Student als Vertreter der Jugend, zwei Frauen. Allerdings ist zu beachten, daß auch die jeweilige Bevölkerungsstruktur der einzelnen Stadtviertel bei der Aufstellung zu berücksichtigen war[100], und daß die Überrepräsentation der bürgerlichen Schichten Münchens die Bestrebungen widerspiegeln dürfte, der Union eine breitere und angesehenere soziale Basis zu verschaffen, als sie die frühere BVP hatte aufweisen können. Jedenfalls konnte ein werbender Anreiz für Kreise des eingesessenen Bürgertums davon ausgehen, daß im Januar 1947 die meisten der 51 Bezirksvereine Münchens ganz überwiegend von Handwerksmeistern, Kaufleuten, Verlegern, Ingenieuren und einigen wenigen Studenten (z.B. Franz Heubl, Obermenzing) geleitet wurden. Einige Münchener Bezirksvereinsvorsitzende entstammten dem Kreis der evangelischen oder jener bürgerlichen Gründungsmitglieder, die zuvor nicht der BVP angehört hatten: so Carl H. Lacherbauer (7. Stadtbezirk) und die Verleger Edgar Hanfstaengl (Bezirksverein Lehel) und Richard Pflaum (Bezirksverein Kurfürstenplatz); dagegen hatte der Vorsitzende des Bezirksvereins Bahnhofsviertel, Hanns Schinagl, frühere Tätigkeit in katholischen Vereinen aufzuweisen. Die

---

[97] *Karl Scharnagl an die Herren Bezirksvorsitzenden der CSU, München 29. 3. 1946. ACSP, NL Schinagl.*
[98] *Walther von Miller, Wilhelm Eichhorn, Vorbereitender Ausschuß des Kreisverbandes München, München (Herrnstr. 6) 15. 2. 1946. ACSP, NL Schinagl.*
[99] *Wie Anm. 97.*
[100] *Hanns Schinagl an Bezirksverband München-Stadt, München 3. 4. 1946. ACSP, NL Schinagl.*

Münchener Bezirksvereine hatten bei sehr unterschiedlicher numerischer Stärke 1946 durchschnittlich um 50 Mitglieder. Die angestrebte Mitgliederzahl von 8% der Unionswähler wurde damit längst nicht erreicht.

Nicht nur aus dem schichtenübergreifenden Anspruch der Union als Volkspartei und der Notwendigkeit des organisatorischen Ausbaus ging das Ausschußwesen hervor. Auch hier sollten die Lehren aus der Vergangenheit gezogen werden. Die „alten Parteien" waren zu sehr auf die Fraktion, auf die Mandatsträger und die „Parteiexponenten in den Parlamenten" fixiert gewesen, hatten zu wenig Eigenleben und „politischen Willen" entwickelt, um „geistige Potenzen" und institutionelle Barrieren zu bilden, die, neben den Parlamenten, Hitlers Zwangsmaßnahmen noch hätten hemmend in den Weg treten können, nachdem die Mandatsträger mit den Parlamenten ausgeschaltet worden waren[101]. Aus der Kritik am Parteiwesen der jüngsten Vergangenheit zog Josef Müller die Konsequenzen für die Zukunft: „Die wichtigste Funktion der Arbeitsgemeinschaften und Ausschüsse liegt darin, daß man dort immer neue Persönlichkeiten gewinnen kann, die ihre moralischen und geistigen Kräfte einer aktiven politischen Willensbildung zur Verfügung stellen, die sich bekennen, ohne zunächst Mandatsträger zu sein, und nicht Mitläufer oder Nahestehende sein wollen"[102].

Bereits am 8. Januar 1946, am Tag der Zulassung der Landespartei, beschloß der Vorläufige Landesausschuß die Bildung von zehn Arbeitsausschüssen, für deren Einberufung je ein Vorsitzender und ein Stellvertreter die Verantwortung übernehmen sollten[103]. Inwieweit sie alle ins Leben traten, ist nicht ermittelt. Im Nachlaß des Landesvorsitzenden haben folgende Organisationen teils sehr schmale aktenmäßige Überlieferungen hinterlassen: der Kulturpolitische Ausschuß (seit 19.6.1946)[104], ein Verwaltungsrechtlicher Aus-

---

[101] *Müller, Festansprache (wie Anm. 2), S. 49.*

[102] *Ebd.*

[103] *Fait, Mintzel, Schlemmer (wie Anm. 9), Bd. 1, S. 25: Kulturpolitischer Ausschuß, Ausschuß für Verwaltungsaufbau und Staatsfinanzierung, Informationsausschuß, Staatspolitischer Ausschuß, Ausschuß für Fragen zwischenstaatlicher Beziehungen, Wirtschaftspolitischer Ausschuß, Sozialpolitischer Ausschuß, Ausschuß „Frau und Familie", Jugendausschuß, Agrarpolitischer Ausschuß. Außerdem wurden fünf sog. Parteiausschüsse gebildet.*

[104] *ACSP, NL Müller, Nr. 27. Das hier liegende Aktenmaterial zu den Ausschüssen ist meist gering; Einzelhinweise bei Fait, Mintzel, Schlemmer (wie Anm. 9), Bd. 1–2. Vgl. die Darstellung bei Mintzel, Anatomie (wie Anm. 44), S. 201 ff.*

schuß (1946)[105], ein Arbeitsausschuß für Verfassungsfragen (1946)[106], der Staatspolitische Ausschuß[107], der Ausschuß für zwischenstaatliche Beziehungen (seit 1946)[108], ein Regierungsprogrammausarbeitungsausschuß[109], der Wirtschaftspolitische Ausschuß (seit Februar 1946)[110], der Jugendausschuß[111], der Frauenausschuß (seit 1. 4. 1946)[112], der Agrarpolitische Ausschuß[113]. Zeitweise bestanden in der Frühzeit die Widerstandsgruppe der CSU[114], der Gautinger Kreis Karl Köhlers[115], ein Kunstausschuß[116] und ein Oder-Neiße-Arbeitsausschuß[117].

Vor allem die drei Organisationen für Frauen, Flüchtlinge und Jugend dienten der Verankerung der Partei in der Gesellschaft. Aus dem Frauen- und Familienausschuß entwickelte sich 1947 unter neuer Führung die Arbeitsgemeinschaft der Frauen in der CSU[118]. Der Flüchtlingsausschuß[119] verwandelte sich im Mai/Juni 1946 in die „Union" oder Organisation „der Ausgewiesenen". Diese propagierte als Hauptziele zunächst den Lastenausgleich für die Heimatvertriebenen und die „Rückgabe der deutschen Ostprovinzen"[120]. In den katholischen Gebieten Altbayerns stärkten die Vertriebenen mancherorts das evangelische Element in der Union[121]. Das Engagement der Jugend, auch aus der Kriegsgeneration, war wahrscheinlich in keiner Partei nach 1945 so stark wie in der

---

[105] *ACSP, NL Müller, Nr. 37.*
[106] *Ebd. Nr. 36.*
[107] *Ebd. Nr. 35.*
[108] *Ebd. Nr. 39.*
[109] *Ebd. Nr. 32.*
[110] *Ebd. Nr. 38. Unzutreffend Mintzel, Anatomie (wie Anm. 44), S. 213, daß aus ihm der Wirtschaftsbeirat entstand, welcher vielmehr an die (geplante) Berufsrepräsentation Handel, Gewerbe und Industrie anknüpfte. Siehe unten Anm. 127, 128, 130.*
[111] *Ebd. Nr. 26.*
[112] *Ebd. Nr. 25.*
[113] *Ebd. Nr. 22.*
[114] *Ebd. Nr. 48: Hundhammer, Stürmann, J. Müller, F. Fackler, Pflüger.*
[115] *Ebd. Nr. 43.*
[116] *Ebd. Nr. 28.*
[117] *Ebd. Nr. 29.*
[118] *Ebd. Nr. 42.*
[119] *Ebd. Nr. 24.*
[120] *Ebd. Nr. 47, Hektogr. „Die Flüchtlingsfrage" o.D. o. Verfasser. Vgl. Anm. 90.*
[121] *Maier, 40 Jahre CSU (wie Anm. 94), S. 31.*

CSU[122]. Unter führender Beteiligung Franz Stebers sowie der Kriegsteilnehmer Rudolf Birkl und Otto Schedl wurde seit Oktober 1946 die Schaffung der Arbeitsgemeinschaft Junge Union angegangen, von den Ortsvereinen aufsteigend zur Landesvertretung und zum „Parlament der Jungen"[123]. Von allen Organisationen dürfte die Junge Union am frühesten und nachhaltigsten auf die CSU eingewirkt haben. Offenbar hat Josef Müller sich nicht verschätzt, als er in der chaotischen Nachkriegssituation den Einsatz der Jugend für eine bessere Zukunft und für besonders benachteiligte Gruppen wie die Flüchtlinge und Lehrlinge herausforderte[124]. 1947 wurde der Versuch unternommen, in der Jungen Union auch studentische Arbeitskreise in Form des Verbandes Christlich-Sozialer Studentengruppen in Bayern zu organisieren[125].

Interessen- und berufspolitische Gruppen bildeten sich seit Frühjahr 1947 in Gestalt der Arbeitsgemeinschaft der Arbeitnehmergruppe in der CSU[126] sowie der Arbeitsgemeinschaft der Arbeitgeber (Wirtschafts- und Mittelstandsverband). Satzungs- und Programmentwürfe dieser u. a. von dem Nürnberger Stadtrat Hans Lang initiierten Gruppierung lagen im Mai 1947 vor[127]. Im Januar 1948 befand sich eine Arbeitsgemeinschaft Handel, Gewerbe und Industrie im Aufbau. Sie sollte für die Förderung von Klein- und Mittelbetrieben eintreten, weil die Partei in der Umstellung des „privatkapitalistischen Monopols" zum „gewerkschaftskapitalistischen Monopol" keine „gesunde Lösung" der wirtschaftlichen und sozialen Probleme erblickte[128]. Auch in der administrierten Wirtschaft der ersten Nachkriegszeit hatte sich auf Orts- und Kreisvereinsebene privatwirtschaftliche Initiative hervorgewagt, die in Zusammenarbeit mit den Kommunen Arbeitsbeschaffungsmaßnahmen und Baumaßnahmen für Neubürger geplant

---

[122] *Sepp Hort, ebd. S. 58; vgl. Franz Josef Strauß, Die Erinnerungen, Augsburg 1991 (¹1989), S. 63, 75ff. Über den jungen Strauß: Luitpold Braun, Der unbekannte Strauß – die Schongauer Jahre. Vorwort von Theodor Waigel, Schongau 1992.*

[123] *ACSP, NL Müller, Nr. 44, 26. Vgl. Becker, CDU und CSU (wie Anm. 5), S. 82.*

[124] *Ludwig Kastl, 1. Vorsitzender des Jugendausschusses der CSU Kreisverband Tirschenreuth, an Josef Müller, 16. 9. 1946. ACSP NL Müller, Nr. 165.*

[125] *ACSP, NL Müller, Nr. 46.*

[126] *Ebd. Nr. 41.*

[127] *Ebd. Nr. 40.*

[128] *Müller am 24./25. 1. 1948. Fait, Mintzel, Schlemmer (wie Anm. 9), Bd. 2, S. 1406f.; ebd. S. 1291, 1321 (3./4. 1. 1948).*

hatte[129]. Anstelle der geplanten Arbeitsgemeinschaft Handel, Gewerbe und Industrie entstand am 14. Juni 1948, kurz vor der Währungsreform, auf Initiative von Hanns Seidel, Lorenz Sedlmayr und Franz Elsen nach dem Vorbild der gleichnamigen BVP-Organisation der Wirtschaftsbeirat der Union. Er setzte sich zum Ziel, bis in die Regionen hinein ein Einvernehmen zwischen Wirtschaft und Politik zu erreichen[130].

Die Bauern erhielten während der Gründungsphase keine eigene Vertretung in der Partei. Aber wichtige Gründungsmitglieder wie Horlacher und Baumgartner konnten als ihre Vertreter gelten, und der Bauernverband nahm 1946 z.B. in Unterfranken auf die Kandidatenaufstellung mehr Einfluß, als der Landesleitung recht war[131]. Das Programm der 30 Punkte hielt auch am Berufsstand der Beamten fest. Ein Teil von ihnen konnte sich von der am 14. Oktober 1948 gebildeten Kommunalpolitischen Vereinigung der CSU in Bayern repräsentiert fühlen[132].

5. Probleme des Zusammenwachsens

Unter den Faktoren, die das Zusammenwachsen der Union beeinträchtigten, lassen sich allgemeine Hemmnisse, die alle Parteien betrafen, und die mehr speziellen Hindernisse, die mit der Eigenart der neuen Volkspartei zusammenhingen, unterscheiden.

Die Organisations- und Entnazifizierungsprobleme betrafen alle Parteien. Die Militärbehörden warteten manchmal monatelang mit der Genehmigung der eingereichten Zulassungsanträge. Andererseits verlangte die Besatzungsmacht von mehreren Orts- oder Kreisparteien, zweimal im Monat Bericht zu erstatten, ohne daß die für einen raschen Aufbau und für die Mitgliederwerbung notwendige Freizügigkeit gestattet wurde. Die ersten Organisatoren arbeiteten oft ohne Büroräume, von ihren Privatunterkünften aus. Sie waren

---

[129] *Walter Jahn, Ein Sozial-Wirtschaftspolitisches Programm des Landkreises Sonthofen (Oberstdorf 11.2.1947), das u.a. die Errichtung von „Achtfamilien-Typenhäusern" vorsah. ACSP, NL Müller, Nr. 182.*

[130] *Groß, Seidel (wie Anm. 28), S. 105 f.*

[131] *Aktenvermerk Liedigs v. 15.11.1946 Lie/F. ACSP, NL Müller, Nr. 190.*

[132] *Ebd. Nr. 45 (1. Vors. Karl Scharnagl). Vgl. Mintzel, Anatomie (wie Anm. 44), S. 214 f.*

auf eigene Kosten auch an Wochenenden im Dienst der Partei unterwegs. Nicht immer fanden ihr Einsatz und ihr Idealismus auch nur parteiintern genügend Würdigung[133]. Die entlegeneren ländlichen Gebiete Bayerns konnten flächendeckend erst allmählich für die Partei erschlossen werden. Dazu trugen vor allem die Wahlkämpfe bei, die den konkurrierenden Parteien sogleich besondere organisatorische Aufgaben auferlegten: die Plakatierung, die Einberufung und Durchführung von Versammlungen, die Erstellung von Rednerlisten[134], auch schon die Rednerschulung. Einen besonderen Vorteil hatten solche Redner und Organisatoren, die von Amts wegen oder privat über einen PKW verfügen konnten. Der Erdinger Unionsgründer Dr. Lehmer durfte allerdings 1946 im Stadtgebiet nur die Höchstgeschwindigkeit von 22 km/h, im Landkreis von 37 km/h fahren. Die Pressesituation war in manchen Regionen, so in Würzburg, für die CSU ungünstig. Wenn Mitglieder der Union kommunale Leitungsposten innehatten, erleichterte dies nicht unbedingt die Arbeit der Partei. So behandelte der Landrat von Gerolzhofen 1946 den CSU-Kreisverband wie „eine behördliche Einrichtung"[135]. Nachrichten mußten häufig über Mittelsmänner weitergeleitet werden, was die Möglichkeit von Mißverständnissen und Irrtümern, z. B. über den Parteinamen erhöhte. Jedes persönliche Zusammentreffen, das über nähere und weitere Entfernungen hinweg planvoll arrangiert werden konnte, war unter diesen Umständen eine Leistung. Umso höher ist zu veranschlagen, daß sich im Prinzip gemeinsame Vorstellungen über den neu einzuschlagenden Weg entwickelten.

Obwohl viele Unionsgründer unter der nationalsozialistischen Diktatur Verfolgung erlitten hatten, wandte sich die Partei programmatisch und in Einzelbekundungen gegen eine schematische Entnazifizierung. Sie wollte zwischen den wirklich Schuldigen und den Mitläufern einen wesentlichen Unterschied etwa in der Strafverfolgung gemacht sehen[136]. Was die Union selbst betraf, so forderten einige ihrer Vertreter, daß frühere „Aktivisten und Militaristen" sowie die vor dem 1. Mai 1937 eingetretenen, zu den ersten Wahlen nicht zugelassenen Mitglieder der NSDAP keine CSU-Mitglieder werden

---

[133] *Siehe oben Anm. 65.*

[134] *Eine Rednerliste (München) im NL Schinagl umfaßt 40 Namen.*

[135] *Theuerer, Vorsitzender des CSU Kreisverbands Kitzingen, an die CSU in Bayern. Gerolzhofen 29. 7. 1946. ACSP, NL Müller, Nr. 190.*

[136] *Redemanuskript von Anton Maier, Dingolfing [1946]. ACSP, NL Maier, Nr. 37.*

dürften[137]. Mehrfach wurden Klagen darüber laut, daß die Spruchkammern von Sozialdemokraten und Kommunisten besetzt seien und daß dadurch, wie durch das Unverständnis der Militärregierung, ehemals verfolgte oder zurückgesetzte CSU-Mitglieder als Anhänger des untergegangenen Regimes eingestuft und in ihrer neuen politischen Arbeit behindert würden[138]. Es konnte nicht ausbleiben, daß hie und da schwer nachprüfbare Vorwürfe, dem NS-Regime gedient zu haben oder in Korruptionsaffären verwickelt zu sein, anders motivierte persönliche Streitigkeiten, besonders um Führungspositionen, verschärften[139]. Insbesondere bei Wahlvorschlägen war die politische Erfahrung von ‚old-timern' nicht zu unterschätzen. Als in Rennertshofen (Bezirksamt Neuburg a.d. Donau) der Bürgermeister „mehrere Nazi" in die Wahlvorschläge der CSU einbezog, stand dagegen Maria Rohrer, die ehemalige Sekretärin des Generalsekretärs der BVP, Anton Pfeiffer[140], auf. In der Frage der Entnazifizierung nahm die Union eine differenzierte und vorausschauende Haltung ein. Auch wenn diese im damaligen Klima Mißverständnissen ausgesetzt war, sollte sie nicht als „wenig entschlossen"[141] abqualifiziert werden. Auch die als Tatsachenbehauptung formulierte Mutmaßung, ein hoher Prozentsatz ehemaliger NSDAP-Mitglieder habe sich der CSU angeschlossen[142], bedürfte erst einmal der Überprüfung.

Die Unionsgründungen auf dem Lande hatten mehr mit Organisations- und Proporz- als mit Entnazifizierungsproblemen zu kämpfen. Den neuen Aufgaben, die der interkonfessionelle Anspruch auferlegte, suchte sich die Partei durch eine vermehrte Berücksichtigung „evangelischer Mandate" und Kandidaten zu stellen[143]. Als Maria Dekus Abstimmung gegen das Staatspräsidentenamt heftige Reaktionen bei einigen männlichen Fraktionskollegen

---

[137] *Protokoll der Mitgliederversammlung von Würzburg Stadt und Land am 20. 6. 1946.* ACSP, NL Müller, Nr. 198.

[138] *Siehe oben Anm. 21 u. 22 (Fälle Metz und Weis). Vgl. Henke u. Woller (wie Anm. 2) S. 61.*

[139] *So in Würzburg: Dr. Kaspar Dürr gegen Dr. Bruno Stephan Stadler und Vitus Heller.* ACSP, NL Müller, Nr. 184 (Bezirksverband Unterfranken).

[140] *Wie Anm. 70.*

[141] *Wie Henke u. Woller (Anm. 2) S. 17 meinen.*

[142] *Ebd. S. 17; der Beleg Anm. 54 ist absolut unzureichend. Erklärungsbedürftig wäre dann auch, warum die CSU bei den Wahlen des Jahres 1946, mit dem ehemalige Regimeanhänger einschränkenden Wahlrecht, so gut abschnitt.*

[143] *Aktenvermerk Liedigs v. 15. 11. 1946 auf eine Beschwerde W. Eichhorns (wie Anm. 131).*

im Landtag auslöste, schien auch der Parteivorsitzende bereit, dies als einen Angriff auf die Frauen in der Union anzusehen[144]. In für die CSU noch instabilen, konfessionell gemischten Kreisen konnten persönliche Zwistigkeiten und Drohungen von Amtsträgern die Partei in eine schwierige Lage bringen[145]. Andererseits bildeten dort, wo profilierte parteipolitische Gegner fehlten, wie in Teilen des Regierungsbezirks Schwaben, die Parteilosen eine Gefahr für die Union[146].

Angesichts dieser mannigfachen Schwierigkeiten, mit denen es die Union in Bayern von Anfang an zu tun hatte, bedarf die in der bisherigen Literatur zu beobachtende, fast ausschließliche Konzentration auf den Führungsstreit[147] zwischen den beiden Flügeln Müllers und Schäffer-Hundhammers einer gewissen Relativierung. Genauer besehen geht die These auf teils überspitzt formulierte Auffassungen von Vertretern des Müller-Flügels selbst zurück[148], wobei Franz Josef Strauß allerdings nur von zwei „Strömungen"[149] in der Gründungsphase der Partei spricht. Eine wissenschaftliche Betrachtung sollte sich über den Horizont der unmittelbar beteiligten Zeitgenossen erheben, soweit dies durch eine vergleichende Aspekte einbeziehende Gesamtbetrachtung ermöglicht wird.

Neben den persönlichen Gegensätzen zwischen Schäffer und Müller, die zunächst ausgeräumt werden konnten, die 1948 aber wieder massiv hervorbrachen, ging es im Flügelkampf um ein strukturell-politisches Problem, das in den katholischen Gebieten Nord- und Westdeutschlands auf ähnliche

---

[144] *Maria Deku an Josef Müller, Hubertushöhe, Post Hauzendorf 14. 9. 1946; Josef Müller an Maria Deku 24. 10. 1946. ACSP, NL Müller, Nr. 164.*

[145] *Landrat Dr. Rudolf Deku. Ebd.*

[146] *Wie Anm. 70.*

[147] *Karl Möckl, Die Struktur der Christlich-Sozialen Union in Bayern in den ersten Jahren ihrer Gründung, in: Zeitschrift für bayerische Landesgeschichte 36 (1973) S. 719–753; nach ersten Aufsätzen (1972) Mintzel, Anatomie (wie Anm. 44, [¹1975]); Barbara Fait einleitend zu Fait, Mintzel, Schlemmer (wie Anm. 9), Bd. 1; zuletzt die bei H. G. Hockerts entstandene Münchener Magisterarbeit von Thomas Schlemmer, Krisenjahre der CSU. Die Christlich-Soziale Union bis zum Beginn der Ära Ehard, März 1993, S. 58, 86, 229 f.: ziemlich kritiklose Mintzel-Rezeption.*

[148] *Besprechung v. 17. 7. 1954 (wie Anm. 27), S. 16 (Müller); nach Köhler, Parteigeschichte (wie Anm. 26), S. 14 waren Schäffer und Hundhammer gar nicht integrierbar; Strauß, Erinnerungen (wie Anm. 122), S. 76.*

[149] *Ebd.*

Weise die Unionsgründungen behinderte oder zum Wagnis machte wie in Bayern. Dabei stand nicht mehr und nicht weniger in Frage als der entscheidende parteipolitische Neuansatz selbst, die Klientel der früheren katholischen Volksparteien, des Zentrums und der BVP, in die neue interkonfessionelle Volkspartei der Union möglichst weitgehend einzubringen[150].

Ungeachtet des der Unionsdoktrin inhärenten historischen Negativurteils über die Rolle der BVP (und des Zentrums) im Jahre 1933 war auch die CSU auf das vormals von diesen konfessionellen Volksparteien erfaßte Wählerpotential und auf deren Funktionäre angewiesen, soweit dieser Personenkreis überlebt hatte oder sich zur Verfügung stellte. Die soziologische, zudem auf einen totalen Nachholbedarf an „Demokratie" nach 1945 fixierte Definierung der früheren BVP-Anhänger als „schwarzes" Problempotential in der angeblich rein liberal-konservativen Müller-CSU und als rückständige „Honoratiorenpartei" weist in eine prinzipiell falsche Richtung.

Mit entwaffnender Offenheit wurde für die fränkische, hinter Josef Müller stehende Union eingestanden, daß deren Wahlerfolge der „Naivität des Landvolks" zu verdanken seien[151]. Auch im Gebiet um Augsburg wurde bei den Gemeindewahlen von 1946 das Abschneiden der Christlichen Union (CU) an dem hier freilich überschrittenen früheren BVP-Stimmenanteil gemessen[152]. Die alten BVP-Kämpfer Eugen Tetzel und Adolf Schwanninger aus dem Bezirksamt Memmingen, also aus einem mehrheitlich protestantischen Gebiet, beschwerten sich bitter beim CSU-Landessekretariat, daß von den dortigen Unionsgründern ihre erklärte Bereitschaft zur Mitarbeit ignoriert werde. Hier wolle man offenbar Zulauf aus der früheren (christlichen) Arbeiterschaft nicht zulassen[153]. Daß die alte BVP nicht nur „Honoratioren" zu bieten, sondern den Einbruch in die Wählermassen der Arbeiter bereits lange vor 1933 geleistet hatte, geht zum Überfluß aus einem Regensburger Exposé (siehe Dokument 6) hervor, das der Benachteiligung der „christlichdemokratischen" Arbeiterschaft bei der Bildung der neuen Einheitsgewerkschaft in Regensburg widersprach. Das Exposé rechtfertigte das Verhalten Heinrich Helds und der BVP vor 1933 und wird erst vor dem Hintergrund heftiger Angriffe verständlich, die der spätere Bayernparteivor-

---

[150] Vgl. Becker, CDU und CSU (wie Anm. 5), S. 86f.
[151] Vitus Heller an Josef Müller, Würzburg 7. 3. 1946. ACSP, NL Müller, Nr. 196.
[152] Albert Kaifer an Walter Jahn (wie Anm. 71).
[153] A. W. Schmidt (wie Anm. 70), S. 4.

sitzende Joseph Baumgartner auf den von der NSDAP brutal abgesetzten, 1938 verstorbenen bayerischen Ministerpräsidenten gerichtet hatte[154].

Hier[155] wurde darauf hingewiesen, daß aufgrund der Resistenz der bodenständigen BVP die NSDAP die von den christlichen Gewerkschaften gehaltenen Arbeiterviertel noch bei den Märzwahlen von 1933 nicht habe erobern können. In der bayerischen Großstadt Regensburg behauptete die BVP noch bei diesen letzten freien Wahlen einen Vorsprung von über 4.500 Stimmen vor der NSDAP. Der erfolgreiche Kampf der BVP-Politiker Heinrich Held und Otto Hipp gegen die NSDAP hatte den Nationalsozialisten vor 1933 nicht erlaubt, einen irgendwie legalen „maßgebenden Einfluß" auf die Geschicke der Stadt auszuüben[156]. Vor Ort war die Bilanz der Volkspartei also keineswegs so negativ, wie das großflächige Bild Josef Müllers über die deutsche Gesamtentwicklung der Zwischenkriegszeit suggerierte. Auch von daher mag das Selbstbewußtsein verständlich sein, mit dem die „gesamte Landbevölkerung der Oberpfalz" sozusagen „in landsmannschaftlicher Treue an den Traditionen der Vergangenheit" und der BVP hing, auch wenn sie sich loyal „auf den Boden der neuen Partei" stellte[157]. Der vor dem spezifisch bayerischen zeitgeschichtlichen Hintergrund demokratisch zu nennende, weil gegenüber der nationalsozialistischen Bewegung im Kampf bewährte Charakter der BVP wird in den gängigen Erwähnungen dieser Partei, sofern sie als Traditionsbestandteil der CSU aufscheint, bisher leider kaum berücksichtigt[158] oder gar wider die Tatsachen glatt abgestritten[159].

Es erwies sich als unumgänglich, daß die neue Partei auf das ihr nahestehende politische Potential aus der Weimarer Republik auch bei ihren Mandatsträgern teilweise zurückgriff. Die vor 1933 tätige Politikergeneration verarbeitete den Schock über die zwölf Jahre Nationalsozialismus vielleicht

---

[154] *Siehe oben Anm. 31.*
[155] *Bericht zur persönlichen Information über Zeitfragen in Regensburg.*
[156] *Ebd.; vgl. Dieter Albrecht, Regensburg im Wandel. Studien zur Geschichte der Stadt im 19. und 20. Jahrhundert, Regensburg 1984, S. 216.*
[157] *A. Gierl, Kreissekretariat der CSU in Roding und Neunburg vorm Wald, an den Vorsitzenden der CSU für den Landkreis in Nabburg, Graf Andre Schall in Wernberg (Burg), Roding 7.3.1946. ACSP, NL Müller, Nr. 163.*
[158] *Mintzel, Anatomie (wie Anm. 44), S. 68, 83f., 89, 99f., 122, 133, 165 u.ö.*
[159] *So etwa in personalistischer Zuspitzung auf den angeblich „erzkonservativen bayerischen Politiker" Fritz Schäffer (Alf Mintzel, in: Süddeutsche Zeitung v. 11./12. 5. 1988), der doch wie andere 1933 nicht makellos seine politische Unschuld bewahren konnte.*

besser als die jüngere Generation, denn sie konnte an vorher eingeübte demokratische Verhaltensweisen anknüpfen. Von 104 CSU-Abgeordneten des Bayerischen Landtags der ersten Legislaturperiode 1946/50 hatten vor 1933 51 der BVP angehört. Zwölf stammten aus katholischen Vereinen oder Verbänden, sechs aus den früheren christlichen Gewerkschaften, fünf aus dem früheren Christlichen Bauernverein, zwei aus dem Bayerischen Eisenbahnerverband. Frühere nicht-katholische Organisationen waren erheblich seltener vertreten, so der Bayerische Bauern- und Mittelstandsbund mit fünf, der Bayerische Heimat- und Königsbund mit einem, die Deutschnationale Volkspartei mit einem, die Deutsche Volkspartei mit einem, die evangelische bzw. großbündische Jugend mit zwei, die Gewerkschaften ohne weitere Angaben mit drei Abgeordneten. Aber nur zehn ehemalige Landtags- und fünf ehemalige Reichstagsmitglieder saßen im Landtag von 1948[160].

Die durch unpräzise, schlagwortartige Formulierungen nahegelegte Suggestion, die Union in Bayern habe sozusagen von Anbeginn aus zwei Parteien bestanden, aus einer „klerikalen", „etatistischen", „traditionalistischen" und anti-sozial eingestellten „Honoratioren"-Partei und aus einem liberal-konservativen, sozial und wirtschaftlich aufgeschlossenen Fortschrittsflügel, läßt sich so nicht halten. „Klerikale" Elemente (Geistliche) wirkten allenthalben bei der Gründung mit, zogen sich aber, von Ausnahmen abgesehen, sogleich aus dem gesamten Leben der Partei (nicht nur eines „Flügels") zurück. Eine unbehelligt schaltende Gruppe von „Etatisten" konnte sich nicht wie über die Wende von 1918/19 entfalten. Die „BVP-Traditionalisten" hatten gegen die Diktatur gekämpft und mit Verfolgung bezahlt; Müller selbst gehörte sogar zu ihnen. „Honoratioren" hätten sich vielleicht in einem gesellschaftlich gefestigten Staatsgebilde etablieren können, nicht in einer die hergebrachten Milieus erschütternden Landschaft des Umbruchs. Die „Honoratioren", die die Amerikaner nun einsetzten, waren die Unbelasteten, die Außenseiter, die aus ihren Staatsämtern entfernten Abseitsstehenden der nationalsozialistischen Gesellschaft (z.B. Schäffer, Adenauer). Honoratioren aber im früheren Sinne des Wortes wollte gerade der Münchener Gründerkreis um Josef Müller aus den höheren Bürgerschichten der Landeshauptstadt zur neuen Union

---

[160] *Auszählung im wesentlichen nach den Selbstangaben im Amtlichen Handbuch des Bayerischen Landtags, München 1948. Freundl. Auskunft von Dr. Fritz Hopfenmüller, ACSP. Vgl. Peter Jakob Kock, Der Bayerische Landtag 1946 bis 1986, Bamberg 1988, S. 14ff. (Bernhard Ücker).*

herüberziehen, um so dem empfindlichen Mangel abzuhelfen, daß die angebliche Honoratiorenpartei der „BVP-Traditionalisten" gerade diese höheren (liberalen) Bürgerschichten vormals in ihren Reihen nicht hatte vorweisen können.

Richtig an dieser These ist nur, daß sich infolge des gewählten parteipolitischen Neuansatzes und der damit sich stellenden Aufgaben, neue, in eine breite Wählerschaft eingesenkte politische Strukturen zu schaffen, mit einer gewissen Zwangsläufigkeit innerparteiliche Auseinandersetzungen um die „bestmögliche Gestaltung" der zukünftigen Ordnung[161] und bisweilen heftig miteinander rivalisierende Strömungen ergaben. Dabei dürften manche Sorgen des mehr die Wählerschichten der BVP einbeziehenden Schäffer-Flügels nur allzu berechtigt gewesen sein. Selbst in Franken eröffnete die Aufstellung unbekannter oder landfremder evangelischer Kandidaten der Bayernpartei die Möglichkeit eines Einbruchs in die ländliche katholische, frühere BVP-Wählerschaft[162]. Das Dilemma bestand darin, zwecks Erreichung regierungsfähiger Mehrheiten neue Wählerschichten zu erschließen und darüber einen sozusagen ererbten Anhang nicht zu verlieren, der bereits von anderer Seite heftig umworben wurde. Auch ließ es sich die Presse nicht nehmen, die temperamentvoll ausgetragenen Richtungskämpfe ausführlich zu kommentieren[163].

Schließlich dürfen auch Zeugnisse des Strebens nach Einigung und Gemeinsamkeit nicht unerwähnt bleiben. Namens der Bezirkskonferenz Südschwaben beantragten die Kreisverbände Kempten Stadt und Land bei der Bezirksleitung der CSU in Schwaben, bei der Landesversammlung in Eichstätt am 30./31. August 1947 eine die „Interessengegensätze" ausgleichende Persönlichkeit zum Landesvorsitzenden zu wählen, weil die CSU „ob der herrschenden Zeitverhältnisse und auch im Hinblick auf die Erhaltung eines

---

[161] *Müller, Festansprache (wie Anm. 2), S. 47.*

[162] *In Gerolzhofen, einem der größten Kreise Frankens mit 77 Gemeinden, hatte die CSU mit ihrem evangelischen Bundestagskandidaten Friedrich Funk „einen sehr, sehr schweren Kampf gegen die Bayernpartei zu führen". CSU-Kreisverband Gerolzhofen an Josef Müller, Gerolzhofen 26. 7. 1949. ACSP, NL Müller, Nr. 190. Vgl. auch A. Kaifers Klage über „die Gründung der Heimat- und Königspartei in Bayern" vom 6. 2. 1946 (wie Anm. 152 u. 71). Vgl. insgesamt Ilse Unger, Die Bayernpartei. Geschichte und Struktur 1945–1957, Stuttgart 1979.*

[163] *Wie Anm. 161.*

christlichen Abendlandes heute und für die Folgezeit notwendiger denn je" sei[164]. Die Bezirksgruppe Obersendling in München distanzierte sich Anfang 1946 „vollständig von der Politik der ehemaligen bayrischen Volkspartei", betonte, „auf neuer Grundlage neu beginnen" zu wollen, bekannte sich zu „demokratischen Methoden innerhalb der Partei" und brachte daraufhin Alois Hundhammer als unantastbare und unbelastete Persönlichkeit für den Parteivorsitz der Landesorganisation in Vorschlag, weil er „am ehesten Gewähr für die Durchführung der obigen Grundsätze" biete[165]. Müller konstatierte im Rückblick 1955, daß die Union trotz des dynamischen Ringens in ihren Reihen zusammengehalten habe[166]. Dem korrespondierte die spätere Bestandsaufnahme seines Kontrahenten Schäffer. Trotz unterschiedlicher Parteinamen und Programme habe die Union sich zum „Sammelbecken zahlreicher alter und neuer Parteiströmungen" entwickelt. „Es ist klar, daß das Zusammentreffen all dieser Elemente hie und da Gewitter und Explosionen erzeugen mußte, aber durch diese notwendige Gärung gelangten wir zur Klarheit und zu einer festgeschmiedeten politischen Tatgemeinschaft, die ihren Weg konsequent in die politische Verantwortung ging, den Wettlauf mit dem Radikalismus gewonnen hatte und entscheidend das Gesicht Deutschlands prägen durfte und konnte"[167].

---

[164] *Eberspacher, Jos. Dangelmaier, CSU-Kreisverband Kempten Stadt u. Land, an Bezirksleitung der CSU in Schwaben, Kempten 20. 8. 1947. ACSP, NL Müller, Nr. 176.*
[165] *Gründungsprotokoll v. 18. 1. 1946. ACSP, NL Schinagl.*
[166] *Wie Anm. 161. Vgl. Oberfränkisches Volksblatt [1946]: „in Programmfragen keine Gegensätze". ACSP, NL Schinagl.*
[167] *Zit. nach Wolf D. Gruner, Fritz Schäffer und der Neubeginn in Bayern nach 1945, in: Mückl, Föderalismus (wie Anm. 10), S. 37–66, 63.*

Die Christlich-Soziale Union in den ersten Nachkriegsjahren

Christoph Henzler

I. Einleitung

Wohl kaum ein anderes halbes Dezennium in der Parteigeschichte brachte für die CSU derart komprimiert Entscheidungen wie die ersten Jahre ihres Bestehens zwischen 1945 und 1949/50.

Einer ihrer später führenden Repräsentanten, Fritz Schäffer, war bereits von Mai bis September 1945 der erste Nachkriegs-Ministerpräsident in Bayern und damit auch der erste in Deutschland. In seine Amtszeit fielen die Anfänge der Parteigründung. Kaum war die Partei aus der Taufe gehoben, errang sie, nach ersten Erfolgen bei Kommunalwahlen, bei den Wahlen zur Verfassunggebenden Landesversammlung Ende Juni 1946 mit 58,3% einen überzeugenden Beweis ihrer Existenzberechtigung, wie sie mit 52,3% über die absolute Mehrheit im ersten Nachkriegs-Landtag verfügte und damit den ersten freigewählten Ministerpräsidenten Bayerns stellte. Daß dieser aber nicht der Parteivorsitzende der CSU, Josef Müller (genannt „Ochsensepp") wurde, sondern der bisherige Staatssekretär im Justizministerium, Hans Ehard, zeigt schlaglichtartig auch die sonst nicht geringen „Geburtswehen" der neuen Partei. In die Flügelkämpfe hinein erwuchs der CSU durch die Bayernpartei dann ein ernstzunehmender Gegner, dem es gelang, der Union zunächst bis in die 50er Jahre ein beträchtliches Wählerpotential wegzunehmen. Und dies alles zu einer Zeit, als in Bayern die zunächst geschaffene Große Koalition aus CSU, SPD und WAV im Spätsommer 1947 zerbrach und die CSU die Alleinverantwortung in der Staatsregierung übernahm.

Neben dieser „bayerischen Entwicklung" der Partei spielten Repräsentanten der CSU aber auch eine z.T. hervorgehobene Rolle bei der Konstituierung der Bundesrepublik Deutschland. Es war der bayerische Ministerpräsident Ehard, der zur ersten und damals einzigen gesamtdeutschen Konferenz der Länderchefs nach München einlud und auch sonst bei der Schaffung des Grundgesetzes entscheidende Impulse zu geben bemüht war. Abgeordnete der CSU saßen im Wirtschaftsrat sowie im Parlamentarischen Rat, und es war aber auch die Mehrheit dieser Partei, die das Grundgesetz im Bayerischen Landtag – bei gleichzeitiger Anerkennung der Rechtsgültigkeit – aus föderalen Gründen scheitern ließ. Schließlich wurde jedoch ein CSU-Abgeordneter, der vormalige Ministerpräsident Fritz Schäffer, zum ersten Bundesminister der Finanzen im Kabinett Adenauer ernannt, und er blieb es acht Jahre und damit länger als alle seine Nachfolger. Die CSU war endgültig landes- und bundespolitisch etabliert.

Der vorliegende Beitrag möchte versuchen, die politische Arbeit der CSU im Nachkriegs-Bayern und in der sich konstituierenden Bundesrepublik aufzuzeigen, wobei dies letztlich nur – im Rahmen des vorliegenden Sammelbandes – auf die „große Linie" bedacht geschehen kann.[1] Der Beitrag sieht somit seinen Schwerpunkt in der Information und weniger in der Interpretation des Dargestellten. Damit werden aber auch nur in wenigen Ansätzen die soziologische Seite der Entwicklung oder spezielle Fragen zum Strukturwandel in der Partei anzusprechen sein.[2] Gleichfalls hat das Zusammenspiel von CSU und CDU keinen breiteren Raum gefunden.

---

[1] *In einem solchen Rahmen ist es kaum möglich, bei aller gebotenen Genauigkeit wissenschaftliche Kontroversen zu diskutieren oder oft auch nur aufzuzeigen. Der interessierte Leser kann sich aber über die jeweiligen Literaturangaben in den Fußnoten die Forschung zugänglich machen. Dabei werden in den Anmerkungen generell nur die Kurztitel angegeben, deren volle bibliographischen Angaben über die Literaturliste zu erschließen sind. Grundlegende Werke, denen der Autor in seiner vorliegenden Darstellung besonders verpflichtet ist, werden zudem zu Beginn eines Kapitels besonders genannt. Hier sei auch bes. verwiesen auf: Bibliographie zur Geschichte der CDU und CSU 1981–1986. Mit Nachträgen 1945–1980. Erstellt von Brigitte Krahe und Michaela Seibel. München 1990 (Forschungen und Quellen zur Zeitgeschichte, Bd. 15). – Dank schulde ich Frau Barbara Fait, die mir Einsichtnahme in die Druckfahnen ihres kurz vor der Veröffentlichung stehenden Werkes „Die Anfänge der CSU 1945–1948. Der holprige Weg zur Erfolgspartei, München 1995" gewährte. Dank auch Herrn Wolfgang Schuster, der mir sein Manuskript für eine Ausstellung zur Parteigeschichte zur Verfügung stellte.*

[2] *Hier sei auf das grundlegende Werk von Alf Mintzel, Die CSU. Anatomie einer konservativen Partei 1945–1972, 1975 verwiesen.*

So gilt es eine Entwicklung aufzuzeigen, deren Anfänge unmittelbar auf das psychologische und materielle Trümmerfeld der Nazizeit zurückführen, aus dessen Ruinen sich vier Jahre später zwei deutsche Staaten erhoben, von denen aber nur der westliche als Basis eine freiheitlich-demokratische Grundordnung erhielt. Die Anfänge der CSU sind somit auf das engste mit der Entwicklung Nachkriegs-Bayerns und der Gründung der Bundesrepublik Deutschland verbunden.

II. Parteigründung und Staatswerdung unter amerikanischer Besatzung

1. Die Konstituierung der CSU unter den Regierungen Schäffer und Hoegner

„Die Nazis haben ein Ruinenfeld hinterlassen, wie es Europa noch nie gesehen hat. ... Unsere Städte sind Ruinen, die Industrie ist zerstört, Landwirtschaft und Forsten sind ausgeplündert. Der Volkswohlstand ist auf Jahrzehnte vernichtet."[3] Mit diesen Worten umriß der erste Nachkriegs-Ministerpräsident Bayerns, Fritz Schäffer, in seiner Rundfunkansprache Anfang Juni 1945 die Situation des Landes. Schon die reinen statistischen Daten jener Zeit lassen das Ausmaß der Zerstörung und des menschlichen Leids erahnen: Bayern beklagte 28.445 Ziviltote und 254.897 Gefallene, viele bayerische Städte lagen in Schutt und Asche (München zu 33%, Aschaffenburg und Neu-Ulm zu 38%, Nürnberg zu 51%, Donauwörth zu 74% und Würzburg zu 75%), die Versorgung der Bevölkerung war weitgehend zusammengebrochen, Millionen von Heimatvertriebenen und Flüchtlingen drängten nach Westdeutschland, Hunderttausende von Evakuierten konnten nicht in ihre zerstörten Städte zurückkehren und ein unübersehbares Heer von verschleppten Zwangsarbeitern und Kriegsgefangenen aus ganz Europa wartete auf Rückführung.[4] Hinzu kamen noch die Forderungen der Amerikaner nach

---

[3] Zitiert nach Baer, Ministerpräsidenten, 10. – Im folgenden werden nur die Kurztitel der Literatur zitiert; ihre genauen bibliographischen Angaben sind dem Quellen- und Literaturverzeichnis zu entnehmen.

[4] Vgl. Überblicksdarstellungen in: Zorn, Bayerns Geschichte, 539–541; Hartmann, Bayerns Weg, 530–542.

Wohnraum und Versorgung ihrer Besatzungstruppen – und das alles bei einer weitgehend zusammengebrochenen Verwaltung und Infrastruktur.

So war es durchaus eine Überraschung, als man von seiten der amerikanischen Militärregierung (MG) bereits am 28. Mai 1945 den letzten Vorsitzenden der Bayerischen Volkspartei (BVP), Fritz Schäffer, zum „Temporary Ministerpräsident" ernannte. Aber schon das Ernennungsschreiben ließ keinen Zweifel, daß man in Schäffer lediglich die Spitze einer neu zu ordnenden Verwaltung sah.[5] Die Amerikaner wollten somit das Ministerpräsidentenamt keinesfalls als politischen Posten verstanden wissen und legten Wert darauf, daß die Benennung von „Ministern" unter fachlichen Gesichtspunkten geschah. Wenn Schäffer auch grundsätzlich dieser geforderten Überparteilichkeit nachkam – die Berufung der Sozialdemokraten Wilhelm Hoegner (Justiz) und Albert Roßhaupter (Arbeit) ist auch unter diesem Aspekt zu sehen –, so weisen die schnell erstellte Ministerliste und Unterlagen im Nachlaß Schäffer doch auf eine gewisse politische Vorarbeit hin. Gespräche mit ehemaligen Weggefährten der BVP-Zeit, besonders mit dem ehemaligen Generalsekretär der Partei, Anton Pfeiffer, waren vorausgegangen, und vieles deutet darauf hin, daß bereits zu diesem Zeitpunkt an eine spätere Wiederbelebung der BVP von ihrem letzten Vorsitzenden gedacht wurde.[6]

Doch den allgemeinen Aufbau eines Parteiensystems lehnte der Ministerpräsident dennoch kategorisch ab, und die zunächst ablehnende Haltung der Amerikaner zur Parteienlizenzierung wurde von ihm nachdrücklich begrüßt. Auf der ersten Landrätetagung am 17. Juli 1945 brachte er dies auf die Formel: „Wir wollen frei von Politik an die praktische Arbeit gehen."[7] Entscheidend für diese Haltung war aber die bei vielen konservativen Politikern verbreitete Angst vor einem Linksrutsch bei Wahlen. Schäffer dachte schon allein daher an eine längerfristige Führung unter seiner „väterlichen Ägide", bis das Volk „ein demokratisches Bewußtsein erlangt" hätte.[8]

---

[5] *Vgl. Ernennungsschreiben vom 28. 5. 1945, abgedruckt u. a. in: Baer, Ministerpräsidenten, 255.*

[6] *Vgl. Unterlagen im BayHStA, NL Pfeiffer 540 und im BA, NL Schäffer 14, bes. fol. 33; Reuter, Graue Eminenz, 88 ff.; Henzler, Schäffer, 102.*

[7] *Niethammer, Bayern, 187.*

[8] *Vgl. Schreiben Schäffers an Col. Reese vom 17. 8. 1945, in: BayHStA, NL Pfeiffer 142 und Unterlagen im BA, NL Schäffer 16, fol. 77–84; Fait, Anfänge der CSU, 21 f.; Henzler, Schäffer, 143/167.*

Doch über diese Überlegungen hinaus blieb Schäffer als Ministerpräsident letztlich kaum Zeit für parteipolitische Aktivitäten. Nachdem die Regierungsmannschaft benannt und von den Amerikanern bestätigt worden war,[9] galt es mit aller Kraft, die drückendsten Notlagen und Mißstände anzugehen: einen zügigen Aufbau der Verwaltung, eine wenigstens annähernde Sicherung der Grundernährung und Verbesserung der Wohnraumsituation, eine umfassende Entnazifizierung sowie erste Maßnahmen, um das Flüchtlings- und Vertriebenenproblem sowie die Rückführung der Displaced Persons in den Griff zu bekommen. Für die Amerikaner zeigte sich dabei in den ersten Wochen der Amtszeit, daß sie mit Schäffer einen fähigen Verwaltungsmann gewonnen hatten.[10] Auch wenn letztlich in seiner „Regierungszeit" nur Anfänge der Aufbauarbeit geregelt werden konnten, so zeigten sich doch schon jene Eigenschaften, die ihn Monate später in der sich konstituierenden CSU zu einem wichtigen, aber auch nicht unumstrittenen Parteimitglied machten: die neben hohem Intellekt, Fachkenntnis und persönlicher Anspruchslosigkeit in ihm verankerte Bereitschaft, bei wichtigen Entscheidungen im Streit bis an die Grenzen des ihm und seinen Gegnern Zumutbaren zu gehen, und das ganze gepaart mit einem gewissen „Sendungsbewußtsein", das ihn nicht immer die Grenzen des Möglichen erkennen ließ.

Konnte er sich in einer Reihe von Detailfragen z.T. in heftigen Auseinandersetzungen gegen die Militärverwaltung durchsetzen, so stellte sein Umgang mit der von ihm geforderten strikten Entnazifizierung ein besonde-

---

[9] *Der Regierung gehörten an: Otto Hipp (ehem. BVP) als Unterrichtsminister, Karl Arthur Lange als Wirtschaftsminister, August Fischer (ehem. DNVP) als Ministerialdirektor Verwalter des Innenministeriums, Ernst Rattenhuber (Verwalter des bayerischen Krongutes) als Leiter des Landesamts für Ernährung und Landwirtschaft, Albert Roßhaupter (SPD) für das Arbeitsministerium, Wilhelm Hoegner (SPD) als Justizminister; Schäffer übernahm selbst die Leitung des Finanzministeriums. Anton Pfeiffer (ehem. BVP) übernahm nach längerem Zögern die Leitung in der Staatskanzlei. An den Ministerratssitzungen nahmen zudem fast regelmäßig teil: der Präsident der Reichsbahn Rosenhaupt, der Präsident der Oberpostdirektion München Geiger und der Oberbürgermeister von München Scharnagl. Bis zum Eintreffen von Hoegner führte kommissarisch Hans Ehard das Justizressort. Vgl. Henzler, Schäffer, 103.*

[10] *Trotz der strengen Aufsicht durch die MG-Stellen entwickelte er eine Reihe von Eigeninitiativen, um auch konkret vor Ort die Not zu lindern. Hingegen hatte er wenig Verständnis für den damals schon wieder aufkeimenden Dogmatismus politischer wie kirchlicher Art. Vgl. Henzler, Schäffer, 110–123.*

res Problem dar, das letztlich nicht unerheblich zu seinem Sturz nach einer nur viermonatigen Amtszeit führte. Waren die ersten Anweisungen zu diesem Bereich noch recht vage gewesen, war die Direktive vom 7. Juli 1945 genauer. Nicht nur Mitglieder und Amtsträger der NSDAP und ihrer Gliederungen waren zu entlassen, sondern auch alle führenden Träger der Verwaltung; weitere Fälle lagen im Ermessen der für die Entnazifizierung zuständigen MG-Stelle („Special Branch").[11] Die damit einsetzende schematische Massenentlassung fand bei Schäffer heftigen Widerspruch, durchaus unterstützt von den Sozialdemokraten. Für das Kabinett war in dem herrschenden Verwaltungschaos die innere Einstellung eines Betroffenen wichtiger als seine nominelle Zugehörigkeit zur NSDAP. Auch forderte der Regierungschef, wie ab 1946 mit dem Spruchkammerverfahren zugestanden, das Übergehen der Entnazifizierung in deutsche Hände. Doch hier stieß Schäffer ebenso auf kein Entgegenkommen wie mit seiner Vorstellung von der „apolitischen Notstandsverwaltung".

Durch das sowjetische Vorpreschen und die Beschlüsse der Potsdamer Konferenz vom 2. August 1945 fühlten sich auch die Amerikaner gedrängt, die Zulassung von Parteien in ihrer Zone einzuleiten. An Schäffer wurde dabei die Anfrage gerichtet, wie bei Parteigründungen die Entnazifizierung beibehalten werden könnte, und ob Landesregierungsmitglieder parteipolitisch hervortreten sollten.[12] Ausführlich nahm Schäffer zur Anfrage Stellung und warnte zum einen vor einer zu schnellen Politisierung. Zum anderen trat er vehement für ein Zweiparteiensystem ein, um eine Parteienzersplitterung zu vermeiden. Zudem sollten als Kandidaten für eine Landesregierung nur solche von der MG zugelassen werden, die sich „in der praktischen Arbeit der Selbstverwaltungskörperschaften" bewährt hätten.[13] Für die spätere Arbeit Schäffers in der Gründungsphase der CSU sind diese Gedankengänge aufschlußreich, bemühte er sich doch zunächst, das von ihm vertretene, stärker obrigkeitsstaatliche Demokratieverständnis in die Parteiarbeit einzubringen.[14]

---

[11] Zur Entnazifizierung in Bayern vgl. Niethammer, Mitläuferfabrik; ein kompakter Überblick bei: Clemens Vollnhals (Hg.), Entnazifizierung. Politische Säuberung und Rehabilitierung in den vier Besatzungszonen 1945–1949. München 1991.
[12] Vgl. Aktennotiz vom 14. 8. 1945 in: BayHStA, NL Pfeiffer 142.
[13] Vgl. Schreiben Schäffers an Col. Reese vom 17. 8. 1945, in: BayHStA, NL Pfeiffer 142.
[14] Vgl. Wahlaufruf Schäffers zusammen mit einem Schreiben an Parteimitglieder vom 19. 1. 1946, in: BA, NL Schäffer 18.

Noch folgenschwerer für ihn und seine Anhänger wurden die weiteren Ausführungen zur parteipolitischen Aktivität von Regierungsmitgliedern. Ganz im Einklang mit seinem gouvernementalen Regierungskonzept lehnte er dies schweren Herzens ab, denn für eine rein sachbezogene Politik konnte es in seinen Augen problematisch werden, wenn auf Stimmungen von Wählerschaften geachtet werden mußte. Dies kam der Sichtweise der Militärregierung entgegen, denn sie bat den Ministerpräsidenten, sich vorerst aus dem aktiven Parteienleben herauszuhalten.[15] Wenn Schäffer auch in dieser Phase informell an der Parteigründung beteiligt war, so hielt er sich doch strikt an die von den Amerikanern gewünschte Neutralität. Als am 14. August 1945 eine erste offiziellere Besprechung bei Scharnagl stattfand, war der amtierende Regierungschef nicht anwesend.[16]

Nachdem am 8. August 1945 SPD und KPD ein gemeinsames Aktionsprogramm vorgelegt hatten, war es der Münchner Oberbürgermeister Karl Scharnagl, der mit einem Rundschreiben an ca. 60 Personen „außerhalb des sozialistischen Lagers" für die Gründung einer auf christlichen Grundlagen stehenden Partei eintrat, die aber als christlich-interkonfessionelle Sammlungspartei über die Ziele der alten BVP hinausgehen sollte.[17] Bei dieser Sitzung war Schäffer jedoch durch den Leiter seiner Staatskanzlei, Anton Pfeiffer, den ehemaligen Generalsekretär der BVP, durchaus kompetent vertreten. Dieser legte dann auch nahe, den Ministerpräsidenten als letzten Vorsitzenden der alten BVP auch einer Neugründung vorstehen zu lassen. Doch hier war es bereits Josef Müller, der das auf Adam Stegerwald zurückgehende Konzept einer neuen Sammlungspartei entgegenstellte.[18]

---

[15] *Vgl. Schäffers Ausführungen vor dem Erweiterten Vorläufigen Landesausschuß der CSU am 30./31. 3. 1946, in: CSU, Protokolle und Materialien, Dok.Nr. 12, S. 110.*

[16] *Diese Einschätzung vertrat Schäffer gleichfalls am 30./31. 3. 1946, in: ebd.; Fait, Anfänge der CSU, 28 f. – Schäffer hat später sein Fehlen immer als entscheidenden Fehler eingestuft, da er sich damit zunächst in einer wichtigen Vorphase außerhalb der Entwicklungen gestellt hatte; damit verbunden ist ein anfängliches Unterschätzen der Aktivitäten Josef Müllers.*

[17] *Vgl. Schreiben Scharnagls vom 10. 8. 1945, in: CSU, Protokolle und Materialien, Dok.Nr. I, S. 1703 ff.*

[18] *Zur Bedeutung Stegerwalds vgl. Peter Herde, Die Unionsparteien zwischen Tradition und Neubeginn: Adam Stegerwald, in: W. Becker (Hg.), Die Kapitulation von 1945, 245–295. Zur Gründungsphase vgl. auch die Memoiren von J. Müller, Bis zur letzten Konsequenz, 306–322; F. J. Strauß, Erinnerungen, 69–78.*

Die Protokollnotizen Pfeiffers zeigen deutlich, daß schon im August 1945 der bis 1948/49 schwelende Streit grundgelegt wurde: „Nicht in alte Parteigliederungen und nicht alte Personen. Schwierig, wenn der Personenkreis angelehnt wird an die Kreise der alten BV[P] oder der alten DNV[P]."[19] Diese Ausführungen bedeuteten eine klare Absage an eine BVP-Neubelebung, und es konnte nur als Beruhigung gedacht sein, daß Pfeiffer mit der Federführung für einen Redaktionsausschuß beauftragt wurde, der erste programmatische Richtlinien zu entwerfen hatte. Der Gruppe um Müller kam es auch zugute, daß der Ministerpräsident zunehmend unter den Druck der Militärregierung geriet, wobei besonders die Presse der amerikanischen Ostküste die Arbeit der BVP in der Weimarer Republik unter Beschuß nahm. Ende August wurden diese Angriffe innerhalb des Parteigründungszirkels fortgesetzt und dabei der Vorwurf der Steigbügelhalterschaft für Hitler gegen die Weimarer Parteien und ihre Führungen erhoben.[20] Schwer traf dann die Gruppe um Schäffer die Entlassung des Ministerpräsidenten am 28. September 1945, dem damit eine wichtige Autoritätsbasis genommen wurde. Die persönliche Gegnerschaft Schäffers zu Müller, die bis 1948 das Geschehen in der Partei nicht unwesentlich beeinflussen sollte, hat hier eine ihrer wichtigsten Wurzeln: Der Abgesetzte vermutete hinter den Vorgängen den „Ochsensepp", der immer wieder auf seine guten Beziehungen zur amerikanischen Militärverwaltung verwiesen hatte.[21]

In den nächsten Monaten nutzte Schäffer dann verstärkt die Zeit, im Umland ehemalige BVP-Gruppierungen zu aktivieren und dabei bewußt gegenüber der Münchner Benennung „Union" den Namen „Bayerischer Volksbund" zu etablieren.[22] Aber als sich am 11. Oktober 1945 ca. 100 Personen zur feierlichen Gründungsversammlung der „Christlich-Sozialen Union München" versammelten, waren auch Schäffer und seine Anhänger im Saal;

---

[19] *Stenographische Notizen Pfeiffers und eine später angefertigte Reinschrift zur Sitzung am 14. 8. 1945, in: BayHStA, NL Pfeiffer 41.*

[20] *Vgl. „Resolution" vom 30. 8. 1945 (nicht gezeichnet), in: IfZ-Archiv, NL Baumgartner ED 132/1.*

[21] *Diese Verdächtigung ließ sich in der Forschung nicht verifizieren. Vgl. Henzler, Schäffer, 156ff. – In einem Schreiben an Hoegner übernahm der damalige Berater im amerikanischen Hauptquartier, Walter L. Dorn, die volle Verantwortung für die Absetzung Schäffers. Vgl. Schreiben Dorns an Hoegner vom 5. 2. 1960, als Kopie in: BayHStA, NL Schäffer 20.*

[22] *Vgl. Henzler, Schäffer, 172ff.*

die Entwicklung einer Landespartei war noch offen.[23] Und um den weiteren Aufbau der CSU möglichst ruhig zu gestalten, wurden bei der Wahl eines Ausschusses zur Programm- und Satzungsberatung die beiden Kontrahenten Müller und Schäffer ausdrücklich ausgeklammert.[24]

Als erstmals am 8. Januar 1946 Vertreter aus allen Teilen Bayerns zusammentrafen – mit der Lizenzierung der CSU-München am 25. 11. 1945 war auch eine landesweite Organisation genehmigt worden – stand der Name „Christlich-Soziale Union" bereits nicht mehr ernsthaft zur Debatte. Auch hatte der Kreis um Müller[25] noch zum Ende des Jahres schnell gehandelt und auf Vorschlag von Michael Horlacher den „Ochsensepp" in dem eigens konstituierten neunköpfigen Ausschuß am 17. Dezember 1945 zum „vorläufigen Vorsitzenden dieses vorläufigen Landesausschusses" gewählt. Damit war dieser „Vorbereitende Ausschuß" kurzerhand zum „Landesausschuß" erhoben worden, dem es nach der vorläufigen Satzung der CSU zukam, die „Richtlinien für die politische Arbeit der Partei zu bestimmen."[26] Auf der Sit-

---

[23] *Vgl. Schreiben Scharnagls an Schäffer vom 22. 9. 1945, in: BA, NL Schäffer 19; allg. zur Phase der Parteiengründung, die in der amerikanischen Zone schleppender anlief: Benz, Potsdam 1945, 135–157.*

[24] *Vgl. CSU, Protokolle und Materialien, Dok.Nr. 3, 9f.; Fait, Anfänge der CSU, 57–60.*

[25] *Hier ist auch auf jenen Kreis zu verweisen, der sich ab Juni 1945 regelmäßig mittwochs in der Wohnung von Josef Müller in der Gedonstraße traf und nach dem Spitznamen des Gastgebers „Ochsen-Club" genannt wurde. Zu den hier sich treffenden Personen – längst nicht alles „glühende" Anhänger des „Ochsensepps", aber doch in ihren politischen Grundeinstellungen ihm verbunden – zählten Horlacher, Scharnagl, Köhler und F.J. Strauß (vgl. Erinnerungen, 69f.). Einen gewissen Gegenpart übernahm der „Dienstags-Club", hervorgegangen aus Treffen von jungen Gesinnungsfreunden der ehemaligen katholischen Bünde und Vereine. Zu seinen Teilnehmern zählten u.a. H. Schinagl (erster Vors. des Clubs), T. Böck, R. Jaeger, H. Weiß oder F. Heubl. Nach der Gründung der Jungen Union 1947 fand der Club mit letzten Gesprächen im Frühsommer 1948 sein Ende. Vgl. knappe Darstellung bei Henke/Woller, Lehrjahre der CSU, 21–27; hier auch eine Auswahl von vertraulichen Berichten an die amerikanische Militärregierung von Sitzungen der beiden Gesprächskreise durch Mitglieder der Organisation „TURICUM"; den Teilnehmern blieb diese „Spionage" unbekannt.*

[26] *Vgl. CSU, Protokolle und Materialien, Dok.Nr. 5, 19; Dok.Nr. XIII, 1755f. und Dok.Nr. 6, 21–26; Text der Satzung ebd., Dok.Nr. XVII, 1783ff. – In einem Rundschreiben vom 31. 12. 1945 wurde den Parteimitgliedern diese Wahl zum vorläufigen Landesvorsitzenden mitgeteilt. Vgl. ebd., Dok.Nr. XII, 1753ff.*

zung Anfang Januar wurde Müller dann von der Mehrheit der Anwesenden als Landesvorsitzender der CSU akzeptiert.[27]

War diese Maßnahme zweifellos auch zur Beruhigung der jungen Partei in ihrer Konsolidierungsphase gedacht, kam es auf der Sitzung des Erweiterten Vorläufigen Landesausschusses am 30./31. März 1946 in Bamberg zu heftigen Auseinandersetzungen zwischen Müller und Schäffer; doch auch hier siegte der Unionsgedanke über eine mehr an der ehemaligen BVP ausgerichtete Parteilinie.[28] Als Schäffer schließlich eine Loyalitätserklärung gegenüber der Parteileitung abgab, gingen viele davon aus, daß die Parteientwicklung nun in ruhigeres Fahrwasser geraten sei. Doch Schäffer wandte sich am 1. April überraschend an die Militärregierung, um durch sie die Einberufung einer bisher verweigerten Landesversammlung (mit dem Recht der Wahl eines Landesvorsitzenden) zu erreichen. Als die Amerikaner am 24. April diesem Ansinnen durch eine Anordnung entsprachen, erreichte Schäffer fast zeitgleich eine zweite Verfügung der Militärregierung: ihm wurde mit der Anschuldigung, er sei „nationalsozialistischer Sympathisant und Kollaborateur" gewesen, jede politische Tätigkeit untersagt.[29] Zum Überbringer der Nachricht hatten die Amerikaner den Parteivorsitzenden Josef Müller bestimmt,[30] und damit natürlich dem Intrigen-Verdacht neue Nahrung

---

[27] Vgl. ebd., Dok.Nr. 6, 26.

[28] Zu den Reaktionen auf die teilweise turbulent verlaufende Sitzung vgl. Henke/Woller, Lehrjahre der CSU, 37–41; Henzler, Schäffer, 184–189. – Aufschlußreich sind auch die Berichte über die Treffen des Schäffer nahestehenden „Dienstags-Clubs", bes. jenes Treffen vom 2. 4. 1946, in: Henke/Woller, Lehrjahre der CSU, 37–41.

[29] Vgl. Schreiben der MG an Schäffer vom 24. 4. 1946, in: BA, NL Schäffer 9, fol. 119. – Das von Schäffer dann gegen sich selbst eingeleitete Entnazifizierungsverfahren zog sich bis Ende 1947 hin, wobei der Beschuldigte monatelang die genaue Anklageschrift nicht kannte und sich schließlich das Material gegen ihn als äußerst dünn erwies. Erst mit Wirkung vom 21. 1. 1948 wurde ihm dann lediglich, nachdem sich die Anschuldigungen als haltlos erwiesen hatten, das passive Wahlrecht zurückgegeben; Ämter in der Regierung durfte er auch weiterhin nicht annehmen. Als Schäffer im September 1949 zum Bundesminister der Finanzen ernannt wurde, setzte er sich stillschweigend über das Ämterverbot hinweg. Zu Schäffers Entnazifizierungsverfahren vgl. Henzler, Schäffer, 190–228.

[30] Vgl. Schreiben der MG an Müller vom 24. 4. 1946, in: IfZ-Archiv, NL Hoegner, ED 120, 330; In einem Zusatzschreiben (BA, NL Schäffer 9, fol. 115), das Müller Schäffer mit dessen politischem Betätigungsverbot überreichte, betont der CSU-Vorsitzende seine Unschuld an den Ereignissen.

gegeben. Die Auseinandersetzungen um den parteipolitischen Kurs traten damit ohne Schäffer in eine neue Phase.

An dieser Stelle lohnt sich ein Blick auf die strukturelle und organisatorische Entwicklung der CSU. Als christlich-interkonfessionelle Sammlungsbewegung und Massenpartei mit sozial-evolutionären Impulsen war sie von Josef Müller – in enger Anlehnung an den „Unionsgedanken" Adam Stegerwalds – und seiner engeren Mitstreiter (F. W. von Prittwitz und Gaffron, A. Haußleiter, W. Eichhorn, H. Krehle und P. Nerreter) geplant worden.[31] Dabei hatten sich diese schon früh gegen nicht minder starke Kräfte um Schäffer und Hundhammer gestemmt, die mehr die Rückkehr zur BVP-Tradition sowohl programmatisch als auch organisatorisch propagierten. Zu dieser eher „bayerisch-katholisch-etatistisch" ausgerichteten Gruppe zählten neben den beiden Hauptvertretern auch W. von Miller, J. Baumgartner und C. Lacherbauer, wobei zwischen den beiden Flügeln auch noch ein „bäuerlicher" Zirkel existierte (Horlacher, Hundhammer und Baumgartner).[32]

Somit war der Konflikt zwischen einer mehr „reichstreuen", protestantisch-liberalen und einer stärker katholisch-konservativen, bayerisch geprägten Linie bereits in den Anfängen der Partei verankert, was jedoch keineswegs in allen Fragen zu einer klaren Abgrenzung führte. War Schäffer beispielsweise anfangs bemüht, ähnlich wie in der BVP wieder das höhere bayerische Beamtentum als dominierendes Element in der Partei zu etablieren, so glaubten die „Bauernführer", unter ihnen auch Schäffers Parteifreund Hundhammer, dies als „Einschnürung" der neuen Partei ablehnen zu müssen, womit sie auf der Linie Josef Müllers lagen. Doch bei der Diskussion um die politische Generallinie der Partei bildeten sich zwei immer schärfer gegeneinander angehende Parteiflügel, die sich einerseits um Josef Müller scharten, andererseits um Schäffer und Hundhammer.

Dabei war, wenn die CSU eine schlagkräftige sowie stimmen- und mitgliedermäßig der SPD ebenbürtige konservative Sammelpartei werden wollte, eine nicht leichte Aufgabe zu lösen: Das fränkisch-protestantische Nordbayern und die industriellen Gebiete mußten gewonnen werden, ohne daß die eher bäuerlich-katholisch geprägten Süd- und Südostgebiete Bayerns,

---

[31] Vgl. auch Ausführungen von Karl Köhler, Der Mittwochskreis beim „Ochsensepp": Die Union wird geboren, in: Schröder, Bayern 1945, 67–87.

[32] „Unit-T"-Bericht zur Sitzung des Dienstags-Clubs am 3. 2. 1947, in: BayHStA, OMGBy 10/91–1/2; vgl. Mintzel, CSU, 58.

bis 1933 Stammgebiete der BVP, verloren gingen. Bei fast 70% katholischer Bevölkerung durfte dies um so schwerer fallen, sobald im konservativen Lager politische Konkurrenz entstand und damit die Propagierung einer grundsätzlich „bayerischen Politik" in diesem Bereich notwendig war. Der letztlich kaum auszuhaltende Spagat zwischen dieser Position und den Vorstellungen des fränkisch-protestantischen Lagers konnte nur überwunden werden, wenn dem „reichstreuen" Teil durch die interkonfessionelle Idee und durch sozial-evolutionäre Impulse der Weg der neuen Volkspartei klar aufgewiesen wurde. Eine Anlehnung an die Traditionen der alten BVP wurde daher vom Müller-Flügel entschieden abgelehnt.

Doch zwei Jahre nach ihrer Gründung zeigte die Mitgliederstruktur der CSU, daß dieses Konzept Müllers keinesfalls seinen erhofften Erfolg zeigte. Mit einem Anteil von 91,3% Katholiken in der Union konnte diese ihre Attraktivität für den Norden Bayerns nur schwer behaupten. Mit der Lizenzierung der „Bayernpartei" (BP) am 29. März 1948 trat dann endgültig ein gefährlicher Konkurrent auf, der den 1947 bereits einsetzenden Mitgliederschwund noch verstärkte. Aber auch die Unzufriedenheit der evangelischen Gruppe war nicht zu überhören.[33] So setzte Mitte 1947 ein Mitglieder- und schließlich auch Wählerschwund ein, der die CSU empfindlich traf und erst in den 50er Jahren zum Stillstand kam. Hatte die Partei bis Dezember 1946 insgesamt 69.370 Mitglieder gewinnen und diese Zahl noch bis Ende 1947 auf ca. 82.000 Mitglieder steigern können, sank sie bis 1957 um die Hälfte auf ca. 43.500.[34]

Heftige Debatten wurden aber auch seit der Gründung um die zukünftige Form der Parteileitung und der Gestaltung des Gesamtapparates geführt. Waren Schäffer und Hundhammer immer für einen schnellen Aufbau auch der Spitzengremien eingetreten, um dadurch natürlich – gestützt auf die alte Anhängerschaft der BVP – schnell gegen Müller vorgehen zu können, lag diesem wiederum daran, eine endgültige Konstituierung der Gremien so lange wie möglich hinauszuzögern. Bezeichnend hierfür ist auch der nur schleppende Aufbau von Arbeitsgemeinschaften. So trat die „Junge Union in Bayern" (JU) erst am 11./12. Januar 1947 ins Leben, wie in diesem Jahr auch die „Arbeitsgemeinschaft der Frauen in der CSU" (FAG in der CSU), die

---

[33] *Henke/Woller, Lehrjahre der CSU, 13.*
[34] *Mintzel, CSU, 170.*

„Union der Ausgewiesenen und Flüchtlinge" (UdA) und die „Christlich-Soziale Arbeitnehmerschaft in der CSU" (CSA) gegründet wurden. 1948 folgten dann der „Wirtschaftsbeirat der Union e.V." und die „Kommunalpolitische Vereinigung der CSU in Bayern" (KPV); erst 1953 kam noch der „Evangelische Arbeitskreis in der CSU" (EAK) hinzu.[35] Diese Linie barg natürlich auch die Gefahr, nur sehr zögernd programmatische Aussagen festzulegen und damit bei den politischen Auseinandersetzungen nur schwer Boden gewinnen zu können. Das Verhalten der CSU-Spitze in Fragen der Regierungsbeteiligung im Kabinett Hoegner und ihr Agieren bei den Verfassungsberatungen hat hier seine Wurzeln.[36]

Denn in diese Gründungsphase der CSU schob sich bereits am 28. September 1945 die Bildung der neuen Regierung unter dem Sozialdemokraten Wilhelm Hoegner, an dessen Ernennungstag auch die Proklamation Nr. 2 verkündet wurde, in der die Amerikaner ihre Besatzungszone in drei Verwaltungsgebiete einteilten: Groß-Hessen, Württemberg-Baden und Bayern. Am 6. November wurde dann der „Länderrat" in Stuttgart als zonale Koordinationsstelle geschaffen, womit sich die Nebel der bisherigen „Interregnumszeit" zu lichten begannen. Faktisch handelte es sich bei der Regierung Hoegner erneut um eine Koalitionsregierung, in der sogar mehr CSU-Politiker als Sozialdemokraten an verantwortlicher Stelle standen: zu den drei Ministern (Baumgartner für Landwirtschaft, Helmerich für Verkehr, Pfeiffer als Sonderminister, ab Juli 1946 für Entnazifizierung) kamen noch fünf, zeitweilig sechs Staatssekretäre mit Kabinettsrang aus der Union.

Doch trotz der zahlenmäßig nicht geringen Beteiligung betrachtete sich die CSU als Oppositionspartei, wie dies auf einer Sitzung des Vorbereitenden Ausschusses am 5. Oktober 1945 ausdrücklich festgeschrieben worden war und auch nach der Konstituierung der Partei nicht in Frage gestellt wurde.[37] Ausdrücklich stellte man es aber Angehörigen der Union frei, sich als „Persönlichkeiten" Hoegner zur Verfügung zu stellen. Diese Haltung fand sicherlich auch darin ihre Begründung, daß die neue Landesregierung eine Reihe von Entscheidungen zu treffen bzw. Entwicklungen mitzutragen hatte (gerade auch im Bereich der Ernährungsversorgung), die keinesfalls populär

---

[35] Zur Entwicklung der Arbeitsgemeinschaften vgl. Mintzel, CSU, 204–221.
[36] Vgl. Borsdorf/Niethammer, Befreiung, 234f. – Zusammenfassende knappe Darstellung des Parteiaufbaus in den ersten Jahren bei Henzler, Schäffer, 229–235.
[37] Vgl. Fait, Anfänge der CSU, 95.

waren, ihr aber in vollem Umfang – trotz der Kontrolle durch die Besatzungsmacht – zugeschrieben wurden. Dieses taktische Moment, sich von den Maßnahmen der Hoegner-Regierung zu distanzieren, gewann im Laufe des Jahres 1946 zunehmend an Bedeutung.[38] Selbst eine von Müller vorgeschlagene „Tolerierungserklärung" für die Regierung, wurde vom Erweiterten Landesausschuß abgelehnt.[39]

Sicherlich waren die Unions-Politiker in ihrer Distanz zur Hoegner-Regierung durch die vorangegangenen Wahlergebnisse bestärkt worden, denn die neugegründete CSU schnitt über alle Erwartungen gut ab. Bei den Gemeindewahlen am 27. Januar 1946 erreichte sie 44,7 % der abgegebenen Stimmen (SPD 16,7 %), um bei den Landkreis- und Stadtkreiswahlen im April/Mai sogar 60,1 % (SPD 28,1 %) für sich verbuchen zu können; die 58,3 % bei den Wahlen zur Verfassunggebenden Versammlung (SPD 28,8 %) waren gleichfalls ein stolzer Erfolg.[40] Festzuhalten gilt aber auch, daß bei aller vorgegebenen Distanz das Zusammenwirken von CSU und SPD in dieser schwierigen Aufbauphase im Hinblick auf die konkrete politische Arbeit z. T. sehr intensiv war.[41] Diese positive Zusammenarbeit setzte sich dann bei den nun anstehenden Verfassungsberatungen fort.

2. Die Schaffung einer Bayerischen Verfassung[42]

Am Anfang stand Clay! – oder wie es die „Frankenpost" am 15. Juni 1946 formulierte: „An der Wiege des neuen Bayern steht ein Befehl der Besatzungsmacht." Denn als die Pläne der Amerikaner zur Schaffung von Landes-

---

[38] Vgl. Ausführungen Schlögls am 9. 12. 1946 im Protokoll der ersten Sitzung der Fraktion der CSU, 67, in: ACSP, NL Müller 220.

[39] Vgl. Unterlagen zur Sitzung des Erweiterten Landesausschusses der CSU am 6. 7. 1946, in: CSU, Protokolle und Materialien, Dok.Nr. 21, 473 ff.

[40] Vgl. D.Thränhardt, Wahlen und politische Strukturen in Bayern 1848–1953, 353 f.

[41] Vgl. Fait, Anfänge der CSU, 101. – Mit Anton Pfeiffer übernahm immerhin einer der führenden Köpfe der CSU ab Juli 1946 das wohl undankbarste Ressort der Entnazifizierung.

[42] Es kann an dieser Stelle nur versucht werden, besonders jene Teile der Verfassungsberatungen knapp darzustellen, in denen die CSU besonders involviert war. Zur Entstehung der Bayerischen Verfassung vgl. die knappe, aber instruktive Darstellung von B. Fait, Der Weg zur bayerischen Verfassung, in: „Angesichts des Trümmerfeldes ...",

verfassungen zur Jahreswende 1945/46 bekannt wurden, lehnten die Ministerpräsidenten derartige Vorhaben aufgrund der gegebenen materiellen, aber auch politischen Umstände ab. Doch der stellvertretende amerikanische Militärgouverneur Lucius D. Clay blieb hart, sah er doch in der demokratischen Legitimierung der Landesregierungen eine wesentliche Voraussetzung für eine weitere Übertragung von Rechten an die Deutschen. Zudem drängte man in der amerikanischen Öffentlichkeit, den Militärapparat und damit die Kosten zu reduzieren. So erhielt Hoegner am 8. Februar die Aufforderung, bis zum 30. Juni 1946 Wahlen für eine Verfassunggebende Versammlung anzusetzen; am 3. November sollte dann eine Volksbefragung zur Verfassung durchgeführt und gleichzeitig der erste Landtag gewählt werden.[43]

Dem zum 8. März einberufenen Vorbereitenden Ausschuß gehörten dann als Vertreter für die CSU Heinrich Krehle (in Vertretung für den häufig erkrankten SPD-Arbeitsminister Roßhaupter), Anton Pfeiffer, Hans Ehard und Karl Scharnagl an.[44] Symptomatisch für die ganze Verfassungsarbeit war, daß zu dieser Sitzung bereits eine Vorlage Hoegners („Verfassung des Volksstaates Bayern") existierte und die CSU ihrerseits keinen eigenen Entwurf entgegenstellte. Zweifellos spielte dabei eine Rolle, daß sich die Union noch zu sehr in ihrer Aufbauphase befand, um ihre Grundpositionen bereits fest verankert zu haben und so dezidierte Vorstellungen als geschlossene Partei einbringen zu können. Die CSU war, wie es Josef Müller im Juni 1946 formulierte, „noch keine Partei, sondern ein Parteienblock."[45] Selbst der Vorsitzende war zu diesem Zeitpunkt noch bemüht, eine tiefergehende Programmdiskussion aus Sorge um den inneren Zustand der Union zu vermeiden.[46]

Nur langsam bildeten sich die Kreis- und Bezirksverbände, so daß die

---

Begleitheft zur Ausstellung anläßlich des 40. Jahrestages der Bayerischen Verfassung. Hrsg. v. Susan Boenke und Konrad von Zwehl. München o. J. [1986] (Veröffentlichungen zur Bayerischen Geschichte und Kultur, Nr. 13/86).

[43] *Abschrift des Schreibens an Hoegner vom 8. 2. 1946 in: BayHStA, NL Pfeiffer 147.*

[44] *Vgl. Fait, Anfänge der CSU, 104f. – Weitere Teilnehmer neben dem Vorsitzenden Wilhelm Hoegner (SPD) waren: Josef Seifried (SPD), Albert Roßhaupter (SPD/ häufig nicht anwesend), Thomas Wimmer (SPD), Heinrich Schmid (KPD) und der parteilose Staatsrechtler Hans Nawiasky.*

[45] *Protokoll der Sitzung des CSU-Landesarbeitsausschusses vom 13. 6. 1946, in: CSU, Protokolle und Materialien, Dok.Nr. 19, 388.*

[46] *Vgl. Sitzung des Landesausschusses der CSU vom 6. 9. 1946, in: ebd., Dok.Nr. 22, 539.*

CSU als geschlossener Landesverband erst Ende 1946 entstand.[47] Immerhin verabschiedete man am 17. Mai auf der Landesversammlung die sog. „Fünf Punkte der Union" (siehe Dokument 15), deren Schlagworte waren: Föderalistische Grundhaltung, christliche Wirtschafts- und Gesellschaftsauffassung, demokratische Gesinnung, Pflicht zur loyalen Zusammenarbeit mit der Besatzungsmacht und die Beschleunigung einer strengen, aber gerechten Entnazifizierung.[48] Es verwundert kaum, daß die Union auf der Basis dieses Minimalkonsenses nur sehr vorsichtig eigene konkrete Leitlinien zur Verfassungsarbeit einbringen konnte, und lediglich außerhalb der offiziellen Gremien wurde im kleinen Kreis die Regierungsvorlage anderen „Entwürfen von Privatpersonen" gegenübergestellt.[49]

In 14 je zweistündigen Sitzungen arbeitete der Vorbereitende Ausschuß Hoegners Entwurf durch, und es mag erstaunen, wie groß der Konsens zwischen CSU- und SPD-Vertretern war, trotz der Möglichkeit der Union, ihr durch die Wahlergebnisse erheblich gesteigertes politisches Gewicht in die Waagschale zu werfen. So wurden nur einige Modifikationen eingearbeitet: etwa ein Kompromiß beim Wahlrecht zwischen Verhältnis- (SPD) und Mehrheitswahlrecht (CSU), während die Problemfelder „Zweite Kammer" und das „Amt des Staatspräsidenten" an die Verfassungsversammlung überwiesen wurden. Aus heutiger Sicht ist gleichfalls verwunderlich, daß die sozialistische Vorstellung einer „Planwirtschaft" kaum Einwände erfuhr, und deutlich wurde, daß Teile der Union durchaus für „sozialistische Ideen" empfänglich waren, wenn auch sich auf das christliche Sittengesetz berufend und keinesfalls der Lehre Marx' Vorschub leistend.[50] Erst im Grundsatzprogramm

---

[47] *Zum organisatorischen Aufbau der Partei vgl. Mintzel, CSU, 121–138. – Besondere Schwierigkeiten gab es mit dem endgültigen organisatorischen Anschluß des CSU-Bezirksverbandes München an die Gesamtpartei, den dieser erst auf zusätzlichen Druck der Militärregierung zum 1. Januar 1947 vornahm; das Erbe Schäffers war hier noch stark verwurzelt. Vgl. Möckl, Struktur der Christlich-Sozialen Union, 732, bes. Anm. 35; Mintzel, CSU, 123 ff.*

[48] *Vgl. Landesversammlung der CSU vom 17. 5. 1946, in: ebd., Dok.Nr. 18, 319.*

[49] *Vgl. Vortrag von A. Hundhammer vor dem Akademisch-Politischen Club am 28. 9. 1946, in: IfZ-Archiv, NL Hoegner ED 120/130 und die Ausführungen Hundhammers vor dem Landesausschuß der CSU am 6. 9. 1946, in: CSU, Protokolle und Materialien, Dok.Nr. 22, 571.*

[50] *Diese Ansätze lassen sich auch im frühen „Ahlener Programm" der CDU wiederfinden, dessen maßgeblicher Wegbereiter Adenauer war. F. J. Strauß erinnert sich in seinen*

vom 4. Oktober 1946 lehnte die CSU die Planwirtschaft „als Ausfluß eines kollektiven Denkens" endgültig ab[51] und wurde so zu einem wichtigen Verbündeten Ludwig Erhards und seiner Lehre von der „sozialen Marktwirtschaft"; mit Nachdruck vertrat sie diese im Bundestagswahlkampf 1949.[52]

Mit dem erneuten Erfolg bei den Wahlen zur Verfassunggebenden Versammlung am 30. Juni 1946[53] stellte die Union von 180 Abgeordneten 109, die SPD 51, die KPD und WAV je 8 und die FDP 4 Abgeordnete. Die eigentliche Arbeit wurde jedoch in einem 21köpfigen Verfassungsausschuß geleistet (CSU 12, SPD 6, die übrigen Parteien je einen Repräsentanten), und hier waren es als Vertreter der Union besonders Hans Ehard und Alois Hundhammer, die sich profilierten. Auch in diesem, die personelle Kontinuität vom Vorbereitenden Ausschuß weiterführenden Gremium stand erneut die sachliche Arbeit im Vordergrund, so daß Schwierigkeiten bereits in persönlichen Gesprächen vorab gelöst wurden. Zum Streit kam es nur beim Problem „Zweite Kammer", dem Wahlrecht und dem Schulartikel. Hoegner mußte bei der CSU-Forderung nach der Bekenntnisschule als Regelschule nachgeben, während die SPD ihre Vorstellungen vom Verhältniswahlrecht – die Union konnte lediglich eine Sperrklausel von 10 % in den einzelnen Wahlkreisen einbringen – durchsetzte, wie auch der Zweiten Kammer nur eine erheblich schwächere Position als von der CSU gefordert zugestanden wurde.[54] Zu einer wirklichen Auseinandersetzung kam es eigentlich nur um das Amt des Staatspräsidenten, wobei hier weniger die beiden großen Parteien aufeinandertrafen, als vielmehr die CSU selbst in eine schwere Zerreißprobe geriet.[55]

Memoiren, daß Adenauer als Schöpfer des Programms in der CSU 1948 als jener galt, der seine Partei „gefährlich nahe zum Sozialismus bewegte". F. J. Strauß, Erinnerungen, 101.

[51] *Vgl. Grundsatzprogramm „Die dreißig Punkte der Union", verabschiedet am 14./15. 12. 1946 in Eichstätt, abgedruckt in: Bucher, Nachkriegsdeutschland, 245–255, hier 250 ff.*

[52] *Vgl. Materialien zur Grundsatzdiskussion, in: CSU, Protokolle und Materialien, bes. Dok.Nr. I–X, 1703–1750; Dok.Nr. VII, 1726 (hier Zitat); Dok.Nr. 24, 704–721; Dok.Nr. 26, 868 ff.; Union-Dienst (Informationsdienst der CSU in Bayern), 1. Jg. Nr. 10 (5. 10. 1946) „Gegen Planwirtschaft, für Gleichberechtigung".*

[53] *Das endgültige Wahlergebnis lautete: CSU 58,3 %, SPD 28,8 %, KPD 5,3 %, WAV 5,1 %, FDP 2,5 %.*

[54] *Vgl. die jüngste Darstellung bei Fait, Anfänge der CSU, 123 f.*

[55] *Vgl. Darstellung bei Kock, Bayerns Weg, 226–232; Fait, Anfänge der CSU, 113–121.*

Sollte nach den Vorstellungen der Befürworter, an ihrer Spitze Hundhammer, der Staatspräsident als „Hüter der Verfassung" und „Sinnbild möglichster Selbständigkeit Bayerns" auftreten, sahen die Gegner um Josef Müller mit dem Verweis auf die Erfahrungen mit Hindenburg und seiner Amtsführung als Reichspräsident eher eine Gefahr für die Demokratie.[56] Zustimmung und Ablehnung liefen dabei quer durch die Fraktionen, wobei eine Mehrheit der CSU-Fraktion hinter Hundhammer stand. Bei einer Endabstimmung in der Unionsfraktion stimmten schließlich am 2. September 71 gegen 22 Abgeordnete für das Amt eines Staatsoberhauptes.[57] In dieser Situation verlangte der Parteivorsitzende Müller überraschend die Aufhebung des Fraktionszwanges, denn es war bekannt geworden, daß die SPD gegen das Amt stimmen würde und damit die Chance bestand, daß es im Plenum mit knapper Mehrheit scheitern konnte.[58] Als die Fraktion dies mehrheitlich ablehnte, berief der „Ochsensepp" für den 6. September eine Landesausschußsitzung ein, auf der es ihm dann, gestützt auf eine Empfehlung der Militärregierung, gelang, den Fraktionszwang aufheben zu lassen.[59]

Am 12. September lehnte die Verfassunggebende Versammlung mit der denkbar knappsten Mehrheit von 85 gegen 84 Stimmen die Einführung des Amtes eines Staatspräsidenten ab; eine Wiederholung der Abstimmung am 19. September brachte mit einem Ergebnis von 87 zu 81 die endgültige Niederlage. Damit hatte Müller eindrucksvoll seinen Führungsanspruch

---

[56] *Die Befürworter griffen stark auf die Argumente der BVP-Vertreter in den 20er Jahren zurück, als man gleichfalls – vergeblich – versucht hatte, einen Staatspräsidenten zu installieren. Die damalige Argumentationsschrift der BVP war von Fritz Schäffer verfaßt worden, und er war es auch, der als junger Abgeordneter für seine Partei 1922 den Antrag im Parlament einbrachte. Vgl. Henzler, Schäffer, 202f. – Zur Position Hundhammers vgl. Stenograph. Berichte über die Verhandlungen der Verfassunggebenden Versammlung, München o.J., 178.*

[57] *Vgl. Niederschrift der Fraktionssitzung der CSU am 2.9.1946, in: ACSP, NL Müller 208, 74*

[58] *Vgl. ebd., 31f.*

[59] *Unterlagen in: CSU, Protokolle und Materialien, Dok.Nr. 22, 567f., 575f., 580f., 585, 597. – Gewicht hatte Müllers Vorwurf an die Anhänger Hundhammers, sie hätten Hoegners Unterstützung mit der Zusage erkauft, er werde als erster dieses Amt bekleiden. Wies Hoegner diesen Vorwurf noch in seinen Memoiren zurück (Außenseiter, 254), gab er diesbezügliche Gespräche später in einem Interview zu. Vgl. Kock, Bayerns Weg, 229; Fait, Anfänge der CSU, 118, Anm. 114.*

innerhalb der Partei unter Beweis gestellt und den in den letzten Monaten während der Verfassungsarbeit immer eigenmächtiger agierenden Hundhammer klar in seine parteipolitischen Schranken verwiesen. Doch wenige Monate später sollte sich bei der notwendig gewordenen Regierungsbildung herausstellen, daß dieser Erfolg letztlich ein Pyrrhussieg war.[60]

III. Politische Arbeit in der demokratisch legitimierten Staatsregierung

1. Die große Koalition: Kabinett Dr. Ehard I[61]

Es stellte eine Sensation dar, daß der auch in der bayerischen Politik bisher in der Öffentlichkeit wenig hervorgetretene Staatssekretär im Justizministerium, Dr. Hans Ehard, zum ersten demokratisch legitimierten Ministerpräsidenten gewählt wurde.[62] Als einer der Hauptgründe für diese Entwicklung muß zweifellos der Machtkampf innerhalb der CSU, besonders jener zwischen dem sog. „Müller-Flügel" und dem sog. „Hundhammer/Schäffer-Flügel" angesehen werden.[63] Dabei hatte die CSU allen Grund, mit dem Wahlergebnis der ersten Landtagswahlen vom 1. Dezember 1946 zufrieden zu sein: Mit 104 Mandaten – neben 54 für die SPD, 13 für die WAV und 9 für die FDP – hatte sie die absolute Mehrheit im Parlament erreicht. Doch die innerparteilichen Gräben waren tief. Hatte noch die Landesversammlung der CSU, am

---

[60] Vgl. Darstellung der Ereignisse bei J. Müller, Bis zur letzten Konsequenz, 333–338; Fait, Anfänge der CSU, 120. – Auch für den SPD-Vorsitzenden Hoegner hatte sein Vorgehen gegen die Mehrheitsmeinung seiner Partei Folgen: Im Mai 1947 wurde er durch Waldemar von Knoeringen als Parteivorsitzender abgelöst. Vgl. W. Behr, Sozialdemokratie und Konservativismus. Ein empirischer Beitrag zur regionalen Parteianalyse am Beispiel der Nachkriegsentwicklung Bayerns. Hannover 1969, 166.

[61] Es können im folgenden immer nur Einzelprobleme in der bayerischen Landes- bzw. Regierungspolitik aufgezeigt werden; einen informativen Überblick bietet: Kock, Bayerischer Landtag, 21–288.

[62] Gelberg, Ehard, 37 verweist zu Recht auf eine in diesem Zusammenhang äußerst informative Quelle: Dokumente zur bayerischen Politik, von Dr. Dr. Hundhammer: „Die Bildung des Kabinetts Ehard", in: Stiftung Bundeskanzler-Adenauer-Haus, 08.70.

[63] Zur Charakterisierung beider Gruppen vgl. u. a. Gelberg, Ehard, 38.

14./15. Dezember 1946 in Eichstätt tagend, die Empfehlung ausgesprochen, den Parteivorsitzenden Josef Müller zum Regierungschef zu wählen, so verlor dieser bei einer Probeabstimmung in der Fraktion gegen Anton Pfeiffer mit 45 zu 44 Stimmen; bei der Stichwahl war dann das Ergebnis mit 52 zu 40 Stimmen gegen Müller noch eindeutiger.

Als dann bei den Koalitionsgesprächen mit der SPD die Position Pfeiffers durch massive Vorwürfe gegen seine Haltung in der NS-Zeit in der Presse unterminiert wurde, stellte die Union doch noch für die erste Abstimmung im Landtag am 21. Dezember ihren Parteivorsitzenden als Kandidaten auf.[64] Dieser erhielt dann bei 175 gültigen Stimmen 73 gegenüber 69 Nein-Stimmen und 33 Stimmzettel mit dem Namen Ehard. Nach der Verfassung war eine einfache Mehrheit für die Wahl des Regierungschefs ausreichend,[65] doch Landtagspräsident Horlacher erklärte die Wahl aufgrund der fehlenden *absoluten* Mehrheit des Kandidaten für gescheitert und setzte einen neuen Wahlgang an.[66] In der nun stattfindenden interfraktionellen Besprechung setzte Hundhammer als Fraktionsvorsitzender die Kandidatur Hans Ehards durch.[67] Dieser wurde schließlich bei 147 abgegebenen Stimmen von 121 Abgeordneten (5 Stimmen für Müller) gewählt, fand also beim Koalitionspartner SPD breiteste Zustimmung. Noch am gleichen Abend konnte der Ministerpräsident die Regierung vorstellen. Neben dem Ministerpräsidenten stellte die CSU mit Johann Georg Kraus, Alois Hundhammer, Josef Baumgartner und Otto Frommknecht den Finanz-, Kultus-, Landwirtschafts- und Verkehrsminister. Gleichzeitig lancierte der Regierungschef in alle Ministerien, die der SPD überlassen wurden, CSU-Staatssekretäre.[68] Das unliebsame Ressort

---

[64] *Vgl. Hoegner, Außenseiter, 287; Stelzle, Föderative Politik, 200, Anm. 284; Gelberg, Ehard, 38f.*

[65] *Vgl. Bay. Verf. Art. 23 I/II; Kommentar von Nawiasky/ Leusser, 120f.*

[66] *Zu Recht verweist Gelberg, Ehard, 41f. auf die Unrechtmäßigkeit dieses Vorgangs. Die zeitgenössischen Berichte (vgl. Bay. Staatszeitung vom 28. 12. 1946; SZ vom 24. 12. 1946) und die Literatur hat Horlachers Interpretation weitgehend unwidersprochen übernommen. Vgl. auch die Darstellung bei J. Müller, Bis zur letzten Konsequenz, 341.*

[67] *Wie stark man sich konfessionell doch dem Katholizismus zugehörig fühlte, zeigt die Tatsache, daß sich vor dem zweiten Wahlgang eine CSU-Abordnung bei Kardinal Faulhaber vergewisserte, ob gegen Ehard kein Einspruch wegen der evangelisch-lutherischen Taufe seines Sohnes bestehe. Vgl. Unterlagen im BayHStA, NL Ehard 2098; Gelberg, Ehard, 42.*

[68] *Vgl. Hoegner, Außenseiter, 293.*

für Entnazifizierung überließ man dem exzentrischen Vorsitzenden der WAV, Alfred Loritz; dabei wurde allgemein erwartet, daß er sich hier am schnellsten unmöglich machen würde.[69] Die FDP blieb als einzige Fraktion diesem „Kabinett der Konzentration" fern. Warum die CSU überhaupt mit einer absoluten Mehrheit im Parlament eine Koalitionsregierung einging, läßt sich nicht nur mit den innerparteilichen Querelen erklären. Letztlich war in jenen Monaten die Union bemüht, für eine überaus schwierige Regierungspolitik nicht die alleinige Verantwortung übernehmen zu müssen.

Erstaunlich schnell gelang es dabei dem neuen Ministerpräsidenten, eigenes politisches Profil zu gewinnen und als Regierungschef quasi über den aktuellen (parteipolitischen) Streitereien zu stehen.[70] Dabei nahmen aber die Flügelkämpfe in der CSU keineswegs ab, bei denen Ehard zunächst der Schäffer/Hundhammer-Richtung zugeordnet wurde. Es mutet heute fast kurios an, daß auf der Landesausschußsitzung der CSU am 3. Januar 1947 in Augsburg mit nur einer Stimme Mehrheit ein Antrag der Müller-Anhänger abgelehnt wurde, dem Kabinett Ehard nicht das Vertrauen auszusprechen.[71] Auch die Agitation des WAV-Führers Loritz ließ an Schärfe nicht nach. Hinzu kamen noch die immer heftiger werdenden Auseinandersetzungen mit der sich formierenden „Bayernpartei" (vgl. Abschnitt III,3).

Dies alles spielte sich auf dem Hintergrund einer katastrophalen Wirtschafts- und Ernährungssituation ab, deren Verbesserung oberstes Gebot der Regierungsarbeit sein mußte.[72] Hinzu kam die schleppend anlaufende Konsolidierung der Verwaltung, die Durchführung der geforderten Entnazifizierung und die Eingliederung der Heimatvertriebenen und Flüchtlinge, die zu diesem Zeitpunkt ca. 26,5% der Bevölkerung ausmachten. Als weiteres

---

[69] *Zur WAV: Hans Woller, Die Loritz-Partei: Geschichte, Struktur und Politik der Wirtschaftlichen Aufbau-Vereinigung (WAV) 1945–1955. Stuttgart 1982, hier 51.*

[70] *Vgl. Artikel zu Ehard und der Regierungsarbeit in: SZ vom 7. 2. 1948.*

[71] *Vgl. „Streng vertraulicher Bericht" über die Landesausschußsitzung vom 3. 1. 1947, in: IfZ-Archiv, NL Hoegner ED 120/331; hierzu auch SZ vom 7. 1. 1947. – In den „Mitteilungen der Christlich-Sozialen Union" vom 14. 1. 1947 findet sich der aufschlußreiche Satz: „Auch das neue Kabinett umfaßt – wir verraten damit keine Geheimnisse – aus den beiden großen Parteien nur bestimmte Richtungen, es stützt sich auf die rechten Flügel der Parteien." Erst mit der Einberufung der Münchner Ministerpräsidenten-Konferenz änderte sich diese Einschätzung Ehard gegenüber und machte einer wohlwollenderen Beurteilung Platz.*

[72] *Vgl. Überblicksdarstellung bei Hartmann, Bayerns Weg, 541 f.*

wichtiges Problem hatte Ehard in seiner Regierungserklärung am 10. Januar 1947 die Frage der künftigen Schulreform und die Durchführung des Bodenreformgesetzes angesprochen.[73]

Ausschlaggebend für die Regierungsarbeit blieb aber trotz der demokratischen Legitimierung weiterhin der Rahmen, den die amerikanische Besatzungsmacht absteckte. In einem Dokument, am 20. Dezember 1946 übermittelt, hatte die Militärregierung immerhin festgeschrieben, durch Beobachtung, Nachprüfung, Berichterstattung und Beratung nur dann in die Arbeit des Kabinetts einzugreifen, wenn „deutlich" gegen definierte Ziele Washingtons verstoßen würde. Mit der Proklamation Nr. 4 vom 1. März 1947 bestätigten die Amerikaner dann die volle legislative, exekutive und judikative Gewalt im Rahmen der Landesverfassung und der Rechte der Besatzungsmacht.[74]

Scharf überwacht wurde jedoch weiterhin die Entnazifizierung.[75] In der ersten Phase waren Massenentlassungen kennzeichnend gewesen ohne Rücksicht auf die Auswirkungen insbesondere in der Verwaltung; Entlassungen und Verhaftungen wurden nach formalen Kriterien von den Amerikanern selbst vorgenommen. War nach Schäffer auch die Regierung Hoegner für die Berücksichtigung der individuellen Schuldhaftigkeit eingetreten, erließen die Amerikaner im März 1946 das Gesetz „zur Befreiung von Nationalsozialismus und Militarismus" mit der Einrichtung von sog. Spruchkammern in den Händen der Deutschen. Beim Regierungsantritt Ehards bot sich das zu erwartende Bild: die von der Bevölkerung auszufüllenden Fragebögen ließen schon bald 1,6 Mill. schwebende Verfahren entstehen, und es wurde immer schwieriger, genügend deutsches Personal für die Spruchkammern zu finden. Erwartungsgemäß besaß der erste Entnazifizierungs-Minister Loritz auch schon bald nicht mehr das Vertrauen der Besatzungsmacht und wurde im Juli 1947 durch den CSU-Politiker Ludwig Hagenauer abgelöst. Unter ihm wurde dann die bereits von Anton Pfeiffer eingeschlagene Linie verfolgt, durch den Ausbau der Organisation die Verfahren zu beschleunigen. Dabei hatten die sog. „kleineren Fälle" Vorrang, um die z.T. erheblichen Härten für die Familien der Betroffenen einer schnellen Klärung zuzuführen. Damit wurden

---

[73] *Vgl. Protokolle des Bay. Landtags, 3. Sitzung vom 10. 1. 1947, 31 ff.*

[74] *Vgl. James K. Pollock u.a. (Hg.), Germany under Occupation. Ann Arbor 1949, 146–150.*

[75] *Zum gesamten Bereich der Entnazifizierung in der amerikanischen Zone vgl. das grundlegende Werk von L. Niethammer, Die Mitläuferfabrik. Berlin/Bonn 1982.*

die Spruchkammern zu „Mitläuferfabriken", denn sehr häufig wurde die niedrige Einstufung ausgesprochen. Die Entnazifizierung geriet dann in den Strudel der großen politischen Ereignisse, und mit der Gründung der Bundesrepublik fiel dieser Aufgabenbereich endgültig in die alleinige Kompetenz deutscher Stellen.

Ein gleichfalls hoher Stellenwert bei der Überwachung durch amerikanische Stellen wurde von der Militärregierung ab Herbst 1946 dem Schulwesen gegeben. Einem Bericht einer amerikanischen Erziehungskommission nach wurde das bestehende Schulsystem in Bayern als dem „autoritären Führerprinzip" dienlich abgelehnt; die gegebenen Vorschläge sahen nicht nur die Aufhebung der bestehenden Schularten, sondern auch der konfessionellen Gemeinschaftsschule vor. Bis zum ersten Juli sollte auch Bayern seinen Erziehungsplan danach ausrichten.[76] Doch mit derartigem Ansinnen stießen die Amerikaner auf heftigsten Widerstand bei den verantwortlichen bayerischen, insbesondere CSU-Politikern, an ihrer Spitze Kultusminister Alois Hundhammer. Für ihn war der Nationalsozialismus eine verheerende Folge des Säkularisierungsprozesses im 20. Jahrhundert, so daß es für ihn unbedingt notwendig war, die Religion „als Grundlage der gesamten Erziehungsarbeit ... anzuerkennen."[77] Mit seiner Forderung nach Wiederherstellung des bayerischen Schulwesens von vor 1933 fand er zwar die volle Unterstützung der katholischen wie evangelischen Kirchenführung, stellte sich aber in krassen Widerspruch zu den Vorstellungen des Koalitionspartners SPD, der wie die Amerikaner am 31. März 1947 den ersten Schulreformplan ablehnte. Dieser schulpolitische Streit in der Koalition hatte letztlich keinen unerheblichen Einfluß auf den Zerfall des Regierungsbündnisses zwischen CSU und SPD.

Doch der Minister und mit ihm die CSU-Regierungsmitglieder sowie die Landtagsfraktion blieben auch in einem zweiten Reformplan bei ihrer bisherigen Linie. Erst als General Clay ein massives Vorgehen der Militärregierung in aller Schärfe androhte, nahm die dritte Regierungsvorlage („nach der Weisung der Militärregierung") die amerikanischen Wünsche auf. Doch das jetzt verfolgte Konzept Hundhammers war so einfach wie wirkungsvoll:

---

[76] *Quellenmaterialien zur bayerischen Schulpolitik in: Dokumente zur Schulreform in Bayern. Hrsg. v. Bayer. Staatsmin. für Unterricht und Kultus, bearb. v. Hans Merkt. München 1952; zusammenfassende Darstellung bei Goschler, Reformversuche, 70ff.*

[77] *Vgl. Schulreformplan des Bayer. Staatsmin. für Unterricht und Kultus vom 31. 3. 1947, in: Dokumente zur Schulreform, 68.*

die Vorlage würde an der CSU-Mehrheit im Landtag scheitern, so daß ein demokratisch legitimiertes Gesetz nicht entstehen konnte. Selbst ein ultimativer Befehl des amerikanischen Militärgouverneurs konnte durch erneute Verhandlungen weiter verzögert werden, so daß schließlich auch hier die Gründung der Bundesrepublik der Diskussion ein Ende setzte.[78]

Das massive Festhalten am konfessionell geprägten Schulsystem hatte für die CSU neben den weltanschaulichen Gründen eine ganz praktische machtpolitische Seite: Es galt, der eigenen Klientel deutlich die Verwurzelung in christlich-bayerischer Tradition vor Augen zu führen, denn sowohl in ihren eigenen Reihen als auch durch die Konstituierung der Bayernpartei erwuchs der Union ein erheblicher Widerpart.

2. Die CSU in der alleinigen Regierungsverantwortung: Kabinett Dr. Ehard II

Angesichts der Mehrheitsverhältnisse im Landtag war die Bildung einer Großen Koalition erstaunlich gewesen, und die Stimmen gegen eine derartige Zusammenarbeit verstummten sowohl in der CSU wie auch in der SPD nie. Anlaß zum vorzeitigen Rückzug der SPD aus der Regierungsarbeit bildete eine Rede Ehards auf der Landesversammlung der CSU im August 1947 in Eichstätt, in der der Ministerpräsident allen sozialistischen Ideen eine Abfuhr erteilte, dies aber an die Adresse von Vertretern in der eigenen Partei verstanden wissen wollte.[79] Doch die SPD erklärte am 14. September ihren Austritt aus der Koalition und ließ sich auch durch ein neuerliches Werben Ehards nicht zur Rückkehr bewegen.[80] Da der WAV-Vorsitzende Loritz bereits im Juni aus dem Kabinett ausgeschieden war, mußte Ehard jetzt eine CSU-

---

[78] *Vgl. Darstellung bei Goschler, Reformversuche, 70–81; am 5. Juli 1950 wurde ein die bayerischen Vorstellungen weitgehend berücksichtigendes Gesetz verabschiedet.*

[79] *Rede vom 30. 8. 1947 in: BayHStA, NL Pfeiffer 396; hier auch eine nachgeschobene „Authentische Interpretation", mit der Ehard die SPD zum Verbleib in der Regierung bewegen wollte.*

[80] *Zum Zerfall der Koalition: Hartmut Mehringer, Waldemar von Knoeringen. Eine politische Biographie. München 1989 (Schriftenreihe der Georg-von-Vollmar-Akademie, 2), 325–335. – Mehringer sieht vor allem den Austritt in Analogie zur Entscheidung der SPD vom Juli 1947, im Wirtschaftsrat in Frankfurt/M. in die Opposition zu gehen. Ausdrücklich bestreitet er aber ein direktes Einwirken Schumachers.*

Alleinregierung aufbauen, wobei die rivalisierenden Flügel der Partei Berücksichtigung finden mußten. Der CSU-Vorsitzende Müller wurde Justizminister und stellvertretender Regierungschef, Hanns Seidel wurde Wirtschaftsminister, während Willi Ankermüller das Innen- und Heinrich Krehle das Arbeitsministerium übernahmen.[81]

Hatten bei der ersten Regierungserklärung Ehards im Januar 1947 neben dem Flüchtlings- und Ernährungsproblem vor allem föderalistische Ziele im Vordergrund gestanden, war in seiner zweiten Erklärung am 24. Oktober 1947 das alles beherrschende Thema angesichts des bevorstehenden Winters die Not der Bevölkerung.

„Wir wollen keine Kalorien! Wir wollen Brot!"[82]. Dieser Schriftzug auf einem Transparent, das Menschen bei einer Hungerdemonstration 1947 in München mitführten, zeigte das Problem schlaglichtartig: die völlig unzureichende Versorgung der Bevölkerung. Ein Bericht des ehemaligen amerikanischen Präsidenten Hoover hatte bereits für Februar 1947 festgestellt, daß die Hälfte der Kinder und Jugendlichen und ein Großteil der Normalverbraucher in „erbärmlichem Zustand" seien.[83] Dazu hatten zweifellos auch die extremen Witterungsverhältnisse im Winter 1946/47 beigetragen, und im darauffolgenden Sommer brachte eine Dürrekatastrophe erhebliche Ernteeinbußen. Mit Lebensmittelrationierungen und Ausgabe gegen Karten versuchte die Regierung, die schlimmste Not zu lindern; doch der Schwarzmarkt blühte.

Ein mit der Ernährungsfrage eng verknüpftes Problem stellten die Flüchtlinge und Heimatvertriebenen dar.[84] In seiner Regierungserklärung vom 24. Oktober 1947 hatte Ehard dazu ausgeführt: „Der Flüchtling muß zunächst das bittere Gefühl verlieren, daß er ein heimatloser Fremdling ist. Er soll Wurzeln schlagen in unserem Land und in unserem Volk".[85] Gleichzeitig kündigte er die Errichtung von größeren Siedlungen auf ehemaligen Truppen-

---

[81] Vgl. Hartmann, Bayerns Weg, 554.
[82] Abbildung in: „Angesichts des Trümmerfeldes...", 129; Kock, Bayerischer Landtag, 41.
[83] Bericht vom 26. 2. 1947 von Herbert Hoover, abgedruckt in: Europa-Archiv 1 (1946/47), 588 ff.
[84] Zum Flüchtlingsproblem in Bayern grundlegend: F. J. Bauer, Flüchtlinge und Flüchtlingspolitik in Bayern 1945–1950; ein knapper Überblick über das Flüchtlingsproblem in Deutschland: ders., Zwischen „Wunder" und Strukturzwang. Zur Integration der Vertriebenen in der Bundesrepublik, in: Becker, Kapitulation von 1945, 73–95.
[85] Zitiert nach: Kock, Bayerischer Landtag, 41.

übungsplätzen und die Ansiedlung von Flüchtlingsindustrie an. Damit hatte der Ministerpräsident ein heikles Thema zur Sprache gebracht, denn seine Formulierung vom „bitteren Gefühl" umschrieb noch fast euphemistisch das menschliche Elend der aus ihrer Heimat Geflohenen oder Vertriebenen, das mit dem Überschreiten der bayerischen Landesgrenzen keineswegs schon beendet war. Hatte man in Bayern zunächst an eine baldige Rückführung gedacht, zeigten die Ergebnisse des Potsdamer Abkommens und der Verteilungsplan des Alliierten Kontrollrates vom 20. November 1945, daß die amerikanische Zone insgesamt 2,25 Mill. Vertriebene aus der Tschechoslowakei und Ungarn aufzunehmen hatte, wobei 50% nach Bayern gelangen sollten.[86]

Bis Dezember 1946 waren dann 1,696 Mill. Flüchtlinge in den Freistaat gelangt und ließen die Einwohnerzahl damit auf insgesamt 9,053 Mill. Menschen emporschnellen; bis Ende 1948 stieg diese Zahl dann nur noch auf 9,34 Mill. an.[87] Äußerst problematisch gestaltete sich bereits die regionale Verteilung in Bayern. Da der Verlust an Wohnraum in großstädtischen Gebieten am größten war, konzentrierte sich die Unterbringung auf Kleinstädte und Landgemeinden. Dies bedeutete eine erhebliche Belastung für das soziale Gefüge der betroffenen einheimischen Bevölkerung, deren kaum verborgene Ablehnung sich über ihre Wortführer oder Verbandssprecher häufig Luft machte. Gerade bei den Bauern regte sich Widerstand, die zwar Räumlichkeiten zur Unterbringung zur Verfügung stellen mußten, dann aber – bei einem erheblichen Arbeitskräftemangel – nicht selten zusehen durften, wie die Einquartierten entweder auf staatliche Hilfen vertrauten oder aber sich lukrativere Beschäftigungen außerhalb der Landwirtschaft suchten. Für diese Stimmung beispielhaft ist ein Artikel des damaligen ersten Generalsekretärs des Bayerischen Bauernverbandes und späteren CSU-Landwirtschaftsministers Alois Schlögl, den er im Februar 1946 unter dem bezeichnenden Titel „Eine Eiterbeule" veröffentlichte, und in dem er u.a. die Regierung aufforderte, mit „ganz radikalen Maßnahmen" für einen verstärkten Arbeitseinsatz von Flüchtlingen in der Landwirtschaft zu sorgen.[88]

Keinesfalls stellten aber derartige Ausführungen die offizielle Haltung der CSU dar; das Parteiprogramm vom Dezember 1946 spricht hier eine deut-

---

[86] *Vgl. Dokument in: Ursachen und Folgen, Bd. 24, 472f.*
[87] *Bauer, Flüchtlinge, 26.*
[88] *Artikel von A. Schlögl in: Landwirtschaftliches Wochenblatt vom 23.2.1946.*

liche Sprache. Vertreter der Union bemühten sich z.T. erfolgreich darum, gerade auch Flüchtlingen in der Partei "Sitz und Stimme" zu geben, nicht selten als "Angriffsfläche" von der Bayernpartei genutzt.[89] Doch auch in der Staatsregierung begann man erst Anfang 1946, das Problem wirklich gezielt anzugehen. War die Flüchtlingsbetreuung unter Schäffer noch ein Torso gewesen, begann Hoegner unter dem Druck der Amerikaner mit dem Aufbau einer eigenen Verwaltung. Die Militärregierung verlangte schließlich ab Dezember 1946 einen täglichen Bericht über den Stand der Entwicklung und zeigte damit an, wie wichtig ihnen dieses Problemfeld war.[90]

Zur Koordinierung der staatlichen Maßnahmen war bereits von Hoegner der im Ruhestand in Lenggries lebende ehemalige preußische (parteilose) Regierungspräsident Wolfgang Jaenicke als Staatskommissar eingesetzt worden, der bis Dezember 1950, seit 31. 1. 1947 im Rang eines Staatssekretärs, der Flüchtlingsverwaltung vorstand. Ihm gestand Ehard immerhin zu, im April 1947 die Wohnraumbewirtschaftung aus der Kompetenz des Arbeitsministeriums herauszulösen und sie seinem Bereich zuzuordnen. Doch mit der steigenden Aktualität der Flüchtlingsproblematik wuchs auch der Sog, der die Arbeit Jaenickes in den politischen Strudel nicht nur der Kompetenzverteilungskämpfe hineinzog. Zum einen plante das Innenministerium, die Flüchtlingsverwaltung einzugliedern, zum anderen gab es z.B. eine parlamentarische Initiative von neun CSU-Landtagsabgeordneten, die am 19. August 1947 beantragten, die Sondervollmachten der unteren und mittleren Organe der Flüchtlingsverwaltung aufzuheben und die Flüchtlingskommissare den Landräten zu unterstellen.[91] Hier brach sich letztlich jener wachsende Unmut der einheimischen Bevölkerung Bahn, die – aufgrund der oft eigenen persönlichen Not – die Arbeit der Flüchtlingsverwaltung mit Argwohn beobachtete.

Das Flüchtlingsproblem begann aber auch zunehmend in den nächsten Monaten und Jahren politische Wellen zu schlagen, und die positive Korrelation zwischen hohem Flüchtlingsanteil in der Wählerschaft und guten Wahl-

---

[89] Vgl. "Die dreißig Punkte der Union", Vorwort sowie bes. Punkt 24; Strauß, Erinnerungen, 66f.

[90] Vermerk vom 6. 12. 1946 zur täglichen Berichterstattung, in: BayHStA, MArb 7001/7042; zum Aufbau der bayerischen Flüchtlingsverwaltung vgl. Bauer, Flüchtlinge, 42–62.

[91] Bauer, Flüchtlinge, 121.

ergebnissen für die Bayernpartei (und später für den BHE) trafen besonders die CSU, die als alleinige Regierungspartei zudem nicht nur einfach unter parteipolitischen Gesichtspunkten agieren konnte.[92] Gerade auch um der zunehmend in die Schußlinie geratenden Flüchtlingsverwaltung den bisherigen, in der einheimischen Bevölkerung wenig gelittenen Sonderstatus zu nehmen, setzte das Innenministerium, zuletzt unter der Leitung von Ankermüller, im Oktober 1948 die endgültige Eingliederung durch.[93] Die dann von der Staatsregierung verfolgte Politik der „Hilfe zur Selbsthilfe" wurde von vielen Flüchtlingsbetrieben unter erheblichem eigenem Engagement erfolgreich umgesetzt.[94] Generell bleibt aber festzustellen, daß auch in Bayern das Problem der Kombination von explosionsartigem Bevölkerungszuwachs und dem Postulat nach dauerhafter Integration der Flüchtlinge nicht alleine zu lösen war. Erst der ungeahnte wirtschaftliche Aufstieg Westdeutschlands vermehrte entscheidend die materiellen Lebensgrundlagen, so daß auch den Flüchtlingen ihr Teil daran gegeben werden konnte, ohne ihn der einheimischen Bevölkerung zu nehmen. Damit verlor das Flüchtlingsproblem aber auch Ende der 50er Jahre seine wahlpolitische Bedeutung, eine Entwicklung, die am Ende der 40er Jahre wohl kaum vorauszusehen war.

Für diese Probleme mußte man 1946/47 in der Staatsregierung aber auch schon Lösungsmöglichkeiten über die Grenzen Bayerns hinaus suchen. So war es nur folgerichtig, daß man die Zusammenarbeit im Länderrat der amerikanischen Besatzungszone suchte, und gerade Ehard sah in diesem Gremium zusätzlich eine positive Möglichkeit des föderativen Aufbaus eines zukünftigen Deutschlands. Hingegen lehnte der Bayerische Ministerpräsident die Errichtung des Vereinigten Wirtschaftsgebietes (Bizone) als zu zentralistisch ab. Mit Seelos und Pfeiffer waren die Vertreter Bayerns aus der Umgebung des Ministerpräsidenten ins Direktorium des Länderrates entsandt

---

[92] *Unger, Bayernpartei, 108.*

[93] *Vgl. die detaillierte Darstellung über die Eingliederung der Flüchtlingsverwaltung in das Innenministerium bei Bauer, Flüchtlinge, 124–160. – Daß der bisherige Leiter Jaenicke im Rang eines Staatssekretärs übernommen werden konnte, verdankte er Ehard, der sich über verfassungspolitische Bedenken hinwegsetzte und die Flüchtlingsverwaltung einfach als selbständigen Bestandteil des Innenministeriums definierte (Bauer, Flüchtlinge, 137). Trotz ständiger Reibereien mit Minister Ankermüller und eines im Dezember 1949 gestellten Rücktrittsgesuchs, blieb Jaenicke bis Dezember 1950 im Amt.*

[94] *Vgl. Dokumentation „Integration und Neubeginn", hrsg. v. F. Prinz.*

worden und im Laufe der Zeit entwickelte sich eine enge und vertrauensvolle Zusammenarbeit.⁹⁵

Erheblich spannungsgeladener war das Verhältnis zum Wirtschaftsrat in Frankfurt. Die sechs CSU-Abgeordneten mußten feststellen, daß sie sich parteipolitisch bildenden Fraktionen gegenübersahen, so daß der von der Staatsregierung ausgegebene föderalistische Weg kaum zu verfolgen war. Zu erheblichen Auseinandersetzungen kam es zusätzlich zwischen Adenauer und Ehard im Streit um den Posten des Wirtschaftsdirektors, denn die CSU-Vertreter unterstützten zeitweilig eine SPD-Kandidatur, da diese ihnen aus föderalistischer Sicht akzeptabler erschien als die „zentralistischen Alternativen" der Union. Schließlich kamen auch noch die Flügelkämpfe innerhalb der CSU zum Tragen, als mit Johannes Semler ein Mann des Müller-Flügels gewählt wurde, durchaus nicht der Wunschkandidat Ehards, der Baumgartner favorisierte. Ebenso umstritten war die Fraktionsgemeinschaft mit der CDU, aber auch hier setzte sich der Parteivorsitzende mit seiner Befürwortung gegenüber dem ablehnenden Hundhammer-Flügel durch.⁹⁶

Zum handfesten Krach zwischen Staatsregierung sowie der Mehrheit der CSU auf der einen und der Bizonenverwaltung auf der anderen Seite kam es jedoch im Rahmen des Warenaustausches. Der Direktor für Ernährung und Landwirtschaft, Schlange-Schöningen, hatte die Quote für Ausgleichslieferungen von Kartoffeln zwischen agrarischen und industriellen Regionen und die Höchstmenge für die Verbraucher trotz der schlechten Ernte im Sommer 1947 auf den alten festgesetzten Zahlen belassen. Als Bayern nur ca. 36% des Solls lieferte, schickte Frankfurt Kontrolleure in den Freistaat. Mit Einverständnis von Landwirtschaftsminister Baumgartner wurden diese aber an ihrer Tätigkeit gehindert, woraufhin Schlange-Schöningen im Gegenzug die Fisch- und Fettlieferung nach Bayern kürzte. Nach den dann doch genehmigten Kontrollen wurde die Quote neu festgesetzt, doch Frankfurt behielt sich ausdrücklich das letzte Entscheidungsrecht vor. Daraufhin trat Baumgartner am 15. Januar 1948 von seinem Posten zurück, und da er sich in diesem sog. „Kartoffelkrieg", aber auch in seinen Ambitionen auf einen Direktorenposten in der Bizonenverwaltung, von der CSU nicht massiv genug unterstützt sah, zog er sich auch grollend aus der Parteiarbeit zurück,

---

⁹⁵ Vgl. Kock, Bayerns Weg, 240; ausführlichere Darstellung bei Gelberg, Ehard, 52–64.
⁹⁶ Schreiben Schäffers vom 14. 2. 1948 an Ehard, Hundhammer und Adenauer, in: BA, NL Schäffer 23; Kock, Bayerns Weg, 252; Gelberg, Ehard, 97–101.

um schließlich der Bayernpartei beizutreten (vgl. Abschnitt III,3). Sein Nachfolger wurde Alois Schlögl von der CSU.[97]

Doch das Verhältnis zwischen Bayern und der Bizonenverwaltung blieb auch weiterhin gespannt, und mit Johannes Semler fiel schließlich ein weiterer CSU-Repräsentant dem „Kreuzzug gegen die Bizone"[98] zum Opfer. Auf der Landesausschußsitzung der CSU am 4. Januar 1948 hatte dieser in seiner sog. „Hühnerfutter-Rede" die Wirtschafts- und Ernährungspolitik der Amerikaner scharf angegriffen und ihnen eine Mitschuld an der Versorgungskrise vorgeworfen. Semler mußte daraufhin dem Druck der Militärregierung weichen und zurücktreten; für ihn übernahm am 2. März 1948 Ludwig Erhard den Direktorenposten im Wirtschaftsrat, von September 1945 bis Dezember 1946 bereits im Kabinett Hoegner Wirtschaftsminister und somit durchaus mit den bayerischen Verhältnissen vertraut.[99] Die unter ihm Mitte des Jahres durchgeführte Währungsreform, begleitet von seinem eigenmächtigen Vorgehen bei der weitgehenden Freigabe der Preisbindung, brachte dann auch in Bayern den allgemeinen Wirtschaftsaufschwung nach anfänglichen, nicht geringen Schwierigkeiten, die sich auch auf die Organisationsstrukturen der Parteien und damit der CSU niederschlugen (vgl. Abschnitt III,3).

Für die Staatsregierung war man mit dieser Maßnahme aber einen weiteren großen Schritt auf die Errichtung eines westdeutschen Staates zugegangen, dem Ehard mit aller Kraft ein föderalistisches Gepräge geben wollte. Doch gerade in dieser Phase der deutschlandpolitischen Weichenstellungen

---

[97] *Zum sog. Kartoffelkrieg vgl. Stelzle, Föderalismus und Eigenstaatlichkeit, 144 ff. – Große Aufregung gab es auch um das auf Wunsch der Militärregierung erlassene „Speisekammergesetz", wonach alle Privatpersonen und Betriebe ihre Lebensmittelvorräte anzugeben hatten. Die Unkontrollierbarkeit ließ es schließlich im Lächerlichen versanden: z.B. gab es nach den eingegangenen Meldungen in Nürnberg insgesamt nur 115 kg Kartoffeln.*

[98] *Stelzle, Föderalismus und Eigenstaatlichkeit, 143.*

[99] *Vgl. Volkhard Laitenberger, Ludwig Erhard. Der Nationalökonom als Politiker. Göttingen 1986, 44–54. – Seine Tätigkeit in München hatte für den parteilosen Erhard ein weniger angenehmes Nachspiel, als er sich vor einem Untersuchungsausschuß des Landtags unter Vorsitz von Alois Schlögl (CSU) für seine Tätigkeit verantworten mußte. Insbesondere gegen den Vorwurf der von ihm zugelassenen „Mißstände im Wirtschaftsministerium" mußte er sich zur Wehr setzen. Der Ausschuß bescheinigte schließlich die volle moralische Integrität, doch blieb Erhard der Ruf, ein schlechter Organisator auf Verwaltungsebene zu sein.*

rissen die innerparteilichen Gräben in der CSU erneut auf, und mit der sich neu etablierenden Bayernpartei erhielt die Union noch zusätzliche Konkurrenz im Kampf um die bayerischen Wählerstimmen.

3. Innerparteiliche Flügelkämpfe und Konkurrenz der Bayernpartei

Schlugen die Wellen der innerparteilichen Auseinandersetzungen im ersten Jahr der alleinigen Regierungsverantwortung in der CSU deutlich nicht mehr so hoch, verschärfte sich die Situation erneut, als Fritz Schäffer aus dem gegen sich selbst eingeleiteten Entnazifizierungsverfahren im Januar 1948 rehabilitiert hervorging. Seine Rückkehr hatte bereits in der Partei Schatten vorausgeworfen. Als der Bezirksverband Oberbayern mit seinem Vorsitzenden Hundhammer eine für den 13./14. Dezember 1947 von Müller einberufene Landesausschußsitzung aufgrund formaler Fehler auf den 3./4. Januar 1948 verschieben ließ, deutete sich an, daß man mit dem baldigen Auftreten Schäffers rechnete. Und die schließlich doch ohne den Staatsrat Anfang Januar angegangenen Themen bargen durchaus wieder genug Sprengstoff.

Es lagen die Vorstellungen des Bezirks Oberbayern vor, den Landesvorsitzenden durch einen mehrköpfigen Vorstand zu ersetzen, die Abschaffung des Geschäftsführenden Landesvorstands und die Berücksichtigung der Mitgliederstärke der einzelnen Unterverbände beim Delegiertenschlüssel.[100] Nach heftiger Diskussion schien der Kompromißvorschlag von Horlacher eine Einigung zu bieten: dem Parteivorsitzenden sollten zwei Stellvertreter zur Seite gestellt werden, und sein Vorschlag für den Delegiertenschlüssel nahm die oberbayerischen Vorstellungen z.T. auf. In der nun für beide Bereiche getrennt durchgeführten Abstimmung wurde die Stellvertreterlösung einstimmig angenommen – Müller blieb Vorsitzender –, während der Delegiertenschlüssel mit 53 zu 45 Stimmen abgelehnt wurde. Gleiches geschah auf der zwei Wochen später stattfindenden Sitzung der Satzungskommission.[101]

---

[100] *Text in: CSU, Protokolle und Materialien, Dok.Nr. XXI, 1816 ff.; zur Landesausschuß-sitzung am 3./4. 1. 1948 vgl. Material in: ebd., Dok.Nr. 29, 1284 ff.; Darstellung bei Fait, Anfänge der CSU, 230–238.*

[101] *Vgl. Schreiben Pfeiffers an Müller vom 22. 1. 1948, in: BayHStA, NL Pfeiffer 535.*

Erst auf der Landesversammlung am 24./25. Januar in Marktredwitz kam es nach z. T. heftigen Kontroversen zu einer zunächst tragfähigen Lösung: jeder Kreisverband mit bis zu 500 Mitgliedern erhielt zwei Stimmen, für je weitere 500 wurde eine zusätzliche Stimme gewährt; diese durften aber nicht mehr als zwei sein. Eine große Mehrzahl der Anwesenden nahm diese Lösung an, doch aufmerksame Beobachter registrierten auch jetzt bei einem Teil der Anwesenden „finstere Gesichter".[102] Daß dem amtierenden Ministerpräsidenten die immer noch schwelenden Auseinandersetzungen in seiner Partei ein Dorn im Auge waren, weil er in ihnen eine ernste Gefahr für die Regierungspolitik sah, machte er in seiner Rede den Delegierten unmißverständlich deutlich: „Es handelt sich hierbei nicht um eine Angelegenheit des Parteiinteresses ..., sondern um eine ernste staatspolitische Angelegenheit".[103]

In dieser Situation kehrte Schäffer mit einem fast „messianischen Sendungsbewußtsein" auf die parteipolitische Bühne zurück. Sofort wurde er von Alois Hundhammer unterstützt, der seinen Bezirksvorsitz im CSU-Kreis Oberbayern für den Zurückgekehrten räumte und diesem damit eine Basis für das weitere Vorgehen gegen Müller schuf. Auf der bereits zum 14. Februar einberufenen Bezirksversammlung Oberbayern wurde der Staatsrat dann zum Vorsitzenden gewählt und ließ sich daraufhin ein vierwöchiges Mandat zu Verhandlungen mit der Landesleitung über den Delegiertenschlüssel, die Parteiführung und ein stärkeres Gewicht des eigenen Bezirksverbandes geben.[104] Die eigentliche Kampfansage war jedoch der zusätzliche Beschluß, solange es keine Verhandlungsergebnisse gäbe, sich im Bezirksverband Oberbayern durch die Beschlüsse der Landesleitung, des Landesausschusses und der Landesversammlung nicht gebunden zu fühlen.

Damit war faktisch eine Sezession eines ganzen Bezirksverbandes eingeleitet, und man darf die zusätzliche Qualität dieser Auseinandersetzung nicht verkennen: Schäffer ließ von Anfang an keinen Zweifel daran, daß für ihn ein Verbleib mit seinen Anhängern in der Union nicht zwingend notwendig war,

---

[102] *OMGUS-Bericht über die Landesversammlung der CSU am 24./25. 1. 1948 vom 26. 1. 1948*, in: IfZ-Archiv, MA 1479/14; zum Ablauf und zur Satzungsdiskussion vgl. Fait, *Anfänge der CSU*, 230–238.

[103] *Rede Ehards in Marktredwitz vom 25. 1. 1948*, in: BayHStA, NL Pfeiffer 397.

[104] *Protokoll der CSU-Bezirksversammlung am 14. 2. 1948*, in: BA, NL Schäffer 22, fol. 1–48; zum Ausmaß der „Schäffer-Rebellion" vgl. Henzler, *Schäffer*, 236–265; Mintzel, *CSU*, 225–229.

denn er konnte sich eine politische Heimat durchaus auch in der nun immer stärker werdenden Bayernpartei vorstellen. Diese hatte sich bereits 1945/46 formiert, war aber bis Anfang 1948 von den Amerikanern als radikal bayerisch-separatistische Partei auf Landesebene nicht lizenziert worden. Doch mit dem Zustrom ehemaliger Unionsmitglieder, besonders nach der Eichstätter Landesversammlung im August 1947, wurde das radikale Programm gemildert.

Die Bayernpartei wurde damit zu einer „wählbaren Alternative" zur CSU, insbesondere, als der ehemalige CSU-Landwirtschaftsminister Baumgartner nach dem sog. „Kartoffelkrieg" zu ihr wechselte. Doch erst im Juni 1948 übernahm er ihren Vorsitz, so daß die Führungsfrage im Februar – beim Ausbruch der „Schäffer-Rebellion" – noch völlig offen war. Ein Überwechseln zur Bayernpartei, zusammen mit einer zumindest größeren Zahl von CSU-Kreisverbänden aus Oberbayern, hätte ihm zu diesem Zeitpunkt zweifellos eine dominierende Stellung in der Parteispitze der BP gebracht, und die Übernahme des Parteivorsitzes war vom Staatsrat sicherlich ins Auge gefaßt. Die Zeit drängte also, zumal für April und Mai Land- bzw. Stadtkreiswahlen bevorstanden.

Auf der Parteivorstandssitzung am 16. Februar konnte man sich auf kein gemeinsames Vorgehen gegenüber Schäffer einigen, wenn auch die Landesleitung zunächst Verhandlungen zurückwies. Reihte sich am 20. Februar der Bezirksverband München bereits in die Anhängerschaft beim Staatsrat ein, so waren auch scharf ablehnende Töne zu vernehmen. Der Bezirksverband Nürnberg–Fürth forderte die „Entfernung von Schäffer, Hundhammer und A. Pfeiffer" aus der CSU, während der Bezirksverband Oberfranken Schäffer und Pfeiffer als nicht mehr zur Partei gehörend erklärte.[105] Die erste und für die gesamte weitere Entwicklung entscheidende Niederlage erfuhr Schäffer aber am 27. Februar, als es ihm auf einer Versammlung des Bezirksverbandes Niederbayern nicht gelang, diesen auf seine Seite zu bringen. Ebenso folgte ihm mehrheitlich der zum 28./29. Februar einberufene Landesausschuß nicht, woraufhin ihm auch der anschließende Versuch mißlang, über mindestens drei Bezirksverbände – nur München und Oberbayern unterstützten ihn – eine außerordentliche Landesversammlung einzuberufen. Und selbst in den ihn unterstützenden Verbänden mehrten sich die Stimmen, unter ihnen Franz

---

[105] *Unterlagen in BA, NL Schäffer 23, fol. 123, 135–142.*

Josef Strauß, die innerparteilichen Querelen im Hinblick auf den zunehmend schwereren Stand der Partei zu beenden.

Alarmierend waren die Wahlen im April und Mai für die Union ausgefallen: hatte die CSU bei vergleichbaren Wahlen 1946 noch ca. 60 % der Wähler ansprechen können, erreichte sie jetzt landesweit nur noch 37,8 %. Die verlorenen Sitze gingen fast ausnahmslos an die Bayernpartei, was für Schäffer ein klarer Beweis für seine geforderte Kurskorrektur darstellte, von vielen in der Union aber auch als Signal verstanden wurde, dem Wähler endlich wieder mehr Geschlossenheit und den Willen zur konzentrierten politischen Arbeit zu demonstrieren. Doch es greift zu kurz, die Parteikrise jener Monate allein mit den Streitereien in der Union um Schäffer zu begründen. Der Mitgliederschwund hatte bereits nach der Landesversammlung in Eichstätt eingesetzt, und die Währungsreform tat ein übriges, um die Organisation der Partei nicht unwesentlich zu erschüttern.[106]

Als entscheidende Komponente muß jedoch angesehen werden, daß es der Bayernpartei durch z.T. populistische Forderungen nach einem souveränen Bayern – die Amerikaner hatten derartiges bereits 1946 kategorisch abgelehnt – oder ihre starke Abneigung gegen eine breitere Aufnahme von Flüchtlingen und Vertriebenen 1947/48 gelang, einer eher deprimierten Stimmung in weiten Teilen der Bevölkerung einen bayerischen Patriotismus als Allheilmittel entgegenzusetzen. Dabei fiel es den Vertretern der BP natürlich leicht, die sich in der alleinigen Regierungsverantwortung befindliche CSU auch zu tagespolitischen Themen anzugreifen; die allgemeine Not und die Reibereien mit der Bizonenverwaltung boten genügend Möglichkeiten.[107] Mit dem Eintritt namhafter CSU-Politiker ab Mitte 1947, so Anton Donhauser, Anton Frhr. von Aretin, Alfons Gaßner und besonders Josef Baumgartner, erhöhte die Partei ihre „personelle Attraktivität" und damit ihr politisches Gewicht beträchtlich.

Schäffers Vorstoß verlor bereits Ende Mai an Zugkraft, und die Ereignisse um seine Nominierung zum Parlamentarischen Rat in Bonn zeigten, daß auch die mehrheitlich eher seiner Position zuneigende Landtagsfraktion um Hundhammer nicht mehr in der Lage war, ihn zu stützen. Am 24. August war der

---

[106] Vgl. Mintzel, CSU, 222f.
[107] Zur Entwicklung und Zielsetzung der BP zusammenfassend: Unger, Bayernpartei, 18ff.; Latour/Vogelsang, Okkupation und Wiederaufbau, 108; grundlegend zur Auseinandersetzung zwischen CSU und BP: K. Wolf, CSU und Bayernpartei. Köln 1982.

Staatsrat zunächst von der CSU-Fraktion im Maximilianeum als Kandidat für Bonn aufgestellt worden. Als dann aber der Kreis um den Parteivorsitzenden heftigen Widerstand entgegensetzte, zog die Fraktion die Nominierung auf zusätzliche Bitten Ehards zurück.[108] Als dann ein Parteiausschlußverfahren gegen Schäffer eingeleitet wurde, erklärte dieser am 14. September seinen Austritt aus der CSU. Hundhammer, der den Vorsitz im Bezirksverband Oberbayern sofort wieder übernahm, verhinderte durch eine „Bedenkzeit" für alle Unterverbände eine überstürzte Reaktion; kein Kreisverband Oberbayerns verließ die Union.

Doch die Querelen in der Partei blieben, bis es auf der Landesversammlung der CSU im Mai 1949 in Straubing zu einem entscheidenden Schritt zur innerparteilichen Beruhigung kam: mit 396 zu 151 Stimmen wurde Hans Ehard gegen Josef Müller zum Landesvorsitzenden gewählt.[109] Ihm zur Seite stand Franz Josef Strauß als Generalsekretär, und unter dieser Parteiführung schlossen sich langsam die innerparteilichen Gräben. Auch der Ende 1949 aus dem Umfeld der BP neugegründete „Bayerische Heimat- und Königsbund" konnte der CSU letztlich nicht mehr gefährlich werden.[110]

Die anhaltenden Turbulenzen in der CSU waren auch von Vertretern der „Schwesterpartei" CDU mit wachsender Sorge beobachtet worden. Kontakte zwischen beiden Parteien gab es schon im Herbst 1945, als u.a. der Münchner Oberbürgermeister Karl Scharnagl und sein (zeitweiliger) Kölner Amtskollege Konrad Adenauer miteinander in Kontakt standen. Fehlten bei einem ersten Reichstreffen der Union am 14.–16. Dezember 1945 noch die Vertreter der CSU, nahmen Müller und v. Prittwitz und Gaffron am nächsten Treffen Anfang April 1946 teil. Auf der gemeinsamen Tagung der Landesvorsitzenden der CDU und CSU (ohne die frz. Zone) am 28./29. August 1946 in Königstein verständigte man sich dann auf die Gründung einer Arbeitsgemeinschaft

---

[108] Vgl. Henzler, Schäffer, 262 ff.; zur Rolle Ehards: Gelberg, Ehard, 184–187.

[109] Mintzel, CSU, 239–245; Henke/Woller, Lehrjahre der CSU, 20 f.; vgl. auch die Darstellung in den Memoiren von Josef Müller, Bis zur letzten Konsequenz, 352–358; vgl. Ausführungen A. Haußleiter: Der Sturz des „Ochsensepp", in: Schröder, Bayern 1945, 89–104. – Zu Recht widerspricht H.-P. Schwarz in seiner Adenauerbiographie (Bd. I, 610) der These Müllers, Adenauer habe seinen Sturz „ferngesteuert".

[110] Zur monarchischen Bewegung in Bayern vgl. Konrad Maria Färber, Bayern wieder ein Königreich? Die monarchische Bewegung nach dem Zweiten Weltkrieg, in: Benz, Neuanfang in Bayern, 163–182.

und die Errichtung einer Geschäftsstelle; im Februar 1947 einigte man sich dann auf die Bezeichnung „Arbeitsgemeinschaft der Christlich-Demokratischen und Christlich-Sozialen Union Deutschlands" mit fünf Arbeitsausschüssen, einer davon für Verfassungsfragen.[111] Ein weitergehender Anschluß an die CDU wurde aber von den Christlich-Sozialen abgelehnt.

So war für die CSU das Ende der Zerreißprobe dringend notwendig, denn mit der bevorstehenden ersten Bundestagswahl mußte eine Basis geschaffen werden, von der aus man in die aktuelle Politik in Bonn eingreifen konnte.

IV. Der Weg in die Bundesrepublik[112]

1. Verfassungspolitische Vorarbeiten und föderalistische Bestrebungen

Wohl in keinem Land der Bundesrepublik ist die staatliche Eigenständigkeit derart stark verwurzelt wie in Bayern. Keine Staatsregierung ließ einen Zweifel daran, daß man sich eine Zukunft in Deutschland nur in einem starken föderalistischen Rahmen vorstellen konnte. Dabei wurde weitgehend die Zugehörigkeit zu einem gesamtdeutschen Staat von verantwortlicher Seite kaum in Frage gestellt, wie dies z.B. auch Ministerpräsident Schäffer bereits Anfang Juni 1945 gegenüber der Militärregierung feststellte.[113] Doch gerade in der Konkurrenz zur Bayernpartei blieb den CSU-Vertretern oft nichts anderes übrig, als stärker die „weiß-blaue Karte" zu spielen, wobei dies die dem Schäffer/Hundhammer-Flügel zuneigenden Parteimitglieder sicherlich nicht ohne innere Überzeugung taten. Doch die von Anfang an erfolgversprechende Linie – zumal die Amerikaner einem souveränen bayerischen Staat eine klare Absage erteilten –, war, mit dem Gewicht Bayerns auf einen streng föderalen Bundesstaat hinzuarbeiten. Motor dieser Linie war zweifellos Ministerpräsident Ehard, der immer wieder versuchte, das Heft des Handelns bei sich und seinen Amtskollegen zu belassen.

---

[111] Vgl. Berberich, CSU, 70ff.; Becker, CDU/CSU, 216/228f.

[112] Grundlegend für die nachfolgende Darstellung: Kock, Bayerns Weg in die Bundesrepublik, 1983 und zur besonderen Rolle Ehards: Gelberg, Hans Ehard, 1992.

[113] Vgl. Henzler, Schäffer, 98. – Immerhin wurde die Möglichkeit eines souveränen Bayerns in der amerikanischen Truppenzeitung „Stars and Stripes" im Juli 1945 diskutiert.

Dabei zeigten die alliierten Konferenzen von Moskau (10. 3.–24. 4. 1947) und London (25. 11.– 15. 12. 1947), daß man von einer einvernehmlichen staatsrechtlichen Neuordnung Deutschlands weit entfernt war. So bedeutete die Reform der bizonalen Organisation, daß das Vereinigte Wirtschaftsgebiet ein Vorläufer zum später ins Leben gerufenen Weststaat wurde und gleichzeitig die Marshall-Plan-Hilfe diesen Teil Deutschlands noch stärker ins westliche Wirtschaftssystem eingliederte. Amerikaner und Franzosen drängten dabei auf einen föderalen Aufbau dieses Nachkriegs-Deutschlands.[114]

Bei der Einrichtung der Bizone wurde deutlich, daß Bayern, vehement vertreten durch den Ministerpräsidenten, keinesfalls gewillt war, dies als Vorentscheidung für den Aufbau eines zukünftigen Deutschlands zu akzeptieren. So bestritt Ehard nachhaltig eine Gesetzes- und Verordnungsbefugnis der bizonalen Ämter gegenüber den Ländern.[115] Nachdem ein Rat der Ministerpräsidenten als Koordinationsorgan für die bizonalen Ämter an der SPD scheiterte, war es für den bayerischen Ministerpräsidenten wichtig, daß die Regierungschefs wenigstens die Errichtung einer „Leitstelle zur Vorbereitung der Friedensverhandlungen" in Frankfurt beschlossen.[116] Von besonderer Bedeutung war jedoch, daß die Parteien hierbei eine nur spärliche Funktion zugestanden bekamen; lediglich „zur Kenntnis gegeben" werden sollten die hier erarbeiteten Ergebnisse.[117]

Wenn auch die Alliierten ihre Genehmigung für dieses Projekt versagten, ging daraus wenigstens für die amerikanische Zone ein „Deutsches Büro für Friedensfragen" hervor, jedoch nicht nach den Wünschen Ehards in München etabliert, sondern in Ruit bei Stuttgart. An der Entwicklung dieser Einrichtung läßt sich deutlich ablesen, daß die hier Agierenden erst in zweiter Linie als „Parteipolitiker" auftraten; entscheidend waren die jeweiligen Landesregierungen. Erst als Ehard deutlich wurde, daß die eigenen föderalistischen Vorstellungen für eine zukünftige Verfassung nicht im gewünschten

---

[114] Vgl. D. Schoenbaum, Deutschland als Gegenstand der amerikanischen Nachkriegsplanung, in: Herbst, Westdeutschland, 27–36; W. Loth, Die deutsche Frage in französischer Perspektive, in: ebd., 37–49. – Kompakte Darstellung der Ereignisse 1948/49 bei: W. Benz, Die Gründung der Bundesrepublik. München 1984.

[115] Ausführungen Ehards auf einer internen Sitzung des Länderrates in Stuttgart am 11. 2. 1947, in: AVBRD, Bd. 2., Dok.Nr. 7, bes. 206ff.

[116] Unterlagen und Dokumente in: AVBRD, Bd.2, Dok.Nr. 4, 8, 32.

[117] Ebd., Dok.Nr. 4, 147.

Umfang durchgesetzt werden konnten, begann die Staatsregierung die bisher von ihr ferngehaltenen Parteigremien einzubinden und bemühte sich zunehmend um eine „Verfassungsfront" innerhalb von CDU und CSU.[118] Natürlich hatte es auch in den Parteien verfassungspolitische Überlegungen gegeben, und es schälten sich zwei Grundpositionen heraus, die letztlich durch Parteipolitik besetzt wurden: Sahen die von den Sozialdemokraten im Juli 1947 auf ihrem Parteitag in Nürnberg beschlossenen „Richtlinien für den Aufbau der deutschen Republik" einen weitgehend zentralistisch strukturierten Staat vor, folgte der Entwurf der „Arbeitsgemeinschaft der CDU/CSU Deutschlands" einem gemäßigten Föderalismuskonzept.

Einen besonderen Stellenwert erhielt der sog. „Ellwanger Kreis" süddeutscher Föderalisten, der sich auf Initiative von Anton Pfeiffer, dem stellvertretenden hessischen Ministerpräsidenten Hilpert und dem Staatssekretär im württembergisch-badischen Staatsministerium Gögler am 1./2. März 1947 auf dem Schönenberg bei Ellwangen traf.[119] Eine Reihe von einflußreichen Unions-Politikern war hier bei verschiedenen Treffen anwesend, um die Bereiche Kultur, Wirtschaft, aber auch eine föderalistische Ausgestaltung Deutschlands zu diskutieren. Es ist immerhin bemerkenswert, daß der Parteivorsitzende der CSU, Josef Müller, hierzu keine Einladung erhielt.

Überhaupt gestaltete sich die öffentliche Reaktion auf die Treffen in Ellwangen äußerst negativ, denn die zwischen den Teilnehmern vereinbarte Geheimhaltung dieses „Freundeskreises" ließ für die Verfassungsvorschläge in der Öffentlichkeit Schlimmstes befürchten. Mutmaßungen über eine „Donauföderation" oder „Union alpine" machten die Runde und zeigten, wie tief gerade in Nord- und Westdeutschland das Mißtrauen gegenüber dem süddeutschen Partikularismus saß.[120] Wie geheim die ersten Sitzungen waren, zeigt aber auch die Unkenntnis der amerikanischen Militärregierung über die Ereignisse in Ellwangen, die erst Anfang Dezember 1947 aufmerksam wurde und dann im Gespräch mit Pfeiffer am 9. Dezember erkennen mußte, daß dieser sogar vor der eigenen Partei die Verfassungsentwürfe zunächst geheim-

---

[118] *Darstellung der Diskussion um eine Verfassung bei: Kock, Bayerns Weg, 260–263.*
[119] *Vgl. ausführliche Darstellung bei W. Benz, Föderalistische Politik in der CDU/CSU. Verfassungsdiskussion im „Ellwanger Kreis" 1947/48, in: VfZG 25 (1977), 776ff.; zahlreiche Unterlagen hierzu in: Bay. Staatsbibliothek, NL Schwend; zur Bedeutung Ehards vgl. Gelberg, Ehard, 66–75.*
[120] *Vgl. bes. Der Spiegel vom 29. 11. 1947 und 3. 4. 1948; SZ vom 2. 12. 1947.*

halten wollte.¹²¹ Doch schließlich wurden sie der „Arbeitsgemeinschaft der CDU/CSU Deutschlands" als Diskussionsgrundlage überstellt und damit einem größeren parteipolitischen Kreis bekannt. Die auf zusätzlichen Treffen am 9./10. Dezember 1947 und am 22./23. März 1948 im Beisein von Anton Pfeiffer, Karl Schwend, Franz Josef Strauß und dem Staatsrechtler Prof. Hans Nawiasky in der Bayerischen Staatskanzlei nochmals überarbeiteten „Grundsätze für eine Deutsche Bundesverfassung" hatten einen stark ausgeprägten föderativen Charakter. War auch das von Ehard favorisierte Kollegium der Ministerpräsidenten als zukünftige Bundesleitung nicht zum Zuge gekommen, hatte man dennoch den bayerischen Wünschen breiten Raum gegeben: Einem Bundestag sollte ein Bundesrat zur Seite gestellt werden, der aus je zwei Vertretern der Landesregierungen zusammengesetzt war. Beide Gremien mußten der Verabschiedung von Gesetzen zustimmen. Darüber hinaus sollte allein der Bundesrat den Bundespräsidenten wählen und dieser dann mit Zustimmung der Länderkammer die Regierung ernennen; diese bedurfte aber bei Amtsantritt des Vertrauens des Bundestages.

Während dieser Entwurf in den Reihen der CSU weitgehend Zustimmung fand, und dies auch im Verfassungsausschuß der „Arbeitsgemeinschaft der CDU/CSU" deutlich wurde, waren es in diesem Gremium lediglich noch die Vertreter der französischen Zone, die das Ellwanger Modell unterstützten. Diesem wurde der von der Arbeitsgemeinschaft erarbeitete „Heppenheimer Verfassungsentwurf" (April 1947) entgegengestellt, in dem das föderale Element erheblich abgemilderter zu finden war.¹²² Auch jetzt wurde deutlich, daß der Einfluß Bayerns – und damit der CSU-Repräsentanten – in diesen Gremien keineswegs dominierend war. Dies steht in einem gewissen Verhältnis zum insgesamt geringen Interesse größerer Teile der CSU-Mitglieder an diesen Verfassungsfragen, und eine Durchsicht der vertraulichen Berichte der amerikanischen Dienststellen über die Treffen von verschiedenen Unionskreisen bestätigt diesen Eindruck.¹²³

Für die Einbindung der CSU – wenn auch nur für eine gewisse Gruppe von Spitzenpolitikern – war es von besonderer Bedeutung, daß Hans Ehard als unbestrittener Motor einer föderalistischen Grundposition in der Verfas-

---

¹²¹ Vgl. IfZ-Archiv, OMGUS, MA 1420/13.
¹²² Vgl. Ley, Föderalismusdiskussion, 45 ff.
¹²³ Vgl. eine zusammenfassende Darstellung der „TURICUM-Berichte" in: Henke/Woller, Lehrjahre der CSU.

sungsdiskussion auftrat. Damit verschaffte er sich gerade auch in seiner eigenen Partei großes Ansehen und trug durch seine unbestrittene Amtsautorität nicht unwesentlich zur Konsolidierung der Union bei. Dabei war es von besonderer Bedeutung, daß er bereits ein halbes Jahr nach seinem Amtsantritt vom 6.– 8. Juni 1947 zur ersten, aber auch letzten, Konferenz aller Ministerpräsidenten Deutschlands nach München eingeladen hatte. Auch wenn durch die vorzeitige Abreise der ostdeutschen Teilnehmer dieses Zusammentreffen letztlich scheiterte, hatte Ehard den Anspruch der Ministerpräsidenten auf Alleinvertretung Gesamtdeutschlands eindrucksvoll angemeldet.[124]

Doch bereits in Folge dieser Konferenz wurde deutlich, daß zunehmend die Parteien die Zukunft Deutschlands gestalten würden, und mit dem Wirtschaftsrat der Bizone hatten sie ein entscheidendes Gremium für sich gewonnen. Hierzu entwickelte sich auch in der CSU ein gewisser Interessenkonflikt zwischen den Repräsentanten der Staatsregierung und den Partei-Vertretern in den einzelnen Gremien.[125] Mit der im April 1948 stattfindenden Einbeziehung aller drei Westzonen in das „European Recovery Program" (ERP – „Marshallplan") und der Berlinblockade durch die Sowjets verstärkte sich die Westbindung. Von ebenso entscheidender Bedeutung war die dann am 20. Juni 1948 durchgeführte Währungsreform, die in kürzester Zeit in den drei Westzonen die wirtschaftliche Konsolidierung vorantrieb und den Einsatz von ERP-Mitteln erst sinnvoll machte. Die daraus sich entwickelnde, von Ludwig Erhard propagierte „Soziale Marktwirtschaft" wurde von der CSU schnell als Wirtschaftsprogramm aufgenommen und bereits im Bundestagswahlkampf 1949 nachdrücklich vertreten.

Zeichnete sich nun immer mehr die Bildung eines deutschen Weststaates ab, setzten die Alliierten bei dessen Schaffung zunächst noch einmal auf die Ministerpräsidenten. Diese waren es, die auf der Basis der „Londoner Empfehlungen" am 1. Juli 1948 die sog. „Frankfurter Dokumente" mit der Aufforderung zur Errichtung eines westdeutschen Bundesstaates erhielten.[126] War die Reaktion der Ministerpräsidenten insgesamt weitgehend zurückhal-

---

[124] Vgl. Kock, Bayerns Weg, 244–247.
[125] Vgl. Stelzle, Föderalismus und Eigenstaatlichkeit, 143. – Stelzle spricht vom „Kreuzzug gegen die Bizone", der aber keinesfalls von der Gesamtpartei der CSU geführt wurde.
[126] Text der „Frankfurter Dokumente" in: Dokumente zur Geschichte in Bayern III/9, 450ff.; vgl. knappe Darstellung in: Benz, Gründung der Bundesrepublik, 98–109.

tend – die Dokumente waren letztlich als Befehl verfaßt, und die Teilung Deutschlands schien damit zunächst besiegelt –, fiel die Beurteilung in der bayerischen Staatsregierung positiv aus. Bereits auf einer „Föderalistentagung" in Regensburg (31. 3.– 4. 4. 1948) hatte Ehard darauf hingewiesen, daß die internationale Situation die Gründung einer „westdeutschen Teilföderation" erfordere, um nicht den Vorstellungen Moskaus ausgeliefert zu sein.[127] So drängte Ehard im Gegensatz zu den meisten seiner Kollegen bei dem Ministerpräsidenten-Treffen auf dem Rittersturz bei Koblenz im Juli 1948 auf eine zügige und umfassende Ausarbeitung einer Verfassung.[128]

So wurde den Alliierten schließlich eine Antwort zugestellt, in der u. a. als Ausdruck für das Verfassungsprovisorium der Name „Grundgesetz" und für die Nationalversammlung der Begriff „Parlamentarischer Rat" gefordert wurde. Wiederum war es Ehard, der auf die scharfe Reaktion der Militärgouverneure bei einem neuerlichen Zusammenkommen auf dem Jagdschloß Niederwald bei Rüdesheim dafür eintrat, nicht hinter die Beschlüsse vom Rittersturz zurückzugehen. Als die daraufhin stattfindende Besprechung mit den Besatzungsmächten fast zu scheitern drohte, konnte wiederum der Bayerische Ministerpräsident durch sein persönliches Auftreten den Eklat vermeiden. Am 1. September 1948 sollte der „Parlamentarische Rat" zusammentreten, um eine „Konstitution" auszuarbeiten.

Daß am Tag vorher die Regierungschefs bereits einen Verfassungsausschuß begründet hatten, der dann auf Herrenchiemsee tagte, war gleichfalls einer Initiative Ehards zu verdanken. In den 14tägigen Beratungen erarbeitete der reine Sachverständigenausschuß einen Bericht, der als Beratungsgrundlage an den Parlamentarischen Rat überstellt wurde. Folgenschwer war jedoch der Hinweis, daß die dort tagenden Abgeordneten ausdrücklich nicht an ihn gebunden sein sollten; damit wechselte die Verfassungsinitiative endgültig wieder zu den Parteien.

---

[127] *Vgl. Kock, Bayerns Weg, 274–277. – Ein gleichzeitiges Treffen Ehards mit dem österreichischen Bundeskanzler Figl löste sofort Gerüchte von Plänen um eine Donauföderation aus. Vgl. Der Spiegel vom 3. 4. 1948; zum „Föderalistentag" vgl. Gelberg, Ehard, 78 ff.*

[128] *Vgl. schriftlich fixierte Erwägungen zum Vorgehen Ehards in Koblenz vom 5. 7. 1948, in: BayHStA, NL Pfeiffer 153; zur ablehnenden Haltung der übrigen Ministerpräsidenten vgl. Karl Schwend, Aus der Werkstatt des Bundesbaus, in: Dokumente zur Geschichte in Bayern III/9, 493.*

2. Schaffung des Grundgesetzes: Ein Nein zu Bonn, ein Ja zu Deutschland[129]

Mit der Konstituierung des Parlamentarischen Rates am 1. September 1948 in Bonn traten die Verfassungsberatungen zu einem westdeutschen Bundesstaat in ihre letzte und entscheidende Phase. Von den 65 Abgeordneten entsandte Bayern 13, wobei nach dem Stimmenanteil im Landtag auf die CSU 8 Mandate (SPD 4, FDP 1) entfielen. In diesem Zusammenhang gab es zwischen der Union und der Bayernpartei einen heftigen Schlagabtausch, denn die BP, lediglich durch ihren Vorsitzenden Baumgartner als fraktionslosem Abgeordneten im Maximilianeum vertreten, forderte aufgrund des großen Zuwachses der Partei gleichfalls Sitze in Bonn. Immerhin war Hundhammer bereit, der BP zwei Mandate zuzugestehen, wogegen sich aber die eigene Fraktion mit 61 gegen 13 Stimmen zur Wehr setzte.[130] Gleichfalls scheiterte der Fraktionsvorsitzende mit seinem Versuch, seinen in Bedrängnis geratenen Parteifreund Schäffer nach Bonn zu bringen; diesmal konnte er sich gegen die Parteileitung nicht durchsetzen.

Dabei fällt bei den Nominierungen auf, daß letztlich die führenden Köpfe der CSU keinesfalls großes Interesse zeigten, zur Verfassungsberatung an den Rhein zu fahren, so daß neben den Regierungsmitgliedern Anton Pfeiffer und Josef Schwalber lediglich wenig exponierte Parteivertreter die Reise antraten. Dahinter stand einerseits sicherlich das Bestreben, führende Mitglieder der Landesleitung und der Regierung von der Belastung freizuhalten, sich mit einem weniger befriedigenden Verfassungsergebnis identifizieren zu müssen.[131] Andererseits, hier gibt Franz Josef Strauß in seinen Memoiren einen interessanten Hinweis, war man von der Kurzlebigkeit des „Provisoriums Grundgesetz" überzeugt und sah sich manchmal im wahrsten Sinne des Wortes „über den Dingen stehend". Strauß drückt das so aus: „Wir im Frankfurter Wirtschaftsrat haben auf die Verfassungsmacher des Parlamentarischen Rates

---

[129] *Grundlegend: Kock, Bayerns Weg, 285–329; ders., Bayern und Deutschland. Föderalismus als Anspruch und Wirklichkeit, in: Benz, Neuanfang in Bayern, 183–204; als Quellenedition grundlegend: Die CDU/CSU im Parlamentarischen Rat. Sitzungsprotokolle der Unionsfraktion, 1981.*

[130] *Vgl. Kock, Bayerns Weg, 285f.*

[131] *Vgl. gleichlautende Aussage des PR-Mitglieds K. S. Mayr, in: Ley, Föderalismusdiskussion, 74, Anm. 10.*

ein wenig heruntergeschaut. Wir fühlten uns erstens als die Früheren und zweitens als die Besseren ... Heute ist die Sicht anders – der Frankfurter Wirtschaftsrat ist fast vergessen."[132] Dabei versuchten die CSU-Abgeordneten verbissen, die föderativen Wünsche Bayerns im Gremium vorzubringen und dies nicht selten gegen die in einer Fraktionsgemeinschaft mit ihnen zusammenarbeitenden CDU-Delegierten.[133]

Auch bei der Verteilung der Posten im Parlamentarischen Rat und der Zusammensetzung seiner einzelnen Gremien wurde deutlich, daß die CSU schlechte Karten hatte. So wurde zwar Anton Pfeiffer zum (letztlich unbedeutenden) Vorsitzenden der CDU/CSU-Fraktion gewählt, doch die CSU war im wichtigen „Fünferausschuß" und dem späteren „Siebenerausschuß" nicht vertreten.[134] Die Generaldebatte der Vollversammlung des Parlamentarischen Rates zeigte dann am 21. Oktober deutlich, daß man gerade von einer starken Ausgestaltung des Bundesrates weit entfernt war. Zu der Enttäuschung bei der Bayerischen Staatsregierung kam noch die Erkenntnis, daß die offensichtlich schwache Position Bayerns und der CSU zusätzlichen Sprengstoff barg: ihre innerbayerische Konkurrenz durch die Bayernpartei und die innerparteiliche in Form des Schäffer/Hundhammer-Flügels. Wie eng die Verfassungsfrage mit dem Streit in der Partei zu dieser Zeit verwoben war, zeigt auch das Taktieren Schäffers, der sich als „Integrator einer föderalistisch-partikularistischen Front" sah, und der neben dem Wechsel zur Bayernpartei durchaus bereit war, auch über die Neugründung einer konservativen Partei nachzudenken.[135]

Ein entschiedenes Handeln der Parteileitung war dringend geboten, denn die rebellierenden konservativen Politiker nahmen bereits über die Parteigrenzen hinweg miteinander Kontakt auf, um in einer Volksbewegung die Bonner Beschlüsse niederzustimmen.[136] Wie ernst die bayerische Staats-

---

[132] *Strauß, Erinnerungen, 101.*
[133] *Vgl. eine Liste Pfeiffers zu den Föderalisten im Parlamentarischen Rat, in: BayHStA, NL Pfeiffer 213.*
[134] *Vgl. Kock, Bayerns Weg, 287.*
[135] *Vgl. Gespräch Schäffers mit Vertretern der bayerischen Militärregierung im Oktober 1948, in: OMGBy 10/90-3/5; Vgl. Henzler, Schäffer, 273 ff.*
[136] *Vgl. Schreiben Schäffers an Hoegner vom 15. 12. 1948, in: IfZ-Archiv, NL Hoegner, ED 120, 63 und Material in BA NL Schäffer, Akte „Bonn"; vgl. Darstellung bei Henzler, Schäffer, 275–281.*

regierung die Lage in Bonn einschätzte, wird auch daraus deutlich, daß Bayern als einziges Land zwei offizielle Vertreter zu den Verfassungsverhandlungen schickte. Zusätzlich arbeitete seit September 1948 in Bonn eine „Dienststelle der Bayerischen Staatskanzlei", die München auf dem aktuellen Stand der Beratungen hielt und die bayerischen Vertreter bei ihrer Arbeit unterstützte.[137] Zusätzlich nahm Ehard sechs Mal selbst an den Beratungen in Bonn teil. Heftig gestritten wurde dabei besonders um die Errichtung einer Länderkammer, die sich für Ehard möglichst stark an der Verfassung des Norddeutschen Bundes orientieren sollte.[138]

Am 26. Oktober 1948 fand jenes berühmt gewordene Gespräch zwischen Ehard und dem Sozialdemokraten Walter Menzel statt, bei dem eine mögliche Akzeptanz bei der von Bayern gewünschten Länderkammer, wenn auch mit verminderter Zuständigkeit, sich abzuzeichnen schien.[139] Die dabei gemachten Äußerungen, man könne „gegen den Willen Bayerns keine Verfassung machen", zeigt deutlich, daß man aus politischen Gründen und zur Stabilisierung der angestrebten deutschen Republik Bayern zu integrieren bereit war.[140] Über Ehards Alleingang zutiefst beunruhigt, nahm Adenauer eine Einladung zum 8. November nach München an und konferierte dort neben der Staatsregierung auch mit der CSU-Fraktion des Landtages.[141] Daß er sich dabei nicht generell gegen einen Bundesrat mit legislativer Befugnis aussprach, war für viele Föderalisten in der CSU ein wichtiges Ergebnis. Sie erhielten zusätzlich unerwartete Unterstützung von den Militärgouverneuren, die in einem Memorandum vom 22. November für eine Länderkammer mit „genügenden Befugnissen" plädierten.[142]

Der Durchbruch innerhalb der Unions-Fraktionsgemeinschaft kam, als man sich auf einer Sitzung der „Arbeitsgemeinschaft der CDU/CSU" darauf einigte, den Bundesrat gleichberechtigt neben den Bundestag zu

---

[137] Vgl. Abschrift des Schreibens von PR-Mitglied Kaufmann an Ministerpräsident Mair vom 6. 12. 1948, in: BayHStA, NL Pfeiffer 212; weiteres Material ebd., 214.

[138] Vgl. die Darstellung zum Einsatz Ehards bei der Schaffung des Bundesrats, in: Gelberg, Ehard, 201–205.

[139] Vgl. Morsey, Entstehung des Bundesrats, 71; Kock, Bayerns Weg, 300ff.

[140] Kock, Bayerns Weg, 301. – Auch Carlo Schmid, Vorsitzender des Hauptausschusses, und Thomas Dehler (FDP) argumentierten so. Vgl. SZ vom 16. 10. und 6. 11. 1948.

[141] Vgl. Morsey, Entstehung des Bundesrats, 74.

[142] Memorandum vom 22. 11. 1948 abgedruckt in: Stammen, Einigkeit und Recht und Freiheit, 224f.

stellen.¹⁴³ Keine Einigung erzielte man hingegen in Fragen der Finanzverwaltung sowie der Steuerverteilung und Steuerverwaltung. Der in dieser Frage festgelegte Kompromiß zur dritten Lesung wurde von den CSU-Vertretern abgelehnt, und als Ende Februar die Entscheidung anstand, spielte Ehard seine letzte Karte aus: er bat am 9. Februar die US-Militärregierung um ihre Einflußnahme zugunsten der von Bayern eingebrachten föderalen Ergänzungen.¹⁴⁴ Die Alliierten waren aber schon selbst aufmerksam geworden. Am 2. März 1949 übersandten sie eine Zehn-Punkte-Erklärung mit fast ultimativen Zügen, deren wichtigste Aspekte die Zuständigkeit der Bundesregierung, die Finanzgesetzgebung, die Verwaltungsbehörden des Bundes und die territoriale Umgliederung betrafen.¹⁴⁵ Während CDU und CSU kompromißbereit waren, zumal die Christlich-Sozialen eine Reihe ihrer Vorschläge verwirklicht sahen und damit ein „Ja" zu einer derartigen Endfassung des Grundgesetzes anvisierten, lehnte die SPD ein Einlenken kategorisch ab. Bereits Ende April gaben die Alliierten – für die Union völlig überraschend – nach, und dem nun forcierten Arbeitstempo fielen die bayerischen Wünsche und Vorstellungen weitgehend zum Opfer.¹⁴⁶ Damit geriet die Bayerische Staatsregierung aber auch zunehmend unter politischen Druck im eigenen Lande, denn die föderalistische Opposition, an ihrer Spitze die Bayernpartei, forderte mit Nachdruck eine Volksabstimmung im Freistaat. Da Ehard keine Chance mehr sah, in Bonn noch etwas zu Gunsten Bayerns zu bewegen, verstärkte sich auch aus der Staatskanzlei der Protest, und am 6. Mai bereitete der Ministerpräsident die Öffentlichkeit auf ein definitives „Nein" zum Grundgesetz in seiner vorliegenden Form vor.¹⁴⁷

Doch die Quellen zeigen, daß eine Ablehnung Ehard und seinen Parteifreunden schon deshalb leichter fiel, als sie wußten – und so drückte es der Ministerpräsident in einer CSU-Fraktionssitzung im Maximilianeum am

---

¹⁴³ *Vgl. Ley, Föderalismusdiskussion, 89f.*

¹⁴⁴ *Kock, Bayerns Weg, 310.*

¹⁴⁵ *Memorandum vom 2.3.1949 in: Stammen, Einigkeit und Recht und Freiheit, 226ff. – Nach den üblichen Entscheidungswegen unter den Alliierten konnte dies, wie Kock (Bayerns Weg, 310) feststellt, noch keine Reaktion auf die Intervention Ehards gewesen sein.*

¹⁴⁶ *Gimbel, Amerikanische Besatzungsmacht, 294ff.*

¹⁴⁷ *Rede Ehards vom 6.5.1949, in: Dokumente zur Geschichte in Bayern III/9), 484; zum zunehmenden Protest der Staatsregierung vgl. SZ vom 30.4.1949.*

7. Mai aus –, „daß unser Nein nicht das Gewicht eines Ultimatums hat".[148] Und der damalige CSU-Abgeordnete im Wirtschaftsrat, Franz Josef Strauß, stellte in der gleichen Sitzung fest: „Wenn aber Nein gesagt wird, dann muß damit aber auch ein grundsätzliches Bekenntnis zu Gesamtdeutschland verbunden werden".[149] Daß eine später vom Bayerischen Landtag in Anlehnung an diese Position beschlossene Lösung des Protestes Bayerns (Ablehnung des Grundgesetzes bei gleichzeitiger Anerkennung seiner Rechtsverbindlichkeit auch für den Freistaat) in der Bayernpartei kaum Zustimmung finden konnte, war nach der bisherigen Demagogie ihrer Vertreter zu erwarten. Verwirrung lösten aber Zeitungsberichte über eine Rede von Kultusminister Hundhammer aus, der sich einen Bund auch ohne Bayern vorstellen konnte.[150] Dieser Vorstoß gewann zusätzlich Gewicht, wenn man die schon früher einsetzenden Versuche des zu diesem Zeitpunkt parteilosen Schäffers und anderer konservativer Politiker sieht, über eine bayerisch-föderalistische Sammlungspolitik besonders zur Jahreswende 1948/49 Einfluß auf die Politik zu gewinnen.[151] Daß dabei die Bevölkerung keineswegs so grundsätzlich gegen das Grundgesetz eingestellt war, wie dies manche Politiker, aber auch eine Vielzahl von Medien wahrhaben wollten, zeigt eine repräsentative Umfrage, die die amerikanische Militärregierung am 26. Juli 1949 durchführen ließ: ca. 25 % der Befragten sprachen sich für das Grundgesetz aus, nur 8 % votierten dagegen und 66 % (!) hatten keine Meinung.[152]

Am 8. Mai 1949 wurde dann das Grundgesetz in Bonn von 53 der 65

---

[148] *Zitiert nach Kock, Bayerns Weg, 317, Anm. 154.*

[149] *Ebd.*

[150] *SZ vom 3. 5. 1949 („Bundesrepublik ohne Bayern?"); zur Krise um die Rede Hundhammers vgl. Gelberg, Ehard, 262–265.*

[151] *Merkl, Entstehung der Bundesrepublik, 170f. geht davon aus, daß die Rede Hundhammers lediglich ein taktisches Verwirrspiel zum Schaden der BP sein sollte; dem widersprechen Unger, Bayernpartei, 153 und Kock, Bayerns Weg, 320 zu Recht. – Zum Versuch Schäffers, eine föderalistisch-konservative Sammlungsbewegung im Protest gegen das Grundgesetz über die Parteigrenzen hinaus zusammenzuführen vgl. Henzler, Schäffer, 276–281. Hierbei gelang es ihm, Vertreter der BP, der CSU und Vertreter des konservativen Flügels der SPD zusammenzubringen.*

[152] *Umfrage vom 26.7.1949 der MG in: IfZ-Archiv, DK 110.001. – Das fast erschreckende Desinteresse der Bevölkerung an den verfassungspolitischen Entwicklungen wird auch deutlich, wenn von den 1400 Befragten immerhin 40 % im Juli glaubten, das Grundgesetz würde noch beraten!*

Abgeordneten angenommen; mit Nein votierten (aus föderalistischen Erwägungen) sechs der acht CSU-Abgeordneten sowie die Vertreter der KPD, der DP und des Zentrums.[153] Für das Inkrafttreten war eine Zwei-Drittel-Mehrheit der Länderparlamente notwendig, und es stand außer Frage, daß die CSU mehrheitlich dem Grundgesetz im Landtag die Zustimmung verweigern würde.[154] So war es für Ehard wichtig, seine Parole „Nein zum Grundgesetz, Ja zu Deutschland" sicher durchzubringen. Er tat dies nicht nur durch eine von ihm initiierte scharfe Erklärung der MG in Bayern, sondern er drohte der CSU-Fraktion auch mit seinem Rücktritt im Falle der Gefolgschaftsverweigerung.[155] Als es dann nach einer 15stündigen Aussprache in den frühen Morgenstunden des 20. Mai zur Abstimmung kam, lehnte der bayerische Landtag mit 101 gegen 63 Stimmen (bei 9 Enthaltungen) das Grundgesetz ab, erkannte aber die Rechtsverbindlichkeit für Bayern mit 97 Ja-Stimmen gegen 6 Nein-Stimmen und 70 Enthaltungen an. Daß abschließend einstimmig eine Volksbefragung zum Grundgesetz bei der Militärregierung beantragt wurde, hatte nur symbolischen Charakter; die MG hatte bereits im Vorfeld ihre Ablehnung bekundet.

Erstaunlich schnell ging man dann bei allen politischen Gruppierungen zur Tagesordnung über, galt es doch, sich eine gute Ausgangsposition für die anstehenden Bundestagswahlen zu verschaffen.

3. Eintritt in die erste Bundesregierung

Aus den Wahlen zum ersten Deutschen Bundestag am 14. August 1949 gingen die Unionsparteien CDU/CSU mit 31,0% gegenüber 29,13% der SPD nur knapp als stärkste Partei hervor.[156] Doch für die Münchner Parteizentrale war das bayerische Ergebnis keinesfalls ein Grund zum Jubeln. In den Regierungsbezirken Oberpfalz (CSU 23,5%/BP 26,8%) und Niederbayern

---

[153] *Kock, Bayerns Weg, 323.*

[154] *Zur Argumentation der CSU vgl. Druckschrift „Unser Nein zu Bonn, Unser Ja zu Deutschland" (hrsg. v. der Landesparteizentrale unter der Chefredaktion von Generalsekretär F. J. Strauß), in: ACSP, DS 9/47.*

[155] *Ehard in der CSU-Fraktionssitzung vom 12. 5. 1949, in: BayHStA, NL Ehard 1015/ 1689 (am 13. 5. erfolgte nochmals eine Rücktrittsdrohung); Kock, Bayerns Weg, 324.*

[156] *Ritter/Niehuss, Wahlen in der Bundesrepublik, 74.*

(CSU 26,8%/BP 33,9%) war die CSU ihrer neuen Kontrahentin Bayernpartei klar unterlegen und auch das Wahlergebnis landesweit (CSU 29,2%/ BP 20,9%/SPD 22,7%) war kaum befriedigend ausgefallen.[157] Dennoch herrschte in der Parteileitung die beste Absicht vor, in der sich abzeichnenden Regierung mitzuarbeiten.

Bereits am 20. August trafen sich Adenauer und Ehard in Frankfurt und besprachen den Eintritt der CSU in eine Bundesregierung unter Leitung des Rheinländers. Bereits hier wurde von den beiden Unions-Repräsentanten eine Kleine Koalition vereinbart und Ehard dabei die Wahl zum ersten Präsidenten des Bundesrates versprochen; geschickt hatte Adenauer damit den bayerischen Regierungschef aus der Front der Ministerpräsidenten herausgeführt, die sich bisher eher positiv zu einer Großen Koalition geäußert hatten. Mögliche Ambitionen Ehards auf die Kanzlerschaft waren von Adenauer zusätzlich mit dem Argument ausgeräumt worden, das Nein der CSU zum Grundgesetz lasse eine derartige Nominierung kaum zu.[158]

Am 21. August fand dann jenes berühmte Gespräch von Unionspolitikern im Privathaus Adenauers in Rhöndorf statt, an dem für die CSU Anton Pfeiffer, Landtagspräsident Horlacher (er kam erst am Ende des Gespräches) und Franz Josef Strauß teilnahmen. Geschickt erreichte der Hausherr die Zustimmung der Anwesenden zu der von ihm angestrebten Kleinen Koalition unter seiner Kanzlerschaft sowie die Nominierung des FDP-Politikers Theodor Heuss zum ersten Bundespräsidenten.[159] Hatten dabei zunächst Adenauers Pläne auch die Einbindung der Bayernpartei in die Koalition vorgesehen, so gelang es Strauß, diese bayerische Konkurrenz endgültig auszugrenzen.[160] Weniger ermutigend waren die Vorstellungen des Rheinländers zur Ressortverteilung: lediglich das Postministerium war in seiner ersten inoffiziellen Kabinettsliste für die Schwesterpartei aus Bayern vorgesehen.[161] Dagegen regte sich heftiger Widerstand innerhalb der CSU, deren Repräsen-

---

[157] *Ebd., 98f.*

[158] *Schwarz, Adenauer I, 622. – Ehard hatte bereits hier den Posten des Finanzministers für die CSU reklamiert und als Kandidaten R. Ringelmann vorgeschlagen; vgl. Wengst, Auftakt, 30ff.*

[159] *Zur Rhöndorfer Konferenz vgl. Morsey, Rhöndorfer Weichenstellung; Schwarz, Adenauer I, 624ff.; F. J. Strauß, Erinnerungen, 105–113.*

[160] *Strauß, Erinnerungen, 109.*

[161] *Kock, Bayerns Weg, 333.*

tanten schnell die angestrebte Fraktionsgemeinschaft mit der CDU mit der Vergabe des Finanz- und Innenministeriums an „überzeugte Föderalisten", also letztlich möglichst an CSU-Politiker, verbanden. Diese Forderung war im Hinblick auf die Sitzverteilung im Bundestag durchaus als überspitzt einzustufen: neben der CDU mit 115 Sitzen gehörten der angestrebten Koalition die FDP mit 52, die CSU mit 24 und die DP mit 17 Abgeordneten an.[162]

Doch zweifellos stellte die CSU den wichtigsten Koalitionspartner für Adenauer dar. Und darauf setzte neben Franz Josef Strauß auch ein „alter Hase" der Politik, der wie ein „Phönix aus der Asche" wiederum auf der politischen Bühne als CSU-Direktkandidat von Passau agierende Fritz Schäffer. Dieser hatte am 29. Juli 1949 die ihm von der Passauer CSU angetragene Kandidatur in einer Hochburg der BP angenommen.[163] Als einziger CSU-Kandidat in Niederbayern errang er ein Direktmandat und kehrte damit endgültig in die CSU zurück, wo er sich auch sofort geschickt in Szene setzte. Bereits drei Tage nach der Wahl versandte er an (fast) alle Bundestagskandidaten der CSU ein Schreiben, in dem er auf ein baldiges Treffen drängte. Wieder war es sein alter Parteifreund Hundhammer, der ihm zu Hilfe kam. Zu einer Landtagsfraktionssitzung am 19. August lud er auch die neuen Bundestagsabgeordneten ein.[164] Auf dieser schwor Schäffer dann die Anwesenden auf die Bildung einer eigenen Fraktion ein, wenn auch eine Fraktionsgemeinschaft mit der CDU für die gemeinsame Unionsarbeit im Bundestag für ihn unumgänglich war; ein Fraktionszwang als Basis dieser Zusammenarbeit wurde jedoch ausdrücklich abgelehnt. Die Führung der CSU-Fraktion sollte ein „erfahrener Politiker" zunächst für drei Monate übernehmen, und im Bewußtsein, diesen Kriterien am besten zu entsprechen, konnte der Staatsrat diese Wahl bis zur Konstituierung des Parlaments verschieben.

Damit waren die ersten Schritte einer bis heute existierenden „Landesgruppe" getan. Als sich am 1. September 1949 die Parlamentarier der Union in Bonn zum ersten Mal versammelten, wurde nicht nur die Fraktions-

---

[162] *Zu der Diskussion in der CSU vgl. „Unit-T"-Bericht über die CSU-Versammlung in München vom 31. 8. 1949, in: BayHStA, OMGBy 10/90–3/10.*
[163] *Zur Kandidatur Schäffers vgl. Henzler, Schäffer, 281–290. – Schäffer hatte sich zunächst auch mit der BP in Verbindung gesetzt, entschied sich aber dann – nach einem mißglückten Versuch, ein Wahlabkommen zwischen der Union und der Bayernpartei zu erreichen – für die CSU.*
[164] *Unterlagen im BA, NL Schäffer, Akte „Bonn".*

gemeinschaft begründet, sondern als einer der Stellvertreter Adenauers in der Fraktionsspitze Fritz Schäffer gewählt. Dieser und F. J. Strauß waren am Tag zuvor bereits von den CSU-Abgeordneten zu ihren „Obleuten" bestimmt worden,[165] und ganz offensichtlich reifte schon jetzt in Teilen der CSU der Plan, Schäffer als Kandidaten für den Posten des Finanzministers ins Spiel zu bringen, während Adenauer sich zu diesem Zeitpunkt mit der Besetzung dieses überaus wichtigen Ressorts zurückhielt.[166]

Doch mit dem Eklat um die Wahl des ersten Bundesratspräsidenten, zu dem nicht Ehard, sondern der erst kurz vorher angetretene Karl Arnold (NRW) gewählt wurde, schienen sich die Pläne Adenauers und der CSU zu zerschlagen. Während der tief getroffene Bayerische Ministerpräsident im Rundfunk das Ereignis als „Ohrfeige" wertete, sowie eine Reihe von CSU-Parlamentariern die Fertigstellung eines „Norddeutschen Bundes" konstatierten und mit ihrer Abreise drohten, bemühten sich Adenauer und sein Vertrauter Herbert Blankenhorn, die bayerischen Politiker zu neuen Verhandlungen zusammenzubringen.[167] Aber nur Schäffer war an diesem Abend noch als Gesprächspartner anzutreffen, denn der alte Politfuchs hatte natürlich sofort erkannt, daß jetzt die Durchsetzung der CSU-Ansprüche auf den Finanzministerposten durchsetzbar waren.[168] Dem designierten Kanzler blieb nichts anderes übrig, als die Forderungen der CSU zu akzeptieren, die ihrerseits – neben dem bereits zugestandenen Postministerium für Hans Schuberth – auch noch aus einem internen CDU-Streit Nutzen zog und als eigenen Kandidaten Wilhelm Niklas für das Landwirtschaftsressort durch-

---

[165] *Da die Protokolle der Landesgruppe noch nicht freigegeben sind, kommt einem Schreiben Schäffers an Donderer vom 2. 9. 1949 (BA, NL Schäffer, Akte „Passau") und dem Manuskript von O. Eckard „Die Geschichte der CSU-Landesgruppe im ersten Deutschen Bundestag" (im ACSP) besondere Bedeutung zu.*
[166] *Schreiben Schäffers an Donderer vom 2. 9. 1949, in: BA, NL Schäffer, Akte „Passau"*
[167] *Darstellung der Ereignisse bei Blankenhorn, Verständnis und Verständigung, 53; zur Reaktion Ehards vgl. Gelberg, Ehard, 286–289. – Welches Gewicht man Bayern und seinem Ministerpräsidenten beimaß, zeigt die Tatsache, daß sowohl Bundeskanzler Adenauer als auch Bundespräsident Heuss ihre ersten Reisen vom Bundessitz aus nach München unternahmen. Vgl. Rede Ehards vom 3. 4. 1950 aus Anlaß des Besuchs von Adenauer in München, in: BayHStA, NL Pfeiffer 398.*
[168] *Strauß, Erinnerungen, 114 betont die geschickte Verhandlungstaktik Schäffers, der (von Strauß unterstützt) zum besonnenen Vermittler zwischen der CSU-Parteiführung sowie der Landesgruppe und Adenauer wurde.*

brachte. Damit stellte die CSU im ersten Bundeskabinett bei 13 Ministern immerhin drei Ressortleiter (zusätzlich mit Ritter von Lex den Staatssekretär im Innenministerium); im Vergleich zur Abgeordnetenzahl gegenüber der FDP mit gleichfalls drei Ministern klar überrepräsentiert.

Nachdem Adenauer dann am 15. September mit der berühmten einen Stimme Mehrheit zum ersten Bundeskanzler gewählt worden war, ging die letzte Phase der Regierungsbildung über die Bühne. Nur mit Mühe konnte sich der Kanzler dabei dem plötzlich auftretenden Begehren Ehards erwehren, Anton Pfeiffer als Staatssekretär für internationale Angelegenheiten ins Bundeskanzleramt zu lancieren.[169] Am 20. September erhielten dann die Kabinettsmitglieder von Bundespräsident Heuss ihre Ernennungsurkunden. Die Bundesrepublik Deutschland war damit endgültig aus ihrem Planungsstadium hervorgetreten, und die CSU hatte sich von einer reinen Landespartei zu einer Partei in Bundesverantwortung entwickelt, mit ihren Ministern direkt vertreten an den „Schaltstellen der Macht".

V. Epilog

„Die Christliche-Soziale Union in Bayern ist eine neue und junge Partei, die sich zum sozialen Fortschritt unseres Jahrhunderts bekennt."[170] Mit diesen zuversichtlichen Worten beginnt das erste Grundsatzprogramm „Die dreißig Punkte der Union", das sich die Partei auf der Landesversammlung Mitte Dezember 1946 in Eichstätt gegeben hatte. Zu diesem Zeitpunkt war die CSU bereits ein gutes Stück eines steinigen Konsolidierungsweges vorangeschritten, denn die Geburt der sich „neu und jung" darstellenden Partei dauerte, ebenso wie die sich anschließenden „Lehrjahre", lang. Zum Zeitpunkt ihrer Gründung hatten letztlich weder die Besatzungsmacht noch die Parteien mit ihr – aber auch der CDU im übrigen Deutschland – gerechnet, denn vielerorts war man bereits damit beschäftigt, die demokratischen Traditionen der Weimarer Republik wieder aufleben zu lassen. Mit diesem Problem kämpfte die CSU dann jahrelang innerparteilich, denn als Sammlungspartei der konservativen Kräfte Bayerns mußte es

---

[169] Schwarz, Adenauer I, 636.

[170] „Die dreißig Punkte der Union" vom 14/15. 12. 1946, abgedruckt in: Bucher, Nachkriegsdeutschland, 245.

zwangsläufig zum Zusammenstoß zwischen „Neuanfang und Wiederbelebung" kommen.

Trotz dieser inneren Zerreißproben startete die Partei landespolitisch überaus erfolgreich, war mit ihren Repräsentanten in den ersten Nachkriegsregierungen Bayerns vertreten und übernahm ab Herbst 1947 die Alleinregierung, gestützt auf eine absolute Mehrheit im Landtag. Das Konzept des „Union-Gedankens" einer christlich-konservativen Volkspartei schien aufzugehen, da erhielt 1948 die CSU mit der Bayernpartei einen erheblichen Konkurrenten aus dem konservativen Lager, zusätzlich bedrängt durch innere Konflikte. Konnten letztere noch notdürftig überwunden werden, drückten die Wahlerfolge der Bayernpartei die CSU unter die 30%-Marke. Mit der Konstituierung der Bundesrepublik Deutschland kam dann, wenn auch erst aus der Retrospektive gesehen, der endgültige Aufstieg zur „Erfolgspartei".

Der Einstieg in die erste Bundesregierung, zumal noch mit der Übernahme des Finanzministeriums als einem besonders neuralgischen Punkt der Regierungsarbeit, bedeutete zunächst durchaus ein Wagnis, schien doch der ungeheuerliche wirtschaftliche Aufschwung der 50er Jahre im September 1949 keinesfalls in greifbarer Nähe. Und die vernichtende Niederlage bei den Landtagswahlen am 26. November 1950 – die CSU wird mit 27,4% hinter der SPD mit 28% nur zweitstärkste Kraft in Bayern –, ließ Schlimmstes erahnen.[171] Doch die CSU gewann mit Bonn eine weitere Plattform, auf der sie sich schon bald, neben der landespolitischen Bühne mit ihren bayerischen Besonderheiten, überaus erfolgreich in Szene setzen konnte. Der wirtschaftspolitische Erfolg der jungen deutschen Republik und damit die allmähliche

---

[171] *Kock, Bayerischer Landtag, 77f. – Die weiteren Ergebnisse waren: BP 17,9%; FDP 7,1%; Block der Heimatvertriebenen und Entrechteten/Deutsche Gemeinschaft (BHE/DG) 12,3%; WAV 2,8% und KPD 1,7%. Obwohl die CSU ca. 60.000 Stimmen weniger hatte als die SPD, nahm sie aufgrund von Überhangmandaten im Landtag einen Sitz mehr ein: CSU 64 (vorher 104), SPD 63 (54), FDP 12 (9), BP 39 (–), BHE/DG 26 (–). Bei der Regierungsbildung stehen sich in der CSU die Verfechter einer Großen Koalition unter Ehard und die Anhänger eines Bündnisses der bayerisch-bürgerlichen Gruppen um Hundhammer gegenüber; letztere erhalten Unterstützung durch die Mehrzahl in der CSU-Landesgruppe in Bonn und Adenauer. Schließlich wird mit Ehard an der Spitze eine Große Koalition unter Einschluß der BHE/DG gebildet. Die SPD setzte dabei durch, daß Hundhammer auf seinen Ministerposten verzichten mußte; ein Jahr später wird er nach dem Tode von Georg Stang Landtagspräsident.*

Entspannung im sozialen und ökonomischen Bereich, arbeitete letztlich der Union zu und machte die Zeit reif für eine interkonfessionelle Sammlungspartei, die es bis 1945 in der deutschen Parteiengeschichte noch nicht gegeben hatte.

Mit dem heutigen Erscheinungsbild der Partei vor Augen, muten die ersten Jahre der CSU mit ihren heftigen innerparteilichen Auseinandersetzungen und Querelen fast befremdend an. Doch schon in jenen „Lehrjahren" der Union wurden bereits die „Ideale eines geeinten Europas" beschworen[172] und die Weichen zu einer tiefgreifenden Demokratisierung Deutschlands gestellt – Ziele, die über die tages- und parteipolitischen Streitigkeiten hinaus der Partei Richtung und Weg wiesen.

---

[172] Vgl. Grundsatzprogramm *„Die dreißig Punkte der Union" vom Dezember 1946*, in: Bucher, *Nachkriegsdeutschland*, 254.

Franz Josef Strauß und die zweite Epoche in der Geschichte der CSU

Wolfgang Krieger

Die bisherige Geschichte der CSU läßt sich in drei Epochen einteilen. Die erste reichte von der Gründung der Partei bis zu ihrer endgültigen Konsolidierung als führende Kraft der bayerischen Politik in den frühen 60er Jahren. Die zweite Epoche, in der Franz Josef Strauß von 1961 bis zu seinem Tod im Herbst 1988 als Parteivorsitzender wirkte, dauerte bis zur unmittelbaren Vorgeschichte der deutschen Vereinigung. Mit der Öffnung der Berliner Mauer im November 1989 und den ersten freien Wahlen am 18. März 1990 in der Noch-DDR setzte die dritte, gegenwärtige Epoche ein.

Um die erste Epoche von der zweiten abzugrenzen, muß man sich klar machen, daß mit der Gründung der Partei wenige Monate nach dem Ende des Zweiten Weltkrieges noch keineswegs ihr späterer Erfolg vorherbestimmt war.[1] Andere Parteien versuchten das Spektrum der bürgerlichen Mitte und der demokratischen Rechten sowie des bayerischen Patriotismus zu besetzen. Flüchtlingsparteien und die in ihrer Tradition weitgehend ungebrochene Sozialdemokratie warben wenigstens teilweise um die gleiche Wählerschaft. Die CSU hatte also, ähnlich der im übrigen Westdeutschland im Aufbau begriffenen CDU, gegen heftige Konkurrenz zu kämpfen.

Erst seit den Landtagswahlen von 1962 stellte die CSU (ohne Unterbrechung) mehr Abgeordnete als alle anderen Parteien zusammengenommen. Und erst 1970 erreichte sie bei Landtagswahlen die absolute Mehrheit der abgegebenen Wählerstimmen. Den Wahlstatistiken ist auch zu entnehmen, daß die CSU bei Bundestagswahlen bereits seit 1957 die absolute Mehrheit der bayerischen Stimmen erhielt und bis 1970 auf Bundesebene fast immer bessere Ergebnisse erzielte als bei Landtagswahlen. Beides erklärt sich

---

[1] *Hierzu der Beitrag von Alf Mintzel im gleichen Band.*

hauptsächlich aus der oftmals erbitterten Konkurrenz zur Bayernpartei (BP), die immerhin bis 1966 im Landtag saß.

Wie diese Zahlen zeigen, läßt sich kein schlichtes Datum nennen, das die erste Epoche der CSU-Geschichte von der zweiten abgrenzt. Festzustellen ist, daß diese Partei erst unter dem Vorsitzenden Franz Josef Strauß ihre dominierende Position in der bayerischen Politik erreichte und stabilisierte. Man darf jedoch über der mächtigen Figur von Strauß nicht vergessen, daß die CSU schon bald nach ihrer Gründung eine große demokratische Volkspartei wurde, die sich allenfalls zu Teilen durch die politische Biographie einer Einzelperson und die Politik ihres Vorsitzenden darstellen läßt. Sodann ist die äußere und innere Entwicklung nicht nur Bayerns, sondern auch der Bundesrepublik insgesamt zu berücksichtigen, denn die CSU war – im Unterschied zur Bayernpartei – nicht nur landes-, sondern auch bundespolitisch orientiert.

Die Erfolgsgeschichte der CSU, von der man nach Wahlergebnissen gerechnet objektiv sprechen kann, hat also vielerlei Ursachen. Und sie verlief keineswegs glatt. Eine gehörige Portion Glück gehörte ebenso dazu wie ein nicht vorhersehbares Maß von Fehlern bei ihren politischen Gegnern. Daran zu erinnern, ist nicht nur ein Gebot des aufrichtigen Umgangs mit der Geschichte, sondern auch eine Warnung für den künftigen Weg.

Der politische Aufstieg von Franz Josef Strauß

Die politische Biographie von Franz Josef Strauß ist untrennbar mit der alten Bundesrepublik verbunden. Was Strauß bewegte, charakterisiert in besonderer Weise jenen deutschen Zwischenstaat, den es seit der deutschen Vereinigung am 3. Oktober 1990 – auf den Tag genau zwei Jahre nach Straußens Tod – nicht mehr gibt.[2]

---

[2] *Ich stütze mich nachfolgend auf meine soeben erschienene Taschenbuch-Biographie: Franz Josef Strauß – der barocke Demokrat aus Bayern (Göttingen 1995); das maßgebliche, ebenso zuverlässig recherchierte wie brillant geschriebene Werk für die angesprochenen deutschen und internationalen Zusammenhänge – mit ausführlichen Literaturhinweisen – ist die fünfbändige Geschichte der Bundesrepublik Deutschland (Stuttgart 1981–1987). Die hier verwendeten Bände wurden verfaßt von Hans-Peter Schwarz (Die Ära Adenauer), Klaus Hildebrandt (Von Erhard zur Großen Koalition)*

Von den vier politischen Generationen, welche die alte Bundesrepublik prägten, hatte die älteste bereits in der Weimarer Zeit Politik gemacht. Zu ihr gehörten Konrad Adenauer (geb. 1876), Theodor Heuss (geb. 1884), und Kurt Schumacher (geb. 1894). Die zweite Generation, der Strauß zuzuordnen ist, war beim Ausbruch des Zweiten Weltkrieges erwachsen gewesen. Sie ging unter dem unmittelbaren Eindruck der Kriegserlebnisse in die Politik. Die Jüngeren, die politische Generation von Hans Jochen Vogel (geb. 1926), Hans Dietrich Genscher (geb. 1927), Helmut Kohl (geb. 1930) und Theo Waigel (geb. 1939) waren bei Kriegsbeginn noch Kinder. Sie mußten nach 1945 zunächst ihr Studium oder ihre Berufsausbildung absolvieren. Schließlich ist jene vierte Generation zu nennen und jenes neue Lebensgefühl der frühen bundesdeutschen Wohlstandsgesellschaft, das die heute auf die Chefsessel drängende Generation der „68er" prägt.

Durch seine niederbayerische Mutter war Strauß jener Altbayer, für den man ihn außerhalb der weißblauen Grenzpfähle gewöhnlich hielt. Sein Vater stammte aus einer mittelfränkischen Familie kleiner Bauern und Müller. Franz Josef Strauß wurde am 6. September 1915 in München geboren. Seine Lebenswelt war und blieb zeitlebens großstädtisch. Sein Vater hatte sich 1904 als Metzgermeister im Münchener Universitätsviertel selbständig gemacht und wurde später in der Bayerischen Volkspartei tätig. Politik spielte sich vor dem Straußschen Ladengeschäft ab, denn Hitlers *Völkischer Beobachter* wurde in unmittelbarer Nachbarschaft redigiert und gedruckt. Der eifrige Meßdiener fiel dem Priester und Theologieprofessor Johannes Zellinger auf, der schließlich die Eltern zu einem Schulwechsel auf das renommierte Münchener Maximilians-Gymnasium überredete. Einem glänzenden Abitur folgte die Aufnahme ins Maximilianeum und damit ein finanziell sorgenfreies Studium an der Münchener Universität in den Fächern Altphilologie, Germanistik und Geschichte.

Leider ist man für die Kriegszeit fast völlig auf die Strauß-Memoiren und auf die Interview-Mitschnitte von Dalberg angewiesen, die naturgemäß kein differenziert-kritisches Bild ergeben.[3] Doch beim Jungpolitiker Strauß erkennt

---

und Karl-Dietrich Bracher / Wolfgang Jäger / Werner Link (Die Ära Brandt sowie Die Ära Schmidt).

[3] *Thomas Dalberg, Franz Josef Strauß – Porträt eines Politikers (Gütersloh 1968); Franz Josef Strauß, Erinnerungen (Berlin 1989; im folgenden zitiert: Taschenbuchausgabe München 1991).*

man überdeutlich jenes generationstypische Kriegserlebnis „aus der Perspektive der Oberleutnants", das zu typischen Ansichten über Deutschlands Erfahrung des Zweiten Weltkrieges und über die daraus zu ziehenden Lehren führte.

Seine politische Karriere begann unmittelbar nach Kriegsende in Schongau, wo Strauß die letzten zweieinviertel Jahre des Krieges als Ausbildungsoffizier und dann einige Wochen in amerikanischer Kriegsgefangenschaft verbrachte. Der Schongauer US-Kommandant engagierte ihn (ob seiner Englischkenntnisse) als Dolmetscher und Helfer von Landrat Franz Xaver Bauer. Es bedurfte einiger Mühen, um diesen von der Nützlichkeit eines „Assistant Landrat" zu überzeugen. Doch Bauer war ohne großen politischen Ehrgeiz, und so konnte Strauß wenig später zum Landrat von Schongau gewählt werden.

Als Junior beteiligte sich Strauß an der Gründung der CSU. Zusammen mit seinem politischen „Ziehvater" Dr. Josef Müller, genannt „Ochsensepp", geriet er schnell in Konflikt mit dem von Fritz Schäffer und Alois Hundhammer geführten christlich-konservativen Flügel. Ihnen schwebte eine möglichst große Distanz zu einem künftigen deutschen Zentralstaat vor. Doch der konservativ-liberale Flügel, zu dem Müller und der Gewerkschafter Adam Stegerwald gehörten, richtete sein Augenmerk nicht nur auf das katholische Altbayern, sondern hatte auch das zu Beginn des 19. Jahrhunderts angegliederte Neubayern im Blick, das zu erheblichen Teilen evangelisch und in seiner politischen Gesinnung weniger bayerisch als reichs-deutsch, nunmehr gesamt-deutsch war.

Kontrovers waren auch die politischen Rezepte zur Überwindung der desolaten Wirtschaftslage. Gegen die SPD plädierte man für Privatinitiative möglichst ohne staatliche Eingriffe. Aber eine reine Marktwirtschaft, so fürchtete man, würde die erforderlichen Aufbauleistungen nicht erbringen. Es wurden Forderungen nach einem „christlichen Sozialismus" laut, wie sie in der rheinischen und der Berliner CDU zu Papier gebracht wurden. Damit klangen in der CSU „sozialrevolutionäre Tendenzen" (Alf Mintzel) an, vor allem im Dreißig-Punkte-Programm von 1946. Erst 1968 sollte sich die CSU selbst als „konservativ" bezeichnen.[4]

Gefährlich war für die CSU, daß die altbayerischen Parolen zunächst

---

[4] *Ich stütze mich hier auf die wegweisenden Forschungen von Alf Mintzel.*

sehr erfolgreich von der 1946 gegründeten Bayernpartei aufgegriffen wurden, der erfolgreichsten unter den nachkriegsdeutschen Heimatparteien. In den ersten Bundestagswahlen erhielt sie in Bayern 20,9 % (17 Sitze) gegenüber 29,2 % (24 Sitze) der CSU. Daraus zog die CSU-Führung zwei Schlußfolgerungen: Sie bekämpfte die Bayernpartei mit allen Mitteln, und sie legte ihre eigene Priorität auf die Landespolitik. Letzteres bereitete dem stets bundespolitisch orientierten Strauß erhebliche Schwierigkeiten. Zwar gehörte er bereits seit Dezember 1946 dem Landesvorstand der Partei an. 1948 avancierte er zum Landesgeschäftsführer und 1949 zum Generalsekretär der CSU. Aber er gab sein Amt als Landrat in Bayern auf, um sich einer Bonner Karriere widmen zu können. Nachdem er seit Februar 1948 dem Frankfurter Zweizonen-Wirtschaftsrat angehört hatte, wurde er im August 1949 für den Wahlkreis Weilheim in den Deutschen Bundestag gewählt, den er bis zu seiner Wahl als Bayerischer Ministerpräsident im Jahr 1978 vertrat.

Parteipolitisch war die Bonn-Entscheidung von Strauß riskant, weil sein Mentor Josef Müller bereits im Mai 1949 den Parteivorsitz an Ministerpräsident Hans Ehard abgeben mußte. Die Führung mißtraute Müllers Vision, die CSU von Bayern aus zu einer Deutschland-weiten Partei zu machen. Nicht zufällig sollte es später der Müller-Zögling Strauß sein, der mehrmals von einer bundesweiten CSU sprach, am lautesten 1976 im Kreuther Beschluß der Bonner CSU-Landesgruppe. Und wiederum nicht unerwartet deutete sich nach diesem Beschluß eine Spaltung der CSU-Bezirksverbände in Franken und Schwaben an, wo vermutlich erhebliche Kräfte zur CDU gewechselt wären. Die Spannungen der Gründerzeit wirkten also noch lange nach, und die Sonderrolle der CSU gegenüber der CDU, also die territoriale Aufteilung zwischen beiden, sollte bei der deutschen Vereinigung von 1990 noch einmal die Gemüter bewegen.

Strauß exponierte sich auch in einer anderen, die Unionsparteien betreffenden Grundsatzfrage: dem Wahlrecht. Wenn es schon das erklärte Ziel war, das gesamte bürgerliche Lager in einer einzigen Formation – eben der CDU/CSU – zusammenzufassen, die weltanschaulich, sozial und landsmannschaftlich möglichst breit angelegt war, so erschien es ihm nur logisch, ein Mehrheitswahlrecht einzuführen. Davon wäre insbesondere die FDP hart getroffen worden, die sich als einzige bundesweite Kleinpartei behaupten konnte. Ein Zweiparteiensystem nach britischem Vorbild hatte übrigens auch in der SPD gewichtige Befürworter. Aber Strauß allein zahlte einen hohen Preis für diese Vorliebe. Seine Gegnerschaft zur FDP, von den Liberalen im Zusammenhang mit der *Spiegel*-Krise von 1962 hochstilisiert, sollte schließlich ein unüberwindliches Hindernis auf dem Weg ins Bundeskanzleramt werden. Anstelle von Strauß kam 1982 sein Rivale Helmut Kohl ins Kanzleramt, weil ihm gelang, was Strauß schwerlich gelingen konnte: Kohl bewog die FDP zum Koalitionswechsel.

Der erste große, das heißt in ganz Deutschland Aufsehen erregende Auftritt von Strauß fand am 7. und 8. Februar 1952 statt, als der im Entstehen begriffene Vertrag zur Europäischen Verteidigungsgemeinschaft (EVG) im Bundestag debattiert wurde. Es ging um die heiß umkämpfte Frage eines deutschen Wehrbeitrages, die seit Ausbruch des Koreakrieges (Ende Juni 1950) auf dem diplomatischen Parkett erörtert wurde. Zugleich sollte die Bundesrepublik aus der alliierten Besatzungsherrschaft entlassen werden.

Unter zwei Vorbehalten sollte Bonn souverän werden. Der erste betraf die Rechte der Siegermächte, also die bestehenden Truppenstationierungen, die Oberhoheit über Berlin und die Festlegung der künftigen deutschen Grenzen in einem Friedensvertrag, worin auch die Frage einer Wiedervereinigung eingeschlossen war. Der zweite Vorbehalt begrenzte zentrale Teile der deutschen Handlungsfähigkeit durch das Instrument der europäischen Integration. Große Teile der Wirtschaftskontrolle waren bereits in die Europäische Gemeinschaft für Kohle und Stahl (EGKS) von 1951 eingebracht worden, die man auch als Montanunion bezeichnete. Nun sollte der Bereich Sicherheitspolitik und Verteidigung in ähnlicher Weise einem direkten internationalen Kontrollregime unterstellt werden. Nationale (west)deutsche Streitkräfte blieben damit verboten.

Aus der Sicht der damaligen Bundesregierung eröffnete dieses Vertragspaket eine Reihe von Chancen. Bonn würde über die westeuropäische Sicherheitspolitik mitbestimmen können und den Bündnispartnern die Verteidigung des westdeutschen Territoriums zur Pflicht machen, wohingegen bisherige Pläne der NATO nur vorgesehen hatten, Westeuropa am Rhein zu verteidigen. Zugleich würde es den Westmächten zumindest schwer gemacht, mit der Sowjetunion sicherheitspolitische Arrangements für Zentraleuropa zu treffen, ohne die Zustimmung Bonns einzuholen. Sodann verpflichtete der 1952 ausgehandelte Deutschlandvertrag die Westalliierten, das Ziel der deutschen Wiedervereinigung zu akzeptieren und sogar zu fördern. (Darauf konnte sich die Bundesrepublik 1989/90 berufen!). Schließlich öffnete die wirtschaftliche Integration internationale Märkte und verhinderte das Aussperren deutscher Exporte insbesondere von westeuropäischen Märkten. Das war (und ist noch heute) für die extrem exportabhängige bundesdeutsche Wirtschaft lebenswichtig.

Vor diesem Hintergrund vollzog sich der Aufstieg von Strauß zu einem der profiliertesten Verteidigungs-, Deutschland- und Außenpolitiker, wobei die Sicherheitspolitik aus seiner Sicht immer in engster Verklammerung mit den beiden anderen Gebieten zu sehen war. Mit den weiteren Debatten zur EVG, von Juli 1952 bis zur Ratifikation im März 1953, trat Strauß der deutschen Öffentlichkeit ins Bewußtsein als einer der heftigsten Befürworter der Wiederbewaffnung. Heftig wurden diese Auseinandersetzungen deshalb, weil die deutsche Öffentlichkeit überwiegend gegen diesen Schritt war. Doch als die Union aus den Bundestagswahlen vom Herbst 1953 erheblich gestärkt hervorging, konnte das Wahlergebnis zugleich als Plebiszit über die Wiederbewaffnung angesehen werden.

Nun fehlten der CDU/CSU nur zwei Sitze zur absoluten Mehrheit. In Bayern konnte sich die CSU zu Lasten der kleineren bürgerlichen Parteien von 29,2% (1949) auf 47,8% (1953) verbessern. Ihr politisches Gewicht in Bonn stieg deutlich an. Adenauer bot Strauß einen Kabinettsposten an, doch dieser lehnte das Familienministerium ab und trat als Minister für besondere Aufgaben in die Regierung ein. Er stand dem Kanzler für besondere Aufgaben zur Verfügung, vor allem in der Außen- und Sicherheitspolitik.

Reale Hoffnungen auf den Posten des Außenministers konnte sich Strauß als Jungpolitiker und Kabinettsneuling nicht machen. So richtete sich sein ehrgeiziger Blick auf das Verteidigungsressort, dessen Aufbau seit 1950 der CDU-Gewerkschafter Theodor Blank im „Amt Blank" vorbereitete. Doch Adenauer wollte nur eine kleine Beförderung zugestehen und übertrug Strauß das neugegründete Atomministerium, das ebenfalls außenpolitische Belange umfaßte. Zudem gehörte Strauß dem neugeschaffenen Bundessicherheitsrat an, welcher zwischen den Ministerien die vielfältigen Aspekte der Wiederbewaffnung koordinierte.

Damals träumten viele Enthusiasten davon, aus Kernkraft bald elektrischen Strom zum Billigtarif gewinnen zu können. Dabei war bis in die 60er Jahre an kommerzielle Rentabilität gar nicht zu denken. Selbst in den USA gab es lange Jahre hindurch keinen kommerziell nutzbaren Reaktor. Der erste wurde im Oktober 1956 im britischen Calder Hall eröffnet. Strauß, der an den Feierlichkeiten teilnahm, sprach von einem „Traumbau der Technik", der sich „wundervoll in die Landschaft einfügt." Die Kernkraft, so dozierte er damals, bedeute „einen ähnlichen Einschnitt in der Menschheitsgeschichte ... wie die Erfindung des Feuers für die primitiven Menschen." An dieser Vorstellung hielt er zeitlebens fest.

Das damals nur teil-industrialisierte Bayern hatte kaum Kohlevorkommen und lag beim späteren Ölboom fern von den Ölhäfen und -raffinerien. Deshalb hofften viele in Bayern, die Kernkraft würde Standortnachteile ausgleichen und zugleich den direkten Einstieg in neueste Technologien erlauben. Hier klingt die modernistisch-technokratische Seite der CSU-Politik an, die durch massive staatliche Wirtschaftseingriffe Bayern in einen modernen Industriestaat verwandeln wollte. Man findet allerdings auch jene bereits angedeutete Auffassung von Strauß, daß der Rückstand Deutschlands auf dem Gebiet der Kernenergie „weder durch den Wissenschaftsföderalismus ... noch durch den automatischen Ablauf der liberalen Wirtschaftspolitik zu erreichen [sei], sondern nur mit Hilfe einer ganz konzentrierten staatlichen Förderung." Praktisch gesprochen hieß das, der Bund müsse zentrale Kernforschungseinrichtungen schaffen und durch gezielte Politik die Großindustrie zur Entwicklung von Reaktoren bewegen.

Strauß als Verteidigungs- und als Bundesfinanzminister

Im Oktober 1956 gelang es Strauß endlich, ein klassisches Ministerium zu erobern. Adenauer ernannte ihn nach langem Zögern zum Bundesminister der Verteidigung. Drei große Aufgaben waren damit verbunden:
– Erstens eine organisatorische. Bonn hatte den NATO-Verbündeten versprochen, binnen drei Jahren eine Bundeswehr mit 500.000 Mann aufzustellen.
– Zweitens eine außenpolitische, denn die Bundeswehr mußte erst allmählich ihren Platz in der Strategie des westlichen Bündnisses finden. Dazu gehörte auch die heikle Frage der nuklearen Bewaffnung.
– Und drittens eine wirtschaftlich-finanzielle. Die Ausrüstung der Truppen belastete den noch keineswegs abgeschlossenen wirtschaftlichen Wiederauf-

bau, bot aber auch große Chancen zum Aufbau einer eigenen deutschen Rüstungsindustrie.

An der ersten Frage, wie schnell die Bundeswehr aufgestellt werden konnte, scheiterte Blank. Doch die Attacke von Strauß galt weniger dem zivilen Minister als den militärischen Spitzen, denn Blanks Vorgaben beruhten auf Einschätzungen, welche seine militärischen Berater erstellt hatten. Indem also Strauß das Aufbaukonzept des Ministers als unerfüllbar abkanzelte, griff er zugleich die erste Garnitur der neuen Bundeswehroffiziere an. Mit dem Zorn des verbitterten Oberleutnants, der glaubte, das höhere Offizierskorps habe eine gehörige Mitschuld an der Katastrophe von 1945, verwies Strauß den professionellen militärischen Sachverstand in enge Grenzen.

Strauß war ein heftiger Befürworter einer lückenlosen parlamentarisch-politischen Kontrolle des neuen bundesdeutschen Militärs. Erstmals in der deutschen Geschichte sollte die zivile staatliche Gewalt eine völlige Unterordnung des Militärs erzwingen. Und hierin wurde Strauß von Adenauer kräftig unterstützt. Ein Neubeginn deutscher Militärpolitik war schlichtweg ein außenpolitisches Erfordernis. Wie sonst konnten die bundesdeutschen Streitkräfte das politische Gewicht und die friedlich-demokratische Glaubwürdigkeit Bonns mehren? Die alten Kommißstiefelallüren hätten gerade jene Westintegration verhindert, derentwegen aus Bonner Sicht die Wiederbewaffnung überhaupt erstrebenswert war.

Zweitens stand Strauß vor der großen Aufgabe, deutsche Interessen bei der Fortentwicklung der NATO-Nuklearstrategie zum Tragen zu bringen. Die erste NATO-Strategie, welche den Einsatz von Kernwaffen einbezog, sah nämlich vor, daß konventionelle Truppen (inklusive der westdeutschen) als bloßer „Schild" dienen sollten. Die Warschauer-Pakt-Truppen würden damit zu großen Truppenkonzentrationen gezwungen, wenn sie – so vermutete man – durch konzentrierte, möglichst rasche Angriffe nach Westen vorstoßen wollten. Der entscheidende Schlag der NATO-Seite würde die zu „lohnenden" Zielen gemachten östlichen Truppenkonzentrationen mit nuklearbewaffneten US-Langstreckenbombern (dem „Schwert") vernichten.

Doch diese Strategie wurde mehr und mehr obsolet, als seit 1954 amerikanische Gefechtsfeldwaffen in großer Zahl nach Europa kamen. Nun waren geographisch begrenzbare Nukleareinsätze möglich, um der Politik eine Chance zur Kriegsbeendigung zu geben. Nun konnte es allerdings passieren, daß Deutschland total verwüstet würde, der Westen aber politischmilitärisch handlungsfähig, vielleicht sogar siegreich bliebe. Sicherheit würde also teilbar werden. Das deutsche Interesse mußte deshalb sein, die deutsche und die westeuropäische Sicherheit möglichst eng – am besten automatisch – mit der amerikanischen zu verkoppeln. Durch eine massive Militärpräsenz sollte dem Gegner jede Hoffnung genommen werden, er könne Krieg führen, ohne selbst unweigerlich vernichtet zu werden.

Fraglich blieb allerdings, wie zu reagieren wäre, falls diese Abschreckung einmal versagen sollte. Würde man einfach kapitulieren? Oder doch einen begrenzbaren Krieg führen? Diese Zweifel konnten nie ausgeräumt werden. Trotzdem, und ohne die Gewißheit einer Lösung, mußte Bonn handeln. Einen Ausweg glaubte man darin zu sehen, daß amerikanische nukleare Gefechtsköpfe für nicht-amerikanische NATO-Verbände, also auch für die Bundeswehr, verfügbar gemacht würden. Damit sollte Bonn eine „nukleare Mitsprache" erhalten. Doch diese „Lösung" traf in der deutschen Öffentlichkeit auf großen Widerstand. Im April 1957 protestierten 18 prominente Naturwissenschaftler in ihrer Göttinger Erklärung dagegen. In einer großen Bundestagsdebatte am 10. Mai 1957 erklärte Strauß, an einen deutschen Kernwaffenbesitz sei selbst in der Theorie nur dann zu denken, falls die Abrüstung scheitern sollte. Aber damit ließ sich die Öffentlichkeit kaum beruhigen. Zwei Drittel der Bundesbürger mißtrauten dieser Politik.

Umso erstaunlicher war es, daß die CDU/CSU in den Wahlen vom September 1957 ein Traumergebnis erreichte: die absolute Mehrheit. Damit war aus deutscher Sicht der Weg frei zum NATO-Beschluß vom Dezember 1957, der die Bereitstellung von US-Atomsprengköpfen für die Verbündeten sowie eine weitergehende nukleare Kooperation vorsah. Im April 1958 reiste Strauß nach Washington, um die ersten nuklearen Trägersysteme für die Bundeswehr zu bestellen.

In diesem Zusammenhang wurde oft die Frage gestellt, ob die Bundesrepublik selbst Nuklearstaat werden wollte. Strauß hat sich dazu vielfach geäußert, und ihm wurde immer wieder zugeschrieben, ähnlich den Briten und Franzosen nationale Besitzansprüche zu verfolgen. Für Bonn ging es jedoch um etwas ganz anderes. Man wollte nicht auf alle Zeit als minderberechtigter Sonderfall gelten und nicht prinzipiell vom Nuklearbesitz ausgeschlossen sein. Ein Verzicht sollte deshalb als frei gefaßter deutscher Entschluß artikuliert werden, der revidierbar sein würde, falls die Umstände es erforderten. Es war ja nicht vorhersehbar, welche Privilegien, vor allem aber welche Bedrohungen, sich aus der Existenz von Kernwaffen ergeben würden. Beispielsweise hätte ein amerikanischer Truppenabzug aus Europa, wie er in Washington immer wieder gefordert wurde, die Bundesrepublik ohne glaubwürdige nukleare Abschreckung und damit ohne adäquaten Schutz gelassen. Denkbar war auch, daß eine enge militärische Integration Westeuropas zu einem gemeinsamen Kernwaffenbesitz oder zur gemeinsamen Verfügung geführt hätte, was Anfang der 60er Jahre auch ernsthaft diskutiert wurde. Nur deshalb also suchte man in Bonn die nukleare Option offenzuhalten. Eine rein deutsche „Force de frappe" war undenkbar. *Gegen den Willen der Westmächte,* das wußte Strauß so gut wie Adenauer, war niemals an einen deutschen Nuklearbesitz zu denken. Strauß eine andere politische Absicht zuzuschreiben, entbehrt jeder Grundlage.

Die dritte große Aufgabe betraf die wirtschaftliche Seite der Wiederbewaffnung. Mit der Bundeswehr entstand die Möglichkeit, vergleichbar anderen Industriemächten eine eigene Rüstungsindustrie aufzubauen und damit den Anschluß an bestimmte moderne Schlüsseltechnologien zu finden. Strauß sah darin ein Element der Gleichberechtigung mit anderen mittelgroßen Industriestaaten. Besonders kräftig setzte er sich für die Flugzeug- und später für die Raumfahrtindustrie ein. Aus seiner Sicht hatte hier der Staat eine ebenso überragende Rolle zu spielen wie in der zivilen Kernkraft. Nicht zuletzt betrieb er auf diesem Weg die aufholende Industrialisierung Bayerns. Die Region München wurde im Grunde genommen erst jetzt voll industrialisiert, wobei Rüstungsbetriebe sowie die entsprechenden Zulieferer eine herausragende Rolle spielten. Auch Augsburg, Nürnberg und Erlangen wurden zu großen Rüstungsstandorten.

Entgegen seinem Ruf als politischer Feuerkopf verhielt sich Strauß während der Berliner Mauerbaukrise überaus vorsichtig. Wie Adenauer und das übrige Bonner Kabinett hielt er gewisse westalliierte Vorstellungen von einem „begrenzten", „demonstrativen" Kernwaffeneinsatz für abwegig. Auch das Ansinnen einer Beteiligung der Bundeswehr an Berlin-Einsätzen lehnte man rundweg ab, da die Stadt unter alliierter, nicht unter deutscher Souveränität stand. An die Bundeswehr gab er den Befehl, selbst dann nicht auf sowjetische Hubschrauber zu schießen, wenn sie über bundesdeutschem Territorium fliegen sollten. Strauß wollte allerdings Maßnahmen einleiten, um die Bundeswehr durch eine größere Bevorratung mit Munition und eine Verlängerung der Wehrpflicht auf die Krise einzurichten. Damit sollte demonstriert werden, daß die neuen Streitkräfte ein ernst zu nehmendes Abschreckungspotential darstellten, auch wenn sie noch nicht voll ausgebaut waren. Doch Adenauer verbot alle militärischen Schritte, die den Osten beunruhigen konnten.

Strauß reagierte voller Zorn und Enttäuschung auf die westalliierte Berlinpolitik. Der Mauerbau, so schrieb er ohne jeden Beleg in seinen *Erinnerungen,* sei „nur nach Abstimmung mit den Amerikanern möglich gewesen". Noch heftiger als Willy Brandt, der fortan den Gedanken einer selbständigen Deutschland- und „Ostpolitik" entwickelte, sah Strauß „in dem ganzen Ablauf der Krise eine Bestätigung der Torheit der Amerikaner."[5]

Sein tiefsitzender Zweifel an der Europa- und Sicherheitspolitik Washingtons bildete den Angelpunkt für das dritte folgenschwere Ereignis während seiner Amtszeit als Verteidigungsminister: die sogenannte *Spiegel*-Krise, welche ihn das Ministeramt kostete. Für viele Zeitgenossen handelte es sich hierbei um die größte Affäre eines Politikers, dessen Amtsführung schon lange von Skandalen begleitet war. Doch diesem Urteil ist aufgrund des bisherigen Forschungsstandes zu widersprechen. Zu bedenken ist, daß die damalige Bundesrepublik eine demokratiegerechte Kultur des politischen Skandals erst noch entwickeln mußte, insbesondere eine plausible Aufgabenverteilung zwischen Parlament, Presse und Justiz. Es hatte nämlich in Deutschland, auch in der Weimarer Republik, bisher keinen offenen, kritisch-demokratischen Umgang mit dem Militär gegeben!

Am größten scheint dieser demokratische Lernbedarf bei der Presse gewesen zu sein. Viele ihrer Organe mußten sich erst noch vom Selbstverständnis der politischen Kampfpresse befreien. Bis dahin nahmen sie sich der Bundeswehrskandale besonders eifrig an, weil sie grundsätzlich gegen die Wiederbewaffnung samt Westintegration Stimmung machen wollten. Letzteres geschah insbesondere beim *Spiegel* aus einer beinahe deutschnationalen Pose heraus und im schnoddrigen Ton alter Offizierskasinos. Erst seit den 70er Jahren spielt diese Trotzhaltung keine so große Rolle mehr. Und seither hat es keine großen Bundeswehr-„Skandale" der alten Sorte mehr gegeben, obwohl es an größeren Anlässen nicht gefehlt hätte.

Den Anlaß zur *Spiegel*-Krise gab ein langatmiger Artikel vom 10. Oktober 1962 unter der Überschrift „Bedingt abwehrbereit". Darin wurde anhand der

---

[5] *Strauß, Erinnerungen S. 433.*

Auswertung einer NATO-Übung („FALLEX 62") auf erhebliche Schwachpunkte der Allianz hingewiesen. Dieser Bericht stützte sich ganz offensichtlich auf geheime Regierungsakten. Es war deshalb nicht nur zu fragen, ob der Text selbst einen Fall von Landesverrat darstellte, sondern auch wie der *Spiegel* wohl an diese Informationen gekommen sein mochte und ob er weiteres, eventuell noch geheimschutzbedürftigeres Material in Händen hielt. Die Bundesanwaltschaft leitete Ermittlungen ein und bat hierfür um ein Gutachten des Verteidigungsministeriums.

Man weiß inzwischen, daß im Panzerschrank der Redaktion eine Fülle von weiterem Material lag, das den dortigen Redakteuren zu „heiß" war und deshalb nicht verwendet wurde. Es sollen sogar Teile der NATO-nuklearen Zielkartei darunter gewesen sein, die nicht einmal der Bundeskanzler und sein Verteidigungsminister sehen durften. Das Hamburger Wochenmagazin wollte also nicht wirklich schützenswerte Militärgeheimnisse öffentlich machen.

Es mag dahingestellt bleiben, ob die Verhaftungen von Chefredakteur Rudolf Augstein sowie seinem verantwortlichen Redakteur Conrad Ahlers wirklich in jeder Hinsicht getreu dem Buchstaben des Gesetzes erfolgte und ob Strauß den Bundestag wahrheitsgemäß über diese Vorgänge informierte. Jedenfalls fällt es im Rückblick schwer, in der *Spiegel*-Krise einen wirklich schwerwiegenden Rechtsbruch zu erkennen. Vielmehr entstand die ganze Aufregung aus einer Atmosphäre heraus, in der große Unruhe auf zwei politischen Feldern herrschte: Das eine war eine tiefe Zerrissenheit innerhalb der Bundeswehr über die weiteren Entwicklungen der Kernwaffenpolitik; das andere war ein weitverbreiteter Unmut über die nicht-enden-wollende Ära Adenauer. In beide Fettnäpfe war Strauß nicht nur getreten. Er stand gleichsam knietief drinnen.

Seit längerem hatte Adenauer mißtrauisch beobachtet, mit welchem Ehrgeiz sich Strauß in der Debatte um die Kanzlernachfolge engagierte. Strauß mußte zusehen, wie Gerhard Schröder die Nachfolge Brentanos als Außenminister angetreten hatte. Mitte 1962, also wenige Monate vor der *Spiegel*-Krise, war er daran gescheitert, von der CSU als bayerischer Ministerpräsident auf den Schild gehoben zu werden. Zwar hatte man ihn im März 1961 zum Vorsitzenden der CSU gewählt, aber als bayerischer Landesvater war er dem damals noch starken katholisch-konservativen Parteiflügel zu liberal gewesen.

Es kam nun bei Adenauer der Verdacht auf, Strauß würde versuchen, auf andere Weise seinem politischen Ehrgeiz Raum zu schaffen. Und in der Tat gab es bei Strauß Überlegungen, entweder mit einem neuen Bundeskanzler die Koalition mit der FDP wieder auf eine stabile Grundlage zu stellen oder zusammen mit der SPD den Schritt in die Nach-Adenauer-Ära zu gehen. Auch Adenauer umwarb die SPD, allerdings in der Hoffnung, selbst noch Kanzler zu bleiben.

Kurzum, ein Gutteil der *Spiegel*-Krise hatte mit allerlei Koalitions- und parteitaktischen Winkelzügen zu tun. Die FDP nutzte das Spektakel, um ihre eigene Orientierungskrise zu überwinden. Sie trat aus der Koalition aus und machte ihre Rückkehr an den Kabinettstisch davon abhängig, daß Strauß diesem fernbleiben würde. In der CDU-Führung sah man eine Gelegenheit, dem unbequemen Strauß die Flügel zu stutzen. Dabei wurde jedoch nicht nur Straußens Ansehen, sondern auch dasjenige von Adenauer und der gesamten Union erheblich ramponiert. Erstmals konstituierte sich eine lautstarke Gruppierung von Intellektuellen, die ein Unbehagen an der Bonner Republik, am „CDU-Staat" (Gert Schäfer), äußerte und den Boden für die Erschütterungen der „68er" bereiten sollte.

Trotzdem gelang es der CSU in den Landtagswahlen vom 25. November 1962, ihren Stimmenanteil um 1,9 %-Punkte auf 47,5 % leicht zu verbessern. Erstmals erhielt sie die absolute Mehrheit der Sitze. Doch für Strauß folgten mehrere Jahre des Wartens auf ein Regierungsamt. Zwar galt er im Sommer 1963 als einer der sechs möglichen Adenauer-Nachfolger – neben Ludwig Erhard, Heinrich Krone, Eugen Gerstenmaier, Gerhard Schröder und Heinrich von Brentano. Doch sein Durchbruch erschien unwahrscheinlich.

Um die Aura des Kanzlerbewerbers zu mehren, suchte Strauß aus der Enge der Sicherheitspolitik in die größeren Fragen der Deutschland- und Europapolitik vorzustoßen. Er wurde zum führenden deutschen „Gaullisten", ein Begriff, mit dem man damals jene Außenpolitiker in den Unionsparteien bezeichnete, die gegen eine immer stärker werdende Einflußnahme der USA ankämpften, vor allem in wirtschaftlichen Belangen. Die USA tätigten hohe Direktinvestitionen in Europa, bauten ihre technologische Überlegenheit weiter aus und beherrschten mittels der herausragenden Stellung des Dollar die internationale Währungspolitik. Zu einem Bestseller mit dem Titel *„Die amerikanische Herausforderung"*, verfaßt vom französischen Journalisten J.-J. Servan-Schreiber, schrieb Strauß ein Vorwort.

Als deutscher Gaullist konnte sich Strauß auf Adenauer berufen, der mit dem deutsch-französischen Vertrag vom Januar 1963 ein eigenmächtiges Zeichen setzen wollte, das allerdings nach heftigen innerparteilichen Kämpfen in den Unionsparteien durch eine begleitende Bundestagsresolution verwässert wurde. Diese sprach von „einer engen Partnerschaft zwischen Europa (= EWG) und den Vereinigten Staaten von Amerika", vom anzustrebenden EWG-Beitritt der Briten und (verklausuliert) vom Primat der NATO gegenüber einer westeuropäischen Verteidigungskooperation. Das waren alles Punkte, die de Gaulles Zielen bei Vertragsabschluß diametral entgegenstanden.

Wie sich aus seinem Buch *Entwurf für Europa* (1966) (erweiterte Fassung von 1968: *Herausforderung und Antwort, Ein Programm für Europa*) sowie aus zahllosen Reden und Schriften eindeutig erschließen läßt, basierte Straußens Europadenken auf den Kategorien militärisch definierter Machtverhältnisse. Er war überzeugt, das Anwachsen nuklearer Potentiale habe die sowjetische Seite gestärkt, die amerikanische jedoch – zumal unter dem größer werdenden Druck des Vietnamkrieges – geschwächt. Die Spaltung zwischen Moskau und Peking (seit 1958) habe der Westen nicht genutzt, aus Angst, die beiden kommunistischen Giganten könnten sich bald wieder zusammenschließen.

Es ist keine Übertreibung, wenn man bei ihm die Forderung nach einer europäischen Atomstreitmacht als den Kern seiner damaligen Europakonstruktion bezeichnet. Dafür, und nicht in erster Linie für wirtschaftliche Belange, fordert er eine europäische Regierung, die wiederum nur auf dieser Basis mit der Sowjetunion ein „allgemeines europäisches Übereinkommen" treffen könne. Und erst in diesem Gesamtrahmen sei eine Lösung der deutschen Frage überhaupt denkbar.

In diesem Konzept blieb vieles widersprüchlich, beispielsweise seine Aussagen zur Grundsatzfrage der einzelstaatlichen Souveränität. Einmal nannte er die europäischen Nationalstaaten „anachronistisch". Dann wieder warnte er davor, den Nationen „… die Existenzberechtigung abzusprechen oder zumindest ihre historische Bedeutung total zu verkennen." Ein „Europa der Nationen" schwebte ihm vor. „Würden sich die europäischen Völker in einem Schmelztiegel ‚chemisch' verändern", so schrieb er, „oder sich einem

Prozeß der Uniformierung unterziehen lassen, so liefe das wohl eher auf einen Vitalitätsverfall ... hinaus." Zwar sprach er da und dort von „Vereinigten Staaten von Europa". Er grenzte diese aber scharf von jenem Weg ab, den die Brüsseler EWG vorzeichnete.

Für einen Unionspolitiker der 60er Jahre wagte sich Strauß sehr weit vor, wo es um die Deutschlandpolitik und um das ging, was später landläufig als Entspannungspolitik bezeichnet wurde. Oft zitiert findet man den von ihm in der *Zeit* publizierten Satz: „Ich glaube nicht an die Wiederherstellung eines deutschen Nationalstaates, auch nicht innerhalb der Grenzen der vier Besatzungszonen." Indem Strauß die Wiedervereinigung, und separat davon auch die Frage der Ostgebiete, an eine „Europäisierung der deutschen Frage" knüpfte, nahm er praktisch Abschied von der bis dahin gültigen Adenauerschen Deutschlandpolitik, welche die Wiedervereinigung als Voraussetzung für eine allseits akzeptable europäische Ordnung postulierte. Mit der „Europäisierung" rutschte die deutsche Frage vom ersten Platz einer sicherheitspolitischen Neuordnung Europas an das Ende einer langen Tagesordnung.

Warum exponierte er sich mit diesen Postulaten? Die Antwort liegt in der politischen Opportunität just in dem Moment, als eine Koalition mit der SPD möglich, aus der Sicht von Strauß wünschbar und schließlich für ihn zur Chance eines Neubeginns in Bonn wurde. Seine Vorschläge einer „Auflockerungspolitik gegenüber dem Osten", welche „die ost- und südosteuropäischen Völker durch kulturelle und wirtschaftliche Bindungen stärker an Westeuropa heranziehen" wollte, war explizit ein Angebot an die SPD zu einer großen gemeinsamen Initiative in der Außenpolitik („die Inangriffnahme eines Friedensvertrages"). Und sie waren zugleich eine reichlich boshafte Absage an Außenminister Schröders zaghafte Schritte einer neuen Politik gegenüber dem Osten.

Tatsächlich ließ die SPD nun Strauß zum Bundesfinanzminister in der Großen Koalition avancieren. Sie „schluckte die Kröte", wie Herbert Wehner sich ausdrückte. Doch Wehner tat das sehr bereitwillig, denn die SPD hatte bereits 1962 angeboten, falls Strauß in eine Koalition mit der SPD eintrete, könne man auf einen parlamentarischen Untersuchungsausschuß zur *Spiegel*-Affäre verzichten.

Den Zeitgenossen wurde diese Große Koalition als Antwort auf die „Krisenangst" von 1966 angepriesen. Krise, das hieß damals 670.000

Arbeitslose und eine Deckungslücke im Bundeshaushalt von vier Milliarden D-Mark (= 5,2% des Gesamthaushaltes). Nach späteren Maßstäben waren das geradezu paradiesische Zustände. Ebenso traumhaft waren übrigens die Erfolge der nun eingeleiteten Konjunkturpolitik mit realen Wachstumsraten von 7,3% (1968) und 8,2% (1969). Am Ende der Großen Koalition gab es 2,7% Inflation (1969), 243.000 Arbeitslose und 720.000 offene Stellen. Finanzminister Strauß konnte DM 1,5 Milliarden Haushaltsüberschuß verbuchen – und das, nachdem er DM 1,8 Milliarden Bundesschulden getilgt hatte! Davon durften seine Nachfolger nur noch träumen. So gesehen wäre die Große Koalition ein rauschender Erfolg für die Etablierten der Bonner Politik geworden, gerade auch für Strauß, hätte es nicht die Studentenunruhen von 1968 gegeben, die ihrerseits einer tiefreichenden Verunsicherung der deutschen Öffentlichkeit über den Vietnamkrieg und über die nicht-enden-wollenden Bonner Parteiquerelen entsprangen.

Für Strauß persönlich markierte die Große Koalition den Scheitelpunkt seiner politischen Laufbahn in Bonn. Damit ist nicht nur das Amt des Bundesfinanzministers gemeint, das quer durch alle Politikbereiche Einfluß gewährte und damit Strauß erlaubte, sein Image des nur-Verteidigungspolitikers und nur-bayerischen Politikers loszuwerden – eine wichtige Voraussetzung für den erhofften Aufstieg zum Bundeskanzler. Seine erklärte Offenheit für neue Beziehungen zum Osten, seine „moderne" keynesianische Finanzpolitik ließen ihn als einen liberalen, „aufgeschlossenen", dynamischen Führer im Unionslager erscheinen, der sich deutlich von der alten CDU-Garde absetzte.

Nie vorher und nie danach konnte er sich so weit entfernen von jenem Image des „Skandalumwobenen" aus der bayerischen Provinz, welches große Teile der deutschen Presse sonst so durchgängig pflegten. Vielleicht hätte ein derart „liberaler" Strauß einige Jahre später einem Helmut Kohl den Weg versperren und Bundeskanzler werden können. Immerhin versuchte der Kanzlerkandidat Strauß des Jahres 1980 an jenes Image anzuknüpfen, aber dazwischen lag ein Jahrzehnt, in dem der CSU-Chef politisch weit nach rechts rückte und sich als Fundamentalgegner aller sozialliberalen Politik der Öffentlichkeit einprägte. Und davon kam er nicht mehr los, 1980 nicht und auch nicht bei seiner ostpolitischen Kehrtwende zu Beginn der Kanzlerschaft von Helmut Kohl.

Der Oppositionskurs von Strauß

In der Bundestagswahl vom 28. September 1969 erlebte die Union eine böse Überraschung. Die SPD gewann 3,4%-Punkte hinzu, während die Unionsparteien 1,5%-Punkte verloren. Selbst die CSU hatte ähnlich hohe Verluste, wenngleich die bayerische SPD etwas weniger zulegte. Drastisch war allerdings der Abstieg der FDP von 12,8% (1961) und 9,5% (1965) auf jetzt 5,8%. Sollte man die Große Koalition fortsetzen, gegen eine nur mehr winzige FDP-Opposition im Bundestag?

Da die 4,3% der Rechtspartei NPD keine Parlamentsmandate hervorbrachten, reichten die Sitze von SPD und FDP zu einer Mehrheit von fünf Stimmen im Bundestag. Somit konnte es zu einer sozialliberalen Koalition kommen, die der SPD-Vorsitzende Brandt bereits seit längerem angestrebt hatte und die auch zum Reformkurs von FDP-Chef Walter Scheel paßte. Zurück blieb eine Union, der das Gefühl eines Wahlverlierers schwer zu vermitteln war und die sich nur widerwillig in die Oppositionsrolle fügte.

CDU-Parteichef Kiesinger stellte seinen Rücktritt in Aussicht. Erneut stürzte die CDU in eine Führungsdebatte, aber diesmal fand sich Strauß in einer schwierigen Situation. Sollte die Koalition von Brandt/Scheel zusammenbrechen und zu vorzeitigen Neuwahlen führen, so war mit einer absoluten Mehrheit für die Unionsparteien nicht zu rechnen, und für eine Wiederannäherung der FDP an die Union würde Strauß am wenigsten geeignet sein.

Strauß schlug jetzt einen Konfrontationskurs nicht nur gegenüber der neuen Regierung, sondern auch im Umgang mit der CDU-Führung ein. Die CSU hatte ihn im Dezember 1968 mit 95,2% im Parteivorsitz bestätigt. Ihr Stimmenanteil von 54,4% in Bayern entsprach bundesweit 9,5%. Er lag also weit über dem der FDP. Doch was rein numerisch gesehen beeindrucken mochte, sollte sich psychologisch als hemmend erweisen für seine Ambitionen auf den Kanzlerstuhl. Von der kleineren Schwesterpartei kommend, mußte Strauß entweder den größeren Partner umwerben oder konsequent eine selbständige bundesweite CSU anstreben. Es sollte ihm weder das eine noch das andere gelingen.

Rainer Barzel, dem neuen Parteichef der CDU, wurde die Ostpolitik zum Verhängnis. Viele in der Union, zuvorderst Strauß, hatten schon seit Jahren eine neue Politik gegenüber dem Osten gefordert und in Ansätzen auch betrieben. Eine prinzipielle Ablehnung der von Brandt/Scheel betriebenen Ostpolitik schien also kaum glaubwürdig. Im übrigen „verkaufte" sich die Ostpolitik in der deutschen Öffentlichkeit zunehmend besser, sieht man von den Flüchtlings- und Vertriebenenverbänden einmal ab. Auch die Westmächte nahmen dankbar zur Kenntnis, daß Bonn seinen Anspruch auf Wiedervereinigung weniger dringlich machte. Sofern die Deutschen kein Sonderverhältnis zu Moskau anstrebten, konnte es den USA nur recht sein, wenn ihre eigene Entspannungspolitik Unterstützung fand.

Nach dem gescheiterten Mißtrauensvotum gegen Bundeskanzler Willy Brandt erreichte die sozialliberale Koalition in den vorgezogenen Bundestagswahlen vom November 1972 ein Traumergebnis. Bei der mit 91,1 % höchsten Wahlbeteiligung (bis heute übrigens) erhielt die SPD zum ersten und bisher einzigen Mal mehr Stimmen als die Unionsparteien, nämlich 45,8 %. Da die FDP ebenfalls kräftig zulegte, hatte die Regierung jetzt eine solide Mehrheit von 54,2 %. Die Union mußte sich endgültig auf den Oppositionsstatus einrichten.

Nun beanspruchte Helmut Kohl den CDU-Parteivorsitz. Er verlangte eine Trennung von Partei- und Fraktionsführung und forderte seine Partei auf, „die geistige Führung zurückzugewinnen". Im Juni 1973 zum CDU-Chef geworden, leitete Kohl eine Parteireform ein, die sich ideologisch gegen Strauß und gegen die Konservativen in der Union richtete. Er vergrößerte die Parteizentrale und konnte die Mitgliedschaft auf 600.000 verdoppeln. Vor allem in der Außenpolitik setzte er auf eine inhaltliche Anpassung an die SPD/FDP. Mit 48,6 % der Stimmen bei der Bundestagswahl vom Oktober 1976, einem Plus von 3,7 %-Punkten, durfte sich Kanzlerkandidat Kohl bestätigt fühlen.

Trotzdem glaubte sich auch Strauß auf dem richtigen Weg, weil die 4,3 % Rechtswähler-Stimmen der NPD von 1969 seither drastisch zurückgedrängt worden waren und weil in Bayern die Wahlergebnisse der CSU weiterhin stark anstiegen – auf nunmehr 60,0 % und zwei Jahre zuvor bei Landtagswahlen sogar auf 62,1 %. Er zog seine bereits öfters angedrohte Karte der CSU-Eigenständigkeit und schwor am 19. November 1976 auf einer Klausurtagung in Kreuth die neuen CSU-Bundestagsabgeordneten auf die Kündigung der Fraktionsgemeinschaft ein. Dies wurde zwar mit 30:18 Stimmen angenommen, aber doch gegen erheblichen Widerstand.

181

Drei Tage später ließ Kohl seinen Bundesvorstand beschließen, falls es keine gemeinsame Unionsfraktion mehr gebe, werde die CDU in Bayern eigene Kandidaten aufstellen. Erste Vorbereitungen für einen CDU-Landesverband Bayern kamen in Gang, insbesondere in „Neubayern" – also in Franken und Schwaben. Laut Umfragen konnte die CDU in Bayern mit der Hälfte der Wahlstimmen rechnen. Kohl soll in diesem Moment sogar bei CSU-Wählern beliebter gewesen sein als Strauß. Die CSU mußte einen Rückzieher machen.

Im September 1977 wurde Franz Josef Strauß vom CSU-Parteitag zum Kandidaten für das Amt des Bayerischen Ministerpräsidenten nominiert. Er wollte offensichtlich auf diesem Weg sein Ringen um die Kanzlerschaft fortsetzen. Die Nominierung erfolgte ungewöhnlich frühzeitig für die bayerische Landtagswahl im Oktober 1978, und sie erfolgte, obgleich der Amtsinhaber Alfons Goppel noch gar nicht bereit war, seinen Sessel zu räumen. Strauß war jedoch überzeugt, dieses Amt müsse ihm als langjährigem, überaus erfolgreichen Parteichef für seine weitere politische Karriere zur Verfügung gestellt werden.

Strauß und Goppel

Die Geschichte der zweiten Epoche in der Geschichte der CSU kann nicht geschrieben werden, ohne den anderen herausragenden CSU-Politiker jener Zeit in den Blick zu nehmen, den Ministerpräsidenten Alfons Goppel (1905-1991). Zu seinen unbestrittenen Verdiensten gehört es, daß er mit großem Erfolg in Bayern eine stark auf Konsens gerichtete Politik betrieb, die der Partei in vollem Umfang den Charakter einer bayerisch-orientierten Volkspartei gab.

Sicherlich erhielt die CSU durch die überwiegend bundespolitische Orientierung von Strauß jenes Maß an Eigenständigkeit, das sie von einem bloßen Landesverband der CDU unterschied. Gewiß vermochte es Strauß durch seinen teilweise konfrontativen Stil, politische Positionen der CSU in Bonn zur Geltung zu bringen und insbesondere den Kurs der Union gegenüber den SPD/FDP-Regierungen von 1969 bis 1982 erheblich zu beeinflussen. Doch eine Volkspartei muß zuvorderst auf Integration möglichst vieler sozialer Schichten, weltanschaulicher Überzeugungen und Altersgruppen ausgerichtet sein. Diese Grundmelodie der CSU verkörperte Goppel weitaus stärker als Strauß.

Goppel wurde am 1. Oktober 1905 in Reinhausen bei Regensburg geboren. Sein Vater war Bäckermeister und christlicher Gewerkschaftssekretär.[6] Nach dem Jurastudium begann er seinen beruflichen Weg als Rechtsanwalt in Regensburg, trat jedoch bald in den staatlichen Justizdienst ein und war mehrere Jahre in der damals noch bayerischen Rheinpfalz in Kaiserslautern tätig. Nach dem Krieg stieg er in Aschaffenburg in die Politik ein, als Stadtrat und Bürgermeister, scheiterte jedoch dort und 1956 in Würzburg bei Oberbürgermeisterwahlen. Den bayerischen Landtag lernte er 1954 auf den Oppositionsbänken kennen. 1957 holte ihn Ministerpräsident Hanns Seidel in sein erstes Kabinett, zunächst als Staatssekretär im Justizministerium, ein Jahr später als Innenminister. Weitere vier Jahre später, im Januar 1962, gelang ihm der Sprung in das Amt des Ministerpräsidenten, für das er noch weitere dreimal – 1966, 1970 und 1974 – wiedergewählt werden sollte. Ausgenommen Max Graf Montgelas, dem Begründer des modernen bayerischen Staates im frühen 19. Jahrhundert, stand bis heute niemand länger an der Spitze der bayerischen Politik.

Wie ist diese politische Langlebigkeit Goppels zu erklären, zumal man immer wieder von ihm sagte, er habe „keine Ellenbogen" und keine Hausmacht in der Partei gehabt?[7] Die Antwort ist eigentlich einfach. „Keine Ellenbogen" kann natürlich nicht heißen, der Mann sei nicht durchsetzungsfähig gewesen. Niemand wird und bleibt Ministerpräsident ohne diese Eigenschaft, es sei denn, er wäre eine Marionette – und das hat von Goppel noch niemand behauptet. Daß er keine Hausmacht hatte, jedenfalls in dem Sinn wie beispielsweise Alois Hundhammer mit seinen katholisch-konservativen Kräften, sprach im Herbst 1962 für Goppel. Weil sich nämlich große innerparteiliche Blöcke gebildet hatten, wich die CSU-Führung auf einen Kompromißkandidaten aus, der für keinen der Blöcke gefährlich schien.

---

[6] *Eine wissenschaftliche Biographie Goppels gibt es bisher leider nicht. Nützliche Hinweise findet man in Ludwig Huber (Hrsg.), Bayern, Deutschland, Europa. Festschrift für Alfons Goppel (Passau 1975); Frau Dr. Siebers-Gfaller (Archiv für Christlich-Soziale Politik der Hanns-Seidel-Stiftung) stellte mir dankenswerterweise ihr Manuskript einer Goppel-Chronologie zur Verfügung.*

[7] *Benno Hubensteiner in der Süddeutschen Zeitung (Oktober 1975): „Ein Politiker ohne Ellenbogen".*

In dieser Konstellation der parteipolitischen Kräfte entwickelte Goppel etwas für die jüngere bayerische Geschichte weitgehend Neues: die Figur des „Landesvaters". Darin drückte sich zunächst einmal ein Zutrauen in Goppels persönliche Integrität aus. Er pflegte einen biederen Lebensstil, frei von Skandalen und ohne Zur-Schaustellung von überschäumendem Ehrgeiz. Mit dem Prädikat des „Landesvaters" verbindet sich aber auch ein Bemühen, über die eigene Partei hinweg an den damals in Mode kommenden „mündigen Bürger" zu appellieren. Das heißt, Goppel setzte sich als „Landesvater" von Strauß ab, dessen Konfrontationskurs gegen die sozialliberale Koalition die CSU in die Rolle eines militanten „Bollwerks" drängte, obgleich sie ihrem Charakter nach doch viel eher eine integrative Volkspartei der Mitte war. Wie erfolgreich diese Konstellation war, zeigte das Traumergebnis von 62,1% für die CSU in den Landtagswahlen von 1974.

Sicherlich gab es eine Reihe von Situationen, in denen Goppel von Strauß in die Ecke getrieben wurde. Hier ist an drei Episoden zu denken: an den Streit um die Konfessionsschule und um das Rundfunkgesetz sowie an den aufgezwungenen „Gang nach Karlsruhe" im Zusammenhang mit dem deutsch-deutschen Grundlagenvertrag von 1972.

Die Konfessionsschule war ein unbewältigtes Kapitel im Verhältnis von Kirche und Staat. Seine geistigen Wurzeln reichten in den Kirchenkampf der Bismarckzeit zurück. Doch die strikte konfessionelle Trennung von Katholiken und Protestanten entsprach längst nicht mehr den Grundvorstellungen der Nachkriegsdeutschen. Diesem geistigen Wandel trugen jene Parteigründer der CSU und der CDU Rechnung, die 1945 nicht mehr die alte katholische Zentrumspartei (oder ihre bayerische Variante der Weimarer Zeit, die Bayerische Volkspartei) fortführen, sondern überkonfessionelle christliche Volksparteien – eben die CSU und die CDU – an ihre Stelle setzen wollten. Hinter diesem Konsens blieb die bayerische Schulpolitik zunächst zurück.

Übrigens war auch der Verfassungsgeber nach 1945 einer Neuregelung des Verhältnisses zwischen Staat und Kirche ausgewichen. In das Grundgesetz übernahm man die Kirchenartikel der Weimarer Verfassung von 1919 (Art. 140 GG), weil man sich auf nichts anderes einigen konnte. Die Bayerische Verfassung behielt die im weiterhin gültigen Konkordat von 1925 festgelegte Bekenntnisschule bei. Das hieß, daß staatliche Volksschulen (später Grund- und Hauptschulen genannt) entweder rein katholisch oder rein evangelisch zu sein hatten. Ausnahmen waren nur in gemischt-konfessionellen

Orten und nur „auf Antrag der Erziehungsberechtigten" möglich. Allerdings setzte diese Regelung eine konfessionelle Trennung der Wohnbevölkerung voraus, die es nicht mehr gab, seit ein Viertel der Einwohner Bayerns aus Flüchtlingen bestand. Drei Viertel dieser Zuwanderer wurden in Gemeinden bis zu 5.000 Einwohnern aufgenommen, weil in den zerbombten Städten katastrophaler Wohnraummangel herrschte. So blieben von 1.424 rein katholischen Gemeinden nur 9 übrig, und in allen 140 rein evangelischen Gemeinden lebten nun auch Katholiken.[8]

1966 brachte die FDP ein Volksbegehren auf den Weg, das die Gemeinschaftsschule gleichrangig neben die Bekenntnisschule stellen wollte. Obgleich die FDP im November 1966 aus dem Landtag fiel, verfehlte ihr Volksbegehren mit 9,4 % nur knapp die 10 %-Hürde. Ein anschließendes Volksbegehren der SPD zugunsten einer „christlichen Gemeinschaftsschule" erhielt 12,9 %. Damit mußte laut bayerischer Verfassung ein Volksentscheid herbeigeführt werden. Für die CSU stellte sich unausweichlich die Frage, ob sie der katholischen Kirche und ihrer kategorischen Forderung nach Erhalt der Bekenntnisschule die Stirn bieten wollte.

Nach der Überzeugung von Strauß war die Regierung Goppel am Ende ihres Lateins. Zusammen mit der SPD-Spitze formulierte er deshalb einen Gesetzentwurf für eine christliche Gemeinschaftsschule, wenngleich der Begriff selbst im Verfassungs-Artikel 135 vermieden wurde. In seinen *Erinnerungen* berichtet Strauß, Ministerpräsident Goppel und Kultusminister Huber hätten noch bei einem Treffen mit den SPD- und FDP-Spitzen gefordert, der gefundene Kompromiß könne nur wirksam werden, wenn die beiden Kirchen ihn „genehmigen".[9] Als dann im Juli 1968 beim Volksentscheid 78,4 % dem Parteienkompromiß zustimmten, war es Strauß endlich gelungen, den klerikalen CSU-Flügel zu stutzen. Dieser war ihm schon seit Gründung der CSU ein Dorn im Auge gewesen. Die „Entklerikalisierung und Liberalisierung der Partei" hatte er zu einem Grundsatz seiner CSU-Politik erklärt. Das Ansehen von Ministerpräsident Goppel wurde dabei allerdings lädiert.

Vier Jahre später kam Goppel wiederum in eine Zwangslage. Die CSU-Mehrheit hatte ein neues Rundfunkgesetz durch den Landtag gebracht, wel-

---

[8] *Peter Jakob Kock, Bayern nach dem Zweiten Weltkrieg*, in: *Manfred Treml, Geschichte des modernen Bayern – Königreich und Freistaat (München 1994), S. 393;* diese Darstellung gibt insgesamt den Forschungsstand am besten wieder.

[9] *Strauß, Erinnerungen S. 592.*

ches privaten Rundfunk und Fernsehen ermöglichen sollte und gleichzeitig beim öffentlich-rechtlichen Rundfunk den parteipolitischen Einfluß auszuweiten suchte. Daraufhin initiierte die SPD ein Volksbegehren zur „Rundfunkfreiheit" und hatte großen Erfolg damit. Wiederum setzte sich Strauß mit dem bayerischen SPD-Vorsitzenden Volkmar Gabert zusammen, um gemeinsam einen neuen Verfassungsartikel (Art. 111a) zu formulieren. Man einigte sich, daß aller Rundfunk, auch der private, „in öffentlicher Verantwortung und in öffentlicher Trägerschaft betrieben" werden muß, und daß in den Kontrollorganen nicht mehr als ein Drittel Parteivertreter sitzen dürfen.

Die dritte Episode, welche die Autorität Goppels als Ministerpräsident schwächte, hatte mit der bayerischen Politik nichts zu tun. Es ging dabei um jenen letzten Versuch der Straußschen Fundamentalopposition gegen die Bonner Ostpolitik, bei dem der 1972 abgeschlossene Grundlagenvertrag zwischen der Bundesrepublik Deutschland und der DDR vor das Bundesverfassungsgericht gebracht werden sollte.

Das politische Klima für einen solchen Schritt war ausgesprochen ungünstig. Bei den vorgezogenen Bundestagswahlen vom November 1972 hatte die sozialliberale Koalition ein Traumergebnis erzielt und damit zumindest indirekt ein Plebiszit zugunsten der Ostpolitik erreicht. So war es nicht verwunderlich, daß die Unionsfraktion nicht das Bundesverfassungsgericht anrufen wollte. Strauß übte deshalb massiven Druck auf die reichlich widerwillige CSU-Regierung in München aus. Nach heftigen Auseinandersetzungen gab das Kabinett Goppel nach und spielte die Rolle des Klägers. Wie zu erwarten war, bestätigte das Gericht den Vertrag als verfassungskonform, sofern die staatlichen Organe der Bundesrepublik am Ziel der Wiedervereinigung explizit festhielten[10].

Zumindest auf einem politischen Feld trug Goppel gegenüber Strauß einen weithin sichtbaren Sieg davon. Das war die Gebietsreform. Mit ihr wurde die seit 1862 bestehende Gliederung des Staatsgebietes ersetzt. Die Zahl der bayerischen Gemeinden wurde auf weniger als ein Drittel, genau gesagt von 7.116 (1950) auf 2.053 (1978), reduziert und die Zahl der Landkreise sowie der kreisfreien Städte halbiert. Dieser dem technokratischen Reformverständnis der 60er und 70er Jahre entstammende Eingriff schien so gar nicht zum behäbigen „Landesvater" Goppel zu passen. Er ging

---

[10] Siehe dazu den Beitrag von Dieter Blumenwitz in diesem Band.

jedoch zu wesentlichen Teilen auf ihn zurück, wenngleich Innenminister Bruno Merk in der Öffentlichkeit den Prügelknaben spielen mußte.

Immer wieder griff Strauß den teilweise heftigen Unmut in der Bevölkerung auf. Rückblickend urteilte er, daß „die Vernichtung vieler tausend Mandate auf kommunaler Ebene ein schwerer Schlag gegen die CSU" war. Er bedauerte, es seien in Bayern „bemerkenswerte, instinktlose Fehlentscheidungen getroffen worden". „Je mehr Bürger ein Mandat im Gemeinderat haben ... desto lebendiger ist die demokratische Wirklichkeit."[11] Doch aus mindestens drei Gründen konnte er sich mit seiner Kritik nicht behaupten. Erstens griff die bayerische SPD das Thema nicht auf, weil ihre Parteigenossen im übrigen Bundesgebiet ähnliche Reformen durchpaukten. – Man denke an die blamable Zwangsvereinigung der uralten hessischen Städte Wetzlar und Gießen zur „Lahnstadt", die dann 1979 kleinlaut wieder zurückgenommen werden mußte. – Zweitens hatte sich Strauß spätestens in seiner Amtszeit als Bundesfinanzminister ebenfalls als Reformpolitiker im damaligen Wortsinn betätigt. Durch die von ihm betriebene Finanzverfassungsreform, insbesondere durch die neu ins Grundgesetz aufgenommenen „Gemeinschaftsaufgaben" von Bund und Ländern, ging viel verloren, was bisher die Länder selbständig entscheiden konnten (Art. 91a GG). Hier erfolgte ein schmerzlich-tiefer Einschnitt in die bayerische Eigenstaatlichkeit. Strauß war auch ein vehementer Verfechter des technischen Fortschritts, insbesondere der Kernkraft. Mit seinen eigenen Reformen und seiner eigenen Fortschrittsgläubigkeit war also ein heimatversunkenes Nachtrauern über wegverwaltete Dorfidentitäten schwerlich zu vereinen.

Schließlich darf drittens nicht vergessen werden, wie viele neue Stellen die Gebietsreform im öffentlichen Dienst schuf, weil zahlreiche bisher ehrenamtliche Tätigkeiten nunmehr von Hauptamtlichen übernommen wurden. Die Zusammenlegung von Gemeinden und Landkreisen führte auch dazu, daß viele Rathäuser, Verwaltungszentren, Schulen, Krankenhäuser und Schwimmbäder neu gebaut wurden. Das heißt, die öffentliche Finanz-Gießkanne verteilte viel warmen Regen über das Land und beruhigte viele Gemüter.

Die Modernisierungspolitik von Alfons Goppel reichte weit über die Gebietsreform hinaus. Die Grundsteinlegungen der neuen Universitäten Regensburg, Augsburg, Bayreuth, Passau und Bamberg fiel in seine Amtszeit. Im

---

[11] *Strauß, Erinnerungen S. 596–599.*

September 1967 nahm die Öl-Pipeline Triest–Ingolstadt ihren Betrieb auf. Mit dem dortigen Raffineriezentrum wurde Bayern wegweisend bei der Umstellung von Kohle auf Erdöl. Die Kernkraftwerke Gundremmingen, Niederaichbach und Ohu (bei Landshut) wurden errichtet. Seit 1973 floß Erdgas aus der Sowjetunion. Kurzum, Bayerns Bemühen um eine günstigere Energieversorgung, und damit um bessere Standortbedingungen für seine Industrie, wurde unter Goppel zügig fortgesetzt. 1970 richtete er das bundesweit erste Umweltministerium ein und übertrug es Max Streibl. Im Oktober 1972 wurde die ARGE-Alp gegründet, um die Struktur- und Umweltplanung mit den südlichen Nachbarn zu koordinieren.

Goppels größter politischer Triumph waren sicherlich die Landtagswahlen vom Oktober 1974, in denen Bayern erstmals „flächendeckend schwarz" wurde. Nur in drei Nürnberger Wahlkreisen erhielt die SPD noch eine relative Mehrheit. Damit war es, nach einer Analyse von Alf Mintzel, der CSU endgültig gelungen, die Flüchtlings- und Vertriebenenwähler sowie einen Großteil des „neuen Mittelstandes", also der Angestellten und Beamten, aber auch der Facharbeiter zu gewinnen.[12] Von diesem Einbruch in ihre traditionelle Wählerschaft konnte sich die bayerische SPD bis heute nicht erholen.

Strauß als Kanzlerkandidat der Union

Mochte dieses Wahlergebnis ein Sieg für Goppel sein, so sah Franz Josef Strauß darin die Chance, mit einer noch stärkeren CSU in Bonn seinem Ziel einer Kanzlerschaft näher zu kommen. Diese Chancen schienen zu steigen, als Helmut Kohl in den Bundestagswahlen von 1976 zwar das zweitbeste Unionsergebnis seit 1953 erzielte, aber ohne Koalitionspartner und damit auf der harten Oppositionsbank sitzen blieb. Durch eine Politik der Nadelstiche und dem steten Werben mit der „Intelligenz und Führungskraft" von Strauß wurde Kohl schließlich zum Verzicht auf eine weitere Kanzlerkandidatur gebracht. Nun wollte Strauß aus der Position eines bayerischen Ministerpräsidenten diesen Kampf fortsetzen.

---

[12] *Alf Mintzel, Triumph einer konservativen Partei: Ein wahlsoziologischer Sonderfall?,* in: *Zeitschrift für Parlamentsfragen 4 (1975).*

Bereits Anfang 1977 tauchten Gerüchte über die Amtsmüdigkeit von Goppel auf, die von diesem jedoch sogleich heftig dementiert wurden. Es gelang Goppel, wenigstens seine volle Amtszeit bis zum Herbst 1978 zu bleiben. Dabei machte er kein Geheimnis daraus, daß er lieber noch einmal in die bayerische Staatskanzlei statt in das eher langweilige Europaparlament eingezogen wäre. Würdig, nach 16 bewegten Jahren an der Spitze der bayerischen Politik, zog er sich schließlich auf das Altenteil zurück. Als er am Heiligen Abend 1991 starb, hatte er seinen Rivalen Strauß immerhin um drei Jahre überdauert.

Ob Strauß bis an sein Lebensende lieber Bundeskanzler als bayerischer Ministerpräsident gewesen wäre, läßt sich nicht mit Gewißheit sagen. Man darf ihm zubilligen, daß er nach einigen Jahren am Münchener Chefsessel zunehmend Geschmack fand. Ein bayerischer „Landesvater" wie Goppel ist er nie geworden, auch wenn man seine populäre, bei einem Autounfall früh verstorbene Gattin Marianne in die Rolle einer „Landesmutter" kleidete. Wenn überhaupt, dann ist Strauß – jedenfalls soweit es öffentlich kundgetan wurde – erst vom Bundeskanzler-auf-Abruf zum Ministerpräsidenten-auf-Dauer geworden, als Kohl die vorgezogene Bundestagswahl vom März 1983 mit Glanz und Gloria gewann.

Im Mai 1979 nominierte der CDU-Vorstand den von Kohl lancierten Ernst Albrecht zum Kanzlerkandidaten. Albrecht hatte im Juni 1978 in der einstmaligen SPD-Hochburg Niedersachsen die absolute Mehrheit für die CDU erreicht. Er war eine Hoffnung des liberalen CDU-Flügels. Doch die CSU bot ihren Parteivorsitzenden an und setzte ihn durch, als am 2. Juli 1979 die Unionsfraktion im Bundestag mit 135 zu 102 Stimmen Franz Josef Strauß zum Kanzlerkandidaten wählte.

Nun hatte Strauß ein wichtiges Etappenziel erreicht, wenngleich die 102 Fraktionsstimmen gegen Strauß, vermutlich aus den Reihen der CDU, keine geschlossene Unionsfront für den Wahlkampf erwarten ließen. Kohl blieb Fraktionschef im Bundestag, und Strauß war auf den Wahlapparat einer innerlich gespaltenen CDU angewiesen. Seine Lage verschlechterte sich noch, als im Mai 1980 die Landtagswahlen in Nordrhein-Westfalen zu einem Desaster für die CDU wurden. Die SPD schaffte die absolute Mehrheit der Sitze und konnte einen Regierungswechsel herbeiführen. Einen Teil der Schuld suchte man bei Strauß, dem man eine „Wahlkampfmannschaft" von 23 Personen verpaßte mit Gerhard Stoltenberg als designiertem Vizekanzler und Finanzminister.

Die Bundestagswahl vom 5. Oktober 1980 wurde zum bundespolitischen Desaster für Strauß. Die Union verlor 4,1%-Punkte gegenüber dem „Kohl-Ergebnis" von 1976. Selbst in Bayern büßte sie 2,4% ein. Die SPD hielt ihren Stimmenanteil. Die FDP legte um 2,7%-Punkte zu – viele davon bezeichnete man als „Leihstimmen" für Helmut Schmidt, der weitaus populärer als seine Partei war. Die Grünen kamen nur auf 1,5%. In der Öffentlichkeit war der Eindruck nicht zu vermeiden, daß das zweitschlechteste Ergebnis für die Union seit 1949 in erster Linie auf die Persönlichkeit von Strauß zurückzuführen sei. Es war Bundeskanzler Schmidt offensichtlich gelungen, von den Schwächen im eigenen Lager abzulenken und Strauß als politische Kampffigur hinzustellen, die bestrebt sei, gesellschaftliche Konflikte anzuheizen statt sie zu schlichten. Deutlich war auch, daß die FDP erfolgreich auf ihren seit der *Spiegel*-Affäre von 1962 stilisierten Anti-Strauß-Bonus gesetzt hatte.

Als im Herbst 1982 die Regierung Schmidt/Genscher zerbrach, wollte Strauß sofortige Neuwahlen herbeiführen. Im Rückblick schrieb er: Es hätte „einen phänomenalen Wahlsieg von CDU und CSU gegeben, bei dem die absolute Mehrheit nicht unerreichbar gewesen wäre."[13] Schmidt soll mit Strauß diesen Kurs abgesprochen haben, beide in der Absicht, die FDP endgültig aus dem Bundestag zu verdrängen. Doch Kohl hatte mit Genscher bereits einen anderen Kurs vereinbart. Die FDP würde unter seiner Kanzlerschaft ihre Ministerien behalten und erst später mit der Union einen Kanzlersturz inszenieren und vorgezogene Neuwahlen abhalten. Der FDP-Vorstand beschloß den Wechsel nur mit 18 zu 15 Stimmen. In der Fraktion waren es 33 zu 18, doch Kohl brauchte nur 23 FDP-Stimmen zur Kanzlerwahl, vorausgesetzt jeder Unionsabgeordnete stimmte für ihn.

Daß sich die CSU-Landesgruppe im Bundestag dem Kohl-Kurs anschloß, auch der CSU-Landesgruppenchef und Strauß-Vertraute Friedrich Zimmermann, war für Strauß eine schwere Niederlage. Selbst der CSU-Parteivorstand stimmte zu und kam Strauß nur mit dem erkennbar folgenlosen Zusatz entgegen, die Neuwahlen mögen im November oder Dezember abgehalten werden, während Kohl/Genscher schließlich bis März 1983 damit warteten.

Der Erfolg sollte ihnen recht geben. Mit 48,8% lagen die Unionsparteien um 4,3% über der Strauß-Wahl von 1980 und sogar noch um 0,2% über dem

---

[13] *Strauß, Erinnerungen S. 557.*

Rekordergebnis von 1976. Die SPD verlor 4,7%-Punkte, stürzte damit weit unter die 40%-Marke. Die FDP blieb mit 7% komfortabel über jenen 5,8%, auf die sie beim Koalitionswechsel von 1969 gefallen war. Daß die Grünen erstmals in den Bundestag einzogen, ging hauptsächlich zu Lasten der SPD. Die Rechtsextremen blieben im Bereich des Marginalen.

Vielleicht war es ein großer Fehler von Strauß, in jenem Herbst 1982 Kohls Angebot eines Kabinettspostens ausgeschlagen zu haben. Allein durch seine Anwesenheit hätte er der FDP schweren Schaden zufügen können. Doch ein Bonner Kabinettsposten hätte ihn erneut den Parteiquerelen der Union ausgeliefert. Vor allem hätte er sein sicheres Ministerpräsidentenamt in Bayern verloren.

Und doch wollte er sich nach der Bonner Wende nicht auf Bayern beschränken. Es folgte vielmehr jene Episode des „eingefädelten" Milliardenkredits an die DDR, mit der Strauß spät, aber dafür umso heftiger zum Ostpolitiker wurde. Sein Verhandlungspartner war Alexander Schalck-Golodkowski, Stasi-Oberst und Chef des weitverzweigten KoKo-Firmenimperiums der Stasi, der in seiner Eigenschaft als Devisenbeschaffer für die DDR über umfangreiche Geschäftsbeziehungen verfügte, die auch nach Bayern reichten. Schalck berichtete von den wirtschaftlichen Schwierigkeiten der DDR und von ihren Kreditwünschen. Als Gegenleistung bot Erich Honecker den Abbau der Selbstschußanlagen an der Grenze zu Westdeutschland im Herbst 1983 und gewisse Erleichterungen im Grenzverkehr sowie bei der Familienzusammenführung an. Nachdem hierüber Einigkeit erzielt war, reiste Strauß zu einem Besuch bei Honecker an den Werbellinsee.

Warum ließ sich Strauß auf diese spektakuläre Aktion ein, die ihm bei vielen in der CSU heftigen Ärger einbrachte? (Er wurde auf dem Parteitag im Juni 1983 „nur" mit 77% der Delegiertenstimmen als Vorsitzender bestätigt.)

Zumindest einen Teil der Antwort finden wir im Zeitpunkt dieser Vorgänge. Die Bundesrepublik befand sich in einer angespannten Situation, weil für Dezember 1983 die Nachrüstung mit nuklear-bestückten Mittelstreckenraketen vorgesehen war. Nun würde der politisch sensationelle Abbau der Selbstschußanlagen ein hoffnungsvolles Signal setzen. Insbesondere würde sich Honecker damit gegen die Politik des Kreml stellen, die darauf ausgerichtet war, westdeutsche Nachrüstungsängste höher zu schrauben und gegen die Sicherheitspolitik der NATO auszuspielen. Mit dieser Perspektive knüpfte Strauß an eigene Vorstellungen der 60er Jahre an, jene „Auflockerung" des Ostblocks, die für ihn eine Voraussetzung für eine stabilere europäische Friedensordnung war.[14]

Der Versuch, die DDR im Gefüge des Ostblocks zu lockern und näher an die Bundesrepublik zu binden, paßte zur Logik der sozialliberalen Ostpolitik ebenso wie zu dem Bemühen der Unionsparteien, die Gesamtidentität Deutschlands wieder stärker zu betonen. Ob und inwiefern damit günstige Voraussetzungen für die deutsche Vereinigung von 1990 geschaffen wurden, sei dahingestellt. Strauß war jedenfalls ehrlich genug, sich zu seinen partei- und karrierepolitischen Motiven zu bekennen. Er habe sich selbst, so schrieb er später, „... einen neuen Spielraum auch nach rechts verschafft [...]. Wer mit Honecker umzugehen versteht, den kann man mit Diffamierungen nicht so leicht in die rechtsradikale Ecke drängen. Meine angestammten und eingefleischten Kritiker taten sich plötzlich schwer, weil das Strauß-Bild nicht mehr in die linke Schublade paßte."[15]

Damit stand auch einem Strauß-Besuch in Moskau bei Präsident Michail Gorbatschow nichts mehr im Weg. Er fand Ende 1987 statt, drei Wochen nach dem spektakulären Washingtoner Abrüstungsvertrag für nukleare Mittelstreckenraketen, der einen Großteil sowjetischer Militär- und Außenpolitik über den Haufen warf. Doch Strauß zögerte noch immer, eine völlige Abkehr von der bisherigen Kreml-Politik zu sehen. Perestroika und Glasnost seien „Begriffe sowjetischer Diktion." Man dürfe sich nicht „über die Härte Gorbatschows täuschen." Strauß sieht ihn als eine Art junger Breschnew, flotter im Stil, aber im Kern der Sowjetideologie verpflichtet. Deshalb drängte Strauß auf eine Modernisierung nuklearer Kurzstreckenraketen, die damals noch auf dem Gebiet der Bundesrepublik waren.

Kohl und Genscher hingegen hielten diesen Schritt weder für zeitgemäß noch für politisch durchsetzbar. Ein entsprechendes Warnsignal für die Unionsparteien gaben die Wähler bei den Bundestagswahlen vom Januar 1987, in denen die Union 4,5%-Punkte verlor, während die FDP und die Grünen kräftig zulegten. In Bayern waren diese Verschiebungen beinahe gleich groß. Doch mit 55,1%, und angesichts der noch immer sinkenden Wahlprozente der SPD, blieb die CSU weiterhin unangefochten.

---

[14] *Franz Josef Strauß, Herausforderung und Antwort. Ein Programm für Europa* (Stuttgart: 1968).

[15] *Strauß, Erinnerungen S. 528.*

Ausblick

Mit dieser Skizze einiger Grundsatzfragen und Kontroversen der Ära Strauß konnte allenfalls deutlich gemacht werden, wie spannend diese Geschichte ist, wie vielfältig mit den deutschen und internationalen Ereignissen verwoben, und wie schwer sie sich auf einen Nenner bringen läßt. Der historische Rückblick auf das Ende dieser Ära fällt übrigens weit weniger dramatisch aus, als es wohlwollende und weniger wohlwollende Beobachter vorhersagten. Sicherlich hatte der am 3. Oktober 1988 verstorbene Parteivorsitzende und Ministerpräsident Strauß die Partei stärker geprägt als jede andere Einzelperson. Doch die neue Führungsriege nahm die Zügel schnell in die Hand. Eine mitgliederstarke Volkspartei wie die CSU, die längst mit einem modernen Parteiapparat ausgestattet war und in der auch eine übergroße Figur wie Strauß weit weniger „diktieren" konnte als Außenstehende vermuteten, war seit vielen Jahren keine Honoratiorenpartei, kein persönlicher Wahlverein mehr.

Heute, sieben Jahre nach Strauß, sind seine Leistungen unvergessen, aber die deutsche Vereinigung und die post-sowjetische Weltlage haben eine Fülle neuer Anforderungen gestellt, die der jüngeren Führungsgeneration eine selbständige politische Analyse abfordern. Somit ist die Ära Strauß in der CSU-Geschichte, ebenso wie die Geschichte der alten Bundesrepublik insgesamt, zu einer historisch abgeschlossenen Epoche geworden – gewiß lehrreich in vielerlei Hinsichten, aber nicht die Quelle aller Antworten.

Bayern und die CSU

Regionale politische Traditionen und Aufstieg zur dominierenden Kraft

Alf Mintzel

1. Bayern wird ein Land der CSU[1]

1.1 Genese einer politischen Kultur

Unter dem Aspekt „Parteien und regionale politische Traditionen in der Bundesrepublik Deutschland" drängen sich der Freistaat Bayern und die CSU als weiß-blaue „Besonderheit" geradezu auf. In Bayern gibt es augenscheinlich noch immer sehr verschiedene Regionen, und dennoch wirkt Bayern heutzutage als politisch-kulturelle Einheit. Wer von Norden nach Süden oder von Südosten nach Nordwesten durch das größte Bundesland (70.533 km^2) fährt, erlebt die unterschiedlichen Panoramen seiner Naturgeographie, die Vielgestaltigkeit seiner kulturellen Landschaften und den Wechsel der Dialekte. Auf der Durchreise ist die kulturelle Vielgestaltigkeit Bayerns an den alten Gebäuden und Kirchtürmen abzulesen: am Muschelkalkgemäuer der mainfränkischen Winzerdörfer, an den Fachwerkhäusern, an den Sandsteinen und spitzen Türmen der Kirchen des protestantischen Franken, an den Zwiebeltürmen der altbayerischen Barockkirchen, an den Grundformen der alten Bauernhöfe, an den Schlössern und Rathäusern, an den Wegkreuzen und Kapellen. Jedem geübten Beobachter fällt der Wechsel der kulturellen Landschaften Bayerns auf, doch wer kann noch die heterogenen politisch-kulturellen Traditionen von ehemals erkennen?

---

[1] Der Beitrag ist eine erheblich überarbeitete, in Teilen neue und aktualisierte Fassung meines Beitrags „Regionale politische Traditionen und CSU-Hegemonie in Bayern", in: Dieter Oberndörfer/Karl Schmitt (Hrsg.): Parteien und regionale politische Traditionen in der Bundesrepublik Deutschland, Berlin 1991, S. 125–180.

Alf Mintzel, Bayern und die CSU

Das politische Erscheinungsbild Bayerns ist heutzutage im Kontrast zur Vielgestaltigkeit seiner geologisch-geomorphologischen und kulturellen Landschaften ein ganz anderes: Bayern stellt sich als eine politische Einheit dar, wird als eine Gesamt-Hochburg der CSU erlebt, als CSU-Staat. Von Hof an der Saale bis nach Lindau am Bodensee, von Aschaffenburg bis Passau, von Rothenburg ob der Tauber bis an die Grenze zu Tschechien regiert die CSU. Nur kleine „rote" Inseln zeugen noch davon, daß es in Bayern auch eine SPD gibt, die bayerische SPD – wie sie sich selbst nennt –, nicht die SPD in Bayern. Der Eindruck trügt nicht: Bayern ist ein Land der CSU geworden, die CSU hat Bayern in eine politische Region umgewandelt. Dafür sprechen die Tatsachen.[2]

Im Freistaat Bayern stieg die CSU zur dominierenden Kraft auf. Seit 1970 gewann sie in jeder Landtagswahl die absolute Mehrheit (siehe Tab. 1, S. 221). Aus den Bundestagswahlen ging die CSU bereits seit 1957 mit absoluter Mehrheit hervor. Ungeachtet der leichten Abschwächung der absoluten Mehrheit in den Bundestagswahlen seit 1987 (1987: 55,1%; 1990: 51,9%; 1994: 51,2%) bleibt die Tatsache bestehen, daß die CSU in Bayern seit

---

[2] *Die Geschichte der CSU, die Organisationsgeschichte ebenso wie die Geschichte ihrer Politik, Programmatik und spezifischen Leistung ist von mir in mehreren Büchern, Sammelbänden und zahlreichen Aufsätzen umfassend und detailliert dargestellt worden. Siehe unter anderem Alf Mintzel: Die CSU in Bayern, in: Jürgen Dittberner/ Rolf Ebbinghausen (Hrsg.): Parteiensystem in der Legitimationskrise. Studien und Materialien zur Soziologie der Parteien in der Bundesrepublik Deutschland, Opladen 1973, S. 349–426; Alf Mintzel: Die CSU. Anatomie einer konservativen Partei 1945–1972, Opladen 1978²; Alf Mintzel: Geschichte der CSU. Ein Überblick, Opladen 1977; Alf Mintzel: Gesellschaft, Staat und Parteiorganisation. Ein analytisches Stenogramm der Entwicklung Bayerns und der CSU, in: Wolf-Dieter Narr (Hrsg.): Auf dem Weg zum Einparteienstaat, Opladen 1977, S. 173–212; Alf Mintzel: Die Christlich-Soziale Union in Bayern e.V., in: Richard Stöss (Hrsg.): Parteienhandbuch. Die Parteien der Bundesrepublik Deutschland 1945–1980, Bd. I, Opladen 1983, S. 661–718; Alf Mintzel: Die Christlich-Soziale Union: Bollwerk Bayern, in: Peter Haungs und Eckhard Jesse (Hrsg.): Parteien in der Krise? In- und ausländische Perspektiven, Köln 1987, S. 109–114; Alf Mintzel: Die Rolle der CSU-Landesgruppe im politischen Kräftespiel der Bundesrepublik Deutschland, in: Politische Studien, Sonderheft 1 (1989), S. 113–134; Alf Mintzel: Die Christlich-Soziale Union in Bayern, in: Alf Mintzel/Heinrich Oberreuter (Hrsg.): Parteien in der Bundesrepublik Deutschland. (Bundeszentrale für politische Bildung), Bonn 1992², S. 217–265;*

mehr als 30 Jahren eine schier uneinnehmbare Vormachtstellung inne hat. Das ist immerhin die Zeitspanne einer Generation. Daran hatte sich auch in den achtziger Jahren nichts durch die Parteiwerdung der „Grünen" geändert. „Die Grünen" konnten charakteristischerweise hauptsächlich dort an Boden gewinnen, wo die SPD ihre Basen und Rekrutierungsfelder hatte.[3] „Die Grünen" schwächten in Bayern die ohnehin schwache Opposition und konnten doch gegen die erdrückende Übermacht des christlich-sozialen Parteikolosses noch weniger ausrichten als die schwache Sozialdemokratie. Selbst eine oppositionelle Addition von SPD, FDP, Grünen und „Sonstigen" hätte in Bayern nicht die CSU-Hegemonie brechen können. Die FDP spielt ohnehin eine immer geringere Rolle. Jede „balance of power" scheint in Bayern auf lange Zeit außer Kraft gesetzt zu sein. Jeder weiß, daß schon allein die Imagination einer solchen Addition ein kabarettistisches Denkspiel darstellte. Selbst das traditionell unionsdominierte Baden-Württemberg kennt kein derartiges Ungleichgewicht der Kräfte, wie es in Bayern seit Jahrzehnten in Erscheinung tritt. Das bedarf der sozialwissenschaftlichen Erklärung.

Alf Mintzel: Political and Socio-Economic Development in the Postwar-Era: The Case of Bavaria, 1945-1989, in: Karl Rohe (Hrsg.): Elections, Parties and Political Traditions, Oxford 1990, S. 145-178; Die Geschichte der CSU stellte außerdem dar Peter Haungs: Die Christlich-Demokratische Union Deutschlands (CDU) und die Christlich-Soziale Union in Bayern (CSU), in: Hans-Joachim Veen (Hrsg.): Christlich-demokratische und konservative Parteien in Westeuropa, Bd.1, Paderborn 1983, S. 9-194; Günter Müchler: CDU/CSU. Das schwierige Bündnis, München 1976. Die neueste, hochinformative Analyse der bayerischen Parteienlandschaft stammt aus der Feder von Susanne Koch: Parteien in der Region. Eine Zusammenhangsanalyse von lokaler Mitgliederpräsenz, Wahlergebnis und Sozialstruktur, Opladen 1994.

[3] *Dies geht zum Beispiel aus meinen Organisationsanalysen hervor; vgl. hierzu zum Beispiel Wahl zum Bayerischen Landtag am 10. Oktober 1982, Gemeindewahlergebnisse, Heft 400 der Beiträge zur Statistik Bayerns, herausgegeben vom Bayerischen Landesamt für Statistik und Datenverarbeitung, München 1983; Wahl zum Bayerischen Landtag am 12. Oktober 1986, Heft 416 der Beiträge zur Statistik Bayerns, herausgegeben vom Bayerischen Landesamt für Statistik und Datenverarbeitung, München 1987; Wahl zum 11. Deutschen Bundestag in Bayern am 25. Januar 1987, Heft 418 der Beiträge zur Statistik Bayerns, herausgegeben vom Bayerischen Landesamt für Statistik und Datenverarbeitung, München 1987.*

1.2 Gehen Bayerns Uhren wirklich anders?

Man behalf sich mit der griffigen Uhren-Metapher, wonach Bayerns Uhren wirklich anders gehen sollen[4]. Wäre dies richtig, so hätten wir es in Bayern mit einer regionalen politischen Tradition zu tun, die sich von allen anderen politischen Traditionen in der Bundesrepublik in wichtigen Momenten unterscheidet, vor allem in der Gangart ihrer Entwicklung. Trotz vieler bayerischer Auffälligkeiten und Besonderheiten scheint die Uhren-Metapher, so griffig sie sich als Summenformel anbietet, zu beliebig und unscharf zu sein, um das „Phänomen Bayern" zu fassen[5]. Aufgrund der deutschen Geschichte und regionalen Teilgeschichten gehen die Uhren in jedem Bundesland ein bißchen anders. Viele Studien weisen auf die regionale Vielgestaltigkeit der westdeutschen Parteienlandschaft hin. Auch in anderen Bundesländern gibt es, nicht zuletzt institutionell abgestützt durch das föderale Gefüge, noch immer historisch-politische Teilkulturen und Identität stiftende historische Zusammenhänge, Regionalkulturen und Ortskulturen, die sich in den jeweiligen räumlichen „Parteien-Verhältnissen" und politischen Parteien-Konstellationen und parteipolitischen Stärkeverhältnissen „ausdrücken"[6]. Es bedürfte eines höchst aufwendigen (Länder-)vergleichenden Super-Forschungsprogramms mit NASA-Format, um darauf in einem theoretisch und empirisch anspruchs-

---

[4] *Siehe zu dieser Diskussion Jürgen W. Falter: Bayerns Uhren gehen wirklich anders. Politische Verhaltens- und Einstellungsunterschiede zwischen Bayern und dem Rest der Bundesrepublik, in: Zeitschrift für Parlamentsfragen 13 (Dezember 1982), H. 4, S. 504–521; Jürgen W. Falter: Die bayerische Landtagswahl vom 15.10.1978: Anti-Strauß-Wahl oder Modernisierungsschwächen einer „Staatspartei", in: Zeitschrift für Parlamentsfragen 10 (März 1979), H. 1, S. 50–64; Alf Mintzel: Gehen Bayerns Uhren wirklich anders? in: Zeitschrift für Parlamentsfragen 18 (1987), H. 1, S. 77–93; Jürgen W. Falter: Wie gehen sie nun wirklich, die bayerischen Uhren? Einige Anmerkungen zu Alf Mintzels: Zurückweisung einer falschen These, in: Zeitschrift für Parlamentsfragen 19 (1988), H. 1, S. 113/114; Alf Mintzel: Besonderheiten der politischen Kultur Bayerns. Facetten und Etappen einer politisch-kulturellen Homogenisierung, in: Dirk Berg-Schlosser und Jakob Schissler (Hrsg.): Politische Kultur in Deutschland. Bilanz und Perspektiven der Forschung, Opladen 1987, S. 295–308.*

[5] *Siehe hierzu zum Beispiel Dorothee Buchhaas/Herbert Kühr: Von der Volkskirche zur Volkspartei – Ein analytisches Stenogramm zum Wandel der CDU im rheinischen Ruhrgebiet, in: Herbert Kühr (Hrsg.): Vom Milieu zur Volkspartei, Königstein/Ts. 1979, S. 135–232; Wolfgang Behr: Sozialdemokratie und Konservatismus: Ein empirischer*

vollen Sinne präzise Antworten zu erhalten. Bayerns Uhren gehen, wie zum Beispiel seine ökonomische und sozio-ökonomische Entwicklung zum High-Tech-Industrieland und zur modernen Industriegesellschaft zeigen, gleichgerichtet mit den Makroprozessen sich entwickelnder und entwickelter Industriegesellschaften[7]. Es lassen sich überdies auch in anderen Bundesländern Tendenzen der regionalen Vereinheitlichung über die jeweilige Dominanzpartei nachweisen. Die Uhren Bayerns gehen schon gar nicht gegenläufig, wie es die Zifferblätter altbayerischer Folklore-Uhren vortäuschen[8]. Es soll hier aber die Uhren-Metapher nicht weiter strapaziert werden.

Die strukturelle Hegemonie der CSU, die Asymmetrie der politischen Stärkeverhältnisse in Bayern und die gewichtige Sonderstellung der CSU in Bonn, die Rolle der Politik der CSU-Landesgruppe im politischen Kräftespiel der Bundesrepublik lassen sich weder allein aus dem status quo, noch allein aus der Unionsgeschichte nach 1945, noch allein aus der ökonomischen und sozio-ökonomischen Entwicklung Bayerns erklären, noch dem Populismus des verstorbenen Franz Josef Strauß zuschreiben. Zum Verständnis der weißblauen Besonderheiten und ihrer Genese bedarf es allemal des historischen Rückblicks, der weit vor das Jahr 1945 und vor 1933 zurückreicht.

Die politische Kultur Bayerns – wie sie heutzutage in Erscheinung tritt – ist in einem langen Prozeß der inneren Homogenisierung entstanden. Sie

---

und theoretischer Beitrag zur regionalen Parteianalyse am Beispiel der Geschichte und Nachkriegsentwicklung Bayerns, Hannover 1969; Herbert Kühr (Hrsg.): Vom Milieu zur Volkspartei. Funktionen und Wandlungen der Parteien im kommunalen und regionalen Bereich, Königstein/Ts. 1979; Karl-Heinz Naßmacher: Zerfall einer liberalen Subkultur – Kontinuität und Wandel des Parteiensystems in der Region Oldenburg, in: Herbert Kühr (Hrsg.): S. 29–134; Karl Rohe und Herbert Kühr (Hrsg.): Politik und Gesellschaft im Ruhrgebiet. Beiträge zur regionalen Politikforschung, Königstein/Ts. 1979; Karl Rohe: Vom Revier zum Ruhrgebiet. Wahlen, Parteien, politische Kultur, Essen 1986; Peter Steinbach: Regionale Parteigeschichte, historische Wahlforschung und moderne Landesgeschichte, in: Hessisches Jahrbuch für Landesgeschichte 26 (1976), S. 200–266.

[6] *Vgl. Karl Rohe: Wahlanalysen im historischen Kontext. Zu Kontinuität und Wandel von Wahlverhalten, in: Historische Zeitschrift 234 (1982), S. 337–357.*

[7] *Siehe Alf Mintzel: Gehen Bayerns Uhren wirklich anders? (Anm. 4) S. 83.*

[8] *Im altbayerischen Raum werden in Souvenirläden bayerische, meist weiß-blau dekorierte Folklore-Uhren verkauft, deren Ziffern entgegen der Uhrzeigerrichtung angeordnet sind.*

ist Produkt langfristiger politisch-kultureller Homogenisierungsstrategien und -prozesse, die durch die fast 200jährige territoriale Kontinuität Bayerns besonders begünstigt wurden. Bayern erlebte nach 1945 einen ungeheuren, rapiden Modernisierungs- und Säkularisierungsschub und wurde erst in den letzten Jahrzehnten zu der regionalen politisch-kulturellen Einheit, als die es sich heute präsentiert. Aber in dieser Einheit lebt immer noch die Vielgestaltigkeit seiner alten Regionen fort.

2. Historischer Hintergrund: Heterogenität und Vereinheitlichung

2.1 Historisch-politische Traditionszonen, soziokulturelle Milieus, Ortskulturen

Das heutige Erscheinungsbild Bayerns als einer CSU-dominierten Einheit, als CSU-Staat und moderne Industriegesellschaft ist sehr jungen Datums. Dies darf nicht darüber hinwegtäuschen, daß Bayern unter ökonomischen, sozioökonomischen und politisch-kulturellen Gesichtspunkten früher heterogene Gebietsteile einschloß, die erst im Laufe einer fast 200jährigen Geschichte zu einer Einheit verschmolzen wurden. Der analytische und historische Begriff

---

[9] *„Region" wird hier im Sinne von politisch-kulturellem Traditionsraum gebraucht. Die theoretisch-analytische und empirische Problematik der „Region" ist sowohl im Rahmen der Soziologie, der politischen Kulturforschung als auch im Rahmen der Kulturgeographie ausführlich diskutiert worden; vgl. hierzu Dirk Berg-Schlosser und Jakob Schissler (Hrsg.): Politische Kultur in Deutschland. Bilanz und Perspektiven der Forschung, Opladen 1987; Dirk Gerdes: Regionalismus als soziale Bewegung. Westeuropa, Frankreich, Korsika: Vom Vergleich zur Kontextanalyse, Frankfurt/New York 1985; Gerhard Hard: Auf der Suche nach dem verlorenen Raum, in: Manfred M. Fischer und Michael Sauberer (Hrsg.): Gesellschaft, Wissenschaft, Raum. Beiträge zur modernen Wirtschafts- und Sozialgeographie, Festschrift für Karl Stiglbauer. Arbeitskreis für neue Methoden in der Regionalforschung, Wien 1987, S. 24–38; Wolfgang Lipp: Heimatbewegung, Regionalismus. Pfade aus der Moderne?, in: Friedhelm Neidhardt/Rainer Lepsius/Johannes Weiss (Hrsg.): Kultur und Gesellschaft (Kölner Zeitschrift für Soziologie und Sozialpsychologie, Sonderheft 1986), Opladen 1986, S. 331–335; Hans-Peter Meier-Dallach: Räumliche Identität, Regionalistische Bewegung und Politik, in: Information zur Raumentwicklung 5 (1980), S. 301-313; Hans Nobielski: Sozialräumliche Entfremdung und Verhäuslichung sozialen Lebens, in:*

der Region⁹ ist für Bayern insofern problematisch, als Bayern regional mehrfach fragmentiert war und die politischen (Teil-) Regionen Bayerns lange Zeit politisch strukturierten.

Das „Neue Bayern" war ein Produkt der Politik Napoleons I. und entstand mit der Proklamation des Kurfürstentums Bayern zum Königreich am 1. Januar 1806. Nach der Gründung des Königreiches und der Ausgestaltung Bayerns zu einem europäischen Mittelstaat durch territoriale Abtretungen und Arrondierungen (bis 1816) erhielt der neue Staat seine heutige Gestalt[10]. Nach dem Zweiten Weltkrieg verlor Bayern seinen ehemals achten Regierungsbezirk, die Rheinpfalz. Sie kam am 10. Juli 1945 zur französischen Besatzungszone und wurde am 30. August 1946 Teil des neuen Bundeslandes Rheinland-Pfalz[11].

Mit der Gründung des „Neuen Bayern" zu Beginn des 19. Jahrhunderts wurde eine Mehrzahl heterogener und verwaltungsmäßig abgegrenzter „politischer Kulturen", die ihrerseits in eine Vielzahl soziokultureller Milieus gegliedert waren, in dem neuen Staatsgebilde zusammengeschlossen. Das Königreich Bayern umfaßte drei große historische Traditionszonen (siehe Schaubild 1): die fränkische (in den späteren Regierungsbezirken Ober-, Mittel- und Unterfranken), die schwäbische (im heutigen Regierungsbezirk Schwaben) und die altbayerische (in den Grenzen der heutigen Regierungsbezirke Ober- und Niederbayern sowie der Oberpfalz). In diesen neuen Raumeinheiten, vor

---

Johannes Horstmann (Hrsg.): Organisationsgesellschaft und Sinndimension, (Kath. Akademie Schwerte), Dortmund 1985, S. 27–42; Eckhart Pankoke: Polis und Regis. Sozialräumliche Dimensionen kommunaler Kultur, in: Sociologia Internationalis 15 (1977), S. 31–61; Manfred H. Blotevogel, Günter Heinritz, Herbert Popp: Regionalbewußtsein – Überlegungen zu einer geographisch-landeskundlichen Forschungsinitiative, in: Bundesforschungsanstalt für Landeskunde und Raumordnung. Informationen zur Raumentwicklung 7/8 (1987), Regionalbewußtsein und Regionalentwicklung, S. 409–418; Peter Schöller: Territorialität und Räumliche Identität, in: Berichte zur deutschen Landeskunde 58 (1984), Trier, S. 34.

[10] *Einen knappen Überblick bieten: Ernst Deuerlein, Benno Hubensteiner, Georg Wilhelm Sante, Gerd Zimmermann, Wolfgang Zorn: Geschichte Bayerns, Würzburg 1975; Benno Hubensteiner: Bayerische Geschichte. Staat und Volk, Kunst und Kultur, München 1977; Karl Bosl: Bayerische Geschichte, München 1974; Peter Claus Hartmann: Bayerns Weg in die Gegenwart. Vom Stammesherzogtum zum Freistaat heute, Regensburg 1989; Max Spindler (Hrsg.): Handbuch der Bayerischen Geschichte, Bd. IV/Teilband 1, Das neue Bayern 1800–1970, München 1977.*

[11] *Peter Claus Hartmann: Bayerns Weg in die Gegenwart (Anm. 10), S. 542 u. 531/32.*

allem in den fränkischen Regierungsbezirken und in Schwaben, waren viele bunte Trümmer des alten Reiches zusammengeschlossen worden. Die fränkischen und schwäbischen Räume waren eine Bündelung vielfach abgestufter Hoheitsrechte gewesen, konfessionell uneinheitlich und wirtschaftsstrukturell disparat[12]. Davon rührte noch bis in die jüngste Zeit die konfessionelle Grundstruktur Bayerns her.

Bei näherer Betrachtung der historisch-politischen Fundamente könnte man auch von vier oder fünf Traditionszonen sprechen. So läßt sich Franken wiederum in zwei Teilregionen gliedern, in das überwiegend katholische und in das überwiegend evangelische Franken (Schaubild 1). Mit dem Anschluß der markgräflich-brandenburgischen Gebiete Ansbach (im heutigen Regierungsbezirk Mittelfranken) und Bayreuth (heutiges östliches Oberfranken und östliche Teile Mittelfrankens) und der reichsstädtischen Territorien (Nürnberg, Rothenburg o. d. Tauber, Windsheim und Weißenburg) war im neuen Bayern ein fränkisch-protestantischer „Korridor" entstanden.

Aufgrund der staatlichen Entstehungsgeschichte am Anfang des 19. Jahrhunderts und der politisch-kulturellen „Subregionen" gab es in Bayern bis in jüngere Zeit nicht „die politische Kultur Bayerns", sondern mehrere regionale politische Kulturen mit einer Vielzahl von soziokulturellen Milieus. „Die politische Kultur Bayerns" war, sofern von ihr im Sinne einer ganz Bayern umfassenden, geschichtlich gewachsenen, lebensweltlichen Einheit die Rede gewesen war, eine ideologische Fiktion[13]. Diese Fiktion hatte allerdings im offiziellen Sprachgebrauch die wichtige staatspolitische Funktion der Integration der Teilgebiete.

---

[12] *Zur Beschreibung der drei dynastisch-territorialen Traditionszonen dient vor allem das Werk von Max Spindler (Hrsg.): Handbuch zur bayerischen Geschichte, Bd. I, II, III/1 und III/2, München 1961 (I), 1966 (II), 1971 (III/1 und III/2), 1974 IV/1). Zur Problematik der Abgrenzung landesgeschichtlicher Räume siehe Walter Schlesingers Rezension des Bd. III des genannten Handbuchs von Max Spindler, in: Historische Zeitschrift 218 (April 1974), H. 2, S. 489 ff.; Max Spindler (Hrsg.): Bayerischer Geschichtsatlas, München 1969; vgl. auch Hanns Hubert Hofmann: Mittel- und Oberfranken am Ende des Alten Reiches (1792), München 1954, S. 2; Hanns Hubert Hofmann: Franken seit dem Ende des Alten Reiches. Mit 8 Karten und 1 Beilage, München 1955, S. 3.*

[13] *Diese Fiktion klingt noch immer durch und nach in den Formeln „bayerisches Volk", „besonderes bayerisches Menschsein" etc.; Vgl. hierzu zum Beispiel Karl Bosl: Bayerische Geschichte (Anm. 10), S. 265; Benno Hubensteiner: Bayerische Geschichte (Anm. 10), S. 486.*

Schaubild 1:
Die drei großen Traditionszonen Bayerns

Der Freistaat ist in 7 Regierungsbezirke eingeteilt:
Unterfranken, Mittelfranken, Oberfranken (= fränkische Traditionszone mit zwei großen konfessionellen Teilgebieten: röm.-kath. Mainfranken und protestantischer „Korridor"; Oberbayern, Niederbayern und Oberpfalz (= Altbayern/Kurbayern mit territorialen Besonderheiten in der Oberpfalz); Regierungsbezirk Schwaben (= schwäbische Traditionszone). Die Traditionszonen sind stark generalisiert.

Politisch-kulturelle Heterogenität und Vielfalt und eine Vielzahl psychosozialer Symbol- und Bewußtseinswelten kennzeichneten also vormals die innere Situation Bayerns. Die historisch gewachsenen Kontraste zwischen den Traditionszonen, die grosso modo auch Dialektlandschaften waren (und noch sind: Ostfränkisch mit einer westlichen, östlichen und südlichen Variante in der fränkischen Traditionszone, Nord- und Mittelbayerisch in Altbayern und Schwäbisch im Regierungsbezirk Schwaben), existieren als versteinerte Architektur, vertonte (Musik/Lied) und regionalspezifische Symbol- und Bewußtseinswelten fort. Mit ihnen wurde lange Zeit auch die Glaubensspaltung tradiert, protestantisch-religiöse und katholisch-religiöse Lebenswelt.

2.2 Die regional fragmentierte Parteienlandschaft

Als gegen Mitte des 19. Jahrhunderts das Staatsvolk sich parteipolitisch zu formieren begann, wurde auch in der bayerischen Parteienlandschaft und in den bayerischen Parteienkonstellationen die Langlebigkeit und Vitalität der politischen Kulturen in den Traditionszonen prägnant sichtbar[14]. Der fränkisch-protestantische „Korridor" wurde in Teilen zu einem politischen Traditionsgebiet sowohl des Nationalliberalismus (insbesondere Westmittelfranken)

---

[14] *Siehe ausführlich und detailliert hierzu Dietrich Thränhardt: Wahlen und politische Strukturen in Bayern 1848–1953. Historisch-soziologische Untersuchungen zum Entstehen und zur Neueinrichtung eines Parteiensystems, Düsseldorf 1973; Thränhardt teilt in seinen „historisch-soziologischen Untersuchungen zum Entstehen und zur Neuerrichtung eines Parteiensystems Bayern in „politische Regionen" und charakterisiert diese nach „sozialistischen, katholischen und bürgerlich-protestantischen Subkulturen". Er unterteilt Bayern nach seinem historischen Entstehungsprozeß in das „protestantische Franken", das „katholische Franken und Schwaben" und in „Altbayern". Methodisch erklärt er hierzu: „So können auch für Bayern historisch tradierte Differenzierungen bei der Wahlanalyse wiedergefunden werden, vor allem in bezug auf konfessionelle und territoriale Traditionen. Zwar verlieren sie mit fortschreitender Industrialisierung und Mobilität immer mehr an Erklärungswert, sie differenzieren aber bis heute das Wahlverhalten"; ebd., S. 21. Bei seinen Organisationsanalysen ist der Verfasser schon Ende der sechziger/Anfang der siebziger Jahre auf diese konfessionellen und territorialen Beharrungstendenzen in der Organisationswirklichkeit der CSU gestoßen. Zur Verdeutlichung des „Traditionsüberhangs" im organisatorischen Erscheinungsbild der CSU ist der Verfasser methodisch einen ähnlichen Weg gegangen wie Thränhardt.*

als auch der Sozialdemokratie. Er bildete lange Zeit quasi ein fränkisch-protestantisches „Sperrgebiet" für eine bayerisch-katholische Partei. Im katholischen Bayern resultierten aus der territorialen Entstehungsgeschichte zwei politische Grundströmungen des Katholizismus: im altbayerischen Raum eine bäuerlich-kleinbürgerlich-handwerkliche, prononciert katholisch konservative, bayerisch-patriotische, in Schwaben und Mainfranken eine mehr „reichsorientierte". In den urbanen Industrieinseln (Augsburg, Neu-Ulm, Nürnberg, München, Schweinfurt, Hof, Selb und Münchberg) des Agrarlandes entwickelten sich sozialdemokratische und nationalliberale Zentren und Hochburgen. Die bayerische Parteienlandschaft blieb lange Zeit stark regionalisiert. Eine in allen Traditionszonen annähernd gleichermaßen verankerte „gesamtbayerische" Partei gab es nicht. Das neue Bayern wurde weiterhin vor allem über seinen zentralistischen Verwaltungsstaat integriert.

In der Weimarer Republik (1918–1933) war die 1918 gegründete Bayerische Volkspartei (BVP) niemals – wie später die CSU – zu einer gesamtbayerischen oder bayerischen Staats- und Hegemonialpartei geworden[15]. Die BVP konnte weder die politischen Strömungen des altbayerischen Raums integrieren noch im fränkisch-protestantischen „Korridor" festen Fuß fassen. Die BVP blieb hauptsächlich eine altbayerische Partei mit relativ starken subregionalen Verankerungen im katholischen Mainfranken. Sie hatte im

---

Es besteht daher eine gewisse Komplementarität der Forschungsergebnisse. Die bei seinen Wahlanalysen veranschaulichten „politischen Regionen" differenzieren in vieler Hinsicht das Bild, das in der hier vorgelegten Arbeit mittels der „drei großen bayerischen Traditionszonen" skizziert wird. Es wird folglich hier generell auf die Arbeit von Dietrich Thränhardt verwiesen. Auf „die Koinzidenz von regionaler politischer Tradition, Konfession und sozio-ökonomischer Lebenslage" im deutschen Parteiensystem hat auch Rainer Lepsius in seinem anregenden Beitrag Parteiensystem und Sozialstruktur hingewiesen. Zum Problem der Demokratisierung der deutschen Gesellschaft, in: Wirtschaft, Geschichte und Wirtschaftsgeschichte. Festschrift zum 65. Geburtstag von Friedrich Lütze, hrsg. von Wilhelm Abel, Knut Borchardt, Hermann Kellenbenz, Wolfgang Zorn, Stuttgart, S. 379, hingewiesen. Das „relativ geschlossene Sozialmilieu" (Rainer Lepsius) als Bedingung der Stabilität einzelner Parteien bzw. des Parteiensystems ist auch für Bayern charakteristisch. Es sei hier auch auf einen literarischen Beitrag hingewiesen von Magret Boveri: Fränkisches in der Welt, in Merkur, XXIII. Jg., 1969, H. 12, S. 1125 ff.

[15] *Ausführlich hierzu Dietrich Thränhardt: Wahlen und politische Strukturen in Bayern 1848–1953 (Anm. 14). S. 142–180; Peter Claus Hartmann: Bayerns Weg in die Gegenwart (Anm. 10), S. 463–509.*

"Bayerischen Bauernbund" und im "Bayerischen Bauern- und Mittelstandsbund" landespolitisch gewichtige Kontrahenten und Konkurrenten.

In der fränkisch-protestantischen Traditionszone hatten die DNVP und später die NSDAP ihre Hochburgen[16]. Die SPD war in bezeichnender Weise eine Partei der frühindustrialisierten Gebiete in den protestantischen markgräflichen Traditionsräumen (vor allem in Nordost-Oberfranken) und in den bayerischen (urbanen) Industrieinseln (München, Nürnberg-Fürth, Augsburg, Sulzbach-Rosenberg, Schweinfurt u.a.). Die BVP konnte aufgrund dieser historisch-strukturellen Rahmenbedingungen bei Wahlen im Landesdurchschnitt in der Regel die 30-Prozent-Marke kaum übersteigen und wurde nur in katholischen Gebieten zur dominanten Mehrheitspartei. Sie war deshalb immer, obschon regionale Mehrheitspartei, zur Regierungsbildung auf Koalitionspartner angewiesen.

2.3 Die staatspolitische Aufgabe der Vereinheitlichung

Das Königreich Bayern (1806–1918) und seine Nachfolgestaaten, der 1. und der 2. Freistaat Bayern (1918–1933; seit 1945) hatten immer vor der zentralen Aufgabe gestanden, die ehemals buntscheckige Territorialwelt Frankens und Schwabens sowie das ehemalige Kurbayern in eine gesamtbayerische Einheit zu verwandeln. Die obersten Prinzipien des bayerischen aufgeklärten Staatsabsolutismus hatten gelautet: Vereinheitlichung und Zentralisierung nach innen und Festigung der Souveränität nach innen und außen[17].

---

[16] *Ausführlich hierzu: Dietrich Thränhardt: Wahlen und politische Strukturen in Bayern 1848–1953 (Anm. 14), S. 123–188; Jürgen W. Falter: Der Aufstieg der NSDAP in Franken bei den Reichstagswahlen 1924 bis 1933. Ein Vergleich mit dem Reich unter besonderer Berücksichtigung landwirtschaftlicher Einflußfaktoren, in: German Studies Review 9 (1986), S. 293–318; Jürgen W. Falter, Thomas Lindenberger und Siegfried Schumann: Wahlen und Abstimmungen in der Weimarer Republik. Materialien zur Dokumentation und Analyse des Wahlverhaltens 1919–1933, München 1986; Alfred Milatz: Wähler und Wahlen in der Weimarer Republik (Schriftenreihe der Bundeszentrale für Politische Bildung, H. 66), Bonn 1965; Willibald Fink: Die NPD bei den bayerischen Landtagswahlen 1966: Eine ökologische Wahlstudie (Berichte und Studien der Hanns-Seidel-Stiftung e.V. Bd. 2), München 1969.*

[17] *Vgl. hierzu zum Beispiel Jürgen Gebhardt: Bayern. Deutschlands eigenwilliger Freistaat. Historisch gesellschaftliche Aspekte der politischen Kultur in Bayern, in: Rainer A. Roth*

Unter der Führung einer Beamten-Elite wurde der zentralistische Verwaltungsstaat Bayern zum Instrument der verwaltungsmäßigen Integration der überkommenen Territorialwelt. Das sog. Montgelas-System, getragen von einer fachlich hochqualifizierten und kompetenten, in der Mehrheit liberal und reformerisch ausgerichteten und in Maßen spätaufklärerisch antiklerikal gesinnten, aus allen Landesteilen rekrutierten Beamtenschaft, bereitete verwaltungsmäßig den Boden für die Entwicklung einer gesamtbayerischen politischen Kultur und Identität vor. Die ministerialbürokratischen und verwaltungsmäßigen Strategien politisch-kultureller Generalisierung (Säkularisierung, Staatskirchenpolitik, bayerisches Heer, Generierung einer „Neubayern" und „Altbayern" verbindenden staatsbayerischen Identität) des „Montgelas-Systems" stießen jedoch in den verschiedenen Räumen des neuen Staats- und Verwaltungsgehäuses noch lange Zeit auf die Vitalität und damit Barrieren und Reaktionen der überkommenen historisch-politischen Kulturen und soziokulturellen Kleinmilieus. Noch heute schwingen in den Klagen Frankens gegen den „Münchener Zentralismus" und die angebliche Bevorzugung des oberbayerischen Raumes alte Reminiszenzen und Ressentiments der „Neubayern" mit.

Mit der Gründung des Deutschen Reiches 1870/71 mußte die bayerische Staatsregierung die staatspolitische Doppelaufgabe der Integration nach innen und der Integration in das Deutsche Reich bewältigen. Die inzwischen in Bayern gegründeten politischen Parteien waren, wie bereits hervorgehoben, mehr Ausdruck der historisch-strukturellen und mentalen Heterogenität sowie des großen Spannungsverhältnisses zwischen „Bayerntreue" und „Reichstreue",

---

(Hrsg.): *Freistaat Bayern. Die politische Wirklichkeit eines Landes der Bundesrepublik Deutschland (Bayerische Landeszentrale für politische Bildungsarbeit)*, 3. überarbeitete Aufl., München 1982, S. 83–104; Karl Bosl: *Bayerische Geschichte* (Anm. 10), S. 215–242. Maximilian Joseph Freiherr (seit 1809 Graf) von Montgelas (1759–1838) war unter dem Kurfürsten und späteren König (ab 1806) Max I. Joseph von Bayern (1756–1825) seit 1799 leitender Minister und leitete bis zu seinem Sturz 1817 im Sinne der süddeutschen Aufklärung die Geschicke des neuen bayerischen Staates. Graf von Montgelas gilt wegen seiner Reformen (Reform der Verwaltung, Reform des Beamtentums, Säkularisation, Konstitution von 1808, Religionsedikt von 1809) als Schöpfer des neuen bayerischen Staates. Die Zeit seiner neuen Tätigkeit als leitender Minister wird als „Montgelaszeit" und das Konzept seiner grundlegenden inneren Reformen wird als „Montgelassystem" bezeichnet. Die Rolle der CSU im Modernisierungsprozeß Bayerns nach 1945 kann durchaus in dieser historischen Perspektive gesehen werden. Siehe auch: A. Mintzel, *Geschichte der CSU* (Anm. 2), S. 267–271.

denn der innerbayerischen Integration. Die Integration wurde nach wie vor kontinuierlich von der bayerischen Staatsregierung und der bayerischen Verwaltungselite vorangetrieben. In diesem langen Prozeß der innerbayerischen Integration und der politisch-kulturellen Homogenisierung wurde die starke Staatsbürokratie selbst zu einem maßgeblichen Traditionsfaktor: Territoriale und historisch-politische Kontinuität förderten diesen Prozeß. Nicht zuletzt darin liegt auch eine der historischen Besonderheiten und „Geheimnisse" der heute entwickelten *gesamt*-bayerischen politischen Kultur.

Die verwickelte, in sich vielfältige Homogenisierung Bayerns führte erst nach 1945 zu einer wirklich fundamentalen „Flurbereinigung". Es war dann die 1945 neugegründete CSU, die mit einer Art „Doppelstrategie", über Staat *und* Partei, die politische Homogenisierung weiter vorantrieb und mit großem Erfolg Bayern in *eine* politische Landschaft verwandelte.

Die entscheidende Voraussetzung für die Fortsetzung der politisch-kulturellen Homogenisierung Bayerns sowie für die Hegemonialisierung Bayerns durch die CSU war erneut die territoriale und staatliche Kontinuität bzw. Wiederherstellung Bayerns. Es war die amerikanische Besatzungsmacht, die diese Voraussetzungen schuf und Bayern auf seinem alten Territorium eine staatliche Fortexistenz ermöglichte. Mit der Proklamation Nr. 2 der US-Militärregierung vom 19. September 1945 wurde der Staat Bayern wiederhergestellt[18]. Darin liegt ein weiteres „Geheimnis" des heutigen „Phänomens Bayern". Während andere Länder der späteren Bundesrepublik 1945/46 besatzungspolitische Neubildungen waren und nun, wie Bayern zu Beginn des 19. Jahrhunderts, vor neuen Integrationsproblemen standen, konnte im 2. Freistaat Bayern 1945/46 auf einem breiten und tief verankerten historischen Fundament mit dem Wiederaufbau und der Errichtung einer demokratischen Republik begonnen werden.

2.4 Die Ausgangslage nach 1945: Revitalisierung politisch-kultureller Vielfalt

Allerdings war mit der Wiederherstellung des bayerischen Staates und seiner verfassungspolitischen Ausgestaltung zum 2. Freistaat Bayern auch die

---

[18] *Peter Claus Hartmann: Bayerns Weg in die Gegenwart,* (Anm. 10), S. 542.

Revitalisierung überkommener innerbayerischer Strukturen und Kräfte und das Wiederaufbrechen latenter innerbayerischer Spannungen möglich. Die politisch-kulturelle Heterogenität und Vielfalt Bayerns und die regionalen Spannungslinien zeigten sich nach 1945 abermals in den Parteigründungen und Parteikonstellationen sowie in den regionalen Schwerpunkten und Hochburgen[19]. Auch nach 1945 blieben – sieht man von der Phase der „Besatzungsdemokratie" mit einer besatzungspolitisch kanalisierten Parteienentwicklung ab – noch bis in die sechziger Jahre „die geographischen Verteilungsmuster prägnanter als die soziographischen"[20]. Erneut stand Bayern vor der Aufgabe seiner inneren Integration und Vereinheitlichung.

Die Traditionszonen und ihre Milieus hatten auch das NS-Regime überdauert. Obschon die Destruktionswirkungen auf die noch vorindustriell-ständisch geprägten bäuerlichen und handwerklichen Strukturen und auf die zahlreichen institutionellen Gebilde der überkommenen Honoratiorenmilieus nicht zu gering veranschlagt werden dürfen, hatte die egalisierende „Planierraupe" der NSDAP die Lebenskräfte der Traditionszonen nur verformt und gelähmt, nicht aber gänzlich zerstört. Bayern, 1945/46 noch überwiegend Agrarland, bildete ein besonders anschauliches Beispiel für die Revitalisierung und Reorganisation historisch überkommener Milieustrukturen. Besonders das katholische sozio-kulturelle Milieu revitalisierte und reorganisierte sich nach 1945 rasch und politisch überaus wirksam[21].

Mit der Wiederherstellung des bayerischen Staates waren nach 1945 sofort die Fragen der staatlichen Gestaltung Bayerns und der zukünftigen verfassungspolitischen Eingliederung des zweiten Freistaates in einen neuen deutschen Gesamtstaat in den Mittelpunkt der innerbayerischen politischen Auseinandersetzungen gerückt. Auf dem historischen Boden Bayerns hatten die Kräfte, die sich als genuin staatsbayerische Kräfte und Traditionsverwalter

---

[19] *Ausführlich hierüber Dietrich Thränhardt: Wahlen und politische Strukturen in Bayern 1848–1953 (Anm. 14), S. 189–327 sowie die in Anm. 2 und Anm. 22 genannte Literatur.*

[20] *Infas-Report Wahlen: Politogramm Nr. 39/40, Oktober 1974: A3. Hinter der zitierten lapidaren Feststellung der Wahlanalytiker lagen die Lebenswelten der stark segmentierten politischen Traditionsräume, der überkommenen politischen Strukturen Bayerns.*

[21] *Ausführlich hierzu zum Beispiel Ilse Unger: Die Bayernpartei. Geschichte und Struktur 1945–1957, Stuttgart 1979; Dietrich Thränhardt: Wahlen und politische Strukturen in Bayern 1848–1953 (Anm. 14), S. 191–327, siehe die in Anm. 1 genannte Literatur.*

verstanden, erst ihren Streit über den „richtigen" bayerischen Kurs austragen müssen. Die innerbayerischen Spannungen und Auseinandersetzungen hatten in dem „Bruderzwist" zwischen der CSU und der Bayernpartei (BP) und in den erbitterten Flügelkämpfen in beiden Parteien ihren spektakulären Ausdruck gefunden. Die bereits 1946 gegründete, aber erst 1948 auf Landesebene zugelassene BP, hatte sich als Nachfolgerin der Bayerischen Volkspartei verstanden und der CSU den staatsbayerischen Führungsanspruch streitig gemacht[22].

Als die amerikanische Besatzungsmacht ihre Lizenzierungspolitik lockerte und 1950 beendigte, waren dann jene alten innerbayerischen Gegensätzlichkeiten und Konflikte wieder mit Kraft und Farbigkeit zum Vorschein gekommen, personifiziert von populistischen Charakterdarstellern des kleinen bayerischen „Welttheaters". Die Bayernpartei entwickelte sich vor allem in Altbayern zu einer gefährlichen landespolitischen Konkurrentin. Die CSU geriet von 1948 bis 1952/53 mit der abermaligen politischen Spaltung des katholischen Bayerns in eine akute Parteikrise. Die fundamentale innerbayerische „Flurbereinigung", zu der die zur Hegemonialpartei Bayerns aufsteigende CSU nach 1945 ansetzte, begann erst allmählich, aber dann mit einer landesweiten Dynamik zu greifen[23]. Die CSU stieg zur gesamtbayerischen Mehrheits- und Regierungspartei auf, die BP sank in die Bedeutungslosigkeit herab.

3. Politisch-kulturelle Homogenisierung nach 1945

3.1 Der Aufstieg der CSU zur Hegemonialpartei und die Modernisierung Bayerns

In einem umfassenden, phasenweise hochdramatischen politisch-kulturellen Wandlungsprozeß entwickelte sich unter Führung der zur bayerischen Hegemonialpartei aufsteigenden CSU erst in den letzten Dezennien so etwas wie *eine* politische Kultur Bayerns. Der CSU gelang mit zunehmender Inte-

---

[22] Dieser „Bruderkampf" zwischen CSU und BP ist bereits ausführlich dargestellt worden. Siehe Ilse Unger: Die Bayernpartei (Anm. 21). Alf Mintzel: Die CSU (Anm. 2), S. 168–193; Alf Mintzel: Geschichte der CSU (Anm. 1), S. 94–110; Alf Mintzel: Die Bayernpartei, in: Richard Stöss (Hrsg.): Parteien-Handbuch. Die Parteien der Bundesrepublik Deutschland 1945–1980, Bd. I: AUD bis EFP, Opladen 1983, S. 395–489.

grationskraft eine politisch-kulturelle Flurbereinigung größten Ausmaßes. Sie penetrierte in Schüben alle Regionen. Die Parteien- und Wahllandschaft Bayerns färbte sich seit den fünfziger Jahren flächendeckend „schwarz" (siehe die Schaubilder 2, 3, 4 und 5). Die ehemals stark segmentierten politisch-kulturellen Verhältnisse, die alten Traditionszonen und ihre soziokulturellen Milieus verschwanden zwar nicht ganz von der wahl- und parteiengeographischen Landkarte, verloren aber weitgehend ihre politisch strukturbestimmende Kraft. Die politischen Kulturen der alten historischen Fundamente wurden je nach Bezugsebene zu Kulturen „zweiter", „dritter" oder „vierter Ordnung", wirksam nur noch in lokalen und kleinräumigen Handlungsorientierungen und Identitäten. Die von der CSU geprägte staatsbayerische bzw. gesamtbayerische Hegemonialkultur ist also ein sehr junges, maßgeblich von *Funktionseliten* mitgeformtes historisches Produkt. Sie fand ihren augenfälligsten Ausdruck darin, daß ganz Bayern zu einer CSU-Hochburg wurde.

Dieser fundamentale Prozeß der politisch-kulturellen Homogenisierung Bayerns gehört zu den wirklich dramatischen regionalspezifischen Entwicklungen in der Bundesrepublik. Der Untergang der fränkischen und städtischen Wählerhochburgen der SPD durch die Eroberungen der CSU und das weit weniger dramatische Abschleifen der CSU-Hochburgen in den altbayerischländlichen Räumen, bedeutete eine gesamtbayerische Nivellierung der politischen Landschaft Bayerns auf einem CSU-Niveau oberhalb der 50-Prozent-Marke. Die CSU durchdrang als moderne, ressourcenreiche Großpartei und politischer Hauptagent der späten Vollindustrialisierung mit gesellschaftsgestaltender Kraft historisch Überkommenes und Verfestigtes und prägte eine neue gesamtbayerische politische Hegemonialkultur. Die CSU, selbst Resultante überkommener Strukturen und Kräfte, wurde zu einer wirklich gesamtbayerischen Partei – und dies ist *ein Novum in der neueren bayerischen Landes- und Parteiengeschichte.*

Es steht außer Frage, daß diese gelungene „Landnahme" der CSU von dem erfolgreichen Prozeß der späten Vollindustrialisierung und der wirtschaftlichen Prosperität begünstigt und abgestützt wurde. Die langanhaltende wirtschaftliche Prosperität der Adenauer-Ära und die besondere politische

---

[23] Vgl. *Alf Mintzel: Die CSU (Anm. 1); Alf Mintzel: Political and Socio-Economic Developments in the Postwar-Era: The Case of Bavaria, 1945–1989 (Anm. 2), S. 145–178; Alf Mintzel: Gehen Bayerns Uhren wirklich anders? (Anm. 4), S. 77–93.*

Schaubild 2:
Mehrheiten nach dem Landtagswahlergebnis 1950

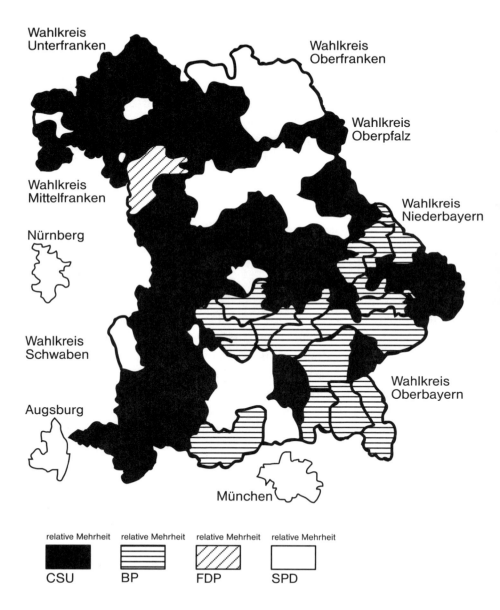

Schaubild 3:
Mehrheiten nach dem Bundestagswahlergebnis 1953

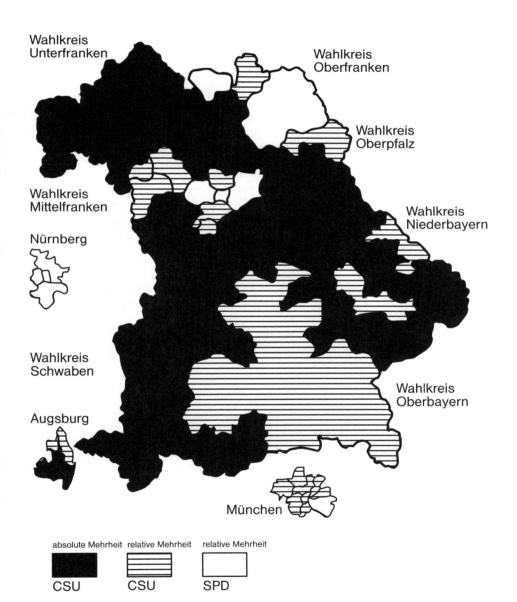

Schaubild 4:
Mehrheiten nach dem Landtagswahlergebnis 1974

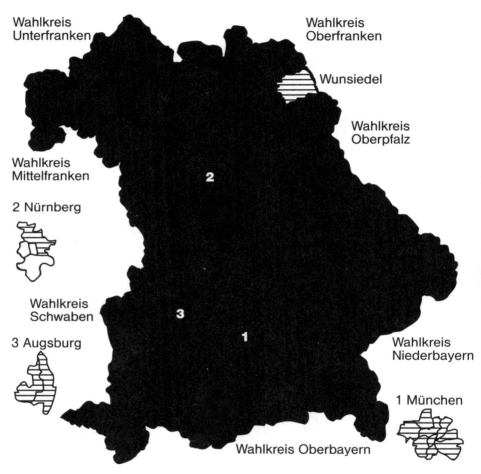

In 104 Stimmkreise und sieben Wahlkreise ist Bayern für die Landtags- und Bezirkstagswahlen 1974 eingeteilt.

absolute Mehrheit relative Mehrheit relative Mehrheit
CSU   CSU   SPD

Schaubild 5:
Mehrheiten nach dem Landtagswahlergebnis 1986

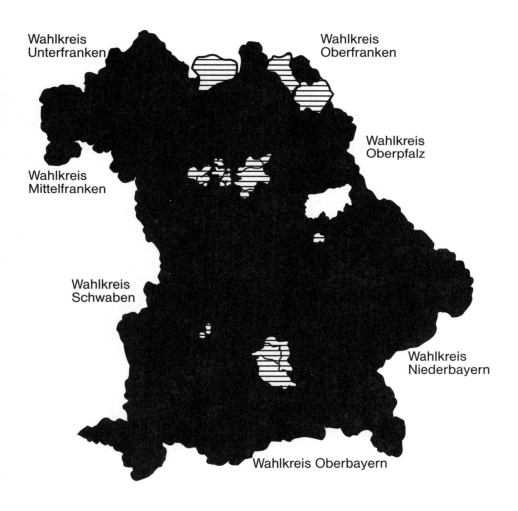

Schaubild 6:
Zweitstimmenanteil der CSU in Bayern bei der Bundestagswahl 1994

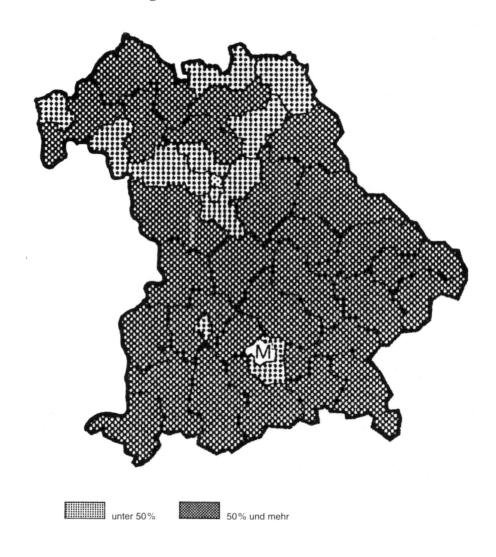

Aktionsgemeinschaft mit der CDU in Bonn halfen der CSU in Bayern dabei, ihre Absorptions- und Integrationskraft zu entfalten und günstige Rahmenbedingungen zu nutzen. Dem Bundesland Bayern blieben nach 1945 – und das ist das Typische seiner späten Vollindustrialisierung und industriegesellschaftlichen Entwicklung – die „großen Schrecken" bzw. früheren „sozialen Kosten" solcher Prozesse erspart. Bayern nahm im bundesrepublikanischen Rahmen an der wohlfahrtsstaatlichen Weiterentwicklung aller westeuropäischen Industriestaaten teil. Die großen sozialpolitischen Errungenschaften waren bereits erkämpft, die globale Konstellation und die Prosperität ließen soziale Spannungen und Konflikte abfangen, mildern und neutralisieren. Es entstand im Entwicklungsverlauf zur Industriegesellschaft kein Industrieproletariat, schon gar nicht im ehemaligen Agrarraum. Die im Agrarraum freigesetzten Arbeitskräfte konnten lange Zeit zum großen Teil in der Industrie und im Dienstleistungssektor unterkommen[24].

Bayern wurde zum „Sonderfall einer werdenden spätindustriellen Gesellschaft mit dem eingeübten normativen Verhalten einer Besitzmittelstandsgesellschaft"[25]. Die ökonomische Strukturpolitik und die Gesellschaftspolitik der CSU, die sich unter diesen besonderen Bedingungen zur „geborenen" bayerischen Mehrheits- und Staatspartei entwickeln konnte, waren darauf ausgerichtet, die mittelständische Strukturfestigkeit Bayerns zu erhalten. Subventionistische Befriedungs-, Harmonisierungs- und Entwicklungsstrategien dienten dazu, den umfassenden rapiden ökonomischen und gesellschaftlichen Wandlungsprozeß im konservativen „Griff" zu halten. Die politische Steuerung, nicht zuletzt auch die damit verbundene bayerische Kulturpolitik, wurden insbesondere in den spätindustrialisierten katholisch-konservativen Räumen Bayerns durch die Fortdauer spezifisch mittelständisch-konservativer Verhaltensmuster und durch bayerische politisch-kulturelle Identifikationsmuster erleichtert und erfolgsträchtig. Es gelang der politischen Hauptagentin der späten Vollindustrialisierung und der Modernisierung Bayerns, der CSU, auf dem Boden einer mehr als 180jährigen Staatstradition und im Rückenwind der Prosperität und globalen Nachkriegskonstellation, Überkommenes und

---

[24] *Klaus Schreyer: Bayern – ein Industriestaat. Die importierte Industrialisierung. Das wirtschaftliche Wachstum nach 1945 als Ordnungs- und Strukturproblem*, München/Wien 1969; Zur ökonomischen Entwicklung in Bayern im Zusammenhang mit der CSU siehe meine in Anm. 2 und 4 genannten Beiträge.

[25] *Klaus Schreyer: Bayern – ein Industriestaat* (Anm. 24), S. 17.

moderne Industriegesellschaft in einer spezifisch bayerischen Prägung miteinander zu verbinden. Das macht heutzutage im wesentlichen das „Phänomen Bayern" aus.

Erst vor dem historisch-genetischen Hintergrund und erst auf der Folie der historisch-politischen Strukturbilder der bayerischen Parteienlandschaft(en) wird der fundamentale Prozeß der politisch-kulturellen Homogenisierung Bayerns nach 1945 überhaupt in seinem ganzen Ausmaß und in seiner Bedeutung erkennbar. Erst nach 1945 wurde Bayern vollends zu einer politischen „Region"[26] der Bundesrepublik Deutschland. Zum erstenmal in der Parteiengeschichte Bayerns wurde eine politische Partei neben der bayerischen Staatsverwaltung zum Hauptakteur der innerbayerischen politisch-kulturellen Integration und Vereinheitlichung. Und zum erstenmal in der rund 150jährigen Parteiengeschichte Bayerns gelang es einer politischen Partei, zu einer *gesamt*bayerischen Hegemonialpartei aufzusteigen. Dies war und ist noch immer die spezifische Leistung der CSU.

3.2 Homogenisierung der Wahllandschaften

Analysieren wir die frühere Wahlgeographie Bayerns, so fällt auch noch für die Zeit nach 1945 (bis in die sechziger Jahre) ein relativ scharf konturiertes territoriales regionales Verteilungsmuster der Mehrheiten auf. Schon mit dem einfachen Verfahren, die Strukturbilder mehrerer und verschiedener Wahlergebnisse (zum Beispiel von Landtags- und Bundestagswahlen) auf höherer Aggregatdatenebene und unter dem Gesichtspunkt relativer und absoluter Mehrheiten zu mehreren Zeitpunkten zu vergleichen, können in diesen Strukturbildern in groben Umrissen die alten Traditionszonen und ihre Teilregionen zum Vorschein gebracht werden. Dies gilt vor allem im Hinblick auf den nordbayerischen Raum. Projizieren wir politisch-historiographische Karten, die die Zugehörigkeit der regionalen (Teil-) Einheiten zu früheren Herrschaftsgebieten etwa für die Mitte des 18. Jahrhunderts genau festhalten, auf die Wahlgeographie Bayerns nach dem Zweiten Weltkrieg, dann kommt für den Zeitraum bis in die sechziger Jahre noch eine frappierende Deckung der Wahlgeographie der jüngeren Gegenwart mit den alten dynastisch-territori-

---

[26] *Zur Problematik des Begriffs Region siehe die in Anmerkung 8 genannte Literatur.*

alen Räumen zum Ausdruck[27]. Es konnte empirisch-analytisch nachgewiesen werden, daß in der Wahlgeographie Bayerns noch bis in die sechziger Jahre so etwas wie ein „traditionsräumlicher/territorialer Faktor" dominant wirksam war[28]. Allerdings zeigen neuere Analysen, daß dieser Faktor inzwischen seine frühere Wirksamkeit eingebüßt hat.

Die politische Landnahme der CSU vollzog sich, vereinfacht dargestellt, in zwei großen Schüben. Der erste fundamentale Hauptschub ereignete sich im altbayerischen Raum in der Auseinandersetzung mit der BP. Der zweite Hauptschub erfolgte mit der Durchdringung und weitgehenden Eroberung des fränkisch-protestantischen Traditionsraumes. Die CSU mußte bekanntlich vom Ende der vierziger bis Mitte der sechziger Jahre erst ihre gefährliche innerbayerische Konkurrentin, die Bayernpartei, niederringen.

Der CSU gelang es, in einer ebenso heftigen wie scharfen Auseinandersetzung, den innerbayerischen „Bruderzwist" zu ihren Gunsten zu entscheiden. Sie fand einen mittleren Weg zwischen traditionsgebundener „Bayerntreue" und notwendiger Öffnung und Modernisierung Bayerns. Sie schlug nach harten internen Flügelkämpfen den Kurs eines gemäßigten, zum Ausgleich geneigten Föderalismus ein. Die Bayernpartei, die sich hauptsächlich auf die alteingesessene Landbevölkerung Altbayerns stützte und deren ideologische und traditionalistische Bindung vertrat, scheiterte hingegen an ihrer partikularistischen Verteidigung überkommener Strukturen und Traditionen

---

[27] *Auf diese Tatsache habe ich schon sehr früh aufmerksam gemacht; siehe Alf Mintzel: Die CSU in Bayern: Phasen ihrer Entwicklung, in: Politische Vierteljahresschrift 13 (1972), H. 2, S. 216; Alf Mintzel: 21 Thesen zur Entwicklung der CSU: Ergebnisse einer parteiensoziologischen Analyse, in: Zeitschrift für Parlamentsfragen 6 (1975), H. 2, S. 224; ausführlich und detailliert Alf Mintzel: Die CSU (Anm. 2), S. 390–422, mit Karten, Schaubildern und Statistiken. Im Grunde handelt es sich bei diesem vorliegenden Beitrag um eine Art Fortschreibung unter dem Gesichtspunkt der Homogenisierung und Hegemonialisierung Bayerns durch die CSU.*

[28] *Arbeitsgruppe Parteienforschung: Parteien in Bayern: Organisation und Wahlergebnis im gesellschaftlichen Kontext, Lehrstuhl für Soziologie an der Universität Passau, Passau 1988. Die Pilotstudie wurde unter meiner Leitung 1987/88 von der am Lehrstuhl für Soziologie 1987 gebildeten „Arbeitsgruppe Parteienforschung" durchgeführt; vgl. die Untersuchungen von Bernd Villwock: Lokale Parteiorganisation und Wahlergebnis der CSU 1970 und 1987 – Zur Bedeutung regionaler Kulturen in Bayern, Magisterarbeit im Fach Soziologie, Universität Passau 1990; Arno Zurstraßen: Die FDP in Bayern. Eine empirische Untersuchung von Parteiorganisation und Wahlergebnissen 1970 und 1987, Magisterarbeit im Fach Soziologie, Universität Passau 1990.*

"Alt"-Bayerns. Ihr partikularistischer Kurs und ihr verstockter radikalföderalistischer Provinzialismus verhinderten einen Durchbruch zu einem mittleren, gemäßigten Kurs zwischen herkömmlicher „Bayerntreue" und der Öffnung gegenüber neuen Entwicklungen.

Der mit Schärfe ausgefochtene bayerische Richtungsstreit tobte vor allem im altbayerischen Traditionsgebiet und – gemäßigter – im katholischen Mainfranken. In der damaligen Wahlgeographie Bayerns erwiesen sich der altbayerische Raum und dort insbesondere Ober- und Niederbayern als politische „Wetterecke" des bayerischen „Welttheaters". Die Bayernpartei konnte in der Landtagswahl 1950 im ersten Anlauf 27,4 % der Stimmen auf sich vereinigen und den Stimmenanteil der CSU im Vergleich zur 1. Landtagswahl 1946 glatt halbieren. Ähnlich hart wurde die CSU in Oberbayern und in der Oberpfalz dezimiert (vgl. Tab. 1). Die größte „Bewegungsmasse" zwischen CSU und Bayernpartei finden wir mit 42,2 Prozentpunkten (Vergleich der Landtagswahlergebnisse 1950 und 1974) in Niederbayern, wo die Bayernpartei bezeichnenderweise ihre meisten Anhänger und Wähler hatte (vgl. Tab. 2). Es kostete die CSU im Zeitraum von vier Legislaturperioden große Mühe, insbesondere in Altbayern, um die relativen und schließlich absoluten Mehrheiten zurückzugewinnen. Erst mit der Landtagswahl 1966 war die BP endgültig niedergerungen[29].

Der zweite große (Homogenisierungs-) Schub erfolgte – wieder grob vereinfacht gesprochen – nach Bildung der sozialliberalen Koalition in Bonn (22.10.1969). Danach gelangen der CSU, und dies korrespondierte mit ihrer organisatorischen Expansion, große Einbrüche in weite Teile des fränkisch-protestantischen Raumes und die weitgehende Durchdringung des fränkisch-protestantischen „Korridors" (der ehemaligen markgräflich-brandenburgischen und reichsstädtischen Gebiete sowie des Coburger Landes), wo die Hochburgen und Sozialmilieus der SPD und der FDP gelegen hatten. In Oberfranken und in Mittelfranken stiegen auf der Ebene der Regierungsbezirke die CSU-Landtagswahlergebnisse 1970 und nochmals 1974 überproportional an (vgl. Tab. 1).

Hatte die katholisch-bayerische „Flurbereinigung" und die Absorption der Kriegsfolge-Parteien (DG; BHE/GB) die CSU wieder an die 50 Prozent-

---

[29] Vgl. Alf Mintzel: Geschichte der CSU (Anm. 1), S. 53–57 und S. 415–441; Alf Mintzel: Die Bayernpartei (Anm. 22), S. 395–89.

Tabelle 1: *Landtagswahlergebnisse 1946–1994 nach Regierungsbezirken in %*

		1946	1950	1954	1958	1962	1966	1970	1974	1978	1982	1986	1990	1994
Ober-	CSU	48,2	22,1	31,7	40,1	41,3	42,2	52,1	59,6	57,6	55,7	54,3	53,2	53,1
bayern	SPD	28,7	29,8	30,3	34,6	38,8	39,0	36,9	31,5	30,7	32,2	25,2	24,2	27,8
	FDP	5,0	6,3	6,3	4,5	5,9	5,8	5,9	6,2	8,1	4,7	4,9	6,4	3,3
	BP	–	22,0	18,0	11,1	7,4	6,3	2,1	1,2	0,8	1,0	1,0	1,3	1,6
	Grüne	–	–	–	–	–	–	–	–	–	5,2	9,5	8,2	7,0
	REP	–	–	–	–	–	–	–	–	–	–	3,6	4,9	3,9
Nieder-	CSU	60,9	29,8	38,4	47,7	53,0	56,5	68,0	72,0	68,5	66,7	60,6	59,7	57,4
bayern	SPD	25,5	17,9	20,0	20,8	26,6	29,3	24,6	23,1	24,6	25,3	24,4	23,1	25,4
	FDP	2,1	2,6	2,6	1,9	1,6	1,8	1,4	2,2	3,3	2,6	3,4	3,8	2,4
	BP	–	27,4	24,5	18,0	10,3	7,5	3,2	1,0	0,4	0,8	0,7	1,1	1,5
	Grüne	–	–	–	–	–	–	–	–	–	3,6	5,5	4,6	4,5
	REP	–	–	–	–	–	–	–	–	–	–	2,1	5,4	4,8
Ober-	CSU	62,7	33,9	47,9	55,8	58,4	58,5	65,3	68,3	63,2	61,9	54,3	57,4	54,7
pfalz	SPD	26,3	25,5	27,5	27,4	31,8	31,6	27,7	24,2	29,4	29,5	31,8	27,7	31,7
	FDP	1,9	3,8	4,5	3,5	3,2	2,9	2,6	2,9	4,3	2,3	2,4	3,0	2,0
	BP	–	20,9	9,7	5,6	2,6	1,9	1,5	1,1	0,5	0,7	0,7	0,9	0,9
	Grüne	–	–	–	–	–	–	–	–	–	4,5	6,3	3,8	4,0
	REP	–	–	–	–	–	–	–	–	–	–	2,3	5,3	3,7
Ober-	CSU	42,9	19,8	31,5	41,1	44,4	44,6	53,0	58,5	55,5	56,8	55,0	55,3	50,1
franken	SPD	36,5	32,1	33,5	36,8	41,4	41,7	39,0	35,6	37,6	36,6	32,8	30,6	36,1
	FDP	10,9	8,6	9,6	5,6	5,4	4,1	4,1	3,9	4,4	2,3	2,3	3,4	2,0
	BP	–	17,5	10,9	5,6	2,4	1,4	0,4	0,3	0,3	0,3	0,4	0,4	0,7
	Grüne	–	–	–	–	–	–	–	–	–	3,0	5,2	4,6	5,0
	REP	–	–	–	–	–	–	–	–	–	–	3,4	4,7	3,7
Mittel-	CSU	38,7	24,0	34,4	39,6	42,6	40,7	46,1	53,7	51,1	51,2	49,6	48,4	46,6
franken	SPD	33,9	36,4	33,6	37,7	38,8	38,1	35,3	35,2	38,2	38,5	32,5	31,8	38,2
	FDP	10,8	13,0	13,2	12,1	11,2	9,0	12,4	8,4	7,6	3,7	4,1	6,3	3,0
	BP	–	7,8	5,1	2,3	1,1	–	0,5	0,3	0,1	0,1	0,2	0,4	0,3
	Grüne	–	–	–	–	–	–	–	–	–	5,0	8,3	6,8	5,9
	REP	–	–	–	–	–	–	–	–	–	–	3,8	4,7	3,1
Unter-	CSU	61,5	39,6	49,0	55,4	55,2	55,5	61,7	64,8	61,1	60,7	60,1	58,8	54,2
franken	SPD	23,7	26,5	25,0	26,2	31,4	32,2	31,0	29,2	30,5	31,0	26,7	25,2	29,2
	FDP	3,4	6,7	8,3	5,9	6,1	5,3	4,5	4,3	5,4	3,1	3,5	4,6	2,9
	BP	–	12,3	5,5	3,0	1,6	0,4	–	0,1	0,3	0,1	0,3	0,3	0,4
	Grüne	–	–	–	–	–	–	–	–	–	4,0	6,1	5,8	6,8
	REP	–	–	–	–	–	–	–	–	–	–	2,2	3,8	3,8
Schwaben	CSU	59,6	30,9	43,3	49,5	50,2	52,6	61,8	66,3	63,5	62,8	61,2	57,3	55,1
	SPD	23,0	23,9	22,8	24,7	31,0	31,7	30,1	26,3	27,4	27,3	23,3	22,1	25,2
	FDP	3,6	7,6	5,5	4,7	5,5	4,1	4,4	4,9	5,7	3,4	3,3	5,3	2,8
	BP	–	15,8	14,3	9,1	5,5	3,4	0,8	0,9	0,2	0,3	0,5	0,7	1,0
	Grüne	–	–	–	–	–	–	–	–	–	5,1	7,0	6,6	6,9
	REP	–	–	–	–	–	–	–	–	–	–	2,4	5,1	4,4
Bayern	CSU	52,3	27,4	38,0	45,6	47,5	48,1	56,4	62,1	59,1	58,3	55,8	54,9	52,8
(gesamt)	SPD	28,6	28,0	28,1	30,8	35,3	35,8	33,3	30,2	31,4	31,9	27,5	26,0	30,0
	FDP	5,6	7,1	7,2	5,6	5,9	5,1	5,5	5,2	6,2	3,5	3,8	5,2	2,8
	BP	–	17,9	13,2	8,1	4,8	3,4	1,3	0,8	0,4	0,5	0,6	0,8	1,0
	Grüne	–	–	–	–	–	–	–	–	–	4,6	7,5	6,4	6,1
	REP	–	–	–	–	–	–	–	–	–	–	3,0	4,9	3,9

Vom Verfasser aus der Wahlstatistik des Bayerischen Landesamtes für Statistik und Datenverarbeitung, München, zusammengestellt.

Grenze gebracht (die sie schon einmal in der Ausgangssituation 1946 als besatzungspolitisch abgestützte bürgerliche Integrationspartei erreicht hatte), so kam sie in der zweiten Phase, vor allem nach 1969, weit über diese Marke hinaus. In der Landtagswahl 1974 erreichte die CSU in allen bayerischen Regierungsbezirken die absolute Mehrheit und den Höchststand ihrer Wahlergebnisse (siehe Tab. 2)[30]. In den Regierungsbezirken Oberpfalz, Niederbayern, Unterfranken und Schwaben errang sie 1974 sogar eine Zweidrittelmehrheit. Hatte die CSU in der ersten Phase überproportionale („Rück-")-Gewinne in Altbayern und dort vor allem in Niederbayern verzeichnen können, so waren in der zweiten Schubphase die großen Zugewinne aus Ober- und Mittelfranken (siehe Tab. 1) gekommen.

Tabelle 2: *Höchst- und Tiefststände der CSU in den Landtagswahlergebnissen von 1946–1990 und die Differenzen in Prozentpunkten (nach Regierungsbezirken)*

Ausgangssituation Regierungsbezirk	1946	tiefster Stand Prozent (Jahr)	höchster Stand Prozent (Jahr)	Prozentpunkte Differenz tiefster/höchster Stand	1990	Abstand von der Ausgangssituation (in Prozentpunkten)	Abstand vom Höchststand (in Prozentpunkten)
Oberbayern	48,2	22,1 (1950)	59,6 (1974)	37,5	53,2	+ 5,0	− 6,4
Niederbayern	60,9	29,8 (1950)	72,0 (1974)	42,2	59,7	− 1,2	− 12,3
Oberpfalz	62,7	33,9 (1950)	68,3 (1974)	34,4	57,4	− 5,3	− 10,9
Oberfranken	42,9	19,8 (1950)	58,5 (1974)	38,7	55,3	+ 12,4	− 3,2
Mittelfranken	38,7	24,0 (1950)	53,7 (1974)	29,7	48,4	+ 9,7	− 5,3
Unterfranken	64,7	39,6 (1950)	64,8 (1974)	25,2	58,8	− 5,9	− 6,0
Schwaben	59,6	30,9 (1950)	66,3 (1974)	35,4	57,3	− 2,3	− 9,0
Bayern insges.	52,3	27,4 (1950)	61,1 (1974)	34,7	54,9	+ 4,5	− 7,2

Der Untergang der fränkischen und städtischen Wählerhochburgen der SPD und FDP durch die „Landnahme" der CSU und das weit weniger dramatische Abschleifen der CSU-Hochburgen in den altbayerisch-ländlichen Räumen bedeuteten, wie gesagt, eine gesamtbayerische Nivellierung der Wahllandschaft Bayerns auf dem Niveau der absoluten Mehrheit.

[30] *Siehe Alf Mintzel: Die bayerische Landtagswahl vom 27. Oktober 1974. Triumph einer konservativen Partei: ein wahlsoziologischer Sonderfall?, in: Zeitschrift für Parlamentsfragen 6 (1975), H.4, S.429–446; Alf Mintzel: Geschichte der CSU (Anm.2), S.429–439.*

Zusammenfassend läßt sich sagen: Die Homogenisierung der Wahllandschaften wurde in den Landtagswahlergebnissen in zweifacher Weise sichtbar. Erstens überstieg die CSU 1970 bzw. 1974 (Mittelfranken) in allen bayerischen Regierungsbezirken die 50-Prozent-Marke. Sie konnte bis auf Mittelfranken ihre absolute Mehrheit seit 1970 überall behaupten und zum Teil sogar noch weiter ausbauen. Der Homogenisierungsprozeß drückte sich zweitens darin aus, daß die ehemals großen Disparitäten zwischen den einzelnen Regierungsbezirken bezüglich des CSU-Stimmenanteils weitgehend abgebaut wurden. Diese Nivellierung der Wahlergebnisse auf der Ebene der Regierungsbezirke läßt sich an der Abweichung der CSU-Stimmenanteile in den einzelnen Regierungsbezirken vom gesamtbayerischen (CSU-)Ergebnis in den einzelnen Landtagswahlen ablesen (vgl. Tab. 3). Nach deutlichen Schwankungen im Zeitraum von 1946 bis 1970 verschwanden seit 1970 die großen Disparitäten zwischen den einzelnen Landesteilen.

Tabelle 3: *Mittlere Abweichung der CSU-Stimmenanteile in den sieben Regierungsbezirken Bayerns vom gesamtbayerischen Ergebnis der CSU in den Landtagswahlen 1946–1990*

1946	9,4 %	1970	5,4 %
1950	5,8 %	1974	5,4 %
1954	6,1 %	1978	4,7 %
1958	6,0 %	1982	4,3 %
1962	6,9 %	1986	3,5 %
1966	6,8 %	1990	3,2 %

3.3 Die Homogenisierung im Strukturbild der Parteiorganisation

Die CSU hatte Mitte der sechziger Jahre – vor der Gebietsreform – in den damals etwa 7.100 politischen Gemeinden rund 3.200 Ortsverbände. Rein statistisch betrachtet war sie damals folglich in ca. 45 Prozent der Gemeinden Bayerns organisiert[31]. Unter Berücksichtigung der Tatsache, daß auf die 48

---

[31] *Ausführlich und detailliert mit zahlreichen Statistiken und traditionsräumlichen Angaben über die Organisationsverhältnisse der 60er Jahre: Alf Mintzel: Die CSU in Bayern, in: Jürgen Dittberner/Rolf Ebbinghausen (Hrsg.): Parteiensystem in der Legitimationskrise (Anm. 2), S. 360–374 (insbesondere S. 369–371); Alf Mintzel: Die CSU in Bayern (Anm. 2), S. 382–436.*

kreisfreien Städte rund 220 Ortsverbände entfielen, dürfte die Organisationsdichte bei etwa 43 Prozent gelegen haben. Die CSU war Mitte der sechziger Jahre folglich nicht einmal in der Hälfte der bayerischen Gemeinden organisiert[32]. In vielen Gemeinden hatte sie lediglich sogenannte Ortsvertrauensleute, aber keinen Ortsverband.

Sehr viel schärfer als in der Wahllandschaft zeichneten sich im Strukturbild der CSU-Organisation bis weit in die sechziger Jahre hinein die früheren dynastisch-territorialen Gebietseinheiten und hiermit die konfessionell-territoriale Heterogenität ab. Die Organisationsdaten aus dem Zeitraum 1952 bis 1972 lassen die Verhältnisse in der Feststellung zusammenfassen, daß die CSU unter dem Gesichtspunkt ihrer lokalen und regionalen organisatorischen Verankerung (Präsenz eines Ortsverbandes in einer politischen Gemeinde) eine Partei des ehemals gegenreformatorischen, also römisch-katholisch gewesenen Bayern war. Die katholischen Herrschaftsgebiete der historischen Landkarten kamen von Gemeinde zu Gemeinde mit der Organisationsbasis der CSU in einer unerwartet klaren Weise zur Deckung[33]. Dieser katholische Charakter des Organisationsgebildes wurde überdies durch die konfessionelle Zusammensetzung der CSU-Mitgliederschaft bestätigt. Rund 90 Prozent der CSU-Mitglieder gehörten der römisch-katholischen Konfession an.

Der in der Landesgeschichte kundige Beobachter sah im damaligen Strukturbild der CSU-Organisation deutlich die Umrisse der größeren Territorien des 18. Jahrhunderts hervortreten. Die CSU war noch in den sechziger Jahren unter dem Blickwinkel ihres historischen Organisationsfundamentes in stark ausgeprägter Weise eine Partei der ehemaligen geistlichen Territorien, also der Fürstbistümer, Fürststifte, der Domkapitel und Propsteien. Innerhalb ihrer ohnehin im überwiegend katholischen Konfessionsraum gelegenen

---

[32] Siehe *Alf Mintzel: Die CSU in Bayern (Anm. 2), S. 382–436.*

[33] *Eine erste ausführliche Analyse dieser „zweiten Organisationswirklichkeit" der CSU habe ich bereits 1975 in meiner großen Organisationsdarstellung vorgelegt; siehe Alf Mintzel: Die CSU (Anm. 2), S. 386–422. In den dortigen detaillierten und belegten Ausführungen über den dynastisch-territorialen und den sozio-ökonomischen Faktor in der Organisationswirklichkeit der CSU sind zahlreiche Tabellen, Karten und Schaubilder, die die damaligen Verhältnisse dokumentieren. Vgl. Alf Mintzel: Regionale politische Traditionen und CSU-Hegemonie in Bayern (Anm. 1), S. 125–180.*
Siehe hierzu Susanne Koch: Parteien in der Region (Anm. 2).

Hochburgen Unterfranken, Schwaben und Altbayern bildeten die ehemaligen geistlichen Territorien nochmals besondere organisatorische Verdichtungsgebiete mit großen Mitgliederballungen. Auf dem Boden der ehemaligen protestantischen Herrschaftsgebiete war sie hingegen von Anfang an schwach oder gar nicht organisiert. Das Prinzip der Feudalzeit „cuius regio eius religio" traf also noch auf die Organisationswirklichkeit der CSU zu. In der Variable Konfession steckte somit in Bayern in der Regel eine historisch-territoriale, über die bloße Aggregatdatenanalyse nicht zugängliche Komponente, die insbesondere in der Parteiorganisation wirksam wurde.

Der Organisationsanalytiker konnte die historischen Landschaften Bayerns von einem Gebietsteil zum anderen und Ort für Ort durchwandern und nachweisen, daß dort, wo die Konfessionsgrenzen nicht den alten Territorialgrenzen gefolgt waren (zum Beispiel in den Grenzgebieten der Oberpfalz zum Nürnberger Territorium – in den Landkreisen Sulzbach-Rosenberg und Neumarkt i.d. Opf.), die CSU entweder schwach oder stark organisiert war.

Wie die Wahllandschaft, so färbte sich dann auch die Organisationslandschaft flächendeckend „schwarz" – ein weiterer harter Indikator für die Homogenisierung Bayerns durch die CSU. Seit den siebziger Jahren gelang es der CSU, den gesamten bayerischen Raum auch organisatorisch zu durchdringen und sich in fast allen bayerischen Gemeinden zu verankern. Mit rund 2.900 Ortsverbänden war die CSU im Jahre 1985 nicht nur in fast 100 Prozent der rund 2.000 politischen Gemeinden präsent, sondern sie hatte darüber hinaus noch in vielen alten Gemeinden bzw. heutigen Ortsteilen ihre Ortsverbände bestehen lassen[34]. Die CSU bewahrte folglich ihre angestammte katholische Parteibasis und wuchs mehr und mehr in die ehemals liberalen (bzw. deutschnationalen) und sozialdemokratischen Milieus hinein (vgl. die Schaubilder 7 und 8). Zum erstenmal in der Geschichte Bayerns gelang es einer Partei, ihre Organisation völlig flächendeckend über alle Traditionsräume und ehemaligen territorial-konfessionellen Herrschaftsgebiete auszudehnen. Der Vorgang dieser Penetration und Landnahme seitens der CSU wird nicht nur im Vergleich zur vorherigen Organisationssituation, sondern gerade auch im Kontrast zur sozialdemokratischen Konkurrenzpartei besonders deutlich (siehe Tab. 4, 5, 6 und 7).

---

[34] Angaben auf der Grundlage der internen Organisationsstatistik der CSU 1984/85, die dem Verfasser von der CSU für die Analysen zur Verfügung gestellt worden ist.

Schaubild 7:
Organisatorische Hochburgen der CSU 1985:
kreisfreie Städte und Landkreise Bayerns mit einer Organisationsdichte über 90%

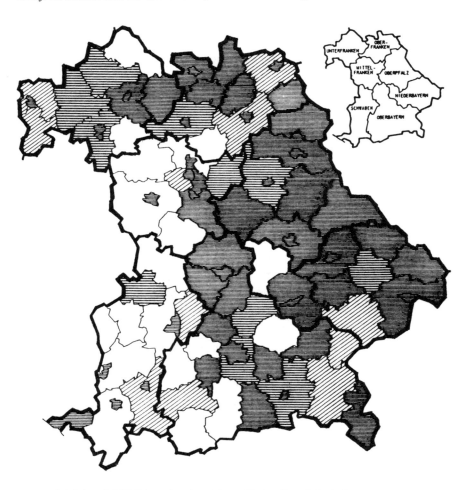

Anteil der mit CSU-Ortsvereinen besetzten politischen Gemeinden in %

| bis unter 90% | 90% bis unter 95% | 95% bis unter 100% | 100% |

Kartographie: A. Mintzel

Schaubild 8:
CSU-Organisationsgebiete (Kreisverbände) 1985:
mit einer Organisationsdichte unter 95% nach Landkreisen

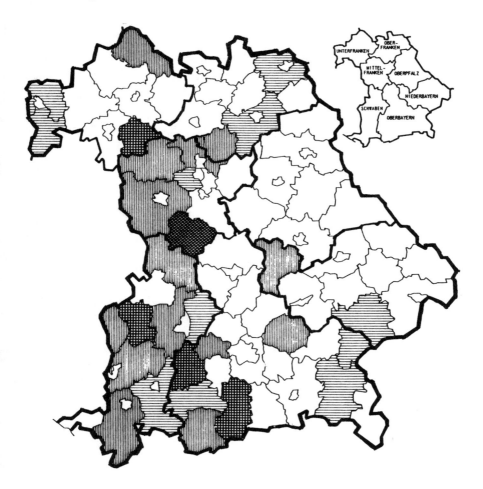

Anteil der mit CSU-Ortsvereinen besetzten politischen Gemeinden in %

| | 95% bis 100% | | 90% bis unter 95% | | 80% bis unter 90% | | 70% bis unter 80% | | bis unter 70% |

Kartographie: A. Mintzel

Die SPD zählte nach der Gebietsreform (1972) in den Jahren 1984/85 in 1.283 politischen Gemeinden Bayerns nur 1.317 Ortsvereine und war somit nur in 62 Prozent der politischen Gemeinden Bayerns organisiert[35]. Regional, zum Beispiel im Regierungsbezirk Schwaben, hatte die SPD 1985 nur in 40 Prozent der politischen Gemeinden Ortsvereine (siehe Schaubild 9). Es springt ins Auge, daß sich bei der SPD gerade die Ära der Zeit nach der sozial-liberalen Koalition in Bonn (1969–1983), vor allem aber die Zeit nach der Bundestagswahl 1972, in Bayern als eine Phase der organisatorischen Destabilisierung erwies. Organisationspolitisch konnte die SPD in Bayern damals nicht von der für die SPD günstigen politischen Großwetterlage profitieren. Die rapiden Mitgliederverluste der SPD gingen in die Tausende (1974–1981 rund 12.000), die Ortsvereine verringerten sich fast um ein Viertel und die personelle Decke wurde immer schmaler[36]. Der Rückgang der SPD-Wahlergebnisse unter die 30-Prozent-Marke (Landtagswahl 1986: 27,5%; Landtagswahl 1990: 26,0%; Bundestagswahl 1987: 27,0%; Bundestagswahl 1994: 29,6%; Europawahl 1989: 24,2%) und 1990 sogar unter den Stand der Landtagswahl 1950 (28%) und die organisatorische Destabilisierung

---

[35] *Angaben basieren auf der internen Organisationsstatistik der SPD 1984/85, die dem Verfasser für Analysen zur Verfügung gestellt worden ist; vgl. zur Organisationssituation der SPD in der zweiten Hälfte der 80er Jahre Oskar Kramer: Bestandsaufnahme 1987. Die bayerische SPD und ihre Organisation vor Ort, 1987. Die Differenz zwischen der Zahl der politischen Gemeinden und der Zahl der SPD-Ortsvereine ergibt sich daraus, daß in den kreisfreien Städten und größeren Gemeinden mehrere Ortsvereine existieren. Siehe Alf Mintzel: Regionale politische Traditionen und CSU-Hegemonie (Anm. 1), S. 162–165. Hierzu auch Susanne Koch: Parteien in der Region (Anm. 2), S. 169–178.*

[36] *Siehe in bezug auf den SPD-Bezirk Franken (in den Regierungsbezirken Ober-, Mittel- und Unterfranken): Mitgliederpartei und Ortsvereine im SPD-Bezirk Franken. Auswertung einer Struktur- und Modalitätsanalyse, Institut für angewandte Sozialforschung (infas), Bad Godesberg 1981; Hans F. Hollederer: Die bayerische SPD und ihre Organisationsreform 1971. Untersuchung zu Strukturproblemen einer regionalen Parteigliederung, Magisterarbeit, Ludwig-Maximilians-Universität München, München 1982; Alf Mintzel: Organisationspolitische Entwicklung und Situation der SPD in Bayern, Referat gehalten auf einem Seminar der Friedrich-Ebert-Stiftung (31.11.– 4.12.1987) Heimhochschule Haus Frankenwarte zur „Geschichte und Organisation der bayerischen Arbeiterbewegung", Würzburg, 2.12.1987, 120 Seiten (Typoskript). Siehe die neueste und ausführliche Analyse und Darstellung von Susanne Koch: Parteien in der Region (Anm. 2), S. 172–204.*

Schaubild 9:
Organisatorische Hochburgen der SPD 1985:
kreisfreie Städte und Landkreise Bayerns mit einer Organisationsdichte über 90%

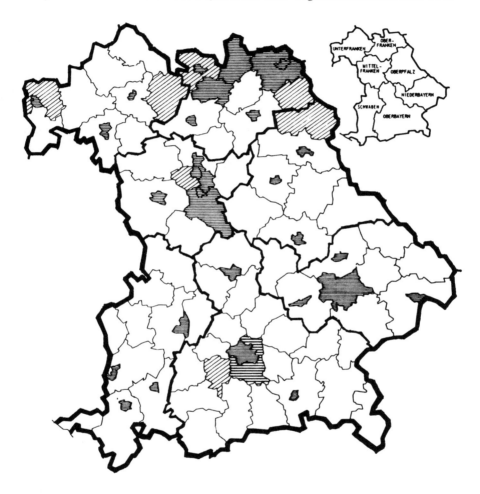

Anteil der mit SPD-Ortsvereinen besetzten politischen Gemeinden in %

| bis unter 90% | 90 bis unter 95% | 95% bis unter 100% | 100% |

Kartographie: A. Mintzel

waren die Kehrseite der Homogenisierung und Hegemonialisierung Bayerns durch die CSU.

Allerdings gilt es bei beiden Parteien, bei CSU und SPD, die besonderen Effekte zu berücksichtigen, die der kommunalen Gebietsreform (1. Juli 1972) zuzuschreiben sind[37]. Ein Teil der Verringerung der SPD-Ortsvereine von rund 2.000 vor der Gebietsreform auf etwa 1.320 (1985) und ein Teil der Verringerung der ehemals ca. 3.200 CSU-Ortsvereine auf etwa 2.900 waren eine Begleiterscheinung der kommunalen Gebietsreform. Bei dem positiven Verdichtungseffekt auf seiten der CSU handelte es sich teilweise um einen Scheineffekt der kommunalen Gebietsreform. Indem die Zahl der politischen Gemeinden sich von rund 7.100 (1970) auf etwa 2.050 (1981) verringerte, erhöhte sich in einigen Gebietsteilen automatisch die Organisationsdichte der CSU. Doch darf dieser Scheineffekt nicht darüber hinwegtäuschen, daß der CSU tatsächlich die organisatorische Durchdringung auch mit zahlreichen Ortsverbandsgründungen in den ihr bisher verschlossenen Gebieten gelang.

3.4 Parteiorganisation und Wahlergebnis im gesellschaftlichen Kontext

In der weiteren „Landnahme" der CSU, in ihrer Entwicklung zu einer flächendeckenden, gesamtbayerischen Partei, zeigte sich, daß endogene und exogene Faktoren im Spiel waren. „Die Rolle der CSU war durch ihre Politik bis zur Regierungsübernahme durch die sozialliberale Koalition in Bonn

---

[37] *Unter dem Bayerischen Staatsminister des Innern Bruno Merk (1966–1977) wurde die große bayerische Gebietsreform vorbereitet und mit Wirkung vom 1. Juli 1972 verwirklicht. Sie brachte eine Reduzierung der Landkreise von 143 auf 71 und der kreisfreien Städte von 48 auf 25. Mit Beginn der 7. bayerischen Legislaturperiode (1970) wurde außerdem eine Reform des Kommunalwesens eingeleitet, die den Zusammenschluß von Gemeinden und Landkreisen zu leistungsfähigen kommunalen Körperschaften zum Ziel hatte. Die Zahl der ehemals rd. 7.100 politischen Gemeinden Bayerns verringerte sich schon in wenigen Jahren um die Hälfte. Siehe zur Gebietsreform in Bayern Karl Ruppert, Peter Gräf, Franz X. Heckl, Peter Lintner, Roland Metz, Reinhard Paesler und Thomas Polensky: Bayern. Eine Landeskunde aus sozialgeographischer Sicht. Mit 98 Tabellen und 65 Abbildungen im Text sowie 47 Karten, davon 23 farbig, im Anhang, Darmstadt 1987, S. 12–17; siehe unter parteisoziologischen Gesichtspunkten Alf Mintzel: Geschichte der CSU (Anm. 2), S. 267–271.*

so gefestigt, daß ihre Gesellschafts-, Deutschland- und Ostpolitik in beiden Konfessionen Gegenkräfte zur ‚Sicherung Bayerns' mobilisieren konnte und damit die CSU endgültig zur alles beherrschenden Staatspartei machte. Die bayerische Entwicklung beruht damit auf innerbayerischen (Gesellschaftspolitik und Organisationsleitung der CSU) und außerbayerischen Faktoren (sozialliberale Koalition in Bonn), die konfessionell unspezifisch waren. Sie hatte jedoch eine konfessionelle Voraussetzung: die dominante katholische Wählerschaft Bayerns und ihre immer noch starke Kirchenbindung."[38]

Was die innerbayerischen komplexen Wirkungszusammenhänge anbelangt, erbrachten Zusammenhangsanalysen, daß seit Ende der sechziger, Anfang der siebziger Jahre die ehemalige Geschichtsmächtigkeit der Traditionszonen nachließ und weitgehend verblaßte. Der historisch-territoriale Traditionsfaktor ließ sich, wenn überhaupt, nur mehr rudimentär in den Organisations- und Wahlanalysen nachweisen. Er ist jedenfalls kein eigenständiger Faktor mehr.[39] Dieses Verblassen des historisch-territorialen Faktors in der bayerischen Parteienlandschaft und Parteienkonstellation dürfte auf die zunehmende Wirkung exogener Faktoren wie der sozialliberalen Koalition zurückzuführen gewesen sein. Dieser neueste sozialwissenschaftliche Befund unterstützt die Homogenisierungs- und Hegemonialisierungsthese und weist zudem einen positiven Zusammenhang zwischen der Organisationsstärke der CSU und ihren Wahlergebnissen nach[40]. Organisationspolitisch ist dabei besonders wichtig, daß von der Mitgliederdichte vor Ort ein statistisch isolierbarer positiver Einfluß auf den Wahlerfolg ausgeht. Die strategisch-operative Organisationspolitik der systematischen Durchdringung von Räumen, insbesondere nach erfolgreichen Wahlen, zahlte sich für die CSU nachweislich aus. Die Mitgliederdichte ist ihrerseits allerdings von einer Mehrzahl gesellschaftlicher Umwelt-Faktoren abhängig.

Im Vereinheitlichungsprozeß der elitengesteuerten technologisch-industriellen Modernisierung Bayerns gewinnen die sozio-ökonomischen und sozialstrukturellen Erklärungszusammenhänge an Bedeutung. Dies wird insbesondere im Vergleich mit der SPD deutlich. CSU und SPD gedeihen in einer

---

[38] Susanne Koch: *Parteien in der Region* (Anm. 2), S. 146.
[39] Vgl. hierzu die ausführlichen, hochinformativen Zusammenhangsanalysen von Susanne Koch: *Parteien in der Region* (Anm. 2), S. 272
[40] Die folgenden Ausführungen stützen sich auf die Analysen und Ergebnisse von Susanne Koch: *Parteien in der Region* (Anm. 2).

gesellschaftlichen Umwelt, auf die sie in ihrem Profil als Mitglieder- und Wählerpartei zugeschnitten sind. Sie sind organisatorisch (siehe Tab. 4–7) und im Wählerbereich dort stark, wo sie der sozio-ökonomische Kontext in regional unterschiedlichem Ausmaß begünstigt. So kann sich unter diesen Verhältnissen die SPD hauptsächlich im sogenannten fränkisch-protestantischen Korridor und in städtisch-industriellen Ballungszentren halten, der CSU hingegen gelingt es, stark begünstigt von den sozialstrukturellen und konfessio-

Tabelle 4: *Zahl der CSU-Ortsverbände in den Landkreisen der bayerischen Regierungsbezirke (ohne kreisfreie Städte)*

Regierungs-bezirke	Summe der Gemeinden	Zahl der CSU-Ortsverbände 1978	1987	Verhältnis Gem.	:	OV '87
Oberbayern	496	540	515	100	:	104
Schwaben	334	393	381	100	:	114
Niederbayern	222	385	355	100	:	160
Oberpfalz	255	428	444	100	:	174
Oberfranken	210	284	291	100	:	139
Mittelfranken	205	191	186	100	:	92
Unterfranken	304	450	469	100	:	154
Bayern	2026	2671	2641	100	:	130

Quelle: Eigene Berechnungen auf Grundlage des Datensatzes der Arbeitsgruppe Parteienforschung.

Tabelle 5: *CSU-Organisations- und Mitgliederdichte 1978 und 1987 in den Traditionszonen (gewichtete Mittelwerte)*

	Zahl der Gemeinden	CSU-Präsenz 1978	%	MGD	CSU-Präsenz 1987	%	MGD
Schwaben	310	261	84,2	1,93	268	86,5	1,88
Altbayern	981	915	93,3	2,42	933	95,1	2,45
Kath. Franken	496	448	90,3	2,39	450	90,7	2,56
Ev. Franken	235	198	84,4	1,35	214	91,1	1,63

Legende: Grundlage der Berechnung sind die jeweiligen Daten aus allen bayerischen Gemeinden, die eindeutig einer Traditionszone zugeordnet werden können (n = 2022). Gewichtungsfaktor: Wahlberechtigte.

Tabelle 6: *SPD-Organisations- und Mitgliederdichte 1973 und 1987 in den Traditionszonen (gewichtete Mittelwerte)*

	Zahl der Gemeinden	SPD-Präsenz 1973	%	MGD	SPD-Präsenz 1987	%	MGD
Schwaben	310	123	39,7	1,71	124	40,0	1,18
Altbayern	981	563	57,4	1,84	625	63,7	1,34
Kath. Franken	496	329	66,3	2,05	361	72,8	1,66
Ev. Franken	235	175	74,5	2,75	182	77,4	2,08

Legende: In die Berechnung einbezogen werden alle Gemeinden, die eindeutig einer Traditionszone zugeordnet werden können (n = 2022). Gewichtungsfaktor: Wahlberechtigte.

Tabelle 7: *Organisations- und Mitgliederdichte der CSU, differenziert nach Konfessionsbereichen (gewichtete Mittelwerte)*

Katholiken-anteil	1978				1987		
	Gem.	CSU-Präsenz	MGD		Gem.	CSU-Präsenz	MGD
>33,3%	306	238 (77,8%)	1,65		300	255 (85,0%)	1,95
33,3%–66,6%	129	122 (96,8%)	1,34		182	172 (94,5%)	1,50
<66,6%	1616	1486 (91,9%)	2,39		1569	1465 (93,4%)	2,73

Legende: Grundlage der Berechnung sind die jeweiligen Daten aus allen bayerischen Gemeinden (n = 2051). Gewichtungsfaktor: Wahlberechtigte.

nellen Besonderheiten Bayerns, sich kraft ihres gesellschaftsgestaltenden Potentials über ihre überwiegend ländlich-kleinstädtischen Stammgebiete hinaus in die ehemaligen Hochburgen von SPD und FDP ausdehnen.

Die Organisationswirklichkeit und Zusammenhänge zwischen Parteiorganisation und Wahlergebnis sind allerdings bei einer Großpartei wie der CSU hochkomplex, multidimensional und hochdifferenziert. Neben den gesellschaftlichen Kontextvariablen gibt es eine Vielzahl von Faktoren und Variablen anderer Art, die berücksichtigt werden müssen:[41] Zum Beispiel die unsichtbaren „Zubringerdienste" freiwilliger Verbände wie Sportvereine und

---

[41] Siehe zur empirisch-methodischen Problematik Alf Mintzel: Regionale politische Traditionen und CSU-Hegemonie in Bayern (Anm. 1), S. 166/167; zu den Defiziten und besonderen Schwierigkeiten der Parteienforschung siehe Alf Mintzel: Hauptaufgaben der Parteienforschung, in: Österreichische Zeitschrift für Politikwissenschaft 16 (1987), S. 221–240.

katholische Laienorganisationen, Traditionsvereine, die Unterstützung seitens mehr oder weniger offener bzw. verdeckter „Beratungsdienste" diverser Art. Sicher spielen auch die jeweilige Wettbewerbssituation unter den politischen Parteien, Qualifikation, Engagement und Kompetenz der politischen Akteure sowie das organisationspolitische Aktivitätsniveau eine nicht geringe Rolle. Der Zugang zu den Massenmedien und die mediale Präsenz sind, es ist ein Gemeinplatz, in der Mediengesellschaft von großer Bedeutung. In Bayern wird die erfolgreiche Großpartei von diesen Faktoren und Wirkungszusammenhängen im Vergleich mit anderen Parteien außergewöhnlich begünstigt. Langanhaltender Erfolg entwickelt seine Eigendynamik und bindet die verschiedensten Interessenlagen dauerhaft zusammen.

Die alten „Bayern"-Parteien wurden in der innerbayerischen Wettbewerbssituation unterhalb der CSU-Hegemonie gewissermaßen traditionsräumliche „Resteverwerter"[42]: die Bayernpartei (BP), die Bayerische Staatspartei (BSP) und die Christlich Bayerische Volkspartei (C.V.B.). Sie leben bezeichnenderweise auf lokaler Ebene vor allem in Altbayern fort[43]. Unterhalb des dominanten Parteiensystems (CSU und SPD) bzw. unterhalb der CSU-Hegemonie befindet sich somit noch immer ein regionales Kleinparteien-System der „unteren Ebenen".

3.5 Politisch-gesellschaftliche Homogenisierung als Mentalitätsgeschichte

Der Prozeß der innerbayerischen Vereinheitlichung und der Ausprägung einer gesamtbayerischen politischen Kultur war immer zugleich ein Mentalitätsprozeß[44]. Der bayerische Soziologe Theodor Geiger (1891–1952) verwandte

---

[42] *Zu dieser systemischen Funktion von „Resteverwertung" und den damit gegebenen Wechselbeziehungen habe ich in zwei Beiträgen besonders hingewiesen: Alf Mintzel: Großparteien im Parteienstaat der Bundesrepublik, in: Aus Politik und Zeitgeschichte. Beilage zur Wochenzeitung Das Parlament 11 (10. März 1989), S. 12/13; Alf Mintzel: Auf der Suche nach der Wirklichkeit der Großparteien in der Bundesrepublik Deutschland, in: Hans-Dieter Klingemann/Wolf Luthardt (Hrsg.): Wohlfahrtsstaat, Sozialstruktur und Verfassungsanalyse. Jürgen Fijalkowski zum 60. Geburtstag, Opladen 1993, S. 66–104.*

[43] *Siehe zur Geschichte und heutigen Existenz der BP, der BSP und der C.B.V. Alf Mintzel: Die Bayernpartei (Anm. 22), S. 395–489.*

den Mentalitätsbegriff für seine „Sozial-Charakterologien"[45]. Er verstand unter Mentalität geistig-seelische Disposition, unmittelbare Prägung des Menschen durch seine soziale Lebenswelt und die von ihr ausstrahlenden, in ihr gemachten Lebenserfahrungen. Mentalität begriff er als etwas Fließendes, als geistig-seelische Haltung und Bestimmtheit, als Lebensrichtung in der Alltagsatmosphäre.

Die bayerischen Lebenswelten und „Heimat"-Atmosphären waren – etwas plakativ gesprochen – kleinbürgerlich, weitgehend ländlich, irrational-ängstlich gegenüber Neuem, ultra-konservativ, anti-progressiv, in Altbayern barock-katholisch, in den fränkisch-protestantischen Teilen befangen in einem engstirnigen Protestantismus mit scharf antikatholischer Frontstellung. Soweit man von einem Mentalitätssyndrom im Sinne der Geigerschen Sozial-Charakterologie sprechen mag, war das bayerische Mentalitätssyndrom gekennzeichnet durch Anti-Einstellungen: anti-Großstadt, anti-(Groß-)Industrie, anti-liberal, anti-preußisch, anti-intellektuell, anti-katholisch (im protestantischen Franken) und anti-protestantisch (im katholischen Bayern). Insbesondere der altbayerischen Mentalität wohnte ein tiefsitzendes Inferioritätsgefühl gegen die vermeintliche preußische (zum Teil sprachliche) Überlegenheit inne. Zum Teil hing dieses Inferioritätsgefühl mit dem damaligen Nord-Süd-Bildungsgefälle zusammen und mit dem im Agrarland Bayern damals noch unterentwickelten höheren Bildungssystem. Das früher prägnant durch Anti-Einstellungen und durch Inferiorität geprägte bayerische Mentalitätssyndrom verwandelte sich seit den fünfziger Jahren zunehmend in eine

---

[44] *Darauf wies zu Recht und mit Nachdruck Klaus Tenfelde in seinem Vortrag „Aufbruch in bessere Zeiten. Die Entstehung der bayerischen Industriegesellschaft" hin, gehalten am 3. Juni 1989 auf dem Wissenschaftlichen Kongreß des Historischen Arbeitskreises der SPD „Freiheit im Freistaat? Der bayerische Weg in die Moderne", München im Künstlerhaus am Lenbachplatz. Diesem Vortrag, der sich in zentralen Punkten mit meinen eigenen „Eindrücken" und Überlegungen deckte, verdanke ich wichtige Hinweise, die ich an dieser Stelle mitverarbeitet habe; vgl. dazu auch Alf Mintzel: Besonderheiten der politischen Kultur Bayerns (Anm. 4), S. 306.*

[45] *Siehe Theodor Geiger: Die soziale Schichtung des deutschen Volkes. Soziographischer Versuch auf statistischer Grundlage, Stuttgart 1967, S. 5 u. S. 77/78: „Die Mentalität ist geistig-seelische Disposition, ist unmittelbare Prägung des Menschen durch seine soziale Lebenswelt und die von ihr ausstrahlenden, an ihr gemachten Lebenserfahrungen"; „Mentalität ist subjektiver Geist" im Gegensatz zur Ideologie und Theorie; „Mentalität ist ein Begriff der Sozial-Charakterologie".*

Mentalität des bayerischen Stolzes, in ein neues, nunmehr positiv bestimmtes „Wir-Bayern-Gefühl". Bayern wurde unter der Führung der CSU eine neue „Größe" in der deutschen und europäischen Politik, auf die heute viele Bürger in Bayern stolz sind. Die Unterlegenheitsgefühle wichen einem neuen Selbstbewußtsein, obschon sich charakteristische „Anti"-Einstellungen des bayerischen Mentalitätssyndroms im konservativen Raum Bayerns erhielten.

Der CSU gelang es tatsächlich, in der Öffentlichkeit – und dies nicht nur im bayerischen Raum – das Bild einer weitgehenden Identität von CSU und Bayern zu vermitteln. Diese Identität ist heute nicht bloß ein propagandistisches Kunststück und Kunstprodukt der CSU, kein den Bürgern nur eingeredetes Wunschbild, sondern ein Stück bewußtseinsmäßiger Realität, an das die parteiliche Selbstdarstellung und staatliche Bayern-Image-Pflege anknüpfen kann. Die Partei, die das „schöne Bayern erfunden" (Herbert Riehl-Heyse)[46] hat, hält im Rückgriff auf die bayerische Staatstradition sprachliche und bildliche Symbole besetzt. Sie führt Löwe und Raute als Emblem der Partei, es bedarf nicht einmal mehr des Zusatzes des Parteinamens. Jeder weiß, welche Partei gemeint ist. „Wir in Bayern – CSU '82", „Politik für Bayern, Deutschland und Europa" sind griffige, symbolträchtige Formeln. Die positiv besetzte Assoziationskette läuft so: Schönes Bayern – CSU – (vor seinem Tod) Strauß – moderne Industrie. Das „schöne Bayern", die „Landschaft", ist Kristallisationspunkt für verschiedene, auch gegensätzliche politische Philosophien. Die „bayerische Landschaft" hat Symbolkraft für konservative wie für progressiv/alternativ orientierte Menschen, steht für Geborgenheit im bekannten Alten, in der Tradition einerseits und für konkrete Utopie, für romantischen Rückzug und Ökologie andererseits. Die „Revierheger" und neuerdings so apostrophierten „Landschaftspfleger", die Forstbeamten und Forst- wie Landwirte wählen wahrscheinlich – wie viele konservative Ökologen – die CSU. Es wäre falsch, in Bayern die ökologische Bewegung und die die Umwelten schützenden Bestrebungen vollends nur mit „Den Grünen" zu identifizieren[47].

Die mentale und emotionale Eingestimmtheit großer Teile der Bevölkerung

---

[46] *Herbert Riehl-Heyse: CSU. Die Partei, die das schöne Bayern erfunden hat, München 1979.*

[47] *Vgl. Alf Mintzel: Besonderheiten der politischen Kultur Bayerns (Anm. 4), S. 306; Alf Mintzel: Politisch-kulturelle Hegemonie und „Gegenkulturen" in Bayern, in: Walter Landshuter und Edgar Liegel (Hrsg.): Beunruhigung in der Provinz – Zehn Jahre Scharfrichterhaus, Passau 1987, S. 79–92.*

blieb, wie neuerdings die Reaktion auf das sogenannte Kruzifix-Urteil des Bundesverfassungsgerichtes vom August 1995 zeigte, stark traditionsgebunden. Auch die Mehrheit der bayerischen SPD-Anhänger liebt konservative Rituale, den deftigen Spruch, den bayerischen Sprach-Barock oder die derb-fränkische Ausdrucksweise, das „Waden-Beißen", die imponierende Machtzelebrierung und den religiös-rituellen Weihrauch dazu. Die großen Staatsereignisse legten dafür beredte Zeugnisse ab, die jeder im Fernsehen verfolgen und bestaunen konnte. CSU, Staat, katholische Kirche und zahlreiche bayerische Traditionsverbände zelebrierten 1984 den Tod und das Begräbnis von Marianne Strauß und 1988 den Tod und das Begräbnis von Franz Josef Strauß[48]. In die pompösen Rituale wurden selbst die intimsten Gegner miteinbezogen und mithineingezogen. Bayerische Staatsfeiern und Staatsbegräbnisse ließen bildhaft werden, daß es sich bei dem „Machtkartell" von Staat, CSU, katholischer Kirche und Traditionsverbänden um ein geschmeidiges, mentalitätsgetragenes Ineinander und Miteinander politischer, religiös-kultureller und kirchlich-institutioneller Lebens- und Ordnungsbereiche handelt. Da drei Viertel der Bevölkerung Bayerns der römisch-katholischen Kirche angehören, blieb das Verhältnis von CSU und katholischer Kirche traditionsgemäß geradezu symbiotisch, was nicht klerikale Abhängigkeit bedeutet. In dem Maße, in dem sich die CSU unter Franz Josef Strauß zur wirklich christlich-interkonfessionellen Mehrheitspartei entwickelte, befreite sie sich von diesem Odium. Bei großen Staatsereignissen und Begräbnissen wird indes in der CSU-Gesamthochburg Bayern wie wohl in keinem anderen Bundesland dreierlei prägnant sichtbar: die katholische Kirche als „Doublette bürgerlicher Sicherheiten"[49], der barocke

---

[48] Vgl. *Alf Mintzel: Keine falschen Hoffnungen: Die CSU verkommt nicht zur Provinzpartei, in: Hans-Jürgen Heinrichs (Hrsg.): F. J. Strauß. Der Charakter und die Maske. Der Progressive und der Konservative. Der Weltmann und der Hinterwäldler. Frankfurt am Main, S. 189/190; Roman Arens: Szenen und Rituale eines grandiosen Abschieds, in: Hans-Jürgen Heinrichs (Hrsg.): F. J. Strauß. Der Charakter und die Maske. Der Progressive und der Konservative. Der Weltmann und der Hinterwäldler. Frankfurt am Main, S. 159, 171; siehe die Berichterstattung in Passauer Neue Presse Nr. 229 vom 4.10.1988, S. 1–7; in der Münchner Abendzeitung Nr. 232/40 vom 6.10.1988, S. 1/2; in Report der Züricher Sonntagszeitung vom 9.10.1988, S. 1. Jeder Leser wird sich an die TV-Sendungen erinnern.*

[49] *So Hans Maier: Das Salz des christlichen Glaubens ist schal geworden. Hans Maier ruft in seiner Abschiedsrede als Katholikentagspräsident zur (Re-)Missionierung der Gesellschaft auf, in: Frankfurter Rundschau 272 (22.11.1988), S. 10.*

Triumphalismus der Kirche[50] und die ungebrochene bayerische Staatstradition. Bei solchen Staatsereignissen präsentiert sich Bayern der bundesdeutschen Öffentlichkeit als politisch-kulturell einheitliche Region. Und diese prägnante Selbstdarstellung wäre ohne die gute Organisation der CSU und ohne die virtuose Abgestimmtheit in der Dualität von Partei und Staat nicht möglich.

3.6 Neue Netzwerke und Geflechte

Spätere Vollindustrialisierung, demographische Verdichtungen, Technisierung und Breitenwirkung der Massenmedien waren gewiß starke Erosionskräfte, die die altgewachsenen politischen Kulturen und ihre Sozialmilieus mit abschliffen und nivellierten. Bayerns Landschaften nahmen in vieler Hinsicht die Physiognomie einer modernen westlichen Industrielandschaft an. Das ländlich-katholische Sozialgefüge unterlag einem breiten Destruktions- und Umgestaltungsprozeß. Doch handelte es sich aufgrund von Wirkungszusammenhängen, die hier nur angedeutet werden können, mehr um einen Übergang zu neuen ländlich-bäuerlichen Lebensformen, in denen überkommene dörflich-bäuerliche Tradition weiterlebt. Der CSU gelang es, im Prozeß der Lockerung der traditionellen Netzwerke und Geflechte des katholischen Sozialmilieus und im Prozeß der allmählichen Entkoppelung von überkommenen kirchlichen Autoritäten, mit ihrer Organisationspolitik an der Basis neue Vernetzungen und Geflechte herzustellen und diese Netzwerke über ganz Bayern zu verbreiten. Sie schuf sich gewissermaßen durch vielfältige neue organisatorische Vernetzungen ein parteinahes gesamtbayerisches Sozialmilieu und verband modernes organisationspolitisches Parteimanagement mit neuen Honoratioren-Strukturen der Basis. Möglichst jede politische Gemeinde sollte über diese Netzwerke mobilisiert werden können.

Die politische Willensbildung wird durch vielfältige horizontale und vertikale Informationsströme unterstützt und ausgerichtet. Das über ganz Bayern institutionalisierte Informations- und Kommunikationsnetz funktioniert über zentrale und regionale Geschäftsführerkonferenzen, Referentenbesprechungen in der CSU-Landesleitung, über Konferenzen mit Bezirks- und Kreisvorsitzenden, regionale Wahlkreiskonferenzen sowie über Konferenzen der Orts-

---

[50] *Hans Maier: ebd.*

vorsitzenden mit Kreisvorständen. Dazu kommen die zahlreichen Personalunionen und Kommunikationskanäle mit und zu den Vorfeldorganisationen. Neue Kommunikationstechnik wird nach innen und außen für die landesweite Mobilisierungs- und Kampagnefähigkeit der CSU nutzbar gemacht. Der glatte Führungswechsel nach dem Tode von Franz Josef Strauß und die Eindämmung der sogenannten „Amigo-Affäre"[51] wären ohne die kommunikationstechnischen Möglichkeiten der Parteiorganisation nicht so erfolgreich verlaufen. Mit professionellen Public-Relations-Strategien wurde im Stimmungstief 1993/94 den negativen Schlagzeilen und Presseberichten begegnet[52].

Während die CSU ihre Parteiorganisation so gut wie nahtlos in den territorialen und vierstufigen bayerischen Verwaltungsaufbau einpaßte, behielt die bayerische SPD ihre veraltete Organisationsstruktur bei und zementierte gewissermaßen die alten innerbayerischen Spannungslinien in der Sozialdemokratie[53]. Die CSU erwies sich auch unter dem Gesichtspunkt ihrer Organisationskonzepte und Organisationspolitik als überlegen.

4. Parteieliten, Strategie, Institutionen

4.1 Elitenentscheidungen und -strategien

Der Rolle der bayerischen Funktionseliten (Parteielite der CSU, Verwaltungseliten, Wirtschaftseliten, Kultureliten u.a.) kam und kommt in diesem Prozeß der Homogenisierung und Transformation Bayerns zu einer einheitlichen politischen Kultur eine eminente Bedeutung zu. Sie sind die „Mittler" und „Vermittler". Auf der Grundlage meiner Analysen kann ich bekräftigen,

---

[51] Siehe hierzu zum Beispiel Peter Fahrenholz: Die CSU vor einem schwierigen Spagat, in: Aus Politik und Zeitgeschichte. B 1/94, 7. Januar 1994, S. 17–20.

[52] Zur Public-Relations-Praxis der CSU allgemein siehe Gabriele Pauli-Balleis. Polit-PR. Strategische Öffentlichkeitsarbeit politischer Parteien. Zur PR-Praxis der CSU. Zirndorf 1987. Der Öffentlichkeitsarbeit wird eine große Bedeutung beigemessen. Die Entwicklung und Anwendung professioneller PR-Strategien sind ohne Zweifel zentrale Phänomene der funktionsnotwendigen Durchrationalisierung politischer Großparteien in modernen Industriegesellschaften mit parteienstaatlich-demokratischer Herrschaftsorganisation.

[53] Zur Organisationsstruktur und zur Organisationspolitik der bayerischen SPD siehe Susanne Koch: Parteien in der Region, (Anm. 2).

was der Wahl- und Parteisoziologe Karl Rohe zur „Wahlanalyse im historischen Kontext" sagt: „Stets lassen sich ... eine Sozialstrukturebene, eine Bewußtseins-/Einstellungsebene und eine Vermittlungsebene unterscheiden. Alle drei Ebenen unterliegen historisch-dynamischen Veränderungen, bewegen sich dabei aber keineswegs notwendig im gleichen geschichtlichen Rhythmus. Die Beziehungen dieser Ebenen untereinander und deren Verhältnis zur Politik müssen deshalb als variable Größen behandelt werden, die sich im Laufe der Zeit entscheidend verändern können"[54].

In bezug auf Bayern läßt sich hier thesenhaft sagen: Die Umwandlung und Neuformung der historisch gewachsenen Strukturen hingen maßgeblich auch von den politischen und institutionellen Strategien der lokalen, regionalen und obersten Funktionseliten ab. Es kam darauf an, wie flexibel die zahlreichen traditionellen klein- und mittelstädtischen Honoratiorengesellschaften und ihre kommunalen Eliten auf den umfassenden sozioökonomischen Strukturwandel reagierten und in diese Makro- und Mikroprozesse intervenierten, ob sie zur Abkapselung oder Anpassung neigten. Den strategischen Konzepten von regionalen „Einflußgruppen" und Funktionseliten und deren Kooperationsformen untereinander sowie mit dem institutionellen Gefüge, das sie in Teilen eigens für die Zwecke ihrer Homogenisierungsstrategien schufen (z.B. Parteiautonomie; die CSU-Landesgruppe in der Fraktionsgemeinschaft der CDU/CSU; bayerische Kulturpolitik; geschlossene katholische Territorialkirche; Bayerische Akademie der Wissenschaften usw.) muß deshalb besondere Aufmerksamkeit geschenkt werden. Regionale politische Traditionen und Muster manifestieren sich nicht nur im Wahlverhalten, in Einstellungen und in Lebensstilen, sondern in Institutionen, in institutionellen Gefügen, in Identifikationsmustern, in politisch-kulturellen Strategien, im Sozialprofil von Funktionseliten (bis zum Typus des modernen Parteimanagers). Die politisch-institutionellen Gestaltungsstile selbst sind politisch-kulturelle Ausdrucksformen. Die Vorherrschaft der CSU bliebe ohne diese politisch-institutionellen Homogenisierungsstrategien und politisch-institutionellen Gestaltungsstile, die bis zum Briefkopf reichen, unverständlich[55].

Die in den letzten Jahrzehnten entstandene (gesamt-) bayerische bzw. staatsbayerische Hegemonialkultur ist zu einem Gutteil das Resultat strategi-

---

[54] Siehe Karl Rohe: Wahlanalysen im historischen Kontext, Anm. 6, S. 354.
[55] Vgl. Alf Mintzel: Gehen Bayerns Uhren wirklich anders? (Anm. 4), S. 85; Alf Mintzel: Besonderheiten der politischen Kultur Bayerns, (Anm. 4), S. 293–308.

schen Entscheidungshandelns der regierenden und maßgeblichen bayerischen Funktionseliten. Es gelang den CSU-Eliten in Kooperation mit anderen bayerischen Funktionseliten tatsächlich, die verschiedenen historisch gewachsenen Traditionszonen und Sozialmilieus zu integrieren, zu ihren Bedingungen zu nivellieren und mit gesellschaftsgestaltender Kraft zu einer neuen staatsbayerischen Gesellschaft zu verschweißen.

Die adaptive Entwicklung der CSU zu einem politischen Agenten der Modernisierung und die Selbstadaption zur modernen Partei mit gesellschaftsgestaltender Kraft zeigt, daß die „Bastion Bayern", die neue politische Gesamtregion Bayern nicht nur als etwas in historischen Zeiträumen quasi naturwüchsig Gewachsenes, Überkommenes angesehen werden kann, sondern in Teilaspekten als etwas Geschaffenes, als Produkt einer zielgerichteten, auf Herrschaftsabsicherung und Herrschaftserweiterung abzielenden staatlichen und parteilichen Politik betrachtet werden muß. Diese Leistung erbracht zu haben, ist das historische Verdienst der CSU für Bayern.

4.2 Integration durch Institutionen: Die Doppelrolle der CSU

Historische Tradition und aktuelle Situation führten nach 1945 erneut zu einer bayerischen Sonderentwicklung im neuentstehenden westdeutschen Parteiensystem und zu einer gesonderten parlamentarischen „Repräsentanz Bayerns" im Deutschen Bundestag. Die CSU schloß auf der Parteiebene mit der CDU in den Jahren 1947 bis 1949 lediglich eine lockere Arbeitsgemeinschaft und in den Vertretungskörperschaften des entstehenden westdeutschen Teilstaates nur eine Fraktionsgemeinschaft. Als die CDU 1950 ihre Bundesorganisation gründete, war in der CSU die Aufrechterhaltung der Parteiautonomie bereits zur Selbstverständlichkeit geworden. Die bayerische raison d'être, das innerbayerische Ringen um den „richtigen" bayerischen Kurs in der Nachkriegspolitik, führte 1949 im Deutschen Bundestag lediglich zu einer Fraktionsgemeinschaft der CSU-Landesgruppe mit der CDU, allerdings in einer neuartigen und effektiven Organisation[56].

---

[56] *In den folgenden Ausführungen zur institutionellen Doppelrolle der CSU-Landesgruppe in Bonn siehe Alf Mintzel: Der Fraktionszusammenschluß nach Kreuth: Ende einer Entwicklung?, in: Zeitschrift für Parlamentsfragen 8 (1977), H. 1, S. 58–76;*

Die landes- und bundespolitische Stoßkraft und die Wirkung der CSU resultieren seit der Gründung der Bundesrepublik gerade aus ihrer institutionellen und politischen Doppelrolle als autonomer Landespartei mit besonderem Bundes-Charakter. Diese Doppelrolle ermöglicht es der CSU, als die Bayern schlechthin verkörpernde Landespartei in Erscheinung zu treten (und nicht als Annex der CDU) und im Bundesparlament über die Landesgruppe und andere Institutionen als „Bundespartei" mit besonderer Rücksichtnahme auf bayerische Belange bundesweit Einfluß zu nehmen. Die CSU kann in dieser Doppelfunktion nicht nur den besonderen gesellschaftlichen, kulturellen und wirtschaftlichen Entwicklungsbedingungen Bayerns besonders gut Rechnung tragen, sondern auch im Sinne des staatsbayerischen Mitspracheanspruchs und Gestaltungsauftrags in der deutschen und europäischen Politik in besonderer Weise Einfluß nehmen. Die CSU-Landesgruppe nimmt folglich eine strategisch-operative Schlüsselstellung ein und ist in dieser Schlüsselstellung ein eminent wichtiges Instrument der Durchsetzung und Verwirklichung der von ihr beschlossenen und mitgetragenen Politik. In der Institution der CSU-Landesgruppe haben die CSU und Bayern, historisch gesehen, ein neues, sehr effektives Instrument der staatsbayerischen Selbstdarstellung und innerbayerischen Integration entwickelt. Die Institution der Landesgruppe steht in historischer Perspektive in der Tradition der ehemaligen Sonder- und Reservatsrechte Bayerns im deutschen Kaiserreich. Nicht nur Politik und Entscheidungshandeln als solche können Integration und Homogenisierung bewirken, sondern auch Institutionen als *symbolische* Repräsentanten für staatliche Tradition und politischen Mitgestaltungsanspruch.

Die in der deutschen Parteien- und Parlamentsgeschichte einzigartige und bayerisch eigentümliche institutionelle Konstruktion ermöglicht sowohl politisch-institutionelle Integration in die große Politik als auch staatspolitische Selbstbehauptung und „eigensinnige" Abgrenzung. Parteiautonomie und Sonderstatus bieten den Vorteil, als Plattformen für den defensiven Rückzug und für operative „Ausfälle" dienen zu können. Franz Josef Strauß benutzte diese

---

Alf Mintzel: Franz Josef Strauß und die CSU-Landesgruppe im Deutschen Bundestag, in: Friedrich Zimmermann (Hrsg.): Anspruch und Leistung. Widmung für Franz Josef Strauß, Stuttgart 1980. S. 281–307; Alf Mintzel: Geschichte der CSU (Anm. 2), S. 345–376 und S. 377–414; Alf Mintzel: Die Rolle der CSU-Landesgruppe im politischen Kräftespiel der Bundesrepublik Deutschland, in: Politische Studien, Sonderheft 1 (1989), S. 113–134.

Hebel und Plattformen virtuos, wenngleich strapaziös für die Union, für Rückzüge und für Attacken. Hierin zeigte sich das Zusammenwirken und das Zusammenspiel der Wirkkraft des „großen Mannes" und der Wirkkraft der Institutionen. Die Institutionen, Parteiautonomie, programmatisches Profil und parlamentarischer Sonderstatus verstärkten die Wirkung des Parteiführers und seiner Mitstreiter, der Parteiführer verstärkte unter Mithilfe seiner Mitstreiter die politische Hebelkraft der Institutionen. Eine Voraussetzung hierfür war allerdings die „innere Solidarität und innere Kohäsion"[57] der CSU (-Landesgruppe), mit anderen Worten auch das einheitliche Erscheinungsbild der CSU in Bonn.

Spezifische historisch-gesellschaftliche und politische Rahmenbedingungen und industriegesellschaftliche Entwicklungsformen haben nach 1945 zu einem besonderen politischen „Bayerneffekt", zu bereichs- bzw. dimensionsspezifischen Retardations- und Akzelerationsprozessen geführt. Diese Spezifika und die Parallelität und Dualität von staatlicher Verwaltung und CSU-Organisation sowie die genuin bayerisch geprägte institutionelle Doppelrolle der CSU haben der CSU gegenüber ihren innerbayerischen Konkurrenzparteien einen nicht einholbaren politischen Effizienz-Vorteil gebracht, der bayerischen SPD und FDP einen politisch-institutionellen Nachteil. Die CSU wurde als bayerische „Staatspartei" gewissermaßen eine späte Erbin der aufgeklärten Regierung Montgelas[58] und vollendete gewissermaßen mit den Mitteln des modernen Parteienstaates die politisch-kulturelle Vereinheitlichung Bayerns.

4.3 Lokale und regionale Traditionspflege

Im bisherigen Gang der Argumentation und der Darstellung wurde die These formuliert, die auf den alten Herrschaftsgebieten historisch überkommenen politischen Kulturen seien zu Kulturen „dritter" oder „vierter Ordnung"

---

[57] *(Lt. Protokoll der) Sitzung des CSU-Landesvorstands vom 7. Oktober 1966, München, S. 20f., Franz Josef Strauß apostrophierte die „verstärkte ... innere Solidarität und innere Kohäsion" der CSU-Landesgruppe; s.a. A. Mintzel, Die Rolle der CSU-Landesgruppe (Anm. 105), S. 126.*

[58] *Siehe Jürgen Gebhardt: Bayern. Deutschlands eigenwilliger Freistaat (Anm. 17), S. 13. Siehe oben die Ausführungen in Anmerkung 17 zu Maximilian Joseph Freiherr (seit 1809 Graf) von Montgelas (1759–1838) und das sogenannte Montgelas-System.*

geworden und kämen nur noch in lokalen und kleinräumigen Handlungsorientierungen, Identitäten und Organisationsformen zum Ausdruck. Die ehemaligen politischen Kulturen und ihre soziokulturellen Milieus seien zwar nicht gänzlich verschwunden, hätten aber ihre politisch-strukturbestimmende Kraft verloren. Sie würden als lokale und regionalspezifische Kulturen „dritter" und „vierter Ordnung" unterhalb der staatsbayerischen Hegemonialkultur sogar zum Teil mit offizieller Unterstützung und politischem Nachdruck kräftig „gepflegt" und „gehegt" und sogar wiederbelebt.

„Bayern ist vorn" auch in der Stillung der Heimatgefühle und -sehnsüchte. Auf einer nicht mehr primär politisch bindenden, unterhalb parteilicher Grundorientierungen gelegenen Ebene bilden die kulturellen Submilieus und Ortskulturen „unpolitische" oder zumindest politisch entschärfte Plattformen für lokale und regionale Geschichts- und Traditionspflege. Auf dieser politisch entschärften und parteipolitisch gewissermaßen neutralisierten Ebene werden die überkommenen Regionalkulturen und ihre historisch gewachsenen Sozialmilieus im Rahmen lokaler und regionaler Traditionspflege von Heimatvereinen, von genealogischen Vereinigungen, von lokalen und regionalen Kulturtagen, von historischen Vereinen[59], von Bezirksheimatpflegern, regionalen Rundfunkprogrammen weiterhin „kultiviert" und hierdurch lokale und regionale Identifikationsmöglichkeiten auf einer überparteilichen Plattform ermöglicht[60]. Die quasi museale Existenz dieser politisch entschärften, parteipolitisch neutralisierten innerbayerischen Regionalkulturen mit ihren „überparteili-

---

[59] *Siehe hierzu exemplarisch: Alf Mintzel: 350 Jahre Mintzel-Druck, in: Beilage 350 Jahre Mintzel-Druck/175 Jahre Hofer Anzeiger, Hofer Anzeiger (Tageszeitung für Oberfranken) 138 (10.11.1976); Alf Mintzel: Die Stadt Hof in der Pressegeschichte des 16., 17. und 18. Jahrhunderts. Mit 105 Abbildungen. 28. Bericht des nordoberfränkischen Vereins für Natur-, Geschichts- und Landeskunde, Hof 1979; Alf Mintzel: Hofer Einblattdrucke und Flugschriften des 16. und 17. Jahrhunderts, in: Archiv für Geschichte von Oberfranken (AO), Historischer Verein für Oberfranken 64 (1984), S. 197–286; Alf Mintzel: Bayreuther und Hofer Kleinverleger des 18. Jahrhunderts und ihre Verlagswerke, in: Archiv für Geschichte von Oberfranken 66 (1986) S. 77–189. Siehe die Ausführungen in Anm. 17 zu Maximilian Joseph Freiherr (seit 1809 Graf) von Montgelas (1759–1838) und das sog. Montgelas-System.*

[60] *In den heutigen Lebenswelten kommen die traditionsräumlichen Rückbindungen immer noch in den identitätsstiftenden Mittelstädten und alten Reichs- und Hauptstädten zum Ausdruck. Noch immer verstehen sich altansässige Bevölkerungsgruppen und -teile als „Nürnberger", „Laufer", „Coburger", „Hofer", „Bayreuther" oder als „Oberpfälzer".*

chen" Bürgerplattformen zeugen im Grunde von der Wirksamkeit der politisch-kulturellen Homogenisierung. Sie stabilisieren, und dies ist das Politische am vermeintlich Unpolitischen, die politisch-kulturelle Hegemonie. Sie sind folglich, auf dies ist zum Verständnis der kulturellen Vielfalt in der bayerischen Einheit besonders hinzuweisen, nicht „Gegenkulturen" gegen die „politische Hegemonie", sondern integrierende Elemente und Stabilisatoren.

Diese intimen Wechselbeziehungen zwischen weitgehend entpolitisierten Regionalkulturen und politisch-kultureller Hegemonie zeigen sich zum Beispiel sehr deutlich in der Entwicklung der regionalen Fernsehberichterstattung in Bayern und in der Entwicklung lokaler Rundfunkstationen[61]. Der Bayerische Rundfunk institutionalisierte in den siebziger Jahren unter dem Stichwort „Bayern Regional" (Bayern II) sechs Regionalredaktionen: (1) München, (2) Oberbayern, (3) Niederbayern/Oberpfalz, (4) Schwaben, (5) Mittelfranken/Oberfranken und (6) Mainfranken. Die letzte Institutionalisierung war das Münchner Mittagsmagazin im Jahre 1979. Diese Regionalredaktionen fungieren als dezentralisierte, regionalkulturelle Kommunikationsröhren, die in den verschiedenen innerbayerischen „Provinzen" bis hinab in die einzelnen lokalen Milieus Themen aufgreifen und mit relativer Autonomie behandeln. So holt zum Beispiel die Regionalwelle Mainfranken ihre Stoffe aus dem kulturellen Traditionsgebiet der Rhön und des Spessart, aus der sogenannten Mainmetropole Würzburg und aus den Haßbergen. Hier wird einmal mehr deutlich, wie verschiedene Funktionseliten im hegemonialen Netzwerk zusammenwirken.

Die bayerische Medienpolitik der CSU unterläuft mit dieser innerbayerischen „Regionalisierung" keineswegs ihre politischen gesamtbayerischen Homogenisierungsstrategien, sie ist vielmehr ein weiteres und wichtiges Instrument der Integration durch (neue) Medien. Bayern wurde in sechs soziokulturelle Kommunikationsräume gegliedert, innerhalb deren die alten historisch-kulturellen Regionen und subkulturellen Gebietseinheiten mit ihrem Sozialbewußtsein und ihren Traditionselementen kommunikativ auf einer Ebene „dritter" und „vierter Ordnung" fortleben und koexistieren. In den regionalkulturellen Kommunikationsbereichen werden noch immer die alten Traditionsräume respektiert, das katholische Mainfranken, das mark-

---

[61] *Zu den Kommunikationsgebieten des Bayerischen Hörfunks siehe Alf Mintzel: Politisch-kulturelle Hegemonie und „Gegenkulturen" (Anm. 47), S. 89.*

gräfliche Franken, Schwaben und Kurbayern mit den Teilregionen Oberbayern und Niederbayern/Oberpfalz, wenngleich neue funktions-räumliche Faktoren hier mit im Spiel sind. Letztendlich bilden diese Regionalwellen im Sinne gesamtbayerischer Homogenisierungsstrategien der Funktionseliten über den Bayerischen Rundfunk Instrumente der gesamtbayerischen Integration und Identität: Kulturelle Vielfalt in der bayerischen Einheit. Kommunikative Regionalisierung bewirkt Teilhabe der historisch-überkommenen soziokulturellen Räume an der gesamtbayerischen Integration. Die Regionalwelle Mainfranken feierte im Januar 1987 ihr 10jähriges Bestehen charakteristischerweise unter dem Motto „Wo Bayern beginnt".

Eine Repolitisierung der alten politisch-kulturellen Regionen, zum Beispiel altindustrialisierter protestantischer Gebiete Frankens etwa im Sinne einer sozialdemokratischen oder grün-ökologischen „Gegenkultur", scheint nicht mehr möglich zu sein. Solche Versuche könnten bestenfalls nur insulare Bedeutung gewinnen. Für eine „gegenkulturelle" Landespolitik sind die alten Traditionsräume längst zu untauglichen Plattformen geworden.

5. Bayern bleibt ein Land der CSU

5.1 Gefährdungen der CSU nach dem Tod von Franz Josef Strauß und nach der deutschen Vereinigung

Im politischen Kräftespiel der alten Bundesrepublik hatte die CSU sich mit bayerischer Kraft einen festen Platz und eine kalkulierbare Sonderrolle erstritten: Sie war eine autonome Landespartei, die in Bayern seit mehr als einer Generation ohne Unterbrechung die absolute Mehrheit errungen und verteidigt hatte. Sie war in der politischen Aktionsgemeinschaft der Unionsparteien eine bayerische Bundespartei und dritte Kraft im Bonner Parlament. Die CSU hatte sich gegenüber der Gesamtunion 1976 mit ihrem Kreuther Beschluß die politische Parität erstritten. In Franz Josef Strauß hatte sie eine charismatische Führerfigur, deren Populismus eine hohe Integrationskraft besaß. Strauß, der außerhalb Bayerns wie kein anderer das politische Leben polarisiert hatte, hatte in Bayern die politischen Strömungen der bayerischen Geschichte und die historischen Ressentiments und Sehnsüchte bayerischen Eigenverständnisses zusammengefaßt. Er war damit einer der großen politischen Architekten und das politische Megaphon der Modernisierung Bayerns und der CSU gewesen.

Nach dem Tod von Franz Josef Strauß (3. Oktober 1988) und mit der Vereinigung der zwei deutschen Staaten veränderten sich in Deutschland die Rahmenbedingungen für das parteipolitische Kräftespiel[62]. Der Prozeß der Homogenisierung Bayerns durch die CSU, die Absicherung der starken Stellung der CSU im Freistaat und die bundesweite Wirkkraft der CSU schienen endgültig an ihre Grenzen gestoßen zu sein. Der neue Landesvorsitzende der CSU, Theo Waigel, sah 1990 „die CSU vor der wohl größten Herausforderung seit ihrer Gründung" stehen[63]. Die in 40 Jahren erstrittene und gewonnene Balancierung des Kräftespiels zwischen CSU und CDU waren durch das verminderte Gewicht der CSU in ihrer neuen gesamtdeutschen Rolle in Frage gestellt. Mit der Verwirklichung der Einheit Deutschlands und mit der Konstituierung der gesamtdeutschen CDU wurde die 1976 der CDU abgetrotzte „politische Parität" von CDU und CSU faktisch außer Kraft gesetzt[64].

In Bayern selbst schien nach rund 30 Jahren Vorherrschaft zum ersten Mal die absolute Mehrheit der CSU von rechts bedroht zu sein[65]. Dies hatte Franz

---

[62] *Ausführlich dazu Alf Mintzel, Die Rolle der CSU im gesamtdeutschen Parteiensystem, hekt. Manuskript (Hanns-Seidel-Stiftung), Juli 1990; ders., CSU-Strategie gegen Gewichtsverlust: Vabanque-Spiel oder kalkulierbares Risiko in labiler Situation, in: Die Neue Gesellschaft/Frankfurter Hefte, 37 (1990) 9, S. 828–831; Jürgen W. Falter/ Siegfried Schumann, Konsequenzen einer bundesweiten Kandidatur der CSU bei Wahlen. Eine in die unmittelbare Vergangenheit gerichtete Prognose, in: Aus Politik und Zeitgeschichte, B 11–12/91, S. 33–45; Alf Mintzel: Die Christlich-Soziale Union in Bayern, 1992 (Anm. 2), S. 256–262; Alf Mintzel: CSU. Institutionelle Doppelrolle in gesamtdeutscher und europäischer Perspektive, in: Uwe Andersen/Wichard Woyke (Hrsg.): Handwörterbuch zum politischen System des vereinten Deutschlands. Opladen 1992, S. 108–111. Heinrich Oberreuter: Die CSU nach der Bundestagswahl 1990, in: Peter Eisenmann/Gerhard Hirscher (Hrsg.): Die Entwicklung der Volksparteien im vereinten Deutschland. München/Landsberg 1992, S. 27–34. Susanne Koch: Parteien in der Region (Anm. 2), S. 283–288.*

[63] *Theo Waigel, In der Pflicht für Deutschland. Die CSU in historischer Zeit: Eine Partei, auf die Verlaß ist!, in: Bayernkurier, Nr. 29 vom 21. Juli 1990, S. 15.*

[64] *Vgl. Alf Mintzel, Die Rolle der CSU im gesamtdeutschen Parteiensystem (Anm. 62) S. 20ff.; ders., CSU-Strategie gegen Gewichtsverlust (Anm. 62) S. 828–831.*

[65] *Vgl. statistische Angaben in: Mitteilungen und Bekanntmachungen des Wahlleiters des Freistaates Bayern, Nr. 4, ausgegeben im Juni 1989, Europawahl 1989. Endgültiges Wahlergebnis.*

Josef Strauß in seinen strategischen Kalkülen und mit analytischem Blick von jeher zu Recht befürchtet[66]. In der Europawahl 1989 hatten die Republikaner (REP) überall in Bayern zweistellige Wahlergebnisse erreicht. Während früher das Rechtspotential in Bayern „traditionsgemäß" vor allem im fränkisch-protestantischen Raum anzutreffen gewesen war, waren im Europawahlergebnis 1989 auch Schwerpunkte in überwiegend katholischen Regionen Bayerns zum Vorschein gekommen[67]. Die flächendeckende „schwarze" Parteien- und Wahllandschaft, so mutmaßten viele, schien vor einem Umbruch zu stehen. Ein Teil der ultrarechten Stimmen, die früher Franz Josef Strauß mit seinem Charisma an die Union hatte binden können, war kurze Zeit von der Rhetorik des Parteiführers der Republikaner, Franz Schönhuber, eingefangen worden.

Der Ausgang der Landtagswahl vom 14. Oktober 1990 und der Bundestagswahl vom 2. Dezember 1990 zeigten dann aber, daß neue Faktoren die innerbayerische Bedrohung von rechts entschärft hatten[68]. Die Republikaner hatten sich untereinander so zerstritten, daß vorübergehend sogar ihre Zentralfigur, der Bayer Franz Schönhuber, Gefahr gelaufen war, das Amt des Bundesvorsitzenden der Republikaner zu verlieren. Neuen Auftrieb erhielt die CSU 1990 durch den politischen Themenwechsel, durch den Zusammenbruch des SED-Regimes der vormaligen DDR und durch die Wiedergewinnung der Einheit Deutschlands. Mit der Losung „Deutschland kommt – Bayern bleibt stark – Mit uns – CSU" ging die CSU erfolgreich in den Landtagswahlkampf 1990 und errang mit 54,9 % erneut die absolute Mehrheit (1986: 55,8 %).

Auch aus dem Stimmungstief der Jahre 1993/94 ging die CSU in Bayern restabilisiert hervor. Unter dem CSU-Parteivorsitzenden Theo Waigel und

---

[66] *Franz Josef Strauß hierzu: „Hierher gehört meine oft wiederholte Aussage und beschwörende Mahnung, daß es rechts von uns keine demokratisch legitimierte Partei geben darf", in: Franz Josef Strauß: Die Erinnerungen. Bonn 1989², S. 530.*

[67] *Siehe statistische Angaben in: Mitteilungen und Bekanntmachungen des Wahlleiters des Freistaates Bayern (Anm. 65).*

[68] *Vgl. Rainer-Olaf Schultze: Die bayerische Landtagswahl vom 14. Oktober 1990: Bayerische Besonderheiten und bundesrepublikanische Normalität, in: Zeitschrift für Parlamentsfragen, 22 (1991), S. 53–55; infas-Report Wahlen, Bundestagswahlen 1990. Wahl zum 12. Deutschen Bundestag am 2. Dezember 1990. Analysen und Dokumente. Bonn/Bad Godesberg, April 1991. Dieter Roth: Die Republikaner. Schneller Aufstieg und tiefer Fall einer Protestpartei am rechten Rand. Aus Politik und Zeitgeschichte. B 37–38/90, S. 27 ff.*

dem neuen Bayerischen Ministerpräsidenten Edmund Stoiber wurde das Unmögliche möglich: Trotz des Wechsels im Amt des Ministerpräsidenten und trotz der Affären bestand die CSU im Superwahljahr 1994 alle Urnengänge mit unerwartet hohem Erfolg. Im Frühjahr 1994 hatte es noch so ausgesehen, als habe die CSU im Zuge der sog. Amigo-Affäre um den damaligen Ministerpräsidenten Max Streibl ihre absolute Mehrheit und sogar ihren Einzug in das Europa-Parlament verspielt. Die Meinungsforscher hatten die CSU auf dem Tiefpunkt der Nach-Strauß-Ära gesehen. Unter der Doppelführung von Edmund Stoiber und Theo Waigel ging die CSU jedoch wider Erwarten vieler Beobachter mit großem Erfolg aus dem Superwahljahr 1994 hervor: aus der Europawahl mit 6,8%, aus der Landtagswahl mit 52,8% und aus dem Bundestag mit immerhin noch 51,2% der Stimmen. Sie konnte in der Regierungskoalition von CDU, CSU und FDP letztere wieder auf den dritten Platz verweisen. An dem Landtagswahlergebnis 1994 war besonders wichtig, daß die CSU zahlreiche frühere Protest-Wähler, die zu den Republikanern abgewandert waren, wieder integrieren konnte. Die bayerische Parteien- und Wahllandschaft hatte also vor keinem Umbruch gestanden. Sie war – plakativ gesprochen – flächendeckend „schwarz" geblieben.

Die Ergebnisse der Landtags- und Bundestagswahlen 1990 und 1994 bestätigten abermals, wenngleich mit leichten Abschwächungen, die gelungene gesamtbayerische Nivellierung der Parteienlandschaft auf einem CSU-Gesamtniveau oberhalb der 50-Prozent-Marke – mit Ausnahme Mittelfrankens, wo die CSU wieder unter die 50-Prozent-Marke gerutscht war[69]. Bayern blieb auch nach Strauß und nach der Vereinigung der deutschen Staaten unter veränderten gesamtdeutschen Verhältnissen ein Land der CSU.

Journalistische Mutmaßungen, die CSU verkümmere ohne Strauß zu einem „normalen" Landesverband der Union, sie werde über kurz oder lang eine „Provinzpartei" oder verwandle sich sogar in eine bedeutungslose „Bayernpartei" zurück, erwiesen sich als grobe Fehleinschätzungen der bayerischen Situation[70]. Sie gingen allemal an der gesellschaftlichen und politisch-

---

[69] Siehe *Wahl zum 11. Deutschen Bundestag in Bayern am 25. Januar 1987. Heft 48 der Beiträge zur Statistik Bayerns*, hrsg. vom Bayerischen Landesamt für Statistik und Datenverarbeitung, München 1987, S. 24/25. *Alf Mintzel: Gehen Bayerns Uhren wirklich anders?* (Anm. 4), S. 93/94.

[70] Siehe hierzu *Alf Mintzel: Keine falschen Hoffnungen: Die CSU verkommt nicht zur Provinzpartei* (Anm. 48), S. 172–191.

kulturellen Wirklichkeit Bayerns vorbei. Die unter Führung der CSU entstandene neue gesamt- und staatsbayerische Hegemonialkultur erwies sich weitesthin als ein tragfähiger und „ertragreicher" Boden – trotz einiger Alarmzeichen.

5.2 Die schwache Opposition

Der Erfolg und die ungebrochene Kraft der CSU hingen und hängen allerdings auch mit der Schwäche der bayerischen SPD zusammen[71]. Die SPD versäumte, abgesehen von ein paar Ansätzen[72], einen spezifischen Anpassungsprozeß an die neue politisch-kulturelle Entwicklung Bayerns. „Das Andere Bayern", das die bayerische SPD Mitte der siebziger Jahre als Slogan wählte und als politisch-kulturelles Gegenforum ins Leben rief, ließ sich bezeichnenderweise nicht im Sinne einer sozialdemokratischen „Gegenkultur" entwickeln. Viele bayerische Sozialdemokraten sahen sich wie echte „CSUler" als überzeugte Staatsbayern und wollten im Herzen wohl gar nicht „das Andere Bayern" sein. Es mangelte der SPD auch an politischen Zugpferden, um dem folkloristischen Populismus vieler CSU-Politiker wirksam entgegentreten und die SPD auf gesamtbayerischer Ebene zu einer schlagkräftigen Partei formieren zu können. Die FDP verlor in Bayern ihre laizistische, antiklerikale Funktion in dem Maße, in dem sich die CSU entklerikalisierte und zur modernen, interkonfessionellen Partei entwickelte[73]. Wenn in

---

[71] *Zur Entwicklung und Situation der SPD im Vergleich zur CSU, insbesondere auch unter organisationsgeschichtlichen und -analytischen Aspekten siehe Susanne Koch: Parteien in der Region (Anm. 2), S. 169–204 u. S. 281–283; Alf Mintzel: Organisatorische Entwicklung und Situation der SPD in Bayern/Organisationsvergleich der CSU und der SPD in Bayern, Referat gehalten am 2. Dezember 1987 in Würzburg, Seminar der Friedrich-Ebert-Stiftung, 112 Seiten mit kartographischem Teil und zahlreichen Tabellen.*

[72] *Siehe hierzu Susanne Koch: Parteien in der Region (Anm. 2), S. 165–172, S. 281–283.*

[73] *Die schwache FDP, die schon bei den Landtagswahlen 1966, 1982 und 1986 den Einzug in den Bayerischen Landtag verfehlt hatte, wurde, nach einer temporären Rückkehr in den Landtag (1990: 5,2 %), in der Landtagswahl 1994 mit 2,8 % der Stimmen hoffnungslos abgeschlagen. Der von dem FDP-Fraktionschef Jürgen Doeblin verfochtene Kurs, „Schwarz allein darf nicht sein", hatte angesichts der Umfrageergebnisse mit mehr als 50 % für die CSU keinen Erfolg.*

Bayern in den achtziger und neunziger Jahren so etwas wie eine „Gegenkultur" zur „politisch-kulturellen Hegemonie" der CSU sichtbar wurde, dann im politischen Umfeld der „Grünen". Die Lage bleibt jedoch, wie die bayerischen Wahlergebnisse seit 1987 zeigen, für die oppositionellen Kräfte ziemlich hoffnungslos. Viele ideelle und materielle Interessen binden große Teile der bayerischen Bevölkerung an ihre erfolgreiche „Staatspartei".

5.3 Bayern bleibt Legitimationsbasis

Das für viele von jeher unbequeme „Problem Bayern" in der deutschen und europäischen Geschichte existiert mit diesem Freistaat und mit der großen bayerischen Mehrheits- und Regierungspartei fort. Obschon sich im Verlauf der letzten beiden Jahrhunderte und der letzten Jahrzehnte die politischen Situationen und Konstellationen und damit die politischen Aufgaben gewandelt haben, sind seit der Enstehung des „Neuen Bayerns" zu Beginn des 19. Jahrhunderts bei allem Wandel zwei staatsbayerische Ziele unverändert geblieben: Das eine Ziel ist, bayerische Staatlichkeit, soziokulturelle Eigenprägung und politische Kultur sowie wirtschaftlichen Wohlstand im Wandel der Zeiten zu bewahren und zu fördern, und Bayerns Gewicht als historisch gewachsene und vitale Kulturregion Deutschlands und Europas auch in neuen, übergreifenden und europaweiten Entwicklungen zu erhalten[74]. Das andere Ziel ist, Bayerns historisch begründeten Mitspracheanspruch und Gestaltungsauftrag in der deutschen und europäischen Politik zur Geltung zu bringen. „Bayern und die CSU" ist eine Formel, die „bayerische Identität" bekräftigt und ein vitales Regionalbewußtsein artikuliert. Die Legitimationsbasis der CSU bleibt auch in Zukunft das moderne, von ihr zu einer bindekräftigen politischen Kultur vereinheitlichte Bayern. Vieles spricht dafür, daß die CSU, entgegen einiger Unkenrufe, auch künftig nicht zu einer „Provinzpartei"[75] verkommt, und weiterhin in Bayern und in Bonn ihre starke Sonderstellung als bayerische Staats- und Mehrheitspartei und bayerische Bundespartei behalten wird.

---

[74] Siehe *Alf Mintzel: CSU. Institutionelle Doppelrolle in gesamtdeutscher und europäischer Perspektive (Anm. 62), S. 108–111.*

[75] Siehe *Alf Mintzel: Keine falschen Hoffnungen: Die CSU verkommt nicht zur Provinzpartei (Anm. 48), S. 172–191.*

Die CSU wird auch in Zukunft um ihrer bayerischen Eigenkraft willen, um ihres Eigengewichts in Bonn und um der Gesamtstärke der Union willen, im Aktions- und im Fraktionsbündnis mit der gesamtdeutschen CDU die „kleine Schwesterpartei" und bayerische Bundespartei spielen müssen. Hörte die CSU auf, ihre historisch geprägte Doppelrolle zu spielen, und gäbe sie ihre politischen Faustpfänder – Parteiautonomie und gesonderte parlamentarische Repräsentanz – aus der Hand, so verlöre sie wahrscheinlich, was ihren eigenen Charakter, ihre Stärke und ihre staatsbayerische Identität ausmacht.

Es darf bei der Betrachtung Bayerns und der CSU im neuen gesamtdeutschen Parteiensystem nicht übersehen werden, daß Bayern ungefähr die Größe Irlands besitzt. Der Freistaat ist größer als Dänemark, die Niederlande, Belgien oder die Schweiz. Von der Größenordnung her gesehen ist somit eine Repräsentation der Kulturregion Bayern in Europa „kraft bayerischer Identität" im Sinne des staatsbayerischen Mitspracheanspruchs und Mitgestaltungsanspruchs eine Aufgabe für sich. Die neue gesamtdeutsche Rolle der CSU bleibt somit auch aus der europäischen Perspektive an ihre bayerische Identität gekoppelt, weil der Freistaat vor dem Hintergrund seiner Geschichte als bedeutende Kulturregion mit eigener Staatstradition gesehen wird. Die CSU versteht sich auch auf der europäischen Ebene primär als politische Treuhänderin der Kultur- und Staatstradition Bayerns. Die CSU sieht in ihrer Repräsentanz im Europäischen Parlament und in der EU-Kommission eine wichtige Aufgabe der Vertretung Bayerns. Bayern bleibt auch in europäischer Sicht Legitimationsbasis der CSU.

Wirtschafts- und Sozialpolitik: Die Verwirklichung einer Sozialen Marktwirtschaft durch die Landespolitik der CSU

Gerhard D. Kleinhenz

Zum Jubiläum der Christlich-Sozialen Union habe ich für diese bayerische Partei drei Wünsche, die von Sympathie und kritischer Distanz bestimmt sind. Die CSU möge ihre Fähigkeit erhalten, aus grundlegenden Wertpositionen heraus eine fortschrittliche Politik der pragmatischen Verwirklichung einer dauerhaften Entwicklung zu formulieren. Der CSU wünsche ich darum starke Konkurrenten, die in einem intensiven programmatischen Wettbewerb um die Wählerstimmen in Bayern ihre ganze Kreativität und Leistungsfähigkeit fordern. Zuletzt wünsche ich der CSU, daß sie das christlich-soziale Wertepotential ihres Namens gezielt weiterentfalten möge, wodurch sie m. E. ihre ganz besondere Identität in der bundesdeutschen Parteienlandschaft betonen und bei der Bewältigung der Zukunftsherausforderungen an unsere Soziale Marktwirtschaft einbringen könnte.

Diesen Beitrag widme ich dem Andenken meines Vaters, Josef Kleinhenz (4.3.1902 – 22.8.1985), der nach einer Schuhmacherlehre und kurzer Ausübung dieses Berufs sein Arbeitsleben lang in der Schweinfurter Kugellagerindustrie tätig war. Bei ihm vereinten sich soziale Rollen, die offenbar so nur in Bayern vereinbar sind. Er war sowohl aktives Mitglied seiner Pfarrgemeinde und der verschiedenen Gruppierungen der katholischen Arbeitnehmerschaft als auch überzeugter Gewerkschafter und obwohl er aus der nationalsozialistischen Zeit politischen Parteien abgeneigt war, fand er seine politische Heimat in der CSU.

1. Probleme wissenschaftlicher Darstellung und Analyse der Wirtschafts- und Sozialpolitik einer demokratisch erfolgreichen Partei

Aufgabenstellung und Abgrenzung

Im Rahmen dieser Publikation ist es angemessen und unverzichtbar, das Wirken der CSU auf dem Gebiet der Wirtschaft und der sozialen Entwicklung einer näheren fachwissenschaftlichen Betrachtung zu unterziehen. Welche Wirtschafts- und Sozialpolitik hat die CSU betrieben, welche wirtschaftliche und soziale Entwicklung hat sich in Wechselwirkung dieser Politik der CSU mit den anderen politischen, gesellschaftlichen und wirtschaftlichen Kräften ergeben und inwiefern kann diese Wirtschafts- und Sozialpolitik der CSU als Beitrag zu ihren Wahlerfolgen und zu ihrer Etablierung als führende politische Partei sowie zur Entwicklung Bayerns verstanden werden? Diese Fragen bestimmen die hier mögliche, holzschnittartig charakterisierende Darstellung und ökonomische Analyse von 50 Jahren CSU-Politik.

Dabei soll „Wirtschafts- und Sozialpolitik" in einem weiteren, die gegebenen Ressortabgrenzungen übergreifenden Sinne verstanden und an der Konzeption der Sozialen Marktwirtschaft ausgerichtet werden.[1] Die Väter dieser neuen Ordnungskonzeption, insbesondere Alfred Müller-Armack, hatten durch die Verbindung einer Marktwirtschaft mit dem Adjektiv „sozial" die Überwindung eines laissez-faire-Liberalismus und den Anspruch auf eine Lösung der „Sozialen Frage" zum Ausdruck bringen wollen. Sie betonten daher zunächst die Notwendigkeit eines starken Rechtsstaates als Ordnungsmacht, insbesondere als Hüter der Wettbewerbsordnung. Sie hatten zudem die Möglichkeit der Ausrichtung der Sozialen Marktwirtschaft auf Werte und Ziele jenseits von Angebot und Nachfrage, wie der Humanität, der sozialen Gerechtigkeit, sozialer Sicherheit und sozialen Friedens, durch staatliche Rahmensetzung betont. Schließlich erschien die angestrebte Ordnung als sozial, weil auf der Grundlage der marktwirtschaftlichen Leistungsfähigkeit ein umfassendes System der Sozialen Sicherheit errichtet werden könnte.

Die Aufgabe von „Wirtschafts- und Sozialpolitik" – wie sie hier abgegrenzt

---

[1] Zur Darstellung dieser Konzeption vgl. nur Lampert, Heinz: Die Wirtschafts- und Sozialordnung der Bundesrepublik Deutschland. 12. Auflage, München 1995.

werden soll – kann dann als die Verwirklichung der Kernanliegen der Ordnungskonzeption einer „Sozialen Marktwirtschaft" verstanden werden. Wirtschafts- und Sozialpolitik sind auf die Sicherung der Wettbewerbsordnung zur Entfaltung der Leistungsfähigkeit einer Marktwirtschaft und auf die staatliche Gewährleistung eines Wertrahmens sowie auf „sozialstaatliche Daseinsvorsorge" zur Erfüllung übergeordneter gesellschaftlicher Anliegen ausgerichtet. Das Politikfeld, das in diesem Beitrag dargestellt werden soll, kann also zusammenfassend bestimmt werden als die „bewußte Ausgestaltung einer grundsätzlich freiheitlichen, gleichzeitig aber sozialverpflichteten Gesellschafts-, Wirtschafts- und Sozialordnung und ihre Sicherung durch einen starken Staat."[2]

Methodische Probleme und analytisches Konzept

Das Handeln einer politischen Partei darzustellen, gehört zu den schwierigsten Herausforderungen für einen Wissenschaftler, der sich im Sinne Max Webers der Werturteilsfreiheit bei seiner wissenschaftlichen Arbeit verpflichtet fühlt. Die Behandlung der 50jährigen Geschichte der CSU für entscheidende Felder der Politik kann im vorgegebenen Rahmen nicht auf einer historisch getreuen und umfassenden Dokumentation der Inhalte und des Zustandekommens aller Programme, Beschlüsse und Verlautbarungen beruhen. Vielmehr wird es darum gehen, diese Politik der CSU in einer pointierend hervorhebenden oder generalisierenden Abstraktion, letztlich durch „Expertenurteil" zu charakterisieren. Dabei sind in ganz erheblichem Umfang Abgrenzungen und Einschränkungen auf Schwerpunkte vorzunehmen, charakteristische Grundzüge und typische Entscheidungen zu ermitteln sowie Maßstäbe für die wissenschaftliche Beurteilung auszuwählen. Schließlich fließt auch die persönliche Erfahrung des Verfassers aus einer längeren Zeit einer – stets der Heimat verbundenen – Beobachtung von außerhalb Bayerns und später aus der Sicht als Ordinarius für Volkswirtschaftslehre mit Schwerpunkt Wirtschaftspolitik an der Universität Passau mit ein.

Bei dem Versuch, der Wirtschafts- und Sozialpolitik der CSU durch eine wissenschaftliche Darstellung und Analyse unter Verzicht auf eine eigene

---

[2] Ebd., S. 85.

(subjektive) Bewertung gerecht zu werden, wird man mit Mißverständnissen rechnen müssen. Allein schon die unvermeidbaren Auswahlentscheidungen und auch alle zusammenfassend charakterisierenden Aussagen sowie insbesondere die wissenschaftlichen Beurteilungen können bei Mitgliedern und Anhängern, aber auch bei politischen Konkurrenten und Gegnern jeweils auf wertende, teilweise emotionale Aufnahme oder Ablehnung und Kritik stoßen. Dieses Risiko könnte aber wohl auch bei einer viel ausführlicheren Darstellung und umfassenderen Fundierung der Aussagen nicht ganz ausgeschlossen werden.

In einer parlamentarischen Demokratie stehen Parteien mit Medien und Interessengruppen im Wettstreit um Aufmerksamkeit und Engagement sowie im Konkurrenzkampf um die Wählerstimmen. Parteien können daher nie allein die Politik bestimmen. Der Zugang zur politischen Macht und das politische Handeln einer Partei in Parlament (Legislative) und Regierung (Exekutive) hängen auch von den Programmen und Entscheidungen konkurrierender Parteien, gegebenenfalls von Möglichkeiten der Koalition von Parteien, von der Haltung der Ministerial- und Regierungsbürokratie sowie vor allem vom Urteil der Wähler über die verfügbaren politischen Alternativen ab. Dennoch wird diesen komplexen Zusammenhängen der politischen Willensbildung und dem Einfluß verschiedener Agenten in der bayerischen Öffentlichkeit hier nicht systematisch nachgegangen werden können. Dabei wäre für den Politikbereich Wirtschaft und Soziales sowohl die Umsetzung der Landespolitik durch die Bezirksregierungen, in Kreisen, Städten und Gemeinden als auch insbesondere der Einfluß der unabhängigen Kammern, von Arbeitgeber- und Wirtschaftsverbänden, Arbeitnehmern, Gewerkschaften und christlicher Arbeitnehmerschaft sowie der freien Wohlfahrtsverbände von Bedeutung, für die bei aller Unterschiedlichkeit der Standpunkte doch teilweise von einer weitgehenden Harmonie mit der Landespolitik der CSU ausgegangen werden kann. Die Konzentration auf den Beitrag der CSU zu dieser Entwicklung schmälert aber nicht die Anerkennung des Einflusses der vielen anderen gesellschaftlichen und politischen Kräfte, die sich ebenso für die wirtschaftliche und soziale Entwicklung Bayerns, teilweise mit gleichgerichteten, teilweise mit konkurrierenden Vorstellungen, engagiert haben.

Der Verzicht auf die detaillierte Erfassung des Einflusses der anderen Parteien, unterer Ebenen der Politik, der Medien, der Verbände oder einflußreicher Einzelpersönlichkeiten ist wiederum zunächst durch die Begrenzung des

Raumes geboten, aber auch durch das hier verwendete Politikkonzept und durch die immer wieder bestätigte dominante Rolle der CSU[3] vertretbar. Tatsächlich konnte sich die CSU von den Wahlen zur Verfassunggebenden Landesversammlung (30.6.1946) und zum ersten Bayerischen Landtag (1.12.1946)[4] nach einer vorübergehenden Konkurrenz mit der Bayernpartei, nach zunächst ungleichen (CSU 52,3%, SPD 28,6% der Wählerstimmen), später ausgeglichenen (CSU 27,5% der Wählerstimmen und 64 Sitze, SPD 28,0% der Wählerstimmen und 63 Sitze) Kräfteverhältnissen in einer Koalitionspartnerschaft mit der SPD (unter Hans Ehard vom 21.12.1946–20.9.1947 und vom 18.12.1950–14.12.1954) sowie nach der Oppositionsrolle während der Regierung Wilhelm Hoegners (vom 14.12.1954–16.10.1957) in den folgenden fast vier Jahrzehnten als die den Freistaat und seine Politik prägende Kraft entfalten. Daher erscheint es in vielen Punkten der Darstellung hier gerechtfertigt, auch die Politik des Bayerischen Landtages und der Staatsregierung als Politik der CSU zu behandeln.

Anliegen dieses Beitrages ist es nicht, „Verdienste" beim Zustandekommen bestimmter Entwicklungen des Gemeinwesens aufzuzeigen und einzelnen politischen Entscheidungen zuzurechnen oder gar die „wahren" Motive der führenden Persönlichkeiten der CSU zu ergründen und zu beurteilen. Vielmehr soll die Politik dieser Partei an sich dargestellt und an ihren Auswirkungen auf die wirtschaftliche und soziale Entwicklung im Freistaat beurteilt werden. Leider ist es in Deutschland populärer und auch unter Intellektuellen verbreitet, das politische Handeln mehr nach der dahinterstehenden „Gesinnung" als unmittelbar und im Blick auf seine Wirkungen zu beurteilen. Die „rechte Gesinnung" mag ein notwendiges Element der politischen Gruppierung und Parteienbildung sein; der Erfassung durch die Wissenschaft ist sie kaum zugänglich. So kann man z.B. für die nach dem Motiv als „sozialkonservativ" charakterisierte Bismarcksche Sozialversicherungspolitik heute konstatieren, daß sie die wirtschaftliche Lage und gesellschaftliche Stellung der Arbeiterschaft weit entscheidender verbessert hat als die Verfolgung der „sozialrevolutionären" Ideologie der Errichtung einer Diktatur des Proletariats.

---

[3] *Vgl. nur Mintzel, Alf: Geschichte der CSU, Opladen 1977.*

[4] *Zu den historischen Daten vgl. auch im folgenden nur Treml, Manfred: Geschichte des modernen Bayern, München 1994 (Bayer. Landeszentrale für politische Bildungsarbeit, A/95) sowie Roth, Rainer A.: Freistaat Bayern, 2. Aufl., München 1994 (Bayer. Landeszentrale für politische Bildungsarbeit, A/92).*

Gerhard Kleinhenz, Wirtschafts- und Sozialpolitik:
Die Verwirklichung einer Sozialen Marktwirtschaft durch die Landespolitik der CSU

Die hier gewählte Vorgehensweise folgt zunächst dem Ansatz der ökonomischen Theorie demokratischer Politik, der Parteien – neben möglicherweise edleren Motiven – das Streben nach dem Zugang zur staatlichen Macht durch Konkurrenz um Wählerstimmen unterstellt und – trotz aller möglichen Einschränkungen der Rationalität der Wähler – in den Wahlerfolgen einer Partei auch ihre „politische Wettbewerbsfähigkeit" bestätigt sieht. Eine solche Ausrichtung der Darstellung und wissenschaftlichen Analyse erfaßt den Erfolg der Partei im Sinne des Zugangs zur staatlichen Macht und zur Verwirklichung politischer Programme aufgrund des Wählerauftrages und entspricht damit auch dem institutionellen Sinn der verfassungsgemäßen Stellung politischer Parteien.

Da die wirtschaftliche und soziale Entwicklung in Deutschland nach der empirischen Wahlforschung einen vorrangigen Stellenwert bei den Wahlentscheidungen besitzt, können die Wahlerfolge der CSU und gerade die seit Mitte der 50er Jahre wachsende und auf hohem Niveau stabile Überlegenheit bei den Landtags- und Bundestagswahlen gegenüber der SPD als stärkster Oppositionspartei auch als Akzeptanz der „Wirtschafts- und Sozialpolitik" der CSU beim souveränen Wahlvolk in Bayern verstanden werden. Die Bürger haben offenbar der CSU – wie keiner anderen Partei – auch „wirtschaftliche und soziale Kompetenz" zugeschrieben.

Gegenüber dem Urteil der Wähler könnte eine wissenschaftliche Beurteilung der Politik einer Partei (z.B. in bezug auf die Ausrichtung an unterstellten Interessen des Volkes, Widerspruchsfreiheit der Ziele oder die Eignung der gewählten Mittel) keinen Vorrang beanspruchen, wenn sie die (relativ gute) Funktionsfähigkeit der Demokratie zur Ermittlung des Willens des Volkes nicht grundsätzlich in Frage stellt. Andererseits ist der Verzicht auf eine unmittelbare Bewertung des Einflusses der Partei auf die wirtschaftliche und soziale Entwicklung als „Verdienst" oder „Verantwortung" der Partei auch eine Konsequenz aus der Einsicht in die Beschränkungen der politischen Machbarkeit wirtschaftlicher und gesellschaftlicher Entwicklungen. Dieser Verzicht erfolgt auch im Wissen um die Schwierigkeiten der empirischen Zuordnung (oder gar Zurechnung) des Einflusses einzelner Persönlichkeiten, Institutionen oder Organisationen im Rahmen des selbst offenen, demokratischen politischen Willensbildungs- und Entscheidungsprozesses einer offenen pluralistischen Gesellschaft.

Mit der folgenden Darstellung und Analyse der Landespolitik im Bereich

Gerhard Kleinhenz, Wirtschafts- und Sozialpolitik:
Die Verwirklichung einer Sozialen Marktwirtschaft durch die Landespolitik der CSU

Wirtschaft und Soziales sollen also nicht Verdienste oder Versäumnisse der CSU nachgewiesen werden. Vielmehr soll der „Erfolg" oder die „Fortune" dieser Partei als Ausgangspunkt der Darstellung und Analyse verwendet werden. Im Mittelpunkt des Beitrages steht der Versuch, zu erklären, wie die CSU durch ihre Wirtschafts- und Sozialpolitik angesichts der politisch-institutionellen, gesellschaftlichen und wirtschaftlichen Ausgangsbedingungen in Bayern über fünf Jahrzehnte wirtschaftliche und soziale Entwicklungen zugelassen und befördert hat, durch die ihr die Zustimmung der Mehrheit der Wahlbevölkerung bis in die Gegenwart gesichert wurde.

2. Bayerns Entwicklung seit dem Ende des 2. Weltkrieges – ein Musterfall von wirtschaftlichem und sozialem Fortschritt

Nach dem Zusammenbruch der nationalsozialistischen Herrschaft und dem Übergang der staatlichen Gewalt auf die US-Militärregierung befand sich das neugebildete Land Bayern in einer heute unvorstellbaren Ausgangslage: Trotz der erheblichen Kriegsopfer und -schäden an Infrastruktur, Industrieanlagen und Wohnungen waren über die bayerische Bevölkerung hinaus 1 bis 2 Millionen Flüchtlinge und Heimatvertriebene mit Nahrung, Wohnung und Arbeit zu versorgen; weiterhin beeinträchtigten Zwangsbewirtschaftung und Schattenwirtschaft die Versorgungslage in einem Maße, daß 1947/1948 eine Hungerkatastrophe drohte, und es zu Hungerstreiks und zu einem „Kartoffelkrieg" wegen der Lieferverpflichtungen nach Hessen und Württemberg kam; das überwiegend noch agrarisch geprägte Land war in seinen (teilweise in hohem Maße rüstungsrelevanten) schon industriell entwickelten Agglomerationen und industriellen Standorten besonders von Zerstörung betroffen und durch die Durchführung der Demontagepläne gefährdet.

Seit der Währungsreform (1948) und der Einschränkung der Bewirtschaftungsmaßnahmen, seit der Beendigung der Demontage (1950) und dem Einsetzen der Marshallplanhilfe hat Bayern eine relativ stetige wirtschaftliche Aufwärtsentwicklung im Zuge des Deutschen Wirtschaftswunders zu verzeichnen. Mit einer nachgeholten Industrialisierung wandelte sich der ländlich geprägte Flächenstaat in einen über die vorhandenen Ballungsräume hinaus dezentral angelegten Industriestaat[5] und konnte in bezug auf wichtige Wirtschafts- und Sozialindikatoren bis Ende der 70er Jahre seinen früheren Entwicklungsrückstand deutlich verringern, seit Beginn der 80er Jahre sogar in mancher Hinsicht die Entwicklung im früheren Bundesgebiet und in vielen der älteren Bundesländer übertreffen. Diese herausragende Wandlung der wirtschaftlichen und sozialen Situation und Position Bayerns innerhalb der Bundesrepublik kann hier nur an einigen wichtigen Indikatoren verdeutlicht werden.[6]

- Das Bruttoinlandsprodukt als Wert aller in Bayern erzeugten Güter- und Dienstleistungen stieg 1950 bis 1994 nominal auf das 35fache, real (zu konstanten Preisen) auf das 7,3fache des Ausgangsniveaus.

Seit 1960 stieg der Anteil der bayerischen Wirtschaftsleistung an der des Bundes von 15,0 % stetig auf 18,9 % (vgl. Abb. 1 und Abb. 2) und liegt mit 47,6 Tsd. DM je Einwohner knapp über dem Durchschnitt der alten Bundesländer (45,2 Tsd. DM).

Mitursächlich für diese Entwicklung war ein Aufholen der bayerischen Wirtschaft beim Export; seit Anfang der 80er Jahre lag die Exportquote des Verarbeitenden Gewerbes in Bayern über der im früheren Bundesgebiet.

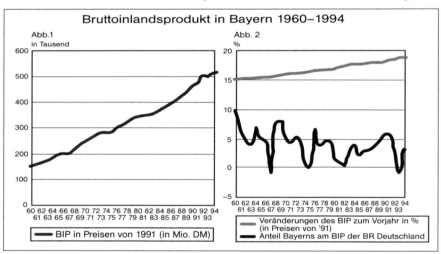

---

[5] Vgl. nur Schreyer, Klaus: Bayern – ein Industriestaat, München–Wien 1969; sowie Mintzel: Geschichte der CSU.

[6] Als Datenquellen vgl. Bayerisches Statistisches Landesamt (Hrsg.): Bayerns Wirtschaft gestern und heute, München 1994 – Bayerisches Staatsministerium für Wirtschaft, Verkehr und Technologie (Hrsg.): Bayerns Wirtschaft in Zahlen, München 1986ff. Dem Ref. I/6 des StMWVT danke ich für die Überlassung zusätzlicher langer Datenreihen.

- Für die privaten Haushalte in Bayern führten eine deutliche Zunahme der Zahl der Erwerbstätigen (von 4,8 Mio. 1965 auf 5,9 Mio. 1992) und der Erwerbstätigenquote (von 45,2 % 1975 auf 50,5 % 1992) in der jüngeren Vergangenheit, aber auch stetig steigende Verdienste (von 1950 bis 1993 haben sich die Wochenverdienste der Arbeiter in der Industrie verfünfzehnfacht) zu einem Wachstum der verfügbaren Einkommen. Die Gewährleistung von Preisniveaustabilität in der Bundesrepublik hat dieses Einkommenswachstum auch real abgesichert.
- Für die Arbeitnehmerschaft zeigt sich zudem sozialer Fortschritt in der Beschäftigtenentwicklung und in der Vermeidung bzw. Verminderung der Arbeitslosigkeit. Nach dem Aufholprozeß bis Mitte der 70er Jahre liegen die jährlichen Zuwachsraten bei der sozialversicherungspflichtigen Beschäftigung in Bayern durchweg über denen des früheren Bundesgebietes. Die jahresdurchschnittliche Arbeitslosenquote Bayerns bleibt nach den Rezessionen 1975/76 und 1981–1983 deutlich unter der des früheren Bundesgebietes (vgl. Abb. 3).

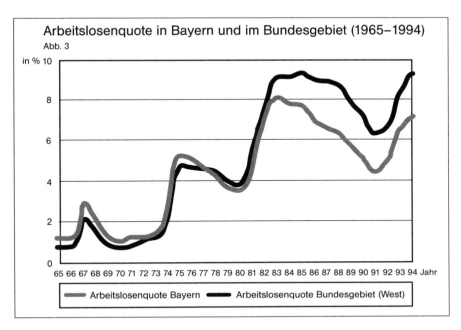

- Das Steueraufkommen als ein Ergebnisindikator dieser wirtschaftlichen Entwicklung ist im Vergleich zum früheren Bundesgebiet überproportional gestiegen (vgl. Abb. 4), so daß in der Folge Bayern aus dem Empfängerland im Länderfinanzausgleich ab 1995 erstmals zum ausgleichspflichtigen Land wird.

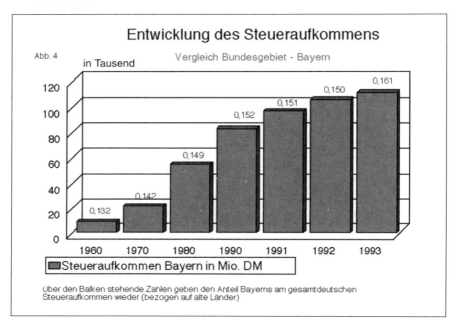

- Die Steigerung des wirtschaftlichen Wohlstandes war nicht ohne Wandel der Wirtschaftsstrukturen möglich. Wirtschaftlicher Strukturwandel ist für die Wirtschaftssubjekte mit Anpassungsprozessen, beruflicher und regionaler Mobilität verbunden. Ein ganz erheblicher Teil dieser Anpassung war von der bäuerlichen Bevölkerung zu erbringen: während 1946 noch 37,2% und 1950 (schon nur) noch 21% der Erwerbspersonen in der Land- und Forstwirtschaft beschäftigt waren, sank dieser Anteil stetig bis in die Gegenwart auf 5,4%. In den Anteilen an der Wertschöpfung wird die Strukturveränderung noch deutlicher (vgl. Abb. 5).

Wie immer man zur CSU als politischer Kraft eingestellt sein mag, wird man angesichts dieser wirtschaftlichen und sozialen Entwicklung Bayerns und der stabilen Bestätigung der Partei durch die Wähler die Begründetheit von Vermutungen über die Relevanz der Politik der CSU im Bereich von Wirtschaft und Sozialem nicht völlig von der Hand weisen können.

- Nur völlig a-rationale Wähler hätten mehrheitlich eine Partei, z. B. nur wegen religiöser Bindungen oder der Zugehörigkeit zu einer sozioökonomischen Gruppe, immer wieder bestätigt, wenn sie die gekennzeichnete wirtschaftliche und soziale Entwicklung nicht auch für sich selbst als Wohlfahrtssteigerung empfunden hätten.

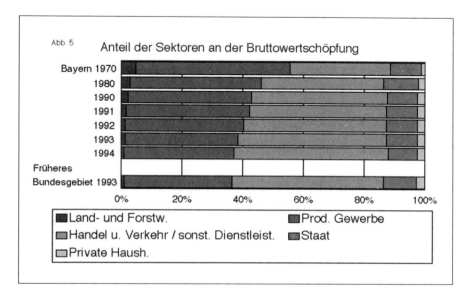

- Der Einfluß der CSU-Politik auf die wirtschaftliche und soziale Entwicklung kann an sich kaum negativ gewesen sein, wenn man Wirtschaft und Gesellschaft in Bayern nicht noch größere Entwicklungspotentiale aus sich selbst heraus zuschreiben will.
- Im Vergleich zu den anderen alten Bundesländern mit anderen Mehrheiten oder geringerer Stabilität der politischen Mehrheiten und der politischen Ausrichtung ihrer Wirtschafts- und Sozialpolitik kann man – sonst gleiche Entwicklungschancen angenommen – für Bayern von einem relativen Vorteil durch den „Faktor Politik" ausgehen. Dies gilt wohl auch dann, wenn man nur die Bundesländer mit dem „Vorzug" einer späteren Industrialisierung vergleicht.

Die nähere Betrachtung der christlich-sozialen Wirtschafts- und Sozialpolitik kann zeigen, ob diese Vermutungen auch anhand der Intentionen in der Partei bestätigt werden können. Dabei geht es um die Frage, ob und inwieweit Parteiprogramme, wirtschafts- und sozialpolitische Ziele auf eine solche Entwicklung ausgerichtet waren, und ob die eingeschlagenen Wege und die konkreten politischen Entscheidungen eine solche Entwicklung auch theoretisch begründet erwarten ließen. Die Antworten auf diese Fragen enthalten damit zugleich auch verallgemeinerbare Informationen über Grundzüge einer Wirtschafts- und Sozialpolitik, mit der man erfolgreich auf eine nachhaltig positive Entwicklung der Wirtschaft hinwirken (und wohl auch Mehrheiten in unserer Gesellschaft gewinnen) kann.

3. Weichenstellung in der Wirtschafts- und Sozialpolitik

Die Wirtschafts- und Sozialpolitik ist in Deutschland weitgehend durch Bundesgesetzgebung ausgestaltet. Bei Partialanalysen findet neben der Bundesebene die kommunale Wirtschafts- und Sozialpolitik oft noch eher Interesse als die Politik einzelner Bundesländer. Bei näherer Betrachtung wird jedoch deutlich, daß über die Anfangsphase der Einrichtung und Ausgestaltung der Wirtschaftsordnung der Sozialen Marktwirtschaft hinaus eine Fülle von Ausgangsbedingungen des Wirtschaftens in den Ländern politisch beeinflußbar sind. Die generellen konstituierenden und regulierenden Prinzipien der Wirtschaftsordnung und die allgemeinen Grundsätze der Wirtschafts-, Finanz- und Sozialpolitik bedürfen einer konkreten Ausfüllung (Implementation). Gerade mit der Konkretisierung im Vollzug ergibt sich auch in der Wirtschafts- und Sozialpolitik ein nicht unerheblicher landespolitischer Gestaltungsspielraum. Es erscheint daher durchaus lohnend, sich neben dem besonderen Einfluß der CSU über den Bundesrat auf die Bundes-Wirtschafts- und Sozialpolitik, hier auf die Ebene der Landespolitik, zu konzentrieren.

Der auch in den Wirtschaftswissenschaften sich wieder ausbreitenden Einschätzung folgend, daß Geschichte einen Einfluß auf das Wirtschaftsgeschehen hat, wird der Anfangszeit der 50jährigen Geschichte der CSU eine etwas größere Aufmerksamkeit zugewandt. Tatsächlich stellt man beim Studium der historischen Quellen immer wieder auch überrascht den Weitblick und damit vielfach auch die Gegenwartsrelevanz der Überlegungen und Handlungen der Politiker dieser Gründerzeit fest, die vermutlich auch schon die Wurzeln des späteren Erfolgs der Partei und des Landes gelegt haben.

3.1 Allgemeine Wirtschaftspolitik

Die Ordnungsfrage

Nachdem die Siegermächte die staatlichen Bewirtschaftungsorgane aus der nationalsozialistischen Zwangswirtschaft zunächst übernommen hatten, diktierte die Not der Stunde auch für die von der amerikanischen Militärregierung eingesetzten „Regierungen" unter Fritz Schäffer (28.5.1945) und Wilhelm Hoegner (28.9.1945) sowie für die Programmatik der ersten zugelassenen Parteien (KPD, SPD, CSU, BP, WAV und FDP) zunächst eine Beibehaltung der staatlichen Bewirtschaftung des Mangels. In der Interpretation dieses Zustandes wurden jedoch bald die Konturen unterschiedlicher ordnungspolitischer Grundeinstellungen deutlich.

Bei der noch stark vom gemeinschaftlichen bayerischen Interesse getragenen Verfassunggebenden Landesversammlung (30.6.1946–1.12.1946) waren in der Ablehnung eines korporatistischen Modells mit einem Wirtschaftsrat (anstelle des dann verwirklichten Senats) noch ordnungspolitische Gemeinsamkeiten deutlich geworden, während sozialistisch-planwirtschaftliche Vorstellungen durch die Militärregierung eingeschränkt wurden. Auch in der ersten frei gewählten bayerischen Nachkriegsregierung (Hans Ehard von 21.12.1946–20.9.1947) konnten zwischen CSU und SPD noch einigende Persönlichkeiten gefunden werden, die die vorhandenen und sich herausbildenden Unterschiede der Ordnungsvorstellungen überbrückten. Im gemeinsamen „Wirtschaftsrat" der amerikanischen und britischen Besatzungszone (12.9.1946), in dem sich die spätere Dominanz der Bundesebene in der Wirtschaftspolitik abzeichnete, entwickelte sich dann (zunächst im Ringen um Positionen) die „Wasserscheide" zwischen den „bürgerlichen Parteien" und der Sozialdemokratie, die von der Parteispitze durch Kurt Schumacher auf eine Oppositionsrolle und eine „an sozialistischen Vorstellungen" orientierte Wirtschafts- und Sozialpolitik eingeschworen wurde.

In der Programmdiskussion der CSU hatte zwar in den ersten Nachkriegsjahren – ähnlich wie im Ahlener Programm der CDU (1947) – die Vorstellung von einem „christlichen Sozialismus" eine Rolle gespielt,[7] ohne sich

---

[7] Vgl. nur Mintzel, S. 215ff., und Schreyer, Klaus: Bayern – ein Industriestaat, München–Wien 1969 S. 93f., der darauf hinweist, daß das S im Namen der CSU

aber in konkreten Forderungen nach einer gemeinwirtschaftlichen Ordnung, Sozialisierung wichtiger Wirtschaftszweige oder zentraler Planung niederzuschlagen. Die angesichts der Notlage der Bevölkerung akzeptierte staatliche Lenkung der Wirtschaft nach Gesichtspunkten des Gemeinwohls war nicht als ordnungspolitische Grundsatzentscheidung anzusehen, sondern wurde durch die explizite Ablehnung einer „Planwirtschaft als Ausfluß eines kollektivistischen Denkens"[8] eingeschränkt. Die den Buchstaben C und S im Namen der CSU zuzuordnende Programmatik für die Ausgestaltung einer Wirtschafts- und Gesellschaftsordnung schlug sich deutlich im Bekenntnis zu einer dem christlichen Sittengesetz verpflichteten Freiheit der Persönlichkeit, zum Recht auf Eigentum, zum zentralen Wert der Familie sowie zum Wert des Mittelstandes für eine gesunde Wirtschaft nieder[9]. Allerdings wird auch die „einzigartige Kraft des Christentums, Partei- und Klassenunterschiede zu überbrücken"[10], erkennbar, wenn

- der sittliche Wert jeder ehrlichen Arbeit betont,
- Startchancengerechtigkeit in der Bildung,
- die Möglichkeiten breiter Eigentumsbildung,
- eine wenigstens bescheidenen Wohlstand ermöglichende Gestaltung der Arbeitseinkommen,
- eine angemessene Beteiligung der Arbeitnehmer am Reingewinn ihres Unternehmens,
- eine den Grundsätzen sozialer Tragbarkeit und wirtschaftlicher Zweckmäßigkeit entsprechende (nicht anreizschädliche) Steuerpolitik

gefordert wird.[11]

---

keine besondere Affinität zum Sozialen oder gar zum Sozialismus zum Ausdruck bringen solle. Im Gegensatz zu diesen beiden Autoren würde der Verfasser die christlich-sozialethische Einfärbung des CSU-Grundsatzprogramms von 1946 nicht „blasser" als das Ahlener Programm einschätzen, sondern nur weniger von instrumentellen Forderungen aus der marxistisch sozialistischen Ideenwelt durchsetzt.

[8] *Grundsatzprogramm von 1946. Nach Stammen, Theo u. a.: Programme der Politischen Parteien in der Bundesrepublik Deutschland (I), München 1984 (Bayerische Landeszentrale für politische Bildungsarbeit, A 45), S. 201.*

[9] *Vgl. ebd., S. 199ff.*

[10] *Groß, Hans Ferdinand: Hanns Seidel – Eine politische Biographie, München 1992, S. 43*

[11] *Vgl. Grundsatzprogramm 1946, a.a.O., S. 201f.*

Dieses erste Grundsatzprogramm der CSU dürfte in seinen sozialen Komponenten der Konzeption der „Sozialen Marktwirtschaft", insbesondere im Sinne von Alfred Müller-Armack, sehr weitgehend entsprechen. Die Annahme der Notwendigkeit staatlicher Lenkung war nur einer pragmatischen Einsicht gefolgt und nicht einer Überzeugung von ihrer Überlegenheit entsprungen. Dies wurde schon in der Abgrenzung von Hans Ehard gegenüber dem Koalitionspartner SPD deutlich, indem er „Sozialismus" als den Weg zur kollektivistischen Wirtschaft bezeichnete, und auf der Landesversammlung der CSU in Eichstätt (30.8.1946) den Delegierten ein Wirtschafts- und Sozialprogramm der Abkehr von dirigistischen und planwirtschaftlichen Vorstellungen und der Hinwendung zur Marktwirtschaft nahebrachte. Der erste nichtsozialdemokratische Wirtschaftsminister einer frei gewählten Regierung eines Landes der Westalliierten Zonen, Hanns Seidel, der nach der Umbildung der Regierung Ehard sein Amt übernahm, sah in der staatlichen Wirtschaftsverwaltung keine mit Privateigentum zu vereinbarende und den Zeitumständen gerechte Wirtschaftsordnung, die – nach Errichtung eines einheitlichen deutschen Wirtschaftsgebietes und einer Währungsreform – sobald als möglich abgebaut werden müsse, um den Ruin der Wirtschaft und unerträgliche Benachteiligungen des Volkes zu vermeiden[12].

Die Abgrenzung der CSU-Ordnungsvorstellungen von einem reinen (altliberalen) Wirtschaftsliberalismus kann – abgesehen von der Verpflichtung der Wirtschaft auf Werte des Gemeinwohls im Sinne christlicher Humanität, Solidarität und sozialer Gerechtigkeit – auch unmittelbar an der Ausgestaltung wirtschaftlicher Freiheitsrechte verdeutlicht und an – wohl auch persönlich begründeten – Differenzen zu Ludwig Erhard dargestellt werden. Hanns Seidel, wie Ludwig Erhard ein wirtschaftstheoretisch ausgebildeter, aber vor allem an der Lösung praktischer Probleme interessierter Politiker, lehnte die dualistische Argumentation Erhards in bezug auf Marktwirtschaft gegenüber Planwirtschaft ab und suchte in dem gegebenen Mischsystem einer „sozialen Leistungswirtschaft" nach konkreten Verbesserungsmöglichkeiten, die sowohl die „Freiheit der Leistung" als auch die „Sicherheit der Versorgung" gewährleisten könnten.[13]

Eine Konkretisierung dieser unterschiedlichen Vorstellungen findet sich im

---

[12] Vgl. Groß: Hanns Seidel, S. 62f.
[13] Vgl. ebd., S. 71.

Einfluß der CSU auf die Gewerbefreigabe durch den Frankfurter Wirtschaftsrat[14] sowie in der Wettbewerbspolitik bei der langen und wechselvollen Beratung des später als „Grundgesetz der Marktwirtschaft" eingestuften Gesetzes gegen Wettbewerbsbeschränkungen. Die ursprünglichen, auf ein striktes Kartellverbot und eine Auflösung von Großkonzernen ausgerichteten Vorstellungen Erhards stießen nicht nur bei der Industrie, sondern auch bei einigen Ländern auf Widerspruch. Hanns Seidel lehnte ein generelles Kartellverbot mit der Begründung ab, es sei juristisch und verwaltungsmäßig schwer durchsetzbar, mittelständischen Unternehmen müsse durch Absprachen die Möglichkeit der Bildung ausgleichender Marktmacht gegeben sein und mit Kartellen ließen sich konjunkturelle Krisen eher bewältigen[15]. In dieser Zurückhaltung der CSU gegenüber einem völlig freien Wettbewerb einerseits und gegenüber direkten Staatseingriffen zum Ausschluß von Wettbewerbsbeschränkungen andererseits kann sich „Standesprotektionismus"[16] oder ein allgemeiner Schutz für die sich erst entwickelnde gewerbliche Wirtschaft („Gewerbeförderung") und die Priorität für Industrialisierung, Produktionssteigerung und Exportorientierung geäußert haben[17]. Daß sich in diesen Differenzen mit dem „Vater der Sozialen Marktwirtschaft" eine mangelhafte Rezeption neo- und ordoliberalen Denkens oder eine unterschiedliche Grundeinstellung der CSU zur Steuerung der Wirtschaft über Wettbewerb und ein freies Marktpreissystem zeigte, kann auch für die Zeit der grundlegenden wirtschaftspolitischen Weichenstellungen nicht aufrecht erhalten werden.

Die nach der Rezession von 1966/67 in der Bundesrepublik eingeführte „Globalsteuerung" nach dem keynesianischen Konzept antizyklischer Fiskalpolitik und die Forderung von Franz Josef Strauß nach einer Abkehr von der Erhardschen „Supraliberalisierung der Wirtschaft" zugunsten einer konjunkturstabilisierenden mittelfristigen Planung der öffentlichen Haushalte[18] lassen sich nicht als Beleg für einen eigenständigen ordnungspolitischen Weg der CSU und des „politische(n) Katholizismus Bayerns" im Gegensatz zur „ordoliberalen Konzeption des Protestantismus" von einer „Sozialen Marktwirtschaft"[19] heranziehen.

---

[14] *Vgl. Schreyer, S. 62f. und 99.*
[15] *Vgl. Groß: Hanns Seidel, S. 90ff.*
[16] *Vgl. Mintzel, S. 239f., Schreyer, S. 98f.*
[17] *Vgl. Groß: Hanns Seidel, S. 92ff.*
[18] *Mintzel, S. 260f. und 384f.; Schreyer, S. 92.*

Ein starker, gesellschaftsgestaltender *Staat*[20] war schon für Walter Eucken *als Ordnungsmacht* Voraussetzung für die Errichtung und Funktionsfähigkeit einer marktwirtschaftlichen Ordnung. Die geistigen Väter der Sozialen Marktwirtschaft betonten zudem die Bedeutung des Staates für die Setzung des Werterahmens, auf den die Leistungsfähigkeit der Marktsteuerung ausgerichtet sein sollte. Die Interpretation des Einbaus einer antizyklischen Globalsteuerung als Abkehr von der „Sozialen Marktwirtschaft" entspringt einer (offenbar außerhalb der Wirtschaftswissenschaften) verbreiteten Überschätzung dieses Instrumentariums, das gerade als Versöhnung zwischen dem ordnungspolitischen „Freiburger Imperativ" und keynesianischer Makro-Stabilisierung der gesamtwirtschaftlichen Nachfrage durch staatliche Haushaltspolitik im Jahre 1967 Eingang in die Wirtschaftspolitik in Deutschland gefunden hat. Die Anwendung dieses Instrumentariums und die politische Machbarkeit einer Stabilität des Wirtschaftsprozesses auf diesem Wege waren selbst im „sozialdemokratischen Lager"[21] nur innerhalb des Rahmens der Sozialen Marktwirtschaft gedacht und auf klare Situationen eines gesamtwirtschaftlichen Nachfragedefizits beschränkt, während für Wachstumsmangel und strukturell bedingte Arbeitslosigkeit auch eine Angebotspolitik für erforderlich gehalten wurde. Die bestehenden Differenzen zwischen Vertretern einer antizyklischen Nachfragesteuerung und einer monetaristisch-angebotspolitischen Stabilitätspolitik bestimmen trotz der Präferenz der letzteren für Privatisierung, Deregulierung und Entlastung der Wirtschaft bei der Anwendung des Stabilitätsgesetzes keineswegs zwingend eine grundsätzliche Einstellung zugunsten eines interventionistischen Staates und gar zugunsten laufender Eingriffe in das Marktgeschehen.

Die anfängliche Haltung der CSU zum Wettbewerb entspricht offenbar einer grundsätzlichen und auch theoretisch nicht auflösbaren Spannung bei der Suche nach Regeln eines *fairen Wettbewerbs* zwischen den Interessen der vorhandenen Wettbewerber und der potentiellen Konkurrenz bei unbeschränktem Marktzugang. Es ist nicht auszuschließen, daß die aus der katholischen Soziallehre herkommende Betonung der Solidarität, der Harmonie

---

[19] *Mintzel, S. 385.*

[20] *Vgl. Mintzel, S. 385.*

[21] *Dabei ist hier i.e.L. an SPD und Gewerkschaften gedacht. Man kann aber auch im Sinne Dahrendorfs „linksliberale" Kräfte und die Arbeitnehmerflügel der Unionsparteien einbeziehen. Vgl. Dahrendorf, Ralf: Der moderne soziale Konflikt, Stuttgart 1992.*

und des Ausgleichs der Interessen eine Tendenz zur Bewahrung und Förderung der vorhandenen („gewachsenen") Wirtschaftsgruppen („Stände") begünstigt: „Die besondere Lage der bayerischen Wirtschaft erfordert ein harmonisches Zusammenwirken aller Wirtschaftsgruppen, insbesondere eine weitgehende Förderung der Landwirtschaft, des Klein- und Mittelbetriebes, des Handwerks und der Industrie"[22]. In der pragmatischen Umsetzung dieses Grundsatzes scheint die CSU jedoch auch immer „der gesunde Ausgleich der verschiedenen Interessen unter dem Gesichtspunkt des besten volkswirtschaftlichen Erfolges und der höchsten sozialen Auswirkung zum Wohle der Gesamtheit"[23] gesucht zu haben, was ihr wohl auch weitgehend gelungen ist – wenigstens in den Augen der Wähler.

Föderalismus als marktwirtschaftliches Prinzip für die Struktur der Träger der Wirtschaftspolitik

Von grundsätzlicher Bedeutung für die Wirtschaftsordnungspolitik war der Einfluß der CSU – neben der Mitwirkung bei der Institutionalisierung des von Wilhelm Hoegner favorisierten Volksentscheides und einer Repräsentation wirtschaftlicher Interessen durch den Senat in der Bayerischen Verfassung – vor allem bei der Verwirklichung eines föderalistischen Bundesstaates mit dem Bundesrat als Legislativorgan und (relativ) starken Bundesländern. In Verbindung mit der demokratischen Gewaltenteilung führt der Föderalismus zu einer Dezentralität und Pluralität der politischen Entscheidungsträger, die wie die dezentrale Marktsteuerung zu einer besseren Berücksichtigung der Interessen der Bürger beitragen kann, als in einem zentralistischen demokratischen Staat. Wenn man einmal davon ausgeht, daß nach dem Zerfall des Kommunistischen Blocks weltweit eine Systemkonkurrenz zwischen mehr oder minder sozial- und/oder industriepolitisch ausgerichteten Marktwirtschaften sich ausbilden wird, dann könnte in der Bundesrepublik Deutschland die Möglichkeit der Erprobung leicht unterschiedlicher Varianten einer Sozialen Marktwirtschaft in den verschiedenen Bundesländern zu einem dem Föderalismus zu verdankenden Wettbewerbsvorsprung führen.

---

[22] *Grundsatzprogramm 1957, a.a.O., S. 206.*
[23] *Ebd., S. 206.*

Diese Überlegungen lassen sich analog auf das (vielfach als penetrant empfundene) beharrliche Eintreten der CSU für die Respektierung des föderalen Prinzips der Bundesrepublik Deutschland und für die Anwendung des Subsidiaritätsprinzips in der Ausgestaltung der Europäischen Union (EU) übertragen. Das Anliegen, auch in der Europäischen Union Föderalismus aufrechtzuerhalten und das Prinzip der Bürgernähe staatlicher Entscheidungen in der tatsächlichen Entwicklung der Europäischen Union sicherzustellen, dürfte allerdings noch auf lange Dauer die volle Wachsamkeit und das beharrliche Streben aller an diesen Grundsätzen orientierten Parteien und Bürger erfordern.

Wirtschaftsgrundlagen- und Wirtschaftsstrukturpolitik

In der Wirtschaftsordnungstheorie werden die Anfangsausstattungen von Volkswirtschaften mit Ressourcen (ebenso wie die Verfügung der Wirtschaftssubjekte über Produktionsfaktoren: die Ausgangsverteilung) in der Regel als gegeben unterstellt. Für die praktische Wirtschaftspolitik ist jedoch (zumindest auf längere Sicht) die Ausstattung der Volkswirtschaft mit Boden, Kapital und Arbeit eine in Grenzen beeinflußbare Größe, durch die die Wachstumsmöglichkeiten des Wohlstands verbessert werden können. Eine solche, auf die Verfügbarkeit der Produktionsfaktoren in quantitativer und qualitativer Hinsicht ausgerichtete, *„Wirtschaftsgrundlagenpolitik"* (Seraphim) konnte gerade in der Aufbauphase der Nachkriegszeit in Bayern in einer marktwirtschaftskonformen Weise betrieben werden. Neben dem Wiederaufbau und der Verbesserung der Infrastruktur sowie einer Politik zur Sicherung der den Industrialisierungsplänen angemessenen Energieversorgung[24] stellten sich als vorrangige wirtschaftsgrundlagenpolitische Aufgaben zunächst die Integration der Flüchtlinge und Heimatvertriebenen und längerfristig die Verbesserung der Bildung und Ausbildung des Arbeitskräftepotentials[25].

Als Hauptaufnahmeland für die *Flüchtlinge und Heimatvertriebenen* hatte Bayern nach Kriegsende an die 2 Millionen Menschen aufgenommen; im Oktober 1946 waren praktisch ein Viertel der Wohnbevölkerung (von knapp

---

[24] Vgl. Groß: *Hanns Seidel*, S. 97ff.
[25] Vgl. insbes. *Grundsatzprogramm 1976*, a.a.O., S. 22.'ff.

9 Millionen) Flüchtlinge und Heimatvertriebene, davon fast 1 Million Sudetendeutsche. Kurzfristig stellte dieser Bevölkerungszuwachs eine dramatische Verschärfung der schon angespannten Versorgungslage dar, mittel- bis langfristig bedeutete er für Bayern eine deutliche Zunahme des Zwangs zur Industrialisierung, aber auch eine Chance für eine Vertiefung und Verbreiterung der gewerblichen Entwicklung in Bayern sowie den Gewinn eines hochmotivierten und relativ gut ausgebildeten Humankapitals. Obwohl zunächst in den Vertreibungsgebieten teilweise Facharbeiter zurückgehalten worden waren, die Männer aus Gefangenschaft etc. erst später zu ihren Familien kamen und die vertriebenen Unternehmer nun besitzlos waren[26], brachten die Flüchtlinge und Heimatvertriebenen überwiegend eine historisch gewachsene industrielle Erfahrung, eine teilweise überlegene schulische Ausbildung (als späte Folge der Bildungsreformen Josefs II. in der Donaumonarchie), teilweise fortgeschrittenes technologisches Wissen, Markt- und Kundenkenntnisse (auch in anderen Ländern) sowie wirtschaftlichen Unternehmungsgeist mit. Eine Politik zur Nutzung dieses Potentials der Flüchtlinge und Heimatvertriebenen stand damals vor der Wahl, den Ängsten vor einer übermäßigen Konkurrenz für die alteingesessenen Betriebe bei großzügiger Zulassung von neuen Unternehmen und den Befindlichkeiten der durch die Flüchtlinge belasteten Stammbevölkerung (Teilen des vorhandenen Wohnraums, Kontingentierung der Nahrungsmittel, des Heizmaterials etc., Mangel an Arbeitsplätzen, Unterschiede von Sprache, Kultur und Religion) nachzugeben, oder aber diese „Abwehr" zwar ernst zu nehmen, dennoch aber die politischen Führungsentscheidungen für eine mittel- bis langfristig möglichst vollkommene Eingliederung und Entfaltung des in den Heimatvertriebenen auf Bayern zugekommenen Humanpotentials.

Die politische Entscheidung für und die konsequente Eingliederung der Flüchtlinge und Heimatvertriebenen[27], von denen sich die Sudetendeutschen später ohne Widerspruch als „vierter Stamm" Bayerns einbürgern ließen, kann nach Ansicht des Verfassers über alle statistisch erfaßbaren Erfolge des Lastenausgleichs hinaus, als der Schlüssel zur Erklärung der tatsächlichen

---

[26] *Vgl. Schreyer, S. 236f.*
[27] *Im wesentlichen in Koordination zwischen dem Innen-, Sozial-, Finanz- und Wirtschaftsministerium (vgl. Groß: Hanns Seidel, S. 93f.).*

wirtschaftlichen Entwicklung in Bayern angesehen werden. Dabei führten die besonderen Umstände der Aufnahme der Flüchtlinge und Heimatvertriebenen zur Erfüllung einiger anderer Ziele der Landespolitik, die erst später systematisch entfaltet werden konnten. Obwohl viele der Zuwanderer wegen des Arbeitsplatzmangels in den ländlichen Räumen bald wieder abwanderten und den Wohnungsmangel in den Städten verstärkten, sind doch wohl auch viele „hängen geblieben" und haben dort, wo sie zunächst Wohnung erhalten hatten, selbst etwas unternommen: als Unternehmer, in Verbänden und in der Kommunalpolitik. Auch die erhöhte Mobilität (der Zweit- und Dritt-Wanderungen) dürfte positive Effekte für die Entwicklung der bayerischen Wirtschaft gehabt haben. Die Gründung eigener Betriebe initiierte gewerbliche Entwicklungen auch in ausgeprägt ländlichen Regionen und die sich anbietenden ehemaligen Militärgelände schufen Kristallisationskerne für Branchenagglomerationen. Damit vollzog sich im Ansatz eine relativ dezentrale Gewerbeansiedlung[28] wie sie in der Förderung des ländlichen Raumes und im Grundsatz der „dezentralen Zentralisierung" in der Landesplanung für Bayern bis in die Gegenwart bestimmend blieb.

Die Integration der Flüchtlinge und Heimatvertriebenen, die später ein Aufgabengebiet des Staatsministeriums für Arbeit und Sozialordnung wurde, ist ein Bereich der Sozialpolitik, für den auch die Umkehrung eines ehernen Grundsatzes der Sozialpolitik der CSU gilt: Ebenso wie „der wirtschaftliche Erfolg Voraussetzung einer guten Sozialpolitik ist"[29] gilt auch, daß Sozialpolitik, hier die Eingliederung der Heimatvertriebenen und Flüchtlinge in Bayern, Grundlage für eine erfolgreiche Wirtschaftspolitik sein kann.

Der Umgang mit dem wirtschaftlichen Strukturwandel, die *Wirtschaftsstrukturpolitik* der CSU, ist teilweise schon bei der Behandlung der Ordnungsfrage angeklungen. Soweit Strukturpolitik in der „Sozialen Marktwirtschaft" nicht zur sozialen Abfederung des Strukturwandels betrieben wird, geht es zum einen um die Entwicklung einer modernen Industriestruktur („Neue Industriepolitik"), zum anderen um die Frage, ob Strukturpolitik vorhandene Wirtschaftsstrukturen gegen die „Marktkräfte" zu erhalten versucht

---

[28] *Vgl. Schreyer, S. 237f.*

[29] *Grundsatzprogramm 1957, a.a.O., S. 206. Vgl. auch Staatsministerium für Arbeit und Sozialordnung (Hrsg.): Bayerische Sozialpolitik, München 1967ff.*

oder (marktwirtschaftskonform) auf eine Förderung der Anpassung der Wirtschaftsstrukturen an die Marktsignale ausgerichtet ist.

Die grundsätzliche Ausrichtung der Wirtschaftsstrukturpolitik zwischen Bestandsschutz und Anpassungsförderung soll hier für den sektoralen Wandel zu Lasten der Agrarwirtschaft und für das Verhältnis von mittelständischen Betrieben und Großunternehmen herausgearbeitet werden. Die Priorität der CSU-Politik für die Industrialisierung Bayerns mußte – für jedermann erkennbar – zunächst mit einem relativen Bedeutungsverlust der Landwirtschaft und damit der Bauern in der Gesellschaft einhergehen. Spätestens in den 60er Jahren wurde zudem klar, daß alle Steigerungen der Produktivität in der Landwirtschaft sowie die europäische Gemeinschaftspolitik der Agrarpreisstützung mit Absatzgarantie (Agrarmarktordnung) für die Landwirte eine der übrigen Wirtschaft entsprechende Einkommensentwicklung nicht sichern könnten. Als Alternativen zeichneten sich ein weiterer Abbau der Erwerbstätigkeit in der Landwirtschaft und die gesellschaftliche Entlohnung der Bauern für Leistungen der Landschaftspflege und des Umweltschutzes ab.

Für die CSU „als eine stark bäuerlich geprägte Partei"[30] war diese Entwicklung, die sich 1968 im sog. Mansholt-Plan niederschlug, kein Anlaß, ihr Bekenntnis zum hohen Stellenwert der bäuerlichen Landwirtschaft und des Bauernstandes in Bayern abzuschwächen oder gar ihre bisherige Agrarpolitik („Agrarprotektionismus") des „Bayerischen Weges" nicht fortzusetzen. Weniger fein abgewogene Wahlkampfargumente versprachen sogar jedem Bauern, der Bauer bleiben wollte, daß er auch Bauer bleiben könne, obwohl eine solche Bestandsgarantie nie hätte eingelöst werden können.

Tatsächlich hatte der Erfolg der Industrialisierungspolitik jedoch auch im ländlichen Raum zu einem zunehmenden Angebot gewerblicher Arbeitsplätze in annehmbarer Entfernung geführt und viele Landwirte oder ihre Kinder veranlaßt, ihren Betrieb aufzugeben oder nur noch im Nebenerwerb zu bewirtschaften. Die auch schon sehr früh (wieder) begonnene Förderung und erfolgreiche Entwicklung des Fremdenverkehrs ermöglichte den bäuerlichen Familien in vielen Landesteilen zusätzliche Einkommen am Heimatort. Am Ende eines Prozesses, der von einer politischen Bestandsgarantie für die bäuerlichen Familien ausging, der sich dann in einem Kampf um die (möglichst

---

[30] *Mintzel, S.* 262.

lange) Aufrechterhaltung der EG-Agrarmarktordnung fortsetzte, während parallel die Verbesserung des Angebots an Erwerbsalternativen oder zusätzlicher Einkommensquellen betrieben wurde, zeigt sich schließlich, daß viele anpassungsfähige Landwirte das Angebot an neuen Erwerbsmöglichkeiten bereits aufgegriffen haben, und nun die unvermeidbaren Reformen der europäischen Agrarpolitik von den Landwirten weitgehend hingenommen werden. Dank der Reaktionen vieler Landwirte, in der sich wandelnden Gesellschaft auch selbst nach der besten wirtschaftlichen Nutzung für ihre Möglichkeiten (einschließlich des langfristig „goldenen" Bodens) zu suchen, konnte sich in den vergangenen Jahrzehnten ein ganz erheblicher Strukturumbruch vollziehen. Die politische Ankündigung eines solchen Umbruchs hätte einen Aufstand auslösen müssen. Das Urteil aufgrund der Ergebnisse würde also für diese Agrarpolitik nicht mehr Agrarprotektionismus im Sinne einer Bestanderhaltungspolitik feststellen, sondern eine pragmatische Politik „schleichenden, lautlosen" Wandels, die – wenn sie so gedacht war – allerdings im gegenseitigen Wissen und Vertrauen zwischen Partei und Landwirten erfolgt sein müßte, daß „Versprechen der Politiker" nicht ganz für bare Münze genommen werden dürfen, und daß man sich durch ein solches „Versprechen" – dennoch gestärkt – aber in erster Linie selbst um die Zukunftssicherung seiner Existenz bemüht.

Neben der Förderung des Mittelstandes findet die *Industrie* in der anfänglichen Programmatik der CSU nur unter dem Aspekt eines harmonischen Zusammenwirkens aller Wirtschaftsgruppen[31] Berücksichtigung, nachdem im Grundsatzprogramm von 1946 der „wirtschaftliche Großbetrieb" sogar in der Gefahr der Ausartung „zu einem selbstsüchtigen und kapitalistischen Profitunternehmen" gesehen wurde[32]. Dennoch sah schon Seidel als Wirtschaftsminister neben der Mittelstandsförderung die Förderung der Neuansiedlung von Industriebetrieben als wichtige Säule der Industrialisierung, der Erhöhung des Exports und der Schaffung von Arbeitsplätzen[33]. Die positive Einstellung der CSU zur Industrie, auch zu den industriellen Großunternehmen, schlug sich wohl mehr, auch wenn man das nicht nur auf Franz Josef Strauß einschränkt, im Wertekonsens, in persönlichen Kontakten oder über die Kom-

---

[31] *Grundsatzprogramm 1957*, a.a.O., S. 206.
[32] *Grundsatzprogramm 1946*, a.a.O., S. 202.
[33] *Groß: Hanns Seidel*, S. 96f.

munikation zwischen den führenden Persönlichkeiten der Partei und der Unternehmen bzw. der Wirtschaftsverbände nieder[34]. Die *„aktive Wirtschaftspolitik"* widmete sich generell „der Gewerbeförderung, dem Auf- und Ausbau der gewerblichen Kapazität und der Schaffung einer gesunden Wirtschaftsstruktur"[35]. Die besondere Förderung des Mittelstandes, insbesondere des Handwerks, bezog sich auf Nachteilsausgleich z. B. bei Messen, Technologietransfer und im Export. Trotz der programmatischen Priorität für den Mittelstand beinhaltete dies letztlich aber auch keinen Konkurrenzschutz für mittelständische Betriebe gegenüber der (Groß-)Industrie, obwohl Neuansiedlungen von den eingesessenen Betrieben immer wieder auch mit der Argumentation verschärften Konkurrenzdruckes (z. B. auf dem Arbeitsmarkt) entgegengetreten wurde. So kann man an Einzelbeispielen großer Industrieansiedlungen zeigen, daß gerade durch die Wechselwirkungen zwischen Großunternehmen und der Anpassung der in der Umgebung vorhandenen kleinen und mittleren Unternehmen der Industrialisierungsprozeß und die Verbesserung der wirtschaftlichen Situation in ursprünglich ländlichen Regionen stark beschleunigt wurden[36].

Neue Industriepolitik

In der CSU-Landespolitik hat das, was heute vielfach als *„Neue Industriepolitik"* bezeichnet wird, schon eine gute (alte) Tradition. Abgesehen von der vielleicht als „Neo-Merkantilismus" charakterisierbaren Ära Strauß – kann diese von Seidel als „aktive Wirtschaftspolitik" bezeichnete Ausrichtung der Strukturpolitik oder die gegenwärtige, vom Ministerpräsidenten Edmund Stoiber, vom Fraktionsvorsitzenden Alois Glück und vom Wirtschaftsminister Otto Wiesheu getragene Initiative „Offensiv die Zukunft gestalten" nicht grundsätzlich als „Anmaßung von Wissen" gegenüber dem „Wettbewerb als Entdeckungsverfahren" (von Hayek) verstanden werden.

Offenbar hat die CSU-Führung auf diesem Gebiet aus den in der Vergangenheit gelegentlich vorgekommenen Grenzüberschreitungen (z. B. bei der

---

[34] *Vgl. Mintzel, S. 249ff.*
[35] *Groß: Hanns Seidel, S. 95.*
[36] *Vgl. Kleinhenz, Gerhard u.a.: BMW in Ostbayern – Strukturelle Veränderungen eines Agrarraumes durch Industrieansiedlung, Passau 1991.*

Konzentration von Luft- und Raumfahrtindustrie im Münchner Raum) gelernt. Bei allgemeiner Aufgeschlossenheit beschränkt sich die CSU gegenüber neuen Technologien, auch gegenüber sogenannten „Zukunftstechnologien", auf eine Gestaltung der Rahmenbedingungen, die den Standort Bayern für Zukunftsentwicklungen nicht verschließen, sondern offen (und vielleicht im Vergleich zu anderen Bundesländern: offener) halten. Die Förderung von „Forschung und Entwicklung" ist – abgesehen von z.b. ökologisch orientierten Programmen – eher indirekt und überläßt den Unternehmen selbst die Wahl ihrer Ausrichtung bei Forschung und Innovationen.

3.2 Die soziale Ausgestaltung der Wirtschaftsordnung

Mittelstandspolitik

Der in Folge der Industrialisierungsstrategie verschärfte wirtschaftliche Strukturwandel in Bayern gefährdete nicht nur die Existenz der vorhandenen, kleinen und mittleren wirtschaftlichen Leistungseinheiten, sondern auch die Lebenslagen der Familien, die im eigenen bäuerlichen Familienbetrieb, im Handwerksbetrieb, im kleinen Industriebetrieb oder im Handelsgeschäft ihr Vermögen investiert hatten und ihre Arbeitskraft einsetzten. Insofern hat Mittelstandspolitik immer sowohl wirtschaftspolitische als auch sozialpolitische Bedeutung.

Die in der katholischen Soziallehre (insbesondere durch Gustav Gundlach) grundgelegte Betonung des Mittelstandes in der CSU-Programmatik geht dabei über die in der politischen Debatte im Vordergrund stehenden Fragen der Verteilungspolitik und der Einkommenssicherung weit hinaus. Der selbständige Mittelstand erscheint als ein ordnungs- und strukturbildender Faktor, der erst eine naturgemäße Ordnung und eine Fülle von unterschiedlichen Existenzformen in Wirtschaft und Gesellschaft ermöglicht. Für Hanns Seidel[37] ist dabei der neue Mittelstand nach oben durch den eigentlichen Kapitalisten, dessen Gesamteinkommen eine luxuriöse Lebenshaltung ohne Verminderung seiner Vermögenssubstanz zuläßt, und nach unten durch den

---

[37] Vgl. Redemanuskript v. 27.1.1953 (ACSP, DS 7/235): Die CSU tritt ein für einen starken Mittelstand, hrsg. v. der Landesleitung der CSU.

„Proletarier" des 19. Jahrhunderts eingegrenzt und umfaßt neben den Landwirten, Handwerkern, Einzelhändlern und anderen selbständig Gewerbetreibenden auch die Rentner, Arbeiter und Angestellten, die das Privateigentum anerkennen und ihre Existenz in einer gewissen Selbstverantwortlichkeit zu sichern bestrebt sind. Trotz der heterogenen Interessenlage dieses Standes der Mitte bedarf es einer einheitlichen Politik zur „Rettung" des Mittelstandes. Die Entwicklung einer solchen umfassenden Mittelstandspolitik ist bis heute eigentlich ausgeblieben. Dennoch dürfte die Philosophie der Mittelschichten-Orientierung der CSU-Politik in allen Ressorts der bayerischen Staatsregierung durchgewirkt und wohl auch die Mitgliederstruktur der Partei und das Wählerverhalten beeinflußt haben[38].

Die in der praktischen Wirtschafts- und Sozialpolitik der Gegenwart oft vernachlässigte Mittelstandsperspektive wurde in ihrer Bedeutung für die Funktions- und Leistungsfähigkeit einer Sozialen Marktwirtschaft gerade jüngst im Zusammenhang mit der wirtschaftlichen Systemtransformation in Mittel- und Osteuropa deutlich. Das weitgehende Fehlen eines breiten Mittelstandes macht die Hoffnung auf eine spontane Entfaltung der Marktkräfte nach Aufhebung der Planung zunichte. Die Akzeptanz und die Stabilität einer marktwirtschaftlichen Ordnung werden aber auf Dauer in diesen Ländern von der Ausbildung und Festigung eines Mittelstandes abhängen.

Auch der herkömmliche Kern einer Mittelstandspolitik in bezug auf die bäuerlichen Familienbetriebe und die kleinen und mittleren Unternehmen in Handwerk, Industrie und Dienstleistungen enthält die sozialpolitische Perspektive des Ausgleichs von Nachteilen am Markt und im Wettbewerb mit konkurrierenden größeren Unternehmen. Obwohl diese Mittelstandspolitik des Nachteilsausgleichs in einem breiten Spektrum von der Eigenkapital- und Kreditbeschaffung über Führungs-, Organisations- und Technologieberatung, FuE-Förderung, sowie Markterschließung etc. entfaltet wurde, kann man vor allem für Zeiten besonderen strukturellen Umstellungsbedarfes – wie in der Gegenwart – noch Defizite in der Hilfe für den Mittelstand konstatieren. Die persönlichen Grenzen der (über seine laufenden Geschäfte hinausgehenden) Problemlösungskapazität des selbständigen mittelständischen Unternehmers bedürfen in einem Flächenstaat ein Maß an weitgehendem Herantragen von personalintensiver Unternehmensassistenz, das bislang noch nicht ausge-

---

[38] Vgl. Mintzel, S. 56 u. 130.

schöpft ist und wohl auch an den Haushaltsrestriktionen scheitern wird. Angesichts der geringen Pro-Kopf-Verschuldung im Freistaat könnten solche Aufgaben der Anpassung der Unternehmen und der Arbeitsplatzsicherung aber durchaus auch durch Kreditaufnahme finanziell gefördert werden.

Landesentwicklungs- und Umweltpolitik

In einer (reinen) Marktwirtschaft und Wettbewerbsgesellschaft würden bei Beschränkung des Staates auf eine Ordnungsmacht (Raumordnung) und das Angebot öffentlicher Infrastruktur weniger entwickelte (ländliche) Räume oder (zur Infrastruktur und den Märkten) peripher gelegene Räume (z.B. das frühere Zonenrandgebiet) im Wettbewerb um Unternehmen oder Fachkräfte benachteiligt sein. Der Wettbewerb selbst würde kein Aufholen solcher Regionen und keine Angleichung der Lebensverhältnisse bewirken. Die Steuerung über Markt und Wettbewerb würde allein zudem auch keine Lösung vieler Probleme der Sicherung einer erwünschten Umweltqualität gewährleisten. Nach der Lösung der sozialen Frage des 19. Jahrhunderts werden Umweltprobleme vielfach für die neuen sozialen Probleme der Gegenwart und Zukunft gehalten, wodurch aber keine Umbenennung der „Sozialen Marktwirtschaft" in eine „Öko-soziale Marktwirtschaft" erforderlich wird.

Bei allen Schwierigkeiten einer die Fachpolitiken übergreifenden Landesentwicklungspolitik und bei allen Auswirkungen der Zentralität Münchens und Oberbayerns im Freistaat ist es der ursprünglich im Wirtschaftsministerium beheimateten Landesentwicklungspolitik und Landesplanung – unterstützt auch durch einige glückliche Umstände der dezentralen Entstehung von Unternehmen der Flüchtlinge und Heimatvertriebenen sowie durch eine aktive Daseinsvorsorge auch der Bezirksregierungen, der Landkreise, der Städte und Gemeinden, die durch die kommunale Gebiets- und Verwaltungsreform (von 1970/72) in ihrer Handlungskompetenz gestärkt worden waren – gelungen, die im Wettbewerbsprozeß zu erwartende weitere Differenzierung der Lebensverhältnisse in den Regionen zu verhindern und einigen Regionen einen deutlichen Aufstiegs- und Aufholungsprozeß zu wertgleichen Lebensverhältnissen zu ermöglichen.

Nachdem ein erstes bayerisches Landesentwicklungsprogramm (LEP) als Gesamtkonzept der räumlichen Entwicklung 1976 aufgestellt war, 18 Planungsregionen gebildet und auf der Grundlage der kommunalen Selbstverwaltungsrechte handlungsfähige Organe entstanden waren, kann – nach einer Teilaktualisierung des LEP und der grundlegenden Neufassung des LEP am 1. März 1994[39] angesichts der veränderten Entwicklungsbedingungen nach dem Zusammenbruch des Ostblocks und der Öffnung der Grenzen – heute auf eine 25jährige Erfahrung in der Landesentwicklungspolitik zurückgeblickt werden.[40]

Bei der CSU-Politik des Ausgleichs räumlicher Unterschiede wird auch eine besondere Art der Gestaltung des Verhältnisses Bayerns zum Bund und zur EU erkennbar. Trotz des ursprünglichen Widerstandes gegen die „Gemeinschaftsaufgaben" von Bund und Ländern sowie gegen den Einfluß Brüssels über die Vergabe von Fördermitteln konnte es der bayerischen Politik dann gelingen, über die Partizipation an den Fördermitteln erheblich zur Verwirklichung ihrer regionalpolitischen Ziele beizutragen.

Zum Erfolg dieser Landesentwicklungspolitik haben aber ebenso die an den Leitlinien der Landesentwicklungspolitik orientierten Entscheidungen aller anderen Ressorts mit beigetragen. Dabei scheinen die im Bundesvergleich späten (dafür aber von manchen Reformmängeln befreiten) regionalpolitisch angelegten *Universitätsgründungen* (nach Augsburg und Regensburg insbesondere Bamberg, Bayreuth und Passau) mit ihren erfolgreichen Studienkonzepten von besonderer Bedeutung. Über den Aspekt einer „Behördenverlagerung" hinaus haben sich diese Universitäten in ihrem Raum auch als Entwicklungsagenten und -multiplikatoren ausgewirkt.

Mit der Umweltpolitik der CSU wird zum einen dem christlichen Auftrag an den Menschen, die Schöpfung zu bewahren, entsprochen und darüber hinaus den langfristigen Aspekten der staatlichen Verpflichtung zur Daseinsvorsorge, der Gewährleistung nachhaltiger Entwicklung („sustainable development") für den Freistaat entsprochen[41]. Wenn man der Auffassung zustimmt, daß es das Verdienst „der Grünen" i. w. S. sei, Umweltanliegen im öffentlichen Bewußtsein in Deutschland schnell und in einem vergleichsweise hohen Maße verankert zu haben, dann wird man der CSU von den etablierten Parteien –

---

[39] *Staatsministerium für Landesentwicklung und Umweltfragen (Hrsg.): Landesentwicklungsprogramm Bayern 1994.*
[40] *Goppel, Thomas: Haushalten in Bayern, Chancen einer nachhaltigen Entwicklung, Rede zum Haushaltsplan am 17.5.1995.*
[41] *Vgl. Grundsatzprogramm der CSU von 1993, München 1993, S. 82ff.*

wegen ihrer Prägung als „Agent der Industrialisierung"[42] – eine unerwartet schnelle Reaktion auf die wachsenden Umweltprobleme und das zunehmende öffentliche Problembewußtsein bescheinigen müssen. Mit dem 1970 neu gebildeten Staatsministerium für Landesentwicklung und Umweltfragen hatte Bayern als erstes Land ein Ressort mit der Zuständigkeit für Umweltpolitik. Alle technischen und organisatorischen Voraussetzungen für eine laufende Kontrolle der Umweltqualität sind geschaffen und die Gesetzgebung für einen vorsorgenden Umweltschutz ist umfassend. Die Einbindung der Umweltverträglichkeitsprüfung in das Raumordnungsverfahren eröffnet in hohem Maße die Möglichkeit einer vorsorgenden Berücksichtigung von Umweltbelangen.

Obwohl die aus den Reihen der CSU initiierte und verantwortete Umweltpolitik, die immer auch um den Ausgleich von Ökonomie und Ökologie bemüht und pragmatisch ausgerichtet ist, den Vorstellungen der Anhänger „rein ökologischer" Politikkonzepte meist nicht genügt, ist sie doch auch ein Beispiel der Lern- und Anpassungsfähigkeit der CSU. In der Umweltpolitik hat die CSU ihre Fähigkeit erwiesen, teilweise gegen einen „Bewußtseinsrückstand" der eigenen Klientel politische Führungsentscheidungen zu treffen, sowie mit schrittweiser und pragmatischer Lösung von neuen Problemen ein Mehr an Problemlösung zu erreichen als mit einer Politik utopischer Forderungen. Dabei verdient als besonders eindrucksvolles Beispiel dieser Politik neben dem Aufgreifen der SPD-Initiative zur Verankerung des Umweltschutzes in der bayerischen Verfassung sowie der integralen Raum- und Umweltverträglichkeitsprüfung m.E. die Gründung des inzwischen international hoch angesehenen ersten deutschen Nationalparks im *Nationalpark Bayerischer Wald* durch den bayerischen Landwirtschaftsminister Hans Eisenmann eine Hervorhebung.[43]

Sozialpolitik im engeren Sinne

Für die Sozialpolitik im engeren, traditionellen Sinne der Arbeitsmarktpolitik

---

[42] *Vgl. Mintzel, S. 253.*

[43] *Dabei ist gerade die Tatsache, daß diese Initiative durch einen auf die wirtschaftliche Nutzung des Waldes ausgerichteten Fachminister entwickelt wurde, überraschend und zunächst vielfach als Gefahr für die Konzeption des Nationalparks gesehen worden. Vgl. Kleinhenz, Gerhard u.a.: Die fremdenverkehrswirtschaftliche Bedeutung des Nationalparks Bayerischer Wald, Grafenau 1982.*

und der Sozialen Sicherung wirkt sich die Gesetzgebungskompetenz des Bundes in besonderem Maße in einem oft geringen öffentlichen Interesse der vor allem auf den Vollzug der Sozialgesetze bezogenen Landespolitik des (heutigen) „Staatsministeriums für Arbeit und Sozialordnung, Familie, Frauen und Gesundheit" aus. Tatsächlich ist jedoch auch der Beitrag der Umsetzung sozialpolitischer Gesetzgebung des Bundes auf Landesebene oft noch schwieriger (vor allem bei nicht ausgereiften Kompromißentscheidungen) und auch inhaltlich bedeutsam. Dies gilt in jüngster Zeit vor allem für die Umsetzung einer schnellen Folge von Finanzierungs-, Sicherungs- und Reformgesetzen beim arbeitsmarktpolitischen Arbeitsförderungsgesetz, der Gesetzlichen Krankenversicherung und der Einführung der Pflegeversicherung. Von der Sozialpolitik wurde oben schon die Integration der Flüchtlinge und Heimatvertriebenen angesprochen, die als heute kaum vorstellbare politische Großaufgabe vergleichbar der deutschen Vereinigung zu bewerten ist, und die trotz anfänglicher Widerstände in der einheimischen Bevölkerung und trotz der außen- und deutschlandpolitischen Notwendigkeit zur Betonung des Heimatrechtes der Vertriebenen als gelungene gesellschaftliche Eingliederung mit (nicht unerheblichen aber doch eingeschränkten und) überwiegend nur vorübergehenden Statuseinbußen und gesellschaftlicher Ausgrenzung beurteilt werden kann.

Im übrigen sollen drei charakteristische Aspekte der CSU-Sozialpolitik ausgewählt und näher betrachtet werden:

Für eine christliche Volkspartei ist die Betonung des hohen Wertes der Familie und der *Familienpolitik* nicht überraschend. Das Vollzugsdefizit von Familienpolitik als Querschnittsaufgabe für viele Ressorts ist – abgesehen vielleicht von der früheren Bedeutung im Rahmen der Wohnungsbau- und Wohnungseigentumsförderung – durch die aktuelle familienpolitische Diskussion für die gesamte Republik hinreichend deutlich geworden. Daß auch andere gesellschaftliche Institutionen und die Gesellschaft in Deutschland insgesamt kaum familienfreundliche Rahmenbedingungen anzubieten haben, wird offenbar erst allmählich bewußt und findet in den Medien nicht die Multiplikatoren wie die Ökologiebewegung. Innerhalb dieser familienpolitischen Landschaft kann die CSU u.a. verweisen auf die Verankerung der Familienpolitik als Aufgabe des Staatsministeriums für Arbeit und Sozialordnung, auf die Gewährung eines Landeserziehungsgeldes[44] und auf den Modellversuch Tagespflege unter günstigen organisatorischen Voraussetzungen als Ansatz für eine mögliche Politik der besseren Vereinbarkeit von Familien- und Berufstätigkeit[45].

Die CSU-Sozialpolitik in bezug auf die Arbeit kann zunächst die Schaffung von Arbeitsplätzen durch den Prozeß der Industrialisierung und wirtschaftlichen Entwicklung in Bayern als Erfolg ausweisen. Tatsächlich ist gute Wirtschaftspolitik (unter den gegebenen Ordnungs- und Verteilungsbedingungen) immer auch sozialpolitisch bedeutsam. Daß Bayern seit 1978 im Jahresdurchschnitt niedrigere Arbeitslosenquoten als das (frühere) Bundesgebiet aufzuweisen hat, ist ein unmittelbar sozialpolitischer Erfolg der umfassenden politischen Sorge um die Wettbewerbsfähigkeit Bayerns und der betriebenen Wirtschaftspolitik.

Dennoch konnte es der CSU bisher nicht gelingen, bei den DGB-Gewerkschaften als den mitgliederstarken Repräsentanten der Arbeitnehmerschaft eine entsprechende Anerkennung für ihre Wirtschafts- und Sozialpolitik zu finden. Die CSU-Programmatik für den Bereich Arbeit und Soziales wird von der christlichen Soziallehre und den „Themen" der Organisationen der christlichen Arbeitnehmerschaft geprägt. Das von den DGB-Gewerkschaften bis in die Gegenwart überwiegend gepflegte Verständnis der Einheitsgewerkschaften als Organisationen des Klassenkampfes steht konträr zu der Betonung der *Partnerschaft* in den Arbeitsbeziehungen bei der CSU.

Die tatsächlichen Beziehungen zum jeweiligen bayerischen DGB-Vorsitzenden und zu den Einzelgewerkschaften werden durch ein historisches Ereignis und durch Stellungnahmen von CSU-Politikern zu Tarifauseinandersetzungen sowie durch hochsensible („Pflicht"-)Reaktionen von Gewerkschaften immer wieder belastet. Dabei scheint der historische Anlaß mit einer Stellungnahme Hanns Seidels im Arbeitskampf in der bayerischen Metallindustrie 1954[46] sowohl an der falschen Persönlichkeit verankert als auch nach dem Inhalt die anhaltenden Folgewirkungen nicht zu rechtfertigen. Von den programmatischen Konflikten abgesehen dürfte es wohl mehr ein unbestimmtes, aber doch auch vielfach belegbares „Gefühl" sein, das bei der Mehrheit der DGB-Gewerkschaften in Bayern eine größere Affinität der CSU, oft eine persönliche Nähe der CSU zu den Arbeit-

---

[44] *Vgl. Bayerische Sozialpolitik 1992, S. 281ff.*
[45] *Vgl. Bayerische Sozialpolitik 1993, S. 296.*
[46] *Vgl. Mintzel, S. 253.*

gebern[47] und damit eine Voreingenommenheit in Tarifauseinandersetzungen vermuten läßt.

Wenn man den Tarifparteien ein sozialpartnerschaftliches Verhalten ähnlich dem Friedensabkommen in der Schweiz nahebringen möchte, dann wäre an beide Seiten der Appell zu richten, in Forderung und Angebot nach Treu und Glauben nichts zu verlangen bzw. zu verweigern, was wirtschaftlich vertretbar ist. Vielleicht könnte dann allmählich auch in den Tarifbeziehungen ein besonderer „bayerischer Weg" sich entwickeln, bei dem Arbeitskämpfe zu einer insgesamt noch selteneren Ausnahme werden würden.

Die konkreten Anliegen einer christlich-sozialen Tarifpolitik, wie eine verstärkte Flexibilisierung der Arbeitszeiten, insbesondere auch zur besseren Vereinbarkeit von Berufstätigkeit und Familie, und die gegenwärtig wiederbelebte Forderung einer tarifpolitisch abgesicherten breiten Eigentumsbildung in Arbeitnehmerhand sowie von Ertrags- und Kapitalbeteiligungen der Arbeitnehmer, konnten bisher nur ansatzweise, in einigen wenigen Tarifbereichen und in partnerschaftlichen Unternehmen verwirklicht werden. In einem – vielleicht auch durch politische Moderation – entkrampften Verhältnis der Tarifparteien könnte dieses große Ziel aller auf eine „Soziale Marktwirtschaft" eingegangenen politischen Kräfte aus der Gründerzeit der Bundesrepublik vielleicht einer besseren Erfüllung näher gebracht werden. Die Beteiligung der Arbeitnehmer am Produktivvermögen kann tatsächlich als das noch am wenigsten erfüllte Anliegen der traditionellen Sozialpolitik angesehen werden.

In Folge einer langen Belastung der *Sozialen Sicherung* durch überhohe Arbeitslosigkeit, durch die sozialen Lasten der Vereinigung, durch die Auswirkungen der absehbaren Alterung unserer Gesellschaft und durch unübersehbare Anzeichen eines Wandels von (sozialpolitisch relevanten) Werthaltungen stellt sich die Politik unabweisbar die Frage nach der Notwendigkeit eines *Umbaus* in unserem hochentwickelten Sozialstaat[48].

Die CSU kann in diesem Zusammenhang auf die traditionellen Grundsätze ihrer Sozialpolitik verweisen. Die Betonung der Selbstverantwortlichkeit des einzelnen und der Familien sowie einer staatlichen Sozialpolitik nach dem Subsidiaritätsprinzip können (und müssen wohl auch angesichts der ökonomischen Restriktionen) tatsächlich wiederum die Maßstäbe für die Diskussion

---

[47] *Vgl. Mintzel, S. 194 u. a.*

[48] *Vgl. nur Kleinhenz, Gerhard: Die Zukunft des Sozialstaates, in: Hamburger Jahrbuch, 37. Jg. (1992), S. 43ff.*

über den Umbau des Sozialstaates abgeben. Der Ausbau dieses Sozialstaates war in hohem Maße zum einen die Frucht der langanhaltenden wirtschaftlichen Aufwärtsentwicklung Deutschlands zu einem Hochleistungsland mit entsprechend hohem Wohlstandsniveau und zum zweiten einer „großen Koalition" von christlich-sozialen und sozialdemokratischen Kräften bei den meisten Grundentscheidungen. In die konkrete Ausgestaltung des Sozialstaates sind die Grundsätze der Selbstverantwortlichkeit und das Subsidiaritätsprinzip durchaus bereits eingegangen; manche Grenzüberschreitungen wurden bereits korrigiert.

Ein weiterer Grund für die Dringlichkeit und die Ausrichtung des Umbaus[49] im Sozialstaat sind die sicher nicht nur von Arbeitgebern erdachten, neuen Gefährdungen unserer wirtschaftlichen Wettbewerbsfähigkeit. Insofern bleibt der CSU-Grundsatz der Abhängigkeit der Sozialpolitik von der wirtschaftlichen Leistungsfähigkeit auch in Zukunft hochaktuell. Auf dem hohen Stand der Leistungsfähigkeit der deutschen und bayerischen Wirtschaft gilt allerdings auch verschärft, daß die wirtschaftliche Leistungsfähigkeit der „Sozialen Marktwirtschaft" auch durch den Sozialstaat, seine Politik der Startchancengerechtigkeit und seine Entlastung der Bürger gegenüber sozialen Risiken, mitbegründet wird.

4. Der bayerische Weg der Politik und die Zukunftsperspektiven Bayerns als europäischer Standort

Bei dem Versuch einer zusammenfassend charakterisierenden Darstellung und Analyse der Politik der CSU zur Umsetzung der Konzeption der Sozialen Marktwirtschaft wurde an verschiedenen Stellen ein besonderer „bayerischer Weg" der Politik erkennbar. In den 50 Jahren der bayerischen Nachkriegsgeschichte ist es der CSU gelungen, über ihre inhaltliche Programmatik hinaus auch die Repräsentantin eines besonderen bayerischen Politikstiles zu werden und somit weitgehend die „corporate identity" Bayerns auszufüllen. Die Sozialdemokratische Partei in Bayern hat nach der anfänglichen „Gemeinsamkeit der Bayern" in der ersten Phase des Wiederaufbaus einer

---

[49] *Der wohl keine Erweiterung, sondern eher auch einen gewissen „Abbau" von heute verzichtbaren „sozialen Errungenschaften", aber auch keine Aufgabe des Sozialstaates beinhalten wird.*

bayerischen Staatlichkeit nicht mehr versucht, innerhalb der deutschen Sozialdemokratie eine Eigenständigkeit der bayerischen SPD zu entwickeln und der CSU diese Repräsentation Bayerns streitig zu machen. Die Wirtschafts- und Sozialpolitik im Lande hätte noch interessanter und – wenn man als Ökonom vom Wert der Konkurrenz überzeugt ist – wohl auch noch besser werden können.

Die weitgehende Identifikation der CSU mit Bayern, die Vertretung der bayerischen Eigenstaatlichkeit und bayerischer Lebensart im Bund und im „Europa der Regionen" ist aber offenbar mehr als ein werblich nutzbares Markenzeichen. Der Erfolg einer politischen Partei in Bayern verlangt wohl neben dem sachlichen politischen Programm auch einen besonderen Stil der Politik.

Durch die Integration der Heimatvertriebenen und die spätere Zuwanderung ist die bayerische Gesellschaft kulturell durchmischt. Die wirtschaftliche Entwicklung zur Industrie- und Dienstleistungsgesellschaft hat die Mobilität erhöht und in Verbindung mit der Bildungsexpansion zu einer Modernisierung Bayerns in Richtung auf eine offene pluralistische Gesellschaft geführt. Der Fortbestand eines Restes an Selbstverständnis und an Vorstellungen von bayerischer Lebensart und Lebensqualität läßt jedoch dauerhafte stabile Mehrheiten im Konkurrenzkampf um die Wählerstimmen in Bayern nur erwarten, wenn auch der Stil der Politik diesen Vorstellungen entspricht. Obwohl diese Besonderheiten des politischen Prozesses in Bayern gegenüber anderen Bundesländern nicht groß sein dürften, können sie im Wechselspiel des politischen Prozesses zwischen Parteien als Anbietern von politischen Programmen und dem Wähler als Souverän, der Stimmen zu vergeben hat, über die Mehrheitsfähigkeit (politische Wettbewerbsfähigkeit) einer Partei entscheiden.

Die meisten dieser Stilelemente des bayerischen Weges der Politik lassen sich der vorausgegangenen (oder anderen) Analysen der Politik der Christlich-Sozialen Union entnehmen. Obwohl diese Stilelemente im einzelnen oft schwer erfaßbar und unterscheidbar sind, handelt es sich durchaus nicht nur um den Aspekt des „Verkaufens" der Politik.

– Ausrichtung auf praktische Probleme:
  Die in der Politik und in programmatischen Aussagen einer Partei aufgegriffenen Probleme müssen sich möglichst unmittelbar auf die alltägliche Lebenswelt der Mehrheit der Bürger (von diesen selbst) beziehen lassen.

Dieser Realitätsbezug der Politik war in der unmittelbaren Nachkriegszeit vor allem bei den Programmen zur Wirtschafts- und Sozialpolitik in eindeutiger Weise gegeben, während gegenwärtig politische Debatten vielfach „abgehoben" geführt werden und nur über eine Fülle von teilweise strittigem theoretischen Wissen auf die Lebenswelt der Bürger bezogen werden können.

- Verständlichkeit der Sprache der Politik:
Im Vergleich zu sozialdemokratischer oder grüner Politik hat die „Verbalisierung" der Politik der CSU vor allem das Lager der Intellektuellen in Deutschland kaum zufriedenstellen können. Zum Mangel an Expertenterminologie und Anglismen kam bei der CSU vielfach eine einfache, bisweilen eine eher „deftige", Sprache zur Anwendung. Nur wenn die Aussagen einer Partei und ihrer verschiedenen Gruppierungen den Bürgern auch wirklich verständlich bleiben, kann Unterstützung in Wahlen erwartet werden.
- Rationalität der Politik:
Die CSU hat schon sehr früh erkannt, daß der Konkurrenzkampf von Parteien um die Wählerstimmen einer (rational bestimmten) Organisation der Partei (1955/56) bedarf. Sie hat die Zeit in der Opposition zu einer Reorganisation der Partei benutzt, die sie an die Spitze moderner Parteiorganisation in Deutschland brachte. In der Bayerischen Landesregierung hat die CSU alle Möglichkeiten einer wissenschaftlichen Fundierung rationaler Politik und die Gewährleistung umfassender Information der Bürger über ihre Politik in der Staatsregierung entfaltet.
- Verankerung der Repräsentanten der Partei in der Bevölkerung:
Neben der Pflege der formalen Rationalität der Politik konnte die CSU über den regionalen Proporz der Auswahl der Minister und Staatssekretäre ihre Politik in allen Teilen Bayerns auch über Persönlichkeiten verankern und damit Möglichkeiten der regionalen Identifikation mit ihrer Politik in allen Landesteilen eröffnen.
- Politische Führung oder Populismus:
Politik wird in der Demokratie zwar über die Konkurrenz der Parteien um Wählerstimmen auf den Willen der Wähler ausgerichtet. Dies macht aber nicht ständige Ausrichtungen der Ziele einer Partei an den Ergebnissen von Meinungsumfragen erforderlich. Gerade in Bayern scheint zu gelten, daß die Mehrheit das Angebot überzeugender politischer Führungsent-

scheidungen („Weichenstellungen", Werteorientierungen, stimmige Konzeptionen) eher belohnt als ein populistisches Hinterherlaufen oder Breittreten (scheinbar wichtiger) wechselnder Themen im öffentlichen (veröffentlichten) Bewußtsein.
- Konstanz und Verläßlichkeit der Politik:
Das Euckensche Postulat einer „Konstanz der Wirtschaftspolitik" in der Marktwirtschaft gilt auch für das politische Handeln von Parteien (weil es auf eine Gesetzmäßigkeit menschlichen Verhaltens ausgerichtet ist). Dabei geht es nicht um stures Festhalten an Einzelentscheidungen auf instrumenteller Ebene, sondern um die Stabilität der Grundzüge, der Werteorientierung und der Konzeption der Gesamtpolitik („Politik aus einem Guß") sowie der wichtigsten Politikbereiche. Zudem spielt die Verläßlichkeit der Prioritäten und des Stellenwerts von Politikbereichen und damit der gemeinwohlverträglichen Anliegen bestimmter Bevölkerungsgruppen (z. B. Agrarpolitik oder „Wirtschaftsstandort" für Arbeitgeber und Arbeitnehmer) eine entscheidende Rolle.
- Bürgernähe – Honoratioren- oder Volkspartei:
Bayern hat sich – sogar in seiner „Hauptstadt mit Herz" – in den mittleren und kleinen Städten sowie den Märkten und Gemeinden etwas von „menschlichen" Kommunikations- und Interaktionsstrukturen bewahrt. Daher gehört auch „Bürgernähe" zu den zwingenden Erfolgsbedingungen für eine Partei. Die Repräsentanten einer Partei müssen Menschen „zum Anfassen" sein, die man hin und wieder auch in seinem örtlichen Bereich präsent weiß. Die Gefahr, von der die CSU dabei nicht immer unbehelligt blieb, ist, als „Honoratiorenpartei" mehr die Nähe von Führungskräften, Sponsoren, „Reichen", zu suchen, statt als echte Volkspartei, mit den eigenen Spitzen „ausgewogen" auch bei den Arbeitnehmern und eben bei den „einfachen" Bürgern vertreten zu sein.
- Wechselseitiges Vertrauen zwischen Politikern und Wählern – weder Überforderung noch Überschätzung:
In der Bundesrepublik Deutschland hat die stabile Wohlstandsentwicklung zum Ende der 60er Jahre eine Entwicklung begünstigt, die zu einer Überschätzung der „politischen Machbarkeit" und in der Folge zu übermäßigen Erwartungen an die Problemlösungskapazität der Politik führte. In der bayerischen Bevölkerung scheint es dagegen immer noch eine Mehrheit zu geben, die eine Lösung von Problemen zunächst in eigener Initiative

angeht, nur begrenzte Erwartungen in bezug auf die „Hilfe des Staates" hegt und somit über individuelle Anpassungen und gesellschaftliche Selbsthilfe letztlich auch der Politik zum Erfolg verhilft. Dies gilt offenbar auch dann, wenn „das gesprochene Wort", z.B. am „Politischen Aschermittwoch" in Passau, mehr verspricht als realistischer Weise erwartet werden kann oder wenn Interessenverbände „vollmundig" ihre Forderungen an den Staat formulieren.

In 50 Jahren bayerischer Nachkriegsgeschichte hat sich Bayern unter maßgeblichem Einfluß der CSU als ein Land bewährt, das eine moderne Industrie- und Dienstleistungstätigkeit, Innovationsdynamik und Forschungsintensität mit Attraktivität als Wohn- und Freizeitstandort sowie der größten Anziehungskraft als Urlaubsland in Deutschland verbindet. Wenn es wissenschaftlicher Forschung auch kaum gelingen wird, die letzten Erfolgsfaktoren dieser eigenen Note des „bayerischen Weges" auszuloten, so kann man doch davon ausgehen, daß sich dieser relativ erfolgreiche Weg auch im größeren Europäischen Binnenmarkt und der Europäischen Union noch fortsetzen läßt. Die CSU hat sich der Herausforderung der Zukunftsfähigkeit des Standortes Bayern in vollem Umfang gestellt. Dabei geht es sicher überwiegend darum, eine bewährte Politik weiterzuführen. Vielleicht können aber auch Verstärkungen bislang vernachlässigter Elemente der eigenen Programmatik dazu beitragen, die durch die Liberalisierung in Mittel- und Osteuropa dramatisch erhöhten Herausforderungen zu bestehen. Eine Hoffnung, sich auf den erlangten Lorbeeren auszuruhen, wird es für die Wirtschafts- und Sozialpolitik der CSU nicht geben, weil es doch noch eine Konkurrenz um die Wählerstimmen in Bayern gibt und weil Bayern auch bei guten Zukunftsperspektiven in Europa vor dem sich rasch intensivierenden weltweiten Wettbewerb nicht verschont bleiben wird.

Der Freistaat Bayern auf dem Weg ins 21. Jahrhundert

Edmund Stoiber

Die CSU hat die Entwicklung Bayerns in der zweiten Hälfte des 20. Jahrhunderts geprägt

Die CSU ist in Bayern fest verwurzelt; Bayern und die CSU gehören sogar im Bewußtsein derer, die uns politisch nicht nahestehen, untrennbar zusammen. Das hat gute Gründe: Wie keine andere Partei bekennt sich die CSU zu Bayern, zu seiner Geschichte und Kultur. Wie keine andere Partei hat die CSU die Entwicklung Bayerns in der zweiten Hälfte des 20. Jahrhunderts geprägt und von Bayern aus die Entwicklung der Bundesrepublik Deutschland beeinflußt. Bayern ist heute ein moderner Staat, der seinen Bürgern gute wirtschaftliche Lebensbedingungen und eine leistungsfähige Infrastruktur bietet, der aber zugleich die natürliche Umwelt bewahrt sowie Geschichte, Kultur und Brauchtum pflegt. Dies ist nicht zuletzt der Tatsache zu verdanken, daß die Christlich-Soziale Union mit Ausnahme der Jahre 1954–1957 die Führung der Bayerischen Staatsregierung innehatte, und daß sie von den bayerischen Wählern seit 1962 jeweils mit der absoluten Mehrheit zunächst der Mandate, dann auch der Stimmen ausgestattet wurde.

Das 50jährige Bestehen der CSU bietet den Anlaß, die Linien dieser erfolgreichen Politik in der Vergangenheit nachzuzeichnen und in die Zukunft hinein fortzuführen.

Die erste Phase der bayerischen Nachkriegspolitik dauerte bis in die zweite Hälfte der 50er Jahre. Es ging darum, allmählich die Kriegsfolgen zu überwinden, die Wirtschaft wieder in Gang zu bringen, eine geordnete Verwaltung und Justiz aufzubauen und für die geistige Überwindung des Nationalsozialismus zu sorgen.

Die zweite Phase der bayerischen Nachkriegspolitik war – und das ist ein bleibendes Verdienst vor allem von Hanns Seidel und Otto Schedl – gekennzeichnet durch die zielstrebig vorangetriebene Umgestaltung Bayerns zu einem modernen Industriestaat.

Dazu kam eine Reformpolitik ungeheuren Ausmaßes, die einen Großteil der Regierungszeit von Ministerpräsident Alfons Goppel prägte. Vor allem in den Jahren zwischen 1964 und 1978 wurde eine solche Fülle von umfassenden Gesetzeswerken verabschiedet wie niemals vorher und nachher in der bayerischen Nachkriegsgeschichte.

Dieser stürmischen Entwicklung im Inneren folgte als dritte Phase der Nachkriegsgeschichte – weitgehend identisch mit der Regierungszeit des Ministerpräsidenten Franz Josef Strauß – eine Zeit des Ausbaus und der inneren Stärkung, des erneuten wirtschaftlichen Aufschwungs und der Festigung der bayerischen Position in Deutschland, Europa und in vielen Teilen der Welt. Franz Josef Strauß war fest davon überzeugt, daß das Niveau von Bildung und Wissenschaft, Forschung und Technik über die Zukunft eines Volkes und eines Staates entscheiden würden, und er sah frühzeitig voraus, daß es zu einschneidenden weltpolitischen Veränderungen kommen würde.

Mit dem weltgeschichtlichen Epochenjahr 1989 wurde die jüngste Phase in der bayerischen Nachkriegsgeschichte eingeleitet. Bayern mußte sich im wiedervereinigten Deutschland seine politische Geltung erneut erarbeiten. Bayern muß die wirtschafts- und verkehrspolitischen Folgen der deutschen Einheit und der Grenzöffnung nach Osten bewältigen und auf den nun verstärkt wirksamen weltwirtschaftlichen Wandel reagieren. Bayern muß die fortschreitende europäische Einigung mitgestalten und dabei auf die Erhaltung seiner Eigenständigkeit und Eigenstaatlichkeit achten.

Hauptaufgaben der Zukunft

Für die vor uns liegende Zeit stellen sich der bayerischen Politik folgende Hauptaufgaben:
1. Wir müssen dafür sorgen, daß die Menschen in Bayern auch in Zukunft genügend gute und sichere Arbeitsplätze finden. Deshalb muß alles getan werden, damit sich Bayern als Wirtschaftsstandort im weltweiten Wettbe-

werb behaupten kann. Eine erfolgreiche Wirtschaftspolitik ist zugleich Voraussetzung für eine gute regionale Strukturpolitik und für die Sicherung des Sozialstaates.
2. Neben der Sicherung der materiellen Grundlagen fordern die Bürger von der Politik die Erhaltung einer intakten Umwelt und gesunder Lebensbedingungen. Die Belange von Ökonomie und Ökologie zu einem sachgerechten und verantwortbaren Ausgleich zu bringen, bleibt auf Dauer eine zentrale politische Aufgabe.
3. Dem ökonomischen entspricht ein gesellschaftlicher Wandel. Die Politik muß dafür sorgen, daß die Familien günstige rechtliche, materielle und ideelle Bedingungen vorfinden, sie muß zukunftsorientierte Bildungsmöglichkeiten für die Jugend schaffen, die Veränderungen im Rollenverständnis von Männern und Frauen bedenken und die notwendigen Konsequenzen daraus ziehen, daß der Anteil älterer Menschen in der Bevölkerung immer größer wird.
4. Wir müssen die Funktionsfähigkeit des Staates erhalten und verbessern. Voraussetzung dafür ist eine Besinnung auf die eigentlichen Aufgaben des Staates und daraus folgend eine Staats-, Verwaltungs- und Justizreform. Dazu gehört aber ebenso die Bereitschaft von Politik, Verwaltung und Justiz, sich den Aufgaben, die der Staat zu erfüllen hat, mit aller Konsequenz zu stellen. Das gilt vor allem bei der Erhaltung der inneren Sicherheit.
5. Wir müssen für Bayern ein Höchstmaß an Eigenstaatlichkeit und politischer Eigenverantwortlichkeit erhalten, und zwar sowohl gegenüber dem Bund wie gegenüber der Europäischen Union. Bayern kann seine Eigenständigkeit nur dann erfolgreich behaupten, wenn es sich seiner selbst bewußt ist, wenn es aufbauend auf seiner Geschichte und seiner reichen kulturellen Überlieferung die Zukunft gestaltet, und wenn die Bewohner unseres Landes auch künftig in dem Bewußtsein leben können, daß Bayern mehr ist als eine Verwaltungseinheit zur Regelung wirtschaftlicher und sozialer Belange.

Die Christlich-Soziale Union in Bayern hat in den 50 Jahren ihres Bestehens durch ihre einzigartig erfolgreiche Arbeit dieses Land geprägt. Auf dem, was in der Vergangenheit geschaffen wurde, kann die bayerische Politik aufbauen, wenn es um die Bewältigung der Zukunftsaufgaben geht.

Die Ansiedlung von Zukunftsindustrien in Bayern

Das wird besonders deutlich in der wirtschaftlichen Entwicklung. Hier haben alle früheren Regierungen seit 1945 Bewundernswertes geleistet. Wie groß die Aufgaben waren, zeigt ein Blick auf die Situation nach dem Ende des Krieges. Die Schwierigkeiten reichten weit über die Zerstörungen durch den Krieg und den Zustrom von Heimatvertriebenen und Flüchtlingen hinaus. Bayern war damals wirtschaftlich wesentlich von der Landwirtschaft, vom Handwerk und mittelständischen Gewerbe geprägt. Das Land verfügte über keine nennenswerten Rohstoffe. Die Revierferne führte zu hohen Energiepreisen, die eine zusätzliche Belastung für die in Bayern ansässige Wirtschaft darstellten. Nachdem der Eiserne Vorhang niedergegangen war, befand sich Bayern zusätzlich in einer katastrophalen geopolitischen Lage.

Deshalb stand ganz oben auf der Prioritätenliste aller Regierungen die Stärkung der Wirtschaftskraft. Dabei konnte Bayern Vorteile auch aus Tatsachen ziehen, die zunächst als Nachteile empfunden wurden: Die Heimatvertriebenen und Flüchtlinge, von denen die meisten aus den industrialisierten Gebieten Böhmens und Schlesiens kamen, bildeten ein großes und vor allem qualifiziertes Arbeitskräftepotential. Viele von ihnen gründeten auch selbst mittelständische Unternehmen und trugen so dazu bei, daß trotz der bald einsetzenden Industrialisierung die gemischtwirtschaftliche Struktur Bayerns mit einem starken Mittelstand als einem wichtigen Pfeiler der Wirtschaft erhalten blieb und sogar gestärkt wurde.

Größere und kleinere Unternehmen siedelten aus der russischen Besatzungszone in andere Besatzungszonen um. Viele von ihnen ließen sich in Bayern nieder. Zu den bekanntesten gehören die Versicherungsgesellschaften Allianz und HUK Coburg und vor allem der Siemens-Konzern, der mittlerweile zum größten Arbeitgeber in Bayern geworden ist.

Die Erfolge dieser ersten Phase der Industrialisierungspolitik waren durchschlagend: 1954 war das industrielle Produktionsvolumen Bayerns um 74% höher als vor dem Krieg! Dennoch mochte man noch nicht von der Vorstellung Abschied nehmen, daß Bayern in erster Linie ein Agrarstaat sei.

Aber in den 50er Jahren erfolgte die Wende von einer eher zurückhaltenden Einstellung gegenüber der modernen Industrie hin zu der Einsicht, daß in der industriellen Entwicklung die Zukunft Bayerns liegt, und daß kein Staat in der zweiten Hälfte des 20. Jahrhunderts ohne ein solches wirtschaftliches Fundament annehmbare und möglichst günstige Lebensbedingungen für seine Bevölkerung schaffen kann. Hanns Seidel hat diese bewußte Wende in der bayerischen Politik in seiner Regierungserklärung aus dem Jahr 1959 erstmals in aller Deutlichkeit dargestellt.

Neben den Ministerpräsidenten Hanns Seidel und Alfons Goppel sowie den Wirtschaftsministern Otto Schedl und Anton Jaumann hat sich Franz Josef Strauß unmittelbar für die Ansiedlung zukunftsorientierter Unternehmen in Bayern engagiert, und zwar nicht erst seit der Übernahme des Ministerpräsidentenamtes im Herbst 1978, sondern auch schon in den Jahrzehnten vorher von Bonn aus.

Der Erfolg dieser über Jahrzehnte zielstrebig betriebenen Politik ist offenkundig und wird heute in ganz Deutschland und in vielen Teilen der Welt anerkannt. Bayern hat die niedrigste Arbeitslosigkeit in Deutschland. Auch der wirtschaftliche Einbruch der Jahre 1992/93 wurde in Bayern sehr schnell überwunden.

In Bayern arbeiten heute wichtige Unternehmen der Kraftfahrzeugindustrie, der Luft- und Raumfahrt, der Elektrotechnik und Elektronik. Bayern wurde zu einem wichtigen Standort für Dienstleistungen. Nicht nur Banken, Versicherungen und Börsen sind hier ansässig, auch ein Großteil der in Deutschland beheimateten Hersteller von Computer-Software hat in Bayern seinen Sitz. Zudem ist Bayern zu einem erstrangigen Medienstandort geworden.

Wie können wir dem Ziel der Vollbeschäftigung wieder näherkommen?

Wesentliches Merkmal der wirtschaftlichen Entwicklungen in der zweiten Hälfte dieses Jahrhunderts ist, daß die internationale Verflechtung der Wirtschaft immer enger wird, und daß Staatsgrenzen angesichts des Endes der bipolaren Welt sowie infolge der modernen Verkehrs- und Kommunikationsmöglichkeiten immer mehr an Bedeutung verlieren. Großunternehmen agieren inzwischen weltweit; immer mehr Schwellenländer treten auf den Weltmärkten als Konkurrenten auf; das Ende des Eisernen Vorhangs in Europa hat dazu geführt, daß Niedriglohnländer mit eigener industrieller Tradition und entsprechend qualifizierten Arbeitskräften unmittelbar vor unserer Haustür liegen.

Aus all diesen Entwicklungen sind die notwendigen Konsequenzen zu ziehen. Es gibt seit einiger Zeit eine verstärkte Diskussion darüber, ob es überhaupt noch möglich sei, Vollbeschäftigung mittels ständigen wirtschaftlichen Wachstums zu sichern. Diese Diskussion muß geführt werden. Sie ist auch ein Arbeitsgebiet der „Zukunftskommission", die ich zusammen mit meinem sächsischen Kollegen Prof. Kurt Biedenkopf eingesetzt habe. Aber derzeit muß man feststellen, daß in der öffentlichen Auseinandersetzung zwar manche alternativen Visionen skizziert werden, daß aber noch niemand ein Modell vorstellen konnte, wie die Frage der Vollbeschäftigung anders als durch wirtschaftliches Wachstum gelöst werden könnte.

Die richtigen Konsequenzen aus den gegenwärtigen wirtschaftlichen Herausforderungen liegen nicht im Versuch einer Abschottung. Wenn die internationale Verflechtung der Wirtschaft stärker wird, ist es völlig normal und unter keinen Umständen zu verhindern, daß Konzerne, die in Deutschland ansässig sind, Produktionsstätten und Betriebsteile im Ausland gründen. Nicht in jedem Fall kann man dabei von einer wirklichen „Verlagerung" von Arbeitsplätzen ins Ausland sprechen. Solche Niederlassungen im Ausland erschließen dem jeweiligen Gesamtunternehmen zusätzliche Möglichkeiten, die oft auch den Arbeitsplätzen in Deutschland zugute kommen. Entscheidend ist allerdings, daß nicht nur deutsche Unternehmen sich ein zusätzliches Standbein im Ausland suchen, sondern daß im Gegenzug auch ausländische Unternehmen in Deutschland investieren. Hier haben wir aber noch ein Defizit. Dieses Ungleichgewicht zu beseitigen, muß eine wichtige Aufgabe deutscher und bayerischer Politik sein.

Wenn immer mehr Staaten auf die Weltmärkte drängen, dann liegt darin auch eine Chance: Es bilden sich in Mittel- und Osteuropa, in Ostasien und im pazifischen Raum, in Südamerika und in Teilen Afrikas gigantische neue Märkte. Auf diesen Märkten müssen deutsche Unternehmen Fuß fassen. Die Bayerische Staatsregierung leistet dazu die notwendige Hilfe. Franz Josef Strauß hat seine hervorragenden internationalen Kontakte immer auch genutzt, um für die wirtschaftliche Entwicklung Bayerns zu wirken. Max Streibl hat nach der politischen Wende 1989 sofort umfassende wirtschaftliche Kontakte zu unseren östlichen Nachbarn aufgebaut, besonders zur Tschechischen und Slowakischen Republik, zu Ungarn und der Ukraine. Auf dem Gebiet des ehemaligen Jugoslawien ist Slowenien ein Wirtschaftspartner geworden, der sich gut entwickelt. Diese Politik führe ich mit Nachdruck fort. Bei Kontakten mit ausländischen Staatsgästen und auf Auslandsreisen betätige ich mich bewußt auch als „Türöffner" für die bayerische Wirtschaft.

International aufzutreten ist nicht mehr das Privileg großer Konzerne. Auch mittelständische Unternehmen müssen ihren Aktionsradius mehr und mehr erweitern. Hier sind staatliche Hilfestellungen besonders wichtig, z. B. durch Informationsstellen, wie sie in Südostasien geschaffen wurden, durch Förderung von Messebeteiligungen und natürlich auch durch viele Informationen, die hier im Lande seitens der Staatsregierung gegeben werden.

Entscheidend ist, rechtzeitig zu erkennen, welches die Wachstumsbranchen der Zukunft sein werden und wie deutsche und bayerische Unternehmen auf den internationalen Märkten konkurrenzfähig bleiben können. Franz Josef Strauß wollte für diese Fragen eine zuverlässige Beratung durch Experten aus Wissenschaft und Wirtschaft sicherstellen und gründete den Wissenschaftlich-Technischen Beirat der Bayerischen Staatsregierung. Inzwischen ist dieses Gremium mit seinen Diskussionen und Gutachten zu einem wertvollen Anreger und Berater für die bayerische Wirtschafts- und Strukturpolitik geworden.

Wachstumsbranchen der Zukunft sind die Informations- und Kommunikationstechniken sowie die Bio- und Gentechnik. Zuwächse von noch gar nicht absehbarem Ausmaß kann die Umwelttechnik bringen. In den eher traditionellen Branchen wird es darauf ankommen, durch neue Produkte und neue Produktionsverfahren die internationale Wettbewerbsfähigkeit zu sichern oder wiederherzustellen.

In unserer marktwirtschaftlichen Ordnung muß die Wirtschaft ihre Probleme zunächst selbst lösen. Das geschieht auch: Der wirtschaftliche Einbruch der letzten Jahre hat dazu geführt, daß nahezu in der gesamten Wirtschaft Organisations- und Produktionsstrukturen überprüft wurden. Diese Bemühungen, Kosten zu senken und zu größerer Flexibilität in der Produktion und bei Arbeitszeiten zu gelangen, müssen fortgesetzt werden.

Aber wie in der Vergangenheit ist auch künftig der Staat gefordert. Er muß dafür sorgen, daß für die Wirtschaft die sog. Rahmenbedingungen möglichst günstig sind. Diese wirtschaftlichen Rahmenbedingungen wurden in der Vergangenheit von allen Staatsregierungen zielstrebig und systematisch verbessert. Dringlich waren zunächst die Energieversorgung und die Verkehrsanbindung. Bei der Energieversorgung wurde ein wesentlicher Durchbruch Anfang der 60er Jahre mit der Pipeline nach Ingolstadt und dem Aufbau des dortigen Raffineriezentrums erzielt. Derzeit verfolgt die Staatsregierung zusammen mit der Tschechischen Regierung das Projekt, diese Pipeline von Ingolstadt aus nach Böhmen weiterzuführen. Bayern hat die Möglichkeit wahrgenommen, Erdgas aus der Sowjetunion zu beziehen. Vor allem aber hat die Staatsregierung auf die Kernkraft gesetzt. Weit über 60% der Elektrizität werden in Bayern in Kernkraftwerken gewonnen. Das ist ein wesentlicher Grund dafür, daß die bayerischen Strompreise inzwischen zu den günstigsten in ganz Deutschland gehören.

Ein weiterer entscheidender Faktor unter den wirtschaftlichen Rahmenbedingungen ist die Verkehrsanbindung – sowohl die Verkehrsinfrastruktur innerhalb des Landes wie auch die Anbindung an die großen nationalen und internationalen Verkehrswege. Die bisherigen Staatsregierungen haben hier viel erreicht. Die letzten Großprojekte, die fertiggestellt wurden, waren der neue Flughafen München, der nach Franz Josef Strauß benannt wurde, der Main-Donau-Kanal und – weniger spektakulär, aber verkehrspolitisch außerordentlich bedeutsam – der neue Container-Bahnhof München-Riem. Derzeit liegt das Schwergewicht auf dem Ausbau der Verkehrsverbindungen in die neuen Länder und nach Böhmen sowie auf der Verbesserung des alpenquerenden Verkehrs. Transitverkehr bringt zwar viele Belastungen mit sich. Aber es muß vermieden werden, daß die großen Nord-Süd-Verbindungen an Bayern vorbeilaufen – im Westen auf der Rheinschiene und im Osten auf der Linie Hamburg–Berlin–Prag–Wien. Damit würde unser Land nicht nur ins verkehrspolitische, sondern auch ins wirtschaftliche Abseits geraten.

„Rohstoff Geist"

Die Wirtschaft der Zukunft baut auf der Hochtechnologie auf. Der Staat muß im Rahmen seiner Möglichkeiten und Zuständigkeiten Grundlagenforschung wie anwendungsorientierte Forschung fördern und auf eine bessere Verzahnung von Wissenschaft und Wirtschaft hinarbeiten. Franz Josef Strauß hat das Wort geprägt, Bayern müsse sich als rohstoffarmes Land um so mehr um den „Rohstoff Geist" bemühen.

Deshalb wurden die traditionellen Landesuniversitäten in München, Erlangen-Nürnberg und Würzburg ausgebaut. Zusätzlich wurden seit den 60er Jahren neue Universitäten in Regensburg, Augsburg, Bayreuth, Passau und Bamberg gegründet. Dazu kommt die Katholische Universität Eichstätt, die ebenfalls erhebliche staatliche Mittel erhält. Parallel dazu erfolgte die Gründung von Fachhochschulen. Ministerpräsident Streibl kündigte in seiner Regierungserklärung vom Dezember 1990 die Gründung zusätzlicher Fachhochschulen oder Fachhochschuleinrichtungen in Deggendorf, Amberg-Weiden, Ansbach, Ingolstadt, Hof, Neu-Ulm und Aschaffenburg an. Nach deren Verwirklichung, die derzeit in vollem Gange ist, wird es in Bayern keine Planungsregion mehr ohne eine Hochschule geben.

Um zukunftsweisende Forschungsvorhaben schneller und unbürokratischer fördern zu können, als dies im Rahmen der üblichen staatlichen Forschungsförderung möglich ist, gründete Ministerpräsident Streibl die Bayerische Forschungsstiftung.

Seit der Regierungszeit von Franz Josef Strauß wurden Technologietransferzentren geschaffen, damit vor allem kleinere und mittlere Unternehmen leichter Zugang zu modernsten wissenschaftlichen Erkenntnissen finden können. Dieses Netz wird jetzt wesentlich ausgebaut.

Wichtige Investitionen, die der Forschung und Wirtschaft in Bayern zugute kommen, kann ich aus den Erlösen der Privatisierungen von Staatsbeteiligungen finanzieren. Sie sind im Gesamtkonzept „Offensive Zukunft Bayern" zusammengefaßt. Die Erlöse aus der ersten Phase der Privatisierungen werden schwerpunktmäßig im wissenschaftlich-technologischen Bereich eingesetzt. Hierher gehören vor allem die Unterstützung strategischer Felder der Wissenschaft und Forschung, der Ausbau des Technologietransfers, die Förderung von Unternehmensgründungen sowie Hilfen zur Erschließung neuer Märkte. Aus den Erlösen der zweiten Privatisierungsphase sollen vorrangig soziale, kulturelle und ökologische Projekte gefördert werden.

Entscheidend ist darüber hinaus, ob das Meinungsklima für Investitionen und Innovationen förderlich ist oder ob sich derjenige, der Arbeitsplätze schaffen will, eher mit Mißtrauen oder gar Ablehnung konfrontiert sieht. Wir brauchen ein Klima, das leistungs- und innovationsfreundlich ist, das Eliten gute Bedingungen bietet, das Unternehmungsfreude und Einsatzbereitschaft fördert und nicht bremst. Dazu können eine entsprechende Ausgestaltung des

Steuerrechts, ein leichterer Zugang zu Risikokapital und vielfältige staatliche Fördermaßnahmen beitragen. Aber wir brauchen auch ein gesellschaftliches Klima, in dem sich einsatzwillige und einsatzbereite Menschen wohlfühlen, so daß sie hier bleiben und nicht ins Ausland, häufig in die USA, abwandern.

Deshalb dürfen wir uns nicht damit abfinden, daß die Ansiedlung von Wirtschaftsunternehmen, die Nutzung moderner Technologien, aber auch die Schaffung notwendiger Einrichtungen der Infrastruktur von Schienenstrecken bis zu Mülldeponien kaum Zustimmung finden. Diese verbreitete Ablehnungshaltung, die aus einem verhängnisvollen Gemisch von Ängstlichkeit und Bequemlichkeit entstanden ist, müssen wir überwinden. Das ist eine Schlüsselfrage für unsere Zukunft als Industrienation, d.h. für die Arbeitsplätze, für die wirtschaftliche und soziale Sicherheit der gesamten Bevölkerung.

Die Landwirtschaft im Strukturwandel

Die Landwirtschaft ist seit Jahrzehnten einem besonders dramatischen Strukturwandel unterworfen. Ging es in den ersten Jahren nach dem 2. Weltkrieg noch darum, ob genügend Nahrungsmittel produziert werden können, um die Bevölkerung zu ernähren, änderte sich die Situation vor allem seit den 60er Jahren grundlegend. Die Produktivität in der Landwirtschaft wuchs sprunghaft. Das hatte zur Folge, daß immer weniger Menschen in der Landwirtschaft beschäftigt werden mußten. Ihr Anteil schrumpfte von über 37% im Jahr 1950 auf etwa 6% heute.

Die Europäische Gemeinschaft setzte rigoros auf Großbetriebe. Nach dem Mansholtplan aus dem Jahr 1968 sollten nur noch sie eine Überlebenschance bekommen. Landwirtschaftsminister Hans Eisenmann konzipierte demgegenüber den „bayerischen Weg" in der Landwirtschaft, der dem „Gesetz zur Förderung der Bayerischen Landwirtschaft" zugrunde lag, das am 29.9.1970 einstimmig vom Landtag verabschiedet wurde. Wesentlicher Bestandteil war die „Partnerschaft der Voll-, Zu- und Nebenerwerbsbetriebe". Dieses Konzept entsprach der Tatsache, daß die Struktur der Landwirtschaft in Bayern traditionell von bäuerlichen Familienbetrieben bestimmt ist, die eine faire Zukunftschance bekommen sollten.

Damit konnte und wollte man den Strukturwandel in der Landwirtschaft nicht aufhalten. Das ist dort ebenso wenig möglich wie in anderen Sektoren der Wirtschaft. Aber die Veränderungen konnten so gestaltet werden, daß sie für die betroffenen Familien und für die gesellschaftlichen und kulturellen Strukturen in Bayern erträglich abliefen. Es gibt heute in Bayern zwar nur noch halb so viele landwirtschaftliche Betriebe wie vor 40 Jahren, während sich die durchschnittliche Betriebsgröße fast verdoppelt hat. Dennoch ist es gelungen, an der Zielvorstellung des bäuerlichen Familienbetriebs festzuhalten und die Landwirtschaft in ihrer gesellschaftlichen und kulturellen Bedeutung für den ländlichen Raum zu erhalten.

In seiner Regierungserklärung vom Dezember 1986 kündigte Franz Josef Strauß einen „Jahrhundertvertrag für die Landwirtschaft" an, den er in einer großen Rede im April 1987 ausführlicher darlegte. Kernpunkte waren die Spezialisierung auf Qualitätsprodukte, die Direktvermarktung, die Förderung der Erzeugung und Verwendung nachwachsender heimischer Rohstoffe und ein Entgelt für die landeskulturellen und landespflegerischen Leistungen der Bauern.

Die Agrarpolitik wird inzwischen überwiegend von der Europäischen Union bestimmt. Die Bundes- und die Landespolitik haben nur in begrenztem Rahmen eigene Gestaltungsmöglichkeiten. Die Unzufriedenheit damit ist in vielen Mitgliedstaaten der EU groß. Die Bayerische Staatsregierung fordert daher eine stärkere Regionalisierung der Agrarpolitik.

Regionale Strukturpolitik

In der Landesentwicklung stellte sich nach 1945 die zentrale Aufgabe, das Gefälle zwischen den strukturstärkeren Landesteilen einerseits und dem Zonenrandgebiet sowie dem Grenzland zur Tschechoslowakei andererseits auszugleichen.

Die Randlage Bayerns verschärfte die vorhandenen regionalen Ungleichgewichte zusätzlich. Denn die Regionen, die ohnedies strukturschwächer waren, hatten wegen ihrer Lage am Eisernen Vorhang zunächst auch die ungünstigeren Entwicklungschancen. Fördermittel des Landes, des Bundes und der Europäischen Gemeinschaft unterstützten die Ansiedlung von Betrieben und den Ausbau der Infrastruktur. Wichtig war die Verbesserung der Verkehrsanbindung. Das nord- und ostbayerische Grenzland wurde stets gut bedacht. Damit wurde eine wichtige Voraussetzung für die wirtschaftliche Entwicklung dieser Gebiete geschaffen. Zugleich erwies sich die gute Verkehrserschließung als außerordentlich nützlich, als die innerdeutsche Grenze beseitigt und die Grenze zur Tschechoslowakei geöffnet wurden. Die Verkehrsströme, die sich daraufhin in Bewegung setzten, wären ohne diese weit vorausschauende Verkehrspolitik noch schwerer zu bewältigen gewesen.

Die politische Wende hat nicht schlagartig alle Probleme des früheren Zonenrandgebiets und des Grenzlands zur Tschechoslowakei beseitigt. Einerseits besteht noch ein Nachholbedarf, andererseits aber sind infolge der neuen politischen Lage auch neue Herausforderungen auf Nord- und Ostbayern zugekommen. Deshalb setzte sich Ministerpräsident Streibl dafür ein, die Zonenrand- und Grenzlandförderung nicht abrupt zu beenden, sondern sie erst allmählich auslaufen zu lassen. In der Auseinandersetzung mit dem Bund und den anderen Ländern sowie mit der Europäischen Gemeinschaft konnte leider nur ein Teilerfolg errungen werden. Nach bayerischer Auffassung war der Zeitpunkt für die Einstellung der Grenzlandförderung zu früh.

Probleme verursacht auch das starke Fördergefälle zwischen Unter- und Oberfranken einerseits und den benachbarten thüringischen und sächsischen Gebieten andererseits. Ich habe von den Ministerpräsidenten Sachsens und Thüringens die Zusage erreicht, in den Gebieten, die Bayern unmittelbar benachbart sind, nicht bis an die Förderhöchstgrenze zu gehen. Auf Dauer muß aber eine Lösung noch auf anderen Wegen gefunden werden. Einerseits muß darauf hingearbeitet werden, daß es die Europäische Union den Mitgliedstaaten und in Deutschland auch den einzelnen Ländern überläßt, welche Regionen sie aus eigenen Mitteln fördern wollen. Zum anderen muß die flächendeckend hohe Förderung in den neuen Ländern differenziert werden. In Gebieten, in denen der wirtschaftliche Aufschwung bereits weit vorangekommen ist, kann und muß die Förderung zurückgefahren werden, während sie in anderen Regionen, die nach wie vor schwer zu ringen haben, auch weiterhin auf hohem Niveau notwendig sein wird.

Umweltpolitik als neue Querschnittsaufgabe

Der Schutz der Umwelt ist eines der wichtigsten Anliegen der Bevölkerung an die Politik. Die großen Aufgaben der Vergangenheit, nämlich der Aufbau eines demokratischen, freiheitlichen Rechtsstaates, die Gewährleistung menschenwürdiger Arbeitsbedingungen und die Schaffung eines tragfähigen sozialen Netzes sind im Grundsatz bewältigt. Natürlich sind immer wieder neue Anstrengungen erforderlich, um das Geschaffene den jeweiligen Bedingungen anzupassen, Fehlentwicklungen zu vermeiden und das Vorhandene möglichst noch weiter zu verbessern. Aber bereits in den 60er Jahren wurde immer mehr Menschen bewußt, daß wirtschaftliche und soziale Sicherheit nicht genügen. Zu den Lebensgrundlagen gehören nicht nur sichere Arbeitsplätze, eine ausgebaute Infrastruktur und gute Wohnmöglichkeiten, sondern ebenso sauberes Wasser, reine Luft, ein gesunder Wald, eine artenreiche Tier- und Pflanzenwelt.

Natürlich waren dies keine grundsätzlich neuen Erkenntnisse. Der pflegliche Umgang mit der Natur hat in Bayern eine lange Tradition. Bereits in die Bayerische Verfassung von 1946 wurden Grundsätze aufgenommen wie die Pflege, die Schonung und die Erhaltung der „Denkmäler der Natur" sowie der einheimischen Tier- und Pflanzenarten.

Der Beginn einer systematischen und umfassend betriebenen Umweltpolitik wurde gesetzt, als Bayern am 8.12.1970 als erstes deutsches Land ein eigenes Ministerium schuf, das in seiner Verbindung von Raumordnung und Umweltschutz einzigartig in ganz Europa war. Die beiden ersten Umweltminister Bayerns, Max Streibl und Alfred Dick, haben im wörtlichsten Sinn Pionierarbeit geleistet, die ganz Deutschland zugute kam und darüber hinaus in Europa und der gesamten industrialisierten Welt Beachtung und Anerkennung fand.

Am 17. Juni 1984 wurde durch Volksabstimmung der Schutz der natürlichen Lebensgrundlagen als Staatsziel in die Bayerische Verfassung aufgenommen. Bei der Einbringung des Gesetzentwurfs hatte Ministerpräsident Franz Josef Strauß am 2. Februar 1984 eine beeindruckende Bilanz bayerischer Umweltpolitik ziehen können. Dabei stellte er auch die Bedeutung des grenzüberschreitenden Umweltschutzes heraus. Bayern hatte sowohl in der Zusammenarbeit mit den unmittelbaren Nachbarn wie im Ost-West-Dialog bereits Wesentliches angestoßen. Vor allem mit der DDR und der Tschechoslowakei gab es eine Reihe von Problemen zu lösen, weil Luft- und Gewässerverschmutzungen zu schweren Beeinträchtigungen für die Bevölkerung in Nord- und Ostbayern geführt hatten.

Heute ist die entscheidende Aufgabe, wie die Umweltpolitik in die Gesamtheit der politischen Aufgaben eingeordnet wird. Damals wie heute gilt: Umweltpolitik hat für mich einen sehr hohen Rang. Sie kann und darf aber nicht absolut gesetzt werden, vielmehr muß in dem Spannungsverhältnis zwischen Umweltschutz und anderen politischen Aufgaben von der Sicherung der Arbeitsplätze bis zur Schaffung moderner Verkehrsmöglichkeiten jeweils ein Ausgleich gefunden werden. Wir brauchen eine Umweltpolitik mit Verantwortung und Augenmaß, die den ökonomischen Wohlstand nicht untergräbt, sondern ihn qualitativ weiterentwickelt. Ökonomie und Ökologie dürfen keine Gegensätze sein.

Die Politik hat deshalb Rahmenbedingungen zu schaffen, damit umweltgerechtes Handeln auch wirtschaftlich effizientes Handeln ist. Weder Planwirtschaft noch Kapitalismus schonen so sehr die natürlichen Lebensgrundlagen wie die Soziale Marktwirtschaft. Im Rahmen unserer Wirtschaftsordnung verwirklichen wir die Maximen unserer Umweltpolitik: Vorsorge, Verantwortung der Verursacher und Kooperation. Ziel der Staatsregierung ist es, die nachsorgende Schadensbeseitigung mehr und mehr durch integrierten Umweltschutz zu ersetzen sowie die Wohlstandsentwicklung und das Wirtschaftswachstum von den Umweltbelastungen zu entkoppeln.

Richtig verstandener Umweltschutz schafft Arbeitsplätze und erschließt neue Märkte. Denn Umwelttechnologie ist ein wachsender Wirtschaftszweig. 21% der weltweit produzierten Umweltgüter werden in Deutschland hergestellt, mehr als in jedem anderen Land. 680.000 Menschen sind in Deutschland im Umweltschutz beschäftigt; im Jahr 2000 könnte es vielleicht schon 1 Million sein. Deutsche Umwelttechnik hat gute Chancen, zu einem Exportschlager zu werden.

In meiner Regierungserklärung vom 19. Juli 1995 habe ich angekündigt, daß die Staatsregierung mit der bayerischen Wirtschaft eine freiwillige Vereinbarung für mehr Umweltschutz, den „Umweltpakt 2000" abschließen will. Bis zum Jahr 2000 wollen wir wichtige Schritte im Umweltschutz gemeinsam tun. Das gilt besonders für Umweltmanagement und im Verkehr, für Abfall- und

Energiewirtschaft, für die Förderung nachwachsender Rohstoffe und für die Sanierung von Altlasten.

Mit diesem Weg zum kooperativen Umweltschutz setzen wir neue Maßstäbe. Grundlage ist dabei das Prinzip der gemeinsamen Verantwortung. Der Staat muß auch künftig die Ziele setzen. Aber für die Wege, die dorthin führen, können und müssen wir verstärkt den Sachverstand der Wirtschaft nutzen.

Darüber hinaus habe ich zusammen mit meinen Ministerpräsidenten-Kollegen aus Niedersachsen und Baden-Württemberg einen politischen Konsens mit den Automobilunternehmen unserer Länder erzielt, in dem sich diese Automobilunternehmen verpflichten, bis zum Jahr 2000 das Drei-Liter-Auto zu verwirklichen und die Arbeitsplätze stabil zu halten. Dafür will der Staat die politischen Rahmenbedingungen schaffen, etwa steuerliche Vergünstigungen für besonders abgasarme Diesel-Motoren. Wir müssen Bedingungen setzen, daß sich die Niederverbrauchs-Fahrzeuge am Markt durchsetzen, so daß die zu erwartende Zunahme des Verkehrs durch die Verringerung des Verbrauchs nicht nur kompensiert, sondern sogar überkompensiert wird.

Es muß darüber nachgedacht werden, ob und in welcher Weise weitere marktkonforme Mittel eingesetzt werden können, die in anderen Ländern bereits erprobt werden. So gibt es in Kalifornien handelbare und degressive Schadstoffzertifikate oder Emissionsrechte. Der Staat setzt nur die Umweltziele, überläßt es aber der Wirtschaft und den Verbrauchern, mit welchen Mitteln sie diese Ziele erreichen.

In allen Lebensbereichen und Politikfeldern, in denen Umweltschutz verwirklicht werden muß, sollten wir vor allem beherzigen:
- Umweltschutz braucht zwar gesetzliche Zielvorgaben. Wir müssen aber gleichzeitig auf ein wachsendes Umweltbewußtsein der Bürger setzen und gerade im Umweltschutz die Kooperation suchen.
- Umweltschutz stellt hohe ethische und praktische Anforderungen an jeden einzelnen Bürger. Aber eine staatlich verordnete Zwangsaskese würde unweigerlich in eine Öko-Diktatur führen.
- Umweltschutz hat kontinentale und weltweite Dimensionen. Die Staatsregierung wird auch weiterhin an allen sinnvollen nationalen und internationalen Projekten mitarbeiten und durch ihre Arbeit umweltpolitische Impulse geben.

Gute Schulen für die Zukunft der Jugend

Der Wert einer guten Schulbildung steht außer Zweifel. Er ist um so höher einzuschätzen, je stürmischer die Entwicklungen in Wirtschaft und Gesellschaft verlaufen und je höher die Anforderungen werden, denen die jungen Menschen in ihrem späteren Leben gewachsen sein müssen.

Nach der Phase des Wiederaufbaus ging auch Bayern daran, sein Bildungswesen quantitativ und qualitativ auszubauen. Im ganzen Land wurden zusätzliche Realschulen und Gymnasien gegründet; an bestehende Schulen wurden oft zusätzliche Ausbildungsrichtungen angegliedert. So wurde ein dichtes Netz weiterführender Schulen geschaffen. Man kann ohne Einschränkung behaupten, daß es heute kein Kind in Bayern geben dürfte, das wegen einer unüberwindlichen räumlichen Entfernung am Besuch einer weiterführenden Schule gehindert würde.

Die Durchlässigkeit zwischen den Schularten wurde von Grund auf verbessert. Daß eine Schullaufbahn in der „Sackgasse" endet, oder daß einmal getroffene Entscheidungen nicht mehr revidierbar sind, gehört schon seit Jahrzehnten der Vergangenheit an. Es gibt heute keine Stelle im bayerischen Schulsystem, von der aus nicht Übergänge in andere Schullaufbahnen möglich wären. Eine hervorragend ausgebaute Schulberatung bietet Schülern wie Eltern Orientierung und Hilfe. Durch den Ausbau des beruflichen Schulwesens wurden vielfältige Möglichkeiten geschaffen, im Rahmen einer berufsorientierten Schulbildung sowohl berufliche Qualifikationen wie auch weiterführende schulische Abschlüsse zu erwerben.

Die bayerischen Schulen sind offen für neue Inhalte. Medienerziehung und Informatik, die Berücksichtigung von Umweltfragen und politische Bildung sind längst selbstverständlich. Das sich einigende Europa fordert gerade die junge Generation heraus. Der Unterricht in den Fremdsprachen wurde intensiviert. Es gibt im Rahmen der Weiterentwicklung der Grundschule bereits eine kindgerechte Begegnung mit Fremdsprachen ab der 3. Jahrgangsstufe. Die bayerischen Schulen haben seit jeher ein großes Interesse an Partnerschaften mit Schulen im Ausland. Beschränkten sich diese bis 1989 überwiegend auf Frankreich, Großbritannien und die USA, so haben die bayerischen Schulen in den letzten Jahren auch viele Partnerschaften mit Schulen in der Tschechischen Republik sowie in anderen Staaten des ehemaligen Ostblocks geschlossen.

Eine wichtige Aufgabe in der nächsten Zukunft wird es sein, die Bemühungen um die Gleichwertigkeit von allgemeiner und beruflicher Bildung entschlossen fortzuführen. Denn in Bayern durchlaufen über 70% eines Jahrgangs die berufliche Ausbildung! Der qualitative Ausbau der Hauptschule seit Ende der 60er Jahre und die Einführung des „qualifizierenden Abschlusses" der Hauptschule waren bereits wichtige Schritte. Der „qualifizierte berufliche Bildungsabschluß" eröffnet Schülerinnen und Schülern mit gutem schulischen und beruflichen Abschluß dieselben Möglichkeiten wie der Realschulabschluß. Die Bayerische Staatsregierung hat einen Meisterpreis geschaffen, mit dem die besten 30% der Absolventen von Meisterprüfungen oder entsprechenden staatlichen Prüfungen an Fachschulen und Fachakademien gefördert werden. Wesentlich auf Anregung der Bayerischen Staatsregierung wird der Bund ein Meister-BAFöG schaffen. Gravierende Unterschiede in der Förderung der akademischen und der beruflichen Bildung dürfen keine Dauer mehr haben.

Seit dem Schuljahr 1994/95 wurden im Rahmen eines Schulversuchs freiwillige 10. Hauptschuljahre eingerichtet, die es geeigneten Hauptschülern ermöglichen, ohne Wechsel an eine Realschule einen mittleren Schulabschluß zu erwerben. Dieser Versuch stößt auf erfreulich großes Interesse und wurde bereits entsprechend ausgeweitet.

Die Realschule beginnt bisher mit der 7. Jahrgangsstufe. Seit 1992 werden Versuche mit einer 6-jährigen Realschule durchgeführt, die unmittelbar nach der Grundschule mit der 5. Jahrgangsstufe beginnt. Wenn dieser Schulversuch, der vielversprechend anlief, erfolgreich ist, wird die Staatsregierung die 6-stufige Realschule dauerhaft einrichten.

Die Staatsregierung wird sich bundesweit für eine weitere Profilierung der Oberstufe des Gymnasiums einsetzen. Die Abiturprüfung muß auf die wesentlichen Fächer konzentriert werden. Durch eine stärkere Verbindlichkeit von Kernfächern bis zum Abitur hat die Bayerische Staatsregierung bereits das gymnasiale Profil geschärft.

Die Ausbildungszeiten von Hochschulabsolventen sind in Deutschland im Vergleich zu anderen Staaten zu lang. Es wurden bereits wichtige Maßnahmen eingeleitet, um das Abschlußalter der Hochschulabsolventen zu senken. In den Schulen werden z.B. eine frühe Einschulung und das Überspringen einer Jahrgangsstufe gefördert. An den Hochschulen wurde ein „Aktionsprogramm zur Verkürzung der Studiendauer" eingeleitet, um die tatsächlichen Studienzeiten wieder an die Soll-Studienzeiten heranzuführen. Die Verkürzung der Ausbildungszeiten, insbesondere an der Hochschule, wird auch für die nächste Zukunft eine bedeutende Aufgabe bleiben.

Das gegliederte Schulsystem hat sich bewährt. Es bietet ein Höchstmaß an Durchlässigkeit, ist offen für neue Inhalte und sichert die hohe Qualität der bayerischen Bildungsabschlüsse.

Die bayerische Bildungspolitik läßt sich von dem programmatischen Satz leiten: Die richtige Schule für jeden, nicht die gleiche Schule für alle! Indem wir in Bayern allen Angriffen zum Trotz am gegliederten Schulwesen festhalten, entsprechen wir auch dem Art. 132 der Bayerischen Verfassung, in dem gefordert wird, daß für den Aufbau des Schulwesens die Mannigfaltigkeit der Lebensberufe und für die Aufnahme eines Kindes in eine bestimmte Schule seine Anlagen, seine Neigungen, seine Leistungen und seine innere Berufung maßgebend sind.

Die Schule muß mit der Zeit gehen, aber sie darf im Interesse einer kontinuierlichen Bildung und Erziehung nicht jeder Mode des Zeitgeistes hinterherlaufen. Gerade die moderne technische Welt mit ihrer raschen Entwicklung und ihren vielfältigen beruflichen Anforderungen verlangt nicht ein ganzes Warenhaus an Wissen. Diese Welt verlangt, wie Franz Josef Strauß es einmal gesagt hat, „die Geschmeidigkeit des Denkens und die Fähigkeit, es laufend den jeweiligen Entwicklungen der wissenschaftlich-technischen Seite anpassen zu können".

Als „Pragmatiker der Humanität" wollen wir die ideologiefreie, aber nicht die wertfreie Schule. Deshalb bekennen wir uns zu den Erziehungszielen, wie sie im Art. 131 der Bayerischen Verfassung niedergelegt sind. Die bayerische Jugend soll die Herausforderungen der Zukunft nicht nur mit technischem Wissen, sondern auch mit einem hohen Maß an Bildung und charakterlicher Reife bewältigen.

Politik für die Familien, für Frauen und ältere Menschen

Die Familienpolitik ist seit jeher ein Kernpunkt in der Arbeit der Staatsregierung. Das bezieht sich sowohl auf die rechtliche und ideelle Stärkung der Familie wie auf deren materielle Unterstützung.

Die Staatsregierung ist zusammen mit den CSU-Abgeordneten des Deutschen Bundestages in der Gemeinsamen Verfassungskommission von Bundestag und Bundesrat allen Versuchen entgegengetreten, nichteheliche oder gleichgeschlechtliche Lebensgemeinschaften der Ehe und Familie gleichzustellen. Der besondere Schutz, den Ehe und Familie nach der Bayerischen Verfassung und dem Grundgesetz genießen, muß erhalten bleiben.

Die äußeren Bedingungen für die Familie zu verbessern, war schon frühzeitig ein politischer Schwerpunkt der Staatsregierung. Bayern hat vorbildliche Leistungen für die Familien geschaffen. Zu nennen sind vor allem die Landesstiftung „Hilfe für Mutter und Kind", das Landeserziehungsgeld, das nun auf ein Jahr ausgedehnt wird, oder die Familienbeihilfe, die Förderung von Familienferien, Müttergenesungsmaßnahmen und Mutter/Kind-Kuren sowie die Förderung der Ehe- und Familienberatung und der Schwangerenberatung. Auch alle Maßnahmen im Rahmen der Frauenpolitik kommen den Familien zugute, ebenso die Aufwendungen für den sozialen Wohnungsbau, die Lernmittelfreiheit oder die Schulwegkostenfreiheit. Trotz der derzeit notwendigen Sparmaßnahmen nimmt die Staatsregierung die Familienpolitik von allen Einsparungen aus.

Bayern hat aber auch im Bund wesentliche familienpolitische Leistungen angestoßen. Fast alle familienpolitischen Fortschritte des Bundes gingen auf nachhaltiges Drängen Bayerns zurück, z.B. die Verlängerung des Bundeserziehungsgeldes, die Verbesserungen bei der steuerlichen Entlastung der Familien, die rentenversicherungsrechtliche Anerkennung der Kindererziehungsleistung. Schon vor den Urteilen des Bundesverfassungsgerichts zum Familienleistungsausgleich trat Bayern für die Anhebung des Grundfreibetrags, der Kinderfreibeträge und für die Wiedereinführung des Weihnachtsfreibetrags ein. Die Staatsregierung forderte in dem von ihr vorgelegten „Bayern-Modell" eine Steuerreform, die das Existenzminimum der Familie steuerfrei stellt. Bayern setzte sich erfolgreich für die Weiterentwicklung des dualen Systems ein, d.h. für die Erhöhung sowohl der steuerlichen Kinderfreibeträge als auch des Kindergeldes. Ein umfassender Schutz des Lebens ist und bleibt Teil der Politik der Staatsregierung.

Die Rahmenbedingungen für die Familien müssen weiter verbessert werden. Selbstverständlich darf die Entscheidung zur Eheschließung und die Erfüllung des Kinderwunsches nicht ausschließlich unter finanziellen Aspekten gesehen werden. Aber der Staat muß dafür sorgen, daß die Entscheidung für Ehe und Familie keinen unzumutbaren Verzicht auf Lebensqualität bedeutet. Die Familie ist die Keimzelle unserer Gesellschaft, sie ist eine elementare Voraussetzung für die Bewältigung großer gesellschaftlicher Veränderungen. Das Wohlergehen des Staates und die Zukunft unseres Landes sind eng verbunden mit ihrer Vitalität.

Die Stellung der Frau in Familie, Wirtschaft, Staat und Gesellschaft ist eine der größten politischen und gesellschaftlichen Herausforderungen für die nächste Zukunft. Die Rolle der Frau muß insgesamt neu bestimmt werden, und es müssen die Voraussetzungen dafür geschaffen werden, daß die Frauen ihre neue Rolle auch in der Praxis des Alltags einnehmen und ausfüllen können. Dabei geht es – was leider oft übersehen wird – nicht nur um die künftige Rolle der Frauen, sondern ebenso um die Rolle der Männer. Die Lösung des Problems liegt nicht im Kampf um Anteile und Machtpositionen, sondern in der Partnerschaft.

Die Staatsregierung hat in den letzten Jahrzehnten große Anstrengungen unternommen, um die Situation der Mädchen und jungen Frauen im Bildungswesen zu verbessern. Heute stellen sie die Hälfte der Abiturienten – und zwar die gute Hälfte – nach Anzahl wie nach Leistung. An den Hochschulen ist die Parität noch nicht ganz erreicht, was aber sicher nur eine Frage der Zeit ist. Gleichzeitig wurden Hürden abgebaut, um Mädchen und Frauen den Zugang zu bis dahin traditionellen Männerberufen zu ermöglichen.

Volle Berufstätigkeit der Frau oder ein ehrenamtlicher Einsatz, der ähnlich viel Zeit und Kraft beansprucht, können zum Konflikt zwischen Beruf und Familie, zwischen Beruf und Kindern führen. Der Staat muß dazu beitragen, daß dieser Konflikt bewältigt werden kann. Deshalb wurden bereits die Möglichkeiten der Kinderbetreuung erheblich verbessert. Dabei kommt es nicht nur auf die absolute Zahl der Kindergartenplätze an. Wichtig sind auch flexiblere Öffnungszeiten. Eine wichtige Ergänzung zum Kindergarten stellt die Initiative „Ein Netz für Kinder" dar. Hier werden Kreativität und Flexibilität in der Kinderbetreuung gefördert. Diese Betreuungsangebote, die auf die Initiative und das Engagement der beteiligten Eltern bauen, ersetzen nicht die Familie, sondern stärken deren Erziehungskraft.

Es müssen natürlich auch flexible Möglichkeiten für Teilzeitarbeit bestehen und angemessene Bedingungen für die Rückkehr in den Beruf nach einer familienbedingten Unterbrechung angeboten werden. Die Staatsregierung ist hier bereits mit gutem Beispiel vorangegangen. Sie wird grundsätzlich auch für die Vorgesetzten- und Leitungsaufgaben Arbeitsplätze als Teilzeitarbeitsplätze anbieten. Verschiedene Modellversuche zeigen bereits, daß dies durchaus realisierbar ist.

Ziel ist echte Wahlfreiheit für Frauen. Sie sollen sich frei entscheiden können für unterschiedliche Lebenswege, für eine berufliche Tätigkeit, für eine Kombination von Familie und Beruf oder ausschließlich für die Familie.

Steigende Lebenserwartung und niedrige Geburtenraten bewirken, daß der Anteil der älteren Menschen an der Gesamtbevölkerung zunimmt. Machten die über 65jährigen 1950 noch 9,3% aus, so sind es jetzt schon über 15%. Schätzungen weisen darauf hin, daß um 2010 jeder fünfte Bewohner Bayerns über 65 Jahre sein wird. Das ist ein revolutionärer Wandel. Einen so großen Anteil älterer Menschen gab es noch nie in der Geschichte.

Auch die Politik für ältere Menschen sieht sich somit vor neue Aufgaben gestellt. Die meisten Menschen, die heute aus dem Berufsleben ausscheiden, sind glücklicherweise gesund und vital. Sie möchten den reichen Schatz an Lebenserfahrung, den sie angesammelt haben, an die Jüngeren weitergeben. Sie wollen ihren dritten Lebensabschnitt aktiv und selbstbestimmt gestalten.

Hier muß der Staat Mut machen und Anregungen geben. Es gibt bereits viele vorbildliche Projekte, in denen ältere Menschen ihr Können, ihre Erfahrung und ihre Energie zur eigenen Freude und zum Wohle anderer einbringen können. Ein sorgenfreier dritter Lebensabschnitt setzt jedoch die entsprechenden Rahmenbedingungen voraus. Diese zu schaffen ist Aufgabe des Staates.

Die Bayerische Staatsregierung hat sich dieser Herausforderung stets gestellt. In unserer freiheitlich-demokratischen Gesellschaftsordnung ist der Freiheit und der Selbstbestimmung des Menschen in jedem Lebensabschnitt Rechnung zu tragen. Eine wesentliche Voraussetzung für ein aktives und selbstbestimmtes Leben im Alter ist finanzielle Sicherheit, d.h. für die meisten Menschen: die Sicherheit der Renten. Mit dem Rentenreformgesetz 1992 ist es gelungen, die Rentenfinanzierung jedenfalls bis zum Jahr 2010 auf eine solide Basis zu stellen und dafür Sorge zu tragen, daß die Beitragszahler mit der Finanzierung nicht überfordert werden. Wie sich die Finanzierbarkeit der

Rentenversicherung in den 20er und 30er Jahren des kommenden Jahrhunderts darstellen wird, ist heute noch nicht annähernd vorauszusagen. Die CSU wird sich jedoch auf allen politischen Ebenen nachdrücklich dafür einsetzen, daß auch dann wie in der Vergangenheit wieder tragfähige Konzepte entwickelt werden, die sowohl den älteren Menschen wie denen, die im Arbeitsleben stehen, gerecht werden. Dazu soll gerade auch die von den beiden Freistaaten Sachsen und Bayern eingesetzte Zukunftskommission Beiträge liefern.

Die Staatsregierung paßt in der Altenhilfe die Maßnahmen, Einrichtungen und Dienste laufend an die Bevölkerungsentwicklung, an die veränderten Lebensumstände und Lebensgewohnheiten der älteren Menschen an. Vordringlicher Handlungsbedarf besteht vor allem im Pflegebereich, und zwar bei der gesundheitlichen Vorbeugung, beim Ausbau sozialpflegerischer Dienste und offener Hilfen, damit jeder alte Mensch möglichst lange in der gewohnten Umgebung bleiben kann, bei der Errichtung von Tages- und Kurzzeitpflegeplätzen sowie beim Ausbau des Angebots an Heimplätzen. Die Staatsregierung wird weiterhin ihre Maßnahmen verstärken, um den Mangel an Pflegekräften abzubauen. Sie wird die geriatrische Versorgung ausbauen und das Pflegeversicherungsgesetz konsequent umsetzen.

Bayern – das sicherste Land in Deutschland

Zu jeder Zeit ist es Aufgabe der Politik, den inneren Frieden zu festigen. Das muß geschehen durch konsequenten Vollzug der Gesetze, dadurch, daß keine rechtsfreien Räume geduldet werden, aber auch durch das Eintreten für eine Werteordnung, in der die Achtung vor Leben, Gesundheit und Eigentum anderer sowie die Bereitschaft, Konflikte friedlich und im Rahmen der Rechtsordnung auszutragen, gepflegt werden.

Die Staatsregierung hat ihre Politik immer an diesen Grundsätzen ausgerichtet, so daß Bayern heute zu Recht das sicherste Land in Deutschland ist. Wir haben dafür gesorgt, daß die Polizei in personeller, materieller und rechtlicher Hinsicht gute Voraussetzungen für ihre verantwortungsvolle Arbeit hat. Gleichzeitig hat die Staatsregierung stets gegenüber dem Bund darauf gedrungen, die notwendigen gesetzlichen Grundlagen zu schaffen, damit eine wirkungsvolle Verbrechensbekämpfung möglich ist. In den 80er Jahren war es z.B. das Demonstrationsstrafrecht. Heute geht es um die Bekämpfung der internationalen organisierten Kriminalität, um den Kampf gegen radikale Gewalttäter und um ein entschlossenes Vorgehen gegen Drogen.

Mit dem Pilotprojekt „Sicherheitswacht" bin ich einen neuen Weg gegangen. Bürgerinnen und Bürger stellen sich damit in den Dienst an der inneren Sicherheit. Die bisherigen Erfahrungen sind sehr positiv. Die Sicherheitswacht soll und kann die Polizei nicht ersetzen. Aber sie stellt für engagierte Bürgerinnen und Bürger eine gute Möglichkeit dar, die öffentliche Sicherheit in ihrer Gemeinde oder in ihrem Stadtviertel zu erhöhen.

Für Staat, Verwaltung und Justiz: eine Reform an Haupt und Gliedern

Eine grundlegende Staats- und Verwaltungsreform wurde in der Nachkriegsgeschichte bereits mehrfach versucht. 1955 schlug eine Expertengruppe unter Leitung von Staatsrat a.D. Ottmar Kollmann vor, überholte Staatsaufgaben abzubauen. Neben der Reform der Lehrerbildung war die Staats- und Verwaltungsreform das zweite Hauptanliegen der Viererkoalition gewesen. Zu tiefergreifenden Maßnahmen war die Regierung jedoch nicht imstande. Immerhin wurde kurz vor dem Auseinanderbrechen der Viererkoalition eine Rechtsbereinigung zum Abschluß gebracht. 1961 gab es wiederum umfassende Diskussionen über eine Staats- und Verwaltungsvereinfachung. Ministerpräsident Hans Ehard befürchtete Widerstand der Bevölkerung und der örtlichen Abgeordneten, wenn es zur Auflösung von Ämtern käme. Ende der 70er und Anfang der 80er Jahre arbeitete die noch von Ministerpräsident Alfons Goppel eingesetzte „Kommission für den Abbau von Staatsaufgaben und zur Verwaltungsvereinfachung" unter Leitung des damaligen Staatssekretärs Franz Neubauer. Sie schuf eine „Neue Bereinigte Sammlung des bayerischen Landesrechts".

Bis zum Beginn der 90er Jahre war die Regelungsflut erneut erheblich angewachsen. Vor allem standen noch immer grundlegende organisatorische Reformen aus. Diese habe ich in meiner Regierungserklärung vom 30. Juni 1993 angekündigt. Ziel ist, daß der Staat mehr Beweglichkeit gewinnt, und daß die Verwaltung effizienter, kostengünstiger und bürgerfreundlicher

arbeiten kann. Dies wollen wir erreichen, indem wir Organisationsstrukturen vereinfachen, die Regelungsdichte reduzieren und Aufgaben privatisieren, die der Staat nicht zwingend selbst zu erledigen braucht.
Inzwischen sind wir auf diesem Weg schon ein gutes Stück vorangekommen:
- Die Staatsbau- und die Finanzbauverwaltung werden zusammengeführt.
- Die Veterinärämter und die Gesundheitsämter werden in die Landratsämter eingegliedert.
- Die Wasserwirtschaftsverwaltung wird gestrafft.
- Die Staatsforstverwaltung wird reformiert.
- Die Regierungen werden überprüft.

Zur Beschleunigung schwieriger Planungs- und Genehmigungsverfahren wurden Ende 1994 bei den Bezirksregierungen Projektmanager eingerichtet. Inzwischen werden in ganz Bayern bereits 14 Großprojekte von solchen Projektmanagern betreut. Die Schnelligkeit und die Effizienz der Verfahren wird dadurch erheblich gesteigert.

Seit 1.8.1994 ist die Novelle zur Bayerischen Bauordnung in Kraft. Die Erfolge sind beeindruckend: Nur noch ein Drittel aller Bauten ist voll genehmigungspflichtig. Gleichzeitig ist es nicht, wie manche befürchteten, zu einer Welle von Nachbarschaftsprozessen gekommen.

Eine Verkürzung von Planungs- und Genehmigungsverfahren soll den Wirtschaftsstandort Bayern stärken. Denn Investitionen und die Schaffung von Arbeitsplätzen sind heute auch davon abhängig, ob Genehmigungen in angemessener Zeit und zu akzeptablen Bedingungen erteilt werden. Wir werden mit Landesrecht das Widerspruchsverfahren gegen Verwaltungsentscheidungen in „besonderen Fällen" abschaffen und haben eine Bundesratsinitiative gestartet, damit dies auch in allen anderen Bereichen ermöglicht wird. In den dann noch verbleibenden Fällen wollen wir ein „beschleunigtes Widerspruchsverfahren" einführen.

Auch in der Justiz ist eine durchgreifende Reform notwendig. Wir arbeiten auf eine Straffung von Zivil- und Strafprozessen sowie der Verfahren vor den Arbeits- und Sozialgerichten hin. Die Entscheidungen liegen allerdings beim Bund.

Die Stellung Bayerns in Deutschland und Europa

Bayern hat schon im Kaiserreich und in der Weimarer Republik darauf geachtet, ein Höchstmaß an Eigenständigkeit zu bewahren. In den Diskussionen nach dem Ende des Zweiten Weltkriegs war Bayern ein Vorkämpfer für den Föderalismus. Weil föderalistische Prinzipien nicht so fest im Grundgesetz verankert wurden, wie dies aus bayerischer Sicht notwendig gewesen wäre, entschied sich die CSU schließlich zu der bekannten Haltung: „Nein zum Grundgesetz – ja zu Deutschland!" Die Staatsregierung achtete in den folgenden Jahrzehnten stets darauf, daß der bundesstaatliche Charakter der Bundesrepublik Deutschland gewahrt wurde. Daß in der politischen Praxis das Gewicht des Bundes im Laufe der Jahrzehnte größer wurde, konnte dennoch nicht völlig verhindert werden.

Es war wichtig, daß auf dem Gebiet der früheren DDR durch den Wunsch der Bevölkerung die früheren Länder, die von der SED beseitigt worden waren, wieder geschaffen wurden. Die Änderungen des Grundgesetzes, die im Zusammenhang mit der Wiedervereinigung notwendig wurden, konnten zu einer erneuten Stärkung des Föderalismus genutzt werden. Bayern hatte daran einen wesentlichen Anteil. Das wurde und wird auch von den anderen Ländern anerkannt.

Die Eigenständigkeit Bayerns gilt es nicht nur gegenüber bundesstaatlichen Machtansprüchen zu erhalten. Mit dem zunehmenden Ausbau der europäischen Gemeinschaft muß der Föderalismus auch gegenüber Brüssel verteidigt werden. Schon in seiner ersten Regierungserklärung als Bayerischer Ministerpräsident hat Franz Josef Strauß am 14.11.1978 betont: „Der Föderalismus ist das unverzichtbare Bauprinzip eines freiheitlichen Deutschlands, und, nach unserer Auffassung, auch einer in Freiheit sich einigenden europäischen Gemeinschaft." In seiner Regierungserklärung vom 23.7.1986 sprach er von der Gefahr, daß die im Februar 1986 unterzeichnete Einheitliche Europäische Akte zu einer stärkeren „Zentralisierung, Bürokratisierung und Gleichmacherei" führen und die bundesstaatliche Struktur der Bundesrepublik Deutschland aushöhlen würde. Er forderte eine Änderung des Grundgesetzes, damit der Bund nicht ohne Zustimmung der Länder Hoheitsrechte auf zwischenstaatliche Einrichtungen übertragen könne. Außerdem verlangte er, daß die Länder an der innerstaatlichen Willensbildung für Entscheidungen im

Rahmen der EG beteiligt werden. 1992 wurde in das Grundgesetz der neue Artikel 23 eingefügt, der diesen Forderungen weitgehend Rechnung trägt. Im Maastrichter Vertrag wurde außerdem das Prinzip der Subsidiarität verankert. Beides kam ganz wesentlich auf bayerische Initiative zustande.

Föderalismus ist eine wirkliche Teilung der Staatsgewalt zwischen dem Gesamtstaat und den Einzelstaaten. Deshalb ist die Mitwirkung an der Politik des Bundes ein legitimes Recht und sogar die Pflicht der Politiker, die in den Ländern Verantwortung tragen. Die Mitglieder der Bayerischen Staatsregierung haben diese Aufgabe immer wahrgenommen. So ist es auch gelungen, im größeren wiedervereinigten Deutschland Bayern eine starke Position zu sichern.

Bayern war sich immer seiner Verantwortung für das gesamte Deutschland bewußt. Das zeigte sich, als Hans Ehard 1947 zur ersten und vorläufig einzigen gesamtdeutschen Ministerpräsidentenkonferenz nach München einlud. Es zeigte sich bei der Mitgestaltung der deutschlandpolitischen Entwicklung und auch bei der Klage, die Bayern als einziges deutsches Land vor dem Bundesverfassungsgericht gegen den Grundvertrag und gegen die Ostverträge einreichte. Die Klarstellungen, die Bayern dadurch herbeiführen konnte, erleichterten 1990 wesentlich den Weg zur Wiedervereinigung.

Bayern gestaltet auch das wiedervereinigte Deutschland nach Kräften mit. Bayern leistete in hohem Maß Verwaltungshilfe, vor allem für die benachbarten Länder Sachsen und Thüringen, aber auch für Mecklenburg-Vorpommern. Zwischen Bayern, Baden-Württemberg, Sachsen und Thüringen hat sich in den letzten beiden Jahren eine besonders enge Zusammenarbeit entwickelt, die auch in Zukunft Grundlage für gemeinsame politische Aktivitäten sein wird.

Wir leben in einer Zeit, die große Herausforderungen stellt, aber auch große Chancen bietet – gerade uns in Bayern. Unser Land ist aus seiner früheren Randlage wieder in die Mitte Europas gerückt, ist wieder zum Herzland Europas geworden. Bayern hat eine große Vergangenheit von weit über 1000 Jahren. Bayern ist 1945 nach dem Ende des Krieges fast unverändert wieder erstanden. Bayern ist ein starkes Land, und ich bin überzeugt: Es hat eine große Zukunft vor sich, auch im vereinten Deutschland und im künftigen Europa.

Die Fundamente, auf denen das moderne Bayern ruht, sind der Fleiß und die politische Vernunft der Bürger sowie die Führungskraft der Staatsregierungen. Es ist ein einzigartiger Glücksfall, daß diese Elemente jahrzehntelang zusammenwirken konnten. Sie führten Wohlstand auf breitester Basis herbei und eine soziale Sicherheit, die ihresgleichen sucht. Der legitime Anspruch jedes einzelnen Menschen in unserem Land auf persönliches und familiäres Glück wurde und wird hier wirklich ernst genommen und in politisches Handeln umgesetzt.

Das moderne Bayern ist menschlich und aufgeschlossen, heimatverbunden und weltoffen. Stark und selbstbewußt kann Bayern den Herausforderungen der kommenden Jahrzehnte begegnen. Eine vorausschauende Politik hat dafür in der Vergangenheit die Voraussetzungen geschaffen; eine vorausschauende Politik wird die Herausforderungen der heutigen Zeit mit den jetzt gebotenen Mitteln bewältigen und Bayern in eine gute Zukunft führen.

Bayern ist ein Begriff in Deutschland und der Welt. Seine Bürger schätzen und lieben ihr Land. Die Fremden, die alljährlich in großer Zahl zu uns kommen, lernen Bayern schätzen und lieben. Auch viele von ihnen würden gerne hier leben. Bayern ist reich an landschaftlichen Schönheiten, an kulturellen Gütern und an Zeugnissen seiner großen Geschichte. Es ist reich durch die Vielfalt seiner Regionen und Stämme. Es ist reich, weil es nicht nur ein Land der Gastlichkeit und Erholung ist, sondern auch ein modernes Industrieland mit hochentwickelter Landwirtschaft und lebenskräftigem Mittelstand, ein wirtschaftliches Leistungszentrum, das sich jedem Wettbewerb stellt. Der Freistaat Bayern, das ist mein Ziel, soll auch in das 21. Jahrhundert als ein starkes und menschliches Land gehen.

Konkurrierende Kooperation – Die CSU in der Bundespolitik

Heinrich Oberreuter

1. Bayerische Eigenständigkeit – bundespolitischer Mitgestaltungsanspruch

Schon als die CSU als autonome bayerische Regionalpartei gegründet wurde, waren gleichzeitig auch die Fundamente für ihren bundesweiten Mitgestaltungswillen gelegt worden, auch wenn zur damaligen Zeit die Umrisse des neuen Teilstaates noch keineswegs in Sicht waren, und die Verfestigung der deutschen Teilung noch außerhalb der allgemeinen Vorstellungskraft lag. Die traditionalistische, bayerisch-vaterländische und radikal-föderalistische Position blieb keineswegs unartikuliert. Doch das Übergewicht gewann die nationale Komponente, die gleichberechtigt neben die interkonfessionelle trat. Bajuwarisch-separatistische Absonderung wäre nur eine andere Spielart jener Zersplitterung und Kooperationsunfähigkeit gewesen, die das Parteiensystem von Weimar geprägt und geschwächt hatten. Wenn die Parteien zu gestaltenden Kräften einer neuen Demokratie werden wollten, wie es ausgangs der 20er Jahre bereits erwartet worden war[1], dann mußten sie sich jetzt in ihren Verhaltensdispositionen und Organisationsformen modernisieren.

Diese Konsequenz lag erst recht für politisch-strategisches Denken nahe. Viel Übung mit der parlamentarischen Demokratie hatten die Deutschen bis dahin noch nicht. Daß diese aber, zumindest im Westen, künftig die politische Willensbildung verfassungsmäßig formen würde, war in überraschender Alternativlosigkeit deutlich. Wer sich in einer solch dynamischen Staatsform behaupten will, muß agieren und mitsteuern. Festungsdenken führt zur Einflußlosigkeit. Instinktsicher erfaßten das jene, die der Maxime folgten, künftig

---

[1] *Triepel, Die Staatsverfassung und die politischen Parteien, Berlin 1927.*

nicht mehr vom Norden überspielt werden zu wollen. Sie reklamierten nämlich zwangsläufig für die neue Partei auf christlich-kultureller Grundlage eine im gesamten künftigen politischen System konkurrenzfähige, überregionale Rolle. Indem aber zugleich die politische und organisatorische Selbständigkeit gewahrt wurde, und die CSU nicht in einem „reichsweiten" Zusammenschluß mit der CDU aufging, blieb die regional-bayerische Verwurzelung charakteristisch. Ihren Doppelcharakter als bayerische Partei mit Bedeutung und Gestaltungsanspruch auf gesamtstaatlicher Ebene hatte die CSU praktisch schon gewonnen, bevor es den neuen Staat überhaupt gab, zumal sie auch in den Übergangsinstitutionen agierte. Dieser Doppelcharakter hat sie vor provinziellen Verengungen bewahrt. Sie war zu keinem Zeitpunkt allein als Vertreterin spezifisch bayerischer Interessen zu interpretieren, die etwa mit fortschreitender Unitarisierung zu einem organisierten Anachronismus herabsinken würde.[2]

Begünstigt wurde diese Entwicklung natürlich durch den Entscheid, Bayern in seinen ursprünglichen Grenzen wieder zu errichten, und durch die Tatsache, daß die Aufteilung Deutschlands in Besatzungszonen zunächst keinen Zentralstaat ermöglichte. Die Zonen und die Länder waren die Aktionsbühnen aller Parteien, und Bayern war in dieser Übergangsphase das Territorium mit der ausgeprägtesten politisch-kulturellen Identität.

Für die Entwicklung des bayerischen und des späteren westdeutschen Parteiensystems hatten diese frühen Weichenstellungen Langzeitwirkungen, die damals sicher nicht vorhergesehen werden konnten. In Bayern war – nach Überwindung des Bruderzwistes mit der Bayernpartei – die Voraussetzung dafür geschaffen, die Regionalinteressen übersteigende politische Modernisierung weiter zu verfolgen und zu vertiefen. Im späteren Bund entstand erneut eine bayerische Sonderentwicklung mit eigener parlamentarischer Repräsentation, freilich in das Gesamtspektrum der politischen Willensbildung voll integriert. Die Eigenständigkeit innerhalb des Unionslagers, potentielle Spannungsfelder eingeschlossen, war damit programmiert. Die CDU als Bundespartei ist erst 1950 entstanden. In der Übergangsphase, bis dahin ging die CSU mit der CDU im Wirtschaftsrat der Bizone und im Parlamentarischen Rat nur Arbeits- oder Fraktionsgemeinschaften ein. Das gilt bis heute für den Bundestag. Die Preisgabe der organisatorischen Eigenständigkeit stand schon

---

[2] *Diese Meinung bei Günter Müchler, CDU/CSU. Das schwierige Bündnis, München 1976.*

seit 1948 nicht mehr zur Debatte; ebensowenig Bereitschaft und Anspruch, ins Unionslager eingebunden politisch kontinuierlich mitzubestimmen.

Diese Selbständigkeit gilt bis heute fort. Überlegungen zur Statusänderung erstreckten sich zu keinem Zeitpunkt auf ihre Reduzierung, sondern eher auf ihre Verschärfung, sogar bis zur Herauslösung aus dem Verbund mit der CDU. Sie erwuchsen partiell aus unterschiedlichen Lagebeurteilungen und strategischen Optionen. Nach einem Vorspiel zu Beginn der 70er Jahre verdichteten sie sich im Kreuther Beschluß von 1976, der jedoch keinen Bestand hatte. Ein wesentliches Motiv war damals auch, Mobilität in das festgefügte Parteiensystem zurückzubringen, da die zum historischen Bündnis von Bürgern und Arbeitern hochstilisierte sozialliberale Koalition zusammengekettet und ein Machtwechsel aussichtslos erschienen. Es wäre gerade nicht um einen Rückfall in bayerische Absonderung gegangen, sondern um eine Umgestaltung des Parteiensystems auf Bundesebene. Kreuth wurde nicht realisiert. Im Ergebnis ist die bayerische Position innerhalb des parlamentarischen Verbunds gestärkt worden. Auch die vorübergehenden Überlegungen, im deutschen Vereinigungsprozeß Partner oder Standbeine in den neuen Bundesländern zu gewinnen, zielten auf den bundespolitischen Einfluß ab, der sich unter rein numerischen Gesichtspunkten zwangsläufig zu relativieren drohte. Das größte Risiko läge freilich in der Relativierung der innerbayerischen hegemonialen Position durch Konkurrenz aus dem eigenen Lager. Insofern wäre eine regional begrenzte Ausdehnung nur ohne den Willen oder die Fähigkeit der CDU zum Gegenschlag sinnvoll gewesen.

Für eine Absprache ließ die rigorose Strategie der CDU in den neuen Ländern keinen Raum. Der bundespolitische Einfluß der CSU hängt von ihren überragenden Wahlerfolgen in Bayern ab[3], die in aller Regel auch Voraussetzung für die Regierungsfähigkeit der Gesamtunion in Bonn sind. Insofern ist die CSU Gefangene jener Grundbedingungen, die sie zum Erfolg führten. Aus ihrer Sonderstellung speisen sich beide Dimensionen ihrer Doppelrolle. Ohne die Stärke im Land wäre sie im Bund eher marginal. Die sichtbare Präsenz im Bund wiederum strahlt auf Bayern zurück, zumal der parteipolitischen Konkurrenz dort aufgrund ihrer mangelnden organisatorischen Autonomie eine vergleichbare bayerische Identität fehlt.

---

[3] *Dazu Jürgen Falter/Siegfried Schumann, Konsequenzen einer bundesweiten Kandidatur der CSU bei Wahlen, in: Aus Politik und Zeitgeschichte. Beilage zu: Das Parlament B.11/12 1991, S. 33–45.*

Dieser strategische Vorteil der CSU ist historisch gewachsen und politisch erarbeitet.[4] Er ist der Partei keineswegs in den Schoß gefallen. Ursprünglich war das Parteiensystem in Bayern für ihre Konkurrenten chancenoffener. Die heutige Kräfteverteilung hat sich erst in den 60er Jahren angebahnt, offensichtlich, weil die CSU ihre von ihrer Doppelrolle zweifellos begünstigten Chancen besser zu nutzen verstand als die parteipolitische Konkurrenz.

2. Verfassungspolitische Weichenstellungen

Die CSU hatte bereits auf die Gestaltung des westdeutschen Staates erheblichen Einfluß gewonnen, nachdem der frühe bayerische Versuch, mit der Münchner Ministerpräsidentenkonferenz von 1947 eine gesamtdeutsche Plattform zu schaffen, zum Scheitern verurteilt war, und die westlichen Besatzungsmächte zur Bildung eines Teilstaates drängten. Auch der Herrenchiemseer Verfassungskonvent, der das Grundgesetz stark beeinflußte, war eine bayerische Initiative. Der Neuaufbau Deutschlands geriet zu keinem Zeitpunkt aus dem Blick.

Hans Ehard hat damals als einziger Ministerpräsident bei den Verfassungsberatungen seine – die bayerische – Position in jeder zulässigen Form kontinuierlich zur Geltung gebracht, um das föderalistische Fundament des neuen Staates zu sichern.[5] Ehard hat fünf Reisen zur Unionsfraktion unternommen; er hatte bei ihr zwei Beauftragte akkreditiert – und damit von Beginn an das Grundmuster interventionistischer Kooperation bayerischer Ministerpräsidenten in Bonn vorgegeben.

---

[4] *Vgl. die vielfältigen bahnbrechenden Arbeiten von Alf Mintzel, hier insbesondere: Geschichte der CSU. Ein Überblick, Opladen 1977. Jüngst vom gleichen Autor: Die CSU in Bayern als Forschungsobjekt – Entwicklung, Stand, Defizite und Perspektiven der CSU-Forschung, in: Oskar Niedermayer/Richard Stöss (Hrsg.), Stand und Perspektiven der Parteienforschung in Deutschland, Opladen 1993, S. 81–118; sowie: Die Christlich-Soziale Union in Bayern, in: Alf Mintzel/Heinrich Oberreuter (Hrsg.), Parteien in der Bundesrepublik Deutschland, Bonn 2 1992, S. 217–265.*

[5] *Rudolf Morsey, Zwischen Bayern und der Bundesrepublik. Die politische Rolle des bayerischen Ministerpräsidenten Hans Ehard 1946–1949, in: Juristenzeitung 36. Jg. 1981, S. 361–370; Richard Ley, Föderalismusdiskussion innerhalb der CDU/CSU von der Parteigründung bis zur Verabschiedung des Grundgesetzes, Mainz 1978.*

Die Ausgestaltung des Bund-Länder-Verhältnisses war der brisanteste Streitpunkt während der Verfassungsberatungen, der die Parteien innerlich zerriß und auch Konflikte mit den Besatzungsmächten heraufbeschwor. Die CSU verfolgte ihre Linie konsequent und einflußreich, auch gegen die Mehrheit der eigenen Fraktionsgemeinschaft und gegen Konrad Adenauer. Hinter ihrem Rücken gewann Ehard die SPD für die Bundesratslösung, die ihm sowohl für die Mitwirkung der Länder bei der Gesetzgebung als auch bei der Kontrolle der Bundesverwaltung die effizientere zu sein schien als ein Senat. Adenauer schäumte. Daß Bayern dem Grundgesetz dann doch nicht zustimmte, lag an der Verweigerung einer gleichberechtigten Rolle des Bundesrats in der Gesetzgebung. Am „Ja zu Deutschland" hat das nichts geändert, und sorgfältig war darauf geachtet worden, daß die Zustimmungsverweigerung folgenlos blieb.

Daß der Föderalismus als primäres Handlungsmotiv der CSU an Gewicht verloren hätte[6], ist ein Irrtum, wobei es nicht mehr um den Grundsatz, wohl aber um seine Ausgestaltung geht: Mit der Föderalismusklausel im Fraktionsvertrag, nach der die Unionsfraktion keiner Grundgesetzänderung zustimmen darf, „der die Landesgruppe [der CSU] aus Gründen der Wahrung des föderalistischen Staatsaufbaus widerspricht", hat sich die CSU faktisch eine Vetoposition gesichert; denn gegen die Union kann keine Grundgesetzänderung zustandekommen.

Diese Linie setzt sich folgerichtig gegenüber dem europäischen Integrationsprozeß fort. Zum einen geht es um die Verteidigung genuiner Länderrechte: die Bundesregierung könne nicht Kompetenzen an supranationale Institutionen übertragen, die sie gar nicht besitzt; zum anderen geht es darum, Mitgestaltung und „Repräsentation der Kulturregion Bayern in Europa" (Alf Mintzel) zu gewährleisten: Schließlich ist Bayern allein größer als eine ganze Reihe von Mitgliedsstaaten in der EU. Ihr gegenüber die Länderinteressen zu effektivieren und für die Regionen Einfluß zu gewinnen, aber auch eigene Identität zu verteidigen, liegt in der Logik der bekannten kooperativ-föderalistischen Linie im Bund.

In der Zuneigung zum Föderalismus spiegelt sich jedoch nicht nur geschichtlich-kulturelle Identität. Ehard hatte ihn schon 1947 in Anlehnung an Constantin Frantz als umfassendes Gestaltungsprinzip für Staat und Gesell-

---

[6] *So Müchler, a.a.O.*

schaft interpretiert. Gemeint war damit zugleich die Akzeptanz gesellschaftlicher und individueller Vielfalt und ihre Entfaltungsfreiheit im Rahmen staatlicher Ordnung. Der Zusammenhang von Freiheit und föderaler Staatsstruktur war darüber hinaus seit der Gleichschaltung der Länder durch den Nationalsozialismus geläufig. Insofern wurde zwar die Kompetenzverteilung zwischen Bund und Ländern abgelehnt. Aber mit der Grundorientierung und dem Grundwerte-Verständnis bestand Übereinstimmung. Gesellschaftliche Entfaltungsfreiheit und Subsidiarität sind für das Grundgesetz wie für diesen erweiterten, klassischen Föderalismusbegriff konstitutiv.

Gegen die Zusammenbindung individual- und sozialrechtlicher Ansätze im Grundgesetz bestanden keine Vorbehalte. Im Gegenteil. Sie entsprach voll dem christlichen Grundverständnis der Partei und ist eine bis ins jüngste Grundsatzprogramm durchgehaltene Kontinuitätslinie. Kollektivistische Auffassungen wurden und werden abgelehnt, nicht aber das Sozialstaatsprinzip. Schon für Josef Müller gehörte zur Unionsidee das Fundament sozialer Verantwortung aus einer neu entfalteten christlichen Ethik, aus der sich aber in gleicher Weise das personale Freiheitsverständnis entfalten läßt. Der Staat wurde stets als Garant einer freiheitlichen und zugleich sozialen Ordnung begriffen, nicht als umfassender Regulator aller politischen und sozialen Vorgänge. Die Idee des nach innen starken Staates bezieht sich funktional auf seine Fähigkeit, Frieden und Freiheit zu gewährleisten. Im Kern handelt es sich um ein bürgerliches, durch die soziale Komponente ergänztes Freiheitsverständnis, das individuelle Entfaltung und politisch-soziale Ordnung auszubalancieren sucht. Ludwig Erhard sah die CSU bei der Durchsetzung der Sozialen Marktwirtschaft, die auf dynamische ökonomische Entfaltung angelegt ist, eng an seiner Seite. Man mag diese Positionen konservativ nennen. Aber sie konservieren die besseren verfassungspolitischen Traditionen und Fortentwicklungen in unserer Geschichte.

3. Die strategische Position in der Bundespolitik

Der bundespolitische Einfluß der CSU beruht auf ihrer Stärke am bayerischen Wählermarkt. Seit 1957 entscheidet sie dort die Bundestagswahlen mit absoluten Mehrheiten für sich. Sämtliche Wandlungstendenzen im Parteiensystem sind an dieser Vormachtstellung spurlos vorübergegangen, ebenso die

Turbulenzen des Jahres 1994, die in ihren Ergebnissen von den Wählern offensichtlich als reinigend verstanden worden sind.

Von 1957 bis zur Wiedervereinigungswahl 1990 erzielte die CSU mit ihren bayerischen Stimmen im Bund durchgängig einen Anteil von etwa 10%.

TABELLE 1
Bundestagswahlen: Anteil der CSU im Bund in %

	CSU	CDU/CSU
1949	5,8	31,0
1953	8,8	45,2
1957	10,5	50,2
1961	9,6	45,3
1965	9,6	47,6
1969	9,5	46,1
1972	9,7	44,9
1976	10,6	48,6
1980	10,3	44,5
1983	10,6	48,8
1987	9,8	44,3
1990	7,1	43,8
1994	7,3	41,5

Für die politischen Kräfteverhältnisse ergeben sich daraus drei wesentliche Konsequenzen, von denen Abweichungen nach der Konsolidierung des Parteiensystems in den 60er Jahren nur in Ausnahmefällen zu verzeichnen sind:

1. Die Mehrheits- und Regierungsfähigkeit der Union hängt numerisch vom Stimmenpaket der CSU ab. Ohne ihren Beitrag wäre schon 1949 die für die künftige Geschichte wichtige, weichenstellende Regierung Adenauer nicht zustandegekommen.
2. Die mit wichtigen Rechten und Positionen im parlamentarischen Procedere verbundene Stellung der CDU/CSU-Fraktion als stärkste Bundestagsfraktion kommt erst durch die Addition der CSU-Mandate zustande.
3. Die CSU ist zumeist für sich allein genommen drittstärkste Bundestagspartei nach SPD und CDU, jedoch vor allen anderen überregionalen Kleinparteien.

TABELLE 2
Bundestagswahlen: CSU und Kleinparteien in %

	CSU	FDP	Grüne
1949	5,8	11,9	–
1953	8,8	9,5	–
1957	10,5	7,7	–
1961	9,6	12,8	–
1965	9,6	9,5	–
1969	9,5	5,8	–
1972	9,7	8,4	–
1976	10,6	7,9	–
1980	10,3	10,6	1,5
1983	10,6	7,0	5,6
1987	9,8	9,1	8,3
1990	7,1	11,0	3,9
1994	7,3	6,9	7,3

Dieses numerische Gewicht ist ein Faktum, das, für sich allein genommen, begrenzt wirkt. Nach außen hat es mehr Gewicht als im Internverhältnis der Union. Dort muß es in Macht, Einfluß und Berücksichtigungszwänge politisch erst umgesetzt werden, abhängig von Kompetenz, Durchsetzungsfähigkeit und Personalkonstellationen. Aufgrund der Personalisierungstendenzen der Kanzler- und Fernsehdemokratie und der von kurzfristigem Nutzenkalkül immer abhängiger werdenden Wahlentscheidung fällt – positiv wie negativ – auch einer autonomen Landespartei ein Teil ihres Stimmenpotentials wegen des Ansehens und der Leistung der Bonner Führung und der Bundespolitik zu. Ohne je den Kanzler gestellt zu haben, spiegelt sich insoweit ein Kanzlerbonus auch in den CSU-Ergebnissen. Daher ist die politische Münze, die aus den Wahlen geschlagen werden kann, nicht gänzlich liquide. Die Folgen eines Koalitionsausstiegs zum Beispiel sind unkalkulierbar. Im übrigen gilt auch umgekehrt, daß die CSU im Bund nur durch den Verbund mit der CDU macht- und mehrheitsfähig wird. Doch es wäre ohnehin falsch, die Frage nach Macht und Einfluß vom Ausnahmefall krisenhafter Konflikte aus beantworten zu wollen.

Durch die Wiedervereinigung wurde das Gewicht Bayerns und der CSU im Bund zwangsläufig verringert. Die Paradigmen schienen sich grundlegend geändert zu haben. Der CSU-Anteil auf Bundesebene beträgt noch etwa 7%. 1990 wurde die FDP mit weitem Abstand vor der CSU dritte Kraft. CDU und FDP hätten mit solider Mehrheitsbasis auch ohne CSU koalieren können. Die CDU war für sich allein stärkste Partei im Parlament. Aus dieser Schwächung historische Konsequenzen zu ziehen, war verfrüht. 1994 ist die CSU in Bonn in ihre strategisch bedeutsame Position zurückgekehrt, weil sie sich in Bayern zu behaupten vermochte und zur Mehrheitsbildung in Bonn jede ihrer Stimmen gebraucht wird. Trotz der gewandelten Bedingungen im vereinten Deutschland und ohne nennenswerte Verbesserung ihres Wahlergebnisses ist die Position der CSU in der Regierung seit 1994 nicht schwächer als zum Beispiel 1949.

In allen unionsgeführten Bundesregierungen von 1949–1969 und seit 1983 war die CSU stark und meist überproportional vertreten. Auf Regierungsbildung und Regierungsprogramme hat sie erheblichen Einfluß ausgeübt. Daß ihr Post-, Bundesrats- und Landwirtschaftsministerium mit gewisser Regelmäßigkeit zufielen, entspringt der Tradition. Dennoch waren auch in diesen Ressorts wichtige Strukturveränderungen – sozialer Wandel in der Landwirtschaft und Europäisierung der Agrarpolitik, Privatisierung der Post – zu bewältigen.

Bundespolitisch von besonderer Bedeutung ist jedoch die Besetzung klassischer oder auch neuer Politikfelder in besonders herausfordernden Situationen. So führte die CSU das Finanzressort in drei schwierigen Phasen: beim Aufbau des neuen Staates (Fritz Schäffer), bei der Wiedervereinigung (Theo Waigel) und bei der Bewältigung der ersten, als tiefgreifend empfundenen Konjunktureinbrüche, die sich zudem mit einer in das Bund-Länder-Verhältnis einschneidenden Finanzreform verband (Franz Josef Strauß). Die Partei stellte den Innenminister, der die Diskussion um die Notstandsverfassung weit vorantrieb (Hermann Höcherl) und jenen, der die Auseinandersetzung mit dem Terrorismus in seiner späteren Phase zu führen hatte (Friedrich Zimmermann). Innovatorische Leistungen waren z.B. zu erbringen bei der Aufstellung der Bundeswehr und ihrer Eingliederung in den demokratischen Staat (Franz Josef Strauß) sowie beim Versuch, zeitgeschichtlich bedingte Forschungslücken in der Kerntechnik zu schließen und internationalen Anschluß zu gewinnen (Franz Josef Strauß, Siegfried Balke). Heute stellt sich die Aufgabe der Reform des Sozialstaates und des Gesundheitssystems (Horst Seehofer).

Personelle Beteiligung der CSU an den Bundesregierungen (1949–1995)

1. Wahlperiode (1949–1953): Bundeskanzler Adenauer

Bundesministerium der Finanzen	Fritz Schäffer
Bundesministerium für Ernährung, Landwirtschaft und Forsten	Wilhelm Niklas
Bundesministerium für das Post- und Fernmeldewesen	Hans Schuberth

2. Wahlperiode (1953–1957): Bundeskanzler Adenauer

Bundesministerium der Finanzen	Fritz Schäffer
Bundesministerium für Verteidigung	Franz Josef Strauß (ab 16.10.1956)
Bundesministerium für das Post- und Fernmeldewesen	Hans Schuberth (bis 9.12.1953)
	Siegfried Balke (20.12.1953–14.11.1956)
	(Parteilos, dann Eintritt in die CSU)
Bundesministerium für Atomfragen	Franz Josef Strauß (21.10.1955–16.10.1956)
	Siegfried Balke (ab 16.10.1956)
Bundesministerium für Besondere Aufgaben	Franz Josef Strauß (bis 19.10.1955)

3. Wahlperiode (1957–1961): Bundeskanzler Adenauer

Bundesministerium der Justiz	Fritz Schäffer
Bundesministerium für Verteidigung	Franz Josef Strauß
Bundesministerium für das Post- u. Fernmeldewesen	Richard Stücklen
Bundesministerium für Atomkernenergie und Wasserwirtschaft	Siegfried Balke

4. Wahlperiode (1961–1965): Bundeskanzler Adenauer (bis 1963)

Bundesministerium des Innern	Hermann Höcherl
Bundesministerium für Verteidigung	Franz Josef Strauß
Bundesministerium für das Post u. Fernmeldewesen	Richard Stücklen
Bundesministerium für Angelegenheiten des Bundesrates und der Länder	Alois Niederalt (ab 14.12.1962)
Bundesministerium für Atomkernenergie und Wasserwirtschaft	Siegfried Balke (bis 11.12.1962)
Bundesschatzministerium	Werner Dollinger (ab 14.12.1962)

4. Wahlperiode (1961–1965): Bundeskanzler Erhard (ab 1963)

Bundesministerium des Innern	Hermann Höcherl
Bundesministerium für das Post- und Fernmeldewesen	Richard Stücklen
Bundesministerium für Angelegenheiten des Bundesrates und der Länder	Alois Niederalt
Bundesschatzministerium	Werner Dollinger

5. Wahlperiode (1965–1969): Bundeskanzler Erhard (bis 1966)

Bundesministerium der Justiz	Richard Jaeger (bis 1.12.1966)
Bundesministerium für Ernährung, Landwirtschaft und Forsten	Hermann Höcherl
Bundesministerium für das Post- und Fernmeldewesen	Richard Stücklen (bis 1.12.1966)
Bundesministerium für Angelegenheiten des Bundesrates und der Länder	Alois Niederalt (bis 1.12.1966)
Bundesschatzministerium	Werner Dollinger (bis 1.12.1966)
Bundesministerium für Wirtschaftliche Zusammenarbeit	Werner Dollinger (28.10.–1.12.1966)

5. Wahlperiode (1965–1969): Bundeskanzler Kiesinger (ab 1966)

Bundesministerium der Finanzen	Franz Josef Strauß (ab 1.12.1966)
Bundesministerium für Ernährung, Landwirtschaft und Forsten	Hermann Höcherl
Bundesministerium für das Post- und Fernmeldewesen	Werner Dollinger (ab 1.12.1966)

9. Wahlperiode (1980–1983): Bundeskanzler Kohl (ab 1982)

Bundesministerium des Innern	Friedrich Zimmermann (ab 4.10.1982)
Bundesministerium für Verkehr	Werner Dollinger (ab 4.10.1982)
Bundesministerium für Raumordnung, Bauwesen und Städtebau	Oscar Schneider (ab 4.10.1982)
Bundesministerium für Wirtschaftliche Zusammenarbeit	Jürgen Warnke (ab 4.10.1982)

10. Wahlperiode (1982–1987): Bundeskanzler Kohl

Bundesministerium des Innern	Friedrich Zimmermann
Bundesministerium für Ernährung, Landwirtschaft und Forsten	Ignaz Kiechle
Bundesministerium für Verkehr	Werner Dollinger
Bundesministerium für Raumordnung, Bauwesen und Städtebau	Oscar Schneider
Bundesministerium für Wirtschaftliche Zusammenarbeit	Jürgen Warnke

11. Wahlperiode (1987–1990): Bundeskanzler Kohl

Bundesministerium des Innern	Friedrich Zimmermann (bis 21.4.1989)
Bundesministerium der Finanzen	Theo Waigel (ab 21.4.1989)
Bundesministerium für Ernährung, Landwirtschaft und Forsten	Ignaz Kiechle
Bundesministerium für Verkehr	Jürgen Warnke (bis 21.4.1989)
	Friedrich Zimmermann (ab 21.4.1989)
Bundesministerium für Raumordnung, Bauwesen und Städtebau	Oscar Schneider (bis 21.4.1989)
	Gerda Hasselfeldt (ab 21.4.1989)
Bundesministerium für Besondere Aufgaben	Hans Klein (ab 21.4.1989 bis 20.12.1990)

12. Wahlperiode (1990–1994): Bundeskanzler Kohl

Bundesministerium der Finanzen	Theo Waigel
Bundesministerium für Ernährung, Landwirtschaft u. Forsten	Ignaz Kiechle (bis 22.1.1993)
Bundesministerium für Gesundheit	Gerda Hasselfeldt (bis 27.4.1992)
Bundesministerium für Post und Telekommunikation	Wolfgang Bötsch (ab 25.1.1992)
Bundesministerium für Wirtschaftliche Zusammenarbeit und Entwicklung	Carl-Dieter Spranger

13. Wahlperiode (1994): Bundeskanzler Kohl

Bundesministerium der Finanzen	Theo Waigel
Bundesministerium für Gesundheit	Horst Seehofer
Bundesministerium für Post und Telekommunikation	Wolfgang Bötsch
Bundesministerium für Wirtschaftliche Zusammenarbeit und Entwicklung	Carl-Dieter Spranger

Politischer Einfluß erschöpft sich freilich nicht in solchen institutionellen und historischen Zuordnungen. Die CSU hat sich zu keinem Zeitpunkt in ihrem Mitgestaltungswillen ressortspezifisch einengen lassen. Derartiges „Zuständigkeitsdenken" wäre das Ende jedes umfassenden politischen Anspruchs. Weder in einer Fraktionsgemeinschaft noch in einer Koalition könnte es legitimerweise eingefordert werden. Die bundespolitische Rolle einer autonomen Landespartei erzwingt eigenständige bundespolitische Aussagen, wenn sie substantiell und glaubwürdig bleiben soll, wobei die regionale Begrenzung der Parteiorganisation und -mitgliedschaft durchaus Vorteile für die Ausprägung von Geschlossenheit und Profil bietet.

Von diesen Chancen pflegte die CSU stets Gebrauch zu machen, keineswegs erst durch Franz Josef Strauß, so sehr sich in diesem Politiker strukturelle und persönliche Potenzen durchdrungen haben mögen. Eine Partei, die sich in ihren Grundwertorientierungen (z.B. § 218), ihrem Selbstverständnis (z.B. Innere Sicherheit, Deutschlandpolitik vor 1988) oder ihren außen- und sicherheitspolitischen Überzeugungen herausgefordert sieht und darauf aus Inkompetenz oder aus Fraktions- oder Koalitionsdisziplin nicht antwortet, hätte sich aufgegeben. Die CSU hat zumeist versucht, sich durchzusetzen, ohne dabei stets zuerst nach Opportunität, Erfolgsaussicht und Popularität zu fragen: politische Führung, die das Risiko der Folgebereitschaft der Wählerschaft bei essentiellen Themen nicht scheut und ebensowenig Konflikte mit politischen Partnern – von Gegnern ganz zu schweigen. Nicht was ankomme, sondern worauf es ankomme – so die Strauß-Maxime –, solle politisch vertreten werden. Ein Beispiel ist der einsame Gang nach Karlsruhe wegen des Grundlagenvertrags. Auch wenn die geschichtliche Entwicklung in den großen Linien im Ergebnis die Partei bestätigt hat, bedeutet das nicht, daß sie stets recht gehabt hätte. So waren bei der Wiedergewinnung der Regierungsmacht 1983 zahlreiche Positionen zu übernehmen, die sie zuvor in der Opposition – schärfer als die CDU – bekämpft hatte.

Institutioneller Hebel zur Effektivierung eigenständiger Politik im Bund ist die CSU-Landesgruppe, die im Deutschen Bundestag eine „strategisch-operative Schlüsselstellung"[7] einnimmt. Die Bildung der Fraktionsgemeinschaft geschieht nicht automatisch. Über ihre Fortsetzung entscheidet die Landes-

---

[7] *Alf Mintzel, Die Rolle der CSU-Landesgruppe im politischen Kräftespiel der Bundesrepublik Deutschland,* in: Politische Studien Sonderheft 1/1989, S. 113–134 (123).

gruppe zu Beginn jeder Legislaturperiode neu. In ihrem Sonderstatus spiegelt sich die Autonomie der Partei: Er gewährleistet der CSU unter dem Dach der Fraktionsgemeinschaft quasi eine besondere, öffentlich sichtbare, im Bundestag partiell eigenständig operierende parlamentarische Repräsentanz. Die Landesgruppe ist wie eine Fraktion organisiert. Sie tritt auch wie eine Fraktion in der Gesamtfraktion auf. Sie genießt finanzielle Autonomie, besitzt eine eigene Öffentlichkeitsarbeit und verfügt – wie die Fraktionen – über eine arbeitsteilig organisierte Willensbildungsstruktur, in deren Rahmen sie sich koordiniert, bevor die Entscheidungsfindung der Gesamtfraktion anhebt. In der Fraktion stellt sie den ersten stellvertretenden Vorsitzenden. Sie besetzt anteilig innerfraktionelle und innerparlamentarische Führungsämter mit eigenem Vorschlagsrecht. Da innerhalb dieser Strukturen die Linie der Fraktion für den parlamentarischen Entscheidungsprozeß festgelegt wird, ist dieser Sonderstatus ein politischer Machtfaktor, der durch die Geschlossenheit der Landesgruppe und die Tatsache, daß sie zum „Dreh- und Angelpunkt des rechten Flügels in der Union"[8] geworden ist, zusätzlich gestärkt wird. Je mehr das politische System sich von der Kanzler- zur Koalitionsdemokratie entwickelt hat, um so wichtiger ist der Einfluß in der Fraktion und in den informellen Koalitionsgremien geworden.

Von einer „loyalen Gefolgschaftspartei" in der Ära Adenauer entwickelte sich die CSU in den 60er Jahren im Internverhältnis zur CDU zur „kooperativen Konkurrenz"[9]. Provoziert wurde diese Entwicklung durch die geringere Homogenität des CDU-Teils der Fraktion und durch die permanente Führungskrise. Speziell in der Oppositionszeit traten die Gegensätze auf[10], die aus unterschiedlichen Auffassungen über die Oppositionsstrategie und den Kanzlerkandidaten resultierten. Die CDU ließ sich jedoch auf die härtere bayerische Linie nicht festlegen. Kreuth war eine Folge dieser Differenzen, die nicht gänzlich schwanden, aber doch nach der Durchsetzung der Kanzlerkandidatur Strauß, gemeinsamem Wahlkampf und verlorener Wahl versachlicht wurden.

Die Landesgruppe ist das entscheidende Instrument zur kontinuierlichen Umsetzung des bundespolitischen Mitgestaltungsanspruchs. Ihr Vorsitz ist

---

[8] *Josef Schmid, Die CDU. Organisationsstrukturen, Politiken und Funktionsweisen einer Partei im Föderalismus, Opladen 1990, S. 258.*
[9] *Mintzel (Anm. 7), S. 129ff.*
[10] *Franz Josef Strauß, Die Erinnerungen, Berlin 1989, S. 443ff.*

ein ausgesprochenes Führungs- und Aufstiegsamt. Die anderen Landesgruppen, auch die der Bayern in der SPD, sind dagegen nichts weiter als landsmannschaftliche Zusammenschlüsse der Abgeordneten einer Region ohne eigene Rechte in ihren Fraktionen.

Die CSU-Landesgruppe versteht sich als bundespolitische Speerspitze der Partei, aber auch als „Transmissionsriemen zwischen München und Bonn"[11]. Waigels Feststellung, in den Oppositionsjahren sei sie bemüht gewesen, echte Alternative und nicht bloß Variante zu sein, und seit der Rückkehr in die Regierungsverantwortung sorge sie dafür, „daß Arbeit und Erscheinungsbild der Bonner Koalition nie langweilig werden"[12], verträgt wohl keinen Widerspruch.

Damit ist eine Traditionslinie beschrieben, die bei Hans Ehard ihren Anfang nahm, in Fritz Schäffer schon eine höchst selbstbewußte und konfliktbereite Ausprägung fand und von Franz Josef Strauß geradezu ritualisiert wurde. Das heutige Verhältnis läßt sich am besten als konkurrierende Kooperation beschreiben. Darin spiegeln sich Realitätssinn und eigenständiger landespolitischer Mitgestaltungsanspruch in gleicher Weise.

---

[11] *Theo Waigel, Die Rolle der CSU-Landesgruppe im Spannungsfeld von Partei, Regierung, Fraktion*, in: *Politische Studien Sonderheft 1/1989, S. 106-112 (111).*
[12] *Ebd.*

Die Christlich-Soziale Union und die deutsche Frage

Dieter Blumenwitz

Trotz der verheerenden Niederlage im Zweiten Weltkrieg war in Deutschland nach 1945 das Bewußtsein lebendig, daß die Deutschen ein Volk sind und über die Besatzungszonen hinweg zusammengehören und zusammen leben wollten: ohne nostalgischen Rückblick, ohne die Hypothek einer Dolchstoßlegende, ohne historisierende Abkehr von der Gegenwart[1]. In Zuwendung zur Gestaltung der Nachkriegsgegenwart gingen Politiker in Ost und West zunächst übereinstimmend von der Einheit der Deutschen aus[2]. In ihrem Grundgesetz schrieb die Bundesrepublik 1949 die gemeinsame politische Auffassung, daß Deutschland in den Grenzen von 1937 fortbesteht, verfassungsrechtlich fest[3]. Konrad Adenauer bezeichnete die DDR konsequent als „sowjetisch besetzte Zone Deutschlands" (SBZ). Aber bereits Ende der fünfziger Jahre vermochte die Hallstein-Doktrin den zweiten deutschen Staat nicht mehr rechtlich zu negieren. Er wurde für Kurt Georg Kiesinger zum

---

[1] *Vgl. z.B. den Vorspruch zur Verfassung des Freistaates Bayern vom 1. Dezember 1946: „Angesichts des Trümmerfeldes, zu dem eine Staats- und Gesellschaftsordnung ohne Gott, ohne Gewissen und ohne Achtung vor der Würde des Menschen die Überlebenden des Zweiten Weltkrieges geführt hat, in dem festen Entschluß, den kommenden deutschen Geschlechtern die Segnungen des Friedens, der Menschlichkeit und des Rechts dauernd zu sichern."*

[2] *Vgl. D. Blumenwitz, Was ist Deutschland? – Staats- und völkerrechtliche Grundsätze zur deutschen Frage, 3. Aufl., Bonn 1989, S. 33 ff.*

[3] *Der Parlamentarische Rat schrieb im Sinne staatlicher Selbstbehauptung „die stets betonte Auffassung von der Fortexistenz des deutschen Staates" verfassungsrechtlich fest:*
– Satz 1 der Präambel zum Grundgesetz a.F. betonte den Willen des deutschen Volkes, „seine nationale und staatliche Einheit zu wahren" (Einheitswahrungsgebot).
– Satz 3 der Präambel verpflichtete alle Staatsorgane, „in freier Selbstbestimmung die Einheit und Freiheit Deutschlands zu vollenden" (Wiedervereinigungsgebot).

„Phänomen". Gleichzeitig verblaßten die gesamtdeutschen Visionen gegenüber den politischen Bemühungen um die schrittweise Eingliederung der Bundesrepublik in den Kreis der freien Völker[4]. Die Idee eines vereinten Europas fand breite Zustimmung, weil man militärisch und wirtschaftlich Sicherheit gewinnen und von einem Deutschland mit dem historischen Makel der Nazibarbarei loskommen wollte. Im Lichte der Erfolge der Westintegration verblaßte auch die Bedeutung der deutschen Frage; sie wurde zunehmend als schwierig, lästig, ja gar ärgerlich empfunden[5]. Die Bemühungen um die Wiedervereinigung Deutschlands reduzierten sich auf Versuche, die Beziehungen zu den östlichen Nachbarn zu verbessern, die Kontakte zwischen den Deutschen diesseits und jenseits der Mauer zu erleichtern. Damit änderte sich zwangsläufig der Sprachgebrauch: Es war immer seltener die Rede vom gemeinsamen Staat aller Deutschen; das Denken in gemeinsamen staatlichen Strukturen wurde abgelöst vom unverbindlicheren Selbstbestimmungsrecht des deutschen Volkes innerhalb der in Europa bestehenden Grenzen. Mit dem Beginn der sozialliberalen Koalition unter Willy Brandt fand der Kernsatz der neuen deutschen Ostpolitik, „was Hitler verspielt und verloren hat, kann von uns zwanzig Jahre später weder festgehalten noch preisgegeben werden", Gefolgschaft in allen politischen Lagern[6]. Die

---

Hierdurch sollte nach den Ausführungen des Abgeordneten Zinn (SPD) darauf hingewiesen werden, „daß für uns der Ausspruch auf Unteilbarkeit des nach unserer Auffassung staatsrechtlich noch existenten Deutschlands unverzichtbar ist, jenes Deutschland, wie es durch die Verfassung von Weimar errichtet oder geschaffen worden ist" (Parlamentarischer Rat, Stenographisches Protokoll vom 6./7. Oktober 1948, Jahrbuch des öffentlichen Rechts der Gegenwart, N.F. Bd. 1 [1951], S. 37f.).
Die DDR verstand sich zunächst als Interessenwahrerin des gesamten deutschen Staates; sie vertrat eine Identitätstheorie; ihr erster Präsident, Pieck, erklärte nach seiner Wahl: „Nicht eher werden wir ruhen, bis die widerrechtlich von Deutschland losgerissenen und dem Besatzungsstatut unterworfenen Teile Deutschlands mit dem deutschen Kerngebiet, mit der Deutschen Demokratischen Republik, ... vereinigt sind."
[4] *Beitritt der Bundesrepublik zur Montanunion (1952), zur NATO (1955), zur WEU (1955) und Europäischen Wirtschaftsgemeinschaft (1957).*
[5] *Vgl. K. P. Tudyka, Das geteilte Deutschland – Eine Dokumentation der Meinungen, Stuttgart 1965.*
[6] *Zur verfassungspolitischen Entwicklung siehe W. Geiger, Der Grundlagenvertrag und die Einheit Deutschlands, in: D. Blumenwitz, G. Zieger (Hrsg.), 40 Jahre Bundesrepublik Deutschland (Bd. 8 der Staats- und völkerrechtlichen Abhandlungen der Studiengruppe für Politik und Völkerrecht) Köln 1989, S. 53 ff.*

auf staatliche Einheit ausgerichteten deutschlandrechtlichen und deutschlandpolitischen Aussagen des Grundgesetzes schienen durch die Geschichte überholt zu sein.

I. Die Deutschlandpolitik der CSU bis 1969

Das in dieser Phase der politischen Entwicklung führende gesamtdeutsche Engagement der CSU, einer doch auch mit partikularistischen Zielrichtungen vorstellbaren „Landespartei", war ihr bei der Gründung nicht vorgegeben; die CSU ist zu ihrer deutschlandpolitischen Bedeutung gekommen, „ohne sie vorrangig gewollt und bewußt angetreten zu haben"[7].

1. Die Münchner Ministerpräsidentenkonferenz 1947

Zeitzeugen berichten, wie stark das Thema Reichstreue in der ersten Phase des Wiederaufbaus in Bayern trennen konnte. Den in Richtung bayerischer Eigenstaatlichkeit tendierenden Kräften ging es allerdings nicht um die erst später polarisierende politische Frage der Zustimmung oder Ablehnung der Ost-West-Spaltung Deutschlands, sondern um Varianten und möglicherweise auch Alternativen zur offiziellen Politik der Alliierten, Deutschland als Staat und Schuldner des Zweiten Weltkriegs zu erhalten. In diesem Zusammenhang wurde gelegentlich Art. 178 Bayerischer Verfassung überinterpretiert[8], der das Verhältnis Bayern – Deutschland im Jahre 1946 folgendermaßen umschrieb:

„Bayern wird einem künftigen deutschen demokratischen Bundesstaat beitreten. Er soll auf einem freiwilligen Zusammenschluß der deutschen Einzelstaaten beruhen, deren staatsrechtliches Eigenleben zu sichern ist."

Auch die in den Art. 6–8 Bayerischer Verfassung (BV) geregelte bayeri-

---

[7] Vgl. D. Grille, Die deutsche Frage aus der Sicht der CSU, in: D. Blumenwitz, G. Zieger (Hrsg.), Die deutsche Frage im Spiegel der Parteien (Bd. 7 der Staats- und völkerrechtlichen Abhandlungen der Studiengruppe für Politik und Völkerrecht), Köln 1988, S. 153.

[8] Vgl. D. Blumenwitz, Bayern und Deutschland – Einige Bemerkungen zur verfassungsrechtlichen und politischen Entwicklung nach dem Zweiten Weltkrieg, in: Bayern – Deutschland – Europa, Festschrift für Alfons Goppel (1975), S. 41 ff.

sche Staatsangehörigkeit gab separatistischen Deutungen Nahrung. Die maßgeblichen Klarstellungen enthalten die Ausführungen von Alois Hundhammer und Hans Nawiasky in der Verfassunggebenden Versammlung[9] sowie deren Feststellung zum Verfassungstext[10]:

„... Außerdem muß darauf hingewiesen werden, daß die Militärregierung mit der Genehmigung der Verfassung in keiner Weise ihre Zustimmung zu einem Separatismus Bayerns oder eines anderen deutschen Staates erteilt. Der Gebrauch des Ausdruckes ‚bayerischer Staatsangehöriger' wird daher nur anerkannt, wenn damit ein Staatsangehöriger Bayerns gemeint ist, der damit auch ein Staatsangehöriger Deutschlands ist, wie es durch den Alliierten Kontrollrat verwaltet wird. In gleicher Weise muß der Wille, einem künftigen deutschen Bundesstaat beizutreten, als eine Anweisung an die Vertreter Bayerns ausgelegt werden, die später an den Beratungen über die zukünftige deutsche Regierung teilnehmen werden, aber nicht als ein Recht, die Teilnahme an irgendeiner Form der deutschen Regierung zu verweigern, ganz gleich, ob sie als Zwischenlösung von den alliierten Behörden oder in Form einer beständigen Regierung vom deutschen Volke in seiner Gesamtheit errichtet wurde".

Entscheidend für die Auslegung der Art. 6–8 (bayerische Staatsangehörigkeit) und 178 BV ist der Hinweis auf Deutschland, „wie es durch den Alliierten Kontrollrat verwaltet wird". Hier wird deutlich, daß das Deutsche Reich den Zusammenbruch 1945 überdauert hat und weder mit der Kapitulation noch durch Ausübung fremder Staatsgewalt in Deutschland durch die alliierten Okkupationsmächte untergegangen ist[11]. Unter maßgeblicher Mitwirkung

---

[9] *Vgl. Protokoll III, S. 656/672.*

[10] *Protokoll IV, S. 240.*

[11] *Bereits vor Inkrafttreten der Bayerischen Verfassung hatte der damalige Bayerische Ministerpräsident, Wilhelm Hoegner, alle Zweifel an der bayerischen Haltung unter seiner neuen Verfassung ausgeräumt: Er legte auf der Bremer Zusammenkunft der Ministerpräsidenten der amerikanischen und britischen Zone am 4. Oktober 1946 ein klares Bekenntnis zur deutschen Einheit ab. Zu dieser mit großem Beifall aufgenommenen Rede schreibt Wilhelm Hoegner in seinen Memoiren (Der schwierige Außenseiter, 1959, S. 290 f.), die Ausführungen seien notwendig gewesen, um die „Lügen über einen bayerischen Partikularismus ... wenigstens bei den urteilsfähigen Politikern widerlegen zu können". Zur gesamten Problematik – insbesondere zur bayerischen Haltung im Parlamentarischen Rat und zum bayerischen „Nein" zum Grundgesetz vgl. Hoegner, Lehrbuch des Bayerischen Verfassungsrechts (1949), S. 195; Nawiasky-*

des CSU-Politikers und damaligen bayerischen Ministerpräsidenten Hans Ehard fand Anfang Juni 1947 in der Bayerischen Staatskanzlei in München die Ministerpräsidentenkonferenz statt – ein gesamtdeutscher Versuch der deutschen Länder, der sich abzeichnenden deutschen Spaltung entgegenzuwirken. Ehard eröffnete am 6. Juni die Konferenz mit einer Rede, die in dem Bekenntnis ausklang: „Trotz der Aufspaltung Deutschlands in vier Zonen geben wir keinen Teil unseres deutschen Vaterlandes auf ... Den deutschen Osten und Berlin betrachten wir als lebenswichtigen Bestandteil Deutschlands"[12]. Die Ministerpräsidenten der Ostzone blieben nach ergebnislosem Verhandeln in der Vorkonferenz der Hauptkonferenz fern; die Münchener Ministerpräsidentenkonferenz wurde so zur Manifestation der seit der Niederlage Deutschlands vor allem von der Sowjetunion, aber auch von Frankreich, gesteuerten Politik der Entfremdung und Entfernung der Besatzungszonen. Die Konferenz war aber auch der erste deutsche Versuch, die Einheit Deutschlands zu bezeugen. Das Ziel der Konferenz, die Verabschiedung eines gesamtdeutschen Notprogramms, wurde erreicht. Die persönliche Bekanntschaft der Regierungschefs erleichterte die Zusammenarbeit. Zumindest im Westen verloren die Zonengrenzen ihre Bedrohlichkeit.

2. Initiativen zur Wiedervereinigung in den 50er Jahren

In der sowjetisch besetzten Zone verstärkte sich der Prozeß einschneidender Veränderungen der sozialen und wirtschaftlichen Verhältnisse. Durch eine weitreichende Boden-, Schul-, Justiz- und Industriereform wurde das Bürger-

---

Lechner, Die Verfassung des Freistaates Bayern, Ergänzungsband zum Kommentar (1953), S. 2f.; ders., Die Grundgedanken des Grundgesetzes für die Bundesrepublik Deutschland (1950), S. 3ff.; ders., Der Beitritt Bayerns zur Bundesrepublik Deutschland, in: Bayerischer Staatsanzeiger Nr. 25 vom 24. 6. 1949; H. Krüger, Bundesrepublik Deutschland und Deutsches Reich, in: Süddeutsche Juristenzeitung 1950, S. 113ff. (117ff.); U. Scheuner, Die staatliche Kontinuität in Deutschland, in: Deutsches Verwaltungsblatt 1950, S. 481ff. (484f.); weitere Hinweise bei Th. Maunz, Deutsches Staatsrecht, 2. Aufl., S. 15ff.

[12] *Vgl. Die Deutsche Ministerpräsidentenkonferenz in München von 1947, hrsg. von der Bayerischen Staatskanzlei (1965), S. 31ff. (36); ferner E. Deuerlein, Das erste gesamtdeutsche Gespräch – Zur Beurteilung der Ministerpräsidentenkonferenz in München 6./7. Juni 1947, Beilage „Parlament" vom 4. 7. 1967, S. 21ff.*

tum seiner wirtschaftlichen Grundlagen und seiner Einflußmöglichkeiten auf den Staat beraubt. 1946 erzwangen die Machthaber den Zusammenschluß von SPD und KPD zu einer einheitlichen sozialistischen Arbeiterpartei, der SED, die sich wenig später als leninistische Kaderorganisation umstrukturierte. Die nach dem 20. September 1947 in Bayern allein regierende CSU befürwortete hierauf die sogenannte Westlösung der deutschen Frage, das heißt Sicherung einer freiheitlich demokratischen Grundordnung für Deutschland zunächst in den drei Westzonen. Schon in dieser Phase bayerischer Deutschlandpolitik trat neben dem nationalen der gesamteuropäische Gedanke als prägendes Element hervor. In seiner berühmten Regensburger Rede vom 3. April 1948 über das Thema „Die europäische Lage und der Föderalismus" betonte Ministerpräsident Ehard, „daß die historische staatliche Konstruktion Europas mit ihrem Nebeneinander und Gegeneinander allein auf sich selbst gestellte Nationalstaaten endgültig überholt". Ehard gab in diesem Zusammenhang zu bedenken: „Je geringer die Aussicht wird, auf die innerstaatliche Gestaltung des deutschen Ostens Einfluß zu nehmen, desto verpflichtender um der gesamtstaatlichen Zukunft willen erhebt die Forderung ihr Haupt, wenigstens den anderen Teil Deutschlands so aufzubauen, daß dem einen Spannungsfeld nicht ein gleichartiges Spannungsfeld zugesellt wird ... Selbst wenn es in Bayern da und dort einen vertrauten Separatisten geben sollte, der nur sich und seine kleine bayerische Umwelt sieht, so könnte das nichts an der Tatsache ändern, daß Bayern niemals mehr eine geschichtliche Entwicklung abstreifen kann, die es schicksalsmäßig mit Gesamtdeutschland verbunden und verwoben hat"[13].

Unter Hans Ehard ging es der CSU nicht darum, München an die Stelle Berlins oder Bayern an die des eben von den Alliierten formell aufgelösten preußischen Staates zu rücken; es ging in erster Linie um die nackte Existenz der Deutschen, die Bombenhagel, Flucht und Vertreibung überstanden hatten. Aber schon in den ersten Nachkriegsjahren treten die Grundpfeiler christlich-sozialer Deutschlandpolitik hervor: die Orientierung am Gedanken der Freiheit und die Einbindung in die westlichen Demokratien. Chronisten bezeichnen die CSU im ersten Jahrzehnt der Bundesrepublik als „deutsch-

---

[13] *Vgl. D. Blumenwitz, Bayerns Beiträge zur Deutschlandpolitik, in: K. Carstens, A. Goppel, H. Kissinger, G. Mann (Hrsg.) Franz Josef Strauß. Erkenntnisse – Standpunkte – Ausblicke (1985), S. 197 ff.*

landpolitisch unauffällig"[14]. Das ist insoweit richtig, als die Gemeinsamkeit der demokratischen Parteien in der deutschen Frage keine parteipolitische Profilierung forderte; die Kontroverse um die Stalin-Note vom 10. März 1952 wurde erst Jahre später ausgetragen[15]. Es war dennoch kein Dezennium der Immobilität.

Historiker und Politiker haben bislang wenig Aufmerksamkeit der Wiedervereinigungsinitiative eines altbayerischen Erzföderalisten geschenkt. Die Rede ist von Finanzminister Fritz Schäffer, dem prominenten CSU-Politiker der Gründerjahre im Bonner Kabinett[16]. Schäffer hielt die Milliarden zurückfließender ERP-Mittel[17] im „Juliusturm" zurück und verhandelte im Juni 1955 – unmittelbar nach dem Inkrafttreten des Deutschlandvertrages, aber noch vor dem Austausch diplomatischer Vertretungen mit der Sowjetunion – geheim mit Emissären aus Ost-Berlin und Moskau über die Wiedervereinigung[18]. Obgleich die konspirativen Gespräche nicht erfolgreich waren und im Herbst 1958 – im Zusammenhang mit dem Berlin-Ultimatum – vom Kreml ausgeplaudert wurden, war der Ansatz richtig: Wie jede Ware hatte auch die Wiedervereinigung ihren Preis; den Preis in Anbetracht der sowjetischen Schwierigkeiten in der Schlußphase der Verhandlungen um den Österreichischen Staatsvertrag und gewisser Liberalisierungstendenzen nach Stalins Tod auszuloten, war nicht illusionär.

---

[14] *Vgl. zusammenfassend D. Grille, aaO, S. 154.*

[15] *Zusammenfassend R. Steininger, Eine Chance für die Wiedervereinigung? Hannover 1986; W. Grewe, Ein zähleibiger Mythos, in: FAZ v. 10. März 1982; ders., Die deutsche Frage in der Ost-West-Spannung, Herford 1986.*

[16] *Die erschienenen Würdigungsartikel zum Gedenken an Schäffers 100. Geburtstag (12. Mai 1988) gehen auf die deutschlandpolitischen Aspekte seines Wirkens nicht ein, vgl. Bayernkurier Nr. 19/1988 und Nachruf im Bulletin der Bundesregierung vom 27. Mai 1988 Nr. 70, S. 683.*

[17] *Die Rede ist auch von Geldbeträgen, die, für Stationierungskosten vorgesehen, von den Alliierten nicht in voller Höhe abgerufen wurden und von Mitteln für den Aufbau der Bundeswehr, die langsamer als erwartet in Anspruch genommen wurden.*

[18] *Vgl. W. Gläsker, Die Konföderationspläne der SED von 1957–1967, ihr politischer Hintergrund und ihre Funktion im Rahmen der kommunistischen Deutschlandpolitik, Diss. Erlangen 1976, S. 13 ff. Gesprächspartner Schäffers in Ost-Berlin und Bonn sollen neben dem sowjetischen Hochkommissar für Deutschland, G. M. Puskin, der stellvertretende Verteidigungsminister der DDR, V. Müller, sowie Prof. Rühle, Mitglied der Volkskammer, gewesen sein.*

3. Integration der Vertriebenen

Während in Bonn mit dem Deutschlandvertrag und dem Beitritt zum NATO-Bündnis die Weichen für die Zukunft gestellt wurden, befand sich die CSU in München in der Opposition. Es regierte von 1954 – 1957 die „Viererkoalition". Arbeitsminister war Walter Stain, damals GB/BHE. Die beim Flüchtlingsstaatssekretär im Münchener Innenministerium ressortierenden Kompetenzen wechselten in das Staatsministerium für Arbeit und Sozialordnung. Die Erneuerung der CSU-Koalition mit dem GB/BHE, die Ende 1957 Hanns Seidel glückte, verlangte die besondere Pflege der Beziehungen zu den Vertriebenenorganisationen, die Übernahme und aktive Vertretung der verfassungskonformen Wünsche und Forderungen der bayerischen Neubürger[19]. Neben den Altbayern, den Franken und Schwaben wurden die Sudetendeutschen als „vierter Stamm" der Bayern adoptiert. Es ging nicht nur um ein Wählerpotential, das man dem Bund der Heimatvertriebenen und Entrechteten und auch nicht anderen Parteien überlassen wollte[20]. In dem Maße, in dem in Bayern der soziale Ausgleich zwischen Neubürgern und Altbürgern gelang, realisierte sich eine neue Wertegemeinschaft auf der Grundlage des Selbstbestimmungsrechts, der Menschenrechte und der Forderung des Rechts auf die Heimat. Jahre vor den anderen Parteien entdeckte die CSU die Bedeutung der Volksgruppen- und Minderheitenrechte, deren Durchsetzung zu einem der gestalterischen Elemente der europäischen Friedensordnung nach dem Ende des Kalten Krieges werden sollte[21]. Die CSU beteiligte sich personell und mittelbar durch die Hanns-Seidel-Stiftung an der Förderung des „Internationalen Instituts für Nationalitätenrecht und Regionalismus" und generell an den Bemühungen um internationale Ab-

---

[19] *Eingehender zur Integration von Vertriebenenpolitik und Vertriebenenpolitikern in die CSU A. Mintzel, Geschichte der CSU – Ein Überblick, Opladen 1977.*

[20] *Markige Grußtelegramme („Verzicht ist Verrat" – die SPD grüßt die Schlesier!), aber auch die Tatsache, daß die SPD in Bayern für lange Jahre den Sudetendeutschen Volkmar Gabert an die Spitze gestellt hatte, erhöhte die Attraktivität dieser Partei für die deutschen Vertriebenen. Immerhin gelang es der „Union der Vertriebenen" (UdV) – in der CSU als eine Arbeitsgemeinschaft mit Sitz und Stimme im Landesparteitag konzipiert – Brücken zu vielen der CSU bisher fernstehenden Vertriebenen zu schlagen.*

[21] *Vgl. Blumenwitz, Minderheiten- und Volksgruppenrecht. Aktuelle Entwicklung, Forschungsergebnisse der Studiengruppe für Politik und Völkerrecht Bd. 15 (1992), S. 52 ff.*

kommen über den Schutz nationaler oder ethnischer Gruppen oder Minderheiten[22].

II. Deutschlandpolitische Aktivitäten in der Zeit der SPD/F.D.P.-Koalition

Neue politische Impulse, die vom atomaren Patt der Supermächte und von der „Kennedy-Linie" in Washington ausgingen, waren zur Zeit der großen Koalition in der Bonner Deutschlandpolitik bereits spürbar. Die Anerkennung des politischen status quo in Europa durch kleinste Schritte hatte bereits begonnen[23]. Trotzdem war die CSU in der Deutschlandpolitik unvorbereitet und ungerüstet, als im Herbst 1969 die sozialliberale „neue Ostpolitik" die Polarisierung der Deutschen bewußt an die Stelle der Gemeinsamkeit in der nationalen Frage setzte. Die Parteiorganisation mit einem 1970 neu geschaffenen deutschlandpolitischen Arbeitskreis[24], aber auch die CSU-Landtagsfraktion unter ihrem Vorsitzenden Dr. Alfred Seidl, begannen sich in neuer Lage sachkundig zu machen, um den Verlust des Zugangs zur Bonner Machtzentrale und zum Bonner Herrschaftswissen auszugleichen. Durch gutachtliche Stellungnahmen und intensive Prüfung der Vertragsentwürfe seit

---

[22] *Vgl. F. Wittmann, St. Graf Bethlen (Hrsg.), Volksgruppenrecht – Ein Beitrag zur Friedenssicherung, Berichte und Studien der Hanns-Seidel-Stiftung Bd. 15 (1980).*

[23] *So nahm z.B. das Kabinett Kurt Georg Kiesingers bei der Unterzeichnung des Handelsabkommens mit der Tschechoslowakei am 3. August 1967 die Erklärungen des Sonderbotschafters Egon Bahr hin, man müsse in solchen Dokumenten die vom Osten gewünschte Bezeichnung „Deutsche Bundesrepublik" („Nemechá Spolková Republika") hinnehmen, da die korrekte Bezeichnung (Bundesrepublik Deutschland = Spolková Republika Nemecko) sprachlich leider nicht möglich sei.*

[24] *Der Arbeitskreis besitzt nach § 27 der CSU-Satzung Antragsrecht auf allen Parteiebenen; erster Vorsitzender war der bayerische Sozialminister Dr. Pirkl, später der Bundestagsabgeordnete Graf Stauffenberg. Die ursprüngliche Bezeichnung „Arbeitskreis für Deutschland- und Ostpolitik" wurde bald in „Arbeitskreis für Deutschland- und Außenpolitik" geändert, um die Zuständigkeit für alle die deutsche Frage berührenden weltpolitischen Vorgänge zu signalisieren. 1985 wurde der Landes-Arbeitskreis in einen „Landes-Fachausschuß" gem. § 23 Abs. 4 CSU-Satzung umgewandelt, dessen Mitglieder vom CSU-Landesvorstand berufen werden; auf Bezirksebene bestehen jedoch die Arbeitskreise mit unterschiedlich stark ausgeprägten Aktivitäten fort. Vgl. Einzelheiten bei D. Grille, aaO, S. 161 f.*

dem sog. Bahr-Papier vom Juni 1970, aber auch durch eine breitgefächerte „deutschlandpolitische Volksbildung" – zusätzlich zu den Bildungsmaßnahmen der Hanns-Seidel-Stiftung – gelang es der CSU, rasch die ihr in Landtags- und Bundestagswahlen immer wieder attestierte deutschlandpolitische Kompetenz zu gewinnen[25]. Hierbei half der von Franz Josef Strauß, seit 1961 Vorsitzender der CSU, geführte Verfassungsstreit gegen den Grundlagenvertrag, der über die unmittelbaren Akteure der Ostpolitik hinaus das Interesse auf Bayern und die CSU lenkte, aber auch in der Partei nicht unumstritten war.

1. Reaktionen auf den Grundvertrag

Der CSU-Landesverband befaßte sich vor dem 22. Mai 1973, an dem die Staatsregierung Antrag auf einstweilige Anordnung gegen das Inkrafttreten des Grundvertrages stellte, auf vier Sitzungen mit der Frage einer Verfassungsklage, und zwar am 12. März, 19. März, 2. April und am 21. Mai 1973[26]. Angeklungen war die Frage jedoch bereits auf einer Landesvorstandssitzung am 20. November 1972, einen Tag nach der Bundestagswahl, bei der die Ursachen der Wahlniederlage der Union diskutiert wurden. Schuld daran hatte, so Strauß, in „erster Linie die Wankel-Motor-Haltung der CDU in der Deutschlandfrage. Wir haben verloren in gewissen Bereichen, weil sie (die Wähler) sagen: Diese CDU mit ihrem Nein, Ja, Nein zur Ostpolitik – das hat 2½% gekostet. ... Die CDU hat ihre Heldenzeit leider hinter sich"[27].

a) Die Diskussion im Landesvorstand
Konkret angesprochen wird die Möglichkeit einer Klageerhebung gegen den

---

[25] Vgl. hierzu F. Guber, Die deutsche Frage aus der Sicht der CSU, in: D. Blumenwitz, G. Zieger (Hrsg.), Die deutsche Frage im Spiegel der Parteien, Staats- und völkerrechtliche Abhandlungen der Studiengruppe für Politik und Völkerrecht, Bd. 7 (1989), S. 165 ff.

[26] Für die Sichtung des einschlägigen Quellenmaterials im Archiv für Christlich-Soziale Politik (ACSP) der Hanns-Seidel-Stiftung dankt der Verfasser Werner Schneider und seiner 1993 an der Hochschule für Politik, München, vorgelegten Diplomarbeit „Bundesverfassungsgericht und Politik. Die Klage Bayerns gegen den Grundvertrag – Vorgeschichte und Verlauf des Prozesses, das Urteil und seine Bewährung".

[27] Vgl. ACSP, Prot. CSU LVst v. 20. November 1972.

Grundvertrag im Landesvorstand erstmals am 12. März 1973 (nach der Ablehnung einer Verfassungsklage in der CDU/CSU-Fraktion und nach der 1. Lesung des Grundvertrages im Bundestag). Strauß berichtete über die Abstimmung in der CSU-Landesgruppe, die sich mit 45:3 Stimmen für eine Klage entschieden hatte. Nachhaltig unterstützte den Vorschlag der „Bonner" CSU der Landtagsfraktionsvorsitzende Dr. Seidl. Vorsichtiger äußerte sich der anwesende Innenminister. Man stände in einer „unguten Situation". Die Mehrheit der Gesamtfraktion im Bundestag sei gegen eine Anrufung. Wenn die Staatsregierung allein prozessiere, setze sie sich in Widerspruch zu den eigenen Leuten; die Staatsregierung erscheine als rückständig, die Opposition um jeden Preis betreiben wolle und auch noch erfolglos das Verfassungsgericht anrufe. Wenn ein höheres Prozeßrisiko als 50% bestehe und kein CDU-Land mitziehe, dann müsse er abraten[28]. Damit hatten sich die Fronten im Landesvorstand der CSU formiert: hier die zur Klage entschlossene Gruppe der Parlamentarier und dort die weitaus weniger entschiedenen Kabinettsmitglieder, die bei der in Rede stehenden Normenkontrollklage der Bayerischen Staatsregierung das Prozeßrisiko trugen. Erneut griff Strauß das Thema am 19. 3. 1973 vor dem Landesvorstand auf. Dabei stellte er als Ziel heraus, mit einem Urteil des Bundesverfassungsgerichts die Bundesregierung zu zwingen, die Verträge, zumal den Grundvertrag, so zu interpretieren und politisch fortzuentwickeln, wie es der gemeinsamen Entschließung des 17. Mai 1972 entspreche. Dafür sei jetzt der richtige Zeitpunkt gekommen[29]. Das Thema Verfassungsklage beherrschte die Landesvorstandssitzung am 2. April 1973. Die Brisanz des Gegenstandes wirkte offenbar auf einen Teil der Mitglieder einschüchternd; ein Drittel fehlte, darunter der Ministerpräsident, der zur Kur war, aber sein Erscheinen zugesagt hatte. In den Mittelpunkt stellte Strauß den Grundvertrag in seinen allgemeinen politischen Bezügen:

Ein „Unterstaatssekretär im Weißen Haus"[30] habe ihm gegenüber erklärt, man sei dort erschüttert über die deutsche Naivität in Entspannungs- und Abrüstungsfragen. Entspannung gebe es nur vor dem Hintergrund einer starken militärischen Position. Amerika sei nicht bereit, die Lasten allein zu tragen. Es herrsche in Washington Unbehagen über die Ostpolitik der

---

[28] *Vgl. ACSP, Prot. CSU LVst v. 12. März 1973.*
[29] *Vgl. ACSP, Prot. CSU LVst v. 19. März 1973.*
[30] *Genannt wurde der Name „Petersen" – ein gleichnamiger Politiker war 1972/73 Secretary of Commerce.*

Bundesregierung, die eine Neutralisierung der Bundesrepublik betreibe als Voraussetzung für eine gesamtdeutsche Konföderation. Brandt und Bahr wollten die Verteidigung Westeuropas beschränken auf Großbritannien, Frankreich und die Benelux-Staaten. In diesem Zusammenhang sei der Grundvertrag zu sehen als Teil eines langen psychologischen Prozesses der Öffnung nach Osten. Heute seien bereits Dinge möglich, die noch vor wenigen Jahren undenkbar gewesen seien; diese Linie könne in die Zukunft projiziert werden. Der Grundvertrag sei nicht die Konsequenz aus dem Moskauer und dem Warschauer Vertrag. „Der Grundvertrag ist die Konsequenz aus einer Auslegung des Moskauer Vertrages, die durch dessen Doppeldeutigkeit ermöglicht wird, als Modus vivendi nach innen durch die Regierungsparteien und als endgültige Regelung nach außen aufgrund der Moskauer Lesart."[31] Hermann Höcherl äußerte sich skeptisch über die Erfolgsaussichten in Karlsruhe, den Prozeß zu gewinnen: „... Das Äußerste ist ein Minderheitsvotum von zwei oder drei Richtern, die Öffentlichkeit aber interessiert nur das Gesamturteil. Die Richter, die mit Mehrheit gegen uns entscheiden, werden keine gefälligen Formeln finden. Die haben längst ihre Begründung überlegt und werden sie so abfassen, daß wir daraus keinen Honig saugen können"[32]. Auch die anwesenden Kabinettsmitglieder zeigten wiederum wenig Neigung, den Weg nach Karlsruhe anzutreten: Der Bürger habe kein Verständnis für die juristische Problematik, die politische Entscheidung sei am 19. November 1972 gefallen. Der zuständige Senat beim BVerfG stehe ohnehin auf der Regierungsseite! Dazu kommen Bedenken wegen der Isolierung der Staatsregierung angesichts der ablehnenden Haltung der CDU-Länder. Die Landesgruppe mache es sich mit ihrer Forderung zu leicht, sie habe kein Prozeßrisiko. Lediglich Staatsminister Dr. Pirkl unterstützte Strauß und verwies auf die Enttäuschung unter den Vertriebenenverbänden, wenn Bayern nicht klagen würde.

Angesichts der gegensätzlichen Meinungen mußte Strauß vorsichtig tak-

---

[31] Vgl. ACSP, Prot. CSU LVst. vom 2. April 1973. Die damalige Skepsis der Nixon-Regierung wird auch von H. Kissinger „Die Vernunft der Nationen" (Titel der engl. Originalausgabe: diplomacy), Berlin 1994, S. 811 ff., bestätigt. Später – so Kissinger – nahm die Nixon-Regierung die Ostpolitik Brandts zwar als notwendig hin, blieb aber davon überzeugt, daß Brandt – ganz im Gegensatz zu Adenauer – sich im Grund seines Herzens an das Atlantische Bündnis niemals wirklich gebunden gefühlt hatte.

[32] Vgl. ACSP, Prot. CSU LVst. vom 2. April 1973.

tieren: Die Klage sei so anzulegen, daß durch den Karlsruher Urteilsspruch die doppelte Auslegungs- und Anwendungsmöglichkeit des Grundvertrages ausgeschlossen werde, denn dann „sind wir die Sieger". Um die Kabinettsmitglieder im Landesvorstand nicht unter Druck zu setzen, unterblieb eine förmliche Abstimmung[33]. In der Sitzung des CSU-Landesvorstandes vom 21. Mai 1973 kam es dann fast zum Eklat. Strauß verwies zunächst darauf, daß die CDU-Länder schon „knieweich" geworden seien (was sich bei der Abstimmung über den Grundvertrag im Bundesrat am 25. Mai 1973 als richtig erweisen sollte!). Nun dürfe die CSU-Landesgruppe nicht allein gelassen werden in einer Frage, die ganz Bayern angehe. Er räumte zunächst zwar ein, daß der Prozeß formell nicht zu gewinnen sei; aber „der Eindruck darf nicht verstärkt werden, die CSU ist ein zahnloser Hund, zum Bellen reicht es, zum Beißen nicht mehr"[34].

Ministerpräsident Goppel betonte, man solle den Anschein vermeiden, „die Staatsregierung unterliege einem imperativen Mandat der Partei". Dr. Richard Jaeger, einer der Exponenten der „Bonner CSU", konterte: „Ich habe das Gefühl, in tragenden nationalen Grundentscheidungen ist die Staatsregierung ein Hund, den man zum Jagen tragen muß". Ministerpräsident Goppel wehrte sich entschieden gegen diesen Vorwurf. „Im Bundestag (gemeint ist die Abstimmung des 17. Mai 1972, Anm. d. Verf.) habt Ihr uns laufend im Stich gelassen – in der Ostpolitik waren wir die stärksten Kämpfer ... Politisch ist die Sache auf der zuständigen Ebene gelaufen, welche Legitimation hat der Freistaat Bayern, diese politische Entscheidung umzukehren? Wir drängen uns in eine Opposition, die uns nicht zukommt!" Er, Goppel, sei von Carstens und Kiesinger angerufen worden, die ihm dringend von einer Klage abgeraten hätten. Und außerdem, „wir haben das Grundgesetz abgelehnt, jetzt streiten wir, um es zu retten". Dazu kam die persönliche Betroffenheit: „Den Namen unter die Klage schreibt nicht die CSU, sondern den Namen muß ich schreiben"[35]. In dieser Phase der Auseinandersetzung mußte Strauß um die Einheit der Partei besorgt sein: „Ich sehe, daß hier etwas auf die CSU zukommt, was die Partei in ihren Grundfesten erschüttert." Leidenschaftlich lehnte er sich gegen den „Zeitgeist" auf: „Ich höre so viel davon, was wir nicht mehr tun dürfen. Wenn ich

---

[33] *Vgl. ACSP, Prot. CSU LVst. vom 2. April 1973.*
[34] *Vgl. ACSP, Prot. CSU LVst. vom 21. Mai 1973.*
[35] *Vgl. ACSP, Prot. CSU LVst. vom 21. Mai 1973.*

in Zukunft nur noch der Exponent der Entscheidungen sein soll, die wir nicht treffen dürfen, dann sollten wir einen Geschichtsschreiber haben, der archivarisch feststellt, was wir nicht tun dürfen." Er glaube noch an die Objektivität des Bundesverfassungsgerichtes: „Wenn wir so weit sind, daß unsere Verfassungsrichter vor dem Mob der Linkspresse und dem Mob der öffentlichen Meinung zurückweichen, dürfen wir überhaupt nichts mehr machen." Von der Gerechtigkeit seiner Sache gab er sich zutiefst überzeugt: „Es ist unsere sittliche Verpflichtung, den Kampf gegen eine Politik zu führen, die zum Abgrund führt!"[36] Am Ende ergab die offene Abstimmung doch eine klare Mehrheit für eine Verfassungsklage. 21 Ja-Stimmen standen 4 Nein-Stimmen und 4 Enthaltungen gegenüber[37]. Damit war die Entscheidung des für die Erhebung der Verfassungsklage zuständigen Kabinetts nur vorgezeichnet, nicht aber schon gefällt.

b) Die Diskussion in der Bayerischen Staatsregierung

Die Bayerische Staatsregierung befaßte sich zwischen November 1972 und Juni 1973 in zwölf Sitzungen mit dem Grundvertrag[38]. Am 19. Dezember bestand auch in der Kabinettssitzung Einigkeit darüber, daß der Grundvertrag abzulehnen sei. Auf der Sitzung vom 9. Januar 1973 wurde diese Auffassung bekräftigt und zugleich beschlossen, eine entsprechende Übereinkunft mit den CDU-regierten Ländern anzustreben. Sollte sich Bayern im II. Durchgang im Bundesrat nicht durchsetzen, so sei eine Klageerhebung zu erwägen. Mit der Äußerung Bundesminister Frankes im Rechtsausschuß des Bundesrates, „der Grundvertrag sei mit juristischen Querelen nicht aufzuhalten", setzte sich die Staatsregierung am 16. Januar 1973 auseinander. Die Staatsregierung erhob Protest gegen diese Formulierung. In der Kabinettssitzung vom 23. Januar 1973 hielt das Kabinett daran fest, auch angesichts der schwankenden Haltung der CDU-Länder, Klage zu erheben. Am 27. Februar 1973

---

[36] *Vgl. ACSP, Prot. CSU LVst. vom 21. Mai 1973.*
[37] *S.a. F. J. Strauß, Die Erinnerungen, Berlin 1989, S. 450.*
[38] *Die Protokolle der Sitzungen des Ministerrats sind im Gegensatz zu den Protokollen des CSU-Landesvorstandes keine Wort-, sondern Ergebnisprotokolle. Die folgenden Mitteilungen über die Behandlung der Verfassungsklage gegen den Grundvertrag im bayerischen Kabinett beruhen neben den Straußschen Erinnerungen (aaO, Anm. 37) auf Recherchen von Werner Schneider (aaO, Anm. 26) in der Bayerischen Staatskanzlei.*

wies Staatsminister Dr. Heubl darauf hin, daß nun demnächst über eine Klage entschieden werden müsse. Ab diesem Zeitpunkt schien die Entschlossenheit der Regierungsmitglieder abzunehmen. Die Frage der Klageerhebung wurde am 2. Mai 1973 von der Tagesordnung abgesetzt; am 8. Mai 1973 legten „die Kabinettsmitglieder ihre Meinung hinsichtlich einer Verfassungsklage dar", eine Beschlußfassung erfolgte jedoch nicht, „da mit der Beschlußfassung zusammenhängende Fragen noch zu klären seien". Das Protokoll der entscheidenden Sitzung vom 22. Mai 1973 ist, wie alle vorhergehenden, knapp gehalten. Die Inhalte „der dreistündigen Redeschlacht"[39] sind anhand des Protokolls nicht mehr rekonstruierbar, Neues dürfte jedoch angesichts der ausführlichen Diskussion im Landesvorstand am vorangegangenen Tage ohnehin nicht mehr vorgebracht worden sein. Kaum zweifelhaft ist allerdings, daß Strauß erneut „sein ganzes Gewicht als Parteivorsitzender zur Geltung brachte"[40]. Strauß spricht in seinen Erinnerungen „von einer großen und klaren Mehrheit" in der Staatsregierung für die Verfassungsklage[41]. Das Sitzungsprotokoll und die seinerzeitigen Pressemitteilungen[42] widersprechen dem: Der Gang nach Karlsruhe wurde mit 8:6 Stimmen, also mit knappster Mehrheit beschlossen[43].

c) Die Erklärung von Ministerpräsident Goppel vor dem Bayerischen Landtag
Am 23. Mai 1973, einen Tag nach der entscheidenden Kabinettssitzung, gab Ministerpräsident Dr. Goppel vor dem Landtagsplenum folgende Erklärung ab: „Die Staatsregierung hat heute beim Bundesverfassungsgericht in Karlsruhe den Erlaß einer einstweiligen Verfügung beantragt, mit der erreicht werden soll, daß Gegenzeichnung, Ausfertigung und Verkündung des Gesetzes über den Grundvertrag unterbleiben, bis über den Antrag der Staatsregierung entschieden ist, nämlich den Antrag auf die Feststellung, daß das Vertrags-

---

[39] So F. J. Strauß, Erinnerungen, aaO (Anm. 37), S. 451.
[40] Ibid.
[41] AaO, S. 452.
[42] Vgl. AdG, S. 17906.
[43] *In den Protokollen der Kabinettssitzungen findet sich kein Hinweis auf eine vorhergegangene Probeabstimmung, auf der die Klage zunächst abgelehnt worden war (vgl. Der Spiegel vom 28. Mai 1973). Eine Probeabstimmung hat mit Sicherheit stattgefunden, was Strauß als einen üblen Versuch, „ihn auszutricksen", betrachtete. Sie konnte später annulliert werden, da sich bei der Probeabstimmung ein Minister der Stimme enthalten hatte, was der Geschäftsordnung widersprach.*

gesetz mit dem Grundgesetz nicht vereinbar und deshalb nichtig ist." Goppel betonte gleichzeitig die Legitimität dieses Vorgehens: „Mit diesem Verfahren wendet die Staatsregierung die Mittel an, die vom Grundgesetz zur Feststellung vorgesehen sind, ob ein von der Bundesregierung mit einer anderen Regierung geschlossener Vertrag den Normen des Grundgesetzes entspricht. Wer dieses Verfahren als Obstruktion bezeichnet, verkennt gründlich das Wesen und die Wirkungsweise eines in parlamentarischer Demokratie lebenden Staates."[44] Im Hauptsacheverfahren im Streit um den Grundvertrag faßte Goppel die sachliche Begründung des bayerischen Vorgehens in einem prägnanten Satz zusammen[45]: „Die deutsche Nation, die im Heiligen Römischen Reich Deutscher Nation ihren Ursprung hat, und mit ihrem wechselvollen Schicksal das bewegende Element unserer neueren Geschichte ist, ist ein so hohes Gut, daß jede staatliche Gewalt an ihren Handlungen zur Erhaltung dieses Gutes gemessen wird."

2. Normenkontrollklage des Freistaats Bayern vor dem Bundesverfassungsgericht

Die Normenkontrollklage gegen den am 21. Dezember 1972 zwischen der Bundesrepublik und der DDR vereinbarten Grundvertrag war das erste Verfahren dieser Art, das ein Land der Bundesrepublik gegen einen vom Bund geschlossenen völkerrechtlichen Vertrag anhängig machte. Das am 31. Juli 1973 ergangene Grundvertragsurteil enthielt eine Fülle wichtiger Entschei-

---

[44] *Bayer. Landtag Stenograph. Bericht 7/65 vom 23. Mai 1973, S. 3434. Das Bekanntwerden der Anträge der Bayerischen Staatsregierung auf Erlaß einer Einstweiligen Anordnung auf Aussetzung des Inkrafttretens des Grundvertrages und auf Überprüfung seiner Verfassungskonformität sorgte für ein lebhaftes Echo in der Presse. Ihr linksliberaler Teil verfolgte mit einer Kampagne zwei Ziele: erstens sollte das bayerische Vorgehen als Produkt Straußscher Rechthaberei, als „juristische Schnadahüpferl" (vgl. Th. Sommer, „Prozeß-Possen", in: Die Zeit vom 15. Juni 1973; ähnlich „Der Spiegel" vom 28. Mai 1973) abgetan werden, zweitens sollte bereits – mit deutlicher Blickrichtung auf den II. Senat – bewiesen werden, wie nutzlos, ja schädlich im Hinblick auf die politische Entwicklung und das Erreichen „menschlicher Erleichterungen", wie sie der Grundvertrag in Aussicht stellte, die bayerische Klage sei. (Vgl. „Die falsche Adresse", in: Die Zeit vom 1. Juni 1973).*

[45] *Schriftsatz vom 18. Juni 1973, vgl. Cieslar/Hampel/Zeitler, Der Streit um den Grundvertrag (1973), S. 168.*

dungen zum Verhältnis Bundesrepublik – DDR. Deutschlandrechtlich und deutschlandpolitisch erreichten die CSU und Bayern mit der Entscheidung mehr als die Opposition im Mai 1972 mit der gemeinsamen Entschließung zum Moskauer und Warschauer Vertrag[46], die nur eine politische Deklaration war und von der sich die sozialliberale Regierung deshalb immer weiter entfernte[47].

a) Grundzüge des Urteils
Wichtigste Erkenntnis des Verfahrens war, daß der Grundvertrag nicht schlechthin mit dem Grundgesetz vereinbar war, sondern nur „in der sich aus den Gründen ergebenden Auslegung". Das Bundesverfassungsgericht unterstrich diese verfassungskonforme Interpretation noch dadurch, daß es „alle Ausführungen der Urteilsbegründung, auch die, die sich nicht ausschließlich auf den Inhalt des Vertrages selbst beziehen", zu tragenden Gründen erklärte[48]. Die von Franz Josef Strauß eingeschlagene Taktik[49] war aufgegangen: Der von der sozialliberalen Regierungskoalition häufig gebrauchten Formel des „Wandels durch Annäherung", einer allmählichen Aushöhlung des materiellen Verfassungsrechts durch einen von ihr gesteuerten „stillen Verfassungswandel", wurden durch den vom Bundesverfassungsgericht verwendeten statischen Staatsbegriff Grenzen gesetzt. Nicht einmal erwähnt wurde die sogenannte Annäherungstheorie[50], mit der die Bundesregierung seinerzeit versuchte, in Umgehung der Bestimmungen über die Verfassungsänderung den Staatsbegriff angeblich vorrangigen Rechtsgütern, wie einem Friedens-, Entspannungs- und Normalisierungsstreben, zu opfern. Schließlich beugte das Grundvertragsurteil in seinem Kontext einer Tendenz in der Bundesrepublik vor, deutsche Rechtspositionen als „Formelkram" und „Juristerei" abzutun, ohne die Konsequenzen einer solchen Betrachtungs-

---

[46] *Text: Deutscher Bundestag, 6. Wahlperiode, Stenograph. Berichte Bd. 80, S. 10960; 187. Sitzung Anlage 6, Ausdruck 287.*
[47] *Vgl. D. Blumenwitz, Die Grundlagen einer Deutschlandpolitik nach dem Grundvertragsurteil, in: Informationen zur Deutschlandpolitik, hrsg. vom Arbeitskreis „Deutschland – Außenpolitik der CSU, Heft III (1974), S. 15 ff. (17).*
[48] *Grundvertragsurteil vom 31. Juli 1973 sub B VI 2.*
[49] *Vgl. z.B. CSU Landesvorstandssitzung vom 2. April 1973, ACSP Prot. aaO (Anm. 31).*
[50] *Vgl. hierzu auch das Plädoyer des bayerischen Prozeßvertreters, abgedruckt in: Cieslar/Hampel/Zeitler, aaO. (Anm. 45), S. 169 ff. (184 f.).*

weise ins Auge zu fassen. Die Erkenntnis des Grundvertragsurteils wurde für die gesamte weitere Ost- und Deutschlandpolitik wegweisend. Der weite Ermessensspielraum, den Satz 3 der Präambel des Grundgesetzes a.F. einräumte, wurde präzisiert durch die Aussage in Leitsatz 5 der Entscheidung, daß kein Verfassungsorgan der Bundesrepublik Deutschland die Wiederherstellung der staatlichen Einheit als politisches Ziel aufgeben durfte. Alle Verfassungsorgane waren verpflichtet, in ihrer Politik auf die Erreichung dieses Ziels hinzuwirken. Das schloß die Forderung ein, den Wiedervereinigungsanspruch im Inneren wachzuhalten und nach außen beharrlich zu vertreten – und alles zu unterlassen, was die Wiedervereinigung vereiteln konnte.

b) Fortexistenz Gesamtdeutschlands
Die völkerrechtliche Anerkennung der DDR durch die Bundesrepublik war nach dem Urteil nicht nur nicht ausgesprochen worden, sondern konnte für die Bundesregierung auch künftig nicht in Betracht kommen. Die DDR gehörte zu Deutschland und durfte in ihren Beziehungen zur Bundesrepublik nicht Ausland sein. Die DDR war zwar „im Sinne des Völkerrechts ein Staat" und als solcher Völkerrechtssubjekt. Es galt aber die Besonderheit, daß die Bundesrepublik Deutschland und die DDR „Teile eines noch immer existierenden Staates Gesamtdeutschland sind". Die in Art. 3 Abs. 2 Grundvertrag erwähnte Grenze zwischen diesen beiden Teilen Gesamtdeutschlands wurde als „staatsrechtliche Grenze" definiert. Die Viermächteverantwortung für Gesamtdeutschland erschien als eine völkerrechtliche neben der staatsrechtlichen Klammer für die Fortexistenz Gesamtdeutschlands.

c) Staatsangehörigkeit
Der Fortbestand des Rechtssubjektes „Deutschland in den Grenzen vom 31. Dezember 1937" lieferte auch die juristische Basis für den Fortbestand der deutschen Staatsangehörigkeit als des sichtbarsten Momentes personaler Verknüpfung aller Deutschen. Im Grundvertragsurteil wurde ausgeführt, daß Art. 16 GG davon ausgeht, daß die deutsche Staatsangehörigkeit zugleich die Staatsangehörigkeit der Bundesrepublik Deutschland ist. Deutscher Staatsangehöriger war also nicht nur der Bürger der Bundesrepublik Deutschland. Wo immer DDR-Bewohner im In- und Ausland in den Schutzbereich staatlicher Stellen der Bundesrepublik gelangten, hatten sie den gleichen Anspruch auf Justizgewährung wie die Bewohner der Bundesrepublik.

d) Der Status Berlins

Das Bundesverfassungsgericht hielt ferner voll an seiner Rechtsauffassung fest, daß verfassungsrechtlich Berlin ein Land der Bundesrepublik Deutschland war und ist. Es ging von der grundgesetzlichen Pflicht der für die Bundesrepublik Deutschland handelnden Organe aus, „bei jedem Abkommen und bei jeder Vereinbarung mit der DDR, die ihrem Inhalt nach auf das Land Berlin und seine Bürger ausgedehnt werden können, auf der Ausdehnung auf Berlin zu bestehen und nur abzuschließen, wenn der Rechtsstand Berlins und seiner Bürger gegenüber dem für den Geltungsbereich gültigen Rechtsstand – vorbehaltlich des für Berlin maßgeblichen Alliierten-Vorbehalts – nicht verkürzt wird"[51].

3. Konsequenzen des Urteils

Das Bundesverfassungsgericht hatte die deutschlandrechtlichen und deutschlandpolitischen Pflichten aller Organe der Bundesrepublik Deutschland präzisiert; sie bedurften der ständigen Aktualisierung durch die politischen Kräfte in der Bundesrepublik Deutschland. Die CSU hat sich stets um die Durchsetzung und Verwirklichung der Grundsätze des Karlsruher Urteils bemüht.

a) Ständige Vertretungen

Das Protokoll über die Errichtung der Ständigen Vertretungen vom 14. März 1974[52] sah vor, daß der Leiter der Ständigen Vertretung der DDR beim Bundespräsidenten akkreditiert wurde. Der zur innerstaatlichen Durchführung des Austausches Ständiger Vertretungen in der Bundesrepublik notwendigen Regierungsverordnung[53] stimmte Bayern im Bundesrat nicht zu. Die Stimmenthaltung der Bayerischen Staatsregierung war berechtigt, da das Grundvertragsurteil die Bundesrepublik Deutschland und die DDR nicht als normale souveräne Staaten im Sinne des Völkerrechts sah. Nach dem Kontext des Grundvertragsurteils war eine volle völkerrechtliche Anerkennung der DDR durch die Bundesrepublik Deutschland verfassungs-

---

[51] *Grundvertragsurteil sub B V 8.*
[52] *Text BGBl 1974 II S. 934.*
[53] *Verordnung über die Gewährleistung von Erleichterungen, Vorrechten und Befreiung an die Ständige Vertretung der DDR vom 22. April 1973; Text: BGBl 1973 I S. 1022 ff.*

widrig[54]. Da mit der Aufnahme diplomatischer Beziehungen eine stillschweigende Anerkennung verknüpft war, konnte die DDR – unter Rückgriff auf den auch im Völkerrecht geltenden Grundsatz von Treu und Glauben – die Bundesrepublik an den durch die Eröffnung von Vertretungen auf höchster Ebene gesetzten Rechtsschein der Anerkennung festhalten. Um den Rechtsschein, der durch die Akkreditierung beim Bundespräsidenten entstand, zu widerlegen, mußte seinerzeit auf die Vereinbarung über die lediglich „entsprechende" Anwendung des Wiener Übereinkommens verwiesen werden, ebenso auf die besondere Amtsbezeichnung des Missionschefs und auf die Ressortierung der Ständigen Vertretung der DDR beim Bundeskanzleramt[55].

b) KSZE-Schlußakte von Helsinki
Die Ergebnisse der sozialliberalen Ostpolitik wurden erneut in der Schlußakte von Helsinki vom 1. August 1975[56] reflektiert. Da diese Konferenzergebnisse von der Bundesregierung weder als politischer noch als gesetzesinhaltlicher Vertrag gemäß Art. 59 Abs. 2 GG angesehen werden konnten, wurden auch die gesetzgebenden Körperschaften nicht in das Abschlußverfahren einbezogen. Die Aktionen Bayerns und der CSU mußten sich deshalb von vornherein auf den außenpolitischen Ausschuß des Bundesrates und die ihm durch seine Geschäftsordnung eingeräumten Möglichkeiten konzentrieren. Der Bundesrat ist nicht nur auf eine nachgängige Bewertung der Aktivitäten der Bundesregierung beschränkt. Eine solche Sicht entspräche nicht dem Sinn der föderalen Kontrolle des Regierungshandelns. Die Bayerische Staatsregierung beschloß daher am 1. Juli 1975, im Bundesrat einen Entschließungsantrag[57] einzubringen, in dem die Bundesrepublik Deutschland im Hinblick auf Prinzip X der Schlußakte erklären sollte, daß frühere bilaterale und multilaterale Verträge sowie andere Rechte und Verpflichtungen unberührt bleiben sollten – insbesondere die Fortexistenz Gesamtdeutschlands nicht berührt würde.

Der Entschließungsantrag Bayerns wurde abgelehnt, da die SPD-regierten Länder, die seinerzeit im Bundesrat die Mehrheit hatten, sich den Auffassungen der Bundesregierung anschlossen, daß die deutsche Frage in der KSZE

---

[54] *Vgl. Grundvertragsurteil sub B IV 3.*
[55] *Vgl. Bulletin 1974, S. 339 f.*
[56] Text: *Deutscher Bundestag, 7. Wahlperiode, Bd. 208, Drucksache 3867.*
[57] *Bayer. Staatsreg. Bulletin 29 vom 2. Juli 1975.*

nicht weniger offen gehalten werde, als dies in den Ostverträgen geschehen sei. Es bestünde deshalb kein Anlaß für eine besondere Notifizierung im Rahmen der Konferenz, wie dies die Bayerische Staatsregierung forderte. Obwohl dem Entschließungsantrag der Bayerischen Staatsregierung wegen der Mehrheitsverhältnisse kein Erfolg beschieden war, verdiente er trotzdem Aufmerksamkeit, da er verfassungsrechtlich gebotene Klarstellungen enthielt, die den Grunddissens, der den gesamten KSZE-Prinzipienkatalog in der Frage der Unverletzlichkeit der Grenzen in ihrer konkreten Anwendung auf das deutsche Wiedervereinigungsproblem durchzog, erkennbar machten: Der Vorrang der völkerrechtlichen Verträge mit spezifisch deutschlandrechtlichem Gehalt gegenüber dem Prinzipienkatalog wurde akzentuiert; klargestellt wurde weiter, daß Berlin (West) keine selbständige politische Einheit darstellte, und daß die Bundesrepublik in Wahrnehmung der Interessen von Berlin (West) für seine Einbeziehung in die prinzipiellen und praktischen KSZE-Beschlüsse Sorge tragen mußte. Der Entschließungsantrag trug ferner der Erkenntnis Rechnung, daß eine abstrakte und bezugslose Formulierung des Selbstbestimmungsrechts neben konkret gefaßten grenzbezogenen Regelungen keinerlei eigenständige Wirkung entfalten konnte. Der Entschließungsantrag akzentuierte, daß der Verwirklichung des Selbstbestimmungsrechts des deutschen Volkes mit friedlichen Mitteln keine Einwände aus dem Prinzipienkatalog entgegengehalten werden konnten.

c) Deutsch-deutsches Grenzprotokoll
Beim Abschluß des deutsch-deutschen Grenzprotokolls[58] konnte der Bund zum erstenmal im Verlauf seiner Ostvertragspolitik eine Vereinbarung nicht allein, sondern nur im Zusammenwirken mit den beteiligten Ländern abschließen. Die in Ziffer I des Zusatzprotokolls zum Grundvertrag angesprochenen Aufgaben der Grenzkommission berührten sowohl Bundes- als auch Länderzuständigkeiten, da die in Rede stehende Grenzlinie sowohl Bundes- als auch Landesgrenze war. Darüber hinaus erforderte das Zusatzprotokoll Verwaltungsaufgaben, die z.B. im Bereich von Wasserwirtschaft und Geodäsie nur von den Ländern erfüllt werden konnten. In beharrlichem Verhandeln stellten die Bayerische Staatsregierung und die CSU klar, daß die Länder-

---

[58] Vgl. *„Die Grenzkommission"* – *Eine Dokumentation über Grundlagen und Tätigkeit*, hrsg. vom Bundesministerium für innerdeutsche Beziehungen (1978).

rechte auch bei Vertragsschlüssen mit der DDR berücksichtigt werden müssen. Der Freistaat Bayern wirkte deshalb an den Arbeiten der Grenzkommission kraft eigenen Rechts mit; er wurde nicht nur „gehört" und leistete dem Bund auch keine Amtshilfe. Die unmittelbare Beteiligung Bayerns am Vertragsschluß ermöglichte es auch dem Bayerischen Ministerpräsidenten Franz Josef Strauß, zu den Verhandlungsergebnissen insgesamt Stellung zu nehmen und entscheidende politische Akzente zu setzen[59].

Die deutschlandpolitische Lage war beim Abschluß des Grenzprotokolls besonders heikel, da ein deutsch-deutscher Grenzvertrag in einer optisch eindrucksvollen Weise dort vor der Weltöffentlichkeit die Endgültigkeit der deutschen Teilung demonstrieren mußte, wo die Betonung des „Offenseins" der ganzen deutschen Frage sowie des Selbstbestimmungsrechts aller Deutschen geboten gewesen wäre. Die Bayerische Staatsregierung hatte in einer Reihe von Erklärungen die Zusammenhänge schlüssig erläutert und damit auch die Zurückhaltung der Bundesregierung bei der Formulierung des deutschen Rechtsstandpunktes ausbalanciert:

Für Grenzverträge sind ganz allgemein drei Elemente charakteristisch: erstens das Grundgeschäft, das auch Aufschluß über die Art der Grenze vermittelt; zweitens die Grenzbeschreibung; drittens die Grenzmarkierung an Ort und Stelle. Das deutsch-deutsche Grenzprotokoll enthielt nur die beiden zuletzt genannten Elemente. Der Verlauf einer Grenzlinie, deren Rechtsnatur offen blieb, wurde in der Örtlichkeit markiert und dokumentiert. Über die Rechtsnatur der deutsch-deutschen Grenze bestand zwischen den beiden deutschen Staaten ein weitreichender Dissens: Für die Bundesrepublik war das für die Rechtsnatur der deutsch-deutschen Grenze maßgebliche Instrument das Londoner Protokoll vom 12. September 1944[60], in dem die nunmehr von den beiden deutschen Staaten markierte Grenze ausdrücklich nur „zum Zwecke der Besetzung" Deutschlands und nicht zum Zwecke seiner Teilung festgehalten wurde. Die DDR sah demgegenüber in der im Londoner Protokoll von den Siegermächten festgelegten Zonengrenze eine historische Grenze, die allenfalls für den Verlauf, nicht aber für den Rechtscharakter der deutsch-

---

[59] Vgl. hierzu eingehender D. Blumenwitz, Keine Festlegung der Teilung Deutschlands – Zur Unterzeichnung des Regierungsprotokolls über die innerdeutsche Grenze, in: FAZ Nr. 264 vom 28. November 1978, S. 9.

[60] Protokoll über die Besatzungszonen in Deutschland, in Kraft seit dem 7./8. Mai 1945, United Nations Treaty Series II, Bd. 227, Nr. 532 und 533.

deutschen Grenze bedeutsam sein konnte. Diesen ihren Rechtsstandpunkt sah die DDR durch Art. 3 Abs. 2 Grundvertrag („Unverletzlichkeit der bestehenden Grenzen jetzt und in Zukunft") bestätigt[61]. Es stellte sich allerdings die Frage, warum die Bundesrepublik Deutschland (unter der maßgeblichen Mitwirkung Bayerns) eine Grenzlinie markierte und dokumentierte, deren rechtliche Bedeutung vom Vertragspartner so ganz anders gesehen wurde. Die Antwort weist auf das universell geltende Gewaltanwendungsverbot hin. Wie die gesamte Deutschland-Politik der Bundesrepublik seit 1949, wurde auch das Grenzprotokoll vom Grundsatz des Gewaltanwendungsverbots und dem Prinzip der friedlichen Streitbeilegung getragen. Das Grenzprotokoll wollte verhindern, daß aus Streitfragen an Grenzlinien friedensbedrohende Konflikte entstanden. Das Gewaltanwendungsverbot der Charta der Vereinten Nationen erstreckt sich auch auf Demarkationslinien, die Staaten aufgrund internationaler Übereinkünfte oder aus sonstigen Gründen zu respektieren gehalten sind. Gleichzeitig wird dem Staat, der das Gewaltanwendungsverbot respektiert, zugesichert, daß er dadurch keinen Rechtsverlust riskiert. Dies bedeutete konkret, daß das Offensein der deutschen Frage durch das Grenzprotokoll nicht präjudiziert wurde, daß im Sinne des Grundvertragsurteils Bundesrepublik und DDR „auf dem Fundament des noch existierenden Staates ‚Deutschland als Ganzes' bestehen", und daß es sich bei der deutsch-deutschen Grenze „um eine staatsrechtliche Grenze handelt".

d) Kampf gegen die „Gerarer Forderungen"
Die CSU übte nicht nur bei förmlichen Vereinbarungen mit der DDR ihr deutschlandrechtliches Wächteramt aus. Sie kämpfte im politischen Bereich erfolgreich gegen die sog. Gerarer Forderungen[62], von deren Erfüllung Erich Honecker eine Verbesserung der deutsch-deutschen Beziehungen abhängig machte. Die Forderungen fanden weitreichende Zustimmung in den Medien, bei den Grünen und der SPD, obgleich sie verfassungswidrig waren. Es handelte sich um die folgenden vier Anliegen der DDR:

---

[61] *Vgl. hierzu auch Gesetz über die Staatsgrenze der DDR (Grenzgesetz) vom 25. März 1982 nebst DurchführungsVO (Grenzverordnung) GVBl I 197, 203.*
[62] *Grundsatzrede des Generalsekretärs des ZK der SED Erich Honecker vor 250 Parteiaktivisten und Propagandisten des Bezirks Gera am 13. Oktober 1980, AdG 1980, S. 23970 B.*

(1) Umwandlung der ständigen Vertretungen in diplomatische Missionen[63]; mit der Aufnahme diplomatischer Beziehungen zwischen den beiden Teilen Deutschlands wäre – zumindest konkludent – die volle völkerrechtliche Anerkennung der DDR als unabhängiger Staat durch die Bundesrepublik Deutschland erfolgt, wogegen das Bundesverfassungsgericht nur eine „faktische Anerkennung besonderer Art" mit den besonderen Beziehungen zwischen den beiden Staaten in Deutschland für vereinbar hielt[64].

(2) Anerkennung einer von der Zonengrenze abweichenden westlichen Staatsgrenze der DDR im Bereich der Elbe; es ging hier nicht um die Zuordnung einiger Quadratkilometer Staatsgebiets, sondern um die grundsätzliche Frage: Ist die im Einklang mit dem Grundvertrag von der deutsch-deutschen Grenzkommission dokumentierte und markierte Linie[65] eine neue Staatsgrenze oder die alte von den Besatzungsmächten in Deutschland vorgenommene Abgrenzung ihrer Besatzungsgebiete? Jede konstitutive Neuregelung der deutsch-deutschen Grenze hätte der Festlegung des Grundvertragsurteils über die quasi innerdeutsche Qualität der gemeinsamen Grenze widersprochen[66].

(3) Mit der Anerkennung einer separaten DDR-Staatsbürgerschaft auch im Bereich der Bundesrepublik Deutschland wäre das Schicksal der gesamtdeutschen Staatsangehörigkeit besiegelt gewesen und der vom Bundesverfassungsgericht von der Bundesregierung geforderte Schutz für alle Deutschen völkerrechtlich gegenstandslos geworden.

(4) Die geforderte Auflösung der Erfassungsstelle für SED-Verbrechen in Salzgitter scheiterte am Widerstand der CDU/CSU-regierten Bundesländer[67].

---

[63] Vgl. D. Blumenwitz, Die Errichtung ständiger Vertretungen im Lichte des Staats- und Völkerrechts, Baden-Baden 1975.

[64] Vgl. Urteil B IV 3.

[65] D. Blumenwitz, Zum deutsch-deutschen Grenzprotokoll vom 29. November 1978, siehe „Die Grenzkommission" – Eine Dokumentation über Grundlagen und Tätigkeit, hrsg. vom Bundesministerium für innerdeutsche Beziehungen (1978).

[66] Vgl. D. Blumenwitz, Die territorialen Folgen des Zweiten Weltkrieges, in: Archiv des Völkerrechts, Bd. 23, Heft 1–2 (1985), S. 1ff. (24ff.).

[67] Schon zu Beginn der 80er Jahre forderten westdeutsche Politiker, die Erfassungsstelle für das DDR-Unrecht als „Relikt des Kalten Krieges" aufzulösen. Später stellten dann sämtliche SPD-regierten Länder ihre Beitragszahlungen für Salzgitter ein – drei Monate nach dem letzten Mord an der Mauer auch das rot-grün regierte Berlin (Mai 1989). Die Begründung der Justizminister: In der DDR würden Mordfälle auch ohne Salzgitter verfolgt. (Es handelt sich z. T. um dieselben Justizressorts, die nach der Wende in

Die Erfassungsstelle war Ausdruck des Schutzes der Strafrechtsordnung der Bundesrepublik vor Verbrechen gegen die Menschlichkeit; ihre Dokumente sind heute eine wichtige Informationsquelle bei der Aufarbeitung des DDR-Unrechts.

e) Kampf gegen die Untergrabung des Wiedervereinigungsanspruchs
Bis zum Jahre 1989 sah sich die CSU praktisch tagtäglich zur Auseinandersetzung mit dem gegen die Wiedervereinigung gerichteten „Zeitgeist"[68] herausgefordert. Ich nenne nur wenige Beispiele:
(1) Trotz der im Grundvertragsurteil geforderten kritischen Auseinandersetzung mit der Rechts- und Lebensordnung in der DDR[69] wurden in der Bundesrepublik größtenteils nur Forschungsprojekte mit Bezug auf die DDR öffentlich gefördert, wenn sie den sozialistischen Staat methodisch aus seinem eigenen Selbstverständnis heraus entwickelten[70]. Deshalb traf der Zusammenbruch des SED-Regimes Staat und Gesellschaft in der Bundesrepublik fast gänzlich unvorbereitet.

---

den „40 Jahren SED-Unrecht" eine „Herausforderung für den Rechtsstaat" sehen und fordern, „die Aufräumarbeiten unnachsichtig zu leisten"), vgl. D. Blumenwitz, Kann das, was früher Recht war, heute Unrecht sein?, in: MUT Nr. 297 (1992), S. 24.

[68] Vgl. F. J. Strauß oben bei Anm. 37. Auch im Rechtsstaat gibt es Beispiele, wie Regierung und Parlament den Spruch des Bundesverfassungsgerichts unterlaufen können. Zu Recht beklagte sich Willi Geiger, Berichterstatter des 2. Senats im Streit um den Grundvertrag und Federführender bei der Begründung des Urteils vom 31. Juli 1973, in einem 1989 erschienenen Beitrag („Der Grundlagenvertrag und die Einheit Deutschlands") über die Bundesregierung: „Amtliche Äußerungen der Bundesregierung, insbesondere des Bundeskanzlers vor dem Bundestag, bei Staatsbesuchen und bei feierlichen Ansprachen an die Bürger und Wähler, in denen die mit Bedacht gewählten Formulierungen des Gerichts auftauchen, habe ich seit dem Sommer 1973 ... vergeblich gesucht."; siehe auch D. Blumenwitz, Die Rolle des Grundvertragsurteils für die deutsche Wiedervereinigung, in: K. J. Eibicht (Hrsg.), Hellmut Diwald: Sein Vermächtnis für Deutschland, sein Mut zur Geschichte, S. 346ff., 352ff.

[69] Vgl. Urteil B V 8d.

[70] Als „wissenschaftlich" wurde allein die Methode der „immanenten Deskription", d. h. die Darstellung der Phänomene der DDR aus ihrem eigenen Selbstverständnis heraus und die Messung an ihren eigenen Zielvorstellungen verstanden, vgl. F.-Chr. Schroeder, Unrechts-Altlast des SED-Regimes, in: Politische Studien, Sonderheft 1 (1991), S. 37ff. Zu der Problemlage nach der Wende 1992/93 siehe Beispiel bei Löw, Bis zum Verrat der Freiheit (1993), S. 44.

(2) Trotz der im Grundvertrag verankerten Verpflichtung der DDR zu gutnachbarlichen Beziehungen zur Bundesrepublik[71], trotz der vom Bundesverfassungsgericht verurteilten Praktiken der DDR an ihrer „Staatsgrenze" (Mauer, Stacheldraht, Todesstreifen, Schießbefehl) und trotz der vom Grundvertragsurteil betonten Schutzpflicht der Bundesregierung für alle Deutschen[72], konnte sich die sozialliberale Bundesregierung auf parlamentarische Anfragen hin nicht bereitfinden, die Todesautomaten öffentlich als völkerrechtswidrig zu brandmarken (die blinden Waffen waren ja nicht auf das Staatsgebiet der Bundesrepublik, sondern auf die Bürger der DDR gerichtet!)[73]. Es war F. J. Strauß, der 1980, im Jahre seiner Kanzlerkandidatur, die Zustände rückhaltlos beim Namen nannte.

(3) Im Rahmen der sog. „Nebenaußenpolitik" der SPD wurde die restriktive (verfassungskonforme) Auslegung der Ostverträge durch das Bundesverfassungsgericht konsequent unterlaufen. SPD-regierte Kommunen in der Bundesrepublik schlossen mit Städten und Gemeinden in den Warschauer-Pakt-

---

[71] *Art. 1 des Grundvertrages lautete:*
„Die Bundesrepublik Deutschland und die DDR entwickeln normale gutnachbarliche Beziehungen zueinander auf der Grundlage der Gleichberechtigung."
Dem entsprach auch die Präambel zum deutsch-deutschen Grenzprotokoll vom 29. November 1978:
„... geleitet von dem Wunsch, zum Wohle der Menschen die Entwicklung gutnachbarlicher Beziehungen zwischen beiden Staaten zu fördern."

[72] *Vgl. Urteil B V 8e und B V 5.*

[73] *Auf die schriftliche Frage des CDU-Abgeordneten Schröder (Lüneburg) – „In welcher Weise gedenkt die Bundesregierung die DDR an ihre Pflichten zu erinnern, ... derzufolge Selbstschuß- und Tötungsgeräte, wie sie an der Demarkationslinie der DDR installiert sind, nicht zulässig sind?" – antwortete der Parlamentarische Staatssekretär von Schoeler: „Die Haager Erklärung vom 29. Juli 1899 betreffend das Verbot von Geschossen, die sich leicht im menschlichen Körper ausdehnen und plattdrücken, ist, wie es dort ausdrücklich heißt, ‚für die vertragsschließenden Mächte nur bindend im Falle eines Krieges zwischen zwei oder mehreren von ihnen'. Im übrigen richten sich die Schußapparate ‚SM-70' gerade gegen die Bewohner der DDR selbst", Stenographisches Protokoll des Deutschen Bundestages, 8. Wahlperiode, 178. Sitzung vom 12. Oktober 1979, Drucksache 8/3237 – Frage B 25.*
Die Antwort der Bundesregierung reflektierte die Auffassung der ihr nahestehenden Völkerrechtslehre zum Begriff der „guten Nachbarschaft" und der „Gewalt": Vgl. Zündorf (Pseudonym eines hohen Beamten im Auswärtigen Amt), aaO (Anm. 15), S. 226f.: „... So kann ein despotischer Hausherr durchaus gute Nachbarschaft halten."

Staaten eine Reihe von Städtepartnerschaftsverträgen ab, die gezielt die östliche Vertragsinterpretation akzentuierten[74].
(4) Auch in dem von der Grundwertekommission der SPD und der Akademie für Gesellschaftswissenschaften beim ZK der SED 1987 veröffentlichten gemeinsamen Grundsatzpapier mit dem Titel „Der Streit der Ideologie und die gemeinsame Sicherheit"[75] war nichts von dem Ziel der Wiedervereinigung zu lesen. Vielmehr verwischte man die Unterschiede zwischen SED-Diktatur im Osten und demokratischem System im Westen bewußt, indem man beiden Systemen gleichermaßen den Anspruch zugestand, die „übergreifenden Menschheitsfragen" zu lösen und grundsätzlich „reformfähig" zu sein. Aufschlußreich gerade im Hinblick auf das Wiedervereinigungsgebot des GG ist auch folgender Satz des Papiers: „... Jedenfalls gilt auch hier das Prinzip der souveränen Gleichheit, daß keine Seite praktisch in Anspruch nehmen darf, was sie der anderen nicht zubilligt ...".
(5) Noch am 14. September 1988 sprach Willy Brandt[76] – mit breiter Zustimmung der Medien in der Bundesrepublik Deutschland – auf einer Veranstaltung der Friedrich-Ebert-Stiftung von der Wiedervereinigung als der „Lebenslüge der zweiten Republik". Das Bundesverfassungsgericht hatte demgegenüber judiziert[77]:
„Kein Verfassungsorgan der Bundesrepublik Deutschland darf die Wiederherstellung der staatlichen Einheit als politisches Ziel aufgeben, alle Ver-

---

Auf die Bundesrepublik und die DDR bezogen bedeutet das, daß die ‚normalen gutnachbarschaftlichen Beziehungen' kein Anhaltspunkt dafür sein können, wie die DDR, nach innen gerichtet, mit ihren Bürgern zu verfahren hat. Eiserner Vorhang und Schießbefehl, die in das Bild einer Diktatur – und als solche versteht sich die DDR ja immer noch – passen, schließen die Möglichkeit guter Beziehungen nach außen, zum Nachbarn also, nicht von vornherein aus. J. A. Frowein, in: Archiv des öffentlichen Rechts, Bd. 101 (1976), S. 640, sah in den SM-70-Anlagen keinen Verstoß gegen das Gewaltverbot, weil sie nicht auf das Gebiet der Bundesrepublik Deutschland gerichtet seien und dort keine Auswirkung hätten. Vgl. demgegenüber D. Blumenwitz, Die Grenzsicherungsanlagen der DDR im Lichte des Staats- und Völkerrechts, in: Festschrift für Siegfried Mampel, Köln-Bonn-Berlin-München 1983, S. 93 ff.

[74] *Vgl. z.B. D. Blumenwitz, Die deutsch-polnischen Städtepartnerschaftsabkommen im Lichte des Staats- und Verfassungsrechts, Bonn 1980, S. 27 ff.*
[75] *Text auszugsweise in AdG 31376.*
[76] *Frankfurter Rundschau vom 15. September 1988, S. 8.*
[77] *Vgl. Urteil B III 2.*

fassungsorgane sind verpflichtet, in ihrer Politik auf die Erreichung dieses Zieles hinzuwirken – das schließt die Forderung ein, den Wiedervereinigungsanspruch im Inneren wachzuhalten und nach außen beharrlich zu vertreten – und alles zu unterlassen, was die Wiedervereinigung vereiteln würde ..."

(6) Der SPD-Theoretiker Peter Glotz kanzelte in seiner 1989 erschienenen Streitschrift („Die deutsche Rechte") die verfassungsrechtlich verankerten Begriffe „Wiedervereinigung" und „Einheit der Nation" schlicht als „Nationalismus" ab.

(7) Die gebietsbezogenen Erkenntnisse des Grundvertragsurteils und der Ostvertragsbeschlüsse forderten bei allen kartographischen Darstellungen der Grenzen in Mitteleuropa einen Offenbarungseid. Dieser Konsequenz entzog sich damals die Bundesregierung mit einer neuen Logik: Auch amtliche und halbamtliche Karten stellen Grenzen nicht verbindlich dar (internationale Gerichte und Schiedsgerichte[78] haben demgegenüber derartigen Beweismitteln wiederholt Bedeutung beigemessen!); die Art der Grenzdarstellung könne deshalb „insbesondere im Hinblick auf den beabsichtigten Darstellungszweck unterschiedlich sein." Damit kam es maßgeblich nicht auf die objektive Rechtslage, sondern auf das gemutmaßte „Informationsinteresse des Kartenbenutzers" an[79]. Die Kultusministerien der Länder waren mit der Frage alleingelassen, von welchem subjektiven „Informationsinteresse" sie bei der Genehmigung von Schulatlanten ausgehen konnten[80].

(8) Noch am 3. August 1989 wandte sich die Gewerkschaft Erziehung und Wissenschaft, Landesverband Bayern, an den Bayerischen Landtag und führte Klage gegen eine Publikation der Landeszentrale für politische Bildungsarbeit: die schlichte Darlegung der Rechtsprechung des Bundesverfassungsgerichts zur Rechtslage Deutschlands erschien dem Verband geeignet

---

[78] *Vgl. I. Seidl-Hohenveldern, Landkarten im Völkerrecht, in: Herbert Miehlser, Gedächtnisvorlesungen Nr. 3, Salzburg 1989, S. 1ff.*

[79] *Pressemitteilung des Bundesministers für innerdeutsche Beziehungen 33/73 vom 12. September 1973; die früher verbindlichen Kartenrichtlinien vom 1. Februar 1961 (GMBl. 1961, S. 123) und Bezeichnungsrichtlinien (GMBl. 1965, S. 225) waren bereits 1971 aufgehoben worden (GMBl. 1971, S. 272); eingehend zur gesamten Problematik D. Blumenwitz, Die Darstellung der Grenzen Deutschlands in kartographischen Werken, Bonn 1979.*

[80] *Vgl. Verband deutscher Schulgeographen, Arbeitstagung 5. Februar 1979, Berlin.*

zu sein, „durch eine Wiederbelebung deutsch-nationaler Großmannssucht Unfrieden zu schaffen und die Entwicklung von Rechtsextremismus unter Jugendlichen aktiv zu fördern". Die Aktion erhielt gleicherweise Schützenhilfe von der Frankfurter Rundschau und vom Neuen Deutschland[81].

f) Der „Milliardenkredit" für die DDR
In die über Jahrzehnte mit großer Konsequenz betriebene Deutschlandpolitik der CSU fügen sich schließlich auch die Bemühungen des Bayerischen Ministerpräsidenten im Sommer 1983 um die Anbahnung des viel diskutierten und in den Massenmedien oft mißverstandenen Milliardenkredits an die DDR[82] nahtlos ein: Bei dem Milliardenkredit handelte es sich einerseits um ein rein marktorientiertes Geschäft; die beteiligten Banken vereinbarten den Zinssatz und die Laufzeit; der Kreditnehmer leistete volle Sicherheit durch Forderungsabtretung; es gab keine Zinssubventionen; der Steuerzahler in der Bundesrepublik wurde – anders als bei den sogenannten Polenkrediten – nicht belastet, ebensowenig der deutsche Kapitalmarkt, da der Kredit am Euromarkt abgewickelt wurde; der Bund gab auch keine Bürgschaft. Auf der anderen Seite trugen die Bemühungen von Franz Josef Strauß um das Zustandekommen des Geschäfts in einer schwierigen Phase der deutsch-deutschen Beziehungen nach der sog. „Wende" in Bonn maßgeblich dazu bei, daß der deutsche Dialog auf höchster Ebene wieder in Gang kam und daß sich schließlich Erfolge in der von den Unionsparteien von Anfang an konsequent verfolgten Menschenrechtspolitik einstellten – ohne daß man die innerdeutschen Rechtsstandpunkte des GG aufgab oder auch nur gefährdete.

III. Die Bedeutung des Grundvertragsurteils für die Wiedervereinigung

Mit der politischen Wende im Osten bestanden die Deutschlandpolitik der CSU und das Grundvertragsurteil, das von der SED auf den „Müllhaufen der Geschichte" verwünscht worden war und dem viele Kritiker

---

[81] *Vgl. K. Löw, aaO (Anm. 70), S. 150.*
[82] *Vgl. D. Blumenwitz, Bayerns Beiträge zur Deutschlandpolitik, in: Franz Josef Strauß – Erkenntnisse, Standpunkte, Ausblicke (1985), S. 197 ff. (206 f.).*

im Westen jeden Sinn für die politische Realität absprachen[83], seine Feuerprobe:[84]

1. Erhalt der einen deutschen Staatsangehörigkeit

„Wir sind das Volk!" – „Deutschland, einig Vaterland" – diese Rufe der Bürger in Leipzig, Dresden und Ostberlin hätten im Herbst 1989 in der Bundesrepublik Deutschland nicht aufgenommen werden können, wenn das Konzept der „einen" deutschen Staatsangehörigkeit in den siebziger Jahren aufgegeben worden wäre[85]; dies haben in erster Linie das Grundvertragsurteil und die Teso-Entscheidung des 2. Senats des Bundesverfassungsgerichts verhindert. Die vom Bundesverfassungsgericht authentisch festgeschriebene Schutzpflicht der Bundesrepublik für alle Deutschen hat die „Abstimmung mit den Füßen" und damit den revolutionären Prozeß erst ermöglicht.

2. Erhalt der originär gesamtdeutschen Verantwortung der Bundesregierung

Als sich 1989/90 die Reorganisation der staatlichen Einheit anbahnte, war es die feste Überzeugung der Vier Mächte, die die Verantwortung für Deutschland als Ganzes trugen, daß das gesamte Verfahren nach den Maßstäben des

---

[83] Vgl. z.B. K. Zweigert, Einige rechtsvergleichende und kritische Bemerkungen zur Verfassungsgerichtsbarkeit, in: Bundesverfassungsgericht und Grundgesetz, S. 74: „Einem Verfassungsgericht kann nach meiner Ansicht kaum Schlimmeres widerfahren, als daß es den Sinn für politische Realitäten einbüßt. Dies ist aber hier (gemeint ist das Grundvertragsurteil, Anm. d. Verf.) Ereignis geworden." Zur weiteren Kritik am Urteil vgl. D. Blumenwitz, Fünf Jahre Grundvertragsurteil des Bundesverfassungsgerichts, aaO (Anm. 7), S. 7ff.

[84] Vgl. D. Blumenwitz, a.a.O. (Anm. 68) S. 355ff.

[85] Gefahr war 1973 in Verzug. Bereits kurze Zeit nach der Unterzeichnung des Grundvertrags im Dezember 1972 war Anfang des Jahres 1973 bekannt geworden, daß das Auswärtige Amt mit Runderlaß vom 11. Januar 1973 den Anspruch der Deutschen mit ständigem Wohnsitz in der DDR auf Schutz einschränken wollte. Der Anspruch aller Deutschen auch auf diplomatischen Schutz, wann immer sie in den Schutzbereich der Bundesrepublik Deutschland gelangten, wurde deshalb ausdrücklich in der Normen-

Rechts abzulaufen habe[86]. Die vom Bundesverfassungsgericht herausgearbeiteten Rechtsstrukturen, die vielfach als juristischer Formelkram schon ad acta gelegt worden waren, gewannen politische Bedeutung und verliehen vagen Vorstellungen schärfere Konturen[87]. Unter dem Motto: „der Vorteil, nicht souverän zu sein", war die sozialliberale Koalition geneigt, alle Fragen Gesamtdeutschlands auf die Vier-Mächte-Ebene zu verlagern. Das Bundesverfassungsgericht entließ 1973 die Bundesregierung nicht aus ihrer originär gesamtdeutschen Verantwortung und sah in den Vier-Mächte-Rechten lediglich eine zusätzliche – völkerrechtliche – Klammer neben den fortbestehenden staatsrechtlichen Strukturen[88]. Deshalb konnte die Herstellung der staatlichen Einheit Deutschlands im Jahre 1990 nicht die ausschließliche Aufgabe der hauptverantwortlichen Siegermächte des Zweiten Weltkriegs sein:
– Das 2+4-Verfahren regelte unter Mitwirkung der Vier Mächte und der beiden Teile Deutschlands die äußeren Bedingungen der staatlichen Einigung in einer europäischen Friedensordnung[89]. Für den erfolgreichen Abschluß dieses Verfahrens waren die vom Bundesverfassungsgericht über die Entspan-

---

kontrollklage Bayerns thematisiert. In ihrer Klageerwiderung vom 2. Juni 1973 lehnte die Bundesregierung kategorisch jede Rechtspflicht ab:
„Die Behauptung der Bayerischen Staatsregierung, durch den Grundvertrag würden Schutz- und Fürsorgepflichten gegenüber den Deutschen in der DDR verletzt ..., postuliert aus dem Grundgesetz heraus gegenüber den Deutschen in der DDR Pflichten mit Verfassungsrang. Ob die Bundesrepublik Deutschland die Existenz derartiger Schutz- und Fürsorgepflichten anerkennt, ist eine moralische und politische Frage, aber keine im Grundgesetz verankerte verfassungsrechtliche Verpflichtung", vgl. Stellungnahme des Bundesministers der Justiz vom 2. Juni 1973 (Antragsentgegnung) zum Antrag der Bayer. Staatsregierung vom 22. Mai 1973, Ziff. II 6, Text: Cieslar/ Hampel/Zeitler, aaO (Anm. 45), S. 60 ff. (68).
[86] *Vgl. D. Blumenwitz, Der Vertrag vom 12. 9. 1990 über die abschließende Regelung in bezug auf Deutschland, in: NJW 1990, S. 3041 ff.*
[87] *Vgl. D. Blumenwitz, Europäische Integration und deutsche Wiedervereinigung – Aktuelle Fragen nach dem Zehn-Punkte-Programm und dem Straßburger Gipfel, in: Zeitschrift für Politik 1990, Heft 1, S. 1–20.*
[88] *S.o. Anm. 3.*
[89] *Vgl. D. Blumenwitz, Das vereinigte Deutschland und die europäische Friedensordnung, in: Blumenwitz, v. Mangold (Hrsg.), Neubestätigung und Weiterentwicklung von Menschenrechten und Volksgruppenrechten in Mitteleuropa (Bd. 10 der Staats- und völkerrechtlichen Abhandlungen der Studiengruppe für Politik und Völkerrecht) Köln 1991, S. 17–31.*

nungs- und Normalisierungspolitik der siebziger Jahre hinweggeretteten Verpflichtungen aus Art. 7 Abs. 2 Deutschlandvertrag wichtig. Die drei Westmächte waren durch die Ostverträge der Bundesrepublik weder rechtlich noch politisch von der Zielsetzung entbunden worden, die Wiedervereinigung Deutschlands in Freiheit mitzutragen[90].

– Die inneren Bedingungen der Reorganisation Deutschlands waren ausschließlich Gegenstand des Selbstbestimmungsrechts des deutschen Volkes, repräsentiert durch die demokratisch gewählte Regierung in Bonn und durch die am 18. März 1990 demokratisch konstituierte Regierung in Ostberlin[91]. Die Gunst der Stunde konnte rasch genutzt werden, da das Bundesverfassungsgericht im Grundvertragsurteil einen wichtigen Weg zur Einheit Deutschlands weiterhin offengehalten hatte, nämlich den Beitritt anderer Teile Deutschlands zum Grundgesetz[92]; für die sozialliberale Regierung war die Grundgesetzbestimmung seit dem Beitritt des Saarlandes obsolet. Der Beitritt der DDR bzw. der auf ihrem Gebiet neu gegründeten Länder vermied die Risiken einer staatsrechtlichen Neukonstituierung Deutschlands und führte auf kürzestem Weg direkt zum Ziel: die Erstreckung des Grundrechtsschutzes auf die Bürger der Noch-DDR.

3. Wiedervereinigung auf der Basis einer freiheitlich-demokratischen Verfassung

Art. 7 Deutschlandvertrag kannte nicht nur das Ziel eines wiedervereinigten Deutschlands, „das eine freiheitlich-demokratische Verfassung ähnlich wie die

---

[90] *Zu den britischen und französischen Widerständen gegen eine rasche Wiedervereinigung Deutschlands, s. Blumenwitz, aaO (Anm. 87).*
[91] *Staats- und völkerrechtlich war die Wiedervereinigung weder eine Fusion von Bundesrepublik und DDR zu einem neuen Gesamtstaat, noch eine Inkorporation, über die die beiden Staaten in Deutschland frei verfügten. Die Ereignisse des Jahres 1990 standen unter dem Vorzeichen des Selbstbestimmungsrechts des deutschen Volkes, das an seinem 1867 gegründeten, 1870/71 erweiterten Staat trotz aller Fährnisse festhielt und ihn reorganisierte. Weder die Bundesregierung noch die Regierung auf Zeit der DDR hätten sich dem Wunsch der Bürger der Noch-DDR nach Wiedervereinigung versagen können, siehe D. Blumenwitz, Die staatliche Reorganisation Deutschlands und das Selbstbestimmungsrecht des deutschen Volkes, in: MUT Nr. 275 (1990), S. 10–20.*
[92] *Art. 23 Satz 2 GG a.F.*

Bundesrepublik Deutschland besitzt", sondern sah dessen Integration in die Europäische Gemeinschaft vor. Auch in dieser Richtung traf das Grundvertragsurteil Vorsorge, indem es den sog. gesamtdeutschen Besitzstand im europäischen Gemeinschaftsrecht quasi auf Verfassungsniveau hob[93]. Damit war 1990 vorgezeichnet, daß die DDR bzw. die neuen Länder unmittelbar mit dem Beitritt zur Bundesrepublik Zutritt zur Gemeinschaft erhielten. Noch im Winter 1989/90 war von Frankreich die Assoziierung der Noch-DDR als eigenständiges Rechtssubjekt vorgeschlagen worden[94]. Die Aufnahme der DDR oder eines völkerrechtlich neu konstituierten deutschen Staates in die EG hätte lange Verhandlungen und neue Verträge erfordert[95] und zudem jedem Mitgliedstaat der Gemeinschaft ein Vetorecht eröffnet[96].

Überblickt man die Zeit der Spaltung und der Wiedervereinigung unseres Vaterlandes, so bestätigt sich heute mit größerer Klarheit als noch vor einigen Jahren ein unverwechselbarer Beitrag der CSU zur Deutschlandpolitik: Im Leben der Nation wurden die Fundamente ihrer Staatlichkeit bewahrt und wieder bewußt gemacht[97]. Die CSU verband das verfassungsrechtlich unverzichtbare Einheitswahrungs- und Wiedervereinigungsgebot mit dem Dienst an Frieden und Freiheit in einem vereinten Europa.

---

[93] *Vgl. Urteil sub B IV 3 und V 9a.*
[94] *Vgl. Blumenwitz, aaO (Anm. 87).*
[95] *Vgl. D. Blumenwitz, Staatennachfolge und die Einigung Deutschlands, Teil I (Völkerrechtliche Verträge), Forschungsergebnisse der Studiengruppe für Politik und Völkerrecht, Bd. 10, Berlin 1992, S. 134 ff.*
[96] *Art. 247 Abs. 2 Satz 1 EG-Vertrag.*
[97] *Vgl. D. Blumenwitz, Grundvertrag und Verfassungsklage, in: F. Zimmermann (Hrsg.), Anspruch und Leistung. Widmungen für Franz Josef Strauß (1980), S. 151 ff.*

Die Christlich-Soziale Union und die Außenpolitik

Schwerpunkte – Konzeption – Akzente

Reinhard C. Meier-Walser

1. Einleitung: Zur Entwicklungsphase deutscher Außenpolitik im Spannungsfeld des Ost-West-Konflikts

Deutschland, nach 1871 für mehr als sieben Jahrzehnte die stärkste Macht auf dem Kontinent, durchlief als Folge des Zweiten Weltkrieges einen Wandel vom „mächtigen Subjekt zum ohnmächtigen und geächteten Objekt".[1] Die Relativierung seiner Position in der internationalen Machthierarchie der Staaten nach 1945 offenbarte sich besonders deutlich in der massiven Beeinflussung der Entstehungsgeschichte der Bundesrepublik und der damit verbundenen außenpolitischen Weichenstellungen durch die weltpolitische Nachkriegsordnung. Diese war geprägt durch tiefgreifende machtpolitische Veränderungen, die maßgeblich durch die Entwicklung einer qualitativ neuen Waffengeneration ausgelöst worden waren und zur Ablösung Europas als Zentrum der Weltpolitik führten. „Das nukleare Zeitalter", schrieb der aus Deutschland stammende amerikanische Politologe und Machttheoretiker Hans J. Morgenthau, zu dessen Schülern Henry Kissinger gehört[2], „hat eine neue Epoche eingeleitet, die sich von der vorhergegangenen in eben demselben Maße unterscheidet wie die Neuzeit vom Mittelalter oder das Mittelalter von der Antike."[3]

---

[1] *Christian Hacke: Weltmacht wider Willen. Die Außenpolitik der Bundesrepublik. Stuttgart 1988, S. 13.*

[2] *Henry A. Kissinger: Hans Morgenthau. Ein liebenswürdiger Analytiker der Macht. In: Henry A. Kissinger (Hrsg.): Die weltpolitische Lage. Reden und Aufsätze. München 1983, S. 285–290.*

[3] *Hans J. Morgenthau: Der Friede im nuklearen Zeitalter. In: Gottfried-Karl Kindermann (Hrsg.): Grundelemente der Weltpolitik. Eine Einführung. München 1991, S. 232.*

Als vier Jahre nach Kriegsende die Bundesrepublik Deutschland von den drei westlichen Besatzungsmächten unter dem Besatzungsstatut aus der Taufe gehoben wurde, besaß der neue Staat keine Souveränität und lediglich ein limitiertes und widerrufbares Maß an Handlungsspielraum. Da sowohl de jure als auch de facto die Außenbeziehungen des neuen Staatsgebildes von der Alliierten Kommission, der Nachfolgeorganisation der Militärgouverneure des Besatzungsregimes, kontrolliert wurden, bestand die wichtigste außenpolitische Maxime der jungen Republik darin, „sich das Recht zu einer eigenen Außenpolitik zu erwirken und Souveränität zu erlangen"[4].

Gekennzeichnet war die Periode der Verfolgung dieser Maxime zunächst durch folgende Faktoren: die hegemoniale militärstrategische und wirtschaftliche Machtposition der USA, die Eskalationsphase des Kalten Krieges, die Abhängigkeit der Bundesrepublik von den sich entwickelnden transatlantischen und europäischen Sicherheits- und Wirtschaftsstrukturen sowie die heftigen innenpolitischen Auseinandersetzungen über Ziele und Mittel deutscher Außenpolitik.[5]

Der letztgenannte Problembereich resultierte aus der von Beginn an charakteristischen engen Verzahnung deutscher Innen- und Außenpolitik sowie aus der Unvereinbarkeit der von der obersten außenpolitischen Maxime abgeleiteten Primärziele im Bereich der West- und Ostpolitik: Je offensichtlicher die Schwierigkeiten der Koordinierung einer prowestlichen Sicherheits-, Wiederaufbau- und Europapolitik mit der Förderung der deutschen Einheit wurden, desto mehr gewann die Kontroverse um die außenpolitischen Leitlinien der Bundesrepublik an Schärfe. Während die SPD die Westbindungspolitik mit dem Hinweis auf die negativen Konsequenzen der damit verbundenen Wiederaufrüstung für die deutsche Einheit ablehnte, steuerte Bundeskanzler Konrad Adenauer mit der vollen Unterstützung der CSU einen konsequenten Kurs der Einbettung der Bundesrepublik in eine integrierte westeuropäische Gemeinschaft, um die Wiedervereinigung aus gestärkter Position zu akzeptablen Bedingungen erreichen zu können.[6] Adenauer wollte keine

---

[4] *Wolfram F. Hanrieder: Fragmente der Macht. Die Außenpolitik der Bundesrepublik. München 1981, S. 21.*

[5] *Vgl. ebd., S. 20.*

[6] *Adenauers zeitliche Prioritäten-Entscheidung zugunsten der Westintegration wurde von der Opposition als Absage an die Wiedervereinigung gegeißelt. Die innenpolitische Diskussion um den außenpolitischen Kurs verlor selbst nach 1955 nicht an Schärfe,*

Wiederaufrüstung per se, sie diente ihm lediglich als Mittel zu dem Zweck, „eine politische Ordnung für Europa zu schaffen, die Richtung und Struktur der deutschen Gesellschaft unwiderruflich an die politischen und kulturellen Kräfte Westeuropas binden würde"[7]. Dies galt es, durch eine grundlegende Aussöhnung mit Frankreich und die protokollarische Aufwertung der Bundesrepublik zum gleichberechtigten Partner der Westmächte zu erreichen. Das Potential des vereinten Westeuropa sollte später über die transatlantische Allianzstruktur mit der Macht der Vereinigten Staaten gekoppelt werden.[8]

2. Grundlagen und Genese eines christlich-sozialen Konzeptes deutscher Außenpolitik

Obwohl die CSU sich von Beginn an der europäischen Ordnungsgestaltung verpflichtet fühlte[9], finden sich während der ersten Dekade nach Gründung der Bundesrepublik mit Ausnahme der Bemühungen von Franz Josef Strauß

---

als die Bundesrepublik der NATO beitrat und die Westmächte sich zur Unterstützung der deutschen Einheit verpflichtet hatten.
Adenauers, auf langfristiger Kalkulation basierende Wiedervereinigungspolitik, stützte sich „auf zwei zentrale Prämissen: erstens, daß Washington und Moskau den Schlüssel zur deutschen Frage besaßen und daß das bestehende Machtgleichgewicht zwischen Ost und West die Zustimmung beider Lager zur deutschen Einheit voraussetzte; und zweitens, daß sich im Laufe der Zeit das Kräfteverhältnis zwischen den beiden Blöcken im Kalten Krieg zugunsten des Westens verschieben würde, wodurch Verhandlungen aus einer Position der Stärke möglich würden, in denen die Sowjetunion veranlaßt werden könnte, die deutsche Frage in einer Weise zu lösen, die für den Westen annehmbar wäre." (Wolfram F. Hanrieder. Deutschland, Europa, Amerika. Die Außenpolitik der Bundesrepublik. Stuttgart 1988, S. 10). Vgl. zu Adenauers außenpolitischer Konzeption als Quelle: Konrad Adenauer: Erinnerungen. 4 Bde. Stuttgart 1965–1968, passim. Zur Würdigung der Politik der außenpolitischen Weichenstellungen Konrad Adenauers durch die CSU vgl. die Festrede von Franz Josef Strauß vor dem Deutschen Bundestag am 5. 1. 1976 anläßlich des 100. Geburtstages Adenauers. Abgedruckt in: Franz Josef Strauß. Bundestagsreden und Zeitdokumente 1974–1979. Bonn 1979, S. 67–82.

[7] *Hanrieder, Fragmente der Macht, S. 34 f.*
[8] *Vgl. ebd., S. 35.*
[9] *Vgl. Grundsatzprogramm der CSU von 1946, S. 13 f.; Dreißig Punkte der Union von 1946, S. 15 f.*

um eine Aussöhnung Deutschlands mit Israel[10] und Fritz Schäffers Vermittlungsversuchen zwischen West und Ost[11] nur wenige Quellen außenpolitischer Eigenprofilierung. Dies erklärt sich zum einen, wie der Würzburger CSU-Politiker Walter Berberich in einer Denkschrift anläßlich des 10jährigen Bestehens seiner Partei im Jahr 1955 dokumentierte, aus der vollen Unterstützung des „gradlinigen, unbeirrbaren Weges des Bundeskanzlers, der uns das Vertrauen der Welt und die deutsche Souveränität einbrachte"[12], zum anderen aufgrund der Priorität landespolitischer Aufgaben unter den Vorsitzenden Josef Müller (1945-1949), Hans Ehard (1949-1955) und Hanns Seidel (1955-1961).

Die Entwicklung eines charakteristischen außenpolitischen Profils der CSU begann sich erst ab Anfang der 60er Jahre abzuzeichnen.

---

[10] *Vgl. dazu Shimon Peres: Franz Josef Strauß und der Nahe Osten. In: Franz Josef Strauß. Erkenntnisse – Standpunkte – Ausblicke. Hrsg. von Karl Carstens, Alfons Goppel, Henry Kissinger und Golo Mann. München 1985, S. 535–538. Franz Josef Strauß: Die Erinnerungen. Berlin 1989, S. 335–351. Das Bemühen um eine Aussöhnung mit Israel spiegelte sich bei Strauß u.a. ab 1959 in einem Schriftwechsel mit Peres und dem Leiter der Israel-Mission in Deutschland, Felix Elieser Shinnar (ACSP, NL Strauß, Büro BMVg 63 und 725) und in der Förderung einer Neuauflage des Buches „Kriegsbriefe gefallener deutscher Juden" von 1961 wider, das er in seiner Funktion als Verteidigungsminister mit einem Geleitwort versah.*

[11] *Vgl. zu Schäffers Initiativen während der Jahre 1955/56: Christoph Henzler: Fritz Schäffer. Der erste Bayerische Nachkriegs-Ministerpräsident und erste Finanzminister der Bundesrepublik Deutschland, 1945–1967. Eine biographische Studie. Hanns-Seidel-Stiftung München. Archiv für Christlich-Soziale Politik. München 1994, S. 535–544.*

[12] *Walter Berberich: 10 Jahre Christlich-Soziale Union in Bayern. Hrsg. vom Generalsekretariat der CSU. München 1955, S. 34 (ACSP, DS 2/12). Charakteristische außenpolitische Äußerungen der CSU während der Frühphase der Bundesrepublik finden sich u.a. bei Franz Josef Strauß: Rede vor dem Deutschen Bundestag am 7.2.1952, 1. LLP, 190. Stzg (Deutschlands Verteidigungsbeitrag). In: Franz Josef Strauß. Bundestagsreden. Bonn 1969, S. 14–40; Franz Josef Strauß: Rede vor dem Deutschen Bundestag am 20.3.1958, 3. LLP, 18. Stzg (Deutschland in der NATO). In: Ebd., S. 146–186; Franz Josef Strauß: Bayern – Deutschland – Europa. Rechenschaftsbericht der CSU-Landesgruppe im Deutschen Bundestag vom 13.6.1953 (ACSP, DS 11/7); Richard Jaeger: Rede vor dem Deutschen Bundestag am 16.12.1954, 2. LLP, 62. Stzg (Pariser Verträge). In: Richard Jaeger. Bundestagsreden. Bonn 1969, S. 77–92; Franz Josef Strauß: Rede vor dem Landesparteitag der CSU, 19.6.1959 (ACSP, NL Strauß, RPT 59/1).*

Mit der Wahl von Franz Josef Strauß zum Landesvorsitzenden im März 1961 wich in den Reihen der Parteiführung der Primat der Landespolitik einer stärkeren Beachtung bundespolitischer Angelegenheiten.[13] Der neue Parteichef ging davon aus, daß Deutschlands vitale Interessen „maßgeblich außenpolitischer Natur sind – wie wir überhaupt aus historischer Sicht unser Land als ein Land der Außenpolitik erkennen müssen, was nicht zuletzt auf seine allseits offenen Grenzen zurückzuführen ist, von denen sich keine selbst verteidigt. Unser Denken muß daher in erster Linie außenpolitisch bestimmt sein"[14].

In den folgenden Jahren gewannen konzeptionelle Überlegungen zur deutschen Außenpolitik kontinuierlich an Bedeutung. Hatte die CSU im Gegensatz zur CDU die Außenpolitik in ihren programmatischen Aussagen bis Ende der 50er Jahre jeweils nur am Rande erwähnt, so wurde der außen-, europa- und sicherheitspolitischen Agenda im Grundsatzprogramm von 1968 und danach breiter Raum gewidmet, um den gestiegenen Stellenwert der Gestaltung der europäischen Zukunft zu unterstreichen.[15]

Geprägt wurde das außenpolitische Profil der CSU ab Anfang der 60er Jahre durch mehrere Persönlichkeiten, darunter Freiherr Karl Theodor von und zu Guttenberg, Richard Jaeger, Richard Stücklen, Friedrich Zimmermann, Franz Heubl und Walter Becher. Die dominierende Rolle spielte jedoch zweifellos Franz Josef Strauß, dessen Grundsatzreferate vor den Landesversammlungen die Entwicklung der außenpolitischen Maximen der CSU widerspiegelten. Abgesehen von Nuancen in der Deutschlandpolitik[16] waren innerhalb der Partei „keine gewichtigen originellen Ergänzungen oder abweichende Vorstellungen von der von Strauß formulierten Linie festzuhalten"[17].

---

[13] Vgl. Erich Eisner: Das europäische Konzept der CSU. Die gesamteuropäischen Ordnungsvorstellungen der Christlich-Sozialen Union. Diss. München 1975, S. 63 f.

[14] Franz Josef Strauß: Herausforderung und Antwort. Ein Programm für Europa. Stuttgart 1968, S. 222. Zum politischen Credo von Strauß siehe jüngst: Wilfried Scharnagl: Erinnerung, Dank, Verpflichtung. Zum 80. Geburtstag von Franz Josef Strauß. In: „Bayernkurier", 9. 9. 1995.

[15] Vgl. die Grundsatzprogramme der CSU von 1946, 1957, 1968 sowie die „Dreißig Punkte der Union" von 1946.

[16] Zur Deutschlandpolitik der CSU vgl. Beitrag Blumenwitz in diesem Band.

[17] Detlef Bischoff: Franz Josef Strauß, die CSU und die Außenpolitik. Konzeption und Realität am Beispiel der Großen Koalition. Meisenheim a.G. 1973, S. 25. Vgl. dazu auch Eisner, a.a.O., S. 69–84.

Zur Konkretisierung der außenpolitischen Leitvorstellungen der CSU und zu ihrer Verdichtung zu einem außenpolitischen Konzept mit sicherheits-, europa-, ost- und deutschlandpolitischen Zielvorstellungen und Strategien, trug maßgeblich die Darstellung, Interpretation und Kommentierung im Parteiorgan „Bayernkurier" bei.

Der zweite Grund für die systematische Erarbeitung eines eigenständigen außenpolitischen Konzepts durch führende CSU-Politiker hing damit zusammen, daß seit Beginn der 60er Jahre die Kontinuität des außenpolitischen Kurses Konrad Adenauers nicht mehr garantiert war. Adenauers Hauptziel, die Bundesrepublik in eine integrierte westeuropäische Gemeinschaft einzugliedern, war durch die seit Ende der 50er Jahre wachsenden Konflikte zwischen den anglo-amerikanischen Mächten und Frankreich, das deren Einfluß auf dem Kontinent zu schwächen versuchte, erheblich erschwert worden. Das Dilemma bestand darin, daß dadurch, im Gegensatz zum ersten Nachkriegsjahrzehnt, als die gegenseitige Ergänzung von Bonns atlantischer Politik und seiner Europapolitik den Eckpfeiler des außenpolitischen Programms der Regierung Adenauer gebildet hatte, „die Sicherheitspolitik der Bundesrepublik nicht mehr mit ihrer Europapolitik in Einklang gebracht werden konnte"[18]. Die deutsche Politik sah sich plötzlich mit dem Problem konfrontiert, zwischen Washington, dem existentiell bedeutsamen Partner in der Sicherheitspolitik, und Paris, dem wichtigsten Partner in der Europapolitik, wählen zu müssen, was dazu führte, daß „die schon lange unterschwellig vorhandenen Unterschiede in den Zielvorstellungen innerhalb der Regierungskoalition und in der CDU"[19] deutlich zutage traten.

Nachdem die vormalige Stabilität des westlichen Bündnisses die Voraussetzungen für die innenpolitische Unterstützung des außenpolitischen Programms Adenauers geschaffen hatte, schwächten die unüberbrückbaren Antagonismen zwischen Amerika und Frankreich letzten Endes auch innenpolitisch den Rückhalt des Kanzlers in außenpolitischen Fragen, „und das sogar in seiner eigenen Partei"[20].

In dieser Situation der zunehmenden Polarisierung unterschiedlicher außenpolitischer Konzeptionen war die CSU herausgefordert, als, wie sie später be-

---

[18] Hanrieder: *Fragmente der Macht*, S. 43.
[19] Ebd., S. 60.
[20] Ebd., S. 61.

kannte, „feste Stütze der Politik Konrad Adenauers"[21] ihre außenpolitischen Leitlinien zu präzisieren und verstärkt in die politische Diskussion einzubringen.

3. Langfristige Ziele, Leitlinien und Akzente

Sicherheit Deutschlands als oberste Maxime

Die Klärung der Frage der Sicherheit Deutschlands im Geflecht der internationalen Beziehungen hielt die CSU für die „unersetzliche Voraussetzung für alle weiteren Ziele der deutschen Außenpolitik"[22]. Konsequenterweise setzte sie die Sicherheitspolitik an die erste Stelle ihres außenpolitischen Prioritätenkataloges.[23] Das Streben nach „Sicherheit" wurde dabei nicht als abstrakte Norm verstanden, der im nationalen Alleingang zu entsprechen sei, sondern als konkrete Handlungsorientierung im Rahmen einer das atlantische Bündnis und die europäische Einigung gleichermaßen einzubindenden Strategie.

Wie schon angedeutet, setzte bereits während der letzten Amtsjahre Konrad Adenauers eine Polarisierung der Positionen in der Frage der Koordinierung von sicherheits- und europapolitischen Interessen ein, die im Laufe der Regierung Erhard auch innerhalb der politischen Lager stattfand, „sozusagen quer durch sie hindurch"[24]. Hinter der mit zunehmender Schärfe geführten Diskussion zwischen „Atlantikern" und „Gaullisten" verbarg sich ein grundlegender Dissens hinsichtlich der Optionen Deutschlands zur Gewährleistung seiner und Europas Sicherheit. Die Wortführer der „Atlantiker" der Union, Ludwig Erhard, Gerhard Schröder und Kai-Uwe von Hassel, argumentierten,

---

[21] *Deutschland in der Welt. Außenpolitik und Deutschlands Sicherheit. Denkschrift, hrsg. vom Arbeitskreis Deutschland- und Außenpolitik der CSU. o.O. o.J. [1965], S. 34 (ACSP, DS 9/34).*

[22] *Ebd., S. 4.*

[23] *Im einzelnen wurden folgende Ziele aufgeführt: 1. Die Sicherheit der Bundesrepublik und des Friedens in Europa. 2. Die nationale Einheit in Freiheit. 3. Ein vereintes Europa als Friedensfaktor in der Welt. 4. Die europäische Wiedervereinigung. 5. Die internationale Zusammenarbeit zur Förderung des Friedens und des allgemeinen Wohlstands. 6. Die Wiederherstellung des deutschen Ranges, Einflusses und Ansehens in der Welt." (Ebd., S. 3 f.).*

[24] *Hanrieder, a.a.O., S. 61.*

daß das Verantwortungsbewußtsein der USA gegenüber den Europäern geringer werde, falls diese selbst nach größerer militärischer Verteidigungsfähigkeit und Selbständigkeit strebten.

Demgegenüber forderten die Verfechter einer die europäisch-französische Dimension stärker berücksichtigenden Variante, unter ihnen Konrad Adenauer, Franz Josef Strauß, Baron Guttenberg und Eugen Gerstenmaier, gezielte Anstrengungen auf seiten der Kontinentaleuropäer zur Aufrechterhaltung der eigenen Sicherheit. Strauß geißelte es später „als ein Zeichen europäischer, insbesondere aber deutscher Dekadenz..., daß man auf unserer Seite immer der Neigung nachgegangen ist..., sich hinter dem militärischen Schutzmantel der Amerikaner zu verstecken"[25]. In einer derartigen Haltung sah er einen „eklatanten Widerspruch zur geschichtlichen Verantwortung Europas, zu der Zahl seiner Menschen und zu seiner wirtschaftlichen Leistungskraft"[26]. Obwohl für Strauß ebenso wie für alle anderen führenden Außenpolitiker der CSU die Bedeutung der Vereinigten Staaten für die Verteidigung Europas im Rahmen des Bündnisses „immer außer Zweifel"[27] stand, setzte er sich für die von Charles de Gaulle und Konrad Adenauer angestrebte deutsch-französische Union ein. Dadurch kam es zwischen ihm und Außenminister Schröder, der, so Strauß in seinen Memoiren, „einer möglichen Achse Bonn – Paris mit Mißtrauen gegenüberstand, zu anhaltenden Spannungen und Auseinandersetzungen"[28].

Die Skepsis der außenpolitischen Strategen der CSU gegenüber einer exklusiven Sicherheitspartnerschaft Deutschlands mit Amerika beruhte auf folgenden Überlegungen:
a) Die Fixierung Bonns auf Washington führe zu einer allmählichen Isolierung Frankreichs. Dies widerspreche den Intentionen der eigenen Europapolitik, verschärfe die Krise in der westlichen Allianz und ende letztlich in der Isolierung Deutschlands.[29]

---

[25] *Franz Josef Strauß*, Erinnerungen. S. 421.
[26] *Ebd., S. 421. Vgl.* Hans-Jürgen Grabbe: Unionsparteien, Sozialdemokratie und die Vereinigten Staaten von Amerika, 1945–1966. Düsseldorf 1983, S. 476–479.
[27] *Strauß, Erinnerungen, S. 421.*
[28] *Ebd., S. 421. Zur Kritik von Strauß an den „Atlantikern" siehe Franz Josef Strauß: Entwurf für Europa. Stuttgart 1966, S. 127–136.*
[29] *Vgl. Strauß, Entwurf für Europa, S. 39.*

b) Mit der Amtsübernahme John F. Kennedys, der Erstarkung der Sowjetunion als Atommacht, dem Abbröckeln der wirtschaftlichen Vormachtstellung der USA und der Verlagerung des Hauptaugenmerks amerikanischer Außenpolitik nach Asien wurde die Erwartung verknüpft, daß in Washington der Stellenwert europäischer Sicherheitsverpflichtungen allmählich relativiert werde.[30] Guttenberg etwa bezog sich explizit auf die Ausführungen Präsident Kennedys, der in seiner Rede in der Frankfurter Paulskirche im Juni 1963 ein einiges und starkes Europa gefordert hatte.[31]

c) Aufgrund der teilweise verwirrenden inneramerikanischen Diskussion um die strategische Doktrin wuchsen Zweifel sowohl an der konsequenten Aufrechterhaltung der amerikanischen Abschreckung eines sowjetischen Vorstoßes nach Westeuropa als auch an der Entschlossenheit der USA, im Falle eines Scheiterns der Abschreckung ihre westeuropäischen Verbündeten mit den auf dem europäischen Kontinent stationierten taktischen Nuklearwaffen zu verteidigen.[32]

Ergänzt wurden die Zweifel auch durch die Vorbereitungen eines amerikanisch-sowjetischen Atomwaffen-Sperrvertrages, mit dessen Unterzeichnung die CSU die Zementierung und weitgehende Legalisierung der Trennungslinie von Jalta sowie die Zunichtemachung der entscheidenden Voraussetzungen zur Schaffung einer europäischen Verteidigungsstreitmacht assoziierte.[33]

d) Die CSU würdigte einerseits die vielfältigen Leistungen der NATO, unter deren Schutzschirm Europa Kräfte hatte sammeln können, sie lehnte andererseits jedoch die Fortschreibung der Exklusivität des Nordatlantischen Bündnisses als Verteidigungsinstanz Europas ab, zumal mit dem

---

[30] *Vgl. Strauß, Erinnerungen, S. 421; ferner Franz Josef Strauß: Herausforderung und Antwort. Ein Programm für Europa. Stuttgart 1968, S. 116.*

[31] *Freiherr zu Guttenberg: Wenn der Westen will. Plädoyer für eine mutige Politik. Stuttgart 1965, S. 108.*

[32] *Vgl. Strauß, Entwurf für Europa; Strauß, Herausforderung und Antwort, S. 64–72, 196f. Henry Kissinger räumte in seinen Memoiren später ein, daß derartige Befürchtungen einer Teilbarkeit der Sicherheit „durchaus berechtigt" waren. (Henry A. Kissinger: Memoiren 1968–1973. München 1979, S. 94).*

[33] *Vgl. Strauß, Entwurf für Europa, S. 95, 128. Zweifellos eine wichtige Rolle spielte in diesem Zusammenhang, daß Strauß im Laufe der Doppelkrise von 1956 (Suez, Ungarn) als damaliger Verteidigungsminister erkennen mußte, daß innerhalb des außenpolitischen Entscheidungssystems der USA erhebliche Kommunikationsmängel auftraten*

Ende des amerikanischen Nuklearmonopols sich „die Interessen der europäischen NATO-Länder nicht mehr völlig mit denen ihrer amerikanischen Partner"[34] deckten. Die Vereinigten Staaten, so argwöhnte Strauß im Jahr 1966, konzentrierten sich angesichts der Tatsache, daß sie zum ersten Mal in ihrer Geschichte mit der technischen Möglichkeit der Zerstörung ihres eigenen Staatsgebietes konfrontiert seien, zunehmend darauf, mit der Sowjetunion eine Übereinkunft auf der Grundlage des Status quo in Europa zu erreichen.[35]

Aufgrund dieser insgesamt skeptischen Bewertung forderte die CSU anstelle einer einseitigen Ausrichtung an Amerika eine das Verteidigungskonzept der NATO ergänzende, eigene europäische Rüstungs-, Wirtschafts- und Verteidigungspolitik, die aus drei Gründen für unerläßlich gehalten wurde: „1. um den Bestand und die Weiterentwicklung der freien Gesellschaft zu sichern; 2. um die Vereinigten Staaten bei ihren weltweiten Verpflichtungen zu unterstützen und sie auf ihrer Ostflanke zu entlasten, und 3. um den europäischen Völkern einen zivilisatorischen Rückfall auf einen Status des technischen Unterentwickeltseins zu ersparen"[36].

Anhand dieser Argumentation wird ersichtlich, daß die CSU auf die Verbindung des atlantischen und des europäischen Verteidigungskonzeptes setzte, und daß der in der Etikettierung „Gaullisten" implizierte Gegensatz der CSU zu den Vereinigten Staaten nicht real existierte.

Ebenso gibt es keinerlei Beweise für national-nukleare Ambitionen von Franz Josef Strauß.[37] Im Gegenteil: Strauß ging davon aus, daß weder eine

---

und anfänglich völlig offen war, ob die Vereinigten Staaten auf die Drohung der Sowjetunion, Paris und London atomar zu zerstören, „mit einer massiven Vergeltungsdrohung antworten würden oder nicht" (Strauß, Herausforderung und Antwort, S. 195). Zur Kritik der CSU am Atomwaffen-Sperrvertrag vgl. die Rede Richard Stücklens vor dem Deutschen Bundestag am 26.9.1969, 5. LLP, 186. Stzg (Außenpolitische Lage), in der Stücklen den Vertrag als sowjetisches „Werkzeug zur Unterbindung der europäischen Einigungsbewegungen" bezeichnete. Zitiert nach: Richard Stücklen. Bundestagsreden und Zeitdokumente. Bonn 1979, S. 95–102, zitiert S. 101.

[34] *Strauß, Entwurf für Europa, S. 96. Vgl. auch Guttenberg, Wenn der Westen will, S. 101f.*
[35] *Vgl. Strauß, Entwurf für Europa, S. 96. Derselbe Gedanke findet sich auch in Strauß, Herausforderung und Antwort, S. 116f.*
[36] *Strauß, Entwurf für Europa, S. 101.*
[37] *Vgl. Beitrag Krieger in diesem Band.*

unter amerikanischer Kontrolle stehende atlantische multilaterale Atomstreitmacht (MLF) noch die modifizierte Form einer atlantischen Atomstreitmacht (ANF) oder eine rein nationale Politik zur Verteidigung Europas geeignet seien. Stattdessen forderte er ein militärisch eigenständiges Europa mit einem taktischen und strategischen Atomwaffen-Arsenal „unter Kontrolle und Verfügungsgewalt einer europäischen Regierung, d.h. der politisch verantwortlichen Instanz eines geeinten Europa... Also keine MLF oder ANF, sondern eine europäische Atomstreitmacht, koordiniert mit den Vereinigten Staaten in einer gemeinsamen nuklearen Strategie"[38]. „Ausdrücklich" betonte Strauß in diesem Zusammenhang, „daß Deutschland in einem solchen europäischen System keinerlei nationale Kontrolle über Atomwaffen ausüben möchte"[39].

Die Gestaltung der europäischen Ordnung

Es wurde bereits darauf hingewiesen, daß das außenpolitische Konzept der CSU sich als ein Katalog eng miteinander verwobener, sicherheits-, europa-, ost- und deutschlandpolitischer Prioritäten, Interessen und Strategien präsentierte. Untrennbar mit den elementaren Fragen der deutschen Sicherheit und Einheit war insbesondere die Europapolitik verbunden, „weil ihr Erfolg oder Mißerfolg letztlich unser Schicksal – sowohl in bezug auf unsere Sicherheit als auch in bezug auf unser nationales Problem – entscheidet."[40]

---

[38] *Strauß, Entwurf für Europa, S. 106, 113. Vgl. auch Guttenberg, Wenn der Westen will, S. 129–131.*

[39] *Ebd., S. 112. Vgl. auch Thomas Enders: Franz Josef Strauß, Helmut Schmidt und die Doktrin der Abschreckung. Koblenz 1984. Adelbert Weinstein schrieb im Geleitwort, S. 8, Strauß habe frühzeitig erkannt, daß Atomwaffen politische Waffen sind und nicht zur Kriegführung gedacht: „So wenig ein Historiker, der sich wissenschaftlich mit dem Wesen der Diktatur auseinandersetzt, ein Lob der Tyrannei im Sinne hat, so wenig hat der strategische Denker Strauß jemals die Neigung gehabt, Atomwaffen als Mittel der Kriegführung in die Bundeswehr einzuführen."*

[40] *Strauß, Herausforderung und Antwort, S. 223. Vgl. auch den Vortrag Richard Jaegers auf der 5. Internationalen Bodenseetagung Christlicher Politiker in Vaduz am 17.6.1962. Abgedruckt in: Richard Jaeger. Bundestagsreden und Zeitdokumente. Bonn 1976, S. 206–219; ferner die Rede Baron Guttenbergs auf der Landesversammlung der CSU 1964 in München. Abgedruckt in: Materialien zur Politik der CSU 1964–1970, Bd. 1: Außenpolitik. Hrsg. von der CSU. München o.J., S. 3–14.*

Im einzelnen reflektierte das Europakonzept der CSU folgende Analysen:
a) Angesichts der machtpolitischen Dominanz nuklear bewaffneter Supermächte sei eine echte weltpolitische Gestaltungsmöglichkeit Deutschlands und der anderen westeuropäischen Staaten im Zeitalter der Bipolarität nicht mehr gegeben. „Nur ein vereintes Europa wird die Weltgeltung der europäischen Völker für die Zukunft wiederherstellen, erhalten und ausbauen."[41] Ohne das Kräftepotential und die Dynamik eines gemeinsamen Interessenverbundes würde Europa als schöpferische Kraft der Weltgeschichte ausscheiden, die westeuropäischen Nationalstaaten wären lediglich in der Lage, ihre Daseinsgestaltung als Anhängsel der amerikanischen Industriegesellschaft zu fristen, und schließlich bestünde die Gefahr, daß der westliche Teil des europäischen Kontinentes sich „zum Vorfeld der Einflußsphäre der eurasischen Sowjetunion"[42] entwickle.
b) Die Beseitigung des „Eisernen Vorhanges" sei die notwendige Voraussetzung für die Schaffung einer stabilen europäischen Friedensordnung. Dieses Ziel könne nur im Rahmen einer gemeinschaftlichen Aktion der westeuropäischen Staaten mit Aussicht auf Realisierung verfolgt werden.[43]
c) Von einem geeinten Westeuropa ginge eine starke verhaltenssteuernde Kraft aus: Während die sowjetischen Satellitenstaaten im Osten des Kontinentes magnetisch angezogen würden, könne die UdSSR selbst eher zu einem friedlichen Ausgleich mit Westeuropa auf gesamteuropäischer Basis bewegt werden.[44]
d) Deutschland sei in besonderem Maße zur konstruktiven Gestaltung des europäischen Einigungsprozesses verpflichtet, erstens, weil es dadurch seine gewaltigen Energien nutzbringend einsetze und zweitens, weil es damit zur „Europäisierung der deutschen Frage" beitrage, welche nicht auf rein nationaler Grundlage gelöst werden könne.[45]

---

[41] *Grundsatzprogramm der CSU von 1968*, S. 6.
[42] *Strauß, Entwurf für Europa*, S. 10. Auch *Guttenberg, Wenn der Westen will*, S. 106, brachte das Anliegen der CSU, Europa als „Dritte Kraft" zu etablieren, deutlich zum Ausdruck: „Ich plädiere daher für eine Politik, die das Entstehen eines dritten Machtzentrums Westeuropa entschlossen fördern will."
[43] Vgl. *Strauß, Entwurf für Europa*, S. 11.
[44] Vgl. ebd., S. 7f., 47.
[45] Vgl. ebd., S. 13–15; *Strauß, Herausforderung und Antwort*, S. 163.

Die CSU sah in der Spaltung der deutschen Nation und der Teilung Europas „keine voneinander zu trennenden Probleme"[46]. Sie konstatierte deshalb, „daß ein politisch geeintes Westeuropa in einer neugestalteten atlantischen Verbindung die Vorbedingung für eine Wiedervereinigung"[47] darstellt. In diesem Zusammenhang wurde die mit den Römischen Verträgen von 1957 geschaffene Wirtschaftsunion zwar als günstige Voraussetzung, nicht jedoch als Garantie für die Entstehung einer politischen Union gewertet. Strauß hielt es nicht nur für verfehlt, die politische Gemeinschaft des „Europa der Sechs" auf wirtschaftlicher Grundlage erzwingen zu wollen, sondern er erteilte auch Überlegungen, die die kausale Verknüpfung der Brüsseler Kommission mit der Genese einer ersten europäischen Regierung reflektierten, eine strikte Absage. Supranationale Institutionen, die zu wirtschaftspolitischen Zwecken geschaffen wurden, so lautete seine Argumentation, seien nicht geeignet, die politischen Bereiche des europäischen Zusammenschlusses gestaltend zu beeinflussen. Dies ließe sich lediglich mittels der Übereinstimmung zwischen den Regierungen der europäischen Staaten bewerkstelligen.[48]

Die Grundlage einer derartigen europäischen Übereinstimmung wurde in der Kooperation zwischen Deutschland und Frankreich gesehen: „Eines ist sicher: ein europäischer Zusammenschluß kann nicht ohne deutsch-französische Einigung zustande kommen. Kein Einvernehmen zwischen London und Bonn, zwischen London und Rom, Bonn und Rom oder Bonn und Madrid kann die Einigkeit zwischen Paris und Bonn ersetzen."[49] Strauß, der die „Atlantiker" in den Reihen der CDU ausdrücklich vor einem „Zurückweichen" gegenüber Paris warnte, forderte eine „europäische Vorwärtspolitik"[50], an deren Anfang der Schulterschluß Deutschlands mit de Gaulle (Strauß: „Mischung von Jeanne d'Arc und einem politischen Kosmonauten"[51]) zu stehen habe.

---

[46] *Strauß, Entwurf für Europa, S. 162.*
[47] *Ebd., S. 162.*
[48] *Vgl. ebd., S. 20–23.*
[49] *Ebd., S. 131. Vgl. auch Franz Josef Strauß: Grundfragen Europas. In: Ludwig Huber (Hrsg.): Bayern – Deutschland – Europa. Festschrift für Alfons Goppel. Passau 1975, S. 109 f.*
[50] *Damit war gemeint, „den Wettlauf gegen die Zeit aufnehmen, indem wir unsere Lebensbedingungen den Gesetzen und Maßstäben der modernen Technik anpassen und auf dieser Grundlage auch auf die Wiederherstellung der historischen Einheit Europas hinarbeiten" (Strauß, Entwurf für Europa, S. 135).*
[51] *Ebd., S. 136.*

Die herausragende Rolle der deutsch-französischen Beziehungen im europa- und im außenpolitischen Gesamtkonzept der CSU wird durch die Berücksichtigung der größeren weltpolitischen Rahmenbedingungen ersichtlich: In den Äußerungen führender außenpolitischer Denker der CSU spiegelte sich die einhellige Meinung wider, daß die Sowjetunion aufgrund einer Reihe von Rückschlägen und Schwierigkeiten in der internationalen Politik während der 50er Jahre (darunter der Aufstieg der Volksrepublik China und die Integration der Bundesrepublik ins westliche Bündnis) ihre Strategie geändert habe und der Konsolidierung der kommunistischen Regimes in ihrem westlichen „Cordon Sanitaire" (Strauß: „Cordon Stalinaire"[52]) gegenüber einer weiteren Expansion vorläufig den Vorzug gebe. Man befürchtete, daß Moskau eine endgültige Anerkennung der Kriegs- und Nachkriegsrealitäten anstrebte, die eine Perpetuierung des Status quo zur Folge haben und damit die Teilung Europas und Deutschlands endgültig besiegeln würde. Gleichzeitig hielt die CSU es nicht für ausgeschlossen, daß die Vereinigten Staaten dem Drängen Moskaus erliegen und mit der Sowjetunion zu „irgendeiner stillschweigenden Übereinkunft"[53] bezüglich der Konsolidierung der bestehenden Situation kommen könnten. Die Wahrscheinlichkeit des Zustandekommens einer derartigen Verständigung auf Kosten der Europäer würde drastisch gesenkt, wenn – und hier schließt sich wieder der Kreis zur Postulierung der europäischen Einheit – „neben den Vereinigten Staaten von Amerika eine europäische Gemeinschaftspolitik wirksam werden könne"[54].

Strauß konstatierte drei Schwerpunkte sowjetischer Außenpolitik (Verhinderung der europäischen Einigung, amerikanisches Disengagement in Europa und zeitweilige machtpolitische Verständigung mit den USA, Eindämmung Chinas), deren Verzahnung sich für ihn aus ihrer kausalen Wechselwirkung ergab: „Ein durchschlagender Erfolg an einem Frontabschnitt hätte schwerwiegende Auswirkungen auf die beiden übrigen weltpolitischen Bereiche."[55]

---

[52] *Ebd., S. 55.*

[53] *Ebd., S. 63.*

[54] *Ebd., S. 63. Die Verknüpfung der perzipierten sowjetischen Intentionen mit den Anforderungen deutscher Europapolitik tritt deutlich zutage auch bei: Hans Graf Huyn: Die außenpolitische Arbeit der CSU (internes Papier, Februar 1973; ACSP NL Strauß, Büro MdB 188/4145).*

[55] *Strauß, Entwurf für Europa, S. 70.*

Er befürchtete, daß Moskau, da es eine direkte Konfrontation mit Washington scheute, den Hebel zur Schwächung des amerikanischen Europa-Engagements in Südostasien ansetzen würde: „Washington, dessen Kräfte in zunehmendem Maße in Asien gebunden werden, ist von der Gefahr eines wachsenden sowjetischen Übergewichts im europäischen Raum beeindruckt und wird dadurch bereit, Moskauer Bedingungen für eine Abgrenzung der Interessensphären nachzugeben."[56]

Dreh- und Angelpunkt der sowjetischen Deutschland- und Europapolitik war in der Perzeption der CSU das Kalkül der Kreml-Strategen, daß eine „westeuropäische Machtkonsolidierung Moskaus Position in Osteuropa gefährden, während ihr die Neutralisierung der Bundesrepublik die Vorherrschaft in Mitteleuropa sichern würde"[57].

Die Bemühungen um eine stabile deutsch-französische Achse als Kristallisationskern der europäischen Einigung wurden auch insofern legitimiert, als die CSU überzeugt war, daß die sowjetischen Anstrengungen zur Erhaltung der Teilung Europas, die unter anderem die Vereitelung eines politischen Konsenses zwischen Bonn und Paris beinhalteten, nicht nur in krassem Widerspruch zu ihrem, sondern auch zu de Gaulles Plänen eines Groß-Europa stünden. Strauß ging davon aus, daß Moskau versuchen würde, Paris angesichts ähnlicher Positionen in der Frage der polnischen Westgrenze und der atomaren Abstinenz der Bundesrepublik davon zu überzeugen, daß es „besser daran täte, sich den deutschen Partner vom Hals zu schaffen und zur historischen Allianz mit Moskau, Warschau und Prag zurückzukehren"[58].

Die Realisierung dieses Szenarios galt es für die CSU wegen der damit verbundenen Gefahr der Isolierung Deutschlands und der faktischen Besiegelung der Teilung Europas unter allen Umständen zu verhindern. Anstelle einer direkten Annäherung Frankreichs an die UdSSR drängte die CSU – ganz im Adenauerschen Sinne – auf die Schaffung eines europäischen Gegengewichtes durch die Zusammenfassung der Kräftepotentiale der Westeuropäer: „Entweder wird aus Europa eine Föderation, in der die Grundsätze der freien Gesellschaft und der Partnerschaft mit Amerika ihre Gültigkeit haben, oder es wird zu einer kollektivistischen Gesellschaft in Abhängigkeit von der Sowjetunion. Sicher ist einzig, daß das in Nationalstaaten aufgesplit-

---

[56] *Ebd., S. 70.*
[57] *Ebd., S. 70.*
[58] *Strauß, Herausforderung und Antwort, S. 124.*

terte europäische Potential auf die Dauer nicht politisch im luftleeren Raum schweben kann."[59]

Insbesondere im Hinblick auf die aktuelle Diskussion der Integration Europas ist es notwendig, auf zwei Aspekte der frühen, langfristig angelegten Europa-Konzeption der CSU hinzuweisen:

1. Ein geeintes West-Europa galt als „Vorstufe zu den Vereinigten Staaten von Europa", worunter jedoch nicht eine auf die prosperierenden Volkswirtschaften im westlichen Teil des Kontinentes beschränkte Union, sondern eine gesamteuropäische Föderation unter Einschluß „aller Völker Mittel- und Osteuropas"[60] gemeint war. „Die gesamteuropäische Konzeption", so konzedierte Strauß im Jahr 1966, „wird sich nur verwirklichen lassen, wenn sie von einer soliden westeuropäischen Grundlage aus betrieben wird"[61].

2. Die etwa im Grundsatzprogramm von 1968 an prominenter Stelle verankerte Forderung der Einheit Europas trug zwar unmißverständlich der historischen Relativierung des Stellenwertes der Nationalstaaten westeuropäischer Größenordnung Rechnung[62], sie implizierte jedoch keine Abschaffung nationaler Identität:

„Würden sich die europäischen Völker in einem Schmelztiegel ‚chemisch' verändern und sich einem Prozeß der Uniformierung unterziehen lassen, so liefe das wohl eher auf einen inneren Vitalitätsverfall als auf die erwünschte Potenzierung durch gemeinsame Kräfteentfaltung hinaus. Darum müssen die Völker in vollem Bewußtsein ihrer guten Traditionen und ihres im Schoße der Gruppe entstandenen Könnens behutsam in ein Gemeinschafts-Europa hineinwachsen. Unsere Vorstellung ist dabei ein Europa der Nationen, das mit Überwindung seiner staatlichen Zerrissenheit zum größeren Vaterland geworden ist. Der Begriff der Völkerfamilie, der einen bestimmten Grad der Unversehrtheit der Individualität ihrer Mitglieder voraussetzt, sollte daher unbedingt das Leitbild für alle kooperativen und integrierenden Bestrebungen in Europa bleiben. Nur ein ausgeprägter Föderalismus kann der

---

[59] *Strauß, Entwurf für Europa, S. 78 f.*
[60] *Ebd., S. 26.*
[61] *Ebd., S. 43.*
[62] *Vgl. Grundsatzprogramm der CSU von 1968, S. 6.*

wahren Bedeutung der Nationen in einem vereinten Europa gerecht werden."[63]

Die Kritik an der Entspannungspolitik

Nachdem die erste Phase der deutschen Außenpolitik (1949-1959) durch die Probleme der Koordinierung von West- und Ostpolitik, die zweite Phase (1959-1969) durch die Widersprüche zwischen Amerika- und Europapolitik gekennzeichnet war, entwickelte sich die dritte Phase deutscher Außenpolitik (1969-1988) zu einer Periode heftiger innenpolitischer Kontroversen um die Ost-, Entspannungs- und Abrüstungspolitik.[64]

Zu den Rahmenbedingungen und auslösenden Faktoren dieser Auseinandersetzungen gehörten tiefgreifende Veränderungen des internationalen Systems, die sich unter anderem in Gleichgewichtsverschiebungen der Verhältnisse militärischer und wirtschaftlicher Macht, in der Überlagerung des Ost-West-Gegensatzes durch Nord-Süd-Konflikte und in der Relativierung ideologischer Gegensätze durch interessengesteuerte Kooperation ausdrückte.

Das bedeutsamste Charakteristikum dieser vielschichtigen Entwicklungen war die zunehmende Schwächung der USA im Verlauf des Vietnamkrieges. Um den Machtschwund der Vereinigten Staaten, dem auf sowjetischer Seite ein gewaltiger Machtzuwachs gegenüberstand, zu stoppen, versuchte die Nixon/Kissinger-Administration in Washington, die UdSSR durch eine Verflechtungspolitik („linkage politics") zur Selbstbeschränkung zu verpflichten. Gleichzeitig sollte durch eine Annäherung an China der eigene diplomatische Spielraum vergrößert werden. Die Entspannungsfühler, die Washington in Richtung Peking ausstreckte, weckten im Kreml die Befürchtung der Isolierung und förderten dadurch die Bereitschaft Moskaus zum Entspannungsdialog mit den USA.

In den meisten westeuropäischen Metropolen wurde die „Détente" zwischen Washington und Moskau zwar mit gemischten Gefühlen verfolgt, weil

---

[63] *Strauß, Herausforderung und Antwort, S. 138.*
[64] *Bei der zeitlichen Phasenunterteilung stütze ich mich auf Hanrieder, Deutschland, Amerika, Europa, a.a.O. Zu den Kontroversen in der Deutschlandpolitik vgl. Beitrag Blumenwitz in diesem Band.*

man befürchtete, „im Abseits zu stehen"⁶⁵, für die sozialliberale Koalition in Bonn hingegen schufen die Entspannungsbemühungen die zentrale Voraussetzung für die seitens der Union heftig attackierte „neue deutsche Ostpolitik".⁶⁶

Die Position der CSU zur West-Ost-Entspannung war durch die Erkenntnis der Schwächung der amerikanischen Macht und durch die Befürchtung einseitiger sowjetischer Vorteilnahme gekennzeichnet. „Die einseitig betriebene Entspannungspolitik", heißt es im Parteiprogramm von 1976, „hat die Erwartungen nicht erfüllt"⁶⁷. Gefordert wurde eine „realistische Entspannungspolitik", an die folgende Bedingungen geknüpft wurden: „1. Was Entspannung ist und was nicht, kann nicht von einer Macht allein diktiert, sondern muß von beiden Seiten gemeinsam definiert werden; 2. Entspannung darf nicht auf der einen Seite zur Verharmlosung der militärischen Gefahren, zum Abbau der Verteidigungsbereitschaft, zur moralischen Neutralisierung führen und von der anderen Seite zur Aufrüstung, Abgrenzung und Subversion mißbraucht werden; 3. Entspannung muß geographisch unteilbar sein und bleiben."⁶⁸

Den Äußerungen führender CSU-Politiker wie Franz Josef Strauß und Friedrich Zimmermann kann man entnehmen, daß im Laufe der Zeit, insbesondere nach der Dislozierung auf Europa gerichteter sowjetischer Mittelstreckenraketen, die Mißbilligung der Entspannungspolitik bzw. ihrer Ergebnisse in den Reihen der Christlich-Sozialen Union noch deutlich zunahm. Während etwa Strauß im Juni 1976 – in der Wortwahl sehr gemäßigt – „keinen Grund" für „übertriebenen Optimismus in eine globale Détente"⁶⁹ sah, folgerte er während der Debatte zur Regierungserklärung Bundeskanzler

---

⁶⁵ *Alfred Grosser: Das Bündnis. Die westeuropäischen Länder und die USA seit dem Krieg. München 1978, S. 371.*

⁶⁶ *Vgl. Hacke, Weltmacht wider Willen, S. 165. Während die Entspannungspolitik Präsident Richard Nixons die Voraussetzungen für die „neue deutsche Ostpolitik" schuf, besaß Nixon selbst erhebliche Vorbehalte gegen Brandt's Ostpolitik. Vgl. dazu Henry A. Kissinger: Diplomacy: New York 1994, S. 735.*

⁶⁷ *Grundsatzprogramm der CSU von 1976, S. 68.*

⁶⁸ *Franz Josef Strauß, Vorwort zu: Hans Graf Huyn: Der Angriff. Der Vorstoß Moskaus zur Weltherrschaft. Wien u.a. 1978, S. 8.*

⁶⁹ *Franz Josef Strauß: Parteipolitik zwischen Machtstreben und Gemeinwohl. Referat auf der Tagung des Politischen Clubs der Evangelischen Akademie Tutzing vom 26.–30. Mai 1976. Abgedruckt als: Franz Josef Strauß: Das Verhältnis von Programm*

Helmut Schmidts über die außenpolitische Lage nach dem sowjetischen Einmarsch in Afghanistan (Dezember 1979), daß „weitgehend von der Sowjetunion diktiert" wird, „ob wir Entspannung haben oder nicht"[70]. In seiner Rede vor dem Parteitag der CSU in München im Juli 1981 nannte Strauß die 80er Jahre bereits den „gefährlichsten Zeitabschnitt der Nachkriegsgeschichte": „Hinter der Nebelwand der sogenannten Entspannungspolitik hat die Sowjetunion zielstrebig das militärische Gleichgewicht zu ihren Gunsten verschoben."[71]

Die NATO hatte im Dezember 1979 auf die Aufstellung der mit Mehrfachsprengköpfen ausgerüsteten sowjetischen SS-20-Raketen mit dem sogenannten „Doppelbeschluß" geantwortet, der folgenden Inhalt hatte: 1. Stationierung bodengestützter atomarer Mittelstreckenwaffen (108 Pershing-II-Raketen und 464 Cruise-Missile-Marschflugkörper) in Europa Ende des Jahres 1983; 2. ein Angebot an die Sowjetunion, mit den USA über die Mittelstreckenraketen in Europa zu verhandeln. Die Durchführung des ersten Teiles wurde vom Ergebnis des zweiten Teiles abhängig gemacht.

In der kontroversen sicherheitspolitischen Debatte um die „Nachrüstung", deren Ausgang durch das Ende der sozialliberalen Koalition im Herbst 1982 maßgeblich beeinflußt wurde, votierte die CSU gegen eine „Null-Lösung" und für den „NATO-Doppelbeschluß". Hinter dieser Entscheidung verbarg sich vor allem die Überzeugung, daß die Sowjetunion während der Phase der Entspannungspolitik militärische Hochrüstung betrieben habe und auf die westlichen Verhandlungsangebote zur Abrüstung nicht eingegangen sei: „Weil", so hieß es in der sogenannten „Hofer Erklärung" des CSU-Parteiaus-

---

und Pragmatismus in der politischen Praxis. In: Die Grundsatzdiskussion in der CSU. Bd. 1. Studien – Berichte – Dokumente. Hrsg. von Peter Gutjahr-Löser und Theo Waigel. München 1977, S. 9–25, zitiert S. 16. Vgl. auch die Rede von Franz Josef Strauß vor dem Deutschen Bundestag am 25. 7. 1975, 7. LLP, 183. Stzg (Erklärung der Bundesregierung zur KSZE). In: Franz Josef Strauß. Bundestagsreden und Zeitdokumente 1974–1979. Bonn 1979, S. 49–76.

[70] *Zitiert nach: Franz Josef Strauß: Entspannung – Schein und Wirklichkeit. In: „Bayernkurier", 26. 1. 1980. Vgl. Friedrich Zimmermann: Breschnew hat Probleme. In: „Bayernkurier", 14. 11. 1981.*

[71] *Zitiert nach: Franz Josef Strauß: Geistige Führung deutscher Politik. In: „Bayernkurier", 18. 7. 1981. Vgl. auch „Wir und Amerika. Verbündete – Partner – Freunde". Außenpolitischer Kongreß der CSU, 17. 3. 1982. Dokumentation. Hrsg. vom Arbeitskreis Deutschland- und Außenpolitik der CSU (ACSP, DS 7/295).*

schusses vom November 1983, „der kommunistische Block vorgerüstet hat und weil er nicht bereit ist, diese Vorrüstung abzubauen, muß die westliche Allianz im Vollzug des NATO-Doppelbeschlusses nachrüsten. Andernfalls wäre das freie Europa und damit die Bundesrepublik einem militärischen, politischen und psychologischen Druck Moskaus ausgeliefert, der zur Aushöhlung der Verteidigungsfähigkeit der NATO, zur Zerstörung der europäisch-atlantischen Lebenslinie und letzten Endes zum Verlust von Frieden und Freiheit führen müßte"[72].

Obwohl die Partei bereits in ihren Grundsatzprogrammen von 1968 und 1976 ihren Willen zu weltweiten Abrüstungsbemühungen bekundet hatte[73] und sich auch im Laufe der 80er Jahre wiederholt dazu bekannte, warnten die außenpolitischen Experten der CSU auch in der Folge der sicherheitspolitischen Kursänderung der UdSSR nach dem Amtsantritt Michail Gorbatschows vor einem übereilten Ende der Abschreckungskapazität des Westens. Die „friedliche Koexistenz" wurde nach wie vor lediglich als Mittel, nicht aber als „Ziel im Sinne der marxistischen Ideologie"[74] betrachtet. Eine überzeugende Verteidigungsfähigkeit wurde deshalb als Voraussetzung für „normale, nachbarliche Beziehungen zur Sowjetunion"[75] gefordert. Mit Blick auf die Überlegenheit des Warschauer Paktes im Bereich der konventionellen Waffen betonte im Juni 1987 etwa der damalige CSU-Landesgruppenchef im Deutschen Bundestag, Theo Waigel, daß die „Gewährleistung von Frieden und Freiheit im Westen" lediglich „auf der Grundlage einer wirksamen

---

[72] *Zitiert nach: Hofer Erklärung. Abgedruckt in: „Bayernkurier", 26.11.1983. Theo Waigel erklärte später (im „Bayernkurier", 13.6.1987) dazu: „Das Ziel des NATO-Doppelbeschlusses war es, die durch die einseitige Hochrüstung der UdSSR entstandenen Lücken im Bereich der Abschreckung zu schließen und eine sich abzeichnende Abkoppelung Westeuropas von den USA zu verhindern." Vgl. auch Franz Josef Strauß: Peace and Pacificism. In: Joseph Godson (Hrsg.): Challenges to the Western Alliance. London 1984, S. 33–38.*

[73] *Im Grundsatzprogramm von 1968 hieß es auf S. 7: „Die CSU tritt für eine weltweite kontrollierte Abrüstung unter der Voraussetzung ein, daß unser Land nicht einseitig geschwächt und benachteiligt wird." Im Grundsatzprogramm von 1976 hieß es auf S. 71: „Die Christlich-Soziale Union tritt für Abrüstungsbemühungen immer dann ein, wenn sie nicht zu Lasten unserer Sicherheit gehen."*

[74] *Theo Waigel: Risiken klar erkennen. Wahrnehmung deutscher Interessen muß Richtschnur werden. In: „Bayernkurier", 13.6.1987.*

[75] *Ebd.*

nuklearen Komponente" möglich sei. „Wir sind energisch gegen all jene Abrüstungsmaßnahmen, die im Ergebnis dazu führen würden, einen bewaffneten Konflikt in Europa wieder möglich zu machen und einen Krieg auf Deutschland zu begrenzen."[76]

„Logos" statt „Mythos" – Franz Josef Strauß' außenpolitischer Realismus am Beispiel der China-Politik[77]

„Franz Josef Strauß in China – das ist 1987 im Gegensatz zur ersten Reise vom Januar 1975 keine Sensation mehr", schrieb am 31. Oktober 1987 Wilfried Scharnagl, der Chefredakteur des „Bayernkurier" und langjährige Vertraute des CSU-Vorsitzenden, anläßlich dessen fünfter Reise in die Volksrepublik. Die erste Fahrt ins Reich der Mitte 12 Jahre zuvor hatte nicht zuletzt deshalb so hohe Wogen in der politischen Diskussion geschlagen, weil damals der Vorsitzende der Christlich-Sozialen Union zum ersten Mal zu einem Idol der extremen Linken, Mao Tse-tung, gefahren war, und weil, so Strauß in seinen Memoiren süffisant, die sozialliberale Regierung in „ihrer ostpolitischen Euphorie und Beflissenheit" befürchtet hatte, in Moskau könne „die Reise eines prominenten deutschen Politikers zum feindlichen kommunistischen Bruder... Mißfallen erregen"[78].

In einem längeren Artikel befaßte sich die „Stuttgarter Zeitung" im März 1980 mit der außenpolitischen Vorstellungswelt von Franz Josef Strauß. Obwohl der Beitrag ansonsten wenig Neues enthielt, lieferte er einen diesbezüglich interessanten Hinweis: „Wann immer Straußens Finger auf der

---

[76] Ebd. Vgl. auch Wilfried Scharnagl: Quo vadis, Gorbatschow? In: „Bayernkurier", 3. 10. 1987. Zu den sicherheitspolitischen Leitlinien der CSU Mitte der 80er Jahre vgl. Materialien zur Deutschland-, Außen- und Sicherheitspolitik. Teil I, vorgelegt von der Arbeitsgruppe V der CSU-Landesgruppe. Hrsg. vom Arbeitskreis Deutschland- und Außenpolitik der CSU. München 1984, S. 16–22; ferner Franz Guber: Unteilbare Sicherheit. Von der Zukunft der Bundeswehr. In: „Bayernkurier", 24. 10. 1987.

[77] Der Verfasser ist sich der Tatsache bewußt, daß ein Aufsatz in der Größenordnung von 30 Seiten der Komplexität der internationalen Aktivitäten von Strauß nicht gerecht werden kann. Die „chinesische Karte" wurde als Beispiel zur Verdeutlichung des strategischen Denkens von Strauß gewählt.

[78] Strauß, Erinnerungen, S. 466. Vgl. dazu Wolfgang Horlacher: Mit Strauß in China. Tagebuch einer Reise. Stuttgart 1975.

Weltkarte entlangwandert, scheint der Kanzlerkandidat an die Sowjetunion zu denken – wie Kissinger oder Brzezinski".[79]

Strauß, beeindruckt von Talleyrand, Bismarck und Kissinger, war Pragmatiker, ein Realist, der Romantik, „Historischen Optimismus" und Schwärmerei in der Politik anprangerte und Vernunft und Rationalität forderte: „Schon Goethe nannte bekanntlich das Romantische das Kranke... Trotz Realismus, Naturalismus und neuer Sachlichkeit wehte der Geist des Irrationalismus doch im gesamten 19. und weithin noch in der ersten Hälfte unseres Jahrhunderts immer wieder und scheint wieder zu erblühen."[80]

Im Sinne von Max Webers Unterscheidung zwischen Gesinnungsethik und Verantwortungsethik hatte Strauß bereits in einer Rede vor dem Deutschen Bundestag im März 1958 einer die Konsequenzen des eigenen Handelns vernachlässigenden Prinzipienpolitik eine strikte Absage erteilt: „Weder Abrüstung noch Frieden... sind absolute Werte. Abrüstung im Sinne einer einseitigen Abrüstung, daß man selbst keine Waffen hat, können wir jederzeit haben, wenn wir wollen. Frieden im Sinne, daß man sich nicht zu wehren braucht oder sich nicht mehr wehren kann, können wir auch jederzeit haben."[81]

Das Interesse von Strauß an einer Annäherung an die Volksrepublik China erklärt sich unter anderem aus vier sehr pragmatischen Überlegungen:
a) Die Sowjetunion sei – verglichen mit China – die weitaus gefährlichere kommunistische Macht, zum einen aufgrund ihrer aggressiven Expansionsstrategie, zum anderen aufgrund machtpolitisch-geographischer Realitäten: „Nicht chinesische Truppen stehen an der Elbe, sondern sowjetische."[82]
b) Die chinesische Führung betrachte ihrerseits die Sowjetunion im Vergleich zu den Vereinigten Staaten als gefährlicher.

Tatsächlich hatte Mao in der Folge der Invasion der CSSR durch Truppen des Warschauer Paktes im August 1968 die „Theorie des Sozialimperialismus" entwickelt, in deren Mittelpunkt die Strategie der Sowjetunion stand.

---

[79] *"Stuttgarter Zeitung", 8. 3. 1980.*

[80] *Zitiert nach der Rede von Franz Josef Strauß, in: Reden über das eigene Land: Deutschland 1983–1987. München 1988, S. 188. Strauß kennzeichnete diesen Irrationalismus mit der Formel „Mythos gegen Logos".*

[81] *Zitiert nach ebd., S. 131.*

[82] *Strauß, Grundfragen Europas, S. 113.*

Dieser Theorie zufolge war der sowjetische Sozialimperialismus das Verhalten „einer imperialistischen Großmacht, die sich später als die USA entwickelt hat und deshalb einen noch aggressiveren und abenteuerlicheren Charakter besitzt"[83].

c) Den Europäern könne es nicht gleichgültig sein, welche Macht nach dem Bruch zwischen Moskau und Peking die Führungsrolle des Weltkommunismus übernehmen werde. „Deshalb muß jede europäische Politik nicht nur in Richtung USA verlaufen, sondern muß auch in der Volksrepublik China einen Partner sehen, der zur Erhaltung des Gleichgewichts beiträgt."[84]

d) Weltanschauliche Unterschiede müßten einer interessengesteuerten Kooperation untergeordnet werden, zumal es „töricht und kurzsichtig" wäre, die „ideologische Unvereinbarkeit des chinesischen Kommunismus mit unserer abendländisch-freiheitlichen Welt hervorzukehren, gleichzeitig aber den Druck des Sowjet-Kommunismus auf Europa zu übersehen"[85].

Unverkennbar geprägt von der Interessen- und Machtlehre der „Schule des Politischen Realismus" Hans J. Morgenthaus, deren prominentester Vertreter der Gegenwart, Henry Kissinger, eine analytische Berücksichtigung der realen Kräfte der internationalen Politik anstelle des moralisch Wünschbaren als Voraussetzung rationalen Entscheidungshandelns fordert, plädierte auch Strauß für eine „pragmatische Politik" auf einer „realistischen (d.h. machtmäßigen und nicht nur vertragsmäßigen)" Basis.[86]

China war in dem von Strauß anvisierten „System der mehrseitigen und der spezifischen Allianzen, wie es Bismarck zu etablieren suchte", der „entscheidende Angelpunkt"[87]: Als Gegengewicht zur Übermacht der Sowjetunion strebe Westeuropa nach Einheit, was Moskau zu vereiteln versuche.

---

[83] *Zitiert nach Gottfried-Karl Kindermann: Konstanten und Variablen imperialistischer Macht. In: ders. (Hrsg.): Grundelemente der Weltpolitik. Eine Einführung. München 1994, S. 249–277, zitiert S. 269.*

[84] *Strauß, Grundfragen Europas, S. 112.*

[85] *Ebd., S. 113.*

[86] *Strauß, Das Verhältnis von Programm und Pragmatismus in der politischen Praxis, S. 16. Ob Strauß mit Morgenthaus Lehre unmittelbar oder über das Werk Kissingers in Berührung kam, läßt sich nicht mit Gewißheit sagen. Prof. Hans J. Morgenthau ist nicht mit dem Urheber des „Morgenthau-Planes", Henry Morgenthau Jr., identisch.*

[87] *Ebd., S. 16.*

China sei an einer Eindämmung der Sowjetunion interessiert und unterstütze daher die europäische Einigung. Das Ziel der Bonner Diplomatie müsse es daher sein, Peking als Partner zu gewinnen, um „mehr politische, wirtschaftliche und militärische Zentren zu entfalten, also ein System vielfältiger Kräfte, das den Veränderungen und Geboten in unserem zu Ende gehenden Jahrhundert wirklichkeitsgetreuer entspricht als magische Beschwörungsformeln fern jeder Realität".[88]

4. Der außenpolitische Paradigmenwandel nach dem Ende des Kalten Krieges und der deutschen Einheit

Die Globalisierung deutscher Außenpolitik in der postsowjetischen Weltordnung

Der Tod von Franz Josef Strauß am 3. Oktober 1988 fiel in eine Zeit des Beginns eines gewaltigen weltpolitischen Umbruchprozesses, dessen kennzeichnendes Merkmal die Beendigung jahrzehntealter Strukturen und Handlungsmuster war. Mit der Auflösung des Warschauer Paktes und dem Zerfall der Sowjetunion ging auch das Ende der Nachkriegsordnung, des Eisernen Vorhangs, des Abschreckungssystems, der bipolaren Macht-Struktur und des Ost-West-Konflikts einher. Es entstand mit dem Ende des alten Systems jedoch nicht – quasi automatisch – eine neue internationale Ordnung im Sinne einer stabilen Verteilung der Macht mit anerkannten Prinzipien friedlicher Interaktion. Stattdessen befindet sich das internationale politische System nach wie vor in einer Phase des Umbruchs mit ungewissem Ausgang.[89] Deutschland ist in besonderer Weise betroffen von dem „gewaltigen Beben des Zerfalls des real existierenden Sozialismus in Europa"[90]. Es erlangte – obwohl es nicht wie Frankreich und Großbritannien zum Kreis der Weltkriegssieger, Nuklearmächte und Ständigen Mitglieder des UNO-Sicherheitsrates gehört – mit dem Erhalt seiner Einheit und

---

[88] *Strauß, Grundfragen Europas, S. 112.*
[89] *Vgl. Reinhard Meier-Walser: Die Transformation des internationalen Systems. In: „Banziana", 1/1993, S. 3.*
[90] *Hanns W. Maull: Zivilmacht Bundesrepublik Deutschland. Vierzehn Thesen für eine neue deutsche Außenpolitik. In: „Europa-Archiv" 10/1992, S. 269.*

vollständigen Souveränität den uneingeschränkten Status einer europäischen Großmacht.[91]

Die Frage, wie die deutsche Außenpolitik auf die neuen Herausforderungen und qualitativen Veränderungen der internationalen Politik reagieren sollte, war innerhalb der Bonner Koalition nicht unumstritten. Im Rahmen der UNO-Militäraktion zur Vertreibung Iraks aus Kuwait stellten im Frühjahr 1991 führende CSU-Politiker wie Parteichef Theo Waigel, Ministerpräsident Max Streibl, der Vorsitzende der CSU-Landesgruppe im Deutschen Bundestag, Wolfgang Bötsch, und der CSU-Fraktionschef im Bayerischen Landtag, Alois Glück, die Zurückhaltung des Auswärtigen Amtes an den Pranger. Theo Waigel erinnerte etwa in seiner Rede beim traditionellen „Politischen Aschermittwoch" im Februar 1991 in Passau daran, daß das wiedervereinigte Deutschland eine neue Verantwortung zu tragen habe. Es könne nicht Weltmeister im Export und im Fußball sein, sich dann aber zurückhalten, wenn es darum gehe, Lasten zu teilen.[92]

Nach Ansicht der CSU, die im Mai 1991 zu ihrer eigenen wissenschaftlichen Beratung einen „Fachausschuß Außenpolitik" unter Leitung des Parteivorsitzenden Waigel gründete, erforderte der weltpolitische Paradigmenwandel eine fundamentale Neubestimmung der außenpolitischen Interessenlage und internationalen Rolle Deutschlands. „Themen der Finanz-, Handels- und Umweltpolitik, aber auch der Entwicklungspolitik bestimmen die Agenda der Außenpolitik immer stärker mit."[93] In der gegenwärtigen Phase

---

[91] *Vgl. Reinhard Meier-Walser: Deutschland, Frankreich und Großbritannien an der Schwelle zu einem neuen Europa. In: „Außenpolitik" 4/1992, S. 334.*

[92] *Vgl. Berichterstattung in der „Neuen Zürcher Zeitung", 15. 2. 1991; ferner Max Streibl: Was ist los mit den Deutschen? In: „Bayernkurier", 2. 2. 1991; Wolfgang Bötsch: Deutschland – USA. Werben um Vertrauen. In: „Bayernkurier", 16. 3. 1991; Alois Glück: Für Freiheit, Frieden und Recht. Die Deutschen und der Golfkrieg. In: „Bayernkurier", 9. 2. 1991.*

[93] *Theo Waigel: Deutsche Außenpolitik vor neuen Herausforderungen. In: Deutschlands Außenpolitik. Schwerpunkte und Perspektiven. Hrsg. von der CSU-Landesleitung. München 1994, S. 6. Zur Grundsatzdiskussion um Deutschlands neue Aufgaben nach dem Ende des Kalten Krieges vgl. Manuskripte zur Grundsatzdiskussion in der CSU. Bd. 1: Deutschlands Zukunft. Bd. 2: Einheit ist Gemeinsamkeit. Europa: Einheit in Vielfalt. Hrsg. von der CSU-Landesleitung, München 1991; ferner ausführlich: Grundsatzprogramm der CSU von 1993, S. 119–137.*

zunehmender wirtschaftlicher Verflechtung, globaler Umweltrisiken und neuer grenzüberschreitender Sicherheitsbedrohungen habe die deutsche Außenpolitik, so Theo Waigel auf dem außenpolitischen Kongreß der CSU im Juli 1995 in München, zweierlei Leistungen zu erbringen: „die Wahrnehmung wohlverstandener deutscher Interessen und die Stärkung des Zusammenhalts mit den Bündnispartnern. Maßgebliche Daten der Außen- und Sicherheits-, der Finanz- und Entwicklungspolitik werden heute von der NATO, der G 7, dem Internationalen Währungsfonds, der Weltbank, der Europäischen Bank für Wiederaufbau und Entwicklung und nicht zuletzt der Europäischen Union gesetzt. Die aktive Mitgliedschaft in diesem Institutionengeflecht eröffnet Deutschland die Chance, seine nationalen Interessen zu verwirklichen"[94].

Im Ende des Kalten Krieges wurden sowohl Chancen als auch Gefahren für die deutsche Außenpolitik gesehen. In der ehemaligen Sowjetunion und in Osteuropa war einerseits ein erfreulicher Prozeß der Demokratisierung angelaufen, andererseits führte der Krieg im früheren Jugoslawien die Gefahren des Wiederauflebens ethnisch-nationaler und ethnisch-territorialer Konflikte deutlich vor Augen. Ähnlich die Situation in der Dritten Welt: Einerseits weckte das Ende der Ost-West-Konfrontation die Hoffnung auf eine Schlichtung regionaler Konflikte, andererseits „häufen sich insbesondere in Afrika und der islamischen Welt Krisensymptome, wirtschaftliche und politische Zerfallsprozesse"[95].

Diese Widersprüche lieferten den außenpolitischen Experten der CSU zusätzliche Impulse für die Überprüfung der Grundprinzipien deutscher Außenpolitik. Deren Fortschreibung, so Parteichef Waigel, sei „angesichts völlig veränderter Rahmenbedingungen" nicht mehr gegeben. In der gegenwärtigen Transformationsphase seien eine klare Prioritätenskala außenpolitischer Interessen und deren selbstbewußte Wahrnehmung Voraussetzung einer „berechenbaren und schlüssigen Außenpolitik. Wir können uns nicht mehr unter Hinweis auf die Teilung unseres Landes und die damit verbundene Sonderrolle der Lösung internationaler Probleme verweigern... Nicht nur unsere Bürger, sondern auch die anderen Völker erwarten von Deutschland

---

[94] *Rede Theo Waigels auf dem Außenpolitischen Kongreß der CSU am 8. 7. 1995 in München.*
[95] *Waigel, Deutsche Außenpolitik vor neuen Herausforderungen, S. 7.*

einen, seiner Größe und seinem Rang entsprechenden Beitrag zur Sicherung und Gestaltung einer stabilen Weltordnung".[96]
In diesem Zusammenhang forderte die CSU auch eine Beteiligung der Bundeswehr an internationalen Friedenseinsätzen.[97] Entgegen den Vorstellungen der SPD bestätigte das Bundesverfassungsgericht im Jahr 1994, daß die Beteiligung der Bundeswehr an friedensschaffenden und friedenserhaltenden Maßnahmen der UNO, KSZE, NATO oder WEU nach Artikel 24, Abs. 2 GG verfassungsrechtlich zulässig ist.

Die zunehmende Globalisierung der deutschen Außenpolitik schlug sich im CSU-Konzept, ferner in der stärkeren Betonung der mit den internationalen Partnern gemeinsam zu tragenden „weltweiten Verantwortung Deutschlands und Europas für Frieden, Stabilität und Entwicklung"[98] nieder. Gemeint ist neben der internationalen Zusammenarbeit vor allem die Pflege deutscher Interessen in außereuropäischen Regionen wie Afrika, Asien und Lateinamerika sowie ganz allgemein die Unterstützung von Demokratie, Marktwirtschaft und freiem Handel. In diesem Zusammenhang ist insbesondere hervorzuheben, daß die Entwicklungspolitik traditionell einen hohen Stellenwert in den Reihen der CSU-Spitze besitzt und zwar nicht nur im Sinne kurativer, sondern vor allem auch präventiver Leistungen. Die Verpflichtung zu internationaler Entwicklungszusammenarbeit leitet die Partei, die mit Jürgen Warnke, Hans Klein und Carl-Dieter Spranger seit 1982 drei Ressortchefs im Entwicklungsministerium stellte, sowohl aus „christlicher und menschlicher Solidarität" wie aus „wohlverstandenen politischen und wirtschaftlichen Interessen" her.[99] Angesichts der Verlagerung der politischen Herausforderungen „von der Ost-West-Achse auf die Nord-Süd-

---

[96] Ebd., S. 8f. Vgl. auch Grundsatzprogramm der CSU von 1993, S. 124–132.
[97] Vgl. „Deutsche Mitverantwortung für den Frieden in der Welt". Beschluß des CSU-Parteivorstandes, 5./6. 3. 1993, Wildbad Kreuth.
[98] Theo Waigel: Für eine selbstbewußte Vertretung nationaler Interessen. In: „Süddeutsche Zeitung", 21. 4. 1995. Vgl. auch „Die Welt im Umbruch: Frieden in Freiheit sichern – Europa gestalten – Deutsche Interessen vertreten." Verabschiedet vom Parteiausschuß der CSU am 22./23. 5. 1992 in Erding.
[99] Waigel, Deutsche Außenpolitik vor neuen Herausforderungen, S. 31. Zu den Schwerpunkten der Entwicklungspolitik der CSU vgl. „Entwicklungspolitik in den 90er Jahren". CSU-Positionspapier, März 1992.

Richtung"[100] entwarf die CSU in den vergangenen Jahren ein neues entwicklungspolitisches Konzept. Es beruht auf der Erkenntnis, so der Bundesminister für wirtschaftliche Zusammenarbeit und Entwicklung, Carl-Dieter Spranger, „daß die zentralen Entwicklungsprobleme – wie Armut und menschliches Elend – zu einem beträchtlichen Teil das Ergebnis von Defiziten in den nationalen Politiken der Entwicklungsländer sind".[101] Aus diesem Grunde wurden für die Vergabe von Entwicklungshilfe folgende Kriterien formuliert: „Beachtung der Menschenrechte; Beteiligung der Bevölkerung am politischen Prozeß; Gewährung von Rechtssicherheit; marktfreundliche Wirtschafts- und Sozialordnung"; und schließlich „Entwicklungsorientierung staatlichen Handelns", worunter zu verstehen ist, daß „unsere Partnerregierungen die eigenen Ressourcen ihres Landes vorrangig für die Entwicklung einsetzen"[102].

Die Doppelstrategie der europäischen Einigung und transatlantischen Partnerschaft

Angesichts der neuen Verantwortung Deutschlands bezeichnet die CSU die „Wahrung unserer Handlungs- und Bündnisfähigkeit" als „oberste außenpolitische Maxime. Westbindung, geographische Lage und unsere historische Erfahrung bestimmen die drei Interessenschwerpunkte deutscher Außenpolitik: 1. Die Friedens-, Stabilitäts- und Wohlstandsgemeinschaft der Europäischen Union zu festigen und sie schrittweise nach Osten zu erweitern; 2. Die lebenswichtigen transatlantischen Bande mit Nordamerika zu erhalten und zu erneuern; 3. Der weltweiten Verantwortung Deutschlands und Europas für Frieden, Stabilität und Entwicklung gemeinsam mit unseren Partnern gerecht zu werden".[103]

---

[100] *Theo Waigel in seiner Rede auf dem Außenpolitischen Kongreß der CSU am 1. 6. 1991 in München.*

[101] *Carl-Dieter Spranger: Sicherheit durch Entwicklung. Unsere Verantwortung in einer Welt des Wandels. In: Deutschlands Außenpolitik. Schwerpunkte und Perspektiven. Hrsg. von der CSU- Landesleitung. München 1994, S. 47.*

[102] *Ebd., S. 47f.*

[103] *Theo Waigel in seiner Rede auf dem außenpolitischen Kongreß der CSU in München am 8. 7. 1995. Zum dritten Interessenschwerpunkt vgl. oben Kapitel III, Abschnitt 2 dieses Beitrages.*

Dreh- und Angelpunkt des außenpolitischen Konzeptes der CSU ist auch nach dem Ende des Ost-West-Konflikts die Europapolitik, die, wie bereits im Januar 1987 der damalige Leiter der Bayerischen Staatskanzlei und heutige Bayerische Ministerpräsident, Edmund Stoiber, verdeutlichte, „für die CSU keineswegs mehr klassische Außenpolitik, sondern europäische Innenpolitik"[104] ist.

Seit jeher hatte in diesem Zusammenhang die Koppelung von Deutschlands Rolle in Europa mit der transatlantischen Sicherheitspartnerschaft als außenpolitisches Grundprinzip der CSU gegolten. Zur Fortführung dieser für Deutschlands Sicherheit existentiell wichtigen Doppelstrategie mußte in den vergangenen Jahren berücksichtigt werden, daß mit dem Zerfall der Sowjetunion in den Bündnissystemen des Westens der „äußere Integrationsdruck" nachließ und sich zentrifugale Kräfte stärker bemerkbar machten.[105]

Hinsichtlich der Integration Europas eröffnete das Ende der Bipolarität einerseits gesamteuropäische Einigungsperspektiven, andererseits entfachte es zwischen den EG- bzw. EU-Mitgliedstaaten ein erneutes Aufflammen der alten, von nationalen Interessen mitgesteuerten Diskussion um die Abstimmung von „Erweiterung" und „Vertiefung".

Die NATO, obwohl angesichts der vielfältigen neuen Risiken und Bedrohungen von keinem seriösen westlichen Beobachter internationaler Politik für überflüssig gehalten, kämpft seit dem Zerfall der Sowjetunion mit dem Problem, daß ihr Auftrag, ihre Zielsetzung, neu definiert werden muß. Dieses Problem der „Vertiefung" ist ähnlich wie im Falle der Europäischen Union mit Fragen der „Erweiterung" verknüpft. Während das Hauptziel der NATO vor Ende des Kalten Krieges darin bestand, die Expansionsstrategie der Sowjetunion einzudämmen, ohne einen Nuklearkrieg auszulösen, besteht es heute in der Schaffung einer transatlantisch-gesamteuropäischen Sicherheitsarchitektur. Rußland darf dabei nicht übersehen werden, denn „Stabilität in Europa gibt es nur mit, nicht gegen Rußland"[106]. Es muß jedoch vermieden werden, Moskau Vetorechte bei der Schaffung neuer Sicherheitsstrukturen des Westens einzuräumen.

---

[104] *Edmund Stoiber: Bayerns Stellung in Europa. In: „Bayernkurier", 17.1.1987.*
[105] *Vgl. Reinhard Meier-Walser: Pan-European Challenge, European Integration and National Interest. In: Renate Strassner (Hrsg.): Political Challenges in a Changing World. München 1995, S. 21-29.*
[106] *Waigel, Für eine selbstbewußte Vertretung deutscher Interessen, a.a.O.*

Im Maastrichter Vertrag über die Wirtschafts- und Währungsunion sowie über die Politische Union sah die CSU eine wichtige Weichenstellung für die Weiterentwicklung der europäischen Integration. Da sich die Zukunftsaufgaben Europas „mit den Mitteln des Nationalstaats allein nicht mehr lösen"[107] ließen, sei die weitere Vertiefung mit dem Ziel größerer Handlungsfähigkeit in „unserem ureigensten Interesse"[108]. Die besonderen Akzente der CSU-Positionen im Einigungsprozeß verdeutlichte der „Beschluß des CSU-Parteivorstandes vom 13./14. März 1992 zur Bewertung der Ergebnisse des Europäischen Rates in Maastricht": Die CSU, heißt es dort unter Punkt III, „die sich seit jeher als Speerspitze des Föderalismus versteht, sieht ihre besondere Aufgabe darin, den Prozeß zu einer föderativen Europäischen Union, einem Europa der Regionen, aktiv mitzugestalten. Durch die vertraglichen Regelungen über das Subsidiaritätsprinzip, den Regionalausschuß und die Eröffnung der Mitwirkungsmöglichkeit der Länder im Rat sind wichtige Forderungen der CSU und der Bayerischen Staatsregierung aufgenommen worden."[109]

Im Hinblick auf die Regierungskonferenz 1996 („Maastricht II") und die weitere Entwicklung des Einigungsprozesses fordert die CSU unter anderem, daß Europa „auf den Grundsätzen des Föderalismus und der Subsidiarität" aufgebaut werden muß. „Die weitere Einigung Europas muß zum Abbau von Zentralismus und Bürokratismus führen."[110] Das Endziel der Integration ist für die CSU kein Bundesstaat, sondern ein „Staatenverbund", wie ihn das Bundesverfassungsgericht im Oktober 1993 in seinem Beschluß zu „Maastricht" beschrieben hat. Das bedeutet „einerseits eine handlungsfähige Union, die in ganz Europa Frieden und Freiheit sichert, die Grundlagen des wirtschaftlichen Wohlstands stärkt und die Aufgaben – und nur diese – wahrnimmt, die auf staatlicher und regionaler Ebene nicht ausreichend erledigt werden können; andererseits die Erhaltung des nationalen und regionalen

---

[107] *Waigel, Deutsche Außenpolitik vor neuen Herausforderungen, S. 10.*

[108] *Ebd., S. 10.*

[109] *Vgl. Grundsatzprogramm der CSU von 1993, S. 121 f. Vgl. zur Bewertung der Maastrichter Regierungskonferenz die Stellungnahme der Bayerischen Staatsregierung vom 4. 2. 1992; ferner Edmund Stoiber: Für eine neue Architektur Europas. Regierungserklärung des Bayerischen Ministerpräsidenten vor dem Landtag am 22. 10. 1993. Abgedruckt in: „Bayernkurier", 30. 10. 1993.*

[110] *Beschluß des 56. Parteitages der CSU am 6./7. 11. 1992 in Nürnberg.*

Gestaltungsraums auf allen anderen Feldern; nationale Identität und regionale Vielfalt bleiben unangetastet.[111]

Vertiefung und Erweiterung der Europäischen Union „bilden keinen Gegensatz[112], wobei eine institutionelle Reform der EU als Voraussetzung für die Aufnahme neuer Mitglieder betrachtet wird.

Angesichts der neuen Bedrohungen Europas fordert die CSU auch im sicherheitspolitischen Bereich verstärkte Anstrengungen zur Bündelung der Kräfte: „Die Europäische Union muß mehr sein als nur eine Wirtschaftsgemeinschaft", so der Vorsitzende der CSU-Landesgruppe im Deutschen Bundestag, Michael Glos. „Parallel zum Ausbau der wirtschaftlichen europäischen Integration brauchen wir auch eine Integration der Außen- und Sicherheitspolitik zur Sicherung von Frieden und Freiheit."[113]

In engem Zusammenhang mit den sicherheitspolitischen Anstrengungen im Rahmen der „Gemeinsamen Außen- und Sicherheitspolitik" (GASP)[114] ist die Forderung nach einem Ausbau der NATO zu einer neuen transatlantischen Gemeinschaft gleichberechtigter Partner zu sehen. „Sie sollte auf vier Pfeilern ruhen: einem politischen, einem wirtschaftlichen, einem sicherheitspolitischen und einem kulturellen Pfeiler."[115] „Die NATO", so der CSU-Vorsitzende Theo Waigel, „bleibt unverzichtbare Basis unserer Sicherheit. Transatlantische Beziehungen haben weiter herausragende Bedeu-

---

[111] *Erwin Huber: Der diplomatische Nebel muß gelichtet werden. In: „Frankfurter Allgemeine Zeitung", 27.7.1995. Vgl. zu den Reformansätzen ausführlich Edmund Stoiber: Reformbedarf der EU: Greift die Regierungskonferenz zu kurz? Vortrag des Bayerischen Ministerpräsidenten vor dem Center of European Policy Studies am 28.7.1995 in Brüssel; Ingo Friedrich: Die Perspektiven der Einigung. Für einen Kontinent der Vielfalt und gegen zentralistische Gleichmacherei. In: „Bayernkurier", 15.7.1995. Zur Bedeutung des Nationalstaates vgl. auch Alois Glück: Nationalstaat stiftet Identität. In: „Die Welt", 23.2.1994.*

[112] *Waigel, Für eine selbstbewußte Vertretung deutscher Interessen, a.a.O.*

[113] *Michael Glos auf dem Außenpolitischen Kongreß der CSU zum Thema „Handlungsfähigkeit durch gemeinsame europäische Außen- und Sicherheitspolitik", am 12.3.1994 in München.*

[114] *Vgl. dazu Christian Schmidt: Die Gemeinsame Außen- und Sicherheitspolitik in der Europäischen Union. In: Deutschlands Außenpolitik. Schwerpunkte und Perspektiven. Hrsg. von der CSU-Landesleitung, München 1994, S. 53–72.*

[115] *Theo Waigel auf dem Außenpolitischen Kongreß der CSU am 8.7.1995 in München.*

tung."[116] Nicht zuletzt aufgrund des Gefahrenpotentials, das in den Krisenregionen an Europas Grenzen stecke, messe Deutschland der NATO eine „zentrale Rolle" zur Erhaltung des Weltfriedens bei.[117]

Zur Abstimmung der Sicherheitspolitik der Europäischen Union mit den Allianzpartnern jenseits des Atlantik schlug die CSU vor kurzem die Einrichtung eines „Europäischen Strategierates" vor, in dem sich „die Außen- und Verteidigungsminister zusammen mit den Finanz- und Wirtschaftsministern auf ein gemeinsames Handeln der EU verständigen". „Auf diese Weise", so Theo Waigel, „würde das gewachsene Gewicht der EU in der Weltpolitik und Weltwirtschaft wirksamer zur Geltung" kommen. „Nur wenn", so Theo Waigel weiter – und dieser Satz könnte ebenso von Franz Josef Strauß formuliert worden sein – „Europa mit einer Stimme spricht, wird es in der Welt Gehör finden."[118]

---

[116] *Theo Waigel: Gedanken und Thesen zu Europa. Positionspapier, Juni 1995.*
Vgl. auch Theo Waigel: Perspektiven nationaler und internationaler Politik. Deutsche Interessen und europäische Verantwortung. In: Hanns-Seidel-Stiftung (Hrsg.): Dokumentation des Franz Josef Strauß Symposiums. 14. Internationale Fachtagung für Politik und Strategie 1992, München 1993, S. 124–136. Ferner Michael Glos: Durch eine transatlantische Charta die Europäisch-amerikanischen Beziehungen weiter ausbauen. Positionspapier, 31.7.1995; Michael Glos: Bewährung in der Veränderung. In: „Bayernkurier", 13.11.1993.

[117] *Theo Waigel: Rückblick in die Geschichte – Weichenstellungen für die Zukunft. In: Frieden, Freiheit, Versöhnung – Ein halbes Jahrhundert deutscher Geschichte. Internationales Forum der Hanns-Seidel-Stiftung, München, 5.4.1995. Sonderausgabe „Politische Studien", München 1995, S. 16–43, zitiert S. 37f.*

[118] *Waigel, Für eine selbstbewußte Vertretung deutscher Interessen, a.a.O.*

CSU-Geschichte aus der Sicht eines Journalisten – Fünfzig Jahre Lufthoheit über den Stammtischen

Georg Paul Hefty

Zwischen der Wieskirche und dem Kloster Banz ballt sich die Kraft der Christlich-Sozialen Union. Hier liegt das Hinterland des CSU-Vorsitzenden Theo Waigel, der in vorderster Linie in der Bonner Koalitionsrunde mit dem CDU-Vorsitzenden Kohl und dem FDP-Vorsitzenden Gerhardt ficht. Eine solche Hausmacht erscheint ziemlich knapp bemessen, verglichen mit dem, was Kohl anführen kann. Selbst Gerhardt könnte darauf verweisen, daß das Spielfeld seiner Partei von Berchtesgaden bis Flensburg reiche, er also umfassendere Interessen vertrete, als der Fürst der Südostprovinz. Doch der amtierende FDP-Chef unterläßt derlei Andeutungen, wie sie auch seine rasch wechselnden Vorgänger unterlassen haben. Denn selbst wenn beide Parteien immer wieder in absoluten Zahlen ähnliche Zweitstimmenmengen erreicht haben – bei der Bundestagswahl 1994 waren es 3.427.196 (7,3 Prozent) für die CSU und 3.258.407 (6,9 Prozent) für die FDP, während die SPD 17.140.354 (36,4 Prozent) verbuchte – so ist der Unterschied doch evident: bei der FDP verlieren sich ihre Wähler unter insgesamt 60,5 Millionen Wahlberechtigten, die CSU hingegen hat eine hochverdichtete Wählerschaft unter 8,7 Millionen Wahlberechtigten, was einem Anteil von fast 40 Prozent an den wahlmündigen oder von 51,2 Prozent unter den wahlwilligen Bürgern entspricht. Diese Massierung ihrer Gefolgschaft ist die Spezialität der CSU, die – gemessen an SPD und CDU – eigentlich eine zweitrangige Partei sein müßte, so wie die FDP und die Grünen, wobei die letztere nur 3.000 Zweitstimmen weniger hat als die viel potenter auftretende bayerische Landespartei.

Die Wirkkraft von Konzentraten ist aus der Physik und aus der Chemie bekannt. Sie gilt auch in der Politik. Auf der einen Seite hat die CSU wegen ihrer Massivität besondere Durchschlagskraft, auf der anderen Seite macht sie dieselbe Eigenschaft so gut handhabbar. Das wissen der jeweilige Vorsitzende und sein jeweiliger Generalsekretär sowohl im Alltag als auch in den Wahlkampfzeiten zu schätzen. Das ist es aber auch, was wiederum den Wählern so imponiert. Das Energiebündel namens CSU ist jedoch nicht meteoritengleich vom Himmel gefallen, sondern reines Menschenwerk. Und was für Menschen waren das! Nur der Entschluß, ihre angestammte oder ihnen vom Zweiten Weltkrieg zugeschlagene Heimat zu gestalten, war ihnen gemeinsam und vielleicht noch die Überzeugung, ihr jeweils persönliches Trachten sei der beste Weg für alle. Fritz Schäffer, ein Finanzpolitiker von hohen Graden, der mutige Widerständler Josef Müller, genannt „Ochsensepp", der tiefgläubige Alois Hundhammer wiesen die – selbstverständlich gegensätzliche – Richtung und waren sich bei genauerer Betrachtung spinnefeind. Die kraftvollen und einfallsreichen jungen Leute von damals hießen Franz Josef Strauß, Richard Jaeger, Franz Heubl, Otto Schedl und Fritz Zimmermann – und sie alle wußten, daß sie nur miteinander und auf gegenseitige Kosten groß werden konnten; und sie schafften den Aufstieg und wurden Parteifreunde derart, daß selbst ihre Gefolgschaft bisweilen den Kopf schüttelte.

Die Partei lebt von ihrer Botschaft: christlich und sozial sei sie, behauptet der Parteiname, und in Union stehe sie auch mit jemandem, vorzugsweise mit ihrer Unionsschwester CDU, aber nicht immer oder immer wieder nicht für alle Ewigkeit. Aber davon später. Die Partei nährt sich von ihrem Programm, das sich allen ihren Funktions- und Mandatsträgern eingeprägt hat, auch wenn der eine oder andere das papierene Programm noch nie von Anfang bis zum Ende gelesen hat. Vor allem aber wird die Partei verkörpert – verkörpert vom gesetzten Vorsitzenden Waigel, vom schlanken Stoiber, von einprägsamen und auch weniger auffallenden Frauen und Männern und von dem unvergeßlichen Franz Josef Strauß. Wer würde sein Wahlkreuz neben dem Schriftzug CSU machen, ohne daß ihm die Erinnerung an Strauß aufblitzte? Selbst die Erstwähler von heute saßen schon an den Bildschirmen, als im Oktober 1988 der verstorbene Strauß durch das Münchner Siegestor in das transzendente Reich der Politik verschwand, um umso länger präsent zu bleiben in der Partei, die sich damals kaum vorstellen konnte, was sie ohne ihn geworden wäre und was sie ohne ihn werden würde. Auch davon später mehr.

Zunächst geht es um die real existierende CSU, der man nicht anmerkt, daß sie schon 50 ist. Es gab Zeiten, als sie noch wesentlich jünger war und dennoch leicht für älter gehalten wurde. Jetzt ist sie nicht gerade beschwingt, aber kraftstrotzend und voller Tatendrang. Das Ziel ist klar, auch wenn es lange unausgesprochen blieb: der nächste Bundeskanzler, hilfsweise der nächste Bundespräsident soll aus der CSU kommen. Anders sind die Worte Waigels nicht zu verstehen, der moniert hat, daß eines der vier höchsten Staatsämter nun endlich einmal wieder seiner Partei zustehe. Dabei wird er weniger an den Präsidenten des Bundesverfassungsgerichts gedacht haben und an den Bundestagspräsidenten wohl auch nur in zweiter Linie, zumal dies das einzige Amt dieser Kategorie ist, das die CSU schon einmal besetzt hatte: von 1979 bis 1983 mit Richard Stücklen, was wichtig genug ist, um später auf die Umstände zurückzukommen.

Waigel wäre der falsche Mann an der Spitze der CSU – wofür ihn 95 Prozent der Delegierten keinesfalls halten –, wenn er sein Sinnen nicht auf die höchste und auf die mächtigste Position richten würde, die es in Deutschland zu erreichen gibt. Das ist er seiner Partei schuldig, zumindest seit Franz Josef Strauß 1980 so nahe vor dem Ziel gescheitert ist, und dieser selbst bei anderer Gelegenheit versäumt hat, ein CSU-Mitglied für das Amt des Bundespräsidenten zu empfehlen. Gleichwohl hätten hierfür bei rechtzeitiger Werbung zumindest 1984 die rechnerischen Chancen bestanden. Sage keiner, es sei kein geeigneter Mann zu sehen gewesen, vielmehr wäre einzugestehen, daß es keinen bundesweit akzeptablen Mann gab, dem die mächtigen Parteifreunde in der CSU einen solchen Ansehenszuwachs gegönnt hätten. Beobachtet man nur lange genug diese Partei, dann fällt doch auf, wie wenig sich ihre einzelnen Matadore einander grün waren und gewiß auch noch sind. Das ist keine besondere Untugend in der Partei, die ohnehin das Wort Solidarität nicht so überstrapaziert wie es die Sozialdemokraten in ihrem Jammertal diesseits und jenseits der weißblauen Grenze tun, sondern das ist die natürliche Folge des individuellen Ehrgeizes, ohne den ein Politiker nie den Aufstieg schafft, und der in der Summe das Fundament des gemeinsamen Erfolges der Gesamtpartei CSU ist.

Schuldig ist derart gezieltes Trachten der Parteivorsitzende Waigel auch den bayerischen Wählern und dem Freistaat überhaupt. Baden-Württemberg (nach aktueller Zurechnung) hatte seinen Heuss, Westfalen seinen Lübke, Nordrhein-Westfalen und die SPD hatten ihren Heinemann, wiederum Nordrhein-Westfalen und die FDP ihren Scheel, Bremen seinen Carstens, Berlin seinen von Weizsäcker und Landshut hat seinen Herzog – aber nicht alle Bayern sind automatisch Mitglied in der CSU. Dennoch war es die CSU, die das CDU-Mitglied Herzog, der nicht in der Nähe von Strauß und Waigel, sondern von Kohl Karriere gemacht hat, zum Kandidaten für das höchste Amt vorgeschlagen hat. Ein Schelm, wer daran dächte, daß Herzogs ebenso freiwillige wie öffentliche Festlegung auf nur eine Wahlperiode dazu diente, die Chancen der CSU auf dieses Amt nicht noch weiter hinauszuzögern.

Bei den Bundeskanzlern sieht die Bilanz für die Bayern auch nicht besser aus, obwohl – mit der einen Ausnahme Kiesinger (wegen der Großen Koalition mit der SPD) – kein CDU-Favorit Kanzler geworden wäre, wenn ihm die CSU dies nicht ermöglicht hätte. Doch Jahrzehnte lang Kanzlermacher zu sein, ohne Kanzlerpartei sein zu dürfen, nagt am politischen Selbstwertgefühl nicht nur der Funktionäre im Franz-Josef-Strauß-Haus an der Münchner Nymphenburgerstraße, sondern auch der Funktionsträger in der Staatskanzlei am Münchner Franz-Josef-Strauß-Ring. Je reeller die Aussichten auf eines der beiden Spitzenämter werden, umso mehr wird sich herausstellen, daß die CSU im Parteivorsitzenden, Bundesminister Waigel, (wer über den Tag hinaus schreibt, läßt die Einengung auf „-finanz-" wohlweislich weg), nicht nur einen respektablen Anwärter hat, sondern mit Ministerpräsident Stoiber deren zwei. Der Wettbewerb gehört nicht nur zum Wirtschaftsprogramm der Partei, sondern ist der angenehmere Aufmerksamkeitserreger in den parteiinternen Personalgeschichten.

Der unangenehmere Erreger kommt in dieser Partei freilich auch zum Tragen, vorzugsweise in Phasen des Generationenwechsels, wenn das garstige „Schmutzige-Wäsche-Waschen" (offenbar eine Lieblingsbeschäftigung übermütiger Beobachter) plötzlich salonfähig wird durch die Umbenennung in „Reinen-Tisch-Machen". Ein solcher Akt steht nur Parteigewaltigen zu und kann nur von solchen zu einem verantwortungsvollen Ende gebracht werden, etwa zu einer Ministerentlassung oder einem Ministerpräsidentenwechsel. In solchen Zeiten schauen die CSU-Wähler nicht minder genau hin als die Bevölkerung insgesamt und gar die sprichwörtlichen Hamburger Magazine, von denen ein Teil neuerdings in München herausgegeben wird. Beeinflussen lassen sich die Bayern in ihrem Urteil von Fremden aber nicht. Zieht man die Wahlergebnisse aus fünf Jahrzehnten als Indikator heran, dann verfängt der

Vorwurf an die CSU, sie sei affärenbeladen, bei den Bürgern nicht allzusehr: Die schlechtesten Ergebnisse hatte sie, als ihr noch keine Affären zugeschrieben wurden, sondern – im klassischen Sinne – ganz im Gegenteil, allzuviel Religions- und Gewissenhaftigkeit. Ihre besten Ergebnisse wiederum korrelieren weder gerade noch umgekehrt mit der Zahl der Untersuchungsausschüsse, die sie im Bundestag oder im Bayerischen Landtag gegen ihre Prominenten hinnehmen mußte.

Fasziniert sind die Wähler, die Mitglieder und die aschermittwöchlichen Polittouristen von der Vitalität und der Kleinbürgernähe der Parteiprominenz, von der Grundsatztreue und Berechenbarkeit, vom Pragmatismus und der Emsigkeit sowie der Schlitzohrigkeit der personifizierten CSU. Mit Betulichkeit wird man nicht zur Volkspartei, auch erhöht zweifelsfreie Unschuldigkeit nicht den Reiz einer Partei, noch steigert die Wandlungsunfähigkeit ihre Anziehungskraft. Die CSU vor Strauß ist nicht die CSU unter Strauß und diese nicht die CSU nach Strauß. Sie ist nicht mit den Moden gegangen, und sie hat dem chamäleonhaften Zeitgeist widerstanden, aber sie hat in den fünfzig Jahren seit den Tagen ihrer Gründung die drei oder vier Generationswechsel Nachkriegsdeutschlands mitgemacht, sie ließ sich vom technisch-wissenschaftlichen Wandel treiben und von der Verweltlichung der Gesellschaft verführen. Das Aufbäumen gegen einen doppelzüngigen Kruzifix-Beschluß widerlegt diese Darstellung nicht: in der Hundhammer-Zeit, also weit vor 1968, wäre der Widerspruch allein aus der Tiefe des Herzens gekommen, jetzt hat er gewiß erst blitzschnell auch die demoskopische Prüfschleuse passiert.

Dennoch ist es der CSU bisweilen unterlaufen, daß sie sich in ein Thema verbissen hat, das ihre bayerischen Wähler – und nur solche hat sie, allem Zuspruch in Norden und Westen und seit etlichen Jahren auch im Osten zum Trotz – überhaupt nicht interessiert. Ein solches Thema ist die ominöse „Vierte Partei". Es ist allerdings mehr als eine Ironie, daß wenn sich die Bayern ihrerseits für eine „vierte" Partei interessieren, dies der CSU am allerwenigsten gefällt.

Nicht der Begriff, aber die Grundidee einer – neben CDU, SPD und FDP – sich über die Bundesrepublik ausbreitenden „vierten", CSU-geprägten Formation ist älter als der Kreuther Trennungsbeschluß von 1976. Wer erinnert sich noch, daß bei der Bundestagswahl 1957 im Saarland ein Landesverband der CSU neben der CDU auftrat und 1959 unterging? Wem ist noch gewärtig, daß es seit 1968 ab und an in verschiedenen Bundesländern „CSU-Freundeskreise" gab, die die Entpuppung zur Partei nie schafften, und daß sich vor der Bundestagswahl 1976 eine „Aktionsgemeinschaft Vierte Partei" wichtig machte? Das Selbstwertgefühl der CSU-Mitglieder in Rosenheim oder Aschaffenburg wurde dadurch nicht wesentlich gesteigert.

Strauß versprach sich von einer Ausweitung seines parteiorganisatorischen Wirkungskreises viel, – aber was sollte das dem bayerischen Bürger bringen? Welche Konsequenzen hätte das Festhalten an dem Rezept „getrennt marschieren, gemeinsam (mit der CDU) siegen" gehabt – und würde es auch künftig haben? Strauß' Parteinächster Friedrich Zimmermann meinte, „dadurch mindestens drei Prozent mehr Stimmen" für die Union zu erringen. Vorausgesetzt wurde, die CDU wanderte der neuen Konkurrenz zuliebe ein bißchen nach „links" und einige SPD- und FDP-Wähler stießen (die CDU rechts überholend) zum CSU-Ableger vor. Einer der Verfechter der Ausbreitung, der damalige stellvertretende Landesgruppen-Vorsitzende Althammer, hegte die Vorstellung, mit dieser Neugründung manches ausprobieren zu können, was in der Mutterpartei selbst noch nicht en vogue war, etwa den Umweltschutz programmatisch höher hervorzuheben. In den Gremien der CSU ist darüber jedoch nie ausgiebig nachgedacht worden. Es wurden auch keine Analysen erstellt, man ließ sich von den Sympathiebekundungen einzelner CDU-Kreisvorsitzender irgendwo auf dem flachen Land erbauen. Die Kreisvorsitzenden der CSU hingegen, an deren begeisterte Mittäterschaft man beim Kreuther Beschluß geglaubt hatte, erwiesen sich alsbald als entschiedene Gegner dieses Experiments, das schließlich (Anfang Dezember 1976) an der Mißbilligung durch die Mittelschicht der Partei scheitern sollte.

Die Entscheidung zur Trennung war erst im November 1976 gefallen. Strauß hatte sie zwar angestoßen, aber nicht verlangt. Daher hat sie wohl keiner der in Kreuth anwesenden CSU-Bundestagsabgeordneten erwartet, wie verschiedene Zeitzeugen offen oder unter dem Siegel der Vertraulichkeit berichten. Die CSU-Landesgruppe kündigte die Fraktionsgemeinschaft mit der CDU im Bundestag auf. Ein gewichtiges Wort redete der vorherige Landesgruppenchef Stücklen mit, der zugleich enttäuscht war, daß seine Aussichten auf den Sessel des Bundestagspräsidenten vorerst den Wildbach hinuntergingen. Klarheit bestand darüber, welche finanziellen Vorteile die Trennung für die neue „CSU-Bundestagsfraktion" bringen würde, da genügte der Blick in die

Geschäfts- und in die Haushaltsordnung des Parlaments. Tatsächlich erhielt die Landesgruppe nach der Aufhebung des Trennungsbeschlusses von ihrem Wieder-Fraktionspartner eine wesentlich bessere Ausstattung zugestanden. Aber völlig im Dunkeln lag, wie man die Trennung parteipolitisch und wahltaktisch nutzen könnte oder sollte, und wie man auf einen Gegenzug der CDU in bayerische Orte, Kreise und Bezirke reagieren müßte.

Zimmermanns Vorschlag einer Listenverbindung der CSU mit außerbayerischen Wahlgruppen bleibt auch zwanzig Jahre später in der Beschreibung des Autors nebelig. Einfacher war der Gedanke zu fassen, mit Hilfe bereitwilliger Kandidaten aus der CDU, aus anderen mehr oder minder großen Parteien oder von Parteilosen eine (wohl mit Ausnahme Bayerns) bundesweite CSU unter einem neuen Namen aufzubauen. Doch entbehrt es aus der Rückschau nicht einer gewissen Symbolik, mehr noch Symptomatik, daß in der Kreuther Klausur der erste Fürsprecher der Trennung von der CDU der junge Abgeordnete Franz Handlos aus dem Bayerischen Wald war. Sieben Jahre später hat er tatsächlich vollzogen, was er sich vorgenommen hatte, und hat eine „vierte" (zu dieser Zeit schon eher fünfte) bundesweite Partei gegründet. „Die Republikaner", wie sie unter dem Handlos-Gegner Schönhuber geworden sind und berüchtigt wurden, haben sich erst später meilenweit von der Vorstellung des einstigen Erststimmenkönigs der CSU und des Bundestages überhaupt entfernt. Handlos wollte lediglich eine kleinbürgerliche Partei rechts der CSU und der CDU plazieren. Das Vorhaben pervertierte jedoch, weil er keine anderen Leute bekam, als jene Art von Parteipionieren, die schneller noch als der Treibsand zur Stelle sind, sobald der rechte Wind weht.

Naturgemäß hätten erprobte CSU-Funktionäre ein größeres organisatorisches Geschick und durch Steuerung von Finanzmitteln mehr Disziplinierungsmöglichkeiten gehabt als Handlos sie hatte. Dennoch wäre eine CSU-generierte „Vierte Partei" dank politischer Querulanten unter den Neumitgliedern denselben anfänglichen Turbulenzen ausgesetzt gewesen, wie sie alle spätgegründeten westdeutschen Parteien durchlitten haben. Die traditionelle Basis, das Selbstverständnis und der Ruf der CSU hätten es jedoch nicht ausgehalten, wenn die Konsolidierung, ähnlich wie bei den „Grünen", ein Jahrzehnt gebraucht hätte. Dabei ist nur die Verunsicherung von der einen Flanke in Rechnung gestellt. Hätte die „Vierte Partei" – das Experiment des

Steuergewerkschafters Fredersdorf scheiterte trotz aller gegenseitiger Sympathien mit Strauß schon beim ersten Test – tatsächlich den sogenannten Einmarsch der CDU nach Bayern ausgelöst, wäre die sieggewohnte Partei auch an ihrer anderen Flanke schwer verletzt worden.

Nichts von diesen Erfahrungen ist überholt. Eher wurden sie – zur offensichtlichen Enttäuschung der CSU-Parteimanager – durch das eigentlich vernünftige, ja zwingende, für den Sieg des christlich-demokratischen Spektrums um den Ministerpräsidenten-Kandidaten de Maiziere ausschlaggebende, aber letztlich gescheiterte Projekt der DSU in den neuen Bundesländern abermals bestätigt. Über all diese und auch gegenpolig ausgerichtete Parteigründungen und Gründungsversuche verlieren selbst die sattelfesten Parteiprofis den Überblick. So fiel niemandem ein, daß die Wortkombination Deutsche Soziale Union schon in den 50er Jahren ein eingetragener Parteiname war. Ausgerechnet der sozialistische Früh-Nazi Otto Strasser, der gemeinsam mit seinem Bruder Gregor 1930 von Hitler aus der NSDAP gedrängt worden war, hatte 1956 eine Deutsche Soziale Union gegründet – mit so wenig Erfolg, daß sogar der Name in Vergessenheit geriet.

Zur Zeit ruht die Vierte-Partei-Parole ganz unten in der Mottenkiste der CSU; ihr endgültig abschwören will man dennoch nicht, wer weiß, wann sie wieder und zu was nütze sein könnte. Wie sehr die Strategen der CSU diese Idee liebgewonnen hatten, läßt sich daran erkennen, daß seine engsten Weggefährten noch heute „Kreuth" für die erste der beiden wichtigsten Taten von Strauß halten. Als die zweite gilt seine Kanzlerkandidatur.

Der Entschluß, Kanzler werden zu wollen, war tatsächlich ein furioses Signal, das die ganze Bundesrepublik auf die Beine brachte – die einen zu Strauß' Unterstützung, die anderen zum Widerstand gegen ihn. Damit war der bisher größte Auftrag an die CSU ergangen, an die Führung, an die Organisatoren, an die Basis, eigentlich auch an die Bayern insgesamt. Sie konnten, falls alle zur Wahl gingen und für Strauß votierten, jenes Quantum in die Waagschale werfen, das einen der Ihren ins Bundeskanzleramt bringen würde.

Überzeugt, daß er der bessere Kanzler wäre, war Strauß schon seit langem, manches deutet darauf hin, schon seit dem Wechsel von Adenauer zu Erhard. Irgendwann zur Zeit der SPD/FDP-Koalition hatte diese Überzeugung dann alle Mitglieder der CSU ergriffen. Je hemmungsloser „aus dem Norden" gegen ihren Parteivorsitzenden polemisiert wurde, umso höher hob man ihn in Bayern auf den Schild. Daß Kohl 1976 von der CDU nominiert worden war, ohne den älteren Kollegen gefragt oder zumindest das Einverständnis der CSU-Führung vorher eingeholt zu haben, ärgerte Strauß und seine Getreuen auch noch drei Jahre später. Für 1980 wollte man sich dies nicht bieten lassen.

Zur historischen Wahrheit, die damals niemand in den breiten Schichten der CSU geahnt hat, gehört, daß ihr mächtiger Vorsitzender ebenso wie schon bei der Kreuther Machtdemonstration auch bei seiner Kanzlerkandidatur unglaublich zögerlich vorging. Dank der Solidarität im Führungszirkel blieb dies der Öffentlichkeit verborgen. Alle Welt sprach dagegen von dem entscheidungsunwilligen Kohl, der wiederum zu verbergen wußte, mit welcher Entschlossenheit er Entscheidungen anging.

Strauß und Zimmermann, der die Bonner Geschäfte der CSU führte, seit der Parteivorsitzende 1978 den Vorsitz im bayerischen Ministerrat dem Sitz neben Kohl in der CDU/CSU-Bundestagsfraktion vorgezogen hatte, hielten Kohl für einen Verlierertyp. Dies trug dazu bei, daß sich in der Öffentlichkeit immer mehr Stimmen erhoben, die den erst kurz amtierenden niedersächsischen Ministerpräsidenten Albrecht als Kanzlerkandidaten favorisierten. Kohl fiel es nicht schwer, den eigenen Konkurrenten der erwarteten und schließlich höchst geschickt provozierten Konkurrenz mit Strauß auszusetzen. Ob Strauß Kohls Falle ahnte oder sich durch das politische Greenhorn Albrecht getroffen fühlte – fest steht lediglich, daß seine Allergetreuesten es waren, die ihn am Abend nach der Wahl von Karl Carstens zum Bundespräsidenten zu der Kandidatur für die Kanzlerkandidatur überredeten. Die zwischen CDU und CSU verbindliche Nominierung zum gemeinsamen Kanzlerkandidaten fand am 2. Juli 1979 im überfüllten Saal der Bundestagsfraktion statt. Noch bevor der Fraktionsvorsitzende Kohl die Sitzung eröffnete, meldete sich der CDU-Abgeordnete Milz zu Wort und verlangte die Entscheidung über die beiden Kandidaten. Aus der Reaktion hierauf erkannte Kohl, daß die Hundertschaft der Hinterbänkler seiner eigenen Partei den Ausschlag zugunsten von Strauß geben werde. Daran würde auch nichts mehr ändern, wenn die anderen CDU-Parlamentarier für den Kandidaten der Parteiführung stimmten. Über das geschlossene Votum der CSU-Landesgruppe konnte – wie meist – keinerlei Zweifel aufkommen. Die Marathonsitzung brachte das von Kohl berechnete Ergebnis. Der um eine Generation ältere Strauß bekam – kurz vor dem Eintritt ins Rentenalter – seine Chance, der mit Kohl gleichaltrige Albrecht war bundespolitisch erledigt.

Das Ergebnis der Bundestagswahl von 1980 ist bekannt. Die 57,6 Prozent CSU-Wähler in Bayern reichten nicht aus, um die Diffamierungskampagne der Strauß-Gegner und manche Zögerlichkeit in den Reihen der CDU-Wahlkämpfer wettzumachen. Strauß – ein (gerade an seinem größten Vorhaben) Gescheiterter? Diesen Schluß haben die CSU-Anhänger nicht gezogen, sondern eher die Lektion gelernt, die zu lernen sich Strauß dauerhaft weigerte, daß nämlich der CDU-Vorsitzende Kohl nicht unterschätzt werden dürfe, vor allem nicht in parteipolitischer Taktik und Strategie.

Strauß, der drei Jahrzehnte lang das Synonym für CSU war, überragte in politischer Rhetorik und Aktivität seinen Kollegen Unionsvorsitzenden weit, und auch auf der Gegenseite konnten bestenfalls Brandt und Schmidt in der Popularität mit ihm mithalten. Als Finanzminister der Großen Koalition war er nicht nur fachlich, sondern auch in den Medien gut über die Runden gekommen. Die anschließende Oppositionszeit – obwohl er der Vorsitzende der in Bayern mit absoluter Mehrheit regierenden CSU war, war er doch aufs Ganze gesehen bis 1978, ja sogar bis 1982 ein Oppositionspolitiker – bestritt er als dominanter Außen- und Wirtschaftspolitiker der Union. Das geschah nicht mit der Allüre eines Solisten oder Alleskönners. Vielmehr schaffte er für sich und für seine von ihm verkörperte Partei den Spagat zwischen Rückwärtsgewandtem, als welches damals das Festhalten an gesamtdeutschen Rechtspositionen galt, und an Zukunftsweisendem, was die Abwehr von dirigistischen Eingriffen in die Soziale Marktwirtschaft allzeit ist.

Der Eindruck, den die Wähler zu dieser Zeit von der CSU gewannen, war neben dem Bild einer unaufgeregt fortschrittlichen Landespolitik unter Ministerpräsident Goppel, der eines kämpferischen Widerstandes gegen die Ostpolitik sozial-liberaler Prägung. Abwehr ist nie mit so schönen Wortkaskaden verbunden wie das große Wagnis. Man mag es wenden, wie man will, mag man Strauß in den Medien noch so sehr Aggressivität vorgeworfen haben, er, seine Partei und seine Bundestagsfraktion waren in der Defensive. Nichts macht dies anschaulicher als das Ergebnis der Bundestagswahl 1972, als die Union auf 44,9 Prozent zurückfiel, derweil die SPD zum ersten Mal die CDU/CSU überholte.

In Bayern aber erzielte die CSU 55,1 Prozent der Stimmen. Strauß konnte gar keine andere Haltung zur Ostpolitik einnehmen als er es tat. Die Skepsis der angestammten Bayern gegenüber den kommunistischen Regimen (die bayerischen Landesgrenzen gegenüber der DDR und der CSSR hatten Ost-Berlin und Prag zum Eisernen Vorhang gemacht) und der hohe Anteil von Vertriebenen und Flüchtlingen aus den sowjetisch besetzten Ländern mußten berücksichtigt werden. Zwischen den Redeschlachten um die Ostverträge und den Milliarden-Kredit für die DDR lag nicht nur ein Jahrzehnt, sondern vor allem der Regierungswechsel von 1982. Oft genug hatte in den 70er Jahren die Union bekräftigt, daß auch sie das Verhältnis zu den kommunistischen Staaten, die Gebiete in den ehemaligen deutschen Grenzen von 1937 beziehungsweise 1938 besaßen, und zur Sowjetunion ordnen wolle, aber „So nicht", wie der unvergeßliche Ausspruch des Oppositionsführers Barzel lautete. Nach dem Regierungswechsel war auch Strauß gefordert, zu beweisen, daß man es anders und besser machen konnte.

Die Ausgangsbasis für den Milliarden-Kredit lag weit zurück. Es war das Grundlagenvertrags-Urteil des Bundesverfassungsgerichts von 1973. Dessen Auslöser aber war die Klage der bayerischen Staatsregierung gegen den von der Regierung Brandt/Scheel getroffenen Vertrag mit der DDR. Auch wenn dies manche in den oberen Rängen der CSU – und erst recht in der politischen Publizistik – bis heute anders sehen: diese Klage war die wichtigste politische Tat der CSU und ihres Vorsitzenden – weit vor der Kanzlerkandidatur.

Die Bundestagsfraktion der CDU/CSU lehnte den Vorstoß ab, den Vertrag von Karlsruhe überprüfen zu lassen. So blieb der CSU nichts anderes übrig, als die bayerische Staatsregierung vorzuschicken. Diese aber wollte sich nicht einspannen lassen für ein Thema, daß nichts mit Kulturhoheit und Finanzausgleich zu tun hatte und folglich von denen „im Bund" erledigt werden sollte. Der unwillige Ministerpräsident Goppel verhielt sich Strauß gegenüber so, wie sich alle amtierenden Regierungschefs einem Parteivorsitzenden gegenüber verhalten, „unter dem" sie nicht Ministerpräsident sein wollen. Dies zwang Strauß und die Gremien der Partei zu einer ungewöhnlich intensiven Befassung mit dem Thema und zu einem vielfach hin- und hergewendeten Beschluß. Von dem vielfach von Kritikern wie von Bewunderern dem CSU-Chef unterstellten „So will ich es, so machen wir es" blieb nichts übrig. Heraus kam ein – wie man es in Ost-Berlin bewertet hätte – kollekti-

409

ver Entschluß, die Klage zu wagen. Eine unverbindliche Probeabstimmung im bayerischen Kabinett ergab eine Stimme Mehrheit. Daraufhin faßte das Kabinett den offiziellen Beschluß, beim Bundesverfassungsgericht Klage zu erheben. Dies wurde Goppel als Niederlage angekreidet, doch hat er sich damit in Wirklichkeit historische Verdienste erworben.

Strauß und die Seinen hofften auf ein Urteil, daß der Vertrag mit dem Grundgesetz nicht vereinbar sei. Zumindest aber erwarteten sie eine vielfach bedingte Zustimmung, welche die Vertragshandhabung binden und das künftig Mögliche einschränken werde. Aufgrund der Einschätzung der zuständigen Richter und der Erwartungen an ihre politische Prädisposition war man zuversichtlich. Doch wer weiß, wie das Urteil tatsächlich gelautet hätte, wären in der Zeit der Beratungen in einer angesehenen Zeitung nicht zwei Artikel erschienen, aus welchen zum einen die Kläger die Voreingenommenheit eines der Richter ableiten und dessen Ablehnung wegen Befangenheit erreichen konnten und zum zweiten das Richterkollegium seine eigenartige Wertschätzung durch führende Ostpolitiker der SPD/FDP-Koalition zur Kenntnis nehmen mußte.

Das Grundvertragsurteil des Bundesverfassungsgerichts, das manche gerne hämisch als Niederlage der bayerischen Staatsregierung, der CSU im allgemeinen und ihres Vorsitzenden im besonderen ausgeben wollten, ist zum Eckstein der deutschen Einheit geworden. Wäre die damalige Bundesregierung auf dem Wege der völkerrechtlichen Zweistaatlichkeit fortgeschritten, hätte es 1990 keinen Beitritt der DDR zur Bundesrepublik geben können, sondern bestenfalls die viel schwierigere Operation, wie sie zum Zwecke der Vereinigung etwa zwischen den Vereinigten Staaten und Mexiko zu bewerkstelligen wäre. Auch hätten die Siegermächte des Zweiten Weltkrieges in den Zwei-plus-vier-Gesprächen und die EU-Partner sich viel hinhaltender verhalten können, wenn die Bundesrepublik zuvor den Anspruch auf Erfüllung der Wiedervereinigung aufgegeben hätte. Dann wäre vielleicht nicht nur der französische Sozialist Mitterrand herbeigeeilt, um der DDR den Rücken zu stärken, sondern auch der eine oder andere Politiker aus den europäischen CSU-Partnerorganisationen EDU und EVP.

Das Urteil des Bundesverfassungsgerichts erfüllte die CSU mit Genugtuung und stärkte ihre deutschland- und außenpolitische Einheit. Doch für die politische Tagesarbeit gab das wenig her. Strauß und die anderen Herolde der

Partei suchten nach der Möglichkeit, international weiter mitzumischen. Wie oft bei Anlässen, wo ihm die Gefolgschaft der Parteibasis nicht sicher schien, flüchtete er sich in lateinische Formeln, um Eindruck zu machen. Pacta sunt servanda hieß es unvermittelt und die Basis wie die Welt hatten einige Zeit später das Bild eines vormaligen „Kalten Kriegers" zu bestaunen, wie er sich dem ernsthaften Gespräch mit dem sowjetischen Diktator Breschnew hingab. Die Vorwürfe der CSU an den SPD-Kanzler Brandt wegen der Bootsfahrt mit Breschnew wurden eilends verdrängt. Und es kamen die Bilder von dem ebenso ernsthaften Gespräch mit dem chinesischen Diktator Mao Tse-tung. Und dann kamen Reisen zu den kleineren kommunistischen Diktatoren und am Schluß wurde nicht einmal Albanien ausgelassen. In dieser Zeit stellte der CSU-Vorsitzende, ohne es so zu spüren, manchen treuen CSU-Wähler auf eine harte Probe. War der Antikommunist Strauß noch präsent oder hatte ihn der Weltreisende und Selbst-"Weltstaatsmann" (wie er den Bundeskanzler Schmidt gerne verhöhnte) außer Diensten gestellt?

Die Partei tat nichts zur Aufklärung der Bayern wie der Sympathisanten nördlich des Mains. Blindes Vertrauen war gefordert. Der „Bayernkurier" kündete Strauß' Ruhm, aber ein außenpolitisches Konzept, das sich grundlegend von dem der Regierung Schmidt/Genscher unterschied, wurde für die Skeptiker nicht sichtbar. Erschwerend kam hinzu, daß die zweite Reihe der CSU-Führung zu einer weitsichtigen Arbeitsteilung mit Strauß nicht in der Lage war. Während der Parteichef mit dem ungarischen Generalsekretär Kadar zur Jagd ging und mit ihm die unter Staatsmännern selbstverständlichen, eher grundsätzlichen als detailfreudigen, Reden führte, blieb die CSU auf Distanz zu den Dissidenten des Ostblocks: zu den ungarischen, weil sie Maoisten oder Trotzkisten waren, zu der polnischen Solidarnosc, weil das eine Gewerkschaftsbewegung war, zu der tschechischen Charta 77, weil da Sozialisten den Ton angaben, zu einzelnen Christen und Künstlern in der DDR, weil sie unberechenbar erschienen. Die CSU hatte zu den Gegnern des Helsinki-Prozesses gehört, was sich begründen läßt, und es war irgendwie konsequent, daß sie auch nicht die Möglichkeiten nutzte, welche in der Schlußakte der KSZE steckten. Hier hatte die Führung keinen schärferen Blick für die Zukunft als die Basis, vielmehr befand sie sich in einem bedauernswerten Einklang mit ihr.

Als nach der Wende von 1982, die – es darf festgehalten werden – von Kohl und nicht von Strauß herbeigeführt wurde, der CSU-Vorsitzende den Schwenk namens „Milliarden-Kredit für die DDR" machte, kam es zu einem Erdbeben in der Partei, dessen Stärke auf der nach oben offenen Richter-Skala in den ersten Tagen gar nicht gemessen werden konnte. Der Austritt des Bundestagsabgeordneten Handlos, der im Bayerischen Wald bis dahin getreulich die Verdammung des Honecker-Regimes predigte, war nur noch ein schwacher Hinweis, daß gerade die Bodenständigen in der Partei die Welt nicht mehr verstanden. Hätte es nicht schon immer eine CSU unabhängig von Strauß gegeben – die CSU der Bürgermeister und Landräte, die CSU der Landtagshinterbänkler und der Landesgruppensoldaten, Strauß hätte alle Hände voll zu tun gehabt, die Überraschten und Verärgerten bei der Stange zu halten.

Nur wenige wußten, wie die Kritik an der DDR und die Unterstützung der DDR zusammenpaßten. Der frühere Generalsekretär Tandler hat das erklärende Wort überliefert, das Strauß im engsten Kreis, niemals aber in der Öffentlichkeit gebrauchte: Es gelte die DDR von der D-Mark so abhängig zu machen, wie die Drogensüchtigen vom Rauschgift abhängig sind. Damit befand sich Strauß nicht nur mit sich im Reinen, sondern auch in Übereinstimmung mit westlichen Bankkreisen. Zur Vorgeschichte der Wende von 1989, die Strauß nicht mehr erlebte, gehören die riesigen westlichen Kredite an die sozialistischen Staaten. Und es ist kein Zufall, daß als erstes Ungarn den Sprung wagte, das die höchste Pro-Kopf-Verschuldung aller Mitglieder des Warschauer Paktes hatte und ohne westliche Subventionen nicht mehr auskommen konnte. Ein solches Schicksal plante Strauß auch für das Honecker-Regime und die DDR insgesamt – und es gehört zur Ironie der deutsch-deutschen Beziehungen, daß er diesen Plan nur mit (wissender oder unwissender) Zustimmung und (willentlicher oder unwillentlicher) Hilfe der SED-Führung ins Werk setzen konnte.

Als die Ära des CSU-Vorsitzenden und bayerischen Ministerpräsidenten Strauß am 3. Oktober 1988 jäh endete, hatte der Verstorbene viel für die bevorstehende Wende und die Erlangung der Deutschen Einheit getan, mit deren Heranrücken zu dieser Stunde weder die Trauernden in der CSU und über sie hinaus noch die Verfasser wohlwollender oder besserwisserischer Nachrufe rechneten.

Die CSU blieb von diesem Tag an die alte, und sie war auf eine noch unbestimmte Art und Weise dennoch eine neue Christlich-Soziale Union. Strauß hatte niemanden zum Kronprinzen bestimmt, und doch standen zwei an der Spitze der Erbfolge, was die Mitgliederschaft mit allfälliger Selbstverständlichkeit hinnahm. Der Stellvertretende Ministerpräsident Streibl übernahm die Führung der bayerischen Staatsregierung und der Vorsitzende der Bonner Landesgruppe nahm die Führung der Partei in die Hand. Es war mehr als der Beweis eines reichen Vorrats an talentierten Politikern, daß der damalige Innenminister Stoiber und der seinerzeitige Wirtschaftsminister Tandler, beide ehemalige Generalsekretäre, sich mit dieser Entscheidung nicht abfinden wollten. Die Partei, die vor Strauß ebenso häufig wechselnde Vorsitzende hatte wie andere Parteien, hatte sich inzwischen an eine hierarchische Stabilität gewöhnt, die sie nicht aufs Spiel setzen wollte. So blieb es einstweilen bei der Ausgangskonstellation, was Tandler schließlich in die Resignation trieb, und die Stoiber Jahre später, mitten in der Machtkrise des Ministerpräsidenten Streibl, durch die Vorwärtsverteidigung, auch er habe ein bißchen Privilegienreiterei begangen, zu seinen Gunsten zu ändern wußte.

Unterhalb dieser gegenwärtigen zwiegenähten Führung ist eine Partei zu sehen, die fünfzig Lenze nach ihrer Gründung noch längst nicht in die Jahre gekommen ist. Sie ist in der 1990 größer gewordenen Bundesrepublik Deutschland die einzige erfolgreiche Regionalpartei, und man könnte darüber streiten, ob sie seit 1988 ihr bundespolitisches Gewicht nicht sogar noch gesteigert hat. Erfolg gebiert eben Erfolg. Ohne daß ihre Mitglieder oder gar die Wähler von heute darüber nachdächten, wie es eigentlich mit dieser Partei hierzu gekommen ist, stellt die CSU die richtige Mischung soziologischer Elemente dar, um nicht nur Volkspartei, sondern auch Regierungspartei zu sein. In der CSU findet sich jede Klasse, weniger marxistisch formuliert, jede Schicht wieder, und zwar in ausreichender Stärke, um sich nicht immer in der Angst zu bewegen, doch noch untergebuttert zu werden. All das Gerede aus den 60er Jahren – als die SPD in Bayern sich noch nicht damit abgefunden hatte, daß die Regierung Hoegner ihre erste und einstweilen letzte Machtdemonstration sein sollte –, die CSU sei eine Partei der Generaldirektoren, hat nicht mehr verfangen. Mit der einzigen Ausnahme der Landtagswahl 1950, als die SPD mit Nullkommasechsprozent die CSU überholte (28,0 Prozent zu 27,4 Prozent) lag die Sozialdemokratische Partei über Jahrzehnte nicht gleichauf mit der Christlich-Sozialen Union. Bei der Landtagswahl von 1974, dem organisatorischen Meisterstück des Generalsekretärs Tandler, hatte die CSU sogar doppelt soviele Stimmen auf sich vereint wie die SPD. Dieses Phänomen wiederholte sich Mitte der 80er Jahre, wiederum unter Tandlers Regie, der zu dieser Zeit die beiden Full-time-jobs Fraktionsführung und Parteimanagement schulterte. Auch sein Nachfolger Erwin Huber konnte bei der Landtagswahl 1990 ein solches Ergebnis seinem Parteichef Waigel präsentieren.

Die Faszination, die diese Partei allem Anschein nach auf einen wesentlichen Teil der mündigen Bayern ausübt, erschließt sich auch dem Außenstehenden leicht. Bayern war nach dem Zweiten Weltkrieg ein Agrarland. Mittelstand und Kleingewerbe kennzeichneten Arbeitgeber und Arbeitnehmer, die öffentliche Verwaltung und die gebildeten Schichten waren auf der Suche nach Neuem. Die SPD gerierte sich zu dieser Zeit im großen und ganzen als Partei der Industriearbeiterschaft und bei zeitgeschichtlichen Rückblenden als Partei des guten Gewissens. All das machte die Hinwendung zu ihr im Freistaat schwer. Blieb noch die Wahl zwischen CSU und Bayernpartei. Bei den Bundestagswahlen 1949 lag die CSU bei 29,2, die BP bei 20,9 Prozent. Das Rennen wäre offen gewesen, wenn... ja wenn die CSU nicht mit der größeren Nähe zum Bundeskanzler Adenauer und zur CDU hätte aufwarten können. Dabei zeigte sich das Doppelgesicht der CSU, um das sich die Machtkämpfe der Eingeweihten in den Führungszirkeln drehte, werbend dem Wahlvolk. Auf der einen Seite war die CSU – anders als die SPD und die FDP – eine ausschließlich bayerische Partei, auf der anderen Seite war sie - anders als die BP – keine isolierte Provinzpartei, wenn auch des stolzen Bayernlandes, sondern eine deutsche Partei. Als die CSU trotzdem 1954 von der Koalition so gegensätzlicher Partner wie SPD und BP mit zwei weiteren Parteien aus der Regierung gedrängt wurde, war der junge ehemalige Generalsekretär und damalige stellvertretende Vorsitzende Strauß wohl der erste, der den Blick und den Aktionsradius der Partei noch mehr weitete und ihr sowohl eine westeuropäische Ausrichtung als auch unter dem Stichwort „praktische Koexistenz mit dem Osten" einen gesamteuropäischen Akzent gab.

Wiederum einige historische Drehungen weiter betrieb Strauß die Einbindung der CSU in europäische Parteienbündnisse, die als EDU und EVP entstanden. Nichts kennzeichnet mehr als dies, zu welchem Anachronismus das ideelle Prinzip der Bayernpartei geworden war. Auf europäischer Ebene ist eine national, gar subnational ausgerichtete Partei nicht wirklich kooperationsfähig. Die bayerischen Wähler hatten aber schon längst erkannt, daß sie auf längere Sicht nur mit der CSU den Doppelpack Heimatverbundenheit plus Weltläufigkeit bekamen.

Ironischerweise verhalfen ihr auch auf anderen Gebieten ihre scheinbaren Widersprüchlichkeiten zum Erfolg. Ihr Ansehen als konservative Partei garantierte ihr die Anhängerschaft auf dem Weg des Fortschritts. Der Verdacht, sie wolle technische und organisatorische Umwälzungen allein um deren selbst willen, kam gar nicht auf, und das hielt von vornherein die Widerstände in Grenzen. Deutschlands erstes Atomei in die Nähe der Haupt- und Millionenstadt zu setzen, wurde der CSU-geführten Landesregierung ohne weiteres abgenommen. Die Widerstände gegen die Gebietsreform des Innenministers Merk waren groß, aber die Zuschnitte gerieten nicht so sehr zum bundesweiten Gespött, wie die Kreation der Stadt Lahn in Hessen. Freilich war auch die CSU nicht gegen die Manie der Planbarkeit immun, aber dabei gelangen ihr Figuren, die sich auch noch Jahrzehnte später gut verkaufen. 1970 war in der Wissenschaft und Publizistik gerade die Landesplanung in Mode, das Wort vom Umweltschutz war aufgekommen. Was machte sich da besser, als ein Ministerium für Landesentwicklung und Umweltfragen einzurichten? Ministerpräsident Goppel berief auf den neuen Kabinettsstuhl den damaligen Generalsekretär der Partei namens Streibl. Die Inhaber klassischer Ressorts wollten noch nicht wahrhaben, daß damit ein künftiges Schlüsselministerium entstanden war, das seinen jungen Ressortchef zum künftigen Regierungschef prädestinierte.

Heute verweist die schlaue CSU darauf, daß sie den ersten „Umweltminister" in Deutschland installiert habe. Daß es damals weniger um Artenschutz als um großflächigen Planungsehrgeiz ging, übergeht man elegant. So haben die Anhänger der CSU immer etwas, worauf sie stolz sein können. Wenn sie es nicht selbst merken, so macht sie das Parteiorgan „Bayernkurier" unter der intellektuellen Leitung des mit spitzer Feder ausgestatteten Chefredakteurs Scharnagl darauf aufmerksam. Strauß gab einmal im Bundestag zu Protokoll, daß zwei, drei Stichworte genügten, damit Scharnagl einen seitenlangen Artikel verfasse, über den der Vorsitzende seinen Namen setzen könne. Diese Kongenialität reichte aus, um dem „Bayernkurier" so viele Leser zu sichern, daß neben dem Pflichtabonnement der Parteimitglieder sich auch noch das

Vorhalten in Bahnhofskiosken lohnte. Doch die wenigsten glaubten, daß sich das letzte nennenswerte Parteiblatt in Deutschland auch nach Strauß' Tod halten werde. Nun, von einer Einstellung ist keine Rede, der CSU ist ihre Einzigartigkeit eben einiges wert, zumal insbesondere die mittleren Funktionäre nicht von der Überzeugung abzubringen sind, sie und die Partei seien bei den örtlichen und regionalen Presseorganen nicht immer gut gelitten, und beim Fernsehen schon gar nicht.

Der Charme der konservativen Partei, der gegenüber die SPD, die zur Zeit parlamentarisch pausierende FDP und selbstredend die Grünen sich alle viel fortschrittlicher wähnen, wird durch ihren seit den Tagen des Wirtschaftsministers und späteren Ministerpräsidenten Hanns Seidel vorangetriebenen Modernisierungskurs wiederum nur gesteigert. Selbst dem bedächtigen Regierungschef Goppel sagen seine Zeitgenossen nach, daß eigentlich er das moderne Bayern begründet habe. Richtig beleuchtet erschien sein Nachfolger Strauß als Technologie-Freak, und Stoiber arbeitet gerade daran, Hongkong und Silicon-Valley in seinem Land zu komprimieren und den bayerischen Löwen in den Wettlauf mit den jungen Tigern Asiens zu schicken. Vergleichbares ist in der Partei zu beobachten, wo sich der Ruf der Generalsekretäre als Schöpfer des modernen, schlagkräftigen Parteiapparates nach jeder Neuberufung steigerte. Daß dies auch die Chefs von BMW oder Siemens von sich verbreiten lassen (könnten), und somit die Wahrscheinlichkeit naheliegt, daß es sich hierbei um ein allgemeines, zeitbedingtes Phänomen handeln könnte, schmälert nicht die Wiederholungswürdigkeit dieses Werbespruchs.

Die Wähler zappen sich aus diesem Programm nicht hinaus. Alle soziologischen Vorurteile Lügen strafend ist die Wählerschaft der CSU so kunterbunt wie bei kaum einer anderen Partei in einer anderen Region. Dem Wahlkampfbeobachter offenbart sich binnen weniger Tage, daß die aus der Industriediaspora des Bayerischen Waldes oder der fränkischen Schweiz nach Dingolfing und Ingolstadt pendelnden Fließbandarbeiter CSU wählen, während sich der eine oder andere Direktor zur SPD bekennt. Was er sich davon verspricht, liegt nicht auf der Hand. Die SPD hat seit Wilhelm Hoegner und Waldemar von Knoeringen keine Vorleute mehr hervorgebracht, die den Frust der zur langjährigen Opposition Verurteilten hätten brechen können. Ungewollt setzen die Wähler noch eins drauf, wenn sie ihre Stimme für die Sozialdemokraten auch bei Landtagswahlen mit Hinweisen auf die Bundespartei begründen, fast in dem Maße, wie es die FDP-Wähler schon immer getan haben.

Erklärt es die Sympathien und Antipathien für die CSU, die Treue zu ihr und das Unverständnis über sie innerhalb und außerhalb Bayerns, daß man an Ort und Stelle die familiäre Herkunft der Wahlkreiskandidaten kennt und draußen immer nur das Klischee des zum Establishment gehörigen CSU-Politikers kolportiert wird? Man tut der CSU nicht unrecht, wenn man sie als Talentschmiede des Klein- bis Mittelbürgertums apostrophiert. In einzelnen oberbayerischen Ortsverbänden gibt es Mitglieder von außerpolitischem Rang und Namen. Auch sonst gehört es für viele Arrivierte zur gesellschaftlichen Position, CSU-Mitglied zu sein. Aber der CSU-Europaabgeordnete von Habsburg kann nicht den Blick davon ablenken, daß sich unter den Mandatsträgern die traditionsreichen Familien nicht finden, daß sich das Großbürgertum bayerischer Provenienz der Parteipolitik, der Ochsentour durch die Partei, die die Hohe Schule der Politik ist, und damit letztlich der repräsentativen Demokratie versagt.

Strauß selbst hat die Mutmaßung widerlegt, daß die Schichtung der CSU (die sich bei näherer Betrachtung von der der anderen Volksparteien nicht unterscheidet) Anhaltspunkte lieferte für die langsame Entdeckung der Außenpolitik durch die Partei. Europapolitiker galten in der Bonner Landesgruppe bis weit in die 70er Jahre als Exoten. Wer Karriere machen wollte, reiste im Inland, nicht im Ausland, machte Wirtschafts- und Finanzpolitik, fuhr auf dieser Schiene in die Nachbarstaaten. Der Hinweis, die internationale Politik sei (zu Oppositionszeiten) von der Regierung und ansonsten ohnehin stets von der FDP besetzt gewesen, ist schwer zu widerlegen – ebenso wie die Gegenbehauptung, daß es bis zum Tage augenscheinlich nur einen einzigen aus der CSU mit Wucht und unaufhaltsam in die Außenpolitik gedrängt hat.

Der markanteste Beitrag der CSU zur Bundespolitik ist eine solide Finanzpolitik. Fritz Schäffers Julius-Turm in der Ära Adenauer ist ebenso legendär wie Strauß' Walten in der Großen Koalition. Als der neue Parteivorsitzende Waigel im April 1989 das Finanzressort übernahm, hatte er allerdings nicht in erster Linie die Fortsetzung einer Tradition im Sinn, sondern die Stützung des aus der eigenen Partei angegriffenen Bundeskanzlers Kohl. Der Traum des damaligen Landesgruppenvorsitzenden, der als Wirtschaftspolitischer Sprecher der Fraktion die reine Lehre vertreten hatte, die Staatsverschuldung nachhaltig abzubauen, wich unversehens einem viel größeren Traum: die Deutsche Einheit finanziell zu managen. Wer da nur auf die Zahlen starrte, wurde handlungsunfähig. Es bedurfte der Verankerung in einer nie in Frage gestellten, nie unterbrochenen, nie aufgegebenen Wiedervereinigungsvision, um sich nicht in einer vordergründig rationalen Güterabwägung – hie Einheit, hie Lasten – zu verheddern. Kohl wurde zum Kanzler der Einheit, Waigel zu seinem wichtigsten Sozius.

Der Spaziergang durch ein halbes Jahrhundert christlich-sozialer Erfolgsgeschichte führt an Frauen und Männern vorbei, die mit ihren Taten oder Schwächen die CSU für Momente oder für Jahre (mit)personifizierten. Nicht zufällig gehörten dazu die Kultusminister der Staatsregierung. Alois Hundhammer, Ludwig Huber oder Hans Maier waren je zu ihrer Zeit die gewichtigsten Kultus-Ressortchefs der deutschen Bundesländer. Auf diesem Feld wollte sich die CSU nie Kleinmütigkeit leisten. Wenn der Geist von 1968 schon durch die Institutionen marschierte, dann sollte er wenigstens in Bayern an verschlossene Tore stoßen.

Welchen Prognosen sieht die CSU entgegen? So sehr die Generalsekretäre Strauß, Zimmermann, Jaumann, Streibl, Tandler, Stoiber, Huber jeweils auf die Ergebnisse der von ihnen „organisierten" Wahlen stolz waren, so wenig könnten sie heute gewiß sein, daß ihre Nachfolger auch künftig alles in den Griff bekämen. Ein Schrumpfen der gewohnten absoluten Mehrheit der Wählerstimmen ist nicht zu leugnen, auch wenn die absolute Mehrheit der in bayerischen Landtags-, Bundestags- und Europawahlen zu gewinnenden Mandate noch nicht gefährdet erscheint. Doch der Individualismus, auf den die Bayern im Bunde so viel halten und dem sich jedes Mitglied der Parteiführung mit Leidenschaft hingibt, führt auch die Wählerschaft immer mehr in Versuchung. Weil niemand den Trend übersieht, wird schon fest an dem Argument gearbeitet, daß der wahre Individualismus darin gipfelt, mit der eigenen Stimme die Mehrheit bestimmt zu haben – wie einst Adenauer.

Es gehört zu den rhetorischen Tricks der CSU-Matadore beim „Politischen Aschermittwoch" in Passau, nie dann schwarz zu malen, wenn das die Leute zu deprimieren droht, sondern nur dann, wenn es sie dazu anstachelt, sich noch enger um die CSU zu scharen. Dies werden der Parteivorsitzende Waigel und Ministerpräsident Stoiber weiter so halten.

Vom jetzigen Staatsminister Huber stammt das Wort, die CSU müsse um die Lufthoheit über den Stammtischen kämpfen. Die ersten fünfzig Jahre hat sie schon bestanden. Solange in Bayern zumindest diese sozialen Einrichtungen von Gerichts wegen nicht aufgelöst werden, solange dort sich noch Frauen und Männer unterschiedlicher Generationen versammeln, solange deren Gerede das Ohr der Funktionäre aller Ebenen findet, solange Ortsfremde und die anderen Parteien sich mit dem Zuhören schwer tun, solange die CSU die Debatten zu lenken sich anstrengt, so lange wird ihr auch im angeblichen Zeitalter der unpersönlichen elektronischen Kommunikation in Bayern niemand diese Lufthoheit streitig machen können. Und die Moral von der Geschicht', die Karl Valentin nie außer acht zu lassen empfahl? Mögen die Computer noch so um sich greifen, das Wahlrecht bleibt den Leuten vorbehalten.

Ausgewählte Dokumente zur Parteigeschichte

Dokument 1: Rundschreiben des Münchner Oberbürgermeisters Karl Scharnagl vom 10. August 1945 *(Fait/Mintzel, Die CSU 1945–1948, S. 1703f.; ACSP NL Müller 1)*

Dokument 2: Protokoll der ersten Sitzung des Ausschusses zur Vorbereitung der Gründung einer Christlich-Sozialen Union vom 17. September 1945 in München *(ACSP NL Müller 8)*

Dokument 3: Richtlinien zur Parteienbildung vom 21. September 1945 *(ACSP NL Elsen 3.1.1.)*

Dokument 4: Gründungsprogramm der Partei der christlich-sozialen Einigung in Bayern vom 15. November 1945 *(ACSP NL Müller 161)*

Dokument 5: Rundschreiben des Vorbereitenden Ausschusses der Christlich Sozialen Union in München vom 25. November 1945 *(Fait/Mintzel, Die CSU 1945–1948, S. 1751f.; ACSP NL Müller 1)*

Dokument 6: Bericht zur persönlichen Information über wichtige Zeitfragen in Regensburg vom 4. Dezember 1945 *(ACSP NL Müller 163)*

Dokument 7: Wahl Josef Müllers zum vorläufigen Vorsitzenden des Vorbereitenden Landesausschusses am 17. Dezember 1945 *(Auszug; ACSP LGF-LA 1945 Dez. 17)*

Ausgewählte Dokumente zur Parteigeschichte

Dokument 8: Zehn-Punkte-Erklärung vom 31. Dezember 1945 *(Druck zuletzt in: Fait/Mintzel, Die CSU 1945–1948, S. 1713f.; ACSP NL Arnold 4)*

Dokument 9: Programm der Christlich Sozialen Union um 1946 *(ACSP NL Schinagl CSU 2)*

Dokument 10: Zulassung der Christlich-Sozialen Union auf Landesebene am 8. Januar 1946 *(Druck des englischen Textes in: Müller, Josef, Bis zur letzten Konsequenz, S. 314ff., des deutschen Textes zuletzt in: Fait/Mintzel, Die CSU 1945–1948, S. 1757; ACSP NL Müller 1)*

Dokument 11: Presseerklärung zur Lizenzierung von CSU und SPD vom 10. Januar 1946 *(ACSP NL Müller 1)*

Dokument 12: Flugblatt zur Kommunalwahl in Bayern vom 27. Januar 1946 *(ACSP HA Dollinger)*

Dokument 13: Bericht über die Stuttgarter Besprechungen vom 3. April 1946 *(Auszug; NL Müller 11)*

Dokument 14: Politisches Betätigungsverbot für Fritz Schäffer durch die amerikanische Militärregierung vom 26. April 1946 *(ACSP NL Arnold 4)*

Dokument 15: Die fünf Punkte der Union vom 17. Mai 1946 *(Auszug; Druck zuletzt in: Fait/Mintzel, S. 318f.; ACSP LGF-PV 1946 Mai 17 Nr. 2)*

Dokument 16: Die dreißig Punkte der Union vom 31. Oktober 1946 *(Druck u. a. in: Fait/Mintzel, Die CSU 1945–1948, S. 1734ff.; ACSP DS 1/3)*

Dokument 17: Broschüre zur Ablehnung des Grundgesetzes durch die CSU 1949 *(Auszug; ACSP DS 9/47)*

Dokument 18: Wahl von Hans Ehard zum Parteivorsitzenden am 28. Mai 1949 in Straubing *(Auszug; LGF-PV 1949 Mai 27/29 Nr. 4, S. 150)*

Ausgewählte Dokumente zur Parteigeschichte

Dokument 19: Schreiben zur Absicht der Gründung einer CSU-Fraktion im Deutschen Bundestag vom 20. August 1949 *(ACSP LG Prot. 1)*

Dokument 20: Titelseiten der Parteizeitungen 1948, 1950 und 1995 *(a: ACSP Z-LL, b: Bayerische Staatsbibliothek, c: ACSP Z-BK)*

Dokument 21: Entschließung des Landesausschusses der CSU vom 5. Juni 1955 *(Auszug; ACSP NL Strauß RU 55/1)*

Dokument 22: Bildung einer Koalitionsregierung am 16. Oktober 1957 *(ACSP NL Elsen 3.1.10)*

Dokument 23: Glückwunsch Hanns Seidels zur Wahl von Franz Josef Strauß zum Parteivorsitzenden am 18. März 1961 *(ACSP NL Strauß Büro BMVg 811)*

Dokument 24: Maria Probst *(a: ACSP Phslg; b: Auszug, ACSP Z-LTF UC-Correspondenz 1950 Nr. 111)*

Dokument 25: Gründung der Hanns-Seidel-Stiftung am 11. April 1967 *(ACSP NL Pirkl HSS Vors.)*

Dokument 26: Sowjetisches Plakat anläßlich der Reise von Franz Josef Strauß in die Volksrepublik China am 16. Januar 1975 *(ACSP NL Strauß Büro PV 180/545)*

Dokument 27: Schreiben von Karl Carstens vom 3. Juli 1979 *(ACSP NL Strauß Büro MPr 57)*

Dokument 28: Presseerklärung zum Tag der Deutschen Einheit vom 3. Oktober 1990 *(ACSP PV PE 1990 Okt.)*

Ausgewählte Dokumente zur Parteigeschichte

Dokument 1: Rundschreiben des Münchner Oberbürgermeisters Karl Scharnagl vom 10. August 1945

In der vom 17. Juli bis 2. August 1945 in Potsdam tagenden Konferenz kommen die drei Siegermächte USA, UdSSR und Großbritannien überein, die Möglichkeit der Organisation politischer Parteien zu gestatten. Dies hat zur Folge, daß man nunmehr mit Billigung der Besatzungsmächte die Gründung von Parteien in Angriff nehmen kann.

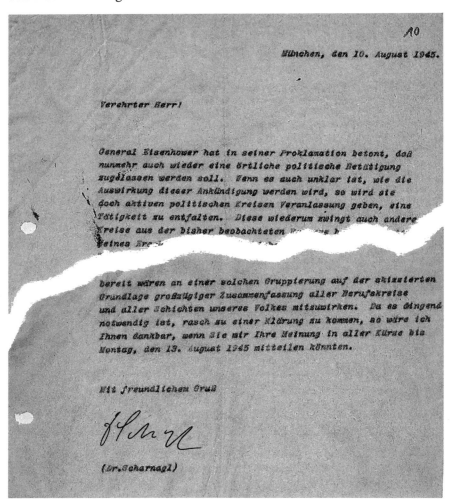

Rundschreiben des Münchner Oberbürgermeisters Karl Scharnagl vom 10. August 1945

München, den 10. August 1945

Verehrter Herr!

General Eisenhower hat in seiner Proklamation betont, daß nunmehr auch wieder eine örtliche politische Betätigung zugelassen werden soll. Wenn es auch unklar ist, wie die Auswirkung dieser Ankündigung werden wird, so wird sie doch aktiven politischen Kreisen Veranlassung geben, eine Tätigkeit zu entfalten. Diese wiederum zwingt auch andere Kreise aus der bisher beobachteten Reserve herauszutreten. Meines Erachtens müssen die bisherigen Formen politischer Betätigung der Parteien verschwinden. Sie sind nicht nur ihrer Vielzahl wegen, sondern vor allem ihrer beengten Zielsetzung wegen überholt und in Zukunft unmöglich. Unser Volk muß sich unbedingt darauf einstellen, lediglich 2 oder 3 Gruppen verschiedener politischer Meinungen zu bilden und durch diese Gruppen seinen politischen Willen kund zu tun und zu betätigen. Dabei bin ich persönlich der Überzeugung, daß auch wenigstens augenblicklich selbst zwischen diesen wenigen Gruppen die grundsätzlichen Unterschiede sich nur auf einige, aber sehr wesentliche Gesichtspunkte beschränken werden, daß sich im allgemeinen eine verhältnismäßig weitgehende Übereinstimmung ergeben wird. So werden alle diese Gruppen staatspolitisch auf ausgesprochen demokratischer Grundlage sich bilden. Sie werden in sozialer Hinsicht die volle Ebenbürtigkeit und Gleichberechtigung der Arbeiterschaft und der Förderung von deren wirtschaftlicher und kultureller Stellung erstreben und sie werden in wirtschaftlicher Hinsicht gezwungen sein, den in unserem Vaterlande gegebenen Notwendigkeiten der Betreuung von Landwirtschaft, des Mittelstandes und der möglichen industriellen Wirtschaft Rechnung zu tragen. Als wesentlicher Unterschied wird in Erscheinung treten die weltanschauliche Grundsatzlegung. Übereinstimmend wird man den Gedanken vertreten, daß die geistige Krankheit, die der Nationalsozialismus hervorgerufen hat, geheilt werden muß durch geistige Führung der breitesten Volksmassen, durch eine gefestigte Weltanschauung. Meines Erachtens kann nur für eine politische Gruppe, die hoffentlich den Hauptteil der Bevölkerung erfassen kann, diese Führung nur durch eine positiv christliche Weltanschauung erfolgen. Diese Gruppe muß sich daher bewußt und *entschieden zu einer christlichen Staats- und Gesellschaftsordnung bekennen und dieses Bekenntnis, soweit wie möglich, praktisch werden lassen. Unter Ausschluß aller sog. klerikalen Einflüsse um ein altes Schlagwort zu gebrauchen – soll in der Erziehung wie im öffentlichen Leben, der christliche Gedanke und der christliche Einfluß ausschlaggebend sein müssen. Die Rechte der Kirchen, wie sie durch Konkordat oder Verträge festgelegt sind, sind zu achten und sind maßgebend für das öffentliche Leben. Die Anerkennung dieses Grundsatzes wird auch von allen jenen Volkskreisen erwartet werden können, die für sich persönlich eine freiere Einstellung zu den religiösen Bekenntnissen gelten lassen wollen. Denn die Beziehung des einzelnen erwachsenen Menschen zur Religion soll und muß ihm freigestellt bleiben. Von der weiteren Gruppe nun, die sich um die politische Führung des Volkes bewirbt, wird anzunehmen sein, daß sie eine derartige positive Stellungnahme zur christlichen Weltanschauung nicht einnehmen wird; für sie wird Religion nach wie vor Privatsache bleiben. Wiederholte Gespräche, die ich mit Angehörigen der früheren sozialdemokratischen Partei nach dieser Richtung geführt habe, haben mir die Richtigkeit dieses Gegensatzes in der Auffassung als einen oder vielmehr als <u>den</u> wesentlichen Unterschied in der großen Gruppierung der politischen Gesichtspunkte erkennen lassen. Ein weiterer Unterschied wird noch in wirtschaftlicher Hinsicht bestehen. Er wird aber augenblicklich nicht stark in die Erscheinung treten können. Ich bin der Meinung, daß man wieder für eine möglichst freie Wirtschaft eintreten muß, ohne in die Extreme der liberalen Wirtschaftsordnung zu verfallen. Augenblicklich und für die nächste Zeit wird aber mit manchen Bindungen zu rechnen sein, so daß da weder diese meine Auffassung noch eine Betonung einer mehr sozialistischen Wirtschaftsauffassung praktische Bedeutung haben wird.*

Hinsichtlich der großen politischen Gesichtspunkte wird wiederum augenblicklich und in nächster Zeit die Frage der Reichs- bzw. Staatenbildung keine ausschlaggebende Rolle spielen können. Ich bin überzeugt, daß der Großteil der Bevölkerung sich weder nach einem zentral geleiteten Reiche, wie wir es in den letzten 12 Jahren hatten, sehnt, noch nach einer absoluten Selbständigkeit Bayerns. Der föderative Gedanke wird meines Erachtens in beiden Gruppen daher die Grundlage der staatspolitischen Orientierung sein können und sein müssen.

Rundschreiben des Münchner Oberbürgermeisters Karl Scharnagl vom 10. August 1945

Man wird bei der Schaffung einer Gruppe, die politische Führung beansprucht, unmöglich ein Programm aufstellen können, das zu sehr in Einzelheiten sich ergeht. Es handelt sich darum, die großen Gesichtspunkte, die einigen können, herauszustellen und alles zu vermeiden, was zersplittert und aufteilt.

Da hinsichtlich der Festlegung der Grundsätze und Richtlinien neue Wege gegangen werden müssen, so muß dies unbedingt auch hinsichtlich des Namens einer politischen Gruppe geschehen. Sämtliche Namen der früheren Parteien sind unmöglich und müssen verschwinden. Sie sind belastet durch die Vergangenheit und sind beengt durch die früheren Programme. Wie ich gehört habe, ist im Rheinland bzw. in Westfalen eine Gruppierung unter dem Namen „Deutsche Demokratische Bewegung" wirksam. Ich könnte mir bei uns eine solche denken unter dem Namen „Christliche Demokraten" oder „Christliche Demokratische Volksbewegung".

Ich gebe Ihnen diese Gedanken zur Erwägung anheim. Ich wäre Ihnen dankbar, wenn Sie mir kurz mitteilen wollten, ob Sie bereit wären, an einer solchen Gruppierung auf der skizzierten Grundlage großzügiger Zusammenfassung aller Berufskreise und aller Schichten unseres Volkes mitzuwirken. Da es dringend notwendig ist, rasch zu einer Klärung zu kommen, so wäre ich Ihnen dankbar, wenn Sie mir Ihre Meinung in aller Kürze bis Montag, den 13. August 1945, mitteilen könnten.

Mit freundlichem Gruß

(Dr. Scharnagl)

Dokument 2: Protokoll der ersten Sitzung des Ausschusses zur Vorbereitung der Gründung einer Christlich-Sozialen Union vom 17. September 1945 in München

Abschrift

Niederschrift

über die erste Besprechung des Ausschußes zur Vorbereitung der Gründung einer "christlich-sozialen Union", am 17. September 1945, von 17 - 20 Uhr.

1.) Anwesend: Dr. Müller, Dr. Semler, von Eicken, Fackler, Dr. Schnur, Donhauser, Helmerich (später gekommen), Krehle, Dr.Käss.

Es fehlen: Dr. Schlögl (hat sich wegen Reise nach Franken entschuldigt)

von Kienitz, Baumeister

2.) Es berichten von Eicken, Dr. Müller, Dr. Semler über Reiseeindrücke in Franken.

3.) Zunächst wird die Frage besprochen, ob die Mitarbeit des Herrn Fackler im Ausschuß solange zulässig ist, als der von Herrn Fackler eingereichte Antrag auf Genehmigung einer politischen Partei mit abweichendem Namen nicht zurückgezogen ist. Es wird mehr-fach die Ansicht vertreten, daß ein derartiges Verhalten nicht korrekt sein würde. Herr Fackler steht auf dem Standpunkt, daß ihm jetzt Gelegenheit gegeben werden müße, die Programmgestaltung der Union kennen zu lernen, ehe er seinen alten Antrag, den er <u>vor</u> seiner Wahl in den Ausschuß eingereicht habe, zurückziehen könne. Es wird Einigung auf folgender Grundlage erzielt:

Herr Fackler wartet das Ergebnis der heutigen Besprechung ab. Steht er in Übereinstimmung mit der sich ergebenden Programmgestaltung, zieht er seinen Antrag zurück, wenn nicht, scheidet er aus dem Ausschuß aus.

Zu Ende der Besprechung gibt Herr Donhauser als Vertreter des inzwischen zur Teilnahme an einer anderen Besprechung weggegangenen Herrn Fackler die Erklärung ab, daß die Programmgestaltung die Zustimmung des Herrn Fackler finde.

4.) Anschließend wird zur Feststellung, inwieweit grundsätzliche Übereinstimmung aller Anwesenden besteht, der vorliegende Aufruf "Bayer. Christlich-soziale Union" durchgesprochen und anschließend noch mit dem Aufruf "Bayer. Union" abgestimmt. Es ergibt sich Übereinstimmung aller Anwesenden mit einer Fassung, die gesondert niedergelegt ist und am folgenden Tag in Reinschrift ausgearbeitet werden soll.

./.

Protokoll der ersten Sitzung des Ausschusses zur Vorbereitung der Gründung einer Christlich-Sozialen Union vom 17. September 1945 in München

- 2 -

5.) Für die weitere Arbeit des Ausschußes wird vorgesehen:
Aussprache Dr. Müller - Major Vacca am folgenden Vormittag zur Klärung grundsätzlicher Vorfragen.

Anschließend Vereinbarung einer weiteren Aussprache durch Telefon oder Boten.

Fühlungnahme mit Demokratischen Gruppen (Dr. Müller MNN, Fuchs).

Herr von Eicken erwähnt, daß er im allgemeinen nur am Montag und Freitag Zeit habe. Er bittet nach Möglichkeit diese Tage zu berücksichtigen, in anderen Fällen Herrn Pfarrer Bezzl, Kunigundenstr. 62, zuzuziehen.

Am 12. September 1945 beschließen 20 Personen bei einem Treffen im Münchner Rathaus die Gründung einer „Bayerischen Christlich-Sozialen Union", ohne den offiziellen Charakter der Veranstaltung zu betonen. Mit Abfassung des vorliegenden Protokolls ist dieser nach eigenem Dafürhalten jedoch hergestellt.

Dokument 3:
Richtlinien zur Parteienbildung vom 21. September 1945

Entwurf. J.A. Müller

Zur Parteienbildung.

Demnächst sind von Seiten der amerikanischen Militärregierung

Richtlinien über die Parteienbildung

zu erwarten, die dem Verlauten nach folgenden Inhalt haben werden:

1. 1) Die Bildung politischer Parteien wird nunmehr auch formell grundsätzlich zugelassen.

    In den nächsten Tagen wird eine Aufforderung zur Anmeldung politischer Parteien ergehen.

    2) Es sollen jedoch keine Landesorganisationen und keine Organisationen im Zusammenschluss ganzer Regierungsbezirke bestehen.

    Nur eine politische Organisation innerhalb des einzelnen Stadt- oder Landkreises wird zugelassen.

    3) Die Anmeldung einer politischen Partei muss mit der Unterschrift von wenigstens 25 Personen des betreffenden Stadt- oder Landkreises vorgelegt werden. Die Unterzeichner dürfen der NSDAP oder einer sichtigen Gliederung derselben nie angehört haben.

    Wahrscheinlich müssen bei der Anmeldung der Partei auch die Fragebogen für die einzelnen Unterzeichner vorgelegt werden. Wenn der Fragebogen des Unterzeichners schon an anderer Stelle behandelt wurde, ist der Nachweis einer die Militärregierung befriedigenden Erledigung zu liefern.

    4) Die Militärregierung scheint anzunehmen, dass sich im wesentlichen drei grössere politische Gruppen herausschälen werden, nämlich:
    a) die Kommunistische Partei
    b) die Sozialdemokratische Partei
    c) eine grosse Volkspartei.

    5) Der in deutscher und englischer Sprache vorzulegenden Anmeldung ist ein kurzes Programm, ebenfalls deutsch und englisch abgefasst, zu unterbreiten.

II. Anregungen und Vorschläge.

Die Unterzeichner dieser Mitteilung handeln im Auftrag eines Münchner Kreises.

1) Wenn das Programm ein wirkliches Sammelprogramm sein soll, wird es Streitpunkte, die trennend wirken könnten, vermeiden.

2) In München haben sich unsere Freunde und gleichgesinnte Beobachter der schwierigen Zeitverhältnisse unter starker Betonung des interkonfessionellen Charakters auf das beigefügte Programm geeinigt.

3) Die Wahl eines zutreffenden und gleichzeitig allgemein ansprechenden Namens für die neu zu formende und bei der Militärregierung anzumeldende örtliche Partei bereitet mancherlei Schwierigkeiten.

Der unterzeichnete Münchner Freundeskreis hat aus zahlreichen und eingehenden Aussprachen folgende Gesichtspunkte geschöpft:

   a) Es ist empfehlenswert im Namen das Wort "Volkspartei" zu übernehmen, um damit den Gegensatz zu allen klassenkämpferischen Richtungen und Standesparteien, die als egoistisch betrachtet sind, zu kennzeichnen und gleichzeitig den demokratischen Charakter der neuen politischen Formation herauszustellen.

   b) Die Bezeichnung "Bayerisch" ist unerlässlich aus zwei Gründen:
      1. die Forderung muss erkennbar sein, dass die bodenständige Bevölkerung das Wesen unseres Staates bestimmen muss und dass für die Verwaltungsorgane auf jeder Stufe die Zustimmung und Anerkennung der eingesessenen Bevölkerung ausschlaggebend ist.
      2. Für den Reichsaufbau muss darin die ständige Forderung auf föderalistische Reichsgestaltung liegen und die Betonung unserer heimattreuen Einstellung.

- 3 -

c) Auf das Wort "christlich" wird von vielen Seiten Wert gelegt, um die Willigkeit zu interkonfessioneller Arbeit zu betonen.

d) Häufig wird auch die Bezeichnung "christlich-sozial" zur Kennzeichnung einer grundsätzlichen Einstellung gegenüber dem materialistischen Begriff, der in dem Wort "sozialistische" zum Ausdruck kommt.

4) Die Entscheidung über den anzumeldenden Namen wird wohl auf Grund der örtlichen Verhältnisse den Personen zu überlassen sein, welche die Anmeldung der Partei bei der örtlichen Militärregierung durchzuführen haben.

5) Wie es späterhin dann zu halten ist, wenn die Militärregierung den Zusammenschluss der örtlichen Gruppen zu einem Verband über den Regierungsbezirk oder zu einem Landesverband einmal genehmigt, das wird sich allmählich aus der Erfahrung ergeben. Die Hauptsache ist dann, dass alle, die der guten Sache des christlichen Staates auf föderalistischer Grundlage dienen wollen, von gutem Willen erfüllt sind.

München, den 21. September 1945.

Entwurf eines Informationsschreibens im Auftrag eines „Münchner Kreises", vermutlich identisch mit dem aus 20 Personen bestehenden Gründerkreis der CSU in München. Adressat ist jener Personenkreis, der gemäß der Erlaubnis der amerikanischen Militärregierung vom 20. September die Gründung einer Christlich-Sozialen Union auf Ortsebene beabsichtigt.

Dokument 4: Gründungsprogramm der Partei der christlich-sozialen Einigung in Bayern vom 15. November 1945

Im Juni 1945 konstituiert sich in Regensburg die Partei der „christlich-sozialen Einigung in Bayern", deren Anfänge bis in die Endphase des Zweiten Weltkriegs zurückreichen. Das vorliegende Programm ist Teil des Antrags auf Zulassung, dem die amerikanische Militärregierung am 15. November 1945 stattgibt.

An die Militärregierung

Wir beabsichtigen die Gründung einer politischen Partei unter dem Namen

„Christlich-soziale Einigung in Bayern".

Grundlage unserer Weltanschauung und Staatsauffassung ist das christliche Sittengesetz. Wir sind weiter überzeugt, daß es oberste Aufgabe eines Staatswesens ist, seinen Bürgern Frieden und Wohlfahrt zu sichern und eine freie Entwicklung ihres geistigen Lebens zu gewährleisten. Dieses Ziel läßt sich nur erreichen, wenn die Verfassung eine freiheitliche ist und die Achtung der Grundrechte des Menschen zur unverrückbaren Richtschnur nimmt.

Aus dieser Gesinnung ergibt sich unser nun folgendes grundsätzliches Programm:

1. Der Bayerische Staat, dessen eigene Staatshoheit durch Unrecht und nationalsozialistische Gewaltherrschaft zerstört wurde, ist wieder herzustellen. Dieser Bayerische Staat soll Mitglied eines künftigen deutschen Bundesstaates sein, dessen Bundesverfassung den einzelnen Gliedstaaten zum mindesten jenes Maß von Freiheit in Gesetzgebung und Verwaltung zugesteht, welche die Verfassung der U.S.A. den einzelnen Föderativstaaten gewährt, oder welches die deutschen Bundesstaaten vor dem Jahre 1918 besaßen.

2. Die Verfassung des Staates muß eine demokratische sein und die Freiheit der Meinungsäußerung, die Gleichheit aller Staatsbürger vor dem Gesetz und die Gleichberechtigung aller Rassen und Religionen tolerant garantieren und einen Schutz gegen diktatorische Willkür bieten.

3. Rechtspflege und vollziehende Gewalt sind zu trennen. Die Unabhängigkeit der Gerichte ist sicherzustellen.

4. Die Ausübung der Religion muß frei sein. Anerkannte Religionsgemeinschaften, ihre Einrichtungen und ihre Diener müssen den Schutz des Staates genießen.

5. Die Erziehung der Jugend muß nach christlichen Grundsätzen erfolgen. Der Religionsunterricht der anerkannten Religionsgemeinschaften im Rahmen der Schulen muß sichergestellt sein.

6. Die Familie ist die natürliche Grundlage eines gesunden Volkes. Sie ist durch eine christlichen Grundsätzen entsprechende Ehegesetzgebung zu sichern.

7. Die Frau soll neben dem Mann gleiche politische Rechte und Pflichten haben.

8. Grundlage einer gesunden, im christlichen Sittengesetz verankerten sozialen Wirtschaftsordnung ist die Erhaltung des Privateigentums und der Schutz des Erbrechts, die Sicherung des sozialen Friedens und die Förderung der wirtschaftlich Schwachen.
Alle wirtschaftlichen und sozialen Fragen sind daher unter gerechtem Ausgleich der Interessen aller Stände zu regeln.
Ein gesunder, sich seiner Verantwortung für die Volksernährung bewußter und daher staatlich zu schützender Bauern- und Nährstand, ein sozial gesicherter Arbeiterstand, ein wirtschaftlich lebensfähiger Mittelstand und ein zuverlässiger, nur dem Volks- und Staatswohl dienender Beamtenstand sind die Grundpfeiler eines geordneten Staatswesens.
Eine allgemeine Verstaatlichung oder eine Sozialisierung der Betriebe wird abgelehnt, die Bedeutung des freien Unternehmertums wird anerkannt.

Gründungsprogramm der Partei der christlich-sozialen Einigung in Bayern vom 15. November 1945

9. Jeder Staatsbürger hat ein Recht auf Arbeit. Das deutsche Volk kann sich nur durch angespannteste Arbeit wieder von den Folgen des nat. soz. Zusammenbruches erholen. Arbeit ist daher auch Pflicht eines jeden Deutschen. Allen Arbeitenden muß ein gerechter Lohn und eine Sicherung für Krankheit, Unfall und Alter gewährt werden.

10. Im friedlichen Zusammenleben mit allen Völkern soll das deutsche Volk mitarbeiten an der Errichtung und Erhaltung einer dem Wohle aller Völker dienenden internationalen Rechts- und Wirtschaftsordnung. Der Krieg, als Mittel zur Lösung politischer Fragen ist abzulehnen. In der Verwirklichung christlicher Grundsätze, auch im Völkerleben, und in der Herbeiführung eines baldigen gerechten Friedens erblicken wir die beste Gewähr für eine friedliche Verständigung und den Neuaufbau der Völkergemeinschaft.

Unsere Einstellung zu den wichtigsten Tagesfragen ergibt sich aus dem Programm:

a) Über die Reinigung des Staates und der Wirtschaft von politisch oder kriminell schuldigen nat. soz. Elementen hinaus muß ein lebendiger christlicher, freiheitlicher Staatsgedanke entwickelt werden und müssen auch die ehemaligen Nationalsozialisten, vor allem die zur NSDAP gezwungenen oder von ihr unterdrückten Volksgenossen, die nur zahlende Mitglieder oder sog. Nominal-Nazis waren, für diesen Staatsgedanken gewonnen werden, so daß ihre Kraft wieder voll und geläutert für das Volksganze eingesetzt werden kann, soweit sie sich nicht durch Verbrechen dessen für dauernd unwürdig erwiesen haben.

b) Schaffung neuer gesunder Wohnungen zur Behebung des durch die Kriegszerstörungen eingetretenen Wohnungselends und Förderung der Volksgesundheit.

c) Die Währung ist unter Erhaltung der Kaufkraft des Geldes und Vermeidung von Inflationstendenzen zu sanieren.

d) Die Lasten des Krieges und der Wiedergutmachung der Kriegsschäden sind auf alle Schultern gerecht und entsprechend der Leistungsfähigkeit zu verteilen.

e) Die Wiedereinreihung der Kriegsteilnehmer in den Wirtschaftsprozeß, die Fürsorge für die Kriegsinvaliden, Hinterbliebenen und sonstigen Opfer des Krieges, die durch den Krieg ihre Stellung, Existenz, ihr Hab und Gut oder ihre Gesundheit verloren haben, sowie die Obsorge für die im Dritten Reich pol[itisch] Verfolgten, betrachten wir als eine der vornehmsten sozialen Gemeinschaftspflichten und wichtigsten Staatsaufgaben.

Dokument 5: Rundschreiben des Vorbereitenden Ausschusses der Christlich Sozialen Union in München vom 25. November 1945

Im Vorgriff auf die landesweite Zulassung der Parteien durch die amerikanische Militärregierung werden von München aus erste Maßnahmen zum Aufbau der einheitlichen Organisation der CSU unternommen.

Rundschreiben des Vorbereitenden Ausschusses der Christlich Sozialen Union in München vom 25. November 1945

Vorbereitender Ausschuss der
CHRISTLICH SOZIALEN UNION MÜNCHEN   München, den 25.11.1945.

Verehrter Freund !

    Der Ausschuss der CHRISTLICH SOZIALEN UNION in München hat in voller Einigkeit die Arbeiten zur Anmeldung der Partei in München beendet.

    Bisher war die Bildung einer politischen Partei nur für den einzelnen Stadt- und Landkreis zugelassen.

    Nunmehr wird auch die Bildung einer allgemeinen Landesorganisation der Partei zugelassen werden. Es wird vor allem notwendig werden, dass aus dem ganzen Land Vertreter des Gedankens einer Sammelpartei sich treffen, um einheitliche Organisation, einheitliche Leitung und einheitliche Statuten zu bestimmen und gemeinsam in die politische Arbeit einzutreten. Der Ausschuss der CHRISTLICH SOZIALEN UNION München hat daher die nachstehenden Herren, die besonders enge Verbindung mit den Kreisen ausserhalb Münchens haben, ersucht, die nötigen Vorarbeiten zu leiten:

1. D.Dr. Wilhelm Eichhorn, München 23, Dreschstr.8, T 30 7 23.
2. Dr. Michael Horlacher, München, Türkenstr. 16
3. Dr. Alois Hundhammer, München 9, Arnpeckstr.3   T 40 6 38
4. Staatssekretär Krehle, München, Staatsministerium f.Arbeit
                                                                     T 370 641
5. Dr. Carl Lacherbauer, München, Isabellastr.11
6. Dr. W. v. Miller, München, Deutsches Museum -Verwaltungsbau
                                                     T 42 3 67
7. Dr. Josef Müller, München, Gedonstr.4   T 30 2 84
8. Fritz Schäffer, Staatsrat a.D., München, Trogerstr.36 T 42496
9. August Schwingenstein, München, Färbergraben 23 T 42 0 61

    An die gleichgesinnten Freunde im ganzen Bayernland ergeht nun folgende Bitte:

    1. Wo dies noch nicht geschehen ist, bildet, bitte, sofort für jeden Landkreis eine Organisation und teilt dies uns in München mit; teilt es auch möglichst bald den Gesinnungsfreunden in den Hauptstädten eures Regierungsbezirkes mit. Als Anschrift für die verschiedenen Regierungsbezirke soll dabei gelten:

    a) Regierungsbezirk Oberbayern: Rechtsanwalt Dr. Otto Schefbeck, München, Sendlingerstr.48/II r
    b) Regierungsbezirk Niederbayern: Steuerberater Dr. Holzner, Landshut, Landstr. 114/II
    c) Regierungsbezirk Oberpfalz: Dr. Schedel, Regensburg, Fröhliche Türkenstr. 2

d) Regierungsbezirk Schwaben: Dr.Rindt, Augsburg, Schiessgrabenstr.
e) Regierungsbezirk Mittelfranken: RA.Dr.Nerreter, Nürnberg, Hohenlohestrasse 39
f) Regierungsbezirk Oberfranken: Dr.Gerhard Kroll, Bamberg, Markusstr.15
g) Regierungsbezirk Unterfranken: Dr.Kaspar Dürr, Würzburg, Böhnemühlenstr.16.

Wir legen ein kurzes Merkblatt dafür bei, wie die Gründung einer Partei in den einzelnen Stadt- und Landkreisen vor sich zu gehen hat. Wir legen gleichzeitig einen Fragebogen bei, den wir auszufüllen und an die Geschäftsstelle: Rechtsanwalt Dr.Schefbeck München, Sendlingerstr.48/II r, absenden bitten.

2. Es soll möglichst bald in München ein Kreis von Gesinnungsfreunden aus dem ganzen Land zusammentreten, der

a) Programm und Satzung endgültig festlegen soll
b) eine vorbereitende Landesvorstandschaft wählen soll und in dieser wieder
c) dafür Sorge tragen soll, dass in jedem Regierungsbezirk möglichst eine Vorstandschaft samt Sekretariat gegründet werden kann.

Bei den heutigen Verkehrsverhältnissen wird es notwendig sein, bei der 1. vorbereitenden Besprechung die Zahl der Teilnehmer zu beschränken. Wir schlagen daher vor, dass von jedem der vorgenannten Regierungsbezirke etwa 5 Freunde nach München kommen, die im Benehmen mit der Geschäftsstelle in der Hauptstadt des Regierungsbezirkes ausgewählt werden. Wir bitten, dass uns möglichst bald ein Vorschlag zugeht, damit die Einladung von München aus erfolgen und, wenn es gewünscht wird, für Nachtquartier gesorgt werden kann.

Unser Gedanke einer grossen Sammel- und Volkspartei aller Kreise, die von dem Grundgedanken christlicher Kultur und des christlichen Sittengebotes ausgeht, hat im ganzen Land Widerhall gefunden. Da es bisher nicht erlaubt gewesen ist, eine Landesorganisation zu bilden, sind allerdings verschiedene Namen für dieselbe Partei im ganzen Land gewählt worden. Unsere Aufgabe muss es sein, als einheitliche, geschlossene Partei im ganzen Land aufzutreten und alle Freunde aus allen Konfessionen, Landesteilen und Berufen zur tätigen Mitarbeit für das Wohl unseres Bayernlandes aufzurufen. Soweit Gründungen noch nicht durchgeführt sind, bitten wir diese Einheitlichkeit auch im Namen durch die Bezeichnung "CHRISTLICH SOZIALE UNION" herauszustellen.

Für den vorbereitenden Ausschuss

D.Dr.W.Eichhorn   Dr.W.v.Miller.

Dokument 6: Bericht zur persönlichen Information über wichtige Zeitfragen in Regensburg vom 4. Dezember 1945

Exposé von Josef Held als Anlage eines Schreibens an Josef Müller, worin das Verhalten seines Vaters, des Bayerischen Ministerpräsidenten, während des Dritten Reiches gerechtfertigt und ein Einblick in die politische Lage in Regensburg gewährt wird.

Bericht zur persönlichen Information über wichtige Zeitfragen in Regensburg:

Es sei mir in nachfolgendem gestattet, mich zu einigen für Regensburg aktuellen Fragen offen zu äußern:

Es war in den letzten Tagen in Regensburg mehrfach davon die Rede, daß in Bälde auch in Regensburg die Neuorganisation einer allgemeinen demokratischen Gewerkschaft, ähnlich dem amerikanischen Vorbild, erfolgen solle. Dies hat natürlich vor allem auch in den Kreisen der eh[emals] christlich-demokratisch eingestellten Gewerkschaften einerseits lebhaftes Interesse erweckt, *andererseits aber auch gewisse Besorgnisse wachgerufen, weil bestimmte Kreise, die den früheren freien Gewerkschaften und damit auch den Sozialisten (und ev. auch Kommunisten) nahestanden, bereits eine rege informatorische Tätigkeit anscheinend für die Vorarbeiten für diese neue Einheitsgewerkschaft zu entfalten begannen, ein Büro mit Parteiverkehr im Rathaus einrichteten, Einzeichnungslisten für die früheren sozialistischen Parteimitglieder auflegten und auch Fragebogen an Beamte herausgaben. Ob dies im Auftrag oder nach Fühlungnahme oder mit Erlaubnis irgendwelcher amtlicher Stellen erfolgte, entzieht sich unserer Kenntnis. Auf alle Fälle fühlten sich dadurch die Kreise der ehemals <u>christlich-demokratisch eingestellten Gewerkschaften</u> benachteiligt und übergangen, obwohl diese in Regensburg auch noch bei den Wahlen in den Jahren 1932/33 an erster Stelle standen. Zur näheren Erläuterung sei hier darauf hingewiesen, daß die christlich-demokratischen Gewerkschaften sich bei den Wahlen zur politischen parlamentarischen Willensbildung früher der ebenfalls christlich-demokratisch eingestellten Bayerischen Volkspartei bedient hatten. Es kann zum Beispiel an Hand der damaligen Tageszeitungen aus den Jahren 1932/33 jederzeit der einwandfreie Nachweis geführt werden, daß gerade auch in den reinen Arbeitervierteln unter den Regensburger Stimmbezirken der relativ größte Anteil an Arbeiterstimmen – und zwar die den christlich-demokratischen Gewerkschaften entstammenden Wähler – sich zur Bayerischen Volkspartei (und nicht zu den Sozialdemokraten) bekannt hatten. Die demokratische-christliche Arbeiterschaft, die einst in den ehemals christlich-demokratisch organisierten Gewerkschaften zusammengefaßt war, hätte auf Grund dieser Wahlergebnisse der Jahre 1932/33 demnach auch heute einen berechtigten Anspruch darauf, eine führende bzw. mit ausschlaggebende Stellung bei der Schaffung der neuen demokratischen Einheitsgewerkschaft zu erhalten, die später über den künftigen politischen Parteien stehen soll, sobald deren Gründung und Sammlung einmal gestattet werden wird. Aus diesem Grunde gestatte ich mir, Ihnen den Wunsch christlich-demokratisch eingestellter Gewerkschaftsvertreter nahezubringen, daß auch Vertreter der früheren christlich-demokratischen Gewerkschaften, wie die Herren Zizler, Schmid und Wimmer von der Militärregierung zu den Besprechungen zugezogen und einzeln gehört werden und auch mit der Durchführung der vorbereitenden Arbeiten zur Bildung einer neuen demokratischen Einheitsgewerkschaft betraut werden, wenn diese Frage einmal spruchreif ist.*

Bericht zur persönlichen Information über wichtige Zeitfragen in Regensburg vom 4. Dezember 1945

Die Stadt Regensburg selbst gehört zu den wenigen deutschen Städten, in denen der Nationalsozialismus bis zur Machtergreifung 1933 auf legale Weise überhaupt keinen maßgebenden Einfluß erhalten konnte. Die Anhänger der christlich-demokratischen Staatsidee in Bayern hatten sich bis 1933 zur politischen Willensbildung bekanntlich der Bayerischen Volkspartei bedient. Diese im Jahre 1918/19 in Regensburg begründete größte politische Partei Bayerns war auch die einzige Partei, die, auch bis zur nationalsozialistischen Machtübernahme im Jahre 1933, ihren Besitzstand unverändert gehalten hatte. So ergaben die Wahlen 1932 und 1933 jedesmal rund 1.200.000 Stimmen für die Bayerische Volkspartei. Der NSDAP war es damals nur auf Grund des Zuzugs von Stimmen aus den Lagern der anderen Parteien und der Mobilisierung vieler bish. Nichtwähler in Bayern im Jahre 1932 erstmals gelungen, rund 1.160.000 Stimmen und im März 1933, ein Vierteljahr nach Hitlers Machtergreifung, auf Grund des ausgeübten Terrors rund 1.900.000 Stimmen zu erhalten. Die demokratisch-christlich eingestellte und bodenständige Bayerische Volkspartei hatte sich als einzige von allen Parteien gegenüber dem Nationalsozialismus am widerstandsfähigsten erwiesen und ihren Besitzstand als größte pol. Partei in Regensburg *auch noch im März 1933, also ein Vierteljahr nach Hitlers Machtergreifung, mit über 19.000 Stimmen unverändert erhalten, während die Nazis in Regensburg trotz aller Propaganda es auch im März 1933 nur auf 14.000 Stimmen (also 5.000 weniger) bringen konnten.[1] Ein großer Teil dieser Wählerstimmen der Bayerischen Volkspartei entstammte nach den eindeutigen Ergebnissen der Stimmbezirke den christlich-demokratisch eingestellten Gewerkschaften.*

Regensburg war stets eine Hochburg, bzw. die Hochburg der christlichen Demokratie in Bayern, wie sie früher eben durch die Bayerische Volkspartei und die ihr nahestehenden christlich-demokratischen Gewerkschaften und Bauernvereine verkörpert wurde. Der langjährige Ministerpräsident Bayerns, Dr. Heinrich Held, der als Führer der Bayerischen Volkspartei im Kampfe gegen den Nationalsozialismus stets in vorderster Front stand, war gleichzeitig auch Abgeordneter der Stadt Regensburg im bayerischen Parlament.

---

[1] *Bei den Reichstagswahlen am 5. März 1933 erhielt die BVP 19.176 (40,13 %), die NSDAP 14.611 (30,58 %) der Stimmen (SPD 8.668 = 18.15 %; KPD 2.790 = 5,84 %; Kampffront und sonstige unter 5 %). Helmut Halter, Stadt unterm Hakenkreuz. Kommunalpolitik in Regensburg während der NS-Zeit, Regensburg 1994, S. 39.*

Ausgewählte Dokumente zur Parteigeschichte

Die Stadt Regensburg hat seinerzeit im April des Jahres 1932 unter Führung der Bayerischen Volkspartei und des damaligen Oberbürgermeisters Dr. Hipp dem Führer der Nazis Adolf Hitler, sogar jedes Versammlungslokal und den elektrischen Strom verweigert, so daß Hitler für seine damalige Versammlung außerhalb Regensburgs ein großes Zelt des Zirkus Krone mit eigener Stromversorgung errichten lassen mußte, um überhaupt sprechen zu können. Über die Vorgeschichte (Verweigerung des Saales durch den Stadtrat) und den Verlauf dieser außerhalb der Stadtgrenze abgehaltenen Hitlerversammlung geben mehrere interessante, im April 1932 im damaligen „Regensburger Anzeiger", dem Organ des früheren bayerischen Ministerpräsidenten Dr. H. Held, erschienene Artikel (darunter auch ein Artikel mit der Überschrift „Zirkus Hitler") bestens Aufschluß. Daß Regensburg seine demokratisch-christliche Gesinnung auch in den nachfolgenden Jahren nationalsozialistischer Gewaltherrschaft im Kern unverändert erhalten hat, beweisen verschiedene Aktionen der letzten Jahre, wie die sog. Schulkreuzaktion und insbes. auch die noch wenige Tage vor der amerikanischen Besetzung stattgefundenen zwei großen Kundgebungen, vor allem Regensburger Frauen, die nicht etwa von sozialistischer Seite, sondern von demokratisch-christlicher Seite organisiert und durchgeführt wurden. Unter welch' brutalem Zwang gewissenloser und verbrecherischer Menschen Regensburg noch vor wenigen Wochen stand, hat das grausame Todesurteil gegen den weitbekannten und verehrten Domprediger Dr. Johannes Meier nur zu deutlich gezeigt. Die demokratisch-christliche Bevölkerung Regensburgs hat deshalb auch ein natürliches Anrecht darauf, in wichtigen Fragen, wie der künftigen politischen Willensbildung, und auch in organisatorischen berufsständischen Fragen (wie z. B. der neuen Gewerkschaftsbildung) gehört und ausschlaggebend berücksichtigt zu werden, wenn die Bildung der Gewerkschaften und Parteien einmal gestattet werden wird.

Nur zu bekannt ist auch, daß die Stadt Regensburg (die ursprünglich vor München bayerische Landeshauptstadt und später Sitz des deutschen Reichstags bis 1806 war), trotz ihrer in Bayern, insbes. für Oberpfalz und Niederbayern zentralen Lage, wegen der antinationalsozialistischen Einstellung des weit überwiegenden Teils ihrer Bevölkerung von der nationalsozialistischen Staatsgewalt und Partei stets systematisch übergangen und schlecht behandelt wurde. So wurden insbes. auch alle einflußreichen und maßgebenden

Bericht zur persönlichen Information über wichtige Zeitfragen in Regensburg vom 4. Dezember 1945

politischen Stellen und Ämter nicht nach Regensburg, sondern an die Grenze des Gaues nach Bayreuth gelegt. Schon ein Blick auf die Landkarte zeigt im übrigen das Unnatürliche dieser Gaubildung des sogen. Gaues Bayreuth (früher Bayerische Ostmark genannt). Wenn deshalb unter den gegenwärtigen Verhältnissen eine Stadt eine Sonderstellung und Sonderbehandlung verdienen würde, so ist es Regensburg, in der früher – neben Ministerpräsident Dr. Heinrich <u>Held</u> – auch andere hervorragende Männer, wie Oberbürgermeister a.D. Dr. Otto <u>Hipp</u> und der damalige Regierungsrat und heutige Regierungsdirektor und Chef des Landeswirtschaftsamtes Fürth, Dr. Otto Graf, verdienstvoll und antinationalsozialistisch wirkten.

Immer wieder müssen wir darauf hinweisen, daß ganz Deutschland unter der nationalsozialistischen Zwingherrschaft zu einem großen Konzentrationslager geworden ist. Unendlich groß ist die Zahl gerade auch aus den Familien unserer Gesinnungsfreunde, über die durch den Nationalsozialismus Elend, Not und Verfolgung gekommen ist. Auch unsere Familie und unser Unternehmen hatten dies am eigenen Leibe zur Genüge verspürt. War doch mein Bruder, Ing. Heinrich Held – München, 1933 längere Zeit in Dachau, nur weil er damals den Aufenthaltsort meines Vaters nicht bekanntgegeben hatte und war meine Mutter seit 1933 nach einen nächtlichen Wohnungsüberfall durch die SA infolge Schlaganfalls von dem 53. Lebensjahr ab bis zu ihrem Tode (1941) gelähmt und seelisch zerrüttet. Das Volk in seiner Gesamtheit wurde von einem organisierten und bewaffneten Verbrecherklüngel brutal terrorisiert und eingeschüchtert, seit Jahren Tag für Tag belogen und betrogen und ausgebeutet. Die in den letzten Tagen bekannt gewordenen Scheußlichkeiten gewissenloser nationalsozialistischer Verbrecher im Buchenwald, Ebensee u.a. K.-Lagern, waren weiteren Kreisen des Volkes, in dem jedes selbständige politische und weltanschauliche Denken jahrelang unterdrückt worden war, völlig unbekannt und haben sicherlich auch noch dem letzten verblendeten Anhänger des Nationalsozialismus die Augen geöffnet. Die tiefe Abscheu über dieses verbrecherische Treiben der Nazis ist heute so allgemein, daß es ein Leichtes wäre, auch die Reste des Nationalsozialismus mit Stumpf und Stiel im deutschen Volke auszurotten, wenn heute nach der Befreiung von der nat. soz. Gewaltherrschaft und Wiederherstellung der persönlichen Freiheit die seit dem Zusammenbruch der Nazis vorhandene Situation psychologisch richtig gewertet wird.

Dazu gehört, daß auch die Pressefrage, welche die Regensburger – neben der Lösung der Ernährungsfrage und der Wiederingangsetzung der freien Wirtschaft heute am meisten interessiert, entsprechend geregelt wird und zwar durch die Schaffung volksverbundener Zeitungen, welche auf die Dauer bestimmt erzieherisch erfolgreich auf das Volk einwirken können.

Der ehrliche Wille zur inneren Gesundung und Neuformung im demokratisch-christlichen Geiste ist in unserem bayerischen Volke heute überall vorhanden. Möge man die vielen guten Kräfte unseres Volkes, die heute, nach den langen Jahren schwerster Unterjochung und geistiger Entmündigung endlich wieder frei geworden sind, nicht verkümmern lassen, sondern sie positiv einsetzen!

Zum Schluß noch eine persönliche Bemerkung: Ich habe nicht die Absicht, mich politisch in besonderer Weise zu betätigen oder hervorzutun; ich habe nur den Wunsch, wieder einmal, wie ehedem, als Zeitungsverleger tätig sein und wirken zu können, nachdem unserer Familie von Seiten der Nationalsozialisten seinerzeit diese Möglichkeit geraubt worden ist.

Dokument 7: Wahl Josef Müllers zum vorläufigen Vorsitzenden des Vorbereitenden Landesausschusses am 17. Dezember 1945

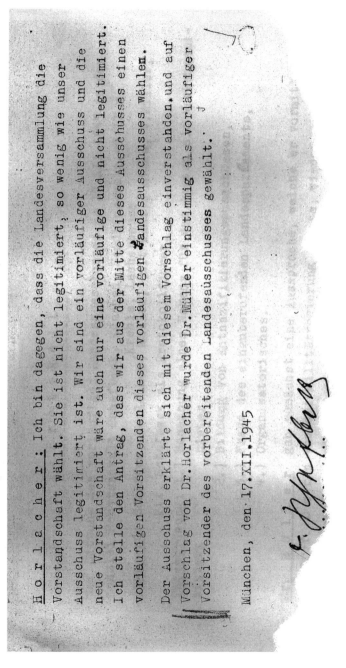

H o r l a c h e r : Ich bin dagegen, dass die Landesversammlung die Vorstandschaft wählt. Sie ist nicht legitimiert, so wenig wie unser Ausschuss legitimiert ist. Wir sind ein vorläufiger Ausschuss und die neue Vorstandschaft wäre auch nur eine vorläufige und nicht legitimiert. Ich stelle den Antrag, dass wir aus der Mitte dieses Ausschusses einen vorläufigen Vorsitzenden dieses vorläufigen Landesausschusses wählen.

Der Ausschuss erklärte sich mit diesem Vorschlag einverstanden, und auf Vorschlag von Dr.Horlacher wurde Dr.Müller einstimmig als vorläufiger Vorsitzender des vorbereitenden Landesausschusses gewählt.

München, den 17.XII.1945

Tagungsort der Sitzung des Vorläufigen Landesausschusses der CSU ist die Kanzlei von Rechtsanwalt Dr. Otto Scheffbeck, der auch als Schriftführer fungiert. Sowohl innerhalb des Gründerkreises wie auch nach außen wird die Position Josef Müllers gegenüber der von Fritz Schäffer durch diese Wahl erheblich gestärkt.

Dokument 8:
Zehn-Punkte-Erklärung vom 31. Dezember 1945

Anlage I

Die zehn Punkte der Christlich-Sozialen Union

Eingedenk der unheilvollen parteipolitischen Zersplitterung der Vergangenheit, haben sich Männer und Frauen aller Berufsstände aus einst getrennten politischen Lagern zu einer machtvollen Sammelbewegung zusammengeschlossen, deren Ziel es ist, die aus tausend Wunden blutende Heimat im Geiste des Christentums und einer wahren sozialen Gesinnung wieder aufzurichten.

Folgende Grundsätze sollen die Leitsterne ihres Handelns sein:

1. Wiederaufbau des Zerstörten mit dem Fleiß unserer Hände und der Kraft unserer Herzen, Brot für die Hungernden, Heime für die Obdachlosen, großzügige Hilfe für die Entwurzelten und die unschuldigen Opfer des Krieges und Terrors.

2. Verwirklichung christlicher Grundsätze in Erziehung, Wirtschaft und Oeffentlichkeit, echte Toleranz und volle Freiheit der christlichen Bekenntnisse.

3. Schaffung eines freien demokratischen Staatswesens auf der Grundlage der Selbstverwaltung und der Selbstverantwortlichkeit des einzelnen.

4. Ausmerzung der letzten Spuren nationalsozialistischen Denkens, gerechte Bestrafung der wirklich Schuldigen. Wiedergutmachung für die vom Dritten Reich verübten Ungerechtigkeiten und Grausamkeiten.

5. Wiederherstellung des Rechtsstaates, Trennung von Verwaltung und Justiz, Gleichheit aller vor dem Gesetz, rücksichtslose Bekämpfung der Korruption.

6. Soziale Gerechtigkeit, gleichmäßige Verteilung der Lasten und Opfer des Krieges, gleiche Möglichkeiten für alle ohne Rücksicht auf Geburt, Stand und Vermögen, Hilfe für die Invaliden, Rentner, Kranken und Arbeitslosen.

7. Rückkehr zur privaten wirtschaftlichen Initiative und Verantwortlichkeit unter Aufsicht des Staates, Achtung vor dem Privateigentum, gerechte Löhne und stabile Preise, Ordnung des Finanzwesens, Schaffung eines neuen Sozialrechts und Förderung der gewerkschaftlichen Gliederungen.

Zehn-Punkte-Erklärung vom 31. Dezember 1945

8. Reform unseres Erziehungswesens im Geiste der Demokratie und der christlichen Grundsätze, Freiheit der Forschung und Lehre, der Kunst und des Schrifttums im Rahmen des Gemeinwohls.

9. Föderative Neugestaltung des Reiches, Stärkung der Verantwortlichkeit der Länder und Selbstverwaltungskörper, Pflege der besonderen Belange unserer bayerischen Heimat.

10. Ueberwindung des Machtgedankens durch den Geist christlicher Duldung und abendländischer Gesinnung, Bereitschaft zur Mitarbeit an allen Aufgaben internationaler Friedensgestaltung im Interesse der Sicherung unserer nationalen Zukunft und der Wiederherstellung unseres Ansehens in der Welt.

Unser Ruf ergeht an alle, die guten Willens sind.

Ihr Landsleute in den Fabriken und Kontoren, ihr Arbeiter auf Baustellen und Trümmerstätten, ihr Handwerker und Kaufleute, ihr Bauern unserer bayerischen Heimat, Beamte, Lehrer, Juristen, vor allem ihr heimkehrenden Soldaten, die ihr euch ein neues Dasein zimmern wollt, auch ihr, Flüchtlinge und Heimatlose, nicht zuletzt aber ihr bayerischen Frauen, die ihr soviel Schweres tapfer ertragen habt, ihr alle sollt mithelfen, daß unsere schöne Heimat bald wieder aus dem Schutt und Elend, das Hitler hinterlassen hat, neu erstehen kann.

Sammelt Euch um die Fahne der

Christlich-Sozialen Union!

Die Ergebnisse seiner programmatischen Überlegungen teilt der Vorläufige Landesausschuß in einem Rundschreiben vom 31. Dezember 1945 mit, das in fünf Anlagen neben den Zehn Punkten noch allgemeine Aufrufe u. a. zu den am 27. Januar 1946 stattfindenden Kommunalwahlen enthält.

Ausgewählte Dokumente zur Parteigeschichte

Dokument 9:
Programm der Christlich Sozialen Union um 1946

CHRISTLICH SOZIALE UNION

PROGRAMM

In einer Stunde größter deutscher Not ist die Wiedererrichtung politischer Parteien von der Besatzungsbehörde gestattet worden.

Nicht um durch Hader und Zersplitterung diese Not zu vergrößern, sondern um das eigene Schicksal selbst in die Hand zu nehmen, wird sich unser Volk parteipolitisch neu gruppieren. Trotz einer zwölfjährigen hemmenden Diktatur wird es beweisen, daß es sich als freies Volk nach demokratischen Grundsätzen erziehen und verwalten kann. Politische Parteien sind in einem demokratischen Staatswesen nötig. Ihre Bildung und ihre Tätigkeit verraten die politische Reife eines Volkes. Nur die Bildung großer politischer Gruppen kann unfruchtbare Zersplitterung verhüten, politische Beständigkeit und wirtschaftlichen Aufbau sichern.

Auch wir in München wollen die Voraussetzungen für diese bewährte Form der demokratischen Staatsführung schaffen und alle zusammenführen, die im christlichen Sittengesetz die Grundlage der deutschen und abendländischen Kultur erblicken.

Wir wollen und müssen unsere Arbeit in unserer engsten Heimat für diese unsere Heimat beginnen. Wir wollen damit helfen, ein neues Reich zu bauen, das aber, frei von dem einseitigen Übergewicht eines einzelnen Staates, gegliedert ist nach Ländern, die aufbauen auf den deutschen Stämmen und in denen unser Land für seine Eigenart einstehen und in dieser sich bewähren kann. Die Verwaltung dieser Länder soll grundsätzlich in den Händen der eigenen Landeskinder liegen. In diesem Sinne wollen wir bayrisch sein.

Die Diktatur des Nationalsozialismus war eine Herrschaft der Lüge, des Hasses und der Unterdrückung. Der Nationalsozialismus war der Todfeind jedes reinen christlichen Gedankens, jeder Lehre der Wahrheit, der Liebe und der Menschenwürde.

Um derartige Erscheinungen im deutschen Volk für alle Zeiten unmög-

Programm der Christlich Sozialen Union um 1946

Neben dem Vorläufigen Landesausschuß und ihrem Vorsitzenden Josef Müller versuchen auch Einzelpersonen – wie hier der ehemalige Redakteur des BVP-Zentralorgans „Bayerischer Kurier" Georg Pix – die Ziele der CSU zu verbreiten. Das vorliegende undatierte Flugblatt wird in München und modifiziert in Dingolfing verteilt.

---

lich zu machen, wollen wir, daß die ordnenden Kräfte des Christentums bei dem Neuaufbau unseres Staates ihre Gestaltungskraft entfalten können. Wir wollen den Frieden unter allen Bekenntnissen und ihre Zusammenarbeit. Wir wollen den Frieden zwischen Staat und Kirchen und deren gegenseitiges Vertrauen; wir wollen die Kirchen deshalb auch außerhalb allen politischen Streites wissen.

Unser Sammelruf ergeht an alle, die sich für ihr Tun und Lassen vor Gott verantwortlich fühlen. In diesem Sinne wollen wir

christlich

sein.

Wir wissen, daß die Welt sich seit Jahrzehnten in einer ungeheuren Krise befindet und daß die Erschütterungen der Weltkriege, die Erscheinungen der Diktaturen, die Umwälzung der Staats- und Wirtschaftsformen nur ein äußeres Kennzeichen dieser Weltkriege sind.

Wir wissen, daß sich eine neue Zeit gestaltet. Wir können uns an alte Wirtschaftsformen nicht binden. Wir müssen allen Forderungen unserer Zeit opferwillig und opferfreudig gegenüberstehen und jeden Weg beschreiten, der die Not unseres Volkes lindern kann. In diesem Sinne wollen wir

sozial

sein.

Wir sind überzeugt, daß diese unsere Grundsätze alle einigen können, die guten Willens sind über alle Konfessionen, Rassen und Stände und Altersschichten hinweg.

Noch ist die Stunde nicht gekommen, in der eine freie deutsche Staatsgestaltung möglich ist, noch ist kein Friede, noch ist nur Waffenstillstand.

In dieser Stunde kann man sich nur um Fahnen sammeln, die große Richtlinien und große Grundsätze bedeuten. Unter dieser Fahne wollen wir eine Partei der Einigung und Sammlung sein. Deshalb schließen wir uns zusammen zur

CHRISTLICH SOZIALEN UNION

Verantwortlich: Dr. Georg Pix, Deutsches Museum, Büro der Christlich Sozialen Union
Approved by Political Intelligence, Stadtkreis Munich
Druck: Süddeutsche Zeitung, 5000 Stück (2. Auflage)

Ausgewählte Dokumente zur Parteigeschichte

Dokument 10: Zulassung der Christlich-Sozialen Union auf Landesebene am 8. Januar 1946

Abschrift

OFFICE OF MILITARY GOVERNMENT FOR BAVARIA
APO 403

8 January 1946

AG 000.11 OMBB-5

SUBJECT: Notice of Temporary Approval of Application of Dr. Josef Müller und Others for the Formation of the Christlich-Soziale-Union Party of Bavaria and Provisional Permission to Engage in Political Activities throughout Land Bavaria.

TO : Sponsors of the Christlich-Soziale-Union Party of Bavaria.

1. Pursuant to the provisions of Directive Headquarters United States Forces, European Theater, dated 23 November 1945, subject: "Administration of Military Government in US Zone in Germany", you are hereby notified that I temporarily approve the application of Dr. Josef Müller and others for the formation of the Christlich-Soziale-Union Party in Bavaria with its seat in Munich, and grant it provisional permission to engage in political activities throughout Land Bavaria as hereinafter set forth.

2. Political Activities.

   a. The Christlich-Soziale-Union Party of Bavaria is hereby authorized to submit election proposals and to file a list of candidates in each community in Bavaria.

   b. Pursuant to a Directive, Headquarters United States Forces, European Theater, subject: "Administration of Military Government in US Zone in Germany", dated 27 August 1945, political activities include the following:

      (1) Public meetings and public discussions are permissible upon separate applications made to the local Military Government authorities stating the time, place and purpose of the meeting and the names and addresses of all speakers scheduled to address the meeting.

      (2) Party agents, speakers, or persons domiciled outside of the United States Zone of Occupation may speak at political meetings, but any application for this purpose must be referred, before approval is granted, through Military Government channels, to the Office of Military Government US Zone, Headquarters United States Forces, European Theater.

      (3) The solicitation of membership and collection of funds for expenses and distribution of literature will be permitted.

3. Semi-Monthly Report of Sponsors or Party Officials.

   Sponsors, agents, or officials of authorized parties will submit to the Intelligence Branch of the Office

Zulassung der Christlich-Sozialen Union auf Landesebene am 8. Januar 1946

of Military Government for Bavaria copies of a semi-monthly sworn statement regarding the sources of funds received and the purpose for wich these funds are expended. The sworn statement will also include the following.

OFFICE OF MILITARY GOVERNMENT FOR BAVARIA; Subject: Notice of Temporary Approval of Application of Dr. Josef Müller and Others for the Formation of the Christlich-Soziale-Union Party of Bavaria and Previsional Permission to Engage in Political Activities thoughout Land Bavaria, dtd. 8 Jan 46 (Cont'd)

    a. An approximate number of members enrolled during the period.

    b. A statement on any proposed change in party directives, constitution and by-laws for approval by the Office of Military Goernment for Bavaria, Intelligence Branch.

    4. Use of Information Media by Authorized German Political Parties.

    You may make use of press, publications and other publicity media only in accordance with provisions of Information Control regulations, which specify that no person will operate such publicity media except under a license granted by Military Government, through (DISCC) District Information Services Control Command. Information Control Instruction No. 2, subject : " Information Media by authorized German political parties" granting the Christlich-Soziale-Union Party a license to publish handbills, posters etc. is attached for your guidance and compliance as Inclosure No. 1 Sponsors and agents of the Christlich-Soziale-Union Party shall also file with the local Military Government Detachments concerned and with the Office of Military Goernment for Bavaria, Intelligence Branch, copies of all literature produced or distributed.

    5. The above political activities are subject to the following regulations:

    a. When it is determined by local Military Government or by the Office of Military Government for Bavaria, Intelligence Branch, that a political meeting is undemocratic or or hostile to Allied purposes, or prejudicial to Military security and to the maintenance of order, permission for such a meeting will be denied.

    b. All political meetings, when permitted by local Military Government or by the Office of Military Government for Bavaria, shall be open to the general public and to all U.S. Military Police authorities and Military Government Officers.

    c. All political records of political party organizations will be available for inspection upon demand by Military Government.

    6. German parades, military or political, civilian or sports, shall be prohibited.

    7. The adoption or wearing of party uniforms, emblems or armbands is hereby prohibited and this authorization shall be revocable for violation thereof.

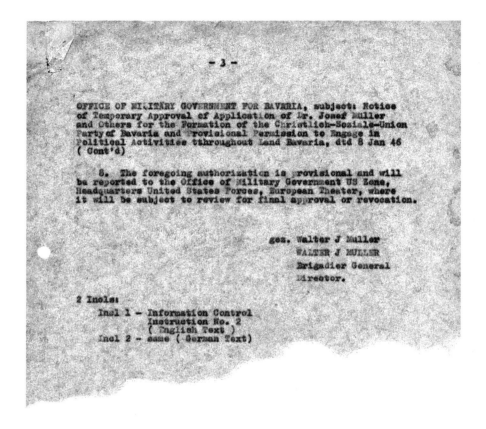

Mit Schreiben vom 8. Januar 1945 lizenziert der Militärgouverneur von Bayern, Walter Muller, die Christlich-Soziale Union auf Landesebene. Es ist nun möglich, auch dort politisch aufzutreten, wo bisher lokale Organisationsformen fehlten. Verknüpft damit ist, neben bestimmten Auflagen u. a. im Bereich der Presse, die halbmonatliche Berichtspflicht an die amerikanische Militärregierung.

Dokument 11: Presseerklärung zur Lizenzierung von CSU und SPD vom 10. Januar 1946

Zwei Tage nach der in englischer Sprache erfolgten Lizenzierung durch die amerikanische Militärregierung informiert man die bayerische Bevölkerung kurz über deren Inhalt, wobei hier, abweichend vom Schreiben General Mullers, der 9. Januar als Termin angegeben wird.

Bekanntmachung für Rundfunk und Presse.

Am 9. Januar 1946 wurden durch die Militärregierung in Bayern die Christlich-Soziale Union und die Sozialdemokratische Partei als Landesparteien anerkannt. Diese Anerkennung ermöglicht für diese beiden Parteien Folgendes:

1.) Die Einreichung von Wahlvorschlägen der Christlich-Sozialen Union und Sozialdemokratischen Partei in jeder beliebigen Gemeinde Bayerns, auch dort, wo noch keine Ortsvereine oder Ortsgruppen dieser beiden Parteien bestehen.

2.) Die Verbreitung von politischem Werbematerial, das von zentralen oder örtlichen Stellen der Christlich-Sozialen Union oder der Sozialdemokratischen Partei gedruckt wurde.

Bei Neudruck von politischem Werbematerial ist die Nachrichtenanweisung Nr.2 der Militärregierung zu beachten. Diese enthält im Einzelnen alle Vorschriften für den Druck von politischem Werbematerial. Auskunft hierüber ist bei den Landratsämtern einzuholen.

München, den 10.1.1946.

Ausgewählte Dokumente zur Parteigeschichte

Dokument 12: Flugblatt zur Kommunalwahl in Bayern vom 27. Januar 1946

Flugblatt zur Kommunalwahl in Bayern vom 27. Januar 1946

Der von Wilhelm Arnold und Paul Nerreter unterschriebene Aufruf richtet sich an unterschiedliche Bevölkerungsschichten in Mittelfranken, wobei der überkonfessionelle Charakter der neuen Partei betont wird. Gemäß den Bestimmungen muß jedes Druckerzeugnis den amerikanischen Militärbehörden vorgelegt werden. Im vorliegenden Fall erfolgt die Genehmigung am 17. Januar 1946.

> Tretet bei den Gemeinderats- und Bürgermeisterwahlen für unsere Sache ein! Sorgt dafür, daß allenthalben Männer unserer Gesinnung als Kandidaten aufgestellt und durchgesetzt werden, Männer, die auch schon in der Zeit der Bedrückung treu zu unserem Glauben gehalten haben.
>
> **Seid euch euerer Verantwortung bewußt!**
>
> Rüttelt auch die Säumigen auf!
>
> **Legt ein machtvolles**
> und mutiges Bekenntnis ab vor aller Welt!
>
> **Schafft Ordnung im Lande!**
>
> Eine Gottesgeißel ist von uns genommen, sorgt dafür, daß nicht eine neue über uns hereinbreche!
>
> **Die Christlich-soziale Union in Mittelfranken**
>
> verantwortlich:
>
> *Dr. Wilhelm Arnold*   *Dr. Paul Nerreter*
> Regierungsrat   Rechtsanwalt
> Nürnberg, Prinzregentenufer 7   Nürnberg, Hohenzollernstr. 39
>
> Wir bitten unsere Gesinnungsfreunde, diesen Aufruf bis in das letzte Dorf zu verbreiten.
> Wir verlassen uns auf euch! Jeder soll wissen, worum es geht!
>
> Sebaldus-Verlag GmbH., Nürnberg 50 000

Dokument 13: Bericht über die Stuttgarter Besprechungen vom 3. April 1946

Im Rahmen einer Sitzung des Arbeitsausschusses der CSU am 16. April in München referiert Josef Müller kurz über das Ergebnis der Besprechungen mit Vertretern der CDU in Stuttgart. Die durch ihn und Friedrich Wilhelm von Prittwitz und Gaffron dort vorgetragene Ablehnung Berlins als Sitz einer zentralen Parteiverwaltung wird von den Anwesenden gebilligt.

> Die Arbeitstagung wurde um 15 Uhr fortgesetzt.
>
> Herr Dr. Müller gab einen kurzen Bericht über die Stuttgarter-Besprechungen zum Aufbau der Union auf Zonenbasis. Er wies darauf hin, dass Berlin als Reichszentrale nicht anerkannt worden sei. Der Name Christliche Union sei für die Zonenarbeit angenommen worden.

> Weitere Besprechungen sollten im April stattfinden, wobei auch die Grundlinien für einheitliche programmatische Erklärungen geschaffen werden sollen.
>
> Es wird ein Brief von Herrn Dr. Adenauer Köln, verlesen, der weitere Einzelheiten zu den Stuttgarter-Beschlüssen enthält.
>
> Die Fragen der Zonen-Partei und der Reichszentrale werden eingehend besprochen. Es herrscht Einmütigkeit darüber, dass die Christlich-Soziale Union Bayerns auf der Tagung der Christlich-Demokratischen Union in Berlin nicht offiziell vertreten wird.
>
> Tagesord

Dokument 14: Politisches Betätigungsverbot für Fritz Schäffer durch die amerikanische Militärregierung vom 26. April 1946

Besatzungspolitische Fragen sind Teil der amerikanischen Innenpolitik dieser Jahre. Sie spielen schon bei der Absetzung Fritz Schäffers als Bayerischer Ministerpräsident am 28. September 1945 eine Rolle. Auch danach beobachtet die Militärregierung seine Aktivitäten aufmerksam. Schließlich führen die in einem Abschlußbericht festgehaltenen Beobachtungen zum Betätigungsverbot, das in seiner Begründung auf jene bereits bei der Entlassung vorgebrachten Argumente zurückgreift. Für die CSU bedeutet dies intern die Schwächung jenes der Politik Josef Müllers kritisch gegenüberstehenden Flügels der Partei.

Abschrift.

Militär-Regierung für Bayern   26. April 1946
   Public Relations Branch

Fritz Schäffer aus politischer Aktivität ausgeschaltet.

München.- Fritz Schäffer, Vorsitzender des Bezirksverbandes München der Christlich-Sozialen Union, wurde von der Militär-Regierung für Bayern von der Teilnahme an jeder politischen Aktivität auf Grund einer gründlichen Untersuchung ausgeschlossen, die ergab, dass er früher mit den Nazis sympathisierte und den Militarismus unterstützte.

Die Entscheidung der Militär-Regierung verbietet Schäffer zu wählen, Mitglied einer politischen Partei zu sein oder als Kandidat in irgend einer Wahl aufzutreten.

Eine gründliche Überprüfung Schäffers durch Special Branch ergab, dass Schäffer in seinen Schriften, Reden und in seiner Tätigkeit als ein Führer der Bayerischen Volkspartei unter der Weimarer Republik enge mit Nationalsozialisten und Militaristen in Verbindung stand. Obwohl niemals Mitglied der NSDAP wurde er von den Nationalsozialisten nach 1933 als der frühere Führer einer einmal sympathisierenden Gruppe (der Bayerischen Volkspartei) und nicht als Antinazi behandelt.

Nach den Feststellungen der Militär-Regierung erklärte ein Bericht der Nazipolizei über Schäffer im Juli 1937, dass nichts Nachteiliges gegen ihn gefunden werden könne, dass er bereitwillig bei allen Sammlungen spende und immer mit Heil Hitler grüsse.

Ausgewählte Dokumente zur Parteigeschichte

Abschrift

Militär-Regierung für Bayern   *26. April 1946*
Public Relations Branch

Fritz Schäffer aus politischer Aktivität ausgeschaltet.

München. – Fritz Schäffer, Vorsitzender des Bezirksverbandes München der Christlich-Sozialen Union, wurde von der Militär-Regierung für Bayern von der Teilnahme an jeder politischen Aktivität auf Grund einer gründlichen Untersuchung ausgeschlossen, die ergab, dass er früher mit den Nazis sympathisierte und den Militarismus unterstützte.

Die Entscheidung der Militär-Regierung verbietet Schäffer zu wählen, Mitglied einer politischen Partei zu sein oder als Kandidat in irgend einer Wahl aufzutreten.

Eine gründliche Überprüfung Schäffers durch Special Branch ergab, dass Schäffer in seinen Schriften, Reden und in seiner Tätigkeit als ein Führer der Bayerischen Volkspartei unter der Weimarer Republik eng mit Nationalsozialisten und Militaristen in Verbindung stand. Obwohl niemals Mitglied der NSDAP wurde er von den Nationalsozialisten nach 1933 als der frühere Führer einer einmal sympathisierenden Gruppe (der Bayerischen Volkspartei) und nicht als Antinazi behandelt.

Nach den Feststellungen der Militär-Regierung erklärte ein Bericht der Nazipolizei über Schäffer im Juli 1937, dass nichts Nachteiliges gegen ihn gefunden werden könne, dass er bereitwillig bei allen Sammlungen spende und immer mit Heil Hitler grüsse.

Er wurde im Mai 1945 von der Militär-Regierung als Bayerischer Ministerpräsident eingesetzt. Im September 1945 wurde er entlassen. Spätere Untersuchungen haben ergeben, dass er während seiner Regierungszeit wiederholt den Anordnungen der Militär-Regierung über Denazifizierung Widerstand leistete.

Politisches Betätigungsverbot für Fritz Schäffer durch die amerikanische Militärregierung vom 26. April 1946

Zahlreiche Beamte, die von Schäffer in die Bayerische Regierung berufen wurden, mussten aus ihrem Amt wegen früherer Verbindungen zur Nazi-Partei oder Sympathien zu ihr entfernt werden. Soweit der frühere Ministerpräsident gezwungen war, Beamte in Schlüsselstellungen zu entlassen, verzögerte er oft die Massnahme für Wochen und versuchte sie in anderen Stellungen zu beschäftigen. So umging er Anordnungen der Militär-Regierung. Die Vorlage von Fragebogen durch Beamte der Regierung erfolgte unter Schäffers Regierung stockend. Die Nachforschungen ergaben, dass er gewisse Verzögerungsmassnahmen, wie z.B. das Stehenlassen technischer Ungenauigkeiten in Fragebogen seiner Beamten, empfohlen hatte, die die Militär-Regierung zwangen, die Fragebogen zur Berichtigung zurückzugeben und so eine weitere Verzögerung hervorriefen.

Nach Feststellung der Offiziere der Militär-Regierung (Intelligence Branch) hatte Schäffer stets Überraschung gezeigt, wenn die dunkle politische Vergangenheit mancher seiner Schützlinge ihm bekanntgegeben wurde, obwohl er ihre Vergangenheit auf Grund seiner langen Erfahrung in der Bayerischen Politik gründlich gekannt haben muss.

Einige Beamte wurden wegen ihrer Sympathie mit dem Militarismus entlassen. So ein früheres Mitglied des deutschen Generalstabes, das Schäffer als Beamten berufen hatte. Ohne Zustimmung der Militär-Regierung hatte er als Staatssekretär Dr. Gessler beschäftigt, den früheren Kriegsminister von 1920–1928, der teilweise verantwortlich für die illegale Wiederaufrüstung unter der Weimarer Republik war.

Nach der Feststellung der Militär-Regierung (Intelligence Branch) war Schäffer während seiner ganzen politischen Laufbahn entschiedener Verfechter ultranationalistischer und militaristischer Prinzipien. Ferner mischte er sich oft in die Politik der amerikanischen Besatzungsmacht ein, insbesondere mit Bezug auf die Denazifizierung. Er wird nunmehr gezwungen sein, sein Amt in der Christlich-Sozialen Union niederzulegen und sich jeder politischen Aktivität, öffentlicher und privater, zu enthalten.

Major Peter Vacca, Leiter der Intelligence Abteilung für Bayern, erklärte: „Das Verbot politischer Betätigung gegen Schäffer ist ausschliesslich gegen ihn persönlich gerichtet und hat keine Rückwirkung auf die Christlich-Soziale Union, eine von der Militär-Regierung zugelassene Partei".

Dokument 15: Die fünf Punkte der Union vom 17. Mai 1946

Auf ihrer ersten Landesversammlung am 17. Mai 1946 in München verabschieden die Delegierten eine von 16 Personen eingebrachte Entschließung, die in fünf Punkten die Ziele einer künftigen Parteiarbeit kurz zusammenfaßt.

Die Entschliessung lautet:

Die Landesversammlung der Christlich-Sozialen Union beschliesst folgende für die Arbeit der Union maßgebenden Richtlinien:

1. Die Union bekennt sich in unwandelbarer Treue zum bayerischen Volk und Staat. Gemäß dem von altersher in Bayern verwurzelten demokratischen Gedanken fordert sie, dass der Neuaufbau des Reiches von unten her, das heisst auf der Grundlage selbständiger Staaten erfolgt. Dem bundesstaatlichen Reich ist an Aufgaben das zu überlassen, was zur Erhaltung seiner politischen und wirtschaftlichen Einheit notwendig ist.

2. Die Union bekennt sich eindeutig zur christlichen Wirtschafts- und Gesellschaftsauffassung. Sie erkennt das Privateigentum an, soweit es im Einklang mit dem christlichen Sittengesetz genutzt wird. Dagegen lehnt sie den ungezügelten Kapitalismus ebenso nachdrücklich ab wie jede die Einzelpersönlichkeit ertötende kollektivistische Wirtschaftsform.
(Bravo!)

3. Die Union bekennt sich zu einer wirklich fortschrittlichen, ehrlichen Demokratie, die es für alle Zeiten unmöglich macht, dass der Wille des Volkes und die Rechte der Einzelpersönlichkeit vergewaltigt und unterdrückt werden. Die Union lehnt daher jede Art von Reaktion, jede Einzel- und Klassendiktatur sowie alle militaristischen und sonstigen volks- und staatsfeindlichen Umtriebe auf das schärfste ab.
(Bravo!)

4. Die Union setzt alles daran, das verlorengegangene Vertrauen des Auslandes zum deutschen Volke wieder herzustellen. Sie hält daher eine loyale Zusammenarbeit mit der Besatzungsmacht für eine selbstverständliche Pflicht.

5. Die Union fordert eine beschleunigte, strenge aber gerechte Durchführung des Entnazifizierungsgesetzes, die zu einer dem Masse der Schuld entsprechenden Bestrafung aller verantwortlichen Elemente führt.

Dokument 16: Die dreißig Punkte der Union vom 31. Oktober 1946

Die dreißig Punkte der Union vom 31. Oktober 1946

Die auf der Landesausschußsitzung am 31. Oktober gebilligten „Dreißig Punkte" werden auf der zweiten Landesversammlung am 14./15. Dezember verabschiedet. Inhaltlich sollen sie das ebenfalls beschlossene Grundsatzprogramm erläutern und im einzelnen begründen. Der von Josef Müller verantwortete Druck umfaßt 16 Seiten und trägt den allgemeinen Genehmigungsvermerk der amerikanischen Militärregierung.

Die dreißig Punkte der UNION

Richtlinien der Christlich-Sozialen Union in Bayern zur Überwindung der inneren und äußeren Not unseres Volkes

---

ter Friede sein. Durch friedliche Aufbauarbeit und durch geistige Leistung wollen wir mitwirken an der Neugestaltung eines besseren, durch die gleichen Ideale geeinten Europa. Wir glauben, daß am Ende dieses Weges die Freiheit unseres Volkes und der gesicherte Friede unseres Erdteils inmitten der freien Gemeinschaft der Völker der Erde stehen wird.

Diese unsere Richtlinien zur Überwindung der inneren und äußeren Not unseres Volkes sind entstanden nach einem Irrweg, der unser Volk an den Rand des Untergangs geführt hat und nach dem Zusammenbruch aller seiner Ordnungen. Wir suchen darin mit vollem Bewußtsein den inneren Ausgleich. Wir lehnen die doktrinären Lösungen der Vergangenheit ab. Wir gehen neue und lebendige Wege, auf denen die Jugend uns folgen wird. Die Bayerische Verfassung, die wir schufen, hat einen wesentlichen Teil unserer grundsätzlichen Forderungen erfüllt. Jetzt gilt es, diese Grundsätze in die Wirklichkeit zu überführen, sie im Alltag zu erproben und mit Leben zu erfüllen. Wir wenden uns gegen alle, die von neuem die Not unseres Volkes ausnützen wollen, um es durch falsche Hoffnungen und durch Verführungen aller Art zu gefährden. Wir sind entschlossen, mit unserer ganzen Kraft Neugestaltung unseres Staates mit unserer ganzen Kraft durchzuführen und auf christlichem Boden eine wahre Demokratie im Zeichen der Freiheit, des Friedens und des Rechtes zu errichten.

Herausgegeben unter Parteiverlagslizenz Nummer US-E-1.
Verantwortlich für den Inhalt: Dr. Josef Müller, München, 15, Bayerstraße 57.

Druck: Fränkische Gesellschaftsdruckerei Würzburg, Echterverlag, G.m.b.H., Juliuspromenade 64.

Auflage 50 000; XI. 1946.

16

Ausgewählte Dokumente zur Parteigeschichte

Dokument 17: Broschüre zur Ablehnung des Grundgesetzes durch die CSU 1949

Nach Ablehnung des Grundgesetzes und gleichzeitiger Anerkennung seiner Rechtsverbindlichkeit durch den Bayerischen Landtag am 20. Mai 1949 veröffentlicht die CSU eine 16seitige Broschüre mit dem Titel „Unser Nein zu

Unser **Nein** zu Bonn

Unser **Ja** zu Deutschland

Am 8. Mai 1949 hat der Parlamentarische Rat in Bonn das Grundgesetz für die Bundesrepublik Deutschland mit 53 Ja-Stimmen gegen 12 Nein-Stimmen angenommen. Mit Nein stimmten auch 6 Abgeordnete der CSU.

Nach Art. 144 Abs. 1 bedurfte das Grundgesetz zu seiner Gültigkeit „der Annahme durch die Volksvertretungen in zwei Dritteln der deutschen Länder, in denen es zunächst gelten soll", also in den 11 Ländern der drei westlichen Besatzungszonen. In 10 Ländern wurde es mit mehr oder weniger großer Mehrheit angenommen.

Der Bayerische Landtag hat am 20. Mai 1949 über das Grundgesetz abgestimmt. . . .

Mit 101 Nein-Stimmen gegen 63 Ja-Stimmen bei 9 Stimmenthaltungen versagte der Bayerische Landtag dem Grundgesetz in der vorliegenden Fassung seine Zustimmung. Das war das Nein zu Bonn. Der zweite Antrag der Staatsregierung wurde mit 97 Ja-Stimmen gegen 6 Nein-Stimmen bei 70 Stimmenthaltungen angenommen. Das war das Ja zu Deutschland. . . .

Was bedeutet unser Nein zum Grundgesetz?

Durch unser N e i n haben wir zum Ausdruck gebracht, daß das Bonner Verfassungswerk in seiner jetzigen Fassung nicht den Vorstellungen entspricht, die wir von dem Aufbau des neuen deutschen Bundesstaates im Sinne eines echten Föderalismus haben. Wohl ist in dieser Richtung in Bonn einiges erreicht worden, vor allem durch die Mitarbeit der bayerischen Abgeordneten und das Eingreifen der Bayerischen Staatsregierung, und zwar mehr, als an sich dem Kräfteverhältnis entsprach. Wenn nicht bis zum letzten Tag gekämpft worden wäre, wenn Bayern sich in den Schmollwinkel zurückgezogen hätte, dann wären uns auch diese beschei-

Bonn – Unser Ja zu Deutschland", für deren Inhalt Generalsekretär Franz Josef Strauß verantwortlich zeichnet. Darin werden eingehend die Gründe für die Haltung der CSU in dieser Frage erläutert. Ihr Kernpunkt ist allein die unzureichende Berücksichtigung eines föderalen Staatsaufbaus und nicht die Ablehnung eines deutschen Gesamtstaates aus separatistischen Beweggründen.

> denen Erfolge versagt geblieben. Da uns das Erreichte aber nicht genügte und nicht genügen konnte, haben wir am Schluß zum Bonner Verfassungswerk Nein sagen müssen. Dieses Nein war ein Nein innerhalb eines demokratischen Vorganges, war die Anwendung einer demokratischen Spielregel....
>
> Durch unser Nein haben wir uns aber die Möglichkeit geschaffen, im kommenden Bunde die Sache des Föderalismus mit freien Händen zu vertreten. Wir unterwerfen uns dem auf demokratische Weise zustandegekommenen Willen der Mehrheit, haben uns aber gleichzeitig das demokratische Recht offen gehalten, die uns notwendig erscheinenden Verbesserungen anzustreben und allen Gefahren, die sich aus einer Anwendung bestimmter Artikel des Grundgesetzes im Sinne zentralistischer Zielsetzung anbahnen könnten, sofort zu begegnen....

Unser Ja zu Deutschland

Ein solcher Beschluß des Landtags war an sich nicht erforderlich. Der Bund wäre auch ohne diese ausdrückliche Zustimmung des Landtags für Bayern rechtsverbindlich geworden, sobald das Grundgesetz von zwei Dritteln der westdeutschen Länder ratifiziert war. Wenn die Staatsregierung dennoch die ausdrückliche Zustimmung des Landtags zur Rechtsverbindlichkeit des Grundgesetzes auch für Bayern herbeigeführt hat, dann sollte damit nachdrücklich festgestellt werden, daß Bayern sich auch innerlich dem neuen deutschen Bundesstaat zugehörig betrachtet. Bayern bekennt sich mit der gleichen Selbstverständlichkeit wie die anderen deutschen Länder zu Deutschland, weil es zu Deutschland gehört.

Jeder Einsichtige weiß, daß es utopisch und völlig wirklichkeitsfremd wäre, die Selbständigkeit Bayerns als unabhängiger Staat anzustreben. Bayern und Deutschland sind aus unzähligen Gründen untrennbar. Es gehört verkehrsmäßig zu dem großen, auf das gesamte deutsche Gebiet bezogene Verkehrsnetz; es gehört wirtschaftlich zu Deutschland und ist, als wirtschaftliches Zuschußgebiet, ganz besonders auf das Zusammenspiel aller wirtschaftlichen Kräfte in Deutschland angewiesen; Bayern ist ein steuerschwaches Land und bedarf als solches des Rückhaltes im Rahmen des deutschen Bundes. Und über alle wirtschaftlichen und materiellen Erwägungen hinweg gehört es unwiderruflich zur deutschen Schicksalsgemeinschaft.

Dem haben auch die sechs bayerischen CSU-Abgeordneten, die in Bonn mit Nein gestimmt haben, in einer feierlichen Erklärung vor dem Parlamentarischen Rat Ausdruck gegeben, indem sie erklärt haben:

„Wir erklären aber auch in dieser Stunde mit allem Nachdruck, daß wir uns trotz unserer Einwände gegen dieses Grundgesetz dem neuen Staat und Gesamtdeutschland aus tiefstem Empfinden heraus verpflichtet fühlen."

Diesem Bekenntnis der 6 CSU-Abgeordneten in Bonn schließt sich die Bayerische Staatsregierung und die gesamte bayerische CSU an.

Ausgewählte Dokumente zur Parteigeschichte

Dokument 18: Wahl von Hans Ehard zum Parteivorsitzenden am 28. Mai 1949 in Straubing

Vorsitzender: Die Sitzung ist eröffnet.

Das endgültige Wahlergebnis lautet folgendermaßen: 396 Stimmen für Dr.Ehard, 151 Stimmen für Dr.Müller, 1 Stimme für Dr.Seidl, 8 Stimmen ungültig. (Beifall.)

Meine Tätigkeit geht hier zu Ende. (Anhaltender Beifall.) Ich danke dem bisherigen Vorsitzenden der Partei, Dr.Josef Müller, für seine Arbeit und wünsche den neuen Vorsitzenden für seine Arbeit viel Erfolg. (Bravo-Rufe und lebhafter Beifall.)

Dr.Ehard übernimmt, mit stürmischem anhaltendem Beifall begrüsst, den Vorsitz.

Auf der vom 27. bis 29. Mai stattfindenden Landesversammlung in Straubing erfolgt die Wahl Hans Ehards zum Parteivorsitzenden. Das Ergebnis der Wahl gibt Michael Horlacher als Vorsitzender bekannt.

Dokument 19: Schreiben zur Absicht der Gründung einer CSU-Fraktion im Deutschen Bundestag vom 20. August 1949

Mit Schreiben vom 20. August 1949 informiert Fritz Schäffer einen Oberregierungsrat Hans Strauß von seiner Absicht, eine CSU-Fraktion als selbständige Vertretung bayerischer Interessen im Bundestag zu initiieren. Anfang September wird dieser Vorschlag realisiert und am 7. September die Fraktionsgemeinschaft mit der CDU eingegangen. Bei der angeschriebenen Person handelt es sich aufgrund der Adresse um Franz Josef Strauß, wobei Fritz Schäffer irrtümlich einen falschen Vornamen verwendet.

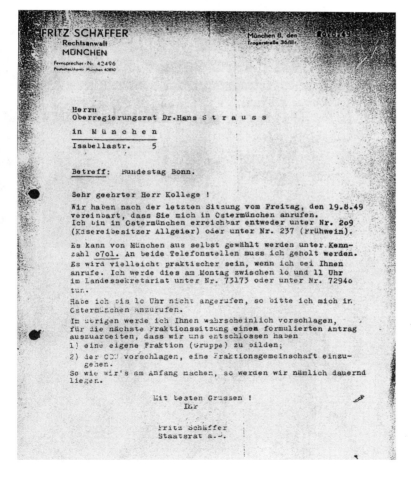

Ausgewählte Dokumente zur Parteigeschichte

Dokument 20:
Titelseiten der Parteizeitungen 1948, 1950 und 1995

Seit 10. Dezember 1948 bringt Josef Müller eine Wochenzeitung mit dem Titel „Der Gerade Weg" als Parteiorgan heraus, die jedoch nur etwa ein halbes Jahr existiert. Am 3. Juni 1950 erscheint dann erneut eine Parteizeitung unter dem Namen „Bayern-Kurier", die bis heute (s. „BAYERNKURIER" vom 16. September 1995) ein publizistisches Forum für die Politik der CSU bildet.

a

Titelseiten der Parteizeitungen 1948, 1950 und 1995

b

c

Dokument 21: Entschließung des Landesausschusses der CSU vom 5. Juni 1955

Auf ihrer Tagung am 5. Juni 1955 in Ingolstadt verabschieden die Delegierten eine Entschließung, die nach dem Inkrafttreten der Pariser Verträge vom 5. Mai den Aufbau von deutschen Streitkräften im Rahmen der NATO fordert.

> Alle Massnahmen der Landesverteidigung und in Sonderheit der Aufbau deutscher Streitkräfte für die NATO können nur dem einen Ziele dienen, die Gesamtstärke der europ.-atlantischen Verteidigung zu einem abschreckenden Risiko für jeden Angreifer zu gestalten.
>
> Gleichzeitig ist aber auch dafür zu sorgen, dass der Aufbau der Streitkräfte sich auf einer einwandfreien Rechtsgrundlage und auf einer möglichst breiten innenpolitischen Basis vollzieht. Die zukünftigen deutschen Streitkräfte müssen vom Vertrauen aller demokratischen Kräfte in Deutschland getragen und allen innenpolitischen Gegensätzen entzogen werden, damit sie in der Lage sind, ihre verantwortungsvollen Pflichten zu erfüllen.
>
> Dazu ist u.a. erforderlich, den aus angesehenen und vertrauenswürdigen Persönlichkeiten zu bildenden Personalausschuss sofort ins Leben zu rufen, mit ausreichenden Vollmachten auszustatten und eine wirksame parlamentarische Kontrolle der Streitkräfte vom Beginn der Aufstellung an vorzusehen.
>
> Art und Geschwindigkeit der Aufstellung deutscher Streitkräfte muss so erfolgen, dass sie nach dem Beispiel anderer Demokratien _mit_ alter Militärtradition zu einem organischen Bestandteil unseres demokratischen Rechtsstaates werden.

Dokument 22:
Bildung einer Koalitionsregierung am 16. Oktober 1957

CSU, BHE, FDP
Auf geht's zum
Regieren!

mh. München (Eigener Bericht)
Mit 68 gegen 5 Stimmen und eine Stimmenthaltung hat die CSU-Landtagsfraktion beschlossen, ihren Landesvorsitzenden Dr. Hanns Seidel zu beauftragen, die neue bayerische Regierung mit dem Gesamtdeutschen Block/BHE und den Freien Demokraten zu bilden. Diesem Beschluß ging eine mehrstündige Beratung voraus, in der sich die meisten Fraktionsmitglieder gegen eine große Koalition CSU/SPD „als verfrüht" aussprachen.

Der Landtag ist für morgen, Mittwoch, 16 Uhr, zu einer Sondersitzung einberufen, deren einziger Punkt der Tagesordnung die Wahl des neuen Ministerpräsidenten ist. Es unterliegt keinem Zweifel, daß Dr. Seidel mit Mehrheit gewählt wird. Wie Seidel vor der Presse erklärte, glaubt er, die Kabinettsliste bis Mittwochmittag bekanntgeben und das Kabinett dem Landtag gleich vorstellen zu können. In etwa zehn Tagen könne in einer weiteren Landtagssitzung bereits das Regierungsprogramm verkündet werden.

Die Fraktion der CSU ließ Dr. Seidel für die Besetzung der Ministerien weitgehend freie Hand. Als sicher gilt Landrat Rudolf Eberhard (CSU) als Finanzminister. Das Arbeitsministerium behält Walter Stain (BHE), sein Staatssekretär wird voraussichtlich Dr. Franz Lippert (CSU). Im Landwirtschaftsministerium soll Ministerialdirektor Dr. Ludwig Dürrwaechter zum Minister ernannt werden.

Sowohl der BHE wie die FDP behalten ihre bisherigen Kabinettsmitglieder zahlenmäßig auch in der neuen Regierung.

Die FDP soll dazu noch zwei weitere Staatssekretäre stellen. Es werden dafür ihre Abgeordneten Dr. Karl Eberhardt und Dr. Claus Dehler, der Sohn von Dr. Thomas Dehler, genannt. Der FDP-Landesvorsitzende, Staatssekretär Dr. Albrecht Haas, dementierte Pressemeldungen, wonach die FDP ihr kulturpolitisches Programm in einer Koalition mit der CSU fallenlassen wolle. Die FDP sei im Gegenteil davon überzeugt, „daß sie auch in dieser Regierung eine kulturpolitische Aufgabe zu erfüllen hat".

Der Landrat von Dillingen, Dr. Martin Schweiger, der am Freitag aus der Bayernpartei austrat, wurde gestern in die Fraktion der CSU aufgenommen.

Nach dem Bruch der Viererkoalition aus SPD, BP, GB/BHE und FDP unter Ministerpräsident Wilhelm Hoegner am 16. Oktober 1957 wählt der Bayerische Landtag Hanns Seidel zum Ministerpräsidenten. Dieser bildet bis zu den Landtagswahlen 1958 eine Koalitionsregierung aus CSU, BHE und FDP.

Dokument 23: Glückwunsch Hanns Seidels zur Wahl von Franz Josef Strauß zum Parteivorsitzenden am 18. März 1961

Hanns Seidel tritt aus gesundheitlichen Gründen am 16. Februar 1961 vom Amt des Parteivorsitzenden zurück. Die daraufhin für den 18. März nach München einberufene außerordentliche Landesversammlung wählt mit 546 von 621 Stimmen Franz Josef Strauß zum Nachfolger. Mit einer handschriftlichen Notiz bedankt sich der neue Parteivorsitzende für die Glückwünsche seines Vorgängers.

> Telegramm:
>
> An den Bundesminister für Verteidigung
> Herrn Dr.h.c. Franz Josef Strauß   -   München
>
> Lieber Franz Josef !
>
> Zu Deiner Wahl zum Landesvorsitzenden der CSU meine
> herzlichen Glück- und Segenswünsche. Mögen Dir Deine
> Kraft und Gesundheit es erlauben, die Christlich-
> Sozialen Union einer glücklichen, erfolgreichen und
> friedlichen Zukunft entgegenzuführen.
> Es lebe die Christlich-Soziale Union!
>
> In Verbundenheit
> Dein
> Hanns Seidel
>
> München, den 18. März 1961

Dokument 24: Maria Probst

Mit der Wahl von Maria Probst zur Vizepräsidentin des Deutschen Bundestags am 9. Dezember 1965 übernimmt erstmals eine Frau und ein Mitglied der CSU dieses Amt. Seit 1949 dem Bundestag angehörend, gilt ihr Engagement vor allem der Kriegsopferfürsorge. Mit der Verabschiedung des Bundesversorgungsgesetzes am 21. Juni 1951 sieht sich Maria Probst in ihrer parlamentarischen Arbeit bestätigt. Das unter ihrer Mitwirkung entstandene Gesetz erläutert sie nach der ersten Lesung im Bundestag in der CSU-Correspondenz vom 21. September 1950.

a

"Das erste grosse Sozialgesetz des Bundes"
(Dr. Maria Probst(M.d.B.) zum Bundesversorgungsgesetz)

Bonn (UC) Der Bundestag hat nunmehr den seit langem vom Bundesarbeitsministerium in Zusammenarbeit mit Vertretern der Kriegsopfer ausgearbeiteten Gesetzentwurf des Bundesversorgungsgesetzes in 1. Lesung beraten. Die CSU-Abgeordnete, Frau Dr. Probst, die an hervorragender Stelle im VdK tätig ist, darf für sich das Verdienst in Anspruch nehmen, massgeblich an der Gestaltung dieses wichtigen Gesetzentwurfes mitgewirkt zu haben. In ihrer Rede vor dem Bundestag führte Frau Dr. Probst u.a. aus:

"Es handelt sich um das 1. grosse Sozialgesetz, das dem Bundestag von der Bundesregierung vorgelegt wird. Alle Parteien erkennen die Priorität der Kriegsopferversorgung an. Wir lehnen eine Abfindung und blosse Entschädigung der Kriegsopfer nach dem Prinzip der Sozialversicherung auf das entschiedenste ab. Die Grundlagen des neuen Gesetzes heissen: Anspruch auf aus-

reichende Versorgung auf der einen Seite, Unterhaltspflicht des Staates auf der anderen..|."

...Wir haben etwas geschaffen, auf das wir stolz sein können. Dieses Gesetz ist auf dem Gebiet der Sozialpolitik vorbildlich und ein Beweis dafür, dass der gute Wille aller Beteiligten auch in schwerer und ernster Zeit dazu führen kann, brauchbare Lösungen zu finden."

b

Ausgewählte Dokumente zur Parteigeschichte

Dokument 25: Gründung der Hanns-Seidel-Stiftung am 11. April 1967

Mit dem Eintrag ins Vereinsregister des Amtsgerichts München am 11. April 1967 vollzieht auch die CSU die Errichtung einer parteinahen Stiftung, nachdem bereits im Vorjahr eine Gründungsversammlung stattgefunden hatte. Als Namensgeber einigt man sich auf den ehemaligen Parteivorsitzenden und Bayerischen Ministerpräsidenten Hanns Seidel.

Sowjetisches Plakat anläßlich der Reise von Franz Josef Strauß in die Volksrepublik China am 16. Januar 1975

Dokument 26: Sowjetisches Plakat anläßlich der Reise von Franz Josef Strauß in die Volksrepublik China am 16. Januar 1975

Mit diesem Plakat reagiert die Sowjetische Propaganda auf die zunehmende Öffnung Chinas nach Westen und die sich damit anbahnenden Kontakte zu Großbritannien, den USA und der Bundesrepublik Deutschland.

Übersetzung: „Die Kontakte mit Peking sind für jeden sichtbar: hierher fliegen die Aasgeier des Krieges und zu ihren Ehren sind jedesmal Tür und Tor geöffnet." (London – Peking [Margaret Thatcher], Washington – Peking [Henry Kissinger], München – Peking [Franz Josef Strauß]).

Ausgewählte Dokumente zur Parteigeschichte

Dokument 27: Schreiben von Karl Carstens vom 3. Juli 1979

Für den Bundestagswahlkampf 1980 stehen als Kandidaten der Union Ernst Albrecht und Franz Josef Strauß zur Verfügung. Schließlich einigt sich die gemeinsame Fraktion von CDU/CSU im Deutschen Bundestag auf ihrer Sitzung am 2. Juli 1979 auf Franz Josef Strauß als gemeinsamen Kandidaten gegen Bundeskanzler Helmut Schmidt. Der seit dem 23. Mai 1979 im Amt befindliche Bundespräsident Karl Carstens gratuliert daraufhin in einem handschriftlichen Brief Franz Josef Strauß zu seiner Nominierung.

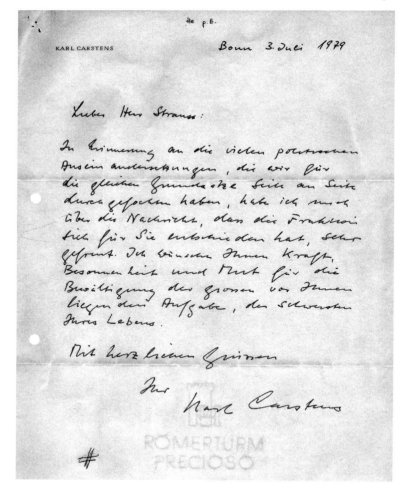

Dokument 28: Presseerklärung zum Tag der Deutschen Einheit vom 3. Oktober 1990

Mit der Unterzeichnung des Einigungsvertrags zwischen der Bundesrepublik Deutschland und der Deutschen Demokratischen Republik am 31. August 1990 werden die völkerrechtlichen Voraussetzungen für die Wiedervereinigung Deutschlands geschaffen. Am 3. Oktober treten dann die wiedererstandenen Länder Mecklenburg-Vorpommern, Brandenburg, Sachsen-Anhalt und die Freistaaten Thüringen und Sachsen dem staatlichen Geltungsbereich des Grundgesetzes bei und vollenden dadurch die staatliche Einheit Deutschlands.

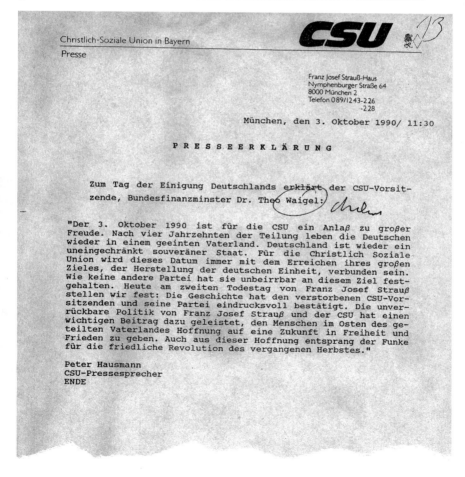

Josef Müller
„Wer eine Chronik schreibt, muß die Gegenwart wichtig nehmen"

Festansprache anläßlich der Gründung der Christlich-Sozialen Union vor 10 Jahren, gehalten auf dem 12. Landesparteitag am 23. Oktober 1955 in München[1]

„Wer eine Chronik schreibt, muß die Gegenwart wichtig nehmen." Dieses Wort Goethes ist wohl selten so bestätigt worden, wie in diesem Jahr, dem 10. Jahr nach der Stunde Null, wie wir heute schon gedankenlos jene furchtbare Katastrophe zu bezeichnen pflegen. Wir haben im Jahr 1955 zahlreicher Wendepunkte gedacht, haben Rückschau gehalten, aber doch immer die Gegenwart im Auge gehabt und dabei erkannt, daß wir nur wenige dieser Jahrestage wirklich „Jubiläen" nennen können. Zehn Jahre Aufbau und soviel erreicht – gewiß – aber doch auch zehn Jahre Abstand, und seien wir ehrlich: noch so wenig geistige Distanz; – zehn Jahre politischer Entwicklung von der Diktatur über die Fremdherrschaft bis zur Souveränität, jawohl, – aber doch nur für einen Teil unseres leidgeprüften Volkes. All' das ist relativ, wie auch die Wirkung der Zeit unterschiedlich empfunden wird. Was ist diese Nachkriegszeit, wenn man sie mit den Jahren vergleicht, die ihr vorangegangen waren!

Wem in Stunden der Todesangst, im Bombenhagel und den Konzentrationslagern, in der Kriegsgefangenschaft, wem in und nach der Katastrophe des bis zum bitteren Ende geführten Krieges, in der materiellen und geistigen Not von damals Stunden und Tage zur Ewigkeit wurden, der kennt die Relativität der Zeit. Der Chronist nun wirkt zwar für die Gegenwart, aber er wird besonders in einer Zeit, die so betriebsam wie die unsere ist, die Erinnerung an den Stillstand wecken müssen, an die Zeit, in der aus dem Nichts auch unsere Gemeinschaft entstand: unsere Christlich-Soziale Union in Bayern.
Das erste Dezennium unserer Parteiarbeit ist abgelaufen. Das ist gewiß eine

---

[1] *ACSP der Hanns-Seidel-Stiftung, DS 2/12.*

relativ kurze Zeit, verglichen etwa mit dem Alter anderer großer Parteien. In den Bilanzen aller Parteien stehen aber Alter und Tradition gewissermaßen nur als Anlagewerte zu Buch. Wichtiger ist der Erfolg einer Partei, und am wichtigsten ist, welche politische Initiative von ihr ausgegangen ist, welche Männer sie dem Staat zur Verfügung stellen konnte. Unsere Partei hat Aufgaben bewältigt, hat politische Potenzen in einem Ausmaß aktiviert und realisiert, wie das früher kaum innerhalb 70 oder 80 Jahren möglich gewesen wäre. Das berechtigt uns, heute einmal innezuhalten und auf den Weg zurückzublicken, den wir in 10 Jahren gegangen sind. Keine unnötigen Reminiszenzen, meine Damen und Herren, sondern nur etwas Grundarbeit für eine Analyse unserer Gegenwartssituation, aus der wir ja ständig den Weg für die Zukunft suchen müssen.

Man kann an die Zeit der allerersten Anfänge wohl nur mit recht gemischten Gefühlen zurückdenken. Manches Ereignis war voll ernster Tragik, manches von reiner Komik und beinahe alles von unvorstellbarer Primitivität. Wir hatten 1945 völlig neu zu beginnen. Zwar hatte einige Generationen früher schon Windthorst einmal gesagt: „Wir müssen im Auge behalten, daß wir das Zentrum, sobald es geschehen kann, ausdehnen auf alle christlichen Bekenntnisse", und Bischof Ketteler meinte, vielleicht führe die gemeinsame Not diese Vereinigung herbei; eine katholische Partei sei jedenfalls nur vorübergehend notwendig. Unsere eigenen Gedanken wurden also schon einmal vorgedacht, aber die Idee der politischen Zusammenarbeit beider Konfessionen war noch nie mit Erfolg praktiziert worden. Erst das gemeinsame Erlebnis der Verfolgungen im Dritten Reich und die Katastrophe des totalen Zusammenbruches ließen die Zusammenarbeit der Christen beider Konfessionen auf dem Gebiet der Politik im allgemeinen und der Kultur-, Wirtschafts- und Sozialpolitik im besonderen zu einer geradezu unausweichlichen Notwendigkeit werden. Diese Zusammenarbeit der Konfessionen war die Grundidee. Ein Vorbild gab es nicht. Wir haben deshalb auch konsequent darauf verzichtet, die Traditionen anderer Parteien fortzusetzen. Viele Menschen, die früher Mitglied anderer Parteien waren, fanden sich bald in der Union, so Mitglieder der Bayerischen Volkspartei, Deutschnationale, Bauernbündler, Liberale und Sozialisten, aber die Union ist dadurch auch nicht etwa zu einer Parteienallianz geworden. Sie wurde ein politisches Kraftfeld mit einer neuen Grundidee, aus der sehr bald viele weitere Gedanken entstanden.

Damals, im Juni 1945, erhielt aber erst die Idee ihre Definition. Das ist keine sehr einfache Arbeit gewesen. In den ersten Unterhaltungen mit Adam Stegerwald sind wir von folgenden Erwägungen ausgegangen: Gegen Hitler, dessen Kampf in erster Linie der weltanschaulichen Bewegung galt, sind als Träger des geistigen Widerstandes vor allem die aktiven Christen beider Konfessionen aufgestanden. Die Gleichschaltung der Kirchen und ihrer Einrichtungen gelang Hitler nicht. So schien uns der Versuch zwingend vorgeschrieben, für die Gestaltung unserer politischen Zukunft nun evangelische und katholische Christen zusammenzuführen.

Und eine zweite Überlegung drängte sich uns auf: Die Vergangenheit lehrte, Hitler hatte das starre Parteiensystem früherer Zeiten im Jahre 1933 praktisch ohne Schwierigkeiten glatt überspielt. Unsere Konsequenz: Wir mußten versuchen, nunmehr eine dynamische Gruppierung ins Leben zu rufen. Den christlichen Kulturbegriff, der uns als Grundlage vorgezeichnet war, haben wir definiert: als Mindestforderung sollte das Bekenntnis zum Dekalog und zum Gebot der Nächstenliebe als Grundlage einer neuen rechtsstaatlichen Ordnung verstanden werden. Auf dieser Basis sollte sich die Dynamik aktiven Christentums gegen die drohende Gefahr der totalen Kollektivierung entwickeln. In einem der ersten Aufrufe der Union, der bezeichnenderweise schon im Titel zur geistigen Erneuerung aufforderte, konnte man wörtlich folgendes lesen: „War das Christentum durch Jahrhunderte der Mittler der Kultur zum Volk, hat es Völker zu sittlicher Größe erzogen, so ist das Christentum heute der einzige Boden, auf dem ein alle Volksschichten und alle Völker erfassender Kreuzzug gegen die Entmenschlichung des Menschen durch den Despotismus in jeder Erscheinungsform geführt werden kann, ein Kreuzzug gegen die Vernichtung von Würde und geistiger Freiheit, von Wahrheit und verantwortlichem Gewissen und damit tragender Werte der abendländischen Persönlichkeit und Kultur."

Die Grundidee also war gefunden. Sie lenkte uns zum zweiten Schritt: Zur Suche nach einem Namen. Es gab eine ganze Reihe von Vorschlägen für den Namen unserer Partei; etwa Bayerischer Volksbund, an die Tradition der Bayerischen Volkspartei anknüpfend, oder christlich-soziale Sammelbewegung. Was man suchte, war ein Name, der, wenn man die Dinge bewußt etwas vereinfachen will, drei Voraussetzungen zu erfüllen hatte: Einmal mußte er Ausdruck des politischen Zieles, also des christlichen Solidarismus sein; ferner mußte er den Willen zur Dynamik und – besonders nach dem Wunsch unserer Freunde um Fritz Schäffer – die bayerische Heimatverbundenheit erkennen lassen. Es ist recht typisch für die damalige Zeit und man kann sich in der Erinnerung daran eines Lächelns kaum erwehren. Die Definition des Standortes war relativ leicht – die Suche nach einem Namen, der der Dynamik Ausdruck gab, bereitete schon erhebliche Schwierigkeiten. Mit der Absicht schließlich, zu erklären, daß unsere Union bayerisch sei, sind wir bei unseren Besatzungsherren nicht durchgedrungen.

Bei meinen Besprechungen mit Stegerwald wurde also das Doppelwort christlich-sozial als notwendiger Bestandteil des Parteinamens zugrunde gelegt. Stegerwalds Lebenswerk ist uns Beispiel gewesen. Aber wie nun weiter? Der Begriff Partei war einerseits von Hitler zusammen mit dem Goebbels'schen Wortungetüm „Systemzeit" nachhaltig diffamiert und begann soeben darüber hinaus Schockwirkungen auszuüben. Die Entnazifizierung warf ihre Schatten voraus. Außerdem hätte das Wort „Partei" gar nicht unseren dynamischen Zielen entsprochen. Der Vorschlag „Arbeiter- und Bauernpartei" befriedigte ebenso wenig, der Ausdruck „Bewegung" war durch den Nationalsozialismus verbraucht, aber ich bemühte mich vergeblich, ihn durch ein einigermaßen gleichwertiges Wort zu ersetzen. Münchener Freunde wiesen auf „Liga" als möglichen Begriff für Solidarität. Da wurde die Lösung von außen an uns herangetragen. Ein Mann, der während der Zeit des Widerstandes als evangelischer Christ mit Dietrich Bonhoeffer und anderen Freunden verbunden war, hatte bei einem Besuch in Bayern an unseren Besprechungen teilgenommen. Ich bat ihn, zu überlegen, ob nicht gerade den evangelischen Christen von der in der Politik, vor allem in Bayern, fester gefügten katholischen Gruppe der Beweis paritätischer Gesinnung dadurch am besten zu erbringen sei, daß wir in Erinnerung an vergangene Zeiten den bei evangelischen Christen im Gedächtnis verbliebenen Namen Union präsentierten. Und nachdem darüber mit Persönlichkeiten der evangelischen Kirche verhandelt worden war, ist es bei diesem Begriff geblieben.

Wenn wir übrigens von dem Namen sprechen, so ist noch ein anderes Ereignis dieser Zeit recht interessant, weil wir daran wieder so recht Ursachen und Wirkungen jener ersten Nachkriegswirren erkennen können. Es ist der Unterschied in den Namen der beiden Schwesterorganisationen, die damals fast gleichzeitig und natürlich auch nach gewisser Abstimmung in Berlin und Bayern gegründet worden sind: der Christlich-Demokratischen Union und der Christlich-Sozialen Union in Bayern. Sie werden von mir nicht erwarten, daß ich sage, zwischen beiden bestehe kein Unterschied, aber ich habe doch manche der scharfsinnigen Pressekommentare, in denen seither die Gründe für die unterschiedliche Namensgebung analysiert worden sind, nur mit staunendem Schmunzeln lesen können. Die Wahrheit ist, daß dieser Unterschied mindestens auch dadurch zustande kam, daß wir zu jener Zeit weder schreiben noch telephonieren konnten. Es gab praktisch nur die freundschaftliche Verständigung über Mittelspersonen, denen ein amerikanisches Verkehrsmittel zur Verfügung stand. Auf diese Weise also mußten wir damals unsere Grundsatzdebatten führen. Mit Hilfe solcher Mittelspersonen habe ich bei unseren Berliner Freunden den Namen Christlich-Soziale Union, allerdings auch für eine gesamtdeutsche Konzeption, durchzusetzen versucht, weil er unserer Vorstellung der sozialen Evolution aus christlichem Verantwortungsbewußtsein in der Kultur-, Wirtschafts- und vor allem auch Sozialpolitik mehr entsprach als der Begriff christlich-demokratisch. Außerdem erklärte ich immer wieder, daß die deutsche Demokratie ja nicht durch einen Sturz des Hitlerregimes von Deutschen selbst herbeigeführt worden sei, sondern erst durch das Ende des Krieges ermöglicht wurde.

Mein Lizenzantrag lautete dann, wie ich Ihnen schon sagte, auf den Namen Bayerische Christlich-Soziale Union. Die Militärregierung hat die Streichung des Wortes „Bayerische" verlangt und nur die Fassung zugelassen, die uns allen heute geläufig ist: „Christlich-Soziale Union in Bayern."
Am 14. August wurde schließlich unsere Partei in einer von unserem Parteifreund Scharnagl im Münchner Rathaus einberufenen Sitzung aus der Taufe gehoben. Es ist nicht uninteressant, daß damals amerikanischerseits geltend gemacht wurde, das Beiwort „Christlich" habe eine antisemitische Tendenz. Übrigens fand sich in der erwähnten Sitzung für dieses Wort nur eine einzige Stimme Mehrheit. Am 21. August stellte Stegerwald die CSU in Würzburg zum ersten Male der Öffentlichkeit vor. In München geschah das in einer großen Versammlung im Deutschen Museum. Am 8. Januar 1946 übergaben die Amerikaner die eigentliche Lizenzurkunde, die mich zur Gründung der Partei auf Landesebene ermächtigte. Draußen im Lande hatte sie zu jener Zeit noch keinerlei organisatorische Gestalt gefunden.

Meine lieben Parteifreunde, wenn Sie sich entsinnen, wie schwer es damals war, auch nur Briefe zu schicken oder gar Treibstoff für einen Wagen zu beschaffen, so werden Sie sich vorstellen können, welche Schwierigkeiten wir zu überwinden hatten. Viele von Ihnen sind ja genau so mühselig wie meine engeren Mitarbeiter, wie Friedrich von Prittwitz und Gaffron, Dekan Langenfass, Emil Muhler und ich selbst landauf landab gezogen, um evangelische und katholische Pfarrer, Lehrer und sonstige an einer aktiven Politik interessierte Kreise aufzusuchen, Handzettel zu verteilen und für die Idee der Union zu werben. Wir alle haben es damals erlebt, wie diese Idee die Menschen begeisterte und wie sich an ihr die Hoffnung auf eine politische und soziale Neuordnung entzündete. Besonders aktive Zentren bildeten sich frühzeitig außer in München, in Würzburg, Bamberg, in der Oberpfalz, in Augsburg und in Nürnberg.

Auch in den anderen Zonen des gevierteilten Deutschland wurden bald christliche Sammelbewegungen erkennbar. Zunächst und vor allem in Berlin, wo ja die Russen überraschend als die Ersten Parteigründungen auslösten, dann in Köln und im übrigen Westdeutschland, in Hessen, in Württemberg und so fort. Es ist bezeichnend, daß die Grundidee der UNION Allgemeingut geworden war, noch ehe ihre Exponenten anders als flüchtig und ganz gelegentlich ihre Meinungen austauschen konnten.

Nun begann aber die Arbeit, und noch bevor wir uns der Organisation widmen konnten, mußten wir uns zunächst über die politische Ausgangslage schlüssig werden. Da war auf der einen Seite die Problematik der Morgenthau-Bestrebungen mit ihren Entnazifizierungs-, Bodenreform- und anderen Plänen. Da stand auf der anderen Seite die Tatsache, daß Deutschland zur Ostfront der westlichen Kulturwelt geworden war. Als Drittes war zu berücksichtigen, daß das System der Demokratie zwar auf weite Sicht im geistigen Bereich jeder Diktatur überlegen ist, daß aber bei augenblicklichen Stoßaktionen die Diktatur als das jeweils stärkere und eindrucksvollere Regime angesehen werden kann. Schließlich war in Rechnung zu setzen, daß abgesehen von den materiellen, biologischen und psychologischen Folgen unserer Katastrophe ein großer Teil Deutschlands dem Kollektivismus ausgeliefert war. Wir in Bayern hatten dabei gegenüber anderen Ländern einige Vorteile aufzuweisen. Wir hatten praktisch nur mit einer Besatzungsmacht zu tun. Wir besaßen noch einigermaßen konsolidierte Verwaltungsverhältnisse. Auch war der Kontakt zwischen evangelischen und katholischen Kreisen leicht hergestellt. Angesichts dieser Ausgangslage wurden wir uns rasch darüber klar, daß Bayern trotz gewisser Vorteile keine Insel der Seligen sei, daß es sich nicht separieren konnte, weil es nicht abzuschirmen war, wenn in Thüringen und Sachsen durch die politische und wirtschaftliche Entwicklung der Sog des Kollektivismus überstark werden sollte.

Wir waren der Ansicht, daß auch die Katholiken Bayerns vor unserer eigenen und vor der europäischen, der abendländischen Geschichte, die ethische Verpflichtung hatten, den evangelischen und katholischen Christen der Ostzone Rückhalt zu sein. Im Hinblick darauf hatten wir die Absicht, die Namensbezeichnung Christlich-Demokratische und Christlich-Soziale Union in den Ländern zu erhalten, durch die Arbeitsgemeinschaft aber den Namen Deutsche Union für eine föderative gesamtdeutsche Partei einzuführen.

Damit begann die Zeit der Organisation und ihrer besonderen Schwierigkeiten. Während die KPD sehr rasch von den Amerikanern in gute und ausreichende Räume eingewiesen wurde, während anderen Parteien gewisse Vorteile aus ihrer Tradition gesichert waren, zumal, wenn sie Wiedergutmachungsansprüche anmelden konnten, waren wir gezwungen, in drei Zimmern die Organisation aufzubauen. Auch draußen auf dem Lande mußte überall aus dem Nichts improvisiert werden. Hinzu kamen die Fragebogenschwierigkeiten und die Papierknappheit, die besonders unsere Presse behindert hat, denn wir bekamen damals kein Kilogramm mehr als etwa die KPD oder die WAV zugewiesen. Trotzdem gelang es uns, eine Parteipresse ins Leben zu rufen, die zwar nicht das geringste von den Vorteilen der sogenannten überparteilichen Lizenzträger genoß, die in der amerikanischen Zone auch nicht die starke Position hatte wie die Parteipresse in der britischen, die sich aber trotzdem solchen Ansehens und solcher Verbreitung erfreute, daß sie jahrelang erheblich zur geistigen Fundierung, aber auch entscheidend zur Finanzierung der Partei beigetragen hat. Wenn ich der organisatorischen Arbeit gedenke, die damals geleistet wurde, so müßte ich eigentlich zahllose Namen erwähnen: die unserer hervorragenden Landesgeschäftsführer W. A. Schmidt, Liedig, Schedl, Strauß, die unserer rührigen Bezirks- und Kreisvorsitzenden, die unzähliger bekannter und unbekannter Förderer. Erlassen Sie es mir, weitere Namen aufzuzählen. Es genüge die Feststellung, daß es ihnen die Partei in hervorragendem Maße mitzudanken hat, wenn sie sich so rasch im ganzen Land auszubreiten vermochte. Der Erfolg lohnte unsere Arbeit. Sie wissen, daß die Union bei den Gemeindewahlen 1946 über 60 % und bei den Wahlen zur Verfassunggebenden Landesversammlung einen kaum geringeren Anteil der Stimmen erhalten hat. Damit war ein Durchbruch erzielt, wie ihn sich selbst die größten Optimisten nicht hätten träumen lassen; die junge Partei war aus dem berühmten Turm des Zentrums und der Volkspartei ausgebrochen.

Meine Damen und Herren, ich werde Ihre Geduld nicht dadurch strapazieren, daß ich über Organisationsmethoden berichte. Ich muß es mir aus demselben Grunde auch versagen, anders als ganz allgemein all den Parteifreunden auf dem Lande zu danken, die damals, sei es als Bezirks-, Kreis- oder Ortsverbandsvorsitzende, ehrenamtlich oder als Geschäftsführer, finanziell kaum entschädigt, geschweige denn im wahren Sinne des Wortes „honoriert", enorme Arbeit geleistet haben. Eines lassen Sie mich aber sagen, weil es prinzipiell wichtig ist: Damals schon erwies es sich, daß eine Partei, die politische Dynamik entwickeln will, nicht allein auf die Tätigkeit der Zentrale und gewählter Vorsitzender bauen darf; ihre Organisation darf nicht nur bei der Nominierung von Kandidaten und während der Wahlkämpfe in Erscheinung treten: Eine dynamische Partei braucht vielmehr ein über das ganze Land verteiltes Organisationssystem, das in der Lage ist, ständig Impulse aufzunehmen und auszustrahlen – nach unten, zur Seite und auch zur Spitze der Partei, sodann über diese Spitze zu den Parlamentsfraktionen. Wie wichtig es ist, arbeitsfähige Zentren zu haben, erwies sich zum ersten Male nach der Währungsreform, als die Parteipresse praktisch für die Finanzierungsaufgaben ausfiel, als Mitgliedsbeiträge lange Zeit kaum hereinzubringen waren, als wir folglich viele unserer hauptamtlichen Geschäftsführer nicht mehr halten konnten, dadurch wiederum die Parteiarbeit ins Stocken geriet, die Freunde der Partei vorübergehend rar wurden und ganz allgemein mehr Ansprüche an die Partei gestellt wurden als ihr Hilfe zuteil ward. In diesen Tagen erfuhren wir, was es bedeutet, wenn eine Partei zu einer Zeit, wo der Mensch seine neuen Chancen zu nutzen gedenkt, niemanden hat, der ihm klar macht, daß ja die Partei daran arbeitet, diese Chancen zu bessern. Und ganz nebenbei: Daß unsere vergebliche Forderung nach einem Parteigesetz, welches eine klare Finanzierung möglich gemacht hätte, daß diese vergebliche Forderung richtig war, ist nicht nur damals, sondern noch viel besser später in zahlreichen parlamentarischen Untersuchungsausschüssen auf sehr traurige Weise bewiesen worden.

Wir haben in der Gründungszeit diese Entwicklung zwar nicht vorausgesehen, aber unsere Organisationsarbeit bedurfte gar keiner Prophetie. Wir haben uns an die politischen Grundvorstellungen gehalten. Unser Ziel war, Dynamik auszulösen und zu erhalten. Deshalb entstanden neben den statutarischen Gliederungen die Gruppierungen der Jungen Union, die von Bayern aus dann in allen Teilen Deutschlands, einschließlich der Sowjetzone, Fuß faßte, dann die Union der Ausgewiesenen, die Frauenarbeitsgemeinschaft, die Arbeitnehmergruppe, die Beamtenvereinigung, die Mittelstandsgruppe und später noch der Wirtschaftsbeirat. Über das rein organisatorische Arbeitsgebiet sind vor allem der Wirtschafts- und der Sozialpolitische Ausschuß hinausgewachsen.

Die politische Entwicklung führte zu einem immer engeren Kontakt zu den Unions-Parteien aller übrigen Länder und Zonen. Im Februar 1947 entstand die Arbeitsgemeinschaft CDU/CSU. Hier wurde der Plan einer nationalen Repräsentation diskutiert, die eine Art Vorparlament der politischen Parteien hätte darstellen sollen. Das Ziel war, einesteils die Möglichkeit, den Willen zur Einheit Deutschlands repräsentieren zu können, andererseits ein Gremium zu haben, das in der Lage war, künftige Krisen leichter durchzuhalten. Dieses Projekt scheiterte, weil Kurt Schumacher es mit der Begründung ablehnte, die SPD reiche in der Sowjetzone keinen Lizenzantrag ein, offensichtlich, weil er sich und seine Partei nicht dem Vorwurf der Kollaboration aussetzen wollte. Objektiv gesehen stand er ja auch vor der Schwierigkeit, daß sich ein Teil der SPD mit der KPD zur SED verbunden hatte.

Nun, meine Damen und Herren, als unsere Union ihre Arbeit begann, als wir an der Gestaltung unseres politischen Lebens Anteil nahmen, da gab es zunächst viel Dringenderes zu tun. Hochfliegende Pläne konnten beinahe nur in der Freizeit ausgesponnen werden. Unsere Bevölkerung nährte sich von Kalorien, unsere Industrie wurde demontiert, unser Handel war auf die frührömischen Praktiken des Tauschgeschäfts herabgesunken. Landkreisgrenzen waren beinahe ebenso unüberwindbar, wie die Grenzen souveräner Staaten und die neuen Landkreissouveräne standen nicht selten einem Hofstaat vor, dessen Zusammensetzung man auch beim besten Willen nicht als politisch bezeichnen konnte. Noch souveräner war nur das Elend, das Flüchtlingselend, das Elend der Menschen in Stadt und Land und die drohenden Gefahren, die dann nach und nach alle aktionswilligen und aktionsfähigen Männer und Frauen zu gemeinsamer Arbeit veranlaßt haben.

Ich kann hier die ersten grundlegenden Arbeiten nur erwähnen, an denen die Christlich-Soziale Union hervorragend beteiligt war, so die Arbeit im Stuttgarter Länderrat und noch vorher die Tätigkeit in der gesetzgebenden Landesversammlung. Lassen Sie mich aber einige wenige Ereignisse herausgreifen, die auch heute noch wichtig sind, oder sogar neuerlich eine besondere Aktualität erhalten haben.

Die Entnazifizierung, meine Damen und Herren: Damals haben meine Freunde und ich selbst uns vergeblich dagegen gewehrt, daß wir eine falsche Methode der politischen Neuorientierung anerkennen sollten. Was war die Folge? Diese verfehlte Methode hat sich selbst so sehr diskriminiert, daß wir nun bei der Beurteilung des nationalsozialistischen Regimes in das entgegengesetzte Extrem abzugleiten drohen, daß man nun auch zwischen wirklich Schuldigen und Verführten keinen Unterschied mehr macht und die erklärten Gegner Hitlers diffamiert werden können. Oder ein anderes Beispiel: die Währungsreform. Nicht nur der Begriff „Lastenausgleich" ist zuerst von unseren Arbeitsgruppen in die Debatte geworfen worden. Wir haben auch verlangt, daß der unausweichlich harte Schnitt der Währungsreform mit einem Ausgleich zumindest derjenigen Lasten zu koppeln sei, die von einzelnen für die Allgemeinheit gebracht werden mußten. Das ist nicht geschehen – Sie erinnern sich an die Ablehnung des Homburger Planes –, und es sei zugegeben, die Währung hat vielleicht davon profitiert. Aber unsere Freunde in den Fraktionen können bezeugen, welche Flut von Gesetzen, Rechts- und Ausführungsverordnungen nun zu fließen begann, als wir dieses soziale Werk gesondert in Angriff nehmen mußten. Und ich frage Sie, ob diese besondere Behandlung mit der ihr anhaftenden Verzögerung nicht auch dafür verantwortlich ist, daß eine neue Partei praktisch ihr ganzes Programm darauf ausrichten konnte, eine Partei, die dann jahrelang die Rolle des Züngleins an der

Waage gespielt hat und darüber hinaus wegen ihrer eigentlichen Ziellosigkeit Unruhe stiften mußte.

Die Entscheidung über die Währungsreform lag, wie Sie wissen, nicht in unserer Hand. Aber eine weitere Partei hat zumindest indirekt infolge einer unserer Entscheidungen wesentlichen Zulauf erhalten. Ich selbst wurde manchmal als ihr Gründer genannt, und wir haben seither oft von Parteifreunden der christlich-demokratischen Verbände in den Nachbarländern das bittere Wort vom Bruderkrieg in Bayern hinnehmen müssen.

Nun, erinnern wir uns doch einmal genau: Im Winter 1946/47 begann die Arbeitsgemeinschaft CDU/CSU mit der Vorarbeit für die Errichtung des Frankfurter Wirtschaftsrates. Es ging dann nach der Wahl der Abgeordneten dieses Zweizonenparlaments im Mai 1947 um die Frage, ob die CDU/CSU das Direktorium, also praktisch das Kabinett, ohne SPD stellen sollte oder nicht. Die SPD machte die Beteiligung an einer Koalition mit der CDU/CSU davon abhängig, daß ihr das Direktorium für Wirtschaft zugestanden würde, und schlug dafür unter anderen auch Dr. Agartz vor. Damals hatte die SPD aber schon die Wirtschaftsministerien sämtlicher Länder in Händen; wir waren deshalb der Ansicht, daß man ihr nicht auch noch die im Aufbau befindliche Zentralstelle der Wirtschaft überlassen konnte. So nominierte die CSU Dr. Johannes Semler und akzeptierte dafür den Wunsch der CDU, Dr. Schlange-Schöningen als Direktor für Landwirtschaft, Ernährung und Forsten zu berufen. Unsere Wähler hätten gewiß schon damals kein Verständnis für eine Entscheidung aufgebracht, die durch die Besetzung des Direktoriums für Wirtschaft mit einem SPD-Mann auf eine unnötige Verlängerung der Planwirtschaft hinausgelaufen wäre.

In diesen schwierigen Verhandlungen nun stellte sich heraus, daß unser damaliger Parteifreund Dr. Baumgartner persönliche Vereinbarungen mit einer Gruppe von Sozialdemokraten getroffen hatte. Die Sozialdemokraten sollten danach das Direktorium für Wirtschaft bekommen und ihn selbst als Direktor für Landwirtschaft, Ernährung und Forsten akzeptieren. Baumgartners Ärger tarnte sich hinter dem Vorwurf gegenüber der Partei, sie hätte zentralistischen Tendenzen nachgegeben. Hier kann ich nur wiederholen, was schon damals von vielen Freunden und mir selbst sehr klar ausgesprochen worden ist: Wir sind mit der CDU nicht aus taktischen, sondern aus grundsätzlichen Erwägungen zusammengegangen. Wir hatten den Persönlichkeitsbegriff durchzusetzen, denn er ist Bestandteil der Grundidee unserer Union, und wir mußten dieser Idee durch eine schnelle und wirksame Beseitigung des zwangswirtschaftlichen Denkens und der zwangswirtschaftlichen Methoden zur praktischen Anerkennung verhelfen. Im grundsätzlichen gab und gibt es keinen Kompromiß. Mancher, der heute nachträglich jene Entscheidung billigt, stand ihr damals mit schweren Bedenken und tiefem Ärger gegenüber und prophezeite, die CSU habe sich damit selbst das Grab geschaufelt. Die Billigung, die diese Entscheidung dann auf der 2. Eichstätter Landesversammlung fand, veranlaßte einige Parteifreunde, zur Bayernpartei überzutreten. Die bayerische SPD folgte dem Wunsche Hannovers und trat aus der damaligen bayerischen Koalition aus. Wir aber trafen die Entscheidungen, die eine bis heute andauernde Zusammenarbeit auslösten, gemeinsam mit Konrad Adenauer und der CDU und leiteten damit eine wirtschaftspolitische Entwicklung ein, zur Freiheit von Zwangsgesetzen und zu wirtschaftlichem Aufstieg. In einer gemeinsamen Sitzung des Wirtschafts- und des Sozialpolitischen Ausschusses der CSU wurde damals zum ersten Male wörtlich die „soziale Marktwirtschaft" gefordert.

Die Gemeinsamkeit mit Dr. Adenauer, meine Damen und Herren, führt mich zu einem anderen wichtigen Anliegen unserer Partei: Zur Arbeit für die Wiedervereinigung Deutschlands mit allen komplizierten Randproblemen, die dabei zu beachten waren und noch immer zu beachten sind. Ich brauchte hier nur ein Wort zu erwähnen, einen Ortsnamen, der heute völlig unbedeutsam ist, dem aber damals viele die Nebenbezeichnung „Klein-Moskau" gegeben haben. Heute ist für uns längst das wirkliche Moskau interessant, die Gründe damals und heute gleichen sich sehr, aber die Betrachtungsweise hat sich erheblich geändert. Damals, im Winter 1947, nach der Londoner Konferenz und beim offenen Ausbruch des Kalten Krieges, standen wir an der Seite unserer Berliner Freunde. Vor allem unser verstorbener Freund von Prittwitz und Gaffron hat mich in dem Versuch bestärkt, die Arbeitsgemeinschaft CDU/CSU wirksam gegenüber allen Besatzungsmächten zu vertreten. Mancher stand damals vor ähnlichen Gewissensentscheidungen, wie sie auch unlängst wieder an unsere Repräsentanten herangetragen worden sind. Die CDU/CSU, das weiß ich aus der Zeit, in der die Entscheidung zu richtigem Handeln schwerer war als die Formulierung späterer Reden, die CDU/CSU wird nicht nur in einer künftigen gesamtdeutschen Wahl, sondern auch vor der Geschichte bestehen können.

Diese und andere wichtige Entscheidungen liegen hinter uns. Unsere Rückschau wäre aber eitel und lückenhaft, stellten wir nicht die Frage, ob wir auch für die Entscheidungen der kommenden Jahre gewappnet sind, ob wir auch dann noch dem Urteil der Geschichte ohne Sorge entgegensehen können. Unwahrhaftigkeit ist das einzige politische Kapitalverbrechen und Selbstbetrug seine schlimmste Form. Andererseits ist auch die Selbsterkenntnis ein Bestandteil unserer christlichen Grundkonzeption, die wir nicht vernachlässigen dürfen.

Vom Jahre 1949 an hat unser Parteifreund, der damalige Bayerische Ministerpräsident Hans Ehard, die Geschicke unserer Partei geleitet. Sein Verdienst war es, eine innerparteiliche Beruhigung erreicht zu haben, die sich dann vor allem in der Zeit auswirkte, da die CSU allein die Verantwortung der Regierung getragen hat. Damit erhielt Hans Ehard auch die Möglichkeit, das bayerische Gewicht stärker als bisher auf die Bundeswaagschale zu werfen.

In jener Zeit wurde viel von den sogenannten Flügeln der CSU gesprochen, mehr wohl, als notwendig und zweckmäßig war. Aber warum wurde soviel davon gesprochen? Einmal wohl deshalb, weil unsere Partei, wie kaum eine andere, bei allen Auseinandersetzungen über die Richtung ihrer Politik stets die Presse zugelassen hat. Zum anderen, weil wir alle wohl nicht ganz temperamentlos sind und die beiden häufig genannten Exponenten der Flügel, Dr. Hundhammer sowie ich selbst, Anlaß zu Mißdeutungen gegeben haben mögen. Gegen politische Kinderkrankheiten, meine Freunde, wurde noch kein Serum entdeckt! Bedenken Sie aber auch, daß eine Partei nur dann im Bewußtsein des Volkes lebt und lebensfähig erscheint, wenn ihre Vertreter offensichtlich um die bestmögliche Gestaltung der Staats- und Gesellschaftsordnung ringen; wenn sie darum ringen, ohne daß die Partei auseinanderfällt. Nun, wir haben gerungen, und unsere Partei hat zusammengehalten. Aber wenn wir nun ehrlich sind und uns fragen: Wo finden denn heute die großen Diskussionen statt, die unseren Mitgliedern das so wichtige Bewußtsein geben, sie hätten Anteil an den Entscheidungen unserer Partei? Was können wir darauf antworten, wenn sich die Frage nach unserem Willen zur Dynamik erhebt? Sind wir nicht nachgerade um das zu ruhig geworden, was wir damals zu lebendig gewesen sind?

Gewiß, während der letzten Jahre verstärkte sich in allen Parteien der Einfluß der Fraktionen auf die Politik. Aber hier kann man wohl kaum von einer gewollten Entwicklung sprechen. Die Hypertrophie der Gesetzgebung, die allgemeine Neigung unserer Zeit zum Berichtssystem von Instanz zu Instanz, die Flut der Anträge, Wünsche und Beschwerden, die heute jeden Politiker einzudecken droht, all das fördert den Zug der Fraktionen zum stabilen, manchmal aber auch starren Gefüge. Diese Entwicklung löst bestenfalls Gegenwirkungen innerhalb der Parteien aus, in der Regel jedoch führt sie zu Interesselosigkeit und allgemeiner Lähmung. Der Alltag zwingt zum Konkretisieren und lähmt zwangsläufig die schöpferische Impulsivität der Gründungszeit. Diesem Hang muß man ständig entgegenwirken. Keinesfalls darf sich die Ansicht durchsetzen, daß man diese Not zur Tugend machen kann, ja, daß drohende Substanzverluste etwa durch institutionelle oder funktionelle Sicherheitsvorkehrungen auszugleichen seien. Das wäre das Ende jeglicher Dynamik, wäre das Ende einer jeden Weltanschauungsgemeinschaft, vor allem aber die vorweggenommene Kapitulation für künftige, vielleicht weniger glückgesegnete Zeiten.

Meine Damen und Herren, wir verdanken vieles von dem, was nicht nur der CDU, sondern auch der CSU zugute kommt, dem Willen eines großen Teiles des deutschen Volkes, die Persönlichkeit Konrad Adenauers anzuerkennen. Wir verdanken vieles der Tatsache, daß auch der kleine Mann den Standpunkt vertritt, es gehe ihm heute dank der Politik unserer Partei besser als früher, daß er nicht ohne weiteres davon zu überzeugen ist, bei einem Regierungswechsel würde es ihm besser gehen. Die eigentliche Bewährungsprobe aber steht uns vielleicht noch bevor. Sie wird dann auf uns zukommen, wenn einmal der konjunkturelle Sog, der heute die gesellschaftsbildenden Kräfte anzieht, nachlassen sollte. Dann ist es notwendig, daß neben einem gut durchgebildeten strukturellen Gefüge der Partei und dessen ausgezeichneter funktioneller Arbeit auch eine wirkliche Parteidynamik spürbar wird, eine Dynamik, die nicht nur von den Fraktionen getragen ist, sondern auch von selbständig arbeitenden und nicht nur zur Kandidatenaufstellung oder zum

Wahlkampf zusammenkommenden Parteigremien. Diese Dynamik muß dann imstande sein, breiteste Schichten unseres Volkes auch in Notzeiten aufzurichten.

Übrigens müssen das gar keine Krisen sein, die die Existenz des einzelnen unmittelbar gefährden. Überlegen Sie bitte, meine Parteifreunde, ob es, sagen wir vor 3, 4 Jahren, möglich gewesen wäre, in einem solchen Rechenschaftsbericht von dieser Stelle und vor solchem Auditorium ein bestimmtes Wort, das damals fast von magischer Wirkung war, erst gegen das Ende beiläufig zu erwähnen: Europa, den Zusammenschluß des Abendlandes. Seit Jahren schon haben wir den Kontakt mit den christlichen Parteien anderer Staaten gepflegt. Ihre Vertreter sind heute unsere Gäste. Unsere Union hat hervorragenden Anteil an den Bestrebungen zu übernationalen Zusammenschlüssen wie der NEI gehabt, aber in aller Stille, ohne daß irgend etwas von der Dynamik früherer Zeiten zu spüren war, ist die Entwicklung zu einem Stillstand gekommen. Und wenn nicht alles täuscht, dann wird diese europäische Idee, eine noch immer zugkräftige Idee, jetzt von einer ganz anderen Seite genutzt, und wir werden das Nachsehen haben.

Meine Damen und Herren! Fraktion und Partei dürfen nicht auseinanderfallen, aber die Partei muß imstande sein, einen eigenen politischen Willen zu entwickeln, gerade dann, wenn die Fraktion in wirtschaftlichen, sozialen oder staatlichen Krisenzuständen durch die Tagespolitik überlastet ist und überfordert wird. Es darf keinen sterilen Hochmut der Mandatsträger gegenüber der Parteiführung und es darf kein lähmendes Mißtrauen der anderen Parteigremien gegenüber den Fraktionen geben. Hitler, der gewiß nicht über mehr geistige Potenzen verfügte als die damaligen Parteien, hat nicht von ungefähr mit den alten Parteien so leichtes Spiel gehabt. Nachdem die Zentralgruppe der Parteiexponenten in den Parlamenten durch Verhaftung und andere Zwangsmaßnahmen ausgeschaltet war, blieben ihm in den Büros der alten Parteien fast nur noch Aktenschränke und Schreibtische gleichzuschalten. Die wichtigste Funktion der Arbeitsgemeinschaften und der Ausschüsse der Partei liegt darin, daß man dort immer neue Persönlichkeiten gewinnen kann, die ihre moralischen und geistigen Kräfte einer aktiven politischen Willensbildung zur Verfügung stellen, die sich bekennen, ohne zunächst Mandatsträger zu sein, und nicht Mitläufer oder Nahestehende sein wollen.

Meine lieben Parteifreunde, ich weiß selbst sehr genau, daß es leichter ist, für andere als für sich selbst weise zu sein – aber wir sind ja eine Gemeinschaft, und wir haben schon in der relativ kurzen Zeit von 10 Jahren häufig Gelegenheit gehabt, uns gegenseitig mit konstruktiver Kritik und freundschaftlichem Rat beizustehen. Wenn wir wieder enger zusammenrücken, woran das Maß und die Zahl unserer Pflichten uns manchmal über Gebühr gehindert hat, so werden wir auch die vor uns stehenden Aufgaben meistern können. Lassen Sie mich diesen Bericht aus 10 Jahren Parteiarbeit, die wie unsere Union selbst untrennbar mit dem Geschick unseres Deutschen Volkes verbunden war, lassen Sie mich diese Chronik mit jenem Bekenntnis enden, das am Anfang unserer Bemühungen – in meinem Appell zur geistigen Erneuerung – stand: „Das Bewußtsein ist da, daß seit Jahrhunderten einem Volk nicht solche Möglichkeit gegeben war, an einer überpersönlichen, die Menschheit betreffenden Aufgabe hinauszuwachsen über Leid und Armut, über Schuld und Schändung. Aus dem *eigenen* Erleben geistiger Erniedrigung und sozialen Leides wird das deutsche Volk den Ruf des Christentums *neu* erleben, seinen Ruf zur geistigen *Freiheit* und zur Erfüllung seines Sozialgebotes der *Liebe*. Wo *sie* leben, herrscht Friede im Volk und zwischen den Völkern. Nach ihm verlangen und um ihn bangen mit uns in unserer Heimat, in Deutschland und in der ganzen Welt Millionen materiell und seelisch arm gewordener Menschen und Völker. Der ehrliche Wille zum Frieden ist da. Nach dem Zusammenbruch einer satanischen Zwangsherrschaft hoffen wir zu Gott, daß er uns recht bald verhelfe zu einem Frieden frei von Brutalität und Willkür, einem gerechten und dauerhaften Frieden, einem Frieden selbstverantwortlicher Freiheit und christlicher Liebe. Dafür zu leben und zu kämpfen ist unsere Aufgabe und bleibt unser Dienst an den Menschen und an Gott."

Hanns Seidel
„Den Geist über den Alltag zu erheben..."

Festrede anläßlich der Gründung der Christlich-Sozialen Union vor 10 Jahren, gehalten auf dem 12. Landesparteitag am 23. Oktober 1955 in München[1]

Als derzeitiger Landesvorsitzender der CSU [danke ich allen][2], die dazu beigetragen haben, unseren Geist über den Alltag zu erheben und eines Ereignisses zu gedenken, das seine historische Bedeutung besitzt und das uns deutlich gemacht hat, wie sehr an den kritischen Wendepunkten im Leben eines Volkes das Christentum einen festen Halt zu geben vermag. Die Geburtsstunde der CSU fiel ganz gewiß in einen solchen kritischen Wendepunkt unseres Volkes. Es war eine dunkle Zeit, als die Christlich-Soziale Union in Bayern und die CDU im übrigen Deutschland gegründet wurden; eine Zeit, die weniger durch die bedingungslose Kapitulation nach einem unglückseligen und grausamen Krieg, als durch die Hoffnungslosigkeit der deutschen Menschen und durch die Auswegslosigkeit unserer politischen, gesellschaftlichen und wirtschaftlichen Situation gekennzeichnet war.

Hätte man damals im christlichen Lager eine Restauration der alten christlichen Parteien versucht, so wäre die einzigartige Kraft des Christentums, Partei- und Klassenunterschiede zu überbrücken, kaum zur vollen Entfaltung gelangt. Es wäre bei der Aufsplitterung geblieben, die wir zwischen den beiden Kriegen während der Weimarer Republik im christlichen Lager so schmerzlich empfinden mußten. Das Katholiken und Protestanten gemeinsame Fundament christlicher Weltanschauung wäre im politischen Raum nicht betreten worden, und wer weiß, welchen Gang dann die deutsche Geschichte im ersten Nachkriegsjahrzehnt genommen hätte. Es ist ein bleibendes Verdienst der im Jahre 1945 tätigen christlichen Politiker, daß sie

---

[1] *ACSP der Hanns-Seidel-Stiftung, DS 2/12.*
[2] *Ergänzung der Redaktion.*

innerhalb des geringen Spielraumes, den die Besatzungsmacht bei der Gründung der Parteien offen ließ, den Turm konfessioneller Abgeschiedenheit verließen und in der Union jene politische Gemeinsamkeit fanden und durchsetzten, die zwischen den Kriegen trotz aller Anstrengungen nicht zu erreichen gewesen war.

Die so lange und vergeblich ersehnte politische Union zwischen Katholiken und Protestanten war durch ihr entschlossenes Handeln entstanden. Diese Union ist auch heute noch eine Kostbarkeit, die wir mit allen Mitteln, die uns zur Verfügung stehen, auch mit Geduld und nicht zuletzt mit duldsamer gegenseitiger Rücksichtnahme hüten sollten. Es ist heute nicht mehr so, daß das Christentum für das politische Handeln und das öffentliche Leben eine Selbstverständlichkeit ist. Weil es so ist, sind die Christen jeder Art verpflichtet, bei ihrer Tätigkeit im öffentlichen Leben alles zu vergessen, was sie trennt, und sich auf jene gemeinsamen Grundlagen zu besinnen, die über die Jahrhunderte hinweg ihre Unerschütterlichkeit und ihre Wirksamkeit bewiesen haben. Natürlich wissen wir, daß kein noch so feindseliges politisches System imstande ist, das Christentum wirklich zu zerstören. Es ist uns aber nicht erlaubt, auf diese Einsicht tatenlos zu vertrauen; es ist vielmehr unsere Pflicht, mit allen unseren Kräften den Versuch zu machen, der fortschreitenden Säkularisierung aller Begriffe entgegenzuwirken und das öffentliche Leben mit christlichem Gedankengut zu füllen.

Es ist nicht leicht, was da von uns verlangt wird. Diejenigen, die das Wort Toleranz so gerne im Munde führen, sehen in unserem Anliegen Rückschritt und Finsternis, und sie bekämpfen uns mit einer feindseligen Intoleranz, die noch durch die geistige Überheblichkeit verstärkt wird, die ein Kennzeichen fortschrittsgläubiger Halbbildung ist. Die größeren Gefahren liegen aber wohl in uns selber. Wenn wir unser Wissen nicht von allzu großer Selbstsicherheit lösen, wenn wir unsere Entschlossenheit nicht von Selbstgerechtigkeit befreien, und wenn wir unseren Mut nicht mit Bescheidenheit verbinden, wird die Glaubwürdigkeit unseres Anliegens geschmälert. Wenn wir nicht bei aller Unzulänglichkeit, die jedem von uns anhaftet, den ernsthaften Versuch unternehmen, durch Haltung und Charakter zu überzeugen, wird die Legitimation einer christlichen Partei erschüttert.

So schwer aber auch unsere Aufgabe sein mag, daß sie erfüllt werden kann, dafür hat das hinter uns liegende Jahrzehnt den Beweis erbracht. Wir wollen in dieser festlichen Stunde keine politische Polemik betreiben. Wohl aber dürfen wir feststellen: Die Christlich-Soziale Union hat in Bayern und, seit es eine Bundesrepublik Deutschland gibt, über die Landesgrenzen hinaus eine Tätigkeit entfaltet, über die wir uns nicht zu schämen brauchen. Bis zum Ende des vorigen Jahres hat sie der bayerischen Politik ihr Gesicht gegeben, und wenn unser Land Ansehen und Vertrauen erringen konnte, wenn es im Kreis der Bundesländer Gewicht besitzt, wenn das Flüchtlingsproblem entschlossen angepackt wurde, wenn die staatliche Ordnung wiederhergestellt und gefestigt wurde, wenn die soziale und wirtschaftliche Sicherung des Landes bemerkenswerte Fortschritte machen konnte, und wenn trotz aller Zeithemmnisse der Reichtum bayerischer Kulturerscheinungen bewahrt blieb, so ist dies zu einem großen und entscheidenden Teil das Verdienst der CSU. Daran kann niemand rütteln und deuteln, ebensowenig wie die Tatsache geleugnet werden kann, daß ohne die energische, mutige und zielsichere Politik unserer großen Schwesterpartei, der CDU, unter der Führung unseres verehrten Herrn Bundeskanzlers die Republik nicht jene Entwicklung hätte nehmen können, die aus politischer und ökonomischer Ohnmacht zu Geltung und Bündnisfähigkeit geführt hat. Auch daran hat die CSU ihren gemessenen Anteil, da sie die Politik des Bundeskanzlers zu jeder Zeit unterstützt und für wichtige Posten in der Bundesregierung ihre Männer zur Verfügung gestellt hat.

Wir können auch in dieser Stunde die schmerzliche Tatsache nicht verschweigen, daß wir in Bayern in die Opposition gedrängt wurden, obwohl wir aus den Wahlen am Ende des vergangenen Jahres nach einem eindeutigen Wahlsieg als die weitaus stärkste Partei des Landes hervorgegangen waren. Dies ist für uns deshalb eine schmerzliche Tatsache, weil es viele Anzeichen dafür gibt, daß ohne die Mitwirkung der CSU in der Regierung politische Entwicklungen eingeleitet und gefördert werden, die für unser Land verderblich und gefährlich sind. Im übrigen sind wir jedoch nicht traurig. Bei allen Veranstaltungen, die von der Partei in den letzten Monaten durchgeführt wurden, hat es sich mit eindringlicher Deutlichkeit gezeigt, daß die Besinnung auf die weltanschaulichen Grundlagen der Partei vertieft wurde, daß die taktischen Möglichkeiten der Partei mit lebendiger Aufgeschlossenheit erörtert, und daß die organisatorischen Notwendigkeiten der Partei mit großem Ernst festgestellt wurden. Mit anderen Worten: Wir sind auf dem Wege, die oppositionelle Stellung der Partei in einen Vorteil zu wandeln, der sich in absehbarer Zeit als ein Nutzen von großem Wert erweisen wird.

Wir werden die stärkste Partei des Landes bleiben und eines Tages werden wir auch wieder in der Regierung sein. Bis dahin gilt es, eine sorgfältige und gewissenhafte politische Arbeit zu leisten, weil wir nur dadurch das Vertrauen eines so großen Teiles unseres bayerischen Volkes bewahren und uns auf die Aufgaben vorbereiten können, die uns im Lande, im Bund und darüber hinaus in der großen Unruhe unserer Zeit erwarten. Wir werden dazu fähig sein, wenn wir in den kommenden Auseinandersetzungen nicht vergessen: Unsere Wirksamkeit beruht weniger auf Satzungen, so notwendig sie auch sein mögen; unsere Wirksamkeit gründet sich auch nicht ausschließlich auf Organisation, so wichtig sie ist; unsere Wirksamkeit empfängt vielmehr ihre wesentlichen Impulse aus den ehernen Gesetzen, von denen das christliche Weltbild beherrscht wird. Nicht die allgemeinen Ideen also, die für den Zeitgeist charakteristisch sind, sondern die unvergänglichen Werte christlichen Glaubens sind es, die es uns erlauben werden, geraden Weges, unbeirrt und sicheren Schrittes durch die Zeit zu gehen. Es sieht so aus, als ob wir in der Zukunft nicht nur die Geschmeidigkeit des Geistes und die Entschlossenheit des Handelns, sondern auch die Festigkeit unserer Leitsätze in einem besonderen Maße nötig hätten. Auch dem einfachsten Verstand kann es nicht verborgen bleiben, daß viele Dinge in der Welt aus dem Gleichgewicht geraten sind, und daß die Ereignisse beginnen, keine Rücksicht mehr auf historische Entwicklungen und sittliche Grenzen zu nehmen. Der Gegensatz zwischen dem Osten und der westlichen Welt sorgt zudem für eine Spannung, die gelegentlich gemildert, aber in ihrer Existenz nicht aufgelöst wird. In solcher Zeit ist christliche Politik eine Notwendigkeit, an der nicht vorbei zu kommen ist.

Auch eine christliche Partei ist keine Lebensgemeinschaft; sie ist wie jede politische Partei ein Zweckverband mit konkreten Zielen und mit einer Methodik, die von den Prinzipien der Zweckmäßigkeit auszugehen hat. Und dennoch gibt es eine sehr wesentliche Unterscheidung. Wer gezwungen ist, auch in der Politik sein Handeln einem höheren ethischen Sinn unterzuordnen, wird in seinem Nachbarn in der Partei nicht nur den Nachbarn, sondern den Weggenossen sehen, dem er sich brüderlich verbunden fühlt. Wir glauben, daß gerade in der Opposition diese Einsicht besonders wertvoll ist, und wir sind glücklich darüber, daß manche persönliche Spannung, die in der Vergangenheit gelegentlich das Leben in der Partei verdunkelte, heute beseitigt ist und nicht zum Vorschein gelangen kann. Wir wollen alles tun, um es auch in der Zukunft so zu halten.

10 Jahre sind auch im Leben einer Partei keine lange Zeit. Ist ein solcher Zeitraum aber ausgefüllt mit gewaltigen Ereignissen aller Art, so wiegt das Geschehen mehr als die Dauer. Das hinter uns liegende Jahrzehnt war für die CSU eine Zeit des Beginns, der Klärung und des Aufstiegs. Es war sicherlich eine Zeit voller Gewicht. Vor uns liegt nun eine Zeit der Bewährung, die uns zu weiterem Aufstieg und Erfolg führen soll. In dieser Zeit ist unsere Aufgabe die Kräftigung der Partei, und unser Ziel ist es, mit einer gefestigten und in sich ruhenden Partei in der bayerischen Politik wieder jene Rolle zu spielen, die der Christlich-Sozialen Union schon deshalb zukommt, weil sie in allen Schichten des bayerischen Volkes verwurzelt ist, und weil sie nach Struktur und Zahl ihrer Wähler auf die Dauer aus der Führung der bayerischen Politik nicht weggedacht werden kann. Wir wollen uns deshalb gegenseitig geloben, unsere ganze Kraft der Aufgabe und dem Ziel zu geben. Dieses Gelöbnis wollen wir auch um deswillen machen, weil eine starke CSU dazu beitragen kann, unserem Lande im Kreis der Bundesländer jenen Rang zu sichern, der ihm nach Anlage und Geschichte zukommt.

Franz Josef Strauß, CSU 1945–1985. 40 Jahre Politik für Freiheit und Recht

Festrede anläßlich der Gründung der CSU vor 40 Jahren, gehalten auf dem 49. Parteitag der CSU am 22./23. November 1985 in München[1]

Wir begehen heute den vierzigsten Jahrestag der Gründung der Christlich-Sozialen Union in Bayern. Um dieses Datum herum – ein paar Tage früher, ein paar Tage später – sind die ersten Organisationen der Christlich-Sozialen Union auf Kreisebene entstanden. Das Jahr 1985 ist für uns nicht nur das Jahr des Rückblicks auf das Ende des Krieges – heuer genug erwähnt und kommentiert – das Ende der nationalsozialistischen Gewaltherrschaft. Es jähren sich nun auch die Ereignisse, die den Neuaufbau Deutschlands nach der größten Katastrophe der nationalen Geschichte und der Weltgeschichte markieren. Die Christlich-Soziale Union hat diesen Neuaufbau Bayerns und ab 1949 der Bundesrepublik Deutschland in allen wesentlichen Entscheidungen mitgetragen. Sie hat entscheidende Beiträge zum Aufbau unserer rechtsstaatlichen demokratischen Ordnung, zum wirtschaftlichen Aufstieg, zur ersten Wirtschaftsmacht Europas und zum Aufstieg unserer politischen Kultur geleistet. Die Christlich-Soziale Union hat Geschichte gestaltet in diesen 40 Jahren.

Vier Jahrzehnte Parteigeschichte bestätigen uns in eindrucksvoller Weise, daß die Gründung der Christlich-Sozialen Union im wahrsten Sinne des Wortes historisch war. Sie war ein Glücksfall der deutschen Geschichte. Sie war Voraussetzung dafür, von Deutschland zu retten, was zu retten war, und nicht den Zweiten Weltkrieg jedes Jahr aufs neue zu verlieren.

Wenn wir heute auf die Entwicklung unserer Partei zurückblicken, dann besinnen wir uns abseits der Hektik des politischen Alltags auf die Kräfte und Werte, die die Gründer unserer Partei motiviert haben, bestimmt haben, auf

---

[1] ACSP, NL Strauß RPT 85/2; die Rede wurde von der Redaktion gekürzt.

die Werte, die unsere Partei heute noch prägen, auch in Zukunft prägen werden müssen. Wir halten Rückschau nicht um ihrer selbst willen. Wir wollen uns nicht selbstgefällig auf die Schulter klopfen und uns untätig, bequem, faul in den Sessel zurücklehnen. Die Rückschau soll uns dazu helfen, daß wir die Anforderungen, die die Gegenwart an uns stellt, um so klarer erkennen und daß wir entschlossen die Christlich-Soziale Union, die modernste Partei Europas, in die künftigen Jahrzehnte ihres Bestehens führen.

Eine Partei besteht nicht als Selbstzweck. Sie ist ein großes Dienstleistungsunternehmen für die Menschen, die für sie ihre Politik formuliert und nach Maßgabe des Möglichen durchsetzt. Niemand wußte das besser als die Frauen und Männer der ersten Stunde, die sich in den Tagen, Wochen, Monaten nach Ende des Krieges zusammenfanden und die Voraussetzungen für die Gründung einer Christlich-Sozialen Partei in Bayern schufen. (...)

Damals waren keine Ämter und Mandate zu vergeben. Wer sich für politische Aufgaben zur Verfügung stellte, konnte nicht Glanz und Ehre erwarten, sondern Arbeit, Mühe und Sorge. Denn nach der militärischen Kapitulation des Deutschen Reiches lautete die Frage für viele Menschen nicht, *wohin* der Weg Deutschlands führen werde, sondern *ob* es überhaupt noch für Deutschland eine Zukunft geben werde, ob es Deutschland in der Zukunft überhaupt noch geben werde.

Unsere Städte waren zerstört, Millionen von Wohnungen vernichtet, das Land war mit Heimatvertriebenen und Flüchtlingen überfüllt. Unsere Produktion war im großen und ganzen lahmgelegt, die Handelsflotte abgeschlossen oder weggenommen, unser Wirtschaftsgebiet in vier Zonen eingeteilt, von den natürlichen Rohstoffquellen und den natürlichen Märkten abgeschnitten. Vier Millionen deutsche Soldaten waren gefallen, fast ebenso viele Millionen Zivilisten waren im Krieg umgekommen. Die Überlebenden fristeten ihr Dasein in Ruinen, waren vom Hunger gezeichnet.

So mußte die Situation nach dem Ende des schrecklichen Krieges und der nationalsozialistischen Gewaltherrschaft vielen Menschen als trostlos, ausweglos, hoffnungslos erscheinen. Sie sahen keine Zukunft mehr, Resignation, Verzweiflung machte sich breit.

Wir haben noch sehr wohl jene Jahre in Erinnerung, als wir geprägt von den Erfahrungen der Weimarer Republik, am Ende des Zweiten Weltkrieges befürchteten, daß angesichts der eben geschilderten Umstände eine ungeheure, langanhaltende Massenarbeitslosigkeit unser Volk von neuem in den Radikalismus führen würde. Diese Erinnerung an die Ursprünge des Dritten Reiches und die Hoffnungslosigkeit einer noch weitergehenden Situation haben damals weitgehend unser Handeln bestimmt. Arbeitsplätze zu schaffen, war die oberste Aufgabe. Menschenwürdige Wohnungen wieder zu bauen, eine weitere Aufgabe. Ich habe damals zu denen gehört – und ich sage das in vollem Bewußtsein – die an das Morgen geglaubt haben, – die der Verzagtheit die Zuversicht gegenüberstellten. (...)

Unser Volk hat sich 1945 nicht aufgegeben. Die Menschen haben sich durch Leid und Not nicht beirren und nicht entmutigen lassen. Die Einheimischen haben zusammen mit den Vertriebenen und Flüchtlingen die zerbombten Städte und Dörfer wieder aufgebaut und der Bundesrepublik Deutschland eine neue politische, wirtschaftliche und soziale Ordnung geschaffen, die auf der Grundlage der freiheitlichsten Verfassung der deutschen Geschichte materiellen Wohlstand, soziale Sicherheit, inneren und äußeren Frieden und vor allem ein Leben in Freiheit sichert – jene, die das Glück hatten, in den drei westlichen Besatzungszonen nach dem Ende des Krieges sich wiederzufinden.

Ich erinnere an die unermeßlichen Schwierigkeiten des Neuanfangs im Jahre 1945 auch im Hinblick auf eine Mentalität, die damals unbekannt war, aber heute da und dort fröhliche Wurzeln schlägt, an die No-future-Mentalität, die heute so gerne gepflegt wird, und die deswegen so gefährlich ist, weil sie große Teile der jungen Generation vergiften und damit tatsächlich zur Bewältigung der Zukunftsaufgaben unfähig machen könnte. (...)

Die Menschen mußten etwas zu essen haben, sie brauchten vor allen Dingen Arbeit und Brot. (...) So begann zunächst eine pragmatische Phase der deutschen Politik. Sie dauerte bis in die Mitte der sechziger Jahre und wurde von einer überwältigenden Mehrheit in der Bevölkerung getragen und unterstützt.

Über den drängenden Fragen des Alltags durften wir aber nicht vergessen, aus welchem Geist heraus wir Politik gestalten wollten. Die Antwort darauf ergab sich einerseits aus den persönlichen Wertvorstellungen und weltanschaulichen Überzeugungen, andererseits aus der Auffassung von der Bedeutung und Auswirkung der zwölfjährigen Zeit des Nationalsozialismus im Ablauf der deutschen Geschichte.

Die Jahre von 1933 bis 1945 konnten wir weder überspringen, als ob sie ein aus jeglichem Zusammenhang der deutschen Geschichte gefallener Fremdkörper gewesen seien, und einfach dort weitermachen, wo 1933 die politische Entwicklung, Gott sei es geklagt, einen anderen Weg eingeschlagen hatte, noch konnten wir bedingungs- und geschichtslos auf dem Punkt Null völlig neu ansetzen. Es kam darauf an, die Lehren aus der Vergangenheit zu ziehen, an die guten und erhaltenswerten Überlieferungen aus der Zeit vor 1933 anzuknüpfen und sie geläutert durch die furchtbaren Erfahrungen der Zeit des Nationalsozialismus, in die Gegenwart und in die Zukunft hinüberzunehmen. (...)

An diesem Punkt mußte eine Politik, die sich der sittlich-moralischen Ordnung des menschlichen Zusammenlebens verpflichtet fühlte, einsetzen. Die Politik muß den Menschen in den Mittelpunkt ihrer Bemühungen stellen und nicht die Macht, sie muß Recht und Freiheit des Menschen in staatlicher Ordnung garantieren. Das nennen wir Politik aus christlicher Verantwortung. In diesem Sinne sind diejenigen, die heute nicht mehr unter uns sind, und diejenigen, die geehrt werden, seinerzeit ans Werk gegangen, in diesem Sinne haben wir vier Jahrzehnte bayerische, deutsche und europäische Politik gestaltet, haben Geschichte geschrieben. In diesem Sinne werden wir unser Land, den Freistaat Bayern, auch in Zukunft ausbauen, unseren Beitrag zur deutschen Politik und zur Einheit Europas unverdrossen leisten!

Die Christlich-Soziale Union war eine neue Organisation, aber ihr Bekenntnis zur Politik aus christlicher Verantwortung stellt sie in die lange Tradition der positiven Kräfte in der bayerischen und deutschen Geschichte, die unabhängig von der jeweiligen parteipolitischen Bindung für Frieden, Freiheit, soziale Gerechtigkeit, für den demokratischen und sozialen Rechtsstaat gekämpft haben.

Für eine Politik aus christlicher Verantwortung muß, und zwar in allen Bereichen, Freiheit in Verantwortung und Ordnung der unaufgebbare, zentrale, politische, geistige und moralische Schlüsselbegriff sein und bleiben. Das ist die zwingende Forderung aus dem christlichen Menschenbild, das den Menschen als ein in seinem Wesen unzerstörbares, in seiner Personhaftigkeit unwiederholbares, in seiner Würde unantastbar freies, in seinem Gewissen gebundenes, selbstverantwortliches Geschöpf Gottes sieht.

Immer wieder wurde mir die Frage gestellt – und unseren Mandatsträgern und Mitgliedern wird es nicht anders ergehen – , was der Begriff christlich in unserer Partei eigentlich bedeutet. Es ist damit nicht gemeint, daß wir glauben, bessere Christen zu sein als andere. Wir huldigen auch keinem überholten, klerikalen Traditionalismus, keinem konfessionellen Machtstreben oder gar einem Monopolanspruch, der alle diskriminieren würde, die sich nicht zu einer christlichen Konfession bekennen oder die als Christen nicht den Weg zur Union gefunden haben.
Wir nehmen auch nicht in Anspruch, das christliche Sittengesetz allein richtig auslegen zu können. Bei der Umsetzung christlicher Grundwerte in praktische Politik muß man einen weiten Spielraum möglicher Entscheidungen anerkennen und sich davor hüten, relative politische Positionen absolut zu setzen und zu dogmatisieren. (...) Wenn *wir* von der Verankerung unserer Politik im Christentum sprechen, dann ist für uns die Bindung des menschlichen Gewissens an eine letzte Größe, nämlich das christliche Sittengesetz, entscheidend. Das gilt heute genauso wie im Jahre 1945.

Gemäß unseren Grundüberzeugungen war für uns die Zusammenarbeit der Christen beider Konfessionen in einer Partei selbstverständlich. Der Gedanke reichte weit zurück, aber die Zeit war nicht reif, diesen Gedanken zu erfüllen. Es mußten viel Blut und Tränen vergossen werden, bis dieser großartige Gedanke am Ende des Zweiten Weltkrieges in die politische Wirklichkeit umgesetzt wurde. Als Generalsekretär der christlichen Gewerkschaften hatte Adam Stegerwald schon am 21. November 1920 eine interkonfessionelle Partei gefordert. Doch das Verdienst, diese Partei – mit anderen – konzipiert zu haben, den Gedanken, der Christlich-Sozialen Union mit mancher Hilfe, aber im wesentlichen mit eigener Leistung, aus eigener Kraft durchgesetzt zu haben, kommt dem ersten Landesvorsitzenden Dr. Josef Müller zu. (...)

Wir halten die Tradition der alten Bayerischen Volkspartei, der auch ich mich aus familiären Gründen aufs engste verbunden wußte und weiß, in Ehren. Aber die Lehren, die wir aus dem Ende der Weimarer Republik und aus der Zeit der nationalsozialistischen Gewaltherrschaft gezogen haben, erforderten eine neue, überkonfessionelle politische Organisation, die aber trotzdem auf dem Boden des christlichen Sittengesetzes stand – und die Entwicklung der letzten 40 Jahre hat uns in dieser Entscheidung überzeugend recht gegeben.

Politik aus christlicher Verantwortung bedeutete für die Gründer der CSU, daß aus der neuen Partei keine Bevölkerungsgruppe ausgegrenzt werden sollte, die unseren politischen Grundüberzeugungen zustimmen konnte. Die Zusammenarbeit der Christen beider Konfessionen war die selbstverständliche Voraussetzung. Aber darüber hinaus sollten sich auch alle Bürger der CSU anschließen können, die sich zum christlichen Sittengesetz in der weitesten Auslegung seines Wortes bekennen, gleichgültig, ob sie praktizierende Mitglieder der Kirche sind oder nicht, gleichgültig, ob sie überhaupt zu einer Kirche gehören oder nicht. Das war der Standpunkt, den ich von Anfang an, wie Sie wissen, vertreten habe, der lange Zeit auch in unserer Partei heftig umstritten war, aber sich heute durchgesetzt hat. Eine Partei ist keine Ersatzkirche und die Kirche ist nicht ein Dienstleistungsinstrument für eine christliche Partei. Aus dem Widerstand der Christen beider Konfessionen, und zwar jener von Rechts- wie von Linkstotalitären gleichermaßen gehaßten „Reaktionäre", aus diesem Widerstand gegen die Unrechtsherrschaft sind die Unionsparteien entstanden. (...)

Wenn die CSU heute eine starke, entscheidungs- und handlungsfähige politische Partei ist, dann ist uns das auch nicht selber zugefallen. Die Anfänge waren mühsam, die Einheit unserer Partei mußten wir erst in jahrelangen Richtungskämpfen schaffen. Es gab 1945/46 eine Gruppierung, eine ehrenwerte Gruppierung, die wieder an die Zeit der Tradition von 1933 anknüpfen wollte. Sie sammelte sich um einen Mann, dessen heute auch gedacht worden ist, Alois Hundhammer, der ein ausgeprägter Föderalist war, und lieber ein selbständiges Bayern gesehen hätte. Dagegen knüpft Josef Müller als Freund Stegerwalds bewußt an die christlich-soziale Tradition an. Er war auch eher „reichstreu", wie man damals sagte, d. h. er wollte einen Föderalismus, der die

Funktionsfähigkeit eines neuen deutschen Staates nicht hemmen oder gar zerstören sollte. (...)

Josef Müller hat auf mich einen tiefen Eindruck gemacht. Seit ich als junger stellvertretender Landrat nach sechs Jahren Militärzeit zu seinen politischen Gesprächsrunden in seine Wohnung kam, in die berühmte Gedonstraße 4. Seine Erlebnisse im Dritten Reich, besonders bei der Abwehr, dann im Gefängnis, in Konzentrationslagern, haben uns junge Leute naturgemäß fasziniert.
Ich habe aber auch erkannt, daß er einen weitreichenden politischen Instinkt hatte. Er hatte nicht nur eine viel zitierte und oft belächelte große Nase, deretwegen man ihn immer wieder aufgezogen hat, er hatte auch ein ausgesprochenes politisches Gespür. (...)

Die Einzelpersönlichkeiten und Gruppen von ganz unterschiedlicher regionaler, sozialer und konfessioneller Herkunft, die zur CSU gestoßen waren, mußten erst zusammenfinden. Es gab am Anfang noch keine eingespielten und gut funktionierenden Mechanismen für die innerparteiliche Willensbildung und Entscheidungsfindung. In unserer Partei hat auch der Typ der opportunistisch-geländegängigen Geschäftsführer nie besonderen Einfluß ausüben können!

Die Probleme, vor denen wir standen, waren aber riesengroß. Wir alle befanden uns damals in einer existenziellen Ungewißheit, die weit über die Sorge um das rein physische Überleben hinausreichte. Praktisch widerstandslos überließen die Westalliierten – nun, die einzigen, die es hätten verhindern können, wären die Amerikaner gewesen – Osteuropa dem sowjetischen Imperialismus. Jalta warf seine Schatten über Europa. Ja, die Amerikaner räumten Ende Juni 1945, ohne daß die Sowjets ihre vorher gegebenen feierlichen Zusagen eingehalten hätten, noch das von ihnen eroberte Thüringen, große Teile Sachsens, Mecklenburgs, Böhmens und Mährens. Damit reichte die Macht des Kreml vor die Stadtgrenzen Fuldas und Göttingens. (...)

Wir waren uns alle der Tragweite der zu treffenden Entscheidungen wohl bewußt. Es war jedem von uns klar, daß nun die Weichen für eine nicht absehbare Zukunft gestellt werden mußten, und daß von der Richtigkeit dieser Weichenstellung buchstäblich das Überleben der Menschen in unserem Lande abhing. Ich verweise hier auf den berühmten Brief, den Konrad Adenauer als Kölner Oberbürgermeister damals an seinen Münchner Kollegen Karl Scharnagl geschrieben hat. In diesem Brief brachte er zum Ausdruck, daß ohne das Zusammengehen der beiden christlichen Konfessionen zu einer politischen Aktionsgemeinschaft Europa nicht zu retten wäre. (...)

Die organisatorische Einheit unserer Partei könnte alleine den großartigen Erfolg, den die CSU seit den 50er Jahren von neuem und immer wieder in Wahlen errungen hat, nicht garantieren. Entscheidend war dafür die Entwicklung zu einer breit angelegten Volkspartei.

Es durften keine Trennungslinien gezogen werden zwischen Unternehmern und Arbeitern, Männern der Wirtschaftsverbände und der Gewerkschaften. Wir haben bewußt die soziale Verpflichtung nicht nur in unsere Parteiprogramme, sondern auch in den Namen unserer Partei aufgenommen. Das bedeutete die Anknüpfung an die christlich-soziale Bewegung. (...)

Eine wesentliche Komponente ist auch das liberale Gedankengut, das in der CSU eine Heimat gefunden hat. Die grundlegenden Forderungen, welche die freiheitlichen Verfassungsbewegungen in Deutschland seit Beginn des 19. Jahrhunderts entwickelt haben, sind längst nicht mehr geistiges und politisches Eigentum einer einzigen Partei. Sie haben ihre Heimat bei uns gefunden und sind bei denen, die diesen Namen tragen zum Teil, wenn ich an das historische Bündnis zwischen Liberalismus und Sozialismus denke, preisgegeben worden. Es ist grundlegender Bestandteil unserer politischen Zielsetzungen, daß wir die freie Entfaltung des Individuums garantieren, daß wir uns für die Menschenrechte einsetzen, daß wir die Freiheit und Sicherheit von Personen und Eigentum gewährleisten, daß wir die bürgerlichen Freiheiten von der Pressefreiheit bis zur Versammlungsfreiheit verteidigen, daß wir die Gleichheit aller vor dem Gesetz wahren. Die Grundlagen des freiheitlichen Rechtsstaates und der parlamentarischen Demokratie finden in uns glühende Befürworter und entschlossene Verteidiger. (...)

Es ist – leider auch im christlich-demokratischen, im christlich-sozialen Bereich – da und dort dazu gekommen, daß das Wort, der Begriff „konservativ" als Schimpfwort, als Diskriminierung, als Diffamierung empfunden wird. Wir scheuen uns nicht zu sagen, daß unsere Partei auch eine konservative Komponente hat. Wir stehen auf dem Boden unserer Geschichte, auf der Tradition unserer Heimat. Wer nicht weiß, woher er kommt, der weiß nicht, wo er steht, und der weiß nicht, wohin er gehen soll, und konservativ in unserer Zeit, der Zeit der modernen Konservativen, heißt nicht mehr rückwärts zu blicken, heißt nicht nostalgisch alles bewahren zu wollen, was einmal war, bloß weil es einmal gewesen war, heißt nicht alles erhalten wollen, was nicht Bestand hat vor den Forderungen der Gegenwart und den Ansprüchen der Zukunft. Wir machen nicht Politik, weil wir alles erhalten wollen, was einmal war, sondern wir machen Politik aus einem Geiste, der zeitlos ist und immerwährende Gültigkeit hat. Das ist der Geist, der unsere Partei beseelt.

Unser Weltbild wechselt schnell angesichts der wissenschaftlich-technischen Entwicklungen. Unsere Weltanschauung bleibt die gleiche. Bei aller Betonung des christlichen Sittengesetzes und der Verpflichtung auf das christliche Sittengesetz mußte die CSU auch jede einseitige konfessionelle Bindung überwinden, die ihr ein unüberwindliches Hindernis auf dem Wege zu einer Volkspartei mit Aussicht auf absolute Mehrheit verwehrt hätte. Die Bedeutung dieser Entwicklung wurde offensichtlich, als in Bayern der Streit um die konfessionelle Lehrerbildung und ein Jahrzehnt später um die Konfessionsschule bzw. Konfessionsklasse auf der einen Seite und die Gemeinschaftsschule auf der anderen Seite ausgetragen wurde. (...)

Wer aber die Geschichte der CSU kennt – und ich kenne sie sehr gut, weil ich seit dem Jahre 1948 Generalsekretär war, seit 1952 stellvertretender Landesvorsitzender und seit 1961 erster Landesvorsitzender dieser Partei bin –, der weiß auch, warum wir für drei Jahre in die Opposition gekommen sind. Die CSU wollte zunächst nicht ablassen, die konfessionelle Lehrerbildung gegen einen Strom entgegenstehender, weit in die Kirche hineinreichender, in die Orden hineinreichender Meinungen aufrecht zu erhalten. Deshalb wurde sie für die Jahre 1954 bis 1957 aus der Regierung in Bayern verdrängt, obwohl es vier Parteien sein mußten, um gegen uns eine künstliche Mehrheit mobilisieren zu können. Das war die unnatürliche Kombination aus SPD,

FDP, Bayernpartei und BHE. Sie hatte einen einzigen gemeinsamen Nenner, den Kampf gegen die CSU und die von ihr vertretene Dogmatik der konfessionellen Lehrerbildung.

In der Auseinandersetzung um die Lehrerbildung gab es natürlich einen Dissens auch innerhalb der CSU. Ich war gegen die konfessionelle Lehrerbildung, aber eine andere Richtung, zu der Hundhammer, der von mir hochverehrte Prälat Meixner, Fraktionsvorsitzender der Landtagsfraktion, gehörten, wollten an dieser konfessionellen Lehrerbildung festhalten. Hanns Seidel und ich haben uns dann bemüht, eine Lösung zu finden, das Ei des Kolumbus sozusagen.

Die Lösung bestand darin, daß die Lehrerbildung nicht mehr konfessionell gestaltet wurde, also die wissenschaftlichen Fächer Deutsch, Geschichte, Geographie, Englisch, Französisch, Mathematik, Physik, Chemie, Biologie, nicht mehr in konfessioneller Trennung gelehrt wurden, was einfach mit der Entwicklung der Zeit und auch mit dem Bewußtsein der Zeit nicht mehr vereinbar war. Wir haben damals vorgeschlagen, daß die Kirchen an den damaligen Pädagogischen Hochschulen in Fächern mit bekenntnismäßigem Charakter ihre Auffassungen in die Lehrerbildung einbringen konnten. Dieser von beiden Kirchen genehmigte Kompromiß hat uns dann ermöglicht, auch hier diese schwierige Klippe zu überwinden.

In dem Augenblick, als wir die konfessionelle Lehrerbildung aufgegeben hatten, zerbrach auch, unter der Wirkung der Bundestagswahlen von 1957, die Viererkoalition. Der zweite Schritt zur Liberalisierung der CSU erfolgte mit der Einführung der einheitlichen christlichen Volksschule am 7. Juli 1968. Auch hier war eine lange innerparteiliche Auseinandersetzung vorausgegangen. Die Konfessionsschule war aus schulorganisatorischen und aus pädagogischen Gründen nicht mehr haltbar mit der Gründung von Mittelpunkt- und Zentralschulen. Damit vermieden wurde, daß die CSU bei einem von der SPD und FDP bereits eingeleiteten Volksbegehren und an der Schwelle zum Volksentscheid eine vernichtende Niederlage erlitten hätte, die uns noch lange Zeit belastet hätte, führte ich mit diesen beiden Parteien Verhandlungen. Ich danke heute noch dem damaligen Landesvorsitzenden der SPD, Herrn Volkmar Gabert, daß er, in Einsicht auch in die Fragwürdigkeit des Gesetzentwurfs der SPD, und ich, in Einsicht in die Fragwürdigkeit des Gesetzentwurfs der CSU, uns dann zu einer Lösung durchgerungen haben, die in dem berühmten Schulprotokoll die Unterschrift von drei Parteivorsitzenden trägt, nämlich die Unterschrift des Vorsitzenden der CSU, der SPD und des damals nicht im Landtag vertretenen Vorsitzenden der FDP. Daß diese Etappe gemeistert wurde, hat der CSU ohne Zweifel eine große Krise erspart und ihre Mehrheitsfähigkeit stabilisiert.

So haben wir auf einem breiten Fundament die Christlich-Soziale Union zu einer liberal-konservativen Volkspartei auf christlich-sozialer Grundlage gemacht. (...) Die bürgerliche Wählerschicht, die wir vertreten haben – christlich-sozial, liberal-konservativ – war gespalten zwischen CSU und Bayernpartei. Deshalb war es meine Überzeugung, auch die meiner Mitarbeiter als Generalsekretär und unterstützt von Hans Ehard, diese Spaltung zu überwinden, sonst wären wir nie mehrheitsfähig geworden. Wir hätten nie die absolute Mehrheit in den Parlamenten, im Landtag und die absolute Mehrheit der Stimmen im Deutschen Bundestag, für die CSU erringen können. Das war politische Strategie im wahrsten Sinne des Wortes. Die CSU ist Volkspartei und mehrheitsfähig geworden durch die Liberalisierung in konfessioneller Hinsicht, und sie ist die große bayerische Volkspartei. (...)

Das war das dritte Strategieelement; das vorbehaltlose Bekenntnis zur bayerischen Geschichte, zur bayerischen Kultur, zur bayerischen Tradition. Wir haben uns mit Bayern identifiziert, mit seiner Geschichte und mit seiner Kultur, und die Wähler haben uns mit Bayern identifiziert. Und nicht nur die Wähler, die hier Einheimische waren, auch die Flüchtlinge, auch die Vertriebenen und auch die, die von anderen deutschen Regionen, von anderen Bundesländern in Bayern eine Heimat gesucht und gefunden haben.

Etwa zur selben Zeit, in der in Bayern die Grundlagen für die CSU gelegt wurden, bildeten sich außerhalb Bayerns die ersten Gruppierungen, die dann zur Gründung der Christlich-Demokratischen Union führten. Wir waren uns von Anfang an darin einig, daß wir nicht den Weg zu 1933 zurückgehen wollten, die Bayerische Volkspartei oder die Bayerische Volksunion zu gründen, ich meine der Teil der CSU, für den ich verantwortlich zeichnete, sondern aber auch darüber, daß unsere Partei kein Landesverband einer Bundespartei, sondern eine selbständige bayerische Partei werden sollte. Daß diese Entscheidungen und die Folgen, die sich daraus ergaben, mißverstanden würden, das nehmen wir in Kauf. Das zieht sich wie ein roter Faden durch die vielen Jahrzehnte unserer Parteigeschichte.

Dabei war es eine historisch konsequente Entscheidung, die CSU als bayerische Partei zu gründen. Ich möchte das auch in wenigen Sätzen belegen. Bayern ist ein Land, das ein historisch gewachsenes Staatsgefüge hat. Bayern ist einer der ältesten Staaten Europas überhaupt. Bayern ist kein Bindestrich-Staat, der nach der militärischen Niederlage als künstliches Produkt der Besatzungspolitik geschaffen wurde. Bayern ist auch nach 1945 im wesentlichen in seinem historischen Bestand erhalten geblieben. Wir Bayern sind uns dessen bewußt, und wir halten diese Tradition auch aufrecht, auch im deutschen Staatsverband.

Im Bekenntnis zur historischen Eigenständigkeit unserer bayerischen Heimat haben wir uns für die Eigenständigkeit der CSU entschieden, das ist weder Separatismus noch Partikularismus, noch kleinkariertes Hinterwäldlertum, sondern das Bekenntnis zu einem Föderalismus, wie er der historischen Entwicklung Deutschlands entspricht. Mögen andere Völker, andere Länder, andere Staaten eine andere Tradition haben, das ist ihre gute Sache und ihr gutes Recht, einen zentralistischen Einheitsstaat einer föderalistischen Ordnung vorzuziehen – ich bin zutiefst davon überzeugt, und gerade nachdem ich 29 Jahre in der Bundespolitik, davon 12 Jahre als Bundesminister tätig war, und jetzt die Ehre habe, seit 7 Jahren Mitglied des Bayerischen Landtages und Bayerischer Ministerpräsident zu sein, daß für Deutschland der Einheitsstaat ein wesensfremdes, unzweckmäßiges und politisch schädliches Gebilde oder Organisationsform wäre. (...)

Die erste Bewährungsprobe hatten wir zu bestehen, als es um den Aufbau eines neuen deutschen Staates, der Bundesrepublik Deutschland ging. Als entschiedene Vertreter des Föderalismus hatten wir damals keinen leichten Stand. Die Sozialdemokraten hatten sich auf ihrem Parteitag im Juli 1947 in Nürnberg für einen Staatsaufbau entschieden, der kaum föderative Züge zeigte. Der Verfassungsausschuß der Arbeitsgemeinschaft der CDU/CSU Deutschlands folgte zwar wenigstens einem gemäßigten Föderalismus-

Konzept, aber die süddeutschen Föderalisten in der CDU und CSU konnten sich damit noch nicht zufrieden geben. Sie gründeten den sogenannten Ellwanger Kreis, den die Älteren sicherlich noch in Erinnerung haben, in dem sie ihre Vorstellungen von einem föderativen Staatsaufbau ausdiskutierten und Vorlagen für die Arbeitsgemeinschaft der CDU/CSU erarbeiteten. Die Arbeiten im Parlamentarischen Rat zeigten sehr bald, daß die Föderalisten Abstriche an ihren Vorstellungen vom föderativen Rahmen des Grundgesetzes hinnehmen mußten.

Unsere Position in Bayern war besonders schwierig, weil die Bayernpartei mit Agitation und Demagogie eine radikale Opposition gegen den sich bildenden Bundesstaat betrieb, genauso wie gegen die Millionen von Flüchtlingen und Vertriebenen, die in Bayern als Folge des gesamtdeutschen Schicksals eine neue, am Anfang noch sehr dürftige Heimat gefunden hatten. Ihr Vorsitzender Baumgartner gab damals die Parole aus „Zurück bis zum Jahre 1848". (...)

Demgegenüber strebte die CSU einen Staatsaufbau an, der nicht das Rad der Geschichte blind zurückdrehte, der nicht eine Neuauflage deutscher Kleinstaaterei bedeutete, sondern der einen neuen Bundesstaat mit ausreichenden Rechten ausstattete, gleichzeitig aber die föderative Ordnung sicherte. Da diese Forderung nach unserer damaligen Überzeugung nicht ausreichend erfüllt wurde, mußte die CSU ihre Haltung zu dem vom Parlamentarischen Rat erarbeiteten Grundgesetz überdenken. Im Mittelpunkt der damaligen Überlegungen, Streitigkeiten und Gegensätze stand die Finanzausstattung, die ausgewogene Finanzausstattung, eine paritätische Finanzhoheit des Bundes und der Länder, ausreichend für die Erfüllung der Aufgaben auf der jeweiligen Ebene. (...)

In einer Sitzung der CSU-Landtagsfraktion am 7. Mai 1949, an der ich als damaliger Generalsekretär und Abgeordneter im Wirtschaftsrat teilnahm, habe ich mich dafür eingesetzt, zum Grundgesetz getreu nach unseren Grundsätzen nein zu sagen. Meine Begründung lautete: Wir dürfen kein billiges Nein sagen. Die CSU muß in Bayern den Willen des Volkes erfüllen, daß möglichst viele Bayern, nicht Bayernparteiler in den Bundestag kommen. Unser Nein zu Bonn berechtigt uns genauso, sagte ich, zur Mitarbeit in Bonn.

Wenn aber Nein gesagt wird, dann muß damit auch ein grundsätzliches Bekenntnis zu Gesamtdeutschland verbunden werden.

Ihre erste Bewährungsprobe bestand die CSU, als es im Frankfurter Wirtschaftsrat um die Alternative ging, entweder an der staatlichen Befehls- und Zwangswirtschaft festzuhalten oder entschlossen und mutig die Entscheidung zugunsten einer freiheitlichen Ordnung der Sozialen Marktwirtschaft nach den Vorschlägen Ludwig Erhards zu treffen, eine Ordnung der Partnerschaft und nicht eine Ordnung des Klassenkampfes oder der Bürokratie. Die Entscheidung für die Soziale Marktwirtschaft und damit auch für eine Währungsreform war damals kein politischer Spaziergang.

Die Sozialdemokraten haben die Soziale Marktwirtschaft auf das heftigste bekämpft, genauso auch ein großer Teil der Gewerkschaften, nicht unsere christlichen Gewerkschaften, genauso auch eine Reihe anderer politischer Parteien, Kommunisten sowieso. Ihnen fehlte jedes Zutrauen zur gestalterischen und stabilisierenden Kraft einer freiheitlichen Ordnung. Sie glauben, nur der Staat oder die Gesellschaft könnten diese Probleme lösen.

Auch Teile der CDU zweifelten am Konzept Ludwig Erhards und wollten ihn im Herbst 1948 stürzen. Das war die denkwürdige Sitzung der Fraktion der CDU/CSU des Frankfurter Wirtschaftsrats in Rüdesheim, die erste Sitzung nach den Parlamentsferien, als zum Generalangriff gegen Erhard geblasen wurde, der aber dann kläglich zusammenbrach. Er kam im übrigen in der Hauptsache aus Nordrhein-Westfalen! Es verdient auch heute noch unsere Beachtung und Anerkennung, daß sich damals Politiker, die aus der christlichen Arbeitnehmerschaft kamen, wie Hugo Karpf, unser Parteifreund aus Aschaffenburg, und Theodor Blank, für die wirtschaftspolitische Freiheit und gegen die staatliche Zwangsbewirtschaftung einsetzten, und damit auch sich gegen den damaligen Standpunkt des DGB zur Wehr setzten.

Besonders stolz bin ich auch noch heute darauf, daß ich im Juni 1948 der Sozialen Marktwirtschaft zum Durchbruch verhelfen konnte. (...) Nur auf der Grundlage der Sozialen Marktwirtschaft war es möglich, Institutionen und Gesetze zu schaffen, die bis heute das Rückgrat unserer Sozialordnung bilden und die sozialpolitischen Eckpfeiler dieser Politik sind. Ich sage nur Stichworte:

- Der Lastenausgleich für Vertriebene, Flüchtlinge und Ausgebombte, dessen sich besonders unser heute auch genannter Freund Hans Schütz angenommen hat;

- die dynamische Altersrente, an deren Funktionsfähigkeit damals so wenige Jahre nach dem Zweiten Weltkrieg viele nicht glauben wollten;

- das Mitbestimmungsgesetz, das Betriebsverfassungsgesetz, das Personalvertretungsgesetz;

- den Kündigungsschutz, das Lohnfortzahlungsgesetz, das Mutterschutzgesetz;

- das Bundes-Sozialhilfegesetz;

- das Arbeitsförderungsgesetz.

Aber nach der ersten Bundestagswahl stand die Soziale Marktwirtschaft trotzdem wieder zur Disposition. Wir haben damals den Wahlkampf geführt und ich habe für Bayern die Wahlparole geprägt – unter dem Motto „Die Wirtschaft ist unser Schicksal". Es gab nur einen knappen Wahlsieg von CDU und CSU. Es gab keine Debatten darüber, wer Kanzlerkandidat sein sollte – von vornherein und ohne jede Frage war es Adenauer. (...)

Aber die Frage nach dem Koalitionspartner war für CDU und CSU damals durchaus offen, und damit stellte sich auch die Frage nach der Wirtschaftsordnung. Am 21. August 1949 – genau eine Woche nach der ersten Bundestagswahl – mußten sich CDU und CSU auf der berühmten Rhöndorfer Konferenz, über die vieles Richtige und vieles Unrichtige geschrieben worden ist, entscheiden, ob eine Große oder eine Kleine Koalition gebildet werden sollte. Wenn mich nicht alles täuscht, bin ich für die CSU der einzige und letzte, der an dieser Rhöndorfer Konferenz damals teilgenommen hat. Die Fronten bildeten sich sehr schnell in der Debatte. Adenauer, Erhard und wenige andere traten für die Kleine Koalition aus CDU/CSU und FDP sowie DP, d.h. für eine marktwirtschaftliche Koalition ein. Bedeutende, mit Respekt zu nennende Staatsmänner mit langjähriger politischer Erfahrung in der CDU hatten eine andere Meinung. Jakob Kaiser, Karl Arnold, Werner Hilpert, Gebhard Müller, Peter Altmeier, auch der eine oder andere innerhalb der Unionsreihen, den ich nicht mehr nennen will, auch wenn er nicht mehr unter uns weilt, sprachen sich für eine Große Koalition aus. Sie taten es mit dem beachtlichen Argument, daß die Folgen des Krieges und seiner Lasten nicht von einer Partei gegen die in Opposition stehende große andere Partei verkraftet werden könnten.

Sie meinten, daß nur das breite Fundament einer Großen Koalition zwischen CDU/CSU und SPD in der Lage sei, die politische Bürde der Kriegslasten und der Kriegsfolgen zu tragen. Ich war damals als einziger Vertreter der CSU anwesend und wies darauf hin, daß die Soziale Marktwirtschaft gegen das Konzept der SPD im Mittelpunkt des Wahlkampfes gestanden hatte, die wir mit einer erbittert geführten Auseinandersetzung im Wirtschaftsrat durchgesetzt hatten, und daß diese Politik in einer Großen Koalition mit der SPD nicht betrieben werden könne – die SPD war ja damals noch eindeutig für Planwirtschaft und Zwangswirtschaft –, daß die Richtigkeit oder Nichtrichtigkeit dieses Wirtschaftssystems hätte unter Beweis gestellt werden können. Ich verwies damals auf das schlechte Erlebnis, das wir mit einer Großen Koalition in Bayern hatten, die im Dezember 1946 zustande kam, sich im Herbst 1947 wieder auflöste, weil die SPD mit dem Argument, der damalige Ministerpräsident und Parteivorsitzende Hans Ehard hätte sie beleidigt, die Koalition verlassen hatte. Der wirkliche Grund dürfte ein anderer gewesen sein. Es stand ein Hungerwinter bevor, der schlimmste der Nachkriegszeit – und die Hungerwinter der Nachkriegszeit waren ja noch schlimmer als die Hungerwinter in der Kriegszeit, natürlich Krieg und Frieden, ich bin mir des Unterschiedes sehr bewußt –: Die Wirtschaftslage war trostlos, wir mußten Lebensmittel abliefern nach Nordrhein-Westfalen, um Kohle und Stahl zu bekommen. In dieser Situation hat uns die SPD damals allein gelassen. Wir hatten zum Glück genügend Abgeordnete, um allein in Bayern mit einer knappen Mehrheit regieren zu können, aber ich hatte es der SPD, ohne daß ich rachsüchtig bin, nicht vergessen.

Ich habe deshalb gesagt, wenn jetzt erprobt werden muß, was ist richtig für die Zukunft, Planwirtschaft und Zwangswirtschaft auf der einen oder Marktwirtschaft auf der anderen Seite, dann kann man nicht zwei Partner zusammenspannen, wenn der eine die eine Wirtschaftsordnung und der andere die entgegengesetzte Wirtschaftsordnung vertritt. Das hätte zur Folge, daß Mißerfolge dann jeweils der einen oder anderen Wirtschaftsordnung zugeschrieben worden wären und Erfolge von beiden Seiten für sich in Anspruch genommen worden wären. Ich habe damals wörtlich gesagt: „Wir müssen in das kalte Wasser springen und schwimmen. Wenn wir mit unserer Wirtschaftsordnung Erfolg haben, werden wir lange Zeit an der Regierung bleiben. Wenn wir Mißerfolg haben, dann müssen wir eben das politische Risiko des Mißerfolges tragen, und dann sollen andere zeigen, ob sie es besser können als wir." Wie es ausgegangen ist, ist allgemein bekannt.

Ich habe deshalb etwas hart an der Grenze meiner Vollmachten angekündigt, daß die CSU zwar einer Kleinen Koalition im Fraktionsverbund mit der CDU zustimmen werde, aber zu einer Großen Koalition in Opposition gehen werde. Konrad Adenauer verwendete diese Schlußfolgerungen in seinem Sinne. Er hat nicht mehr die Frage gestellt, welche Koalition, sondern nur noch die Frage gestellt, ob die Unionsparteien beisammen bleiben sollen. Als sich niemand dafür aussprach, daß die beiden Unionsparteien sich trennen sollten, hat er das sofort als ein Votum für die Kleine Koalition öffentlich verkündet und damit die Debatte an jenem Nachmittag geschlossen. Das war auch der Grund, warum Adenauer mit dem denkbar knappsten Ergebnis, man kann sagen mit seiner eigenen Stimme, wenn man so will, zum ersten Bundeskanzler der Bundesrepublik Deutschland gewählt wurde. (...)

Die Christlich-Soziale Union hat von Anbeginn an alle wichtigen Entscheidungen und Weichenstellungen in der Politik der Bundesrepublik Deutschland mitgetragen und zur wirtschaftlichen, politischen und gesellschaftlichen Entwicklung in der Bundesrepublik entscheidende Beiträge geleistet. Wir haben Bayern gestaltet und zur Gestaltung Deutschlands beigetragen.

Dazu wenige Stichworte: Fritz Schäffer hat mit seiner Finanzpolitik die zweite wichtige Grundlage neben der Sozialen Marktwirtschaft für unser

System der sozialen Sicherheit und der sozialen Gerechtigkeit geschaffen. Er hat damit die Tradition der Unions-Finanzminister begründet, die eine solide Finanzpolitik getrieben, die Kasse in Ordnung gehalten, und die wenig Schulden aufgenommen und einen großen Spielraum für schlechte Zeiten, trotz der schlechten wirtschaftlichen Anfangsjahre, geschaffen haben. (...)

Die CSU hat sich immer den mittelständischen Betrieben besonders verbunden gefühlt. Um den Neuaufbau eines Handwerks – ich kann ja leider nicht alle verdienten Politiker nennen, aber ich muß es hier sagen – hat sich Richard Stücklen bleibende Verdienste erworben. Er wird zu Recht Vater der neuen Handwerksordnung genannt, deren Grundlagen noch heute gelten, und die es dem Deutschen Handwerk ermöglicht, in Selbstverwaltung die erforderlichen Maßnahmen zur Berufsbildung, Berufsförderung und zur Weiterbildung durchzuführen.

Für den Weg zur Souveränität der Bundesrepublik Deutschland und für die Anerkennung unseres Staates als gleichberechtigter Partner unter den Völkern der freien Welt war das Angebot, einen deutschen Verteidigungsbeitrag zu leisten, von grundlegender Wichtigkeit. Wir waren doch die Parias der internationalen Welt geworden, wir waren doch ausgestoßen, moralisch diffamiert, und wir sollten es lange bleiben. Nur die Politik der CDU/CSU, die Politik der europäischen Einigung, die Politik der Atlantischen Allianz und der Bereitschaft zur Verteidigung, hat uns die Toreals Gleichberechtigte in die Reihen der freien, demokratischen Völker wieder geöffnet. (...)

Im Jahre 1950 hat Konrad Adenauer nach nicht einmal sehr langen Aussprachen – heute braucht man ja für kleinere Probleme Jahre, damals haben wir für große Probleme nur Tage gebraucht – die Grundentscheidung getroffen und hat den drei Westalliierten, den drei Hochkommissaren angeboten, seine Regierung sei bereit, militärische Streitkräfte für die Verteidigung Europas bereitzustellen, wenn dafür als Gegenleistung die Westmächte, gemeint waren vor allen Dingen die Amerikaner, eine volle, unabdingbare und nahtlose Sicherheitsgarantie für die Bundesrepublik Deutschland übernehmen würden.

Was war der Grund dafür? Leider ist auch der Unterricht in Zeitgeschichte heute nicht mehr so ausgeprägt und so vielfach vertreten, daß die jungen

Leute, die nichts von der Zeit des Ersten Weltkrieges, der Zeit zwischen den Kriegen, des Zweiten Weltkrieges, noch wüßten, wie solche Entscheidungen zustande kamen. Im Juni 1950 hatte das schon stark bewaffnete Nordkorea das unbewaffnete Südkorea überfallen. Dem war vorausgegangen ein ungeheurer – nicht der einzige – Fehler der Amerikaner. Sie hatten nämlich in ihrem Nationalen Sicherheitsrat beschlossen, daß Südkorea nicht zu ihrer Verteidigungszone, zu ihrem Verteidigungsbereich gehört, und waren der naiven Meinung, daß dieses dem KGB unbekannt bleiben würde. Der Beschluß des Nationalen Sicherheitsrates, damals unter Präsident Truman, war in Moskau sehr schnell bekannt – und der Satellit Nordkorea hat den Marsch angetreten nach Südkorea, im Wissen, daß die Südkoreaner unbewaffnet sind und die Amerikaner Südkorea aus ihrem Sicherheitsdispositiv ausgeklammert hätten. Dann mußte Präsident Truman blitzschnell innerhalb weniger Stunden die ganze amerikanische Strategie umstellen. Amerikanische Streitkräfte landeten wieder, südkoreanische Streitkräfte wurden aufgestellt – heute eine Riesenarmee, ich habe sie vor wenigen Wochen ja sehen können. Mit unsäglichen Opfern, mit Hunderttausenden von Toten und Verkrüppelten und Verwundeten und Vermißten ist dann die Grenze zwischen Nordkorea und Südkorea wiederhergestellt worden. Das war – und das sage ich, nicht weil ich es irgendwo gelesen habe oder dem Hörensagen nach, sondern weil ich dabei war bei diesen Gesprächen – der Alptraum Konrad Adenauers. Die Amerikaner hatten bereits ihre Streitkräfte weitgehend abgezogen, die westdeutschen Streitkräfte standen überhaupt nicht zur Diskussion, und die Ostzone, wie es damals hieß, hatte schon begonnen, die SBZ, mit russischer Hilfe, aufzurüsten. Und nun war es die Schreckvision Adenauers: Was Korea zugestoßen ist, passiert uns in naher Zukunft! Wie können wir uns dieser Gefahr erwehren? Als Bettler die Westmächte anflehen, uns zu schützen und damit Objekt ihrer Entscheidungen zu werden? Er war wie wir der Meinung: Wir müssen Subjekt eigener Entscheidung werden. Und Subjekt eigener Entscheidung kann man nur werden, wenn man für ein gemeinsames Ziel auch einen gemeinsamen Beitrag und ein gemeinsames Opfer zu leisten gewillt, entschlossen und im Stande ist. Das war die moralische Geburtsstunde der Bundesregierung! (...)

Diese Grundsätze unserer, aus christlicher Verantwortung betriebenen Politik führten dann folgerichtig dazu, den freien Teil Deutschlands gegen den erbitterten Widerstand der SPD in die Europäische Gemeinschaft und in das Atlantische Bündnis einzubauen. Nur damit konnten für den freien Teil unseres Vaterlandes Freiheit und Recht gesichert und den Menschen im unfreien Teil Deutschlands die letzte Hoffnung auf eine Zukunft in Freiheit erhalten werden. (...)

Die Fortentwicklung unserer bundesstaatlichen Ordnung wurde wesentlich durch mich mit der Finanzreform vom Jahr 1969 beeinflußt – Ergänzungen des Grundgesetzes, Einführung eines wirtschaftlichen Mehrwertsteuersystems, Gemeindefinanzreform, Stabilität und Wachstum wurden gesichert. Der kooperative Föderalismus erhielt eine neue Qualität.

Alle diese Leistungen waren auch deshalb möglich gewesen, weil die CSU von 1949 an stets wichtige Positionen in der Bundesregierung einnahm. Bei der Bildung der ersten Regierung Adenauer befanden wir uns nicht gerade in einer rosigen Lage. Die CSU hatte 29,2% der Wähler erreicht. Wir hatten 24 Abgeordnete im Bundestag, keinen einzigen über die Liste. Die Bayernpartei allein hatte 17. Aber ich hielt damals Adenauers Angebot, Bayern mit dem schon traditionell während der Weimarer Republik uns zugebilligten Postministerium abzuspeisen, für nicht erträglich.
Die tatsächliche Regierungsbeteiligung sah dann ganz anders aus. Die CSU stellte den Finanzminister Fritz Schäffer, den Postminister Hans Schubert, den Landwirtschaftsminister Wilhelm Niklas und den Staatssekretär im Innenministerium Ritter von Lex.

Damals begann ja auch unser Selbstbehauptungskampf innerhalb der Unionsreihen und hat schon bei der ersten Regierungsbildung mit einem stattlichen Ergebnis dank unserer Zähigkeit, aber auch der Vernunft und Einsicht Adenauers, die ich rühmend hervorheben möchte, geendet. Es war uns gelungen, die CDU davon zu überzeugen, daß das flächenmäßig größte Land angemessen an der Regierung beteiligt werden müßte.

Konrad Adenauer war historisch und politisch gebildet genug, sich diesem Argument nicht zu verschließen. Adenauer hat die Eigenständigkeit der CSU immer geachtet – auch im Interesse seiner eigenen Beweglichkeit, so daß auch die Zusammenarbeit in der gemeinsamen Bundestagsfraktion erstens nie gefährdet und zweitens von ihm auch ausgenutzt wurde. Die Fraktionsgemeinschaft ist nur einmal in Frage gestellt worden, in dem berühmten Kreuther Beschluß. Der Gedanke einer vierten Partei, das möchte ich auch bei der Gelegenheit sagen, war nicht als Angriff auf die CDU entstanden, sondern aus der Befürchtung heraus, daß die Kombination SPD/FDP nach der Anfang der 70er Jahre erfolgten Proklamation des säkularen historischen Bündnisses zwischen Liberalismus und Sozialismus zu einer Dauererscheinung werden würde, bei der eine Partei gemäß unserem Wahlgesetz fast keine Chance hat, gegen die beiden anderen Parteien an die Regierung zu kommen, an die Mehrheit zu kommen.

Das waren die Überlegungen und nicht die hintergründigen Unterstellungen, die man dann unserem damaligen Beschluß unterschoben hat. Die CDU und CSU hätten dann getrennt, aber friedlich nebeneinander im Kampfe gegen das liberal-sozialistische Regierungsbündnis vielleicht schon früher an die Regierung kommen können. Und hier darf ich auch sagen: Helmut Schmidt ist doch nicht durch die CDU/CSU und auch nicht nur die FDP gestürzt worden. Das sind ja Lebenslügen, das sind ja politische Märchen. Helmut Schmidt ist ausschließlich durch seine eigene Partei gestürzt worden. Die FDP wäre nie aus dem Regierungsbündnis ausgestiegen mit der SPD, wenn sie nicht mit Recht Angst gehabt hätte, mit dem schlingernden Boot der SPD in die Tiefe gerissen zu werden.

Wenn es Helmut Schmidt gelungen wäre, die Koalition zusammenzuhalten, hätten wir nicht die geringste Chance gehabt, in absehbarer Zeit wieder an die Regierung zu kommen. Das entsprach auch genau meiner Prognose vom Herbst 1980, daß diese Koalition an der Finanzfrage zerbrechen wird, nicht an der Liebe des Koalitionspartners FDP, nunmehr übertragen von der SPD auf die CDU/CSU. Solche romantischen Geschichten kann man bei Courths-Mahler nachlesen, haben aber in der politischen Wirklichkeit keinen Raum. Das waren die Gründe, warum wir seinerzeit solche Überlegungen angestellt haben.

Lassen Sie mich auch sagen: In Zeiten der Opposition, wie in Zeiten der Regierungsbeteiligung hat die CSU immer in kritischer Loyalität mit der CDU zusammengearbeitet. Leider habe ich in den letzten Jahren oft erlebt,

519

daß zunächst Mahnungen, Warnungen, Ratschläge aus Bayern als störende Begleitmusik, als überflüssige Einmischung, als Störmanöver, als Querschüsse abgetan worden sind. Es heißt dann oft, in Bayern gehen eben die Uhren anders. Das stimmt, aber sie gehen bei uns richtig! (...)

Unsere Mehrheiten sind auch zum großen Teil Ergebnis unserer politischen Arbeit und nicht irgendeiner zufälligen Konstellation der bayerischen Geschichte. Aber ich kann sagen, die Einstellung unserer Partner in Bonn hat sich in dieser Hinsicht zum Besseren verwandelt, die Kritik ist zum Teil in Anerkennung umgeschlagen, viele Politiker sehen ein, daß manches, was wir gerade auch gegenüber der von uns mitgetragenen Bundesregierung an politischen Anmerkungen und Ermahnungen, Warnungen und Vorschlägen vorgebracht haben, sehr berechtigt ist.

Es war mir eine große Genugtuung, als vor einigen Monaten bei einer Besprechung im Zehnerkreis der CDU/CSU der Vorsitzende der CDU/CSU-Bundesfraktion Alfred Dregger – und die anderen vier von der CSU, die das miterlebt haben, sitzen ja hier im Saal – uns mit allem Nachdruck attestiert hat, daß sich die CSU und der Freistaat Bayern durch die Anrufung des Bundesverfassungsgerichtes wegen des Grundlagenvertrages ein historisches Verdienst um Deutschland erworben und ein Ausufern der Ostpolitik Willy Brandts damit verhindert hätten.

So gesprochen im September 1985 – im Jahre 1973 las sich das anders! Im Jahre 1973, als die Entscheidung getroffen werden mußte, hat es die Unionsfraktion mit knapper Mehrheit abgelehnt, die Normenkontrollklage in Karlsruhe anzustrengen, und kein CDU-regiertes Land hat sich damals dem Schritt Bayerns angeschlossen oder anstelle Bayerns gehandelt. Hätten wir nicht von Bayern aus diese Klage angestrengt, eine so hieb- und stichfeste Begründung in dem Urteil erreicht, dann wären die wesentlichen Pflöcke für unsere Ostpolitik, für die Begrenzung der Ostpolitik Willy Brandts und Egon Bahrs nie eingeschlagen worden. (...)

Wenn wir unsere eigenen Vorstellungen vorbringen, dann tun wir dies nicht, um unbedingt recht zu haben und recht zu behalten, sondern weil wir, und das möchte ich mit einer Deutlichkeit sagen, die jeden Zweifel ausschließen soll, den Erfolg der Regierung der bürgerlichen Mitte wollen, zu der es in der jetzigen parteipolitischen Landschaft der Bundesrepublik Deutschland keine erträgliche demokratische Alternative gibt. (...) Wir werden die Eigenständigkeit unserer Partei in politischer, programmatischer und geistig-moralischer Hinsicht auch in Zukunft wahren. Das ist unser selbstverständliches Recht, das uns von niemandem streitig gemacht werden darf. Es ist aber auch eine Pflicht, die wir vor der Geschichte haben und der wir, auch wenn die Erfüllung manchmal schwerfällt, nicht untreu werden. Die Christlich-Soziale Union muß im Parteiengefüge der Bundesrepublik Deutschland ihr unverwechselbares Gesicht als bayerische Landespartei mit bundesweiter Verantwortung und mit europäischer Zielsetzung auch in der Zukunft beibehalten. (...)

Abgesehen von dem Einbruch in den 50er Jahren hatten wir immer ansehnliche Stimmenanteile. Schon die zweite Bundestagswahl brachte mit 47,9% einen riesigen Stimmenzuwachs, die Mehrheit der bayerischen Mandate. Seit 1957, in 8 Bundestagswahlen in ununterbrochener Folge, lagen die Ergebnisse unserer Partei immer wesentlich über der 50%-Marke. Seit 1962 verfügt die CSU im Bayerischen Landtag über die absolute Mehrheit der Stimmen. Damit ist die CSU die erfolgreichste Partei in der Geschichte der Bundesrepublik Deutschland! (...)

Unsere große Leistung, die wir allerdings ohne Fleiß, Disziplin und Intelligenz der bayerischen Bevölkerung nicht hätten zustande bringen können, war es, das traditionelle agrarisch-handwerkliche Gesicht, das traditionell agrarisch und handwerkliche Fundament Bayerns zu erhalten, und aus dieser schönen Landschaft eine der modernsten Industrieregionen Europas geschaffen zu haben. Wir hatten am Ende des Zweiten Weltkrieges 7 Millionen Einwohner in einem zerstörten Land, bald waren es 9, 10, 11 Millionen wegen der Flucht und der Vertreibung.
Bayern wäre ein Armenhaus, ein Hexenkessel des Elends geworden, wenn nicht eine langfristige, mit langem Atem angelegte, zielstrebige, kontinuierliche Politik der Förderung der Wissenschaft, der Förderung der technischen Entwicklung, der Förderung der industriellen Produktion aus diesem Land Bayern – nicht die traditionellen Züge entfernt –, sondern sie erhalten und darauf ein neues Gesicht gesetzt hätten. Das ist unsere große Leistung! Und

das ist die Rechtfertigung für unsere lange Regierungszeit. (...) Das ist das Geheimnis der CSU, ist der Erfolg der CSU, und er ist es gewesen bis heute, er ist es heute. (...)

Ich stehe 40 Jahre im Dienst der CSU und viele von Ihnen auch. Wir haben zwei grundlegende Entscheidungen getroffen – das Bekenntnis zur Wertordnung der Demokratien und das Bekenntnis zur gemeinsamen Verteidigungspflicht. Wer daraus die Bundesregierung wieder herausführen will, der versündigt sich an der deutschen und europäischen Geschichte. Ich möchte mir nicht den Vorwurf machen lassen, 40 Jahre mit Erfolg für dieses Ziel gearbeitet zu haben und dann als Ergebnis zu erleben, daß zum dritten Mal in einem Jahrhundert eine katastrophale Fehlentwicklung Deutschland und Europa der Ungewißheit, dem Chaos und vielleicht einer Katastrophe entgegentreibt.

Und wenn uns jemand fragt: Was ist die Legitimation für eure Politik? Wir haben zwei Legitimationen, drei Legitimationen. Unser gutes Gewissen, unser Bewußtsein der Verantwortung vor Gott und die hohen Wahlergebnisse, die der bayerische Wähler uns gegeben hat! Möge es so bleiben!

Zeitzeugen-Interviews*

a) Werner Dollinger
b) Franz Heubl
c) Richard Jaeger
d) Richard Stücklen
e) Hans Weiß
f) Friedrich Zimmermann

---

* *Die befragten Personen sind Gründungsmitglieder der CSU oder der Partei sehr früh beigetreten. Durch ihre langjährige aktive politische Tätigkeit in führenden Ämtern und Funktionen haben sie die Geschichte ihrer Partei prägend mitgestaltet. Die Zeitzeugen-Interviews wurden von Renate Höpfinger im Juli und August 1995 geführt.*

Interview mit Bundesminister a.D. Dr. Werner Dollinger

In Neustadt a.d. Aisch traten die Nationalsozialisten schon sehr früh in Erscheinung. Sie erreichten bereits 1931 die Mehrheit der Stimmen und stellten den Bürgermeister. Warum stießen sie auf eine derart große Resonanz? Wie waren die politischen Verhältnisse?

1923 hat Hitler das erste Mal auf einem sogenannten „Deutschen Tag" gesprochen. Ich war damals fünf Jahre alt und erinnere mich noch – mein Elternhaus lag mitten in der Stadt –, daß die Kolonnen singend, musizierend, mit Marschmusik durch die Stadt gezogen sind. Hitler kam dann im Laufe des Nachmittags und hat hier am Festplatz gesprochen. Die große Resonanz, die er hier fand, lag in der wirtschaftlichen Lage begründet. Dazu war die Bevölkerung immer reichsorientiert, föderative Gedanken spielten keine Rolle. Es gab zwar die Sozialdemokraten und den Freien Bürgerblock, der Bauern und Gewerbetreibende vertrat, aber dann kam die NSDAP und hat die miserable wirtschaftliche Lage ausgenutzt. Wir hatten verhältnismäßig viele Arbeitslose hier. Zudem waren die kleinen landwirtschaftlichen Betriebe stark von der Agrarkrise betroffen, und viele kleine Bauern gerieten in große Schwierigkeiten, wobei natürlich zu bemerken ist, daß der Viehhandel weitgehend in Händen von jüdischen Mitbürgern lag. Und dann spielte in dieser Gegend sehr bald Burg Hoheneck eine Rolle. Diese Burg bei Ipsheim, zwischen Neustadt und Bad Windsheim, gehörte dem Verleger Lehmann aus München. Auch er hat dann, immer an Pfingsten, einen „Deutschen Tag" abgehalten. Bei ihm hielt sich auch General Ludendorff auf, so daß von Burg Hoheneck eine bestimmte Ausstrahlung ins ganze Aischtal hinein ausging. Auch das Nationale wurde sehr stark betont, siehe „Versailler Schandvertrag"; das lief alles so zusammen.

Dazu kam dann das Versprechen, die Bauern zu entschulden.
Auch das spielte eine Rolle. Ich weiß noch, 1932, einen Tag vor einer großen NSDAP-Veranstaltung, traf mein Vater einen alten Bäckermeister auf der Straße. Dieser wies ihn auf die mit Fahnen geschmückten Häuser hin, die alle verschuldeten Geschäftsleuten gehörten. Sie hofften auf die „Brechung der Zinswirtschaft".

Bevor die NSDAP die Mehrheit in Neustadt erreichte, war Ihr Vater hier Bürgermeister. Welcher Partei gehörte er an?
Das war ein Bürgerblock. Ansonsten wählte man in Neustadt a. d. Aisch sozialdemokratisch, dann die Freien Demokraten, die damals Deutsche Demokratische Partei oder Staatspartei hießen, und ein Teil wählte deutschnational. Der Bauernführer Konrad Frühwald, damals Abgeordneter im Bayerischen Landtag, wurde 1932 als Deutschnationaler gewählt. Nach dem Krieg hat er hier die Bauern veranlaßt, die CSU zu gründen. Er selbst ging aber zur FDP, und zwar deshalb, weil er die alten Auseinandersetzungen mit Hundhammer, Schlögl und dem Bauernverband weiterführen wollte.

Die Bayerische Volkspartei hat demnach keine Rolle gespielt?
Die BVP war völlig unbedeutend, denn wir waren ja hochprozentig evangelisch. Auch heute noch ist dieser Landkreis in Bayern derjenige mit dem höchsten evangelischen Bevölkerungsanteil. Aber zwischen den Konfessionen herrschte ein gutes Verhältnis, was sich darin zeigte, daß in Neustadt a. d. Aisch schon vor dem Krieg Katholiken und Juden in die evangelische Bekenntnisschule aufgenommen wurden. Sie wurde so tolerant gehandhabt, daß es diesbezüglich keinerlei Differenzen gab, und sie allgemein als Gemeinschaftsschule galt. Trotz der frühen nationalsozialistischen Strömungen fand hier auch kein Kirchenkampf statt. Hier gab es nur die „Bekennende Kirche", keine „Deutschen Christen", was wesentlich durch die Tradition und die sozialen Verhältnisse bedingt war.

Und die Nationalsozialisten versuchten nicht, gegen die Kirche vorzugehen?
Davor sind sie zurückgeschreckt. Der hiesige Ortsgruppenleiter war zwar aus der Kirche ausgetreten, attackierte sie aber nicht. Eine Zeitlang hatten wir sogar einen Kreisleiter, der zum Abendmahl ging.

Gab es von seiten der Kirche Maßnahmen gegen die Nazis?
Die gab es eigentlich nicht. Landesbischof Hans Meiser war einmal hier und hat einen Vortrag über die kirchliche Situation gehalten. Die Kirche war überfüllt, die Einstellung dieser Leute war klar. Wenn es ernst wird, da bekennt sich manch Stiller, das hat sich damals gezeigt.

Sie erwähnten bereits die jüdische Bevölkerung in Neustadt. Wie reagierte sie auf die Nationalsozialisten?
Eine jüdische Mitbürgerin, die vier Häuser von meinem Elternhaus entfernt wohnte und zusammen mit meinem Vater zur Schule gegangen war, politisierte öfter mit ihm auf der Straße. Ich stand einmal dabei, als sie, gerade nach Wahlen, zu meinem Vater sagte: „Richard, mein Mann sagt immer, laß die Hakenkreuzler nur hin, sie sind bald verbraucht, und in ein paar Monaten haben wir sie dann endgültig los." Diese Meinung war in der jüdischen Bevölkerung stark verbreitet.

Herr Dollinger, Sie waren als Soldat im Krieg. Wann sind Sie wieder nach Neustadt gekommen?
Das war 1945. Ich war vorher im Lazarett in Oberschlesien und wurde entlassen, als die Front schon da war.

Was haben Sie dann bei Ihrer Rückkehr vorgefunden?
Einen zerstörten Ziegeleibetrieb. Der Betrieb war seit 1940 stillgelegt, wurde von den Nationalsozialisten aber als Fliegerwerftabteilung zur Vulkanisierung von Reifen genutzt. Gegen Kriegsende, als sie am hellichten Tag Material verladen haben, weil sie in die Alpenfestung abziehen wollten, wurden sie von feindlichen Fliegern beobachtet und die Ziegeleigebäude am 6. April beschossen und ausgebombt. Es war alles kaputt. In Neustadt waren alle Verwaltungsbeamten von der Militärregierung abgesetzt, denn hier gab es ja fast niemanden, der nicht Mitglied der NSDAP gewesen war. Es waren hier fast alle belastet, Inhaber mit goldenen Parteiabzeichen sind gar nicht aufgefallen.

Wie kamen Sie denn in Kontakt mit der Politik? Von wem ging die Gründung der CSU aus?
Eines Tages kam ein Bauer, den ich nur vom Sehen kannte, zu uns und sagte: „Wir müssen eine CSU gründen". Dafür trat auch Konrad Frühwald

ein, der in der Weimarer Zeit als Bauernführer sehr aktiv war, sich aber im Dritten Reich politisch völlig zurückgezogen hatte. Nur im kirchlichen Bereich ist er aufgetreten und hat sich in Bekenntnisgottesdiensten als Bauer geäußert. Er kam also und sagte, so und so solle man vorgehen.

Bald darauf berichtete mein Vater, auch die Freien Demokraten hätten sich wieder etabliert, er sei von ihnen eingeladen worden, und sie hätten ihn beauftragt, mich zur politischen Mitarbeit aufzufordern. Bei ihnen wollte ich aber nicht mitmachen, weil ich dort die geistigen Grundlagen vermißte, und weil sie mir zu einseitig auf das lokale Besitzbürgertum ausgerichtet waren. Daneben hatten sich die Sozialdemokraten bereits wieder etabliert, und es gab auch Kommunisten. Ich entschloß mich dann, die Sache mit den Bauern mitzumachen.

Zu welchem Zeitpunkt sind Sie von Frühwald angesprochen worden?
Das war im Spätherbst 1945. Ich wurde vom evangelischen Dekan und vom katholischen Geistlichen zu einer Sitzung eingeladen, und zwar in ein evangelisch-kirchliches Gebäude, wegen Gründung einer CSU.

Die Gründung der CSU ging hier also von Vertretern der beiden Kirchen aus?
Die konfessionelle Situation war hier sehr entspannt und tolerant. Selbst bei Ehefragen gab es keine Konflikte. Die beiden geistlichen Herren haben das initiiert, und wir haben dann die CSU gegründet.

Wie groß war dieser Gründerkreis?
Das waren etwa 30 bis 40 Personen. Das Ganze war sehr schwierig. Wir hatten ja einen großen Fragebogen, das „Handtuch", auszufüllen, und die für die Lizenzierung notwendigen 30 oder 40 Personen zu finden war schwer, weil fast jeder belastet war. Ich selbst galt als völlig unbelastet, da ich aus gesundheitlichen Gründen zunächst keinen Sport treiben durfte und deshalb einem Beitritt zur Staatsjugend entkommen war. Auch als Student, das Studium bezahlten meine Eltern, konnte ich sämtlichen NS-Organisationen entgehen.

Erfolgte die Gründung für die Stadt oder für den Landkreis Neustadt?
Wir haben gleich von Anfang an Leute aus dem Kreis mit hereingenommen, weil wir sonst Schwierigkeiten gehabt hätten, die notwendige Zahl

zusammenzubekommen. Es waren verhältnismäßig viele Bauern dabei, weil sie als politisch unbelastet galten.

Wie gestaltete sich dann die Parteiarbeit, die Mitgliederwerbung?

Das war anfangs natürlich schwierig, weil viele Leute sagten: „Laßt uns mit Parteien in Ruhe! Dieser und jener hat sich die Finger verbrannt, hat ein Entnazifizierungsverfahren anhängig, der ist noch inhaftiert. Wir wollen nichts damit zu tun haben". Die Entnazifizierung hat natürlich die Leute unwahrscheinlich abgeschreckt.

Eines Tages kam einer zu mir, der sich sehr für unsere politischen Pläne interessierte. Als ich ihn am Ende unseres Gespräches zur Mitarbeit bei uns einlud, sagte er: „Was glauben Sie denn eigentlich? Ich will doch nicht, wenn die Russen kommen, am nächsten Baum hängen!" Das war hier überhaupt immer die große Furcht, daß die Russen kommen.

Die Inhalte der neuen Partei, ihr Programm und ihre Ziele spielten doch sicher auch eine Rolle?

Hier in Franken herrschte ein großes Mißtrauen aufgrund der föderativen Einstellung vieler altbayerischer CSU-Mitglieder, denn wir sind ja nicht weißblau-bayerisch, sondern deutsch, wir sind, wie Franz Josef Strauß das immer nannte, „Napoleon-Bayern", und dazu noch evangelisch. Eine gewisse konfessionelle Angst war auch vorhanden. Oft kam der Vorwurf: „Ihr seid ja eine katholische Partei". Ich weiß noch, wie wir abends einmal in ein Dorf zu einer Versammlung gefahren sind und einer aus dem Halbdunkeln gerufen hat: „Jetzt kommen die von der Gegenreformation!" Es war damals ganz wichtig, daß Leute mit eindeutig evangelischem Bekenntnis, die in der Kirche eine Position hatten, also nicht nur taufscheinmäßige Christen waren, mitgewirkt haben. Dieser Vorwurf, wir seien eine katholische Partei, war ein großes Problem. Im Hintergrund schwang stets die Befürchtung der Freisinnig-Liberalen mit, wir hätten alles mögliche vor.

Berufsmäßig gelang uns immer die Balance, so daß man nie sagen konnte, wir seien eine Partei der Gewerbetreibenden oder der Unternehmer; hier war von Anfang an eine breite Streuung, auch durch den landwirtschaftlichen Einfluß. Auch mit den Heimatvertriebenen hatten wir hier keine Probleme. Es gab zwar eine starke Gruppe von Antifaschisten aus dem Sudetenland, die alle Sozialdemokraten waren, aber es gab auch andere. Also wir haben sehr schnell tatsächlich das gemacht, was man sich eben von einer Volkspartei auf christlicher Grundlage erwartet.

Wie gelang es Ihnen, die evangelische Bevölkerung von der überkonfessionellen Ausrichtung der CSU zu überzeugen?
Zu uns stieß eine ganze Reihe von bekannten evangelischen Personen, die schon im Kirchenkampf während des Dritten Reiches eine herausragende Rolle gespielt hatten, wie zum Beispiel Professor Hermann Strathmann, dann Dr. Paul Nerreter in Nürnberg, der spätere Staatssekretär, Karl Sigmund Mayr in Fürth, stellvertretender Landesvorsitzender der CSU und Mitglied der Verfassunggebenden Landesversammlung, Georg Mack aus Auerbach, später Landtagsabgeordneter, die Brüder Bachmann; sie alle waren in Westmittelfranken bekannte Evangelische, die sich bei uns engagiert haben, was der Sache natürlich schon Auftrieb gegeben hat. Und dann kamen auch noch viele angesehene einfache Leute dazu, so zum Beispiel eine ganze Reihe von Bauern, die eine große Rolle spielten.

Und wie setzten sich die Protestanten innerhalb der Partei auf Landesebene durch?
Man hat auf Landesebene immer sehr viel Wert darauf gelegt, daß die Evangelischen auch in den Spitzengremien vertreten waren. Alois Hundhammer war dafür verantwortlich, daß Inge Geisendorfer in den Bundestag gekommen ist. Ich war bei der Aufstellung der Landesliste 1953 dabei, bei der Hundhammer mit aller Kraft für sie eingetreten ist. Auch bei Franz Josef Strauß gab es diesbezüglich kaum etwas zu diskutieren, er hat immer bewußt Wert darauf gelegt, die evangelischen Kräfte zu berücksichtigen.

Die Rolle, die die Frage der Konfession damals gespielt hat, ist heute ja kaum mehr nachvollziehbar.
Es gab schwere Verfeindungen zwischen den Konfessionen. Es war ja überall bekannt, daß in einen Nachbarort einige Evangelische immer an Fronleichnam ihren Mist auf die Felder fuhren, und an einem evangelischen Feiertag haben es dann einige Katholiken ebenso gemacht. Hier wurden wirklich beachtliche Fortschritte erzielt und Fronten abgebaut.

Ein weiterer Punkt war die Schulfrage. In Bad Windsheim entschloß man sich, eine eigene katholische Schule zu bauen, woraufhin die Evangelischen prompt reagierten und sagten, wenn eine katholische Schule errichtet wird, dann auch eine evangelische. Bad Windsheim hatte dann also drei Schulen. Diese Entwicklung ist der CSU dort jahrelang angelastet worden. Für die Geschichte der CSU war es außerordentlich wichtig, daß unter der Führung von Franz Josef Strauß die Frage der Konfessionsschule geregelt worden ist, denn das war ein ständiger Reibungspunkt.

Nicht lange nach der Gründung der CSU fanden bereits die ersten Wahlen statt.
Wir haben eine Stadtratsliste aufgestellt und konnten bei der Stadtratswahl ein sehr gutes Ergebnis erreichen, wie dann auch bei der Kreistagswahl.

Wie sahen denn die ersten Wahlkämpfe aus? Die äußeren Bedingungen, ohne Autos, ohne Telefon, waren ja nicht so einfach.
Das war alles schwierig, zum Beispiel jemanden zu finden, der bereit war, Plakate zu kleben, die zum Teil am Ort gedruckt wurden, zum Teil nur ganz zögerlich von außen ankamen. Auch die Durchführung von Veranstaltungen war enorm mühselig. Man brauchte dafür die Genehmigung der Militärregierung, die dann auch einen Beobachter hinschickte. Zusätzlich verlangte sie auch vom Veranstalter einen Bericht. Die Versammlungen waren jedoch stets hervorragend besucht, weil die Leute wissen wollten, was man vorhatte. Man muß sich die Situation vorstellen, die gesamte Verwaltung lag ja in amerikanischen Händen. Die Militärregierung hatte alle bis dahin in der Verwaltung tätigen Personen entfernt, selbst den Bürgermeister verhaftet, der die Stadt in einer wirklich mutigen Aktion übergeben hatte, weil er durch seine Betätigung als Kreisamtsleiter oder irgend etwas ähnliches als belastet galt. Unser Landrat klagte: „Jetzt wollen sie den und den rausschmeißen, dann kann ich mein Landratsamt zusperren". Es waren ja alle bei der NSDAP oder einer NS-Einrichtung. Die Leute haben natürlich gesagt, hier müsse etwas geschehen, und da kam das Nationale langsam wieder durch. Das Interesse an der Politik war aber enorm groß. Und dann mußte man sich natürlich den dringendsten Problemen zuwenden, wobei neben der Ernährung das schlimmste das Wohnraumproblem war, denn viele Häuser waren beschlagnahmt.

Wie waren Ihre Erfahrungen mit der amerikanischen Militärregierung?
Die Amerikaner waren mit allem und jedem, der irgend etwas mit dem Nationalsozialismus zu tun hatte, unerbittlich. Der amerikanische Major hatte auf seiner Schreibtischplatte Bilder von Konzentrationslagern. Und wenn

531

irgend jemand etwas wollte, dann hat er nur auf diese Bilder gedeutet. Aber die Amerikaner waren, insgesamt gesehen, korrekt. Jedoch sind sie den Einflüssen von Deutschen, die sich entsprechend angebiedert oder angetragen haben, zum Teil durchaus zugänglich gewesen, auch für Denunziationen, und wer ihr Vertrauen gewinnen konnte, der hat durchaus eine Rolle gespielt. Unser neuer Bürgermeister konnte ganz gut englisch und hat mit der amerikanischen Militärregierung auch deutliche Worte gesprochen, das ging dann ganz gut.

Gab es in bezug auf einzelne Parteien Begünstigungen oder Benachteiligungen?
Nein, da habe ich nichts gemerkt. Das hing vielleicht mit den Personen zusammen, die wir aufgeboten haben. Sie hatten doch eine gute Wirkung, so daß wir von einer Benachteiligung nichts gemerkt haben.

Schon im Januar 1946 fanden die ersten Gemeindewahlen statt, und im Frühjahr begann die Arbeit mit den Stadtrats- und Kreisratswahlen. Auch Sie gehörten dem Stadtrat in Neustadt an.
Ja, ich war Mitglied im ersten Stadtrat, in den man noch berufen wurde, und wurde dann in den Stadtrat und in den Kreistag gewählt. Unser Bürgermeister, der dann später auch zum Landrat gewählt wurde, war nie CSU-Mitglied, aber wir haben ihn mitgetragen und mitgewählt, denn parteipolitische Auseinandersetzungen gab es am Anfang weder im Stadtrat noch im Kreistag, weil die aktuellen Probleme wie Wohnungsnot, Nahrungsmangel, die Zulassung von Kraftfahrzeugen, Benzinzuteilung, Stromsperren usw. vordringlich waren. Da mußte man schon zusehen, daß man zurecht kam, und konnte nicht philosophieren.

Als Sie Stadtrat waren, trug man Ihnen die Ämter des Bürgermeisters und des Landrats an, die zu übernehmen Sie stets ablehnten. Für die Wahl zur Verfassunggebenden Landesversammlung ließen Sie sich dann aber doch als Kandidat aufstellen.
Ich hatte mich zur Kandidatur bereit erklärt, weil ich wußte, daß ich nicht gewählt werden würde. Ich habe immer abgelehnt, weil ich gesagt habe, ich habe genügend zu tun. Ich hatte am Anfang zusätzlich zur Ziegelei auch noch meine elterliche Firma, eine Lebensmittelgroßhandlung, zu betreuen, da sich meine beiden Brüder noch in Kriegsgefangenschaft befanden. Es war nötig,

Interview mit Bundesminister a. D. Dr. Werner Dollinger

daß ich hier eingesprungen bin, und deshalb konnte ich derartige Ämter, die einen voll beanspruchten, nicht übernehmen.

Und wann haben Sie Ihre Einstellung diesbezüglich geändert?
Das geschah bei der Bundestagswahl 1953. Ich erklärte mich zur Kandidatur bereit, weil ich sicher war, nicht gewählt zu werden. Bei der letzten Wahl hatte die CSU ein Ergebnis von 19,1% erreicht, auf der Liste bekamen wir Platz 4, denn die SPD, die FDP und die WAV lagen vor uns. Bei der Aufstellung der Landesliste 1953 in München beantragte Paul Nerreter, ich als Evangelischer müßte auf der Liste ganz oben stehen. Ich habe erklärt, ich kandidiere nicht, und es war mir damals sehr ernst, das nicht zu machen. Überreden ließ ich mich mit dem Argument, ich würde sowieso nicht gewählt, aber meine Kandidatur nütze der Sache. Ich habe wirklich nicht geglaubt, daß ich nach dem letzten Ergebnis von 19,1% gewählt werden würde. Meine Gegenkandidatin von der SPD, Frau Strobel, erklärte dem Bürgermeister von Emskirchen, der CSU-Mitglied war, am Wahlabend 1953: „Heute Nacht werden Sie Ihr Wunder erleben! Da werden Sie eine Niederlage einstecken." Aber es kam gerade andersherum, ich gehörte zu den zehn Leuten mit dem höchsten Unterschied zwischen Erst- und Zweitstimmen.

Wie kam dieses überraschende Ergebnis 1953 denn zustande?
Ich habe mich natürlich, als ich Stadtrat war, sowohl in der Stadt wie im Kreisgebiet, heute würde man sagen, profiliert. Aber ich habe es damals nicht unter diesem Gesichtspunkt gemacht, sondern man war halt einfach gefordert. Für mich war es selbstverständlich, wenn ich eine Verantwortung übernehme, nehme ich sie entsprechend wahr. Für mich war die ganze Geschichte kein Spiel. Dazu kam, daß ich natürlich auch durch meinen Vater schon bekannt gewesen bin, und auch die beiden von mir geleiteten Betriebe, die Kolonialwarengroßhandlung und die Dampfziegelei, zu meinem Bekanntheitsgrad beitrugen.

Wie sah das unterschiedliche Ergebnis von Erst- und Zweitstimmen aus? Welches Ergebnis hat die Partei erreicht?
Ich wurde damals von vielen Leuten, auch aus der Sozialdemokratie, gewählt, weil sie sich sagten: „Der geht." Im Gegensatz zu meiner Bekanntheit hier, war ich im Raum Erlangen, der auch zu meinem Wahlkreis gehörte,

relativ unbekannt. Dort unterstützte uns 1953 Bundestagspräsident Hermann Ehlers im Wahlkampf. Er sprach vorher auf verschiedenen Veranstaltungen, unter anderem auch in Uffenheim, das nicht zu meinem Wahlkreis gehörte. Am Abend sollte er in Erlangen sprechen, aber er verspätete sich, weil man ihn in Uffenheim und in Bad Windsheim wegen des Themas „Zuckerfabrik Ochsenfurt" ungewöhnlich heftig attackierte. Bei der Einweihung der Ochsenfurter Zuckerfabrik hatte sich der damalige Würzburger Bischof und spätere Kardinal Julius Döpfner geweigert, diese Handlung in Anwesenheit des in seinem Amtstalar erschienenen evangelischen Dekans vorzunehmen. Das sorgte für einen Wirbel sondergleichen. Ehlers, der evangelisch war, wurde in den Versammlungen angegriffen, er vertrete eine katholische Partei, deren Sprüche von der Überkonfessionalität mit der Realität nicht zusammenpaßten. Als Ehlers nicht kam, begann ich mit der Versammlung im überfüllten Erlanger Redoutensaal. Er war natürlich nicht wegen mir, sondern wegen Ehlers überfüllt. Ich begann meine Rede mit ein paar ganz einfachen Gedanken, es gebe keine Partei, die einem hundertprozentig entspräche, außer man sei der Chef der Partei oder ein Diktator; man müsse immer abwägen, was positiver und was negativer sei, und versuchen, die Partei dann zu verbessern. Das zweite war, daß ich gegen die Parteienzersplitterung und für eine Konzentrierung gesprochen habe. Und das hatte eine unwahrscheinliche Wirkung. Als dann Ehlers kam, hielt er eine fulminante Rede. Es haben dann später noch öfter einige Leute von Erlangen hier angerufen und gesagt, was denn der Dollinger für ein Kerl sei! Ein derartiger Auftritt bedeutete für mich natürlich in Erlangen, wo man mich kaum kannte, eine große Unterstützung.

Dieses Argument gegen die Parteienzersplitterung hat bei den Leuten, nicht nur in Erlangen, sondern in ganz Deutschland, eine enorm große Resonanz ausgelöst. Die Unionsparteien trugen dem ja Rechnung, indem sie bei ihrer Namensgebung bewußt den Begriff „Union" wählten, als Gegenprogramm oder bewußte Absetzung von der Weimarer Parteienzersplitterung mit allen daraus resultierenden Folgen.

Das hat den Leuten imponiert, wenn man ihnen sagte, wir sind die einzige neue Partei und wir wollen nicht, daß der demokratische Staat sich wie in Weimar entwickelt, deshalb müssen wir uns konzentrieren. Das hat ebenso gewirkt wie das gleichzeitige, ehrliche Zugeständnis, daß man keine Partei finden könne, die einem hundertprozentig entspricht.

Welche Bedeutung hatte denn der Name „Christlich-Soziale Union"?
Manchmal kamen natürlich schon die Fragen, warum wir uns christlich nennen, ob denn die anderen keine Christen seien. Das konnten wir nun natürlich auch nicht behaupten, denn auch in den anderen Parteien gab es bewußte Christen. Es kommt aber auf die geistige Fundierung, auf die Richtung der Partei an.

Die Bezeichnung „Union" hat doch aus historischen Gründen gerade auf die evangelische Bevölkerung noch eine zusätzliche Wirkung ausgeübt?
Die Bezeichnung „Union" hat natürlich gewirkt. Auch wollte man die alten konfessionellen Kämpfe nicht erneuern. Hier gelang uns eine ganz beachtliche Leistung, mit der wir den Kirchen weit voraus waren.

Wie wirkte sich dann die Tatsache aus, daß in Bamberg ein katholischer Geistlicher, Prälat Georg Meixner für den Landtag kandidierte und dort Fraktionsvorsitzender der CSU wurde? Es tauchte damals das Schlagwort von der „Rückkehr der Prälaten" auf.
Der stellvertretende Fraktionsvorsitzende im Bayerischen Landtag, Friedrich Wilhelm von Prittwitz und Gaffron, der bis 1933 Botschafter in Washington war, hat seinen Posten aus Protest aufgegeben. Den Anti-Unionskräften im evangelischen Lager hat dies natürlich wieder Auftrieb gegeben.

Welche Absichten verfolgte man mit der Einrichtung des Evangelischen Arbeitskreises in der CSU? Dort haben Sie ja von Anfang an mitgearbeitet.
Von Anfang an, ja. Schon frühzeitig lud Kreisdekan und Oberkirchenrat Koch in Ansbach einige Leute zu politischen Gesprächen ein, an denen auch ich sehr häufig teilnahm. Bereits die ersten Zusammenkünfte in Ansbach zeigten, daß man das Mißtrauen gegen die Unionsparteien im evangelischen Bereich abtragen mußte. Man organisierte sich dann in einer sehr losen Form und hat zu einigen wichtigen Punkten ab und zu Erklärungen abgegeben. Dies hatte eine positive Wirkung auf die Leute, weil sie darin das Evangelische als Bestandteil der Union erkennen konnten. Früher hat uns mancher vorgeworfen, wir ließen uns unterbuttern und gleichschalten, nun wirkte dieses Signal sich sehr positiv aus.

Wie sah das Verhältnis zwischen der CSU und der evangelischen Kirche aus?
Das Verhältnis zur evangelischen Kirche ist natürlich etwas kompliziert, das muß man so sagen. Die evangelische Kirche hat ja nun keine hierarchische Struktur wie die katholische, das heißt, sie kann keinem Pfarrer vorschreiben, was er am Sonntag predigt. Über eine zentrale Instanz ist auf einen Pfarrer hier gar kein Einfluß zu nehmen. Es gab eine Reihe von evangelischen Pfarrern, die standen absolut positiv zur CSU und waren auch bereit, mitzuarbeiten. Andere waren sehr zurückhaltend, weil sie gesagt haben, das paßt nicht zu unserer Kirche, daß man sich politisch betätigt. Wenn man damals als Evangelischer in der CSU eine Rolle spielte, mußte man beweisen, daß dort das Evangelische berücksichtigt wird. Zudem hatte die evangelische Kirche politisch keine Tradition, im Gegensatz zur katholischen Kirche, die in der Bayerischen Volkspartei und im Zentrum immer politisch aktiv war.

Es gab doch einen Versuch, eine evangelische Partei zu gründen.
Das war, meines Wissens, die Wiederbelebung des Christlich-Sozialen Volksdienstes. Aber das spielte selbst in Regionen wie Erlangen keine Rolle mehr, denn auch hier war der Trend zu einer gemeinsamen politischen Betätigung stärker. Und das war eine positive Entwicklung!

Das große Hemmnis für die Evangelische Kirche war das Fehlen einer politischen Tradition. Und dann kam natürlich das Schuldgefühl dazu, ich nenne hier nur das Schlagwort „Thron und Altar". Ein weiteres Problem bestand hinsichtlich der Anerkennung der Obrigkeit: „Es gibt keine Obrigkeit außer von Gott", sie ist von Gott verordnet. Dies hat eine wichtige Rolle gespielt; und von daher kamen dann später auch die ganzen Konflikte mit der Friedensbewegung. Die evangelische Kirche hat es nicht leicht, weil die Freiheit ihrer Mitglieder unwahrscheinlich groß ist.

Als Bundestagsabgeordneter gehörten Sie der CSU-Landesgruppe an, deren Vorsitzender Sie 1961–1962 waren. Wie würden Sie deren Rolle beschreiben?
Die CSU-Landesgruppe ist eine Institution, die beachtlich war und auch heute noch ist. Sie bot ein Forum, über das man sehr schnell in die eigentliche Arbeit einsteigen konnte. Durch die Art und Weise, wie die Landesgruppensitzungen in Bonn abliefen, wurde man bestens informiert, viel besser, als es in einer Fraktionssitzung mit sehr vielen Mitgliedern möglich

gewesen wäre. Wir waren immer gut im Bild, und das hat auch eine starke Geschlossenheit vermittelt.

Auch die straffe Organisation trug zu dieser Geschlossenheit sicher bei.
Die Durchsetzungskraft war groß. Einige Entwicklungen, die aus der Landesgruppe heraus angestoßen wurden, wie die Einrichtung der Wahlkreisbüros, haben sich absolut bewährt. Die Landesgruppe hat in Bonn innerhalb der Unionsfraktion immer sehr viel erreicht. Die CDU hat weitgehend eingesehen, daß in Bayern, historisch bedingt, besondere Verhältnisse vorliegen, auf die man bestimmte Rücksichten nehmen muß.

Sie gehörten 1976 zu den Kritikern des Kreuther Beschlusses. Warum waren Sie dagegen?
Es war ganz klar, wenn man den Kreuther Beschluß durchgeführt hätte, dann hätte sich die CDU auf Bayern ausgedehnt. Ich stimmte in Kreuth deshalb gegen den Beschluß, weil ich eines gesehen habe: Wenn zwei C-Parteien gegeneinander kämpfen, dann wird das nicht nur ein bitterer Kampf, sondern man vergißt darüber den politischen Gegner. Ich hatte schon bei Kommunal- oder Kreistagswahlen miterlebt, wie sich CSU, FDP und Bürgervereinigungen gegenseitig ineinander verbissen und dabei den politischen Gegner völlig vergessen und übersehen haben. Auch war ich der Überzeugung, daß sich die CSU in Bayern in eine negative Richtung entwickeln würde, ich glaube, das wäre dann eine andere CSU geworden. Auch mit einer bundesweiten Ausdehnung der CSU hätten wir nicht die Mehrheiten bekommen, die wir uns erhofften. Selbst Franz Josef Strauß als Bundeskanzlerkandidat konnte nicht die erforderliche Mehrheit erringen, was jedoch nicht allein die Schuld von Strauß war.

Sie waren Vorsitzender der CSU-Landesgruppe und mehrfach Minister. Häufig liest man, Sie hätten diese Ämter aufgrund Ihrer Konfession bekommen.
Das wird manchmal behauptet: „Dollinger ist Minister geworden, weil er evangelisch ist". Also, ich bin nie zu jemandem gegangen und habe gesagt, daß ich Minister werden will. Ich brauche mich überhaupt bei niemandem dafür zu bedanken, außer bei meinen Wählern. An dem Tag, an dem ich Verkehrsminister wurde, bin ich nach Neustadt gefahren. Immer wenn ich mit dem Zug gefahren bin, habe ich mit dem Schaffner geplaudert. Als ich in Würzburg umstieg, sagte der Schaffner: „Sie wären halt doch der richtige Ver-

kehrsminister!" Ich antwortete ihm: „Da machen Sie sich keine Gedanken, da führt kein Weg hin." Das war um zwölf Uhr. Um dreiviertel eins war ich zu Hause beim Mittagessen, als das Telefon schellte und mir jemand mitteilte: „Sie werden Verkehrsminister, das ist entschieden". Ich erbat mir eine Bedenkzeit von zwei Stunden und habe dann zugesagt. Ich war gar nicht darauf eingestellt, das gebe ich zu, aber ich habe es gern gemacht, und es hat mir auch Spaß bereitet. Der Abgang war dann weniger schön, das könnte man besser machen, als einem zu verstehen zu geben, man sei zu alt. Darüber kann man vorher sprechen, vor allem dann, wenn man sich nicht um dieses Amt beworben hat.

Auch bei der Übernahme des Postministeriums kam ich in einen gewissen Konflikt. Ich hätte viel lieber das Schatzministerium behalten, das ich aber an Kurt Schmücker abgeben mußte. Franz Josef Strauß und Teile der CDU rieten mir, als Postminister ins Kabinett zu gehen. Dadurch kam ich in einen gewissen Konflikt mit Richard Stücklen, was mir menschlich gar nicht gefallen hat. Daß es dann für manche hilfreich war zu sagen, ich hätte das Amt aus Proporzgründen bekommen, weil man einen evangelischen CSU-Minister im Bundeskabinett dabei haben mußte, kann ich unter diesem Gesichtspunkt verstehen.

Wie würden Sie die historische Leistung der CSU für Bayern und für die Bundesrepublik beschreiben?

Die historische Leistung ist, daß die CSU einen entscheidenden Beitrag zur Entwicklung demokratischer Verhältnisse in den Gemeinden, den Landkreisen, in Land und Bund geleistet hat. Sie hat dafür den Weg bereitet, weil sie Demokratie verständlich machen konnte, sie hat die Leute dafür interessiert, und sie hat auch eine gewisse, wenn auch für mich nicht ausreichende, politische Bildungsarbeit geleistet. Ganz wichtig ist die geistige Fundierung der Partei, die Betonung der Freiheit, aber nicht eine Freiheit ohne Bindung. Ich halte das Wort von der „Bindung des freien Gewissens" für richtig, denn die Freiheit ist nicht grenzenlos, sie braucht eine ethisch-moralische Begrenzung. Diese ist für mich das Christentum, sind vor allem, ganz einfach ausgedrückt, die zehn Gebote des Evangeliums.

Wie schätzen Sie die Rolle des Parteigründers Josef Müller ein?

Josef Müller hat es verstanden, sich darzustellen und seine politischen

Absichten klarzumachen. Dabei kam es ihm sicher sehr zu Hilfe, daß er immer auf seinen aktiven Kampf gegen den Hitlerstaat hingewiesen hat, was auch stimmt. Damit sollte die Richtigkeit seiner politischen Auffassungen und Ziele, die er für die Zukunft hatte, bestätigt werden. Er betonte: „Ich habe es ja gesagt, ich habe mein Leben riskiert, deshalb hört bitte auf mich, damit die Sache nicht noch einmal schief geht."

Welche Bedeutung hatte Franz Josef Strauß für die CSU?

Ich hatte des öfteren Meinungsverschiedenheiten mit ihm, was ja ab und zu auch in der Zeitung gestanden hat; aber das war keine Boshaftigkeit von mir, sondern die Meinungsverschiedenheiten lagen in der unterschiedlichen Auffassung begründet. Er hat eben in manchem anders gedacht als ich. Aber er war ohne Zweifel eine Persönlichkeit mit Visionen, der seinen Standpunkt mit Nachdruck vertreten hat. Unter vier Augen konnte man ihm auch sehr viel Kritisches sagen. Und er war sehr verständnisvoll in bezug auf die konfessionellen Anliegen der evangelischen Kirche. Hier habe ich ihn als ausgesprochen tolerant und großzügig empfunden.

Wie sehen Sie die gegenwärtige Situation der CSU? Wo liegen die Probleme?

Heute existiert eine gewisse Gefahr, daß wir uns zu viel nach der öffentlichen Meinung richten, die eigentlich gar nicht die Meinung ist, sondern die gemacht wird.

Die „veröffentlichte Meinung"?

Ja, die veröffentlichte Meinung. Ich sehe mit einer gewissen Sorge, daß man nicht Farbe bekennt, sondern etwas sagt, weil es dem Trend der Zeit entspricht; das halte ich für wirklich gefährlich. Ich erwähnte bereits, daß ich die bisherige politische Bildung für nicht ausreichend halte. Wenn man die Geschichte nicht kennt, hat man auch keine Vorstellung, wie es in Zukunft weitergeht, geschichtliche Kenntnisse halte ich für ganz wichtig. Die Union sollte immer wieder die Geschichte streifen, nicht um zu sagen, wie großartig wir das alles gemacht haben, sondern um den Mut zu finden für Entscheidungen, und zwar für schnelle Entscheidungen nach kritischer Prüfung – und das fehlt uns heute.

Eine weitere Sorge ist, daß der Bundesrat eine parteipolitische Veranstaltung geworden ist; das ist doch primär keine Ländervertretung mehr, sondern eher eine parteipolitische Sache. Das fügt der Demokratie auch großen Schaden zu.

Die CSU muß sich unbedingt bemühen, auch weiterhin eine Volkspartei zu bleiben. Für die Christen in beiden Konfessionen heißt dies natürlich, daß besondere Inhalte nach außen und im Programm sichtbar sein müssen. Man weiß, was man voneinander fordern kann und was man nicht fordern darf, das ist ganz wichtig letzten Endes, auch zwischen den Kirchen. Alle in der Politik sollten sich bemühen, eine Art Vorbild abzugeben.

Zur Person: Dr. Werner Dollinger, siehe Kurzbiographien: Die Vorsitzenden der CSU-Landesgruppe.

Interview mit Landtagspräsident a. D. Dr. Franz Heubl

Herr Dr. Heubl, Sie waren im Krieg, Sie waren Soldat. Haben Sie das Kriegsende in München erlebt?

Ich war Soldat wie viele andere auch. Bei Kriegsende war ich in München, weil ich gerade Urlaub hatte, dann zum Ersatztruppenteil kam und von dort ins Reservelazarett München I. Und hier habe ich den Einmarsch der Amerikaner erlebt. Meine Uniform habe ich im Kohlenkeller versteckt, habe mir nie einen Entlassungsschein geholt und bin auf diese Weise über alle Schwierigkeiten des Kriegsendes relativ gut mit Gottes Hilfe hinweggekommen.

War Ihr Interesse für Politik bei Kriegsende sofort geweckt? Wie wurden die Kontakte unter den Interessierten geknüpft?

Ich war schon vorher politisch interessiert, mein Vater gehörte der Bayerischen Volkspartei an und war christlicher Gewerkschafter. Er hatte deshalb im Dritten Reich viele Probleme und ist aus dem Dienst entfernt worden. Ich war bei den katholischen Georgspfadfindern in München-St. Bonifaz. Dort gab es einen Pater, den ich gut kannte. Ihn habe ich nach dem Krieg getroffen, und er sagte damals zu mir: „Du hast dich immer für Politik interessiert, für dich weiß ich eine Möglichkeit. Da gehst du in die Gedonstraße 4 zu einem Rechtsanwalt Dr. Müller, der gründet eine christliche Partei, und da hast du eine Chance mitzumachen". Und so bin ich, ich glaube im August oder Anfang September mit der recht bescheidenen Straßenbahn in die Gedonstraße 4 zu Josef Müller in diesen Kreis gekommen und habe sozusagen von Anfang an die CSU erlebt – so wie man damals war, mit einer gewissen Aversion gegenüber dem gewesenen Politischen und mit einer großen Hoffnung in bezug auf das, was als neue politische Möglichkeit, als Aufbau und als Freiheit auf uns zukommen sollte.

Es ist auffällig, wieviele Leute, zumindest hier im Münchner Gründerkreis der CSU, aus der katholischen Jugendbewegung kamen, wie zum Beispiel Richard Jaeger oder Hans Weiß.

Richard Jaeger kannte ich schon, als er noch Soldat in einer Batterie war, in der ich auch beim Ersatztruppenteil war. Das ist der Politiker, den ich am längsten kenne, nämlich seit 1944. Und Hans Weiß kenne ich vom Studium, das ich 1946 nach Eröffnung der Universität gleich begonnen hatte.

Sie sind 1945 mit 21 Jahren Bürgermeister in Obermenzing geworden. Wie ging das denn vor sich?

Die Amerikaner haben mich offensichtlich mit meinem Vater verwechselt, der ein politisch Verfolgter des Dritten Reiches war. Es erschien ein amerikanischer Captain, der meinte, ich könnte hier administrative Funktionen ausüben. Das dauerte aber nicht lange, ein Vierteljahr, dann ging die Stadtverwaltung unter Oberbürgermeister Scharnagl ihren geordneten Weg, und ich habe 300 Reichsmark erhalten.

Sie haben also ein Vierteljahr als Bürgermeister amtiert?

Na ja, amtiert kann man nicht sagen, denn die Verwaltung war damals auf einen gewissen Ordnungsdienst und Hilfeleistungen reduziert. Wenn beispielsweise nachts Marodierende, frühere Gefangene oder auch einmal betrunkene Amerikaner ihr Unwesen getrieben haben, dann hat man eine gewisse Schutzfunktion ausgeübt. Ansonsten begannen die ersten Vorbereitungen für die Entnazifizierung, für die Einrichtung der Spruchkammern und für die Bezirksausschüsse, die die Vorgutachten für die Spruchkammern fertigten. Die Mitarbeiter der Bezirksausschüsse kannten die lokale und individuelle Situation.

1945 sind Sie in die Gedonstraße gekommen, in den Kreis um Josef Müller. Begannen dort dann schon die Diskussionen und Kämpfe um die künftige Richtung der neuen Partei?

Als ich dort hinkam, war Alois Hundhammer noch gar nicht aus der Gefangenschaft zurück. Mir ist aber ein gewisser Dr. Joseph Baumgartner in Erinnerung geblieben. Er war ein sehr engagierter Mann, damals für die CSU, später für die Bayernpartei. Dort begann die Vorbereitung für die Grundstruktur der Partei und damit auch im Grunde der Kern der Auseinandersetzung. Dieser Kern der Auseinandersetzung begann bei der Frage um die Konzeption Adam Stegerwalds von einer interkonfessionellen Partei unter Bewahrung der bayerischen Eigenart, aber mit deutscher Verantwortung und schon mit einem gewissen Blick auf die europäische Zukunft. Diese Vorstellung wurde entweder mit stärkerem bayerischen Akzent oder mit mehr Reichsbewußtsein versehen. Josef Müller vertrat sie mit viel mehr Reichsbewußtsein, immer in der Gewißheit: Ja, dieses Deutschland kommt wieder, auch wenn es jetzt besetzt und geteilt ist. Die gesamtdeutsche Verantwortung war aus seinem Mund immer spürbar. Die andere Seite mit Hundhammer und Schäffer vertrat die Tradition der Bayerischen Volkspartei und des Bauernbundes; einer bürgerlichen Bayerischen Volkspartei, die sozial sein wollte. Ob sie es immer war, da bin ich mir nicht so ganz sicher, wenn ich mich an Erzählungen meines Vaters erinnere. Da hatte man schon den Eindruck, daß Fritz Schäffer auf sozialem Gebiet nicht gerade der Aktivste war.

Dieser Spannungsbogen zeichnete sich damals ab, und ebenso die Frage nach der Weite der Partei oder dem Engeren der Bayerischen Volkspartei. Ich hänge das jetzt an den Personen auf: Dem Verleger Richard Pflaum oder Friedrich Wilhelm von Prittwitz und Gaffron, Hans Hermann von Eicken oder Johannes Semler. Alle Persönlichkeiten um Josef Müller herum waren durch ihre Herkunft entweder deutschnational oder liberal und gaben dem Ganzen ein neues Gepräge der geistigen und politischen Weite, während der Kreis um Alois Hundhammer, Fritz Schäffer und Anton Pfeiffer aus der Tradition der Bayerischen Volkspartei kam und alles primär aus dem Blickwinkel der Zeit vor 1933 gesehen hat.

Wurden alle diese Vorstellungen, die Sie jetzt geschildert haben, in der Gedonstraße diskutiert, oder war dieser Kreis schon von Anfang an festgelegt?
Nein, das ist gewachsen, die Gegensätze waren am Anfang nicht so scharf. Ich sagte ja bereits, Hundhammer war noch gar nicht da, aber Schäffer und Scharnagl waren da. Eigentlich ging es mehr um die Organisation der Partei und ihren Namen. Den Streit um den Namen, den gab es schon. Sollte man sie wieder „Bayerische Volkspartei" nennen oder, Franz Xaver Fackler hat den Vorschlag gemacht, „Christliche Bauern- und Arbeiterpartei" oder dann eben „Christlich-Sozial", das war so eine Übereinstimmung zwischen Adam Stegerwald und Josef Müller, „Christlich-Sozial" und „Union" oder auch

„Christlich-Demokratische Union". „Demokratisch" fand man zu verbraucht, also lieber „sozial" als „demokratisch" und als Zusatz „in Bayern" oder „Bayerische Christlich-Soziale Union". Das hat schon eine große Rolle gespielt. Für uns heute im Rückblick ist es eine geradezu merkwürdige Kleinigkeit.

Die Bezeichnung „Bayerische Christlich-Soziale Union" ist ja von der Besatzungsmacht abgelehnt worden.
Natürlich, bei der ganzen Diskussion um den Namen stand schon eigentlich auch das Verhältnis zur Besatzungsmacht im Vordergrund. Die Frage, was müssen wir tun, daß diese das genehmigt, hat unendlich viel überschattet. Und sicher übte im Hintergrund die Besatzungsmacht über einzelne Personen Einfluß aus, um bestimmte Vorstellungen zu verwirklichen. Die Besatzungsmacht hatte jedoch, aus heutiger Sicht gesehen, keine einheitliche Vorstellung. Ich meine, daß der eine Captain und der andere Captain und ein dritter Captain wieder etwas völlig Verschiedenes gewollt haben.

Wie ging nun die Gründung der Partei vor sich? Wie sah die Organisation aus?
Die Gründung erfolgte im Lande sozusagen spontan, auf lokaler Ebene. Ich selbst habe meine Unterschrift abgeben dürfen. Ich glaube, zwölf oder dreizehn Personen waren es damals, die die Partei bei der Münchner Besatzungsmacht anmeldeten. Ich bin dann hier in München, heute würde man sagen, „Geschäftsführer" der Partei geworden. Die Geschäftsstelle war im Keller des Deutschen Museums. Daran kann ich mich noch gut erinnern, es war ein kleines, dunkles Gemach. Wir führten eine Art Katakombendasein, und unsere Schreibmaschine war ein uraltes Modell. Walter von Miller, der Bezirksvorsitzende von München, war natürlich schon durch den Namen mit dem Deutschen Museum verbunden und hatte deshalb die Chance, dort eine Parteigeschäftsstelle aufzumachen.

Sie waren der erste Geschäftsführer der CSU in München. Wie ließ sich die Aufbau- oder Organisationsarbeit denn gestalten? Es gab ja kein Telefon und kaum Papier.
Das war alles sehr mühsam. Ich mußte anwesend sein für den Fall, daß es notwendig wurde, etwas zu machen. Und der Fall, daß etwas zu machen war, ist relativ selten eingetreten. Von einer geordneten Arbeit wie heute,

Eingänge, Ausgänge, Fax, Telefon konnte ja überhaupt keine Rede sein. Das gab es ja nicht.

Es wurden von der Münchner CSU doch schon früh Ausschüsse eingesetzt, die ein Programm erarbeiten oder überhaupt einmal konkrete Vorstellungen entwickeln sollten. Lief das nicht über diese Stelle?
Nein, das lief unabhängig davon. Karl Scharnagl, Anton Pfeiffer, Josef Müller, jeder von ihnen hat ein eigenes Programm gemacht, und da fand keine Koordination über eine Geschäftsstelle statt. Das hat jeder für sich mit dem ihm zur Verfügung stehenden Apparat gemacht, und diese Entwürfe sind dann auch in den entsprechenden Gremien so diskutiert worden.

Sie haben das Verhältnis zur Besatzungsmacht schon angesprochen. Wie waren Ihre Erfahrungen mit den Amerikanern, die angeblich die SPD bevorzugt behandelten und eine christliche Parteigründung gar nicht so gerne gesehen haben?
Also, diese Meinung teile ich uneingeschränkt und vorbehaltlos. Man muß aber die amerikanische Sicht, der „christliche" Parteien völlig unverständlich erschienen, auch verstehen. Wenn man die Demokraten und die Republikaner in den USA sieht, da gibt es sowohl Christen als auch Liberale, so daß die Nordamerikaner für diese Form der historischen Entwicklung des deutschen Parteienwesens überhaupt keinen Sinn haben. Dazu kam, daß die Sozialisten, die Kommunisten eingeschlossen, als die einzigen großen Freiheitskämpfer gegen den Nationalsozialismus galten, übrigens zu Unrecht, weil es genügend christliche Zeugnisse echten Bekennertums gibt, die nur international nicht in Erscheinung getreten sind. Dagegen hatte die Sozialistische Internationale natürlich immer ihre Chancen, diesen, selbstverständlich unbestrittenen, Freiheitskampf der Sozialisten in einem viel deutlicheren Maße darzustellen. So erschien der Besatzungsmacht, das war auch mein Eindruck, das Bemühen um die Christlich-Soziale Union – zum Glück hatten wir das Wort „sozial" noch dabei – zunächst einmal etwas fremd und unverständlich. Man war sich nicht ganz sicher, ob da nicht auch noch hintergründige Einflüsse des Nationalsozialismus über Personen oder Programmvorstellungen eine Rolle spielen könnten.

Es wurde doch auch der Vorwurf erhoben, die neue Partei sei antisemitisch?
Der Vorwurf des Antisemitismus kam dazu. „Christentum und Antisemi-

tismus von der Liturgie bis zur Wirklichkeit" spielte dann eine gewisse Rolle. Auch bei der Vergabe von Lizenzen für Zeitungen hatte ich den Eindruck, daß es eine gewisse Präferenz der Besatzungsmacht gab, die nicht gerade christlich, konservativ oder sozial geprägt war. Auch darin wurde eine gewisse Zurückhaltung, gelegentlich auch ein Mißtrauen der Besatzungsmacht gegenüber dieser Neugruppierung spürbar. Es ist ja auch parteiengeschichtlich ganz interessant, daß die Kommunistische Partei eher zugelassen wurde als die CSU; die eine noch im Jahre 1945, die andere erst im Januar 1946.

War es so, daß die Erfahrungen späterer CSU-Gründer mit dem christlichen Widerstand im Dritten Reich, ihr persönlicher Einsatz, eines der hauptsächlichen Motive für diese Parteigründung bildeten? Müller, aber auch vielen anderen, war doch auch aufgrund dieser Erfahrungen daran gelegen, daß sich die Partei betont christlich gab?

Der christliche Widerstand ist der geistige Kristallisationspunkt für die Absicht, ein neues, besseres Bayern und Deutschland zu schaffen. Ich kann das an einem kleinen Beispiel vielleicht noch verdeutlichen. In der Zeit, es war eine kurze Zeit, ich glaube sechs Wochen, als wir bei dem Ersatztruppendienst in Landsberg waren, hat der Pfarrer die Soldaten, die in die Kirche gegangen sind und von denen er wußte, daß sie christlich sind, zusammengefaßt und jeden Mittwoch zusammengeholt. Richard Jaeger gehörte zu diesem Kreis und auch ich. Da war in uns allen schon lebendig: Wenn der Krieg einmal zu Ende ist – und man hat ja schon gesehen, daß er verloren war –, dann ist es unsere Aufgabe, etwas Neues zu schaffen, und für uns hieß dies selbstverständlich: auf christlicher Grundlage. Das war nicht konfessionell orientiert; ich stellte mir damals nicht eine „katholische" Partei vor. Aber sie sollte auf den Werten des Christentums gründen, der Ehrfurcht vor Gott und der Ehrfurcht vor den Menschen, und daraus sollte sich auch die Zielsetzung einer politischen Partei ableiten, nicht die konkrete Alltagsarbeit, aber eine gemeinsame Basis der Wertvorstellungen.

Es gab doch aber auch genau die gegenteilige Reaktion, daß die Leute gesagt haben, von Parteien und Politik haben wir jetzt endgültig genug und sich überhaupt nicht mehr engagiert haben?

Sie haben ja auch eine Fülle von Erfahrungen gemacht, durch Entnazifizierungen, durch persönliche Härten, durch alle Schwierigkeiten. Also dieses

„Zur Partei gehe ich nie" war damals noch stärker als heute, und das will schon etwas heißen. Damals kam es aus einer anderen Quelle als heute. Den Menschen ging es damals schlecht, sie waren gebrannte Kinder und sie scheuten das Feuer eines erneuten Engagements. Und darum war die Mitgliederwerbung natürlich unvorstellbar schwierig. Und deshalb war die CSU in ihrer damaligen Struktur im Grunde genommen ein Herrenclub, in dem einzelne, Vertrauen ausstrahlende Persönlichkeiten Wähler auf sich gezogen haben. Heute hat die Verweigerung ganz andere Ursachen, heute geht es uns viel zu gut, heute brauche ich mich um das allgemeine Wohl nicht zu kümmern, da interessiert mich nur mein eigenes Wohl, das allgemeine ist mir egal, und das genügt mir.

In der Zwischenzeit ist die CSU eine Massenpartei geworden. Den großen Durchbruch schaffte sie, als sie in Bayern in der Opposition war. Die Sozialisten wissen nicht mehr, daß sie in Bayern einmal an der Regierung waren, so lange ist das schon her, aber sie waren wirklich einmal mit der Viererkoalition dran. In der Zeit schaffte die CSU den Durchbruch. Es gelang ihr, unter der Verantwortung von Hanns Seidel und durch ihn geprägt und natürlich mit der Dynamik von Franz Josef Strauß jetzt eine wirkliche Massenpartei modernen Stils zu werden. Vorher konnte das nicht geschehen, nicht nur deshalb, weil es das in der Parteiengeschichte der Weimarer Republik nicht gab – die Bayerische Volkspartei war auch ein Herrenclub und keine Massenpartei –, sondern deshalb nicht, weil sich viele Persönlichkeiten, die sich hätten engagieren wollen, nicht engagieren durften, da sie Mitglied der NSDAP oder einer NS-Einrichtung gewesen waren.

Wie sah die Mitgliederwerbung denn dann konkret aus?

Man ist von einem Bekannten zum anderen gegangen und hat ihn angesprochen, er solle uns aufgrund seines Interesses und seiner Wertvorstellungen unterstützen. Man kannte die Leute von irgendwoher, entweder weil sie mit einem in die Kirche gegangen sind, oder weil man sie in einer anderen Organisation getroffen hat. So sah die Mitgliederwerbung aus.

Welche Rolle spielte hierbei denn die Kirche? Sie haben erwähnt, daß Sie von einem Priester angesprochen wurden, der Sie auf die Parteigründung aufmerksam machte.

Die Rolle der Kirche war am Anfang außerordentlich aktiv. Wenn man sich vorstellt, welche Reden der Geistliche Rat Muhler gehalten hat, mit welcher Überzeugungskraft, mit welchem Inhalt, der Mann bleibt mir unvergeßlich! Damit hat er uns natürlich die Unterstützung der Kirche gegeben. Der Landtagsfraktion gehörten drei katholische und ein evangelischer Pfarrer an, der Prälat Georg Meixner war Fraktionsvorsitzender, dann Pfarrer Georg Lipp aus Rosenheim, er war Pfarrer bei der 1. Gebirgsjägerdivision, Geistlicher Rat Leopold Lerch und der evangelische Pfarrer Alfons Kreußel. Sie blieben so lange im Landtag, bis der Kardinal sagte, er möchte keine Geistlichen mehr im Landtag haben. Aber daß man sich vorstellen kann, daß ein katholischer Prälat durch Jahre Fraktionsvorsitzender ist, ein Mann, vor dem ich ganz große Hochachtung habe, der redlich, anständig und pflichtbewußt und alles andere als klerikal gewesen ist! Daß so etwas für die CSU denkbar gewesen ist und in der Bevölkerung ohne Widerspruch akzeptiert wurde, zeigt, wie sehr sich die Zeit verändert hat und wie schwierig es ist, aus der Betrachtung von heute die Situation von damals gerecht zu verstehen.

Gerade die Tätigkeit dieser exponierten katholischen Geistlichen hat aber doch in Franken auf die evangelische Bevölkerung auch wieder abschreckend gewirkt. Es tauchte das Schlagwort von der „Rückkehr der Prälaten" auf.

Ich glaube, man muß beides sehen. In den konfessionell gemischten Bezirken – ich war ja 33 Jahre lang Abgeordneter von Lindau – wurde es schon als eigenartig empfunden, wenn der katholische Pfarrer am Sonntag nach der Messe noch eine politische Versammlung besuchte und möglicherweise auch noch das Wort ergriff. Ich verstehe, daß das Nicht-Katholiken mit einem gewissen Erstaunen erfüllt hat, und sie auch das Gefühl haben konnten, daß hier eine geistige politische Führung angestrebt wurde, was ja nicht gerade Ausdruck mündigen Bürgerdaseins ist. Das ist die eine Seite, und die andere Seite ist die, daß ich ganz fürchterliche Diskussionen in Versammlungen mit katholischen Pfarrern erlebt habe, die auf der Seite der Bayernpartei gekämpft haben, etwa in Niederbayern. Dort war der Pfarrer absolut für die Bayernpartei, und die CSU mußte einfach gegen ihn aufstehen. Da ist es schon vorgekommen, daß ich auch gesagt habe: „Sie, Herr Pfarrer, passen Sie auf, in der Kirche verstehen Sie mehr, aber im Wirtshaus verstehe ich mehr." Das ging nicht anders, und der Ton speziell in Niederbayern war dabei nicht immer nur von vornehmer Zurückhaltung.

Sie erwähnten den Konflikt mit der Bayernpartei. Welche Vorstellungen gab es in dieser Partei?

Nach den Erfahrungen der Verfassungsgeschichte der Weimarer Republik ging das Ringen um die staatliche Ordnung dahin, Bayern so selbständig wie möglich zu machen. Die Länder in der Weimarer Republik waren im Grunde Kostgänger des Reiches, ohne eigene Finanzkraft, dirigiert von Berlin, in einer großen Abhängigkeit von dort, so daß die Forderung, Bayern einen stärkeren Einfluß und größere Unabhängigkeit als bisher zu verschaffen, zunächst einmal verständlich war. Die Einstellung und Haltung Josef Müllers, die ja auch zwischen Hundhammer, Schäffer und Josef Müller hart umstritten war, erschien vielen auch in der praktischen Politik zu reichstreu, zu wenig föderalistisch oder zu wenig bayerisch selbständig. Und aus diesem Gefühl heraus ist die Bayernpartei entstanden, wobei es zwei Elemente gibt, die für mich nicht ganz durchsichtig sind, auch heute nicht. Das eine ist die Gründung der Bayernpartei durch Ludwig Max Lallinger, der dem Münchner Stadtrat zur selben Zeit angehörte wie ich, und der in einer gewissen persönlichen Nähe zu Hoegner stand. Und das andere war der Übertritt Joseph Baumgartners zur Bayernpartei. An ihrer Gründung hatte er sich nicht beteiligt. Deshalb unterstellten ihm später manche Leute, er hätte seine große Liebe für die stärker betonte bayerische Politik gefunden, weil er im Frankfurter Wirtschaftsrat als Kommissar für Landwirtschaft zu kurz gekommen sei. Die Bayernpartei hatte daneben aber auch völlig andere Wurzeln. Ein Mann wie Jakob Fischbacher ist aus dem traditionellen Gedankengut der Bayerischen Volkspartei nicht so einfach abzuleiten, August Geislhöringer kann ich überhaupt nicht einordnen. Daß er vom Typ und Habitus, von seiner Denkweise, von den Verhaltensnormen her so unbedingt ein Typ der Bayerischen Volkspartei gewesen wäre, das bezweifle ich. Da ist schon ein großer Schuß Liberalismus, Opportunismus und bayerischer Patriotismus zusammengeflossen, der sicher von der SPD unterstützt wurde. Aber das ist völlig legitim und legal, das hätten wir in derselben Position auch gemacht. Wenn zwei sich streiten, lacht eben der Dritte. Und das gilt auch in der Politik. Wenn dann die CSU gerade noch mit 27,4 % aus den Landtagswahlen 1950 hervorgegangen ist, nur durch das Überhangmandat in Lindau einen Abgeordneten mehr bekommen hat und dadurch den Ministerpräsidenten stellen konnte, daß das die SPD natürlich gefreut hat, ist verständlich, und daß die Bayernpartei ein politisch gehätscheltes Kind geworden ist, ist legitim.

Die Auseinandersetzungen zwischen der Bayernpartei und uns im Landtag waren massiv. Es war ein Streit unter Verwandten, der dann auch persönliche Formen annahm, die bisweilen schon sehr hart, derb und schwierig waren, für mich jedenfalls, der sich immer um einen gewissen Stil in der Politik bemüht hat. Da war es unverhältnismäßig leichter, mit manchen SPD-Politikern einen sachlichen Dialog zu führen als mit den Vertretern der Bayernpartei.

Fritz Schäffer hat ja auch einige Zeit geschwankt, ob er übertreten soll. Als er dort nicht die Position bekam, die er sich wohl erhofft hatte, ließ er es bleiben.

Als man ihn im Wahlkreis Passau in den Bundestag wählte, und er dort wider Erwarten Bundesfinanzminister wurde, war das Thema Bayernpartei für ihn erledigt.

Und damit hat dann der so sehr föderalistisch ausgerichtete CSU-Flügel plötzlich zentralistische Tendenzen entwickelt.

Ja, so ist es. Da sind wir alle reichstreu geworden. Ich habe mir einmal überlegt, was eigentlich gewesen wäre, wenn Schäffer zusammen mit Baumgartner zur Bayernpartei gegangen wäre, welche Relation es dann zwischen Bayernpartei und CSU gegeben hätte, welches dann der innere Weg der CSU geworden wäre, wenn die „Müller-Reichstreuen" unter sich geblieben wären, und das altbayerische Gewicht nicht mehr in die Waagschale des fränkisch-schwäbischen Teils gefallen wäre.

Hätte Schäffer tatsächlich den ganzen altbayerischen Block der CSU zur Bayernpartei mitgenommen?

Den ganzen Block hätte er nicht mitgenommen, weil zum Beispiel Franz Josef Strauß als Vorsitzender von Schongau natürlich schon ein Gegenbeweisstück ist, und es hat ja auch noch andere gegeben als nur Strauß. Aber einen großen Teil hätte er bestimmt mitgenommen. Die CSU wäre eine andere Partei geworden, und es wäre eines nicht geschafft worden, was ich für eine der größten Leistungen der CSU halte, die Integration Bayerns. Die erste Integration war die der Konfessionen, katholisch und evangelisch. Die zweite große Integration war die von Süd- und Nordbayern, die Integration des fränkischen protestantisch-reichstreuen Teils.

Das ist aber erst sehr spät gelungen.

Das war ein ganz langer Prozeß, aber es ist gelungen, wie übrigens auch die innere Integration Frankens. Die Unterfranken waren zwar auch reichstreu, von Bamberg bis Würzburg, aber doch katholisch, anders als die Ansbacher und Bayreuther. Dann die große Integration, indem man die Bayernpartei und den BHE aufsaugen und in die CSU integrieren konnte. Das ist ja auch eine phänomenale Leistung, wenn man sich vorstellt, daß sonst die Parteien immer nur wie die Schwammerl aus dem Boden wachsen und sich spalten. Und dann, nicht Integration, aber Zusammenarbeit bei Bewahrung der eigenen Identität mit der CDU in der Fraktionsgemeinschaft! Das sind historische Leistungen, die enorm sind. Und noch eine weitere ist enorm. Daß man in Bayern den soziologischen und wirtschaftlichen Umbruch vom Agrarstaat zum Industriestaat geschafft hat, daß man diese Verschiebungen erreicht hat, ohne daß die SPD je eine Chance hatte, mehr als 30% zu erhalten. Wenn man sagt, die CSU sei die erfolgreichste Partei in Europa seit dem Ende des Krieges, dann meine ich das in dieser Beziehung: keine Bruchsituation aufkommen lassen, bayerische Identität bewahren, Tradition erhalten und Modernität schaffen. Das ist eine der größten Leistungen der CSU.

Es gab aber doch auch Spannungen, die den Zusammenhalt der Partei manchmal stark gefährdeten.

Man muß sich vorstellen, daß das Zusammenfügen so verschiedener Kräfte – eher zur SPD gehörig, liberal oder deutsch-national, vom Bauernbund kommend – zunächst nur eine Amalgamierung dieser Kräfte bedeuten konnte. Aus der Amalgamierung eine tragfähige Gemeinschaft zu schaffen, wie es die CSU wurde, mußte unter Kämpfen und Gegensätzen wachsen, brauchte lange Zeit, bedeutete sicher große Verschleißprozesse für Personen, Programme und Konzeptionen. Aber im Endergebnis ist es gelungen. Hier hat Bonn mitgeholfen, die deutsche Verantwortung, der weitere Blick war die große Chance. Daß Konrad Adenauer 1949 nach der ersten Bundestagswahl CSU-Politiker als Minister ins Kabinett genommen hat, bei der damals schwachen CSU, war nicht nur eine historische Leistung, er hatte es machen müssen, weil er ja sonst nicht gewählt worden wäre. Aber er hat damit, sicher unbewußt, der CSU einen riesigen Dienst erwiesen, die Spannungen ausgeglichen, die deutsche Verantwortung deutlich gemacht, das Selbstbewußtsein gestärkt und die bayerische kleinbürgerliche Mentalität in aller liebenswürdigen Eigenschaft doch ein bißchen vergrößert.

Die CSU hat es ja hervorragend verstanden, sich über die Form der CSU-Landesgruppe oder die Form der Fraktionsgemeinschaft einen Einfluß zu verschaffen und Posten zu besetzen, die ihr eigentlich von der Größe her gar nicht zustanden.

Ich stehe selbst jetzt noch manchmal da und staune, daß eine Landespartei, die wirklich Landespartei geblieben ist, die bayerische Identität verkörpert, zugleich einen solchen Einfluß in Bonn gewinnen konnte, natürlich auch durch Franz Josef Strauß, der eine in der Welt bekannte Größe geworden ist, der ein politischer Faktor war von Südafrika bis Rußland, von Amerika bis Israel. Das gibt es nicht mehr, das ist ein parteiengeschichtlich europäisches Phänomen einmaliger Art. Ich kenne die Katalanen, die Basken und die Korsen, sie haben alle ihre regionale Bedeutung, aber das ist alles inkomparabel mit der CSU.

Können Sie einzelne Personen aus dem damaligen Gründerkreis charakterisieren, zum Beispiel Alois Hundhammer? Sie kannten ihn ja schon aus der Zeit des Dritten Reichs, weil Sie ihn wie viele Münchner Katholiken unterstützten, indem Sie bei ihm eingekauft, in seinem Geschäft Schuhe gekauft haben.

Hundhammer war ein leidenschaftlicher Kämpfer für seine christliche Überzeugung und ein aufrechter Mann, aber einer, der natürlich völlig andere Vorstellungen hatte als Josef Müller. Die beiden waren auch vom Typ her verschieden, völlig verschieden auch als Personen, im Lebensweg, in der weltanschaulichen Grundhaltung sicher nicht, aber in der konkreten politischen Ausformung der Möglichkeiten. Und die persönliche Sympathie zwischen beiden war sicher auch nicht sehr groß. Ich muß sagen, ich war da enttäuscht. Wenn man als junger Mann dazukommt, das Urteilsvermögen nicht so groß sein kann, dann sind leidenschaftliche Gegensätze, die man nicht versteht, eigentlich etwas Abschreckendes. Aber das hat zu dieser Aufbauphase dazu gehört, und wie man heute an der SPD sieht, ist das nicht nur in der Aufbauphase möglich.

Wie würden Sie jetzt im nachhinein die Rollen von Hundhammer, Schäffer, Müller für die CSU einschätzen, wobei man ja nicht ausklammern kann, daß sich letztlich doch der Müller-Flügel mit Strauß durchgesetzt hat?

Interview mit Landtagspräsident a. D. Dr. Franz Heubl

Das kann ich in einem einzigen Satz sagen. Die mittelalterliche Philosophie mit dem von Nikolaus von Kues erfundenen Prinzip der Coincidentia oppositorum beschreibt genau die Situation. Die Koinzidenz der Opposition hat dazu geführt, daß das positive Gebilde von heute entstanden ist. Das Gesicht der CSU ist im Grunde genommen von jedem dieser Flügel bestimmt worden. Das bewußt Heimatliche, Bodenverbundene, das ja in der modernen Zeit unendlich wichtig ist, ist damals von dem einen Flügel hineingetragen worden. Die Weltoffenheit, wie sie sich heute als notwendig darstellt, etwa in der Beurteilung außenpolitischer Ereignisse im Rückkoppelungseffekt auf das eigene Land, in der Frage der Integration der europäischen Gemeinschaft, im Problem der Zusammenführung Deutschlands und in der Erweiterung auf die osteuropäischen Staaten war in nuce auch schon vorhanden. Daß jetzt beides zusammenkam, die bodenständige bayerische Wirklichkeit mit Erhalt der Eigenart und des Heimatbewußtseins und das Offensein für die große Welt, das hat beides seinen konstruktiven Beitrag für die Entwicklung der CSU geleistet. Zwar in großen Gegensätzen, mit großen Reibungsverlusten, unter großen Geburtsschmerzen, aber sie haben ein Kind geboren, das sich sehen lassen kann.

Und wem war es dann zu verdanken, daß die Partei nicht zerbrochen ist, daß sich diese Flügel nicht abgespalten haben?

Als Person Hans Ehard, einem Mann, den ich sehr schätze und dem ich auch sehr nahestand, der als Richter, er war sein ganzes Leben lang Richter und Präsident am Obersten Landesgericht, jedem Flügel das ihm Gemäße gegeben hat und am Schluß doch zu einer Entscheidung fand. Er war derjenige, der seit Eichstätt die Flügel auf sich zentrieren und damit die Spaltung verhindern konnte. Mit ihm und seinem Beharrungsvermögen konnte sich jeder identifizieren. Dazu kam die konkrete Auseinandersetzung mit dem Sozialismus, mit der SPD. Damals war sie natürlich viel sozialistischer als heute, obwohl Hoegner in diesem Sinn kein „Sozialist" war. Aber ich erinnere an die Entwicklung der Sozialdemokraten in der Bundesrepublik und mancher auch hier in Bayern. Dieses zusammen hat die Chance geschaffen, daß die Partei nicht auseinandergebrochen ist. In bezug auf das Grundgesetz hieß das, gemeinsam „nein" sagen und trotzdem für die deutsche Wirklichkeit sein. Mit dieser Entscheidung war wieder jeder zufrieden. Die normative Kraft des Faktischen hat mitgeholfen, daß die CSU nicht auseinanderbrach.

Welche Rolle spielten in diesem Zusammenhang Hanns Seidel oder Franz Josef Strauß?

Strauß war natürlich einer, der polarisiert hat, das ist überhaupt keine Frage. Er hat immer polarisiert, auch in dieser Frage, weil er eindeutig auf seiten Müllers stand. Ohne die Unterstützung durch Strauß wäre Müller um vieles schwächer gewesen. Das ist keine Frage. Hanns Seidel war dagegen eher ein moderater Mann der Mitte. Er hat die Partei geöffnet, was historisch ganz groß zu schreiben ist, er hat den Geschmack des Klerikalen, jeglichen konfessionellen Mief definitiv über Bord geworfen. Er bejahte die christliche Partei und das christliche Menschenbild, aber er betonte die individuelle Ausprägung des Menschenbildes, und er hielt eine Grundwertediskussion für überflüssig, weil die Grundwerte selbstverständlich waren. Und noch etwas begann unter Seidel: Die Entwicklung zur Massenpartei wurde eingeleitet, grundlegende Strukturen wurden dafür geschaffen.

Die CSU hatte offenbar das große Glück, für die entscheidenden Posten immer die richtigen Leute zu finden.

Ja, das kann man wirklich sagen! Die historische Stunde brachte immer jemanden und zwar von der Gründerzeit bis heute. Wenn man den im Grunde reibungslosen Übergang von Strauß auf die Nachfolger sieht: Da hat uns doch jeder prophezeit, daß wir zerbrechen, daß sich die Gruppen und Interessen, Spannungen und Gegensätze, Nord und Süd, rechts und links usw. lösen werden. Und was war? Nichts war! Theo Waigel ist unangefochten Parteivorsitzender und Edmund Stoiber unangefochten Ministerpräsident. Nichts ist abgesplittert, nichts ist weggefallen, und die absoluten Mehrheiten haben wir auch gehalten. Ein weiteres unglaubliches Phänomen!

Sie waren 1948 Sekretär beim Verfassungskonvent. Warum fand der Verfassungskonvent auf Herrenchiemsee statt? Glaubte man, daß man die künftige Richtung der Verfassung eher bestimmen könnte, wenn man einen eigenen Konvent in Bayern abhält?

Die treibende Kraft für den Verfassungskonvent war Anton Pfeiffer. Er wollte, daß die Länder dem Parlamentarischen Rat, ehe dessen Arbeit begann, einen fertigen Verfassungsentwurf als Grundlage vorlegten, damit die föderalistischen Vorstellungen, die besonders Bayern hatte, schon als gedankliche Grundlage in die nachfolgenden Diskussionen eingeführt würden. Daher die Idee: Ich lade alle deutschen Länder ein, wir diskutieren unter Fachleuten zunächst einen solchen Entwurf, die Ministerpräsidentenkonferenz beschließt, der Parlamentarische Rat nimmt ihn als Diskussionsgrundlage auf und schafft damit ein Grundgesetz, das uns gemäß ist. Ein ganz starker Verfechter dieser Idee war auf der anderen Seite Staatssekretär Brill aus Hessen, SPD, der den gleichen Gedanken hatte, der aber für ihn viel schwieriger durchzusetzen war, weil die SPD eine viel zentralistischere Partei gewesen ist. Und so kam dieses sehr interessante Gremium zusammen. Ich habe die Stelle als Sekretär deshalb bekommen, weil ich Anton Pfeiffer, den ich „Onkel Anton" nannte, gut kannte. Meine Aufgabe bestand lediglich darin, die Presse abzuwehren. Es ist mir auch mit Ausnahme von Hans-Ulrich Kempski, der sich hatte einschmuggeln können, gelungen. Für mich war das natürlich ungeheuer interessant zu sehen, was da an Verfassungswirklichkeit, an verfassungsrechtlichen Ideen gekommen ist, an Vorstellungen, wie ein föderatives Deutschland aussehen müßte. Spannungen innerhalb der CSU hat es hier nicht gegeben. Der Verfassungsentwurf ist auch zustande gekommen, aber der Parlamentarische Rat hat sich überhaupt nicht daran gehalten. Der Entwurf war von Anfang an zwar nicht völlig Makulatur, denn das Bewußtsein der deutschen Länder hat er schon strukturiert, aber auf die Zentralisten im Parlamentarischen Rate hatte er überhaupt keinen Einfluß. Eher hat er sogar eine Gegenwirkung provoziert, nämlich, daß man sagte, diesen Entwurf nehmen wir schon überhaupt nicht, wir machen etwas ganz Neues. Und dann begann die große Auseinandersetzung über die Finanzverfassung und den Bundesrat. Und da war Hans Ehard wirklich Bannerträger im Kampf für eigene Einkünfte der Länder – daß sie keine Kostgänger des Bundes wurden – und für das Bundesratsprinzips anstelle des Senatsprinzips. Die große Mehrheit des Parlamentarischen Rates wollte keine Mitbestimmung der Länder, sondern beabsichtigte, ähnlich wie in Amerika oder wie in Bayern eine zweite Kammer mit gewählten Senatoren zu schaffen. Wenn man sich das heute auf die Bundesrepublik bezogen vorstellt, wäre das von riesigem Nachteil gewesen, denn wir hätten immer wieder ein Spiegelbild der in den Ländern regierenden politischen Parteien gehabt. Wir haben zweimal erlebt, einmal jetzt und einmal als die SPD regierte, daß der Bundesrat eine andere Mehrheit hatte als der Bundestag, und trotzdem ist aus der Verantwortung für die deutschen Länder eine gesamtdeutsche Bewußtseinslage entstanden und nicht nur Obstruktionspolitik. Wir sehen es ja jetzt beim Steuergesetz. Die SPD-Länder bröckeln auf, damals sind die CDU/CSU-Länder aufgebröckelt, einfach weil sie unter dem Druck standen, Verantwortung für das ganze Land zu tragen. Die Totalopposition kann nicht zustande kommen, weil die sachliche Arbeit immer zum Kompromiß zwingt. Diese Entscheidung des Parlamentarischen Rates für das Bundesratsmodell verdanken wir wirklich Hans Ehard.

Gab es außer der CSU in Bayern noch andere Länder oder Parteien, die das föderalistische Prinzip so oder noch vehementer verfochten haben?

Ähnlich wie wir verfocht die Baden-Württembergische CDU dieses Thema, auch im Parlamentarischen Rat. Andere, wie zum Beispiel Hellwig mit seiner Splitterpartei, der Deutschen Partei in Niedersachsen, waren von höchst bescheidenem Einfluß. In der Hauptsache ging dies von Bayern und Baden-Württemberg aus.

Sie haben sehr lange dem Vorstand der CSU angehört, waren lange Zeit auch stellvertretender Vorsitzender der CSU. Wie würden Sie diese Arbeit charakterisieren?

Da kann ich Ihnen nur sagen, dieses Amt ist völlig unbedeutend. Neben Franz Josef Strauß stellvertretender Parteivorsitzender zu sein, lohnte sich nicht einmal auf die Visitenkarte zu schreiben. Er hat natürlich stets gesagt, was er wollte, und da durfte man höchstens einmal einen Moment, wenn er hinausging, die Sitzung leiten, aber sonst hatte man da keine Chance. Eine eigene Meinung oder ein eigenes Profil konnte in dieser Position keiner entwickeln, das war nicht die Art von Strauß. Das gilt aber für jeden anderen stellvertretenden Parteivorsitzenden genauso. Beim Parteitag durften wir abwechselnd die Sitzungen leiten, aber sonst hatte dieses Amt keine Bedeutung.

Charakterisieren Sie bitte die Rolle von Strauß, die Bedeutung, die er für die CSU hatte.

Ohne die Rhetorik von Franz Josef Strauß, ohne seinen politischen Urverstand, ohne die schon sehr mit Nachdruck und Energie durchgesetzte Politik wäre die CSU sicher nicht so konturenreich, profil- und erfolgreich geworden. Ohne diesen Mann wäre die CSU nicht das geworden, was sie ist. Er stand immer an den Schnittstellen der Politik. Ohne ihn hätten wir keine Bundesverteidigungspflicht, ohne ihn hätten wir die Soziale Marktwirtschaft nicht, für die er im Frankfurter Wirtschaftsrat gekämpft hat, ohne seinen Gang zum Bundesverfassungsgericht nach Karlsruhe hätten wir die Forderung nach der Wiedervereinigung in dieser Form nicht aufrecht erhalten können, ohne den Bundesfinanzminister Strauß und seine geordneten Finanzen, die er hinterlassen hat, hätte Willy Brandt seine Regierung der Ausgabenpolitik nicht beginnen können, und ohne Franz Josef Strauß hätte die CSU mit Sicherheit nicht dieses internationale Renommee erhalten.

Welche Bedeutung kam daneben Alfons Goppel als Bayerischem Ministerpräsidenten zu? Er hat zu den Wahlerfolgen der CSU ja auch ganz wesentlich beigetragen.

Strauß und Goppel verkörperten ein Traumpaar. Strauß als weltweiter Politiker mit profiliertem Können, Wissen und Ansehen und Alfons Goppel als liebenswürdiger, toleranter, sachkundig im ganzen Land geschätzter Landesvater waren eine Traumkonstellation. Beide ergänzten sich in ihrem Wesen und beide zusammen verkörperten eine CSU, die jeder wählen konnte. Deshalb kamen ja auch Wahlergebnisse mit über 60% zustande. Der populärste Landesvater und der landesväterlichste Ministerpräsident war sicher Alfons Goppel.

Innerhalb der Partei war er aber weniger engagiert?

Das war nicht seine Art. Ich erinnere mich gut an eine Sitzung des Parteivorstands. Wir haben ja gemeint, nachdem Strauß als Verteidigungsminister zurückgetreten ist, soll er Ministerpräsident werden. Alle haben sie ihn dann beschworen, er dürfe das ja nicht machen, weil er in der großen Politik gebraucht würde, er müsse in Bonn bleiben. Und am Schluß sagte er: „Ich mache es nicht, und ich schlage Alfons Goppel vor."

Wie kam er gerade auf Goppel?

Die Frage kann ich Ihnen nicht beantworten, weil ich es nicht weiß. Ich gehe davon aus, daß der Machtpolitiker Strauß in Goppel keinen Konkurrenten sah, der er auch nicht war. Er wollte nie Parteivorsitzender werden, hatte nie bundespolitische Ambitionen. Ich könnte mir vorstellen, daß er ihn unter diesem Gesichtspunkt ausgesucht hat. Abgesehen davon war er natürlich ein guter Mann, und Strauß hat mit ihm einen Griff gemacht, der sich nachher als enorm erfolgreich herausgestellt hat.

Sie waren seit 1953 im Landtag und später Fraktionsvorsitzender der CSU. Gleichzeitig waren Sie Leiter der Staatskanzlei und Vorsitzender des kulturpolitischen Ausschusses. Diese Doppelfunktion haben Sie selbst einmal als Todsünde Ihrer politischen Laufbahn bezeichnet.

Es gibt zwei unvereinbare Dinge, die ich aber trotzdem verwirklicht habe. Das eine war: Ich war Beamter im Kultusministerium und gleichzeitig Vorsitzender des kulturpolitischen Ausschusses. Ich halte das für nicht akzeptabel. Für mich damals, als jungen Mann, war das sehr angenehm. Aber man muß sich das vorstellen: Es gab einen Kultusminister August Rucker, der auf der anderen Seite stand, und es gab mich als Beamten seines Hauses, weisungsgebunden und Vorsitzender des kulturpolitischen Ausschusses, vor dem der Herr Minister wieder antreten mußte! Und es gibt noch etwas Schlimmeres: Ich war Chef der Staatskanzlei und gleichzeitig auch Fraktionsvorsitzender. Man hat so etwas gemacht, weil es die Reibungsverluste verminderte. Ich hatte diesbezüglich natürlich auch Vorbilder. Da war zunächst einmal Hundhammer Kultusminister und Fraktionsvorsitzender. Nach mir kam Ludwig Huber als Fraktionsvorsitzender und Kultusminister, dann Finanzminister. Da merkten wir, daß die Kombination Finanzminister und Fraktionsvorsitzender noch viel schlimmer ist. Ich glaube nicht, daß man das tun darf, ich halte das wirklich für unmöglich. Damals sah ich das nicht so deutlich. Heute wäre so etwas völlig undenkbar, es ist eine Vermischung der Gewaltenteilung, die nicht in Ordnung ist, das muß ich nachträglich schon sagen. Diese Situation kam damals zustande, als ich Fraktionsvorsitzender war, und Hanns Seidel auf dem Totenbett einen Nachfolger suchte. Es waren sechs Personen versammelt, und er machte, was die Personen betraf, sein Testament. Zum Nachfolger als Ministerpräsidenten hatte er Rudolf Eberhard ausgesucht, der aber immer wieder ablehnte.

Warum hat Rudolf Eberhard sich geweigert, dieses Amt zu übernehmen?

Das weiß ich nicht. Das ist wirklich eine Frage, die ich mir selbst oft gestellt und auf die ich nie eine Antwort gefunden habe. Für mich gibt es keinen räsonablen Grund, ich kann es deshalb nicht beantworten.

Nachfolger als Ministerpräsident wurde dann ja erneut Hans Ehard.

Seidel verlangte von Hans Ehard, dieses Amt noch einmal zu übernehmen, weil sich auch wirklich kein anderer anbot. Ehard sagte dann nach langem Zögern: „Jetzt bin ich so alt, aber in Gottes Namen, dann mache ich es, aber nur, wenn der Heubl als Staatssekretär mitgeht". Und so kam ich zu meinen beiden Ämtern als Fraktionsvorsitzender und Staatssekretär.

Ministerpräsident Alfons Goppel berief Sie 1962 zum Staatsminister für Bundesangelegenheiten und Bevollmächtigten Bayerns in Bonn. Wie hat sich denn die CSU-Politik in Bonn dargestellt?

Es gibt da drei Phasen, über die ich gerne reden würde. Die erste ist: Ich war der Erste, der den Kontakt mit Brüssel aufgenommen hat. Meine Meinung war, Bayern, in der Randlage von damals und betroffen von den europäischen Entscheidungen, müßte einen direkten Kontakt dahin haben. Das hat sich später auch darin ausgedrückt, daß das Ressort „Staatsministerium für Bundesangelegenheiten und Europafragen" hieß. Es gab in Brüssel einen Mann, Professor Hallstein, den ich sehr gut kannte und der ein väterlicher Freund war. Ich war vier- oder fünfmal im Jahr in Brüssel und habe mich mit dem Kommissar, Herrn von der Groeben, zum Gedankenaustausch getroffen. Das hat die Bundesregierung sehr geärgert, und Konrad Adenauer ließ ein Gutachten anfertigen, um zu klären, ob ein Länderminister wie ich ohne außenpolitische Zuständigkeit regelmäßig Besuche bei der Europäischen Gemeinschaft machen dürfe. In dem Gutachten kam man zu dem Ergebnis, daß ich das nicht dürfe. Das hat mich aber überhaupt nicht interessiert. Ich bin hingefahren, wohin ich wollte, und keiner konnte mich hindern, eine Flugkarte nach Brüssel zu kaufen, und keiner konnte Herrn Hallstein hindern, mich zu empfangen. Die Folge war, daß daraufhin der damalige Bundesratsminister Niederalt immer zur gleichen Zeit in Brüssel erschien wie ich, aber nicht gemeinsam mit mir, sondern vorher oder nachher. Auch Herr Hallstein äußerte sich dazu: „Die dürfen jedes Gutachten machen, das sie wollen. Sie wissen, um sechs Uhr trinke ich immer meinen Whisky, und immer wenn Sie in Brüssel sind, kommen Sie um sechs zu mir, und wir trinken miteinander Whisky".

Die zweite Phase betraf die Finanzreform. Das war ein bißchen schwierig, denn der Bundesfinanzminister hieß Franz Josef Strauß. Die Finanzreform sollte eine Veränderung des Gleichgewichts zwischen Bund und Ländern bringen. Die Länder hatten mich zu ihrem Sprecher gemacht, sozusagen gegen Strauß. Es gab eine gemeinsame Kommission von Bund und Ländern, die sich im Vorsitz abwechselten. Einmal Professor Hettlage, damals Staatssekretär bei Strauß, und einmal ich für die Länder. Das hat unser Verhältnis in der Sachfrage, manchmal auch in der persönlichen Situation nicht nur im Positiven bestimmt, weil der Gegensatz zwischen Bund und Ländern groß war, und die Länder leider nicht geschlossen auftraten. Wie hat der alte Maunz gesagt: „Geben ist verfassungsrechtlich unzulässig, nehmen hingegen ist von der Verfassung her nicht verboten". Die finanzschwachen Länder Niedersachsen, Schleswig-Holstein, Bremen, das Saarland, die haben natürlich immer gesagt, sie seien einheitlich für die Länderinteressen und hinten herum haben sie die Hand beim Bund aufgehalten.

Die dritte Phase betraf die CSU-Politik unter der Regierung von Willy Brandt. Und damals ist, so glaube ich, die Bayerische Vertretung ein Sammelpunkt der oppositionellen Kräfte gewesen. Es gab dort auch Kontakte zur SPD. Ich will ein Beispiel erzählen. Da gab es die Kanalarbeiter unter Egon Franke in der SPD, die einen Stammtisch hatten. Die habe ich einmal alle in die Bayerische Vertretung eingeladen, es war sehr nett. Karl Schiller war da und Helmut Schmidt, der bei mir im Bierkeller Hammond-Orgel spielte. Das war eine sehr offene Erfahrung. Die Bayerische Vertretung hat sich schon bemüht, nach allen Seiten hin offen zu sein, aber trotzdem den Kristallisationspunkt für die Opposition zu bilden.

Wenn Sie auf 50 Jahre CSU-Geschichte in Bayern zurückblicken, sind Sie mit ihrer Entwicklung zufrieden? Gibt es Defizite, Wünsche für die Zukunft?

Also wenn ich zurückschaue: Als junger Mann bin ich bei der Annahme der Bayerischen Verfassung mit dem Lautsprecherwagen herumgefahren, um zu werben. Gewaltenteilung, Rechtsstaat, keine Willkür, Freiheit – nach den Erfahrungen des Dritten Reiches war dies ein unglaubliches Erlebnis für mich, ein ungeheuer begeisterndes Erlebnis, das muß ich sagen. Dann bin ich den Weg der Partei mitgegangen, mit Sorgen und Kümmernissen, mit Freuden und positiven Erlebnissen. Da war das Ringen um das Bonner Grundgesetz, vorher haben wir geredet über den Verfassungskonvent in Herrenchiemsee, und auch das war eine Zeit, die mich wirklich mit Begeisterung erfüllt hat, wo man gewußt hat, wir kämpfen jetzt um den Neuaufbau der Bundesrepublik und um ein Bayern, das darin seinen Platz und seine Bedeutung hat. Und dann kamen die Jahre in Bonn, der Beginn mit Europa! Ich bin heute noch ein leidenschaftlicher Europäer, ich muß das einfach sagen, mir wäre die Welt sonst zu klein, wobei die Heimat und der Nationalstaat auch eine große Bedeutung haben. Ein Mischmasch-Europa, von dem halte ich nichts. Aber nur Nationalstaat – und ich sehe ja jetzt die Tendenz zur Renationalisierung mit besonderen Bedenken – ist auch nichts. Und wenn man dann als junger Mensch auch noch Funktionen erfüllen darf – ich war einmal der jüngste Abgeordnete des Bayerischen Landtags 1953, der Jüngste im Kabinett mit 36 Jahren, und ich habe einmal Landtagspräsident sein dürfen – dann bin ich von tiefer Dankbarkeit erfüllt für die Möglichkeit, mithelfen zu können. Und das danke ich der Partei immer, auch dann, wenn es manchmal schwierig war, Mitglied zu sein, wenn man sich einiges anders vorgestellt hat und Personen oder Sachentscheidungen gelegentlich auch enttäuscht haben. Aber das gehört selbstverständlich zum Leben. Wenn ich die Gesamtbilanz ziehe, dann bin ich enorm dankbar, daß ich habe dabei sein dürfen, und ich kann nur wünschen und hoffen, daß die Herausforderungen der modernen Zeit, die sicher sehr schwierig werden, mit der gleichen gestaltenden Kraft von der Partei gemanagt werden können, wie dies in der Vergangenheit der Fall war, und daß sich dafür auch in der Zukunft die geeigneten Personen finden, an die noch viel mehr Anforderungen an intellektueller Präsenz, an moralischer Disziplin und an Optimismus für die Zukunft gestellt werden als bisher.

Zur Person: Dr. Franz Heubl, siehe Kurzbiographien: Die Vorsitzenden der CSU-Fraktion im Bayerischen Landtag.

Interview mit Bundesminister a. D. Dr. Richard Jaeger

Herr Dr. Jaeger, Sie gehörten schon sehr früh zu den politisch aktiven CSU-Mitgliedern. Woher stammt Ihr Interesse an Politik und politischem Engagement?
Ich komme aus einer politisch sehr aktiven Familie. Mein Urgroßvater, Dr. med. Lukas Jaeger, war Pfälzer Abgeordneter im Bayerischen Landtag von 1848, also dem ersten demokratischen Landtag. Er gehörte dem Parlament zehn Jahre lang an. Dessen ältester Sohn, Dr. phil. Eugen Jaeger, war 20 Jahre für die Zentrumspartei im Deutschen Reichstag. Dem Bayerischen Landtag gehörte er noch länger an und war dann 1919 der Alterspräsident des ersten republikanischen Landtags. Dessen ältester Sohn wieder war nur eine einzige Wahlperiode im Landtag vertreten. Er wurde später Landrat, früher sagte man Bezirksamtmann oder Bezirksoberamtmann, von Kempten. Und ich bin nun der vierte, der im Parlament war. Die Politik war bei uns in der Familie immer ein Thema, so daß ich von klein auf im politischen Denken groß geworden bin.

Daher kommt es auch, daß ich mich 1945 hingesetzt habe, um an einer Denkschrift zu schreiben. Ich hatte nichts zu tun, denn die Justizbehörden waren ja geschlossen.

Also kurz und gut, daß ich in die Politik ging, das war bei mir eigentlich, sobald das Hitlerreich zu Ende war, ziemlich klar. Da meine im letzten Jahr verstorbene Frau aus einer Familie kam, in der beide Eltern Mitglieder der deutschen Zentrumspartei in Baden waren, hat sie das ebenfalls als selbstverständlich angesehen.

Sie haben sich ja schon sehr früh Gedanken über die politische Zukunft gemacht und diese auch zu Papier gebracht.
Es gab schon mehr Leute, die Gedanken hatten, aber systematisch zu

Papier gebracht haben sie nur wenige. Bekannt war die Bamberger Denkschrift von Dr. Gerhard Kroll, dem Landrat von Staffelstein. Die Krollsche Denkschrift erschien noch etwas früher und wurde weit verbreitet. Für meine Denkschrift lieh mir ein Freund 250 Mark, damit man sie hektographieren konnte, insgesamt etwa 200 bis 400 Exemplare.

An wen haben Sie diese dann verteilt?

Geschrieben war sie im Grunde für die Leute von der Katholischen Jugend Münchens, die aus dem Krieg zurückgekommen waren und die man später Katholische Junge Mannschaft nannte. Nachdem ich sah, daß so gut wie kein Mensch in der Katholischen Jugend meiner Generation sich politisch auskannte, wollte ich ihnen einen Leitfaden geben. Die Denkschrift ist anfänglich auch gar nicht über München und den oberbayerischen, vielleicht noch schwäbischen Raum hinausgekommen. Die Folge war auch gleich, daß Franz Steber, der das Haupt und der Gründer dieser Jungen Mannschaft war, bestimmte: „Und du vertrittst uns in der CSU". Außerdem hat sie dem ersten Generalsekretär der CSU, Wilhelm August Schmidt, Direktor der Allianz, so imponiert, daß er mir gleich das Rechtsreferat der Landesleitung anvertraut hat. Auf diese Weise habe ich so ziemlich alle Leute in der CSU, die damals maßgebend waren, kennengelernt, vor allem aber diejenigen, die irgendwo einen kleineren braunen Flecken hatten, mit großen war ja sowieso keiner da. Ihnen hatte ich durch die Entnazifizierungsschleuse zu helfen.

Sie waren von 1933 bis 1939 in der Studentenbewegung und der katholischen Jugendbewegung aktiv. Es hat mich etwas irritiert, weil ich immer der Meinung war, diese Organisationen wären von den Nazis sofort alle unterdrückt, verboten oder gleichgeschaltet worden.

Das kann ich aus meiner Sicht und aus meiner Erfahrung folgendermaßen schildern: Ich bin im Jahr 1933, als Bayern gerade erst gleichgeschaltet war und formal die Studentenverbindungen alle noch tätig waren, Mitglied der katholischen Studentenverbindung Südmark im KV [Kartellverband] geworden. Dort habe ich dann die Auseinandersetzung miterlebt zwischen denen, die meinten, man müsse sich angliedern und mitmachen, um dadurch die Verbindungen zu retten, und denjenigen, zu denen auch ich dann gehört habe, die der Meinung waren, daß man notfalls eben ein Verbot hinnehmen müsse. Aber als dann die Verbindungen alle miteinander entweder gleichgeschaltet wurden oder nach einiger Zeit sowieso verschwanden oder aber, wie die unsere, gleich Schluß machten und sich selbst auflösten, um nicht gleichgeschaltet zu werden, hat der Katholische Jungmännerverband Hochschulgruppen gegründet. Dr. Kendler, der Diözesanpräses für München, hat sich dieser Sache angenommen; und etliche Leute, vor allem eben von der Südmark – auch ich gehörte dazu – haben dann die Münchner Hochschulgruppe im Katholischen Jungmännerverband gegründet. Sie existierte dann nur so lange wie der Jungmännerverband, und der ist, wenn ich es recht in Erinnerung habe, in Bayern schon 1938, spätestens aber 1939 verboten worden. Wir hatten auch über das Reichsgebiet einen Verband gegründet, den sogenannten Hochschulring, der eben dadurch, daß er dem Jungmännerverband angehörte, unter dem Schutz des Konkordates stand. Dieser Schutz hielt aber nur ein paar Jahre, und dann kam außerdem der Krieg.

Sie mußten als Soldat auch am Krieg teilnehmen?
Ja, da war ich sechs Jahre lang. Ich sage immer, ein Jahr hätte eigentlich völlig gereicht, um die Erfahrungen zu sammeln, die man im Leben brauchen kann. An Menschenkenntnis habe ich natürlich viel dazugewonnen und manche Erfahrungen gemacht, die ich eigentlich nicht missen möchte, weil sie mir später als Abgeordneter sehr genützt haben.

Sind Sie dann 1945 bei Kriegsende wieder in München gewesen?
Die Amerikaner haben uns am 22. Mai von irgendeinem Lager in der Nähe von Pilsen nach München gefahren und uns dort um halb neun Uhr abends vor der Sonnenschule entlassen. Um neun Uhr war Ausgangssperre, da mußte man von der Straße weg sein. Obwohl als Soldat gut bei Fuß, habe ich doch vom Sendlinger-Tor-Platz bis nach Schwabing zu meinem Elternhaus etwa eine dreiviertel Stunde gebraucht. Von einer Streife wurde ich dann auch nicht belästigt, aber von einem Amerikaner, der meine Uhr beschlagnahmen wollte. Die war aber schon zweimal verlangt worden und bereits beim ersten Mal verloren. Ich habe dann einen Tag bei meinen Eltern verbracht und bin am 24. Mai zu Fuß von Schwabing nach Dießen marschiert, wo meine Frau mit den beiden Töchtern untergekommen war. Ich habe mir nachher überlegt, was ich nun getan hätte, wenn mein Elternhaus zerbombt gewesen oder meine Eltern, wie es meiner Frau ergangen war, aus dem Haus vertrieben worden wären. Sie zu suchen, wäre um halb neun wegen der Ausgangssperre

etwas schwierig gewesen. Aber die Eltern lebten noch und das Elternhaus habe ich intakt vorgefunden.

Ihre Frau ist aus dem Haus vertrieben worden?
Meine Frau mußte mit den Kindern das Haus räumen, denn ein französischer Arzt oder Zahnarzt hatte sich darin niedergelassen. Sie hatte im Schutz eines der beiden Dießener Klöster zwei Zimmer gefunden und war dort ganz gut untergebracht. Nach drei Wochen zogen die Franzosen ab und es kamen die Amerikaner, die das Haus freigaben, so daß wir in das Haus, in dem wir zur Miete wohnten, wieder zurückkehren konnten. In dem schönen Garten habe ich dann die Denkschrift geschrieben.

Wie haben Sie die ersten Kontakte zur CSU hergestellt oder bekommen?
Die Kontakte fand ich am ehesten in München, natürlich über die Katholische Jugend, besser gesagt die Katholische Jungmannschaft, denn in Dießen war ich ja fremd. Wir sind wegen des Bombenkrieges aufs Land gezogen und haben in Dießen eine für damalige Verhältnisse recht erfreuliche Wohnung gefunden. Ich war dort praktisch überhaupt nicht bekannt, das heißt also, um mich hat sich kein Mensch gekümmert. In München wäre sicherlich jemand auf den Gedanken gekommen, mich gleich zur Gründung einzuladen, aber in Dießen geschah das nicht. Ich habe dann von irgendwoher erfahren, durch die Zeitung oder durch einen Anschlag an der Gemeindetafel, daß die CSU gegründet worden sei. Ich habe dem späteren Landtagsabgeordneten Franz Michel einen Brief geschrieben, daß ich mich auch beteiligen möchte, und er kam mich dann besuchen.

Wissen Sie noch, wann das war?
Im Winter 1945/46. Nach meiner Erinnerung war es im Januar, als ich den Brief geschrieben habe, daß ich beitreten möchte. Auch meine Frau ist beigetreten. Bei der zweiten Kreistagswahl 1948 hat die CSU eine Frau für die Liste gesucht und ist dabei auf meine Frau gekommen. Sie war Studienassessorin und kam aus einem Elternhaus, wo immer über Politik geredet wurde. Auch auf die Versammlungen ist sie immer mitgegangen. Sie stand also auf der Kreistagsliste und zog in den Kreistag ein. Aber als ich bald darauf als Oberbürgermeister nach Eichstätt ging, mußte sie mir folgen, und dann wars mit dem Kreistag wieder aus. Aber immerhin war sie die erste Frau auf der

Kreisliste der CSU und die zweite Frau überhaupt im Kreistag nach dem Krieg. Nur die Sozialdemokraten hatten vorher schon eine Frau aufgestellt.

Wie sind Sie denn von Dießen aus Oberbürgermeister in Eichstätt geworden?
1947/1948 war ich zunächst im Bayerischen Kultusministerium persönlicher Referent des Kultusministers Alois Hundhammer. Ich bin zu der Zeit im Lande herumgezogen und habe teils bei der Katholischen Jungen Mannschaft, teils bei der Jungen Union Reden über politische Verantwortung gehalten, anfänglich sehr theoretisch, später immer mehr praktisch. Bei einer Diskussion auf einem Parteitag in Eichstätt habe ich das Wort ergriffen, und man wurde dort auf mich aufmerksam. In Eichstätt hatte die CSU mit zwölf von 20 Mandaten die absolute Mehrheit, was 1948 verwunderlich war, denn in Altbayern hatte die Bayernpartei uns fast überall die absolute Mehrheit genommen. In Eichstätt jedoch stellte die Bayernpartei nur zwei oder drei Stadträte. Die CSU mit ihrer absoluten Mehrheit suchte nun einen Bürgermeister, der Jurist und in der Lage war, rhetorisch mit den anderen Parteien umzugehen. Dr. Heigl, der erst in diesen Tagen gestorben ist, er war Ministerialdirektor, Amtschef im Umweltministerium, und hatte sich dort einen sehr guten Namen geschaffen, war damals bei einer parteifreien Liste in Eichstätt und führte sich ein wenig als Oberoppositionsführer auf. Er war ein sehr intelligenter Mann, ein Gegner, mit dem sich zu streiten lohnte. Später trat er der CSU bei.

Hatte die CSU in Eichstätt keine eigenen Leute oder gab es dort keine Interessenten für den Oberbürgermeistersessel?
Sie hatten schon einige Akademiker, aber keinen, der rhetorisch gewandt war. Sie sahen ganz richtig, daß angesichts dieses Vertreters der Unparteiischen oder Überparteilichen ein Jurist dringend notwendig war, sonst nützten die zwölf Mandate recht wenig.

Auch andere Städte auf dem Land holten sich Leute von auswärts. Otto Schedl wurde Landrat von Neumarkt, Franz Xaver Butterhof Landrat von Beilngries. Man holte sich die Leute von auswärts nicht, weil man keine eigenen fähigen Leute hatte, sondern weil diese politisch belastet waren. Die eigenen Leute konnten erst später eingesetzt werden, als die Entnazifizierung überall durchgeführt war. Es waren also genug Positionen frei. Dazu kam noch, daß in meiner Generation viele gefallen waren, andere sich noch in russischer Kriegsgefangenschaft befanden, und deshalb gar nicht viele Leute zur Verfügung standen.

In Eichstätt waren Sie dann ja nicht sehr lange Oberbürgermeister. Bereits 1949 kandidierten Sie für den Bundestag.
Daß ich nur so kurze Zeit blieb, weil ich 1949 in den Bundestag kam, war im Frühjahr 1948 nicht vorherzusehen. Wer wußte denn damals schon, wie das mit Deutschland würde. Ich habe erst im Bundeswahlkreis Weißenburg kandidiert, hatte aber nicht viel Erfolg, denn dort wurde Richard Stücklen aufgestellt, der in Weißenburg sehr bekannt war. Daraufhin hat sich Dr. Hundhammer der Sache angenommen, und ich erhielt den oberbayerischen Wahlkreis Fürstenfeldbruck, Dachau, Landsberg, den ich bis zu seiner Auflösung 1980 vertreten habe.

Sie waren persönlicher Referent Hundhammers. Können Sie ihn und den Parteiflügel, den er vertrat, charakterisieren?
Alois Hundhammer war ein sehr ernster, hochgebildeter Mann, der Augustinus auf lateinisch las. Er kam vom Land, aus dem Bauernvolk, und er trug einen Bart, was in späteren Jahren ein Zeichen von Progressivität war, aber damals etwas Konservatives ausstrahlte. Er war natürlich bajuwarisch, konservativ, da gab es gar keine Frage. Er nahm sicher auch die Dinge des Lebens ernster oder schwerer als mancher andere. Er war von Haus aus, ich würde sagen von seiner Natur her, ein Gegner von Josef Müller.

Bei Fritz Schäffer war es etwas anders. Er war von Haus aus vielleicht nicht so konservativ, aber er wirkte dennoch so, weil er eben älter war und weil er vor 1933 der Chef der Bayerischen Volkspartei gewesen war.

Eines möchte ich aber betonen, daß es in meiner Generation niemanden gegeben hat, der es nicht begrüßt hat, daß man über den katholischen Rahmen hinaus in der politischen Aktion beide in Bayern vertretenen Konfessionen in einer Partei zusammengefaßt hat. Und auch in der älteren Generation waren nur ganz wenige anderer Meinung. Wenn ich denke, daß es im Rheinland eine eigene Partei gab, nämlich die wiederhergestellte Zentrumspartei, die als rein katholische Partei in die Wahlen ging, dann war das in Bayern viel einfacher. Darüber hat man anfänglich diskutiert; sobald die CSU aber gegründet war, hat es darüber keine Diskussionen mehr gegeben. Die Auseinandersetzung in der CSU drehte sich im Kern um das Ausmaß des

Interview mit Bundesminister a. D. Dr. Richard Jaeger

Bayerischen, nicht Bajuwarischen, sondern Bayerischen, und gipfelte dann, aber da war ich politisch noch nicht beteiligt, in den Abstimmungen der Verfassunggebenden Landesversammlung über den Staatspräsidenten. Den nahm man, wie auch ich, damals furchtbar wichtig, um die Eigentümlichkeit Bayerns zu betonen. Wenn man nun aber das Ganze aus dem Rückblick sieht, wäre die Geschichte auch nicht viel anders gelaufen. Wir hätten heute einen Staatspräsidenten und in ganz Deutschland würde man noch mehr betonen, daß in Bayern die Uhren anders gehen. An diesem Eindruck ist natürlich vor allem die Tatsache schuld, daß die CSU eine eigene Partei und heute die bayerische Mehrheitspartei ist.

Welche Richtung haben Sie vertreten? Standen Sie dem Hundhammer-Flügel nahe?

Grundsätzlich vertrat ich eine ähnliche Ansicht, aber ich gehörte doch einer anderen Generation an, so daß es da auch gewisse Unterschiede gab. Im Prinzip vertrat ich natürlich, wie übrigens der ganze Bezirksverband Oberbayern, mehr die konservativ-bayerische Seite. Der Bezirksverband München vertrat nicht immer diese Richtung. Hundhammer fragte mich eines Tages, ob ich zu ihm ins Ministerium kommen wolle – und ehe man irgendwo anders hingeht, geht man halt ins Ministerium. Erst als ich dort anfing, erfuhr ich, daß ich persönlicher Referent werden sollte. Damals war der persönliche Referent noch nicht wie heute eine Institution, ausgestattet mit einer vollen Planstelle. Die Beamten waren der Meinung, daß da ein junger Jurist eigentlich gar nichts Juristisches lernen könne, was sicher falsch ist. Man wollte mir eine normale Ausbildung zuteil werden lassen, folglich wurde ich ins Hochschulreferat gesteckt, wo ich nebenbei Entwürfe für Berufungsverhandlungen bzw. für Berufungsverträge für die Technische Hochschule in München gemacht habe. Das habe ich in meinem späteren Leben nicht gebraucht, aber was ich bei Hundhammer als Minister gelernt habe, davon habe ich manches brauchen können, als ich selbst Minister wurde. Es war sehr interessant, und ich meine, wer in der CSU die ersten Jahre mitgemacht hat, der ist eigentlich für alle politischen Situationen gerüstet.

Der Streit um die Richtung in der Partei personifizierte sich ja vor allem in Müller und Schäffer. War es auch eine persönliche Auseinandersetzung zwischen den beiden?

Ja, leider ist es in der Politik so, daß leicht persönliche Feindschaften entstehen. Es gibt Gerüchte dieser und jener Art, die man nie nachweisen kann, meistens jedenfalls nicht. Das ist dann doch alles sehr unangenehm. Aber daß wir doch noch eine ordentliche Partei geworden sind, das, sage ich immer, verdanken wir den Sozialdemokraten. Denn die sind im Winter 1947/1948 aus der Bayerischen Staatsregierung ausgetreten und in die Opposition gegangen. Die CSU mußte nun mit ihrer absoluten Mehrheit unter allen Umständen zusammenstehen. Und dadurch sind wir erst zu einer Partei geworden, die sich daran gewöhnt hat, daß man die Dinge etwas ausgleicht, und daß man zusammensteht.

Welche Rolle spielte denn nun der Gegensatz zwischen den jungen CSU-Mitgliedern und den Vorkriegs-Politikern?

Manche Dinge kamen bei der jungen Generation rascher, manches Moderne wurde eher angenommen. So war zum Beispiel die Zusammenarbeit der Christen beider Konfessionen nach dem Erlebnis des Dritten Reichs und des Krieges überhaupt kein Problem. Entscheidend war aber auch hier der große Gegensatz, der die CSU bewegte. Die Jungen standen entweder auf seiten Müllers oder Hundhammers und Schäffers. Allerdings konnten wir uns untereinander immer besser verständigen, was ja auch ganz einfach zu erklären ist, denn wir hatten alle keine Posten. Sobald es um Posten geht, wird es persönlich viel schwieriger. In Oberbayern erfreute sich Franz Josef Strauß der besonderen Gunst von Josef Müller. Daß er den Strauß entdeckt hat, war das Schlaueste, was er in seinem Leben gemacht hat. In der Jungen Union war mein Verhältnis zu Strauß ganz ausgezeichnet. Wir brauchten uns nicht zu raufen, und später habe ich schon gewußt, daß man mit ihm persönlich am besten gar nicht zu raufen anfängt.

Es wurde aber doch auch die Forderung erhoben, die alten, durch die Zustimmung zum Ermächtigungsgesetz belasteten Politiker sollten endlich abtreten?

Na ja, es waren so ziemlich alle sehr radikal, wie das heute auch ist. Ich habe irgend etwas geschrieben gegen die Leute, die für das Ermächtigungsgesetz gestimmt haben. Deshalb hat mir dann später jemand vorgeworfen, daß ich für Theodor Heuss als Bundespräsidenten gestimmt habe. Ja, du lieber Himmel, da war ich ja schon in der aktiven Politik! Und die Freien Demokraten haben uns eben den Mann vorgeschlagen, der übrigens hoch geeignet war – ich habe es nicht bereut, daß ich ihn gewählt habe –, Heuss als Bundespräsident, Adenauer als Kanzler war geradezu eine Idealbesetzung der beiden Positionen.

Weshalb hat der Gedanke, eine überkonfessionelle Partei, die CSU, zu gründen, die Leute so fasziniert und angezogen?
 Einen Grund sah man in der Chance, nun Mehrheitspartei zu werden. Die Zentrumspartei ist im Deutschen Reich niemals die stärkste Partei gewesen, und auch die Bayerische Volkspartei konnte nicht mehr, wie einst die Vaterlandspartei oder doch die Zentrumspartei im Kaiserreich, die absolute Mehrheit im Landtag erreichen. Aber der CSU gelang dies langsam und allmählich. Es dauerte lange, vor allem in den evangelischen Landesteilen Bayerns. Erst als in Bonn die Linke regierte, ist es der CSU in Bayern gelungen, in Mittelfranken wirklich in die evangelischen Kreise einzudringen. Das war natürlich dann auch ein Grund für den Untergang der Freien Demokraten, die vom Programm her nicht besonders kirchenfreundlich sind, sich aber als Vertreter des evangelischen Volksteiles aufgespielt haben. Es ist das besondere Verdienst von Werner Dollinger, daß die CSU im evangelischen Mittelfranken, wo die Situation für uns am schwierigsten war, eine breite Basis gewonnen hat.

Wie kam der Name „Christlich-Soziale Union" für die neue Partei zustande?
 An der Namensgebung habe ich nicht mitgewirkt. Der Name war bei meinem Beitritt schon da. Mir, und das würde ich auch heute noch sagen, wäre ein neutraler Name lieber gewesen wie „Bayerische Volkspartei" oder „Zentrumspartei", die trotzdem christlich waren. Den christlichen Namen wollten vor allem die Evangelischen und die katholische Arbeiterbewegung, und das war dann maßgebend.

Und warum wählte man die Bezeichnung „Union" statt „Partei", warum nicht „Christlich-Soziale Partei"?
 Die Bezeichnung „Union" sollte zum Ausdruck bringen, daß hier Katholiken und Protestanten zusammengehen. Außerdem ist der Name „Partei" ja nicht so furchtbar beliebt gewesen. Aber der eigentliche Grund, der immer genannt wurde, war, daß es hier, in der Politik, eine Union gibt, in der Katholiken und Protestanten zusammenfinden.

Ursprünglich sollte die CSU doch „Bayerische Christlich-Soziale Union" heißen, was die Militärregierung aber nicht gestattete.

In Kreisen, denen auch ich nahestand, wünschte man sehr, daß „bayerisch" im Namen vorkommt. Aber die Militärregierung wollte das nicht. Es ist ja sehr merkwürdig, denn der erste Gouverneur, ein amerikanisierter Ire, wollte Bayern noch zu einem selbständigen Staat machen. Auf die Bemerkung von irgend jemandem, ein entsprechendes bayerisches Staatsbewußtsein gäbe es nicht – was ich auch wieder für eine Übertreibung hielt, das wäre durchaus dagewesen – hat er gesagt: „Na, wenn es nicht da ist, müssen wir es halt schaffen." Daß man solche Dinge nicht „schaffen" kann, oder wenn doch, dann nur in jahrzehntelanger Arbeit, das ist natürlich für einen Amerikaner typisch, der meint, man könne alles organisieren, auch das Bewußtsein. Im Unterschied dazu war dann die spätere Militärregierung dagegen, daß Bayern selbständig werde, und hat den ursprünglichen Namen abgelehnt. Als Kompromiß fügte man dem Namen den Zusatz „in Bayern" hinzu. Auch war es ganz im Sinn von Josef Müller, daß es nicht „bayerisch" hieß. Andererseits glaubte man damals in Bayern, die Abgrenzung gegenüber der CDU ganz bewußt betonen zu müssen. Und ob nun die einen es aus staatspolitischen Gesichtspunkten taten, um sich die Freiheit der Entscheidung zu bewahren, oder andere es vielleicht getan haben, weil man als Vorsitzender einer selbständigen Partei von gleich zu gleich mit Adenauer reden kann, wie das bei Josef Müller wahrscheinlich der Fall gewesen ist, es lag jedenfalls in beider Interesse, das „Bayerische" zu betonen.

Zurück zur amerikanischen Militärregierung: Auf seiten der CSU herrschte doch immer der Eindruck vor, sie wäre gegenüber der SPD oder der KPD benachteiligt worden.

Sehr bald nach Kriegsende kam in England die Labour Party an die Regierung, weshalb in der britischen Zone alles auf die Sozialdemokraten hin orientiert war. Für uns war maßgebend, daß in Amerika die Demokraten regierten, und Demokraten und Republikaner lassen sich nicht mit der Labour Party und den britischen Konservativen gleichsetzen. Aber Josef Müller behauptete immer, die CSU sei das, was in Amerika die Demokraten sind. Das hat mich nicht überzeugt. Aber er wollte mit diesem Vergleich wohl nur die Militärregierung für die CSU gewinnen. Aber dadurch, daß bei den Amerikanern so viele Emigranten waren, die natürlich vorzüglich deutsch sprachen und die man dann zwar nicht an den entscheidenden, aber meist an solchen Stellen einsetzte, die die entscheidenden Leute berieten, und daß diese Emigranten, nicht alle, aber die meisten, Sozialdemokraten, vielleicht auch noch Deutsche Demokraten waren, herrschte auch bei den Amerikanern eine gewisse Tendenz nach links vor. Das wurde ganz deutlich, als man Schäffer entlassen und Hoegner geholt hat. Hoegner war sicher eine bedeutende Persönlichkeit, das kann niemand bestreiten. Aber es war doch – wie die erste Wahl gleich bewiesen hat – eine Entscheidung gegen die Meinung des bayerischen Volkes, das eben der CSU 1946 zweimal die absolute Mehrheit gab.

Von amerikanischer Seite warf man der CSU vor, sie würde die Entnazifizierungsverfahren verschleppen, sie würde gegen ehemalige Parteimitglieder nicht so streng vorgehen, wie sie sollte, und sie hätte zudem zu viele von ihnen in ihren Reihen. Diese Vorwürfe haben in diesem Zusammenhang vielleicht auch eine Rolle gespielt.

Das kann bei den Amerikanern durchaus eine Rolle gespielt haben, bei den Franzosen hat das zum Beispiel gar keine Rolle gespielt. Die Franzosen kannten Deutschland und wußten deshalb, was eine Parteimitgliedschaft in späteren Jahren bedeutet hat. Ich war nicht Mitglied der NSDAP, aber ich meine, ab 1937 war die Parteimitgliedschaft eines Beamten allein nicht wert, daß man darüber redete. Aber die Amerikaner nahmen das alles sehr ernst und glaubten, daß dies auch im Jahr 1937 noch ein Bekenntnis gewesen sei. Dabei traten die Leute zumeist aus Angst vor persönlichen oder beruflichen Benachteiligungen bei. Es ist schwer zu sagen, wie berechtigt diese Ängste im Einzelfall wirklich waren – in einem totalitären Staat fürchtet sich der Bürger mitunter noch mehr als tatsächlich zu befürchten ist; aber kurz und gut, ich würde schon sagen, daß der Druck in einem totalitären Staat die Leute lähmt. Niemand kannte das Ausmaß des Schreckens in den Konzentrationslagern, aber jeder wußte, daß es Konzentrationslager gab. Und dies sollte auch jeder wissen. Die Münchner sollten doch wissen, daß es in Dachau ein Konzentrationslager gab, und die Berliner sollten auch wissen, daß in der Nähe von Oranienburg ein Konzentrationslager bestand. Die Vernichtungslager befanden sich nicht in Deutschland, sondern waren in der Zwischenzone, zwischen der Front und der Heimat, wo normalerweise niemand hinreisen konnte. Es ist eben alles komplizierter! Einerseits kann niemand sagen, er habe nicht gewußt, daß es Konzentrationslager gab, andererseits kann aber auch niemand sagen, man hätte wissen müssen, daß dort Millionen Juden vergast worden sind. Das hat man eben nicht gewußt, man kannte nicht das Ausmaß dieses Systems des Schreckens. Man kannte die Willkür der SS und wußte, daß sie die Juden wie Freiwild behandelten, aber dieser bewußte Massenmord ist erst nachher offenbar geworden. Erst als Eugen Kogon sein Buch über den SS-Staat schrieb, ist mir das klargeworden.

Mit der Wahl in den Bundestag begann für Sie 1949 ein neues Kapitel. In welcher Lage befand sich die CSU nach dieser Wahl?

Wir waren doch sehr schlecht dran. Von zwölf oberbayerischen Wahlkreisen waren die vier Münchner an die Sozialdemokraten gefallen, womit wir gerechnet hatten. Aber von den übrigen acht sind sechs an die Bayernpartei gefallen und nur in zwei Wahlkreisen, in Weilheim mit Strauß und in Fürstenfeldbruck mit mir, konnte die CSU mit ihren beiden jüngsten Kandidaten das Rennen machen. In Niederbayern fielen vier von fünf Wahlkreisen an die Bayernpartei, nur in Passau konnte sich der CSU-Kandidat Schäffer behaupten.

Am 2. September konstituierte sich in Bonn die CDU/CSU-Fraktion, die CSU bildete eine selbständige Landesgruppe. Wie kam es zu dieser Lösung?

In der CSU wollte die eine Seite Fritz Schäffer, die andere Seite Franz Josef Strauß an der Spitze haben, und da haben wir einen Kompromiß gefunden, der in der Gesamtpartei so schwer zu finden war, wir haben Schäffer zum 1. Vorsitzenden und Strauß zum 2. Vorsitzenden gewählt. Damit waren alle zufrieden. Und diese integrative Art der Landesgruppe ist immer wieder fortgesetzt worden. Dort waren die Gegensätze nicht so stark wie im Landtag oder in der Partei. Im Landtag war der „konservative" Flügel stärker und in der Partei der „progressive". Die Landtagsfraktion beanspruchte eine Vorrangstellung mit dem Argument, sie sei die Vertreterin des bayerischen Volkes, die Delegierten des Parteitags und Parteiausschusses seien nur die Vertreter der Parteimitglieder.

Und welche Rolle spielte die CSU-Landesgruppe gegenüber der CDU?

Ja, da sind wir doch fast immer einig gewesen.

Interview mit Bundesminister a. D. Dr. Richard Jaeger

Das hat ja dann auch wieder integrierend gewirkt.
Ja, denn eine kleine Partei kann nur überleben, wenn sie geschlossen ist. Die meisten Gegensätze kann man einigermaßen überbrücken. Jedenfalls sind die anderen der Meinung, diese CSU sei ein ganz fester Block, was historisch ja unwahr ist. Aber die CSU ist doch relativ fest geworden. Und ich glaube, daß, wenn Bayern etwas Besonderes ist, wir nach außen geschlossen auftreten müssen.

Warum hat man diese Lösung bevorzugt, daß man eine Fraktionsgemeinschaft mit der CDU bildet, und ist nicht einfach als eigenständige Partei eine Koalition eingegangen?
Das war eine taktische Überlegung. Man hat das zuallererst gemacht, um das Amt des Bundestagspräsidenten besetzen zu können. Durch die Bildung einer Fraktionsgemeinschaft wurden wir die stärkste Fraktion, die dann das Recht hatte, einen Kandidaten vorzuschlagen. Sonst wären die Sozialdemokraten die stärksten gewesen. Mit einer gemeinsamen Fraktion, aber mit verschiedenen, selbständigen Parteien kann man einerseits das Gewicht einer geschlossenen Gruppe als Verhandlungspartner in die Waagschale werfen und andererseits doch eigenständige Beschlüsse fassen und wesentlich mehr Einfluß nehmen. Ich bin der Meinung, daß sich die CSU mit der Methode einer eigenen Landespartei und einer gemeinsamen Fraktion das Höchstmaß an Einfluß gesichert hat, das sie erreichen kann.

Welche Rolle hat nun die Bayernpartei in dieser Angelegenheit gespielt?
Die Bayernpartei war natürlich das Schlimmste für uns. Es ist doch so – das ist ja auch ein Hauptgrund, warum ich gegen die vierte Partei, wie man es nannte, war, also gegen eine bundesweite CSU –, daß ich doch wesentlich weniger Zeit brauche, einem Mitglied der Bayernpartei zu sagen, daß er doch besser CSU wähle, als einem Sozialdemokraten, weil der Unterschied viel geringer ist. Einem Mitglied der Bayernpartei mußte ich nur ein bißchen die Augen öffnen für die Gesamtzusammenhänge usw., aber im Grunde stand er auf demselben Boden wie wir. Das heißt, wenn der rechte Teil, oder wie immer Sie es nennen wollen, der Wählerschaft gespalten ist, dann bekämpft er vor allem sich selbst, denn um die absolute Mehrheit im Wahlkreis zu kriegen, muß man sich beim anderen die Stimmen holen. Die Bayernpartei war unheimlich stark, ich habe es Ihnen ja gesagt, daß sie sechs von den acht

Zeitzeugen-Interviews

Nicht-Münchner oberbayerischen Mandaten hatten. Das ging zwar dann rasch vorüber, aber es war im Augenblick für uns doch sehr unangenehm und schwierig. Damals hat eben Strauß ganz zu Recht gesagt, wir müssen die Bayernpartei rücksichtslos bekämpfen, und das haben wir dann getan. Damit haben wir uns durchgesetzt und uns diese Wählerschaft geholt.

Und die CDU hat 1949 nicht mit dem Gedanken gespielt, mit der Bayernpartei statt der CSU eine gemeinsame Fraktion zu bilden?
Nein, das ging ja nun gar nicht. Die CDU konnte nur mit dem Gedanken spielen, mit uns etwas zu machen. Die Bayernpartei stand doch bei den Norddeutschen schon eher im Ruf des Separatismus.

Ja, die war noch separatistischer.
In meinem Wahlkreis erreichte ich im Jahr 1949 mit 27,1 % der Stimmen die relative Mehrheit. In Dachau waren die Sozialdemokraten die stärkste Partei mit 500 Stimmen, das übrige war zwischen Bayernpartei und CSU gespalten. In Fürstenfeldbruck stellte die Bayernpartei nicht nur den Landrat, sondern erreichte mit 2.000 Stimmen auch die Mehrheit bei der Wahl, und nur im Landkreis Landsberg, wo ich gewohnt habe, bevor ich nach Eichstätt ging, konnte sich die CSU mit 5.000 Stimmen Mehrheit durchsetzen. Und mit diesen 5.000 Stimmen hat man die anderen Verluste ausgeglichen. Die Situation war also ganz schwierig, aber bereits in der nächsten Wahl hatte ich über 50 % und die Bayernpartei war verschwunden. Es hatte sich das, was man damals noch das „bürgerliche Lager" nannte – das ist vielleicht kein sehr guter Ausdruck – wieder geschlossen.

In Landsberg war dann bei der zweiten Bundestagswahl 1953 nicht die Sozialdemokratie die drittstärkste Partei, sondern der BHE [Block der Heimatvertriebenen und Entrechteten].

Sie sagten eben, durch die Bildung einer Fraktionsgemeinschaft hätten Sie für die CSU das Höchstmaß an Einfluß herausgeholt. Gab es denn bei der CDU keine Gegenbewegung gegen diese Entwicklung, eine Drohung von dieser Seite, die Fraktionsgemeinschaft zu lösen?
Bei solchen Dingen kommt es ja immer auf den Anfang an, und der ist sehr gut gelaufen. Adenauer unterstützte die Selbständigkeit der CSU, weil er wie sie keine große Koalition wollte. Er konnte allen Leuten sagen: „Unsere

Freunde von der CSU haben mir mitgeteilt, daß sie in einer großen Koalition nicht mitmachen", sie würden dann ihren eigenen Weg gehen. Und damit war durch ihn der Weg vorgezeichnet, daß man in der CDU die selbständige Partei, eingebunden in eine gemeinsame Fraktion, respektiert hat.

Und welche Rolle spielte der Kreuther Beschluß von 1976 im Verhältnis von CDU und CSU?

Ja, das war ja nicht der Fehler der CDU, das war der Fehler der CSU. In dem Augenblick, wo die CSU über die weißblauen Grenzen hinausgegangen wäre, wäre die CDU, wie man so hübsch sagt, in Bayern einmarschiert. Das Einmarschieren wäre natürlich so vor sich gegangen, wie mir das damals ein Landtagskollege geschildert hat. In der Landtagsfraktion fragte jeder den anderen: „Wirst Du zur CDU gehen oder bei der CSU bleiben"? Die Überlegungen waren oft weniger sachlicher als persönlicher Art.

Der Unterschied zwischen CDU und CSU ist eigentlich der, daß der Föderalismus bei uns stärker betont wird als, ich würde nicht sagen in allen Teilen, aber doch in manchen Teilen der CDU. Der Föderalismus war vor allem im Norden ursprünglich nicht so stark ausgeprägt wie heute. In Ländern wie Niedersachsen oder Schleswig-Holstein ist jetzt innerhalb eines halben Jahrhunderts ein eigenes Landesbewußtsein gewachsen; das, was der erste amerikanische Gouverneur in Bayern schaffen wollte, ist hier inzwischen gewachsen. Der Nutzen liegt darin, viele Dinge auf Landesebene zu entscheiden, und nicht auf Reichs- oder Bundesebene. Diesen Nutzen haben auch viele eingesehen, selbst die Sozialdemokratie behauptet heute, föderalistisch zu sein, und die Liberalen, die in der Weimarer Republik noch einen dezentralisierten Einheitsstaat wollten, werden heute auch nicht sagen, sie wollen Bayern abschaffen. Der Föderalismus hat sich im allgemeinen Bewußtsein stark durchgesetzt, auch wenn in Einzelfragen über die Zuständigkeit von Bund oder Land die Meinungen immer wieder auseinandergehen.

In bezug auf Europa ist der Föderalismus-Gedanke jetzt ja wieder aktuell.

In gewisser Hinsicht ist die deutsche Verfassung ja Vorbild für einen europäischen Föderalismus. Wenn man statt Föderalismus Subsidiaritätsprinzip sagt, wird das Grundproblem, um das es geht, vielleicht eindeutiger.

Sie gehörten neben Werner Dollinger zu den prominentesten Politikern, die gegen den Kreuther Beschluß waren.

Ich glaube, dieses Thema ist tot. Ich sehe keinen Grund, warum es in Zukunft erneut aufkommen könnte. Daß die Union als Gesamtheit aus inneren Gründen auseinanderfällt, liegt nicht im Interesse Bayerns. Strauß hat lange mit diesem Gedanken gespielt. Als die CDU/CSU den wahrscheinlich größten Fehler in ihrer früheren Geschichte beging, nämlich daß sie sich beim Moskauer und Warschauer Vertrag der Stimme enthalten hat, statt nein zu sagen – damals hätte sich die CSU bundesweit ausdehnen können, und von der CDU wären wahrscheinlich kreisverbandsweise die Leute zu uns herübergekommen. Auf Adenauer zurückgehend standen noch alle klar zum westlichen Bündnis, und nun mit den Russen und mit den Polen „anzubandeln", wobei wir nichts gewinnen konnten, sondern nur etwas hergeben mußten, auch wenn es nur psychologisch war oder politisch, dies haben auch die Mitglieder der CDU nicht verstanden. Aber später bloß aus taktischen Gründen die Trennung durchzuführen, das hätte das Volk nicht mitgemacht.

Sie waren sehr lange Vizepräsident des Deutschen Bundestags.

Ich war es insgesamt 21 Jahre lang, das heißt, daß es seit 1871 niemanden gibt, der so lange im Präsidium des Reichstags oder des Bundestags war wie ich. Der nächste war Carlo Schmid mit 20 Jahren Amtszeit, der dritte Eugen Gerstenmaier als Präsident des Bundestags mit 15 Jahren Amtszeit. Auch im Kaiserreich wurden die Ämter viel öfter gewechselt als in der Bundesrepublik.

Ihre Amtszeit war nur einmal kurz unterbrochen, als Sie Minister waren und Maria Probst das Amt der Vizepräsidentin übernahm.

Sie war die erste Frau im Präsidium seit 1871. Maria Probst vertrat einen unterfränkischen Wahlkreis und hat an Energie mehr aufgebracht als drei normale Männer zusammen. Sie war eine charmante Dame und eine gebildete Frau, die sich mit Engagement in die Sache hineingehängt hat. Man sagte von ihr, sie hieße beim Volk „Maria hilf" und bei den Behörden „Maria Heimsuchung". Das ist für eine Abgeordnete keine schlechte Bezeichnung.

Heute weiß man von ihr ja nicht mehr viel. Sie gehörte doch schon zum Gründerkreis der Münchner CSU?

Sie war von Anfang an dabei, war Mitglied im Bayerischen Landtag und

Interview mit Bundesminister a. D. Dr. Richard Jaeger

schon seit 1949 Abgeordnete im Bundestag. Dort hat sie sich vor allem für Sozialpolitik und die Kriegsversehrten, den VDK engagiert. Die Regelung der Versehrten-Renten war im ersten Bundestag eines der dringendsten Dinge, die geregelt werden mußten. 1967 ist sie dann als Vizepräsidentin gestorben.

Es wäre sehr verdienstvoll, wenn sich jemand ihrer Person annehmen würde, denn es wird die ganze Zeit nur von Annemarie Renger und Rita Süssmuth gesprochen, und in Wirklichkeit hat die CSU die erste Frau im Präsidium gestellt.

Was war die Deutsche Atlantische Gesellschaft, deren Vorsitzender Sie seit 1957 waren?

Die Deutsche Atlantische Gesellschaft ist von Otto Lenz, dem ersten Staatssekretär Konrad Adenauers und Abgeordneten im zweiten Bundestag, gegründet worden. Er war der erste Präsident und ist noch vor der Bundestagswahl 1957 bei einer Afrika-Reise gestorben. Nach der Bundestagswahl wurde ich zum Präsidenten gewählt, das bin ich 32 Jahre geblieben. 1988 habe ich erklärt, daß ich zwei Jahre später nicht mehr kandidieren würde. Als ich 1990 demgemäß ausschied, war gerade die außenpolitische Wende eingetreten. Damit bin ich während der ganzen Zeit des Kalten Krieges Präsident der Gesellschaft gewesen.

Was war das Hauptanliegen, der Sinn und Zweck dieser Gesellschaft?

Die Politik der NATO populär zu machen, den Menschen die NATO-Politik, wie zuletzt die Sache mit dem NATO-Doppelbeschluß zu erklären: Der Doppelbeschluß, das heißt die Ausrüstung mit den modernsten atomaren Waffen, hat schließlich die Russen davon überzeugt, daß sie uns nicht zu Tode rüsten können, sondern daß wir, nicht wir Deutsche, sondern die Amerikaner, sie zu Tode rüsten, wie Reagan gesagt hat. Gerade die Diskussion über den Doppelbeschluß war eine wichtige Sache, mit der wir über den Kreis der CDU/CSU hinaus vor allem die FDP und auch Parteifreie gewinnen konnten.

Wenn Sie die letzten 50 Jahre Revue passieren lassen, wenn Sie Ihre Wünsche und Vorstellungen von damals mit der Entwicklung der CSU vergleichen und sehen, was daraus geworden ist, sind Sie zufrieden? Sind Ihre Erwartungen übertroffen? Sind Sie enttäuscht? Hätten Sie gern einiges anders gehabt?

Zunächst wurden alle unsere Erwartungen übertroffen. Wir haben alle nicht geglaubt, daß Deutschland, der freie Teil Deutschlands, so schnell ein gleichberechtigtes Mitglied von Europa, von der NATO, von der ganzen zivilisierten Welt wird. Dann wurden unsere Erwartungen noch einmal übertroffen, in der Zeit, als ich politisch nicht mehr aktiv war, als plötzlich die Wiedervereinigung kam und Helmut Kohl so schnell gehandelt hat. Das ist ja wohl sein größtes Verdienst, daß er erkannt hat, daß er jetzt ganz schnell handeln muß, solange sich die Russen in dieser Gorbatschow-Zeit und -Krise befanden, um die Wiedervereinigung herzustellen. Mit Bezug darauf sind unsere Erwartungen, das würde ich schon sagen, übertroffen worden. Aber daß es zwischendrin auch Krisen und Dinge gab, die einem nicht gefallen haben, das liegt natürlich nahe. Ich habe eine davon gerade erwähnt, die Stimmenthaltung bei den Ostverträgen, die ich heute noch für einen Fehler halte, weil man sich in einer solchen Frage nicht der Stimme enthalten kann, sondern ja oder nein sagen muß. Es war auch falsch, die Enthaltung als Lösung anzusehen, weil eine Partei unter allen Umständen einig sein müsse. Eine Einigkeit auf der Basis, daß man keine Meinung hat, ist eben keine Einigkeit. Das war die eine Sorge, und meine größte Sorge ist, daß in der CSU heute auf das „C" nicht mehr der Wert gelegt wird, der ursprünglich vorhanden war. Meine größten Sorgen habe ich mit dem Abtreibungsproblem, mit dem, was jetzt gemacht worden ist. Daß praktisch die Fristenregelung eingeführt worden ist, das ist wahrscheinlich der schwerste Fehler, den die CDU/CSU gemacht hat.

Und was würden Sie Ihrer Partei jetzt zum 50. Geburtstag wünschen?

Den Gründungsgeist wiederzubeleben und das nächste Mal einen so energischen Wahlkampf zu führen wie den von 1976, Freiheit oder Sozialismus, wo wir zwar nicht die absolute Mehrheit bekommen haben, aber so nahe daran herankamen, wie bei all den späteren Wahlen nicht, letztlich mit dem Ziel, doch die absolute Mehrheit zu bekommen, denn ohne sie werden wir nicht regieren können.

Zur Person: Dr. Richard Jaeger, geb. am 16. 2. 1913 in Berlin; 1948/49 Oberbürgermeister von Eichstätt; 1949–1980 Mitglied des Deutschen Bundestages; 1953–1965, 1967–1976 Vizepräsident des Deutschen Bundestages; 1965/66 Bundesjustizminister; 1957–1990 Präsident der Deutschen Atlantischen Gesellschaft.

Interview mit Bundestagspräsident a.D. Dr. h.c. Richard Stücklen

Herr Dr. Stücklen, wie haben Sie das Kriegsende erlebt und welche Situation fanden Sie bei Ihrer Heimkehr in Heideck vor?
Nach meiner Entlassung aus dem Lazarett war ich bis zum 5. Mai 1945 in der Industrie tätig, in einer AEG-Tochtergesellschaft in Freiberg in Sachsen. Freiberg war eine Enklave, ein noch nicht erobertes oder besetztes Gebiet. Die Amerikaner zogen sich allmählich nach Süden zurück, während sich die Russen von Norden und Osten näherten. Am 5. Mai hörte man die russischen Panzergeschosse von Osten, von Dresden immer näher kommen. Daraufhin habe ich den Betrieb verlassen und bin nach Lichtenberg, einem kleinen Ort im Erzgebirge, wo ich mit meiner Frau wohnte.

Am 6. Mai beschloß ich, zusammen mit meiner Frau und zwei Studienkollegen den Russen auszuweichen. Nachdem wir den Frontverlauf aus abgehörten Rundfunkmeldungen erfahren hatten, sind wir mit Fahrrädern in Richtung Sudetenland aufgebrochen und bis kurz vor Marienbad gekommen. Dort sind wir von den Amerikanern kassiert und in ein provisorisches Auffanglager gesteckt worden. Wir blieben dort nur wenige Stunden, denn man konnte verblüffend leicht wieder ausbrechen.

Mit dem Fahrrad sind wir dann weitergefahren und bei Wasserhäuser über die Grenze nach Bayern gekommen. Daran kann ich mich noch gut erinnern, denn da stand ein Grenzstein aus Sandstein mit der Inschrift „KB" für Königreich Bayern. Wir waren also wieder in Bayern und führten fast schon einen Veitstanz um den Stein herum auf.

Wir sind dann mit dem Fahrrad weiter in Richtung Heideck, in meine Geburtsstadt, wo meine Eltern lebten. Auf dem Weg dorthin sahen wir die Zerstörungen in Neumarkt, fanden Heideck aber ohne Schäden vor. Am 16. Mai trafen wir dort ein. Schon an der Stadttafel „Stadt Heideck" erkannte mich eine Frau und rief mir zu: „Richard, dein Vater ist wieder Bürgermeister."

So kam ich also wieder in die Familie zurück, ich war wieder wohlbehütet zu Hause.

Ihr Vater, Georg Stücklen, war schon von 1919 bis 1933 Bürgermeister in Heideck und Mitglied der Bayerischen Volkspartei (BVP)?

Mein Vater war bis 1933 Bürgermeister. Im April 1933 kam der Sturmbannführer Sprang aus Thalmässing mit dem Auto angefahren und platzte rein: „Herr Bürgermeister, Sie sind hiermit abgesetzt. Geben Sie mir die Schlüssel vom Rathaus!" Auf die Frage: „Warum? Was habe ich mir zuschulden kommen lassen?" erhielt er zur Antwort: „Sie passen nicht mehr in diese Zeit." Aus wars.

Und die amerikanische Militärregierung hat ihn 1945 wieder als Bürgermeister eingesetzt?

Die Amerikaner besaßen anscheinend ein gut vorbereitetes Personenverzeichnis. Sie wußten bei ihrem Einmarsch genau Bescheid, denn schon kurz danach kam ein Offizier in einem Jeep angefahren und fragte: „Wo ist Stucklen?" Er konnte ja nicht Stücklen sagen. Nach einer kurzen Verzögerung, bis alle verstanden hatten, was er meinte, war mein Vater wieder als Bürgermeister eingesetzt.

Was haben Sie dann nach Ihrer Rückkehr unternommen?

Man hat sich zu Hause eingerichtet. Mein Vater und mein zweitältester Bruder betrieben eine Schlosserei, mein ältester Bruder hatte einen Elektro-Betrieb. Dort habe ich mich betätigt und gearbeitet, soweit Arbeit und Material da waren.

Sie gehören zu den Mitbegründern der CSU in Hilpoltstein. Wann und wie begann nun Ihre politische Tätigkeit?

Im August 1945 kam ein Brief. Auf welche Art und Weise er eintraf, ob mit der Post, die damals miserabel funktionierte, oder durch einen Boten, kann ich nicht mehr genau sagen. Der Brief enthielt die Aufforderung, Persönlichkeiten zu sammeln mit dem Ziel, eine Partei auf christlicher Grundlage zu gründen. Es war ein vervielfältigtes Schreiben ohne Unterschrift, nur mit dem Stempel „Fritz Schäffer" versehen. Auf diese Weise richtete also Fritz Schäffer einen Ruf an Gleichgesinnte aus der ehemaligen Bayerischen Volkspartei. Das Schreiben war eine Folge der Ankündigung der amerikanischen Militärregierung in München, trotz schwerwiegender Bedenken wieder Parteien zuzulassen.

Mein Vater war als Mandats- und Funktionsträger der BVP weit über die Stadt Heideck hinaus in den angrenzenden Landkreisen und im Bezirk Mittelfranken bekannt. Er sagte: „Na Richard, jetzt müssen wir halt wieder an die Arbeit gehen." Ich bat meinen Vater um Verständnis, daß ich nach meinem hart erarbeiteten Ingenieur-Examen und der bereits nach nur kurzer Berufstätigkeit erreichten Abteilungsleiterposition wieder in die Industrie zurück wollte. Die großen Konzerne mußten die Trümmer doch wieder beiseite räumen, in irgendeiner Form mußte ja doch wieder aufgebaut werden. In diesem Moment wurde mein Vater sehr ernst, es war ein ganz entscheidender Augenblick. Er sagte: „Ich bin über 70 und wenn dieses Trümmerfeld" – er hatte sich Nürnberg angesehen – „und die Kriegsschäden beseitigt werden sollen und wenn wieder ein normales Leben mit einiger Aussicht auf eine lebenswerte Zukunft gestaltet werden soll, dann könnt ihr das nicht den 70- und 80jährigen überlassen, dann müßt ihr antreten, denn es ist eure Zukunft."

Ich weiß noch, wie es mir bis ins Herz gegangen ist... „Also, machst du mit?" Das war also die Entscheidung, mich einzusetzen. Und er hatte keinen Führerschein! Wenn er eine Partei organisieren will, dann muß er ein Fahrzeug haben. Ohne Führerschein hätte sowieso ich Chauffeur sein müssen.

Welche Vorstellungen hatten Sie von der neu zu gründenden Partei?

Wir hatten keine Unterlagen, kein Programm, keinerlei Hinweise auf eine konkrete Richtung. Mein Bruder Otto war stark von meinem Onkel Daniel Stücklen beeindruckt, der fast 30 Jahre lang Reichstagsabgeordneter der SPD in Berlin gewesen war, und neigte deshalb der SPD zu, während ich keine politische Richtung hatte. Über eines jedoch waren wir uns im klaren, eine Bayerische Volkspartei kam nicht in Frage. Ich wäre nie und nimmer, auch nicht auf Bitten meines Vaters, einer BVP beigetreten.

Warum lehnten Sie die BVP so entschieden ab?

Weil die BVP vor dem Dritten Reich 1933 kläglich versagt hat. Sie hat 1925 versagt, als sie den falschen Mann zum Reichspräsidenten wählte. Die eine Million Stimmen der südlichen BVP, die aus der Oberpfalz, aus Regensburg, Ober- und Niederbayern und dem größeren Teil Schwabens kamen, waren ausschlaggebend, daß Hindenburg, der Sieger von Tannenberg mit seiner prachtvollen Uniform, Reichspräsident wurde, anstelle des Zentrumsabgeordneten und ehemaligen Reichskanzlers Dr. Wilhelm Marx. Ihn unterstützte die nördliche BVP mit Schwerpunkt in Mittelfranken, Nürnberg, Oberfranken und Teilen Unterfrankens. Bei der zweiten Wahl Hindenburgs 1932 stand auf der einen Seite Hitler, auf der anderen Hindenburg. Hier war die Entscheidung: Wer nicht Hitler wollte, mußte Hindenburg wählen.

Abgesehen davon war mir die einseitige konfessionelle Ausrichtung der BVP einfach unerträglich, nicht nur, weil ich mit einer evangelischen Frau verheiratet bin und weiß, daß Menschen unterschiedlicher Konfessionen großartig miteinander zurechtkommen können.

Wenn eine Wiederbelebung der BVP für Sie völlig ausgeschlossen war, wie sollte die neue Partei dann aussehen?

Die Voraussetzungen waren: überkonfessionell, sozial orientiert und dem Ganzen, dem Reich zugewandt, denn das Vaterland läßt man in der Not nicht im Stich. Ohne diese grundlegenden Voraussetzungen wäre ich nicht zur Partei, zur CSU gegangen.

Es war also klar, wir orientieren uns in diese Richtung. Dann kam im August 1945 ein Schreiben, das von Fritz Schäffer, Dr. Josef Müller und Michael Horlacher unterzeichnet war, und das die Inhalte der neuen Partei und ihre geistigen Grundlagen konkretisierte. Als mögliche künftige Namen wurden genannt: Bayerische Volkspartei, Christliche Partei, Christliche Volkspartei, Christliche Sammlungsbewegung, Bayerischer Volksbund. Ich kann mich noch gut erinnern, der Name Christlich-Soziale Union war nicht dabei. Es wurde für uns jetzt also konkreter.

Kannten Sie die drei Unterzeichner des Schreibens? Wußten Sie von deren politischen Vorstellungen?

Den Namen Dr. Josef Müller, den Spitznamen „Ochsensepp" bekam er erst später, kannte ich damals noch nicht. Er war für mich ein Unbekannter. Aber Fritz Schäffer war für uns ein Begriff, als ehemaliger Vorsitzender der BVP und vor allen Dingen als erster bayerischer Ministerpräsident.

Interview mit Bundestagspräsident a. D. Dr. h. c. Richard Stücklen

Es gab ja kaum schriftliche Informationen, aber doch immerhin sehr viele mündliche Kontakte. Der eine war mal in München, der andere in Rothenburg, man erfuhr dies und jenes und hat die Meinungen dann ausgetauscht, so daß man sich allmählich ein Bild machen konnte. Die Buschtrommeln haben damals gar nicht so schlecht funktioniert.

Eines Tages haben wir auch erfahren, daß sich Adam Stegerwald, der ehemalige Reichsminister und damalige Regierungspräsident in Unterfranken, mit diesem Dr. Josef Müller in Rothenburg getroffen hat. Stegerwald soll dann den Vorschlag gemacht haben, die neue Partei Christlich-Soziale Union zu nennen, CSU. Heute läuft das über die Lippen, als ob es die CSU schon ewig gegeben hätte.

Es fanden damals ja viele Leute den Gedanken an eine überkonfessionelle Partei so faszinierend, daß unabhängig voneinander, nicht nur in Bayern, sondern auch in Berlin und im Rheinland derartige Parteien gegründet wurden.

Das lag in der Luft, ganz klar. Die Erfahrungen der Weimarer Zeit hatten ja gelehrt, daß immer die extremen Parteien den Nutzen aus der konfessionellen Spaltung im politischen Bereich ziehen konnten. Die konfessionell gespaltenen und zersplitterten Parteien haben sich sehr hart bekämpft und gegenseitig aufgerieben.

Wie organisierten Sie nun die Gründung der CSU in Hilpoltstein?

Ich muß ergänzen, daß auf dem vorhin genannten Schreiben neben Schäffer, Müller und Horlacher auch zwei Geistliche, der katholische Emil Muhler und der evangelische Langenfass unterschrieben hatten. Ich besprach deshalb mit meinem Vater, zur Parteigründung doch auch zwei prominente Geistliche einzuladen und an der Spitze einzubauen, als Signal für eine demonstrative überkonfessionelle Ausrichtung der neuen Partei.

Betrieben nur Sie und Ihr Vater die Parteigründung? Waren keine weiteren Personen beteiligt?

Zunächst waren das nur wir beide. Dann kam Ingo Blank dazu, ein Kaufmann, der vor 1933 einmal 2. Bürgermeister war. Er hatte von anderer Seite auch ein Schreiben mit dem Gründungsaufruf erhalten.

Über den damaligen Münchner Oberbürgermeister Karl Scharnagl, der sich mit einer Reihe anderer Personen im Münchner Rathaus zu einer ersten organisatorischen Form der Christlich-Sozialen Union zusammengefunden hatte, erhielten wir wenigstens so ein vorläufiges Programm der CSU. Das muß im Oktober gewesen sein. Mit diesem vorläufigen Programm haben wir dann die CSU im Landkreis gegründet.

Wann und an welchem Ort fand die Gründungsversammlung statt? Welche Personen waren anwesend?

Wir kamen am 21. November 1945 in einer Gastwirtschaft in Hilpoltstein zusammen. Der Raum war gerammelt voll, über hundert Leute waren anwesend, auch der außerordentlich respektierte katholische Stadtpfarrer Glos und der evangelische Pfarrer Bayer. Der Stadtpfarrer Glos eröffnete die Versammlung. Er rief die Anwesenden auf, an der Gründung einer Partei auf christlicher Grundlage mitzuwirken. Mein Vater ergänzte dieses „Programm" noch durch das vorläufige Programm, das alles andere war als vergleichbar mit den Programmen, die wir dann später beschlossen haben.

Es gab nun gar keine große Diskussion. Georg Stücklen, der Bürgermeister von Heideck, sollte den Vorsitz übernehmen. Es wurde abgestimmt und ruck, zuck war alles erledigt. Dann wurden die Listen vorgelegt, in die sich jeder eintrug.

Im Anschluß an die Gründung begann dann die eigentliche Arbeit, die Partei aufzubauen. Wie war die Resonanz in der Bevölkerung?

Das war sehr schwer. Ich kann mich erinnern, daß wir zunächst die Versammlungen nach der Gemeindebekanntmachungsmethode ankündigen ließen. Meist ging der Gemeindediener noch mit der Schelle durchs Dorf und verkündete Zeit und Ort der CSU-Versammlung. Bei der kleinen Druckerei Alois Eckert in Heideck haben wir dann mit alten Buchstaben auch Plakate drucken lassen, die anschließend ausgehängt wurden.

Die Versammlungen waren aber stets gut besucht. Es verging jedoch keine Versammlung, ohne daß irgendeiner aufstand und verkündete, er trete nie mehr einer Partei bei, wobei die als ungerecht empfundenen Entnazifizierungsverfahren eine ausschlaggebende Rolle spielten. Es gelang uns trotzdem, innerhalb eines dreiviertel Jahres in 51 von insgesamt 82 Gemeinden Ortsgruppen mit 1.800 eingeschriebenen Mitgliedern zu gründen. Wir waren aber wirklich jedes Wochenende unterwegs, im November und Dezember auch an Werktagen, weil die ländliche Bevölkerung in diesen Monaten Zeit hatte, zu

Interview mit Bundestagspräsident a. D. Dr. h. c. Richard Stücklen

Versammlungen zu gehen. Wir sind ausgeschwärmt, ich mit meinem Vater, und mein Bruder Otto, der auf einem Fahrrad, das mit eigenem Hilfsmotor ausgestattet war, für sich war. Oder wir haben ihn im Auto mitgenommen und bei einer Versammlung abgesetzt und sind dann selber zur nächsten weitergefahren.

Sehr schwer war es in evangelischen Gemeinden. Dort mußten wir uns um jeden einzelnen bemühen und ihn überzeugen. Zwei der prominenten Evangelischen, die wir gewinnen konnten, waren Dr. Dr. Georg Bernreuter und der ehemalige Bürgermeister aus Thalmässing. Die evangelischen Christen kamen nur sehr zögernd zu uns, im Laufe der Zeit fanden sich dann doch immer mehr ein.

Wie waren denn die konfessionellen Verhältnisse in Ihrem Kreis?
Der Landkreis Hilpoltstein war katholisch geprägt. Wir hatten ungefähr 20% evangelische und 80% katholische Christen. Die große Zahl der Mitglieder in der Gründungsversammlung war katholisch.

Es blieb ja kaum Zeit, die Partei aufzubauen, da standen schon die ersten Wahlen vor der Tür.
Im Frühjahr 1946 begannen die Vorbereitungen zur ersten Kommunalwahl. Wir waren in unserem Landkreis unglaublich stark. Von den 26 Kreistagsmitgliedern stellte die CSU 23, die SPD 2 und die WAV [Wirtschaftliche Aufbauvereinigung] 1 Mitglied.

Wie ging es dann nach diesen erfolgreichen Wahlen weiter?
Es kam zu ersten Besprechungen, wieder in Nürnberg. Neue Leute traten bei, auch Werner Dollinger kam zur CSU und Karl Sigmund Mayr aus Nürnberg, der in den Bezirksvorstand gewählt wurde.

1946 begann man dann auch zu überlegen, wie man die jüngeren Mitglieder der CSU ein bißchen enger „programmisieren" sollte. Auf einer Tagung in München kam dann 1947 die Junge Union.

Die anderen Parteien blieben in dieser Zeit sicher auch nicht untätig. Wie sahen deren Aktivitäten in Ihrem Kreis aus?
Die erste Partei, die in unserem Kreis aufgetreten ist, war im August 1945 die Sozialdemokratische Partei. Eine kommunistische Partei hat es nicht

gegeben, nur einzelne Kommunisten. Als erste hat also die SPD in Heideck eine Versammlung gehalten, zu der mein Bruder Otto und ich gegangen sind. Sie hatten einen unglücklichen Tag erwischt, denn es waren nur etwa 15 bis 20 Leute anwesend. Gesprochen hat ein Herr Bernreuter aus Nürnberg und sein einziges Thema war das Ermächtigungsgesetz, die alte Tradition der Sozialdemokratischen Partei, die auch Hitler die Stirn gezeigt hat. Der Vortrag war rhetorisch miserabel, es war kein Schwung, keine Begeisterung drin. Er hat recht gehabt, die SPD hat Mut gezeigt, die SPD hat Charakter gehabt! Das habe ich auch voll anerkannt und ich fand es großartig, wie damals Otto Wels, der SPD-Vorsitzende, Hitler gegenüber im Reichstag erklärt hat: „Das Leben können Sie uns nehmen, die Ehre aber nicht!" Damals kannte ich den Text noch nicht so gut wie heute. Diese Haltung fand ich großartig. Wir haben uns dann aber schon erlaubt, eine Frage zu stellen, was sie denn 1929 gemacht hätten? Den SPD-Reichskanzler Hermann Müller (Franken) haben sie zum Rücktritt gezwungen, sind ausgeschieden aus der Weimarer Koalition und haben die Notverordnungsentwicklung eingeleitet. Darauf konnte er uns keine Antwort geben, und es gelang ihm nicht einmal, meinen Bruder Otto zu überzeugen, der der SPD zuneigte.

Zurück zur Gründung der CSU: Nachdem sie die Gründung vollzogen hatten, brauchten Sie ja erst einmal die Lizenz der Militärregierung.
Ich mußte mit einem Stapel Fragebögen zur Militärregierung. Das äußerste, was sie noch als einwandfrei nichtnazistisch anerkannte, war der „Reichsbund für Leibesübungen". Bei allen anderen Mitgliedschaften in NS-Organisationen hat sie schon rumgemeckert. Es mußte die Mitgliedschaft im Roten Kreuz, im Mütterhilfswerk und in ähnlichen Verbänden angegeben werden. Ich hatte also meine Fragebögen beisammen und suchte mir eine Dolmetscherin, die Gräfin Montgelas. Ihr Mann hatte Hitler in einer Zeichnung karikiert und wurde deshalb von der Gestapo verhaftet und im April 1945, acht Tage vor dem Einmarsch der Amerikaner, in Nürnberg erschossen.
Zusammen mit der Dolmetscherin ging ich zur Militärregierung, die im Gebäude der früheren Kreisleitung saß. Der zuständige Amerikaner, Mister Person, fragte zuerst kritisch nach unseren Vorstellungen von einer politischen Partei, wieviele alte Nazis wir wieder aufgenommen hätten und so weiter. Wir erklärten ihm, daß man als Mitglied des Schützenvereins oder des Turnvereins automatisch dem Dachverband „Reichsbund für Leibesübungen"

Interview mit Bundestagspräsident a.D. Dr. h.c. Richard Stücklen

angehört habe, eine Mitgliedschaft in dieser NS-Organisation keine nationalsozialistische Einstellung der einzelnen Personen beweisen würde. Es hat ein bißchen gedauert, bis er es kapiert hat, aber am Abend waren wir als Partei lizenziert und zu den Wahlen zugelassen.

Hatten Sie auch den von verschiedenen Seiten geäußerten Eindruck gewonnen, daß die amerikanische Militärregierung andere Parteien, besonders die SPD, bevorzugt behandelte?

Ohne Zweifel! Die erste von der Militärregierung angestellte Sekretärin war ohne jeden Zweifel eine ganz aktive SPD-Frau, die uns als alte Revanchisten und Unverbesserliche angesehen hat. Gegen sie mußten wir uns halt irgendwie durchsetzen. Sie wurde dann durch zwei jüngere Sekretärinnen abgelöst, von denen eine ganz eindeutig auf unserer Seite stand. Sie hat uns immer über alle Vorgänge informiert und bei Bedarf unterstützt.

Ein Landrat wurde 1946 vom Kreistag gewählt. Nach dem eindrucksvollen Wahlerfolg der CSU bei den Kreistagswahlen mußten Sie einen geeigneten, unbelasteten Kandidaten für das Amt des Landrats finden, was gar nicht so leicht war!

Unser erster Landrat war Diplomchemiker und parteilos. Auf der Durchreise war er mit den Amerikanern zusammengetroffen, die ihn dann als Landrat einsetzten. Er hat sein Amt bald wieder abgegeben und ist in seine Heimat weitergezogen. Jetzt mußten wir also einen Landrat wählen, was bei der Mehrheit im Kreistag gar kein Problem war. Erst einmal hatten wir den Herrn Kroll ins Auge gefaßt. Er war rhetorisch sehr begabt und hat bei den Landesausschußsitzungen immer die besten Reden gehalten. Leider hat er zuviel Kohle bezogen, hat deshalb Schwierigkeiten bekommen und man rückte von ihm ab. Wir suchten einen anderen Kandidaten, der sich dann ebenfalls als unbrauchbar erwies. Auch mich wollte man zum Landrat machen, aber ich habe mir das nicht zugetraut. Ich dachte, ein Landrat müßte Jurist sein, denn früher waren nur ausgezeichnete Juristen Landräte.

Dann nannte mir Landrat Fritz Staudinger von Weißenburg einen Namen. Ich fragte ihn, ob der Betreffende einen weißen Fragebogen habe, jedoch nicht danach, ob er für das Amt geeignet sei. Staudinger sagte, der empfohlene Kandidat heiße Dr. Jessberger, er sei politisch einwandfrei, unterrichte als Studienrat am Weißenburger Gymnasium Latein und wäre bereit, das Amt anzunehmen. Also fuhr ich zu ihm hin. Er hatte einen weißen Fragebogen, war Mitglied der CSU, intelligent, alles paßte. Die Kreistagsfraktion wählte ihn und ich ging mit seinem Fragebogen zur Militärregierung mit der Bitte, ihn zu überprüfen. Ich war ja so überheblich damals, habe gesagt: „Ich weiß schon, daß Sie die CSU nicht so gerne haben, aber hier ist unser Angebot als Landrat, weißer Fragebogen, politisch verfolgt..."

Nach acht Tagen bekam ich einen Anruf: „Herr Stücklen. Sofort zur Militärregierung!" Also bin ich zur Militärregierung. Es kam die Frage: „Wissen Sie, wen Sie zum Landrat gewählt haben?" Ich sagte: „Jawohl, einen politisch Verfolgten, Dr. Jessberger." Darauf erhielt ich zur Antwort: „Nichts, Sie haben einen ehemaligen katholischen Pfarrer aus der Diözese Meiningen in Thüringen zum Landrat gewählt, einen Sittlichkeitsverbrecher, der wegen Sittlichkeitsvergehen an kleinen Mädchen zwei Jahre im Zuchthaus und im KZ verbracht hat."

Das haute mich vom Tisch weg. Und ich hatte ihn empfohlen! Was ich der Kreistagsfraktion empfohlen habe, das hat sie gemacht. Ich selbst durfte nach der Kreistagswahlordnung nicht im Kreistag sein, weil bereits mein Vater und mein Bruder Mitglied waren. Mein Vater war der alte Herr, aber ich war der Aktive. Ich war der Geschäftsführer. Und ich mußte jetzt der Fraktion, die mit ihren 23 Stimmen den Jessberger gewählt hatte, sagen: Ich habe Euch den vorgeschlagen, aber der ist ein krummer Hund!

Ich habe dann auf der Schreibmaschine die Rücktrittserklärung des Landrats geschrieben, bin zu Dr. Jessberger gefahren, habe ihn alles genannt, nur keinen feinen Herrn und die Unterschrift erzwungen.

Dann haben wir den Regierungsrat Dr. Engelhard aus Schwabach geholt, den wir für unbelastet hielten. Er wurde gewählt und war, als er die Wahl vor der Kreistagsfraktion annehmen sollte, ausgerissen, war verschwunden. Ich suchte ihn vergeblich auf dem Bahnhof und fand ihn dann nach einigem Herumfragen bei einem Studienkollegen. Ich zog ihn ins Auto, brachte ihn vor die Fraktion, und er nahm die Wahl an.

Wann haben Sie es sich denn dann anders überlegt, selbst ein politisches Amt anzustreben und zu kandidieren?

Es war eine Versammlung im Landkreis Hilpoltstein angekündigt, auf der mein Vater sprechen sollte. Er war ein bißchen angekratzt, war heiser, das Sprechen fiel ihm schwer und nach einiger Zeit kam seine Stimme immer weniger heraus. Er war sowieso kein allzu lebhafter Redner, zudem hatte ich

Interview mit Bundestagspräsident a.D. Dr. h.c. Richard Stücklen

seine Rede schon an die zwanzigmal gehört. Er forderte mich deshalb auf, für ihn zu sprechen und das habe ich dann getan. Die Leute spendeten mir Beifall und sagten: „Der Junge kann es ja viel besser als der Alte!"
Und dann stand die Kandidatur für den ersten Bundestag an. Es mußte in Mittelfranken ein Kandidat für den südlichen Wahlkreis, der aus den Landkreisen Hilpoltstein, Eichstätt, Weißenburg, Gunzenhausen und den Städten Eichstätt und Weißenburg bestand, aufgestellt werden. Ich hörte, daß der Eichstätter Oberbürgermeister Dr. Richard Jaeger und der Amtsgerichtsrat Dr. Richard Zöller kandidieren sollten. Der Brauereibesitzer Dr. Bernreuter, ein hochintelligenter und einflußreicher Mann, lehnte diese beiden ab, weil sie Beamte waren. Er sagte zu mir, wir bräuchten für den Bundestag die wirtschaftliche Kompetenz, die wirtschaftliche, nicht die juristische, Juristen gäbe es genug. Und da wäre ich der Richtige. Er hat mich gelobt, na, dann haben sie mich halt aufgestellt.

So einfach ging das?

Aber nein, die ganze Aufstellung war sehr schwierig. Damals kam der Heilige Geist über die Bayerische Staatsregierung und sie schuf zwei Flüchtlingswahlkreise; in denen durften nur Flüchtlinge kandidieren. Sie hielt das für notwendig, denn 1949 machten die Flüchtlinge immerhin 15–17 % der Bevölkerung aus; es wurden aber zu wenige als Kandidaten aufgestellt. Deshalb schuf die Staatsregierung zwei Flüchtlingswahlkreise, die von der Militärregierung aber nicht genehmigt wurden. Die Kandidaten waren bereits alle aufgestellt und nun mußte eine Neuaufteilung der Wahlkreise erfolgen. Meinem Wahlkreis wurde der Landkreis Dinkelsbühl zugeschlagen, in dem bereits ebenfalls ein Kandidat aufgestellt war. Keiner wollte weichen, es wurde mehrmals abgestimmt, stets stand es 15 zu 15. Es mußte nun die Bezirksversammlung Mittelfranken in Nürnberg, die 90 Delegierte umfaßte, entscheiden. In Dinkelsbühl gab es einen Pfarrer Kreußel, der später Landtagsabgeordneter wurde; der ist im Landkreis bei seinen evangelischen Delegierten herumgelaufen und hat immer gesagt: „Bei der Abstimmung evangelisch wählen, evangelisch wählen!" Daraufhin kam Werner Dollinger zu mir, evangelischer Christ und Synodale und sagte zu mir: „Herr Stücklen, das ist keine Art der Union! In der Union sind beide Christen gleichwertig, man kann nicht sagen, wählt evangelisch." Das habe ich ihm nie vergessen, trotz späterer Differenzen. Die Diskussion wogte dann hin und her, ohne daß eine Entscheidung fiel. Mir wurde das alles zu viel, schließlich hatte ich einen anständigen Beruf erlernt und war auf das Mandat nicht angewiesen. Deshalb entschloß ich mich zu verzichten. Ich meldete mich zu Wort, aber der Bezirksvorsitzende Karl Sigmund Mayr hielt sich nicht an die Reihenfolge und erteilte meinem Gegenkandidaten, Fritz Bauereisen aus Ehingen am Hesseberg, das Wort. Der stand auf und erklärte: „Ich verzichte auf die Kandidatur!"

Und damit waren Sie in der Politik?

Noch nicht ganz, denn gegen meine Aufstellung, die regulär in geheimer Abstimmung stattgefunden hatte, erhob Karl Sigmund Mayr beim engeren Landesvorstand in München Einspruch, mit dem fadenscheinigen Argument, ich sei zu jung. Daraufhin sagte der Parteivorsitzende Hans Ehard zu ihm: „Karl Sigmund, da kannst du dich beruhigen, das ändert sich von Tag zu Tag zu seinen Gunsten". Damit war der Fall erledigt, ich habe kandidiert und bin mit einer Riesenmehrheit in der Bezirksversammlung als Kandidat gewählt worden.

Sie haben auch an einigen Versammlungen der CSU teilgenommen, in denen Sie die Richtungskämpfe miterleben konnten. Können Sie sich an die Landesausschußsitzung in Bamberg am 30./31. März 1946 erinnern?

Auf der einen Seite standen Schäffer und Hundhammer, die alten Vertreter der Bayerischen Volkspartei, und auf der anderen Seite Müller, Haußleiter, Horlacher und Schlögl, die Vertreter dieser neuen, modernen Volkspartei, überkonfessionell und sozial ausgerichtet, dem Reich, dem Ganzen verpflichtet. Auf dieser Tagung wurden in der übelsten Weise die Auffassungsunterschiede ins Persönliche hineingetragen, es wurden Pamphlete verteilt, Verdächtigungen verbreitet, und vor allem wurde der „Ochsensepp" wegen seiner russischen Kontakte in Berlin diffamiert. In Bamberg lernte ich erst einen Mann kennen, dessen Namen ich bisher überhaupt noch nicht erwähnt habe. Der junge Mann stand auf und rief mit lauter Stimme, er verwahre sich gegen diese Art der Auseinandersetzung, und er denke gar nicht daran, einer Partei anzugehören, die solche Kämpfe austrage, in denen von christlicher Verantwortung und von Toleranz nichts zu spüren sei. Damit müsse Schluß sein. Er erhielt von der ganzen Versammlung tosenden Beifall. Der junge Mann war Franz Josef Strauß. Er war stellvertretender Landrat in Schongau. Und weil wir zu jener Zeit, wie ich oben bereits geschildert habe, einen Landrat such-

Interview mit Bundestagspräsident a. D. Dr. h. c. Richard Stücklen

ten, und er nur stellvertretender Landrat war, dachte ich, das wäre der richtige Landrat für uns. Ich fuhr also nach Schongau ins Landratsamt und bot ihm an, bei uns als Landrat zu kandidieren. Er lehnte jedoch ab, weil er von Schongau nicht weg und dort kandidieren wollte. Dieser Punkt war schnell erledigt, aber wir lernten uns nun auch persönlich näher kennen.

Welche Rolle hat denn die Bayernpartei in Ihrem Wahlbezirk gespielt?

Ein Landsmann, der aus dem gleichen Ort kommt wie ich, Oscar Schneider, war Mitglied der Bayernpartei und hat mit Übereifer gegen die CSU und damit auch gegen mich gekämpft. Er hat sich noch bis zu den Landtagswahlen 1950 massiv für die Bayernpartei eingesetzt. Später ist er dann zur CSU gegangen, wurde 1969 in den Bundestag gewählt und war dann Minister. Es kann sich jeder politisch irren, deshalb habe ich ihn gefragt, wie er der Bayernpartei, dieser engstirnigen Partei, überhaupt Sympathien entgegenbringen könnte. Er gab mir zur Antwort, die Auseinandersetzungen in der CSU hätten ihn abgestoßen.

Aber der Streit war notwendig. Es gab den einen Teil in der Partei, der der Meinung war, er habe in der Vergangenheit für das Volk, für Deutschland, schon sein Bestmögliches gegeben, deshalb wolle er dies nun fortsetzen. Der andere Teil lehnte dies ab, mit dem Argument, die frühere Politik habe versagt, und im übrigen habe man eine neue Situation, die mit früheren nicht vergleichbar sei. Um diese gegensätzlichen Positionen wurde gestritten, und dabei ging es natürlich auch manchmal unfair zu. Aber das ist in einer Phase des Ringens um den richtigen Weg nun einmal so. Die Auseinandersetzungen waren zum Teil sehr heftig, aber ich habe selbst in verschiedenen Gremien um den richtigen Weg mitgerungen. Die Soziale Marktwirtschaft, das Einbinden der Christen der beiden großen Konfessionen in eine Partei, die Zugehörigkeit zum Vaterland, zum Reich, zu Deutschland, das waren die Themen. Es hat mich schwer beeindruckt, als der „Ochsensepp" in einer seiner Reden in Bamberg gesagt hat: „Heute und in Zukunft wird unser Vaterland ‚Deutschland' heißen!" Da konnten die Alten, Gestrigen bei mir keinen Blumentopf mehr gewinnen!

Nach den Wahlen zum ersten Deutschen Bundestag konstituierte sich in Bonn 1949 die CSU-Landesgruppe. Wie kam man gerade auf diese Form der Zusammenarbeit?

Vor dem Bundestag gab es ja den Parlamentarischen Rat und vor diesem den Wirtschaftsrat. Schon im Wirtschaftsrat haben die Mitglieder der CDU aus den anderen Gebietsteilen der Bizone oder Trizone mit den CSU-Vertretern – darunter waren Franz Josef Strauß, Max Zwicknagl und Hugo Karpf – eine Fraktionsgemeinschaft gegründet. Nach der Bundestagswahl lud Konrad Adenauer alle Landesvorsitzenden der CDU und den Vorsitzenden der CSU nach Rhöndorf ein. Vorsitzender der CSU war nicht mehr Josef Müller, sondern Hans Ehard, der sich weigerte, an der Zusammenkunft teilzunehmen. Deshalb vertraten Michael Horlacher und Franz Josef Strauß die CSU. Adenauer war damals noch nicht Parteivorsitzender der CDU. Er behauptete sogar, er wäre nicht einmal Mitglied der CDU. Als ehemaliger Oberbürgermeister von Köln und als ehemaliges Mitglied des Preußischen Staatsrates – schon in der Weimarer Zeit als Kanzlerkandidat genannt – war er eine Respektsperson. Zu dieser Zusammenkunft in Rhöndorf kam Horlacher zu spät, so daß Franz Josef Strauß die CSU allein vertrat.

Es ging um die Frage große Koalition oder kleine Koalition. Große Koalition hätte bedeutet: CDU mit oder ohne CSU und SPD. Kleine Koalition bedeutete: CDU mit oder ohne CSU zusammen mit FDP und Deutscher Partei. Eine ganze Reihe von CDU-Vertretern, allen voran Jakob Kaiser und die Christlich-Sozialen Arbeitnehmer im Rheinland, waren für die Bildung einer großen Koalition. Als Begründung führten sie an, die anstehenden Aufgaben seien so gewaltig, daß ihre Bewältigung die geballte Kraft aller Demokraten erfordere.

Wir, die Gegner einer Koalition mit der SPD, waren der Meinung, diese Koalition zwänge uns zu Kompromissen vor allem im wirtschaftlichen Bereich: Also, ein bißchen Planwirtschaft, oder Planwirtschaft und ein bißchen Marktwirtschaft. Wir waren aber von der Sozialen Marktwirtschaft als der bestmöglichen Wirtschaftsverfassung zur erfolgreichen Bewältigung der Probleme überzeugt. Zudem hatte die Soziale Marktwirtschaft 1949 im Mittelpunkt der Wahlauseinandersetzungen gestanden. Adenauer fragte Strauß: „Was sagt denn die CSU zu einer Koalition?" Strauß antwortete ihm: „Eine Koalition mit der SPD kommt nicht in Frage. Wenn die CDU eine Koalition mit der SPD eingeht, wird die CSU nicht mit der CDU gemeinsam gehen". Adenauer, der alte schlaue Fuchs, sagte: „Meine Herren, Sie haben ja gehört, was der junge Mann aus Bayern gesagt hat. Wenn wir eine Koalition mit der SPD eingehen, trennen wir uns von der CSU. Das wollen wir nicht. Wir wollen CDU und CSU gemeinsam". Damit war die kleine Koalition beschlossene Sache. Strauß berichtete uns dann später, es sei alles entschieden, es gebe keine große Koalition, die Soziale Marktwirtschaft werde durchgesetzt, Ludwig Erhard werde Wirtschaftsminister, Fritz Schäffer Finanzminister, Wilhelm Niklas Landwirtschaftsminister und Hans Schuberth Postminister.

Gibt es ein Datum, das als die „Geburtsstunde" der Landesgruppe gelten könnte?
Ende August 1949 versammelten wir uns in einem CSU-Fraktionszimmer im Bayerischen Landtag in München, um einen Vorsitzenden für unsere Abgeordnetengruppe in Bonn zu wählen. Fritz Schäffer wurde als erster Vorsitzender vorgeschlagen und ohne Gegenstimme angenommen. Es erhob sich auch keine Stimme gegen ein Zusammengehen mit der CDU und die Bildung einer gemeinsamen Fraktion, keine Stimme gegen die kleine Koalition und die Durchsetzung der Sozialen Marktwirtschaft. Als Schäffer Finanzminister wurde, einigte man sich auf Franz Josef Strauß als Nachfolger für den Vorsitz der Landesgruppe der CSU.

Können Sie von der ersten gemeinsamen Fraktionssitzung mit der CDU berichten?
Die erste Fraktionssitzung fand im Bonner Bürgerverein statt. Heute steht dort das Hotel Bristol. Es war in dem in weiten Teilen zerstörten Bonn das einzige Hotel mit einem intakten Saal. Wir hatten uns vor der Sitzung nicht abgesprochen, vielleicht wußte Strauß schon vorher einiges, aber ich ging ins Ungewisse hinein. Wir waren der Meinung, daß die Abstimmung über einen Vorsitzenden der Fraktion zunächst einmal eine Angelegenheit der CDU sei. Als die kleinere Gruppe wollten wir von der CSU erst einmal abwarten, zumal wir über die Kämpfe zwischen den Anhängern und Gegnern der großen Koalition in der CDU im großen und ganzen informiert waren.

Wir waren also versammelt und der alte Herr, Konrad Adenauer, erhob sich und sagte: „Meine sehr verehrten Damen und Herren, ich heiße Sie alle recht herzlich willkommen zur gemeinsamen Arbeit. Und ich gehe davon aus, daß Sie damit einverstanden sind, daß ich den Vorsitz übernehme". Das schlug ein! Es gab ein kurzes Gemurmel, das aber sofort wieder verstummte, denn Adenauer war Herr der Lage.

Wir haben uns dann noch einmal vor der Wahl des Bundespräsidenten versammelt. Natürlich hatte man sich bereits intern, in der Landesgruppe, darüber unterhalten, wer Bundespräsident werden soll. Daß Theodor Heuss, der Vorsitzende der FDP, darauf Anspruch erhob, hat uns eingeleuchtet. Die stärkste Partei stellt den Kanzler, die politische Führungskraft, und die zweitstärkste Kraft in der Koalition die politische Repräsentanz.

Gegen Theodor Heuss wurden aber auch Einwände erhoben?

Irgend jemand warf ihm vor, er hätte im Reichstag für das Ermächtigungsgesetz gestimmt. Der Landesgruppe gehörte auch Michael Horlacher an, der ebenfalls für das Ermächtigungsgesetz gestimmt hatte. Er sagte damals: „Wir können doch nicht diese Entscheidung von damals aus der heutigen Sicht verurteilen und verdammen. Wir haben geglaubt, daß Herr Hitler beweisen müßte, was er kann, und deshalb wollten wir ihm das Ermächtigungsgesetz nicht verweigern. Sonst hätte er die Ausrede gehabt, er könne nicht handeln. Wir waren alle überzeugt, daß Hitlers Politik bald zusammenbricht". Horlacher hat uns überzeugt, die Einwände gegen Heuss waren damit erledigt.

Karl Sigmund Mayr hatte mich vor dieser Landesgruppensitzung vor Heuss gewarnt, der unzuverlässig sei, weil er sich im Parlamentarischen Rat vehement gegen das Kreuz und das Kreuzzeichen gewandt habe. Diese Warnung blieb bei mir hängen und deshalb äußerte ich bei einer Pressebesprechung im Wahlkreis Bedenken bezüglich der Kandidatur Heuss. Dies stand dann in der Zeitung, und das haben auch die Abgeordneten der FDP gelesen. Der bayerische FDP-Abgeordnete Dr. Wellhausen von Nürnberg sprach mich darauf an und fragte mich, ob nur ich Bedenken gegen Heuss hätte, oder ob dies die Meinung der Landesgruppe sei. Ich sagte ihm, daß die Landesgruppe darüber noch nicht entschieden hätte. Daraufhin erhielt ich eine Einladung zu einer privaten Besprechung, an der Herr Blücher, der spätere Vizekanzler, Herr Wellhausen und noch ein oder zwei Mitglieder teilnahmen. Ich wurde nach dem Grund meiner Bedenken gegenüber Heuss gefragt und über den Sachverhalt mit dem Kreuzzeichen aufgeklärt. Blücher hatte das Protokoll des Parlamentarischen Rates zur Hand; es ging dort um die neue Bundesflagge. Die Wahl der Farben Schwarz-Rot-Gold war klar, aber nicht die Form der Darstellung. Man diskutierte darüber, ob man in der Mitte ein Balkenkreuz, ähnlich wie bei den Flaggen der skandinavischen Länder oder der Schweiz, anbringen sollte. Heuss riet dringend davon ab, da das Kreuz in einer Flagge politischen Charakter trage, und die Tradition der nordischen Staaten und der Schweiz nicht mit unserer vergleichbar sei. Das war der ganze

Kampf gegen das Kreuz! Danach hatte ich keine Vorbehalte mehr gegen die Wahl von Heuss zum Bundespräsidenten. In der Landesgruppe wurde über diesen Sachverhalt dann überhaupt nicht gesprochen.

Wie und wann wurde über die Besetzung der anderen Spitzenämter entschieden?
In der Fraktionssitzung, die die erste Sitzung des Deutschen Bundestages vorbereitete, schlug uns die CDU Erich Köhler als gemeinsamen Kandidaten für das Amt des Bundestagspräsidenten vor. Er war Vorsitzender des Wirtschaftsrates in Frankfurt gewesen, gegen ihn bestanden keinerlei Bedenken. In der Zwischenzeit war auch die Übereinkunft erzielt worden, daß CDU und CSU als gemeinsame Fraktion mit der FDP und der Deutschen Partei die Regierungskoalition bilden, Konrad Adenauer Kanzlerkandidat und Theodor Heuss unser Kandidat für das Amt des Bundespräsidenten wird. Heuss wurde dann erst im zweiten Wahlgang gewählt.

Dieser Wahl ging doch die Wahl zum Bundesratspräsidenten voraus, bei der es zu Querelen über die Kandidatur des Bayerischen Ministerpräsidenten Hans Ehard kam?
Adenauer hatte Hans Ehard für dieses Amt vorgesehen, aber gegen den Bayerischen Ministerpräsidenten gab es innerhalb der CDU starke Vorbehalte. Es wurde die Frage laut: „Warum sollen wir Hans Ehard zum ersten Präsidenten des Bundesrates wählen, nachdem Bayern das Grundgesetz abgelehnt hat?" Der Einwand war richtig, die Ablehnung hat auch mich immer gestört. Bereits bei der Ablehnung hatte Bayern zwar erklärt, daß es das Grundgesetz in allen seinen Artikeln anerkennt und danach handeln werde; man war mit einigen Artikeln, den Finanzartikeln, vielleicht auch mit der Neugliederung des Bundes, nicht einverstanden, aber meiner Meinung nach waren das keine ausreichenden Gründe, um abzulehnen. Adenauer, der die CSU ein bißchen liebevoll behandeln wollte, schlug deshalb Ehard als ersten Präsidenten des Bundesrates vor. Nordrhein-Westfalen führte dagegen einen weiteren nicht unwichtigen Grund an, daß im Hinblick darauf, daß der Präsident des Bundesrates Jahr für Jahr wechsle, es doch sinnvoll sei, mit dem größten Bundesland zu beginnen, und das war Nordrhein-Westfalen. Adenauer, der nicht gerade von der Arbeitnehmerseite kam, wollte sich deren Sympathien sichern und plädierte nun für Karl Arnold, den Ministerpräsidenten von Nordrhein-Westfalen. Der Arbeitnehmer-Ministerpräsident Karl

Arnold wurde dann auch zum ersten Bundesratspräsidenten gewählt. Darüber war Bayern, und besonders Hans Ehard, natürlich verärgert.

Zurück zur Rolle der CSU-Landesgruppe: Der CSU gelang es, durch diese Konstruktion in Bonn einen enormen Einfluß auszuüben.

Die Landesgruppe hatte ihren Vorgänger im Wirtschaftsrat. Im Parlamentarischen Rat traten die Mitglieder der CSU nicht als eigene Gruppe auf. Nach ihrer Etablierung in München erklärte die Landesgruppe, sie wolle mit der Fraktion der CDU eine Fraktionsgemeinschaft bilden. Das war deshalb notwendig, weil die stärkste Fraktion des Bundestages den Präsidenten stellen konnte. Es wurden uns dann gewisse Konditionen eingeräumt, wie zum Beispiel die, daß der Vorsitzende der CSU-Landesgruppe gleichzeitig der erste Stellvertreter des Fraktionsvorsitzenden ist. Die CSU stellte die Bedingung, daß das Grundgesetz nicht auf Kosten seines föderativen Charakters geändert werden dürfe. Also verpflichtete sich die CDU, bei einem Veto der CSU einer Grundgesetzänderung nicht zuzustimmen. Das waren schon gewaltige Positionen, die wir auf diese Weise erreichen konnten, ohne unsere Selbständigkeit eigentlich aufzugeben. Weitere Vorbehalte betrafen die Verteilung der Finanzmittel, die Besetzung der Ausschüsse, die Teilnahme an Koalitionsbesprechungen der CDU und die Reihenfolge der Redner der Fraktion der CDU/CSU im Bundestag. Das war der Preis, den die CDU für die gemeinsame Fraktion bezahlen mußte.

Für die CSU hat sich diese Konstruktion sehr bewährt.

Sie hat sich bewährt, bis uns der Teufel geritten hat. Das war nach der Wahl 1976!

Gab es nicht auch schon vorher leise Drohungen, die Fraktionsgemeinschaft aufzukündigen?

Bereits 1955 wurde dies erwogen! 1955 war nominell Franz Josef Strauß Vorsitzender der CSU-Landesgruppe. Da er aber einen Kabinettsposten übernommen hatte, führte ich die Geschäfte. Eine meiner Aufgaben bestand darin, für die CSU-Landesgruppe die Gespräche mit der CDU, der Koalition und Adenauer zu führen. Vorausgegangen war folgendes: Adenauer konnte 1953 Thomas Dehler nicht mehr als Justizminister in sein Kabinett aufnehmen, weil dieser als Justizminister ein Urteil des Bundesverfassungsgerichtes öffentlich kritisiert hatte. Als er ihn trotzdem erneut für dieses Amt vorschlagen wollte, verhinderten dies innerparteiliche Intrigen in der FDP. Die FDP, die bis dahin ein zuverlässiger Partner gewesen war, erhielt nun eine neue Spitze; Parteivorsitzender der FDP wurde Thomas Dehler. Dehler hat bis dahin, bis 1953, Adenauer nicht nur geschätzt, sondern ihn sogar einmal als „einen von Gott gesandten Politiker" bezeichnet, aber aufgrund dieser Vorgänge schlug seine Verehrung um. Er hat Adenauer seitdem bekämpft und versucht, die FDP mehr und mehr von der CDU zu entfernen, was von dieser nicht unbemerkt blieb.

Anfang Oktober 1955 lud Adenauer die Landesgruppe zu einem kleinen Umtrunk in seinen Park ein. Bei dieser Gelegenheit sagte er zu mir unter vier Augen, er mache sich große Sorgen über die nächste Regierungsbildung. Die FDP sei kein zuverlässiger Partner mehr, Dehler beabsichtige, die FDP aus der Koalition zu lösen. Die Deutsche Partei beginne sich aufzulösen, deren Mitglieder wollten alle zur CDU. Wir hätten demnach keinen Koalitionspartner mehr. Und da müßten wir uns überlegen, ob nicht die CSU auch in anderen Bundesländern außerhalb Bayerns als selbständige Partei antreten solle, um die Wählerschaft der FDP und der Deutschen Partei einzufangen. Ich sagte zu ihm: „Herr Bundeskanzler, das ist doch völlig ausgeschlossen. Wir, die wir in ausgezeichneter Weise zusammenarbeiten, wir haben nicht den geringsten Ärger miteinander". Da unterbrach er mich und sagte: „Herr Stücklen, dann machen wir einen Ärger". Als ich ihn fragte, ob ich mit Strauß darüber reden solle, verneinte er. Er wollte noch einmal auf mich zukommen, wenn es soweit sei. Er kam nicht mehr auf mich zu, denn die Situation entwickelte sich für die CDU hervorragend. 1957 erreichten wir dann die absolute Mehrheit. Aber Adenauer hat, soweit ich das beurteilen kann, 1955 ernsthaft erwogen, die CSU zu ermuntern, über Bayern hinaus als vierte Partei anzutreten, um eine Regierungsbildung mit der CDU auch nach einem Wegfall von FDP und Deutscher Partei zu ermöglichen.

Und wie war es dann 1976?

1976 wollte Strauß einen anderen Vorsitzenden der Landesgruppe der CSU haben. Strauß wollte mich schon 1972 ersetzen, weil ich seiner Meinung nach nicht genügend für seine Nominierung als Kanzlerkandidat gegen die CDU gekämpft hatte. Statt Barzel wollte Strauß selbst Kanzlerkandidat werden, und ich sollte das durchsetzen. Das habe ich nicht eingesehen, nicht weil ich seine Kandidatur verhindern wollte, sondern weil ich richtig beurteilt habe, daß Strauß 1972 keine Chancen hatte, Kanzler zu werden.

1976 konnte der Kanzlerkandidat nur Helmut Kohl heißen. Also brauchte Strauß jetzt jemanden, der auf seine Weisung hart gegen die CDU kämpfte, und da war Friedrich Zimmermann der Richtige. Bei einer geheimen Abstimmung 1972 habe ich mich gegen eine Ablösung als Landesgruppenvorsitzender mit großer Mehrheit behaupten können, 1976 wollte *ich* dann nicht mehr.

Kohl und Carstens hatten sich 1976 über die Besetzung des Amtes des Bundestagspräsidenten abgesprochen. Kohl sagte, daß die CSU bisher zu schlecht weggekommen sei, unter den vier höchsten Positionen – Bundespräsident, Bundestagspräsident, Bundeskanzler, Präsident des Bundesverfassungsgerichts – sei die CSU nicht vertreten. Er sei deshalb der Meinung, wenn bei den nächsten Wahlen die Union die stärkste Fraktion werde, dann sollte ein CSU-Mann Präsident des Bundestages werden, und das sollte ich sein.

Bei der Nominierung des Kanzlerkandidaten wollte Strauß wieder kandidieren, diesmal gegen Kohl. Was habe ich da mitgemacht! Eines Tages lud mich Strauß nach Rottach-Egern ein. Dort hatten sich seine Gehilfen versammelt, um über mich herzufallen und mich in die Knie zu zwingen. Ich habe auf meine Art die Interessen der CSU immer erfolgreich, erfolgreicher als viele andere, gegenüber der CDU und gegenüber Adenauer durchgesetzt, ohne daß dies an die Öffentlichkeit drang. Ich ließ mir also nichts gefallen und habe mich gewehrt, so gut es ging. Nach zwei, drei Stunden, als wir zum Essen gingen, sagte Franz Josef Strauß zu mir: „Sauber hast denen d'Schneid abkauft, sauber!".

Nach einer Vorstandssitzung, noch bevor der Kanzlerkandidat für 1976 gekürt war, informierte ich Strauß über das Angebot von Kohl und Carstens, daß sie bereit seien, der CSU nach den Bundestagswahlen 1976 das Amt des Bundestagspräsidenten zu überlassen, und daß ich das Amt übernehmen sollte. Daraufhin fragte mich Strauß, ob ich denn nicht merken würde, daß sie mich nur einkaufen wollten. Sie wollten sagen können, unter den ersten vier Ämtern sei jetzt ein CSU-Politiker vertreten, um so auf Strauß keine Rücksicht mehr nehmen zu müssen. Für Strauß stand fest, daß er für die Wahl des Kanzlerkandidaten 1976 ausgeschaltet werden sollte. Er durchkreuzte einige ihrer Pläne. Es wurde dann 1976 Carstens zum Bundestagspräsidenten und Zimmermann zum Vorsitzenden der Landesgruppe gewählt, nachdem ich nicht mehr kandidierte. Ich wurde Bundestagsvizepräsident. Nach der Bun-

Interview mit Bundestagspräsident a. D. Dr. h. c. Richard Stücklen

destagswahl 1976 war Strauß sehr unzufrieden. Er begann schon mit den Vorbereitungen für die nächste Kandidaturmöglichkeit 1980.

Und was passierte nun in Kreuth?
Nach der Bundestagswahl 1976 kam die Landesgruppe mit dem neuen Vorsitzenden zur Klausurtagung nach Wildbad Kreuth, und wir hatten alle, auch Strauß, nicht die Absicht, über die vierte Partei zu reden oder gar einen Beschluß zu fassen, die Fraktionsgemeinschaft aufzulösen. Davon war vorher keine Rede! Während der allgemeinen Aussprache – Strauß hatte eine Einführung gehalten, die ich mehr oder weniger routinemäßig ergänzt habe – meldete sich der Abgeordnete Handlos mit der Frage, ob es denn nicht besser wäre, nachdem die CDU allein stärkste Fraktion im Bundestag geworden und bei der Nominierung des Bundestagspräsidenten nun nicht mehr auf die CSU angewiesen sei, ob es da nicht besser wäre, die CSU würde als eigenständige Fraktion im Bundestag auftreten. Damit war die Diskussion, die sich bis zum nächsten Tag hinzog, eröffnet. Strauß engagierte sich nicht sonderlich dafür oder dagegen. Auch ich habe nicht viel dagegen eingewendet, aber vor der Abstimmung am nächsten Tag brachte ich doch noch die warnende Frage ein, ob die Partei einen derartigen Beschluß verkrafte. Sie werde mit diesem Beschluß, wenn er ein Trennungsbeschluß sein sollte, „kalt erwischt". Strauß merkte natürlich sofort, daß der Einwand berechtigt war, und fragte Generalsekretär Tandler, wie die Partei das verkraften würde. Dieser sagte: „Gar kein Problem". Damit war die Sache beschlossen. Künftig wollten wir eine eigene Fraktion bilden und uns damit von der Fraktion der CDU trennen. Im Hintergrund stand natürlich auch die Überlegung, dann eine vierte Partei außerhalb Bayerns zu gründen. Gesprochen wurde aber davon nicht! Jeder, der die Zusammenhänge kannte, wußte jedoch, daß dies zwangsläufig das Ergebnis sein würde. Nach diesem Beschluß kam dann der nicht sehr rühmliche Rückzieher, nachdem man bei Verhandlungen einige Konzessionen der CDU erwirkt hatte. Strauß, der 1976 nicht Kanzlerkandidat geworden war, erhielt die Bestätigung, daß er jederzeit von seiner Person und den Voraussetzungen her für eine Kanzlerkandidatur in Frage komme. Und damit war er eigentlich schon zufrieden.

Wie lief dann die Nominierung des Kanzlerkandidaten 1979 ab?
1979 fand in Bonn eine Besprechung zwischen Strauß, Zimmermann,

Boenisch, Stoiber und Tandler statt. Zimmermann und Boenisch sagten zu Strauß, jetzt müsse er für 1980 den Hut in den Ring werfen. Strauß müsse als Kandidat antreten. Und so schlau war Kohl schon lange, daß er sich 1980 gegen Helmut Schmidt nur geringe Chancen ausrechnete und deshalb Strauß kandidieren ließ, nach dem Motto: Wenn Strauß mal durchgefallen ist, dann kommt er später nicht mehr in Frage. Als ich am nächsten Tag Strauß traf, fragte er mich, ob ich aus der Presse schon von seiner Absicht erfahren habe, sich um die Kanzlerkandidatur zu bewerben, und was meine Meinung dazu sei. Ich sagte ihm, ich hätte ihm aus den eben genannten Gründen davon abgeraten. Darauf unterstellte er mir, ich sei gegen ihn. Ich sagte: „Nein, wenn du schon kandidieren willst, unterstütze ich dich selbstverständlich, darüber gibt es gar keinen Zweifel. Aber du hast mich gefragt, was ich dir geraten hätte!" Er hat es hinterher eingesehen, aber bis er das auch zugeben konnte, hat es immer so seine Zeit gebraucht.

Noch einmal zurück zu den ersten Regierungsjahren in Bonn: Wie war da Ihr Verhältnis zu Strauß?

Strauß wurde 1953 Bundesminister für besondere Aufgaben. Sein Ministerium war im ersten Stock des Museums König untergebracht und bestand nur aus einer Sekretärin, einem persönlichen Referenten und einem Fahrer. Damals hatten wir ein gutes Verhältnis, und ich habe ihn häufiger im Museum König besucht. Mit der Unterbringung „zwischen den ausgestopften Affen und Bären" war er gänzlich unzufrieden. Er schimpfte auf Adenauer, weil der ihm keinen ordentlichen Auftrag zur Übernahme des Ressorts gegeben und nur nebenbei gesagt hatte: „Herr Strauß, kümmern Sie sich um die Atomfragen". Auch sei die Ausstattung des Ressorts, das Strauß für sehr wichtig hielt, völlig unzureichend.

Gleichzeitig äußerte er auch vehemente Kritik an Bundesverteidigungsminister Blank, den er mit seinem Amt überfordert sah. Er bat mich, mit Adenauer über diese Problematik zu reden, weil ich mit Adenauer besser zurecht kam als er. Er wollte von Adenauer ordentlich mit der Übernahme des Ministeriums für Atomfragen beauftragt werden. Darüber hinaus sollte ihn Adenauer, der Vorsitzender des Verteidigungsrates war, eines inneren Kreises, der Verteidigungsfragen besonderer Art behandelte, zum Mitglied dieses Gremiums und, weil er doch Landesgruppenvorsitzender der CSU sei, zu seinem Stellvertreter machen. Ich sprach mit Adenauer, den man immer

Interview mit Bundestagspräsident a. D. Dr. h. c. Richard Stücklen

in passender Stimmung erwischen mußte, über diese Punkte. Ich schilderte ihm die Gründe für die Unzufriedenheit und die Wünsche von Strauß in bezug auf ein eigenes Ressort „Bundesministerium für Atomfragen". Ich begann dann, ihm die Verteidigungssituation zu schildern, die er besser kannte als ich, und brachte ihm die Wünsche von Strauß bezüglich des Verteidigungsrates nahe. Adenauer hat allem zugestimmt. Am nächsten Tag habe ich Strauß über das Gespräch und die Ergebnisse informiert. Daß alle Vorstellungen erfüllt wurden, konnte er kaum glauben.

Was war die große Leistung der CSU, der Partei, die Sie ja mitgegründet und aufgebaut haben?

Die CSU als Partei war aus den Gründungsüberlegungen gerechtfertigt, war notwendig und hat – wie die CDU – ganz entscheidend zur Beruhigung der konfessionellen Spannungen beigetragen. Daß heute Katholiken und Protestanten miteinander brüderlich umgehen können, war nicht zuletzt das Ergebnis der Parteigründungen CDU und CSU, durch die die Angehörigen dieser beiden großen Konfessionen aus der politischen Konfrontation zu einem gemeinsamen Handeln herausgeführt wurden. Das heißt nicht, daß alle Katholiken oder Protestanten Mitglied der Union sein müssen. Diese Parteigründungen haben letztlich auch den Weg für ein entspannteres Verhältnis im kirchlichen Raum geebnet. Und da bin ich schon ein bißchen stolz darauf, daß ich als ein Mitbegründer der CSU dazu auch beitragen konnte.

Wie wird es Ihrer Meinung nach mit der CSU in den nächsten 50 Jahren weitergehen?

Wir haben keinen Eisernen Vorhang mehr, der Eisblock zwischen Ost und West ist geschmolzen, wir sind durch die Wiedervereinigung ein großer Staat geworden, der eine bedeutende Wirtschaftskraft und viel Vertrauen in der Welt besitzt. Das Zutrauen, das die anderen Staaten zu Deutschland haben, müssen wir in der richtigen Weise, ohne Spekulationen und ohne Experimente, wachsam hüten und durch eine solide Politik auch in den kommenden Jahrzehnten vertiefen. Wir sind ein Teil dieser Welt, wir sind sogar ein entscheidender Teil im europäischen Bereich, und wir haben eine besondere Verantwortung.

Zur Person: Dr. h.c. Richard Stücklen, siehe Kurzbiographien: Die Vorsitzenden der CSU-Landesgruppe.

Interview mit Senatspräsident a.D. Dr. Hans Weiß

Herr Dr. Weiß, wie und wo haben Sie 1945 das Kriegsende erlebt?
Ich war zufällig in München und habe das Kriegsende hier erlebt. Ich konnte vom Militär direkt zu meinen Eltern gehen. In ihrer Gegend war zwar viel zerstört, aber mein Elternhaus war großenteils intakt, nur das oberste Stockwerk war ausgebrannt. Mein Vater und meine Mutter selbst waren wohlauf.

Sie gehören zu den Mitbegründern der CSU in München. Wie sahen Ihre ersten Unternehmungen nach Kriegsende aus?
Man hat sich wohl zuerst auf die eigene Vergangenheit besonnen. Ich bin geborener Münchner und war aktiv in der katholischen Jugendbildung, die sich nun aus denjenigen, die wieder in München waren, neu formierte. Und es waren erstaunlicherweise gar nicht so wenige, die sich auch für politische Zirkel interessierten. Darunter befanden sich auch bereits die politischen Zirkel mit Josef Müller und Fritz Schäffer.

Wie sind Sie in diese politischen Zirkel hineingekommen?
Dies geschah in einer Reihe von persönlichen Begegnungen. Man hat mich auf die Zusammenkünfte bei Josef Müller in der Gedonstraße aufmerksam gemacht, und dort habe ich dann regelmäßig an Gesprächen teilgenommen. Dort lernte man die Leute eben kennen. Dann ist es schon bald mit der Parteigründung losgegangen. Es wurde furchtbar viel geredet, es gab heftigste Gegensätze zwischen manchen ehemaligen Vertretern der Bayerischen Volkspartei und liberaleren Kräften. Josef Müller hat versucht, sie alle unter einen Hut zu bringen. Im Endeffekt ist das Ganze auch gelungen, aber rückblickend bin ich doch erstaunt, wie selbstverständlich das Konzept von einer überkonfessionellen Partei bei den meisten war.

Weshalb dachte man nicht mehr ernsthaft an die Wiederbegründung einer konfessionellen Partei?

Durch den Krieg und die ganzen Erlebnisse im Dritten Reich hat man bereits nicht mehr so stark konfessionell unterschieden.

War es für Sie 1945 gleich klar, sich politisch zu engagieren?

Für mich war völlig klar, daß man sich politisch betätigen muß. Eine ganze Reihe von Freunden dachte ebenso. Wer die Zeit des Nationalsozialismus erlebt hat, war daran interessiert, daß so etwas nicht wieder passiert. Für mich und für viele war das Schlüsselerlebnis 1945: Der Krieg ist aus! Man wollte einfach keine extremen politischen Auffassungen mehr, weder Nationalsozialisten noch Kommunisten oder sonst etwas. Die Teilnehmer in den Gesprächszirkeln – das war ja nicht nur die Gedonstraße – wollten keinen Zentralismus mehr, der in Deutschland noch nie zu etwas Gutem geführt hat.

Auffällig viele der jüngeren Münchner CSU-Gründer kamen aus der katholischen Jugendbewegung? Haben Sie sich alle gekannt? Ist das Zufall?

Wir haben miterlebt, wie die katholischen Jugendorganisationen verboten wurden, und sind dann natürlich besonders zusammengewachsen, zumal wir insgeheim alle bis Kriegsbeginn noch aktiv waren. Wir hielten untereinander Kontakt, überlegten zusammen, wie man sich nach dem Verbot unserer Organisationen vor der Hitlerjugend drücken konnte. Auch der Krieg selbst hat seinen Teil dazu beigetragen, daß man schon gewisse Vorstellungen entwickelte. Wenn man nicht als belastet galt – die Jugend fiel bis zu einem bestimmten Jahrgang automatisch aus dem Entnazifizierungsgesetz heraus –, dann konnte man sich an die Arbeit machen.

Wie sah 1945 Parteiarbeit aus? Wie haben Sie Mitglieder angeworben?

Man hat in seinem Bekanntenkreis mit diesem und jenem geredet und ihn zur Mitarbeit aufgefordert. Das geschah alles durch Mundpropaganda, es gab ja kein Papier. Die ersten Plakate erhielten wir im Januar 1946 zur ersten Gemeindewahl, aber das hatte mit der Parteigründung an sich nichts zu tun.

Es wurden doch auch politische Versammlungen durchgeführt. Haben Sie diese nur in München oder auch auf dem Land abgehalten?

Selbstverständlich organisierten wir Versammlungen zunächst nur in

München, denn hier kannte ich die Leute, hier war mein Betätigungsfeld. Es gab kaum Verkehrsmittel, man hätte schon ein Auto haben müssen, um Versammlungen auf dem Land abzuhalten.

Sie organisierten die CSU vor allem in Ihrem Wohnbezirk Haidhausen. Wieviele Mitglieder konnten Sie hier gewinnen?
In Haidhausen, das aus historischen Gründen nicht die CSU-freundlichste Gegend war, konnten wir doch starke Zuwächse verzeichnen. Nach dem ersten halben Jahr hatten wir in den beiden Ortsgruppen schon etwa 150 oder 160 Mitglieder, was für Münchner Verhältnisse eine sehr große Zahl war.

1946 waren Sie auch Kreissekretär der CSU München.
Die Mitarbeit im Kreissekretariat war halb ehrenamtlich; ich habe sie aufgegeben, weil ich mein Studium beenden wollte. Die Tätigkeit als Ortsvereinsvorsitzender hat mir damals genügt. Später bin ich dann Kreisvorsitzender von München-Ost geworden. Da haben wir schwer gearbeitet, das muß ich schon sagen.

Gab es für Sie 1945, als die CSU gegründet wurde, keine Alternative? Haben Sie nie erwogen, einer anderen Partei beizutreten?
Ich erwähnte bereits, daß extreme Auffassungen meinem Denken nicht entsprachen. Für mich waren die entscheidenden Kriterien: christlich, stark föderalistisch, ja nicht zentralistisch.

Und separatistisch?
Auch das Separatistische hat eine Rolle gespielt. Aber darüber hinaus haben wir als junge Menschen – das klingt jetzt vielleicht etwas komisch – auch schon europäisch gedacht. Es gab damals bereits Demonstrationen für Europa. Den europäischen Gedanken, die Vorstellung, daß Europa zusammenfinden müsse, damit sich so etwas wie der Nationalsozialismus nicht wiederholen kann, haben wir in vielen Gesprächen immer wieder diskutiert.

Gab es in München auch eine Diskussionen über den Namen der neuen Partei?
Über die Bezeichnung ist ein bißchen herumgeredet worden. Die CSU ist ja einen etwas anderen Weg gegangen als die CDU. In der Münchner CSU

hat zum Beispiel der Begriff „Sozialismus" nie eine Rolle gespielt, ich habe nie eine positive Äußerung zugunsten des Begriffs „sozialistisch" gehört. In Augsburg bezeichnete man sich als „Christliche Union" mit der Begründung, ein Christ müsse sowieso sozial sein. Ein Einwand betraf den Begriff „Union", der doch protestantisch sei, weshalb man sich doch besser „Christlich-soziale Liga" nennen solle. Auch „Bayerische Volkspartei" ist vorgeschlagen worden. Das waren aber nur Diskussionen am Rande, die keine große Rolle gespielt haben. Auf den Namen „Christlich-Soziale Union" hat man sich sehr schnell geeinigt, im August 1945 war man sich hierüber bereits im klaren.

Warum bezeichneten Sie die Partei nicht als demokratische Union wie die CDU? Oder wußten Sie damals von deren Namenswahl noch nichts?
Wir waren sehr zufrieden, daß wir einen anderen Namen hatten als die anderen Parteien außerhalb Bayerns. Es gab schon Verbindungen zu den außerbayerischen Parteien, auch wenn sie nicht besonders zahlreich und vielfältig waren. „Christlich-Demokratische Union", also, eine undemokratische Partei war ja nun gar nicht denkbar!

Wie haben Sie die Auseinandersetzungen um die Richtung der Partei miterlebt?
Das waren schwere Auseinandersetzungen, wobei aber eines immer klar war, man wollte nicht sprengen, es sollten schon alle Flügel beieinander bleiben. Aber es ist natürlich schon gekämpft worden! Nehmen Sie die Vertreter des stark konservativen Flügels, Fritz Schäffer und Alois Hundhammer. Die beiden waren ja die Verantwortlichen in der Bayerischen Volkspartei bis 1933 und wollten das wesentliche Gefüge der BVP in die Nachkriegszeit hinüberretten. Dann gab es, wie überall, auch bei uns Zentralisten. Es dauerte Jahre, bis die Flügel zusammenwuchsen und keiner mehr an eine Trennung dachte. Hier spielte das Erstarken der Bayernpartei dann eine wesentliche Rolle.

Gegen die „Rückkehr der alten Männer" haben sich in der CSU gerade die jüngeren Mitglieder immer wieder ausgesprochen, und dabei auch nicht mit Vorwürfen wegen ihres Versagens in der Weimarer Republik gespart.
Das war zum Teil ein Generationenkonflikt, aber natürlich wollte man etwas Neues. Man konnte doch die ganze jüngere Geschichte nicht einfach wegdiskutieren und genau da wieder anfangen, wo man zwölf Jahre vorher

aufgehört hatte. Die Altpolitiker, die natürlich politische Erfahrung mitbrachten und vor 1933 im Reichstag oder im Landtag auch eine gewisse Stellung innehatten, haben natürlich versucht, sich neue Positionen aufzubauen. Manche konnten sich von der eigenen politischen Vergangenheit – nicht Nazivergangenheit! – ja überhaupt nicht trennen, und deren politische Ansichten konnte man als junger Mensch gar nicht vertreten.

Sie waren Mitglied im Dienstags-Club, in dem sich die jungen CSU-Mitglieder getroffen, diskutiert und dabei vor allem gegen die Führung der Partei und gegen Josef Müller gewettert haben. Der Dienstags-Club unterstützte den Schäffer/ Hundhammer-Flügel.

Im Dienstags-Club waren nur junge Leute, der älteste war Richard Jaeger. Die jüngsten Mitglieder besuchten noch das Gymnasium, sie gehörten aber nicht dem internen Kreis an. Selbstverständlich haben wir geschimpft – nicht alle Mitstreiter in der CSU waren Idealfiguren. Josef Müller war Parteichef, dem man die Verantwortung zuschob, wenn etwas schief gelaufen oder nicht richtig erkannt worden ist. Zudem hatte man damals unserer Meinung nach zu viele Fremde aufgenommen. Daraus entwickelte sich manche Aversion, auch gegen Josef Müller, den ich menschlich sehr hoch geschätzt habe und schätze. Kritik erregten vor allem seine angeblichen Verbindungen zu den Amerikanern und zu den Russen. Diese Kontakte waren sicher notwendig, aber das erkannten damals viele nicht; sie lösten zu viele Emotionen aus. Müller hatte seine Verbindungen schon frühzeitig genutzt und sich zum Beispiel 1945 für die Entlassung Hundhammers aus der Kriegsgefangenschaft eingesetzt. Er und Schäffer, der damals noch Ministerpräsident war, mußten viel unternehmen, damit Hundhammer frühzeitig entlassen wurde.

Die Diskussionen und Kämpfe über die Richtung haben sich über Jahre erstreckt und waren nicht selten von großer Boshaftigkeit. Vieles kann man nur aus dieser Zeit erklären, das ist gar nicht anders möglich.

Der Müller-Flügel in der CSU stand für das Überkonfessionelle, Liberale, mehr auf das „Reich" hin Orientierte.

Bei separatistischen Vorstellungen wurde der „Ochsensepp" böse. Aber ich kann mich dunkel erinnern, wie er sich mit Vehemenz gegen Adenauer gestemmt hat, als dieser versuchte, die bayerische CSU in die CDU aufzunehmen, so sehr Müller sonst die Zusammenarbeit auch gewünscht hat.

Der Dienstags-Club unterstützte aber doch nachhaltig die Seite von Hundhammer und Schäffer?
Ja.

Sie wurden dann 1950 persönlicher Referent des Bayerischen Justizministers Josef Müller.
Ich habe Jura studiert und kam in den Justizdienst. Müller hat mir die Stelle eines persönlichen Referenten angeboten und ich habe angenommen. Auch vorher hatte ich gegen ihn nicht nur opponiert. Er hat sicherlich taktische Fehler gemacht, aber ich habe vom „Ochsensepp" persönlich viel gehalten, zumal ich dann immer mehr von seiner persönlichen Leidensgeschichte erfahren habe.

Wie haben Sie davon erfahren? Hat er Ihnen davon selbst erzählt?
Später, als ich persönlicher Referent war, hat er mir selbst davon erzählt. Aber schon vorher erfuhr ich viel aus erster Quelle, denn in der Gedonstraße trafen sich auch einige Angehörige von Mitinhaftierten und Opfern des 20. Juli.

Wie schätzen Sie die Bedeutung Josef Müllers für die CSU ein? Wäre sie ohne ihn gegründet worden?
Er hatte ein gewisses Charisma, stieß aber auch auf Ablehnung. Er trug entscheidend dazu bei, daß nicht allein die alten Kräfte der früheren BVP die Politik bestimmen konnten. Auch setzte er sich dafür ein, daß man sich nicht auf kleine Zirkel beschränkte, was natürlich alles mit seinen eigenen persönlichen Erlebnissen zusammenhing.

Welche Rolle spielte denn die christliche Religion für Müller?
Sie hatte eine große Bedeutung für ihn, er war ein sehr gläubiger Christ, aber das erzählt man von ihm ja meistens nicht.

Die Gründung einiger CSU-Verbände wurde von Geistlichen beider Konfessionen initiiert. Wie war 1945 das Verhältnis zu den Kirchen?
Solche Gründungen hat es viele gegeben. Einige Geistliche haben sich sehr stark für die CSU engagiert, wie der katholische Pfarrer Emil Muhler, der auf der Seite des „Ochsensepp" stand. Selbst der Fraktionsvorsitzende der CSU

im Landtag, der Bamberger Prälat Georg Meixner, war ja ein Geistlicher, was zu manchen Auseinandersetzungen geführt hat. Muhler kämpfte leidenschaftlich auf der ersten Landesausschußsitzung in Bamberg, auf der die beiden Flügel aufs heftigste miteinander gestritten haben. Emil Muhler hielt dann zwar eine Messe, aber im Anschluß daran wurde weitergestritten. Franz Josef Strauß, der auf dieser Versammlung ganz hinten saß, ist aufgestanden und hat mit Stentorstimme gerufen, daß die Rauferei jetzt ein Ende haben müsse. Bis sich die Flügel allmählich näher kamen, mußte sich die CSU wirklich zusammenraufen.

Einer der Hauptvorwürfe, der damals immer wieder erhoben wurde, war der, daß das Programm der CSU zu dünn sei, daß alles planlos ablaufe, was wiederum im Interesse von Müller liege.

Meiner Meinung nach sind die Wissenschaftler, die das berufsmäßig unternehmen müssen, die einzigen, die alle Parteiprogramme durchgelesen haben. Im übrigen schätze ich die kürzeren Programme sehr viel mehr als die längeren – je länger sie sind, umso mehr Fehler enthalten sie. Man muß den Leuten mit verhältnismäßig knappen Worten das Entscheidende mitteilen können. Ich war immer für kurze, prägnante Aussagen, auch damals schon. Es geht mir hier wie diesem spartanischen König, der einer Delegation nach einer weitschweifigen Rede antwortete: „Den Anfang habe ich vergessen und das Spätere nicht verstanden, weil ich den Anfang vergessen habe."

Es gab am Anfang zwei programmatische Darlegungen, die völlig ausgereicht haben. Eine davon war das Zehn-Punkte-Programm, eigentlich eine Kurzfassung eines Programms.

Neben den ganzen Richtungsstreitigkeiten gab es am Anfang auch Probleme mit der Besatzungsmacht.

Mit Sicherheit ist die CSU von der Besatzungsmacht nicht sehr gefördert worden, da sind andere Parteien besser weggekommen. Man kann nicht verallgemeinern, aber einige Besatzungsoffiziere sind der CSU nicht immer wohlwollend entgegengekommen. Öffentliche Veranstaltungen mußten zunächst genehmigt werden, aber nach der Zulassung der Parteien durfte man sich dann auch so versammeln. Ich persönlich hatte keine Schwierigkeiten mit der Besatzungsmacht.

1945 und 1946 gab es innerhalb der CSU massive Auseinandersetzungen um die neue Bayerische Verfassung, um die Einsetzung eines Staatspräsidenten, die Schaffung einer Zweiten Kammer und das Mehrheitswahlrecht.

Südlich der Donau fand der Vorschlag, einen eigenen Bayerischen Staatspräsidenten einzusetzen, viel mehr Verständnis als nördlich der Donau. Dieser Punkt war natürlich auch Teil des Richtungskampfes. Bei der Frage der Zweiten Kammer war dies schon wieder anders. Man wollte eine Zweite Kammer als Regulativ zur Ersten Kammer schaffen. Im Dritten Reich gab es ja nur eine Partei und der Wunsch nach einer Zweiten Kammer resultierte auch aus einer gewissen Aversion gegen die Einparteienherrschaft. Ursprünglich dachte man an eine echte Zweite Kammer, die sich aufgrund eigener Wahlen konstituieren sollte. Der Senat war dann ein Kompromiß. Ich trat für eine Zweite Kammer ein, weil nicht eine Partei oder ein Parlament allein über alles bestimmen sollten. Deshalb war nach meiner Meinung eine solche Institution notwendig. Heute bin ich mehr denn je ein Anhänger einer Zweiten Kammer, wenn möglich mit mehr Zuständigkeiten, damit sie ein gewisses Regulativ bilden kann.

Als die Zweite Kammer damals in Form des Senats in Bayern eingeführt wurde, haben Sie ihn als „gänzlich einflußloses Organ" abgelehnt. Sie waren dann später zwölf Jahre lang sein Präsident. Wie sehen Sie die Rolle des Senats heute?

Ich habe mich nie allzu schwer damit getan, mich auf die echten Zuständigkeiten des Senats zu beschränken. Ich habe diesbezüglich mit Ministerpräsident Franz Josef Strauß einige Gespräche geführt und erreicht, daß die Staatsregierung auch in einigen weiteren Angelegenheiten als damals üblich die Meinung des Senats einholen wird. Aber mit Ausnahme der USA haben die Zweiten Kammern ja nirgends die gleiche politische Wirksamkeit und ein gleich starkes Erscheinungsbild wie die Ersten Kammern. Im Dezember 1947 ist der Bayerische Senat zum ersten Mal zusammengetreten, und damals hielt ich ihn für gänzlich einflußlos. Wenn man durch sein Votum nichts beeinflussen und entscheiden kann, dann kann man auf Dauer keine Wirksamkeit entfalten. Das war damals meine Meinung.

Wie sehen Sie das heute nach Ihrer Tätigkeit als Senatspräsident?

Ich kann mir selbstverständlich vorstellen, daß man den Entscheidungen des Senats, seinem Votum, mehr Folge leisten müßte. Aber ich möchte hier nicht auf Einzelheiten eingehen, denn ich bin nicht mehr in diesem Amt.

Interview mit Senatspräsident a. D. Dr. Hans Weiß

1952 wurden Sie Oberbürgermeister von Bad Kissingen, ein Amt, das Sie 32 Jahre lang ausgeübt haben. Wie sind Sie denn zu diesem Amt gekommen?
Das ist ganz einfach. Ich wollte immer eine politische Aufgabe übernehmen, in die ich auch meine berufliche Ausbildung einbringen konnte. Als ich dann persönlicher Referent des Bayerischen Justizministers war, sprach mich 1951 der Bad Kissinger Landtagsabgeordnete und Landrat Hofmann an, und fragte mich, ob ich an der Kandidatur für das Oberbürgermeisteramt in Bad Kissingen interessiert wäre. Der amtierende Oberbürgermeister war bereits 74 Jahre alt und wollte nicht mehr aufgestellt werden. Ich habe mir das überlegt, mit einigen Stadträten und Bürgermeistern gesprochen und dann zugesagt. Anschließend bin ich dort hingefahren, habe mich vorgestellt und wurde als Kandidat aufgestellt. Die Wahl habe ich mit 63 % gewonnen. Die Arbeit in Bad Kissingen hat mir sehr viel Freude gemacht. Es gab ja auch viel zu tun. 1954 wählte man mich zum ersten Bezirkstagspräsidenten von Unterfranken. 1966 wurde ich dann in den Bayerischen Landtag gewählt. Das Landtagsmandat mußte ich aber 1970 wegen der Inkompatibilität wieder aufgeben. Ich blieb lieber in der Kommunalpolitik, das war für mich immer die Basis.

Was hielten Sie als Kommunalpolitiker von der bayerischen Gebietsreform?
Als Vorsitzender des Bayerischen Gemeindetages mußte ich mich genügend damit auseinandersetzen. Die ursprünglichen Pläne sahen zuerst eine Zusammenlegung der mehr als 6.000 Gemeinden vor, nach der dann in Bayern vielleicht noch 80 Gemeinden übrig geblieben wären. Das war ja ein Irrsinn! Aber daß die ganz kleinen Gemeinden aus finanziellen Gründen die Arbeit nicht mehr leisten und die heutigen Verwaltungsansprüche nicht mehr erfüllen konnten, war auch klar. Die ganze Reform ist etwas überzogen worden. Unter der Regierung von Ministerpräsident Strauß wurde wieder einiges zurückgeschnitten. Im wesentlichen, vor allem bezüglich kleiner Gemeinden, waren gewisse organisatorische Veränderungen unerläßlich.

Sie waren von Anfang an ein enger Freund von Franz Josef Strauß. Wie würden Sie seine Rolle und Bedeutung für die CSU beschreiben?
Ich habe ihn Ende 1945 kennengelernt und war dann viel mit ihm zusammen, als er Generalsekretär geworden ist. Ich schätze ihn heute noch. Er hatte wie jeder Mensch seine Schwächen, aber ich habe immer sehr, sehr viel von ihm gehalten. Er war blitzgescheit und einer der treibenden Motoren der

CSU. Ich glaube kaum, daß die CSU diese politische Bedeutung ohne Strauß erlangt hätte. Er hat die CSU entscheidend mitgeprägt. Darüber sollen die Leistungen anderer wie zum Beispiel Hanns Seidel nicht vergessen sein.

Was waren die entscheidenden Punkte?
Ich denke, daß die CSU ihre Kontinuierlichkeit bewahren und sich in ihren Grundsätzen weiter entfalten und modern werden konnte. Das hat Strauß auch als Generalsekretär in schwierigster Zeit, nach der Währungsreform, grandios bewerkstelligt. Darüber hinaus war er ein begnadeter Redner, der die Leute zu begeistern vermochte. Er konnte 10.000 Menschen zusammenbringen. Er war von einer körperlichen Leistungsfähigkeit, von der geistigen will ich gar nicht reden, die nicht jeder hat. Ich habe Strauß hoch geschätzt, auch als Freund. Aber ich habe weder ihn noch einen anderen Auswärtigen reden lassen, wenn es um meine Person im Kommunalwahlkampf ging. Die Leute sollten ja mich wählen, nicht Strauß, Goppel oder sonst jemanden.

Sie erwähnten Hanns Seidel, wie schätzen Sie ihn ein?
Seidel ist oft nach Bad Kissingen gekommen, ich kannte ihn gut. Seine Bedeutung für die CSU war enorm wichtig, er ist einer der Großen der CSU, die er wieder auf die Füße gestellt hat. Als die CSU 1954 gegen die „Viererkoalition" in die Opposition geriet, sorgte Seidel als Oppositionsführer für neuen Wind. Er hat den Grund für die moderne CSU gelegt. Leider ist er zu früh gestorben.

Müller, Seidel und Strauß gehörten der Richtung oder dem Flügel an, dessen Ideen und Vorstellungen sich in der CSU letztendlich durchgesetzt haben.
Die Zeit der BVP war 1945 vorbei. Bis das auch die Betroffenen gemerkt haben, dauerte es seine Zeit.

Wie haben Sie die Auseinandersetzung mit der Bayernpartei erlebt?
Da kann ich weniger erzählen. Ich habe nur einmal Joseph Baumgartner bei einer Rede im Zirkus Krone erlebt. Meiner Meinung nach hätte man die Entstehung der Bayernpartei vielleicht verhindern können, denn das Bayerische, das gute Bayerische, das selbstverständlich Bayerische war als Kern bei der CSU immer vorhanden.

Bei einer Reihe von Entscheidungen gewinnt man den Eindruck, daß sie letztendlich aus Konkurrenz zur Bayernpartei so getroffen wurden. Als Beispiel kann vielleicht das Bündnis mit der CSU-Saar dienen, die ihre Fühler auch zur Bayernpartei ausgestreckt hatte.

Die Saarpartei war eine taktische Angelegenheit, bei der Hanns Seidel und Friedrich Zimmermann die Verhandlungen geführt haben. Wie heißt es so schön, Konkurrenz belebt das Geschäft und beflügelt das eigene Denken.

Fehlt jetzt die Konkurrenz?

Die fehlt, aber nicht nur in Bayern. Eine Demokratie muß sich immer wieder neu bewähren, und man kann sich eben besser bewähren, wenn man einen Konkurrenten hat, der den Finger auf die Schwächen legt.

In der Amtszeit von Kultusminister Ludwig Huber war in Bayern die Konfessionsschule das große Thema, dessen Lösung sich jahrelang sehr schwierig gestaltete.

Ludwig Huber war von Anfang an bei der CSU dabei. Er besuchte damals, als ich ihn kennenlernte, noch das Gymnasium. Er wurde bald ein erfolgreicher junger Mann, der eine große Karriere gemacht hat. Als Kultusminister vertrat er in der Frage der christlichen Gemeinschaftsschule oder Konfessionsschule mehr die klerikale Seite. Die langjährigen Auseinandersetzungen, die zu einer völlig verfahrenen Situation geführt hatten, beendete dann Franz Josef Strauß. Er löste dieses Problem, das eigentlich keines der CSU, sondern eines der Kirchen und des bayerischen Konkordats war, mit Bravour.

Für die CSU heute stellt sich die Frage nach einem stärkeren Mitwirken der Frauen. Wie sah es in der Gründungsphase der Partei mit dem Frauenanteil aus?

Der Frauenanteil war gering. Spontan fällt mir Maria Probst ein, deren Mann vor dem Krieg Abgeordneter war und der gegen Kriegsende gefallen ist. Nach dem Krieg wurde Maria Probst selbst Abgeordnete, zuerst im Landtag, dann im Bundestag. Sie wurde nicht umsonst in ihrem Wahlkreis mit „Maria hilf" und in den Ministerien und Behörden mit „Maria Heimsuchung" betitelt. Sie engagierte sich leidenschaftlich für Leute, die ihre Hilfe brauchten. Sie war eine eindrucksvolle Persönlichkeit.

Ansonsten lag der Frauenanteil bei den Parteimitgliedern wohl bei 10–15 %. Damals war es eben meist so, wenn der Mann einer Partei beitrat, tat seine Frau das nicht.

Der Frauenanteil kam aber doch auch nur deshalb in der genannten Höhe zustande, weil einige männliche CSU-Mitglieder ihre Frauen oder Töchter mit eingeschrieben haben.

Das hat es auch gegeben. Wenn man einen bestimmten Namen gebraucht hat oder stärkere Mitgliederzahlen, dann sind sie der Partei beigetreten. Aber sonst hat es genügt, wenn der Mann dabei war. So war die Rollenverteilung. Das hatte aber nichts mit Frauenfeindlichkeit zu tun, sondern mit der damals vorherrschenden Grundeinstellung, nach der die Frau in die Familie gehörte. Das galt aber damals allgemein, nicht nur für die CSU. Heute hat sich diese Einstellung natürlich völlig geändert.

Wenn Sie auf 50 Jahre CSU-Geschichte zurückblicken, würden Sie dieser Partei wieder beitreten?

Ich würde wieder zur CSU gehen. Es hat sich zwar einiges geändert, aber keine andere Partei würde mir mehr zusagen als die CSU. Ich brauche für mein politisches Denken und Handeln eine grundsätzliche Weltanschauung. Und ich wüßte nicht, welche andere Partei mir dies geben könnte. Ich würde die CSU bestimmt wieder mitgründen, und wenn sie schon gegründet wäre, würde ich mit Sicherheit dieser Partei angehören.

Was waren die Leistungen der CSU, die Sie so überzeugt haben?

Erstens einmal, daß ein gesunder Föderalismus entstanden ist! Und das Zweite ist, daß es der CSU immer gelang, ihre eigenen Vorstellungen im Bund nicht nur publik zu machen, sondern in Zusammenarbeit mit der CDU auch vielmals durchzusetzen. Aufgrund ihrer Selbständigkeit und Geschicklichkeit gelang es der CSU, wichtige Positionen zu besetzen und damit der bayerischen Politik Einfluß zu erhalten. Im Rückblick muß man schon sagen, die Kämpfe haben sich gelohnt; die Partei war im großen und ganzen immer erfolgreich.

Sehen Sie denn auch Versäumnisse?

Große Schattenseiten kann ich nicht entdecken. Die CSU muß sich in manchen Dingen immer wieder grundsätzlich mit der CDU auseinandersetzen, auch in der Frage des Föderalismus. Die CSU muß an einem wirklich überzeugenden Föderalismus festhalten.

Vielleicht hätte man auch bei der Industrialisierung Bayerns, die eigentlich das große Werk von Franz Josef Strauß war, noch das eine oder andere Unternehmen nach Bayern holen können. Aber im großen und ganzen hat man die durch den Krieg geschaffene Situation gut gemeistert.

Und wo sehen Sie die Aufgaben für die Zukunft?
Vor allem im Blick auf das ehemalige Jugoslawien ist für mich „Europa" die zentrale Aufgabe der Zukunft.

Was wünschen Sie der CSU zum 50. Geburtstag?
Es sollte weiterhin nicht unbemerkt bleiben, daß Politik viel mit Verstand zu tun hat. Auch wenn dieser Beschränkungen ausgesetzt ist, muß Politik, will sie der Zukunft standhalten, mit Verstand gemacht werden, nicht mit Gefühl allein und auch nicht mit einer Ideologie. Strauß sagte einmal bei einer Landesversammlung: „Ideologie, die haben die anderen; wir haben eine Weltanschauung". Typisch Strauß! Er hat tosenden Beifall erhalten, wobei sich gewiß nicht alle über den Unterschied im klaren waren.

Zur Person: Dr. Hans Weiß, geb. am 12. 12. 1919 in München, 1952–1984 Oberbürgermeister von Bad Kissingen, 1966–1970 Mitglied des Bayerischen Landtags, 1972–1984 Vorsitzender des Bayerischen Gemeindetags, 1972–1993 Mitglied des Bayerischen Senats, 1982–1993 Präsident des Bayerischen Senats.

Interview mit Bundesminister a. D. Dr. Friedrich Zimmermann

Herr Dr. Zimmermann, Sie waren bei Kriegsende noch nicht ganz 20 Jahre alt. Wo haben Sie das Kriegsende erlebt? Wann sind Sie nach München zurückgekommen?

Anfang 1945 bin ich von der Fahnenjunkerschule I der Panzertruppen in Wischau bei Brünn in Marsch gesetzt worden zur OKH-Führerreserve nach Döllersheim bei Wien. Wenige Stunden vor meinem Abmarsch aus Brünn kam die Mitteilung, daß die Russen vor Wien stünden; daraufhin hieß mein Marschziel Rosenheim. Wenige Tage vor meiner Ankunft in Rosenheim waren die Amerikaner in München, und die Sache war vorbei. Ich hatte Glück und konnte das Kriegsende in der bayerischen Heimat erleben. Zur Entlassung mußte ich dann ein paar Monate später in das zuständige Entlassungslager Fürstenfeldbruck.

Sie waren dann bereits im Mai wieder in München?

Ich bin im Mai wieder nach München gekommen. Mein Elternhaus in der Waisenhausstraße war fast unbeschädigt und mein Vater war wohlauf. Meine Mutter war bereits während des Krieges mit ganz jungen Jahren gestorben. Nach ein paar Wochen ging ich als Volontär zur Deutschen Bank und im Januar 1946, als das erste Nachkriegssemester an der Münchner Universität begann, nahm ich das Jurastudium auf. Es waren gut zehn Jahrgänge, von 1915 bis 1925, also alles Kriegsteilnehmer, in einem Referendarjahrgang zusammengefaßt. Ich nenne ein paar Namen: Dr. Maximilian Hackl, langjähriger Vorstandsvorsitzender, jetzt Aufsichtsratsvorsitzender der Bayerischen Vereinsbank, Dr. Arendts, das gleiche bei der Bayerischen Hypotheken- und Wechselbank, Dr. Närger, langjähriger Finanzchef und Aufsichtsratsvorsitzender von Siemens, Oberst Dr. Acker, persönlicher Adjutant von Franz Josef

Strauß. Wir waren über vierhundert. Auch ein paar zukünftige Politiker waren dabei, wie Hans-Jochen Vogel, Andreas Grasmüller und Friedrich Zimmermann. Wir hatten das Glück, im ersten Jahr drei Trimester machen zu können, das heißt, die Hälfte der Semester zum Referendarexamen konnten wir in einem Jahr hinter uns bringen. Die damaligen Studienbedingungen sind mit den heutigen nicht zu vergleichen. Mit der umgefärbten Uniform bekleidet, sind wir auf den eiskalten Stufen des Audimax gesessen. Es gab weder ein Buch noch ein Skript. Es kam mir zugute, daß ich im Wittelsbacher Gymnasium den Kurzschriftkurs belegt hatte. Stenographieren zu können, hat mir unglaublich geholfen, auch später. Immer wenn Franz Josef Strauß und ich uns gegenseitig etwas Wichtiges zustecken wollten, haben wir stenographiert.

Wie kamen Sie denn in Kontakt mit der Politik?
Ein Bekannter aus meiner näheren Umgebung in Neuhausen, Dr. Walter Steinberger, fragte mich, ob ich nicht einmal zu einer Versammlung mitgehen möchte, es würden der „Ochsensepp" und Franz Josef Strauß sprechen. Wir sind dann zu dritt, das weiß ich noch wie heute, zu dieser Versammlung gegangen und haben die beiden Redner gehört. Alle diese Versammlungen fanden damals in der allerersten Zeit in der Schwabinger Brauerei, wo heute das Hertie-Hochhaus steht, statt. Ich bin auch zur nächsten Versammlung und zur übernächsten und bei der dritten Versammlung habe ich mir erlaubt, nach dem Referat von Franz Josef Strauß eine Bemerkung zu machen und eine Frage zu stellen. Nach der Versammlung kam Franz Josef Strauß zu mir her – ich hatte mich vorher schon bei meiner Wortmeldung vorgestellt – und sagte: „Das hat mir sehr gut gefallen, was Sie da gesagt haben. Sind Sie schon bei uns in der CSU?" Ich antwortete ihm, ich sei nur wegen Josef Müller ein paar Mal hergekommen, und außerdem sei ich Mitglied der NSDAP gewesen – von der Hitlerjugend übernommen – und hätte mir geschworen, nie mehr einer politischen Partei beizutreten. So kamen wir ins Gespräch und ich wurde Mitglied der CSU.

Sie sind der CSU beigetreten, obwohl Sie Ihnen damals viel zu „schwarz" war?
Ich habe 1946 bei der ersten Wahl die FDP gewählt. Der FDP wäre ich aber nie beigetreten, weil mich dort keine der handelnden Personen interessiert hat. Ich war immer ein Konservativer, aber auch ein Liberaler, und die

Interview mit Bundesminister a. D. Dr. Friedrich Zimmermann

CSU war damals sehr konservativ. Der Fraktionsvorsitzende der CSU im Bayerischen Landtag war ein Prälat, Dr. Georg Meixner aus Bamberg, das kann sich ja heute niemand mehr vorstellen. Man hat gemeint, man sei in der Zeit der Bayerischen Volkspartei. Das, was Ludwig Thoma geschrieben hat, war in den ersten Jahren nach dem Krieg in der CSU noch Wirklichkeit! Die Evangelischen hat man mit der Lupe suchen müssen. Sie haben die Rolle gespielt, die nachher die Frauen in der CSU spielten.

Sie waren also mehr von den Personen Josef Müller und Franz Josef Strauß überzeugt, weniger von der Partei oder deren Programm, soweit das damals überhaupt vorlag?

In Unterhaltungen mit Strauß und mit dem Bayerischen Justizminister Josef Müller, dessen persönlicher Referent ich 1952 wurde, sein letzter vor seinem Sturz, habe ich gemerkt, daß wir auf der gleichen Wellenlänge liegen, und daß wir die CSU aus einer verstaubten Kirchenpartei zu einer modernen Volkspartei machen könnten.

Sie wurden persönlicher Referent bei Josef Müller aufgrund Ihrer persönlichen Bekanntschaft?

Der konkrete Anlaß war, daß mein Vorgänger in diesem Amt, Dr. Hans Weiß, im März 1952 als Oberbürgermeister nach Bad Kissingen ging. Er war mein Freund und hat mich empfohlen. Zudem kannte mich der „Ochsensepp" auch selbst, so daß kein anderer außer mir gefragt wurde.

Als persönlicher Referent hatten Sie sicher ausreichend Gelegenheit, Josef Müller kennenzulernen. Wie würden Sie ihn beschreiben?

Ich war manchmal Tag und Nacht mit ihm zusammen und bin zu jeder Versammlung mitgefahren. Er gehörte einer anderen Generation an: Er war Offizier, Hauptmann, als Rechtsanwalt für die katholische Kirche, für die Caritas und andere soziale Einrichtungen tätig, aktiv im Widerstand. Er war geprägt von dieser Vergangenheit, er hat aus dieser Vergangenheit gelebt.

Die Erfahrungen im Dritten Reich und die Kriegserlebnisse haben ja viele Gründungsmitglieder der CSU ganz entscheidend geprägt.

Franz Josef Strauß war wie ich junger Frontoffizier, Oberleutnant, aber er war zehn Jahre älter, und er war länger Soldat als ich. Ich war nur knapp drei Jahre Soldat. Das war schon prägend. Wir waren die Kriegsgeneration, und wir haben den Wiederaufbau des Landes und die Strukturierung dieser neuen Partei aus der Sicht der Kriegsgeneration in Angriff genommen. So wie es heute keinen General in der Bundeswehr mehr gibt, der noch Soldat im letzten Weltkrieg war, so war auch der Bruch in der Auffassung bei denen erkennbar, die nicht mehr vom Weltkrieg geprägt worden waren.

Noch einmal zu Müller zurück, der ja einen eigenen Flügel in der CSU personifizierte. Können Sie die Flügelkämpfe, den Streit um die Richtung der Partei beschreiben?

Richtungskämpfe muß man mit Personen identifizieren. Auf der einen Seite gab es Alois Hundhammer und Staatsrat Fritz Schäffer, und auf der anderen Seite standen Josef Müller und Franz Josef Strauß. Fritz Schäffer, der ja einmal nahe daran war, zur Bayernpartei überzutreten, und vor allem Alois Hundhammer, verkörperten den klerikalen Flügel der CSU in einer Art und Weise, die unglaublich war. Sie übten einen enormen Einfluß in der Landtagsfraktion aus. Diese beiden Richtungen standen einander gegenüber. Und während Franz Heubl – er war Bezirksvorsitzender in München, Müller kandidierte gegen ihn – beim Hundhammer-Flügel war, stand ich auf der anderen Seite. Wir, die Kampfgruppe Müller sage ich einmal vereinfacht, haben damals vor der Wahl zum Bezirksvorsitzenden jeden Delegierten, den wir glaubten beeinflussen zu können, besucht. Das muß man sich einmal vorstellen, so etwas gibt es ja nicht mehr! Das war wirklich eine Politik mit vollem Einsatz. Wir haben uns damals in der Kanzlei des „Ochsensepp" in der Gedonstraße regelmäßig zwei- bis dreimal in der Woche getroffen, um die Strategie zu besprechen.

Als Josef Müller 1949 von Hans Ehard als Parteivorsitzender abgelöst wurde, haben sich doch die Auseinandersetzungen allmählich beruhigt?

Es ist eigentlich erst 1955 mit Hanns Seidel als Parteivorsitzendem ruhiger geworden. Hans Ehard konnte 1949 nur Parteivorsitzender werden, weil zwei so starke Antipoden wie Hundhammer und Müller da waren, von denen keiner Vorsitzender werden konnte. In dieser Situation brauchte man einen dritten Kandidaten und das war Hans Ehard. Hans Ehard hat sich nie als Parteimann verstanden. Böse Zungen behaupten, er hätte die Parteileitung nie betreten. Ich glaube, es stimmt.

Interview mit Bundesminister a. D. Dr. Friedrich Zimmermann

Erst Hanns Seidel, den man nicht zu einer der beiden Gruppen rechnen konnte, der aber in Wirklichkeit ein fränkischer Liberaler war, hat sehr viel für die Modernität der Partei getan. Hanns Seidel als Vorsitzender, Franz Josef Strauß und Rudolf Eberhard als Stellvertreter und nicht Hundhammer, das war ein Programm! Insgesamt hat es fast zehn Jahre gedauert, bis sich das Kräfteverhältnis eindeutig zu den Konservativ-Liberalen verschoben hatte.

1955 wurden Sie Hauptgeschäftsführer, ein Jahr später Generalsekretär. Es ließ sich in den CSU-Akten nicht feststellen, woher plötzlich diese Funktion oder dieses Amt des „Hauptgeschäftsführers" kam.

Eigentlich gab es nie einen „Hauptgeschäftsführer". Der Hundhammer-Flügel mit Georg Meixner an der Spitze hat verhindert, daß ich sofort im Januar 1955 Generalsekretär wurde. Man sagte, ich bräuchte erst eine Bewährungszeit usw., und deswegen habe ich den Titel Generalsekretär erst ein Jahr später bekommen. Der „Hauptgeschäftsführer" war eine reine Erfindung, das war eine Tageserfindung. Faktisch war ich Generalsekretär, durfte mich aber nicht so nennen.

Als Sie diese Funktion eines Generalsekretärs 1955 übernahmen, war es um die Parteiorganisation sehr schlecht bestellt.

Die Partei war eine Wüste. Wir wußten nicht, wieviele Mitglieder wir hatten, denn es gab keine Zentralkartei. Der „Bayernkurier" hatte 8.000 Auflage. Es gab eine gewisse Organisation der Partei in den Bezirken und Kreisen, das war aber alles. 1955 gab es Kreisverbände, in denen der Vorsitzende den Beitrag für alle Mitglieder bezahlt hat. Einer hatte sogar die Weisung gegeben: „Es werden keine neuen Mitglieder aufgenommen. Das wäre ja noch schöner, wenn wir nicht mehr unter uns wären!" Ich sah sehr schnell, ohne ein, wenn auch dünnes Netz von hauptamtlichen Mitarbeitern, konnte da nichts draus werden. Als erstes habe ich mir überlegt, auf welcher Struktur der Aufbau erfolgen sollte. Vor der Gebietsreform gab es Landkreise in Bayern, wie Mainburg in der Hallertau, die hatten nur 20.000 Einwohner. Und das war natürlich auch ein CSU-Kreisverband. Seit 1949 gab es Bundeswahlkreise, und es bot sich an, diese als Grundlage einer Neuorganisation zu nehmen. Das war ein hoher Anspruch, denn es gab, je nach der geltenden Einteilung, zwischen 40 und 46 Bundeswahlkreise in Bayern. Ich begann, zunächst Bezirksgeschäftsführer und dann Wahlkreisgeschäftsführer einzusetzen, und das absolut Entscheidende dabei war, daß sie von der Parteileitung angestellt wurden und nicht von den jeweiligen Bundeswahlkreisen. Diese hatten zudem gar nicht das Geld, um das Gehalt eines Wahlkreisgeschäftsführers zu bezahlen. Ich begann also mit nichts. Es gab keine Geschäftsstellen, keine Räume, keine Akten, keinen Apparat, gar nichts.

Und wie sah es mit den Parteifinanzen aus?
Die finanzielle Situation baute auf dem Zufall auf. Geld ist gesammelt worden, auf allen Ebenen und ohne Kontrolle. Jeder hat für sich, für seinen Verband gesammelt. Und das ganz große Geld haben die Parteivorsitzenden herbringen müssen. Es war unvorstellbar! Aber es ging ja nicht nur uns so. Die SPD hatte auch keinen Apparat, von den anderen überhaupt nicht zu reden.

Den ersten Apparat, dieses Gerippe von Geschäftsführung, habe ich aufgebaut gegen wütende Widerstände, vor allem von Hundhammer. Die Herren, die die Beiträge bisher aus eigener Tasche bezahlt und die das Verbot erlassen hatten, neue Mitglieder aufzunehmen, wußten natürlich, daß es jetzt mit ihrer Eigenständigkeit vorbei war.

Als ich 1962 das Amt des Generalsekretärs auf eigenen Wunsch aufgab, hatten wir in jedem Bundeswahlkreis einen hauptamtlichen Geschäftsführer. Als Parteiorganisator war dies meine größte Leistung. Alle anderen Parteien haben dies ja bis heute noch nicht erreicht.

Haben Sie sich diese Form der Parteiorganisation ganz allein ausgedacht oder entstand sie in Zusammenarbeit mit anderen?
Ausgedacht habe ich mir das ganz allein. Natürlich hatte ich die volle Zustimmung von Seidel, Strauß und Eberhard, sonst wäre es ja nicht gegangen. Aber die ganze Organisation mußte ich machen. Seidel und Eberhard hatten andere Aufgaben, und Franz Josef Strauß war in Bonn. Durchfechten mußte ich das schon alles selbst.

Sie erwähnten bereits den „Bayernkurier". Wie sah die Situation bei der Parteipresse aus?
Der „Bayernkurier" war nur zu retten in der Verbindung Parteimitgliedschaft und Zwangsbezug „Bayernkurier". Den Beitrag entsprechend zu gestalten, war ein ungeheures Stück Arbeit. Nur durch diese Koppelung gelang es,

Interview mit Bundesminister a.D. Dr. Friedrich Zimmermann

die Parteizeitung derart erfolgreich wiederzubeleben. Außer der CSU hat niemand eine Parteizeitung!

Zunächst konnten Sie sich mit Ihrer Idee des Zwangsbezugs durch die Mitglieder aber nicht durchsetzen.

Zunächst habe ich mich nicht durchgesetzt, die Widerstände waren zu groß. Aber aufgrund unserer Hartnäckigkeit gelang es uns später doch noch. Das war fast schwieriger als die Einführung der Wahlkreisgeschäftsführer.

Auch die Hanns-Seidel-Stiftung ist mein Kind. Der Druck kam von mir. Die CDU wollte damals mit allen Mitteln verhindern, daß wir eine eigene politische Stiftung bekommen.

Nach der Neuorganisation hatten Sie also mehr als 40 hauptamtliche Geschäftsführer in den Bundeswahlkreisen. Und wie sah es in der Landesleitung aus?

Dort waren wir nur vier oder fünf Mitarbeiter. Unsere Geschäftsstelle befand sich zuerst in der Kreuzstraße, mitten in der Altstadt, und dann in der Richard-Wagner-Straße. Noch in meiner Amtszeit als Generalsekretär begannen wir mit dem Bau in der Lazarettstraße. Das war damals eine Sensation, daß eine Partei ein eigenes Gebäude errichtete, mit einem Sitzungssaal und einer Flucht von Zimmern. Manche sagten, wir seien größenwahnsinnig geworden.

Wie sah denn die Mitgliederstruktur aus? Nach manchen Schilderungen funktionierten die Ortsverbände auf dem Land doch eher wie Vereine. War die CSU dann doch eine Honoratiorenpartei, die sie ja auf keinen Fall sein wollte?

Aber selbstverständlich war sie eine Honoratiorenpartei, und was für eine! Mitglieder waren die angesehenen Bauern, der Lehrer, und der Pfarrer sowieso. Man führte sein Eigenleben.

Mitglieder zu werben, war schwierig, nicht nur, weil einige verboten hatten, neue Mitglieder aufzunehmen. Es kam dazu, was für alle Parteien in den 50er Jahren galt, daß es nach dem Krieg als große Sünde angesehen wurde, überhaupt einer Partei beizutreten. Vor allem die Angehörigen der Kriegsjahrgänge, von denen jeder zweite bei der NSDAP, der SA oder einer anderen NS-Organisation gewesen war, sahen dies so.

Wie sah die Situation in den gemischt-konfessionellen Gebieten aus?

Dort war es besonders schwierig. Schauen Sie sich nur unsere Wahlergebnisse in Franken 1950 und in den folgenden Jahren an. Werner Dollinger befand sich damals wirklich in der Diaspora.

Dort kamen die Erfolge für die CSU erst sehr spät.

Ganz spät. Als Rudolf Eberhard nach dem Tod von Hanns Seidel 1961 das Amt des Ministerpräsidenten übernehmen sollte, lehnte er dies mit dem Argument ab: „Ein Evangelischer kann nicht Ministerpräsident in Bayern werden". Ich glaube nicht, daß er recht hatte, aber er hat das jedenfalls gemeint. Die Bedeutung, die das Konfessionelle hatte, ging erst in den 70er Jahren unmerklich verloren. Vorher war es wirklich so, daß der evangelische Landesbischof protestierte, wenn die CSU keinen evangelischen Kandidaten für Landrats- oder Oberbürgermeisterposten aufgestellt hat.

Wie war das Verhältnis der CSU zu den beiden Kirchen?

Wenn Sie die Gesammelten Reden von Hanns Seidel nachlesen, werden Sie finden, wie oft man damals glaubte, betonen zu müssen, daß die CSU keine Kirchenpartei sei. Das haben Sie die letzten 20 Jahre nirgendwo mehr gelesen, das braucht niemand mehr zu betonen. Heute herrscht eher das Gegenteil vor, kirchliche Organisationen, wie etwa die Katholische Landjugend, sind gegen die CSU eingestellt. Damals war das undenkbar. Wenn Wahl war, haben die Pfarrer bei der Sonntagspredigt die Kirchenbesucher aufgefordert, zum Wählen zu gehen, und dabei betont, daß selbstverständlich nur eine christliche Partei in Frage käme. In jedem Wahlkampf gab es deswegen Auseinandersetzungen, weil am Montag nach der Wahl stets die Sozialdemokraten und alle anderen gegen das, was die Pfarrer am Sonntag in der Predigt gesagt hatten, protestierten. Für die katholische Kirche waren wir zunächst einmal *die* Partei. Die Evangelischen haben uns zum Teil mit Mißtrauen betrachtet. Erst, als dann Politiker wie Werner Dollinger, Karl Sigmund Mayr und viele weitere prominente evangelische Christen mit großem persönlichen Renommee sich für die CSU einsetzten, fanden wir allmählich auch dort Anerkennung. Und dann hat sich das einfach – ich finde keinen besseren Ausdruck – es hat sich verloren. Es gibt ja keine Zäsur, es hat aufgehört.

Interview mit Bundesminister a. D. Dr. Friedrich Zimmermann

Das „C" hat in der CSU eine gewichtige Rolle gespielt, wobei für die Anfangszeit der christliche Widerstand gegen den Nationalsozialismus von großer Bedeutung war.

Der christliche Widerstand war eine der stärksten Wurzeln. Der Nationalsozialismus hatte sich nach Meinung der damals lebenden Politiker, wie Josef Müller und anderer, nur durchsetzen können, weil es eine katholische Partei und evangelische Strömungen, aber keine Volkspartei gab, die aus Christen beider Konfessionen bestand. Daß das nie mehr passieren dürfe, dies lag der geistigen Geburtsstunde der Union, CDU und CSU, zugrunde. Die Gründung der Unionsparteien war in diesem Sinne ein Ergebnis der Hitlerherrschaft und der Parteienstruktur aus der Weimarer Zeit.

Niemals zurück nach Weimar, war die Devise, und ein Grundgesetz machen, das Weimar ausschließt; die 5%-Klausel war eine Folge der Weimarer Republik.

Welche Bedeutung hat das „C" im Parteinamen heute?

Es hat an Bedeutung verloren. Der Gedanke der Zusammenarbeit der beiden Konfessionen hat aber an Aktualität nach meiner persönlichen Überzeugung nichts eingebüßt. Wenn es die Union nicht gäbe, müßte man sie heute noch gründen. Aber natürlich spielt das „C" aufgrund der Liberalisierung der Gesellschaft und des Laizismus, der sich ausgebreitet hat, eine wesentlich geringere Rolle. Heute bezieht das „C", „christlich"-demokratisch, „christlich"-sozial, seine Rechtfertigung aus der eigenen Vergangenheit, aus der eigenen Geschichte. Im übrigen sehe ich keinen Anlaß, einen solchen Namen zu ändern, zumal er immer noch eine gemeinsame Grundüberzeugung ausdrückt.

Sie waren 1976 in Kreuth und haben den dort gefaßten Beschluß mitgetragen. Wäre bei seiner Durchsetzung die Gefahr nicht sehr groß gewesen, daß sich die Schwesterparteien gegenseitig bekämpft und dabei den politischen Gegner aus den Augen verloren hätten?

Dies haben die Gegner des Kreuther Gedankens als Hauptargument angeführt, natürlich mit einem gewissen Recht, wie ich zugebe. Daß das Ganze nicht ohne Risiko war, ist völlig klar. Nur, die alte Forderung, daß es rechts von der CSU keine verfassungsgemäße Partei geben dürfe, wäre natürlich mit der Gründung einer bundesweiten CSU erfüllt gewesen.

Das Bedürfnis nach einer bundesweiten CSU haben nicht wir erfunden, auch ich nicht. Auf meinen zahlreichen Reisen durch die Republik von Lübeck über Fehmarn – unsere größten Anhänger waren ja in Schleswig-Holstein, in Niedersachsen, in Ülzen, in Celle, in Hannover und natürlich in Baden-Württemberg – bin ich immer wieder darauf angesprochen worden. Nach den Wahlen 1969, 1972 und dann 1976, als Helmut Kohl mit 48,4% nicht Bundeskanzler werden konnte, da war die Frustration der Unionsparteien enorm groß. Wir waren die stärkste politische Kraft der Republik und konnten wieder nicht regieren. Vielen war die Artikulationskraft der CDU nicht groß genug, nicht entschieden genug.

Und dann kam die berühmte Tagung der CSU-Landesgruppe in Kreuth.
Franz Josef Strauß hat diesen Beschluß provoziert. Es ist damals abgestimmt worden, die Auszählung war unglaublich dramatisch, das Ergebnis ist bekannt. Das ist jetzt 20 Jahre her, das ist Historie. Aber es hätte schon noch einmal die Chance für eine Ausdehnung der CSU gegeben, und dann würde die Union heute in den Bundesländern Sachsen, Sachsen-Anhalt und Thüringen anders dastehen. Dort wollten die Leute die CSU. Es war ein Fehler, und kein geringer, daß wir das versäumt haben. Wir, CDU und CSU zusammen, hätten heute in den südlichen Bundesländern die absolute Mehrheit, und zwar unangefochten.

Und diesmal hätte die Ausdehnung keine Strafaktion der CDU zur Folge gehabt?
Nein, weil damals Helmut Kohl drei Monate lang überlegt hat, ob er die Ost-CDU überhaupt in seine Arme nehmen sollte.

Sie haben Franz Josef Strauß schon sehr früh kennengelernt. Zusammen mit Josef Müller hat er sie bewogen, in die CSU einzutreten. Können Sie ihn beschreiben?
Franz Josef Strauß ist in seinem Leben ja so falsch beschrieben worden, wie man nur jemanden falsch beschreiben kann. Es hieß stets: Franz Josef Strauß, das Kraftwerk, dem brennen alle Sicherungen durch! Dabei gab es oft keinen größeren Zauderer als ihn. Er war ein blendender Analytiker, der beste, in allen wichtigen Situationen. Seinen Rat haben Staatsmänner aus der ganzen Welt gesucht, auch als er nur ein einfacher Abgeordneter war. In der Analyse war er unschlagbar, besser als Henry Kissinger. Aber sobald es an

die Synthese ging, sobald er einen Entschluß fassen mußte, war er ein Zauderer. Er war so strukturiert. Ihm sind keine Sicherungen durchgebrannt, höchstens einmal verbal. Das ist eines der von der Presse geschaffenen Klischees. Aber so war er nicht. Er war gutmütig und vertrauensselig, ein Mann manchmal ohne Menschenkenntnis. Ich konnte ihm mitten in der Nacht etwas zum Unterschreiben hinlegen, und er hat es unterschrieben, ohne es zu lesen.

Er war unverwechselbar, von einer unglaublichen Intelligenz, mit einem Gedächtnis, wie ich es nie mehr erlebt habe. Im kleinen Kreis war er auch als Erzähler ein Talent, in der Versammlung ein Vulkan.

Und welche Bedeutung hatte er für die Partei?

Für die CSU ist seine Bedeutung gar nicht zu überschätzen. Seine ganz große, beinahe einsame Begabung war das Wort. Die Macht seiner Ausdruckskraft, seine Eloquenz, seine Rhetorik, mit der er seine Zuhörer stundenlang begeistern konnte. Wo gibt es noch jemanden, dem die Leute mehrere Stunden lang zuhören? Bei jedem anderen wären sie davongelaufen. Die Rhetorik war seine größte Begabung. Damit hat er sogar Breschnew beeindruckt.

Wie kam es 1980 zur Kanzlerkandidatur von Strauß?

Es ist ja kein Geheimnis, daß Franz Josef Strauß sich für geeigneter als Helmut Kohl gehalten hat. Fritz Zimmermann, als einer seiner engsten Ratgeber, und der damalige Generalsekretär der CSU, Edmund Stoiber, waren dann maßgebend beteiligt, daß Strauß sich zur Kandidatur entschloß. Das Thema hat einmal erledigt werden müssen. Und nachdem uns die CDU so auf die Rolle geschoben hatte, indem sie Ernst Albrecht aus Niedersachsen als Kanzlerkandidaten aus dem Hut zauberte, weil Helmut Kohl nicht noch einmal gegen Helmut Schmidt antreten wollte, da hat Strauß gesagt: „Das Thema erledigen wir jetzt." Dieser Entschluß wurde in Bonn, in einer Nachtsitzung im engsten Kreis, gefaßt. Wir haben es dann auf uns genommen, die Entscheidung zwischen Strauß und Albrecht der Bundestagsfraktion zu übertragen. Dort waren wir mit 50 Abgeordneten, die CDU mit 200, vertreten und wir haben trotzdem gewonnen. Das war die größte Redeschlacht, die ich je zu bestehen hatte. 7½ Stunden hat die Sitzung gedauert, es gab 67 Wortmeldungen. Ich selber habe elfmal das Wort ergriffen.

Und warum hat es dann nicht geklappt?
Die Zeit war noch nicht reif, Helmut Schmidt und die SPD/FDP-Koalition waren noch nicht am Ende. Obwohl die CDU zum Teil nur halbherzig gekämpft hat, konnte Strauß ein achtbares Ergebnis erzielen.

Nach dem Regierungswechsel 1982 wurden Sie als Innenminister in die Bundesregierung berufen. Sie hatten sich schon vorher stets der Bundespolitik gewidmet. Hat Sie die Landespolitik nicht interessiert?
Als Hanns Seidel 1957 zum Bayerischen Ministerpräsidenten gewählt wurde, hat er mir die Ämter Staatssekretär und Chef der Staatskanzlei angeboten. 1958 hat er sein Angebot wiederholt. Ich habe beide Male abgelehnt, weil für mich die Musik in Bonn spielte. Es hat mich nicht gereizt, derartige Würden, Chef der Staatskanzlei und Staatssekretär, zu übernehmen. Ich ließ mich nicht verführen, obwohl es absehbar war, daß ich vergleichbare Ämter in Bonn noch lange nicht würde übernehmen können. Zuerst war ich zu jung, dann waren wir lange in der Opposition. Als ich Bundesminister wurde, war ich bereits über 50 Jahre alt.

Als Bundesinnenminister haben Sie sich zunächst der Umweltpolitik zugewandt, einem Feld, das man nicht unbedingt unter den Prioritäten der CSU vermuten würde. Was hat sie bewogen, sich gerade dieser Thematik anzunehmen?
Darauf bin ich stolz. Als ich am 4. Oktober 1982 das Innenministerium übernahm, schaute ich mir die einzelnen Abteilungen an. Es gab insgesamt zwölf, darunter Sport und Kultur, lauter Bereiche, für die es in anderen Ländern eigene Ministerien gibt. Eine Abteilung war zuständig für Umwelt- und Reaktorsicherheit. Ich war der Meinung, daß es nicht angehen kann, daß seit vielen Jahren in Amerika der Katalysator Pflicht ist und bei uns nicht. Was dort möglich ist, mußte doch auch unsere Automobilindustrie, eine der besten der Welt, zuwege bringen. Gleichzeitig entwarf ich die Großfeuerungsanlagenverordnung und bald darauf die TA Luft. Ich hatte alle Energieerzeuger an einem Tisch versammelt und teilte ihnen mit, was sie mit dem Inkrafttreten der neuen Großfeuerungsanlagenverordnung erwartete. Sie mußten erst davon überzeugt werden, es gab eine kurze Verzögerung, aber dann sahen auch sie kein Problem mehr bei der technischen Umsetzung.

Interview mit Bundesminister a. D. Dr. Friedrich Zimmermann

Woher kam das Interesse für Umweltpolitik. War das Ihr persönliches Anliegen? Wie hat sich Ihre Partei dazu gestellt?
Es gelang mir in relativ kurzer Zeit, verständlich zu machen, daß das notwendig ist. Nach der Bildung eines eigenen Bundesumweltministeriums ist auf diesem Gebiet ja fast nichts mehr geschehen.

Auch Ihre eigene Partei greift dieses Thema nicht auf.
Daß „Die Grünen" heute eine 15%-Partei sind, ist nur darauf zurückzuführen. Man muß sich doch an die Spitze der Entwicklung setzen. Es ist traurig, daß der 70jährige Zimmermann heute der einzige ist, der sich einen solchen Vorschlag zu machen traut, nämlich nunmehr – nach zehn Jahren – alle Autos ohne Katalysator zu verbieten.

1948 sind Sie der CSU beigetreten. Sie haben wesentlich beim Aufbau der Parteiorganisation mitgewirkt und viele Entwicklungen initiiert oder geprägt. Haben sich Ihre Erwartungen von damals erfüllt?
Meine Erwartungen sind eher übertroffen worden. Ich war ja bereits zwei Jahre, nachdem ich in München Mitglied der CSU geworden war, Vorsitzender der Jungen Union, Bezirksvorsitzender und stellvertretender Bundesvorsitzender. Meine Erwartungen sind alle übertroffen worden.

Welche Aufgaben sehen Sie in Zukunft auf die CSU zukommen?
Ich habe manchmal das Gefühl, daß wir in den Augen der Öffentlichkeit ein wenig unmodern werden. Natürlich kann man die Faszination, die damals von dem Gründungsgedanken ausging und die wir alle verspürten, nicht neu erfinden. Aber ich vermisse neue initiale Zündungen.

Die Unionsparteien brauchen also neue Ideen?
Europa war schon eine Idee! Aber was soll man tun, wenn 13 von 15 Staaten nicht die Normen erfüllen, die zur Schaffung einer Währungsunion notwendig sind? Wir brauchen uns keine Illusionen über die Fortschritte von Maastricht zu machen. Es ist noch ein weiter Weg bis dahin.
Ein Problem, nicht nur für die CSU, sehe ich darin, daß viele Politiker so unerhört schlecht gemacht worden sind, einige mit Grund, viele ohne Grund, so daß Politik mittlerweile einen miserablen Stellenwert hat. Jeder dümmliche Karikaturist und Sketchfabrikant macht Politiker und Politik

verächtlich, obwohl jeder die Politik braucht und jeder weiß, wie wichtig Politik ist.

Ein weiteres Problem, das sicher ins nächste Jahrtausend reicht, ist die Arbeitsmarktlage, die noch schlechter werden wird. Daß die CSU in diesem schwierigen Anpassungsprozeß auf dem Weg zur Dienstleistungsgesellschaft die richtigen Rezepte findet, das wünsche ich meiner Partei.

Im übrigen: Unsere Mitgliederzahlen beweisen, daß wir auch heute Zuspruch finden, Zugkraft ausüben und Zukunft haben.

Zur Person: Dr. Friedrich Zimmermann, siehe Kurzbiographien: Die Vorsitzenden der CSU-Landesgruppe.

1945–1995
Eine Chronologie

1945

8. Mai	Die deutsche Wehrmacht kapituliert bedingungslos. Karl Scharnagl wird in München als Oberbürgermeister eingesetzt.
11. Mai	Als erster Regierungspräsident eines bayerischen Regierungsbezirkes tritt der 70jährige Adam Stegerwald, christlicher Gewerkschaftsführer und Reichsarbeitsminister im Kabinett Brüning, in Mainfranken (seit 1946 Unterfranken) sein Amt an. Schon während ihres Vormarsches hatten die Amerikaner auf der unteren Verwaltungsebene Landräte in den bereits eroberten Gebieten eingesetzt.
15. Mai	In München trifft ein Stab von 32 Offizieren ein, der unter der Leitung des ehemaligen New Yorker Stadtverordneten Charles Keegan den Grundstock der in den folgenden Monaten auf etwa 200 Offiziere erweiterten amerikanischen Militärregierung in Bayern, das Regional Military Government (RMG), bildet.
28. Mai	Die amerikanische Militärregierung ernennt den früheren BVP-Vorsitzenden Fritz Schäffer auf Empfehlung Kardinal Faulhabers zum Ministerpräsidenten Bayerns (Temporary Ministerpresident). Er steht unter der Kontrolle der Militärregierung (Kabinett Schäffer).
2. Juni	Franz Josef Strauß wird zum stellvertretenden Landrat in Schongau ernannt und am 31. August 1946 zum Landrat gewählt.
5. Juni	Die Alliierten übernehmen die oberste Regierungsgewalt in Deutschland. Sie geben die Einteilung in vier Besatzungszonen und das Sondergebiet Groß-Berlin bekannt und schaffen einen Kontrollrat für alle gemeinsamen Fragen.
10. Juni	Die Sowjets erlauben als erste Besatzungsmacht in ihrem Besatzungsgebiet die Bildung „antifaschistischer" Parteien.

Chronologie – 1945

Nach der Potsdamer Konferenz (17.7.–2.8.1945) beginnen auch die Westalliierten, politische Parteien zuzulassen.

Sommer In verschiedenen bayerischen Orten versammeln sich bürgerliche, konservative Kräfte mit der Absicht, eine als Gegengewicht zu SPD und KPD gedachte Partei zu gründen. Die führenden Köpfe dieser Bewegung sind Karl Scharnagl, Josef Müller, Adam Stegerwald, Fritz Schäffer, Wilhelm Eichhorn, Michael Horlacher, Alois Hundhammer, Heinrich Krehle, Carl Lacherbauer, Walther von Miller, August Schwingenstein, Alois Schlögl, Anton Pfeiffer. Der Parteiname soll Christlich-Soziale Union sein.
Wie in Bayern kam es 1945/46 in ganz Deutschland zur Gründung christlicher Volksparteien. Die Schwerpunkte lagen neben München in Berlin, Köln und Frankfurt.

2. Aug. Die im Potsdamer Abkommen festgelegten allgemeinen Richtlinien der alliierten Besatzungspolitik zielen auf die Dezentralisierung der Verwaltung und führen zur Bildung der Länder.

10. Aug. Nachdem die amerikanische Militärregierung die Wiederzulassung politischer Parteien angekündigt hatte, verschickt der Münchner Oberbürgermeister Karl Scharnagl ein vierseitiges Einladungsschreiben an etwa 60 Personen außerhalb des „sozialistischen Lagers", um für die Gründung einer Partei auf christlicher Grundlage zu werben. Die Versammlung findet am 14.8.1945 statt (siehe Dokument 1).

14. Aug. Auf Einladung des Münchner Oberbürgermeisters Karl Scharnagl trifft sich ein zwölfköpfiger Personenkreis (Joseph Baumgartner, Max Grasmann, Heinrich Krehle, Emil Muhler, Josef Müller, Anton Pfeiffer, Maria Probst, Max Gerstl, Reuter, Rudolf Schwarzer, Franz Xaver Stadelmayer) und macht sich Gedanken über eine neue politische Sammlungsbewegung auf christlicher Basis. Zur Vorbereitung der Parteigründung wird ein „Redaktionsausschuß" berufen, der sich am 12.9.1945 bereits wieder auflöst. Eine seiner Hauptaufgaben besteht in der Erarbeitung erster programmatischer Richtlinien, die am 5.9.1945 als Entwurf („Grundsatz-Programm einer Christlich-Demokratischen Volkspartei in Bayern") vorgelegt werden können.

21. Aug. Der unterfränkische Regierungspräsident Adam Stegerwald versammelt im Einvernehmen mit der Militärregierung einen Kreis führender Personen aus dem Würzburger Raum zu einer Besprechung über eine künftige überkonfessionelle Partei. Er war schon 1920 für die Gründung einer interkonfessionellen, antisozialistischen Volkspartei eingetreten. Als Reichspolitiker faßt er eine gesamtdeutsche Partei ins Auge, die er mit dem ersten „Reichstreffen" im November 1945 auf den Weg zu bringen versucht.

25. Aug. In Würzburg einigt man sich darauf, der neuzugründenden Partei den Namen Christlich-Soziale Union zu geben. Die offizielle Gründung der Partei erfolgt am 13. Oktober in Würzburg.

27. Aug. Zulassung der Parteien auf Kreisebene in den Westzonen.

30. Aug. In einer Resolution wird zum ersten Mal der künftige Parteiname „Union" festgehalten.

12. Sept. Im Münchner Rathaus treffen sich 20 Personen, die einstimmig den Namen „Bayerische Christliche-Soziale Union" beschließen und einen weiteren Ausschuß zur Vorbereitung der Parteigründung einsetzen. Diese „Redaktionssitzung", bei der „die Union aus der Taufe gehoben" wurde, gilt als eigentliche Gründungssitzung der CSU.

17. Sept. Der „Ausschuß zur Vorbereitung der Gründung einer Christlich-Sozialen Union" tritt zu seiner ersten Sitzung zusammen (siehe Dokument 2).

Chronologie – 1945

19. Sept. Die amerikanische Militärregierung errichtet durch die „Proklamation Nr. 2" in ihrer Zone die „Staaten" Großhessen, Württemberg-Baden und Bayern (ohne Stadt und Landkreis Lindau). Sie stehen unter der Leitung von Landesdirektoren (Walter J. Muller in Bayern), die OMGUS (Office of Military Government, United States) direkt unterstellt sind, und die am 15.10.1945 das bisherige RMG ersetzen. Seit 11.12.1945 werden diese „Staaten" als Länder bezeichnet.

20. Sept. Die amerikanische Militärregierung erlaubt die Bildung von politischen Parteien auf Orts- und Kreisebene (siehe Dokument 3).

28. Sept. Fritz Schäffer wird von der amerikanischen Militärregierung entlassen und Wilhelm Hoegner (SPD) als sein Nachfolger als Ministerpräsident eingesetzt (Kabinett Hoegner I).

11. Okt. Als erste Parteigliederung wird die CSU in München von etwa 100 Personen im Rathaus formell gegründet. Am 25.11.1945 reicht sie den Antrag auf Lizenzierung bei der Militärregierung ein, den diese am 5.12.1945 genehmigt.
Hanns Seidel wird zum Landrat von Aschaffenburg ernannt (1945–1947).

13. Okt. Gründung der CSU in Stadt und Landkreis Würzburg.

17. Okt. Auf Betreiben der amerikanischen Militärregierung wird in Stuttgart der Länderrat der US-Zone als Forum für politische Kontakte der Regierungen der amerikanisch besetzten Länder untereinander und zur Militärregierung errichtet. Er nimmt am 6.11.1945 seine Arbeit auf. Einmal pro Monat treffen sich die Ministerpräsidenten als gleichberechtigte Ratsmitglieder. Zu ihrer Unterstützung wird in Stuttgart ein ständiges Büro, das Generalsekretariat, errichtet. Der Länderrat beendete seine Tätigkeit mit der Gründung der Bundesrepublik 1949.

25. Okt.	In der „Kanzlei Dr. Müller" in der Gedonstraße, wo sich seit Juni 1945 regelmäßig ein Kreis politisch Gleichgesinnter trifft, beschließen führende CSU-Gründer, in München ein Sekretariat für das Land zu errichten. Damit wird der Vorläufer der künftigen CSU-Landesgeschäftsstelle geschaffen. Gegen Ende des Jahres wird August Wilhelm Schmidt als erster in die Funktion eines Landesgeschäftsführers der CSU eingesetzt.
25. Nov.	Der Aufbau einer landesweiten Organisation der CSU wird eingeleitet. Man bildet einen neunköpfigen vorläufigen Ausschuß, der als Vorbereitender Landesausschuß zum ersten Mal am 30.11.1945 tagt (siehe Dokument 5).
3. Dez.	Adam Stegerwald stirbt in Würzburg.
8. Dez.	Alfred Loritz erhält die Parteilizenz für die Wirtschaftliche Aufbau-Vereinigung (WAV) in München, am 25.3.1946 die landesweite Lizenzierung.
14.–16. Dez.	In Bad Godesberg findet ein erstes Treffen der bis dahin organisierten Unions-Gruppen ohne Vertreter der bis dahin noch nicht lizenzierten CSU statt. Ein dort beschlossener Zonenverbindungsausschuß, dem dann auch bayerische Vertreter angehörten, sollte ab Anfang 1946 in Frankfurt die Zusammenarbeit und Vereinigung zonenübergreifend fördern. Er löst sich, nachdem er 26 Tagungen hinter sich gebracht hat, erst 1951 auf.
17. Dez.	Josef Müller wird zum „vorläufigen Vorsitzenden des Vorbereitenden Landesausschusses" (1945–1949) gewählt. Damit erhebt sich der Vorbereitende Ausschuß selbst zum Vorläufigen Landesausschuß und übernimmt faktisch die Funktion eines Landesvorstandes (siehe Dokument 7).
31. Dez.	Zehn-Punkte-Erklärung der Christlich-Sozialen Union (siehe Dokument 8).

1946

8. Jan.	Der Vorbereitende Ausschuß beruft eine Tagung des „Erweiterten Vorläufigen Landesausschusses" der Union als erste landesweite Sitzung der CSU ins Münchner Rathaus ein, die Gründungsversammlung der CSU auf Landesebene. Es nehmen je fünf Delegierte aus jedem bayerischen Regierungsbezirk teil. Die Vorläufige Satzung der CSU wird bestätigt und Landesarbeits- und Parteiausschüsse werden eingesetzt. Am gleichen Tag lizenziert die amerikanische Militärregierung die CSU und auch die SPD (siehe Dokumente 10 u. 11).
27. Jan.	Zum ersten Mal seit 1929 finden in Bayern wieder Kommunalwahlen in Gemeinden mit weniger als 20.000 Einwohnern statt. Die CSU erringt 36,8 % (siehe Dokument 12).
9. Feb.	Die Militärregierung beauftragt Ministerpräsident Wilhelm Hoegner, eine bayerische Verfassung vorzubereiten. Dieser beruft einen „Vorbereitenden Verfassungsausschuß", dem neben Hoegner als Vorsitzendem die Staatsminister Josef Seifried (SPD), Albrecht Roßhaupter (SPD), Heinrich Schmitt (KPD), die Staatssekretäre und CSU-Vertreter Heinrich Krehle, Hans Ehard und Anton Pfeiffer sowie die Münchner Bürgermeister Karl Scharnagl (CSU) und Thomas Wimmer (SPD) angehören. Als Sachverständiger nimmt Prof. Hans Nawiasky an mehreren Sitzungen teil.
24. Feb.	In München wird der Jugendausschuß der CSU gegründet, zum Vorsitzenden Franz Steber gewählt.
26. Feb.	Der Bayerische Beratende Landesausschuß tritt als „Vorparlament" zusammen und hält bis zu seiner Auflösung am 13.6.1946 drei Tagungen ab. Die 128 von den Parteien benannten, bzw. von der Staatsregierung berufenen Mitglieder wählen Georg Stang (vor 1933 BVP), den letzten Landtagspräsidenten vor 1933, zu ihrem Präsidenten.

5. März	Mit dem sog. „Befreiungsgesetz" geht die Entnazifizierung in deutsche Hände über.
26. März	Kommunalwahlen in Gemeinden über 20.000 Einwohnern
30./31. März	In Bamberg tagt der Erweiterte Vorläufige Landesausschuß der CSU, der sich seitdem Landesarbeitsausschuß nennt. Josef Müller wird als alleiniger Landesvorsitzender bestätigt.
3. April	Als Vertreter der CSU lehnen Josef Müller und Friedrich Wilhelm von Prittwitz und Gaffron in Stuttgart den Führungsanspruch der Berliner CDU für die neu zu gründende überzonale Unionspartei ab (siehe Dokument 13).
24. April	Die Militärregierung verhängt ein zweijähriges politisches Betätigungsverbot über Fritz Schäffer (siehe Dokument 14).
28. April	Bei den Kreistagswahlen erreicht die CSU 67,9 %.
17. Mai	Josef Müller wird auf der ersten Landesversammlung der CSU offiziell als Parteivorsitzender bestätigt. Sein umfangreicher Satzungsentwurf wird angenommen, die „maßgebenden Richtlinien", die sog. „Fünf Punkte der Union", verabschiedet (siehe Dokument 15).
26. Mai	Die CSU erreicht bei den Stadtkreiswahlen (Gemeinden über 20.000 Einwohner) 45,1 %.
30. Juni	Bei der Wahl zur Verfassunggebenden Landesversammlung erhält die CSU 58,3 % und damit 109 der 180 Sitze.
6. Juli	Franz Liedig löst August Wilhelm Schmidt als Landesgeschäftsführer (1946–1948) ab. Als er erkrankt, übernimmt Otto Schedl seine Aufgaben.
15. Juli	In München konstituiert sich die Verfassunggebende Landes-

versammlung (CSU 109, SPD 51, KPD 9, WAV 8, LDP/FDP 3 Sitze). Sie wählt Michael Horlacher zum Präsidenten (bis 30.12.1946) und bestimmt aus ihrer Mitte 21 Mitglieder (davon 12 CSU-Abgeordnete) für den Verfassungsausschuß. Die CSU-Abgeordneten wählen Alois Hundhammer zum Fraktionsvorsitzenden.

28./29. Aug. Bei einer gemeinsamen Tagung der Landesvorsitzenden der CSU und CDU (ohne französische Zone) in Königstein verständigt man sich auf die Gründung einer Arbeitsgemeinschaft und die Errichtung einer Geschäftsstelle als ersten Schritt zur Zusammenarbeit nach dem Zonenverbindungsausschuß. Die Arbeitsgemeinschaft konstituiert sich am 5./6. Feb. 1947.

12. Sept. Als erste gemeinsame Einrichtung der Bizone wird in Minden der deutsche Wirtschaftsrat mit fünf Zentralämtern zur wirtschaftlichen Verwaltung gebildet (Verwaltungsämter für Wirtschaft in Minden, für Ernährung und Landwirtschaft in Stuttgart, für Verkehr in Bielefeld, für Finanzen in Bad Homburg und für Post und Fernmeldewesen in Frankfurt a.M.). 1947 wird der „Zweizonenwirtschaftsrat" zum „Wirtschaftsrat für das Vereinigte Wirtschaftsgebiet" auf parlamentarischer Basis ausgedehnt, seine Behörden in Frankfurt a.M. zusammengelegt. Seine letzte Sitzung findet am 8.8.1949 statt.

4. Okt. Der CSU-Landesausschuß verabschiedet ein Grundsatzprogramm (s. 14./15.12.1946) und die eigentliche Parteisatzung, die am 29.10.1946 von der Militärregierung genehmigt wird.

Herbst Die amerikanische Militärregierung, darauf bedacht, alle Tendenzen zur Zersplitterung der Parteienlandschaft schon im Keim zu ersticken, fordert im Herbst 1946 alle im Laufe des Jahres entstandenen Gruppierungen auf Orts-, Kreis- und Bezirksebene – die zwar den Namen einer der fünf lizenzierten Landesparteien tragen, diesen organisatorisch aber nicht angehören – ultimativ auf, sich den Landesverbänden anzuschließen. Sie droht mit dem Entzug der Teilnahmeberechtigung an den Wahlen und fördert damit die Einigung und die Bildung eines geschlossenen Landesverbandes der CSU.

1. Dez. Landtagswahl und Volksentscheid: Im Volksentscheid stimmen 70,6% der Wahlberechtigten der neuen Bayerischen Verfassung zu, die am 8. Dezember in Kraft tritt. Nach 14 Jahren findet erstmals wieder eine freie und geheime Wahl zum Bayerischen Landtag statt. Die CSU wird mit 52,3% die stärkste Partei und erhält 104 der 180 Sitze, die SPD erreicht 28,6% der Stimmen.

6. Dez. Wahl des Landesvorstandes der CSU: Vorsitzender Josef Müller, Landesschatzmeister Max Grasmann, Landesgeschäftsführer Wilhelm August Schmidt, dann Franz Liedig; weitere Mitglieder: Emil Muhler, Elisabeth Meyer-Spreckels, Lorenz Sedlmayr, Franz Josef Strauß, August Haußleiter, Michael Horlacher, Richard Pflaum, Alois Hundhammer, Konrad Kübler, Eugen Rucker, Georg Barth, Gerhard Kroll, Hermann Stratmann, Alfred Euerl, Ernst Dürr, Franz Ludwig Sauer, Josef Maria Müller, Eugen Rindt, Wilhelm Eichhorn, Georg Gamperl, Karl Sigmund Mayr, Heinrich Pflügler, Johannes Semler, Hans Ehard, Michael Helmerich, Anton Pfeiffer, Hans Meinzolt, Hans Kraus, Hans Müller, Joseph Baumgartner, Heinrich Krehle, Andreas Lang, Josef Donsberger, Adam Sühler, Maria Probst, Karl Schmid, Elisabeth Hahn, Rudolf Birkl, Franz Heubl, Franz Steber, Hans Schütz, Walter Rinke.

14./15. Dez. Auf der zweiten Landesversammlung der CSU in Eichstätt werden das Grundsatzprogramm und das Dreißig-Punkte-Programm (siehe Dokument 16) als „Richtlinien der Christlich-Sozialen Union zur Überwindung der inneren und äußeren Not" verabschiedet, die Satzung der Partei angenommen und Josef Müller wieder zum Landesvorsitzenden gewählt.

16. Dez. Der erste Bayerische Nachkriegs-Landtag konstituiert sich und wählt Michael Horlacher zum Präsidenten (1946–1950).

Chronologie – 1946/1947

	Ministerpräsident Hoegner tritt zurück, führt jedoch die Amtsgeschäfte bis zur Neubildung einer Regierung weiter.
21. Dez.	Der neue Landtag wählt Hans Ehard (und nicht den CSU-Vorsitzenden Josef Müller) zum Ministerpräsidenten (1946–1954), der eine Koalitionsregierung aus CSU, SPD und WAV bildet (Kabinett Ehard I). CSU-Fraktionsvorsitzender wird Alois Hundhammer (1946–1951).

1947

1. Jan.	Übergabe der Wirtschaftsverwaltung der britischen und amerikanischen Zone in deutsche Hand, es beginnt die wirtschaftliche Vereinigung der beiden Zonen zur Bizone.
11./12. Jan.	Gründung der Jungen Union (JU), die den am 24.2.1946 gebildeten Jugendausschuß der CSU ablöst. Es wird zunächst ein dreiköpfiger Landesrat, bestehend aus Franz Steber, Otto Schedl und Rudolf Birkl als oberste Spitze eingesetzt, im Juli 1947 dann Fritz Höhenberger zum ersten Vorsitzenden (Landesobmann) gewählt.
5./6. Feb.	41 Delegierte aus allen Bundesländern konstituieren in Königstein i. Taunus die „Arbeitsgemeinschaft CDU/CSU Deutschlands". Es wird eine Geschäftsordnung genehmigt, fünf Arbeitsausschüsse werden errichtet und ein Vorstand mit Josef Müller als Vertreter Bayerns gebildet. Die erste Tagung des Vorstands findet vom 13. bis 15.3.1947 in Berlin statt.
1./2. März	Erstmals trifft sich der „Ellwanger Kreis", ein unregelmäßig tagendes Forum aus CDU- und CSU-Vertretern der drei westlichen Zonen zur Besprechung tagespolitischer Ereignisse. Ziel des Kreises ist es, die Wiedervereinigung Deutschlands auf föderativer Grundlage in die Wege zu leiten. Der Gesprächskreis löst sich erst Ende der 60er Jahre auf.

15. März	Der US-General Lucius D. Clay löst Joseph T. McNarney als Militärgouverneur der US-Zone ab.
Mai	Gründung der „Studentischen Landesgruppe der CSU" in München. Bereits seit 1946 entstanden in der amerikanischen Besatzungszone lokale christlich-demokratische Studentengruppen, die sich an der CSU orientierten, untereinander aber kaum Kontakt hatten. Erst im Wintersemester 1950/51 verbinden sich die einzelnen Gruppen zum „Ring christlich-demokratischer Studenten" in Bayern. Erster Landesvorsitzender wird Anton Jaumann (1951–1953). Ein bundesweiter RCDS konstituiert sich am 23.2.1951 in Bonn.
6.–8. Juni	Hans Ehard beruft die erste gesamtdeutsche Ministerpräsidentenkonferenz nach München ein. Sie scheitert an den Vorstellungen der Vertreter der sowjetisch besetzten Zone (SBZ).
25. Juni	Konstituierung des von den acht Landtagen gewählten Wirtschaftsrates in Frankfurt a. Main. Bayern entsendet zwölf der insgesamt 52 Abgeordneten, sechs davon sind Mitglieder der CSU: Hugo Karpf, Fritz Flörl, Alfons Loibl, Kurt Fromm, Otto Seeling, Johannes Semler. Anfang 1948 wird die Zahl der Sitze verdoppelt, so daß auf Bayern 24 Abgeordnete entfallen.
24. Juli	Der Wirtschaftsrat wählt die Direktoren der Hauptverwaltungen der Bizone. Da sich die SPD nicht beteiligt, stellen CDU und CSU allein die Direktoren. Hans Schuberth (CSU) übernimmt das Ressort Post und Fernmeldewesen. Johannes Semler (CSU), Direktor der Verwaltung für Wirtschaft, wird am 24.1.1948 wegen seiner in der „Hühnerfutterrede" geäußerten scharfen Kritik an der Besatzungspolitik entlassen und durch Ludwig Erhard ersetzt.
30./31. Aug.	Auf der außerordentlichen Landesversammlung in Eichstätt verabschiedet die CSU ihr Wirtschafts- und Sozialprogramm.

Chronologie – 1947/1948

                Die ehemalige BVP-Reichstagsabgeordnete Thusnelda Lang-Brumann gibt den Zusammenschluß der Frauen (FAG) in der CSU zur Landesarbeitsgemeinschaft der Frauen vom 29. August bekannt.
                Ende August entsteht auch die Union der Ausgewiesenen und Flüchtlinge (UdA), deren Vorsitz Hans Schütz übernimmt. Der UdA ging ein Landesflüchtlingsausschuß, der sich schon früh gebildet hatte, voran.
                Die Arbeitnehmer schließen sich zur Christlich-Sozialen Arbeitnehmerschaft (CSA) zusammen. Heinrich Krehle wird erster Vorsitzender.

20. Sept.   Nach dem Rücktritt der SPD-Minister am 15.9. und dem Ausscheiden der SPD aus der Koalitionsregierung, beruft Ministerpräsident Ehard mit Ausnahme des parteilosen Staatssekretärs Wolfgang Jaenicke eine reine CSU-Regierung (Kabinett Ehard II).

4. Dez.   Der Bayerische Senat konstituiert sich und wählt Dr. Josef Singer zu seinem Präsidenten (1947–1967). Bayern hat als einziges Bundesland eine ständisch zusammengesetzte Zweite Kammer, die jedoch nur beratende Funktion hat.

1948

14. Januar   Die CSU lehnt den Zusammenschluß mit den anderen Unionsparteien ab.

9. Feb.   Der Frankfurter Wirtschaftsrat wird reformiert, die Zahl der Sitze von 52 auf 104 verdoppelt. Der Landtag wählt am 18.2.1948 weitere zwölf Mitglieder für den Wirtschaftsrat, darunter auch Max Zwicknagl, Hans Schütz, Thusnelda Lang-Brumann und den 32jährigen Franz Josef Strauß, Landrat von Schongau und als Oberregierungsrat Leiter des Jugendamtes im Innenministerium.

28./29. Feb. Der CSU-Landesausschuß beschließt eine Satzungsänderung, die dem Landesvorsitzenden mit August Haußleiter (1948–1949) und Michael Horlacher (1948–1951) zwei Stellvertreter zur Seite stellt.

2. März Ludwig Erhard wird Direktor im Frankfurter Wirtschaftsrat. Er setzt zusammen mit Franz Josef Strauß die Idee der Sozialen Marktwirtschaft durch. 1945–1946 war er auch bayerischer Wirtschaftsminister.

29. März Zulassung der am 28.10.1946 gegründeten Bayernpartei auf Landesebene.

25. April Bei den Kreistagswahlen kommt die CSU auf 44,2 %, bei den am gleichen Tag stattfindenden Gemeindewahlen erreicht sie 22,5 %.

30. Mai Die CSU erreicht bei den Stadtkreiswahlen 20,4 %.

14. Juni Mit der Gründung des Wirtschaftsbeirats der Union e.V. bildet der Unternehmerflügel der CSU eine eigene Organisation unter dem Vorsitz des Augsburger Papierfabrikanten Georg Haindl.

20. Juni Währungsreform in den drei Westzonen

10. Aug. Der Verfassungskonvent auf Herrenchiemsee (10.–23.8.1948) wird unter der Leitung von Anton Pfeiffer eröffnet. Die Vertreter der westdeutschen Länderregierungen und West-Berlins arbeiten einen Entwurf für eine Verfassung aus, der als Grundlage für die Beratungen des Parlamentarischen Rates dient.

25. Aug. Der Landtag wählt 13 bayerische Vertreter (8 CSU, 4 SPD, 1 FDP) für den Bonner Parlamentarischen Rat, der am

1. Sept. zu seiner konstituierenden Sitzung zusammentritt. Die CSU-Vertreter des insgesamt 65 Mitglieder umfassenden Rates zur

Chronologie – 1948/1949

Ausarbeitung des Grundgesetzes sind Anton Pfeiffer, Josef Schwalber, Gerhard Kroll, Wilhelm Laforet, Ferdinand Kleindinst, Karl Sigmund Mayr, Kaspar Gottfried Schlör und Kaspar Seibold. Die bayerische SPD wurde durch Hans-Heinz Bauer, Josef Seifried, dann Albert Roßhaupter, Willibald Mücke und Jean Stock, und die FDP durch Thomas Dehler vertreten.

1. Okt.   Das Gesetz über die Errichtung des Bayerischen Rundfunks tritt in Kraft.

14. Okt.   Die Kommunalpolitische Vereinigung (KPV) wird in Garmisch-Partenkirchen gegründet. Den Vorsitz übernimmt der Münchner Oberbürgermeister Karl Scharnagl.

18. Dez.   Franz Josef Strauß wird als Landesgeschäftsführer bestellt.

1949

11. Jan.   Mit einem Festakt zieht der Bayerische Landtag ins Maximilianeum ein. Das alte Landtagsgebäude an der Prannerstraße war im Krieg zerstört worden.

4. April   Zwölf Nationen unterzeichnen den Atlantikpakt (NATO), dem 1955 auch die Bundesrepublik beitritt.

8. Mai   Der Parlamentarische Rat in Bonn verabschiedet das Grundgesetz für die Bundesrepublik Deutschland, das am 23. 5. 1949 in Kraft tritt.

19./20. Mai   Nach 15stündiger Debatte lehnt der Landtag mit 101 gegen 63 Stimmen bei 9 Enthaltungen als einziges Länderparlament das Grundgesetz ab, jedoch wird mit 97 gegen 6 Stimmen bei 70 Enthaltungen die Rechtsverbindlichkeit anerkannt (siehe Dokument 17).

23. Mai	Das Grundgesetz tritt in Kraft.
28. Mai	Hans Ehard wird in Straubing als Nachfolger von Josef Müller zum neuen Vorsitzenden der CSU (1949–1955) gewählt (siehe Dokument 18).
8. Aug.	Der am 12.9.1946 geschaffene Wirtschaftsrat hält seine letzte Sitzung ab.
14. Aug.	Bei der Bundestagswahl erreicht die CSU 29,2% der Stimmen (bundesweit 5,8%). Die CSU-Landesgruppe, die 24 Abgeordnete umfaßt, konstituiert sich als selbständige Fraktion zur Vertretung bayerischer Interessen und wählt Fritz Schäffer zum Obmann. Sein Stellvertreter ist Franz Josef Strauß, der bis zum Ende der Legislaturperiode den Vorsitz der Landesgruppe geschäftsführend übernimmt (1949–1953) (siehe Dokument 19).
22. Aug.	Die Militärregierung hebt den Lizenzzwang für die Presse auf.
7. Sept.	Der Landesgeschäftsführer der CSU, Franz Josef Strauß, wird Generalsekretär (1949–1953), die Aufgaben des Landesgeschäftsführers übernimmt Hans Heggenreiner (1949–1952).
15. Sept.	Konrad Adenauer wird zum ersten Bundeskanzler (1949–1963) gewählt. Seiner Regierung gehören die CSU-Mitglieder Fritz Schäffer (Finanzen), Wilhelm Niklas (Landwirtschaft und Ernährung) und Hans Schuberth (Post- und Fernmeldewesen) an.
3. Nov.	Der Bundestag entscheidet sich für Bonn als zukünftige Hauptstadt der Bundesrepublik Deutschland.
12. Nov.	Nach der Errichtung der Bayerischen Vertretung in Bonn (später Staatsministerium für Bundesangelegenheiten) wird Ernst Rattenhuber zum ersten Leiter ernannt.

1950

8. Feb.	Landtagspräsident Michael Horlacher tritt von seinem Amt zurück, sein Nachfolger wird der am 26.2.1946 zum Präsidenten des Bayerischen Beratenden Landesausschusses ernannte und als letzter Landtagspräsident vor 1933 fungierende Georg Stang (stirbt am 10.5.1951).
3. Juni	Die erste Ausgabe des BAYERNKURIER erscheint. Schon vorher hatte Josef Müller von Dezember 1948 bis April 1949 eine Wochenzeitung der CSU herausgegeben. In bewußter Anlehnung an die von Fritz Gerlich und Pater Ingbert Naab vor 1933 herausgegebene Zeitung nannte er sie „Der gerade Weg" (siehe Dokument 20).
20. Okt.	In Goslar findet der erste Bundesparteitag der Union statt. Bis auf die CSU, die selbständig bleibt, schließen sich alle Landesvorsitzenden der christlich-demokratischen Unionsparteien West-Deutschlands, West-Berlins und der Exil-CDU zu einer gemeinsamen Parteiorganisation zusammen.
26. Nov.	Landtagswahl: Vor allem die innerparteilichen Flügelkämpfe in der CSU und die erstmals kandidierende Bayernpartei (17,9 %) schwächen die CSU. Sie erhält noch 27,4 %, 64 der 204 Sitze.
18. Dez.	Ministerpräsident Hans Ehard bildet eine Koalitionsregierung aus CSU, SPD (28 %) und BHE/DG (12,3 %) (Kabinett Ehard III).

1951

5. Feb.	Josef Brunner übt als stellvertretender Generalsekretär (1951–1953) die Aufgaben eines Landesgeschäftsführers aus.
19. Juni	Alois Hundhammer (1951–1954) wird zum Nachfolger des am 10.5.1951 verstorbenen Landtagspräsidenten Georg Stang gewählt. Sein Amt als CSU-Fraktionsvorsitzender übernimmt der Bamberger Prälat Georg Meixner (1951–1958).

1952

30. März	Die CSU erreicht bei den Kommunalwahlen 26,9 %.
5./6. Juli	Die Landesversammlung der CSU beschließt in Regensburg eine neue Satzung und wählt Franz Josef Strauß zum stellvertretenden Landesvorsitzenden.

1953

19. Febr.	Erster Auftritt von Franz Josef Strauß beim Politischen Aschermittwoch im Wolferstetter Keller in Vilshofen.
2./3. Mai	Neuanfang für die Christlich-Soziale Arbeitnehmerschaft – Arbeitnehmergruppe der CSU in Bayern (CSA).
6./7. Juni	Die Frauenarbeitsgemeinschaft (FAG) erhält die erste Geschäftsordnung. Der ersten Vorsitzenden Thusnelda Lang-Brumann folgt die Landtagsabgeordnete Zita Zehner.
17. Juni	Niederschlagung des Aufstandes in Ost-Berlin und anderen Orten der DDR durch sowjetisches Militär. Zum Gedenken an den Aufstand wird der 17. Juni zum gesetzlichen Feiertag

erklärt, erstmals 1954 begangen und nach der Wiedervereinigung 1990 schließlich abgeschafft.

4./5. Juli	Die Union der Ausgewiesenen und Flüchtlinge (UdA) benennt sich in Union der Vertriebenen (UdV) um.
10. Aug.	Der bisherige stellvertretende Generalsekretär Josef Brunner wird Generalsekretär (1953–1954).
6. Sept.	Bei der Bundestagswahl erreicht die CSU 47,9 % (im Bundesdurchschnitt 8,8 %), die Landesgruppe umfaßt 52 Abgeordnete (20,8 % von 250 CDU/CSU-Abgeordneten). Franz Josef Strauß wird zum Vorsitzenden der CSU-Landesgruppe gewählt. Nach seinem Einzug ins Kabinett übernimmt Richard Stücklen geschäftsführend den Landesgruppenvorsitz (1953–1957) und wird auch stellvertretender Vorsitzender der CDU/CSU-Fraktion. Der Bundestag wählt Richard Jaeger zu seinem Vizepräsidenten (1953–1965, 1967–1976).
20. Okt.	Bundeskanzler Konrad Adenauer beruft Franz Josef Strauß als einen der vier Bundesminister für besondere Aufgaben (1953–1955). Die anderen von der CSU gestellten Minister sind: Fritz Schäffer (Finanzen), Hans Schuberth (Post- und Fernmeldewesen, seit 10.12.1953 Siegfried Balke).
Nov.	Der Evangelische Arbeitskreis (EAK) wird gegründet, mit Pfarrer Alfons Kreußel als erstem Vorsitzenden.

1954

6. Juni	Verkündung der Schirmherrschaft des Freistaates Bayern über die sudetendeutsche Volksgruppe durch Ministerpräsident Hans Ehard.
28. Nov.	Bei der Landtagswahl erhält die CSU 38,4 % der Stimmen und bildet mit 83 Abgeordneten die größte Fraktion. Nach vielen Verhandlungen bildet aber Wilhelm Hoegner am 9.12.1954 mit SPD, BP, BHE und FDP die Viererkoalition. Sie besteht bis 1957 (Kabinett Hoegner II).
13. Dez.	Der bisherige Ministerpräsident Hans Ehard wird zum Landtagspräsidenten (1954–1960), Hanns Seidel zum Sprecher der Fraktion gewählt. Prälat Georg Meixner bleibt Vorsitzender der Fraktion.
18. Dez.	Heinz Lechmann wird mit der Führung der Geschäfte des Generalsekretärs beauftragt (1954–1955).

1955

	Im Saarland bildet sich unabhängig und ohne Billigung der bayerischen CSU eine Vereinigung mit dem Namen CSU-Saar (CSU-S), die jedoch eine unbedeutende Splitterpartei bleibt. Sie fusioniert 1947 zunächst mit der saarländischen CVP, 1959 schließlich mit der CDU des Saarlands.
Jan.	Friedrich Zimmermann wird zum Hauptgeschäftsführer berufen (1955–1963, seit 1956 als Generalsekretär). Daneben fungiert von März bis November Alois Engelhard als Landesgeschäftsführer.
22. Jan.	Hanns Seidel wird zum neuen Landesvorsitzenden gewählt (1955–1961).

5. Mai	Das Besatzungsstatut wird aufgehoben, am 1.9.1955 kommen Stadt und Landkreis Lindau wieder zu Bayern.
6. Mai	Die Bundesrepublik Deutschland tritt der Westeuropäischen Union und der NATO bei und wird damit in das westliche Verteidigungsbündnis integriert (siehe Dokument 21).
20. Mai	Die CSU wird im Vereinsregister unter der Nummer VR 5586 eingetragen.
21. Okt.	Franz Josef Strauß wird zum Bundesminister für Atomfragen (1955–1956) berufen.
22/23. Okt.	Jubiläumsparteitag: 10 Jahre CSU.

1956

18. März	Die CSU erreicht bei den Kommunalwahlen 35%.
22. April	Beim Volksbegehren über die Rückkehr der Pfalz nach Bayern sprechen sich nur 7,5% der Pfälzer, statt der benötigten 10%, für eine Rückkehr aus.
21. Juli	Einführung der allgemeinen Wehrpflicht in der Bundesrepublik Deutschland.
16. Okt.	Franz Josef Strauß wird zum Bundesminister für Verteidigung (1956–1962) berufen, sein bis dahin ausgeübtes Ressort für Atomfragen übernimmt zusätzlich der Postminister Siegfried Balke.
12. Dez.	Der Bayerische Landtag beschließt, die Amtszeit der Bürgermeister, Gemeinde- und Kreisräte von vier auf sechs Jahre zu verlängern.

21. Dez.	Friedrich Zimmermann wird als hauptamtlicher Generalsekretär (1955–1963) angestellt. Von Januar 1955 bis Dezember 1956 amtiert er als Hauptgeschäftsführer.

1957

1. Juni	Die Landesversammlung der CSU beschließt ein neues Grundsatzprogramm.
15. Sept.	Nach der Bundestagswahl schickt die CSU 53 Abgeordnete (19,1% von 278) in den Bundestag, was einem Stimmenanteil von 57,2% in Bayern (im Bundesdurchschnitt 10,5%) entspricht. Die CDU/CSU erreicht mit 50,2% die absolute Mehrheit. Dem dritten Kabinett Adenauer gehören vier CSU-Minister an: Fritz Schäffer (Justiz), Franz Josef Strauß (Verteidigung), Richard Stücklen (Post- und Fernmeldewesen) und Siegfried Balke (Atomkernenergie und Wasserwirtschaft). Die CSU-Landesgruppe wählt Hermann Höcherl zum Vorsitzenden (1957–1961).
16. Okt.	Nach dem Bruch der Viererkoalition in Bayern wird Hanns Seidel zum neuen Ministerpräsidenten gewählt (Kabinett Seidel I). Der Koalition gehören CSU, GB/BHE (Gesamtdeutscher Block/Block der Heimatvertriebenen und Entrechteten) und FDP an, SPD und BP bilden die Opposition. Georg Meixner bleibt CSU-Fraktionsvorsitzender; wegen dessen angeschlagener Gesundheit wird Franz Lippert zum geschäftsführenden Fraktionschef gewählt (siehe Dokument 22).
31. Okt.	In Garching bei München geht der erste Atomreaktor der Bundesrepublik in Betrieb. Der Forschungs- und Lehrreaktor war am 9.9.1957 eingeweiht worden.

1958

1. Jan.	Der EWG-Vertrag und der Vertrag über die Bildung der Europäischen Atomgemeinschaft treten in Kraft.
1. Feb.	Alois Klughammer wird Landesgeschäftsführer (1958–1967).
2. Juni	Ein Kompromiß über die Errichtung Pädagogischer Hochschulen mit konfessionellem Charakter beendet den jahrelangen Streit um die Reform der Lehrerbildung.
23. Nov.	Die CSU wird mit 45,6% bei der Landtagswahl wieder stärkste Kraft (101 Abgeordnete). Hanns Seidel wird erneut Ministerpräsident (Kabinett Seidel II), seiner Regierung gehören neben der CSU wieder GB/BHE und FDP an. Zum CSU-Fraktionsvorsitzenden wählt man Franz Heubl (1958–1962).

1960

26. Jan.	Zum Nachfolger Hanns Seidels, der aus Gesundheitsgründen am 22.1.1960 als Ministerpräsident zurücktritt, wird wiederum Hans Ehard (Kabinett Ehard IV), seit 1954 Landtagspräsident, gewählt. Neuer Landtagspräsident wird Rudolf Hanauer (1960–1978).
27. März	Bei den Kommunalwahlen erhält die CSU 37,3%.

1961

16. Feb.	Hanns Seidel tritt als Landesvorsitzender der CSU zurück.
18. März	Franz Josef Strauß wird mit 94,8% der Delegiertenstimmen zum Vorsitzenden gewählt. Er hat dieses Amt bis zu seinem Tod am 3.10.1988 inne (siehe Dokument 23).

5. Aug.	Hanns Seidel stirbt in einem Münchner Krankenhaus (geb. 12.10.1901 in Schweinheim bei Aschaffenburg).
17. Sept.	Nach der Bundestagswahl kann die CSU mit einem Stimmenanteil von 54,9% (im Bund 9,6%) 50 Abgeordnete in den Deutschen Bundestag entsenden. Das entspricht 19,6 % der 251 CDU/CSU Abgeordneten. Hermann Höcherl übernimmt das Bundesinnenministerium, Siegfried Balke, Franz Josef Strauß und Richard Stücklen behalten ihre Ressorts. Werner Dollinger übernimmt den Vorsitz der CSU-Landesgruppe (1961–1962).

1962

10. Juli	Der Landtag beschließt die Gründung einer vierten Landesuniversität in Regensburg (1967 eröffnet), der ersten von insgesamt fünf Neugründungen (Augsburg 1969, Bayreuth 1971, Passau 1972, Bamberg 1972) in den folgenden Jahren.
25. Nov.	Bei der Landtagswahl gewinnt die CSU 47,5% der Stimmen und damit zum ersten Mal die absolute Mehrheit der Sitze (108 von 204).
30. Nov.	Nach massiven Vorwürfen und Anschuldigungen im Zusammenhang mit der „Spiegel-Affäre" tritt Franz Josef Strauß als Bundesverteidigungsminister zurück, führt die Geschäfte aber noch bis zum 9.1.1963 weiter.
11. Dez.	Ministerpräsident in Bayern wird Alfons Goppel (1962–1978), der seine erste Regierung bildet (Kabinett Goppel I). Seinem Kabinett gehört auch ein Politiker der BP an. Zum CSU-Fraktionsvorsitzenden wird Ludwig Huber (1962–1972) gewählt.
14. Dez.	Konrad Adenauer bildet ein neues Kabinett, Werner Dollinger wird Bundesschatzminister, Alois Niederalt Bundesminister für

Angelegenheiten des Bundesrats und der Länder, Richard Stücklen und Hermann Höcherl behalten ihre Ressorts.

1963

21. Jan.	Franz Josef Strauß wird zum Vorsitzenden der CSU-Landesgruppe im Bundestag (1963–1966) gewählt.
1. Okt.	Anton Jaumann wird Generalsekretär (1963–1967).
16. Okt.	Nach Adenauers Rücktritt wird Ludwig Erhard Bundeskanzler (1963–1966). Er bildet eine Regierungskoalition aus CDU/CSU und FDP.
21. Nov.	Das in der Nacht vom 2./3. Okt. 1943 zerstörte Münchner Nationaltheater wird von Ministerpräsident Alfons Goppel wiedereröffnet.
25. Nov.	In Ingolstadt nimmt die erste Raffinerie ihren Betrieb auf. Seit 1960 hatte der Bayerische Wirtschaftsminister Otto Schedl die anfangs als „groteske Fehlinvestition" und „bayerischen Schwabenstreich" belächelten Pläne verfolgt, Ölpipelines von den Mittelmeerhäfen Marseille, Genua und Triest nach Bayern zu legen, um die hohen Energiekosten zu senken. Es werden bedeutende Raffinerien in Ingolstadt und Burghausen aufgebaut.

1964

7. Okt.	Ludwig Huber übernimmt zusätzlich zu seinem Amt als CSU-Fraktionsvorsitzender das Ressort des zurückgetretenen Kultusministers Theodor Maunz.

1965

9. April	Der Wehrpolitische Arbeitskreis wird gegründet (WPA), zum Gründungsvorsitzenden Erwin Lauerbach bestimmt.
19. Sept.	Bei der Bundestagswahl erreicht die CSU 55,6% (im Bundesdurchschnitt 9,6%), 49 (19,5% von 251) Abgeordnete bilden die Landesgruppe. Der neuen Bundesregierung unter Bundeskanzler Ludwig Erhard gehören die Minister Richard Jaeger (Justiz), Hermann Höcherl (Ernährung, Landwirtschaft und Forsten), Richard Stücklen (Post- und Fernmeldewesen), Alois Niederalt (Bundesrat) und Werner Dollinger (Schatz bzw. Wirtschaftliche Zusammenarbeit) an.
9. Dez.	Maria Probst wird zur Vizepräsidentin des Bundestages gewählt (1965–1967) (siehe Dokument 24).

1966

13. März	Bei den Kommunalwahlen erreicht die CSU 40%.
16. Sept.	Der Duisburger Vertrag schreibt den Ausbau und die Finanzierung der Großschiffahrtsstraße Rhein-Main-Donau-Kanal durch den Freistaat Bayern und die Bundesrepublik Deutschland fest. Der Kanal wird 1992 eröffnet.
7. Nov.	Die Hanns-Seidel-Stiftung wird gegründet und nimmt 1967 ihre Arbeit auf. Der erste Vorsitzende ist Fritz Pirkl, der dieses Amt bis zu seinem Tod am 19.8.1993 bekleidet.
20. Nov.	Bei der Landtagswahl gewinnt die CSU 48,1% oder 110 Sitze.
30. Nov.	Nach dem Rücktritt Ludwig Erhards als Bundeskanzler, bildet der neue Kanzler Kurt Georg Kiesinger (1966–1969) eine große Koalition. Franz Josef Strauß wird Finanzminister

	(1966–1969), die weiteren CSU-Minister sind Hermann Höcherl (Ernährung, Landwirtschaft und Forsten) und Werner Dollinger (Post- und Fernmeldewesen). Richard Stücklen wird Landesgruppenvorsitzender (1966–1976).
5. Dez.	Alfons Goppel bildet sein zweites Kabinett. Erstmals gehören alle Regierungsmitglieder der CSU an.

1967

29. März	In Berchtesgaden stirbt Fritz Schäffer (geb. 12.5.1888).
1. April	Max Streibl löst Anton Jaumann als Generalsekretär (1967–1971) ab.
11. April	Eintragung der Hanns-Seidel-Stiftung in das Vereinsregister beim Amtsgericht München (siehe Dokument 25).
Mai	Nach dem Tod von Maria Probst übernimmt Richard Jaeger wieder das Amt des Bundestagsvizepräsidenten (1967–1976), das er schon von 1953–1965 ausübte.

1968

Jan.	Hippolyt Frhr. Poschinger von Frauenau wird zum Präsidenten des Bayerischen Senats gewählt (1968–1981).
Juni	Die Frauenarbeitsgemeinschaft (FAG) ändert ihre Bezeichnung in Frauen-Union (FU).
7. Juli	Nach jahrelangem, auch innerparteilichem Streit um die Konfessionsschule finden 1968 CSU und SPD zu einem Kompromiß, der die bayerische Volksschule künftig als christliche Gemeinschaftsschule, nicht mehr als Bekenntnisschule,

etabliert. Der Kompromißvorschlag wird bei einem Volksentscheid, dem ersten Volksentscheid zur Änderung der Bayerischen Verfassung, mit 78,4% der Stimmen angenommen.

12./13. Juli   Die CSU ändert nach der Landesversammlung vom 12./13. Juli die Bezeichnung ihrer Gremien: Landesversammlung, Landesvorsitzender, Geschäftsführender Landesvorstand und Landesausschuß werden Parteitag, Parteivorsitzender, Präsidium und Parteiausschuß.

14. Dez.   Der Parteitag beschließt ein neues Grundsatzprogramm und schafft den Posten eines dritten stellvertretenden Landesvorsitzenden. Als erste Frau wird Mathilde Berghofer-Weichner stellvertretende Parteivorsitzende.

1969

15. April   Einführung des neunten Schuljahres und Umwandlung der Volksschuloberstufe in die Hauptschule.

28. Sept.   Nach dieser Bundestagswahl regiert zum ersten Mal eine Koalition aus SPD und FDP, Willy Brandt wird Bundeskanzler (1969–1974). Mit 54,4% (im Bundesdurchschnitt 9,5%) der Stimmen stellt die CSU 49 Abgeordnete (19,6% von 250 Abgeordneten der CDU/CSU-Fraktion).

1970

22. Nov.   Bei der Landtagswahl steigert die CSU ihren Stimmenanteil von 48,1% im Jahr 1966 auf 56,4% und besetzt damit 124 Sitze. Ministerpräsident wird wieder Alfons Goppel (Kabinett Goppel III). Neu geschaffen wird das Staatsministerium für Landesentwicklung und Umweltfragen, das erste seiner Art in

Chronologie – 1970/1971

Deutschland. Zum Staatsminister wird der bisherige Generalsekretär Max Streibl berufen.

24. Mai Beim zweiten Volksentscheid zur Änderung der Bayerischen Verfassung spricht sich eine knappe Mehrheit für die Herabsetzung des aktiven Wahlalters auf 18 Jahre, des passiven auf 21 Jahre aus.

1971

14. Mai Gerold Tandler übernimmt das Amt des Generalsekretärs (1971–1978). Er leitet in Anlehnung an die Gebietsreform große organisatorische Umstrukturierungen in der Parteiorganisation ein. Der Parteivorsitzende Franz Josef Strauß stellt dem neuen Generalsekretär mit Florian Harlander (1971–1982) einen Landesgeschäftsführer zur Seite. Seither bestehen beide Ämter offiziell nebeneinander.

2. Juli Der Landesvorsitzende der bayerischen SPD, 1947–1963, Waldemar von Knoeringen, stirbt 64jährig.

16./17. Okt. Jubiläumsparteitag der CSU in München: 25 Jahre CSU.

15. Dez. Die Landkreisreform, vom Innenminister Bruno Merk als Verordnung eingebracht, wird vom Landtag gebilligt. Die Neugliederung des Freistaats reduziert die Zahl der Landkreise von 143 auf 71, die der kreisfreien Städte von 48 auf 25. Die bis 1978 abgeschlossene Gemeindereform verringert die Zahl der bayerischen Gemeinden von über 7.000 auf 2.056 (Stand 1994).

1972

25./26. Jan.	Nach einer 16stündigen Debatte über die Ostverträge (mit der Sowjetunion und Polen) im Landtag, läßt Ministerpräsident Alfons Goppel die Frage offen, ob das Bundesverfassungsgericht angerufen wird.
15. März	Alfred Seidl (1972–1974) löst Ludwig Huber als CSU-Fraktionsvorsitzenden ab.
17. Mai	Die Ostverträge werden vom Bundestag ratifiziert.
11. Juni	Bei den Kommunalwahlen stimmen 45,6% für die CSU.
1. Juli	Die Landkreisreform und die Neuabgrenzung der Regierungsbezirke tritt in Kraft. Die CSU-Kreisverbände werden den neuen Verwaltungsgrenzen angepaßt.
19. Nov.	Bei der vorgezogenen Bundestagswahl erreicht die CSU 55,1% der Stimmen in Bayern (9,7% im Bundesdurchschnitt). Sie stellt 48 Abgeordnete (20,5% der 234 Abgeordneten der CDU/CSU-Fraktion).
21. Dez.	Der Grundlagenvertrag zwischen der Bundesrepublik Deutschland und der DDR wird unterzeichnet.

1973

24. Jan.	Nach ersten Gründungen 1962 und 1963 wird der Gesundheitspolitische Arbeitskreis (GPA) neu gegründet.
22. Mai	Auf Initiative von Franz Josef Strauß reicht die Bayerische Staatsregierung Klage beim Bundesverfassungsgericht gegen den Grundlagenvertrag der Bundesrepublik Deutschland mit der DDR ein.

Chronologie – 1973/1974

1. Juli   Es finden zwei Volksabstimmungen statt. Beim Volksentscheid über die neu in die Verfassung aufgenommene 5%-Klausel bei Landtagswahlen, statt der bisher geltenden 10%-Klausel je Regierungsbezirk, stimmen 84,4% zu. Der Volksentscheid über die verfassungsgemäße Absicherung der öffentlich-rechtlichen Struktur des Bayerischen Rundfunks ergibt eine Zustimmung von 87,1%.

31. Juli   Das Bundesverfassungsgericht verkündet sein Urteil zum Grundlagenvertrag mit der DDR und stellt darin klar, in welcher Auslegung dieser Vertrag mit dem Grundgesetz (GG) vereinbar ist. Es bestätigt die Auffassung der CSU und der Bayerischen Staatsregierung, wonach Deutschland als Ganzes fortbesteht, die Bürger der DDR deutsche Staatsangehörige im Sinne des GG sind, und die Wiederherstellung der Einheit Deutschlands Aufgabe aller Verfassungsorgane bleibt.

27.–30. Sept.   Die CSU beschließt auf ihrem Parteitag, eine Grundsatzkommission unter dem Vorsitz Theo Waigels (1973–1988) einzusetzen.

1974

Febr.   Nach 21 Jahren findet der „Politische Aschermittwoch" – bisher in Vilshofen – zum ersten Mal in der Nibelungenhalle in Passau statt.

20. Feb.   Der Bundestag ratifiziert den am 1.7.1968 in London, Washington und Moskau unterzeichneten Atomwaffensperrvertrag. Damit verzichtet die Bundesrepublik nach zehnjähriger Diskussion auf die Herstellung und den Erwerb von Atomwaffen in nationaler Verfügungsgewalt.

16. Mai   Helmut Schmidt (1974–1982) wird zum Nachfolger des zurückgetretenen Bundeskanzlers Willy Brandt gewählt. Er bildet eine Regierungskoalition aus SPD und FDP.

1. Aug.	In München stirbt Alois Hundhammer (geb. 25.2.1900 in Moos b. Forstinning, Lkr. Ebersberg).
7. Sept.	In Augsburg findet die erste Landesversammlung der Schüler-Union statt. Ihr erster Bezirksverband war 1972 in der Oberpfalz gegründet worden. Sie ist eine Arbeitsgemeinschaft der Jungen Union mit eigenständiger Mitgliedschaft und Organisation.
27. Okt.	Die CSU erzielt mit 62,1% Stimmen und 132 Sitzen bei der Wahl zum 8. Bayerischen Landtag ihr bisher bestes Ergebnis.
12. Nov.	Landtagspräsident Rudolf Hanauer und Ministerpräsident Alfons Goppel werden in ihren Ämtern bestätigt (Kabinett Goppel IV). Erstmals wird mit der Berufung Mathilde Berghofer-Weichners zur Staatssekretärin im Kultusministerium in Bayern eine Frau Mitglied des Kabinetts. August Lang (1974–1982) löst Alfred Seidl als Fraktionsvorsitzenden ab.

1975

16. Jan.	Der CSU-Vorsitzende Franz Josef Strauß wird als erster deutscher Politiker von Mao Tse-Tung empfangen (siehe Dokument 26).
25. Feb.	Aufgrund einer Klage der CDU/CSU-Bundestagsfraktion erklärt das Bundesverfassungsgericht die Fristenlösung bei der Abtreibung für verfassungswidrig.

1976

12./13. März	Der Parteitag verabschiedet das von der Grundsatzkommission unter Vorsitz von Theo Waigel erarbeitete neue Grundsatzprogramm.

Chronologie – 1976/1977/1978

3. Okt.	Mit 60,0% (im Bundesdurchschnitt 10,6%) erreicht die CSU ihr bisher bestes Ergebnis bei Bundestagswahlen. 53 Abgeordnete (20,9% von 254 Unionsparlamentariern) bilden die Landesgruppe, zu deren Vorsitzendem Friedrich Zimmermann gewählt wird (1976–1982). Richard Stücklen wird Vizepräsident des Deutschen Bundestags (1976–1979, 1979–1983 Präsident, 1983–1990).
19. Nov.	Die Landesgruppe beschließt in Wildbad Kreuth, die Fraktionsgemeinschaft mit der CDU zu lösen.
12. Dez.	Nach harten Verhandlungen, aus denen die CSU-Landesgruppe gestärkt hervorgeht, schließen CDU und CSU wieder einen Vertrag über die Bildung einer Fraktionsgemeinschaft.

1977

5. Mai	In Bonn stirbt der am 4.2.1897 in Fürth geborene frühere Wirtschaftsminister und Bundeskanzler Ludwig Erhard (CDU).

1978

5. März	Bei den Kommunalwahlen erreicht die CSU 53%.
16. Sept.	Übernahme der Patenschaft für die Landsmannschaft Ostpreußen durch den Freistaat Bayern.
15. Okt.	Bei den Landtagswahlen gewinnt die CSU 59,1% der Stimmen und damit 129 Sitze.
30. Okt.	Der neue Landtag konstituiert sich und wählt Franz Heubl zum neuen Landtagspräsidenten (1978–1990). Er löst den seit 1960 amtierenden Rudolf Hanauer ab.

6. Nov.	Franz Josef Strauß wird Ministerpräsident (1978–1988). Er folgt Alfons Goppel nach (Kabinett Strauß I).
20. Nov.	Edmund Stoiber wird neuer Generalsekretär (1978–1983).

1979

Mai	Die CSU-Landesleitung zieht von der Lazarettstraße in die Nymphenburger Straße um.
31. Mai	Der Deutsche Bundestag wählt Richard Stücklen zu seinem Präsidenten (1979–1983).
10. Juni	Bei der ersten Direktwahl zum Europäischen Parlament erreicht die CSU mit ihrem Spitzenkandidaten Altministerpräsident Alfons Goppel 62,5%.
2. Juli	Franz Josef Strauß wird nach heftigen Auseinandersetzungen in der CDU/CSU-Bundestagsfraktion zum Kanzlerkandidaten nominiert. Angesichts eines andauernden Stimmungstiefs für die Unionsparteien und eines Popularitätshochs für den amtierenden Bundeskanzler Helmut Schmidt soll nach Meinung einer Mehrheit ein profilierter, kämpferischer Kandidat antreten (siehe Dokument 27).
12. Sept.	Josef Müller stirbt. Der am 27. März 1898 in Steinwiesen in Oberfranken geborene Rechtsanwalt gehörte zu den Parteigründern der CSU und war ihr erster Vorsitzender.
28./29. Sept.	Der CSU-Parteitag beschließt durch Satzungsänderung, das Amt eines weiteren stellvertretenden Parteivorsitzenden zu schaffen. Gewählt wird Friedrich Zimmermann.

1980

5. März	Der SPD-Politiker und ehemalige bayerische Ministerpräsident Wilhelm Hoegner stirbt 92jährig in München.
5. Okt.	Bei der Bundestagswahl gelingt es den Unionsparteien nicht, die SPD/FDP-Regierung abzulösen. Sie schneiden mit 44,5% zwar am besten (von allen Parteien) ab, verlieren aber gegenüber 1976 4,1%. Durch deutliche Stimmengewinne der FDP wird die Koalitionsregierung aus SPD und FDP gestärkt. In Bayern erreicht die CSU 57,6%, im Bundesdurchschnitt 10,3%. Sie stellt 52 Abgeordnete (21,9% von 237 Unionsparlamentariern).
18. Okt.	Hans Ehard, geboren am 10.11.1887 in Bamberg, stirbt. Er war der zweite Parteivorsitzende der CSU. Mehrmals wurde er zum Ministerpräsidenten und zum Landtagspräsidenten gewählt.

1982

Jan.	Hans Weiß wird zum Präsidenten des Bayerischen Senats gewählt (1982–1993).
1. Okt.	Nach einem von den Unionsparteien beantragten konstruktiven Mißtrauensvotum wählt der Deutsche Bundestag den CDU-Vorsitzenden Helmut Kohl zum Bundeskanzler. Er bildet eine Regierungskoalition aus CDU/CSU und FDP. Die CSU-Minister sind Friedrich Zimmermann (Innen), Werner Dollinger (Verkehr), Oscar Schneider (Bau) und Jürgen Warnke (Wirtschaftliche Zusammenarbeit). Theo Waigel wird Vorsitzender der CSU-Landesgruppe (1982–1989).
10. Okt.	Bei der Landtagswahl in Bayern erreicht die CSU 58,3%, 133 von 204 Sitzen und damit die höchste Mandatszahl in der

	Nachkriegsgeschichte (Kabinett Strauß II). Die FDP und die Grünen scheitern an der 5%-Hürde.
19. Okt.	Gerold Tandler wird zum CSU-Fraktionsvorsitzenden (1982–1988) gewählt.
1. Dez.	Manfred Baumgärtel wird Landesgeschäftsführer der CSU (1982–1991).

1983

6. März	Bei den vorgezogenen Wahlen zum 10. Deutschen Bundestag erreicht die CSU 59,5% (im Bundesdurchschnitt 10,6%) der Stimmen. Die Landesgruppe umfaßt 53 Abgeordnete, das sind 20,8% der 255 Unionsparlamentarier. Der Wahlerfolg der CSU bringt ihr einen fünften Ministersessel in Bonn ein, Ignaz Kiechle wird Landwirtschaftsminister. Richard Stücklen wird zum Vizepräsidenten des Bundestags (1983–1990) gewählt.
1. April	Otto Wiesheu übernimmt das Amt des Generalsekretärs, das er im November des Jahres, nach einem folgenschweren Verkehrsunfall, niederlegt.
29. Juni	Auf Vermittlung von Franz Josef Strauß gewähren deutsche Banken der DDR einen Kredit in Höhe von 1 Milliarde DM. Die Gewährung dieses Kredits trägt zur Entspannung im deutsch-deutschen Verhältnis bei und führt zu menschlichen Erleichterungen.
Nov.	Gerold Tandler wird kommissarischer Generalsekretär (1983–1985).
27. Nov.	Der aus der CSU ausgetretene Bundestagsabgeordnete Franz Handlos gründet in München die Partei „Die Republikaner".

1984

18. März	Die CSU-Kandidaten erreichen bei den Kommunalwahlen 49,1%.
17. Juni	Bei den Europawahlen kommt die CSU mit ihrem Spitzenkandidaten Fritz Pirkl auf 57,2%. Bei einem gleichzeitig stattfindenden Volksentscheid stimmen 94% der Bürger der Aufnahme des Umweltschutzes als Staatsziel in die Bayerische Verfassung zu. Damit verankert Bayern als erstes Bundesland den Schutz der natürlichen Lebensgrundlagen sowie den Schutz der kulturellen Überlieferung als Staatsziel, die Erhaltung von Tier- und Pflanzenarten sowie das Energiesparen als öffentliche Aufgaben.
Juli	Wolfgang Held wird stellvertretender Generalsekretär (1984–1987).

1985

28. Jan.	Der bisherige kommissarische Generalsekretär Gerold Tandler wird Generalsekretär (1985–1988).
4. Feb.	Die Deutsche Gesellschaft zur Wiederaufbereitung von Kernbrennstoffen entscheidet sich für den oberpfälzischen Standort Wackersdorf statt des niedersächsischen Dragahn. Die WAA Wackersdorf (Baubeginn am 11.12.1985) wird über mehrere Jahre hinweg eines der umstrittensten deutschen Atomprojekte. Im April 1989 wird es von der Energiewirtschaft schließlich aufgegeben.
22./23. Nov.	Jubiläumsparteitag der CSU in München: 40 Jahre CSU.

1986

12. Okt. Die CSU erreicht bei den Landtagswahlen 55,8%, 128 der 204 Sitze (Kabinett Strauß III). Als erste Frau wird Mathilde Berghofer-Weichner als Staatsministerin für Justiz ins Kabinett berufen. Mit 7,5% (15 Sitzen) ziehen erstmals „Die Grünen" in den Landtag ein.

1987

25. Jan. Bei der Bundestagswahl erhält die CSU 55,1% der Stimmen (im Bundesdurchschnitt 9,8%) und stellt 49 Abgeordnete (20,9% von 234 Unionsparlamentariern).

20. Juli Erwin Huber wird stellvertretender Generalsekretär (1987–1988).

28. Dez. Franz Josef Strauß reist mit einer CSU-Delegation zu Gesprächen nach Moskau und trifft den Generalsekretär der KPdSU Michail Gorbatschow.

1988

14. Juni Alois Glück wird CSU-Fraktionsvorsitzender (seit 1988).

12. Sept. Der bisher stellvertretende Generalsekretär Erwin Huber wird zum Generalsekretär berufen (1988–1994).

3. Okt. Der Bayerische Ministerpräsident Franz Josef Strauß (geb. am 6.9.1915 in München), seit 27 Jahren amtierender Vorsitzender der CSU, stirbt 73jährig in einem Regensburger Krankenhaus.

19. Okt. Max Streibl wird als neuer Ministerpräsident vereidigt. Mathilde Berghofer-Weichner wird als erste Frau stellvertretende Ministerpräsidentin (Kabinett Streibl I).

Chronologie – 1988/1989/1990

19. Nov.   Theo Waigel wird von den Parteitagsdelegierten mit 98,3 % zum neuen Vorsitzenden der CSU gewählt.

Dez.   Edmund Stoiber wird als Nachfolger von Theo Waigel Vorsitzender der Grundsatzkommission.

1989

21. April   Theo Waigel wird Bundesfinanzminister (seit 1989). Sein Nachfolger als Vorsitzender der Landesgruppe in Bonn wird Wolfgang Bötsch (1989–1993).

18. Juni   Bei den Wahlen zum Europäischen Parlament erhält die CSU 45,4 % der Stimmen in Bayern.

2. Okt.   „Franz Josef Strauß-Haus" – Die CSU-Landesleitung in der Nymphenburger Straße in München wird nach ihrem langjährigen Vorsitzenden Franz Josef Strauß benannt.

9. Nov.   Mit dem Fall der Mauer und der Öffnung der DDR-Grenze beginnt der Prozeß der Wiedervereinigung Deutschlands.

28. Nov.   Bundeskanzler Helmut Kohl stellt im Deutschen Bundestag sein „Zehn-Punkte-Programm" zur Überwindung der Teilung Deutschlands und Europas vor.

1990

20. Jan.   In Leipzig schließen sich mit Unterstützung der CSU rund ein Dutzend liberal-konservativer und christlicher Parteien und Gruppierungen zur DSU zusammen. Zum ersten Vorsitzenden wird Hans-Wilhelm Ebeling, Pfarrer der Leipziger Thomaskirche, gewählt. Die neugegründete Partei beantragt am 17. 6. 1990 in der Volkskammer den sofortigen Beitritt der DDR zur

	Bundesrepublik Deutschland. Als sie sich im April 1993 auf das gesamte Bundesgebiet ausdehnt, kündigt die CSU die Zusammenarbeit auf.
30. Jan.	Der sowjetische Staats- und Parteichef Michail Gorbatschow stimmt der Einigung der beiden deutschen Staaten prinzipiell zu.
18. März	In der DDR finden die ersten freien Wahlen statt. Die „Allianz für Deutschland" aus CDU, DSU und DA erreicht 48,0%. Die CSU erreicht bei den Kommunalwahlen in Bayern 41,9%.
18. Mai	In Bonn unterzeichnet Finanzminister Theo Waigel für die Bundesrepublik Deutschland den Staatsvertrag über die Schaffung einer Währungs-, Wirtschafts- und Sozialunion mit der DDR, der den Weg zur Einheit ebnet.
1. Juli	Die Währungs-, Wirtschafts- und Sozialunion tritt in Kraft.
23. Aug.	Die DDR-Volkskammer beschließt den Beitritt der DDR zur Bundesrepublik Deutschland zum 3.10.1990.
31. Aug.	Der deutsch-deutsche Einigungsvertrag wird in Ost-Berlin unterschrieben.
12. Sept.	In Moskau wird das „Zwei-plus-Vier-Abkommen" unterzeichnet, Deutschland erhält seine volle Souveränität.
3. Okt.	Aufgrund des Einigungsvertrages vom 31.8.1990 treten die fünf ostdeutschen Bundesländer dem staatlichen Geltungsbereich des Grundgesetzes bei, die staatliche Einheit wird vollendet (siehe Dokument 28).
9. Okt.	Bundesfinanzminister Theo Waigel unterzeichnet für die Bundesrepublik Deutschland den von ihm ausgehandelten Überleitungsvertrag mit der Sowjetunion, der den Abzug der sowjetischen Truppen aus Deutschland regelt.

Chronologie – 1990/1991

14. Okt.	Die CSU erreicht bei den Landtagswahlen 54,9%, 127 der 204 Sitze (Kabinett Streibl II). Wilhelm Vorndran wird zum Präsidenten des Bayerischen Landtags (1990–1994) gewählt.
2. Dez.	Bei der ersten gesamtdeutschen Bundestagswahl erreicht die CSU 51,9% der Stimmen (im Bundesdurchschnitt 7,1%). Sie besetzt fünf Ministerien: Theo Waigel (Finanzen), Ignaz Kiechle (Landwirtschaft), Wolfgang Bötsch (Post), Gerda Hasselfeldt (Raumordnung, Bauwesen und Städtebau) und Carl-Dieter Spranger (Wirtschaftliche Zusammenarbeit). Hans Klein wird Vizepräsident des Deutschen Bundestages (seit 1990).
20./21. Dez.	In München findet die erste gemeinsame Ministerpräsidentenkonferenz aller 16 Bundesländer seit 1947 statt. Die Ministerpräsidenten legen mit der „Münchner Erklärung" ein Bekenntnis zum Föderalismus ab.

1991

17. Feb.	Beim Volksentscheid über das Bayerische Abfallwirtschaftsgesetz wird das Müllgesetz der Staatsregierung mit 51% der Stimmen angenommen.
22. April	Erich Schmid wird zum Landesgeschäftsführer (seit 1991) berufen.
20. Juni	Der Bundestag entscheidet sich für Berlin als künftige Hauptstadt.
24. Dez.	Der langjährige Bayerische Ministerpräsident und Abgeordnete des Europäischen Parlaments Alfons Goppel (geb. am 1.10.1905 in Regensburg) stirbt in Johannesberg bei Aschaffenburg.

1992

7. Feb.	Bundesfinanzminister Theo Waigel und Bundesaußenminister Hans-Dietrich Genscher unterzeichnen den Vertrag von Maastricht.
17. Mai	Im Erdinger Moos wird der Großflughafen München II eröffnet. Man benennt ihn nach seinem größten Befürworter „Franz-Josef-Strauß-Flughafen".
25. Sept.	Der auf einer Strecke von 171 km zwischen Bamberg und Kelheim fertiggestellte Rhein-Main-Donau-Kanal wird nach einer Gesamtbauzeit von 32 Jahren eröffnet.
2. Dez.	Der Deutsche Bundestag billigt den Vertrag von Maastricht, der am 1.11.1993 in Kraft tritt.

1993

Jan.	Michael Glos wird Landesgruppenvorsitzender (seit 1993).
27./28. Mai	Edmund Stoiber wird zum Nachfolger des wegen der sogenannten „Amigo-Affäre" vom Amt des Ministerpräsidenten zurückgetretenen Max Streibl gewählt (Kabinett Stoiber I).
8./9. Okt.	Auf dem Parteitag wird das neue Grundsatzprogramm der CSU beschlossen, das von der Grundsatzkommission unter dem Vorsitz Edmund Stoibers erarbeitet wurde. Die Wahlen zum Parteivorstand bestätigen Theo Waigel als CSU-Vorsitzenden.

Chronologie – 1994/1995

1994

Jan.	Der Senat wählt Walter Schmitt Glaeser zu seinem neuen Präsidenten (seit 1994).
11. März	Die Mitgliederversammlung der Hanns-Seidel-Stiftung wählt Staatssekretär a.D. Alfred Bayer zum Vorsitzenden.
12. Juni	Bei der Europawahl erreicht die CSU mit ihrem Spitzenkandidaten Ingo Friedrich 48,9 % (Bundesdurchschnitt 6,8 %).
31. Aug.	Der letzte russische Soldat verläßt deutschen Boden.
25. Sept.	Bei der Landtagswahl erreicht die CSU 52,8 %, 120 der 204 Sitze (Kabinett Stoiber II). Zum Landtagspräsidenten wird Johann Böhm gewählt (seit 1994).
16. Okt.	Bei der Bundestagswahl erreicht die CSU 51,2 % (im Bundesdurchschnitt 7,3 %). Sie stellt 49 von 294 Unionsparlamentariern; die von der CSU gestellten Minister sind Theo Waigel (Finanzen), Horst Seehofer (Gesundheit), Wolfgang Bötsch (Post und Telekommunikation), Carl-Dieter Spranger (Wirtschaftliche Zusammenarbeit und Entwicklung).

1995

1. Jan.	Bernd Protzner tritt sein Amt als Generalsekretär der CSU an.
8./9. Sept.	CSU-Parteitag in München: Theo Waigel wird im Amt des Vorsitzenden bestätigt.
1. Okt.	Volksentscheid in Bayern über erweiterte Mitbestimmungsrechte auf kommunaler Ebene.
21. Okt.	Die CSU feiert den 50. Jahrestag ihrer Gründung.

DATEN – ZAHLEN – BIOGRAPHIEN

Kurzbiographien

a) Die Parteivorsitzenden der Christlich-Sozialen Union

b) Die Ministerpräsidenten des Freistaates Bayern 1945–1995

c) Die Vorsitzenden der CSU-Landesgruppe

*d) Die Vorsitzenden der CSU-Fraktion
im Bayerischen Landtag*

Die Parteivorsitzenden der Christlich-Sozialen Union

Josef Müller (1946–1949)

Hans Ehard (1949–1955)

Hanns Seidel (1955–1961)

Franz Josef Strauß (1961–1988)

Theo Waigel (seit 1988)

Josef Müller

Dr. oec. publ., Rechtsanwalt,

geb. am 27. März 1898 in Steinwiesen in Oberfranken; römisch-katholisch, verheiratet, ein Kind; gest. am 12. September 1979 in München.

Kurz vor dem Abitur im November 1916 als Soldat am Ersten Weltkrieg teilgenommen; 1919–1923 Studium der Rechtswissenschaften und Volkswirtschaft in München; 1925 Promotion, 1927 juristisches Assessorexamen, dann als Rechtsanwalt tätig.

Bis 1933 Mitglied der BVP und deren linkem Flügel nahestehend, wurde er nach 1933 mehrfach verhaftet. Bis 1939 war er als Berater kirchlicher Kreise in juristischen und wirtschaftlichen Fragen tätig, wodurch sich auch Beziehungen zum Vatikan ergaben. Seit Oktober 1939 fand Müller den Kontakt zum militärischen Widerstand um Generaloberst Ludwig Beck und den Chef der Abwehr Admiral Wilhelm Canaris. In der Folge fungierte er als Kurier und „Gesandter" der deutschen Opposition in Rom und stellte Verbindungen zur englischen Regierung her. Das mißlungene Attentat General von Treskows am 13. 3. 1943 führte dann zu seiner Verhaftung. Man sperrte ihn zunächst im Berliner Gestapo-Gefängnis, anschließend in den Konzentrationslagern von Buchenwald, Flossenbürg und Dachau ein. Auf dem sogenannten Todesmarsch nach Tirol erfolgte 1945 seine Befreiung.

Nach Kriegsende 1945 nahm Müller sein politisches Engagement wieder auf und spielte sehr bald eine wichtige Rolle bei der Gründung der CSU. Er kämpfte leidenschaftlich und am Ende auch erfolgreich für sein Konzept einer überkonfessionellen, liberal geprägten bürgerlichen Partei auf der Grundlage der christlichen Weltanschauung. Über den Weg zu diesem Ziel kam es innerparteilich zu heftigen Richtungskämpfen zwischen dem nach ihm benannten Müller-Flügel und dem oppositionellen Schäffer-/Hundhammer-Flügel, welche die Partei an den Rand der Spaltung brachten. 1949 wurde er als Landesvorsitzender der CSU abgelöst. Dieses Amt hatte er seit 1946 ausgeübt. Von 1952 bis 1960 amtierte er dann als Vorsitzender des CSU-Bezirksverbands München.

1950–1952 war Josef Müller bayerischer Justizminister. Als er 1960 in der Kommunalwahl als Kandidat für das Amt des Oberbürgermeisters in München dem SPD-Kandidaten Hans Jochen Vogel unterlag, schied er aus der aktiven Politik aus. Er nahm erneut seine Tätigkeit als Rechtsanwalt auf und übte verschiedene Ämter in der Wirtschaft aus.

Biographische Literatur: Dr. Josef Müller, Bis zur Letzten Konsequenz. Ein Leben für Frieden und Freiheit, München 1975; Friedrich Hermann Hettler, Josef Müller („Ochsensepp"). Mann des Widerstandes und erster CSU-Vorsitzender (Miscellanea Bavarica Monacensia 155), München 1991.

Hans Ehard

Dr. jur.,

geb. am 10. November 1887 in Bamberg; römisch-katholisch, verheiratet, ein Kind; gest. am 18. Oktober 1980 in München.

1907–1911 Studium der Rechts- und Staatswissenschaften in München und Würzburg; 1912 Promotion,

1946 arbeitete Ehard als Abgeordneter der Verfassunggebenden Landesversammlung maßgeblich an der neuen Bayerischen Verfassung mit. Noch im gleichen Jahr wurde er in den Bayerischen Landtag gewählt, dem er bis 1966 angehörte. Von 1954 bis 1960 übte er dort das Amt des Landtagspräsidenten aus.

Am 21. Dezember 1946 wurde Ehard erstmals zum Bayerischen Ministerpräsidenten gewählt und 1947 und 1950 im Amt bestätigt. In dieser Funktion lud er 1947 die Ministerpräsidenten aller in den vier Besatzungszonen gebildeten Länder nach München ein, wobei er sich vergeblich um die Wiederherstellung der deutschen Einheit bemühte. Bei der Beratung des Grundgesetzes vertrat er entschieden den föderalistischen Standpunkt Bayerns, wandte sich aber nach seiner Annahme in scharfer Form auch gegen gelegentlich aufkommende separatistische Bestrebungen. Die Erkrankung Hanns Seidels führte ihn 1960 zum vierten Mal an die Spitze des baye-

1914–1918/1919 Soldat; 1919 zweites juristisches Staatsexamen.

Seit 1919 Staatsanwalt im Bayerischen Justizministerium, 1923–1924 als zweiter Staatsanwalt im Hitler-Ludendorff-Prozeß Vertreter der Anklage; 1925–1928 ins Reichsjustizministerium nach Berlin abgeordnet; 1931–1933 Ministerialrat im Bayerischen Justizministerium, 1933–1945 Senatspräsident am Oberlandesgericht München; 1945 zunächst Staatsrat, dann Staatssekretär im Justizministerium.

rischen Staates. Aus Altersgründen gab er 1962 das Ministerpräsidentenamt auf, übernahm jedoch noch einmal von 1962–1966 das Justizministerium und zog sich dann 1966 endgültig aus der aktiven Politik zurück.

Bis 1933 Mitglied der BVP, wirkte Ehard 1945 in München bei der Gründung der CSU mit. Nachdem er schon seit 1946 Mitglied des Landesvorstands war, übernahm er von 1949 bis 1955 den Vorsitz der CSU. Es gelang ihm, „als ein Mann der Mitte und des Ausgleichs", die Einheit der Partei, die durch leidenschaftlich ausgefochtene Richtungskämpfe stark gefährdet war, zu bewahren und zu konsolidieren.

Biographische Literatur: Dr. Hans Ehard, 1887–1980. Eine Ausstellung des Bayerischen Hauptstaatsarchivs aus dem Nachlaß des bayerischen Ministerpräsidenten anläßlich seines 100. Geburtstages (Ausstellungskatalog der Staatlichen Archive Bayerns 22), München 1987; Dieter Albrecht, Hans Ehard (1887–1980), in: Zeitgeschichte in Lebensbildern, Bd. 5, hg. v. Jürgen Aretz, Rudolf Morsey, Anton Rauscher, Mainz 1982, S. 266–280; Karl-Ulrich Gelberg, Hans Ehard. Die föderalistische Politik des bayerischen Ministerpräsidenten 1946–1954 (Forschungen und Quellen zur Zeitgeschichte, Bd. 18), Düsseldorf 1992.

Hanns Seidel

Dr. jur., Rechtsanwalt,

Seidel, seit 1932 Mitglied der BVP, wurde 1933 von den Nationalsozialisten für kurze Zeit verhaftet und mußte berufliche Beschränkungen hinnehmen. Er konnte sich der drohenden Einweisung in ein Konzentrationslager entziehen, indem er sich 1933 für einige Monate zu seinen Schwiegereltern nach Memel in Litauen zurückzog. Von 1940 bis 1945 war er Soldat.

Ende 1945 wurde Seidel Mitglied der CSU in Aschaffenburg. Schon bald gehörte er zu den führen-

geb. am 12. Oktober 1901 in Schweinheim bei Aschaffenburg als Franz Wendelin genannt Hanns; römisch-katholisch, verheiratet, zwei Kinder; gest. am 5. August 1961 in München.

1921–1925 Studium der Rechtswissenschaften, der Germanistik und Volkswirtschaft in Jena, Freiburg und Würzburg; 1928 juristisches Staatsexamen, 1929 Promotion; 1929–1940 Rechtsanwalt in Aschaffenburg.

den Vertretern der Partei in Unterfranken. Am 11. 10. 1945 ernannte ihn die amerikanische Militärregierung zum Landrat in Aschaffenburg, ein Amt, das er bis zum 20. 9. 1947 ausübte. 1946 wurde er zunächst in die Verfassunggebende Landesversammlung, dann auch in den Bayerischen Landtag gewählt. 1947–1954 war er als Wirtschaftsminister im Kabinett Ehard vertreten. In dieser Funktion bestimmte er maßgeblich die wirtschaftliche und soziale Entwicklung Bayerns, die die Umwandlung des Agrarstaats in einen modernen Industriestaat zum Ziel hatte.

Die CSU-Fraktion des Landtags setzte ihn am 14. 12. 1954 zu ihrem Sprecher und Oppositionsführer unter der „Viererkoalition" ein. Schon kurze Zeit später, am 21. 1. 1955, wurde er aufgrund seiner ausgleichenden und ruhigen Art, die das Aufkeimen neuer Flügelkämpfe verhindern sollte, zum Landesvorsitzenden der CSU gewählt. Unter seinem Vorsitz begann die grundlegende und planmäßige Neuorganisation der Partei. Die Zeit der leidenschaftlich ausgetragenen Richtungskämpfe ging mit seiner Wahl endgültig zu Ende.

Am 16. 10. 1957 wurde Seidel zum Ministerpräsidenten gewählt. Er übte dieses Amt bis zum 21.1.1960 aus, als er aus gesundheitlichen Gründen zurücktrat. Ein Jahr später, am 20.2.1961, nur wenige Monate vor seinem Tod, gab er dann auch den Parteivorsitz auf.

Biographische Literatur: Hanns Seidel und die Stiftung (Politische Studien. Sonderheft 1/1977); Hanns Seidel – „Ein Leben für Bayern" (Berichte und Studien der Hanns-Seidel-Stiftung e.V. München, Bd. 35), München 1987; Hans Ferdinand Groß, Hanns Seidel 1901–1961. Eine politische Biographie (Untersuchungen und Quellen zur Zeitgeschichte, Bd. 1), München 1992.

Kurzbiographien

Franz Josef Strauß

Dr. h.c. (mult.),

geb. am 6. September 1915 in München; römisch-katholisch, verheiratet, drei Kinder; gest. am 3. Oktober 1988 in Regensburg.

1935 Abitur; 1936–1939 Studium der Geschichte, Germanistik, Altphilologie, Archäologie und Volkswirtschaft in München, 1940 und 1941 Staatsexamen für das höhere Lehramt; 1939–1945 Soldat.

Nach Kriegsende setzte die amerikanische Militärregierung den politisch unbelasteten Franz Josef Strauß am 2.6.1945 als stellvertretenden Landrat in Schongau ein. 1946 zum Landrat gewählt, legte er dieses Amt am 1.1.1949 nieder. 1948 wurde er zum Leiter des bayerischen Landesjugendamtes ernannt, im gleichen Jahr als jüngstes Mitglied auch in den Frankfurter Wirtschaftsrat der Bizone entsandt.

Bereits 1949 zog er als Abgeordneter in den Deutschen Bundestag ein, dem er bis 1980 angehörte. 1953–1957 und 1963–1966 führte er den Vorsitz der CSU-Landesgruppe in Bonn. Schon bald begann er seine langjährige Karriere als Bundesminister in den Ressorts Sonderaufgaben (1953–1955), Atomfragen (1955–1956), Verteidigung (1956–1962) und Finanzen (1966–1969) in den Kabinetten Adenauer und Kiesinger. Mit ungewöhnlicher Energie arbeitete er in seiner Funktion als Verteidigungsminister an der Westintegration der Bundesrepublik und am Wiederaufbau der Bundeswehr. Als Finanzminister gestaltete er in bemerkenswerter Zusammenarbeit mit dem Wirtschaftsminister Karl Schiller (SPD) eine erfolgreiche Konjunkturpolitik. Seine Fähigkeit als Redner im Parlament und auf Parteitagen begeisterte seine Anhänger. Jedoch trug er mit seiner impulsiven und konfliktfreudigen Art auch erheblich zur Polarisierung bei. Seine charismatische Ausstrahlung und seine schonungslose Offenheit beeindruckte seine Anhänger, lieferte aber zugleich seinen politischen Gegnern Zündstoff für beispiellose Verunglimpfungen und Hetzkampagnen.

Als Bayerischer Ministerpräsident (1978–1988) bemühte er sich durch die bevorzugte Ansiedlung und Förderung zukunftsweisender Industrien, wie zum

Beispiel der Luft- und Raumfahrtindustrie, um die wirtschaftliche Entwicklung Bayerns.

Strauß beteiligte sich 1945 an der Gründung des CSU-Kreisverbandes in Schongau. Er fand 1946 Anschluß an den Münchner Kreis um Josef Müller und wurde bereits im gleichen Jahr Mitglied im Landesvorstand der CSU. Während seiner Zeit als Generalsekretär 1948–1952 war die Parteiarbeit durch das Erstarken der Bayernpartei und die durch die Währungsreform ausgelöste Finanzkrise geprägt.

Seit 18. März 1961 Landesvorsitzender der CSU, prägte er seine Partei bis zu seinem Tod 1988 maßgeblich.

Biographische Literatur: Franz Josef Strauß, Die Erinnerungen, Berlin 1989; Luitpold Braun, Der unbekannte Strauß – Die Schongauer Jahre, Schongau 1992; Winfried Becker, Franz Josef Strauß (1915-1988), in: Zeitgeschichte in Lebensbildern, Bd. 7, hg. v. Jürgen Aretz, Rudolf Morsey, Anton Rauscher, Mainz 1994, S. 227–244; Fritz Hopfenmüller, Claus Brügmann, Franz Josef Strauß. Eine kurze Biographie, hg. v. Archiv für Christlich-Soziale Politik der Hanns-Seidel-Stiftung e.V., München 1991; Wolfgang Krieger, Franz Josef Strauß. Der barocke Demokrat aus Bayern, Göttingen 1995.

Theo Waigel

Dr. jur.,

geb. am 22. April 1939

Die aktive politische Tätigkeit Theo Waigels begann 1957 mit dem Eintritt in die Junge Union. Von 1967 bis 1971 war er schwäbischer Bezirksvorsitzender, von 1971 bis 1975 Landesvorsitzender der Jungen Union in Bayern. 1960 wurde er Mitglied der CSU. Von 1966 bis 1972 wirkte er im Kreistag Krumbach, 1972 zog er in den Deutschen Bundestag ein. Zunächst im Ausschuß für Bildung und Wissenschaft tätig, engagierte er sich seit 1975 im Haushalts- und dann im Wirtschaftsausschuß. Im Dezember 1980 berief ihn

Kurzbiographien

in Oberrohr, Gemeinde Ursberg bei Krumbach in Schwaben; römischkatholisch, verheiratet, drei Kinder.

1959 Abitur, anschließend Studium der Rechts- und Staatswissenschaften in München und Würzburg, 1967 zweites juristisches Staatsexamen und Promotion; Gerichtsassessor bei der Staatsanwaltschaft am Landgericht München I; 1969–1972 Persönlicher Referent Anton Jaumanns (Staatssekretär im Bayerischen Staatsministerium der Finanzen, ab 1970 Staatsminister für Wirtschaft und Verkehr).

die Unionsfraktion zu ihrem wirtschaftspolitischen Sprecher. Zwei Jahre später übernahm er von Friedrich Zimmermann das Amt des Vorsitzenden der CSU-Landesgruppe, das er bis zu seinem Eintritt ins Bundeskabinett 1989 ausübte. Seit April 1989 ist er Bundesminister der Finanzen.

Von 1973 bis 1988 war er Vorsitzender der CSU-Grundsatzkommission. 1987 wählte ihn der CSU-Bezirksverband Schwaben als Nachfolger von Anton Jaumann zu seinem Vorsitzenden. Nach dem unerwarteten Tod von Franz Josef Strauß wurde er als einziger Kandidat am 19. November 1988 zum fünften Parteivorsitzenden der CSU gewählt.

Biographische Literatur: Otto Hess, gefragt: Theo Waigel, Bornheim 1986; Sibylle Krause-Burger, Wer uns jetzt regiert. Die Bonner Szene nach der Wende, Stuttgart 1984, S. 177–187.

Kurzbiographien

Die Ministerpräsidenten des Freistaates Bayern 1945–1995

Fritz Schäffer (28.5.–28.9.1945)

Wilhelm Hoegner* (1945–1946, 1954–1957)

Hans Ehard (1946–1954, 1960–1962)
(s. CSU-Vorsitzende)

Hanns Seidel (1957–1960)
(s. CSU-Vorsitzende)

Alfons Goppel (1962–1978)

Franz Josef Strauß (1978–1988)
(s. CSU-Vorsitzende)

Max Streibl (1988–1993)

Edmund Stoiber (seit 1993)

---

* Wilhelm Hoegner: Die SPD stellte mit Wilhelm Hoegner zweimal einen Ministerpräsidenten in Bayern. Wies sein erstes Kabinett noch Mitglieder der CSU auf, so war in der sogenannten Viererkoalition die CSU Oppositionspartei.

Kurzbiographien

Fritz Schäffer

Dr. jur.,

geb. am 12. Mai 1888 in München; römisch-katholisch, verheiratet, drei Kinder; gest. am 29. März 1967 in Berchtesgaden.

1907 Abitur, 1907–1911 Studium der Rechtswissenschaften in München, 1911–1914 Rechtsreferendar in München und Starnberg; 1915–1916 Soldat; 1916 zweites juristisches Staatsexamen; 1917 Bezirksamtsassessor in Kelheim.

Von 1920 bis 1933 vertrat Schäffer die BVP als Abgeordneter im Bayerischen Landtag, 1929 wurde er zum Vorsitzenden dieser Partei gewählt. Als Finanzexperte der BVP wurde er 1931–1933 Staatsrat und kommissarischer Leiter des bayerischen Finanzministeriums. 1933 von den Nationalsozialisten abgesetzt, ließ er sich als Rechtsanwalt in München nieder. Bis zum Ende des Dritten Reichs war er mehrfach im Gefängnis und 1944 mehrere Monate im Konzentrationslager Dachau.

Nach Beendigung des Krieges ernannte ihn die amerikanische Militärregierung auf Empfehlung Kardinal Faulhabers am 28. Mai 1945 zum Bayerischen Ministerpräsidenten. Bereits am 28. September wurde er wegen Differenzen über die allgemeine Entnazifizierung und die Beschäftigung von Mitläufern wieder abgesetzt.

Schäffer gehörte zum Münchner Gründungskreis der CSU. Schon von Anfang an geriet er mit Josef Müller in heftigen Streit um die politische Linie der neuen Partei. Der durch die beiden Politiker personifizierte Richtungsstreit äußerte sich bald in verbissenen Flügelkämpfen innerhalb der CSU wie auch im „Bruderkrieg" zwischen CSU und Bayernpartei. 1946 wurde Schäffer zum Vorsitzenden des CSU-Bezirksverbandes München gewählt. 1948 trat er aus der CSU aus, kandidierte aber dann 1949 erfolgreich für die CSU im Wahlkreis Passau als Bundestagskandidat.

Von 1949 bis 1961 war Schäffer Mitglied des Deutschen Bundestags. Als erster Finanzminister (1949–1957) trug er mit seiner konservativen Finanz- und auf eiserne Sparsamkeit ausgerichteten Haushaltspolitik – er hortete den 6 Milliarden DM umfassenden „Juliusturm" – entscheidend zum wirtschaftlichen Aufschwung der Bundesrepublik in den ersten Nachkriegsjahren bei. Als er auch nach verbesserter wirtschaftlicher Lage immer noch auf seiner unbequemen Finanzpolitik beharrte, mußte er das Finanzressort abgeben. Er übernahm 1957–1961 das Bundesjustizministerium und schied danach aus der aktiven Politik aus.

Biographische Literatur: Otto Altendorfer, Fritz Schäffer als Politiker der Bayerischen Volkspartei (1888–1945) (Untersuchungen und Quellen zur Zeitgeschichte, Bd. 2), München 1990; Christoph Henzler, Fritz Schäffer 1945–1967. Der erste bayerische Nachkriegs-Ministerpräsident und Finanzminister der Bundesrepublik Deutschland (Untersuchungen und Quellen zur Zeitgeschichte, Bd. 3), München 1994; 100 Jahre Fritz Schäffer. Politik in schwierigen Zeiten. Katalog der Ausstellung im Museum Kloster Asbach 12. Mai – 15. August 1988, hg. v. Peter Claus Hartmann, Otto Altendorfer, Passau 1988; Franz Menges, Fritz Schäffer (1888–1967), in: Zeitgeschichte in Lebensbildern, Bd. 6, hg. v. Jürgen Aretz, Rudolf Morsey, Anton Rauscher, Mainz 1984, S. 139–152; Wolfgang J. Mückl (Hg.), Föderalismus und Finanzpolitik. Gedenkschrift für Fritz Schäffer (Rechts- und Staatswissenschaftliche Veröffentlichungen der Görres-Gesellschaft, N. F. Bd. 55), Paderborn, München, Wien, Zürich 1990.

Alfons Goppel

Dr. h.c.,
Rechtsanwalt,

geb. am 1. Oktober 1905
in Reinhausen (heute

Von 1930 bis 1933 war Goppel Mitglied der BVP. 1945/46 gehörte er zu den Mitbegründern der CDU in Bentheim in Westfalen, 1946 trat er dann in die neugegründete CSU in Aschaffenburg ein. Von 1954 bis 1978 war er Mitglied des Bayerischen Landtags. Ministerpräsident Hanns Seidel berief ihn 1957 als Staatssekretär ins Justizministerium und übertrug ihm von 1958 bis 1962 das Innenressort.

1962 wählte man ihn zum Bayerischen Ministerpräsidenten. Er galt als Kompromißkandidat der sich befehdenden CSU-Flügel. Unter seiner Ägide schaffte Bayern einen beeindruckenden Wirtschafts-

Regensburg); römisch-katholisch, verheiratet, sechs Kinder; gest. am 24. Dezember 1991 in Johannesberg bei Aschaffenburg.

1925 Abitur, 1925–1929 Studium der Rechtswissenschaften in München; 1932 zweite juristische Staatsprüfung; 1932–1934 Rechtsanwalt in Regensburg, dann Wechsel in den Staatsdienst; 1938 Amtsgerichtsrat in Aschaffenburg; 1939–1945 Soldat; 1946 Rechtsrat und 1952 Zweiter Bürgermeister der Stadt Aschaffenburg.

aufschwung und vollendete den Wandel vom Agrarstaat zum modernen Industriestaat. Als erstes Ministerium seiner Art ließ er 1970 das Ministerium für Landesentwicklung und Umweltfragen einrichten.

1978 gab er sein Amt als Ministerpräsident auf und zog dann 1979 als Spitzenkandidat und Abgeordneter der CSU in das erste direkt gewählte Europäische Parlament ein. Von 1979 bis 1984 war er dort Obmann der deutschen Christdemokraten.

Während seiner Amtszeit als Ministerpräsident stand er politisch meist im Schatten des Parteivorsitzenden Franz Josef Strauß. Es gelang ihm jedoch, aufgrund seines toleranten, freundlichen und umgänglichen Naturells sowie seiner Leistungen für Bayern, in der Bevölkerung breites Ansehen und Popularität zu gewinnen und so wesentlich zu den großen Wahlerfolgen der CSU in den siebziger Jahren beizutragen.

Biographische Literatur: Bayern im Wandel. Alfons Goppel – 15 Jahre Ministerpräsident, (Politische Studien. Sonderheft 4/1977); Karl Bosl, Ministerpräsident Alfons Goppel zum 70. Geburtstag, in: Politische Studien 224 (1975) S. 641–644; Alfons Goppel. Ein Lebensbild, Zürich 1969; Stefanie Siebers-Gfaller, Von Utopia nach Europa: Alfons Goppel. Biographische Notizen. Publikation zum 90. Geburtstag (Manuskript; voraussichtlicher Erscheinungstermin Oktober 1995).

Max Streibl

Nachdem Max Streibl 1957 die Junge Union im Landkreis Garmisch-Partenkirchen mitbegründet hatte, wurde er im selben Jahr zum Kreisvorsitzenden gewählt. 1960 übernahm er den Vorsitz des Bezirksverbands Oberbayern und stieg schließlich 1961 zum Landesvorsitzenden der Jungen Union Bayern auf. Dieses Amt hatte er bis 1967 inne. Von 1970 bis 1994

Dr. h.c., geb. am 6. Januar 1932; römisch-katholisch, verheiratet, drei Kinder.

1950 Abitur; anschließend bis 1955 Studium der Rechtswissenschaften und der Volkswirtschaft in München; Referendar im Landratsamt Garmisch-Partenkirchen und im Bundesrat in Bonn; 1960 zweite juristische Staatsprüfung, dann Assessor bei der Regierung von Oberbayern; 1961–1970 Beamter in der Bayerischen Staatskanzlei.

Biographische Literatur: Gerhard Friedl, Max Streibl. Bayerischer Ministerpräsident, München 1989; Handbuch des Bayerischen Landtags. Ausgabe für die [jeweilige] Wahlperiode, hg. v. Bayerischen Landtagsamt, München 1946–1995.

war er Vorsitzender des CSU-Bezirksverbands Oberbayern.

1967 berief ihn die CSU zu ihrem Generalsekretär. In dieser Funktion setzte er bis 1971 den weiteren Auf- und Ausbau der von seinem Vorgänger Anton Jaumann errichteten Arbeitskreise der CSU fort.

Zwischen 1960 und 1961 saß er für die CSU im Gemeinderat von Oberammergau. Im folgenden Jahr 1962 zog er als Abgeordneter in den Bayerischen Landtag ein, dem er dann bis 1994 angehörte. 1970–1977 übertrug ihm Ministerpräsident Alfons Goppel das neugeschaffene Ressort für Landesentwicklung und Umweltfragen. In dieser Funktion hatte er 1972–1974 den Vorsitz der Landesministerkonferenz für Raumordnung sowie der Umweltministerkonferenz inne. 1977 übernahm er das Finanzressort, das er auch unter der Regierung Strauß bis 1988 leitete.

Nach dem plötzlichen Tod von Franz Josef Strauß am 3. 10. 1988 fungierte er wenige Wochen als stellvertretender Ministerpräsident. Am 19. Oktober wurde er dann offiziell in dieses Amt gewählt. An seinen Vorgänger Hans Ehard anknüpfend lud er am 20./21. Dezember 1990 die Ministerpräsidenten aller 16 Bundesländer zu einer Konferenz über die durch die Wiedervereinigung Deutschlands entstandene Situation nach München ein. 1992 war er neben Bundeskanzler Helmut Kohl Gastgeber des Weltwirtschaftsgipfels in München. Sein Führungsstil bot in der Folge Anlaß zu heftiger Kritik an seiner Person, die sich auch innerhalb der eigenen Partei immer häufiger äußerte. Am 27. März 1993 trat Max Streibl als Ministerpräsident zurück und schied mit dem Ende der Legislaturperiode 1994 auch aus dem Landtag aus. Sein gleichzeitiger Verzicht auf den Vorsitz des CSU-Bezirksverbands Oberbayern bedeutete den Abschied aus der aktiven Politik.

Kurzbiographien

Edmund Stoiber

Dr. jur.,

geb. am 28. September 1941 in Oberaudorf, Lkr. Rosenheim; römisch-katholisch, verheiratet, drei Kinder.

1961 Abitur, dann Wehrdienst; 1962–1967 Studium der Rechtswissenschaften und der Politologie in München; 1967/68 wissenschaftlicher Mitarbeiter am Lehrstuhl für Straf- und Ostrecht der Universität Regensburg; 1971 zweites juristisches Staatsexamen, 1971 Promotion.

1971 Tätigkeit im Staatsministerium für Landesentwicklung und Umweltfragen, 1972–1974 dort Persönlicher Referent des Ministers, zuletzt als Leiter des Ministerbüros; 1978 Zulassung als Rechtsanwalt.

Politisch betätigte sich Stoiber zunächst in der Jungen Union und fungierte bis 1976 als Kreisvorsitzender der JU von Wolfratshausen. Seit 1975 ist er Vorstandsmitglied des CSU-Bezirks Oberbayern, von 1978 bis 1984 war er Mitglied des Kreistags Bad Tölz-Wolfratshausen. Seit 1974 gehört er als Vertreter des Wahlkreises Bad Tölz-Wolfratshausen dem Bayerischen Landtag an. 1978–1983 wurde er zum Generalsekretär der Partei berufen. 1982 übernahm er als Staatssekretär, seit 1986 im Rang eines Ministers, die Leitung der Staatskanzlei des damaligen Ministerpräsidenten Franz Josef Strauß. Nach dessen Tod wurde er 1988 Innenminister. Die Themen Polizei, Innere Sicherheit, Asyl- und Ausländerrecht bildeten die Schwerpunkte seiner Arbeit. 1989 übernahm er vom neuen Parteivorsitzenden Theo Waigel den Vorsitz in der Grundsatzkommission der CSU und konnte 1993 ein neues Parteiprogramm vorlegen. Im gleichen Zeitraum war er stellvertretender Parteivorsitzender.

Am 28. Mai 1993 wählte ihn der Bayerische Landtag zum Ministerpräsidenten. Seine Politik vor allem der Straffung der Verwaltung, der Privatisierung und der Sicherung des Wirtschafts- und Wissenschaftsstandortes Bayern durch Innovation und Förderung neuer Technologien, wurde in der Landtagswahl 1994 eindrucksvoll bestätigt.

Biographische Literatur: Handbuch des Bayerischen Landtags. Ausgabe für die [jeweilige] Wahlperiode, hg. v. Bayerischen Landtagsamt, München 1946–1995.

Kurzbiographien

Die Vorsitzenden der CSU-Landesgruppe

Fritz Schäffer (1949–1953)
  (s. Ministerpräsidenten)

Franz Josef Strauß (1953–1957, 1963–1966)
  (s. CSU-Vorsitzende)

Hermann Höcherl (1957–1961)

Werner Dollinger (1961–1962)

Richard Stücklen (1966–1976)

Friedrich Zimmermann (1976–1982)

Theo Waigel (1982–1989)
  (s. CSU-Vorsitzende)

Wolfgang Bötsch (1989–1993)

Michael Glos (seit 1993)

Kurzbiographien

Hermann Höcherl

geb. am 31. März 1912 in Brennberg, Lkr. Regensburg; römisch-katholisch, verheiratet, vier Kinder; gest. am 18. Mai 1989 in Regensburg.

Nach dem Abitur 1931–1934 Studium der Rechts- und Staatswissenschaften in Berlin, Aix-en-Provence und München; 1934 Referendarexamen, 1938 Assessorexamen; Eintritt in den juristischen Staatsdienst, 1940 Staatsanwalt.

Seit 1935 Mitglied der NSDAP; 1940 freiwillige Meldung zur Wehrmacht, um sich dem nationalsozialistischen Regime zu entziehen; 1940–1945 Soldat; 1945–1948 verschiedene Gelegenheitsarbeiten, 1948–1949

Bald nach der Zulassung der CSU im Landkreis Regensburg gründete Höcherl zusammen mit einigen anderen den CSU-Ortsverband Brennberg. Er engagierte sich seit 1949 verstärkt in der CSU in Regensburg sowie auf Bezirksebene und wurde 1952 Mitglied des CSU-Bezirksvorstandes in der Oberpfalz. Seit 1952 gehörte er mehr als 30 Jahre lang als Mitglied und Fraktionsvorsitzender dem Kreistag in Regensburg an. Von 1953 bis 1976 vertrat er als Abgeordneter den Wahlkreis Regensburg im Deutschen Bundestag. Die CSU-Landesgruppe wählte ihn 1957–1961 zu ihrem Vorsitzenden.

1962 von Bundeskanzler Adenauer ins Kabinett aufgenommen, leitete er das Bundesinnenministerium bis 1965. Er wechselte dann in das Bundesministerium für Ernährung, Landwirtschaft und Forsten, das er auch in der Zeit der Großen Koalition bis 1969 innehatte. Bei den schwierigen EWG-Verhandlungen in Luxemburg über die Agrarfinanzierung bewies er großes Verhandlungsgeschick. 1976 gab er sein Bundestagsmandat auf und kehrte in seine Regensburger Anwaltskanzlei zurück.

1978 beauftragte ihn die Bundesregierung „als unabhängige Persönlichkeit" mit der Untersuchung der Fahndungspannen im Entführungsfall Schleyer. Wegen seiner ungewöhnlichen Fähigkeit, verhärtete politische Fronten aufzubrechen und einen politischen Ausgleich herbeizuführen, berief man ihn in der Folge immer wieder zu Vermittlungen, in Kommissionen und Untersuchungsausschüsse. 1981 übernahm er zum Beispiel den Vorsitz einer Kommission, die im Auftrag des Bundesverkehrsministeriums die Verkehrssicherheitsarbeit untersuchte. Bis zu seinem Tod

Rechtsanwalt; seit 1950 wieder im Staatsdienst, zunächst als Staatsanwalt, 1951–1953 Amtsgerichtsrat und Vorsitzender des Schöffengerichts in Regensburg.

wirkte er mehrfach erfolgreich als Schlichter bei Tarifkonflikten mit.

Biographische Literatur: Hermann Höcherl, Ich bin der Waldbauernbub geblieben…, in: Mein Elternhaus. Ein deutsches Familienalbum, hg. v. Rudolf Pörtner, Düsseldorf, Wien 1984, S. 143–147; Reiner Vogel, Hermann Höcherl – Annäherung an einen politischen Menschen, Regensburg 1988; Wolf J. Bell, Hermann Höcherl (Kennen Sie eigentlich den? Bd. 10), Bonn 1964.

Werner Dollinger

Dr. rer. pol., Dipl.-Kfm., selbständiger Unternehmer,

geb. am 10. Oktober 1918 in Neustadt a. d. Aisch; evangelisch-lutherisch, verheiratet, drei Kinder.

1937 Abitur, anschließend Studium der Wirtschafts- und Staatswissenschaften an den Universitäten München und Frankfurt und an der Handelshochschule Nürnberg; 1940 Diplomprüfung,

Seine intensive politische Laufbahn begann Werner Dollinger 1945 als Mitbegründer der CSU in Neustadt a. d. Aisch. Von 1946 bis 1964 saß er dort im Stadtrat, 1946–1948 und 1952–1964 auch im Kreisrat. 1946 kandidierte er für die Verfassunggebende Landesversammlung.

Seit 1951 Kreisvorsitzender der CSU, repräsentierte er das protestantische Mittelfranken seit 1957 als Mitglied des Landesvorstandes bzw. des Präsidiums der CSU, von 1964 bis 1987 auch als stellvertretender CSU-Vorsitzender.

Von 1953 bis 1990 vertrat er den Wahlkreis Erlangen bzw. Fürth als Abgeordneter im Deutschen Bundestag. Er war in verschiedenen Arbeitskreisen der Unionsfraktion sowie als Mitglied und Vorsitzender in Wirtschafts- und Finanzausschüssen des Bundestags tätig. Zudem engagierte er sich 1956–1958 als Mitglied der Gemeinsamen Versammlung der Europäischen Gemeinschaft für Kohle und Stahl.

Nachdem er 1957–1961 als Stellvertreter des CSU-Landesgruppenvorsitzenden Hermann Höcherl fungiert hatte, übernahm er 1961 für ein Jahr diesen Posten, den er mit der Berufung zum Bundesschatzminister 1962 wieder aufgab. Von 1969 bis 1976 war

1942 Promotion; 1942 Tätigkeit bei der Außenhandelsstelle für Nordbayern und Südthüringen in Nürnberg; 1943 zum Wehrdienst eingezogen; 1945 Leitung der elterlichen Kolonialwaren-Großhandlung, Wiederaufbau und Leitung der ausgebombten, den Schwiegereltern gehörenden Dampfziegelei. Nach 1945 vielfältige Tätigkeit in Wirtschaftsorganisationen und Engagement als Mitglied der Bayerischen Landessynode und der Synode der Evangelisch-Lutherischen Kirche in Deutschland (EKD).

er dann noch einmal stellvertretender Landesgruppenvorsitzender.

Von 1962 bis 1966 als Bundesschatzminister in die Kabinette berufen, trieb er vor allem die Teilprivatisierung der bundeseigenen VEBA voran. Zusätzlich zu dem im Nov./Dez. 1966 übernommenen Bundesministerium für Wirtschaftliche Zusammenarbeit, übertrug man ihm bei der Bildung der Großen Koalition 1966 das Bundesministerium für Post- und Fernmeldewesen (bis 1969). In seine Amtszeit fielen die Verhandlungen mit der DDR-Post um den Kostenausgleich im innerdeutschen Postverkehr. Nach dem Zerfall der sozialliberalen Koalition trat er 1982 als Bundesverkehrsminister erneut in die Bundesregierung unter Bundeskanzler Helmut Kohl ein. Er gehörte dem Kabinett Kohl bis 1987 an. 1990 schied er dann auch aus dem Bundestag aus.

Biographische Literatur: Hans-Ulrich Spree, gefragt: Werner Dollinger, Bornheim 1976; Hans-Jürgen Mahnke, Werner Dollinger, Bornheim 1983; Willy Zirngibl, In Bonn am Ball: Werner Dollinger, Bonn 1971.

Richard Stücklen

Dr. h. c., Dipl.-Ing.,

geb. am 20. August 1916 in Heideck in Mittel-

Sein politisches Engagement begann Stücklen noch 1945, als er zusammen mit seinem Vater und seinen Brüdern im Landkreis Hilpoltstein die CSU begründete und mit großem Einsatz den Aufbau einer Parteiorganisation betrieb. Er nahm Funktionen im CSU-Landesausschuß, im Bezirksvorstand Mittelfranken und seit 1947 im Parlament der Jungen Union wahr. Seit 1950 als Vertreter der Bezirksversammlung Mittelfranken im CSU-Landesvorstand, gehörte er 1953-1955 und seit 1967 dem geschäftsführenden Landesvorstand bzw. dem Präsidium der CSU an.

franken; römisch-katholisch, verheiratet, zwei Kinder. Erlernung des Elektrohandwerks in Süd- und Norddeutschland; drei Jahre Monteurzeit, dann Studium der Ingenieurwissenschaften in der Fachrichtung Elektrotechnik; 1936 Reichsarbeitsdienst; 1940–1943 Soldat, dann in der Elektroindustrie dienstverpflichtet; 1944 Abschluß seiner Ausbildung als Elektroingenieur am Technikum in Mittweida in Sachsen, anschließend berufliche Tätigkeit als Abteilungsleiter in einem Betrieb der AEG in Freiberg in Sachsen; nach Kriegsende Mitarbeit in der väterlichen Schlosserei in Heideck.

1949 wurde er in den ersten Deutschen Bundestag gewählt, wo er bis 1990 als Abgeordneter den Kreis Weißenburg/Roth vertrat. Im Bundestag wirkte er maßgeblich an der Gestaltung der Handwerksordnung mit. 1957–1966 bemühte er sich als Bundesminister für das Post- und Fernmeldewesen mit dem Ausbau des Selbstwählbetriebes und der Einführung der Postleitzahlen um die Rationalisierung des Postbetriebes.

Von 1966 bis 1976 wählte ihn die CSU-Landesgruppe zu ihrem Vorsitzenden, nachdem er bereits von 1953–1957 als Stellvertreter die Geschäfte des damaligen Vorsitzenden Franz Josef Strauß geführt hatte.

1976 wurde er Bundestagsvizepräsident. Drei Jahre später wählte ihn der Bundestag als ersten CSU-Politiker mit großer Mehrheit zu seinem Präsidenten (1979–1983). Von 1983 bis 1990 amtierte er dann noch einmal als Bundestagsvizepräsident und zog sich schließlich 1990 aus der Bonner Politik zurück.

Biographische Literatur: Peter Fischer, gefragt: Richard Stücklen, Bornheim 1976; Amtliches Handbuch des Deutschen Bundestages. [Jeweilige] Wahlperiode, hg. v. Deutschen Bundestag, bearb. v. der Bundestagsverwaltung, Referat Parlamentsarchiv, Bonn 1949–1995.

Friedrich Zimmermann

Dr. jur., Rechtsanwalt,

1948 trat Zimmermann der CSU bei. Er wurde 1952 persönlicher Referent Josef Müllers, damals bayerischer Justizminister. 1954 wurde er stellvertretender Bevollmächtigter Bayerns beim Bund. Die Junge Union München wählte ihn zum Bezirksobmann, 1956 wurde er stellvertretender Vorsitzender der Jungen Union Deutschlands.

1955 bestellte ihn die CSU zunächst zum Hauptgeschäftsführer, 1956–1963 dann zum Generalsekre-

geb. am 18. Juli 1925 in München; römisch-katholisch, verheiratet, zwei Kinder.

Besuch des Gymnasiums; 1943–1945 Soldat, Leutnant d. R.; Volontär bei der Deutschen Bank; 1946 Abitur, 1946–1948 Studium der Rechtswissenschaften und der Volkswirtschaft in München; 1950 Promotion; 1951 zweite juristische Staatsprüfung; 1951 Anwaltsassessor, 1963 Zulassung als Rechtsanwalt in München.

tär. In dieser Funktion leitete er die grundlegende Neuorganisation der Partei, den Aufbau des Parteiapparates und die Neugestaltung der Öffentlichkeits- und Pressearbeit. 1963–1967 übertrug ihm die CSU das Amt des Landesschatzmeisters. Er gehörte dem Präsidium der CSU an und war von 1979 bis 1989 stellvertretender Parteivorsitzender.

Den Wahlkreis Landshut vertrat er von 1957 bis 1991 als Abgeordneter im Deutschen Bundestag. 1961–1982 war er Mitglied im Fraktionsvorstand der CDU/CSU. 1965 wählte man ihn zum Vorsitzenden des Verteidigungsausschusses des Bundestages. Er leitete von 1967–1975 die Medienkommission der CDU/CSU.

Die CSU-Landesgruppe wählte ihn 1976–1982 zu ihrem Vorsitzenden, nachdem er bereits seit 1972 als stellvertretender Vorsitzender gewirkt hatte.

Nach dem Bruch der sozialliberalen Koalition übertrug ihm Bundeskanzler Kohl 1982 das Bundesinnenministerium. In dieser Funktion leistete er bis 1989 mit der Einführung des schadstoffarmen Autos und des bleifreien Benzins in der EG sowie mit der Durchsetzung der Großfeuerungsanlagen-Verordnung umweltpolitische Pionierarbeit. Weitere beherrschende innenpolitische Themen seiner Amtszeit bildeten die Ausländer- und Asylpolitik sowie die Verschärfung der Sicherheitsgesetze und des Demonstrationsstrafrechts. 1989 wechselte er in das Bundesverkehrsministerium, das er bis 1991 leitete.

1991 schied er aus der Bundesregierung und dem Bundestag aus.

Biographische Literatur: Friedrich Zimmermann, Kabinettstücke. Politik mit Strauß und Kohl 1976–1991, München, Berlin 1991; Günther Bading, gefragt: Friedrich Zimmermann, Bornheim 1986; Sibylle Krause-Burger, Wer uns jetzt regiert. Die Bonner Szene nach der Wende, Stuttgart 1984, S. 59–71.

Wolfgang Bötsch

Dr. jur. utr.,

geb. am 8. September 1938 in Bad Kreuznach; römisch-katholisch, verheiratet, zwei Kinder.

1958 Abitur; 1958–1959 Wehrdienst; 1959–1963 Studium der Rechts- und Staatswissenschaften in Würzburg und Speyer; 1968 zweite juristische Staatsprüfung, 1971 Promotion; 1968–1974 Stadtrechtsrat in Kitzingen, 1974 Oberregierungsrat bei der Regierung von Unterfranken.

Schon als Student engagierte sich Bötsch, der 1960 der CSU beitrat, in verschiedenen politischen Funktionen. Er war von 1962–1963 stellvertretender bayerischer Landesvorsitzender des Rings Christlich-Demokratischer Studenten (RCDS), gehörte 1969–1975 dem Landesvorstand der Jungen Union Bayern an, als deren Schatzmeister er fungierte. 1970–1975 war er auch im Deutschlandrat der Jungen Union vertreten. Die Würzburger CSU wählte ihn 1973 zu ihrem Kreisvorsitzenden und bestätigte ihn bis 1991, als er eine erneute Kandidatur ablehnte, in dieser Funktion. 1970 wurde er Mitglied im Bezirksvorstand Unterfranken, 1982 im Parteivorstand und im Präsidium der CSU.

1972–1976 war er Mitglied des Würzburger Stadtrats. Von 1974 bis 1976 Abgeordneter im Bayerischen Landtag, wechselte er 1976 als Abgeordneter des Wahlkreises Würzburg in den Deutschen Bundestag. Dort rückte er 1982 zum Parlamentarischen Geschäftsführer der CDU/CSU-Fraktion auf und wurde 1989 zum Vorsitzenden der CSU-Landesgruppe und damit zum Nachfolger des als Finanzminister ins Kabinett berufenen Theo Waigel gewählt. Er übte dieses Amt bis 1993 aus. Seit 1993 leitet er das Bundesministerium für Post und Telekommunikation in Bonn.

Biographische Literatur: Amtliches Handbuch des Deutschen Bundestages. [Jeweilige] Wahlperiode, hg. v. Deutschen Bundestag, bearb. v. der Bundestagsverwaltung, Referat Parlamentsarchiv, Bonn 1949-1995.

Kurzbiographien

Michael Glos

Unternehmer, mittelständischer Getreidemühlen- und Landwirtschaftsbetrieb,

geb. am 14. Dezember 1944 in Brünnau in Unterfranken; römisch-katholisch, verheiratet, zwei Kinder.

1960 Mittlere Reife; 1960–1963 Müllerlehre, 1968 Meisterprüfung im Müllerhandwerk; anschließend Übernahme des elterlichen Mühlen- und Landwirtschaftsbetriebs.

Seit 1970 Mitglied der CSU und der Jungen Union, engagierte sich Glos zunächst auf kommunaler Ebene. Von 1972 bis 1976 führte er den CSU-Ortsverband Prichsenstadt und saß dort 1972–1978 auch im Stadtrat. Seit 1972 gehörte er zudem dem Kreisrat Kitzingen an. Drei Jahre später, 1975, wählte ihn die CSU zum Kreisvorsitzenden. Gleichzeitig war er Mitglied im Bezirksvorstand der Jungen Union Unterfranken. 1976 wird er in den Bezirksvorstand der CSU Unterfranken gewählt, seit 1993 ist er dessen Vorsitzender.

Den Wahlkreis Schweinfurt vertritt er seit 1976 als Abgeordneter im Deutschen Bundestag. Neben Fragen zur Mittelstandspolitik widmet er sich seitdem der Wirtschafts-, Finanz- und Steuerpolitik. Er übernahm 1980–1987 den Vorsitz des Arbeitskreises „Finanzen und Haushalt" der CSU-Landesgruppe und 1987–1990 den Vorsitz der Arbeitsgruppe „Finanzen".

1991 wurde er stellvertretender Vorsitzender der CDU/CSU-Bundestagsfraktion. Als Wolfgang Bötsch 1993 in das Bundesministerium für Post und Telekommunikation berufen wurde, wählte ihn die CSU-Landesgruppe zu ihrem Vorsitzenden.

Biographische Literatur: Amtliches Handbuch des Deutschen Bundestages. [Jeweilige] Wahlperiode, hg. v. Deutschen Bundestag, bearb. v. der Bundestagsverwaltung, Referat Parlamentsarchiv, Bonn 1949–1995.

Die Vorsitzenden der CSU-Fraktion im Bayerischen Landtag

Alois Hundhammer (1946–1951)

Georg Meixner (1951–1958)

Franz Heubl (1958–1962)

Ludwig Huber (1962–1972)

Alfred Seidl (1972–1974)

August R. Lang (1974–1982)

Gerold Tandler (1982–1988)

Alois Glück (seit 1988)

Kurzbiographien

Alois Hundhammer

Dr. phil., Dr. oec. publ., geb. am 25. Februar 1900 in Forstinning bei Ebersberg; römisch-katholisch, verheiratet, vier Kinder; gest. am 1. August 1974 in München.

1918 Abitur, anschließend Soldat; 1919–1923 Studium der Geschichte, Philosophie, Staatswissenschaften und Volkswirtschaft; 1923 Promotion zum Dr. phil, 1925 zum Dr. oec. publ.; 1924 Referent für Volkswirtschaft bei der Kreisbauernkammer, 1927 stellvertretender Generalsekretär des Christlichen Bauernvereins; 1934–1939 Schuhreparatur-Werkstatt und Schuhhandelsgeschäft in München; seit 1939 Soldat, 1945 amerikanische Kriegsgefangenschaft.

Hundhammer, ein entschiedener Gegner jeglichen Umsturzes, zog im Frühjahr 1919 mit dem Freikorps Denk gegen die Münchner Spartakisten. Schon bald engagierte er sich für das in den Nachkriegswirren vielgeschmähte Bauerntum, dessen Anwalt er zeitlebens blieb. Sein Interesse an Politik ließ ihn 1921 den Vorsitz in der Jugendgruppe der BVP an der Universität übernehmen. 1932 wurde er für die BVP in den Landtag gewählt. Eine tödliche Gefahr sah der tiefgläubige Katholik in der nationalsozialistischen Bewegung heraufsteigen, vor der er leidenschaftlich und kompromißlos in seinen Versammlungsreden warnte. Als einer der ersten bürgerlichen Politiker brachte man ihn deshalb 1933 in das KZ Dachau. Nach seiner Entlassung Ende Juli 1933 kehrte er nach München zurück, wo er sich seit 1934 mit einer Schuhreparatur-Werkstatt über Wasser hielt.

Ende September 1945 wurde er aus der amerikanischen Kriegsgefangenschaft entlassen und wirkte bei der Gründung der CSU mit. Er kam gerade recht, um die Wegrichtung der CSU auf klarer christlicher Grundlage und föderalistischer Struktur mit betont altbayerischem Akzent gegen das als „Eintopfrezept" gescholtene Konzept des Franken Josef Müller entscheidend mitfestzulegen. 1946 wurde er zum Bezirksvorsitzenden der oberbayerischen CSU gewählt, in ein Parteiamt, das er erst 1970 aufgab.

1946 wurde er auch in den Bayerischen Landtag gewählt und übernahm den Vorsitz der Landtagsfraktion. Schon 1946 hatte er sich als Mitglied der Verfassunggebenden Landesversammlung nachdrücklich für die Berücksichtigung der bayerischen Eigenständigkeit beim Neuaufbau des Staates eingesetzt und war von der CSU zum Fraktionsvorsitzenden gewählt worden. Im Dezember 1946 berief ihn Ministerpräsident Hans Ehard als Staatsminister für Unterricht und Kultus ins Kabinett. Seine Amtsführung als Kultusminister und vor allem sein Eintreten für die christliche Bekenntnisschule prägten in der folgenden Zeit sein politisches Profil.

Im Dezember 1950 gab er das Kultusministerium auf und beschränkte sich wieder auf seine Funktion als Vorsitzender der CSU-Landtagsfraktion. 1951-1954 trat er die Nachfolge des verstorbenen Dr. Stang als Landtagspräsident an. Seine politische Laufbahn beendete er schließlich im Landwirtschaftsressort, dem er 1957-1969 vorstand. Aus gesundheitlichen Gründen legte er 1969 zunächst sein Ministeramt, 1970 auch sein Landtagsmandat sowie den Bezirksvorsitz der CSU Oberbayern nieder.

Biographische Literatur: Mein Beitrag zur bayerischen Politik 1945-1965 (Historisch-politische Schriftenreihe des Neuen Presseclubs, H.7), München 1965; Bernhard Zittel, Alois Hundhammer (1900-1974), in: Zeitgeschichte in Lebensbildern, Bd. 5, hg. v. Jürgen Aretz, Rudolf Morsey, Anton Rauscher, Mainz 1982, S. 253-265; Paul Hussarek, Hundhammer. Weg des Menschen und Staatsmannes, München 1950/51.

Georg Meixner

Katholischer Priester,

Meixner, der eine politische Betätigung des Klerus als Pflicht empfand, war maßgeblich an der Gründung der CSU im Bamberger Raum beteiligt. Er zog 1946 als Abgeordneter für den Stimmkreis Bamberg-Land in den Bayerischen Landtag ein. Anfang August 1951 wählte ihn die CSU-Fraktion zu ihrem Vorsitzenden, zusätzlich zu seinem 1948 übernommenen Amt als Vorsitzender des kulturpolitischen Ausschusses. Bei seiner parlamentarischen Arbeit konzentrierte er sich

*geb. am 26. Juli 1887 in Ebensfeld, Markt Staffelstein in Oberfranken;
gest. am 28. Oktober 1960 in Bamberg*

Studium der katholischen Theologie und Philosophie; 1910 zum Priester geweiht, 1910–1919 Kaplan in verschiedenen fränkischen Orten; seit 1913 bei der Kirchenpresse tätig, seit 1919 hauptberuflich als Landessekretär des Katholischen Pressevereins; seit 1923 Leitung des kircheneigenen St. Otto-Verlages, Redakteur und Publizist am „Bamberger Volksblatt"; 1932–1933 Abgeordneter der BVP im Bayerischen Landtag; 1937 aller Ämter enthoben, wieder auf die Seelsorge beschränkt; seit 1941 Domkapitular in Bamberg; nach 1945 Diözesanpräses des Katholischen Werkvolkes; 1946–1960 Herausgeber und Chefredakteur des „Bamberger Volksblatts".

auf die Kulturpolitik. An der von ihm mitgetragenen kompromißlosen Haltung der CSU-Fraktion in der Frage der konfessionellen Lehrerbildung scheiterte schließlich 1954 die Bildung einer Koalitionsregierung unter Führung der CSU. Obwohl die CSU aus der Landtagswahl 1954 als stärkste Partei hervorgegangen war, sah sie sich überraschend in die Opposition gedrängt. Meixner behielt während der Zeit der „Viererkoalition" zwar sein Amt als Fraktionsvorsitzender, jedoch stellte ihm die CSU-Fraktion mit Hanns Seidel in dem neugeschaffenen Amt eines Fraktionssprechers den eigentlichen Oppositionsführer an die Seite.

Aus gesundheitlichen Gründen verzichtete Meixner 1958 auf eine erneute Kandidatur und gab im Januar 1959 sein Landtagsmandat endgültig auf. Das „Bamberger Volksblatt" leitete er jedoch bis zu seinem Tod 1960.

Biographische Literatur: Werner K. Blessing, Georg Meixner, in: Neue Deutsche Biographie, Bd. 16, Berlin 1990, S. 735f; Bosls Bayerische Biographie. 1000 Persönlichkeiten aus 15 Jahrhunderten, Ergänzungsband, hg. v. Karl Bosl, Regensburg 1988, S. 121f.

Franz Heubl

Dr. jur.,

geb. am 19. März 1924 in München; römisch-katholisch, verheiratet, zwei Kinder.

1943 Abitur; 1943–1945 Soldat; 1946–1947 Studium der Rechtswissenschaften und der Volkswirtschaft in München; 1948 Sekretär des Verfassungskonvents der deutschen Ministerpräsidenten auf Herrenchiemsee; 1949 Beschäftigung beim Parlamentarischen Rat in Bonn; 1949 Promotion; 1950 zweites juristisches Staatsexamen; 1950–1960 Beamter im Staatsministerium für Unterricht und Kultus.

Heubl begann seine politische Karriere bereits 1945, als ihn die amerikanische Militärregierung zum Bürgermeister von Obermenzing einsetzte. Er gehörte 1945 zu den Mitbegründern der CSU in München und wurde ihr erster Parteisekretär. 1946 wurde er zum Mitglied, 1950 zum Vorsitzenden des Bezirksvorstandes der CSU München gewählt. Er war seit 1947 stellvertretender Landesvorsitzender der Jungen Union. Dem Landesvorstand bzw. dem Präsidium der CSU gehörte er mit kurzen Unterbrechungen seit 1946 an. Von 1970 bis 1989 war er auch stellvertretender Vorsitzender der CSU.

Im Münchner Stadtrat engagierte er sich von 1951 bis 1955. Bereits 1953 wurde er in den Bayerischen Landtag gewählt, in dem er bis 1990 als Abgeordneter vertreten war. 1958–1962 wählte ihn die CSU-Fraktion zu ihrem Vorsitzenden, 1978–1990 der Landtag schließlich zu seinem Präsidenten. Zusätzlich zum Fraktionsvorsitz führte er 1958–1960 den Vorsitz des kulturpolitischen Ausschusses und war von 1960 bis 1962 zugleich Leiter der Staatskanzlei.

Ministerpräsident Alfons Goppel berief ihn 1962 zum Staatsminister für Bundesangelegenheiten und Bevollmächtigten Bayerns in Bonn, ein Amt, das er bis 1978 ausübte. Sein Einsatz galt dabei besonders dem Föderalismus sowie der europäischen Einigung.

Biographische Literatur: Willy Zirngibl, In Bonn am Ball: Franz Heubl, Bonn 1972; Dorothea Pompe, Franz Heubl zum 60. Geburtstag, in: Politische Studien 275 (Mai/Juni 1984) S. 333 f.

Kurzbiographien

Ludwig Huber

Dr. jur.,

geb. am 29. Dezember 1928 in München; römisch-katholisch, verheiratet, zwei Kinder.

1947 Abitur, anschließend studentischer Aufbaudienst, dann Studium der Rechtswissenschaften und Volkswirtschaft in München; Nebentätigkeit in der Münchner Anwaltskanzlei Fritz Schäffers und als Journalist; zweite juristische Staatsprüfung; 1959 Promotion; 1953–1955 Sachbearbeiter in der Bayerischen Staatskanzlei; seit 1955 im höheren Justizdienst tätig.

Ludwig Huber gehörte schon als 17jähriger Gymnasiast zu den Gründungsmitgliedern der CSU. 1947–1959 war er Vorsitzender der Jungen Union in Oberbayern. Bereits 1947 als Vorstandsmitglied des CSU-Bezirks Oberbayern sowie des CSU-Landesvorstands gewählt, wurde er 1948–1949 stellvertretender Vorsitzender der CSU München und 1959 schließlich Kreisvorsitzender der CSU Traunstein. 1963–1970 war er zweiter stellvertretender Parteivorsitzender der CSU.

1958 wurde er als Abgeordneter in den Bayerischen Landtag gewählt, wo man ihm von 1962 bis 1972 den Vorsitz der CSU-Fraktion übertrug. Gleichzeitig zu dieser Funktion leitete er von Oktober 1964 bis 1970 das Kultusressort in Bayern. Er führte eine vorbildliche Lehrerbesoldung ein und organisierte die Begabtenförderung neu. In seiner Amtszeit konnte schließlich 1968 nach jahrelangem Streit in Bayern die Konfessionsschule durch die christliche Gemeinschaftsschule ersetzt werden.

Als die auf ihn konzentrierte Ämterhäufung zunehmend Kritik herausforderte, legte er 1970 den stellvertretenden Parteivorsitz nieder und verzichtete im November des gleichen Jahres auf das Ministeramt. Als er 1972 zum Finanzminister bestellt wurde, gab er auch den Fraktionsvorsitz auf.

1977 verzichtete Huber auf eine weitere politische Laufbahn, gab das Finanzressort an Max Streibl ab und wechselte stattdessen als Präsident in die Bayerische Landesbank. Von diesem Posten trat er 1988 zurück.

Biographische Literatur: Handbuch des Bayerischen Landtags. Ausgabe für die [jeweilige] Wahlperiode, hg. v. Bayerischen Landtagsamt, München 1946–1995.

Alfred Seidl

*Dr. jur.,
Rechtsanwalt,*

*geb. am 30. Januar
1911 in München;
römisch-katholisch,
ledig;
gest. am 25. November
1993 in München.*

Nach Abitur und Studium der Rechtswissenschaften und Volkswirtschaft in München 1935 erste juristische Staatsprüfung, 1935–1938 Assistent an der juristischen Fakultät der Universität München; 1936 Diplom als Volkswirt, 1937 Promotion, 1938 Assessorexamen; 1940–1945 Soldat; seit 1945 Rechtsanwalt in München; Strafverteidiger in den Nürnberger Kriegsverbrecherprozessen.

Alfred Seidl stieß nach dem Krieg zur CSU und vertrat von 1958 bis 1986 als Abgeordneter den Wahlkreis Fürstenfeldbruck-Ost im Bayerischen Landtag. Dort bemühte er sich nachdrücklich um Reformvorschläge zu einer umfassenden Staats- und Verwaltungsvereinfachung.

Die CSU-Landtagsfraktion wählte ihn 1972 zu ihrem Vorsitzenden. Dieses Amt gab er im Oktober 1974, als er zum Staatssekretär im Justizministerium berufen wurde, wieder auf. Als der bayerische Innenminister Bruno Merk am 26.5.1977 aus dem Amt schied, übertrug man ihm dessen Ministerium bis zum Ende der Legislaturperiode 1978. Nach 1978 zog er sich in seine Anwaltskanzlei zurück, behielt sein Landtagsmandat aber noch bis 1986.

Biographische Literatur: Handbuch des Bayerischen Landtags. Ausgabe für die [jeweilige] Wahlperiode, hg. v. Bayerischen Landtagsamt, München 1946–1995.

Kurzbiographien

August R. Lang

*Dr. h.c.,
Rechtsanwalt,*

geb. am 26. Februar 1929 in Eslarn in der Oberpfalz; römisch-katholisch, verheiratet, zwei Kinder.

1949 Abitur; anschließend Studium der Rechtswissenschaften und Volkswirtschaft; Studium an der Verwaltungshochschule in Speyer, 1953/54 erste, 1957/58 zweite juristische Staatsprüfung; seit 1959 Rechtsanwalt.

Sein politisches Engagement begann Gustl Lang 1966 als Stadtrat für die CSU in Weiden. Dort übernahm er 1966–1970 den Fraktionsvorsitz der CSU. 1983 wählte ihn der CSU-Bezirksverband Oberpfalz zu seinem Vorsitzenden. Im gleichen Jahr übernahm er auch den Vorsitz des Bezirksarbeitskreises „Juristen der CSU" Oberpfalz.

Seit 1970 gehört er als Abgeordneter dem Bayerischen Landtag an. Dort übernahm er 1974 von Alfred Seidl den Vorsitz der CSU-Fraktion, den er bis 1982 innehatte. 1982 berief ihn Ministerpräsident Franz Josef Strauß als Justizminister ins Kabinett. Seine Hauptaufgaben sah er in der Entlastung der Gerichte und der Linderung der angespannten Personalsituation. 1986-1988 wechselte er in das Innenressort, wo er vor allem die angespannte Situation um die Wiederaufbereitungsanlage in Wackersdorf zu bewältigen hatte. 1988 übertrug ihm dann Ministerpräsident Max Streibl das Staatsministerium für Wirtschaft und Verkehr. 1993 gab er dieses Amt auf, behielt aber sein Landtagsmandat bei.

Biographische Literatur: Handbuch des Bayerischen Landtags. Ausgabe für die [jeweilige] Wahlperiode, hg. v. Bayerischen Landtagsamt, München 1946–1995.

Gerold Tandler

Bankkaufmann, Hotelier,

geb. am 12. August 1936 in Reichenberg in Böhmen; römisch-katholisch, verheiratet, sechs Kinder.

1950–1953 Dentistenlehre, 1954–1956 Ausbildung zum Bankkaufmann, bis 1971 Bankangestellter und Filialdirektor; seit 1976 Hotelier in Altötting.

Biographische Literatur: *Handbuch des Bayerischen Landtags. Ausgabe für die [jeweilige] Wahlperiode,* hg. v. Bayerischen Landtagsamt, München 1946–1995.

1956 trat Gerold Tandler der CSU bei und wurde bereits ein Jahr später zum Kreisvorsitzenden der Jungen Union Altötting gewählt. 1962–1971 war er Bezirksvorsitzender der Jungen Union Oberbayern und von 1965 bis 1971 auch ihr Landesschatzmeister. 1965 übernahm er den Vorsitz des CSU-Ortsverbandes Neuötting, den er bis 1972 innehatte. Seit 1965 bereits Kreisrat in Altötting, gehörte er von 1972 bis 1978 auch dem Stadtrat seines Wohnortes Neuötting an.

1970–1991 war er dann Abgeordneter des Bayerischen Landtags. Dort engagierte er sich im Haushaltsausschuß. Am 14. Mai 1971 bestellte ihn die CSU zu ihrem Generalsekretär. In dieser Funktion erwies er sich bald als geschickter und erfolgreicher Parteiorganisator. Unter seiner Wahlkampfleitung gelang es der CSU, bei der Landtagswahl 1974 das legendäre Rekordergebnis von 62,1 % zu erreichen.

Ministerpräsident Franz Josef Strauß berief ihn 1978 als Innenminister in sein Kabinett. 1982 gab er dieses Ressort an Karl Hillermeier ab und übernahm den Fraktionsvorsitz der CSU im Bayerischen Landtag. Zusätzlich dazu übernahm er ein Jahr später erneut, zunächst kommissarisch, seit 1984 dann offiziell, das Amt des Generalsekretärs, das er damit rund 12½ Jahre innehatte. Beide Funktionen legte er nieder, als er im Juni 1988 zum Staatsminister für Wirtschaft und Verkehr berufen wurde. Er wechselte im Herbst 1988 als Minister ins Finanzressort, das er im Oktober 1990 aufgab. Seine berufliche Tätigkeit verlegte er nun in die Privatwirtschaft und trat in den Vorstand einer deutschen Aktiengesellschaft ein. Sein Landtagsmandat gab er 1991 auf. Seit 1989 war er auch stellvertretender Parteivorsitzender. Von diesem Amt trat er 1994 ebenfalls zurück.

Kurzbiographien

Alois Glück

Landwirt, Journalist,

geb. am 24. Januar 1940 in Hörzing im Landkreis Traunstein; römisch-katholisch, verheiratet, zwei Kinder.

Besuch der Landwirtschaftsschule; 1957–1967 Leitung des elterlichen Hofes; 1964–1971 Landessekretär der Katholischen Landjugendbewegung in Bayern; Tätigkeit in der Jugend- und Erwachsenenbildung; seit 1965 freier Fachjournalist für Agrar- und Umweltfragen sowie für allgemeine Themen des ländlichen Raums.

Alois Glück trat 1958 der CSU bei und engagierte sich vor allem auf dem Feld der Umweltpolitik. 1975–1991 war er Vorsitzender des Arbeitskreises Umweltsicherung und Landesplanung der CSU. 1977 wählte ihn der CSU-Kreisverband Traunstein zu seinem Vorsitzenden. Dem Parteivorstand der CSU gehört Alois Glück seit 1981 an. Seit 4. März 1994 ist er Bezirksvorsitzender der CSU Oberbayern.

Im Bayerischen Landtag, dem er seit 1970 angehört, widmete er sich zunächst im Sozialpolitischen Ausschuß überwiegend der Behindertenhilfe. 1975–1986 leitete er den Ausschuß für Landesentwicklung und Umweltfragen. 1986–1988 war er dann Staatssekretär im gleichnamigen Ressort. Anläßlich der Kabinettsumbildung 1988 wählte ihn die CSU-Fraktion des Bayerischen Landtags zu ihrem Vorsitzenden und bestätigte ihn 1990 und 1994 in diesem Amt. 1993 wurde er außerdem zum Vorsitzenden der CDU/CSU-Fraktionsvorsitzendenkonferenz gewählt. Diesem Gremium gehören die Spitzen der Unionsfraktionen in Bundestag und Länderparlamenten an.

Biographische Literatur: Handbuch des Bayerischen Landtags. Ausgabe für die [jeweilige] Wahlperiode, hg. v. Bayerischen Landtagsamt, München 1946–1995.

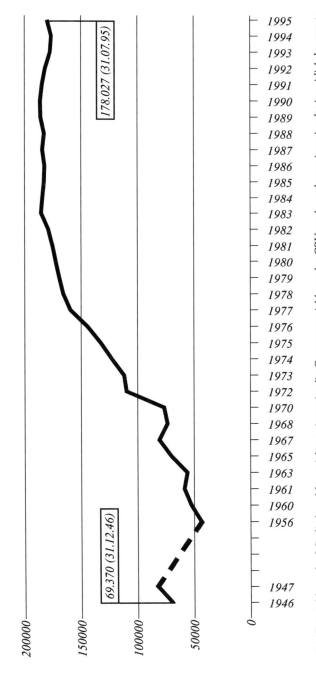

Entwicklung der Mitgliederzahlen der CSU

Entwicklung der Mitgliederzahlen der Christlich-Sozialen Union 1946–1995

Die Entwicklung der Mitgliederzahlen zeichnet einerseits die Gesamtentwicklung der CSU nach, andererseits spiegelt sie zeitlich begrenzte Ereignisse wider. Die größten Mitgliederverluste in ihrer bisherigen Geschichte hatte die CSU in den Jahren zwischen 1947 und 1957 hinzunehmen. Die Gründe dafür waren die innerparteilichen Flügelkämpfe und die 1948 lizenzierte Bayernpartei. Dieser Abwärtstrend wurde erst von Hanns Seidel 1957 in einen Aufwärtstrend umgekehrt. Im Jahre 1972 wurde die 100.000-Mitgliedergrenze überschritten. Vom Ende dieses Jahres an stieg die Mitgliederzahl kontinuierlich auf mehr als 185.000 im Jahr 1983 an. Ihren bisherigen Höchststand erreichte die Zahl der Mitglieder 1990 mit 186.198.

Wahlergebnisse der CSU bei Bundestags-, Landtags- und Europawahlen

Bundestagswahlen

Jahr	CSU	CDU	SPD	FDP	BP	GB/BHE	WAV	REP	Grüne
1949	29,2		22,8	8,5	20,9		14,4		
Bund	5,8	25,2	29,2	11,9	4,2		2,9		
1953	47,9		23,3	6,2	9,2	8,2			
Bund	8,8	36,4	28,8	9,5	1,7	5,9			
1957	57,2		26,4	4,6		6,8			
Bund	10,5	39,7	31,8	7,7		4,6			
1961	54,9		29,0	8,4					
Bund	9,6	35,8	36,2	12,8					
1965	55,6		38,0	7,3					
Bund	9,6	35,8	33,1	9,5					
1969	54,4		34,6	4,1					
Bund	9,5	36,6	42,7	5,8	0,2	0,1			
1972	55,1		37,8	6,1					
Bund	9,7	35,2	45,8	8,4					
1976	60,0		32,8	6,2					
Bund	10,6	38,0	42,6	7,9					
1980	57,6		32,7	7,8					
Bund	10,3	34,2	42,9	10,6					1,5
1983	59,5		28,9	6,2					4,7
Bund	10,6	38,2	38,2	7,0					5,6
1987	55,1		27,0	8,1	0,9				7,7
Bund	9,8	34,5	37,0	9,1	0,1				8,3
1990	51,9		26,7	8,7	0,5			5,0	4,6
Bund	7,1	36,7	33,5	11,0				2,1	5,1
1994	51,2		31,3	6,1	0,6			2,8	6,3
Bund	7,3	34,2	36,8	6,6				1,9	7,0

Wahlergebnisse der CSU bei Bundestags-, Landtags- und Europawahlen

Landtagswahlen

Jahr	CSU	SPD	FDP	BP	DG GB/BHE	WAV	NPD	KPD	Grüne	REP
1946	52,3	28,6		7,3				6,0		
1950	27,4	28,0	7,1	17,9	12,3	2,8		1,9		
1954	38,4	28,1	7,2	13,2	10,2					
1958	45,6	30,8	5,6	8,1	9,0					
1962	47,5	35,3	5,9	4,8	5,1					
1966	48,1	35,8	5,1	3,4	0,2		7,4			
1970	56,4	33,3	5,5	1,3			2,9			
1974	62,1	30,2	5,2	0,8			1,1			
1978	59,1	31,4	6,2	0,4			0,6			
1982	58,3	31,9	3,5	0,5			0,6		4,6	
1986	55,8	27,5	3,5	0,6			0,5		7,5	3,0
1990	54,9	26,0	5,2	0,8					6,4	4,9
1994	52,8	30,0	2,8	1,0					6,1	3,9

Europawahlen

Jahr	CSU	CDU	SPD	FDP	Grüne	REP	BP
1979	62,5		29,2	4,7	2,9		
Bund	10,1	39,1	40,8	6,0	3,2		
1984	57,2		27,6	4,0	6,8		0,6
Bund	8,5	37,5	37,4	4,8	8,2		0,1
1989	45,4		24,2	4,0	7,8	14,6	0,8
Bund	8,2	29,5	37,3	5,6	8,4	7,1	0,3
1994	48,9		23,7	3,3	8,7	6,6	1,6
Bund	6,8	32,0	32,2	4,1	10,1	3,9	0,3

Die Bayerischen Kabinette
1945–1994*

* *Handbuch des Bayerischen Landtags 13. Wahlperiode 1994, München 1995.*

Kabinett Schäffer
28. Mai bis 28. September 1945

Ministerpräsident zugl. Minister f. Finanzen:	Schäffer Fritz
Inneres:	Fischer Karl August, 7.6.–1.9.1945
Justiz:	Dr. Ehard Hans
Kultus:	Dr. Hipp Otto, 16.6.–29.9.1945
Wirtschaft:	Dr. Lange Karl Arthur, 6.6.–20.9.1945
Landwirtschaft:	Rattenhuber Ernst
Bahn:	Dr. Rosenhaupt Karl
Post:	Geiger Hugo
Arbeit:	Roßhaupter Albert

Kabinett Dr. Hoegner I
28. September 1945 bis 21. Dezember 1946

Ministerpräsident zugl. Justizminister:	Dr. Hoegner Wilhelm
Staatssekretär:	Dr. Pfeiffer Anton, bis 3.7.1946
	Dr. Kraus Hans, Min.-Dir.
	ab 22. Oktober 1945
Arbeitsminister zugl. stv. Ministerpräsident:	Roßhaupter Albert
Staatssekretär:	Krehle Heinrich
Innenminister:	Seifried Josef
Staatssekretär:	Ficker Ludwig

Justizminister:	Dr. Hoegner Wilhelm
Staatssekretär:	Dr. Ehard Hans
Kultusminister:	Dr. Fendt Franz
Staatssekretär:	Dr. Meinzolt Hans
Finanzminister:	Dr. Terhalle Fritz
Staatssekretär:	Dr. Müller Hans
Wirtschaftsminister:	Dr. Erhard Ludwig
Staatssekretär:	Fischer Georg, 17.1.–8.6.1946
Landwirtschaftsminister:	Dr. Baumgartner Joseph
Staatssekretär:	Thunig Ewald, bis 3.3.1946
	Dr. Niklas, Staatsrat
Verkehrsminister:	Helmerich Michael, ab 9.2.1946
Staatssekretär:	Waldhäuser Josef
Sonderminister:	Schmitt Heinrich, bis 1.7.1946
	Dr. Pfeiffer Anton, ab 3.7.1946

Kabinett Dr. Ehard I

21. Dezember 1946 bis 20. September 1947

Ministerpräsident:	Dr. Ehard Hans (MdL, CSU)
Staatssekretär:	Dr. Pfeiffer Anton (MdL, CSU)
Justizminister	
zugl. stv. Ministerpräsident:	Dr. Hoegner Wilhelm (MdL, CSU)
Staatssekretär:	Dr. Hagenauer Ludwig, 10.1.–15.7.1947
	Dr. Lacherbauer Carljörg
	(MdL, CSU), ab 18.7.1947
Innenminister:	Seifried Josef (MdL, SPD)
Staatssekretär:	Dr. Ankermüller Willi (MdL, CSU),
	ab 10.1.1947

Staatssekretär
f. d. Bauwesen: Fischer Franz, ab 10.1.1947
Staatssekretär
f. d. Flüchtlingswesen: Jaenicke Wolfgang, ab 31.1.1947

Kultusminister: Dr. Dr. Hundhammer Alois (MdL, CSU)
Staatssekretär: Pittroff Claus (MdL, SPD)
Staatssekretär
für Schöne Künste: Dr. Sattler Dieter, ab 31.1.1947

Finanzminister: Dr. Kraus Hans
Staatssekretär: Dr. Müller Hans

Wirtschaftsminister: Dr. Zorn Rudolf
Staatssekretär: Geiger Hugo, ab 10.1.1947
Staatssekretär
f. Planung u. Wiederaufbau: Sedlmayr Lorenz, ab 10.1.1947

Landwirtschaftsminister: Dr. Baumgartner Joseph (MdL, CSU)
Staatssekretär: Gentner Hans

Arbeitsminister: Roßhaupter Albert
Staatssekretär: Krehle Heinrich

Verkehrsminister: Frommknecht Otto, ab 10.1.1947
Staatssekretär: Schubert Johann, 10.1.–31.8.1947

Sonderminister: Loritz Alfred (MdL, WAV), bis 24.6.1947
Dr. Hagenauer Ludwig, ab 15.7.1947
Staatssekretär: Höltermann Arthur, bis 28.5.1947
Sachs Camille, ab 15.7.1947

Ausscheiden der SPD aus der Regierungskoalition

Kabinett Dr. Ehard II

20. September 1947 bis 18. Dezember 1950

Ministerpräsident:	Dr. Ehard Hans (MdL, CSU)
Staatssekretär:	Dr. Pfeiffer Anton (MdL, CSU)

Justizminister
zugl. stv. Ministerpräsident: Dr. Müller Josef (MdL, CSU)
Staatssekretär: Dr. Lacherbauer Carljörg
(MdL, CSU), bis 1.12.1948
Dr. Konrad Anton, ab 15.12.1949

Innenminister: Dr. Ankermüller Willi (MdL, CSU)
Staatssekretär: Dr. Schwalber Josef (MdL, CSU)
Staatssekretär
f. d. Bauwesen: Fischer Franz
Staatssekretär
f. d. Flüchtlingswesen: Jaenicke Wolfgang

Kultusminister: Dr. Dr. Hundhammer Alois (MdL, CSU)
Staatssekretär: Dr. Sattler Dieter

Finanzminister: Dr. Kraus Hans, bis 8.2.1950
Dr. Ehard Hans, Ministerpräs. (MdL, CSU)
Staatssekretär: Dr. Müller Hans

Wirtschaftsminister: Dr. Seidel Hanns (MdL, CSU)
Staatssekretär: Geiger Hugo

Landwirtschaftsminister: Dr. Baumgartner Joseph (MdL, CSU),
bis 15.1.1948
Dr. Ehard Hans, Ministerpräs.
(MdL, CSU), bis 26.2.1948
Dr. Schlögl Alois (MdL, CSU), ab 26.2.1948
Staatssekretär: Sühler Adam

Die Bayerischen Kabinette

Arbeitsminister:	Krehle Heinrich (MdL, CSU)
Staatssekretär:	Dr. Grieser Andreas, ab 24.10.1947
Verkehrsminister:	Frommknecht Otto
Staatssekretär:	Sedlmayr Lorenz
Sonderminister:	Dr. Hagenauer Ludwig, † 20.7.1949

Kabinett Dr. Ehard III
18. Dezember 1950 bis 14. Dezember 1954

Ministerpräsident:	Dr. Ehard Hans (MdL, CSU)
Innenminister zugl. stv. Ministerpräsident:	Dr. Hoegner Wilhelm (MdL, SPD)
Staatssekretär:	Dr. Nerreter Paul, ab 3.1.1951
Staatssekretär f. d. Flüchtlingswesen:	Dr. Oberländer Theodor (MdL, GB/BHE), bis 24.11.1953 Stain Walter (MdL, GB/BHE)
Justizminister:	Dr. Müller Josef (MdL, CSU), bis 5.6.1952 Weinkamm Otto
Staatssekretär:	Dr. Koch Fritz
Kultusminister:	Dr. Schwalber Josef, ab 3.1.1951
Staatssekretär:	Dr. Brenner Eduard, ab 3.1.1951
Finanzminister:	Dr. Zorn Rudolf, 3.1.–19.6.1951 Zietsch Friedrich (MdL, SPD)
Staatssekretär:	Dr. Ringelmann Richard
Wirtschaftsminister:	Dr. Seidel Hanns (MdL, CSU)
Staatssekretär:	Dr. Guthsmuths Willi (MdL, GB/BHE)
Landwirtschaftsminister:	Dr. Schlögl Alois (MdL, CSU)
Staatssekretär:	Maag Johann (MdL, SPD)

Arbeitsminister:	Dr. Oechsle Richard
Staatssekretär:	Krehle Heinrich (MdL, CSU)
Verkehrsminister:	Dr. Ehard Hans, Ministerpräs. (MdL, CSU), 9.1.1951–1.10.1952 Brunner, Ministerialdirektor, mit der Führung der Geschäfte beauftragt

Kabinett Dr. Hoegner II
14. Dezember 1954 bis 16. Oktober 1957

Ministerpräsident:	Dr. Hoegner Wilhelm (MdL, SPD)
Staatssekretär:	Dr. Haas Albrecht (MdL, FDP)
Landwirtschaftsminister zugl. stv. Ministerpräsident:	Dr. Baumgartner Joseph (MdL, BP)
Staatssekretär:	Simmel Erich (MdL, GB/BHE)
Innenminister:	Dr. Geislhöringer August (MdL, BP)
Staatssekretär:	Vetter Ernst
Justizminister:	Dr. Koch Fritz
Staatssekretär:	Eilles Kurt
Kultusminister:	Dr. Rucker August
Staatssekretär:	Dr. Meinzolt Hans
Finanzminister:	Zietsch Friedrich (MdL, SPD)
Staatssekretär:	Dr. Panholzer Joseph
Wirtschaftsminister:	Bezold Otto (MdL, FDP)
Staatssekretär:	Dr. Guthsmuths Willi (MdL, GB/BHE)
Arbeitsminister:	Stain Walter (MdL, GB/BHE)
Staatssekretär:	Weishäupl Karl (MdL, SPD)

Die Bayerischen Kabinette

Kabinett Dr. Seidel I
16. Oktober 1957 bis 9. Dezember 1958

Ministerpräsident:	Dr. Seidel Hanns (MdL, CSU)
Arbeitsminister zugl. stv. Ministerpräsident:	Stain Walter (MdL, GB/BHE)
Staatssekretär:	Strenkert Paul (MdL, CSU)
Innenminister:	Bezold Otto (MdL, FDP)
Staatssekretär:	Junker Heinrich (MdL, CSU)
Justizminister:	Dr. Ankermüller Willi (MdL, CSU)
Staatssekretär:	Goppel Alfons (MdL, CSU)
Kultusminister:	Dr. Maunz Theodor
Staatssekretär:	Burkhardt Karl, ab 5.11.1957
Finanzminister:	Eberhard Rudolf (MdL, CSU)
Staatssekretär:	Dr. Haas Albrecht (MdL, FDP)
Wirtschaftsminister:	Dr. Schedl Otto (MdL, CSU)
Staatssekretär:	Dr. Guthsmuths Willi (MdL, GB/BHE)
Landwirtschaftsminister:	Dr. Dr. Hundhammer Alois (MdL, CSU)
Staatssekretär:	Simmel Erich (MdL, GB/BHE)

Kabinett Dr. Seidel II
9. Dezember 1958 bis 26. Januar 1960

Ministerpräsident:	Dr. Seidel Hanns (MdL, CSU)
Finanzminister zugl. stv. Ministerpräsident:	Eberhard Rudolf (MdL CSU)
Staatssekretär:	Dr. Lippert Franz (MdL, CSU)
Innenminister:	Goppel Alfons (MdL, CSU)
Staatssekretär:	Junker Heinrich (MdL, CSU)

Justizminister:	Dr. Haas Albrecht (MdL, FDP)
Staatssekretär:	Hartinger Josef
Kultusminister:	Dr. Maunz Theodor
Staatssekretär:	Dr. Staudinger Fritz
Wirtschaftsminister:	Dr. Schedl Otto (MdL, CSU)
Staatssekretär:	Dr. Guthsmuths Willi (MdL, GB/BHE)
Landwirtschaftsminister:	Dr. Dr. Hundhammer Alois (MdL, CSU)
Staatssekretär:	Simmel Erich (MdL, GB/BHE)
Arbeitsminister:	Stain Walter (MdL, GB/BHE)
Staatssekretär:	Strenkert Paul (MdL, CSU)

Kabinett Dr. Ehard IV
26. Januar 1960 bis 11. Dezember 1962

Ministerpräsident:	Dr. Ehard Hans (MdL, CSU)
Staatssekretär:	Dr. Heubl Franz (MdL, CSU)
Finanzminister zugl. stv. Ministerpräsident:	Dr. Eberhard Rudolf (MdL, CSU)
Staatssekretär:	Dr. Lippert Franz (MdL, CSU)
Innenminister:	Goppel Alfons (MdL, CSU)
Staatssekretär:	Junker Heinrich (MdL, CSU)
Justizminister:	Dr. Haas Albrecht (MdL, FDP)
Staatssekretär:	Hartinger Josef
Kultusminister:	Dr. Maunz Theodor
Staatssekretär:	Dr. Staudinger Fritz
Wirtschaftsminister:	Dr. Schedl Otto (MdL, CSU)
Staatssekretär:	Dr. Guthsmuths Willi (MdL, GB/BHE)
Landwirtschaftsminister:	Dr. Dr. Hundhammer Alois (MdL, CSU)
Staatssekretär:	Simmel Erich (MdL, BG/BHE)
Arbeitsminister:	Stain Walter (MdL, GB/BHE)
Staatssekretär:	Strenkert Paul (MdL, CSU)

Die Bayerischen Kabinette

Kabinett Goppel I
11. Dezember 1962 bis 5. Dezember 1966

Ministerpräsident:	Dr. h. c. Goppel Alfons (MdL, CSU)
Stv. des Ministerpräsidenten	
(zugl. Finanzminister):	Dr. Eberhard Rudolf (MdL, CSU), bis 24.6.1964
(zugl. Landwirtschaftsmin.):	Dr. Dr. Hundhammer Alois (MdL, CSU)
Innenminister:	Junker Heinrich (MdL, CSU)
Staatssekretär:	Dr. Wehgartner Robert
Justizminister:	Dr. Ehard Hans (MdL, CSU)
Staatssekretär:	Hartinger Josef
Kultusminister:	Dr. Maunz Theodor, bis 7.10.1964
	Dr. Huber Ludwig (MdL, CSU)
Staatssekretär:	Dr. Pöhner Konrad (MdL, CSU), bis 24.6.1964
	Lauerbach Erwin (MdL, CSU)
Finanzminister:	Dr. Eberhard Rudolf (MdL, CSU), bis 24.6.1964
	Dr. Pöhner Konrad (MdL, CSU)
Staatssekretär:	Dr. Lippert Franz (MdL, CSU)
Wirtschaftsminister:	Dr. Schedl Otto (MdL, CSU)
Staatssekretär:	Wacher Gerhard
Landwirtschaftsminister:	Dr. Dr. Hundhammer Alois (MdL, CSU)
Staatssekretär:	Vilgertshofer Lorenz (MdL, CSU)
Arbeitsminister:	Strenkert Paul (MdL, CSU), bis 24.6.1964
	Schütz Hans
Staatssekretär:	Schütz Hans, bis 24.6.1964
	Dr. Pirkl Fritz (MdL, CSU)
Minister für Bundesangelegenheiten:	Dr. Heubl Franz (MdL, CSU)

Die Bayerischen Kabinette

Kabinett Dr. Goppel II*
5. Dezember 1966 bis 8. Dezember 1970

Ministerpräsident:	Dr. h. c. Goppel Alfons
Stv. des Ministerpräsidenten:	Dr. Dr. Hundhammer Alois
	Dr. Schedl Otto, ab 11.3.1969
Innenminister:	Dr. Merk Bruno
Staatssekretär:	Fink Hugo
Justizminister:	Dr. Held Philipp
Staatssekretär:	Bauer Josef
Kultusminister:	Dr. Huber Ludwig
Staatssekretär:	Lauerbach Erwin
Finanzminister:	Dr. Pöhner Konrad
Staatssekretär:	Jaumann Anton
Wirtschaftsminister:	Dr. Schedl Otto
Staatssekretär:	Sackmann Franz
Landwirtschaftsminister:	Dr. Dr. Hundhammer Alois
	Dr. Eisenmann Hans, ab 11.3.1969
Staatssekretär:	Vilgertshofer Lorenz
Arbeitsminister:	Dr. Pirkl Fritz
Staatssekretär:	Dr. Hillermeier Karl
Minister für Bundesangelegenheiten:	Dr. Heubl Franz

* Alle Staatsminister und Staatssekretäre waren Landtagsabgeordnete der CSU

Die Bayerischen Kabinette

Kabinett Dr. Goppel III
8. Dezember 1970

Ministerpräsident:	Dr. h. c. Goppel Alfons
Stellv. d. Ministerpräsidenten und Staatsminister der Finanzen:	Dr. Schedl Otto (CSU), bis 22. 2. 1972
und Staatsminister der Justiz:	Dr. Held Philipp (CSU)
Staatsminister des Innern:	Dr. Merk Bruno (CSU)
Staatssekretär:	Kiesl Erich (CSU)
Staatsminister der Justiz:	Dr. Held Philipp (CSU)
Staatssekretär:	Bauer Josef (CSU)
Staatsminister für Unterricht und Kultus:	Prof. Dr. Maier Hans
Staatssekretär:	Lauerbach Erwin (CSU)
Staatsminister der Finanzen:	Dr. Schedl Otto (CSU), bis 22. 2. 1972 Dr. Huber Ludwig (CSU)
Staatssekretär:	Dr. Hillermeier Karl (CSU)
Staatsminister für Wirtschaft und Verkehr:	Jaumann Anton (CSU)
Staatssekretär:	Sackmann Franz (CSU)
Staatsminister für Ernährung, Landwirtschaft und Forsten:	Dr. Eisenmann Hans (CSU)
Staatssekretär:	Nüssel Simon (CSU)
Staatsminister für Arbeit und Sozialordnung:	Dr. Pirkl Fritz (CSU)
Staatssekretär:	Vöth Reinhold (CSU), bis 24. 10. 1972 Dr. Vorndran Wilhelm (CSU)

Staatsminister für
Bundesangelegenheiten: Dr. Heubl Franz (CSU)

Staatsminister für
Landesentwicklung und
Umweltfragen: Streibl Max (CSU)
Staatssekretär: Dick Alfred (CSU)

Kabinett Dr. Goppel IV
12. November 1974

Ministerpräsident:	Dr. h. c. Goppel Alfons (MdL, CSU)
Staatsminister der Finanzen:	Dr. Huber Ludwig (MdL, CSU), bis 26.5.1977
	Streibl Max (MdL, CSU), ab 26.5.1977
Staatssekretär:	Meyer Albert (MdL, CSU)
Staatsminister des Innern:	Dr. Merk Bruno (MdL, CSU), bis 26.5.1977
	Dr. Seidl Alfred (MdL, CSU), ab 26.5.1977
Staatssekretär:	Kiesl Erich (MdL, CSU)
Staatsminister der Justiz und Stellv. d. Ministerpräsidenten seit 26.5.1977:	Dr. Hillermeier Karl (MdL, CSU)
Staatssekretär:	Dr. Seidl Alfred (MdL, CSU), bis 26.5.1977
	Neubauer Franz (MdL, CSU), ab 26.5.1977
Staatsminister für Unterricht und Kultus:	Prof. Dr. Maier Hans
Staatssekretärin:	Dr. Berghofer-Weichner Mathilde (MdL, CSU)
Staatsminister für Wirtschaft und Verkehr:	Jaumann Anton (MdL, CSU)
Staatssekretär:	Sackmann Franz (MdL, CSU)

Die Bayerischen Kabinette

Staatsminister für Ernährung, Landwirtschaft und Forsten:	Dr. Eisenmann Hans (MdL, CSU)
Staatssekretär:	Nüssel Simon (MdL, CSU)
Staatsminister für Arbeit und Sozialordnung:	Dr. Pirkl Fritz (MdL, CSU)
Staatssekretär:	Dr. Vorndran Wilhelm (MdL, CSU)
Staatsminister für Bundesangelegenheiten:	Dr. Heubl Franz (MdL, CSU)
Staatsminister für Landesentwicklung und Umweltfragen:	Streibl Max (MdL, CSU), bis 26.5.1977
	Dick Alfred (MdL, CSU), ab 26.5.1977
Staatssekretär:	Dr. Fischer Max (MdL, CSU), ab 26.5.1977

Kabinett Dr. Strauß I*
7. November 1978

Ministerpräsident:	Dr. h. c. Strauß Franz Josef
Stv. des Ministerpräsidenten und Staatsminister der Justiz:	Dr. Hillermeier Karl
Staatssekretär:	Dr. Vorndran Wilhelm
Staatsminister des Innern:	Tandler Gerold
Staatssekretär:	Neubauer Franz
Staatsminister für Unterricht und Kultus:	Prof. Dr. Maier Hans
Staatssekretärin:	Dr. Berghofer-Weichner Mathilde
Staatsminister für Wirtschaft und Verkehr:	Jaumann Anton
Staatssekretär:	Dr. Frhr. von Waldenfels Georg

Staatsminister der Finanzen:	Streibl Max
Staatssekretär:	Meyer Albert
Staatsminister für Ernährung, Landwirtschaft und Forsten:	Dr. Eisenmann Hans
Staatssekretär:	Nüssel Simon
Staatsminister für Arbeit und Sozialordnung:	Dr. Pirkl Fritz
Staatssekretär:	Dr. Rosenbauer Heinz
Staatsminister für Landesentwicklung und Umweltfragen:	Dick Alfred
Staatssekretär:	Dr. Fischer Max
Staatsminister für Bundesangelegenheiten:	Schmidhuber Peter

* Alle Staatsminister und Staatssekretäre waren Landtagsabgeordnete der CSU

Kabinett Dr. Strauß II*
27. Oktober 1982

Ministerpräsident:	Dr. h. c. Strauß Franz Josef
Staatssekretär:	Dr. Stoiber Edmund
Stv. des Ministerpräsidenten und Staatsminister des Innern:	Dr. Hillermeier Karl
Staatssekretär:	Neubauer Franz, bis 17. 7. 1984
	Dr. Rosenbauer Heinz, ab 17. 7. 1984
Staatsminister der Justiz:	Lang August Richard
Staatssekretär:	Dr. Vorndran Wilhelm

Die Bayerischen Kabinette

Staatsminister für Unterricht und Kultus:	Prof. Dr. Maier Hans ·
Staatssekretärin:	Dr. Berghofer-Weichner Mathilde
Staatsminister für Wirtschaft und Verkehr:	Jaumann Anton
Staatssekretär:	Dr. Frhr. v. Waldenfels Georg
Staatsminister der Finanzen:	Streibl Max
Staatssekretär:	Meyer Albert
Staatsminister für Ernährung, Landwirtschaft und Forsten:	Dr. Eisenmann Hans
Staatssekretär:	Nüssel Simon
Staatsminister für Arbeit und Sozialordnung:	Dr. Pirkl Fritz, bis 17.7.1984
	Neubauer Franz, ab 17.7.1984
Staatssekretär:	Dr. Rosenbauer Heinz, bis 17.7.1984
	Dr. Glück Gebhard, ab 17.7.1984
Staatsminister für Landesentwicklung und Umweltfragen:	Dick Alfred
Staatssekretär:	Dr. Fischer Max
Staatsminister für Bundesangelegenheiten:	Schmidhuber Peter

*Alle Staatsminister und Staatssekretäre waren Landtagsabgeordnete der CSU.

Kabinett Dr. Strauß III
30. Oktober 1986

Ministerpräsident:	Dr. h. c. Strauß Franz Josef (MdL, CSU)
Staatsminster für Sonderaufgaben – Leiter der Staatskanzlei:	Dr. Stoiber Edmund (MdL, CSU)
Stv. Ministerpräsident und Staatsminister der Finanzen:	Dr. h. c. Streibl Max (MdL, CSU), ab 12.7.1988
Staatssekretär:	Meyer Albert (MdL, CSU)
Staatsminister des Innern:	Lang August Richard (MdL, CSU)
Staatssekretär:	Dr. Rosenbauer Heinz (MdL, CSU)
Staatssekretär:	Dr. Gauweiler Peter (CSU)
Staatsministerin für Justiz:	Dr. Berghofer-Weichner Mathilde (MdL, CSU)
Staatssekretär:	Dr. Vorndran Wilhelm (MdL, CSU)
Staatsminister für Unterricht und Kultus:	Zehetmair Hans (CSU)
Staatssekretär:	Maurer Hans (MdL, CSU), bis 30.9.1987 Dr. Glück Gebhard (MdL, CSU), 30.9.1987–14.6.1988 Meyer Otto (MdL, CSU), ab 14.6.1988
Staatsminister für Wissenschaft und Kunst:	Prof. Wild Wolfgang
Staatssekretär:	Dr. Goppel Thomas (MdL, CSU)
Staatsminister für Wirtschaft und Verkehr:	Jaumann Anton (MdL, CSU), bis 14.6.1988 Tandler Gerold (MdL, CSU), ab 14.6.1988
Staatssekretär:	Dr. Frhr. v. Waldenfels Georg (MdL, CSU), bis 30.9.1987 Zeller Alfons (MdL, CSU), ab 30.9.1987

Staatsminister für Arbeit
und Sozialordnung: Dr. Hillermeier Karl (MdL, CSU),
bis 14. 6. 1988
Dr. Glück Gebhard (MdL, CSU),
ab 14. 6. 1988
Staatssekretär(in):   Dr. Glück Gebhard (MdL, CSU),
bis 14. 6. 1988
Stamm Barbara (MdL, CSU), ab 30. 9. 1987

Staatsminister für
Ernährung, Landwirtschaft
und Forsten: Dr. Eisenmann Hans (MdL, CSU),
bis 31. 8. 1987
Nüssel Simon (MdL, CSU), ab 30. 9. 1987
Staatssekretär: Nüssel Simon (MdL, CSU), bis 30. 9. 1987
Maurer Hans (MdL, CSU), ab 30. 9. 1987

Staatsminister für
Landesentwicklung und
Umweltfragen: Dick Alfred (MdL, CSU)
Staatssekretär: Glück Alois (MdL, CSU), bis 14. 6. 1988
Spitzner Hans (MdL, CSU), ab 14. 6. 1988

Staatsminister für Bundes-
angelegenheiten und Bevoll-
mächtigter des Freistaates
Bayern beim Bund: Schmidhuber Peter (MdL, CSU),
bis 27. 9. 1987

– seit 8. Dezember 1987
umbenannt in Staats-
minister für Bundes- und
Europaangelegenheiten: Dr. Frhr. v. Waldenfels Georg
(MdL, CSU) ab 30. 9. 1987
Staatssekretär: Sauter Alfred (CSU) seit 14. 6. 1988

Kabinett Dr. Streibl I
19. Oktober 1988

Ministerpräsident:	Dr. h. c. Streibl Max (MdL, CSU)
Staatssekretär und Leiter der Staatskanzlei:	Dr. Vorndran Wilhelm (MdL, CSU)
Stv. Ministerpräsidentin und Staatsministerin der Justiz:	Dr. Berghofer-Weichner Mathilde (MdL, CSU)
Staatssekretär:	Dr. Rosenbauer Heinz (MdL, CSU)
Staatsminister des Innern:	Dr. Stoiber Edmund (MdL, CSU)
Staatssekretär:	Dr. Beckstein Günther (MdL, CSU)
Staatssekretär:	Dr. Gauweiler Peter (CSU)
Staatsminister für Wissenschaft und Kunst:	Prof. Wild Wolfgang bis 20. 6. 1989 Leitung des Geschäftsbereichs, ab 20. 6. 1989 Zehetmair Hans (CSU)*
Staatssekretär:	Dr. Goppel Thomas (MdL, CSU)
Staatsminister für Unterricht und Kultus:	Zehetmair Hans (CSU)
Staatssekretär:	Meyer Otto (MdL, CSU)
Staatsminister der Finanzen:	Tandler Gerold (MdL, CSU)
Staatssekretär:	Dr. h. c. Meyer Albert (MdL, CSU)
Staatsminister für Wirtschaft und Verkehr:	Dr. h. c. Lang August Richard (MdL, CSU)
Staatssekretär:	Zeller Alfons (MdL, CSU)
Staatsminister für Ernährung, Landwirtschaft und Forsten:	Nüssel Simon (MdL, CSU)
Staatssekretär:	Maurer Hans (MdL, CSU)

Die Bayerischen Kabinette

Staatsminister für Arbeit und Sozialordnung:	Dr. Glück Gebhard (MdL, CSU)
Staatssekretärin:	Stamm Barbara (MdL, CSU)
Staatsminister für Landesentwicklung und Umweltfragen:	Dick Alfred (MdL, CSU)
Staatssekretär:	Spitzner Hans (MdL, CSU)
Staatsminister für Bundes- und Europaangelegenheiten:	Dr. Frhr. v. Waldenfels Georg (MdL, CSU)
Staatssekretär:	Sauter Alfred (CSU)

*gem. Art. 50 Abs. 1 BV

Kabinett Dr. Streibl II
30. Oktober 1990

Ministerpräsident:	Dr. h. c. Streibl Max (MdL, CSU)
Leiter der Staatskanzlei; Staatssekretär:	Böhm Johann (MdL, CSU)
Stv. Ministerpräsidentin und Staatsministerin der Justiz:	Dr. Berghofer-Weichner Mathilde (MdL, CSU)
Staatssekretär:	Sauter Alfred (MdL, CSU)
Staatsminister des Innern:	Dr. Stoiber Edmund (MdL, CSU)
Staatssekretär:	Dr. Beckstein Günther (MdL, CSU)
Staatssekretär:	Dr. Huber Herbert/Landshut (MdL, CSU)
Staatsminister für Unterricht, Kultus, Wissenschaft und Kunst:	Zehetmair Hans (MdL, CSU)

Staatssekretär im Bereich
Unterricht, Kultus: Leeb Hermann (MdL, CSU)
Staatssekretär im Bereich
Wissenschaft, Kunst: Dr. Wiesheu Otto (MdL, CSU)

Staatsminister der Finanzen: Dr. Frhr. v. Waldenfels Georg (MdL, CSU)
Staatssekretär: Dr. h. c. Meyer Albert

Staatsminister für
Wirtschaft und Verkehr: Dr. h. c. Lang August Richard (MdL, CSU)
Staatssekretär: Zeller Alfons (MdL, CSU)

Staatsminister für
Ernährung, Landwirtschaft
und Forsten: Maurer Hans (MdL, CSU)
Staatssekretär: Miller Josef (MdL, CSU)

Staatsminister für Arbeit,
Familie und Sozialordnung*: Dr. Glück Gebhard (MdL, CSU)
Staatssekretärin: Stamm Barbara (MdL, CSU)

Staatsminister für
Landesentwicklung und
Umweltfragen: Dr. Gauweiler Peter (MdL, CSU)
Staatssekretär: Zeitler Otto (MdL, CSU)

Staatsminister für Bundes-
und Europaangelegenheiten: Dr. Goppel Thomas (MdL, CSU)
Staatssekretär: Dr. Wilhelm Paul (MdL, CSU)

* seit 1. 2. 1991 umbenannt.

Die Bayerischen Kabinette

Kabinett Dr. Stoiber I
17. Juni 1993

Ministerpräsident:	Dr. Stoiber Edmund (MdL, CSU)
Stv. Ministerpräsident:	Zehetmair Hans (MdL, CSU)
Leiter der Staatskanzlei:	Dr. Huber Herbert/Landshut (MdL, CSU)
Staatsminister des Innern:	Dr. Beckstein Günther (MdL, CSU)
Staatssekretär für den Bereich Allg. Verwaltung:	Regensburger Hermann (MdL, CSU)
Staatssekretär für den Bereich Staatsbauverwaltung/Oberste Baubehörde:	Sauter Alfred (MdL, CSU)
Staatsminister der Justiz:	Leeb Hermann (MdL, CSU)
Staatssekretär:	Dr. Merkl Gerhard (MdL, CSU)
Staatsminister für Unterricht, Kultus, Wissenschaft und Kunst:	Zehetmair Hans (MdL, CSU)
Staatssekretärin für den Bereich Unterricht und Kultus:	Hohlmeier Monika (MdL, CSU)
Staatssekretär für den Bereich Wissenschaft und Kunst:	Kränzle Bernd (MdL, CSU)
Staatsminister der Finanzen:	Dr. Frhr. von Waldenfels Georg (MdL, CSU)
Staatssekretär:	Zeller Alfons (MdL, CSU)
Staatsminister für Wirtschaft und Verkehr:	Dr. Wiesheu Otto (MdL, CSU)
Staatssekretär:	Spitzner Hans (MdL, CSU)
Staatsminister für Ernährung, Landwirtschaft und Forsten:	Bocklet Reinhold (MdL, CSU)
Staatssekretärin:	Deml Marianne (MdL, CSU)

Staatsminister für
Arbeit und Sozialordnung,
Familie, Frauen und
Gesundheit: Dr. Glück Gebhard (MdL, CSU)
Staatssekretärin: Stamm Barbara (MdL, CSU)

Staatsminister für
Landesentwicklung und
Umweltfragen: Dr. Gauweiler Peter (MdL, CSU),
bis 23.2.1994
Dr. Goppel Thomas (MdL, CSU),
ab 25.2.1994,
Staatssekretärin: Schweder Christl (MdL, CSU)

Staatsminister für
Bundes- und Europa-
angelegenheiten: Dr. Goppel Thomas (MdL, CSU),
bis 25.2.1994
Dr. Stoiber Edmund (MdL, CSU),
ab 25.2.1994,
Staatssekretär: Böhm Johann (MdL, CSU)

Kabinett Dr. Stoiber II
27. Oktober 1994

Ministerpräsident: Dr. Stoiber Edmund (MdL, CSU)

Stv. Ministerpräsident: Zehetmair Hans (MdL, CSU)

Leiter der Staatskanzlei,
Staatsminister: Huber Erwin (MdL, CSU)

Staatsminister des Innern: Dr. Beckstein Günther (MdL, CSU)
Staatssekretär für den
Bereich Allg. Verwaltung: Regensburger Herrmann (MdL, CSU)

*Staatssekretär für den
Bereich Staatsbauverwaltung/
Oberste Baubehörde:* Sauter Alfred (MdL, CSU)

Staatsminister der Justiz: Leeb Hermann (MdL, CSU)
Staatssekretär: Kränzle Bernd (MdL, CSU)

*Staatsminister für Unterricht,
Kultus, Wissenschaft
und Kunst:* Zehetmair Hans (MdL, CSU)
*Staatssekretärin für den
Bereich Unterricht u. Kultus:* Hohlmeier Monika (MdL, CSU)
*Staatssekretär für den
Bereich Wissenschaft
und Kunst:* Klinger Rudolf (MdL, CSU)

Staatsminister der Finanzen: Dr. Frhr. v. Waldenfels Georg (MdL, CSU)
Staatssekretär: Zeller Alfons (MdL, CSU)

*Staatsminister für
Wirtschaft, Verkehr und
Technologie:* Dr. Wiesheu Otto (MdL, CSU)
Staatssekretär: Spitzner Hans (MdL, CSU)

*Staatsminister für Ernährung,
Landwirtschaft und Forsten:* Bocklet Reinhold (MdL, CSU)
Staatssekretärin: Deml Marianne (MdL, CSU)

*Staatsministerin für Arbeit
und Sozialordnung, Familie,
Frauen und Gesundheit:* Stamm Barbara (MdL, CSU)
Staatssekretär: Dr. Merkl Gerhard (MdL, CSU)

*Staatsminister für
Landesentwicklung und
Umweltfragen:* Dr. Goppel Thomas (MdL, CSU)
Staatssekretär: Dr. Huber Herbert (MdL, CSU)

*Staatsministerin für
Bundesangelegenheiten:* Prof. Männle Ursula (CSU)

Ausgewähltes Quellen- und Literaturverzeichnis zur Geschichte der Christlich-Sozialen Union

Verzeichnis der ungedruckten Quellen

I. Parteiarchive

1. Archiv für Christlich-Soziale Politik (ACSP):

In der zweiten Hälfte der 70er Jahre richtete man bei der Hanns-Seidel-Stiftung das Archiv für Christlich-Soziale Politik ein. Es übernahm 1979 aus 30 Jahren Parteigeschichte etwa 260 laufende Meter Akten. 1980 schuf man die räumlichen und technischen Voraussetzungen für eine geordnete Archivierung. Die Überlieferungslücken der ersten 30 Jahre können nur teilweise durch Handakten und Nachlässe bedeutender Mandatsträger der CSU ausgefüllt werden. Damit ergibt sich bezüglich des Archivguts folgende Übersicht:

A. Registraturgut

- CSU-Landesleitung einschließlich Arbeitskreise und Arbeitsgemeinschaften (frühestens ab 1960; Protokolle ab 1945)
- Regionalverbände: Bezirksverbände, Bundeswahlkreise, Kreisverbände, Ortsverbände (teilweise ab 1946)
- Fraktionen: Landesgruppe in Bonn ab 1953; CSU-Fraktion im Bayerischen Landtag ab 1946
- CSU-nahe Institutionen

B. Handakten und Nachlässe politischer Persönlichkeiten z.B.:

- der CSU-Vorsitzenden Josef Müller, Hanns Seidel, Franz Josef Strauß
- von Mitgliedern der Verfassunggebenden Landesversammlung in Bayern, des Wirtschaftsrates in Frankfurt, des Parlamentarischen Rates, der Bayerischen Staatsregierung, des Landes- und Bundestages, wie z.B. Franz Elsen, Alfons Goppel, Fritz Pirkl, Otto Weinkamm, Max Zwicknagl
- von Mandatsträgern kollegialer Verwaltungsorgane auf kommunaler Ebene

C. Sammlungen: Bildträger, Druckschriften, Flugblätter, Fotos, Kleinwerbemittel, Objekte, Periodika/Zeitungen, Plakate, Tonträger, Zeitungsausschnitte

2. Archiv für Christlich-Demokratische Politik (ACDP):

Die Beständestruktur des Archivs für Christlich-Demokratische Politik (ACDP) der Konrad-Adenauer-Stiftung ähnelt der des ACSP. Auch hier finden sich Verwaltungsakten der CDU, der Gesamtfraktion CDU/CSU und Sammlungen.
 Zusätzlich verwahrt das ACDP auch Nachlässe und Handakten von Mandats- und Funktionsträgern der Christlich-Sozialen Union. Von den dort festgestellten 39 für die Geschichte der Christlich-Sozialen Union in Frage kommenden Nachlaßbeständen seien nur Siegfried Balke, Friedrich Wilhelm von Prittwitz und Gaffron, Richard Jaeger, Hugo Karpf, Wilhelm Laforet, Hans Schütz und Adam Stegerwald genannt.

II. Staatliche und Kommunale Archive

Quellen zur CSU-Geschichte finden sich nicht nur im Archiv für Christlich-Soziale Politik, sondern auch in vielen anderen Archiven. Dies gilt besonders für die Jahre 1945–1949. Zu berücksichtigen ist auch, daß in den ersten Nachkriegsjahren die Gründung von Parteiorganisationen nur mit der Genehmigung der amerikanischen Militärregierung möglich war, wobei deutsche staatliche Stellen, wie zum Beispiel die Landratsämter, eingebunden waren. Die Akten dieser deutschen Behörden gelangten in staatliche oder kommunale Archive.

1. Bundesarchiv Koblenz
   (Akten der Bundesministerien, Handakten, Nachlässe Fritz Schäffer, Maria Probst)

2. Bayerisches Hauptstaatsarchiv München
   (Staatskanzlei, Ministerialakten, Personalakten, Handakten, Nachlaß Hans Ehard)

3. Staatsarchive Amberg, Augsburg, Bamberg, Coburg, Landshut, München, Nürnberg und Würzburg
   (Regierungen, Landratsämter, Sammlungen, z.b. Nachlaß Friedrich Knorr in Coburg)

4. Stadtarchive
   (Stadtratsprotokolle, Personalakten, Nachlässe, z.B. Josef Ferdinand Kleindinst in Augsburg, Zeitungen)

III. Weitere Archive

1. Kirchliche Archive (Nachlässe, Personalakten)

2. Parlamentsarchive (Personalunterlagen zu Abgeordneten)

3. Adelsarchive (Nachlässe, z.B. Karl Theodor Freiherr von und zu Guttenberg in Schloß Guttenberg)

4. Medienarchive/Zeitungsarchive/Rundfunk- und Schallarchive/Fernseharchive
   (Bild- und Tonträger, Zeitungen)

5. Universitätsarchive (Nachlässe, z.B. Wilhelm Gastinger in Regensburg)

6. Institut für Zeitgeschichte (Akten der amerikanischen Militärregierungen in Bayern (OMGBy-Akten) und in Deutschland (OMGUS), Nachlaß Joseph Baumgartner, Sammlung Alf Mintzel, Sammlungen)

7. Bibliotheken (Bücher, Zeitungen)

Verzeichnis der gedruckten Quellen

Akten zur Vorgeschichte der Bundesrepublik Deutschland 1945–1949, hrsg. v. Bundesarchiv und Institut für Zeitgeschichte, 5 Bände, München 1989 [im Beitrag Henzler zitiert: AVBRD].

Bucher, Peter (Hrsg.), Nachkriegsdeutschland: 1945–1949 (Quellen zum politischen Denken der Deutschen im 19. und 20. Jahrhundert, Freiherr vom Stein-Gedächtnisausgabe, Bd. 10) Darmstadt 1990.

Bundesministerium der Finanzen (Hrsg.), Haushaltsreden. Die Ära Schäffer 1949–1957. Dokumente – Hintergründe – Erläuterungen, bearb. v. Dr. Kurt-Dieter Wagner, Dr. Harald Rosenbach, Stefan Schieren, Uwe von der Stein (Schriftenreihe zur Finanzgeschichte, Bd. 1) Bonn 1992.

CSU-Landesleitung (Hrsg.), Einheit ist Gemeinsamkeit. Europa: Einheit in Vielfalt, Manuskripte zur Grundsatzdiskussion der Christlich-Sozialen Union, Augsburg 1991.

CSU-Landesleitung (Hrsg.), Deutschlands Zukunft, Manuskripte zur Grundsatzdiskussion der Christlich-Sozialen Union, Augsburg 1991.

CSU-Landesleitung, Gründungsurkunde und Programme seit 1945, München 1971.

CSU-Landesleitung, Grundsatzprogramm der Christlich-Sozialen Union in Bayern. In Freiheit dem Gemeinwohl verpflichtet, München 1993.

CSU-Landesleitung (Hrsg.), Materialien zur CSU-Politik, 1. Bd.: 1964–1965, München 1965, 2. Bd.: 1964–1970, München 1970.

Dokumente zur Geschichte von Staat und Gesellschaft in Bayern, hrsg. v. Karl Bosl, Abt. III: Bayern im 19. und 20. Jahrhundert, Bd. 9: Die Regierungen 1945–1962, bearb. v. Fritz Baer, München 1976 [im Beitrag Henzler zitiert: Dokumente zur Geschichte in Bayern III/9].

Ehard, Hans, Bayerische Politik. Ansprachen und Reden des bayerischen Ministerpräsidenten, München 1952.

Fait, Barbara u. Mintzel, Alf (Hrsg.), Die CSU 1945–1948. Protokolle und Materialien zur Frühgeschichte der Christlich-Sozialen Union, unter Mitarbeit von Thomas Schlemmer, 3 Bände, München 1993.

Quellen- und Literaturverzeichnis

Flechtheim, Ossip (Hrsg.), Dokumente zur parteigeschichtlichen Entwicklung in Deutschland seit 1945, 9 Bände, Berlin 1962–1973.

Glettler, Monika (Hrsg.), Landtagsreden zur bayerischen Vertriebenenpolitik 1946–1950, Veröffentlichungen des sudetendeutschen Archivs, Benediktbeuren 1993.

Goppel, Alfons, Reden. Ausgewählte Manuskripte aus den Jahren 1958–1965, Würzburg 1965.

Gutjahr, Peter u. Waigel, Theo (Hrsg.), Die Grundsatzdiskussion in der CSU I u. II/III, Studien, Berichte, Dokumente (Berichte und Studien der Hanns-Seidel-Stiftung, Bd. 12 u. 13/14), München 1981.

Guttenberg, Karl Theodor von und zu, Reden und Biographie, o. O. 1972.

Hanauer, Rudolf, Suche nach einer besseren Welt. Aufsätze und Reden, München 1978.

Hundhammer, Alois, Mein Beitrag zur Bayerischen Politik 1945–1965. Vortrag vor dem Münchner Presse-Club, bearb. von Karl Hnilicka (Bayerische Profile 1), München 1965.

Hundhammer, Alois, Staatsbürgerliche Vorträge, Regensburg 1931.

Jaeger, Richard, Bundestagsreden, Bonn 1969.

Jaeger, Richard, Bundestagsreden und Zeitdokumente, Bonn 1976.

Kaff, Brigitte (Bearb.), Die Unionsparteien 1946–1950. Protokolle der Arbeitsgemeinschaft der CDU/CSU Deutschlands und der Konferenzen der Landesvorsitzenden, Düsseldorf 1991.

Karpf, Hugo, in: Abgeordnete des Deutschen Bundestages. Aufzeichnungen und Erinnerungen, Bd. 3, hrsg. v. Deutschen Bundestag, Wissenschaftliche Dienste, Abteilung wissenschaftliche Dokumentation, Boppard 1985, S. 95–139.

Kunz, Rainer, Christlich-Soziale Union, in: Programme der politischen Parteien in der Bundesrepublik Deutschland, Bd. 1, CDU-CSU (Bayerische Landeszentrale für Politische Bildungsarbeit) 3. Aufl., München 1979, S. 173–270.

Michaelis, Hans u. Schraepler, Ernst (Hrsg.), Ursachen und Folgen. Vom deutschen Zusammenbruch 1918 und 1945 bis zur staatlichen Neuordnung Deutschlands in der Gegenwart. Eine Urkunden- und Dokumentensammlung zur Zeitgeschichte, Bände 23–26, Berlin 1977–1978.

Müller, Josef, Das Gemeinsame Ziel. Deutschland und die Union. Die Berliner Tagung 1946. Reden und Aussprache, Berlin 1946, S. 36–38.

Pirkl, Fritz, Aufgabe und Verpflichtung. Ausgewählte Reden und Aufsätze des Bayerischen Staatsministers für Arbeit und Sozialordnung zu Fragen der deutschen Heimatvertriebenen und des Deutschen Ostens, München 1975.

Pirkl, Fritz, Dem Menschen dienen. Sozialpolitik aus christlicher Verantwortung. Reden und Aufsätze, hrsg. v. Heinz Ströer u. Walter Spaeth, Berlin 1984.

Die Protokolle des bayerischen Ministerrates 1945–1954, hrsg. v. d. Historischen Kommission bei der Bayerischen Akademie der Wissenschaften u. Generaldirektion der staatlichen Archive Bayerns. Das Kabinett Schäffer 28. Mai bis 28. September 1945, bearb. v. Karl-Ulrich Gelberg, München 1995.

Salzmann, Rainer (Bearb.), Die CDU/CSU im Frankfurter Wirtschaftsrat. Protokolle der Unionsfraktion 1947–1949 (Forschungen und Quellen zur Zeitgeschichte, Bd. 13) Düsseldorf 1988.

Salzmann, Rainer (Bearb.), Die CDU/CSU im Parlamentarischen Rat, Sitzungsprotokolle der Unionsfraktion (Forschungen und Quellen zur Zeitgeschichte, Bd. 2) Düsseldorf 1981.

Schütz, Hans (1901–1982), in: Abgeordnete des Deutschen Bundestages. Aufzeichnungen und Erinnerungen, Bd. 2, hrsg. v. Deutschen Bundestag, Wissenschaftliche Dienste, Abteilung wissenschaftliche Dokumentation, Boppard 1983, S. 195–234.

Schwalber, Josef, Christliche Kulturpolitik. Reden und Aufsätze von Dr. Josef Schwalber, Bayerischer Staatsminister für Unterricht und Kultus, München 1952.

Seidel, Hanns, Zeitprobleme. Gesammelte Aufsätze und Vorträge, Aschaffenburg 1960.

Stegerwald, Adam, Von deutscher Zukunft, Würzburg 1946.

Stegerwald, Adam, Wo stehen wir?, Würzburg 1946.

Strauß, Franz Josef, Bundestagsreden, Bonn 1968.

Strauß, Franz Josef, Bundestagsreden und Zeitdokumente, Bonn 1975.

Strauß, Franz Josef, Bundestagsreden und Zeitdokumente, Bonn 1979.

Strauß, Franz Josef, The Future for Freedom, Justice and Peace, Speech given by Franz Josef Strauß. The Minister President of Bavaria, on April 28, 1985 at the Herkulessaal of the Munich Residence (Hanns-Seidel-Stiftung, hrsg. auch in französischer und spanischer Übersetzung) Munich 1985.

Stücklen, Richard, Bundestagsreden und Zeitdokumente, Bonn 1979.

Waigel, Theo, Bundesminister der Finanzen: Reden. 21. April 1989 bis 20. April 1990, Rheinsbach 1990.

Wengst, Udo (Bearb.), Auftakt zur Ära Adenauer. Koalitionsverhandlungen und Regierungsbildung 1949 (Quellen zur Geschichte des Parlamentarismus und der politischen Parteien, Vierte Reihe: Deutschland seit 1945, Bd. 3), Düsseldorf 1985.

Xylander, Hansjörg (Hrsg.), Franz Josef Strauß, Tondokumente im Schallarchiv des Bayerischen Rundfunks, 1952–1988 (Bayerischer Rundfunk Historische Kommission, Bd.3) München 1991.

Zimmermann, Friedrich, Ausgewählte Bundestagsreden, Bonn 1982.

Parteipresse, Zeitungen und Periodika

BAYERNKURIER. Deutsche Wochenzeitung für Politik, Wirtschaft und Kultur, Jg. 1 (1950 ff.).

Bayerische Rundschau. Halbmonatsschrift der Christlich-Sozialen Union in Bayern, Jg. 1–3 (1946–1948).

CSU-Correspondenz (UC) hrsg. v. d. Geschäftsstelle der CSU-Fraktion im Bayerischen Landtag, (1949–1983).

CS Union Wochenblatt der Christlich-Sozialen Union, Jg. 1–2 (1949–1950).

Der gerade Weg, Jg. 1–2 (1948–1949).

Die Union. Mitteilungsblatt der Christlich-Sozialen Union in Bayern (Oberfranken, Unterfranken, München, Nürnberg, vierzehntäglich) Jg. 1–3 (1946–1948).

Fränkische Volksstimme. Mitteilungsblatt der Christlich-Sozialen Union Nürnberg, Jg. 1 (1946).

Oberfränkisches Volksblatt. Mitteilungsblatt der Christlich-Sozialen Union in Oberfranken, Jg. 1 (1946).

Politisches Jahrbuch der CSU, Christlich-Soziale Union in Bayern, Augsburg 1954.

Politisches Jahrbuch der CDU/CSU, hrsg. vom Generalsekretariat der Arbeitsgemeinschaft der CDU/CSU für Deutschland, Jg. 1–13 (1950–1977).

Festschriften

Carstens, Carl, Alfons Goppel u.a. (Hrsg.), Franz Josef Strauß, Erkenntnisse, Standpunkte, Ausblicke, München 1985.

Glassl, Horst u. Pustejovsky, Otfrid (Hrsg.), Ein Leben – Drei Epochen, Festschrift für Hans Schütz zum 70. Geburtstag, im Auftrag d. Ackermann Gemeinde, München 1971.

Huber, Ludwig (Hrsg.), Bayern, Deutschland, Europa, Festschrift für Alfons Goppel, München 1975.

Festschrift zum 70. Geburtstag von Fritz Schäffer am 12. Mai 1958, Nördlingen 1958.

Habsburg, Walburga von u. Posselt, Bernd (Hrsg.), Einen – nicht trennen. Festschrift für Otto von Habsburg zum 75. Geburtstag am 20. November 1987, Moers 1987.

Hanns-Seidel-Stiftung, e.V. (Hrsg.), Menschenwürde, soziale Gerechtigkeit, Europa. Festschrift für Fritz Pirkl zum 60. Geburtstag, Percha am Starnberger See 1985.

Mückl, Wolfgang J. (Hrsg.), Föderalismus und Finanzpolitik. Gedenkschrift für Fritz Schäffer, Paderborn 1990.

Seidel, Hanns (Hrsg.), Festschrift zum 70. Geburtstag von Dr. Hans Ehard, München 1957.

Zimmermann, Friedrich (Hrsg.), Anspruch und Leistung. Widmungen für Franz Josef Strauß, Stuttgart 1980.

Quellen- und Literaturverzeichnis

Bibliographien

Hahn, Gerhard, Bibliographie zur Geschichte der CDU und CSU 1945-1980 (Forschungen und Quellen zur Geschichte, Bd. 4) Stuttgart 1982.

Krahe, Birgit, Bibliographie zur Geschichte der CDU und CSU 1981-1986. Mit Nachträgen 1945-1980. Erstellt von Birgit Krahe und Michaela Seibel (Forschungen und Quellen zur Zeitgeschichte, Bd. 15) Düsseldorf 1990.

Schaarschmidt, Thomas, Bibliographie zur Geschichte der CDU und CSU 1987-1990, bearb. v. Thomas Schaarschmidt und Hildegard Krengel (Forschungen und Quellen zur Zeitgeschichte, Bd. 25) Düsseldorf 1994.

Literaturverzeichnis

Altendorfer, Otto, Fritz Schäffer als Politiker der Bayerischen Volkspartei 1888-1945 (Untersuchungen und Quellen zur Zeitgeschichte, 2/1 u. 2/2) hrsg. v. Peter Eisenmann u. Fritz Hopfenmüller, Archiv für Christlich-Soziale Politik der Hanns-Seidel-Stiftung, München 1990.

Aretz, Jürgen, Morsey, Rudolf u. Rauscher, Anton (Hrsg.), Zeitgeschichte in Lebensbildern. Aus dem deutschen Katholizismus des 19. und 20. Jahrhunderts, 7 Bände, Mainz (1973-1994).

Bading, Günther, Gefragt: Friedrich Zimmermann, Bornheim 1986.

Bauer, Franz J., Flüchtlinge und Flüchtlingspolitik in Bayern 1945-1950, Stuttgart 1982.

Becker, Josef, „Deutsche Frage" und „Bayerische Frage" in der Politik Hans Ehards in der Konstituierungsphase der Bundesrepublik Deutschland 1947-1949, in: Festgabe Heinz Hürten zum 60. Geburtstag, hrsg. v. Harald Dickerhof, Frankfurt 1988, S. 595-607.

Becker, Winfried, CDU und CSU 1945-1950. Vorläufer, Gründung und regionale Entwicklung bis zum Entstehen der CDU-Bundespartei, Mainz 1987.

Becker, Winfried (Hrsg.), Die Kapitulation von 1945 und der Neubeginn in Deutschland: Symposium an der Universität Passau, 30.-31. 10. 1985 (Passauer Historische Forschungen, Bd.5) Köln u. Wien 1987.

Benz, Wolfgang, Die Gründung der Bundesrepublik. Von der Bizone zum souveränen Staat, München 1984.

Benz, Wolfgang (Hrsg.), Neuanfang in Bayern, München 1988.

Benz, Wolfgang, Potsdam 1945. Besatzungsherrschaft und Neuaufbau im Vier-Zonen-Deutschland (Deutsche Geschichte der neuesten Zeit vom 19. Jahrhundert bis zur Gegenwart) München 1986.

Berberich, Walter, Die historische Entwicklung der Christlich-Sozialen Union in Bayern bis zum Eintritt in die Bundesrepublik, Diss. phil. Würzburg 1965.

Bischoff, Detlef, Franz Josef Strauß, die CSU und die Außenpolitik. Konzeptionen und Realität am Beispiel der Großen Koalition, Meisenheim a. Glan 1973.

Blankenhorn, Herbert, Verständnis und Verständigung. Blätter eines politischen Tagebuchs 1949-1975, Frankfurt a. M. 1980.

Blumenwitz, Dieter u. Zieger, Gottfried (Hrsg.), Die deutsche Frage im Spiegel der Parteien (Staats- und völkerrechtliche Abhandlungen der Studiengruppe für Politik und Völkerrecht, Bd.7) Köln 1989, S. 165-172.

Boenisch, Peter, Kohl und Strauß, in: Helmut Kohl im Spiegel seiner Macht, hrsg. v. Reinhard Appel, Bonn 1990, S. 161-167.

Borsdorf, Ulrich u. Niethammer, Lutz (Hrsg.), Zwischen Befreiung und Besatzung. Analysen des US-Geheimdienstes über Positionen und Strukturen deutscher Politik, Wuppertal 1976.

Braun, Luitpold, Der unbekannte Strauß. Die Schongauer Jahre, Schongau 1992.

Brickwedde, Fritz, Josef Müller, in: Die Gründung der Union. Traditionen, Entstehung und Repräsentanten, hrsg. v. Günter Buchstab u. Klaus Gotto, München 1981.

Bürkle, Horst, Moral und Politik. Theo Waigel zum 19. November 1988 in Verbundenheit, in: Politische Studien, H. 302 (1988) S. 707-714.

Bundestagsfraktion der CDU/CSU (Hrsg.), Der Weg in die Finanzkrise. Die Alternativen, Warnungen und Analysen der CDU/CSU zur Finanzpolitik der Regierung Brandt-Scheel, in: Dokumente: Franz Josef Strauß, Albert Leicht und Wolfgang Pohle, Köln o.J.

Burger, Werner, Die CDU in Baden-Württemberg und die CSU in Bayern. Eine vergleichende Analyse, Freiburg 1984.

Deuerlein, Ernst, CDU/CSU 1945-1957. Beiträge zur Zeitgeschichte, Köln 1957.

Dexheimer, Wolfgang F., Die CSU-Landesgruppe. Ihre organisatorische Stellung in der CDU/CSU-Fraktion, in: Zeitschrift für Parlamentsfragen 3 (1972) S. 307-331.

Donhoe, James, Hitler's Conservative Opponents in Bavaria. 1930-1945. A Study of Catholic, Monarchist and Separatist Anti-Nazi Activities, Leiden 1961.

Dr. Hans Ehard 1887-1980. Eine Ausstellung des Bayerischen Hauptstaatsarchives aus dem Nachlaß des bayerischen Ministerpräsidenten anläßlich seines 100. Geburtstages. Staatliche Archive Bayerns (Ausstellungskataloge der Staatlichen Archive Bayerns 22) München 1987.

Ehard, Hans, Freiheit und Föderalismus, München 1947.

Ehard, Hans, Die geistigen Grundlagen des Föderalismus. Ein Vortrag, gehalten am 3. Juni 1954 im Rahmen einer Vortragsreihe der Universität München, hrsg. v. d. Bayerischen Staatskanzlei, München 1968.

Eisner, Erich, Das europäische Konzept der CSU. Die gesamteuropäischen Ordnungsvorstellungen der Christlich-Sozialen Union, Diss. phil. München 1975.

Enders, Thomas, Franz Josef Strauß - Helmut Schmidt und die Doktrin der Abschreckung, Koblenz 1984.

EVP-Fraktion im Europäischen Parlament (Hrsg.), Zur Geschichte der christlich-demokratischen Bewegung in Europa, Melle 1990.

Fahrenholz, Peter, Die CSU vor einem schwierigen Spagat, in: Aus Politik und Zeitgeschichte, Jg. 44 (1994) Beilage 4, S. 17-20.

Fait, Barbara, Die Anfänge der CSU 1945-1948. Der holprige Weg zur Erfolgspartei, München 1995.

Falter, Jürgen u. Siegfried Schumann, Die Wahlchancen von CSU und DSU in den neuen Bundesländern, in: Aus Politik und Zeitgeschichte, Jg. 43 (1993) Beilage 19, S. 17-28.

Fenske, Hans, Deutsche Parteiengeschichte. Von den Anfängen bis zur Gegenwart, Suttgart 1994.

Fischer, Peter, Gefragt: Richard Stücklen, Bornheim 1986.

Frenkin, Anatolij, Franz Josef Strauß - Von München nach Moskau, in: Durch die Kreml-Brille, Weltpolitiker aus russischer Sicht, hrsg. v. Alexander Sabov, Erlangen 1990, S. 49-61.

Friedl, Gerhard, Max Streibl. Bayerischer Ministerpräsident, München 1989.

Hellwig, Renate (Hrsg.), Die Christdemokratinnen. Unterwegs zur Partnerschaft, Stuttgart 1984.

Gelberg, Karl-Ulrich, Hans Ehard. Die föderalistische Politik des bayerischen Ministerpräsidenten 1946-1954 (Forschungen und Quellen zur Zeitgeschichte, Bd. 18) Düsseldorf 1992.

Gisch, Heribert R., Die Europäische Parlamentarier-Union (EPU) in: Die Anfänge der Europäischen Integration 1945-1990, hrsg. v. Wilfried Loth, Bonn 1990, S. 197-207.

Gimbl, John, Amerikanische Besatzungspolitik in Deutschland 1945-1949, Frankfurt a. M. 1971.

Goeldel, Denis, La discussion autour des principes fondamentaires de la CSU: élaboration d'une alternative néo-conservatrice, in: Revue d'Allemagne 22 (1990) S. 477-488.

Grabbe, Hans-Jürgen, Unionsparteien, Sozialdemokratie und Vereinigte Staaten von Amerika 1945-1966, Düsseldorf 1983.

Groß, Hans Ferdinand, Hanns-Seidel 1901-1961. Eine politische Biographie (Untersuchungen und Quellen zur Zeitgeschichte, Bd. 1) hrsg. v. Peter Eisenmann u. Fritz Hopfenmüller, Archiv für Christlich-Soziale Politik der Hanns-Seidel-Stiftung, München 1992.

Gurland, Arcadius R. L., Die CDU/CSU. Ursprünge und Entwicklung bis 1953, Frankfurt a. M. 1980.

Gutjahr, Peter, Die CSU, Porträt einer Partei, München 1979.

Guttenberg, Karl Theodor von und zu, Fußnoten, Stuttgart 1971.

Quellen- und Literaturverzeichnis

Hanns-Seidel-Stiftung, e.V. (Hrsg.), Hanns-Seidel – „Ein Leben für Bayern"; Symposium der Hanns-Seidel-Stiftung am 18. und 19. Juli 1986 im Bildungszentrum Wildbad Kreuth (Berichte und Studien der Hanns-Seidel-Stiftung, Bd. 35) Rosenheim 1986.

Hanns-Seidel-Stiftung, e.V. (Hrsg.), Hanns Seidel und die Stiftung, Politische Studien, Sonderheft 1 (1977).

Hanns-Seidel-Stiftung, e.V. (Hrsg.), Vor Vierzig Jahren: Grundgesetz Bundesrepublik Deutschland, Politische Studien, Sonderheft 1 (1989).

Hanns-Seidel-Stiftung, e.V. (Hrsg.), Wozu verpflichtet das „C" den Politiker? Dokumentation einer Diskussion mit Max Streibl, Werner Dollinger, Georg Muschaleck u. Wolfhart Pannenberg, in: Politische Studien, H. 206 (1972) S. 632–647.

Hartmann, Claus-Peter u. Altendorfer, Otto (Hrsg.), 100 Jahre Fritz Schäffer. Politik in schwierigen Zeiten. Katalog der Ausstellung im Museum Kloster Asbach, 12. Mai bis 15. August 1988, Passau 1988.

Henke, Klaus-Dieter u. Woller, Hans (Hrsg.), Lehrjahre der CSU. Eine Nachkriegspartei im Spiegel vertraulicher Berichte an die amerikanische Militärregierung, Stuttgart 1984.

Henzler, Christoph, Fritz Schäffer. Der erste bayerische Nachkriegsministerpräsident und erste Finanzminister der Bundesrepublik Deutschland. 1945–1967. Eine biographische Studie (Untersuchungen und Quellen zur Zeitgeschichte, Bd. 3) hrsg. v. Fritz Hopfenmüller, ACSP der Hanns-Seidel-Stiftung) München 1994.

Herbst, Ludolf (Hrsg.), Westintegration 1945–1955. Unterwerfung, Kontrolle, Integration (Schriftenreihe der Vierteljahreshefte für Zeitgeschichte, Sonderausgabe) München 1986.

Hess, Otto, Gefragt: Theo Waigel, Bornheim 1986.

Hettler, Friedrich Hermann, Josef Müller („Ochsensepp"). Mann des Widerstandes und erster CSU-Vorsitzender (Miscellanea Bavarica Monacensia 155) München 1991.

Heubl, Franz: Die Europapolitik der Union, in: Union alternativ, hrsg. v. Gerhard Mayer-Vorfelder u. Hubertus Zuber, Stuttgart 1976.

Von der Heydte, Friedrich August, Das Weiß-Blau Buch zur deutschen Bundesverfassung und zu den Angriffen auf Christentum und Staatlichkeit der Länder, Regensburg 1948.

Hirscher, Gerhard, Die CSU nach den Wahlen 1994, in: Umbruch und Wandel im westeuropäischen Parteiensystem, hrsg, v. Winand Gellner u. Hans-Joachim Veen, Frankfurt a. M. 1995.

Hnlicka, Karl (Hrsg.), Aus Bayerns Staat und Gesellschaft. Ministerpräsidenten schildern die Geschichte Bayerns von 1945 bis zur Gegenwart (Historisch-politische Schriftenreihe des Neuen Presseklubs, München, Bd. 1) München 1974.

Hnlicka, Karl (Hrsg.), Bayerische Profile 1945–1972. Memoirenartige Beiträge zur Geschichte und Politik in Bayern (H. 1: Alois Hundhammer, H. 4: Josef Müller, H. 8: Otto Schedl) München 1965–1972.

Hopfenmüller, Fritz u. Brügmann, Claus, Franz Josef Strauß. Eine kurze Biographie, ACSP der Hanns-Seidel-Stiftung, München 1991.

Hussarek, Paul, Hundhammer. Weg des Menschen und des Staatsmannes, München 1951.

Huyn, Hans Graf, Une stratégie politique pour la liberté, in: Défense Nationale 38 (1982) Mai.

Jung, Gabriele u. Reger, Günther, Die bayerische Landtagswahl vom 25. September 1994. Noch einmal gelang der CSU ein macchiavellistisches Lehrstück, in: Zeitschrift für Parlamentsfragen 26 (1995) S. 232–248.

Kastner, Jürgen, Die gegenwärtige Gesellschafts- und Staatsauffassung der CSU, Frankfurt a. M. 1979.

Kimpfler, Franziska, Erinnerungen an Adam Stegerwald, in: Politische Studien, H. 298 (1988) S. 208–221.

Kirchmann, Josef, Die Bedeutung kirchlicher Werte in Programm und Praxis der CSU (Dissertationen Theologische Reihe, Bd. 7) St. Ottilien 1985.

Klein, Ilona, Die Bundesrepublik als Parteienstaat. Zur Mitwirkung der Parteien an der Willensbildung des Volkes 1945–1949, Frankfurt a. M. 1990.

Klein, Hans, CSU: Phänomen? Provokation? Volkspartei, München 1976.

Kleinmann, Hans-Otto, Geschichte der CDU 1945–1982, Stuttgart 1993.

Koch, Peter, Das Duell. Franz Josef Strauß gegen Helmut Schmidt, Hamburg 1979.

Kock, Peter Jakob, Bayerns Weg in die Bundesrepublik (Studien zur Zeitgeschichte, Bd. 22) hrsg. v. Institut für Zeitgeschichte, 2. Aufl., München 1988.

Kock, Peter Jakob, Der Bayerische Landtag. Eine Chronik, Sonderausgabe der bayerischen Landeszentrale für politische Bildung, hrsg. v. Bayerischen Landtag, Bamberg 1991.

Köhler, Karl, Zur Parteiengeschichte der CSU, o.O. o.J.

Krieger, Wolfgang, Franz Josef Strauß – der barocke Demokrat, Göttingen 1995.

Krieger, Wolfgang, General Lucius D. Clay und die amerikanische Deutschlandpolitik 1945–1949 (Forschungen und Quellen zur Zeitgeschichte, Bd. 10) Düsseldorf 1987.

Kuby, Erich u.a. (Hrsg.), Franz Josef Strauß. Ein Typus unserer Zeit, Wien u.a. 1963.

Laitenberger, Volkhard, Ludwig Erhard. Der Nationalökonom als Politiker (Persönlichkeit und Geschichte, Bd. 126/127/128) Göttingen–Zürich 1986.

Latka-Jöhring, S., Frauen in Bonn, 20 Porträts aus der Bundeshauptstadt, Bonn 1988.

Latour, Conrad F. u. Vogelsang, Thilo, Okkupation und Wiederaufbau. Die Tätigkeit der Militärregierung in der amerikanischen Besatzungszone Deutschlands 1944–1947, Stuttgart 1973.

Lechner, Anja, Friedrich Wilhelm von Prittwitz und Gaffron (1884–1955) – Ausgewählte Schwerpunkte seiner politischen Aktivität, Diplomarbeit Passau 1995.

Leersch, Hans Jürgen, Die CSU – eine neue Form der Bayernpartei?, in: Aus Politik und Zeitgeschichte, Jg. 42 (1992) Beilage 5, S. 21–28.

Lemke, Michael, CDU, CSU und Vertragspolitik der Bundesrepublik Deutschland in den Jahren 1969–1975. Kontinuität und Wandel christdemokratischer Ost- und Deutschlandpolitik, Diss. phil. Saarbrücken 1992.

Ley, Richard, Föderalismusdiskussion innerhalb der CDU/CSU. Von der Parteigründung bis zur Verabschiedung des Grundgesetzes, Mainz 1978.

Lücker, Hans August u. Hahn, Karl Josef, Christliche Demokraten bauen Europa, Bonn 1987.

Mahnke, Jürgen, Werner Dollinger, Bornheim 1983.

Maier, Hans, Anstöße, Stuttgart 1978.

Maier, Hans, Vierzig Jahre Grundgesetz – eine Bestandsaufnahme, in: Christen und Grundgesetz, hrsg. v. Rudolf Morsey u. Konrad Repgen, Paderborn 1989, S. 95–110.

Merkl, Peter H., Die Entstehung der Bundesrepublik Deutschland, 2. Aufl., Stuttgart 1968.

Ménudier, Henri, Élections bavaroise. Bonne Performance de la CSU, in: Documents 45 (1990) H. 5, S. 39–41.

Mintzel, Alf, Die CSU. Anatomie einer konservativen Partei 1945–1972, Opladen 1975.

Mintzel, Alf, 21 Thesen zur Entwicklung der CSU. Ergebnisse einer parteisoziologischen Analyse, in: Zeitschrift für Parlamentsfragen 6 (1975) S. 218–233.

Mintzel, Alf, Der Fraktionszusammenschluß nach Kreuth: Ende einer Entwicklung, in: Zeitschrift für Parlamentsfragen 8 (1977) S. 58–75.

Mintzel, Alf, Geschichte der CSU. Ein Überblick, Opladen 1976.

Mintzel, Alf u. Oberreuter, Heinrich (Hrsg.), Parteien in der Bundesrepublik Deutschland (Schriftenreihe der Bundeszentrale für Politische Bildung 282) Bonn 1992.

Mittrücker, Jürgen, Junge Union und CSU, dargestellt am Beispiel des Regierungsbezirks Oberfranken bis 1983 (Die junge Union als Arbeitsgemeinschaft der CSU), Diplomarbeit Bamberg 1984.

Möckl, Karl, Die Struktur der Christlich-Sozialen Union in Bayern in den ersten Jahren ihrer Gründung, in: Zeitschrift für bayerische Landesgeschichte 36 (1976) S. 719–753.

Morsey, Rudolf, Die Bundesrepublik Deutschland. Entstehung und Entwicklung bis 1969, München 1987.

Morsey, Rudolf, Die Röhndorfer Weichenstellung am 21. August 1949, in: Vierteljahreshefte für Zeitgeschichte 28 (1980) S. 508–542.

Müchler, Günter, CDU/CSU. Das schwierige Bündnis, München 1976.

Müller, Josef, Bis zur letzten Konsequenz. Ein Leben für Frieden und Freiheit, München 1975.

Müller, Winfried, Schulpolitik in Bayern im Spannungsfeld von Kultusbürokratie und Besatzungsmacht 1945–1949, München 1995.

Niedermayer, Oskar u. Stöß, Richard (Hrsg.), Stand und Perspektiven der Parteienforschung in Deutschland, Opladen 1993.

Niethammer, Lutz, Die Mitläuferfabrik. Die Entnazifizierung am Beispiel Bayerns, Berlin u. Bonn 1982.

Noack, Paul, The CSU-campaign, in: Germany at the polls. The Bundestag election of 1976, hrsg. v. Karl H. Cerny (AEI, American Enterprise Institute for Public Policy Research, 208) Washington 1978, S. 147–167.

Oberreuter, Heinrich, Die CSU nach der Bundestagswahl 1990, in: Die Entwicklung der Volksparteien im vereinten Deutschland, hrsg. v. Peter Eisenmann u. Gerhard Hirscher, München 1992, S. 27–35.

Pauli-Balleis, Gabriele, Polit-PR. Strategische Öffentlichkeitsarbeit politischer Parteien. Zur PR-Praxis der CSU, Zirndorf 1987.

Pauly, Wolfgang, Christdemokraten und Christlich-Soziale. Untersuchung zum innerparteilichen Bündnisverhältnis von CDU und CSU, 1969–1979, Diss. phil. Trier 1981.

Pflaumer, Hans, Hanns Seidel, in: Christliche Demokraten der ersten Stunde, hrsg. v. d. Konrad-Adenauer-Stiftung, Bonn 1966, S. 331–361.

Pirkl, Fritz, Von der Notwendigkeit christlicher Parteien in Europa, in: Die christliche Konzeption der pluralistischen Demokratie. Akten des internationalen Symposiums, Madrid 1976, hrsg. v. Arthur Fridolin Utz u. Heinrich Basilius Streithofen (Sammlung Politeia. Institut international des sciences sociales et politiques, Bd. 30) Fribourg 1977.

Pridham, Geoffrey, The European policy of Franz Josef Strauß and its implications for the Community, in: Journal of Common Market Studies, Jg. 18 (1980) S. 313–332.

Prinz, Friedrich (Hrsg.), Integration und Neubeginn. Dokumentation über die Leistung des Freistaates Bayern und des Bundes zur Eingliederung der Wirtschaftsbetriebe der Vertriebenen und Flüchtlinge und deren Beitrag zur wirtschaftlichen Entwicklung des Landes, 2 Bände, München 1984.

Reuter, Christiane, „Graue Eminenz der bayerischen Politik". Eine politische Biographie Anton Pfeiffers (1888–1957) (Miscellanea Bavarica Monacensia, 117) München 1987.

Riehl-Heyse, Herbert, CSU. Die Partei, die das schöne Bayern erfunden hat, München 1979.

Rüther, Günther (Hrsg.), Geschichte der christlich-demokratischen und christlich-sozialen Bewegungen in Deutschland (Schriftenreihe der Bundeszentrale für politische Bildung 216) 3. Aufl., Bonn 1989.

Schäffer, Fritz, Die Bayerische Volkspartei, in: Politische Studien, H. 147 (1963) S. 45–63.

Scharnagl, Wilfried, Bayern und Strauß – Lebenswerk und Abschied, Percha am Starnberger See 1988.

Scharnagl, Wilfried, Franz Josef Strauß. Der Mensch und der Staatsmann. Ein Porträt, 3. Aufl., Percha am Starnberger See 1988.

Scharnagl, Wilfried (Hrsg.), Strauß in Moskau ... und im südlichen Afrika. Bericht, Bilanz, Bewertung, Percha am Starnberger See 1988.

Schedl, Otto, Ja zu Europa. Mit einer Einleitung von Staatsminister Dr. Fritz Pirkl (Hanns-Seidel-Stiftung, Akademie für Politik und Zeitgeschehen) Rosenheim 1984.

Schlemmer, Thomas, Krisenjahre der CSU: Die Christlich-Soziale Union bis zum Beginn der Ära Ehard, Magisterarbeit München 1993.

Schmollinger, Horst W., Abhängig Beschäftigte in Parteien der Bundesrepublik Deutschland mit einem Nachtrag zu: Berufliche Gliederung der Mitglieder der CSU, in: Zum Nachdenken 55, hrsg. v. d. Hessischen Landeszentrale für politische Bildung, Wiesbaden 1974.

Schönhoven, Klaus, Der politische Katholizismus in Bayern unter der NS-Herrschaft 1933–1945, in: Bayern in der NS-Zeit, Bd. 5.: Die Parteien, KPD, SPD, BVP in Verfolgung und Widerstand, München u. Wien 1983.

Schreyer, Klaus, Bayern – ein Industriestaat. Die importierte Industrialisierung. Das wirtschaftliche Wachstum nach 1945 als Ordnungs- und Strukturproblem, München/Wien 1969.

Schröder, Michael, Bayern 1945: Demokratischer Neubeginn. Interviews mit Augenzeugen, München 1985.

Schwarz, Hans-Peter, Adenauer. Der Aufstieg: 1876–1952, Suttgart 1986.

Seidel, Hanns, Die Funktion der Opposition im parlamentarischen System, in: Politische Studien H. 66 (1955) S. 24–35.

Seidel, Hanns, Weltanschauung und Politik. Ein Beitrag zum Verständnis der Christlich-Sozialen Politik (Schriftenreihe der Christlich-Sozialen Union in Bayern 1) München 1960.

Siebers-Gfaller, Stefanie, Von Utopia nach Europa: Alfons Goppel. Biographische Notizen. Publikation zum 90. Geburtstag (Manuskript, voraussichtlicher Erscheinungstermin Oktober 1995).

Spree, Hans-Ulrich, Gefragt: Werner Dollinger, Bornheim 1976.

Stammen, Theo (Hrsg.), Einigkeit und Recht und Freiheit. Westdeutsche Innenpolitik 1945–1955, München 1965.

Stelzle, Walter, Föderalismus und Eigenstaatlichkeit. Aspekte der bayerischen Innen- und Außenpolitik 1945–1947. Ein Beitrag zur Staatsideologie, München 1980.

Stephan, Klaus, Gelernte Demokraten – Helmut Schmidt und Franz Josef Strauß, Reinbek bei Hamburg 1988.

Stöß, Richard, Parteienhandbuch. Die Parteien der Bundesrepublik Deutschland 1945–1980, 2 Bände, Opladen 1983–1984.

Stoiber, Edmund, Bewegung. Von der wertbegründeten Volkspartei zur Lagertheorie?, in: Die Neue Ordnung 41 (1987) S. 437–445.

Strauß, Franz Josef, Auftrag für die Zukunft. Beiträge zur deutschen und internationalen Politik 1985–1987, Percha am Starnberger See 1987.

Strauß, Franz Josef, Entwurf für Europa, Stuttgart 1966.

Strauß, Franz Josef, Die Erinnerungen, Berlin 1989.

Strauß, Franz Josef, Herausforderung und Antwort. Ein Programm für Europa, Stuttgart 1969.

Strauß, Franz Josef, Manifesto of a German Atlanticist, in: Strategic Review, Jg. 10 (1982) Nr. 3, S. 11–15.

Strauß, Franz Josef, Signale, Beiträge zur deutschen Politik 1969–1978, München 1978.

Strauß, Franz Josef, Verantwortung vor der Geschichte. Beiträge zur deutschen und internationalen Politik 1978–1985, Percha am Starnberger See 1985.

Strauß, Franz Josef, Zum Verhältnis von FDP und CSU, in: Verantwortung für die Freiheit. 40 Jahre FDP, hrsg. v. Wolfgang Mischnick, Stuttgart 1989, S. 478–491.

Streibl, Max, Verantwortung für alle. Die Freiheit fordert jeden, Stuttgart 1980.

Thränhardt, Dietrich, Wahlen und politische Strukturen in Bayern 1848–1953. Historisch-soziologische Untersuchung zum Entstehen und zur Neuerrichtung eines Parteiensystems, hrsg. v. d. Kommission für die Geschichte des Parlamentarismus und der politischen Parteien (Beiträge zur Geschichte des Parlamentarismus und der politischen Parteien, Bd. 51) Düsseldorf 1973.

Unger, Ilse, Die Bayernpartei. Geschichte und Struktur 1945–1957 (Studien zur Zeitgeschichte, Bd. 16, hrsg. v. Institut für Zeitgeschichte) Stuttgart 1979.

Vogel, Reiner, Hermann Höcherl. Annäherung an einen politischen Menschen, Regensburg 1988.

Vossen, Regina, „Föderalistisch leben oder asiatisch sterben". Joseph Baumgartner und die bayerische Politik 1945–1953, Zulassungsarbeit München 1993.

Waigel, Theo, Grundprinzipien christlich-sozialer Politik. Die Christlich-Soziale Union im Parteienspektrum der Bundesrepublik Deutschland, in: Gesellschaftspolitische Kommentare, Jg. 28 (1987) Sonderausgabe 4, S. 1–4.

Waigel, Theo, Handeln aus Verantwortung, München 1991.

Waigel, Theo, Wohin steuern die Unionsparteien? Christlich-Soziale Grundwerte vor dem aktuellen politischen Hintergrund, in: Politische Studien, H. 298 (1988) S. 60–170.

Waigel, Theo u. Schell, Manfred (Hrsg.), Tage, die Deutschland und die Welt veränderten. Vom Mauerfall zum Kaukasus; Die Währungsunion, München 1994.

Wolf, Konstanze, CSU und Bayernpartei. Ein besonderes Konkurrenzverhältnis, 1948–1960, 2. Aufl., Köln 1984.

Zierer, Otto, Franz Josef Strauß. Ein Lebensbild, 9. Aufl., München 1988.

Zimmermann, Friedrich, Kabinettstücke. Politik mit Strauß und Kohl 1976–1991, München u. Berlin 1991

Verzeichnis der Autoren

Prof. Dr. Winfried Becker (geb. 1941 in Merzig)
Lehrstuhl für Neuere und Neueste Geschichte an der Universität Passau;
Studium der Geschichte und Germanistik in Saarbrücken und Bonn;
1971 Promotion, 1979 Privatdozent in Regensburg, 1980 in Bonn, seit 1984
Ordinarius an der Universität Passau.
Publikationen zur Verfassungsgeschichte des Alten Reiches, zur Reformation, zur Geschichte einzelner Persönlichkeiten und Parteien, der Kirchen und des Katholizismus im 19. und 20. Jahrhundert, zuletzt: *CDU und CSU 1945–1950* (Mainz 1987); *Modernismus und Modernisierung* (Zeitschrift für Bayerische Landesgeschichte 57, 1994); *Dreißigjähriger Krieg und Zeitalter Ludwigs XIV. 1618–1715* (Quellenkunde zur deutschen Geschichte der Neuzeit von 1500 bis zur Gegenwart, Darmstadt 1995).

Prof. Dr. Dieter Blumenwitz (geb. 1939 in Regensburg)
Lehrstuhl für Völkerrecht, allgemeine Staatslehre, deutsches und bayerisches Staatsrecht und politische Wissenschaften an der Universität Würzburg;
Studium der Politischen Wissenschaften und der Rechtswissenschaften;
1965 Promotion; 1970 Habilitation; 1970 Berufung an die Universität München, 1972 an die Universität Augsburg; seit 1976 Ordinarius an der Universität Würzburg; zugleich verantwortlich für den Lehrbereich „Internationale Politik" an der Hochschule für Politik in München.
Gutachter und Prozeßvertreter in zahlreichen Verfassungsstreitigkeiten vor dem Bundesverfassungsgericht; Mitglied und Vorsitzender in mehreren nationalen und internationalen Schiedsverfahren. Zahlreiche Publikationen zu staats- und völkerrechtlichen Problemen der besonderen Rechtslage Deutschlands, der Ostpolitik und der Verfassungsentwicklung in der Dritten Welt.

Dr. Georg Paul Hefty (geb. 1947 in Pfarrkirchen/Ndb.)
Redakteur der Frankfurter Allgemeinen Zeitung; Studium der Politik, Geschichte, Pädagogik und Wirtschaftsgeographie in München; Promotion *(Schwerpunkte der Außenpolitik Ungarns,* München 1980), Stipendium der Konrad-Adenauer-Stiftung; 1977 bis 1980 Mitarbeiter der CDU/CSU-Fraktion im Deutschen Bundestag, persönlicher Referent des stellvertretenden Vorsitzenden der Fraktion und der CSU-Landesgruppe Walter Althammer; seit 1981 politischer Redakteur der Frankfurter Allgemeinen Zeitung mit den Schwerpunkten deutsche Innenpolitik und Ostmitteleuropa.

Dr. Christoph Henzler (geb. 1959 in Koblenz)
Studium der Geschichte, Germanistik und Politikwissenschaften in Trier und München; Staatsexamen für das Höhere Lehramt, Magister Artium; 1985–1989 Wissenschaftlicher Assistent an der Universität München; 1990/91 Promotion; seit 1991 Studienrat am Simpert-Kraemer-Gymnasium in Krumbach; Lehrbeauftragter für Bayerische Geschichte an der Universität München. Forschungen zur Geschichte der Bundesrepublik, zur bayerischen und pfälzischen Geschichte des 18.–20. Jahrhunderts und zur Didaktik der Geschichte, zuletzt: *Fritz Schäffer. Der erste bayerische Nachkriegs-Ministerpräsident und erste Finanzminister der Bundesrepublik Deutschland* (Untersuchungen und Quellen zur Zeitgeschichte, Bd. 3, München 1994).

Prof. Dr. Gerhard Kleinhenz (geb. 1940 in Poppenhausen/Ufr.)
Lehrstuhl für Volkswirtschaftslehre mit Schwerpunkt Wirtschaftspolitik an der Universität Passau; Studium der Volkswirtschaftslehre in München; 1965–1969 Wissenschaftlicher Mitarbeiter an der Technischen Universität Berlin, 1969–1978 am Forschungsinstitut für Sozialpolitik der Universität Köln; 1969 Promotion; 1976 Habilitation; seit 1978 Ordinarius an der Universität Passau. Publikationen zur allgemeinen Wirtschaftspolitik, insbesondere Ordnungspolitik, zur Familien-, Arbeitsmarkt- und Sozialpolitik und zur Europäischen Integration, zuletzt: *Die Zukunft des Sozialstaats* (Hamburger Jahrbuch für Wirtschafts- und Gesellschaftspolitik, 1992); *Wirtschaftspolitik* (E. Holtmann (Hrsg.), Politik-Lexikon, 1994); *Soziale Ausgestaltung der Marktwirtschaft. Festschrift für Heinz Lampert* (Sozialpolitische Schriften 65, 1995); zahlreiche Beiträge in den *Schriften des Vereins für Socialpolitik*; Mitherausgeber der *Jahrbücher für Nationalökonomie und Statistik* seit 1995.

Prof. Dr. Wolfgang Krieger (geb. 1947 in München)
Lehrstuhl für Neuere Geschichte an der Universität Marburg;
Studium der Geschichte, Anglistik und Politikwissenschaft in München,
Regensburg und Oxford; 1973 Staatsexamen für das Höhere Lehramt;
1977 Promotion; 1983/84 J.F. Kennedy Fellow der Harvard University;
1985 Habilitation; Privatdozent für Neuere Geschichte bzw. „International
Relations" in München (1987–1995), Köln, Bologna und Princeton;
1986–1995 hauptberuflich an der Stiftung Wissenschaft und Politik in Ebenhausen; seit 1995 Ordinarius für Neuere Geschichte in Marburg.
Publikationen zur deutschen Forschungs- und Technologiepolitik, zu aktuellen Fragen der deutschen Außen- und Sicherheitspolitik sowie zahlreiche
Veröffentlichungen zur britischen, amerikanischen und deutschen Geschichte,
darunter: *Labour Party und Weimarer Republik 1918–1924* (Bonn 1978);
General Lucius D. Clay und die amerikanische Deutschlandpolitik 1945–1949
(Stuttgart ²1988); *U.S. Military Forces in Europe: The Early Years, 1945–1970*
(hrsg. mit Simon Duke, Boulder 1993); *Franz Josef Strauß – der barocke
Demokrat aus Bayern* (Göttingen 1995).

Dr. Reinhard C. Meier-Walser (geb. 1957 in Steyr/Österreich)
Leiter der Akademie für Politik und Zeitgeschehen der Hanns-Seidel-Stiftung;
Studium der Politikwissenschaft, Geschichte, Kommunikationswissenschaft
und Philosophie in Innsbruck und München; 1985 Magister Artium;
1988 Promotion; bis 1994 als Akademischer Rat in Forschung und Lehre
am Seminar für Internationale Politik der Universität München;
Gastprofessor für Internationale Politik am Austin College in Texas/USA.
Veröffentlichungen zur Theorie, Geschichte und Praxis internationaler
Beziehungen, darunter: *Deutschland, Frankreich und Großbritannien an der
Schwelle zu einem neuen Europa* (Außenpolitik 4/1992); *Neorealismus ist mehr
als Waltz. Der synoptische Realismus des Münchner Ansatzes* (Zeitschrift für
internationale Beziehungen 1/1994); *Into Europe in Bottom Gear. Britain's
Problems with the Maastricht Treaty* (Current Politics and Economics of Europe
4/1994); *Pan-European Challenge, European Integration and National Interest*
(R. Strassner (Hrsg.), Political Challenges in a Changing World, München
1995).

Verzeichnis der Autoren

Prof. Dr. Alf Mintzel (geb. 1935 in Augsburg)
Lehrstuhl für Soziologie an der Universität Passau;
Studium der Freien Malerei und Graphik in Hannover, dann der Rechtswissenschaften in Hamburg, Würzburg und Marburg und der Soziologie, der Psychologie und Politikwissenschaft an der FU Berlin; 1967 Dipl.-Soziologe; 1974 Promotion; 1978 Habilitation; seit 1981 Ordinarius in Passau. Veröffentlichungen zur politischen Soziologie, insbesondere sozialwissenschaftliche Parteienforschung; daneben kultursoziologische Forschungsarbeiten; zahlreiche Publikationen, darunter: *Die CSU. Anatomie einer konservativen Partei* (Opladen ²1978); *Geschichte der CSU* (Opladen 1977); *Die Volkspartei. Typus und Wirklichkeit* (Opladen 1984); *Die CSU 1945-1948: Protokolle und Materialien...* (hrsg. mit Barbara Fait, München 1993); *Bilder und Gedichte* (zusammen mit Inge Lu Mintzel, Passau 1989); *Objekte 1989-1995. Holz - Stein - Metall* (Orselina/Passau 1995).

Prof. Dr. Heinrich Oberreuter (geb. 1942)
Lehrstuhl für Politikwissenschaft an der Universität Passau; Direktor der Akademie für Politische Bildung in Tutzing;
Studium der Politikwissenschaft, Geschichte, Kommunikationswissenschaft und Soziologie in München; Wissenschaftlicher Mitarbeiter am Geschwister-Scholl-Institut der Universität München und beim Deutschen Bundestag; 1978 Professor an der FU Berlin, seit 1980 Ordinarius an der Universität Passau; Mitglied mehrerer wissenschaftlicher Gremien; 1991-1993 Gründungsdekan der Fakultät für Geistes- und Sozialwissenschaften der TU Dresden. Zahlreiche Veröffentlichungen zur Parlamentarismusforschung, politischen Bildung, Verfassungs- und Zeitgeschichte sowie zur Kommunikationspolitik, zuletzt: *Bewährung und Herausforderung. Zur Verfassung der Republik* (München 1989); *Parteien in der Bundesrepublik Deutschland* (hrsg. mit Alf Mintzel, Schriftenreihe der Bundeszentrale für politische Bildung, Bd. 282, Bonn 1990, ²1992); *Wahlen in der Fernsehdemokratie* (München 1995).

Dr. Edmund Stoiber, Bayerischer Ministerpräsident
siehe Kurzbiographien: Die Ministerpräsidenten des Freistaates Bayern.

Dr. Theo Waigel, Parteivorsitzender der CSU und Bundesfinanzminister
siehe Kurzbiographien: Die Parteivorsitzenden der Christlich-Sozialen Union.

Abkürzungsverzeichnis

ACSP	Archiv für Christlich-Soziale Politik	KPD	Kommunistische Partei Deutschlands
ARGE-Alp	Arbeitsgemeinschaft der Alpenländer	KSZE	Konferenz für Sicherheit und Zusammenarbeit in Europa
BA	Bundesarchiv		
BayHStA	Bayerisches Hauptstaatsarchiv	KZ	Konzentrationslager
BHE/DG	Block der Heimatvertriebenen und Entrechteten/ Deutsche Gemeinschaft	LLP	Legislaturperiode
		MG	Military Government
BHE/GB	Block der Heimatvertriebenen und Entrechteten/Gesamtdeutscher Block	NATO	North Atlantic Treaty Organization
		NEI	Nouvelles Equipes Internationales
BP	Bayernpartei	NL	Nachlaß
BSP	Bayerische Staatspartei	NPD	Nationaldemokratische Partei Deutschlands
BVP	Bayerische Volkspartei		
CDU	Christlich-Demokratische Union	NSDAP	Nationalsozialistische Deutsche Arbeiterpartei
CSU	Christlich-Soziale Union		
C.V.B.	Christlich Bayerische Volkspartei	OMGUS	Office of Military Government, United States
DA	Demokratischer Aufbruch		
DDP	Deutsche Demokratische Partei	OMGBy	Office of Military Government for Bavaria
DG	Deutsche Gemeinschaft	PDS	Partei des Demokratischen Sozialismus
DGB	Deutscher Gewerkschaftsbund		
DNVP	Deutsch-Nationale Volkspartei	RAF	Rote Armee Fraktion
DP	Displaced Person	RCDS	Ring christlich demokratischer Studenten
DSU	Deutsche Soziale Union		
DVU	Deutsche Volksunion	REP	Die Republikaner
EDU	Europäische Demokratische Union	RMG	Regional Military Government
EG	Europäische Gemeinschaft	SA	Sturmabteilung
EGKS	Europäische Gemeinschaft für Kohle und Stahl	SBZ	Sowjetische Besatzungszone
		SED	Sozialistische Einheitspartei Deutschlands
EKD	Evangelische Kirche in Deutschland		
EVP	Europäische Volkspartei	SPD	Sozialdemokratische Partei Deutschlands
EU	Europäische Union		
EVG	Europäische Verteidigungsgemeinschaft	stv.	stellvertretend
		UNO	United Nations Organization
EWG	Europäische Wirtschaftsgemeinschaft	VdK	Verband der Kriegsbeschädigten, Kriegshinterbliebenen und Sozialrentner Deutschlands
FDP	Freie Demokratische Partei		
FuE	Forschung und Entwicklung		
IDU	Internationale Demokratische Union	WAV	Wirtschaftliche Aufbau-Vereinigung
IfZ	Institut für Zeitgeschichte	WEU	Westeuropäische Union
Jg.	Jahrgang	zugl.	zugleich

Personenregister

(* Vornamen waren nicht zu ermitteln)

Acker, Rolf 619
Adenauer, Konrad 37f, 41, 105, 110, 124f, 137, 143, 152, 156–160, 165, 169f, 173–178, 211, 323, 325, 328, 331, 333, 344, 368f, 372ff, 381, 406, 414, 417f, 456, 488, 490, 506, 513, 515–518, 551, 559, 571f, 576, 578f, 594f, 597–600, 602f, 609, 649, 652, 657f, 686, 696
Agartz, Viktor 487
Ahlers, Conrad 175
Albers, Johannes 77
Albrecht, Ernst 62, 189, 407f, 474, 629
Althammer, Walter 404
Altmeier, Peter 514
Ankermüller, Willi 133, 136, 719, 721, 724
Arendts, Wilhelm 619
Aretin, Anton Frhr. von 142
Arnold, Karl 158, 514, 597f
Arnold, Wilhelm 77, 87, 455, 472
Augstein, Rudolf 175

Bachmann, Georg 530
Bachmann, Wilhelm 530
Bahr, Egon 341f, 344, 520
Balke, Siegfried 327f, 652, 654f, 657, 742
Barth, Georg 643
Barzel, Rainer 47, 180, 409, 599
Bauer, Franz Xaver 166
Bauer, Hans-Heinz 648
Bauer, Josef 727f
Bauereisen, Fritz 592
Baumeister, Johann 428
Baumgärtel, Manfred 669
Baumgartner, Joseph 17, 79, 89, 99, 104, 119, 121, 128, 137, 141f, 150, 487, 511, 542, 549f, 614, 636, 643, 719ff, 723, 743
Bayer, Alfred 676
Bayer, Hans 586
Becher, Walter 371
Beck, Ludwig 682
Beckstein, Günther 735f, 738f
Berberich, Walter 370
Bergengruen, Werner 82
Berghofer-Weichner, Mathilde 661, 665, 671, 729f, 732f, 735f
Bergsträßer, Martin 79
Bernreuter, * 588
Bernreuter, Georg 587, 591
Bezold, Otto 723f
Bezzl, Dieter 429

Biedenkopf, Kurt 57, 296
Birkl, Rudolf 98, 643f
Biser, Eugen 19, 30, 42
Bismarck, Otto von 25, 257, 388f
Blank, Ingo 585
Blank, Theodor 169, 171, 512, 602
Blankenhorn, Herbert 158
Blücher, Franz 596
Bocklet, Reinhold 738, 740
Böck, Toni 117
Böhm, Franz 33
Böhm, Johann 676, 736, 739
Boenisch, Peter 602
Bötsch, Wolfgang 329, 391, 672, 674, 676, 695, 701f
Bonhoeffer, Dietrich 480
Brandt, Willy 174, 180f, 334, 344, 359, 384, 408f, 411, 520, 557, 560, 661, 664, 793
Breitenstein, Emil 74
Brenner, Eduard 722
Brentano, Heinrich von 175f
Breschnew, Leonid 192, 411, 629
Brill, Hermann 555
Brüning, Heinrich 71, 635
Brunner, Heinrich 723
Brunner, Josef 651f
Brzezinski, Zbigniew 388
Bucher, Josef 70
Bürkle, Horst 59
Burkhardt, Karl 724
Butterhof, Franz-Xaver 567

Canaris, Wilhelm 682
Carstens, Karl 28, 41, 345, 402, 407, 423, 474, 600
Churchill, Winston 38
Clay, Lucius D. 122f, 131, 645
Courths-Mahler, Hedwig 519

Dahrendorf, Ralf 269
Dalberg, Thomas 165
Debus, Karl 85
Deggendorfer, Emanuel 87
Dehler, Claus 469
Dehler, Thomas 152, 469, 598f, 648
Deku, Maria 17, 86, 101
Deku, Rudolf 102
Delp, Alfred 82
Deml, Marianne 738, 740
Denk, Hermann 704

759

Personenregister

Dick, Alfred 303, 729–732, 734, 736
Doeblin, Jürgen 250
Döpfner, Julius 534
Dollinger, Richard 527
Dollinger, Werner 328, 523, 525–540, 571, 578, 587, 591, 626, 657, 659f, 668, 695, 697f
Donderer, Karl 158
Donhauser, Anton 142, 428
Donsberger, Josef 643
Dorn, Walter L. 116
Dregger, Alfred 520
Dürr, Ernst 643
Dürr, Kaspar 79, 90, 438
Dürrwaechter, Ludwig 469

Ebeling, Hans-Wilhelm 672
Eberhard, Rudolf 469, 558, 623f, 626, 724ff
Eberhardt, Karl 469
Eckert, Alois 586
Eder, Josef 85
Ehard, Hans 35, 65, 83, 109f, 113, 123, 125, 127–130, 132f, 135–138, 140, 143ff, 147ff, 152f, 155f, 158ff, 167, 265, 267, 313, 316, 322f, 332, 337f, 370, 422, 464, 467, 489, 509, 514, 553, 555f, 558, 592, 594, 597f, 622, 640, 643–646, 649f, 653, 656, 668, 681, 683ff, 689, 693, 705, 718f, 721ff, 725f, 743, 778
Ehlers, Hermann 534
Eichhorn, Wilhelm 81, 94, 119, 437f, 636, 643
Eicken, Hans Hermann von 428f, 543
Eilles, Kurt 723
Eisenhower, Dwight D. 424f
Eisenmann, Hans 281, 300, 727f, 730ff, 734
Elsen, Franz 99, 742
Endres, Alfons 71
Engelhard, Alois 590, 653
Enzensberger, Hans Magnus 56
Erhard, Ludwig 31, 125, 138, 148, 176, 267f, 324, 328, 373, 406, 512f, 595, 645, 647, 658f, 666, 719
Eucken, Walter 33, 269, 288
Euerl, Alfred 87, 643

Fackler, Franz-Xaver 16, 74, 82, 428, 543
Farthmann, Friedhelm 32
Faulhaber, Michael 128, 635, 690
Fendt, Franz 719
Ficker, Ludwig 718
Figl, Leopold 149
Fink, Hugo 727
Fischbacher, Jakob 549
Fischer, Franz 720f
Fischer, Georg 719
Fischer, Karl August 113, 718

Fischer, Max 730ff
Flörl, Fritz 645
Franke, Egon 346, 560
Frantz, Constantin 323
Fredersdorf, Hermann 406
Friedrich, Ingo 676
Fromm, Kurt 645
Fromme, Friedrich Karl 58
Frommknecht, Otto 16, 128, 720, 722
Frühwald, Konrad 526ff
Fuchs, * 429
Fugger von Glött, Josef Ernst 16
Funk, Friedrich 106

Gabert, Volkmar 186, 340, 508
Gaebert, * 88
Gamperl, Georg 643
Gasperi, Alcide de 38
Gaßner, Alfons 142
Gastinger, Wilhelm 743
Gaulle, Charles de 177, 374, 379, 381
Gauweiler, Peter 733, 735, 737, 739
Geiger, Hugo 113, 718, 720f
Geiger, Theodor 234f
Geiger, Willi 357
Geisendorfer, Ingeborg 530
Geislhöringer, August 549, 723
Genscher, Hans-Dietrich 165, 190, 192, 411, 675
Gentner, Hans 720
Gerhardt, Wolfgang 399
Gerlich, Fritz 650
Gerstenmeier, Eugen 176, 374, 578
Gerstl, Max 636
Gessler, Otto 459
Gilsing, Anton 77
Glos, Joseph 586
Glos, Michael 397, 675, 695, 702
Glotz, Peter 360
Glück, Alois 276, 391, 671, 703, 712, 734
Glück, Gebhard 732ff, 736f, 739
Goebbels, Joseph 480
Gögler, Hermann 146
Goethe, Johann Wolfgang von 388, 477
Goppel, Alfons 182–189, 292, 295, 313, 345, 347f, 408ff, 415f, 557, 559, 614, 657f, 660f, 663, 665, 667, 674, 689, 691ff, 707, 724–729, 742, 797, 803
Goppel, Thomas 733, 735, 737, 739f
Gorbatschow, Michail 192, 386, 580, 671, 673
Graf, Otto 443
Grasmann, Max 437, 636, 643
Grasmüller, Andreas 620
Greib, Karl 71

Personenregister

Grieser, Andreas 722
Groeben, Hans von der 559
Gröber, Franziska 17
Gundlach, Gustav 277
Guthsmuths, Willi 722–725
Guttenberg, Karl Theodor Frhr. von und zu 371, 374f, 377f, 743

Haas, Albrecht 469, 723ff
Habermas, Jürgen 37
Habsburg, Otto von 417
Hackl, Maximilian 619
Hagenauer, Ludwig 130, 719f, 722
Hahn, Elisabeth 643
Haindl, Georg 647
Hallstein, Walter 333, 559
Hanauer, Rudolf 656, 665f
Handlos, Franz 405, 412, 601, 669
Hanfstaengl, Edgar 81, 95
Harlander, Florian 662
Harnier, Adolf Frhr. von 73f, 82
Hartinger, Josef 724ff
Hassel, Kai-Uwe von 373
Hasselfeldt, Gerda 329, 674
Hausmann, Peter 475
Haußleiter, August 119, 592, 643, 647
Hayek, Friedrich von 276
Heggenreiner, Hans 649
Heigl, Ludwig 567
Heim, Georg 72, 74
Heinemann, Gustav 401
Held, Heinrich jr. 439, 443
Held, Heinrich sr. 82, 85, 103f, 441ff
Held, Josef 439
Held, Philipp 727f
Held, Wolfgang 670
Heller, Vitus 78
Hellwege, Heinrich 556
Helmerich, Michael 121, 428, 643, 719
Herder, Johann Gottfried 21
Hergenröder, Anton 86, 90
Hermes, Andreas 77
Herrmann, Hans 85
Herwarth, Hans von 80
Herzog, Roman 9, 402
Hettlage, Karl Maria 560
Heubl, Franz 95, 117, 347, 371, 400, 523, 541–561, 622, 643, 656, 666, 703, 707, 725ff, 729f
Heuss, Theodor 156, 158f, 165, 401, 570f, 595ff
Hillermeier, Karl 711, 727–731, 734
Hilpert, Werner 146, 514
Hindenburg, Paul von 584
Hipp, Otto 104, 113, 441, 443, 718

Hitler, Adolf 15, 36, 69, 71, 74f, 91, 96, 116, 165, 334, 406, 441f, 479, 481, 486, 491, 525, 539, 584, 588, 596, 606, 627, 684
Hobbes, Thomas 56
Höcherl, Hermann 327f, 344, 655, 657–660, 695ff
Höffner, Joseph 33, 57
Hoegner, Wilhelm 111ff, 116, 121–127, 130, 135, 138, 151, 265, 270, 336, 413, 416, 469, 549, 553, 573, 638, 640, 644, 653, 668, 689, 718f, 722f
Höhenberger, Fritz 644
Höltermann, Arthur Ernst 720
Hofmann, Engelbert 613
Hohlmeier, Monika 738, 740
Holzapfel, Friedrich 86
Holzner, Sebastian 90, 437
Honecker, Erich 63, 117, 191f, 355, 412
Hoover, Herbert 123
Horlacher, Michael 17, 79, 99, 119, 128, 139, 156, 437, 445, 464, 584f, 592, 594, 596, 636, 642f, 647, 650
Huber, Erwin 414, 418f, 671, 739
Huber, Herbert 736, 738, 740
Huber, Kurt 82
Huber, Ludwig 185, 418, 558, 615, 657f, 663, 703, 708, 726–729
Hundhammer, Alois 16f, 19, 74, 83, 90, 102, 107, 119f, 124–129, 131, 137, 139–144, 150f, 154, 157, 160, 166, 183, 336, 400, 403, 418, 437, 489, 504, 508, 526, 530, 542f, 549, 552, 558, 567–570, 592, 608ff, 622ff, 636, 642ff, 651, 665, 682, 703ff, 720f, 724–727, 779

Jeanne d'Arc 379
Jaeger, Eugen 563
Jaeger, Lukas 563
Jaeger, Richard 117, 328, 371, 377, 400, 523, 542, 546, 563–580, 591, 609, 652, 659f, 742
Jaenicke, Wolfgang 135f, 646, 720f
Jahn, Walter 89
Jaumann, Anton 295, 418, 645, 658, 660, 688, 693, 727–730, 732f
Jelden, Hajo 77
Jessberger, Ludwig 589f
Jonas, Hans 23, 56
Josef II., deutscher Kaiser 272
Junker, Heinrich 724ff

Kádár, János 411
Käss, Friedrich 79, 428
Kaifer, Albert 88, 90
Kaiser, Jakob 72, 77, 82, 514, 594
Kant, Immanuel 21, 41, 47
Karpf, Hugo 71, 94, 512, 594, 645, 742
Kaufmann, Theophil 152

761

Personenregister

Keegan, Charles 635
Kempski, Hans-Ulrich 555
Kendler, Franz 565
Kennedy, John F. 341, 375
Ketteler, Wilhelm Frhr. von 478
Kiechle, Ignaz 329, 669, 674
Kiesinger, Kurt Georg 180, 329, 333, 341, 345, 402, 659, 686
Kiesl, Erich 728f
Kimpfler, Franziska 79
Kinietz, Erwin von 428
Kissinger, Henry 367, 375, 383, 388f, 473, 628
Klein, Hans 329, 393, 674
Kleindinst, Josef Ferdinand 648, 743
Kleinhenz, Josef 253
Klinger, Rudolf 740
Klughammer, Alois 656
Knoeringen, Waldemar von 127, 416, 662
Knorr, Friedrich 743
Koch, Fritz 722f
Koch, Heinrich 535
Köhler, Erich 597
Köhler, Karl 76, 79, 89, 97, 117
Kohl, Helmut 165, 168, 179, 181f, 188–192, 329, 399, 402, 407f, 412, 417f, 580, 600, 602, 628f, 668, 672, 693, 698, 700, 812
Kogon, Eugen 574
Kollmann, Ottmar 313
Konrad, Anton 721
Kopelew, Lew 42
Kränzle, Bernd 738, 740
Kraus, Hans 643, 718, 720f
Kraus, Johann Georg 128
Krehle, Heinrich 17, 119, 123, 428, 437, 636, 640, 643, 646, 718, 720, 722f
Kreußel, Alfons 548, 591, 652
Kroll, Gerhard 77, 79, 86, 438, 564, 589, 643, 648
Krone, Heinrich 176
Kruse, Martin 56
Kübler, Konrad 643
Kunze, Reiner 24

Lacherbauer, Carljörg 81, 95, 119, 437, 636, 719, 721
Laforet, Wilhelm 648, 742
Lallinger, Ludwig Max 549
Lang, Andreas 643
Lang, August Richard 665, 703, 710, 731, 733, 735, 737
Lang, Hans 98
Lang-Bruman, Thusnelda 646, 651
Lange, Karl Arthur 113, 718
Langenfass, Friedrich 81, 482, 585

Lauerbach, Erwin 659, 726ff
Lechmann, Heinz 653
Leeb, Hermann 737f, 740
Lehmann, Julius Friedrich 525
Lehmer, Max 74, 100
Lemmer, Ernst 77
Lenin, Wladimir Illjitsch 798
Lenz, Otto 579
Lepsius, Rainer 205
Lerch, Leopold 548
Lex, Hans Ritter von 159, 518
Liedig, Franz 483, 641, 643
Lipp, Georg 548
Lippert, Franz 469, 655, 724ff
Locke, John 21
Loibl, Alfons 645
Loritz, Alfred 129f, 132, 639, 720
Ludendorff, Erich 525, 684
Lübbe, Hermann 51
Lübke, Heinrich 401
Luther, Martin 20

Maag, Johann 722
Machiavelli, Niccolo 56
Mack, Georg 530
Männle, Ursula 740
Maier, Anton 73
Maier, Hans 21, 237, 418, 728ff, 732
Mair, Reinhold 152
Maizière, Lothar de 406
Mann, Golo 24
Mansholt, Sicco Leendert 274, 300
Mao Tse-Tung 387f, 411, 665
Marshall, George Catlett 145
Marx, Karl 124, 798, 814
Marx, Wilhelm 584
Maunz, Theodor 560, 658, 724ff
Maurer, Hans 733ff, 737
Max I. Joseph, König von Bayern 207
Mayr, Karl Sigmund 530, 587, 592, 596, 626, 643, 648
McNarney, Joseph T. 645
Meier, Johannes 442
Meinzolt, Hans 643, 719, 723
Meiser, Hans 527
Meixner, Georg 86, 508, 535, 548, 611, 621, 623, 651, 655, 703, 705f
Menzel, Walter 152
Merk, Bruno 187, 230, 415, 662, 709, 727ff
Merkl, Gerhard 738, 740
Metz, Georg 74
Meyer, Albert 729, 731ff, 735, 737
Meyer, Otto 733, 735

762

Personenregister

Meyer-Spreckels, Elisabeth 643
Michel, Franz 566
Mierendorff, Carlo 20
Miller, Josef 737
Miller, Oskar von 81
Miller, Walter von 79, 81, 83f, 94, 119, 437f, 544, 636
Milz, Peter 407
Mintzel, Alf 25, 188, 323, 743
Mitterrand, François 410
Monnet, Jean 38
Montesquieu, Charles de 21
Montgelas, Amia Gräfin von 588
Montgelas, Maximilian Joseph Graf von 183, 207, 243f
Morgenthau, Hans J. 367, 389
Morgenthau, Henry 389, 482
Mücke, Willibald 648
Müller, Gebhard 514
Müller, Hans 643, 719ff
Müller, Hermann 588
Müller, Josef 16–19, 38, 69ff, 74–84, 86f, 89ff, 93, 96, 98, 102–105, 107, 109, 115–120, 122f, 126–129, 133, 137, 143, 146, 166f, 324, 370, 400, 421, 428f, 437, 439, 445, 450, 456f, 461, 464, 466, 477–492, 503ff, 538, 541ff, 545f, 549, 552, 554, 568ff, 572, 584f, 592ff, 605, 609ff, 620ff, 627f, 636, 639, 641, 643f, 650f, 667, 681ff, 687, 690, 699, 704, 721f, 773
Müller, Josef Maria 643
Müller, Vincenz 339
Müller, Wolfgang 77
Müller-Armack, Alfred 254, 267
Muhler, Emil 79, 81, 84, 482, 548, 585, 610f, 636, 643
Muller, Walter J. 452f, 638

Naab, Ingbert 650
Närger, Heribald 619
Napoleon I. Buonaparte 201
Nawiasky, Hans 123, 147, 336, 640
Nerreter, Paul 77, 87, 119, 438, 455, 530, 533, 722
Neubauer, Franz 313, 729–732
Niederalt, Alois 328, 559, 657, 659
Niklas, Wilhelm 158, 328, 437, 518, 595, 649, 719
Nikolaus von Kues 553
Nixon, Richard 344, 383f
Nüssel, Simon 728, 730ff, 734f

Oberländer, Theodor 722
Oberreuter, Heinrich 49
Oechsle, Richard 723
Oertzen, Peter von 32
Ortloph, Klement 85

Panholzer, Joseph 723
Peres, Shimon 370
Person, * 588
Petersen, * 343
Pfeiffer, Anton 17, 80, 83, 89, 101, 113, 115f, 121ff, 128, 130, 136, 141, 146f, 150f, 156, 159, 543, 545, 554f, 636, 640, 643, 647f, 718f, 721
Pflaum, Richard 81, 95, 543, 643
Pfleger, Franz Josef 74
Pflüger, Heinrich 74, 79, 643
Pieck, Wilhelm 334
Pirkl, Fritz 8, 341, 344, 472, 659, 670, 726ff, 730ff, 742
Pittroff, Claus 720
Pix, Georg 92, 449
Plato 56
Plessner, Helmut 41
Pöhner, Konrad 726f
Popper, Karl 51
Poschinger von Frauenau, Hippolyt Frhr. 660
Prechtl, Wolfgang 88
Prittwitz und Gaffron, Friedrich Wilhelm von 75, 79, 81, 119, 143, 456, 482, 488, 535, 543, 641, 742
Probst, Maria 17, 423, 471, 578, 615, 636, 643, 659f, 743
Protzner, Bernd 676
Puskin, G. M. 339

Rattenhuber, Ernst 113, 649, 718
Reagan, Ronald 579
Reese, Robert 112, 114
Regensburger, Hermann 738f
Rehle, Hans 88
Renger, Annemarie 579
Reuter, * 636
Rick, Anton 77
Rief, Senta 86
Rieger, Paul 19
Riehl-Heyse, Herbert 236
Rindt, Eugen 438, 643
Ringelmann, Richard 156, 722
Rinke, Walter 643
Röhm, Ernst 72
Rohe, Karl 240
Rohrer, Maria 101
Rosenbauer, Heinz 731ff, 735
Rosenhaupt, Karl 113, 718
Roßhaupter, Albert 112f, 123, 640, 648, 718, 720
Rothermel, Fridolin 17
Rucker, August 558, 723
Rucker, Eugen 77, 85, 643
Rühle, Otto 339

Personenregister

Sachs, Camille 720
Sackmann, Franz 727ff
Sattler, Dieter 720f
Sauer, Franz-Ludwig 643
Sauter, Alfred 734, 736, 738, 740
Schacht, Ulrich 24
Schachtner, Richard 79
Schäfer, Gert 176
Schäffer, Fritz 72, 74, 76, 81, 83f, 89f, 102, 105ff, 109–115, 117–120, 124, 126f, 129f, 135, 137, 139–144, 150f, 154, 157f, 166, 265, 327f, 332, 339, 370, 400, 417, 422, 437, 445, 457f, 465, 480, 515, 518, 543, 549f, 552, 568ff, 573f, 583ff, 592, 595, 605, 608ff, 622, 635f, 638, 641, 649, 652, 660, 682, 689ff, 695, 708, 718, 743
Schalck-Golodkowski, Alexander 191
Scharnagl, Karl 16f, 77–81, 83, 94f, 113, 115, 117, 123, 143, 421, 424–427, 437, 481, 506, 542f, 545, 585, 635f, 640, 648
Scharnagl, Wilfried 387, 415, 467
Schedl, Otto 86, 90, 98, 292, 295, 400, 437, 483, 567, 641, 644, 658, 724–728
Scheel, Walter 180f, 402, 409
Schefbeck, Otto 90, 437f, 445
Schelsky, Helmut 42
Schiller, Karl 560, 686
Schinagl, Hannes 95, 117
Schlange-Schöningen, Klaus 137, 487
Schlecht, Otto 34
Schleyer, Hans-Martin 696
Schlögl, Alois 17, 122, 134, 138, 428, 526, 592, 636, 721f
Schlör, Kaspar Gottfried 648
Schmid, Carlo 152, 578
Schmid, Erich 674
Schmid, Georg 440
Schmid, Heinrich 123
Schmid, Karl 643
Schmidhuber, Peter 731f, 734
Schmidt, August Wilhelm 483, 564, 639, 641, 643
Schmidt, Helmut 190, 385, 408, 411, 474, 519, 560, 602, 629f, 664, 667
Schmitt, Heinrich 640, 719
Schmitt Glaeser, Walter 676
Schmücker, Kurt 538
Schneider, Georg 88
Schneider, Oscar 329, 593, 668
Schneider, Werner 346
Schnurr, Max 428
Schoeler, Andreas von 358
Schönhuber, Franz 248, 405
Scholz, Rupert 8
Schröder, Dieter 43

Schröder, Gerhard 175f, 178, 373f
Schröder, Horst 358
Schrott, Hans 73
Schubert, Johann 720
Schuberth, Hans 158, 328, 518, 595, 645, 649, 652
Schütz, Hans 513, 643, 646, 726, 742
Schumacher, Kurt 132, 165, 265, 485
Schuman, Robert 38
Schwalber, Josef 150, 648, 721f
Schwanninger, Adolf 103
Schwarzer, Rudolf 636
Schweder, Christl 739
Schweiger, Martin 469
Schwend, Karl 147
Schwering, Leo 77
Schwingenstein, August 437, 636
Sedlmayr, Lorenz 98, 643, 720, 722
Seehofer, Horst 327, 329, 676
Seeling, Otto 645
Seelos, Gebhard 136
Seibold, Kaspar 648
Seidel, Hanns 19, 35f, 99, 133, 183, 267, 275, 277, 283, 292, 295, 340, 370, 416, 423, 464, 469f, 472, 493–497, 508, 547, 554, 558, 614f, 622ff, 626, 630, 638, 653, 655ff, 681, 683ff, 689, 691, 706, 721f, 724, 782
Seidl, Alfred 341, 343, 663, 665, 703, 709f, 729
Seifried, Josef 123, 640, 648, 718f
Semler, Johannes 81, 137f, 428, 487, 543, 643, 645
Seraphim, Peter Heinz 271
Servan-Schreiber, Jean-Jacques 177
Shinnar, Felix Elieser 370
Siemer, Laurentius 78
Simmel, Erich 723ff
Singer, Josef 646
Smith, Adam 21
Sommer, Theo 29
Spaemann, Robert 23, 52
Spieker, Manfred 21
Spitzner, Hans 734, 736, 738, 740
Sprang, * 582
Spranger, Carl-Dieter 329, 393f, 674, 676
Stadelmayer, Franz Xaver 636
Stain, Walter 340, 469, 722–725
Stalin, Josef 339, 798
Stamm, Barbara 734, 736f, 739f
Stang, Georg 160, 640, 650f, 705
Staudinger, Fritz 589, 725
Staudinger, Karl 85
Stauffenberg, Franz Ludwig Schenk Graf von 341
Steber, Franz 79, 81, 98, 437, 564, 640, 643f
Stegerwald, Adam 16, 18, 69–72, 77ff, 82, 84, 115, 166, 479ff, 503f, 543, 585, 635ff, 639, 742

764

Personenregister

Stegmann, F. 34
Steidle, Robert 82
Steinberger, Walter 79, 620
Stock, Jean 648
Stoiber, Edmund 65, 249, 276, 395, 397, 400, 402, 413, 416, 418, 554, 602, 629, 667, 672, 675f, 689, 694, 731, 733, 735f, 738f, 796, 813, 815
Stoltenberg, Gerhard 189
Stolz, Siegfried 88
Strasser, Gregor 406
Strasser, Otto 406
Strathmann, Hermann 530, 643
Strauß, Franz Josef 11, 16ff, 29, 31, 37ff, 41, 51, 65, 67, 79, 102, 117, 124, 141ff, 147, 150, 154–158, 163–193, 199, 236f, 239, 242, 246–249, 268, 275f, 292, 295–299, 301, 303, 308, 315, 327f, 330, 332, 342–349, 354, 358, 361, 369ff, 374–377, 379–382, 384f, 387–390, 398, 400–404, 406–418, 423, 463, 465, 470, 473f, 483, 499–522, 529ff, 537ff, 547, 550, 552, 554, 556f, 559f, 570, 574, 576, 578, 592, 594f, 598–603, 611–617, 619–624, 628ff, 635, 643, 646–649, 651f, 654–659, 662f, 665, 667, 669, 671f, 681, 686–689, 692–695, 699, 710f, 730f, 733, 785, 796f, 803, 805, 811
Strauß, Marianne 189, 237
Streibl, Max 188, 249, 296, 299, 302f, 391, 413, 415, 418, 660, 662, 671, 674f, 689, 692f, 708, 710, 729–733, 735f, 811
Strenkert, Paul 724ff
Strobel, Käte 533
Stücklen, Daniel 583
Stücklen, Georg 582, 586
Stücklen, Otto 583, 586, 588
Stücklen, Richard 62, 328, 371, 376, 401, 404, 516, 523, 538, 568, 581–603, 652, 655, 657–660, 666f, 669, 695, 698f
Stürmann, Josef 74, 82
Sühler, Adam 643, 721
Süssmuth, Rita 579

Talleyrand, Charles Maurice de 388
Tandler, Gerold 412ff, 418, 601f, 662, 669f, 703, 711, 730, 733, 735
Tenfelde, Klaus 235
Terhalle, Fritz 719
Tetzel, Eugen 103
Thatcher, Margaret 473
Thoma, Ludwig 621
Thomas, Otto 94
Thränhardt, Dietrich 204f
Thukydides 56
Thunig, Ewald 719
Treskow, Henning von 682
Truman, Harry S. 517

Ulbricht, Walter 63
Vacca, Peter 429, 459
Valentin, Karl 419
Vetter, Ernst 723
Vilgertshofer, Lorenz 726f
Völh, Reinhold 728
Vogel, Hans Jochen 165, 620, 683
Voltaire, (Arouet) François-Marie 21
Vorndran, Wilhelm 674, 728, 730f, 733, 735

Wacher, Gerhard 726
Waigel, Theo 165, 248f, 327, 329, 332, 386, 391f, 394, 397f, 399–402, 414, 417f, 475, 554, 664f, 668, 672–676, 681, 687f, 694f, 701, 801, 811, 813, 815f
Waldenfels, Georg Frhr. von 730, 732ff, 736ff, 740
Waldhäuser, Josef 719
Walser, Martin 24, 41
Warnke, Jürgen 329, 393, 668
Weber, Max 20, 49, 255, 388
Wehgartner, Robert 726
Wehner, Herbert 178
Weinkamm, Otto 722, 742
Weis, Max 75
Weishäupl, Karl 723
Weiß, Hans 117, 523, 542, 605–617, 621, 668
Weizsäcker, Richard von 402
Wellhausen, Hans 596
Wels, Otto 788
Wiesheu, Otto 276, 669, 737f, 740
Wild, Wolfgang 733, 735
Wilhelm, Paul 737
Wimmer, Thomas 123, 640
Wimmer, * 440
Winkler, August 88
Windthorst, Ludwig 70, 478
Wutzlhofer, Hans 87

Zehetmair, Hans 733, 735f, 738ff
Zehner, Zita 17, 651
Zeitler, Otto 737
Zeller, Alfons 733, 735, 737f, 740
Zellinger, Johannes 165
Zietsch, Friedrich 722f
Zimmermann, Friedrich 190, 327, 329, 371, 384, 400, 404f, 407, 418, 523, 600ff, 615, 619–632, 653, 655, 666ff, 688, 695, 699f
Zinn, Georg August 334
Zitzler (Zizler), Georg 77, 85, 440
Zöller, Richard 591
Zorn, Rudolf 720, 722
Zott, Josef 73f, 82
Zwick, Maria 86
Zwicknagl, Max 594, 646, 742

765

POLITISCHE WERBUNG IM WANDEL DER ZEIT: DAS ERSCHEINUNGSBILD DER CSU 1945–1995

Politische Werbung ist ein wichtiger Teil der Kommunikation zwischen Politik und Bürger. Durch die Werbung versuchen die Parteien, ihre Programmatik und Zielsetzung zu vermitteln.
Drei Phasen sind bei der Entwicklung politischer Werbung zu unterscheiden: die politischen Vorgaben, die kreativen und künstlerischen Gestaltungen und die technischen Umsetzungen (Broschüren, Plakate, Funk, Film, Fernsehen, usw.).
Wie politische Werbung wirkt, ist teilweise an Wahlergebnissen ablesbar. Doch: Politiker sind keine Produkte, und politische Werbung kann sie nicht „verkaufen". Aber Werbung für die Politik nutzt die Mittel und Methoden der Kommunikation und erbringt im klassischen Sinn die Dienstleistung der „Darstellung".
So verstanden dokumentiert das folgende Kapitel anhand von Beispielen aus der Plakatwerbung, wie sich das Erscheinungsbild der CSU im Lauf der Zeit gewandelt hat und zu einem modernen politischen Design entwickelte. Plakate wurden deshalb gewählt, weil sie – von der Entwicklung anderer Kommunikationsformen abgesehen – die „Werbebotschaft" sehr augenfällig in der Öffentlichkeit transportieren.
Soweit andere Werbemittel und -formen vorgestellt werden, dient dies zur inhaltlichen Ergänzung des jeweiligen Zeitabschnitts, in dem die Veröffentlichungen erfolgten.

Abbildungsnachweise:

Bei mehreren Bildern auf einer Seite erfolgt die Aufzählung von links oben nach rechts unten:

S. (769) ACSP Fl 1945–1948 Nr. 3;
S. (770) ACSP Pslg 2966, 2962, 3192, 3191;
S. (771) ACSP Pslg 2964, 369, 319, 341;
S. (772) ACSP Pslg 314;
S. (773) ACSP Pslg 2815, 343;
S. (774) ACSP Pslg 370;
S. (775) ACSP Pslg 848;
S. (776) ACSP Pslg 819, 1095, 1104, 1106;
S. (777) ACSP Pslg 760;
S. (778) ACSP Pslg 923;
S. (779) ACSP Pslg 844, 3129, 837;
S. (780) ACSP Pslg 938, 935, 688;
S. (781) ACSP Pslg 810;
S. (782) ACSP Pslg 1230, 984, 871, 650;
S. (783) ACSP Pslg 838;
S. (784) ACSP Pslg 970, 1038, 1034;
S. (785) ACSP NL Strauß DS;
S. (786) ACSP Pslg 1037, 2009, 753;
S. (787) ACSP Pslg 957b;
S. (788) Team'70, (2), ACSP Pslg 967;
S. (789) ACSP Pslg 876;
S. (790) Team'70, ACSP Pslg 887; Team'70
S. (791) ACSP Pslg 874;
S. (792) ACSP FL SPD Bayern 1968–1970;
S. (793) ACSP Pslg 884;
S. (794) Team'70;
S. (795) Team'70, ACSP Pslg 424;
S. (796) Team'70, ACSP Pslg 2, 1062, 500;
S. (797) ACSP Pslg 5, 6, 1, 75;
S. (798) Team'70 (2);
S. (799) ACSP Pslg 310;
S. (800) ACSP Pslg 413, Team'70, ACSP Pslg 579;
S. (801) Team'70 (2);
S. (802) ACSP Pslg 437, Team'70;
S. (803) Team'70, ACSP Pslg 561, Team'70;
S. (804) Team'70 (2), ACSP Pslg 195;
S. (805) Team'70, ACSP Pslg 208, 207;
S. (806) ACSP Pslg 2767, 482;
S. (807) ACSP Pslg 76;
S. (808) ACSP Pslg 462, 481;
S. (809) ACSP Pslg 640, 3080, 265, 499;
S. (810) ACSP Pslg 1176, 634;
S. (811) ACSP Pslg 1595, 1633, 1702;
S. (812) ACSP Pslg 1698, Team'70;
S. (813) Team'70, ACSP Pslg 3010, 3280;
S. (814) Team'70 (3);
S. (815) Team'70 (2);
S. (816) ACSP Pslg 3249.

AUFRUF
der christlich-sozialen Union an alle Deutschen

Namenlos ist das Elend und die Not, die über unserem Volke liegt. Zerstört sind unsere Städte, zu Trümmerhaufen geworden viele unserer Dörfer, verwüstet weite Gebiete deutscher Erde. Millionen unserer Söhne sind Opfer des Krieges geworden, Millionen als Krüppel in die Heimat zurückgekehrt. Hunderttausende haben ihre Existenz verloren und sind brotlos geworden, Tausende und aber Tausende sind heimatlos durch die Lande. Ein furchtbar seelischer Druck lastet auf allen ohne Ausnahme. Dazu eine Zukunft, deren Schleier noch nicht gelüftet ist. — Das traurige Erbe eines unfähigen und satanischen Regims.

Niemals standen Menschen des Wiederaufbaues vor so gewaltigen Problemen wie heute. Niemals bedurfte es größerer Umsicht, Klugheit und Verantwortlichkeit als in unseren Tagen. Niemals brauchten wir neben den Kräften des Geistes so notwendig die Wirkkraft der Liebe wie jetzt. Unbesonnene und unbeherrschte politische Leidenschaft würden nur noch tiefere Wunden schlagen und den deutschen Menschen innerlich nur noch mehr zerreißen.

In der Ueberzeugung, daß zur Abwendung des drohenden Chaos nur eine Zusammenfassung bester Kräfte unseres Volkes noch etwas auszurichten vermag, wurde im Einverständnis mit der Militärregierung die

Christlich-soziale Union

gegründet.

Christlich ist diese Union, weil wir die Erkenntnis gewonnen haben, daß das angetretene Erbe nicht nur einfachhin auf Grund politischer Unfähigkeit und verbrecherischer Gesinnung zustande gekommen ist, sondern daß sein tiefster Grund in der praktischen Religionslosigkeit breiter Massen des Volkes liegt. Erst aus dieser Religionslosigkeit, die sich über alle objektiven Gesetze, über alle Menschenwürde und Menschenrechte frech hinwegsetzte, konnte das Satanische geboren werden, unter dem wir so Namenloses litten und noch leiden müssen. Erst diese Religionslosigkeit konnte den Boden bereiten für die Charakterlosigkeit und moralische Verkommenheit, die weithin zu beobachten war. Ohne lebendigen Gottesglauben gibt es keinen wahren Aufstieg mehr. Unser abendländischer Gottesglauben aber hat seinen sichtbaren Ausdruck erhalten in der christlichen Religion. Darum will die christliche Union alle Christen Deutschlands, evangelische und katholische, zu einem gewaltigen Block zusammenschließen, um auf dem Fundament des Glaubens unserer Väter die politische, wirtschaftliche und kulturelle Erneuerung unseres Volkes durch.

Sozial ist diese Union, weil wir die selbstlose, opferbereite Liebe die Wunden zu heilen vermag, die den Menschen grausam geschlagen wurden. Aus dieser opferbereiten Liebe werden sich die Gesetze ergeben müssen, die zur Linderung und Beseitigung der Not geboten erscheinen und aus dieser Liebe heraus muß auch in Befolgung dieser Gesetze gehandelt werden.

Und eine **Union** ist diese politische Bewegung, weil sie alle vereinen möchte, die guten Willens sind: Arbeiter und Bauern, Beamte und Angestellte, Kaufleute und Gewerbetreibende, Männer der Wissenschaft und Männer des Handwerks, Künstler und Schriftsteller, Frauen und Mädchen. Nur wenn alle Kräfte zusammenwirken, kann das Ziel erreicht werden.

Unser Wollen aber ist dieses:

Niemals wieder dürfen radikale Elemente — gleichgültig, ob von rechts oder von links — das Steuer des Staates an sich reißen und mit Gewaltherrschaft das Volk unterdrücken. Darum gilt unser Kampf dem Nationalsozialismus ebenso wie dem Kommunismus. Wir wollen den Rechtsstaat freier Menschen! Dieser Rechtsstaat freier deutscher Menschen soll auf demokratischer, bundesstaatlicher Grundlage ruhen unter Wahrung der kulturellen Selbständigkeit der Länder.

Wir wollen weiterhin ein Leben frei von wirtschaftlicher Vergewaltigung und Not! Die Erneuerung des Wirtschaftslebens wird auf der Grundlage ständischer Selbstverwaltung unter staatlicher Ueberwachung geschaffen. Den wirtschaftlichen Liberalismus lehnen wir ab, da er zu Anarchie und Arbeitslosigkeit führt, die kommunistische Zwangswirtschaft, weil sie Freiheit und Wohlstand untergräbt.

Ferner fordern wir eine großzügige Bodenreform mit dem Ziel: Jeder deutschen Familie ihr eigenes Heim auf eigener Scholle mit ausreichendem Gartenland für den eigenen Bedarf. Die Verwirklichung dieser Forderung ist durchaus möglich.

Außerdem verlangen wir Schutz und Förderung der bäuerlichen Betriebe, Ausbau des Genossenschaftswesens, Preisschutz für die landwirtschaftlichen Erzeugnisse. Das undeutsche Erbhofgesetz mit seinem Zwangserbfolge zugunsten der stammgebundenen Anerbensitte soll beseitigt werden.

Alle Schaffenden sollen den sozialen Schutz genießen. Es muß nicht nur Arbeitsbeschaffung für alle Arbeitsuchenden angestrengt werden, sondern auch ausreichender Lebensunterhalt für alle nicht mehr Arbeitsfähigen. Die Sozialversicherung soll der Selbstverwaltung der Arbeiter und Angestellten übertragen werden.

Weiterhin fordern wir volle Freiheit des Gewissens in Hinsicht auf das religiöse Bekenntnis. Wir wollen nicht Trennung von Staat und Kirche, sondern gegenseitige Stütze und ersprießliches Zusammenarbeiten der Mächte. Die Eltern müssen das Recht haben, für ihre Kinder an der öffentlichen Schule den Religionsunterricht zu erhalten.

Wir verlangen ferner Freiheit in der Entfaltung der Persönlichkeit. Kampf gegen die öffentliche Unsittlichkeit durch entsprechende Jugenderziehung und Gesetzgebung und Kampf gegen die öffentliche Unwahrhaftigkeit in Presse und Literatur.

Begabte müssen in großzügiger Weise gefördert werden. Darum fordern wir Einsatz einer Volkshochschulbewegung und Verwendung des Rundfunks und Films im Dienste der Erziehung, Bildung und Kultur. Die volle Freiheit der Universitäten muß gewährleistet werden.

Endlich fordern wir mit Rücksicht auf einen dauernden Frieden Verständigung mit allen Völkern und freundschaftliche Beziehungen zu ihnen.

Noch ist es nicht zu spät, das drohende Unheil von unserem Volke abzuwenden. In euren Händen, deutsches Volk, liegt Glück und Unglück der nächsten und ferneren Zukunft. Laß dich nicht durch die unangenehmen politischen Erfahrungen der vergangenen Jahre und durch rein egoistische Motive abhalten, aktiv an der Gestaltung der vaterländischen Geschicke mitzuarbeiten! Deine politische Neutralität und Zurückhaltung fördert den Sieg des Gegners und besiegelt den endgültigen Untergang. Es gibt für dich nur **eine** Partei:

die Christlich-soziale Union.

Ein Aufruf der CSU aus dem Jahr 1946. Während SPD und KPD nach dem Zusammenbruch auf alte Organisationsstrukturen aus der Weimarer Republik zurückgreifen konnten, gestaltete sich die Entstehung einer am christlichen Menschenbild orientierten, antisozialistischen Volkspartei ungleich schwieriger. Die CSU war eine Neugründung. Man beachte die unterschiedliche Schreibweise des Namens „Christlich-Soziale Union".

Versammlungs- und Wahlplakate aus dem Jahr 1946: Papiermangel, schlechte Druckqualitäten, fehlende Telefonverbindungen, zerstörte Straßen, wenig motorisierte Verkehrsmittel – trotzdem gewann die CSU bis zum Dezember des Jahres 69.370 Mitglieder, darunter viele Heimatvertriebene und Flüchtlinge.

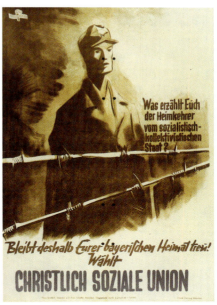

Bildmotive auf Plakaten beschränkten sich – aus technischen Gründen – statt auf Fotos größtenteils auf Illustrationen. Das „Du" als Anredeform warb um Verständnis und Vertrauen. Kandidatenplakat zur Verfassunggebenden Landesversammlung 1946 (links oben), Wahlplakate zum ersten Deutschen Bundestag (rechts oben und unten).

Die Sicherung von Frieden und Freiheit gegen die Bedrohung aus dem kommunistischen Osten war eines der beherrschenden Themen des Landtagswahlkampfes 1950. Bayern war amerikanische Besatzungszone gewesen und damit in den freien Teil Deutschlands integriert. Die Erhaltung dieser Verbindung gegen den sozialistischen „Würgegriff" stellt das Plakat des Jahres 1950 dar.

Dr. Josef Müller, Jurist, genannt „Ochsensepp", war ein oberfränkischer Bauernsohn. Bereits in der Weimarer Republik war er als Mitglied der Bayerischen Volkspartei politisch aktiv, wurde 1934 erstmals wegen Hochverrat verhaftet und erlebte das Kriegsende im Konzentrationslager Dachau. Er war Mitbegründer und erster Landesvorsitzender der CSU und später bayerischer Staatsminister.
Wahlkampfplakat aus dem Jahr 1950.

Die Wohnungsnot war nach Kriegsende ein beherrschendes Thema der Innenpolitik. München war zu mehr als einem Drittel zerstört, Nürnberg zu 51%, Donauwörth zu 74% und Würzburg zu 75%. Die Schaffung von Wohnraum und den Aufbau des demokratischen Staatswesens verband die CSU zu einem Wahlkampfplakat im Jahr 1950.

Mit einem Begriff unserer Zeit ausgedrückt: ein Zielgruppenplakat. Es stammt aus dem Jahr 1950. Nach Kriegsende betrug der Anteil der Flüchtlinge und Vertriebenen an der Bevölkerung rund 25% in Bayern. Orte wie Waldkraiburg, Geretsried, Traunreuth oder Neutraubling standen für die Integration des „Vierten Stammes" im Freistaat Bayern.

Im Gegensatz zur 1918 gegründeten Bayerischen Volkspartei mit einer stark katholischen Prägung, wollten die Gründerväter der CSU eine christlich-soziale Volkspartei schaffen, die über alle konfessionellen Grenzen hinweg den bayerischen Bürgern eine politische Heimat bieten sollte. Dieses Plakat thematisiert das Anliegen. Es stammt aus dem Jahr 1950.

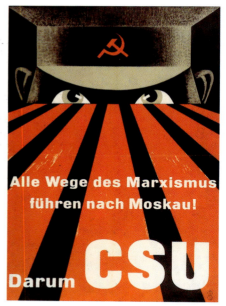

Plakatbeispiele aus dem Jahr 1953: die Bundestagswahl am 6. September stand im Zeichen der Bedrohung aus dem Osten (Abschuß einer amerikanischen F-84 bei Regensburg durch zwei sowjetische MIG 15, Aufstand am 17. Juni in der DDR) und auch der Aufbauleistung der CSU seit Kriegsende.

Die Abbildung von Kindern auf Wahlplakaten sollte Geborgenheit und Sympathie symbolisieren (CDU-Plakat zur Bundestagswahl 1953). Mit einem Wahlergebnis von 47,9% der Stimmen in Bayern konnte die CSU bei der Bundestagswahl von 1953 ihr Ergebnis von 1949 um knapp 20% verbessern und zog mit 52 Abgeordneten in den Bundestag ein.

Hans Ehard, der Spitzenkandidat der CSU in Bayern bei der Landtagswahl 1954. Das Motiv gehört zu den ersten Ansätzen, bildhaft die Identifikation der CSU mit Bayern darzustellen. Der gebürtige Oberfranke und promovierte Jurist war der erste frei gewählte Bayerische Ministerpräsident nach dem Zweiten Weltkrieg (1.12.1946). Obgleich bei der Landtagswahl am 28. November 1954 die CSU mit 38,4% der Stimmen die stärkste Partei wurde, bildete die SPD in einer Viererkoalition die Regierung (bis 1957).

Beispiele für politische Themen: Die Landtagswahl 1954 stand für die bayerische SPD im besonderen Zeichen des politischen Kampfes gegen den „Hundhammer-Flügel" der CSU (siehe Plakat rechts oben). Dr. Dr. Alois Hundhammer, vor dem Krieg Abgeordneter der Bayerischen Volkspartei, vertrat, sehr ausgeprägt, den bayerisch-katholischen Flügel der CSU. Die CSU setzte mit ihren Plakaten verstärkt auf Sympathie („weiter vorwärts") und Kompetenz („weiter aufwärts").

20. Mai 1955: Die CSU wurde im Vereinsregister unter der Nummer VR 5586 eingetragen. Dieser Stichtag war der Beginn einer modern verwalteten und zentral geführten inneren Parteiorganisation. Das Erscheinungsbild der Partei trug ab jetzt – durchaus mit großer Wirkung – die Handschrift der Generalsekretäre.

Trotzdem blieb die politische Werbung der CSU lange Zeit noch in den einzelnen Bezirksverbänden sehr unterschiedlich gestaltet. Hierfür stehen die Beispiele aus den Kommunalwahlen 1956 (links) und der Bundestagswahl 1957 (rechts).

Schon im Bundestagswahlkampf 1957 setzte die CSU ihren Anspruch, Partei der Mitte zu sein, auch visuell um. Überragende Themen waren außenpolitische Sicherheit und Wiederbewaffnung.

Die Wahljahre 1957 (Bundestag) und 1958 (Landtag): Die Bayernpartei warb um Stimmen aus dem Mittelstand mit eindringlicher Darstellung. Für die SPD stand der Sicherheitsaspekt im Vordergrund; die CSU setzte unter anderem auf Informationen zur Rentenreform und veranstaltete Kundgebungen mit Ministerpräsident Dr. Hanns Seidel.

Ein erstes Beispiel für den Einzug professionell gestalteter Plakate im Landtagswahlkampf 1958. Die von Grund auf modernisierte Drucktechnik erlaubte es, Druckerzeugnisse dem Stand der Zeit gemäß auszuführen.

Trotz der parteipolitisch konsequent durchgehaltenen Eigenständigkeit der CSU, arbeitete man gemeinsam mit der CDU und ihren Spitzenpolitikern in Wahlkämpfen zusammen. Bemerkenswert ist, daß in allen Werbemitteln für den Bundestagswahlkampf 1961 die Formulierungen den Aspekt „weiter aufwärts" variierten. Deutschland sollte der neugeschaffene Wohlstand weiterhin erhalten bleiben.

In den sechziger Jahren entwickelte sich die CSU von der Wähler- zur Mitgliederpartei. Am 18. März 1961 wurde Franz Josef Strauß zum Parteivorsitzenden gewählt. Zur Bundestagswahl im September 1961 erschien der erste Kandidatenprospekt des Vorsitzenden.

Mit dem Bau der „Mauer" (13. August 1961) leitete die DDR ihre Abschottung gegenüber der Bundesrepublik Deutschland ein. Im Wahlkampf 1961 (Bundestag) plakatierte die CSU deshalb die Abhängigkeit der DDR von der Sowjetunion (rechts oben).

Als Aussage für die positive Leistungsbilanz der CSU appellierte die Partei in jenem Wahlkampf an „Dein Leben in Frieden und Wohlstand" (links oben). Man beachte die Darstellung mit dem Auto als Statussymbol jener Zeit.

Trotz der „Spiegel-Affäre" gelang es der CSU bei den Wahlen zum Bayerischen Landtag 1962, die absolute Mehrheit der Sitze zu erreichen (47,5 %). Die Farben schwarz und gelb bestimmten das Erscheinungsbild ihres Wahlkampfes (links).

CSU

Filmvorführung

zum Thema

„Das Sozialpaket"

Ein aktueller Streifen zu einem vieldiskutierten Problem

Hierzu spricht Bundestagsabgeordneter

GEORG LANG

**Montag, 24. Febr. 1964 um 19.30 Uhr
in Memmingen Gasthaus „Zur Sonne"**

Der Film als Transportmittel für politische Aussagen wurde von der CSU seit Anfang der fünfziger Jahre eingesetzt. Von der Aufnahme bis zum Schnitt erfolgte die Produktion mit einfachstem Aufwand – in der Parteizentrale wurden die Arbeiten mit eigener Technik durchgeführt.

Das „Profil einer Partei", eine Darstellung der historischen Entwicklung der CSU, ihrer politischen Persönlichkeiten und des organisatorischen Aufbaus, erschien erstmals im Jahr 1969 (Abbildung) und erlebte bis 1991 – inklusive mehrmaliger Überarbeitungen – eine Auflage in Millionenhöhe.

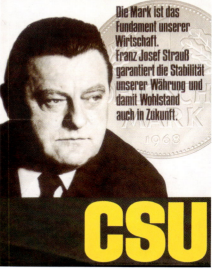

Löwe & Raute – das neue Parteisymbol – ersetzte in den siebziger Jahren die unterschiedlichsten Darstellungen in den Parteigliederungen. Es entwickelte sich zum offiziellen Logo. Das Schriftzeichen CSU blieb noch uneinheitlich (Wahlplakat 1969).

Die Verbindung von Tradition und Fortschritt wurde in der Politik und in der politischen Werbung der CSU zum Markenzeichen. Bildmotiv aus dem Jahr 1970.

Erstmals zur Kommunalwahl im Juni 1972 kamen die parteitypischen Farben „Grün" und „Blau" in Kombination mit Löwe & Raute zur Verwendung (oben links). Ein Sympathieplakat (oben rechts) und ein Slogan mit ungewöhnlicher Bild-Text-Verbindung zur Bundestagswahl 1972 („Einmal neidappt langt"; gemeint war dies als Warnung vor einer SPD/FDP-geführten Bundesregierung) spiegelten den Willen der politischen Führungskräfte wider, als CSU eine völlig neue werbliche Linie einzuschlagen.

Als bayerische Partei mit bundesweitem Anspruch entwickelte die CSU ab 1972 ihre eigene Linie in der Öffentlichkeitsarbeit: für Kommunal-, Landtags- und Bundestagswahlkämpfe. Die Übernahme der einheitlichen Werbelinie in den einzelnen Parteigliederungen (Bezirks-, Kreis-, Ortsverbände) konnte nicht per Anordnung erzwungen werden, sondern mußte argumentativ erfolgen. Sympathieplakat von 1972.

„Tür auf für den Fortschritt", war der Titel einer Werbeschrift der bayerischen SPD für die Landtagswahl am 22. November 1970 (Bild: Doppelseite innen). Doch der Versuch der Sozialdemokraten, ein bayerisches Image für ihre Partei und Politik aufzubauen, kam bei den Wählern nicht im erwünschten Ausmaß an. Die Oppositionspartei erhielt nur 33,3 % der Stimmen.

Grüaß Gott, Herr Brandt!

Wir zeigen Ihnen Regensburg.
Mit der vierten bayerischen Landesuniversität.
Mit einem modernen Hafen.
Unsere Altstadt-Sanierung hat Weltruf.

Das haben wir nach dem Krieg gepackt.
Mit der bayerischen CSU-Regierung.
Sie und Ihre Baugenossen sehen wir selten bei uns.
Sie sind nicht im Bild. Darum:

Pfüat Gott, Herr Brandt!

Doch vorher noch drei Fragen:
Wann stoppen Sie die Preislawine?
Wo bleiben die versprochenen Reformen?
Was tun Sie für Bayern?

Der Kanzlerkandidat der SPD, Willy Brandt, besuchte im Herbst 1972 Regensburg. Auf den Dreieckständern der CSU klebten Plakate mit einem überraschenden Willkommensgruß für den sozialdemokratischen Parteichef.

Auf der Suche nach zeitgemäßer Umsetzung der politischen Vorgaben (Stichwort: CSU ist keine Honoratiorenpartei, sondern Volkspartei), wurde von der CSU-Landesleitung eine Broschüre entwickelt und 1973 in 800.000facher Auflage verteilt: „Enthüllungen über einen Freistaat". Eine Mischung aus Sachinformationen über Bayern und augenzwinkernder Selbstironie der CSU. Aufgrund des überragenden Erfolges (auch in den Medien) erschienen nachfolgend in ähnlichem Stil die Broschüren „Enthüllungen über eine Partei" und „Enthüllungen über eine mögliche Zukunft".
Titelseite „Enthüllungen" (s. oben), Beispiel einer Innenseite der Broschüre (rechts oben).

Schon 1971 bündelte Bayern die politischen Maßnahmen auf dem Gebiet des Umweltschutzes: im Bayerischen Staatsministerium für Landesentwicklung und Umweltfragen, dem ersten Ministerium dieser Art in Europa. Für die CSU hatte der Schutz von Umwelt und Natur als politisches Ziel schon immer große Bedeutung. Hier ein Beispiel für Wandzeitung und Plakat 1973 (Bild unten).

Der Landtagswahlkampf 1974 stand unter dem Motto „Mit uns für Bayern – CSU" und wurde erstmals im neuen Design präsentiert. „Löwe & Raute" prägten gestalterisch alle Werbemittel, es entwickelte sich ein moderner Plakatstil: „Strauß kommt" und „Strauß spricht". Die „Enthüllungen über eine mögliche Zukunft" (s. links oben, Titelseite) setzten die Serie selbstironischer Broschüren der CSU fort.
Kandidatenplakat von Dr. Edmund Stoiber bei der Landtagswahl 1974 (s. links unten).

Ministerpräsident Alfons Goppel und der CSU-Parteivorsitzende Franz Josef Strauß waren die beiden Toprepräsentanten im Landtagswahlkampf 1974. Die CSU erreichte mit 62,1 % ihr bestes jemals erzieltes Wahlergebnis.

Mit den „Enthüllungen über eine Partei", 1975, setzte die CSU die Reihe ihrer Broschüren fort, die auf eine bis dahin nicht gekannte Weise Politik darstellten. (Beispiel Innenseite, s. unten: die Vertreibung von Marx, Stalin und Lenin).

Steigende Arbeitslosigkeit, terroristische Anschläge, die Ostpolitik der SPD/FDP-Bundesregierung: die Bundestagswahl vom 3. Oktober 1976 wurde schon im Vorfeld von emotionsgeladenen und personenbezogenen Auseinandersetzungen beherrscht. Der CSU-Angriff gegen „Rot": Beispiel eines Sympathieplakats 1976.

Darum geht es am 3. Oktober: Freiheit oder Sozialismus. Wir sind die Partei der Freiheit.

Für mehr Menschlichkeit.

SPD/FDP zwei, die abgewirtschaftet haben

Neben der Abrechnung mit „sozialistischen" Entscheidungen der SPD/FDP-Regierung (s. Bild oben rechts) stand im Bundestagswahlkampf 1976 für die CSU der Slogan „Freiheit oder Sozialismus" im Mittelpunkt. Unter diesem Titel wurde auch eine umfangreiche Multimediashow produziert und beim Wahlkongreß am 8. Mai 1976 vorgestellt. Beispiel für ein SPD-Sympathieplakat 1976 (links).

Kandidatenplakat von Dr. Theo Waigel bei der Bundestagswahl 1976.

Ein „Magazin für Wähler" wurde im Sommer 1976 bayernweit verteilt, das in einer bunten Mischung aus Information und Unterhaltung Lesestoff für Wahlberechtigte jeden Alters enthielt. Der Münchner Merkur (17. August 1976) schrieb: „Eine Nasenlänge voraus ist die CSU mit ihrer Wahlkampfbroschüre". Der Erfolg des Heftes führte dazu, daß es in späteren Jahren als Magazin „Löwe & Raute" erschien.

In den siebziger Jahren verstärkte die CSU ihre Mitglieder-Werbung (Wandzeitung 1976, oben).
Das „Porträt einer Partei" entwickelte sich zum Klassiker unter den Informationsschriften der CSU (links).

„Landesvater" Alfons Goppel auf einem Großflächenplakat zur Bundestagswahl 1976 (oben).
Sympathieplakat aus dem Jahr 1978 (links).

Schriftzug Franz Josef Strauß („FJS"). Dieser Aufkleber, zur Bundestagswahl 1980 entwickelt, war millionenfach – insbesondere als Autoaufkleber – zu sehen (unten).

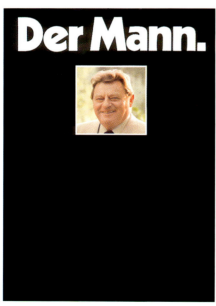

Großflächenplakat zur Bundestagswahl 1980 (oben).
„Der Mann" – Die CSU präsentierte Deutschland ihren Kanzlerkandidaten in einer Broschüre (unten links).
Als Zielgruppenveranstaltung für Jungwähler reiste der „Black Music Circus" durchs Land (unten rechts: Ankündigungsplakat).

Wer aber anderer Meinung ist, wählt
CSU

Wer aber anderer Meinung ist, wählt
CSU

Wir in Bayern
zuverlässig
fröhlich
aufrichtig
vernünftig
eigensinnig
zartfühlend
gläubig
tolerant
heimatverbunden
weltoffen
gerecht
streitlustig
realistisch
phantasievoll
freiheitsliebend
deutsch

Die in Bonn
seit '69
?

deshalb
am 10.Oktober
CSU

Aus einer Parteitagsrede von Franz Josef Strauß stammten die Texte für eine Serie von Argumentationsplakaten (1980) zu Themen wie Energie-, Außen- und Finanzpolitik. „Wir in Bayern" war der zentrale und selbstbewußte Slogan der CSU bei der Landtagswahl 1982 (Bild unten: Motiv für Großfläche und Wandzeitung).

Bayern und die CSU – eine unverwechselbare Verbindung. Darauf verwiesen nicht nur die Texte der Wahlplakate (s. Beispiele von 1982), sondern auch eine besondere Ausgabe des Magazins „Löwe & Raute" vom Winter 1981/82. Es enthielt ein „Bayern-Rätsel" mit insgesamt 439 Preisen, rund 150.000 Einsendungen waren die Folge.

Die sozialliberale Koalition in Bonn zerbrach im Oktober 1982. Im Wahlkampf zur vorgezogenen Bundestagswahl (6. März 1983) traf die CSU mit dem Plakat „Lichtblick" die politische Stimmung im Land.

Als Regierungspartei in Bayern setzte die CSU bei der Landtagswahl am 12. Oktober 1986 auf Erfolgsbilanz und Sachkompetenz. In der Plakatwerbung bestimmten „Sympathie" (oben) und „Markenzeichen" (unten) die Werbelinien.

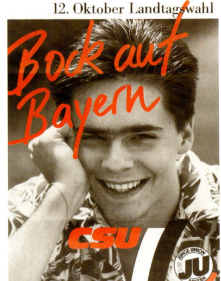
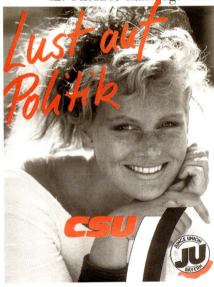

Beispiele für Plakate, die Trends setzten:
Das „Sommerplakat" (links oben, 1986) mit einem Slogan, der sich nachträglich als richtig erwies; „Lust auf Politik" und „Bock auf Bayern" (Bundestagswahl 1987) waren Formulierungen, die in den folgenden Jahren in anderen Werbebereichen – entsprechend modifiziert – häufig verwendet wurden.
Plakat zur Europawahl 1989 (rechts unten).

Nach dem Ende der DDR und dem Fall der Mauer (9. November 1989) plakatierte die CSU zum Jahreswechsel 1989/90 ein „Begrüßungs-Motiv" und spiegelte mit der Wiederaufnahme eines früheren Slogans die Stimmung der Bürger wider (Bild oben). Plakat zur Europawahl 1990 (Bild unten).

Nach dem Tod von Franz Josef Strauß (3. Oktober 1988) führten Theo Waigel als Parteivorsitzender (Bild oben) und Max Streibl als Ministerpräsident (Bild unten) die CSU in den Landtagswahlkampf 1990.

Im Bundestagswahlkampf 1990 betonte die CSU auf Großflächenplakaten den Wert und die Eigenständigkeit bayerischer Politik (oben).
Bundeskanzler Helmut Kohl, der gemeinsame Spitzenkandidat der Unionsparteien, wurde in Bayern von der CSU auf Großflächen plakatiert.

Einen Wahl-Marathon der besonderen Art brachte 1994 mit sich, genannt „Superwahljahr": Europawahl (12.6.), Landtagswahl (25.9.) und Bundestagswahl (16.10.). Hier zwei Beispiele für Textplakate auf Dreieckständern, dazu die Außenansicht eines Wahlkampfbusses „Unterwegs in Bayern", mit dem die Spitzenkandidaten Stoiber und Waigel bayernweite Veranstaltungstouren durchführten.

Großflächenplakat zur Landtagswahl 1994 (oben).
Sympathieplakat zur Landtagswahl 1994 (unten links).
Das Bildmotiv „Karl Marx" sollte vor einem Wiedererstarken des Sozialismus (PDS) warnen (unten rechts).

Großflächenplakat zur Landtagswahl 1994 (oben).
Theo Waigel und Edmund Stoiber verkörperten auch in der Bundestagswahl 1994 die erfolgreiche Regierungspolitik der CSU in Bayern und für Bayern (Großfläche unten).

Theo Waigel, Vorsitzender der CSU und Bundesfinanzminister, führte die CSU bei der Bundestagswahl am 16. Oktober 1994 auch im vereinten Deutschland zum Erfolg. Damit wurde sie erneut zur drittstärksten politischen Kraft in Deutschland (Kandidatenplakat 1994).